Dicionário do Pensamento Marxista

Antonio Monteiro Guimarães
organizador da edição brasileira

Maria da Conceição Tavares
consultora de economia

Miriam Limoeiro Cardoso
consultora de ciências sociais

Yedda Botelho Salles
José Américo Motta Pessanha
consultores de filosofia

Sérgio Tolipan
consultor de arte e literatura

Dicionário do Pensamento Marxista

2ª edição

Tom Bottomore
editor

Laurence Harris
V.G. Kiernan
Ralph Miliband
coeditores

ZAHAR

Fotos da capa:

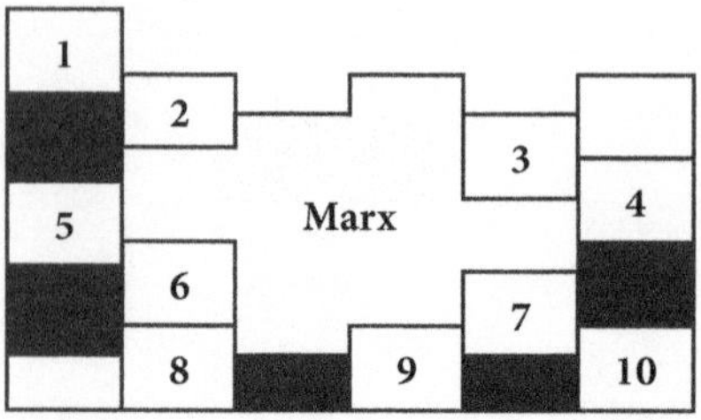

1. Lukács, 2. Lênin, 3. Engels, 4. Marcuse,
5. Stálin, 6. Rosa Luxemburgo, 7. Mao, 8.
Walter Benjamin, 9. Trótski, 10. Gramsci.

Título original:
A Dictionary of Marxist Thought
edited by Tom Bottomore

Tradução autorizada da primeira edição inglesa,
publicada em 1983 por Basil Blackwell Publisher Limited,
de Oxford, Inglaterra

rua Marquês de S. Vicente 99 – 1º | 22451-041 Rio de Janeiro, RJ
tel (21) 2529-4750 | fax (21) 2529-4787
editora@zahar.com.br | www.zahar.com.br

Grafia atualizada respeitando o novo Acordo Ortográfico da Língua Portuguesa

1ª edição: 1988

2ª edição: 2012 (novo projeto gráfico)

Tradução: Waltensir Dutra
Revisão técnica e pesquisa bibliográfica complementar: Antonio Monteiro Guimarães
Capa: Gilvan Francisco da Silva

CIP-Brasil. Catalogação na fonte
Sindicato Nacional dos Editores de Livros, RJ

D542
2.ed.

Dicionário do pensamento marxista / T. B., editor; Laurence Harris, V.G. Kiernan, Ralph Miliband, coeditores; [tradução, Waltensir Dutra; organizador da edição brasileira, revisão técnica e pesquisa bibliográfica suplementar, Antonio Monteiro Guimarães]. – 2.ed. – Rio de Janeiro: Zahar, 2012.

Tradução de: A dictionary of marxist thought
Inclui bibliografia
ISBN 978-85-378-0939-6

1. Marx, Karl, 1818-1883 – Linguagem – Glossários etc. 2. Socialismo – Dicionários. I. Bottomore, T.B., 1920-1992. II. Guimarães, Antonio Monteiro.

CDD: 335-403
12-6783
CDU: 330.85(038)

Sumário

Agradecimentos

Queremos agradecer aos colaboradores pelo cuidado e pela atenção que dedicaram à elaboração de seus verbetes e pela receptividade com que acolheram as sugestões editoriais. Devemos igualmente agradecer à equipe da Basil Blackwell por seu desempenho muito eficiente e por seus conselhos de grande valia durante a preparação deste trabalho. No estágio inicial do planejamento do dicionário fomos também muito auxiliados por Leszek Kolakowski.

OS EDITORES

Colaboradores

Hamza Alavi HA
Universidade de Manchester
Andrew Arato AA
The Cooper Union; Nova York

Michele Barrett MB
City University, Londres
Lee Baxandall LB
Oshkosh, Wisconsin
Ted Benton TB
Universidade de Essex
Roy Bhaskar RB
City University, Londres
Michael Billig MBi
Universidade de Birmingham
Tom Bottomore TBB
Universidade de Sussex
Peter Burke PB
Emmanuel College, Cambridge

Julius Carlebach JC
Universidade de Sussex
Terrell Carver TC
Universidade de Bristol
David Coates DC
Universidade de Leeds
Ian Cummins IC
Universidade Monash

R.W. Davies RWD
Universidade de Birmingham
Meghnad Desai MD
London School of Economics
Tamara Deutscher TD
Londres
Stanley Diamond SD
New School for Social Research, Nova York
Elizabeth Dore ED
American University, Washington, DC

Roy Edgley RE
Professor Emerttus, Universidade de Sussex

Ferenc Fehér FF
La Trobe University

Zsuzsa Ferge ZF
Instituto de Sociologia, Academia Húngara de Ciências
Iring Fetscher IF
Universidade de Frankfurt
Ben Fine BF
Birkbeck College, Universidade de Londres
Moses Finley MIF
Darwin College, Cambridge
Milton Fisk MF
Universidade de Indiana
Duncan Foley DF
Barnard College, Universidade Columbia

Norman Geras NG
Universidade de Manchester
Israel Getzler IG
Universidade Hebraica de Jerusalém
Paolo Giussani PG
Milão
Patrick Goode PGO
Thames Polytechnic, Londres
David Greenberg DG
Universidade de Nova York

Neil Harding NH
University College de Swansea
Laurence Harris LH
Open University
David Harvey DWH
Universidade John Hopkins
András Hegedüs AH
Budapeste
David Held DH
Open University
R.H. Hilton RHH
Universidade de Birmingham
Susan Himmelweit SH
Open University
Robert J. Holton RJH
Universidade Flinders da Austrália do Sul
Richard Hyman RH
Universidade de Warwick

Russell Jacoby RJ
Los Angeles

Gareth Stedman Jones GSJ
King's College, Cambridge
Jeremy Jennings JRJ
University College de Swansea
Monty Johnstone MJ
Londres

Eugene Kamenka EK
Australian National University
Naomi Katz NK
San Francisco State University
János Kelemen JK
Universidade L. Eötvos, Budapeste
David Kemnitzer DK
San Francisco State University
V.G. Kiernan VGK
Professor Emeritus, Universidade de Edinburgo
Gavin Kitching GK
University College de Swansea
Philip L. Kohl PLK
Wellesley College, Massachusetts

David Lane DL
Universidade de Birmingham
Jorge Larrain JL
Universidade de Birmingham
Eleanor Burke Leacock EBL
City College, City University de Nova York
Steven Lukes SL
Balliol College, Oxford

Ernest Mandei EM
Bruxelas
Mihailo Markovic MM
Universidade de Belgrado
David McLellan DM
Universidade de Kent
István Mészáros IM
Universidade de Sussex
Ralph Miliband RM
Londres
Simon Mohun SM
Queen Mary College, Universidade de Londres

G. Ostergaard GO
Universidade de Birmingham

William Outhwaite WO
Universidade de Sussex

Brian Pearce BP
New Barnet, Herts
Gajo Petrovic GP
Universidade de Zagreb

Katalin Radics KR
Instituto de Linguística, Academia Húngara de Ciências
John Rex JR
Universidade de Aston
Julian Roberts JRO
Cambridgeshire College of Arts and Technology
George Ross GR
Universidade Harvard

Stuart R. Schram SRS
School of Oriental and African Studies, Universidade de Londres
Eugene Schulkind EWS
Universidade de Sussex
Anwar Shaikh AS
New School for Social Research, Nova York
William H. Shaw WHS
Tennessee State University
Anne Showstack Sassoon ASS
Kingston Polytechnic; Surrey
Paul Sweezy PS
Nova York

John G. Taylor JGT
Polytechnic of the South Bank, Londres
Bryan S. Turner BST
Universidade Flinders da Austrália do Sul

John Weeks JW
American University, Washington, DC
Janet Wolff JWO
Universidade de Leeds

Stephen Yeo SY
Universidade de Sussex
Robert M. Young RMY
Londres

Introdução à edição inglesa

Um século após a morte de Marx, as ideias que ele introduziu passaram a constituir uma das correntes mais estimulantes e influentes do pensamento moderno; seu conhecimento é indispensável para todos os que trabalham nas ciências sociais ou estão engajados em movimentos políticos. Entretanto, é igualmente claro que essas ideias nada adquiriram da rigidez de um sistema fechado e acabado: ainda estão evoluindo ativamente, tendo assumido, no transcurso dos últimos cem anos, uma grande variedade de formas. E isto não apenas porque se estenderam a novos campos de investigação, mas também por efeito de processos de diferenciação interna que se produziram em resposta, por um lado, a novas críticas e a novos movimentos intelectuais, e, por outro, à transformação de circunstâncias sociais e políticas.

Este dicionário pretende ser um guia sucinto para a compreensão dos conceitos básicos do marxismo, a partir de diferentes interpretações e posições críticas, e para o conhecimento dos pensadores e das escolas de pensamento cujas obras contribuíram para formar o corpo das ideias marxistas desde o tempo de Marx. Pretende ser útil aos numerosos estudantes e professores universitários que deparam com concepções marxistas ao longo de seus estudos, bem como ao grande público leitor que deseja informar-se sobre uma teoria que desempenhou, e continua desempenhando, um papel destacado na formação de instituições e modos de ação no mundo de hoje. Os verbetes são apresentados de maneira a serem acessíveis ao leitor não especialista, na medida em que a natureza dos vários temas o permite; mas há certos casos, particularmente nas áreas de economia e filosofia, em que termos técnicos são inevitáveis, supondo-se algum conhecimento prévio.

Cada verbete pretende ser completo em si mesmo; sempre que é desejável, porém, para compreensão mais integral de um determinado conceito, problema ou interpretação, a consulta a outros verbetes, as respectivas remissões estão impressas em VERSALETE no texto. Cada verbete é seguido de uma bibliografia de que constam, além das obras eventualmente citadas no texto, sugestões de leituras adicionais. Todas as obras indicadas nestas bibliografias, bem como as citadas ao longo do texto do dicionário, estão listadas, com as referências bibliográficas completas de sua publicação, na bibliografia geral que se encontra no final do volume. Há também uma relação bibliográfica dos escritos de Marx e Engels mencionados neste dicionário, da qual constam, além dos dados de publicação, informações sobre edições completas dos escritos de Marx e Engels e sobre várias coletâneas de seus textos.

TOM BOTTOMORE
LAURENCE HARRIS
V.G. KIERNAN
RALPH MILIBAND

Nota da edição brasileira

A edição brasileira deste dicionário conserva sua feição original de obra de referência: os verbetes tratam de conceitos e categorias do pensamento marxista, de temas sobre os quais o marxismo teve algo a dizer e de biografias de políticos e/ou pensadores marxistas. A rigor, os verbetes pretendem ser boas introduções a uma discussão mais profunda e avançada das questões que levantam e organizam, a qual sempre poderá ser feita a partir das bibliografias de leituras complementares sugeridas ao final de quase todos os verbetes.

Precisamente no que diz respeito a tais bibliografias difere a edição brasileira da edição original: pareceu adequado aumentar a referência à literatura marxista produzida e/ou publicada em países de línguas latinas, menos citada que a produção teórica em língua inglesa, bem como mencionar os títulos originais das obras indicadas, muitas vezes ausentes da edição inglesa do dicionário, que prefere citar suas traduções para o inglês. Essas considerações de ordem editorial deram lugar a uma ampla pesquisa bibliográfica complementar, que se fez paralelamente à preparação desta edição brasileira e que chegou aos seguintes resultados:

1. Procurou-se, sempre que possível, dar a referência bibliográfica da primeira edição dos livros e artigos indicados, na língua em que foram originalmente escritos. No caso de obras mais antigas, a referência eventualmente é de uma edição posterior; por vezes, apenas o título original é mencionado.

2. Acrescentaram-se, às indicações de leituras complementares que encerram os verbetes, obras significativas produzidas sobre o tema por pensadores marxistas franceses, italianos, alemães, etc. Do mesmo modo, nos verbetes biográficos, ampliou-se a relação das obras escritas pelo biografado, no intuito de torná-la mais completa, citando-se sempre edições em várias línguas.

3. Adicionaram-se, em certos casos, às referências bibliográficas das traduções inglesas, sempre conservadas, indicações de traduções para outras línguas, com base no suposto de que o usuário da edição brasileira não preferirá forçosamente uma tradução inglesa de um original alemão, russo ou húngaro a uma edição do mesmo texto em francês ou espanhol, por exemplo.

4. Sempre que encontradas e disponíveis, são indicadas traduções brasileiras ou portuguesas das obras citadas no dicionário.

5. Também no que diz respeito aos escritos de Marx e Engels, procurou-se apresentar uma gama mais variada de edições e traduções em línguas diversas, com destaque para os dados referentes às primeiras edições brasileiras dos mais importantes desses escritos, que foi possível registrar graças a pesquisa realizada por Sérgio Tolipan. Os escritos de Marx e Engels – relacionados à parte no final deste volume – são mencionados no texto dos verbetes pelos títulos segundo os quais são mais conhecidos em português, que não são, necessariamente, os de suas edições brasileiras ou portuguesas. Evitou-se – e esse era já um cuidado da edição inglesa – fazer referência a páginas no caso das inúmeras citações de Marx e Engels, para que a indicação não ficasse presa a uma dada edição: faz-se referência, assim, apenas ao título e ao capítulo, ou parte, ou seção, do escrito de que foi extraído o trecho citado.

Esse título, destacado em **negrito**, encabeça os dados bibliográficos referentes a cada escrito de Marx e Engels (título original, traduções em várias línguas, primeira edição brasileira, edição em português mais recente) na relação final dos mesmos.

Restam ainda, no tocante à bibliografia, algumas observações que podem facilitar a consulta a este dicionário. Os dados completos de publicação das obras nele citadas e/ou indicadas constam da bibliografia geral no final do volume, onde estão organizados segundo os critérios expostos na nota que inicia aquela relação. Na bibliografia de cada verbete, as informações se restringem a nome do autor, data e título da obra. As obras de autores diferentes estão separadas pelo símbolo gráfico •, ao passo que diferentes obras do mesmo autor separam-se pelo símbolo gráfico ⊙. Já as traduções para o português destacam-se ao fim da série de edições mencionadas, entre colchetes e seguidas das respectivas datas. Na referência de certos títulos, podem ser indicadas duas datas – conforme a seguinte convenção: 1920 (1970) –, o que significa que a primeira edição é de 1920, mas existe uma edição ou tradução mais recente e acessível, de 1970, à qual se referem os dados de publicação. Os mesmos parênteses convencionais envolvem as datas relativas às diferentes traduções citadas de uma mesma obra, acrescentadas na edição brasileira do dicionário.

Estando organizado o dicionário segundo grandes temas e conceitos mais gerais do pensamento marxista, que constituem o objeto dos verbetes não biográficos, optou-se, na edição brasileira, por acrescentar cerca de duzentos verbetes remissivos: como entradas alternativas (por exemplo: **feudalismo** Ver SOCIEDADE FEUDAL); como indicações temáticas compreendidas por temas mais gerais (por exemplo: **via prussiana** Ver CAMPESINATO); com inversão da ordem das palavras da entrada principal (por exemplo: **mercadoria, fetichismo da** Ver FETICHISMO DA MERCADORIA). Além dessas entradas remissivas, as remissões de um verbete a outro se fazem a partir do próprio texto dos verbetes, onde aparecem em VERSALETE palavras ou expressões que constituem objeto de um verbete próprio em que se discute o conceito que designam ou serão encontradas informações complementares. Em certos casos, no final de um verbete, enumeram-se, precedidos da expressão *Ver também*, títulos de outros a ele relacionados e que seria desejável igualmente consultar

ANTONIO MONTEIRO GUIMARÃES

A

acumulação "Acumular, acumular! Essa a lei de Moisés e dos profetas!" (*O Capital*, I, cap. XXIV). Com essas palavras, Marx revela o que, em sua análise, constitui o imperativo mais importante, ou a força motriz, da sociedade burguesa. Apesar da metáfora religiosa, ele não considera a acumulação como o resultado da ascensão de uma ética protestante da parcimônia e da austeridade como pretende Weber. Nem é a acumulação o resultado da abstinência por parte de quem busca satisfazer uma preferência subjetiva pelo CONSUMO futuro às expensas do consumo presente, como afirma a economia neoclássica burguesa que se baseia na teoria da utilidade. Para Marx, um dos aspectos essenciais do CAPITAL é o de que ele tem que ser acumulado, independentemente das preferências subjetivas ou das convicções religiosas dos capitalistas tomados individualmente.

A pressão sobre os capitalistas particulares se processa por meio do mecanismo da CONCORRÊNCIA. Como o capital é VALOR que se expande a si mesmo, seu valor deve, pelo menos, ser preservado. Por força da concorrência, a mera preservação do capital é impossível sem que ele ao mesmo tempo se expanda. Em diferentes etapas do desenvolvimento da produção capitalista, o mecanismo da concorrência opera de modos diversos. Inicialmente, a acumulação se faz por meio da transformação das relações de produção (ver ACUMULAÇÃO PRIMITIVA) para que se crie o trabalho assalariado, ao passo que os métodos de produção continuam os mesmos. Diante de métodos de produção ainda muito pouco desenvolvidos, herdados e adaptados de sociedades pré-capitalistas, a acumulação é necessária para assegurar a expansão da força de trabalho, para proporcionar-lhe matérias-primas e permitir economias de escala na supervisão do trabalho.

Para a MANUFATURA, a acumulação é necessária de modo a permitir emprego do trabalho em proporções adequadas na COOPERAÇÃO e na DIVISÃO DO TRABALHO. Com a MAQUINÁRIA E A PRODUÇÃO MECANIZADA, a acumulação proporciona o capital fixo necessário e expande o uso das matérias-primas e do trabalho associados a esse capital fixo.

Mas a acumulação não é simplesmente uma relação entre a produção e a capitalização da MAIS-VALIA. É também uma relação de reprodução. Os aspectos relacionados com a CIRCULAÇÃO do capital são examinados por Marx no livro segundo de *O Capital* e, em menores proporções, no livro primeiro. A reprodução é inicialmente analisada por Marx como reprodução simples, na qual o valor e a mais-valia permanecem inalterados, como base para a análise da reprodução ampliada, da qual pode resultar, ou não, a COMPOSIÇÃO ORGÂNICA DO CAPITAL. Em cada caso, uma proporção definida deve ser estabelecida em termos de valor e de VALOR DE USO entre os setores da economia, o que é examinado nos esquemas de reprodução (ver REPRODUÇÃO, ESQUEMAS DE).

No livro terceiro de *O Capital*, Marx analisa a acumulação do ponto de vista da DISTRIBUIÇÃO (e da redistribuição) da mais-valia e do capital. Nas etapas iniciais de desenvolvimento, a base da acumulação está na concentração do capital. Em etapas posteriores, a centralização (ver CENTRALIZAÇÃO E CONCENTRAÇÃO DO CAPITAL) é o método predominante, pelo qual é organizado o uso de quantidades cada vez maiores de capital. Isso pressupõe um avançado sistema de crédito. Enquanto o objetivo da acumulação é o aumento da produtividade, o mecanismo para a sua realização opera por meio do acesso ao crédito. Em consequência disso, cria-se uma divergência entre a acumulação do capital na produção e a acumulação do capital no sistema financeiro. É essa a base do capital fictício e pode levar à intensificação das CRISES ECONÔMICAS quando a acumulação deixa de superar os obstáculos à continuidade da expansão da produção de mais-valia. Além disso, a centralização do capital e o ritmo desigual da própria acumulação associam-se ao DESENVOLVIMENTO DESIGUAL das economias e das sociedades. Assim sendo, o processo de acumulação não é nunca apenas um processo econômico, mas compreende também o desenvolvimento geral das relações sociais, o que inclui, por exemplo, o COLONIALISMO, o imperialismo e as diversas e sempre transformadas funções do ESTADO, como sempre ressaltou a tradição marxista (ver IMPERIALISMO E MERCADO MUNDIAL). Para Marx, o processo de acumulação não seria nunca uma expansão contínua, harmoniosa ou simples. Eventualmente será interrompido por crises e recessões. Mas os obstáculos à acumulação de capital nunca são absolutos; dependem da intensificação das contradições do capitalismo, que podem ser resolvidas temporariamente, permitindo uma nova fase de expansão. Marx faz a análise do desenvolvimento dessa intensificação das contradições, ao nível econômico, em termos da lei da TENDÊNCIA DECRESCENTE DA TAXA DE LUCRO, baseada na composição orgânica crescente do capital e em contradição com as influências que atuam no sentido de sua neutralização. Marx distingue-se, nesse aspecto, de David Ricardo, para o qual a lucratividade decrescente depende do declínio da produtividade na agricultura, e de Adam Smith, para o qual o alcance limitado do mercado é fundamental.

Marx dedica considerável parte de sua análise econômica aos efeitos e formas do processo de acumulação, de que faz uma abordagem tanto lógica quanto empírica. Nesse sentido, formula leis relativas ao próprio PROCESSO DE TRABALHO, distinguindo entre diferentes fases de desenvolvimento dos métodos de produção, e examina também os efeitos da acumulação sobre a classe operária. Como a introdução da maquinaria e da produção mecanizada, outros métodos de produção são forçados a recorrer a formas extremas de EXPLORAÇÃO para continuarem competitivos. A própria produção mecanizada cria um EXÉRCITO INDUSTRIAL DE RESERVA e, com ele, a Lei Geral da Acumulação Capitalista: "O mecanismo da produção capitalista e da acumulação adapta continuamente esse número (de trabalhadores) e essas necessidades (de expansão do capital). O começo desse ajustamento é a criação de uma superpopulação relativa ou de um exército industrial de reserva, e o fim a miséria de camadas cada vez maiores do exército ativo e o peso-morto do pauperismo" (*O Capital*, I, cap.XXIII, seção 4). Quanto ao mais, a classe operária tende a perder cada vez mais qualquer tipo de habilitação e de domínio de um ofício profissional, ficando sujeita aos ditames da maquinaria, mesmo quando suas forças se organizam melhor para resistir à acumulação por meio da formação de sindicatos.

Na tradição marxista, a necessidade da acumulação de capital foi enfatizada pelos que, como Lenin, argumentam que o monopólio é a intensificação, e não a negação, da concorrência. De um modo geral, porém, os autores marxistas tenderam a ressaltar um ou mais aspectos do processo de acumulação em detrimento da totalidade complexa. Os subconsumistas enfatizam a tendência à estagnação e acham que o monopólio desloca a concorrência e a pressão para investir. Assim sendo, deficiências nos níveis de demanda do mercado tornam-se o centro da atenção (como ocorre na teoria keynesiana). Rosa Luxemburg é frequentemente citada nesse contexto, embora ela tenha conferido ênfase igualmente ao papel do militarismo. Mais recentemente, Paul Baran e Paul Sweezy destacaram-se como representantes dessa linha de pensamento. Outros, na tradição neorricardiana ou sraffiana, seguem Marx, considerando a acumulação como axiomática, sem, contudo, explicar por que, uma vez que não incorporam uma compulsão para acumular às suas análises. A concorrência serve apenas para igualar taxas de lucro e salários. Estes últimos são então tomados como o foco da determinação do ritmo de acumulação, que é ameaçado quando os salários sobem, reduzindo a lucratividade na ausência de um aumento de produtividade.

BF

Bibliografia: Dobb, Maurice, *Studies in the Development of Capitalism*, 1946 (1963) [*A evolução do capitalismo*, 1980 e 1983] • Hilferding, Rudolf, *Das Finanzkapital*, 1910 (1955); *Finance Capital* (1981) • Jourdain, Gilles & Jacques Vallier, "Accumulation monopolistique, inflation rampante et inflation", 1970 • Luxemburg, Rosa, *Die Akkumulation des Kapitals*, 1913; *The Accumulation of Capital* (1951) [*A acumulação do capital*, 1976] • Miglioli, Jorge, *Acumulação de capital e demanda efetiva*, 1982 • Pires, Eginardo, *Valor e acumulação*, 1979 • Sweezy, Paul, *The Theory of Capitalism Development*, 1942 [*Teoria do desenvolvimento capitalista*, 1982].

acumulação primitiva Marx define e analisa a acumulação primitiva na parte sétima do primeiro livro de *O Capital*. Tendo examinado as leis do desenvolvimento da produção pelo capital, Marx volta sua atenção para o processo pelo qual o CAPITALISMO se afirmou historicamente. A sua compreensão geral do capitalismo é uma condição prévia para isso, tal como a sua análise mais geral da categoria MODO DE PRODUÇÃO, pois é preciso ter conhecimento de como um conjunto de relações de produção entre classes se transforma em outro: em particular, o que faz com que uma classe despossuída (isto é, desprovida da propriedade de seus meios de produção) de trabalhadores assalariados, o PROLETARIADO, entre em confronto com uma classe de capitalistas que monopolizam os meios de produção.

A resposta de Marx é extremamente simples. Uma vez que as relações de produção pré-capitalistas são predominantemente agrícolas, dispondo os camponeses dos principais meios de produção, como a terra, o capitalismo só se pode afirmar esbulhando os camponeses de sua terra. Assim sendo, as origens do capitalismo encontram-se na transformação das relações de produção no campo. A separação entre os camponeses e a terra é o manancial de onde provêm os trabalhadores assalariados, tanto para o capital agrícola como para a indústria. É essa a observação básica que Marx põe em evidência com sua referência irônica ao "chamado segredo da acumulação primitiva". Para muitos de seus contemporâneos, o capital era criado pela abstinência, como fonte original da acumulação. A tese de Marx é que a acumulação primitiva não é uma acumulação nesse sentido. A abstinência só pode levar à acumulação do capital se já existirem relações capitalistas de produção. Para Marx, o "segredo" encontra-se na reorganização revolucionária e generalizada das relações de produção existentes e não numa expansão quantitativa da provisão de meios de produção e de subsistência. Marx ilustra sua observação referindo-se ao "cercamento dos campos" na Grã-Bretanha. Mas também examina as fontes da riqueza capitalista e a legislação que força o camponês a se transformar em trabalhador assalariado e disciplina o proletariado de modo a que este se adeque a um novo modo de vida.

O conceito de acumulação primitiva formulado por Marx é relativamente claro, mas discute-se se ele constitui o quadro adequado para a análise da transição para o capitalismo. Mesmo que se considere correta a análise que Marx fez do caso da Grã-Bretanha, não se pode admitir que ela dê conta do estabelecimento do capitalismo em outras partes, como, por exemplo, no resto da Europa. Isso levou autores como Paul Sweezy a argumentarem que a troca é a força ativa na desintegração das relações pré-capitalistas e que, consequentemente, as origens do capitalismo estão nas cidades, centros de comércio. Sweezy respondia a Maurice Dobb, que havia tomado posição semelhante à que Marx desenvolvera no livro terceiro de *O Capital* ao examinar a gênese histórica da renda da terra capitalista e do capital mercantil. Para Dobb, o capitalismo surge das contradições internas das sociedades pré-capitalistas, das quais o comércio é, no máximo, um catalisador e para as quais as relações de produção no campo são as mais significativas.

O debate entre Dobb e Sweezy, acompanhado das contribuições de outros autores, encontra-se publicado no livro de Hilton (1976). Não é apenas um exercício de história, já que tem profundas implicações para a compreensão atual do subdesenvolvimento. A questão é se o advento do capitalismo deve ser analisado com base na expansão e na penetração das relações de troca a partir de fora ou com base nas relações de classe internas que se desenvolvem e se transformam, com particular referência às formas de propriedade da terra. Brenner (1977) argumenta que o primeiro ponto de vista, associado a Sweezy, Gunder Frank e Wallerstein, entre outros, tem suas origens intelectuais na obra de Adam Smith e representa um afastamento do marxismo.

Em *A nova econômica*, Preobrajenski propõe a noção de acumulação primitiva socialista. Essa expressão abrangia uma série de políticas planejadas para a economia soviética na década de 1920 e destinadas à apropriação dos recursos das classes mais ricas para ajudar à edificação socialista por meio do planejamento estatal. Pode-se dizer que *O desenvolvimento do capitalismo na Rússia* de Lenin é uma aplicação clássica da teoria da acumulação primitiva formulada por Marx, na qual se analisa o desenvolvimento econômico da Rússia no período pré-revolucionário. (Ver também TRANSIÇÃO DO FEUDALISMO PARA O CAPITALISMO e SUBDESENVOLVIMENTO E DESENVOLVIMENTO.)

BF

Bibliografia: Brenner, Robert, "Agrarian Class Structure and Economic Development in Pre-Industrial Europe", 1976 ◎ "The Origins of Capitalist Development: a Critique of Neo-Smithian Marxism", 1977 • Dobb, Maurice, *Studies in the Development of Capitalism*, 1963 [*A evolução do capitalismo*, 1983] • Hilton, R.H. (org.), *The Transition from Feudalism to Capitalism*, 1976 • Laclau, Ernesto, "Feudalism and Capitalism in Latin America", 1971; "Feudalismo y capitalismo en América Latina" (1972) • Marglin, Stephen, "What Do Bosses Do? The Origins and Functions of Hierarchy in Capitalist Production", 1974 ["Origens e funções do parcelamento das tarefas: para que servem os patrões?", 1976] • Preobrajenski, E.A., *The New Economics*, 1965 [*A nova econômica*, 1979].

Adler, Max (Viena, 15 de janeiro de 1873 – Viena, 28 de junho de 1937.) Embora tivesse estudado direito na Universidade de Viena e fosse advogado, Adler dedicou maior parte de seu tempo a estudos filosóficos e sociológicos, lecionando posteriormente em cursos universitários e livres, e às suas atividades no Partido Social-Democrata Austríaco (SPÖ). Criou, em 1903, uma escola para trabalhadores em Viena, juntamente com Karl RENNER e Rudolf HILFERDING. Em 1904, fundou, com este último, os *Marx-Studien* (ver AUSTROMARXISMO). Associou-se, a partir da Primeira Guerra Mundial, à ala esquerda do SPÖ, apoiou vigorosamente o movimento dos conselhos de trabalhadores e foi colaborador constante de *Der Klassenkampf* (a revista da ala esquerda do Partido Social-Democrata alemão) desde o início de sua publicação em 1927. A principal contribuição de Adler para o austromarxismo foi a tentativa de estabelecer as bases epistemológicas do marxismo como teoria sociológica, na qual foi muito influenciado pelas ideias neokantianas sobre a filosofia da ciência e pelo positivismo de Ernst Mach. Mas escreveu também sobre outros assuntos e publicou estudos interessantes sobre a revolução, sobre as transformações da classe operária depois da Primeira Guerra Mundial, sobre os intelectuais e sobre o direito e o Estado, criticando a "teoria pura do direito" de Kelsen. (Ver também CONSELHOS.)

TBB

Bibliografia: Adler, Max, *Kausalität und Teleologie im Streite um die Wissenschaft*, 1904 ◎ *Der soziologische Sinn der Lehre von Karl Marx*, 1914 ◎ *Die Staatsauffassung des Marxismus: ein Beitrag zur Unterscheidung von soziologischer und juristischer Methode*, 1922 ◎ *Soziologie des Marxismus*, vols.1 e 2, 1930-1932 (1964) • Bourdet, Yvon, "Introdução", in Marx Adler, *Démocratie et conseils ouvriers*, 1967 • Heintel, Peter, *System und Ideologie: Der Austromarxismus im Spiegel der Philosophie Max Adlers*, 1967.

Adorno, Theodor (Frankfurt, 11 de setembro de 1903 – Visp, Suíça, 6 de agosto de 1969.) Theodor Wiesengrund Adorno desenvolveu, desde a escola secundária, interesse pela filosofia e pela música. Depois de doutorar-se em 1924 com um trabalho sobre Husserl, estudou composição e piano com Alban Berg e Eduard Steuermann em Viena. Em 1931, começou a lecionar filosofia na Universidade de Frankfurt, mas, com o advento do nacional-socialismo, deixou a Alemanha e foi para a Inglaterra. Quatro anos mais tarde transferiu-se para os Estados Unidos, onde ingressou no Instituto de Pesquisa Social (ver ESCOLA DE FRANKFURT). Em 1953, voltou, com o Instituto, para Frankfurt, onde recebeu uma cátedra de professor, tornando-se diretor do Instituto. Embora Adorno tenha sido um dos representantes mais destacados da Escola de Frankfurt, sua obra foi, sob muitos aspectos, singular. À primeira vista, algumas de suas concepções sobre a sociedade contemporânea parecem estranhas. Segundo Adorno, vivemos em um mundo totalmente envolvido por uma teia urdida pela BUROCRACIA, pela administração e pela tecnocracia. O indivíduo é, no seu entender, coisa do passado: a era do capital concentrado, do planejamento e da cultura de massa destruiu a liberdade pessoal. A capacidade de pensamento crítico está morta e desaparecida. A sociedade e a consciência estão "totalmente reificadas": parecem ter as qualidades de objetos naturais, a condição de formas dadas e imutáveis (ver REIFICAÇÃO).

Mas o significado do pensamento de Adorno não pode ser bem compreendido se nos concentrarmos simplesmente no conteúdo, sem levar em conta a sua forma. Por meio da "formulação provocadora", do "exagero surpreendente" e da "ênfase dramática", Adorno esperava minar as ideologias e criar condições para que o mundo social voltasse a ser visível. O amplo uso que Adorno faz do estilo ensaístico e do aforisma (particularmente evidenciado em *Minima Moralia*) reflete diretamente sua preocupação de minar todos os sistemas fechados de pensamento (o idealismo hegeliano, por exemplo, ou o marxismo ortodoxo) e evitar uma afirmação irrefletida da sociedade. Adorno expunha suas ideias valendo-se de meios e de um modo que exigem do leitor não a simples contemplação, mas um esforço crítico de reconstrução original. E sempre procurou manter vivas ou criar a capacidade de crítica independente e a receptividade para a possibilidade de uma radical transformação social.

A abrangência da obra de Adorno é surpreendente. Suas obras completas (que estão sendo publicadas em edição padronizada desde 1970) elevam-se a 23 alentados volumes (*Gesammelte Schriften*). Incluem trabalhos sobre filosofia, sociologia, psicologia, musicologia e crítica da cultura. Entre suas realizações estão uma provocante crítica de todos os princípios filosóficos primeiros e o desenvolvimento de uma abordagem materialista e dialética sem par (1966), uma importante análise (em colaboração com Max Horkheimer) da origem e da natureza da razão instrumental (1947), uma filosofia da estética (1970) e muitos estudos originais sobre a cultura, inclusive análises de figuras como Schönberg e Mahler (1949) e estudos sobre a moderna indústria do entretenimento (1964).

DH

Bibliografia: Adorno, Theodor, *Philosophie der neuen Musik*, 1949 (1972); *Philosophy of Modern Music* (1973) [*Filosofia da nova música*, 1974] ◎ *Minima Moralia: Reflexionem aus dem beschädigten Leben*, 1951 (1970); *Minima Moralia* (1974) ◎ *Prismen: Kulturkritik und Gesellschaft*, 1955; *Prisms* (1967) ◎ "Zur Verhaeltnis von Soziologie und Psychologie", 1955b; "Sociology and Psychology" (1967, 1968) ◎ *Dissonanzen*, 1956 (1963) ◎ *Noten zur Literatur*, 3 vols., 1958-1965 ◎ *Klangfiguren*, 1959 ◎ "Culture Industry Reconsidered", 1964 (1975) ◎ *Negative Dialektik*, 1966 (1970); *Negative Dialectics* (1973) ◎ *Aesthetische Theorie*, 1970 [*Teoria estética*, 1982] ◎ *Gesammelte Schriften*, 1970 • Adorno, Theodor & Max Horkheimer, *Dialektik der Aufklärung: philosophische Fragmente*, 1947 (1968); *Dialectic of Enlightenment* (1972) [*Dialética do Iluminismo*, 1984] • Adorno, Theodor et al., *The Authoritarian Personality*, 1950 (1969) • Adorno, T., W. Benjamin, M. Horkheimer & J. Habermas, *Textos escolhidos* (1980) • Buck-Morss, Susan, *The Origin of Negative Dialectics*, 1977 • Jimenez, Marc, *Adorno: art, idéologie et théorie de l'art*, 1973 • Habermas, Jurgen, *Philosophish-politische Profile*, 1971 • Kothe, Flávio René, *Benjamin e Adorno: confrontos*, 1978 • Rose, Gillian, *The Melancholy Science*, 1978 • Na Bibliografia Geral, ao final deste volume, há uma relação mais completa das obras de Adorno editadas em várias línguas.

agnosticismo Ao rejeitar qualquer esforço muito laborioso para negar a existência de Deus, Engels parece julgar essa tarefa não só pouco convincente, como também uma perda de tempo (*Anti-Duhring*, parte I, cap.IV). Para ele e para Marx, a religião, exceto como fenômeno histórico e social, não era muito mais do que uma história da carochinha. A posição agnóstica de conservar o espírito aberto em relação ao assunto ou de admitir Deus como uma possibilidade não provada não era de tipo a ser levada muito a sério por eles. Marx e Engels consideraram a Reforma como "revolucionária" porque representou o desafio de uma nova classe ao feudalismo, mas também, a longo prazo, porque a derrocada da velha Igreja abria caminho para uma secularização gradual do pensamento entre as classes alfabetizadas, passando a religião a ser considerada, cada vez mais, apenas como uma questão privada.

Marx escreveu em 1854, num ensaio intitulado "A decadência da autoridade religiosa", publicado como artigo de fundo do jornal *New York Daily Tribune*, que, a partir da Reforma, as pessoas alfabetizadas" começaram a livrar-se individualmente de todas as crenças religiosas": na França como nos países protestantes, a partir do século XVIII aproximadamente, quando a filosofia conquistou seu lugar de maneira definitiva. O deísmo era, a seus olhos, muito semelhante ao agnosticismo, uma forma cômoda de livrar-se de dogmas desgastados. Por ter alarmado as classes superiores, a Revolução Francesa provocou uma transformação, grande mas superficial, e uma aliança explícita entre tais classes e as Igrejas, que as agitações de 1848 fizeram reviver. Mas esta era já, então, uma aliança precária, e a autoridade eclesiástica só era reconhecida pelos governos na medida em que isso lhes era conveniente. Marx ilustrou essa situação mostrando como, na Guerra da Crimeia, deflagrada em 1854, em que a Grã-Bretanha e a França tomaram o partido da Turquia, os cleros protestante e católico desses países viram-se obrigados a orar pela vitória de infiéis contra cristãos. Isso, na opinião de Marx, faria de tais cleros, no futuro, ainda mais claramente, criaturas dos políticos.

Segundo Engels, os estrangeiros cultos que se transferiam para a Inglaterra em meados do século surpreendiam-se com a solenidade religiosa ainda encontrada entre as classes médias naquele país, mas as influências cosmopolitas já estavam começando a se fazer sentir e a ter o que ele chamou de efeito civilizador em *Sobre o materialismo histórico*. A decadência da fé, que poetas como Tennyson e Arnold lamentaram com acentos patéticos, tocava-o pelo lado cômico. O agnosticismo passou a ser tão respeitável quanto a Igreja Anglicana, escreveu ele em 1892, e muito mais do que o Exército da Salvação; não passava, na realidade, de um materialismo "envergonhado" ("Introdução" a *Do socialismo utópico ao socialismo científico*). Engels analisou o agnosticismo em seu sentido filosófico, de incerteza quanto à realidade da matéria ou de causação, e foi dessa maneira que a expressão foi usada mais comumente pelos marxistas que vieram depois dele. Lenin, em particular, em sua polêmica contra o empiriocriticismo (1908, cap.II, 2) esforçou-se por sustentar que as novas ideias de Mach e de sua escola positivista não eram realmente diferentes das velhas ideias que haviam tido origem com Hume e que Engels havia combatido como uma forma perniciosa de agnosticismo. Admitir que nossas sensações têm origem física, mas tratar como questão aberta a possibilidade de que nos proporcionem informações corretas sobre o universo físico, era, na opinião de Lenin, apenas jogar com as palavras. (Ver também FILOSOFIA.)

VGK

Bibliografia: Lenin, V.I., *Materialism and Empiriocriticism*, 1908 (1962) [*Materialismo e empiriocriticismo*, 1975].

alienação No sentido que lhe é dado por Marx, ação pela qual (ou estado no qual) um indivíduo, um grupo, uma instituição ou uma sociedade se tornam (ou permanecem) alheios, estranhos, enfim, alienados [1] aos resultados ou produtos de sua própria atividade (e à atividade ela mesma), e/ou [2] à natureza na qual vivem, e/ou [3] a outros seres humanos, e – além de, e através de, [1], [2] e [3] – também [4] a si mesmos (às suas possibilidades humanas constituídas historicamente). Assim concebida, a alienação é sempre alienação de si próprio ou autoalienação, isto é, alienação do homem (ou de seu ser próprio) em relação a si mesmo (às suas possibilidades humanas), através dele próprio (pela sua própria atividade). E a alienação de si mesmo não é apenas uma entre outras formas de alienação, mas a sua própria essência e estrutura básica. Por outro lado, a "autoalienação" ou alienação de si mesmo não é apenas um conceito (descritivo), mas também um apelo em favor de uma modificação revolucionária do mundo (desalienação).

O conceito de alienação, considerado hoje como um dos conceitos centrais do marxismo e amplamente usado tanto por marxistas como não marxistas, só entrou para os dicionários de filosofia na segunda metade do século XX. Antes, porém, era considerado como um importante termo filosófico e foi muito usado mesmo fora da filosofia: na vida cotidiana, no sentido de afastamento de antigos amigos ou companheiros; na teoria econômica e no direito, como termo para designar a transferência da propriedade de uma pessoa para outra (compra e venda, roubo, doação); na medicina e na psiquiatria, como nome para o desvio da normalidade, a insanidade. E antes de se ter desenvolvido como um "conceito" metafilosófico (revolucionário) com Marx, foi usado como conceito filosófico por HEGEL e por FEUERBACH. Em seus comentários sobre a alienação, Hegel teve, por sua vez, vários predecessores, alguns dos quais usaram a palavra sem se aproximarem de seu significado hegeliano (ou marxista); outros foram precursores da ideia sem usar a expressão, e, em alguns casos, houve até mesmo uma espécie de encontro entre a ideia e o termo que a indica.

A doutrina cristã do pecado original e da redenção tem sido considerada por muitos autores como uma das primeiras versões da história da alienação e da desalienação do homem. Alguns deles insistiram em que o conceito de alienação teve sua primeira expressão no pensamento ocidental no conceito de idolatria do Velho Testamento. A relação entre os seres humanos e o Logos, em Heráclito, também pode ser analisada em termos de alienação. E alguns comentaristas sustentaram que a origem da concepção que Hegel tinha da natureza como forma autoalienada do Espírito Absoluto pode ser encontrada na interpretação de Platão do mundo natural como uma imagem imperfeita do nobre mundo das Ideias. Na época moderna, a terminologia e a problemática da alienação encontram-se especialmente nos teóricos do Contrato Social. Assim, Hugo Grotius usou a expressão alienação para designar a transferência para outra pessoa da autoridade soberana do homem sobre si mesmo. Mas, a despeito do uso da expressão (como em Grotius) ou não (como em Hobbes e Locke), a própria ideia do Contrato Social pode ser vista como uma tentativa de fazer progressos no sentido da desalienação (conseguir maior liberdade, ou pelo menos maior segurança), por meio de uma alienação parcial deliberada. Essa lista de precursores poderia ser facilmente ampliada. Mas provavelmente não há nenhum pensador antes de Hegel que possa ser lido e compreendido em termos da alienação e desalienação melhor do que Rousseau. Para mencionarmos apenas dois entre os aspectos mais relevantes, a oposição estabelecida por Rousseau entre o homem natural (*l'homme de la nature, l'homme naturel, le sauvage*) e o homem social (*l'homme policé, l'homme civil, l'homme social*) poderia ser comparada com a oposição entre o homem não alienado e o homem autoalienado, e o projeto rousseauniano de superação da contradição entre a *volonté générale* e a *volonté particulière* pode ser considerado como um programa para a abolição da alienação. Mas apesar de todos os precursores, e de Rousseau inclusive, a verdadeira história filosófica da alienação começa com Hegel.

Embora a ideia de alienação, sob o nome de *Positivität* (positividade), surja nos primeiros escritos de Hegel, seu desenvolvimento explícito como termo filosófico tem início na *Phänomenologie des Geistes* (*Fenomenologia do Espírito*). E embora o seu estudo esteja concentrado de forma mais direta na seção da obra intitulada "O espírito alienado de si mesmo; Cultura", a alienação é, na realidade, o conceito central e a ideia mais importante de todo o livro. Da mesma maneira, embora não exista uma análise concentrada e explícita da alienação em suas obras posteriores, todo o sistema filosófico de Hegel, tal como apresentado de forma resumida em sua *Enzyklopädie der philosophischen Wissenschaften* (*Enciclopédia das ciências filosóficas*), e mais extensivamente em suas demais obras e conferências posteriores, foi construído com a ajuda das ideias da alienação e desalienação.

Em um sentido básico, o conceito de autoalienação aplica-se, em Hegel, ao Absoluto. A Ideia Absoluta (Espírito Absoluto), que para ele é a única realidade, é um Eu dinâmico envolvido em um processo circular de alienação e desalienação. Torna-se alienado de si mesmo na Natureza (que é a forma autoalienada da Ideia Absoluta) e volta de sua autoalienação no Espírito Finito, o homem (que é o Absoluto no processo de desalienação). A autoalienação e a desalienação são, dessa maneira, a forma do Ser do Absoluto.

Em outro sentido básico (que resulta diretamente do primeiro), a autoalienação pode ser aplicada ao Espírito Finito, ou homem. Na medida em que é um ser natural, o homem é um espírito alienado de si. Mas, na medida em que é um ser histórico, capaz de conseguir um conhecimento adequado do Absoluto (o que significa também conhecer a natureza e a si mesmo), o homem é capaz de se tornar um ser desalienado, realizando o Espírito Finito a sua vocação para a construção do Absoluto. Assim, a estrutura básica do homem também pode ser descrita como autoalienação ou alienação de si e desalienação.

Há um outro sentido no qual a alienação pode ser atribuída ao homem. É uma característica essencial do Espírito Finito (homem) produzir coisas, expressar-se em objetos, objetificar-se em coisas físicas, instituições sociais e produtos culturais. E toda objetificação é necessariamente um exemplo de alienação: os objetos produzidos tornam-se alheios ao produtor. A alienação, nesse sentido, só pode ser superada no sentido de ser conhecida de maneira adequada.

Vários outros sentidos de alienação foram descobertos em Hegel, pelos estudiosos de sua obra. Schacht, por exemplo, concluiu ter Hegel usado o termo em dois sentidos bastante diferentes: "alienação^1", que significa "uma separação ou relação discordante como a que poderia existir entre o indivíduo e a substância social, ou (como alienação de si) entre a condição real e a natureza essencial" e "alienação^2" que significa "entrega ou sacrifício da particularidade e da intencionalidade, em conexão com a superação da alienação^1 e o restabelecimento da unidade" (Schacht, 1970, p.35).

Em sua crítica da filosofia de Hegel publicada em 1839 e em outros escritos, como *Das Wesen des Christentums* (*A essência do cristianismo*, 1841) e *Grundsätzer der Philosophie der Zukunft* (*Os princípios da filosofia do futuro*, 1843) Feuerbach criticou a concepção hegeliana de que a natureza é uma forma autoalienada do Espírito Absoluto e o homem é o Espírito Absoluto no processo de desalienação. Para Feuerbach, o homem não é Deus autoalienado, mas Deus é o homem autoalienado: é apenas a essência abstraída do homem, absolutizada e dele distanciada. Assim, o homem aliena-se de si mesmo ao criar e colocar acima de si um ser superior estranho e imaginado, e ao curvar-se ante ele, como escravo. A desalienação do homem consiste na abolição daquela imagem "estranhada" do homem que é Deus.

O conceito de alienação de Feuerbach foi criticado e ampliado primeiramente por Moses Hess, mas uma crítica, na mesma linha, foi realizada de maneira mais completa e profunda pelo então amigo mais jovem de Hesse, Karl Marx (especialmente nos *Manuscritos econômicos e filosóficos*). Marx louvou Hegel por ter considerado "a autocriação do homem como um processo, a objetificação como a perda do objeto, como alienação e transcendência dessa alienação (...)" (Terceiro Manuscrito). Mas criticou Hegel por ter identificado a objetificação com a alienação e por ter considerado o homem como autoconsciência e a alienação do homem como a alienação de sua consciência: "Para Hegel, *a vida humana, o homem*, é equivalente à *autoconsciência*. Toda alienação da vida humana *não passa*, portanto, de *alienação da autoconsciência* (...). Toda reapropriação da vida objetiva alienada surge, portanto, como uma incorporação na autoconsciência" (ibid.).

Marx concordava com a crítica de Feuerbach à alienação religiosa, mas ressaltava que esta é apenas uma entre as várias formas de alienação humana. O homem não só aliena parte de si mesmo na forma de Deus, como também aliena outros produtos de sua atividade espiritual na forma de filosofia, senso comum, arte, moral; aliena os produtos de sua atividade econômica na forma da mercadoria, do dinheiro, do capital; e aliena produtos de sua atividade social na forma do Estado, do direito, das instituições sociais. Há muitas formas nas quais o homem aliena de si mesmo os produtos de sua atividade e faz deles um mundo de objetos separado, independente e poderoso, com o qual se relaciona como um escravo, impotente e dependente. Mas o homem não só aliena de si mesmo seus próprios produtos, como também se aliena a si próprio da atividade mesma pela qual esses produtos são criados, da natureza na qual vive e dos outros homens. Todos esses tipos de alienação são, em última análise, a mesma coisa: são aspectos diferentes, ou formas, da alienação do homem, formas diferentes da alienação que se produz entre o homem e a sua "essência" ou sua "natureza" humana, entre o homem e sua humanidade.

> Assim como o trabalho alienado [1] aliena do homem a natureza e [2] aliena o homem de si mesmo, de sua própria função ativa, de sua atividade vital, ele o aliena da própria espécie (...) [3] (...). Ele (o trabalho alienado) aliena do homem o seu próprio corpo, sua natureza externa, sua vida espiritual e sua vida *humana* (...). [4] Uma consequência direta da alienação do homem com relação ao produto de seu trabalho, a sua atividade vital e à vida de sua espécie é o fato de que o homem *se aliena* dos outros *homens* (...). Em geral, a afirmação de que o homem está alienado da vida de sua espécie significa que todo homem está alienado dos outros e que todos os outros estão igualmente alienados da vida humana (...). Toda alienação do homem de si mesmo e da natureza surge na relação que ele postula entre outros homens, ele próprio e a natureza. (*Manuscritos econômicos e filosóficos*, Primeiro Manuscrito)

A crítica (o desmascaramento) da alienação não foi um fim em si mesmo para Marx. Seu objetivo era preparar o caminho para uma revolução radical e para a realização do comunismo, compreendido como "a reintegração do homem, seu retorno a si mesmo, a superação da alienação do homem", como "a abolição *positiva* da *propriedade privada*, da *alienação humana* e, com isso, como a *apropriação* real da natureza *humana* através do homem e para o homem (Terceiro Manuscrito). Embora as expressões alienação e desalienação não sejam muito usadas nos últimos escritos de Marx, todos eles, inclusive *O Capital*, apresentam uma crítica do homem e da sociedade alienados existentes, e encerram um apelo à desalienação. E há pelo menos uma grande obra da fase final de Marx, os *Grundrisse*, em que a terminologia da alienação é amplamente usada.

Os *Manuscritos econômicos e filosóficos* foram publicados pela primeira vez em 1932 e os *Grundrisse*, publicados em 1939, só se tornaram acessíveis na prática depois de sua reedição em 1953. Talvez essas tenham sido algumas das principais razões "teóricas" (houve também razões práticas) para que fossem negligenciados os conceitos de alienação e desalienação em todas as interpretações de Marx (e na discussão filosófica em geral) durante o final do século XIX e nas primeiras décadas do século XX. Alguns aspectos importantes da alienação foram examinados pela primeira vez em *Geschichte und Klassenbewusstsein* (*História e consciência de classe*), de Lukács, que aprofundou a discussão da REIFICAÇÃO, mas não há nenhum estudo geral e explícito da alienação no livro. Assim, a temática só foi retomada depois da publicação dos *Manuscritos econômicos e filosóficos* em 1932. Marcuse (1932) foi dos primeiros a ressaltar a importância dos *Manuscritos* e a chamar a atenção para o conceito de alienação que apresentavam. Auguste Cornu (1934) foi dos primeiros a estudar o "jovem Marx" de maneira mais cuidadosa, e Henri Lefebvre (1939) talvez tenha sido o primeiro a tentar introduzir o conceito de alienação na interpretação tradicional de Marx.

Uma discussão mais geral e aprofundada da alienação teve início depois da Segunda Guerra Mundial. Dela participaram não só autores marxistas, mas também pensadores existencialistas e personalistas, e não apenas filósofos, mas também psicólogos (particularmente psicanalistas), sociólogos, críticos literários e escritores. Entre os não marxistas, Martin Heidegger foi quem deu um importante impulso à discussão da alienação. Em *Sein und Zeit* (*O Ser e o Tempo*, 1927), ele usou *Entfremdung* para descrever um dos traços básicos do modo inautêntico do Ser do homem, e em 1947 ressaltou a importância da alienação. Certos autores viram uma analogia entre o conceito de alienação de Marx e a noção de *Seinsvergessenheit* de Heidegger e também entre a concepção marxista de revolução e o conceito de *Kehre* de Heidegger. Novas perspectivas igualmente importantes foram propostas por Jean-Paul Sartre, que pensou a "alienação" tanto em sua fase existencialista como em sua fase marxista; por P. Tilich, em cuja combinação de teologia protestante, filosofia existencial e marxismo o conceito de alienação tem papel importante; por Alexandre Kojève, que interpretou Hegel com a ajuda de indicações do jovem Marx; por Jean Hyppolite, que examinou a alienação (especialmente a relação entre esta e a objetificação) em Hegel e Marx; por Jean-Yves Calvez, cuja crítica a Marx, de um ponto de vista cristão, baseou-se numa interpretação do pensamento de Marx como crítica de diferentes formas de alienação, e por Hans Barth, cuja discussão da relação entre verdade e ideologia envolve um exame detalhado da questão.

Entre os marxistas, Lukács estudou a alienação em Hegel (particularmente no jovem Hegel) e em Marx e tentou especificar seu próprio conceito de alienação (e sua relação com a reificação). Ernst Bloch valeu-se do conceito sem nele insistir particularmente, tentando estabelecer uma distinção clara entre *Entfremdung* e *Verfremdung*. Finalmente, Erich Fromm não só estudou cuidadosamente o conceito de alienação em Marx, como também fez dele uma chave para a análise, em seus trabalhos sociológicos, psicológicos e filosóficos.

Os marxistas que tentaram reviver e desenvolver a teoria da alienação de Marx nas décadas de 1950 e 1960 foram muito criticados pelo seu idealismo e pelo seu hegelianismo: de um lado, pelos representantes da versão oficial (stalinista) de Marx e, de outro, pelos chamados marxistas estruturalistas (por exemplo, Louis Althusser). Esses adversários da teoria da alienação insistiram em que aquilo que era chamado de alienação no jovem Marx era denominado, de maneira muito mais adequada, em obras posteriores, por termos científicos propriedade privada, dominação de classe, exploração, divisão do trabalho, etc. Mas argumentou-se em resposta que os conceitos de alienação e desalienação não podem ser totalmente reduzidos a nenhum (ou a todos) dos conceitos apresentados para substituí-lo e que, para uma interpretação verdadeiramente revolucionária de Marx, aquele conceito era indispensável. Em consequência desses debates, o número de marxistas que ainda se opõem a qualquer uso do conceito de alienação diminuiu consideravelmente.

Muitos dos que estavam prontos a aceitar o conceito de alienação de Marx não aceitavam o conceito de alienação de si, que lhes parecia não histórico, porque deixa implícita a existência de uma essência ou natureza humana fixa e inalterável (ver NATUREZA HUMANA). Argumentou-se, em contraposição a tal concepção, que a alienação de si mesmo devia ser considerada não como uma alienação de uma natureza humana factual ou ideal ("normativa"), mas como alienação das possibilidades humanas criadas historicamente, em especial da capacidade humana de liberdade e criatividade. Assim, em lugar de sustentar uma interpretação estática ou não histórica do homem, a ideia de alienação de si traz um clamor pela renovação constante e pelo desenvolvimento do homem. Esse aspecto foi bastante ressaltado por Kangrga: ser autoalienado significa "ser autoalienado de si-mesmo como obra (*Werk*) de si mesmo, da autoatividade, da autoprodução, da autocriação; ser alienado da história como práxis humana e como um produto humano" (1967, p.27). Assim, "o homem está alienado ou autoalienado quando não se está tornando um homem" e isso ocorre quando "aquilo que ele é e foi é tomado como a verdade única e autêntica", ou quando o homem opera "dentro de um mundo já feito e não atua de uma maneira prática e crítica (em um sentido revolucionário)" (1967, p.27).

Outro aspecto controverso é se a alienação aplica-se em primeiro lugar aos indivíduos ou à sociedade como um todo. De acordo com os que a consideram como aplicável em primeiro lugar aos indivíduos, o desajustamento do homem à sociedade na qual vive é indício de sua alienação. Já, por exemplo, Fromm (1955) argumentou que uma sociedade também pode estar enferma ou alienada, de modo que o homem não adaptado à sociedade existente não está necessariamente "alienado". Muitos dos que consideram a alienação como uma forma aplicável apenas às pessoas ainda a tornam mais limitada, vendo-a como um conceito exclusivamente psicológico, que se refere a um sentimento ou estado de espírito. Assim, de acordo com Eric e Mary Josephson, a alienação é "um sentimento individual, ou um estado de dissociação do eu dos outros e do mundo em geral" (Josephson e Josephson 1962, p.191). Outros autores ainda insistiram em que a alienação não é simplesmente um sentimento, mas em primeiro lugar um fato objetivo, uma maneira de ser. Dessa forma, A.P. Ogurtsov, na *Enciclopédia de filosofia* soviética define alienação como "a categoria filosófica e sociológica que expressa a transformação objetiva da atividade do homem e de seus resultados numa força independente, que o domina e lhe é contrária, e também a correspondente transformação do homem de sujeito ativo em objeto do processo social".

Alguns dos autores que caracterizam a "alienação" com um estado de espírito consideram-na como um fato ou conceito da psicopatologia; outros insistem em que, embora a alienação não seja "boa" ou desejável, não é rigorosamente patológica. Acrescentam muitas vezes que deve haver uma distinção entre a alienação e dois conceitos correlatos, mas não idênticos – anomia e desorganização pessoal. "A alienação refere-se ao estado psicológico de um indivíduo caracterizado por sentimentos de distanciamento, enquanto a anomia se refere à relativa anormalidade de um sistema social. A desorganização pessoal refere-se ao comportamento desordenado resultante de conflito interno no indivíduo" (M. Levin, in Josephson e Josephson 1962, p.228).

A maioria dos teóricos da alienação estabeleceram uma distinção entre diferentes formas desse fenômeno. Por exemplo, Schaff (1980) encontra duas formas básicas: alienação objetiva (ou simplesmente alienação) e alienação subjetiva (ou autoalienação). E. Schachtel vê quatro formas (a alienação do homem em relação à natureza, em relação a seus semelhantes, em relação ao trabalho de suas mãos e espíritos, e em relação a si mesmo). M. Seeman aponta quatro outras (impotência, falta de significação, isolamento social, falta de norma e autodistanciamento). Cada uma dessas classificações tem méritos e deméritos. Assim, em lugar de tentar compilar uma lista completa dessas formas, alguns estudiosos procuraram esclarecer os critérios básicos segundo os quais tais classificações deveriam ser (ou foram, na realidade) feitas.

Uma questão muito discutida é se a autoalienação é uma propriedade essencial, imperecível, do homem enquanto homem, ou se é característica apenas de uma fase histórica da evolução humana. Alguns filósofos (em particular os existencialistas) sustentaram que a alienação é um momento estrutural permanente da existência humana. Além de sua existência autêntica, o homem também leva uma existência não autêntica, sendo ilusório esperar que ele algum dia poderá viver apenas autenticamente. A concepção oposta é a de que o ser humano, originalmente não alienado, no curso de sua evolução alienou-se de si mesmo, mas voltará, no futuro, a si mesmo. Tal concepção encontra-se em Engels e em muitos pensadores marxistas de hoje; o próprio Marx parece ter achado que o homem sempre fora, até então, alienado, mas não obstante poderia e deveria voltar a vir a ser ele mesmo.

Entre os que aceitaram a concepção de que o comunismo é uma desalienação houve diferentes perspectivas sobre as possibilidades, limites e formas da desalienação. Assim, de acordo com uma das respostas disponíveis, a desalienação absoluta é possível: toda alienação – social e individual – pode ser abolida de uma vez por todas. Os representantes mais radicais desse ponto de vista otimista afirmam até mesmo que toda alienação já foi eliminada em princípio dos países socialistas, onde só existe sob a forma de insanidade individual ou como um "resquício de capitalismo" insignificante. Não é difícil ver os problemas dessa interpretação. A desalienação absoluta só seria possível se a humanidade fosse alguma coisa definitiva e inalterável. E, de um ponto de vista factual, é fácil ver que, naquilo que se chama de "socialismo", não só formas antigas de alienação, mas também muitas formas "novas", existem. Assim, contra os defensores da desalienação absoluta sustentou-se que só é possível uma desalienação relativa. De acordo com tal concepção, não é possível eliminar toda a alienação, mas pode-se criar uma sociedade basicamente não alienada que estimule o desenvolvimento de indivíduos não autoalienados, realmente humanos.

Dependendo da interpretação da essência da alienação, os meios recomendados para a sua superação também têm sido distintos. Aqueles que consideram a autoalienação como um fato "psicológico" questionam a importância, e até mesmo a relevância, de qualquer modificação externa nas "circunstâncias" e sugerem que o esforço moral do indivíduo, "uma revolução interior", é a única cura. E aqueles que consideram a autoalienação como um fenômeno neurótico são coerentes ao oferecer para ela um tratamento psicanalítico. No outro extremo, estão os filósofos e sociólogos que se aferram a essa variante degenerada do marxismo que é o "determinismo econômico" e consideram os indivíduos como produtos passivos da organização social (e em particular, da econômica). Para esses autores marxistas, o problema da desalienação reduz-se ao problema da transformação social, e este ao problema da abolição da propriedade privada.

Em contraposição às duas interpretações apresentadas acima, foi proposta uma terceira concepção, em que a desalienação da sociedade está intimamente ligada à desalienação dos indivíduos, de tal modo que é impossível realizar uma sem a outra, ou reduzir uma à outra. É possível criar um sistema social que seja favorável ao desenvolvimento de pessoas desalienadas, mas não é possível organizar uma sociedade que produzisse automaticamente tais pessoas. Um indivíduo só se pode transformar num ser não alienado, livre e criativo por meio de sua própria atividade. Mas não só a desalienação não pode ser reduzida à desalienação da sociedade, como esta, por sua vez, não pode ser concebida simplesmente como uma mudança na organização da economia que será seguida automaticamente por uma mudança em todas as outras ou aspectos da vida humana. Longe de ser um dado eterno da vida social, a divisão da sociedade em esferas mutuamente independentes e conflitantes (economia, política, direito, artes, moral, religião, etc.) e a predominância da esfera econômica são, segundo Marx, características de uma sociedade alienada. A desalienação da própria sociedade é, portanto, impossível, sem a abolição da alienação que as diferentes atividades humanas guardam umas das outras.

Igualmente, o problema da desalienação da vida econômica não pode ser resolvido pela simples abolição da propriedade privada. A transformação desta em propriedade estatal não introduz uma transformação essencial na situação do trabalhador ou do produtor. A desalienação da vida econômica também exige a abolição da propriedade estatal com sua transformação em propriedade social real, e isso não se pode realizar sem que se organize a totalidade da vida social com base na autogestão dos produtores imediatos. Mas, se a autogestão dos produtores é uma condição necessária da desalienação da vida econômica, ela não é, por si, condição suficiente. Não resolve automaticamente o problema da desalienação na distribuição e no consumo, e não é em si suficiente nem mesmo para desalienar a produção. Certas formas da alienação da produção têm suas raízes na natureza dos meios modernos de produção e por isso não podem ser eliminadas por uma mera mudança da forma de gerir a produção.

GP

Bibliografia: Cornu, Auguste, *La jeunesse de Karl Marx*, 1934 • Fromm, Erich, *The Sane Society*, 1955 [*Psicanálise da sociedade contemporânea*, 1983] ◎ *Marx's Concept of Man*, 1961 [*O conceito marxista do homem*, 1979] • Gabel, Joseph, "La fausse conscience", 1967 • Israel, Joachim, *Der Begriff Entfremdung*, 1972 • Jahn, W., "Le contenu économique du concept d'aliénation Du travail dans les oeuvres de jeunesse de Mar", 1960 • Josephson, Eric e Mary (orgs.), *Man Alone Alienation in Modern Society*, 1962 • Kangrga, Milan, "Das Problem der Entfremdung in Marxs Werk", 1967 • Konder, Leandro, *Marxismo e alienação*, 1965 • Lefebvre, Henri, *Le maitérialisme dialectique*, 1939 • Marcuse, Herbert, "Neuen Quellen zur Grundlegung des historischen Materialismus: Interpretationem der neuveroeffentlichen Manuskripte von Marx", 1932 (1969) ["Novas fontes para a fundamentação do materialismo histórico: Interpretação dos recém-publicados manuscritos de Marx" (1968)] • Mészaros, István, *Marx's Theory of Alienation*, 1970 [*Marx: a teoria da alienação*, 1981] • Naville, Pierre, "De l'aliénation à la jouissance", 1967 ◎ *De l'aliénation à la jouissance*, 1970 • Ollman, Bertell, *Alienation: Marx's Conception of Man in Capitalist Society*, 1971 (1976) • Petrovié, Gajo, *Marx in the Mid-Twentieth Century*, 1967 • Schacht, Richard, *Alienation*, 1970 • Schaff, Adam, *Alienation as a Social Phenomenon*, 1980 • Sève, Lucien, "Analyses marxistes de l'alienation", 1974 • "Sur le jeune Marx", *Recherches Internationa-*

les à la Lumière du Marxisme, n.19, 1960 • Vranicki, Predrag, "Socialism and the Problem of Alienation", in E. Fromm (org.), *Socialist Humanism*, 1965.

Althusser, Louis (Birmandreis, Argélia, 16 de outubro de 1918.) Em princípios da década de 1960, Louis Althusser, comunista e filósofo francês, propôs uma leitura da obra de Marx que em pouco tempo passaria a exercer significativa influência. Com a publicação de *Pour Marx* (1965) e *Lire le Capital* (1966), essa interpretação do marxismo conquistou um público internacional. Teve origem como um questionamento dos temas humanistas e hegelianos, então muito comuns na discussão da obra de Marx e inspirados pelos seus primeiros escritos, e sugeria uma nova concepção da filosofia marxista.

Althusser procurou impugnar a importância atribuída por muitos a esses primeiros escritos, argumentando que, apesar das semelhanças superficiais entre eles e a obra amadurecida de Marx, tratava-se, no caso, de dois modos de pensar radicalmente distintos. Segundo Althusser, a *problemática* – isto é, o quadro ou sistema teórico que determina a significação de cada conceito específico, as questões suscitadas, as proposições centrais e as omissões – dos primeiros escritos e a da produção madura de Marx são fundamentalmente diferentes. O jovem Marx nos propõe um drama ideológico da alienação e da autorrealização humanas, tendo a condição humana como a autora de seu destino que se desdobra e realiza, aproximadamente como o espírito do mundo em Hegel. No outro Marx, porém, temos uma ciência, o materialismo histórico, a teoria das formações sociais e de sua história, os conceitos de sua explicação estrutural: as forças produtivas e as relações de produção, a determinação pela economia, a superestrutura, o Estado, a ideologia. Os dois sistemas de pensamento estão separados por *corte ou cesura epistemológica* (pela qual uma nova ciência surge de sua pré-história ideológica) e essa cesura ou ruptura é revelada, segundo Althusser, por uma leitura crítica da obra de Marx, capaz de discernir em seu discurso, em suas falas como em seus silêncios, os *sintomas* de sua problemática subjacente.

As noções desenvolvidas nessa periodização do pensamento de Marx – problemática, cesura epistemológica e a ideia de uma assim chamada *leitura sintomal* –, foram propostas por Althusser como pertencentes, elas próprias, à nova filosofia revolucionária inaugurada *por* Marx. Essa filosofia, o materialismo dialético, está implícita nos fundamentos da ciência do materialismo histórico – embora necessite, por ser apenas implícita, de articulação e desenvolvimento – e constitui, em primeira instância, uma epistemologia, uma teoria do conhecimento ou da ciência. O principal alvo dessa filosofia é o empirismo, uma visão do conhecimento na qual o sujeito que conhece enfrenta o objeto real descobrindo sua essência pela abstração e que busca, a partir dessa suposição de um encontro direto do pensamento com a realidade, de uma visão não mediada do objeto pelo sujeito, garantias externas da verdade do conhecimento. À concepção do conhecimento como uma visão, o materialismo dialético opõe a sua concepção do conhecimento como produção, como uma prática teórica, constituindo, portanto, ele próprio, materialismo dialético, a *teoria da prática teórica* (ver TEORIA DO CONHECIMENTO).

Essa prática, segundo Althusser, tem lugar inteiramente dentro do pensamento. Ela opera sobre um objeto teórico, não se defrontando jamais com o objeto real enquanto tal, embora seja esse objeto que pretende conhecer. Em lugar desse objeto exterior, porém, a prática teórica deve haver-se com o que Althusser chamou de *Generalidades I, II* e *III*. A Generalidade I é uma matéria-prima teórica composta de ideias e abstrações. A Generalidade II são os meios conceituais de produção (a problemática já mencionada) que atuam sobre a Generalidade I. E a Generalidade III é o produto desse processo, uma entidade teórica transformada, o novo conhecimento. A prática teórica não precisa de garantias externas da validade do conhecimento, já que toda ciência dispõe de modos internos de prova com os quais validar seus próprios produtos. Ela é governada pelas exigências internas do conhecimento e não por exigências extrateóricas, interesses da sociedade ou de classes. Autônoma portanto e não fazendo parte da superestrutura, mas com um curso evolutivo próprio, de algum modo distante das vicissitudes da história social, a prática teórica ou científica distingue-se da prática ideológica, e também da prática política e da prática econômica. Todas estas são, porém, igualmente práticas, modalidades de produção. Partilham uma estrutura formal comum, tendo cada uma sua matéria-prima própria e seus próprios meios de produção, processos de produção e produtos. Assim é o mundo. Sendo em primeiro lugar uma epistemologia, o materialismo dialético encerra também sua ontologia, a teoria da natureza última e dos constituintes do ser.

A realidade, insiste Althusser, é irredutivelmente complexa e variada, sujeita à causação múltipla, numa palavra é *sobredeterminada*, e o conceito científico, marxista, de totalidade social não deve consequentemente ser confundido com o hegeliano, cuja complexidade é apenas aparente. As características diferentes de uma época histórica, segundo Hegel, sua economia, estrutura política, arte, religião, são todas expressões de uma única essência, ela própria apenas uma etapa no desenvolvimento do espírito do mundo. Sendo cada totalidade sucessiva assim concebida como *expressiva*, a explicação da história torna-se reducionista, simplificando-se para chegar a uma origem central única. Até mesmo o marxismo sofreu desse vício, em algumas de suas formulações desviantes: o ECONOMISMO, no qual os elementos da superestrutura são considerados apenas como efeitos passivos de uma determinação generalizada da base econômica (ou infraestrutura); o HISTORICISMO, cujo erro específico está em, ao assimilar todas as práticas sob um presente histórico comum, relativizar o conhecimento, privar a ciência de sua autonomia e tratar o próprio marxismo não como uma ciência objetiva, mas como a autoexpressão do mundo contemporâneo, da consciência de classe ou do ponto de vista do proletariado. Compreendida devidamente, porém, uma formação social não tem essência ou centro – é, portanto *descentrada*. É uma hierarquia de práticas ou estruturas genuinamente diferentes entre si. E, embora, entre elas, a econômica seja causalmente primordial, as outras são relativamente autônomas, possuindo uma *eficácia específica própria* e, em certo grau, histórias independentes. Em certas circunstâncias podem até mesmo desempenhar o papel dominante. O nível econômico é determinante apenas em última instância.

Tudo isso – que é vital para a política marxista: que a sociedade seja compreendida, e cada conjuntura histórica analisada, em toda a sua complexidade – foi resumido por Althusser quando definiu a formação social uma *estrutura com dominante*. Sua causalidade, por ele batizada de *estrutural* (ver ESTRUTURALISMO), governa o desenvolvimento histórico. Os seres humanos não são os autores ou os sujeitos desse processo que, descentrado, não tem sujeito que o acione. São apoios, efeitos, das estruturas e das relações da formação social. Marx, de acordo com Althusser, rejeitou a ideia de uma essência ou natureza humana universal, adotando, portanto, um anti-humanismo teórico.

A obra de Althusser provocou fortes reações, tanto favoráveis como contrárias. Um julgamento não apaixonado será mais equilibrado. Embora algumas vezes formulados numa retórica exagerada, e mesmo pretensiosa, alguns de seus conceitos são importantes, especialmente no momento em que foram formulados. Uma nova teoria realmente surge dos escritos de Marx a partir de 1845, e essa teoria, que constitui a concepção materialista da história, é superior, cognitiva e politicamente, à sua obra anterior. Os méritos de Althusser estão em ter insistido nisso e em o ter feito de uma forma antirreducionista, em ter enfatizado a autonomia relativa da ciência, e ainda em ter feito ver que o próprio Marx acreditava na possibilidade do conhecimento científico objetivo, como indubitavelmente acreditava, aspirando inclusive a para ele contribuir. Entretanto, a noção de problemática e as noções correlatas também tiveram resultados menos salutares. À parte seu absurdo teórico, a afirmação de que Marx rejeitou *todo e qualquer* conceito de natureza humana é textualmente insustentável. O mesmo acontece com o argumento de Althusser de que mesmo uma sociedade comunista terá sua ideologia, sua representação imaginária do real: certo ou errado, na maturidade como na juventude Marx sempre pensou em uma sociedade transparente para os seus membros (ver FETICHISMO).

Althusser não está obrigado, é claro, a concordar com Marx sobre isso, ou sobre qualquer outro ponto. Mas pretender ter lido em Marx o oposto do que ali está é uma forma de obscurantismo.

Além disso, o sistema althusseriano, com toda a sua ênfase na ciência materialista, evidencia muitas características de um idealismo, na medida em que, por exemplo, enfraquece a relação do marxismo, como teoria em desenvolvimento, com a história das lutas de classes que lhe é contemporânea. Em nome da rejeição do empirismo, Althusser fecha o conhecimento dentro de um domínio conceitual que se autovalida circularmente. Embora lhe esteja vedado o acesso direto ao que é dado na realidade, fica reservada à teoria, em todo o caso, uma correspondência mais misteriosa com a realidade, cujo segredo, pelo menos no que se relaciona com a realidade social, nada mais é do que a *essência comum singular* partilhada pela teoria e pelas outras práticas sociais enquanto, em última análise, modos de produção. A analogia com a produção material permitiu a Althusser algumas importantes conclusões sobre as condições do conhecimento teórico. Mas a afirmação de que todos os níveis de realidade social estão intrinsecamente estruturados dessa maneira cria uma metafísica de valor duvidoso: no caso da política, por exemplo, permanece como uma simples afirmação, sem que se apresente qualquer elaboração ou *insight* comparáveis aos que foram produzidos com relação a outros níveis e práticas. Para remediar, em parte, algumas dessas fraquezas, Althusser apresentou subsequentemente uma nova definição de filosofia, que não constitui, porém, um progresso. Quaisquer que fossem os seus defeitos, a definição original tinha tanto substância como clareza. A definição nova é vazia. Perdendo sua condição inicial de teoria da prática teórica, a filosofia passou a não ter objeto: a não ser mais teoria e, não obstante, a representar a teoria na – e a ser uma intervenção teórica dentro da – política; a não ser política (luta de classe) e, não obstante, a representar a política na – e ser uma intervenção política dentro da – teoria. A filosofia não é, em outras palavras, nada por si mesma e, ao mesmo tempo, é praticamente tudo.

Devemos dizer, finalmente, que as ideias propostas por Althusser como fundamentos para análises históricas complexas e concretas mostraram-se notavelmente estéreis na aplicação que lhes foi dada por ele próprio. Uma das medidas disso está em que, sobre o stalinismo, segundo ele próprio uma questão chave, Althusser nada teve de importante a dizer: de um lado, declarações sem fundamentação e críticas cheirando a evasão e a apologia; de outro, uma explicação surpreendentemente trivial em termo de economicismo – e de humanismo ainda por cima.

NG

Bibliografia: Althusser, Louis, *Montesquieu: la politique et l'histoire*, 1959 ◎ "Contradiction et surdétermination", 1962 ◎ "Sur la dialectique matérialiste, 1963 ◎ "Freud et Lacan", 1964-1965 ◎ *Pour Marx*, 1965; *For Marx* (1969) [*A favor de Marx*, 1979] ◎ "Matérialisme historique et matérialisme dialectique", 1966 ["Materialismo histórico e materialismo dialético", in L. Althusser & A. Badiou, *Materialismo histórico e materialismo dialético*, 1979] ◎ "Sur le travail théorique: difficultés et ressources", 1967 ◎ *Lénine et la philosophie*, 1969; *Lenin and Philosophy and other Essays* (1971) [*Lenine e a filosofia*, 1974] ◎ "Idéologie et appareils idéologiques d'État: notes pour une recherche", 1970 ["Aparelhos ideológicos de Estado", 1980] ◎ *Réponse à John Lewis*, 1973 [*Resposta a John Lewis*, 1973 e 1978] ◎ *Éléments d'autocritique*, 1974; *Essays in Self-Criticism* (1976) ["Elementos de autocrítica, 1978] ◎ *Philosophie et philosophie spontanée des savants*, 1974 [*Filosofia e filosofia espontânea dos cientistas*, 1976] ◎ *Positions*, 1976 [*Posições-I*, 1978 & *Posições-Z*, 1980] ◎ *Ce qui ne peut plus durer dans le Parti Communiste*, 1978 • Althusser, Louis, Etienne Halibar, Jacques Rancière e Pierre Macherey, *Lire le Capital*, 1966; *Reading "Capital"* (1970 e 1971) [*Ler O Capital*, 1979-1980] • Althusser, Louis, Rossana Rossanda et al., *Discutere lo Stato*, 1979 • Anderson, Perry, *Considerations on Western Marxism*, 1976 ◎ *Arguments within English Marxism*, 1980 • Badiou, Alain, "Le recommencement du matérialisme dialectique", 1967 ["O (re)começo do materialismo dialético", in L. Althusser & A. Badiou, *Materialismo histórico e materialismo* dialético, 1979] • Balibar, Étienne, *Cinq études du matérialisme historique*, 1974 • Callinicos, Alex, *Althusser's Marxism*, 1976 • Cardoso, Fernando Henrique, "Althusserianismo ou marxismo?", 1973 ◎ "Estado capitalista e marxismo", 1977 • Cardoso, Miriam Limoeiro, "La ideologia como problema teórico", in M.L. Cardoso, *La ideologia dominame*, 1975 [*Ideologia do desenvolvimento: Brasil, JK-JQ*, 1978] ⊚ *La construcción de conocimientos*, 1977 • Coelho de Sousa, Alberto, "Ciência e ideologia em Althusser", 1970 • Escobar, Carlos Henrique de, "Da categoria de cultura: do aparelho cultural do Estado", 1979 • Fausto, Rui, *Marx: lógica e política*, 1983 • Geras, Norman, "Althusser's Marxism: an Account and Assessment", 1972 • Gerratana, Valentino, "Althusser and Stalinism" (1977) • Giannotti, José Artur, "Contra Althusser", 1968 • Glucksmann, André, "A ventriloquist Structuralism" (1972) ["Um estruturalismo ventríloquo", 1970] • Karsz, S., *Théorie et politique: Louis Althusser*, 1974 • Lefebvre, Henri, "Les paradoxes d'Althusser", 1969b • Lewis, John, "The Althusser Case", 1972 • Lowy, Michael, "L'humanisme historiciste de Marx ou Relire Le Capital", 1970 • Luporini, Cesare, "Réflexions sur Louis Althusser", 1967 • Pires, Eginardo, "Ideologia e Estado em Althusser: uma resposta", 1978 • Prado Jr., Caio, *O estruturalismo de Lévi-Strauss; o marxismo de Althusser*, 1971 • Rosio, Jean, "A propos de 'l'articulation des modes de production: quelques réflexions sur le 'matérialisme' althussérien", 1976 • Semprun, Jorge, "Economie politique et philosophie dans les *Grundrisse* de Marx", 1968 • "Sur le jeune Marx", *Recherches Internationales à la Lumiére du Marxisme*, n.19, 1960 • Thompson, E.P., *The Poverty of Theory*, 1978 [*A miséria da teoria*, 1981].

anarquismo Doutrina e movimento que rejeitam o princípio da autoridade política e sustentam que a ordem social é possível e desejável sem essa autoridade. O principal vetor negativo do anarquismo dirige-se contra os elementos essenciais que constituem o ESTADO moderno: sua territorialidade e a consequente noção de fronteiras; sua soberania, que implica jurisdição exclusiva sobre todas as pessoas e propriedades dentro de suas fronteiras; seu monopólio dos principais meios de coerção física, com o qual busca manter essa soberania tanto interna como externamente; seu sistema de direito positivo que pretende sobrepor-se a todas as outras leis e costumes, e a ideia de que a nação é a comunidade política mais importante. O vetar positivo do anarquismo volta-se para a defesa da "sociedade natural", isto é, de uma sociedade autorregulada de indivíduos e de grupos livremente formados.

Embora o anarquismo se baseie em fundamentos intelectuais liberais, entre os quais, notadamente, a distinção entre Estado e sociedade, o caráter multiforme da doutrina torna difícil distinguir com clareza diferentes escolas de pensamento anarquista. Mas uma distinção importante é a que se estabelece entre o anarquismo individualista e o anarquismo socialista. O primeiro enfatiza a liberdade individual, a soberania do indivíduo, a importância da propriedade ou da posse privada e a iniquidade de todos os monopólios: pode ser considerado um liberalismo levado às suas consequências extremas. O "anarcocapitalismo" é uma variação contemporânea dessa escola (ver Pennock e Chapman, 1978, caps.12-14). O anarquismo socialista, ao contrário, rejeita a propriedade privada juntamente com o Estado, como a principal fonte da desigualdade social. Insistindo na igualdade social como a condição necessária para a máxima liberdade individual de todos, o ideal do anarquismo socialista pode ser caracterizado como a "individualidade na comunidade". Ele representa uma fusão do liberalismo com o socialismo: socialismo libertário.

A primeira exposição sistemática de ideias anarquistas foi feita por William Godwin (1756-1836), e algumas de suas concepções podem ter influenciado os socialistas cooperativistas inspirados por Owen. Mas o anarquismo clássico, como parte integrante, embora contenciosa, do movimento socialista mais amplo, foi inspirado originalmente pelas ideias mutualistas e federalistas de PROUDHON. Proudhon formulou uma abordagem essencialmente cooperativista do socialismo, mas insistia em que o poder do capital e o poder do Estado eram sinônimos e portanto o proletariado não poderia vir a emancipar-se por meio do uso do poder de Estado. Estas últimas ideias foram vigorosamente divulgadas por BAKUNIN, sob cuja liderança o anarquismo se desenvolveu em fins da década de 1860 como sério rival do socialismo marxista no plano internacional. Ao contrário de Proudhon, Bakunin defendia a expropriação violenta e revolucionária da propriedade capitalista e da propriedade fundiária, o que levaria a alguma modalidade de coletivismo. O sucessor de Bakunin, o príncipe russo Piotr

Alekseievitch Kropotkin (1842-1921), ressaltou a importância da ajuda mútua como fator da evolução social e foi um dos principais responsáveis pelo desenvolvimento da teoria do comunismo anarquista, de acordo com a qual "tudo pertence a todos" e a distribuição baseia-se exclusivamente nas necessidades. Em seu ensaio *L'État, son rôle historique*, publicado em francês em 1906, Kropotkin realizou uma análise penetrante da *bête-noire* dos anarquistas.

A estratégia de Bakunin previa levantes espontâneos das classes oprimidas, tanto de camponeses como de trabalhadores industriais, em insurreições generalizadas no curso das quais o Estado seria abolido e substituído por comunas autônomas, ligadas federalmente em níveis regional, nacional e internacional. A COMUNA DE PARIS de 1871 – saudada por Bakunin como "uma negação ousada e franca do Estado" – aproximou-se desse modelo anarquista de revolução. No período subsequente ao seu esmagamento – que, segundo Engels, seria devido à falta de centralização e de autoridade e à sua dificuldade em valer-se com o desembaraço necessário de sua autoridade coercitiva –, cresceu a tendência para o socialismo com Estado, tanto do tipo marxista como do tipo reformista. Alguns anarquistas adotaram então a tática da "propaganda pelo ato" – atos de assassinato de grandes figuras políticas e de terrorismo contra a burguesia – com o objetivo de estimular insurreições populares. A consequente repressão ao movimento levou outros anarquistas a desenvolverem uma estratégia alternativa, ligada ao SINDICALISMO. O objetivo era transformar os sindicatos em instrumentos revolucionários do proletariado em sua luta contra a burguesia, e fazer deles, e não das comunas, as unidades de base de uma ordem socialista. Pretendia-se que a revolução viesse a tomar a forma de uma Greve Geral, durante a qual os trabalhadores assumiriam o controle dos meios de produção, da distribuição e da troca e aboliriam o Estado. Foi através do sindicalismo que o anarquismo exerceu, no período entre 1895 e 1920, a sua maior influência sobre os movimentos, trabalhista e socialista. Essa influência durou mais tempo na Espanha onde, durante a Guerra Civil (1936-1939), os anarcossindicalistas tentaram colocar em prática sua concepção da revolução. Desde o declínio do sindicalismo, o anarquismo teve uma influência apenas limitada sobre os movimentos socialistas, mas houve um renascimento notável das ideias e tendências anarquistas (nem sempre reconhecidas como tal) nos movimentos da Nova Esquerda na década de 1960. Atualmente, o anarcopacifismo, influenciado por uma tradição de anarquismo cristão, embora inspirado sobretudo pelas técnicas de ação direta não violenta popularizadas por M.K. Gandhi (1869-1948), é uma tendência significativa dos movimentos pela paz do Ocidente.

Tanto o anarquismo individualista como o anarquismo socialista, expressos por Max Stirner (1805-1856), Proudhon e Bakunin, foram considerados suficientemente importantes para merecerem críticas detalhadas de Marx e Engels (ver Thomas, 1980), que, de um modo geral, concebiam o anarquismo como um fenômeno pequeno-burguês, ao qual aliava-se, no caso de Bakunin, o aventureirismo demagógico característico dos intelectuais *déclassés* e do LUMPEMPROLETARIADO. Enquanto tendência "sectária" obsoleta no interior do movimento socialista, o anarquismo refletia o protesto e o inconformismo da pequena burguesia contra o desenvolvimento do capitalismo em grande escala e o Estado centralizador que salvaguarda os interesses da burguesia. Esse protesto tomava a forma de negação, não de um qualquer Estado real, verdadeiramente existente, mas de "um Estado abstrato, o Estado enquanto tal, um estado que não existe em parte alguma" como escreveu Marx em *A Aliança da Democracia Social e a Associação Internacional dos Trabalhadores* (1873, seção II). E, o que é mais importante, o anarquismo negava o que havia de mais essencial, segundo a concepção de Marx e Engels, na luta pela emancipação da classe operária: a ação política de um partido independente da classe operária voltado para a conquista, e não para a destruição imediata, do poder de Estado. "Para os comunistas, escreveu Engels, a abolição do Estado só faz sentido enquanto resultado necessário da abolição das classes, pois, com o desaparecimento dessas, a necessidade do poder organizado de uma classe para subjugar as outras automaticamente desaparece também" (Marx, Engels, Lenin, 1972, p.27).

O anarquismo sobreviveu a tais críticas e continua sendo uma importante fonte para a crítica da teoria e da prática marxistas. A opinião bastante generalizada de que os comunistas marxistas e os anarquistas concordam quanto ao fim (uma sociedade sem classes e sem Estado), mas divergem sobre os meios para alcançar esse fim, parece infundada. De nível mais profundo, a discordância versa sobre a natureza do Estado, sobre sua relação com a sociedade e com o capital, e sobre como a política, enquanto uma forma de ALIENAÇÃO, pode ser transcendida.

GO

Bibliografia: Ansart, Pierre, *Marx et l'anorchisme*, 1969 • Apter, David & James Joll (orgs.), *Anarchism Today*, 1971 • Guérin, Daniel, *L'anarchisme*, 1965; *Anarchism*, 1970 [*O anarquismo: da doutrina à ação*, 1968] • Kropotkin, P.A., *Selected Writings an Anachism and Revolution*, 1970 • Marx, Engels & Lenin, *Anarchism and Anarcho-Syndicalism*, 1972 • Nattaf, A., *La révolution anarchiste*, 1968 • Pennock, J.R. & J.W. Chapman (orgs.), *Anarchism*, 1978 • Tarizzo, D., L'anarchie, 1979 • Ternon, Y., Makhno, *La révolte anarchiste*, 1981 • Thomas, Paul, *Karl Marx and the Anarchists*, 1980 • Woodcock, George, *Anarchism*, 1963.

antropologia O interesse de Marx e Engels pela antropologia foi despertado principalmente pela publicação de *Ancient Society*, de L.H. Morgan (1877). Entre 1879 e 1882 Marx elaborou copiosas notas sobre o livro de Morgan, bem como sobre as obras de Maine, Lubbock, Kovalevski e outros estudiosos das sociedades antigas (Krader, 1972; Harstick, 1977). *A origem da família, da propriedade privada e do Estado*, escrita por Engels, foi, como ele próprio observou no prefácio, "num certo sentido, a execução de um legado", a realização da tarefa que Marx se havia fixado, mas não pudera levar a cabo: interpretar as pesquisas de Morgan à luz da concepção materialista da história. Desse ponto de vista, Marx e Engels opuseram-se "à doutrina de um progresso evolucionário geral então defendida pelos etnólogos" (Krader, 1972, p.2), concentrando-se, ao contrário, nos "mecanismos empiricamente observáveis" específicos, pelos quais as sociedades humanas avançavam de estágios inferiores para estágios superiores; processo esse resumido por Engels em sua obra como o desenvolvimento da produtividade do trabalho, da propriedade privada e da troca, a decomposição da antiga sociedade baseada nos grupos de parentesco e o aparecimento das classes, das lutas de classes e do Estado.

Mas esses estudos de Marx e Engels não deram origem a qualquer tipo de pesquisa antropológica marxista sistemática. E quando a antropologia moderna estava sendo criada, nas primeiras décadas do século XX, por Boas (1858-1942), Malinowski (1884-1942) e Radcliffe-Brown (1881-1951), a influência marxista sobre ela foi desprezível. A principal contribuição marxista, neste período, ao estudo das sociedades antigas foi feita por um arqueólogo, Gordon Childe (ver ARQUEOLOGIA e PRÉ-HISTÓRIA). Importantes estudos de antropologia como o de Krober (1953) continham apenas as mais passageiras (e inexatas) referências ao marxismo, e Firth observou que "as obras de caráter geral escritas por antropólogos dispensavam tranquilamente qualquer recurso às ideias de Marx sobre a dinâmica da sociedade" (1972, p.6), sendo muito mais influenciadas pela tradição que vinha de Durkheim. Mas a situação modificou-se profundamente nos últimos anos, e, nas palavras de Firth, "novas questões foram levantadas (mais próximas das preocupações marxistas) na medida em que os antropólogos sociais viram-se diante de sociedades em condições de transformação radical" (1972, p.7).

Desde o início da década de 1960 houve, na verdade, um desenvolvimento notável da antropologia marxista (ver Copans e Seddon, 1978, para uma visão informativa geral), que assumiu duas direções principais. Na América do Norte surgiu uma "antropologia dialética" radical que rejeita a distinção entre "primitivo" e "civilizado" em termos de inferior e superior, vê a antropologia como uma busca do ser humano "natural" e atribui ao antropólogo o papel de "um crítico permanente de sua própria civilização" (Diamond, 1972). Dessa perspectiva, o marxismo é uma "antropologia filosófica", formulada pela primeira vez nos escritos iniciais de Marx (notadamente nos *Manuscritos econômicos e filosóficos*) e relacionada de perto com a crítica da civilização moderna feita por Rousseau. Diamond (1972) argumenta ainda que o interesse e a preocupação cada vez maiores que Marx e Engels demonstraram, a partir de 1870, pelas formas de sociedade primitivas e mais antigas foi, em parte, uma expressão do seu "ódio e desprezo crescentes pela sociedade capitalista" (apud Hobsbawm, 1964b, p.50), mas que seu envolvimento com uma concepção de progresso típica do século XIX "impediu que investigassem de maneira mais profunda as condições reais da cultura primitiva" (Diamond, 1972, p.419). Assim, em *A origem da família, da propriedade privada e do Estado*, Engels expõe o que considera como um processo necessário (e geralmente progressivo) de desenvolvimento, ao mesmo tempo em que faz referências ocasionais à "despojada grandeza moral da antiga sociedade gentílica". No mesmo espírito, Marx enalteceu as sociedades da Antiguidade Clássica, "nas quais o ser humano (...) aparece sempre como o objetivo da produção", observando que "num aspecto, portanto, o mundo aparentemente infantil da Antiguidade parece mais elevado (...) ao passo que o mundo moderno (...) *é baixo e vulgar*" (*Grundrisse*, p.487-8). Outros temas privilegiados por essa antropologia radical são: (1) a crítica constante da relação histórica entre a antropologia tradicional e o imperialismo, relação esta que se mostrava de maneira bastante óbvia na época em que se considerava que à antropologia cabia uma significativa contribuição ao treinamento de administradores coloniais; (2) uma visão crítica da etnologia soviética, que, ao que se pretende, negligencia o estudo das sociedades primitivas contemporâneas, que ainda existem, concentrando-se, ao contrário, no estudo das sociedades "antigas" (mediante recurso de dados da arqueologia e dos estudos sobre a pré-história), com o propósito de fundamentar "a teoria dos cinco estágios e do determinismo evolucionista e progressivista" (Diamond, 1979, p.5-10; ver igualmente, no mesmo volume, Bromley, "Problems of Primitive Society in Soviet Ethnology", p.201-13, em que se delineia a abordagem soviética). A segunda vertente importante da recente antropologia marxista, que exerceu uma influência profunda e generalizada (Bloch, 1975, esclarece sobre seu impacto na antropologia inglesa), é a dos estruturalistas franceses, cujas ideias foram modeladas em parte pela antropologia estruturalista de Lévi-Strauss e, em parte, pelos escritos metodológicos de Althusser (ver ESTRUTURALISMO). Os colaboradores mais destacados dessa corrente de pensamento – Godelier, Meillassoux e Terray – aplicam os conceitos do materialismo histórico às sociedades primitivas com o objetivo de chegar a uma análise teórica dos "modos de produção primitivos" como parte de uma teoria geral dos modos de produção. O problema central dessa análise, que é determinar o papel do parentesco nas sociedades primitivas (seu lugar no modo de produção), deu lugar ao surgimento de várias concepções diferentes (Copans e Seddon, 1978, p.36-8). Godelier (1966, p.93-5) argumenta que as relações de parentesco funcionam como relações de produção, mas também como relações políticas e ideológicas, de modo que o parentesco é, ao mesmo tempo, base e superestrutura. Em uma obra posterior (1973, p.35), Godelier postula como "o principal problema das ciências sociais de hoje" a questão de como e porque um determinado fator social (por exemplo, o parentesco) se torna dominante e assume a função de "integrador" de todas as outras relações sociais. Terray (1969), porém, adota uma abordagem mais reducionista ao propor as relações de parentesco como o produto de uma tríplice determinação ("sobredeterminação" na terminologia de Althusser) que age sobre um determinado substrato (1969, p.143). O mesmo faz Meillassoux (1960 e 1964), que considera as relações de parentesco como a "expressão" das relações de produção.

Esse tipo de análise também teve impacto sobre outros campos de investigação. Godelier (1973, parte IV), por exemplo, examina a contribuição das análises de Lévi-Strauss sobre a lógica dos mitos para uma teoria das superestruturas ideológicas e faz uma interpretação das consequências ideológicas das transformações das relações de produção provocadas pela conquista das comunidades tribais andinas pelos incas. De um modo geral, registrou-se uma renovação do interesse pelos estudos marxistas dos mitos e dos rituais. O estudo das sociedades tribais e das relações de parentesco, desenvolvido a partir da perspectiva dos modos de produção primitivos, levou igualmente a uma preocupação mais ampla com os modos pré-capitalistas de produção e com o problema das sequências de evolução das formas de sociedade (particularmente em relação ao modo de produção asiático; ver Godelier, 1964), com as sociedades camponesas (Meillassoux, 1960) e com as questões do "subdesenvolvimento" (Taylor, 1979). (Ver SOCIEDADE ASIÁTICA; MODOS DE PRODUÇÃO NÃO CAPITALISTAS e ESTÁGIOS DE DESENVOLVIMENTO.)

Finalmente, a abordagem estruturalista suscitou importantes questões metodológicas. Godelier (1973, cap.1) distingue entre os métodos funcionalista, estruturalista e marxista, criticando, em seguida: (a) o funcionalismo pelo seu empirismo (a confusão que faz entre a estrutura social e as relações sociais visíveis), pela noção de interdependência funcional que exclui problemas de causalidade (a "eficácia específica" de cada função), e pela concepção de equilíbrio que não leva em conta a existência de "contradições"; (b) o estruturalismo de Lévi-Strauss, pela sua concepção da história como uma "mera sucessão de fatos acidentais" (1973, p.47). Em contrapartida, o estruturalismo marxista, que também reconhece a existência de estruturas reais (embora ocultas) sob o padrão superficial das relações sociais, propõe além disso "a tese da lei da ordem das estruturas sociais e de suas transformações" (ibid).

Essas duas versões da recente antropologia marxista diferem profundamente. A primeira dá uma orientação totalmente nova à antropologia, concebendo-a como uma filosofia humanista cujo principal objetivo é criticar a civilização moderna. Sob esse aspecto, tem afinidades óbvias com a crítica cultural praticada pela Escola de Frankfurt. Mas o material para sua crítica ainda é colhido do campo de estudo tradicional da antropologia, e, segundo Diamond (1972, p.424), sua pretensão específica é a de que "nosso sentido das sociedades comunais primitivas é o arquétipo para o socialismo". A segunda corrente de pensamento reconstrói a antropologia como uma ciência, estabelecendo um novo esquema teórico no qual os conceitos essenciais são os de modo de produção e de formação econômica social (concebida como um todo estruturado). Nessa forma, a antropologia tem grande afinidade com a sociologia (sempre, é claro, em que esta é também tratada como uma ciência teórica) e pode, na verdade, ser considerada como a sociologia das sociedades primitivas e antigas, sem continuidade com o estudo de outros tipos de sociedade. A antropologia marxista traduz hoje em dia a quintessência da divisão do pensamento marxista entre "humanistas" e "cientistas".

TBB

Bibliografia: Bloch, Maurice, *Marxist Analyses and Social Anthropolgy*, 1975 • Copans, Jean, *Critiques et politiques de l'anthropologie*, 1974 • Copans, Jean (org.), *Anthropologie et impérialisme*, 1975 • Copans, Jean & David Seddon, "Marxism and Anthropology: A Preliminary Survey", in David Seddon (org.), *Relations of Production: Marxist Approaches to Economic Anthropology*, 1978 • Diamond, Stanley, "Anthropology in Question", in Dell Hymes (org.), *Reinventing Anthropology*, 1972 • Diamond, Stanley (org.), *Towards a Marxist Anthropology*, 1982 • Firth, Raymond, *The Sceptical Anthropologist: Social Anthropology and Marxist Views of Society*, 1972 • Godelier, Maurice, "La notion de 'mode de production analitique' et les schémas marxistes d'évolution des sociétés", in Centre d'Études et de Recherches Marxistes (Cerm), *Sur le "mòde de production asiatique"*, 1964 (1969) [*O modo de produção asiático*, 1974] ◎ *Rationalité et irrationalité en économie*, 1966; *Rationality and Irrationallty in Economics*, 1972 [*Racionalidade e irracionalidade em economia*, s.d.] ◎ *Horizons, trajets marxistes en anthropologie*, 1973; *Perspectives in Marxist Anthropology*, 1977 • Harstick, Hans-Peter (org.), *Karl Marx Uber Formen vorkapitalischer Produktion*, 1977 • Krader, Lawrence (org.), *The Ethnological Notebooks of Karl Marx*, 1972 • Leclerc, Gérard, *Anthropologie et colonialisme: essai sur l'histotre de l'ufricanisme*, 1972 • Meillassoux, Claude, "Essai d'interprétation du phénomène économique dans les sociétés traditionnelles d'auto-subsistance", 1960; "'The Economy' in Agricultural Self-Sustaining Societies: A Preliminary Analysis", in David Seddon (org.), *Relations of Production: Marxist Approaches to Economic Anthropology*, 1978 ◎ *Anthropologie économique des Gouro de Côte d'Ivoire: de l'économie d'autosubsistance à l'agriculture commerciale*, 1964 • Terray, Emmanuel, *Le marxisme devant les socié-*

tés primitives, 1969; *Marxism and 'Primitive Societies'* (1972).

aristocracia Desde que Marx propôs a sua teoria da CLASSE DOMINANTE, do conflito desta com as outras classes e dos modos pelos quais ela mantém sua HEGEMONIA, muitos historiadores valeram-se desta teoria para analisar determinadas sociedades do passado, desde a Grécia e a Roma antigas (Finley, 1973), passando pelo Antigo Regime da Europa pré-industrial (Kula, 1962), até as sociedades industriais do século XIX (Hobsbawm, 1971). A história do Japão também foi analisada nesta perspectiva (Honjo, 1935).

O mérito dessa abordagem tem sido o de estimular uma história social mais analítica e de mostrar a relação entre o comportamento econômico, social e político dos grupos sociais. É possível constatar a influência que exerceu (combinada com as de Pareto, de Veblen, de Weber e de outros) sobre historiadores das aristocracias que não são marxistas (Stone, 1965) ou mesmo são antimarxistas (Hexter 1961). Apesar disso, é uma análise que apresenta problemas.

Os historiadores começaram ornando determinadas sociedades (Roma no século I a.C., Florença no século XIII, a França dos séculos XVII e XVIII e assim por diante) como exemplos do declínio de uma aristocracia "feudal" e da ascensão de uma "burguesia", que representava uma nova época. Revelou-se, mais tarde, nesses e em outros casos, difícil, senão impossível, distinguir os dois grupos sob qualquer aspectos, fosse em termos de seus investimentos ou de sua ideologia. Assim, o historiador soviético Boris Porshnev chegou a falar da "feudalização da burguesia francesa no século XVII, enquanto Hobsbawm (1971) disse que a aristocracia britânica do século XIX era, "pelos padrões continentais, quase que uma burguesia". Uma solução para essa dificuldade foi apresentada por Brady (1978), que descreveu o patriciado de Strasbourg no século XVI como "uma classe social complexa, composta de duas frações: uma vivia de renda e a outra era mercantil". E estudou como estavam integradas na prática.

As ambiguidades latentes no conceito de CLASSE de Marx também se tornaram evidentes. Uma vigorosa crítica ao uso dessa expressão para qualificar grupos das sociedades pré-industriais foi feita pelo historiador francês Roland Mousnier (1973), que prefere a palavra que se usava na época: "estado" (no sentido que tem em, por exemplo, *Tiers État*). A resposta mais eficiente a esse tipo de crítica foi dada por historiadores e sociólogos que admitem o valor do conceito contemporâneo, mas argumentam que a análise deve trabalhar simultaneamente com as categorias de "estado" e "classe" (Ossowski, 1957).

PB

Bibliografia: Bottomore, Tom, *Elites and Society*, 1964 [*As elites e a sociedade*, 1974] • Brady, Tom, *Ruling Class, Regime and Reformation in Strasbourg, 1520-1555*, 1978 • Finley Moses, *The Ancient Economy*, 1973 • Hexter, J.H., "A New Framework for Social History", in J.H. Hexter, *Reappraisals in History*, 1961 • Hobsbawm, Eric, *Industry and Empire*, 1971 [*Da Revolução tndustrial inglesa ao imperialismo*, 1979] • Honjo, Eijiro, *The Social and Economic History of Japan*, 1935 • Kula, Witold, *Economic Theory of the Feudal System*, 1962 (1976) [*Teoria econômica do sistema feudal*, s.d.) • Mousnier, Roland, *Hierarchies sociales*, 1969 (1973); *Social Hierarchies*, 1973 • Stone, Lawrence, *The Crisis of the Aristocracy*, 1965.

aristocracia operária A expressão *aristocracia operária*, como observa Hobsbawm (1964), "parece ter sido usada desde meados do século XIX, pelo menos, para descrever certas camadas superiores da classe trabalhadora". Marx e Engels, em uma de suas resenhas políticas publicadas na *Neue Rheinische Zeitung Politisch-ökonomische Revue* (outubro de 1850), observaram que o movimento cartista se cindira em duas facções, uma revolucionária, à qual "pertence a massa dos trabalhadores que vivem em condições proletárias reais", e outra reformista, que abrangia "os membros da pequena burguesia e da aristocracia operária". Subsequentemente, Lenin também associou o reformismo no movimento dos trabalhadores com a aristocracia operária. Em particular, nos textos que escreveu durante a Primeira Guerra Mundial, argumentou que "certas camadas da classe trabalhadora (a burocracia do movimento operário e a aristocracia operária...), bem como os simpatizantes pequeno-burgueses do movimento... serviram como a principal base social dessas tendências" ao oportunismo e ao reformismo (*Collected Works*, vol.21, p.161). Max Adler (1933), em um estudo sobre a CLASSE OPERÁRIA e sua relação com o FASCISMO, atribuiu à aristocracia operária, enquanto "camada privilegiada e numericamente grande", que "se tem separado profundamente do resto do proletariado", a responsabilidade pela difusão de uma ideologia conservadora. Sua interpretação, em última análise, funde a noção de aristocracia operária com a de *embourgeoisement* (aburguesamento), que Engels já havia introduzido em cartas dos anos 1880 e 1890, e assim aponta para debates mais recentes. Hobsbawm (1964) concluiu que a aristocracia operária na Inglaterra de fins do século XIX compreendia cerca de 15% da classe trabalhadora e analisou as transformações ocorridas no século XX, destacando particularmente a "nova aristocracia do trabalho" constituída pelo pessoal de escritório e pelos trabalhadores técnicos. Isso sugere que a aristocracia operária representa, atualmente, um fenômeno menos significativo do que as transformações mais gerais na posição da classe trabalhadora e o desenvolvimento da nova classe média nas sociedades capitalistas da atualidade.

TBB

Bibliografia: Adler, Max, "Metamorphosis of the Working Class", in T. Bottomore & P. Goode (orgs.), *Austro-marxism*, 1933 (1978) • Braverman, Harry, *Labor and Monopoly Capital*, 1974 [*Trabalho e capital monopolista*, 1981] • Hobsbawm, Eric, "The Labour Aristocracy in Nineteenth-century Britain", in E. Hobsbawm, *Labouring Men*, 1964 [*Os trabalhadores*, 1979] • Moorhouse, H.F., "The Marxist Theory of Labour Aristocracy", 1978.

arqueologia e pré-história Em sua famosa análise do processo de trabalho e de produção de valores de uso, Marx chama a atenção para a importância do material arqueológico (*O Capital*, I, cap.V, seção 1)

> As relíquias dos antigos instrumentos de trabalho têm a mesma importância para a investigação das extintas formas econômicas da sociedade que os ossos fósseis para a determinação de espécies de animais extintas. Não são os artigos feitos, mas a maneira pela qual são feitos, e com que instrumentos, que nos permite distinguir diferentes épocas econômicas. Os instrumentos de trabalho não só proporcionam um padrão do grau de desenvolvimento atingido pelo trabalho humano, como também são indicadores das condições sociais sob as quais esse é realizado.

Essa passagem, citada por Stalin em *Materialismo dialético e materialismo histórico*, influenciou profundamente a aplicação do materialismo histórico à pesquisa arqueológica na União Soviética (Artsikhovskii, 1973), e as ideias que encerra foram incorporadas às fecundas sínteses pré-históricas de V. Gordon Childe na arqueologia ocidental (1947, p.70-1; 1951, p.18, 26-7). Ironicamente, porém, o conhecimento que Marx e Engels tinham da arqueologia e da pré-história era bem reduzido e consistia de pouco mais do que a informação genérica de que implementos de pedra haviam sido encontrados em cavernas (Marx, ibid.) e de que haviam sido desenterradas, em regiões desérticas do Oriente Próximo, ruínas que documentavam a importância dos sistemas de irrigação nas sociedades asiáticas (Carta de Engels a Marx, 6 de junho de 1853; ver também SOCIEDADE ASIÁTICA). Marx sabia que os escandinavos haviam sido pioneiros na pesquisa arqueológica (Carta de Marx a Engels, 14 de março de 1868) e compreendeu que as descobertas pré-históricas e os períodos recentemente definidos, como o Paleolítico, podiam ser interpretados de maneira coerente com as fases da evolução social definidas por Morgan (cf. notas bibliográficas de Marx in Krader, 1974, p.425).

Não obstante, dentro da tradição marxista, as observações e relatos etnológicos sobre povos primitivos e a história antiga da Grécia e de Roma continuaram sendo, até o século XX, as fontes básicas para a reconstituição da sociedade primitiva e da origem do Estado. Por exemplo, no ensaio de Plekhanov, *A concepção materialista da história*, quase não há referências às descobertas arqueológicas, que são usadas apenas em apoio ao conceito evolucionista unilinear de que todos os povos passaram por fases semelhantes de desenvolvimento social. Escreve Plekhanov: "... nossas ideias do 'homem primitivo' são meras conjecturas" pois "os homens que hoje habitam a terra (...) já estão (...) muito distantes do momento em que o homem deixou de viver uma existência puramente animal" (ver ESTÁGIOS DE DESENVOLVIMENTO). Essa afirmação deixa implícito que os dados arqueológicos são essencialmente incapazes de reconstituir formas antigas de sociedade e lembra a famosa frase de Johnson, escrita um século antes, de que a pré-história era "apenas uma conjectura sobre uma coisa inútil". É claro que a evolução social constituiu um importante tópico dos primeiros escritos marxistas, particularmente de *A origem da família, da propriedade privada e do Estado*, de Engels, mas uma leitura cuidadosa mostra que a pré-história foi reconstituída quase que totalmente a partir de estudos etnográficos e históricos (cf. a nota de Engels à edição inglesa de 1888 do *Manifesto comunista* em que a frase inicial é emendada, passando a ser "A história *escrita* de todas as sociedades existentes até agora...").

É incorreto e insuficiente explicar essa não consideração das evidências arqueológicas simplesmente sob a alegação de que as grandes descobertas arqueológicas, como a escavação dos palácios da Idade de Bronze feita por Evans em Creta, só foram realizadas depois da passagem do século. As escritas hieroglífica e cuneiforme já haviam sido decifradas, e os sítios arqueológicos egípcios e mesopotâmicos também já haviam sido escavados durante a vida de Marx e Engels. Mas não foram levados em conta por motivos sociológicos relacionados com a prática e a organização da arqueologia que então se fazia. O estudo das ruínas arqueológicas não fazia parte da educação clássica da época, e os arqueólogos do século XIX, no fundamental, não estavam interessados nos problemas de evolução social que preocupavam os fundadores do materialismo histórico. Um grande estímulo para a pesquisa arqueológica na Europa foi o crescimento do nacionalismo (cf. Kristiansen, 1980, p.21), ao passo que o trabalho arqueológico que se realizava no Oriente Próximo era inspirado, em grande parte, pelo desejo de verificar a exatidão histórica da Bíblia. O interesse pela evolução humana foi estimulado por Darwin, mas os primeiros arqueólogos do Paleolítico, como G. de Mortillet, tinham uma formação de ciências naturais, particularmente de geologia, e esperavam que a pré-história se revelasse como um processo natural, e não social, com uma série de épocas sucessivas, comparáveis às que definiam a história da Terra. A arqueologia exercia uma atração romântica sobre os membros da classe ociosa (por exemplo, Daniel, 1976, p.113), e as antiguidades eram acessíveis a, e descobertas por, pessoas que viviam no campo, e não nas áreas urbanas. Assim, em oposição à imaginativa explicação proposta por Godelier (1978) para a evidente rigidez dos estágios das formações econômicas e sociais de Marx, o grande abismo entre a prática arqueológica e a práxis marxista inicial torna duvidosa a possibilidade de que o conhecimento de descobertas arqueológicas mais recentes tivesse modificado, de maneira significativa, a análise que Engels faz do aparecimento da sociedade de classes ou os primeiros debates sobre a natureza e a universalidade do modo de produção asiático.

A arqueologia só foi incorporada à tradição marxista depois da Revolução Russa na União Soviética. Em 1919, Lenin criou a Academia da História da Cultura Material, que se tornou a principal instituição de pesquisa arqueológica do país, e, no final da década de 1920, jovens arqueólogos como A.V. Artsikhovskii, em Moscou, e V.I. Ravdonikas, em Leningrado, começaram a aplicar sistematicamente os princípios do materialismo histórico aos dados arqueológicos, insistindo tanto na possibilidade como na necessidade de reconstituir as formas antigas de sociedade com base no materialismo histórico. (Masson, 1980). Na década de 1930, os arqueólogos soviéticos, como P.P. Efimenko, abandonaram o sistema das três idades (da Pedra, do Bronze e do Ferro) e classificaram as sociedades pré-históricas em sociedades pré-clã (*dorodovoe obshchestvo*), sociedades gentílicas (*rodovoe*), e formações de classes, esquema posteriormente criticado por Childe (1951, p.39) e repudiado, em sua forma dogmática de teoria de estágios, por arqueólogos soviéticos no início da década de 1950 (cf. Klejn, 1977, p.12-4). Na República Popular da China esses estágios ainda são levados a sério e servem de orientação para pesquisas, embora não exista consenso sobre questões como a época em que a China passou de sociedade escravista a sociedade feudal (Chang, 1980, p.501). Na China, os projetos de pesquisa arqueológica formulados a partir de considerações rigorosamente acadêmicas são relativamente raros se comparados às políticas públicas em matéria de arqueologia e de restauração. A principal instituição de pesquisa arqueológica do país, o Instituto de Arqueologia da Academia Chinesa de Ciências Sociais, foi criada segundo o modelo soviético em 1950, embora – o que é interessante – a arqueologia paleolítica tenha sido mantida fora dessa instituição e constitua hoje em dia um setor de pesquisas do Instituto de Paleontologia dos Vertebrados e Paleoantropologia da Academia Chinesa de Ciências.

A arqueologia ocidental continuou a desenvolver-se fora da tradição marxista. As interpretações nacionalistas, e até mesmo racistas, da pré-história caracterizam uma proporção substancial do trabalho arqueológico realizado na Europa em princípios do século XX, e, antes da Segunda Guerra Mundial, a maior parte das escavações importantes realizadas em países não europeus foi financiada por fontes privadas e por museus interessados na recuperação de obras de arte. No Oriente Próximo, por exemplo, foram escavados quase que exclusivamente edifícios públicos – templos e palácios – localizados em grandes sítios urbanos, que pouca informação proporcionaram sobre a infraestrutura social que mantinha e construía esses monumentos. Os estudos sobre os padrões de fixação à terra ou a análise da distribuição dos diferentes tipos de aldeamentos (aldeias, fortalezas, sítios destinados a produções especiais, etc.), realizados com o objetivo de mostrar como funcionava a totalidade da sociedade, foram introduzidos como procedimentos arqueológicos na arqueologia ociden tal por G. Willey em princípios da década de 1950, cerca de 15 anos depois de tais métodos terem sido empregados por S.P. Tostov na Ásia Central soviética.

O pesquisador anglo-australiano da pré-história V. Gordon Childe (1892-1957), foi a principal personalidade que, no Ocidente, procurou integrar conceitos marxistas ao material arqueológico. Childe combateu vigorosamente as interpretações racistas abusivas dos dados arqueológicos e tentou estabelecer correlações entre as formas de sociedade e as inovações tecnológicas. Compreendeu que a evolução ou o progresso tecnológico das forças produtivas não provoca automaticamente a transformação social e percebeu, acertadamente, que o registro arqueológico, apesar de suas imperfeições, constituía uma fonte primária para a documentação da evolução social preferível às especulações baseadas em princípios gerais ou às analogias inspiradas na etnografia:

> As necessidades humanas não são invariáveis e inatas no homem desde que este deixou de ser pré-humano; elas evoluíram (...) como tudo mais. Sua evolução tem de ser acompanhada por meio de métodos comparativos e históricos, tal como ocorre com os outros aspectos do processo. (...) Assim, a classificação de qualquer recurso ou processo técnico na hierarquia evolucionária não pode ser deduzida de qualquer tipo de princípio geral, mas deve ser inferida a partir dos dados arqueológicos. A única vantagem dos critérios tecnológicos sobre os políticos ou éticos está na maior probabilidade de serem identificáveis no registro arqueológico. (1951, p.21)

Apesar desse *bias* empírico, Childe escreveu de maneira imaginosa sobre as transformações pré-históricas da sociedade, criando expressões hoje generalizadas como revolução neolítica e revolução urbana. Seus trabalhos, porém, podem ser criticados não apenas pelo enfoque centrado na tecnologia, mas também pela ênfase descritiva com que pretendeu definir estágios discretos na pré-história, em lugar de buscar a explicação dos processos pelos quais as sociedades evoluíram ou retrocederam de um nível a outro. Infelizmente, essa preocupação com a descrição estática de estágios abstratos ainda domina a pesquisa arqueológica que se define explicitamente como marxista em certos países, em particular na América Latina (Lumbreras, 1974; e, para uma crítica incisiva, ver Lorenzo, 1981, p.203).

Embora a arqueologia ocidental se tenha desenvolvido em grande parte à distância da tradição marxista, as descobertas pré-históricas – transmitidas principalmente através da síntese de Gordon Childe – influenciaram acentuadamente as discussões marxistas sobre a evolução social na segunda metade do século XX. Por exemplo, os debates sobre os estágios no desenvolvimento social referem-se com frequência ao trabalho arqueológico que modificou ou alterou a sequência tradicionalmente aceita das formações econômicas e sociais e aperfeiçoou o conceito de comunismo primitivo. As descobertas pré-históricas ampliaram de muito o tempo conhecido da existência humana, abrindo perspectivas que não haviam sido contempladas pelos fundadores do materialismo histórico. Segundo Childe, a Europa teria existido, durante a maior parte de sua história, nas fronteiras bárbaras do Oriente Próximo e se teria beneficiado com essa relação, já que não estava tolhida pela forma de governo estagnada e absoluta característica do antigo Oriente Próximo. E, o que talvez seja mais importante, os marxistas se deram conta de que a sociedade de classes surgiu durante a época pré-histórica, constatação essa que, em outras palavras, determina uma nova correção da frase que abre o *Manifesto comunista*. A dissolução da sociedade baseada no parentesco, o início da desigualdade social e a origem do Estado são problemas que, a partir daí, passaram a ter de ser abordados com referências aos dados arqueológicos.

Ao mesmo tempo, o reaparecimento do pensamento evolucionário e a reconsideração das explicações materialistas-ecológicas dos fenômenos culturais na antropologia ocidental (ver ANTROPOLOGIA) influenciaram significativamente a arqueologia. Nos Estados Unidos, arqueólogos como Taylor procuraram "descobrir o índio por trás do artefato" (isto é, reconstituir a sociedade ou "contexto" no qual esses artefatos haviam sido criados), e, na década de 1960, uma "nova arqueologia" procurou formular critérios arqueológicos para a identificação de estágios de complexidade sócio-política, como os bandos ou comunidades migratórias sujeitas a uma chefia. Alguns arqueólogos influenciados por essas novas perspectivas, em particular R. McC. Adams (1966), passaram interessar-se pela comparação de sequências evolucionárias de diferentes áreas e admitiram, implicitamente, sua dívida para com a tradição marxista. A maior parte dos antropólogos, porém, continuou a desconhecer o marxismo e a chegar, independentemente, a conclusões relativas aos objetivos últimos da pesquisa arqueológica, as quais, embora baseadas numa visão mais positivista e tecnicamente sofisticada da ciência, são, em grande medida, semelhantes às que eram defendidas por arqueólogos soviéticos já no final da década de 1920 (cf. Masson, 1980, p.20; Klejn, 1977, p.13).

A reconstituição de formas pregressas de sociedade e as explicações sobre a maneira pela qual evoluíram e se transformaram são os objetivos que, quase universalmente, guiam a pesquisa arqueológica contemporânea. Os progressos recentes nos métodos arqueológicos, como a introdução de técnicas cronométricas para estabelecer datas, a ampla utilização de análises físico-químicas para a determinação da proveniência de artefatos, a recuperação padronizada de material da flora e da fauna que documenta diretamente as atividades de subsistência do passado, e a preocupação com a determinação do padrão regional de ocupação da terra possibilitam a consecução desses objetivos de uma maneira que não poderia ter sido sequer sonhada por Gordon Childe. Hoje, alguns arqueólogos ocidentais como A. Gilman (1981) utilizam de forma criativa os conceitos marxistas para a interpretação de seus dados, embora a maior parte deles apresente explicações materialistas das transformações que minimizam o conflito social e tratam a pré-história humana como uma forma de adaptação a um determinado ambiente ou como uma simples extensão da história natural. O potencial para a reconstituição de formas sociais do passado ou o otimismo arqueológico implícito na análise que Marx fez das ferramentas antigas são aceitos de maneira geral, embora raramente se concretizem na prática dos arqueólogos contemporâneos: uma síntese fiel da pré-história, que ponha em evidência as formações sociais do passado e suas relações de produção, ainda está por ser escrita.

PLK

Bibliografia: Adams, R. McC., *Evolution of Urban Society*, 1966 • Artsikhovskii, A.V., "Archaeology", in *Great Soviet Encyclopedia*, trad. inglesa da 3ª ed., vol.2, 1973 • Chang, K.C., "Archaeology", in L.A. Orleans (org.), *Science in Contemporary China*, 1980 • Childe, V.G., *History*, 1947 ◎ *Social Evolution*, 1951 • Daniel, G., *A Hundred and Fifty Years of Archaeology*, 1976 • Gilman, A., "The Development of Social Stratification in Bronze Age Europe", 1981 • Godelier, M., "La notion de 'mode de production asiatique' et les schémas marxistes d'évolution des sociétés", in Centre d'Études et de Recherches Marxistes (Cerm), *Sur le "mode de production asiatique"*, 1969; "The concept of the 'Asiatic Mode of Production': Marxist Models of Social Evolution", in D. Seddon (org.), *Relations of Production: Marxist Approaches to Economic Anthropology*, 1978 [Cerm, *O modo de produção asiático*, 1974] • Green, S., *Prehistorian: a Biography of V. Gordon Childe*, 1981 • Klejn, L.S., "A Panorama of Theoretical Archaeology", 1977 • Krader, L., *The Ethnological Notebooks of Karl Marx*, 1972 • Kristiansen, K., "A Social History of Danish Archaeology (1805-1975)", in G. Daniel (org.), *Towards a History of Archaeology*, 1981 • Lorenzo, J.L., "Archaeology South of the Rio Grande", 1981 • Lumbreras, L.G., *La arqueología como ciencia social*, 1974 • Trigger, B.G., *Gordon Childe: Revolutions in Archaeology*, 1980.

arte Marx e Engels não propuseram uma teoria geral da estética, nem empreenderam estudos sistemáticos sobre arte e literatura. As observações de Marx sobre o assunto deram origem antes a controvérsias do que a um cânone de interpretação confiável. Num trecho muito citado da "Introdução" aos *Grundrisse*, Marx observa: "sabe-se bem que algumas épocas áureas da arte não guardam proporção com o desenvolvimento geral da sociedade, e, portanto, também com sua base material"; e prossegue dizendo que a arte grega, embora estivesse ligada a formas específicas de desenvolvimento social, não obstante continua sendo para nós, sob certos aspectos, "uma norma e um ideal inatingível" e exerce um "encanto eterno". Isso sugere que certas modalidades de arte têm, por qualquer razão (e Marx aqui parece sugerir uma explicação psicológica) um valor universal, trans-histórico, que não é rigorosamente determinado pela base material da sociedade. Em outra obra (*Teorias da mais-valia*, cap.IV, 16), ele ridiculariza "a ilusão dos franceses do século XVIII satirizados, por Lessing. Se estamos mais avançados do que os antigos na mecânica, etc., por que não seríamos capazes de produzir também uma épica?" Tais perspectivas podem atribuir à arte "um estatuto específico na superestrutura ideológica" (Laing, 1978, p.10), mas também se adequam à qualificação mais geral da relação entre BASE E SUPERESTRUTURA indicada por Engels em várias cartas da década de 1890 (a C. Schmidt, 5 de agosto e 27 de outubro de 1890; a J. Bloch, 21 de setembro de 1890; a F. Mehring, 14 de julho de 1893; a W. Borgius, 25 de janeiro de 1894).

Por outro lado, numa crítica à concepção de Max Stirner do "indivíduo excepcional", em relação ao lugar do artista na sociedade (*A ideologia alemã*, vol.I, III, 3), Marx argumenta que "a concentração exclusiva do talento artístico em determinados indivíduos e sua supressão correlata entre a massa do povo é uma consequência da divisão do trabalho (...). Na sociedade comunista não há pintores, mas, no máximo, pessoas que, entre outras coisas, também pintam". A própria existência da arte como atividade especializada é questionada nesse trecho, em termos que decorrem da concepção geral que Marx tinha sobre a importância de superar a divisão do trabalho (ibid, I, A, 1): "Na sociedade comunista, onde ninguém tem uma esfera exclusiva de atividade, mas todos se podem tornar completos nos ramos que desejarem, a produção como um todo é regulada pela sociedade, tornando com isso possível fazer uma coisa num dia e outra coisa amanhã, caçar pela manhã, pescar à tarde, cuidar do gado ao entardecer e dedicar-se à crítica depois do jantar, sem que, por isso, o indivíduo deva tornar-se caçador, pescador, pastor ou crítico." Essa ideia é, a um só tempo, especulativa – aproxima-se mesmo da elaboração de "receitas para as cozinhas do futuro" – e, em seu sentido literal, bastante irrealista no que diz respeito a qualquer sociedade complexa e tecnologicamente desenvolvida, sobretudo em relação à criação artística, mas expressa uma importante concepção da natureza dos seres humanos que permeia particularmente os primeiros escritos de Marx (ver NATUREZA HUMANA; PRÁXIS). Desse ponto de vista, a arte, ou um sentimento estético desenvolvido, é, como a linguagem, tida na conta de uma capacidade distintivamente humana e universal. E tal como Gramsci (1949) observava que todos os homens são intelectuais, embora alguns tenham a função social de intelectuais, assim também se poderia dizer que são todos artistas.

As obras pioneiras da estética marxista são as de Mehring (1893) e de Plekhanov (1912), tendo o primeiro se ocupado principalmente da LITERATURA, e não das artes visuais ou da música. Plekhanov pretendia desenvolver uma teoria rigorosamente determinista, dizendo que "a arte de qualquer povo tem sempre, na minha opinião, uma íntima conexão causal com a sua economia" (1953, p.57). Partindo desse ponto de vista, analisou a dança numa sociedade primitiva como uma re-experiência do prazer do trabalho (por exemplo, uma caçada), e a música como um apoio rítmico para o trabalho (ver igualmente, a esse respeito, Garaudy, 1973, p.17-22). Mas, ao examinar a relação geral entre trabalho, jogo e arte, argumentou que, embora esta última tenha origem utilitária nas necessidades da vida material, o gozo estético torna-se um prazer em si. Para além do nível primitivo, segundo Plekhanov, a arte é determinada apenas indiretamente pela economia, por meio da influência mediadora da divisão das classes e da dominação de classe. Assim, em sua análise do drama e da pintura francesas no século XVIII, afirmou que tais formas de expressão artística representaram o triunfo do "refinamento do gosto aristocrático", mas que, mais tarde, no mesmo século, quando a dominação da aristocracia foi questionada pela burguesia, a arte de Boucher e de Greuze "foi eclipsada pela pintura revolucionária de David e sua escola" (1953, p.157).

A Revolução de Outubro na Rússia e os movimentos revolucionários na Europa Central colocaram no primeiro plano dos debates dois temas que eram sob certos aspectos, antitéticos: a arte revolucionária e a arte proletária. Na Rússia, Lunacharski, que foi Comissário do Povo para a Educação e as Artes de 1917 a 1929, "não teve maior constrangimento em apoiar a vanguarda" (Willet, 1978, p.34); dessa forma, encorajou a Escola de Arte de Vitebsk, da qual Chagall foi nomeado diretor, e restabeleceu os estúdios de arte de Moscou, onde lecionaram Kandinsky, Pevsner e outros, e que se tornariam o berço do Construtivismo (ibid, p.38-9). Na Alemanha, o movimento dos conselhos dos trabalhadores também apoiou a vanguarda nas artes, e, apesar de sua derrota política, algumas de suas realizações (por exemplo, a Bauhaus de Gropius) sobreviveram até a vitória do fascismo. Em princípios da década de 1920, houve também uma animada interação entre os representantes da arte revolucionária na Rússia e na Alemanha.

Por outro lado, a ideia de arte (ou cultura) proletária foi criticada por alguns líderes bolcheviques (entre os quais Trotski) e a organização Prolekult chegou a ser considerada como rival do partido e potencialmente contrarrevolucionária. A longo prazo, porém, noções como as de que o proletariado precisava de uma arte de classe própria e de que o artista devia, acima de tudo, ser "participante" adquiriram grande influência e passaram a constituir um importante elemento da doutrina oficial soviética do "realismo socialista", imposta por Stalin e Jadanov. Sob esse regime, não podia haver lugar para experiências radicais ou movimentos vanguardistas na arte, o que fez com que prevalecesse a mais árida mediocridade. Mas a situação não baniu totalmente o pensamento inovador sobre a arte, e Lifshitz (com quem Lukács trabalhou no Instituto Marx-Engels de Moscou), além de preparar a primeira seleção dos comentários de Marx e Engel sobre a arte (1937), publicou um interessante estudo sobre a teoria estética de Marx (1933) baseando-se em grande medida nas anotações e nos primeiros escritos desse pensador.

Na década de 1930 e posteriormente, porém, as principais contribuições para uma teoria marxista da arte vieram do Ocidente. Brecht opôs ao realismo socialista sua própria concepção do "teatro épico", e disse sobre Lukács e seus colaboradores em Moscou que eram "para falar francamente, inimigos da produção (...) eles próprios não querem produzir [mas] brincar de *apparatchik* e exercer controle sobre as pessoa" (Bloch et al., 1977, p.97). As ideias de Brecht influenciaram profundamente a teoria estética de Benjamin, que, em um dos textos das *Illuminationem*, considerou o teatro épico como um modelo da maneira pela qual as formas e instrumentos da produção artística poderiam ser transformados num sentido socialista (Benjamin, 1936). O conflito entre Lukács e Brecht foi parte de uma controvérsia mais ampla entre os defensores do "realismo socialista" (isto é, o realismo burguês do século XIX com um novo conteúdo) e os partidários do "modernismo" particularmente o expressionismo alemão, mas também o cubismo e o surrealismo), entre os quais, além de Brecht, estavam Benjamin, Bloch e Adorno (ver Bloch et al., 1977; Willett, 1978).

Outra importante contribuição da década de 1930, e que só recentemente se tornou bem conhecida, é o volume de Max Raphael (1933) com três estudos de sociologia da arte. Um deles, sobre a teoria marxista da arte, parte de uma análise detalhada do texto da "Introdução" de Marx aos *Grundrisse* para construir uma sociologia da arte que superasse as debilidades existentes no materialismo dialético, que "não fora capaz de empreender senão investigações fragmentárias e esporádicas sobre problemas artísticos específicos" (1980, p.76). Max Raphael chama a atenção para a importância da concepção que Marx tinha da mitologia grega como a intermediária entre a base econômica e a arte grega e levanta uma série de novas questões sobre a relação geral entre mitologia e arte. Examina, a seguir, vários problemas ligados ao "desenvolvimento não proporcional" da produção material e da arte e, finalmente, critica a explicação de Marx sobre o "encanto eterno" da arte grega, que considera "essencialmente incompatível com o materialismo histórico" (1980, p.105). A explicação que Max Raphael dá para o "valor normativo" da arte grega em certos períodos da história europeia parte da ideia de que "renascimentos da Antiguidade" ocorreram sempre que a cultura enquanto totalidade sofreu uma crise em consequência de transformações econômicas e sociais. Em seu terceiro estudo, Raphael analisa a arte de Picasso como o exemplo mais típico de modernismo, relacionando-a com a transição do capitalismo da livre empresa para o capitalismo monopolista.

Nas décadas de 1960 e 1970 os trabalhos marxistas sobre a arte mostraram-se predominantemente metodológicos (preocupados com a formulação abstrata de um *conceito* marxista de arte adequado) e poucos estudos substantivos foram empreendidos. Uma exceção notável, de um período um pouco anterior, mas publicado recentemente, é o excelente livro de Klingender sobre a arte na Revolução Industrial (1947), que estuda particularmente a relação entre arte e tecnologia e os efeitos que tem sobre a ascensão ao poder de "homens de modismos". Outro bom trabalho é a detalhada exposição elaborada por Willett (1978) sobre o movimento modernista na pintura, arquitetura e música na Alemanha de Weimar. As recentes discussões teóricas tratam de dois temas que, desde o início, preocuparam os pensadores marxistas e têm sua origem nas próprias reflexões pouco sistemáticas de Marx sobre a arte: (1) a arte como ideologia; e (2) a arte como uma das principais manifestações da criatividade humana.

Uma análise da arte como ideologia tem de mostrar, de um lado, o lugar específico que um estilo de arte (ao mesmo tempo forma e conteúdo) ocupa no corpo total das ideias e imagens de uma classe dominante durante uma determinada fase histórica de sua existência. Para tanto, como argumentou Goldmann (1956) em relação às obras literárias, é preciso, em primeiro lugar, conhecer a estrutura imanente de significação de uma obra de arte ou de um estilo e, em seguida, situar essa estrutura na estrutura mais ampla das relações de classe num determinado modo de produção. Tanto Plekhanov como Max Raphael procuraram fazê-lo nos estudos já mencionados. Por outro lado, certas modalidades de arte podem ser consideradas como armas ideológicas de uma classe subordinada em sua luta pela emancipação, e a disputa sobre o realismo e o modernismo relacionava-se, em grande medida, com a caracterização e a análise adequadas da "arte revolucionária". Um aspecto significativo do recente pensamento marxista sobre a arte como ideologia é o crescente interesse pela arte popular e pela "indústria cultural" (ver CULTURA), presente notadamente na obra de alguns membros da Escola de Frankfurt, como Adorno e Marcuse. Do ponto de vista desses pensadores, a arte na era do capitalismo adiantado não apenas está degradada em consequência da reprodução mecânica e da difusão ampla, mas também adquire maior poder de pacificar e de integrar classes e grupos dissidentes. Ao mesmo tempo, a eficiência ideológica de qualquer arte revolucionária fica reduzida porque as inovações radicais são facilmente assimiladas ao corpo de imagens dominantes. Benjamin, porém, foi de opinião contrária: para ele, o efeito principal da reprodução mecânica é o de destruir a "aura" elitista da arte, provocando uma "tremenda demolição da tradição" (1936, p.223) e criando um laço entre o proletariado e as novas formas culturais (por exemplo, o cinema).

O tema da arte como expressão criativa suscita problemas muito complexos na análise do valor estético (ver ESTÉTICA) e da natureza humana (ver PSICOLOGIA). Nessas duas esferas, não só as ideias marxistas permaneceram relativamente pouco desenvolvidas até bem recentemente, como também a crescente produção das duas últimas décadas revelou discordâncias profundas entre os pensadores marxistas. A respeito da prática social, porém, a noção da arte como expressão de uma criatividade humana universal e como força libertadora (e essa noção pode eventualmente ser formulada em termos teóricos) sugere dois importantes elementos para uma abordagem marxista da arte numa sociedade socialista. O primeiro é que a arte, como a vida intelectual em geral, deveria desenvolver-se livremente, permitindo "o desabrochar de cem flores", e certamente não deveria ter de conformar-se a qualquer dogma artístico e menos ainda a um dogma imposto pela autoridade política. O segundo desses elementos é que, em ampla consonância com as ideias expressas por Marx em *A ideologia alemã* a que já fizemos referência, paralelamente ao desenvolvimento da "arte superior" por indivíduos particularmente dotados, a criatividade artística deveria ser estimulada e encorajada de maneira generalizada como necessidade humana universal e fonte de prazer.

TBB

Bibliografia: Adorno, Theodor, "Ideen zur Musiksoziologie", in T. Adorno, *Klangfiguren*, 1959 ["Ideias para uma sociologia da música", 1968] • Benjamin, Walter, "Das Kunstwerk im Zeitalter seiner technischen Reproduzierbarkeit", 1936; "The Work of Art in the Age of Mechanical Reproduction", in Walter Benjamin, *Illuminations*, ed. org. por Hannah Arendt, 1973 ["A obra de arte no tempo de suas técnicas de reprodução, in Gilberto Velho (org.), *Sociologia da arte*, vol.IV, 1969] • Bloch, Ernst, Georg Lukács, Bertholt Brecht, Walter Benjamin & Theodor Adorno, *Aesthetics and Politics*, 1977 • Canclini, Néstor García, *Arte popular y sociedad en America Latina*, 1977 [*A socialização da arte*, 1980] • Garaudy, Roger, *Danser sa vie*, 1973 [*Dançar a vida*, 1980] • Gorki, Maksim, "Discurso en el primer congreso de escritores soviéticos", 1934 (1968) • Jameson, Frederic, *Marxism and Form*, 1971 [*Marxismo e forma*, 1985] • Jdanov, Andrei, *Sur la littérature, la philosophie et la musique*, 1940 (1950) • Kliem, Manfred (org.), *Marx und Engels uber Kunst und Literatur*, 1968 • Klingender, Francis D., *Art and the Industrial Revolution*, 1947 (1968) • Konder, Leandro, *Os marxistas e a arte*, 1967 • Laing, Dave, *The Marxist Theory of Art*, 1978 • Lenin, *Sur l'art et la literature*, vol.1., 1976 • Lifshitz, Mikhail, *The Philosophy of Art of Karl Marx*, 1933 (1973) • Macheray, Pierre, *Pour une théorie de la production titléraire*, 1970 • Pedrosa, Mário, *Mundo, homem, arte em crise*, 1975 • Plekhanov, G.V., *Art and Social Life*, 1912 (1953) [*A arte e a vida social e cartas sem endereço*, s.d.] • Raphael, Max, *Proudhon, Marx, Picasso: Three Studies in the Sociology of Art*, 1933 (1980) • Willett, John, *The New Sobriety 1917-1933: Art and Politics in the Weimar Period*, 1978 ◎ "Art and Revolution", in Eric J. Hobsbawm et al., *The History of Marxism*, vol.3, 1980 (1983) • Wolff, Janet, *The Social Production of Art*, 1981 [*A produção social da arte*, 1982] • Uma obra de referência de caráter abrangente, inspirada por uma visão marxista da história da arte é Hauser, Arnold, *Sozialgeschichse der Kunst und Literatur*, 1953 (1972) [*História social da literatura e da arte*, 1982].

asiático, modo de produção Ver SOCIEDADE ASIÁTICA

associação cooperativa Não há tratamento sistemático da cooperação no sentido de movimentos cooperativos ou de formas particulares de produção cooperativa na obra de Marx e Engels, mas há mais referências ao assunto, e mais favoráveis, aliás, do que se costuma supor. Lowit (1962) fez um esforço de grande importância coletando-as e confrontando-as; as principais dessas referências são mencionadas a seguir ao longo do texto.

Algumas observações de caráter geral podem ser feitas. As associações cooperativas, tanto as que realmente existiam na época de Marx, como enquanto células de um modo de produção possível no futuro (o "modo de produção de produtores associados" de que Marx fala no terceiro livro de *O Capital*) não são examinadas, na obra de Marx, enquanto tais e por elas mesmas, mas sempre dentro da perspectiva geral da emancipação da classe trabalhadora. Em segundo lugar, "socialismo utópico" não é um epíteto dirigido fundamentalmente às cooperativas ou à cooperação. A ideia cooperativa em si não é condenada por Marx e Engels, mas apenas as suas deformações. Nesse sentido, as cooperativas apoiadas pelo Estado na Prússia e a defesa em termos socialistas que Lassalle delas fazia foram atacadas por Marx. Os armazéns cooperativos são considerados como garanhões superficiais na face do capitalismo a não ser que façam parte de associações *produtivas* das forças e relações de produção *e* "as forças organizadas da sociedade" (poder de Estado) tenham sido transferidas, por meio da atividade da classe operária, para os próprios produtores. A cooperação, para Marx, é a negação do trabalho assalariado. Em sua forma positiva, "o trabalho associado, que maneja suas ferramentas com mão hábil e entusiasmada, espírito alerta e coração alegre", poderia tornar o trabalho assalariado tão arcaico quanto o capital já havia tornado ultrapassado o trabalho escravo ou servil, disse Marx, no *Discurso inaugural*, que pronunciou em 28 de setembro de 1864, por ocasião do lançamento, em Londres, da Associação Internacional dos Trabalhadores. Dentro do capitalismo, contudo, as formas de associação cooperativa estavam fadadas a conter tanto as cascas do velho sistema como as sementes do novo. Tal contradição, porém, antes recomendava a cooperação do que constituía uma razão para deixá-la de lado. Em seu *Discurso inaugural* de 1864, Marx fixa as principais linhas da argumentação sobre o assunto de maneira clara. O movimento cooperativo já era um "Grande Fato" e já representava uma vitória preliminar da economia política da classe trabalhadora sobre a dos proprietários. Já havia mostrado, e o fizera com fatos e não com palavras, que os patrões não eram necessários à produção em grande escala. Por essa razão apenas, havia feito muitos falsos amigos entre 1848 e 1864, "porta-vozes filantrópicos da burguesia" ansiosos por usar a experiência desse movimento para seus próprios objetivos charlatanescos. Era necessário resistir a esses falsos amigos, como a qualquer tendência ao localismo e à autossuficiência. A cooperação jamais poderia derrotar o monopolismo, a menos que se desenvolvesse em dimensões nacionais. Só o poder político poderia permitir-lhe escapar ao "estreito círculo dos esforços casuais de grupos de trabalhadores isolados".

Marx não tinha paciência com os que não podiam ver que o capitalismo estava eivado de contradições, nem todas compatíveis com a sua continuidade. Durante as décadas de 1860 e 1870, insistiu na possibilidade e na visibilidade (parcial) do comunismo, presentes tanto na prática da classe operária quanto "no seio da produção capitalista". A concepção de Marx sobre a cooperação no sentido aqui adotado era um dos fundamentos dessa insistência. Como tal concepção não foi muito enfatizada na história subsequente das formas dominantes de marxismo, parece adequado focalizá-la por meio de citações: "A economia vulgar é incapaz de conceber as formas desenvolvidas no seio da produção capitalista separadas e libertas de seu caráter capitalista" (*O Capital*, III, cap.XXIII). De um ponto de vista político, pensava Marx, isso se deveria ter tornado evidente com formas associativas adotadas pelos *communards* de Paris. Mas:

> É um fato estranho. Apesar de todas as afirmações grandiloquentes e de toda a imensa literatura dos últimos 60 anos, sobre a emancipação do trabalho, tão logo os trabalhadores, em qualquer parte, tomam a questão em suas próprias mãos com vontade e disposição, eleva-se imediatamente toda a fraseologia apologética dos porta-vozes da sociedade presente, com os seus dois polos, do capital e da escravidão salarial, (...) como se a sociedade capitalista estivesse ainda em seu mais puro estado de inocência virginal, com seu antagonismo ainda por se desenvolver, com suas ilusões ainda não desgastadas e suas realidades prostituídas ainda não desnudadas (*A guerra civil na França*, parte III).

De um ponto de vista industrial, as fábricas cooperativas dos próprios trabalhadores traduziam uma dialética *material* futuro-presente/interno-externo, produzida pela classe trabalhadora e profundamente característica da percepção que Marx tinha do capitalismo. Tais fábricas

> representam elas próprias, dentro da velha forma, os primeiros brotos da nova, embora reproduzam naturalmente, e devam reproduzir, por toda parte, em sua organização prática, todas as deficiências do sistema dominante. Mas a antítese entre o capital e o trabalho é superada com elas, embora a princípio o seja apenas transformando os trabalhadores associados em seus próprios capitalistas, isto é, permitindo-lhe usarem os meios de produção para o emprego de seu próprio trabalho. Elas mostram como um novo modo de produção nasce naturalmente do antigo, sempre que as forças produtivas materiais e as formas correspondentes de produção social atingem um determinado estágio. Sem o sistema fabril nascido do modo de produção capitalista, não haveria fábricas cooperativas. Nem poderiam elas se ter desenvolvido sem o sistema de crédito que surgiu do mesmo modo de produção. O sistema de crédito não apenas é a principal base da transformação gradual da empresa capitalista privada em sociedades por ações, como também proporciona os meios para a ampliação gradual das empresas cooperativas até uma escala mais ou menos nacional. As sociedades capitalistas por ações tanto quanto as fábricas cooperativas deveriam ser consideradas como formas de transição do modo de produção capitalista para o modo de produção dos produtores associados, com a única diferença de que o antagonismo é resolvido negativamente em uma delas e positivamente na outra. (*O Capital*, III, cap.XXVII)

(Ver também AUTOGESTÃO; CONSELHOS.)

SY

Bibliografia: Desroche, Henri, *Le projet coopératif*, 1976 • Lowit, T., "Marx et Le mouvemet coopératif", 1962.

associação internacional dos trabalhadores Ver INTERNACIONAIS

austromarxismo Escola de pensamento marxista que floresceu em Viena, de fins do século XIX até 1934, e particularmente no período anterior à Primeira Guerra Mundial, tendo como membros mais destacados Max ADLER, Otto BAUER, Rudolf HILFERDING e Karl RENNER. As principais influências diretas sofridas por essa escola, à parte os efeitos mais difusos da força criativa da vida intelectual e cultural vienense do início do século, foram, como Bauer (1927) observou mais tarde, a poderosa corrente do neokantismo e do positivismo na filosofia, o aparecimento de novas orientações teóricas nas ciências sociais (notadamente a economia marginalista) e a necessidade de enfrentar os problemas sociais específicos do multinacional Império dos Habsburgo.

A manifestação pública inicial de uma nova escola de pensamento foi a criação, em 1904, dos *Marx-Studien*, dirigidos por Adler e Hilferding e publicados irregularmente até 1923, nos quais foram divulgados todos os principais trabalhos dos austromarxistas. Essa elaboração de um estilo específico de pensamento marxista foi confirmada pelo aparecimento, em 1907, de uma nova revista teórica. *Der Kampf*, que logo passou a rivalizar com *Die Neue Zeit*, dirigida por Kautsky, como a principal publicação marxista europeia. Ao mesmo tempo, os austromarxistas empenhavam-se na promoção da educação dos trabalhadores e na direção do Partido Social-Democrata Austríaco (SPÖ), que crescia rapidamente.

As bases conceituais e teóricas do austromarxismo foram desenvolvidas principalmente por Adler, para quem o marxismo era "um sistema de conhecimento sociológico (...) a ciência das lei da vida social e de seu desenvolvimento causal" (Adler, 1925, p.136). Na primeira de suas obras importantes (1904), Adler analisou cuidadosamente a relação entre a causalidade e a teleologia e nesse trabalho, bem como em escritos posteriores, ressaltou a diversidade das formas de causalidade, insistindo em que a relação causal na vida social não é "mecânica", e sim mediada pela consciência. Essa ideia está expressa vigorosamente num estudo sobre a ideologia (1930, p.118), onde Adler argumenta que até mesmo "os próprios fenômenos econômicos não são nunca 'materiais' no sentido materialista, mas têm precisamente um caráter 'mental'". Para

Adler, o conceito fundamental da teoria da sociedade de Marx era a "humanidade socializada" ou "associação social", que Adler tratou, à maneira neokantiana, como "transcendentalmente dado como categoria do conhecimento" (1925), isto é, como um conceito proporcionado pela razão e não deduzido da experiência, que é a precondição da ciência empírica. É a formulação desse conceito, argumentou ele, que faz de Marx o fundador de uma verdadeira ciência da sociedade.

A concepção que Adler tinha do marxismo como um sistema de sociologia proporcionou o quadro das ideias que, em grande medida, inspiraram e dirigiram o trabalho de toda a escola, o que fica bastante evidente nas análises econômicas de Rudolf Hilferding. Em seu estudo crítico sobre a teoria econômica marginalista (1904), Hilferding opõe à "escola psicológica de economia política" individualista a tese de que a teoria de valor de Marx baseia-se numa concepção de "sociedade" e "relações sociais" e a ideia de que a teoria marxista como um todo "visa a revelar a determinação social dos fenômenos econômicos", tendo como ponto de partida a "sociedade e não o indivíduo". No prefácio de *Das Finanzkapital* (*O capital financeiro*), publicado em 1910, ele se refere especificamente ao trabalho de Adler, afirmando que "o único objetivo de qualquer investigação (marxista) – mesmo em questões de diretrizes políticas – é a descoberta de relações causais". O objetivo de Hilferding em *Das Finanzkapital* foi, realmente, descobrir os fatores causais da fase mais recente do desenvolvimento capitalista, por meio de uma análise do crescimento do crédito monetário e das sociedades anônimas por ações, da crescente influência dos bancos e da ascensão dos cartéis e trustes monopolistas a uma posição dominante na economia. Na parte final do livro, Hilferding deduz, a partir dessas transformações, a necessidade de uma fase imperialista do desenvolvimento e delineia uma teoria do imperialismo (ver COLONIALISMO; IMPERIALISMO E MERCADO MUNDIAL) que estabeleceu as bases para os estudos posteriores de Bukharin e Lenin.

A importância do marxismo como teoria sociológica transparece também nos estudos sobre a nacionalidade desenvolvidos por Otto Bauer e Karl Renner. Em sua obra clássica, *Die Nationalitätenfrage und die Sozialdemokratie* (1907), Bauer procurou fazer uma análise teórica e histórica da NAÇÃO e da nacionalidade e chegou à seguinte conclusão: "Para mim, a história já não reflete a luta das nações; na verdade, a própria nação surge como o reflexo das lutas históricas. A nação só se manifesta no caráter nacional, na nacionalidade do indivíduo; e a nacionalidade do indivíduo é apenas um aspecto de sua determinação pela história da sociedade, pelo desenvolvimento das condições e técnicas de trabalho." Renner dedicou sua atenção aos problemas jurídicos e constitucionais das nacionalidades do Império Austro-Húngaro (que haviam dado origem a movimentos nacionalistas que concorriam com o movimento socialista na busca de apoio popular), desenvolvendo a ideia, bastante interessante no contexto de sua época, de uma transformação do Império dos Habsburgo, sob um governo socialista, em um "Estado de nacionalidades" que poderia oferecer, finalmente, um modelo para a organização socialista de uma futura comunidade mundial (Renner, 1902).

Mas Renner é mais conhecido pela sua contribuição pioneira à sociologia marxista do direito publicada em 1904: *Die Rechtsinstitute des Privatsrechts und ihre soziale Funktion: ein Beitrag zur kritik des burgerlichen Rechts (As instituições jurídicas do direito privado e sua função social: uma contribuição à crítica do direito burguês).* Nesse trabalho, ele adota como ponto de partida o sistema vigente de normas jurídicas e busca mostrar como essas mesmas normas mudam de funções em consequência de transformações da sociedade, mais particularmente de modificações em sua estrutura econômica. Mas, na seção final do livro. Renner levanta, como importantes problemas para uma sociologia do Direito, algumas questões mais amplas sobre a maneira pela qual as próprias normas jurídicas se modificam e sobre quais as causas fundamentais dessas modificações. Nesse trabalho, como em todos os seus outros escritos, é evidente que Renner atribui ao direito um papel ativo na manutenção ou na transformação das relações sociais, não o considerando como simples reflexo das condições econômicas. E faz menção, para fundamentar tais concepções, a alguns dos comentários de Marx sobre o direito, na introdução dos *Grundrisse*. Adler também colaborou para a formulação dos princípios gerais de uma sociologia marxista do direito, em sua crítica (1922) da "teoria pura do direito" de Kelsen. Essa teoria trata o direito como um sistema fechado de normas, cuja análise se limita a mostrar a interdependência lógica dos elementos normativos e exclui qualquer investigação tanto sobre os fundamentos éticos do direito como sobre seu contexto social. Na crítica a essa concepção, Adler examinou em detalhe as diferenças entre uma teoria sociológica e uma teoria formal do direito.

Além das importantes contribuições mencionadas acima, os austromarxistas publicaram muitos outros estudos sociológicos de considerável interesse. Estão entre os primeiros marxistas que examinaram sistematicamente a crescente participação na economia do "Estado intervencionista". Renner, numa série de artigos sobre "problemas do marxismo" (1916), chamou a atenção para "a penetração da economia privada, até suas células elementares, pelo Estado – não a nacionalização de algumas fábricas, mas o controle de todo o setor privado da economia pela regulação intencional e consciente". E continuou: "o poder de Estado e a economia começam a fundir-se (...) a economia nacional é vista como um instrumento do poder estatal, e o poder estatal como um meio de fortalecer a economia nacional (...). É a época do imperialismo". Também Hilferding, em ensaios publicados entre 1915 e 1924, desenvolveu, com base em sua análise do capital financeiro, uma teoria do CAPITALISMO ORGANIZADO, segundo a qual o Estado está começando a assumir o caráter de uma estruturação consciente e racional da sociedade no interesse de todos. No capitalismo organizado, há condições para o desenvolvimento numa de duas direções: no sentido do socialismo e de uma ordem coletiva racional da vida social, se a classe operária for capaz de tomar o poder de Estado; ou no sentido de um Estado corporativista, se os monopólios capitalistas mantiverem seu domínio político. Na Alemanha, esta segunda possibilidade materializou-se sob a forma do fascismo, e Bauer fez, em um longo ensaio (1936), uma das mais sistemáticas exposições marxistas das condições sociais sob as quais os movimentos fascistas puderam surgir e triunfar. O próprio Hilferding, em seus últimos trabalhos, e particularmente em sua obra inacabada *Das historische Problem* (*O problema histórico*, 1941), esboçou uma revisão radical do materialismo histórico que atribui ao Estado, e sobretudo ao moderno Estado nacional, um papel independente na formação da sociedade. No século XX, argumenta ele especificamente, houve uma profunda "mudança na relação entre o Estado e a sociedade, provocada pela subordinação da economia ao poder de coerção do primeiro. O Estado transforma-se num Estado totalitário na medida em que ocorre esse processo de subordinação..." (ver TOTALITARISMO).

Os austromarxistas também dedicaram grande atenção às transformações da estrutura de classes das sociedades capitalistas do século XX e suas implicações políticas. Adler, num substancial ensaio sobre a "metamorfose da classe operária" (1933), escrito no contexto da derrota e destruição do movimento operário na Alemanha, observou que "já na obra de Marx, o conceito do proletariado evidencia uma certa diferenciação", com os trabalhadores do processo de produção formando seu corpo principal, o EXÉRCITO INDUSTRIAL DE RESERVA dos desempregados constituindo uma segunda camada; abaixo destas duas está o lumpemproletariado. Adler prossegue argumentando que o desenvolvimento do capitalismo produziu modificações tais na estrutura de classe do proletariado que já é "duvidoso que se possa falar de uma única classe". Nesse novo proletariado, segundo Adler, há várias camadas distintas, que deram origem a três orientações políticas básicas, por vezes conflitantes: a da ARISTOCRACIA OPERÁRIA, que compreende tanto os trabalhadores qualificados como os funcionários de escritório; a dos trabalhadores organizados na cidade e no campo; e a dos desempregados permanentes ou durante longos períodos. Adler argumenta ainda que, mesmo no corpo principal de trabalhadores, o desenvolvimento das organizações produziu uma divisão fatal da classe trabalhadora entre a crescente camada de funcionários assalariados e de representantes, que participam ativamente das decisões, e a massa de membros basicamente passiva. A debilidade da classe operária face aos movimentos fascistas foi consequência, concluiu ele, dessa diferenciação das condições socioeconômicas e de atitudes políticas.

Renner, escrevendo depois da Segunda Guerra Mundial, particularmente em sua obra póstuma *Wandlungen der modernen Gesellschaft (Transformações da sociedade moderna*, 1953) concentrou sua atenção no crescimento de novas camadas sociais – funcionários públicos e de empresas privadas – que constituíam o que chamou de "classe de serviços" de empregados que recebem salário mas cujo contrato de emprego "não cria uma relação de trabalho assalariado" (ver CLASSE MÉDIA). Essa nova classe, que surge paralelamente à classe operária, tende a fundir-se com esta em suas fronteiras. Renner também observa que "a luta sindical conquista, para amplos segmentos da classe operária, uma situação jurídica que se assemelha à dos funcionários" (1953, p.214). E conclui deplorando a abordagem superficial e descuidada que muitos marxistas fazem do "estudo real da formação de classe na sociedade e sobretudo da reestruturação contínua das classes", e afirmando que "a classe operária tal como é apresentada (e cientificamente tinha de ser apresentada) em *O Capital* de Marx, já não existe." (ibid.)

Sob um aspecto diferente, e em data anterior, Bauer também contribuiu de forma importante para o estudo das classes em sua exposição comparativa da situação de operários e camponeses, e das relações entre eles, nas revoluções russa e alemã, e em sua análise da revolução austríaca (1924). Também examinou em vários trabalhos (ver particularmente Bauer, 1936), a emergência de uma nova classe dominante na União Soviética, com a transformação da ditadura do proletariado em ditadura de uma burocracia todo-poderosa.

Depois da Primeira Guerra Mundial, a escola austromarxista foi até certo ponto eclipsada pela ascensão a um posição de influência internacional dominante da ortodoxia marxista-leninista, particularmente no período de vigência do stalinismo. E, em 1934, foi quase totalmente destruída pelo triunfo do fascismo austríaco. Mas, nas últimas décadas, tem se registrado uma significativa renovação do interesse pelo austromarxismo, que passou a ser novamente discutido, tanto como um arcabouço geral para uma sociologia marxista – muito embora sua orientação "positivista" o faça vulnerável a crítica cada vez mais forte e renovada do positivismo nas ciências sociais – como enquanto corpo de pesquisas substanciais dos grandes problemas propostos pela estrutura e pela transformação das sociedades capitalistas avançadas.

TBB

Bibliografia: Bauer, Otto, "Was ist Austro-Marxismus?", 1927 • Bottomore, Tom & Patrick Goode (orgs.), *Austro-Marxism*, 1978 • Heintel, Peter, *System und Ideologie: der Austromarxismus im Spiegel der Philosophie Max Adlers*, 1967 • Kolakowski, Leszek, *Main Currents of Marxism*, vol.2, cap.XII, 1978 • Leser, Norbert, *Zwischen Reformismus und Balschewismus: der Austromarxismus als Theorie und Praxis*, 1968 • As obras de Adler, Bauer, Hilferding e Renner citadas no texto constam da Bibliografia Geral deste dicionário.

autodeterminação dos povos Ver NAÇÃO E NACIONALISMO

autogestão Em sentido estrito, autogestão refere-se à participação direta dos trabalhadores na tomada de decisões básicas nas empresas. Os meios de produção são socializados (de propriedade da comunidade dos trabalhadores ou da totalidade da sociedade). Diretamente nas comunidades menores, ou, nas maiores, por meio de delegados ao conselho de trabalhadores, estes decidem sobre as questões básicas de produção e distribuição da renda. A gestão técnica operativa fica a eles subordinada, sendo por eles controlada. Num sentido mais geral, a autogestão é uma forma democrática de organização de toda a economia, constituída de vários níveis de conselhos e assembleias. Os conselhos centrais dos trabalhadores nas empresas mandam seus delegados a órgãos de nível superior de cada ramo de atividades e do conjunto da economia. A cada nível, o órgão de autogestão é a mais alta autoridade responsável pela definição e pela execução de políticas, bem como pela coordenação entre empresas relativamente autônomas.

Em seu sentido mais geral, a autogestão é a estrutura básica da sociedade socialista, na economia, na política e na cultura. Em todos os domínios da vida pública – educação, cultura, pesquisa científica, saúde, etc. – a tomada das decisões básicas está nas mãos dos conselhos de autogestão e das assembleias organizadas segundo princípios fundados na organização da produção e nas divisões territoriais. Nesse sentido, transcende os limites do Estado. Os membros dos órgãos de autogestão são eleitos livremente, responsáveis perante seu eleitorado, demissíveis, estão sujeitos a rotatividade e não detêm quaisquer privilégios materiais. Isso acaba com a forma tradicional de Estado, com a BUROCRACIA política como ELITE dominante e com a política profissional como uma esfera do poder alienado. Os especialistas e administradores profissionais que continuam existindo são simplesmente empregados dos órgãos de autogestão e estão totalmente subordinados a eles. A autogestão envolve um novo tipo socialista de DEMOCRACIA. Em contraste com a democracia parlamentar, esta nova democracia não se limita à política, estendendo-se também à economia e à cultura; dá ênfase à descentralização, à participação direta e à delegação de poderes limitada ao objetivo de estabelecer um mínimo de coordenação necessário. Os partidos políticos perdem a sua função de governar e sua estrutura oligárquica: seu novo papel é educar, expressar interesses variados, formular programas de longo alcance e buscar apoio de massa para esses programas.

As primeiras ideias sobre as associações de trabalhadores autogeridas foram propostas pelos socialistas utópicos: Owen, Fourier, Buchez, Blanc e o pai espiritual do anarquismo, Proudhon. Já em *A questão judaica*, Marx expressou a concepção de que "a emancipação humana só será completa quando o indivíduo (...) tiver reconhecidos e organizados seus próprios poderes como poderes *sociais*, de tal modo que não mais separe dele próprio esse poder social como um poder *político*". As associações da classe operária teriam de substituir a administração política da sociedade burguesa, diz Marx em *Miséria da filosofia*. No terceiro livro de *O Capital* (cap.48), Marx explica a ideia de liberdade na esfera da produção material: "os produtores associados regulam sua troca com a natureza racionalmente" e "sob condições mais favoráveis à sua natureza humana e mais dignas dela".

Os anarquistas (Bakunin, Kropotkin, Reclus, Malatesta) desenvolveram a ideia de uma federação de comunidades autogovernadas como substituto do Estado. O socialismo corporativista contribuiu com a ideia da integração vertical dos trabalhadores. O sindicalismo revolucionário defendeu a administração pelos sindicatos como alternativa importante para as pretensões de liderança dos partidos políticos de vanguarda (ver SINDICALISMO). O papel adequado aos sindicatos independentes parece ser, porém, o de articular interesses e constituir a vontade comum dos trabalhadores, e não o de controlar os órgãos de autogestão, que, só eles, devem ter responsabilidades pelas decisões. Todos os movimentos revolucionários socialistas, bem-sucedidos ou não, desde a COMUNA DE PARIS até o *Solidariedade* polonês, criaram mais ou menos espontaneamente órgãos de autogestão. Particularmente importante é a experiência prática da Iugoslávia, onde formas embrionárias de autogestão (no contexto de um sistema político unipartidário liberalizado) foram criadas em princípios da década de 1950. (Ver também CONSELHOS.)

MM

Bibliografia: Bancal, J., *Proudhon, pluralisme et autogestion*, 1970 • Bourdet, Yvon & Alain Guillerm, *Clefs pour l'autogestion*, 1977 • Cole, G.D.H., *Self-government in Industry*, 1920 • Drulovié, Milojko, *L'autogestion à l'épreuve*, 1973 • Gramsci, Antonio, *L'Ordine Nuovo (1919-1920)*, 1954; Articles in "*Ordine Nuovo*", 1920 ◎ *Selections from Prison Notebooks*, 1929-1935 (1971) ◎ *I consigli e la critica operaia alla produzione*, 1972b ◎ *Quaderni del carcere*, 1975 • Horvat, S. & M. Markovié, *Self-governing Socialism*, vols. I e II, 1975 • Korsch, Karl, *Arbeitsrecht fur Betriebräte*, 1922 (1968) • Mandel, Ernest (org.), *Contrôle ouvrier, conseils ouvriers, autogestion*, 1973 • Mattick, Paul, *Intégration capitaliste et rupture ouvrière*, 1972 [*Integração capitalista e ruptura operária*, 1977] • Pannekoek, Anton, *Workers' Councils*, 1970 • *Programme of the League of Communists of Yugoslavia*, Belgrado, 1958 • Proudhon, Pierre Joseph, *Oeuvres choisies*, 1967 ◎ *Selected Writings*, 1970 • Rosanvallon, Pierre, *L'âge de l'autogestion*, 1976 • Topham, A.J. & Ken Coates, *Industrial Democracy in Great Britain*, 1968.

automação A análise que Marx faz da evolução do PROCESSO DE TRABALHO no sentido de transformar-se em um processo que utiliza a MAQUINARIA E A PRODUÇÃO MECANIZADA fundamenta-se na sua descoberta da tendência do capital a estar sempre tentando escapar à sua dependência com relação ao trabalho e à FORÇA DE TRABALHO. A maquinaria como trabalho objetificado confronta-se com o trabalho vivo, dentro do processo de trabalho, como a força que o controla; o trabalho vivo torna-se simples apêndice da máquina. E como o objetivo da adoção da máquina é aumentar a MAIS-VALIA relativa por meio da máxima redução possível do tempo de TRABALHO SOCIALMENTE NECESSÁRIO, coloca-se questão do que *é* possível. Pode a máquina evoluir até um sistema totalmente automático sob o modo de produção capitalista, liberando os operários do trabalho e o capital de sua dependência de um fator humano imprevisível e potencialmente perturbador?

Em primeiro lugar, cada capital individual é obrigado a adotar a mecanização como meio de baratear seus produtos, por força do processo de CONCORRÊNCIA. Além disso, devido à maneira pela qual cada capital realiza a mais-valia (ver PREÇO DE PRODUÇÃO E O PROBLEMA DA TRANSFORMAÇÃO), esse capital merece nada perder se reduzir a proporção de capital que adianta como capital variável. Mas o que é válido para cada capital individual não é válido para o capital como um todo; como uma determinada quantidade de trabalho produz sempre, sob determinadas condições, a mesma magnitude de VALOR no mesmo período de tempo, a redução da quantidade de trabalho reduz o valor total produzido. Os aumentos de produtividade reduzem o trabalho necessário e, desde que este não seja reduzido a zero, a taxa de mais-valia pode aumentar indefinidamente. Mas a automação não envolve os trabalhadores, portanto, com ela, não há valorização e, assim sendo, não há mais-valia.

Essa é a tensão típica do modo de produção capitalista. Tendências resultantes de considerações sobre o VALOR DE USO coexistem em contradição com tendências oriundas de considerações relativas a valor, todas elas provocadas pelo mesmo processo de mecanização em busca de uma mais-valia relativa. A maneira mais geral de formular isso é em termos de FORÇAS PRODUTIVAS E RELAÇÕES DE PRODUÇÃO, e essa é a maneira segundo a qual Marx trata da automação no capítulo sobre o capital do *Grundrisse*, onde fala da maquinaria como "a forma mais adequada de valor de uso do capital constante". Mas "não se segue necessariamente disso, de forma alguma, que a relação social de capital seja a mais adequada e definitiva relação social de produção que comporte a aplicação da maquinaria" (p.699-700). Diverso seria o sentido do uso das máquinas sob as relações sociais comunistas. Numa sociedade baseada no "livre desenvolvimento das individualidades", o uso das máquinas traria "não a redução do tempo de trabalho necessário de forma a aumentar o trabalho excedente, mas sim a redução geral do trabalho necessário da sociedade a um mínimo, ao que, então, corresponderia o desenvolvimento artístico, científico, etc. dos indivíduos no tempo liberado, e com os meios criados, para todos eles" (p.706).

Isso, porém, não é possível sob as relações sociais capitalistas, nas quais o capital simultaneamente tenta minimizar o tempo de trabalho necessário e postula o tempo de trabalho como a única medida e fonte de riqueza. Com a automação, porém, o desenvolvimento do trabalhador coletivo, do indivíduo social, chega ao seu apogeu: o tempo de trabalho já não pode ser a medida das riquezas e o valor de troca deixa de ser a medida do valor de uso. Assim, a tendência a cada vez mais aumentar a mecanização deve, em última análise, chocar-se com a relação de capital, pois a automação exige a destruição desta. A tendência é, portanto, a que o capital opere "no sentido de sua própria dissolução como forma de produção dominante" (p.700). Mas a realização dessa lei imanente da produção capitalista exige a rebelião ativa da classe trabalhadora (ver *O Capital*, I, caps.XV e XXXII). (Ver também ACUMULAÇÃO; CRISES ECONÔMICAS e TAXA DECRESCENTE DE LUCRO.)

Bibliografia: Gorz, André, *Adieux au prolétariat*, 1980 [*Adeus ao proletariado*, 1982] • Levidow & B. Young (orgs.), *Science, Technology and the Labour Process: Marxist Studies*, 1981.

B

Bakunin, Mikhail Alexandrovitch (Premukhino, 30 de maio de 1814 - Berna, 16 de janeiro de 1876.) Filho de um aristocrata russo, proprietário de terras, Bakunin foi o fundador do ANARQUISMO como movimento revolucionário internacional e o principal adversário de Marx na primeira das INTERNACIONAIS. Como jovem hegeliano, Bakunin enfatizou a importância da negação no processo dialético: "A paixão pela destruição é também uma paixão criadora!" (Dolgoff, 1971, p.57). As influências de Wilhelm Weitling e de PROUDHON contribuíram para que Bakunin se tornasse um revolucionário social. Mas, no princípio de sua carreira, suas ideias libertárias expressaram-se principalmente em apoio a um movimento conjunto dos povos eslavos em luta contra os governantes autocráticos da Rússia, da Alemanha e da Áustria. Pelo papel que desempenhou em várias das insurreições dos anos 1848-1849, Bakunin conquistou uma reputação de grande revolucionário. Preso depois do fracasso do levante de Dresden, passou sete anos encarcerado, sendo em seguida exilado para a Sibéria, de onde fugiu em 1861. Após o insucesso da revolta polonesa de 1863, Bakunin deixou de acreditar no potencial revolucionário do movimentos de libertação nacional, opondo-se a suas aspirações de conquistar o Estado. Buscou, então, promover a revolução social em escala internacional. Suas ideias caracteristicamente anárquicas influenciaram várias organizações, inclusive a semiclandestina Aliança Internacional da Democracia Socialista que, em 1868, pediu ingresso na Primeira Internacional. O pedido foi rejeitado, mas depois que a Aliança se declarou dissolvida, sua seção de Genebra foi admitida na Primeira Internacional. Dentro das seções da Internacional, as ideias de Bakunin conquistaram apoio crescente, especialmente na Espanha, no Sul da Itália e em certas regiões da França e da Suíça. Verificou-se a partir daí uma intensa luta entre facções, que chegou a seu auge no Congresso de Haia, em 1872. Por pressão de Marx, Bakunin foi expulso sob a alegação de que a Aliança era mantida como uma sociedade secreta internacional com políticas opostas às da Internacional e com o objetivo de sabotá-la. A expulsão de Bakunin e de seus liderados, acompanhada da decisão de transferir a sede do Conselho Geral da Internacional de Londres para Nova York, dividiu a Internacional em duas organizações, que, ambas, acabaram desaparecendo nos cinco anos seguintes.

No curso da controvérsia que se abriu no interior da Primeira Internacional, cristalizaram-se as diferenças entre o marxismo e o anarquismo como teorias revolucionárias rivais. Os pontos de discordância incluíam concepções conflitantes sobre a maneira pela qual a Internacional deveria ser organizada. Marx argumentava em favor da centralização do movimento; Bakunin insistia numa estrutura federal baseada em seções autônomas. Duas outras diferenças ideológicas podem ser apontadas: (i) Marx afirmava que o Estado burguês tinha de ser derrubado, para que, em seu lugar, o proletariado construísse o seu próprio Estado. Com a abolição das classes, em consequência das medidas de socialização que seriam desenvolvidas, o Estado iria (na expressão de Engels) "fenecer". Bakunin, ao contrário, argumentava que o Estado e o princípio de autoridade que ele representava deveriam ser abolidos no curso da revolução social. Qualquer DITADURA DO PROLETARIADO se tornaria uma ditadura *sobre* o proletariado e resultaria em um novo sistema de dominação de classe, mais poderoso e maligno; (ii) Marx acreditava que o proletariado só poderia agir como classe organizando-se em um PARTIDO político independente, oposto a todos os velhos partidos formados pelas classes possuidoras. A ação política do proletariado e, inclusive, a ação parlamentar para a conquista de concessões favoráveis ao desenvolvimento da classe eram portanto necessárias. Bakunin partilhava da convicção de Proudhon segundo a qual todos os partidos políticos, sem exceção, eram "variedades de absolutismo"; opõe-se, portanto, à ação política no sentido marxista. Embora achasse que os revolucionários devessem se organizar, por vezes até mesmo secretamente, julgava que sua tarefa era essencialmente a de estimular e despertar as classes oprimidas – camponeses e outros grupos marginais, bem como os trabalhadores urbanos – para derrubar a ordem existente por meio de sua ação direta. Sobre as ruínas dessa ordem o povo então construiria "a organização social do futuro (...) estabelecida exclusivamente de baixo para cima, pela livre associação ou federação de trabalhadores, primeiramente em seus sindicatos, depois em comunas, regiões, nações e, finalmente, numa grande federação internacional e universal" (Lehning, 1973, p.206).

Em seu "Resumo de *Estatismo e anarquia* de Bakunin" (1874-1875) Marx reiterou a concepção de que, enquanto existirem outras classes, o proletariado "deve empregar medidas coercitivas, isto é, medidas de governo". E observou também que Bakunin "não compreende nada da revolução social; tudo o que sabe sobre ela são frases políticas. Seus pré-requisitos econômicos não existem para ele. (...) A base da revolução social de Bakunin é a vontade e não as condições econômicas".

Bibliografia: Bakunin, M., *Féderalisme, socialisme et antithéologisme*, 1867-1868 (publicado originalmente em russo, em fascículos sob o título *A ideia de Estado e a anarquia*) ◎ *L'empire knouto-germanique*, 1871 ◎ *Dieu et l'État*, 1894 ◎ *Sozialpolitischer Briefwechsel*, 1896 ◎ *Oeuvres*, 6 vols., 1895-1913, ed. org. por Max Nettlau (vol.1) e James Guillaume (vols. 2 a 6) (*Obras*, 1933-1939, ed. org. por Diego Abad de Santillán, em colaboração com Max Nettlau) ◎ *La liberté*, 1965, ed. org. por F. Muñoz • Carr, E.H., *Michael Bakunin*, 1937 • Dandois, B., *Entre Marx et Bakounine: César de Paepe (correspondance)*, 1974 • Dolgoff, Sam (org.), *Bakunin on Anarchy*, 1971 • Duelos, J., *Bakounine et Marx*, 1974 • Hepner, Benoít P., *Bakounine et le panslavisme révolutionnaire, cinq essais sur l'histoire des idées en Russie et en Europe*, 1950 • Lehning, Arthur (org.), *Archives Bakounine*, 1963 ◎ *Michael Bakunin: Selected Writings*, 1973 • Marx, Engels & Lenin, *Anarchism and Anarcho-syndicalism*, 1973 • Nettlau, Max, *Michael Bakunin, eine Biographie*, 1896-1900 ◎ *Bibliographie de l'anarchie*, 1897.

base e superestrutura A metáfora do edifício – base (infraestrutura) e superestrutura – é usada por Marx e Engels para apresentar a ideia de que a estrutura econômica da sociedade (a base ou infraestrutura) condiciona a existência e as formas do ESTADO e da consciência social (a superestrutura). Uma das primeiras formulações dessa ideia surge na primeira parte de *A ideologia alemã*, onde há referência à "organização social que nasce diretamente da produção e do comércio, a qual, em todas as épocas, constitui a base do Estado, e do resto da superestrutura das ideias". Mas a noção da superestrutura não é usada apenas para indicar dois níveis da sociedade que são dependentes, ou seja, o Estado e a consciência social. Pelo menos uma vez, na terceira parte de *O Dezoito Brumário de Luís Bonaparte*, a expressão "superestrutura" parece referir-se à consciência ou visão do mundo de uma classe: "sobre as diferentes formas de propriedade, sobre as condições sociais de existência, ergue-se toda uma superestrutura de sentimentos, ilusões, modos de pensar e visões da vida distintos e formados peculiarmente. Toda a classe cria e forma esses elementos a partir de suas bases materiais e das relações sociais que a elas correspondem". Não obstante, essa metáfora procura explicar, quase sempre, a relação entre três níveis gerais de sociedade, por meio da qual os dois níveis de superestrutura são determinados pela base. Isso significa que a superestrutura não é autônoma, que não aparece por si mesma, mas tem um fundamento nas relações de produção sociais (ver FORÇAS

PRODUTIVAS E RELAÇÕES DE PRODUÇÃO). Em consequência disso, qualquer conjunto particular de relações econômicas determina a existência de formas específicas de Estado e de consciência social que são adequadas ao seu funcionamento, e qualquer transformação na base econômica de uma sociedade leva a uma transformação da superestrutura.

Uma descrição mais pormenorizada do que se deve entender por base, ou infraestrutura, é feita por Marx em uma passagem do "Prefácio" à *Contribuição à crítica da economia política* (1859) que se tornou a formulação clássica da metáfora: "Na produção social de sua vida, os homens estabelecem determinadas relações necessárias e independentes da sua vontade, relações de produção que correspondem a uma determinada fase do desenvolvimento de suas forças produtivas materiais. O conjunto dessas relações de produção forma a estrutura econômica da sociedade, a base real sobre a qual se ergue a superestrutura jurídica e política e à qual correspondem determinadas formas de consciência social. O modo de produção da vida material condiciona o processo da vida social, política e intelectual em geral." A estrutura econômica não é, portanto, concebida como um conjunto dado de instituições, unidades produtivas ou condições materiais, mas antes como a soma total das relações de produção estabelecidas pelos homens ou, em outras palavras, das relações de classe que, entre eles, se estabelecem. Como diz Marx em *O Capital*, "é sempre na relação direta entre os proprietários das condições de produção e os produtores diretos – relação que naturalmente sempre corresponde a um estágio preciso do desenvolvimento dos métodos de trabalho e, portanto, da sua produtividade social – que se encontra o segredo mais íntimo, o fundamento oculto de toda a estrutura social e, portanto, da forma política da relação de soberania e dependência, em suma da forma específica correspondente de Estado" (III, cap.XLVII, 2).

Mas o caráter da relação entre base ou infraestrutura e superestrutura é mais complexo do que essas formulações poderiam levar a crer. Marx tem consciência de que a determinação pela infraestrutura pode ser mal-entendida como uma forma de reducionismo econômico. É por isso que ele caracteriza também essa relação como histórica, desigual e compatível com a eficácia própria da superestrutura. No que diz respeito ao primeiro aspecto, Marx afirma, em *Teorias da mais-valia*, que, "para examinar a ligação entre a produção espiritual e a produção material, é acima de tudo necessário compreender a última não como uma categoria geral, mas em sua forma *histórica definida*. Assim, por exemplo, diferentes tipos de produção espiritual correspondem ao modo capitalista de produção e ao modo de produção da Idade Média. Se a própria produção material não for concebida em sua forma histórica específica, é impossível compreender o que é específico à produção espiritual que a ela corresponde e a influência recíproca de uma sobre a outra" (vol.I, cap.IV). Vale notar que, embora a especificidade da produção espiritual seja determinada pelas formas históricas da produção material, a produção espiritual exerce "influência recíproca" sobre a produção material. Em outras palavras, a superestrutura das ideias não é considerada como simples reflexo passivo, mas como dotada de certa eficácia própria.

Em segundo lugar, igualmente Marx tem consciência de que a produção material se desenvolve de maneira desigual com relação à produção artística e às relações jurídicas, tal como acontece, por exemplo, na relação entre o direito privado romano e a produção capitalista ou na relação entre a ARTE grega e forças produtivas não desenvolvidas. Em sua "Introdução" aos *Grundrisse*, ele diz: "No caso das artes, é fato notório que certos períodos de seu florescimento não guardam qualquer proporção com o desenvolvimento geral da sociedade e, portanto, também com a base material (...) a estrutura essencial, por assim dizer, de sua organização." Mas o problema não é tanto o de compreender que certas formas artísticas ou jurídicas podem corresponder a certas condições materiais não desenvolvidas: a arte grega baseia-se na mitologia grega e esta, por sua vez, é uma forma primitiva de tornar propícias forças naturais que não são bem-compreendidas ou dominadas, de modo que, nas palavras de Engels, essas falsas concepções têm "um fator econômico negativo como sua base" (carta a C. Schmidt,

27 de outubro de 1890). O problema real é que a arte grega ainda goza de grande estima e representa até mesmo uma norma ou modelo em modos de produção mais avançados. A tentativa de Marx de explicar isso em termos do encanto inerente à infância histórica da humanidade é claramente insuficiente, mas, pelo menos, evidencia a consciência de que a determinação social da arte e das formas jurídicas não limita necessariamente a sua validade para outras épocas (ver ARTE).

Em terceiro lugar, Marx sublinha a eficácia da superestrutura ao responder, em *O Capital*, à objeção de que a determinação econômica só se aplica ao capitalismo e não ao feudalismo ou à Antiguidade Clássica, em que o catolicismo ou a política teriam tido o principal papel. Marx reafirma o princípio da determinação, dizendo que "a Idade Média não podia viver do catolicismo, nem o mundo antigo da política", mas acrescenta que "é o modo pelo qual a subsistência era assegurada que explica porque num caso a política e, no outro, o catolicismo desempenharam o papel principal" (I, cap.I). ALTHUSSER e outros autores estruturalistas interpretaram essa citação no sentido de uma distinção entre "determinação" e "dominância", segundo a qual a economia é sempre determinante em última instância, mas nem sempre tem o papel dominante: ela pode determinar que um dos dois níveis superestruturais desempenhe o papel dominante durante certo tempo. Se essa distinção pode ou não ser estabelecida com base na citação de Marx, é um problema discutível, mas o texto mostra, pelo menos, que a determinação pela infraestrutura não reduz a política e as ideias a fenômenos econômicos. Esse aspecto tem sido qualificado como a "autonomia relativa" da superestrutura.

Engels, por sua vez, na mesma carta a C. Schmidt, combate a interpretação reducionista da imagem base-superestrutura dando ênfase à "supremacia última" da, ou à "determinação em última instância" pela, economia, determinação esta que, não obstante, "opera dentro dos termos estabelecidos pela própria esfera específica". Afasta-se, assim, da ideia de uma causalidade mecânica pela qual um nível, a economia, seria a causa e os outros níveis, as superestruturas, seus efeitos. A noção de determinação "em última instância" permite-lhe substituir essa concepção por uma ideia "dialética" de causalidade, pela qual o fator em última instância determinante não exclui a determinação pelas superestruturas que, como causas secundárias, podem produzir efeitos e "reagir" sobre a base. (Carta a F. Mehring, 14 de julho de 1893.) E, para reforçar esse ponto, Engels acrescenta que "nem Marx, nem eu, jamais afirmamos mais do que isso. Portanto, se alguém deforma nosso ponto de vista, dizendo que o fator econômico é o único determinante, estará transformando essa proposição numa frase sem sentido, abstrata e absurda" (carta a J. Bloch, 21-22 de setembro de 1890).

Engels caracteriza ainda a relação entre as várias determinações eficazes como uma interação entre vários elementos superestruturais e entre estes e a infraestrutura, a qual, não obstante, "ocorre com base na necessidade econômica, que *em última análise* sempre se afirma" (carta a W. Borgius, 25 de janeiro de 1894). Essa explicação foi criticada porque transporta para a relação base-superestrutura a concepção hegeliana da relação Natureza-Noção, ou seja, porque compreende a relação entre causas primárias e secundárias como uma relação entre o necessário e o acidental. A eficácia das superestruturas fica assim dissolvida numa "sequência interminável de acidentes". De qualquer modo, a explicação dada por Engels desfrutou de grande prestígio entre os marxistas.

Embora Engels tenha se esforçado por neutralizar as interpretações mecanicista e deterministas da metáfora base-superestrutura que se infiltraram no desenvolvimento do marxismo durante a década de 1880, não conseguiu fazer reverter uma tendência para cujo estabelecimento seus próprios escritos em parte contribuíram. A ausência de uma noção de prática (ver PRÁXIS) nos últimos trabalhos de Engels e a ideia de uma dialética da natureza separada da atividade social que neles se insinua tiveram um importante papel no desenvolvimento das abordagens reducionistas da relação base-superestrutura. A situação foi ainda mais agravada pela impossibilidade de acesso das duas primeiras gerações de marxistas às primeiras obras filosóficas de Marx e à *A ideologia alemã*, em que a ideia da prática era expressa de maneira mais vigorosa. Na verdade, na ausência de um conceito mediador de prática, a imagem espacial da base e da superestrutura presta-se a certas interpretações problemáticas.

De um lado, a superestrutura de ideias pode ser tratada como fenômeno secundário, simples reflexo cuja realidade se encontra, em última análise, nas relações de produção. A consciência é, assim, esvaziada de seu conteúdo específico e de sua significação, reduzindo-se às relações econômicas. Algumas das formulações de Lenin têm, algumas vezes, dado tal impressão. Por exemplo, em um de seus primeiros trabalhos, intitulado *Quem são os "Amigos do Povo" e como lutam os social-democratas* (1894), a evolução da sociedade é vista como um processo de "história natural", que pode ser compreendido a partir apenas das relações de produção. Lenin sugere que Marx, em *O Capital*, explica a estrutura econômica apenas pelas relações de produção e que, com isso, explica ao mesmo tempo as superestruturas correspondentes (1960, p.141). É como se as superestruturas não precisassem ser analisadas nelas mesmas. Mais tarde, em *Materialismo e empiriocriticismo* (1908), Lenin reafirma este modo de ver, dizendo que "o materialismo em geral reconhece objetivamente o ser real (matéria) como independente da consciência, sensação, experiência, etc., da humanidade. O materialismo histórico reconhece o ser social como independente da consciência social da humanidade. Em ambos os casos, a consciência é apenas um reflexo do ser, no máximo um reflexo aproximadamente verdadeiro (adequado, perfeitamente exato)." (Lenin, 1962, p.326). Essas afirmações contrastam claramente com as observações mais conhecidas de Lenin, com toda a certeza não reducionistas, sobre a importância da organização política e da teoria revolucionária.

Por outro lado, algumas interpretações tendem a separar "níveis" da imagem espacial, como se fossem "totalidades" ou "áreas" distintas, de alguma forma alheias umas às outras e que se apresentam em ordem sequencial. Plekhanov, por exemplo, em *Problemas fundamentais do marxismo* (1908), relaciona cinco desses níveis: "1) *o estado das forças produtivas*; 2) as *relações econômicas* condicionadas por essas forças; 3) o sistema sociopolítico que se desenvolveu sobre a 'base' econômica dada; 4) a *mentalidade dos homens que vivem na sociedade*, que é determinada em parte diretamente pelas condições econômicas predominantes e, em parte, por todo o sistema sociopolítico que se erige sobre esses fundamentos; 5) as *várias ideologias* que refletem as propriedades dessa mentalidade." (Plekhanov, 1911, p.70.) O que essa construção espacial e sequencial não mostra é fato crucial de que todos esses "níveis" são produzidos pela atividade prática dos homens. Os vários "níveis" da sociedade são tomados como entidades separadas e dadas, e não se explica como surge a totalidade social. Se o problema for formulado nesses termos, a noção de determinação torna-se difícil: como pode a economia, como uma instância objetiva, produzir arte ou teoria como uma instância objetiva diferente?

Finalmente, a metáfora base-superestrutura não consegue transmitir um significado preciso. Isso ocorre, em parte, porque lhe foram atribuídos dois papéis simultâneos: descrever o desenvolvimento de níveis especializados da sociedade que surgiram com o capitalismo e explicar como um desses níveis determina os outros. Ela parece capaz de atender à primeira função, isto é, ajuda a descrever o desenvolvimento da diferenciação institucional e dos "campos" específicos da prática – econômico, político e intelectual – presididos por aparelhos especializados. Mas parece menos adequada para explicar a determinação da política e da consciência social ou para dar conta da emergência de nível como parte da totalidade social, na medida em que constitui uma imagem inevitavelmente estática, que tende a reduzir os aspectos dinâmicos, como a luta de classes, ou a prática, a um nível específico, separado dos outros. Assim, a determinação da superestrutura pela base se torna um modo externo de causação.

JL

Bibliografia: Hall, Stuart, "Rethinking the 'Base and Superstructure' Metaphor", in J. Bloomfield (org.), *Class, Hegemony and Party*, 1977 • Larrain, Jorge, *Marxism and Ideology*, 1983 • Lenin, Vol.I., *What the 'Friends of the People' are and how they fight the Social-Democrats*, 1894 (1960) ◦ *Materialism and Empirio-Criticism*, 1908 (1962) [*Materialismo e* *empiriocriticismo*, 1975] • Plekhanov, G.V., *Fundamental Problems of Marxism*, 1908 (1911) [*Os princípios fundamentais do marxismo*, 1978] • Williams, Raymond, *Marxism and Literature*, 1977 [*Marxismo e literatura*, 1979].

Bauer, Otto (Viena, 5 de setembro de 1881 – Paris, 4 de julho de 1938.) Estudou filosofia, direito e economia política na Universidade de Viena. Em 1904, enviou um artigo sobre a teoria marxista da crise econômica a Karl KAUTSKY para que este o publicasse em *Die Neue Zeit*, publicação de que passou a ser um colaborador regular. Viktor Adler, dirigente do Partido Social-Democrata Austríaco (SPÖ), pediu-lhe que escrevesse um estudo sobre a questão das nacionalidades e do NACIONALISMO, o qual foi publicado em 1907, tornando-se o trabalho marxista clássico sobre o assunto. No mesmo ano, tornou-se secretário parlamentar do SPÖ e fundou com Adolf Braun e Karl RENNER, a revista teórica do partido, *Der Kampf*, da qual foi o principal diretor. Depois do colapso do Império Austro-Húngaro foi, por um curto período (1918-1919), Secretário de Estado para Assuntos Exteriores. Em 1918, opôs-se vigorosamente à ideia de uma revolução ao estilo bolchevique (inspirada no modelo húngaro) na Áustria e, nos anos seguintes, desenvolveu suas concepções da "revolução lenta" e da "violência defensiva". Nesse contexto, publicou um estudo geral sobre a revolução austríaca e várias análises da revolução russa (os mais importantes estão reunidos, em tradução francesa, in Bourdet, 1968). Entre seus últimos escritos, há um notável estudo sobre o fascismo (1936) e uma análise da racionalização da economia capitalista depois da Primeira Guerra Mundial (1931). Em consequência da insurreição de 1934, Bauer teve de deixar a Áustria. Viveu primeiro em Brno, na Tchecoslováquia, e depois em Paris. (Ver também AUSTROMARXISMO.)

TBB

Bibliografia: Bauer, Otto, *Die Nationalitätenfrage und die Sozialdemokratie*, 1907 ◎ *Die Österreichische Revolution*, 1923 (1970) ◎ *Kapitalismus und Sozlalismus nach dem Weltkrieg*, vol.1: *Rationalisierung oder Fehlrationalisierung?*, 1931 ◎ *Zwischen zwei Weltkriegen? Die Krise der Weltwirtschaft, der Demokratie und des Sozialismus*, 1936 (o ensaio sobre o fascismo está parcialmente traduzido in T. Bottomore & P. Goode (orgs.), *Austro-Marxism*, 1978) • Bourdet, Yvon, *Otto Bauer et la révolution*, 1968 • Braunthal, Julius, *Otto Bauer: Eine Auswahl aus seinem Lebenswerk*, 1961.

Benjamin, Walter (Berlim, 15 de julho de 1892 – Port Bou, Espanha, 27 de setembro de 1940.) Walter Benjamin é provavelmente o mais importante teórico da cultura da tradição marxista. Pouco conhecido em vida, sua influência tornou-se imensa depois da Segunda Guerra Mundial. As implicações exatas de sua obra permanecem, porém, como uma questão controversa entre aqueles que o encaram como uma figura de um outro mundo, particularmente trágica e abençoada com talentos quase místicos, e aqueles que o enaltecem pelo seu marxismo consistente e penetrante.

Walter Benjamin estudou filosofia, literatura e psicologia nas universidades de Berlim e de Freíburg. Em 1917, transferiu-se para a Universidade de Berna, na Suíça, onde se doutorou em 1919 com o trabalho *Der Begriff des Kunstkritik in der deutschen Romantik* (*O conceito de crítica de arte nos românticos alemães*), aprovado *summa cum laude.*

Os primeiros trabalhos de Walter Benjamin mostram um sofisticado interesse pela teologia. Seu primeiro artigo importante, sobre o romance de Goethe *Die Wahlverwandtschaften* (*As afinidades eletivas*), traduz um esforço de confrontar o simbolismo amoral da teoria da cultura do início do século XX com a sua ética pessoal bastante puritana. Essa *démarche* evoluiu – na tese que preparou para o exame de *Habilitation* (uma espécie de livre-docência) na Universidade de Frankfurt, intitulada *Ursprung des deutschen Trauerspiels* (*Origem do drama trágico alemão*) – no sentido de uma crítica exaustiva do "estoicismo" não político da vida intelectual, visto contra o pano de fundo do drama luterano do século XVII. Essa obra, concluída por Walter Benjamin quando tinha 33 anos, foi o pronunciamento teórico mais abrangente que ele produziu. Mas representou, também, como ele próprio disse, "o fim de meu ciclo de literatura alemã". De meados da década de 1920 em diante, Walter Benjamin dedicou-se quase que exclusivamente aos problemas levantados por uma concepção marxista da CULTURA, e nessa perspectiva, o cânone clássico da história literária acadêmica só podia desempenhar um papel muito subsidiário. Um fator externo também influenciou essa mudança de perspectiva: a Universidade de Frankfurt, à qual Walter Benjamin submetera a obra, rejeitou-a e, desse modo, destruiu as suas esperanças de uma carreira universitária.

Entre 1925 e 1933, Walter Benjamin sobreviveu principalmente graças aos artigos que publicava sobretudo em *Literarische Welt* (*Mundo Literário*) e *Frankfurt Zeitung* (*Gazeta de Frankfurt*) e tornou-se íntimo de Brecht e de outros intelectuais de esquerda da época. Embora decidisse não ingressar no Partido Comunista, sua visita a Moscou no inverno de 1926-1927 confirmou e aprofundou seu interesse pela vida cultural do novo Estado soviético. Isso se refletiu nos vigorosos e polêmicos artigos (principalmente resenhas e críticas) que escreveu durante aquela fase de sua vida.

A tomada do poder pelos nazistas na Alemanha obrigou Walter Benjamin a abandonar Berlim e o privou parcialmente de seu meio de vida como colaborador de jornais. Conseguiu, porém, que o Instituto de Pesquisa Social de Frankfurt lhe financiasse alguns trabalhos, e isso, juntamente com outras pequenas fontes de renda, permitiu-lhe retomar sua atividade de escritor em Paris. Durante esses anos, publicou um bom número de importantes estudos teóricos na revista do Instituto de Pesquisa Social, *Zeitschrift fur Sozialforschung* (ver ESCOLA DE FRANKFURT). O primeiro deles, sobre a posição social do escritor francês na atualidade (republicado em *Angelus Novus*, 1966), analisava a trajetória de intelectuais burgueses – como o próprio Walter Benjamin – de uma *avant-garde* puramente cultural para um engajamento político organizado. Boa parte do restante de seu trabalho para o Instituto associava-se à sua projetada história das ideologias francesas do século XIX, o chamado "Trabalho das Passagens" ou "das Arcadas" (*Passagenarbeit*); estas passagens ou arcadas têm como referência material certas passagens cobertas com estruturas metálicas envidraçadas que ligavam ruas e onde se instalavam lojas, características da arquitetura parisiense entre 1822 e 1837 (Kothe, 1978, p.74-5). Walter Benjamin trabalhou pelo menos 14 anos (1927-1940) nesse *Passagenarbeit*, ao qual pertence um conjunto de ensaios e fragmentos que não chegou a ser concluído, entre os quais contam certamente (Kothe, 1978, p.74) "Paris, die Haupstadt des XIX Jahrhunderts" ("Paris, a capital do século XIX"), "Zentralpark" ("Parque Central"), "Geschichtsphilosophische Thesen" ("Teses de filosofia da história"), os dois trabalhos sobre Baudelaire e o famoso ensaio publicado originalmente em francês em 1936, "Das Kunstwerk im Zeitalter seiner technischen Reproduzierbarkeit" ["A obra de arte na época de sua reprodutibilidade técnica", 1968] em que Walter Benjamin esclarece o sentido em que a "arte" é inseparável de seu contexto de tecnologia e de classe social. A teoria da *Technik* desenvolvida por Walter Benjamin nessa obra e no artigo sobre Eduard Fuchs é fundamental para o seu modo de conceber a posição marxista de que as ideias e a cultura não têm uma história independente. Os dois artigos sobre Baudelaire – "Das Paris des Second Empire bei Baudelaire" ("A Paris do Segundo Império em Baudelaire") e "Uber einige Motive bei Baudelaire" ("Sobre alguns motivos em Baudelaire") –, dos quais só o segundo foi publicado na época, integram a concepção de Walter Benjamin sobre as relações entre classe, tecnologia e cultura em uma crítica mais ampla do fascismo e da ideologia reacionária em geral. Walter Benjamin recorreu bastante a Freud e à antropologia fascista de Ludwig Klages para produzir esses últimos trabalhos, realmente notáveis.

Até aqui só se tratou da obra produzida para publicação pelo próprio Benjamin – obra esta que proporciona uma imagem razoavelmente coerente do desenvolvimento de seu pensamento. Desde a sua morte, contudo, tem havido uma enorme pressão para dissociá-lo da posição brechtiana e marxista mais direta à qual ele mais facilmente seria assimilado. Aproveitando-se da obscuridade de *Ursprung des deutschen Trauespiels* e fazendo uso de fragmentos inéditos, sobretudo os escritos nos primeiros anos de sua produção intelectual, certos amigos de Walter Benjamin como Theodor Adorno e Gershom Scholem tentaram apresentá-lo como um arcano cabalista em cuja obra a política sempre estivera subordinada a um messianismo utópico. Certamente, até onde as principais publicações contemporâneas nos permitem concluir, essa interpretação torna-se cada vez mais difícil de sustentar. Não obstante, o último trabalho de Walter Benjamin, as "Geschichtsphilosophische Thesen", coloca sérias dificuldades para que se as aceite como uma produção teórica marxista. Essas teses, escritas após o traumatizante choque do Pacto Germano-Soviético de 1939, mostram-se inteiramente pessimistas quanto à participação política organizada, divisando a atividade intelectual como uma reminiscência mágica e a revolução como a cessação utópica do tempo. Contudo, quaisquer incoerências que possa haver na obra de Walter Benjamin não prejudicam necessariamente os princípios marxistas fundamentais da análise da cultura estabelecidos nos principais textos do período de maturidade de sua produção intelectual.

JR

Bibliografia: Adorno, Theodor et al., *Uber Walter Benjamin*, 1968 • Arendt, Hannah, *Men in Dark Times*, 1968 ◉ *Benjamin-Brecht: zwei Essays*, 1971 • Arnold, Heinz Ludwig (org.), "Sonderheft uber Walter Benjamin", 1971 • Benjamin, Walter, *Der Begriff der Kunstkritik in der deutschen Romantik*, 1920 ◉ *Ursprung des deutschen Trauerspiels*, 1928 (1969); *The Origin of German Tragic Drama*, 1977 ◉ *Einbahnstrasse*, 1928 (1969) ◉ "Das Kunstwerk im Zeitalter seiner technischen Reproduzierbarkeit", 1936 (1969) ["A obra de arte na época de sua reprodutibilidade técnica", 1968 e 1969] ◉ "Geschichtsphilosophische Thesen", 1940 (1961 e 1969) ◉ *Schriften*, 1955, ed. org. por Gretel Adorno ◉ *Illuminationem*, 1961 (1969); *Illuminations: Essays and Reflections* (1968 e 1973), ed. org. e introdução por Hanna Arendt ◉ *Angelus Novus*, 1961 (1966); *Angelus Novus: saggi e frammenti* (1962) ◉ *Versuche uber Brecht*, 1966 (1971) ◉ *Charles Baudelaire: ein Lyriker im Zeitalter des Hochkapitalismus*, 1969 ◉ *Uber Literatur*, 1969 ◉ *Oeuvres: Mythe et violence* (vol.I), 1971; *Poésie et révolution* (vol.II) ◉ *Briefe*, 1966, ed. org. por T. Adorno e G. Scholem ◉ *Gesammelte Schriften*, 1972 • Benjamin, Walter et al., *Textos escolhidos*, 1980 • Brenner, Hildegard (org.), "Walter Benjamin I", 1967 ◉ "Walter Benjamin II", 1968 • Eagleton, Terry, *Walter Benjamin or Towards a Revolutionary Criticism*, 1981 • Enzensberger, Hans Magnus (org.), "Brecht-Lukács-Benjamin", 1968 • Kothe, Flávio René, *Benjamin e Adorno: confrontos*, 1978 • Roberts, Julian, *Walter Benjamin*, 1982.

Bernal, John Desmond (Nenagh, condado de Tipperary, Irlanda; 10 de maio de 1901 – Londres, 15 de setembro de 1971.) Bernal era chamado de "sábio" pelos amigos e admiradores devido à extensão de seus conhecimentos e à profundidade e à amplitude de sua visão dos fenômenos naturais e sociais. Um amigo chamou-o de "poço de ubiquidade". Pode-se afirmar que ele foi o mais eminente dos "cientistas vermelhos" da década de 1930, cuja influência teve muita importância para a concepção de ciência do marxismo ortodoxo, particularmente na Inglaterra e na URSS. Como cientista, Bernal realizou importantes trabalhos sobre a cristalografia dos raios X, que contribuíram para lançar as bases da biologia molecular. Seu papel catalisador foi tão importante quanto as suas próprias descobertas. Dois de seus discípulos, Dorothy Hodgkin e Max Perutz, conquistaram o Prêmio Nobel. Bernal foi membro da Royal Society e professor do Birkbeck College da Universidade de Londres, tendo recebido tanto o Prêmio Stalin (mais tarde prudentemente rebatizado de Prêmio Lenin) e a Medalha da Liberdade com Palma, dos Estados Unidos. Sua imaginação era talvez demasiado inquieta para que ele pudesse concentrar-se em um mesmo problema por tempo suficiente, e com a profundidade suficiente, para chegar às mais elevadas realizações científicas, tais como convencionalmente concebidas. Seu modo de abordar problemas complexos encontrou manifestações adequadas em suas contribuições para o aspecto científico do esforço de guerra durante a Segunda Guerra Mundial, particularmente nas Operações Combinadas, no planejamento do Dia-D, a maior invasão por mar de toda a História.

Bernal tornou-se comunista em Cambridge, no início da década de 1920 e teve intensa atuação na difusão das ideias marxistas entre os cientistas. Foi muito influenciado pela atuação da delegação soviética que compareceu ao Congresso Internacional de História da Ciência e da Tecnologia, realizado em Londres em 1931, onde Bukharin e outros defenderam com eloquência a tese de que a ciência deveria ser vista em relação com o desenvolvimento da produção, contrariamente às crenças convencionais em sua autossuficiência. Bernal foi o mais entusiasta e convincente defensor da ideia de que a ciência reflete de perto o desenvolvimento econômico e, o que provavelmente é ainda mais significativo, de que ela deve ser vista como um guia da política social. Escreveu numerosos ensaios e livros, dos quais os mais influentes, *The Social Function of Science* publicado em 1939, e *Science in History*, publicado em 1954, foram e continuam sendo as obras padrão do marxismo ortodoxo em seu campo. Cunhou-se a expressão "bernalismo", que passou a significar que, se as deformações provocadas pelas formações capitalistas e outras formações econômicas e sociais não socialistas pudessem ser eliminadas, a sociedade poderia ser organizada e gerida dentro das linhas ditadas pela racionalidade científica. A ciência é o farol que ilumina o caminho para o comunismo, bem como o motor do progresso; nos países socialistas, nas palavras de Bernal, há "uma transformação radical da ciência, que abre as suas portas para todo o povo... [e isso] deve proporcionar uma imensa força nova aos países onde acontece" (1954, p.900-1). As concepções de Bernal foram muito influentes tanto na Inglaterra como na própria URSS, e continuaram a sê-lo nesta última, mas ele próprio se viu confundido pela Guerra Fria e sobretudo pelo escândalo soviético do LYSSENKISMO: teve dificuldades para conciliar sua fidelidade ao modelo soviético de progresso com o stalinismo e com a terrível destruição da pesquisa científica na União Soviética, especialmente da que era praticada no seu próprio campo, a biologia. Tendo defendido o Estado Soviético como algo semelhante a um órgão financiador perfeito, acabou verificando que ele era exatamente o oposto. Jamais se manifestou publicamente contra o comunismo ortodoxo, mas sua influência na Inglaterra decaiu à medida que começaram a surgir outras maneiras de conceber o vínculo entre as relações sociais e a ciência, que traziam uma posição crítica no que diz respeito ao papel da racionalidade científica e tecnológica tanto nas sociedades capitalistas como nas sociedades autonomeadas socialistas. Bernal teve um papel importante na aceitação do tópico relativo à inserção da ciência nas relações sociais pela British Association e participou ativamente das conferências de Pugwash. Não obstante, em 1949 foi, por causa da Guerra Fria, afastado do Conselho da British Association. Também foi muito atuante na promoção do sindicalismo científico e sua influência foi grande na fundação da British Society for Social Responsibility in Science.

Bernal desempenhou papel de destaque na vertente do marxismo do século XX que encarou a ciência como uma força inequivocamente progressista. Muitos pensadores marxistas, porém, têm adotado mais recentemente uma posição bem mais ambivalente quanto ao papel dos especialistas e aos frutos de suas pesquisas. Até recentemente, os socialistas continuaram, de um modo geral, a tratar a ciência como relativamente não problemática, mas os críticos do bernalismo e da ortodoxia marxista passaram a argumentar, com frequência cada vez maior, que a aplicação da ciência a problemas da organização social apenas coloca o novo problema de se as questões políticas e de valor ficam totalmente excluídas ou permanecem apenas de forma implícita. Os problemas que envolvem valores sociais, prioridades sociais e responsabilidade social devem ser propostos em seus próprios termos no terreno da cultura geral e não entregues a um novo mandarinato de especialistas.

RMY

Bibliografia: Bernal, J.D., *The Social Function of Science*, 1939 (1967) ⊙ *Science in History*, 1954 (1969) • Bukharin, Nikolai et al., *Science at the Crossroads*, 1931 (1971) • Goldsmith, Maurice, *Sage: a Life of J.D. Bernal*, 1980 • Goldsmith, Maurice & A.L. Mackay, *The Science of Science*, 1966 • Hodgkin, Dorothy, "J.D. Bernal", 1980 • Rosenhead, Jonathan et al., "Science at the Crossroads: Looking Back on 50 Years of Radical Science", 1982 • Wersky, Gary, *The Visible College*, 1978 • Young, Robert M., "The Relevance of Bernal's Questions", 1980.

Bernstein, Eduard (Berlim, 6 de janeiro de 1850 – Berlim, 18 de dezembro de 1932.) Filho de um maquinista de trem judeu, Bernstein trabalhou em um banco entre 1866-1878. Ingressou no Partido Social-Democrata dos Trabalhadores Alemães (*Eisenachers*) em 1871 e tornou-se marxista sob a influência de Marx e, mais particularmente, de Engels, os quais conheceu em 1880. Entre 1881 e 1890, Bernstein dirigiu o órgão do partido, *Der Sozialdemokrat* (ilegal durante o período 1878-1890, em que vigorou a lei antissocialista de Bismarck), primeiro em Zurique e, em seguida, em Londres, onde viveu de 1880 até sua volta à Alemanha, em 1901. Em Londres, tornou-se amigo íntimo de Engels, que fez dele o seu testamenteiro literário. Nesse mesmo período, manteve contato com os socialistas fabianos, cuja influência marcou-o significativamente.

Entre 1896 e 1898, Bernstein publicou uma série de artigos em *Die Neue Zeit*, nos quais procurou rever o que considerava como aspectos superados, dogmáticos, não científicos ou ambíguos do marxismo, ao mesmo tempo em que negava estar rejeitando o que nele havia de essencial. Em 1899, expôs suas ideias de forma mais abrangente em *Die Voraussetzungen des Sozialismus und die Aufgaben der Sozialdemokratie* (*Os pressupostos do socialismo e as tarefas da social-democracia*), a principal obra do revisionismo clássico, onde Bernstein põe em questão as previsões marxistas sobre o crescimento da concentração industrial e a intensificação das crises econômicas, bem como a teoria da pauperização (*Verelendung*) crescente da classe operária: segundo Bernstein, uma "reação social (...) contra as tendências exploradoras do capital" estava "sempre colocando novos setores da vida econômica sob sua influência". Nesse sentido, argumentou em favor de uma perspectiva de "avanço constante" da classe operária, em contraposição ao "colapso catastrófico": a conquista de poder político pela classe operária trazia consigo uma ampliação de seus direitos políticos e econômicos que, gradualmente, "transformaria o Estado no sentido da democracia". Bernstein rejeitava portanto a ideia da REVOLUÇÃO pela força e a própria DITADURA DO PROLETARIADO, fazendo um apelo à social-democracia para que "se apresentasse como na realidade é hoje – um partido socialista, democrático, de reforma". Bernstein escreveu: "O movimento é tudo para mim, e o que é habitualmente chamado de 'objetivo final do socialismo', não significa nada". Embora sucessivos congressos de seu partido tivessem condenado as concepções de Bernstein, ele viria a representar a social-democracia alemã no Reichstag em 1902-1906, 1912-1918 e 1920-1928. Em outros escritos e conferências, levou adiante suas críticas às concepções marxistas e adotou posições neokantistas (ver KANTISMO E NEOKANTISMO), a partir das quais defendeu o socialismo com argumentos éticos.

Na Primeira Guerra Mundial, Bernstein lutou por um acordo de paz e, em dezembro de 1915, votou contra os créditos de guerra. Deixando o Partido Social-Democrata, ingressou no Partido Socialista Independente (USPD), mais à esquerda, em 1917. Após a guerra, voltou ao Partido Social-Democrata e em 1920-1921, participou da elaboração do seu programa. (Ver também REVISIONISMO.)

MJ

Bibliografia: Bernstein, Eduard, *Die Voraussetzungen des Sozialismus und die Aufgaben der Soziademokratie*, 1899; *Evolutionnary Socialism*, 1961 [*Socialismo evolucionário*, 1964] ◉ *Sozialismus und Demokratie in der grossen englischen Revolution*, 1895; *Cromwell and Comunism: Socialism and Democracy in the Great English Revolution*, 1980 • Cole, G.D.H., *A History of Socialist Thought*, vol.III, 1956 • Coletti, Lucio, "Bernstein and the Marxismo of the Second International", in L. Coletti, *From Rousseau to Lenin*, 1968 (1972) • Gay, Peter, *The Dilemma of Democratic Socialism: Eduard Bernstein's Challenge to Marx*, 1952 • Kautsky, Karl, *Bernstein und das sozialdemokratische Program: eine Antikritik*, 1899 • Luxemburg, Rosa, *Sozialreform oder Revolution*, 1899 (1908); *Reform or Revolution*, in Mary-Alice Waters (org.), *Rosa Luxemburg Speaks* (1970) [*Reforma revisionismo e oportunismo*, 1975] • Sweezy, Paul M., *The Theory of Capitalist Development*, 1949 [*Teoria do desenvolvimento capitalista*, 1982].

blanquismo Expressão que designa a doutrina política básica do grande revolucionário francês Louis-Auguste Blanqui (1805-1881). Seguindo a tradição conspiratória de Babeuf e Buonarroti, Blanqui procurou organizar uma elite relativamente pequena, centralizada e hierárquica, que realizasse uma insurreição para substituir o poder de Estado capitalista pela sua própria ditadura revolucionária. Acreditando que a prolongada sujeição à sociedade de classes e à religião impedia que a maioria reconhecesse seus verdadeiros interesses, Blanqui opunha-se ao estabelecimento do sufrágio universal até que as pessoas tivessem atravessado um longo período de reeducação sob essa ditadura, cujo centro seria Paris. Como meta última haveria, sob o COMUNISMO, uma "ausência de governo" (apud Bernstein, 1971, p.312).

Marx e Engels admiravam muito Blanqui, que consideravam um corajoso líder revolucionário. Celebraram breves alianças com os seus partidários em 1850 (Ryazanov, 1928) e, em 1871-1872, depois da COMUNA DE PARIS. Antes disso, Marx tentou, sem êxito, atrair Blanqui para a Primeira Internacional. Mas ele e Engels rejeitaram a abordagem conspiratória dos "alquimistas da revolução", que lutavam artificialmente para "apressar o processo de desenvolvimento revolucionário", em um artigo conjunto publicado, em 1850, no quarto número da revista *Neue Rheinische Zeitung* (*Nova Gazetta Renana*). Ao contrário de Blanqui, Marx e Engels consideravam o movimento proletário como "o movimento autoconsciente e independente da imensa maioria" (*Manifesto comunista*, I) e "confiavam inteiramente no desenvolvimento intelectual da classe operária, que certamente resultaria da ação combinada e da discussão mútua" (Engels, "Prefácio" à edição inglesa de 1888 do *Manifesto comunista*). Bernstein e outros consideraram a *Mensagem à Liga dos Comunistas*, escrita por Marx e Engels em março de 1850, como acentuadamente "blanquista". Essa mensagem, porém, argumentava que a etapa seguinte da revolução na Alemanha envolvia a colaboração com os democratas pequeno-burgueses para que estes alcançassem o pode e que os trabalhadores alemães necessitariam de "um prolongado desenvolvimento revolucionário" antes que pudessem tomar esse poder.

A ideia generalizada de que Blanqui criou a expressão DITADURA DO PROLETARIADO e de que Marx a tomou dele não tem fundamento. Não apenas Dommanget (1957, p.171) e Sptizer (1957, p.176) reconhecem que Blanqui nunca usou a expressão, como também Engels empenhou-se em assinalar a diferença fundamental entre esse conceito marxista e a ditadura revolucionária preconizada por Blanqui. "Da concepção de Blanqui de toda revolução como *coup de main* de uma pequena minoria revolucionária", "segue-se a necessidade de uma ditadura, logo após seu êxito: ditadura, é claro, não de toda a classe revolucionária, o proletariado, mas do pequeno número daqueles que deram o golpe e que já estão antecipadamente organizados sob a ditadura de um indivíduo, ou de poucos", escreveu Engels em um artigo intitulado "O programa dos refugiados blanquistas da Comuna", publicado em *Der Volksstaat* de 26 de junho de 1874.

A acusação de "blanquismo" foi formulada pelos mencheviques, particularmente por Plekhanov, contra Lenin e o bolchevismo antes e depois da Revolução de Outubro de 1917. Alguns autores contemporâneos argumentam que "o guia para a ação de Lenin é fundamentalmente baseado na tradição do blanquismo jacobino, traduzida em termos russos por Tkachev, populista do século XIX". (Fishman, 1970, p.170.) Em abril de 1917, porém, Lenin (1917a) repudiou o blanquismo por "lutar para tomar o poder com o apoio de uma minoria. Conosco é muito diferente. Ainda somos uma minoria e compreendemos a necessidade de conquistar uma maioria". Os bolcheviques pretendiam ter conseguido esse apoio da maioria para a revolução em outubro de 1917. Embora essa pretensão tenha sido contestada por seus adversários, a participação em massa de operários, camponeses e soldados por meio dos sovietes distingue profundamente a revolução bolchevique do modelo blanquista.

MJ

Bibliografia: Bernstein, Samuel, *Auguste Blanqui and the Art of Insurrection*, 1971 • Blanqui, Louis-Auguste, *Textes choisis*, 1956 • Cole, G.H.D., *A History of Socialist Thought*, vol.I: *The Forerunners*, 1953 • Dommanget, Maurice, *Les idées politiques et sociales d'Auguste Blanqui*, 1957 • Draper, Hal, "Marx and the Dictatorship of the Proletariat", 1962 • Fishman, William J., *The Insurrectionists*, 1970 • Ryazanov, David Borisovich, "Zur Frage des Verhaltnisses von Marx zu Blanqui", 1928 • Spitzer, Alan B., *Revolutionary Theories of Louis-Auguste Blanqui*, 1957.

Bloch, Ernst (Ludwigshafen, 8 de julho de 1885 - Stuttgart, 3 de agosto de 1977.) Como seus amigos Lukács e Benjamin, Ernst Bloch foi levado ao marxismo pelos horrores da Primeira Guerra Mundial, vendo nele uma defesa contra o Armagedon que poderia engolfar a humanidade. Durante o período nazista, Bloch refugiou-se nos Estados Unidos; posteriormente, procurou estabelecer-se na República Popular da Alemanha, mas seu marxismo pouco ortodoxo ali não encontrou grande acolhimento e, em 1961, ele deixou a Alemanha Oriental para passar o resto de sua vida em Tubingen. Desde então, a influência que exerceu ultrapassou os limites do marxismo.

O marxismo de Bloch, pouco sistemático e desenvolvido em ensaios, é (no melhor sentido) antes homilético do que analítico. No centro de seus ensinamentos está um messianismo secularizado, a doutrina judaica de que a redenção é sempre possível em nosso tempo, e neste mundo. Bloch acreditava que, embora um mundo "redimido" fosse, inevitavelmente, muito diferente do mundo que conhecemos - e nesse sentido seria uma "utopia" -, era ainda assim possível, sem nos termos de resignar à escatologia cristã da morte e da ressurreição. Esse tema, atacado pela primeira vez em *Geist der Utopie* (*Espírito da Utopia*), publicado em 1918, atinge seu desenvolvimento pleno em *Das Prinzip Hoffnung* (*O Princípio Esperança*), publicado em 1959, onde Bloch faz uma releitura da dicotomia aristotélica de potência (matéria) e ato (intelecto) em termos da realização progressiva da potência num mundo plenamente iluminado pela razão. A doutrina dos escolásticos de que a matéria primordial é a causa primeira do universo é interpretada, portanto, horizontalmente, em nossa história, e não verticalmente, em termos de um céu inacessível. O próprio marxismo é parte da "figuração" histórica desse processo; em seu livro sobre Thomas Munzer (1921), por exemplo, Bloch vê a revolução anabatista do século XVI como uma pré-figuração daquilo que só em 1917 seria plenamente realizado com a revolução bolchevique. A história, diz ele, numa expressão que encontra eco nas *Geschichtsphilosophische Thesen* (*Teses sobre filosofia da história*) de 1940 de Walter Benjamin, é o "persistentemente indicado" (*das stetig Gemeinte*) que inflama as lutas do presente.

JR

Bibliografia: Benjamin, Walter, "Geschichtsphilosophische Thesen", in W. Benjamin, *Illuminationem*, 1961 (1969) • Bloch, Ernst, *Geist der Utopie*, 1918 (1971) ◎ *Thomas Munzer als Theologe der Revolution*, 1921 (1969) [*Thomas Munzer, teólogo da revolução*, 1973] ◎ *Subjekt-Objekt: Erläuterungen zu Hegel*, 1951 (1962) ◎ *Das Prinzip Hoffnung*, 1954-1959 (1969) ◎ *Gesamtausgabe*, 1967 ◎ *On Karl Marx*, 1971 ◎ *Droit naturel el dignité humaine*, 1976 • Chacon, Vamireh, "Jornada entre heréticos (com Bloch, Lukács e Dubsky)", 1968a • Gropp, R.O., "Mystische Hoffnungsphilosophie ist unvereinbar mit Marxismus", 1957 • Hudson, Wayne, *The Marxist Philosophy of Ernst Bloch*, 1982 • Ley, Hermann, "Ernst Bloch und das Hegelsche System", 1957 • *Utopie-marxisme selon Bloch*, textos de homenagem publicados por Gérard Raulet, 1976.

bolchevismo A palavra bolchevismo é, com frequência, usada como sinônimo de LENINISMO. Mas o bolchevismo é a prática ou o movimento em favor da revolução socialista marxista, ao passo que o leninismo é a análise teórica (teoria e prática) da revolução socialista. LENIN foi o fundador dessa tendência política, que constitui uma abordagem da transformação social revolucionária compartilhada por muitos marxistas (Stalin, Trotski, Mao Tse-tung). O bolchevismo nasceu no Segundo Congresso do Partido Social-Democrata dos Trabalhadores Russos em 1903. Desde então, Lenin reconheceu a existência do bolchevismo como "uma corrente do pensamento político e um partido político". Nesse congresso, por ocasião das discussões sobre a cláusula primeira dos estatutos do partido, Lenin e seus seguidores forçaram uma cisão com MARTOV. A divisão se deu a partir da divergência sobre quais eram as condições para que se fosse considerado membro do partido. Lenin advogava como condição básica uma participação ativa e politicamente engajada dos filiados à organização - ao contrário do que acontecia com a participação, fundada em atividades sindicais e não necessariamente atuante, dos membros dos outros partidos social-democratas da época. O partido dividiu-se, quanto a essa questão, em dois grupos: os bolcheviques (ou facção "majoritária", derivada da palavra russa *bol'shinstvo*) e os MENCHEVIQUES (a "minoria", ou *men'shinstvo*). Só na VII Conferência (de abril) do partido, em 1917, a expressão "bolchevique" apareceu oficialmente no nome da organização: Partido Social-Democrata dos Trabalhadores Russos (Bolcheviques). A partir de maio de 1918, o partido passou a ser chamado de Partido Comunista Russo (Bolcheviques) e, em dezembro de 1925, o nome foi novamente modificado para Partido Comunista de Toda a União (Bolcheviques). A expressão deixou de ser usada para denominar o partido soviético a partir de 1952, quando o seu nome foi finalmente modificado para Partido Comunista da União Soviética (PCUS).

A posição bolchevique fundamentava-se numa estratégia política que demandava o primado do engajamento ativo na prática política, com o partido político marxista como a "vanguarda" ou direção da classe operária. O partido devia compor-se de marxistas militantes, atuantes, dedicados à "revolução socialista": os simpatizantes da ideia socialista e os membros não atuantes deveriam ser excluídos da condição de membros. O partido tinha a tarefa de dar direção à luta revolucionária contra a burguesia (e outros grupos dominantes opressores, como a autocracia); tinha também o importante papel de levar às massas a teoria marxista e a experiência revolucionárias. Para os bolcheviques, as massas não chegam espontaneamente a uma perspectiva política fundada na consciência de classe. Trata-se de um partido de "tipo novo", no qual a decisão baseia-se no princípio do centralismo democrático. Os membros participam da formulação da política a ser adotada e da escolha da direção, mas a execução dessa política deve ser disciplinada, e a lealdade à direção é exigida. Só pela execução centralizada da linha política e pela fidelidade inabalável à liderança pode o partido constituir-se numa arma eficiente do proletariado no seu processo de luta revolucionária contra a burguesia. Lenin tinha em mente um modelo de organização partidária adequado às opressivas condições políticas da Rússia czarista, ao passo que outros bolcheviques, que viviam em sociedades mais liberais, deram mais ênfase ao elemento democrático.

A tomada do poder pelo partido bolchevique na Rússia em 1917 teve repercussões sobre os outros partidos socialistas. Em 1921, no seu II Congresso, a Internacional Comunista foi organizada segundo o modelo do partido russo, com 21 pontos que definiam as condições para a filiação como membro (ver Carr, 1953, p.193-6). A partir de então, o bolchevismo tornou-se um movimento de escala internacional.

Com a ascensão de Stalin ao poder na Rússia soviética, o bolchevismo passou a estar associado às suas políticas: de industrialização rápida, de socialismo num só país, de aparelho de Estado centralizado, de coletivização da agricultura, de subordinação dos interesses de outros partidos comunistas aos interesses do soviético. Sob Stalin, foi atribuído um papel importante à superestrutura, (ver BASE E SUPERESTRUTURA), na forma do Estado, que, segundo a sua concepção, haveria de estabelecer a base econômica do socialismo por meio da industrialização socialista. Depois de proclamada essa teoria na URSS em 1936, uma visão economicista do socialismo foi sustentada por Stalin. Supunha ele que, com o maior desenvolvimento das forças produtivas, desenvolver-se-ia uma superestrutura socialista; os stalinistas também consideravam o Estado soviético como a expressão política da classe operária (de todo o mundo). Subjacente ao bolchevismo, há uma visão economicista da construção do socialismo (isto é, supõe-se que, com o desenvolvimento das forças produtivas, desenvolver-se-á uma superestrutura socialista) e uma visão instrumental da política: o Estado soviético é a expressão política da classe operária.

Embora o bolchevismo seja encarado pelos líderes da Rússia soviética como um movimento político unitário, houve, dentro dele, diferenças significativas. As principais dessas diferenças podem ser vistas na linha política de Trotski e de seus seguidores da Quarta Internacional (ver TROTSKISMO) e na teoria do maoísmo (ver MAO TSE-TUNG). Em primeiro lugar, a Quarta Internacional, embora defendendo rigorosamente o princípio da hegemonia partidária, exigiu maior participação dos membros do partido e maior controle destes sobre a direção. A versão stalinista do bolchevismo é vista por esse grupo como "degenerada", pois os líderes exercem um papel de dominação ilegítima sobre a classe operária. Em segundo lugar, a Quarta Internacional ressalta a natureza mundial do capitalismo e a impossibilidade de concluir a construção do "socialismo num só país". A liderança do movimento bolchevique tinha de criar as condições para a revolução mundial, e a Revolução Russa devia ser interpretada como um meio para se chegar a esse fim. A principal contribuição dos maoístas foi chamar a atenção para o papel das transformações na superestrutura, independentemente das mudanças da infraestrutura, como necessárias para a evolução do socialismo. Em lugar de julgarem que as relações sociais acompanham as transformações no desenvolvimento das forças produtivas, como insistia o partido soviético, os maoístas deram ênfase à importância da criação de relações socialistas entre as pessoas, mesmo antes de ter a economia socialista alcançado um o grau de amadurecimento: essas relações deveriam se manifestar na participação direta das massas e na minimização das diferenças entre as distintas modalidades de trabalhadores e entre os quadros do partido e as massas. O papel ideológico do Estado no sentido de erradicar as tendências capitalistas que permanecem em um Estado socialista e de implantar as ideias socialistas nas massas é acentuado por essa posição.

Os adversários marxistas do bolchevismo desfecharam inúmeros ataques, fundamentados em princípios, contra a sua doutrina e a sua prática. Rosa LUXEMBURG opôs-se, em princípio, à ideia de organização partidária centralizada e de hegemonia partidária, argumentando que isso limitava a atividade revolucionária da classe operária. Trotski, quando fazia oposição a Lenin antes da Revolução de Outubro, também afirmou que o partido proposto pelos bolcheviques "substituía" a classe operária. Os mencheviques adotavam uma versão do marxismo mais evolucionária e consideravam prematuras a teoria e a prática revolucionárias dos bolcheviques; ao contrário, associavam a transformação revolucionária aos países capitalistas mais adiantados, por meio de um partido socialista de base sindical. A dominação exercida pelo Estado nas sociedades sob governo bolchevista é considerada como resultado do atraso das forças produtivas e do fato de que as massas não têm consciência suficiente para levar adiante a revolução socialista. Dessa perspectiva, portanto, o bolchevismo é voluntarista é politicamente oportunista. Já do ponto de vista ortodoxo dos Estados comunistas e dos partidos bolcheviques atuantes em outros países, o bolchevismo constitui a única estratégia correta para a tomada do poder pela classe operária e a sua consolidação nas mãos desta.

DL

Bibliografia: Althusser, Louis, *Lénine et la philosophie*, 1969 • Carr, E.H., *The Bolshevik Revolution, 1917-1923*, vol.1, 1953 [ed. bras. resumida: *A revolução russa de Lenin a Stalin*, 1981] • Corrigan, P., H.R. Ramsay & D. Sayers, *Socialist Construction and Marxist Theory: Bolchevism and Its Critique*, 1978 • Ferro, M., *La révolution de 1917*, 1967 ◦ *Des soviets au communisme bureaucratique*, 1980 • Harding, N., *Lenin's Political Thought*, vol.1 e 2, 1977-1981 • Haupt, G. & J.-J. Marie, *Les bolcheviques par eux-mêmes*, 1969 • Knei-Paz, B., *The Social and Political Thought of Leon Trotsky*, 1978 • Lane, D., *Leninism: a Sociological Interpretation*, 1981 • Lenin, V.I., "What is to be done?", 1977 [*Que fazer?*, 1978] • Lukács, G., *Lenin: Studien uber den Zuzammenhaug seiner Gedanken*, 1924; *Lenin*, 1970 [*O pensamento de Lenin*, 1975] • Luxemburg, Rosa, "Leninism or Marxism", in R. Luxemburg, *The Russian Revolution and Marxism or Leninism*, 1961 • Meyer, A.G., *Leninism*, 1957 • Rosenberg, Arthur, *Geschichte des Bolchewismus: Von Marx bis zur Gegenwart*, 1932; *Histoire du bolchevisme*, 1967 • Souyri, Pierre, *Le marxisme après Marx*, 1970 • Stalin, I.V., "Foundations of Leninism", in B. Franklin, *The Essential Stalin*, 1924 (1973) [*Fundamentos do leninismo*, s.d.] • *Studi gramsciani: atti del convegno tenuto a Roma nei giorni 11-13 gennaio 1958*, 1958.

bonapartismo Nos escritos de Marx e Engels, a expressão bonapartismo refere-se a uma forma de regime político da sociedade capitalista na qual a parte executiva do Estado, sob domínio de um indivíduo, alcança poder ditatorial sobre todas as outras partes do Estado e sobre a sociedade. O bonapartismo constitui, assim, uma manifestação extrema daquilo que, em escritos marxistas recentes sobre o Estado, foi chamado de sua "autonomia relativa" (Poulantzas, 1068). O principal exemplo dessa forma de regime durante a viela de Marx foi o de Luís Bonaparte, sobrinho de Napoleão I, que passou a ser Napoleão III depois do golpe de Estado que deu em 2 de dezembro de 1851. Esse episódio inspirou uma das mais importantes e brilhantes páginas históricas de Marx, *O Dezoito Brumário de Luís Bonaparte*. Engels, por sua vez, também dedicou considerável atenção ao governo de Bismarck na Alemanha, nele encontrando muitos paralelos com o bonapartismo.

Para Marx e Engels, o bonapartismo é produto de uma situação em que a CLASSE DOMINANTE da sociedade capitalista já não é capaz de manter seu domínio por meios constitucionais e parlamentares, mas na qual a classe operária também não é capaz de afirmar sua própria HEGEMONIA. Depois que o Segundo Império, de Napoleão III, desabara sob o impacto da derrota francesa na guerra franco-prussiana, Marx escreveu, na terceira parte de *A guerra civil na França*, que o bonapartismo "era a única forma de governo possível num momento em que a burguesia já havia perdido, e a classe operária ainda não havia adquirido, a faculdade de governar a nação". Da mesma forma, no capítulo nove de *A origem da família, da propriedade privada e do Estado*, Engels disse que, embora o Estado representasse a classe dominante, "excepcionalmente, porém, ocorrem períodos nos quais as classes em luta se equilibram de tal modo que o poder estatal, como mediador ostensivo, adquire, por um momento, uma certa margem de independência em relação a ambas". Essas formulações ressaltam o alto grau de independência do Estado bonapartista, mas seu caráter ditatorial merece igual destaque.

A independência do Estado bonapartista e seu papel como "mediador ostensivo" entre classes em luta não o deixa porém, na expressão de Marx, "suspenso no ar". Marx também disse que Luís Bonaparte "representava" O CAMPESINATO da pequena propriedade, a classe mais numerosa da França, pelo que pode-se supor que Marx queria dizer que Luís Bonaparte pretendia falar em nome dessa classe e era apoiado por ela. Mas Luís Bonaparte, como Marx também disse, pretendia falar também por todas as outras classes da sociedade. De fato, a verdadeira tarefa do Estado bonapartista foi garantir a segurança e a estabilidade da sociedade burguesa, tornando possível o rápido desenvolvimento do capitalismo.

Em seus escritos sobre o Estado de tipo bonapartista, Marx e Engels também formulam um conceito importante sobre o Estado, ou seja, o grau em que este representa os interesses daqueles que na realidade o administram. Na sétima parte de *O Dezoito Brumário de Luís Bonaparte*, Marx fala "desse poder executivo com sua enorme organização burocrática e militar, com sua máquina estatal extensa e artificial, com uma multidão de funcionários que chegam a meio milhão, além de um exército com outro meio milhão, esse espantoso corpo parasitário que envolve a sociedade francesa como uma rede e sufoca todos os seus poros...". O Estado bonapartista na verdade não sufocou *todos* os poros da França, como Marx reconheceu na terceira parte de *A guerra civil na França*, em 1871, pois foi sob ele que, segundo Marx escreveu então, "a sociedade burguesa, livre das preocupações políticas, conseguiu um desenvolvimento acima de suas próprias expectativas". Mas isso não invalida o fato de que o Estado bonapartista quase autônomo procura servir aos seus próprios interesses tão bem como aos do capital.

RM

Bibliografia: Draper, Hal, *Karl Marx's Theory of Revolution*, vol.I: *State and Bureaucracy*, 1977 • Poulantzas, Nicos, *Pouvoir politique et classes sociales*, 1968 [*Poder político e classes sociais*, 1977] • Rubel, Maximilien, *Karl Marx devant le Bonapartisme*, 1960.

Brecht, Bertolt (Augsburg, 10 de fevereiro de 1898 – Berlim, 14 de agosto de 1956.) Dramaturgo, poeta e teórico do teatro, Eugen Bertolt Friedrich Brecht iniciou sua carreira de escritor como um vigoroso e original *poète maudit*, particularmente encantado com as coisas americanas – "Vom zirmen BB" (*Do pobre BB*), *Baal*, *Im Dickicht der Städte* (*Na selva das cidades*) –, e particularmente empenhado em salvar a cena teatral alemã dos exageros sentimentais e expressionistas.

As crises econômicas da República de Weimar impressionaram Brecht, resultando, por volta de 1928, na sua decisão de criar um "teatro da era científica". Textos cheios de frescor e capazes de entreter, embora didáticos, cenários, interpretações e direção apresentariam os dilemas da sociedade moderna onde o indivíduo solitário está desamparado – "Um é nenhum", tema de *Mann ist Mann* (*Um homem é um homem*) –, e apenas novos modos de pensamento, organização e produtividade – "Quando o homem ajuda ao homem", tema de *Das Badener Lehrstuck vom Einverstaendnis* (*A peça didática de Baden sobre o consentimento*) –, podem reumanizar uma vida que o egoísmo cego do capitalismo tornou bárbara.

O cético e erudito Brecht complementou essa visão moral com um estudo das obras de Marx e, em certa medida, de Lenin, que se prolongou por toda a sua vida. Enquanto estava às voltas com estudos preliminares para a sua peça *Die Heilige Johanna der Schlachthoefe* (*Santa Joana dos matadouros*), Brecht descobriu *O Capital* e disse a Elisabeth Hauptmann, uma grande colaboradora de seu trabalho, que "tinha que conhecê-lo todo" (outubro de 1926). Vinte anos depois, empenhava-se em colocar o *Manifesto comunista* na "forma de versificação altamente respeitável da *De rerum natura*, de Lucrécio, tematizando algo como a desnaturalidade das condições burguesas" (Vólker , 1975, p.47 e 134).

O marxismo de Brecht foi moldado em parte pelas pretensões cientificistas do Partido Comunista Alemão (influenciado a seu turno pelo Comintern) e, em parte, por mentores intelectuais que ele aceitava como amigos e pares, notadamente o sociólogo Fritz Sternberg, Karl KORSCH e Walter BENJAMIN. Brecht rejeitou a dialética de Theodor Adorno como não sendo bastante *plumpe* (materialista) e satirizou o grupo da ESCOLA DE FRANKFURT como intelectuais da corte da era burguesa em *Turandot oder der Kongress der Weisswaescher* (*Turandot ou o congresso das lavadeiras*). Quanto à teoria do realismo literário de LUKÁCS, Brecht recusou-a como não dialética e tendente a suprimir a imaginação e a produtividade dos leitores em "Weite und Vielfalt der realistichen Schrebweise" ("Amplitude e variedade do modo realista de escrever"), de 1938, e manifestou sua aversão pelo poder literário-político manipulado por Lukács de Moscou.

Brecht não teve qualquer influência na União Soviética, onde artistas-pensadores que lhe eram próximos, como o seu amigo Sergei Tretyakov ou o diretor de cena V. Meyerhold, foram exterminados. Apenas *Die Dreigroschenoper* (*A ópera dos três vinténs*) foi encenada naquele país durante a vida de Brecht. Tendo deixado a Alemanha no próprio dia em que Hitler assumiu o poder, Brecht esperava ser bem-sucedido nos palcos comerciais da Broadway, mas não buscou aproximação com os investidores de *show business* nem procurou convencer a esquerda norte-americana de que tinha algo importante a oferecer. Os anos que passou em Santa Monica, na Califórnia, e em Nova York (1941-1947) encorajaram um afastamento um tanto oportunista de seu método, mas só de maneira marginal aumentaram a acessibilidade de sua obra. Regressou à Europa para produzir suas peças e desenvolver seus métodos com a sua própria companhia, o Berliner Ensemble, liderado por sua mulher, a grande atriz Helene Weigel; as *tournées* do grupo lançaram as bases definitivas da práxis teatral da década de 1950 na França, na Inglaterra, na Itália e a Polônia.

Brecht quis ser o Marx do teatro pós-capitalista, pós-subjetivista. As indicações que ele deixou para elucidar sua prática – a noção de teatro "épico" (mais tarde, "dialético"), as técnicas de representar dirigir e escrever capazes de produzir o efeito de "distanciamento" ou "estranhamento" (*Verfremdung*) – são leituras indispensáveis da estética moderna. Mas "a prova do pudim está em comêlo", e peças como *Die Mutter* (*A mãe*), *Die Heilige Johanna der Schlachthoefe, Mutter Courage* (*Mãe coragem*), *Die Massnahme* (*As medidas tomadas*), *Der aufhaltsame Aufstiege des Arturo Ui* (*A resistível ascensão de Arturo Ui*), *Der Kaukasische Kreidekreiss* (*O círculo de giz caucasiano*) e *Leben des Galilei* (*Vida de Galileu*) têm uma produtividade inata que tanto ensina a objetividade dialética como prende a plateia e a entretém.

Principais peças de teatro: *Baal*, escrita em 1918, encenada pela primeira vez em 1923 (Baal) ◎ *Trommeln* *in der Nacht*, 1918-1920, 1922 (*Tambores na noite*, 1977) ◎ *Im Dickicht der Städte*, 1921-1924, 1923 (*Na selva das cidades*, 1977) ◎ *Leben Eduards des Zweiten von England* (escrita em colaboração com Lion Feuchtwanger, com base no texto de Marlowe), 1923-1924, 1924 (Vida de Eduardo II da Inglaterra) ◎ *Lux in tenebris*, 1923 (*Luz nas trevas*, 1978) ◎ *Mann ist Mann*, 1924-1925, 1926 (Um homem é um homem) ◎ *Mahagonny-Songspiel*, com música de Kurt Weill, 1927 (Mahagonny-Cantata), também conhecida como *Das kleine Mahagonny* (A pequena Mahagonny) ◎ *Die Dreigroschenoper*, com música de Kurt Weill (e baseada em *The Beggar's Opera*, de John Gay), 1928 (A ópera dos três vinténs) ◎ *Happy End*, com música de Kurt Weill (escrita em colaboração com Elisabeth Hauptmann e atribuída a Dorothy Lane, uma suposta autora americana), 1928, 1929 ◎ *Aufstieg und Fall der Stadt Mahagonny*, ópera com música de Kurt Weill, 1928-1929, 1930 (Ascensão e queda da cidade de Mahagonny) ◎ *Der Ozeanflug*, com música de Kurt Weill e Paul Hindemith, 1928-1929, 1929 (*O voo sobre o oceano*, 1978) ◎ *Badener Lehrtuck von Einverständnis*, com música de Paul Hindemith, 1928-1929, 1929 (*Peça didática de Baden-Baden sobre o acordo*, 1978) ◎ *Der Jasager, Der Heinsager*, ópera escolar com música de Kurt Weill (reelaboração do texto no japonês *Taniko*), 1929-1930, 1930 (*Diz-que-sim & Diz-que-não*, 1977) ◎ *Die Heilige Johanna der Schlachthöfe*, 1929-1930, 1932 e 1959 (Santa Joana dos matadouros) ◎ *Die Massnahme*, com música de Hans Eisler, 1930, 1930 (A medidas tomadas) ◎ *Die Ausnahme und die Regel*, com música de Paul Dessau, 1930, 1947 (*A exceção e a regra*, 1977) ◎ *Die Mutter*, com música de Hans Eisler (baseada no romance homônimo de Maxim Gorki), 1930-1932, 1932 (A mãe) ◎ *Die Horatier und die Kuriatier*, 1933-1934, 1958 (*Os Horácios e os Curiácios*, 1977) ◎ *Furcht und Elend des dritten Reich*, 1935-1938, 1938 (*Terror e misérias do III Reich, 1978)* ◎ *Die Gewehre der Frau Carrar*, 1937, 1937 (*Os fuzis da Senhora Carrar*, 1977) ◎ *Mutter Courage un ihre Kinder*, com música de Paul Buckhard e de Paul Dessau, 1939, 1941 (*Mãe Coragem e seus filhos*, 1977) ◎ *Leben des Galilei*, com música de Hans Eisler, 1938-1939, 1943 (*Vida de Galileu*, 1978) ◎ *Der gute Mensch von Sezuan*, com música de Paul Dessau, 1938-1940, 1940 (*A alma boa de Setsuan*, 1977) ◎ *Herr Puntila und sein Knecht Matti*, com música de Paul Dessau, 1940-1941, 1948 (*O Senhor Puniila e seu criado Matti*, 1978) ◎ *Der aufhaltsame Aufstieg des Arturo Ui*, 1941, 1958 (A resistível ascensão de Arturo Ui) ◎ *Der Kaukasische Kreidekreis*, com música de Paul Dessau, 1944-1945, 1954 (*O círculo de giz caucasiano*, 1977) ◎ *Die Tage der Kommune*, com música de Hans Eisler, 1948-1949, 1956 (Os dia da Comuna) ◎ *Der Hofmeister*, com base na peça homônima de Jakob Lenz, 1950, 1950 (O preceptor) • A obra dramática de Brecht está publicada em *Gesammelte Werke: Stuke* (Berlim e Frankfurt, Suhrkamp, 1976). Os títulos traduzidos entre parênteses seguidos de datas referem-se às traduções brasileiras publicadas nos seis primeiros volumes de *O teatro de Bertolt Brecht* (Rio, Civilização Brasileira, 1977 e 1978).

Escritos políticos e estéticos: "Funf Schwierigkeiten beim schreiben der Wahrheit", 1934 ("Cinco dificuldades para escrever a verdade", 1967) ◎ "Volkstumlichkeit und Realismus", 1937 ("O popular e o realista", 1967) ◎ "Weite und Vielfalt der realistischen Schreibweise", 1938 ◎ "Verfremdungseffecte in der chinesischen Schauspielkunst", 1937 ("O efeito de distanciamento nos atores chineses", 1967) ◎ "Neue Tecknik der Schauspielkunst", 1940 ("Uma nova técnica de representação", 1967 e 1978) ◎ "Kleines Organon fur des Theater", 1948 ("Pequeno Organon para o teatro", 1967 e 1978) ◎ "Die Dialektik auf dem Theater", 1951 ("A dialética no teatro", 1978). Entre muitos outros, estes textos mais conhecidos estão publicados em *Schriften zum Theater* (1963-1964) e *Schriften zur Politik un Gesellschaft* (1968); alguns estão traduzidos para o português em *Estudos sobre teatro* (1978) e *Teatro dialético: ensaios* (1967). Em *Theatherarbeit* (1952), são descritas e ilustradas as seis primeiras montagens teatrais do Berliner Ensemble.

Bibliografia: Athusser, Louis, "Le 'Piccolo', Bertoluzzi et Brecht", in L. Althusser, *Pour Marx*, 1965 [*A favor de Marx*, 1979] • Arendt, Hannah, "Der Dichter Bertolt Breeht", 1950 ◎ *Benjamin-Brecht: Zwei Essays*, 1971 • Benjamin, Walter, *Versuche uber Brecht*, 1971; *Tentativas sobre Brecht* 1975 ◎ "Was ist episches Theater", 1972 • Bentley, Eric, *The Brecht Commentaries, 1943-1980*, 1981 • *Bertolt Brecht*, núm. esp. da revista *Europe*, 1957 • *Bertolt Brecht*, 1958 • Brecht, Bertolt, *Versuche* (vols. 1-7), 1930-1932 ◎ *Gesammelte Werke*, 1938 ◎ *Versuche* (vols. 9-15), 1949-1957 ◎ *Theaterarbeit*, 1952 ◎ *Gesammelte Werke: Stucke*, 1953-1957 (1976) ◎ *Versuche* (1-4 e 5-8), 1959 ◎ *Plays*, 1961 ◎ *Schriftem zum Theater: uber eine nichtaristotelische Dramatik*, 1963-1964; *Écrits sur le théâtre* (1965 e 1972); *Escritos sobre teatro*, 1973 [*Estudos sobre teatro* (trad. parcial), 1978] ◎ *Brecht on Theater*, 1964, ed. org. por John Willet ◎ *Teatro dialético*, 1967, ed. org. por L.C. Maciel ◎ *Schriften zur Politik und Gesellschaft*, 1968; *Écrits sur* *la politique et la société*, 1972 ◎ *Collected Plays*, 1971, ed. org. por R. Mannheim e J. Willet ◎ *O teatro de Bertolt Brecht*, 1977-1978 (tradução parcial de *Stucke*, várias peças em vários volumes) ◎ *Poems 1913-1956*, 1976, ed. org. por J. Willet e R. Mannheim ◎ *Antologia poética*, 1983 • Chiarini, Paolo, *Bertolt Brecht*, 1959 [*Bertolt Brecht*, 1967] • Esslin, Martin, *Brecht: a choice of evils*, 1959 (1963) [*Brecht: dos males o menor*, 1979] • Ewen, Frederic, *Bertolt Brecht*, 1967 • Fuegi, John, *The Essential Brecht*, 1972 • Munk, Erika, *Brecht: a Collection of Critical Pieces*, 1972 • Nellhaus, Gerhard, "Brecht-Bibliographie", 1949 • Nubel, Walter, "Bertolt-Brecht-Bibliographie", 1957 • Peixoto, Fernando, *Brecht: vida e obra*, 1968 • Pomianowsky, Jerry, "Un théâtre du renouveau en Pologne", 1958 • Sartre, Jean-Paul, "Brecht et les classiques", 1958 • Shoeps, Karl H., *Bertolt Brecht*, 1977 • Schumacher, Ernst, *Die ersten dramatischen Versuche Bertolt Brechts, 1918-1933*, 1955 • Serreau, Geneviève, *Bertolt Brecht*, 1955 • "Sonderheft Bertolt Brecht", núm. esp. da revista *Sinn und Form*, 1949 • Völker, Klaus, *Brecht Chronicle*, 1975 • Willet, John, *Theater of Bertolt Brecht*, 1959 (1968) [*O teatro de Brecht*, 1967] • Wintzen, René, *Bertolt Brecht*, 1954 • "Zweites Sondecheft Bertolt Brecht", núm. esp. da revista *Sinn und Form*, 1957 • Esclarecimentos sobre os problemas relativos à publicação da obra de Brecht e indicações bibliográficas mais completas podem ser encontrados nas obras de Esslin e Willet, ambas editadas em português.

Bukharin, Nikolai Ivanovitch (Moscou, 27 de setembro de 1888 - executado em 13 ou 14 de março de 1938, em Moscou.) Filho de professores, Bukharin uniu-se aos bolcheviques em 1906. Depois de ter sido preso pela terceira vez em Moscou, fugiu para o exterior em 1911, fixando-se em Viena, onde fez um estudo crítico (1919) sobre a escola econômica marginalista austríaca. Deportado da Áustria para a Suíça em 1914, assistiu, em fevereiro de 1915, à conferência contra a guerra em Berna. Nesse período, entrou em choque com Lenin por causa do apoio dado por este ao direito de autodeterminação das nações. No mesmo ano de 1915, porém, Lenin escreveu uma introdução elogiosa para *O imperialismo e a economia mundial*, obra em que Bukharin argumentava que a competição interna capitalista estava sendo cada vez mais substituída pela luta entre os "trustes capitalistas estatais". Em 1916, Bukharin escreveu artigos que, conquanto aceitassem a necessidade de um ESTADO proletário de transição, instavam no sentido de uma "hostilidade de princípio com relação ao Estado" e denunciavam o "Estado imperialista ladrão", que tinha de ser "destruído" (*gesprengt*). Após objeções iniciais de Lenin, essas ideias vieram a refletir-se no ano seguinte em seu próprio livro *O Estado e a Revolução*.

Depois de ter vivido nos países escandinavos e nos Estados Unidos da América, Bukharin retomou a Moscou em maio de 1917, ou seja, após a Revolução de Fevereiro. Eleito para o Comitê Central do Partido três meses antes da Revolução de Outubro, permaneceu na qualidade de membro efetivo até 1934 e foi membro-candidato de 1934 a 1937. Dirigiu o jornal do partido, o *Pravda*, de dezembro de 1917 a abril de 1929.

Em 1918, Bukharin liderou os "Comunistas de Esquerda" que se opunham à assinatura do tratado de Brest-Litovsk com os alemães e exigiam uma guerra revolucionária. Nos debates do partido acerca do papel dos sindicatos nos anos 1920-1921, defendeu a incorporação dos sindicatos à máquina estatal. Após a introdução, em 1921, da Nova Política Econômica (NEP), que permitia o livre comércio no interior da Rússia soviética, Bukharin empreendeu uma completa reavaliação de suas ideias. Desde fins de 1922, defendeu uma estratégia gradual de "crescimento rumo ao socialismo" na Rússia. Prenunciou a teoria do "socialismo em um só país", enunciada pela primeira vez por Stalin em dezembro de 1924, e tornou-se seu principal protagonista ideológico. Argumentou em favor de concessões aos camponeses e de um intercâmbio crescente e equilibrado entre a economia camponesa e a indústria socialista. Em 1928-1929, quando Stalin abandonou essa política em favor de uma industrialização acelerada, financiada pela imposição de "tributos" ao campesinato, Bukharin se opôs a isso. Atacado publicamente como desviacionista em 1929, foi afastado da direção do *Pravda*, de suas atribuições na Internacional Comunista (ver INTERNACIONAIS), que vinha dirigindo desde 1926, e, subsequentemente, do Politburo. De 1934 a 1937, Bukharin foi diretor do *Izvestia*. Em 1935, desempenhou importante papel na comissão que redigiu a nova Constituição soviética (em vigor a partir de 1936). Em 1937, foi expulso do partido. Um ano depois era julgado e condenado à morte por traição e espionagem no terceiro Grande Julgamento de Moscou. Ainda não foi reabilitado, embora entre os que exigem a sua reabilitação estejam figuras destacadas dos partidos comunistas ocidentais, em que, em anos recentes, suas ideias têm merecido atenção e simpatia.

MJ

Bibliografia: Blanc Y. & D. Kaisergruber, *L'affaire Boukharine*, 1979 • Bukharin, Nikolai, *Imperialism and World Economy*, 1917-1918 (1972); *L'économie mondiale et l'impérialisme*, 1967 [*O imperialismo e a economia mundial*, 1969] ◎ *The Economic Theory of the Leisure Class*, 1919 (1927); *L'économie politique du rentier: critique de l'économie marginaliste*, 1972 ◎ *Economics of the Period of Transformation*, 1920 (1971); *L'économie de la période de transition*, 1976 ◎ *Historical Materialism: a System of Sociology*, 1921 (1925, 1926 e 1969); *La théorie du matérialisme historique: manuel populaire de sociologie marxiste* (1927 e 1967) [*Tratado de materialismo histórico*, 1970] ◎ "Imperialism and the accumulation of capital", 1924-1925 (1972); *L'impenalisme et l'accumulation du capital*, 1975 • Bukharin, N. & E. Preobrajenski, *ABC of Communism*, 1919 (1969); *L'abc du communisme*, 1963 [*ABC do comunismo*, 1980] • Coates, Ken, *The Case of Nikolai Bukharin*, 1978 • Cohen, Stephen F., *Bukharin and the Bolshevik Revolution: a Political Biography (1888-1938)*, 1974; *Nicholas Boukharine, la vie d'un bolchevik*, 1979 • Gramsci, Antonio, *Il materialismo storico e la filosofia di Benedeto Croce*, parte III, 1948 (1971) ["Notas críticas sobre uma tentativa de 'Ensino Popular' de Sociologia", in A. Gramsci, *Concepção dialética da História*, parte III, 1966 e 1981] • Harding, Neil, *Lenin's Political Thought*, vol.2, caps.3 e 5, 1981 • Heitman, Sidney, *Nikolai I. Bukharin: a Bibliography with anotations*, 1969 • Lewin, Moshe, *Political Undercurrents in Soviet Economic Debates: from Bukharin to Modern Reformers*, 1975 • Lukács, G., "Une critique du 'Manuel' de Boukharine", 1966 • Zanardo, Aldo, "Il Manuale di Bukharin visto dai comunisti tedeschi e da Gramsci", 1958.

burguesa, revolução Ver REVOLUÇÃO

burguesia Em seus *Princípios do comunismo* (1847), Engels definiu burguesia como "a classe dos grandes capitalistas que, em todos os países desenvolvidos, detém, hoje em dia, quase que exclusivamente, a propriedade de todos os meios de consumo e das matérias-primas e instrumentos (máquinas, fábricas) necessários à sua produção". E, em uma nota à edição inglesa de 1888 do *Manifesto comunista*, como "a classe dos capitalistas modernos, proprietários dos meios da produção social e empregadores do trabalho assalariado". A burguesia, enquanto classe economicamente dominante nesse sentido, que também controla o aparelho de Estado e a produção cultural (ver CLASSE DOMINANTE), opõe-se a, e está em conflito com, a CLASSE OPERÁRIA, mas, entre essas "duas grandes classes" da sociedade moderna, há "camadas intermediárias e de transição", que Marx também chamou de CLASSE MÉDIA.

Os estudos marxistas sobre a burguesia no último século concentraram-se em duas questões. A primeira delas diz respeito ao grau da divisão entre burguesia e classe operária (sua polarização) e à intensidade da LUTA DE CLASSES, particularmente em face de um contínuo crescimento numérico da classe média. Quanto a essa questão, estabeleceu-se uma oposição entre os que atribuem considerável importância política e social à nova classe média, bem como aos crescentes padrões de liberalização política e de nível de vida (Bernstein, 1899; Renner, 1953), e os que chamam a atenção para a "proletarização" da classe média (Braverman, 1974) e consideram ter havido poucas modificações no caráter das lutas políticas. A segunda questão importante é a da natureza e do papel da burguesia nas sociedades capitalistas adiantadas e, em particular, até que ponto, com o desenvolvimento em grande escala das sociedades anônimas, por um lado, e da intervenção do Estado na economia, por outro, os diretores e os altos funcionários estatais fundiram-se com, ou substituíram, os "grandes capitalistas" como grupo ou os grupos dominantes na sociedade, conforme afirmam os que propuseram a noção de "revolução dos gerentes". As análises marxistas dessa situação diferem consideravelmente, tendo surgido duas posições principais. Poulantzas (1974) começa por definir a burguesia a partir não de uma categoria jurídica de propriedade, mas em termos de "propriedade econômica" (isto é, o controle econômico real dos meios de produção e dos produtos) e de "posse" (isto é, a capacidade de colocar em operação os meios de produção). Segundo esses critérios os gerentes ou diretores, porque põem em execução as funções do capital, pertencem à burguesia, a despeito de serem ou não os proprietários legais do capital. Um dos problemas criados por esse tipo de análise é que, a partir dela, fica fácil argumentar que o grupo dominante de gerentes e funcionários do partido, nas sociedades socialistas realmente existentes, é também uma burguesia, já que se caracteriza pela "propriedade econômica" e pela "posse": a expressão fica, assim, destituída de qualquer significado histórico ou sociológico preciso. Quanto aos altos funcionários (e aos funcionários do Estado em geral), Poulantzas os trata como uma categoria definida pela sua relação com o aparelho de Estado, sem preocupar-se muito com o papel crescente do Estado na produção, que transforma as funções de alguns funcionários em funções de gerência econômica.

Outros marxistas – notadamente Hilferding em seus estudos sobre o CAPITALISMO ORGANIZADO – analisaram tais fenômenos de maneira bastante diferente, tratando o crescimento das empresas e a grande expansão das atividades econômicas do Estado como uma importante transformação do capitalismo, que o faz avançar no caminho do socialismo. Mas, segundo a concepção de Hilferding, essa socialização progressiva da economia só poderia ser completada com a tomada do poder à burguesia e a transformação de uma economia organizada e planejada pelas grandes empresas numa economia planejada e controlada pelo Estado democrático. Alguns estudos recentes afastaram-se radicalmente dessa concepção, e Offe (1972) argumentou que "as novas formas de desigualdade social já não são diretamente redutíveis a relações de classe economicamente definidas" e que "o velho quadro referencial de interesses estruturalmente privilegiados de uma classe dominante" tem de ser substituído por novos critérios para a análise da administração dos problemas do sistema, que "passou a ser um imperativo objetivo, que transcende os interesses particulares". Concepção semelhante foi proposta por outros "teóricos críticos" da última fase da ESCOLA DE FRANKFURT, que concentraram sua atenção na dominação burocrático-tecnocrática, e não na dominação econômica, social e política da burguesia.

Uma análise muito diferente da evolução recente do capitalismo é apresentada pelos marxistas que insistem em que a propriedade legal dos meios de produção continua a ser de importância crucial. Assim, Mandei (1975) analisa a centralização internacional do capitalismo através das EMPRESAS MULTINACIONAIS e dos bancos (ver CAPITAL FINANCEIRO), que, segundo ele, pode ser acompanhada pela ascensão de um novo poder de Estado burguês supranacional. Examina, em seguida, as possíveis variantes da relação entre o capital internacional e os Estados nacionais, inclusive a criação de um Estado imperialista supranacional na Europa Ocidental, que já está tomando forma na Comunidade Econômica Europeia (CEE). De acordo com essa interpretação, o aspecto mais significativo da evolução do capitalismo depois de 1945 é a formação de uma burguesia internacional. Em uma perspectiva mais geral, argumentou-se que, embora tenha havido uma dissociação parcial entre a propriedade jurídica e a propriedade econômica nas grandes empresas, ainda assim a "forma jurídica de propriedade é, em geral, uma condição necessária para a propriedade econômica" (Wright, 1978); ou, em outros termos, que as proporções da "separação entre a propriedade e o controle" têm sido muito exageradas e que uma "classe proprietária" ainda domina a economia (Scott, 1979).

TBB

Bibliografia: Mandel, Ernest, *Late Capitalism*, 1975 • Offe, Claus, "Political Authority and Class Structures: an Analysis of Late Capitalist Societies", 1972 • Poulantzas, Nicos, *Les classes sociates dans le capitalisme aujourd'hui*, 1974 [*As classes sociais no capitalismo de hoje*, 1978] • Scott, John, *Corporations, Classes and Capitalism*, 1979 • Wright, Erik Olin, *Class, Crisis and the State*, 1978 [*Classe, crise e o Estado*, 1981].

burguesia nacional A expressão "burguesia nacional" é usada exclusivamente no contexto de países atrasados ou subdesenvolvidos. Uma das principais características do atraso está em que relações sociais pré-capitalistas coexistem com, e, em certos casos, predominam sobre as relações capitalistas de produção. Enquanto nos países capitalistas adiantados a luta de classe pode ser analisada em termos do conflito entre proletariado e burguesia, nos países atrasados é preciso considerar as relações entre pelo menos quatro classes sociais: o proletariado emergente, a classe capitalista, a classe exploradora pré-capitalista e os produtores diretos do modo de produção pré-capitalista. Nos países atrasados, a luta de classes torna-se particularmente complexa por duas razões. Em primeiro lugar, de um ponto de vista marxista clássico, é possível que se desenvolvam relações de antagonismo entre as duas classes exploradoras (provocadas pela tendência do capitalismo a ir minando as relações sociais pré-capitalistas à medida que se expande), antagonismo esse que se processa simultaneamente com o nascimento do conflito entre o trabalho e o capital. Em segundo lugar, a dominação imperialista sobre os países atrasados pode envolver, de certo modo, a opressão de toda a população destes países (ver IMPERIALISMO E MERCADO MUNDIAL e NACIONALISMO) embora muitas vezes precise contar com o apoio de elementos dominantes pré-capitalistas. Essas características dos países atrasados deram origem a um vivo debate sobre a estratégia correta de transformação revolucionária, e uma das questões fundamentais desse debate é se a burguesia dos países atrasados pode desempenhar algum papel na luta revolucionária.

Nesse contexto, tornou-se comum usar a expressão "burguesia nacional" para designar uma fração anti-imperialista da classe capitalista dos países subdesenvolvidos, o que faz dela implicitamente um aliado potencial da classe operária na luta anti-imperialista, apoiada caracteristicamente pela pequena burguesia e pelo campesinato. Assim, a expressão se define normalmente por respeito ao papel de uma parcela da burguesia na esfera política. Esse modo de defini-la é, porém, pouco satisfatório, já que pressupõe a existência de contradições entre frações da burguesia local e o imperialismo. A expressão "burguesia compradora" aplica-se à parcela da burguesia local que tende a aliar-se ao imperialismo, e certos autores procuraram distinguir essas duas frações de classe nos países atrasados pela sua relação com os meios de produção (Dore e Weeks, 1977) e deduzir seu papel político a partir dessa relação.

De acordo com esse método, a burguesia compradora se define como a parcela da classe capitalista local cujo capital está na circulação (comércio, bancos, etc.). Dedicada exclusivamente à circulação de mercadorias, essa fração da burguesia local está, caracteristicamente, aliada ao capital dos países imperialistas, particularmente com o CAPITAL MERCANTIL. A burguesia nacional, por outro lado, pode ser definida como a burguesia local que tem seu capital na esfera da produção, dentro das fronteiras nacionais dos países atrasados. A CONCORRÊNCIA é inerente ao capitalismo, e a concorrência entre o capital nacional e o capital imperialista cria a possibilidade de que a burguesia nacional desempenhe um papel anti-imperialista. Devido ao desenvolvimento superior das forças produtivas nos países imperialistas, o capital nacional nos países subdesenvolvidos fica, frequentemente, em desvantagem na luta competitiva com o capital imperial. Em princípio, isso pode fazer da burguesia nacional uma aliada na luta nacional de libertação contra a dominação imperialista. Mas pode também ter o efeito contrário. A desvantagem competitiva pode levar frações da classe capitalista local a aliarem-se com o capital imperialista, na qualidade de fornecedoras ou subsidiárias das EMPRESAS MULTINACIONAIS. A posição "nacionalista" da burguesia nacional, em um momento dado, depende das circunstâncias concretas que venham a prevalecer na formação social em questão.

A possibilidade de que a burguesia nacional participe de uma aliança anti-imperialista não surge apenas de estritos interesses econômicos. O imperialismo tende a oprimir todas as classes dentro dos países atrasados, não apenas na esfera econômica, mas também política, social e culturalmente. É essa opressão que contribui para a possibilidade de que a burguesia nacional possa desempenhar um papel progressista em certos momentos históricos e possa estabelecer alianças momentâneas com o proletariado, contra o imperialismo.

Mas qualquer aliança entre o proletariado e a burguesia nacional é, pela sua própria natureza, instável. A burguesia existe pela exploração da classe operária e personifica o capital. Além disso, é hoje, habitualmente, a classe que controla o Estado nos países subdesenvolvidos e que o proletariado tem de derrubar. Apesar desse antagonismo essencial, a maior parte dos teóricos e líderes da revolução procuraram fundamentar a posição de que o proletariado deveria aliar-se à burguesia nacional em certos momentos históricos na sua luta revolucionária para tomar o poder de Estado e transformar a sociedade. Lenin (1920a) escreveu que a vanguarda do proletariado deve, obrigatoriamente, "utilizar qualquer cisão, mesmo a mais insignificante, entre os inimigos (...)" ou no seio da burguesia; e "aproveitar-se de qualquer oportunidade, até da menor delas, para conquistar um aliado de massa, mesmo que esse aliado seja temporário, vacilante, instável, pouco digno de confiança e condicional". Os principais líderes revolucionários, em sua maioria, adotaram posição semelhante. Em seus escritos sobre a revolução chinesa (1925-1927), Stalin recomendou aos revolucionários chineses uma aliança com a burguesia, embora tivesse o cuidado de advertir contra a possibilidade de que as forças proletárias e camponesas ficassem em posição subordinada nessa aliança. Mao Tse-tung, que estabeleceu a aliança recomendada por Stalin, é geralmente mencionado como favorável a alianças com a burguesia. Mas a leitura cuidadosa de suas obras torna óbvio que ele não defendeu a aliança com a burguesia como uma estratégia geral para a revolução que tivesse de ser aplicada a todos os países subdesenvolvidos. Pelo contrário, Mao sempre chamou a atenção para o fato de que qualquer aliança é resultado de uma conjuntura histórica específica e advertiu contra a adoção de fórmulas inalteráveis, aplicáveis arbitrariamente em todas as circunstâncias (1937a). Mao foi bastante cauteloso em sua defesa da aliança com a burguesia nacional e concluiu que, "quando o imperialismo lança uma guerra de agressão contra um país (semicolonial), todas as suas classes, com exceção de alguns traidores, podem unir-se temporariamente em uma guerra nacional contra o imperialismo. (...) Mas (...) quando o imperialismo realiza a sua opressão, não pela guerra, mas por meios mais suaves (...), as classes dominantes dos países semicoloniais capitulam diante do imperialismo, e os dois formam uma aliança para juntos oprimirem as massas do povo" (ibid.). A mesma questão foi objeto de um prolongado debate com relação à Índia (ver Roy, 1922 e o verbete ROY).

ED

Bibliografia: Dore, Elizabeth & John Weeks, "Class Alliances and Class Struggle in Peru", 1977 • Lenin, V.I., *'Left Wing' Communism: an Infantile Disorder*, 1920 (1966) [*Esquerdismo, doença infantil do comunismo*, 1981) • Mao Tse-tung, "On Contraction", in Mao Tse-tung, *Selected Readings*, 1937a (1967) ["Sobre a contradição", 1979) • Stalin, J.V., *On Chinese Revolution*, 1925-1927 (1975).

burguesia, pequena Ver CLASSE MÉDIA

burocracia O problema da burocracia teve, desde o início, um papel relativamente importante no pensamento marxista. Marx construiu a sua teoria da burocracia a partir de sua experiência pessoal com o mau funcionamento da administração estatal na época da fome no distrito do Mosela (ver seus artigos a respeito publicados na *Rheinische Zeitung* de 17, 18 e 19 de janeiro de 1843). Marx deduz a noção de burocracia da relação burocrática existente entre as instituições detentoras do poder e os grupos sociais a elas subordinados, que define como uma relação social essencial que domina os próprios responsáveis pelas decisões. Assim, de acordo com Marx, a administração de Estado burocrática, mesmo que atue com a melhor das intenções, a mais profunda humanidade e a maior inteligência, não pode cumprir a sua tarefa prática, e sempre reproduz o fenômeno que, na vida cotidiana, é chamado de burocratismo. Os aparelhos burocráticos atuam de acordo com os seus próprios interesses particulares, que apresentam como interesses públicos ou gerais, impondo-se dessa forma à sociedade: "A burocracia tem em suas mãos a essência do Estado, a vida espiritual da sociedade, como sua *propriedade privada*. O espírito universal da burocracia é o *segredo*, o mistério, que ela assegura internamente pela hierarquia e contra grupos externos pelo seu caráter de corporação fechada." (*Crítica da filosofia do direito de Hegel*, comentários aos parágrafos 290-297)

Apesar da crítica radical e original que fizeram da burocracia, a avaliação de Marx e Engels sobre a função real desta não está, de modo algum, livre de pressupostos que não foram confirmados pelas experiências históricas do último século e meio. Tanto em seus primeiros escritos como em suas últimas obras, Marx limitou o problema da burocracia à administração do Estado, supondo que a vida (isto é, a produção e o consumo) começa onde o poder deste termina. Assim, em *O Dezoito Brumário de Luís Bonaparte* (parte VII), descreveu o poder executivo na França como uma "enorme organização burocrática e militar, com sua máquina estatal minuciosamente estratificada e elaboradamente engenhosa e com uma horda de funcionários que chega a meio milhão, lado a lado com um exército de outro meio milhão, essa terrível substância parasitária que envolve o corpo da sociedade francesa como uma teia e sufoca todos os seus poros". Em consequência disso, "todo interesse *comum* via-se imediatamente separado da sociedade, sendo a ela contraposto como um interesse *geral* superior, desligado da atividade dos próprios membros da sociedade e transformado em objeto da atividade do governo". E Marx concluía que todas as revoluções, até então, haviam "aperfeiçoado essa máquina, em vez de destroçá-la". Contudo, desde meados do século passado, as administrações de caráter burocrático adquiriram uma influência cada vez maior na economia, particularmente nos grandes estabelecimentos industriais. Marx e Engels nunca se deram conta de que os trabalhadores burocráticos das fábricas estão sujeitos às mesmas relações sociais que são essenciais ao aparelho administrativo do Estado e escreveram sobre o papel crescente dos funcionários burocráticos e dos administradores na indústria apenas como um simples fato empírico ("O regente de uma orquestra não precisa ser dono dos instrumentos de seus músicos", *O Capital*, III, cap.XXIII).

O segundo grande erro de Marx e Engels com relação à questão da burocracia refere-se à imagem que tinham da futura sociedade socialista, pois não levaram em conta a possibilidade de que formações burocráticas sobrevivessem, reproduzissem a si mesmas e se tornassem dominantes, mesmo depois da abolição da propriedade privada dos meios de produção. Algumas de suas ideias abriram até mesmo caminho para a apologética da administração estatal nos países do leste europeu. Por exemplo, haviam dito que a economia nacional da futura sociedade socialista funcionaria como uma "única grande empresa" e que o princípio da autoridade deveria ser mantido no campo da produção (Engels, "Da Autoridade"). Assim, pode-se dizer que sua concepção da sociedade de produtores livres se liga de uma maneira simplesmente incoerente com suas anteriores concepções sobre a burocracia.

O pensamento marxista de hoje, variado e pluralista, traz a marca desses dois erros, tanto no Ocidente como no Oriente. Nas sociedades ocidentais altamente industrializadas, o processo de burocratização teve prosseguimento sob formas diversas e atingiu um elevado nível. O poder da administração nas empresas capitalistas expandiu-se, ao passo que a influência da administração estatal sobre as decisões econômicas cresceu de maneira considerável. Ao mesmo tempo, a liderança dos sindicatos e dos partidos políticos tornou-se cada vez mais burocrática. O marxismo não reagiu no devido tempo a esses processos, ou de maneira efetiva, de modo que as análises dessas transformações ficaram a cargo principalmente de cientistas sociais de outras escolas (a começar com Max Weber e Roberto Michels; ver CRÍTICOS DO MARXISMO).

Tudo isso teve um duplo efeito negativo sobre o marxismo. De um lado, nos movimentos comunistas radicais sobrevive um anticapitalismo anacrônico e romântico que não leva em conta a crescente importância da luta contra o burocratismo. Trata-se de um obstáculo sério às tendências do EUROCOMUNISMO porque dificulta o desenvolvimento da análise socialista realista e crítica das relações de poder existentes no Ocidente. Por outro lado, nas orientações revisionistas-reformistas (isto é, na SOCIAL-DEMOCRACIA), essa perspectiva favoreceu o aparecimento de uma tendência pró-burocrática e não de uma tendência antiburocrática. O principal *slogan* da burocracia industrial passou a ser "participação" (por exemplo, no *Mitbestimmungsrecht* da Alemanha Ocidental), o que, na prática, assegura um controle quase que total sobre os movimentos dos trabalhadores.

No leste, a princípio na Rússia, novos tipos de formações socioeconômicas surgiram com fundamento ideológico no LENINISMO, como consequência do "grande cisma oriental" do marxismo. Esse processo, igualmente, teve um caráter primordialmente anticapitalista mas não antiburocrático. Depois da Segunda Guerra Mundial, tais formações estenderam-se aos países da Europa Central e Oriental, onde a abolição da propriedade privada dos meios de produção não provocou a redução da burocracia, que, pelo contrário, tornou-se consideravelmente maior. Assim, o controle parlamentar sobre a administração estatal foi eliminado, bem como o controle capitalista sobre a administração empresarial, mas nenhum dos dois foi substituído por novas formas de controle social não burocrático.

A esse modelo da administração estatal opuseram-se uma ideologia e uma prática da autogestão na Iugoslávia, depois de 1949, mas, com o passar do tempo, a ideologia adquiriu um caráter apologético, justificando uma prática que quase sempre funciona de maneira formal, ao passo que mecanismos burocráticos desempenham um papel dominante. Pode-se argumentar, portanto, que, hoje em dia, uma das principais condições para o renascimento do pensamento marxista, tanto no Ocidente como no Oriente, é uma crítica do burocratismo que seja relevante e dotada de eficácia prática. (Ver também BONAPARTISMO e ESTADO.)

AH

Bibliografia: Collet, C. & X. Smith (orgs.), *La contre-révolution bureaucratique: textes de K. Korsch, O. Ruhle, A. Pannekoek*, 1973 • Hegedus, András, *Socialism and Bureaucracy*, 1976 • Ferro, M., *Des soviets au communisme bureaucratique*, 1980 • Korsch, K., *Marxisme et contre-révolution dans la première moitié du X Xe siècle*, 1975 • Lefort, Claude, *Éléments pour une critique de la bureaucratie*, 1971 (1979) • Luxemburg, Rosa, *Die Russische Revolution*, 1922; *The Russian Revolution*, 1961 • Mandel, Ernest, *De la bureaucratie*, 1969 • Michels, R., *Zur Soziologie des Parteienwesens in der modernen Demokratie*, 1911; *Political Parties*, 1949 • Mills, C. Wright, *White Collar*, 1951 [*A nova classe média*, 1980] • Naville, Pierre, *Bureaucratie et révolution*, vol.V de *Le nouveau Léviathan*, 6 vols., 1967-1974 • Pannekoek, A., *Lénine philosophe*, 1948 (1970) • Rizzi, Bruno, L'URSS, *collectivisme bureaucratique: la bureaucratisation du monde*, 1939 (1977) • Trotski, L.D., *In Defense of Marxism*, 1942; *Défense du marxisme: URSS, marxisme et bureaucratie*, 1972 [*Em defesa do marxismo*, s.d.] • Webb, Sidney & Beatriz, *Industrial Democracy*, 1920 • Weber, Max, "Bureaucracy", in H.H. Gerth & C. Wright Mills (orgs.), *From Max Weber*, 1921 (1947).

C

campesinato Termo que geralmente designa o conjunto daqueles que trabalham na terra e possuem seus meios de produção: ferramentas e a própria terra. Embora ele seja frequentemente aplicado a todos os produtores diretos que trabalham a terra, é importante definir esse termo mais precisamente e distinguir entre camponeses e outros trabalhadores agrícolas não assalariados. Há pequenos agricultores ou fazendeiros que são proprietários ou arrendatários da terra e podem, dentro de limites, dispor dela, de seus produtos e do próprio trabalho da maneira que julgarem mais conveniente. Por outro lado, os servos, que constituem uma das classes fundamentais do modo de produção feudal na Europa, são trabalhadores presos diretamente à terra por relações coercitivas não econômicas (ver SERVIDÃO). À proporção que as relações sociais de produção pré-capitalistas se foram desintegrando, os servos que continuaram na terra transformaram-se em um campesinato cujo acesso à terra passou a se fazer igualmente por meios extraeconômicos, através de uma relação de dependência com um grande proprietário de terras. Em países como a Índia ou a China, porém, constituiu-se um campesinato cujas origens prendem-se a outros modos de produção que não o modo de produção feudal. Uma característica que define o campesinato é ter de pagar uma renda ou tributo para manter sua posse da terra; essa renda pode tomar a forma de pagamento em trabalho (o camponês deve trabalhar por períodos definidos nos campos do proprietário), de pagamento em espécie ou de um tributo monetário. As relações sociais específicas que determinam o acesso do camponês à terra e a sua inserção na vida econômica e social da sociedade dependem das características específicas de cada FORMAÇÃO SOCIAL e da luta de classes dentro dessa formação social.

O papel dos camponeses no desenvolvimento do capitalismo tem sido motivo de um contínuo e intensivo debate entre marxistas e não marxistas. Na literatura marxista, esse debate tem como centro a questão de se os camponeses são uma classe social dentro do modo de produção capitalista, constituem um modo de produção distinto e peculiar, ou representam uma classe de transição que corresponde a vestígios de um modo de produção pré-capitalista mas que, ao mesmo tempo, é caracterizada por certos aspectos do modo de produção capitalista. Particularmente na Rússia pré-revolucionária, a questão agrária ou camponesa teve grande repercussão por sua importância política. Os narodniks e populistas russos argumentavam que o campesinato representava um modo de produção à parte, antagônico ao capitalismo. O "modo de produção camponês", segundo esse ponto de vista, baseia-se na pequena produção de mercadorias, contendo apenas uma classe, e, portanto, caracteriza-se pela ausência de relações de exploração entre os próprios camponeses, cuja produção tem sua organização baseada na unidade familiar. Está implícito no argumento dos populistas que tal organização representa um modo de produção estável, que encerra contradições a partir das quais se estabeleceria uma diferenciação interna entre os camponeses que, por sua vez, levasse à desintegração do modo de produção (Chayanov, 1966). Os partidários dessa interpretação tenderam a romantizar a vida do camponês e sustentavam que não havia uma tendência a que o capitalismo se desenvolvesse internamente às comunidades camponesas ou as desarticulasse nelas penetrando de fora. Os populistas que propuseram essa concepção lutaram para preservar o isolamento do campesinato contra as tentativas de unir as lutas dos camponeses às lutas revolucionárias do proletariado russo.

Lenin (1897) respondeu a essa argumentação rejeitando categoricamente a ideia de que a produção camponesa representava um tipo especial de economia. Afirmou, pelo contrário, que a economia camponesa é uma economia de transição que reúne vestígios do modo de produção feudal a aspectos do modo de produção capitalista em expansão. As relações sociais de produção do campesinato tomam as mais diversas formas precisamente porque as circunstâncias históricas concretas em que os modos de produção pré-capitalisias se transformam em modo de produção capitalista são extremamente variadas. Lenin (1899b) considerou a produção camponesa como a base para o desenvolvimento do capitalismo. As relações de produção capitalistas são geradas constantemente dentro da comunidade camponesa, disse ele, por meio do processo da diferenciação interna do campesinato. Em sua análise concreta do campesinato russo no final do século XIX, Lenin verificou que a concorrência levara ao empobrecimento da grande maioria dos camponeses, ao mesmo tempo em que uma pequena minoria ampliava seu controle sobre as terras. Desse processo surgiram camponeses pobres que se viram obrigados a vender sua força de trabalho para sobreviver e que se transformaram em proletários rurais, trabalhando nas terras dos ricos camponeses em ascensão, os quais, por sua vez, tornaram-se capitalistas agrários. Entre essas duas classes em oposição, estavam os camponeses médios, a maior parte dos quais foi levada, aos poucos, para as fileiras dos camponeses pobres e, dessa forma, para o proletariado rural.

Generalizando a partir dessa experiência, podemos concluir que a rapidez com que os vestígios das relações sociais de produção pré-capitalistas são eliminados e o consequente alcance do desenvolvimento do capitalismo são determinados principalmente pela luta de classes dentro do modo de produção preexistente. Lenin (1907) delineou dois caminhos para o desenvolvimento do capitalismo na agricultura. O primeiro, que ele chamou de Via Junker e que ficou conhecido como "modelo prussiano", caracteriza-se pelo fato de que os próprios grandes proprietários dão início ao processo de transição e o orientam. Nesse caso, as grandes propriedades pré-capitalistas são lentamente transformadas em empresas capitalistas, o que não só deixa as grandes propriedades intactas como também muitos dos sistemas de controle dos trabalhadores. Lenin sugere que, quando o desenvolvimento segue esse modelo, o capitalismo amadurece muito lentamente e continuam a vigorar, durante muito tempo, aspectos das relações pré-capitalistas de produção. E contrasta esse "modelo prussiano" com o caminho "democrático", ou dos pequenos produtores rurais, caracterizado por uma revolução liderada pelos camponeses, que destrói as grandes propriedades agrárias e abole as relações de servidão. Desse processo, surge um grande campesinato ou uma classe de pequenos fazendeiros que exploram pequenas glebas. O processo de diferenciação do campesinato ocorre rapidamente nesse caso, e o desenvolvimento do capitalismo não é dificultado pelos resquícios do modo de produção pré-capitalista, o que permite o rápido desenvolvimento das forças produtivas.

Embora seja a luta de classes no interior do modo de produção pré-capitalista que condiciona a destruição desse modo de produção e o desenvolvimento do capitalismo, muitos exemplos históricos sugerem que as características das vias "prussiana" e da "pequena agricultura camponesa" podem não ser aplicáveis universalmente. Na Inglaterra, onde os camponeses não possuíam a terra, e as grandes propriedades rurais foram preservadas, os grandes proprietários rurais arrendavam suas terras a fazendeiros capitalistas que empregavam trabalhadores assalariados. Dessa maneira, os fazendeiros capitalistas foram capazes de aproveitar as economias de escala, e o capitalismo desenvolveu-se rapidamente. Na França, ao contrário, os camponeses travaram uma luta bem-sucedida pela livre ocupação das terras, perpertuando-se com isso uma considerável pequena burguesia proprietária de terras, com pequenas propriedades. Essa forma de destruição das grandes propriedades feudais não foi capaz de levar ao desenvolvimento do capitalismo como havia feito o modelo inglês (Brenner, 1976).

O debate sobre a natureza do campesinato e seu papel político não perdeu sua atualidade: continua hoje mais ou menos nos mesmos termos em que foi travado na Rússia na primeira metade do século XX. Muitos marxistas estão engajados em análises teóricas e em estudos empíricos dos MODOS DE PRODUÇÃO NÃO CAPITALISTAS que sobrevivem, particularmente nos países subdesenvolvidos (Archetti, 1981; Bartra, 1974). Esses estudos têm se mostrado importantes para a análise das condições históricas concretas de existência do campesinato em formações sociais particulares. É evidente que, em muitos países, o processo de diferenciação e de proletarização do campesinato se desenvolve muito lentamente, em parte porque a preservação de vestígios das relações sociais de produção pré-capitalistas é inclusive vantajosa para a expansão do capital em certos momentos. Mas a persistência do campesinato é fundamentalmente determinada pelo vigor das relações pré-capitalistas e pela luta de classes no interior dos modos de produção não capitalistas.

A produção camponesa tem lugar fora das relações de produção capitalistas e, portanto, não implica qualquer produção de MAIS-VALIA e não precisa da geração de lucro (Weeks, 1981). Além disso, as circunstâncias podem forçar os camponeses a aceitarem um padrão de vida inferior ao dos trabalhadores assalariados. Ambos os fatores sugerem ser possível, em certos momentos históricos, que os camponeses possam, por exemplo, produzir alimentos mais baratos do que os que seriam produzidos a partir de relações de produção capitalistas. Diante disso, um Estado dominado pelo capital bem pode tomar medidas para preservar as relações de produção não capitalistas características do campesinato (Dore e Weeks, 1979). Assim, por causa dessa contradição entre a tendência do capitalismo a proletarizar e eliminar o campesinato e a tendência compensadora de, em certos momentos históricos, aproveitar e reforçar as relações de produção não capitalistas existentes, e também devido ao vigor da luta de classe do campesinato, não há uma tendência linear para o desaparecimento do campesinato.

ED

Bibliografia: Archetti, Eduardo, *Campesino y Estructuras Agrarias en America Latina*, 1981 • Bartra, Roger, *Estructura Agraria y Clases Sociales en Mexico*, 1974 • Brenner, Robert, "Agrarian Class Structure and Economic Development in Preindustrial Europe", 1976 • Chayanov, A.V., "On the Theory of Non-Capitalist Economic Systems", in D. Thorner et al. (org.), *The Theory of the Peasant Economy*, 1966 • Dore, Elizabeth & John Weeks, "International Exchange and the Causes of Backwardness", 1979 • Graziano da Silva, José (org.), *Estrutura agrária e produção de subsistência na agricultura brasileira*, 1978 (1980) • Hussain, Athar & Keith Tribe, *Marxism and The Agrarian Question*, 1981 • Kautsky, Karl, *Die Agrarfrage*, 1899 [*A questão agrária*, 1968] • Lenin, V.I., *A Characterization of Economic Romanticism*, 1897 (1960) ◎ *The Development of Capitalism in Russia*, 1899 (1960) [*O desenvolvimento do capitalismo na Rússia*, 1982] ◎ *The Agrarian Program of Social Democracy in the First Russian Revolution*, 1907 (1962) • Velho, Otávio Guilherme, *Capitalismo autoritário e campesinato*, 1976 • Weeks, John, *Capital and Exploitation*, 1981.

capital Em linguagem comum, a palavra "capital" é geralmente usada para descrever um bem que um indivíduo possui como riqueza. Capital poderia, então, significar uma soma de dinheiro a ser investida de modo a assegurar uma taxa de retorno, ou poderia indicar o próprio investimento: um instrumento financeiro, ou ações que constituem títulos sobre meios de produção, ou ainda os próprios meios físicos de produção. Dependendo da natureza do capital, a taxa de retorno a que o proprietário tem um direito jurídico é um pagamento de juros ou uma participação nos lucros. A ciência econômica burguesa amplia ainda mais o uso da expressão, entendendo-a também como qualquer bem, de qualquer tipo, que possa ser usado como fonte de renda, ainda que apenas potencialmente. Assim, uma casa poderia ser parte do capital de uma pessoa, ou mesmo um conhecimento especializado que lhe permitisse obter maior renda (capital humano). De um modo geral, portanto, o capital é um bem que pode gerar um fluxo de renda para seu dono (ver ECONOMIA VULGAR).

Dois corolários seguem-se dessa interpretação. O primeiro é que ela se aplica a qualquer espécie de sociedade, passada, presente ou futura, não sendo específica a nenhuma delas; o segundo é que ela postula a possibilidade de que objetos inanimados sejam produtivos no sentido de que geram um fluxo de renda. O conceito marxista de capital traz implícita a negação desses dois corolários. O capital é algo que, em sua generalidade, é bastante específico ao capitalismo; embora o capital seja anterior ao capitalismo, na sociedade capitalista a produção do capital prevalece e domina qualquer outro tipo de produção. O capital não pode ser entendido separadamente das relações capitalistas de produção (ver FORÇAS PRODUTIVAS E RELAÇÕES DE PRODUÇÃO). Na verdade, o capital não é uma coisa, mas uma relação social que toma a forma de coisa. Sem dúvida, o capital tem a ver com "fazer" dinheiro, mas os bens que "fazem" dinheiro encerram uma relação particular entre os que têm dinheiro e os que não o têm, de modo que não só dinheiro é "feito", como também as relações de propriedade privada que engendram esse processo são, elas próprias, continuamente reproduzidas. Assim, Marx escreve:

> (...) o capital não é uma coisa, mas uma relação de produção definida, pertencente a uma formação histórica particular da sociedade, que se configura em uma coisa e lhe empresta um caráter social específico (...). São os meios de produção monopolizados por um certo setor da sociedade, que se confrontam com a força de trabalho viva enquanto produtos e condições de trabalho tomados independentes dessa mesma força de trabalho, que são personificados, em virtude dessa antítese, no capital. Não são apenas os produtos dos trabalhadores transformados em forças independentes – produtos que dominam e compram de seus produtores –, mas também, e sobretudo, as forças sociais e a (...) forma desse trabalho, que se apresentam aos trabalhadores como propriedades de seus produtos. Estamos, portanto, no caso, diante de uma determinada forma social, à primeira vista muito mística, de um dos fatores de um processo de produção social historicamente produzido. (*O Capital*, III, cap.XLVIII)

Assim, o capital é uma categoria complexa, que não é passível de uma definição simples, e a maior parte dos escritos de Marx foi dedicada à exploração de suas múltiplas expressões.

Nem toda soma de DINHEIRO é capital. Há um processo definido que transforma o dinheiro em capital, que Marx aborda contrastando duas séries opostas de transações na esfera da CIRCULAÇÃO: a venda de mercadorias para comprar outras diferentes e a compra de mercadorias para subsequente venda (ver MERCADORIA). Indicando as mercadorias por M e o dinheiro por D, esses dois processos são, respectivamente, M-D-M e D-M-D. Mas o segundo processo só tem sentido se a soma final de dinheiro for maior do que a soma inicial, e, deixando-se de lado as flutuações contingenciais entre o VALOR de uma mercadoria e sua forma monetária, isso não parece possível (ver também VALOR E PREÇO). Se a troca não fosse a troca de equivalentes de valor, o valor não seria criado, mas apenas transferido de um perdedor para um ganhador; não obstante, se equivalentes de valor são trocados, persiste o problema de como é possível fazer dinheiro. Marx soluciona essa contradição evidente centralizando a atenção na mercadoria específica cujo VALOR DE USO tem a propriedade de criar mais valor do que ela própria tem: essa mercadoria é a FORÇA DE TRABALHO. A força de trabalho é comprada e vendida pelo salário, e as mercadorias subsequentemente produzidas pelos trabalhadores podem ser vendidas por um valor maior do que o valor total dos elementos que concorreram para a sua produção: o valor da força de trabalho mais o valor dos meios de produção utilizados no processo de produção. Mas a força de trabalho só pode ser uma mercadoria se os trabalhadores tiverem liberdade de vender sua capacidade de trabalhar, e, para que isso ocorra, as restrições feudais à mobilidade da força de trabalho devem ser levantadas, e os trabalhadores devem ser separados dos meios de produção para que sejam forçados a entrar no mercado de trabalho. (Marx analisa essas precondições históricas como ACUMULAÇÃO PRIMITIVA do capital.)

Assim, a série típica M-D-M de transações indica que a mercadoria força de trabalho está sendo vendida em troca de salário, que será usado para comprar todas aquelas mercadorias necessárias à reprodução do trabalhador. O dinheiro não está agindo, no caso, como um capital. Por contraste, a série de transações D-M-D traduz o adiantamento de dinheiro que o capitalista faz para comprar mercadorias com as quais novas mercadorias serão produzidas e vendidas por mais dinheiro. Ao contrário do salário, que é gasto em mercadorias que são consumidas e portanto desaparecem totalmente, o dinheiro do capitalista é apenas adiantado para reaparecer em maior quantidade. Nesse caso, o dinheiro é transformado em capital com base no processo histórico pelo qual a força de trabalho se transforma em mercadoria, o que faz com que essa segunda série de transações devesse ser representada de maneira mais precisa como D-M-D', onde D' = D + ΔD, sendo ΔD a MAIS-VALIA.

> D-M-D' é (...) portanto a fórmula geral do capital, na forma pela qual ele aparece diretamente na esfera de circulação. (*O Capital*, I, cap.IV)

Como o capital é um processo de expansão do valor, é por vezes definido como "valor que se autoexpande", ou, de maneira equivalente, como "autovalorização do valor". O capital é o valor em movimento, e as formas específicas de aparência assumidas pela autovalorização do valor são todas, portanto, formas do capital. Isso é fácil de ver, se a fórmula geral do capital for melhor desenvolvida:

$$D - M \begin{cases} MP \\ FT \end{cases} \ldots\ldots P \ldots\ldots M' - D'$$

onde FT é a força de trabalho, MP são os meios de produção e P o processo de produção que transforma as mercadorias M em mercadorias de maior valor M', e onde D e D' são respectivamente dinheiro e mais dinheiro, como na fórmula anterior. D e D' são ambos capital monetário, ou capital-dinheiro, isto é, capital em forma de dinheiro; M é o capital produtivo, e M' é o capital sob a forma de mercadorias ou capital-mercadoria. Todo o movimento é denominado "circuito do capital", no qual o capital é um valor que sofre uma série de transformações, cada uma das quais corresponde a uma função determinada no processo de valorização. O capital-dinheiro e o capital-mercadoria pertencem à esfera da circulação, ao passo que o capital produtivo é da esfera da produção. O capital que assume essas várias formas em diferentes fases do circuito é chamado "capital industrial" e abrange todos os ramos da produção em que dominam as relações capitalistas.

> O capital industrial é o único modo de existência do capital no qual não só a apropriação da mais-valia, ou produto excedente, mas também a sua criação é uma função do capital. Assim, a produção tem de ter caráter capitalista; sua existência implica a existência do antagonismo de classe entre capitalistas e trabalhadores assalariados (...) As outras variedades de capital que apareceram antes do capital industrial, em condições sociais de produção ultrapassadas ou em declínio, não só a ele estão subordinadas, sendo, por isso, correspondentemente alteradas no mecanismo de seu funcionamento, como agora só se movimentam com base no capital industrial, e assim vivem e morrem, ficam de pé ou caem, junto com ele. (*O Capital*, II, cap.I)

O capitalista é o possuidor do dinheiro que é valorizado, mas essa autovalorização do valor é um movimento objetivo; só na medida em que esse movimento objetivo se transforma no propósito subjetivo do capitalista é que o possuidor do dinheiro se transforma em capitalista, em personificação do capital. É o movimento objetivo da expansão do valor, e não os motivos subjetivos do lucro, que tem importância fundamental no caso. Enquanto estes são bastante contingenciais, o primeiro define o que todo capital tem em comum. Em termos de sua capacidade de expandir seu valor, todos os capitais são idênticos: constituem aquilo que Marx chama de "capital em geral". É claro que o lucro que cabe a cada capital é um resultado da CONCORRÊNCIA, mas não se pode partilhar mais do que aquilo que é realmente produzido no processo de produção, uma vez que a circulação não cria valor. Segue-se disso que, para compreender as aparências dos muitos capitais em concorrência, primeiro é preciso conhecer o conteúdo dessas aparências. Assim, Marx escreve sobre

> a maneira pela qual as leis imanentes à produção capitalista se manifestam no movimento externo dos capitais particulares, afirmam-se como as leis coercitivas da concorrência e, portanto, entram na consciência do capitalista individual como os motivos que o impulsionam (...) uma análise científica da concorrência só é possível se pudermos compreender a natureza íntima do capital, tal como os movimentos aparentes dos corpos celestes só são compreensíveis para quem está familiarizado com seus movimentos reais, que não são percebidos pelos sentidos. (*O Capital*, I, cap.XII)

O "capital em geral" aparece como muitos capitais que concorrem entre si, mas estes últimos pressupõem uma diferenciação de capitais segundo a sua composição, os valores de uso que produzem e assim por diante. E essa diferenciação, organizada pela concorrência, determina a parcela de lucro de cada capital na mais-valia total produzida por todos (ver MAIS-VALIA E LUCRO e PREÇO DE PRODUÇÃO E O PROBLEMA DA TRANSFORMAÇÃO). Nessa forma de lucro, o capital parece ser produtor de riqueza, independentemente do trabalho; para compreender tal aparência é necessário analisar como a mais-valia é produzida pelo capital, como o capital é um processo que toma continuamente as formas opostas de dinheiro e de mercadoria, como o capital é uma relação social associada a coisas. Só a análise do "capital em geral" permite a análise do caráter de classe da sociedade burguesa; só depois de analisar como a mais-valia da classe operária é apropriada como valor pelo capital é possível determinar como e porque as aparências da concorrência criam a ilusão de que nada disso ocorre. Assim, a análise do "capital em geral" deve preceder à análise dos "muitos capitais", assim como a análise da essência do capital deve preceder à de suas formas de aparência, bem como a da valorização na produção à da realização do valor na circulação.

As mercadorias compradas para ser utilizadas no processo de produção desempenham papéis diferentes nesse processo. Examinemos primeiro os meios de produção. As matérias-primas são totalmente consumidas, portanto perdem a forma sob a qual entraram no PROCESSO DE TRABALHO; o mesmo ocorre com os instrumentos de trabalho (embora o desgaste desses instrumentos possa se prolongar por vários ciclos de produção). O resultado é um novo valor de uso: valores de uso de um tipo são transformados pelo trabalho em valores de uso de outro tipo. Ora, o valor só pode existir em um valor de uso – se alguma coisa perde seu valor de uso, perde também seu valor. Mas, como o processo de produção é também de transformação dos valores de uso, quando os valores de uso dos meios de produção são consumidos, seu valor é transferido para o produto. Assim, o valor dos meios de produção é preservado no produto: uma transferência de valor mediada pelo trabalho, considerado em seu caráter particular, útil e concreto, como trabalho de um tipo específico. Mas os meios de produção são apenas um dos elementos do capital produtivo. Assim, Marx define o "capital constante" como aquela parte do capital adiantada pelo capitalista que é transformada em meios de produção e não sofre nenhuma alteração quantitativa do valor no processo de produção.

Vejamos, em segundo lugar, o trabalho. Qualquer ato de trabalho produtor de mercadorias não é apenas trabalho de um tipo útil e determinado; é também o dispêndio de força de trabalho humana em termos abstratos, de "trabalho em geral", ou de TRABALHO ABSTRATO. É esse aspecto que acrescenta um valor novo aos meios de produção. Tal como o trabalho concreto e o trabalho abstrato não são duas atividades diferentes, mas a mesma atividade considerada em seus aspectos diferentes, assim também a preservação do valor dos meios de produção e o acréscimo, a esse valor, de um novo valor, não são resultados de duas atividades diferentes. O mesmo ato de acrescentar valor novo também transfere o valor dos meios de produção, mas a distinção só pode ser compreendida em termos da dupla natureza do trabalho. Assim, Marx define o "capital variável" como a parte do capital adiantado pelo capitalista que é transformada em força de trabalho, e que, primeiro, reproduz o equivalente ao seu próprio valor e, segundo, produz valor adicional ao seu próprio valor, uma mais-valia que varia de acordo com as circunstâncias (ver VALOR DA FORÇA DE TRABALHO).

Distinguem-se portanto os elementos do capital, primeiro com relação ao processo de trabalho, de acordo com o qual eles são fatores objetivos (meios de produção) ou fatores subjetivos (força de trabalho), e, segundo, com relação ao processo de valorização, de acordo com o qual eles são capital constante ou capital variável. A distinção entre capital constante e variável é característica da obra de Marx, e constitui um elemento fundamental para sua interpretação do modo de produção capitalista. Uma vez estabelecida essa distinção, Marx pode usá-la para criticar a análise do capital feita por economistas anteriores a ele, que tenderam a fazer uma distinção diferente, entre capital "fixo" e capital "circulante". Essas categorias são empregadas com relação a um determinado período de tempo (um ano, por exemplo), e os elementos do capital distinguem-se conforme sejam totalmente consumidos dentro desse prazo (capital circulante: tipicamente, força de trabalho e matérias-primas) ou sejam apenas consumidos parcialmente no mesmo período, depreciando-se apenas uma parte de seu valor que é transferida para o produto (capital fixo: tipicamente, máquinas e edifícios). Marx criticou com rigor a maneira pela qual se recorreu a esse tipo de distinção atribuindo-lhe tanta importância. Em primeiro lugar, essa distinção aplica-se apenas a uma forma de capital, o capital produtivo; o capital sob forma de mercadoria ou de dinheiro é ignorado. E, em segundo lugar,

> A única distinção, aqui, é se a transferência e, por conseguinte, a reposição do valor processam-se pouco a pouco e gradualmente ou de uma só vez. A distinção verdadeiramente importante entre capital variável e capital constante desaparece com isso, e com ela todo o segredo da formação da mais-valia e da produção capitalista, ou seja, as circunstâncias que transformam certos valores e as coisas nas quais estão representados em capital. Os componentes do capital distinguem-se então simplesmente pelo modo de circulação (e a circulação de mercadorias obviamente só tem a ver com valores já existentes, já dados) (...). Podemos compreender assim porque a economia política burguesa aferrou-se instintivamente à confusão de Adam Smith entre as categorias de "capital fixo e capital circulante" e as categorias de "capital constante e capital variável", transmitindo-a sem crítica de geração a geração. Ela já não distinguia entre a parcela do capital empregada em salários e a parcela do capital empregada em matérias-primas, e apenas formalmente distingue a primeira do capital constante pelo fato de que um circula pouco a pouco e a outra de uma só vez através do produto. Com isso, sepultava-se, de um só golpe, a base para a compreensão do movimento real da produção capitalista e, portanto, da exploração capitalista. Tudo o que interessava, para esse modo de ver, era o reaparecimento dos valores adiantados. (*O Capital*, II, cap.XI)

Este é um dos exemplos mais importantes do FETICHISMO pelo qual o caráter social conferido às coisas pelo processo de produção social é transformado num caráter natural inerente à natureza material dessas coisas. O conceito de capital de Marx e sua divisão em capital constante e capital variável é fundamental para a revelação dessa inversão real; e oferece a base analítica para a sua explicação da produção da mais-valia, da parcela da mais-valia que é reinvestida ou capitalizada e, de modo geral, das leis do movimento da produção capitalista (ver ACUMULAÇÃO).

Em resumo, o capital é uma relação social coercitiva que aparece como coisa, seja essa coisa mercadoria ou dinheiro, e, na sua forma dinheiro, compreende a mais-valia não paga acumulada do passado e apropriada pela classe capitalista no presente. É, assim, a relação dominante na sociedade capitalista. (Ver também CAPITAL FINANCEIRO; CAPITAL MERCANTIL; CRÉDITO E CAPITAL FICTÍCIO; FORMAS DE CAPITAL E RENDIMENTOS.)

SM

capital a juros Ver CAPITAL FINANCEIRO e FORMAS DO CAPITAL E RENDIMENTOS

capital, centralização e concentração do Ver CENTRALIZAÇÃO E CONCENTRAÇÃO DO CAPITAL

capital comercial Ver CAPITAL MERCANTIL e FORMAS DO CAPITAL E RENDIMENTOS

capital, composição de valor do Ver COMPOSIÇÃO ORGÂNICA DO CAPITAL

capital, composição orgânica do Ver COMPOSIÇÃO ORGÂNICA DO CAPITAL

capital, composição técnica do Ver COMPOSIÇÃO ORGÂNICA DO CAPITAL

capital de financiamento e juros Na sociedade capitalista desenvolvida o capital de financiamento desempenha um papel significativo como massa de capital existente fora do processo de produção, com a aparência de ser independente desse processo, e não obstante sendo por ele afetada e afetando-o de várias maneiras. O capital de financiamento passa por várias formas, inclusive a de ações, obrigações e empréstimos. Embora Hilferding tenha desenvolvido uma teoria marxista de suas complexas inter-relações, Marx focalizou a sua atenção no capital a juros e nas formas de capital fictício (títulos de renda) a ele associadas.

O capital a juros é uma mercadoria alienada de seu proprietário por um prazo específico. Na teoria de Marx, não inclui certas modalidades de empréstimos, como no caso do crédito ao consumidor, aos trabalhadores (classificado como usura), mas apenas os empréstimos a capitalistas que destinam o dinheiro à produção. Usando esses empréstimos para financiar a produção, gera-se a mais-valia, e uma parte desta é transferida, sob a forma de juros, aos emprestadores capitalistas financeiros. O valor de troca do capital a juros são os juros que têm de ser pagos, ao passo que a sua capacidade de financiar a produção de mais-valia é o seu valor de uso.

Os fatores que governam o movimento da taxa de juros e a massa de juros não estão claros nas obras do próprio Marx. No terceiro volume de *O Capital* (parte V), Marx ressalta que a taxa de juros é determinada pelas forças "acidentais" da oferta e da procura, que refletem o equilíbrio de forças entre os capitalistas financeiros e industriais. Como estes são essencialmente frações da mesma classe, não há lei que estabeleça uma distinção definida, embora essa lei exista para as formas de renda, como salários, que refletem a divisão fundamental entre as duas grandes classes do capitalismo. Apesar disso, os juros, tanto a sua taxa como a sua massa, são vistos como limitados pela taxa de lucro total gerada pela produção. E a lei da tendência decrescente da taxa de lucro juntamente com o desenvolvimento dos segmentos bancários e dos rentistas (*rentiers*) deve levar a um declínio a longo prazo no nível dos juros. No curto prazo, as flutuações da taxa de juros são consideradas como produto do ciclo econômico subjacente: a taxa de juros geralmente é baixa na fase de prosperidade, elevando-se ao pico quando ocorre a crise econômica. Hilferding (1981) explica esses movimentos a partir das desproporcionalidades entre setores que surgem no curso do ciclo e amplia a análise para mostrar como esses movimentos cíclicos da taxa de juros, por sua vez, afetam a atividade financeira ao longo do ciclo e podem precipitar as crises financeiras antes mesmo do início de uma crise econômica generalizada (embora a primeira continue sendo "apenas um sintoma, um presságio, da segunda crise").

Na teoria de Marx, o capital a juros, embora dependente em última análise do capital industrial, permanece fora, e é uma categoria mais universal, mais desimpedida. Sob esse aspecto, mantém uma analogia com o caráter de externalidade, universalidade e liberdade por Marx atribuído ao dinheiro em relação às mercadorias no primeiro livro de *O Capital*. Da mesma forma, a taxa de juros surge como uma categoria mais pura do que a taxa de lucro. É calculada de forma transparente e proporciona um número único (embora, aqui, Marx estivesse exagerando), em comparação com a multiplicidade de diferentes taxas de lucro sobre diferentes capitais. (Ver também FORMAS DE CAPITAL E RENDIMENTOS; CRÉDITO E CAPITAL FICTÍCIO e CAPITAL FINANCEIRO.)

LH

Bibliografia: Harris, Laurence, "On Interest, Credit and Capital", 1976 • Harvey, David, *The Limits to Capital*, 1982 • Hilferding, Rudolf, *Das Finanzkapital*, 1910; *Finance Capital*, 1981; *Le capital financier*, 1970; *El capital financiero*, 1973.

capital fictício Ver CRÉDITO E CAPITAL FICTÍCIO

capital financeiro A única forma de capital que não foi teorizada por Marx, mas que se tornou uma categoria válida para a teoria marxista do século XX, foi o capital financeiro. Trata-se de uma forma totalmente distinta de outras, como o capital de financiamento, o capital a juros, etc. No conceito formulado pela primeira vez por Hilferding (1981), o capital financeiro tem duas características centrais: a primeira é que é formado pela estreita integração do capital de financiamento, nas mãos dos bancos, com o capital industrial; a segunda é que só surge em uma etapa definida do capitalismo. A existência do capital financeiro, segundo Hilferding, tem consequências importantes para o capitalismo, devendo ser entendido como parte integrante do desenvolvimento dos monopólios (ver CENTRALIZAÇÃO E CONCENTRAÇÃO DO CAPITAL), do IMPERIALISMO e das perspectivas de derrubada do capitalismo. Foram esses aspectos dinâmicos que deram ao capital financeiro um lugar significativo nos trabalhos de Lenin e Bukharin e asseguraram a continuação do debate sobre ele até os dias de hoje. A significação do conceito para a aplicação da teoria marxista às condições do século XX estava, na verdade, implícita na acolhida que Bauer e Kautsky deram ao livro de Hilferding como complementação das ideias preliminares de Marx sobre a etapa do capitalismo que apenas começava a surgir quando de sua morte (ver Bottomore, 1981 e Coakley, 1982 para uma melhor análise das relações entre o livro de Hilferding e o trabalho de seus contemporâneos).

A integração entre capital bancário e capital industrial num sentido geral não é específica do capital financeiro. Em todo o capitalismo, a existência de capitalistas especializados em financiamento que detêm, trocam, tomam emprestado e emprestam dinheiro só é possível devido à sua articulação com os setores produtivos. Só emprestando dinheiro aos capitalistas industriais é que eles podem apropriar-se da mais-valia por meio dos juros, e só operando os sistemas de pagamentos e de câmbio para as transações da totalidade da economia podem eles apropriar-se da mais-valia por meio do lucro (ver CAPITAL DE FINANCIAMENTO E JUROS). É, porém, a maneira específica pela qual os dois tipos de capital se integram que distingue o capital financeiro, e a sua essência está no desaparecimento da distância que existia no seu relacionamento. Como disse Hilferding, o capital financeiro surgiu das forças que "colocam o capital bancário e o capital industrial numa relação cada vez mais *íntima*" (grifo nosso). Na verdade, trata-se de uma intimidade em que os banqueiros são a parte dominante, controlando a indústria e impondo-lhe mudanças.

Hilferding e Lenin, com diferente ênfase, identificaram três canais pelos quais se exerce o controle da indústria pelos bancos. Primeiro, a ascensão das companhias por ações permitiu aos bancos assumir o controle acionário de firmas industriais, o que facilitou não só o controle como também uma fusão de identidades, de modo que "os bancos (...) se tornam, cada vez mais, capitalistas industriais" (Hilferding, 1910, p.225). Em segundo lugar, existe a "ligação pessoal" (Lenin, 1916, p.221) estabelecida pela nomeação de diretores dos bancos para os conselhos administrativos de firmas industriais, e vice-versa, e o fato de que as mesmas pessoas que são grandes acionistas dos bancos ocupam também uma posição de acionistas majoritários na indústria. Finalmente, os bancos têm um conhecimento detalhado dos negócios de "suas" firmas industriais porque tratam de suas transações financeiras: conhecem o saldo bancário das empresas dia a dia e transacionam com o crédito (letras de câmbio) gerado no curso dos negócios cotidianos das firmas. É significativo o fato de que o conceito de capital financeiro tenha sido desenvolvido não em relação ao domínio do capital de financiamento em geral sobre o capital industrial: os canais de controle eram aqueles pelos quais uma forma institucional particular do primeiro, os bancos, interligava-se com e dominava uma materialização institucional do segundo, as companhias por ações. Na realidade, o quadro de análise era ainda mais específico, pois, embora se referissem a outros países, Hilferding e Lenin baseavam suas ideias principalmente em sua observação do sistema que dominava a Europa Central industrial, onde o "banco universal" era uma instituição típica. Enquanto os bancos comerciais no Reino Unido concentraram-se, historicamente, na realização dos pagamentos e na concessão de créditos a curto prazo à indústria, aceitando a visão de que os industriais conhecem melhor a indústria do que os banqueiros, o banco universal alemão combinava essas funções com a propriedade de ações, a colocação de ações no mercado e a ocupação de cargos de direção na indústria.

A ideia de uma articulação entre os bancos e as empresas industriais, sob o domínio dos primeiros, é, em si, estática, mas a essência da ideia de capital financeiro é a de que ele é típico de uma etapa da história do capitalismo, sendo portanto, ao mesmo tempo, produto de forças históricas e gerador de forças que por sua vez transformariam o mundo. Para Lenin (1916), o capital financeiro não era, em si, uma etapa do capitalismo, sendo, em lugar disso, um aspecto intrinsecamente proeminente da etapa chamada de capitalismo monopolista ou imperialismo (ver PERIODIZAÇÃO DO CAPITALISMO). O capitalismo monopolista constituía a etapa na qual a concorrência entre muitos capitais tomava a forma de dominação de indústrias inteiras por um punhado de empresas gigantescas, trustes ou cartéis, mas o capital financeiro era uma característica essencial dessa etapa. O capital financeiro não era apenas a ligação de qualquer banco com qualquer firma, mas "o capital bancário de uns poucos bancos monopolistas muito grandes, fundidos com o capital das associações monopolistas dos industriais" (Lenin, 1916, p.266). Era um quadro de grandes trustes dominados pelos banqueiros e desfrutando de um enorme poder. Nas mãos de não marxistas, um quadro semelhante inspirou ataques populistas, e até mesmo fascistas, ao "poder das finanças", na primeira metade do século XX. Mas Hilferding, Lenin e Bukharin consideravam como sua tarefa a descoberta das leis que governavam a ascensão e o futuro do capital financeiro, gerado pela operação de dois fenômenos que Marx havia identificado. A concentração e a centralização haviam criado as firmas monopolistas na indústria, enquanto a ascensão de um moderno sistema de crédito havia concentrado nas mãos dos bancos as poupanças de toda a comunidade; a fusão dos dois resultou do fato de não terem as empresas monopolistas para onde se voltar de modo a obter os vultosos financiamentos de que necessitavam para facilitar sua acumulação, ao passo que os bancos não tinham alternativa lucrativa senão investir na indústria seus grandes fluxos de fundos. Além disso, a fusão, na forma de capital financeiro, era em si mesma um impulso ao desenvolvimento de outros monopólios, na medida em que os blocos de capital bancário-industrial tentavam conseguir maior controle sobre a anarquia dos seus mercados. Nesse processo, a promoção de novas empresas industriais pelos bancos constituiu uma importante estratégia, que criou uma forma especial de lucro, o lucro dos promotores, através da própria promoção.

A criação dos monopólios, que estão subjacentes ao capital financeiro e, ao mesmo tempo, dele receberam novo impulso, foi considerada por Lenin como inseparável da *internacionalização* do capital no imperialismo. Na introdução que escreveu ao livro *O imperialismo e a economia mundial* (1917), de Bukharin, Lenin explicou o crescimento do capital financeiro argumentando que numa

> certa etapa do desenvolvimento da troca, em um certo estágio do crescimento da produção em grande escala, ou seja, a etapa atingida aproximadamente em fins do século XIX e início do século XX, a troca de mercadorias criou uma tal internacionalização das relações econômicas, e uma tal internacionalização do capital, acompanhadas de um aumento tão grande da produção em grande escala, que a livre concorrência começou a ser substituída pelo monopólio.

Mas também essa situação era vista como uma relação bilateral. O imperialismo era uma condição dos monopólios, que, por sua vez, eram a condição para a existência do capital financeiro. Mas este era em si mesmo a força motriz do imperialismo e uma das características que o definiam. O livro de Lenin, *Imperialismo, fase superior do capitalismo* expressa esse ponto da seguinte maneira:

> A característica do imperialismo não é o capital industrial, mas o capital financeiro. Não é por acaso que, na França, foi precisamente o desenvolvimento extraordinariamente rápido do capital financeiro e o enfraquecimento do capital industrial que, a partir da década de 1880, deram origem à extrema intensificação da política (colonial) anexacionista. (1916, p.268)

A ênfase no capital financeiro, enquanto distinto do capital industrial ou de outras formas de capital, como a característica do imperialismo, constituiu a base das críticas teóricas de Lenin e Bukharin às outras interpretações marxistas. Lenin (1916) atacou a concepção de Kautsky segundo a qual o imperialismo caracterizava-se pelo capital industrial que buscava sujeitar as áreas agrárias. Em seu ensaio "O imperialismo e a acumulação de capital" (Luxemburg e Bukharin, 1972), Bukharin baseia sua crítica geral da teoria do imperialismo de Rosa Luxemburg em parte na alegação de que ela não distingue a forma específica de capital subjacente ao imperialismo, o capital financeiro, do capital em geral.

Lenin e Bukharin argumentavam que a realidade contrariava a interpretação do imperialismo como apropriação de áreas agrárias ou como expansão do capital em áreas não capitalistas em busca de mercados, como queria Rosa Luxemburg. Isso porque o imperialismo, na passagem do século XIX para o XX, caracterizava-se pela expansão em áreas nas quais a indústria capitalista já estava estabelecida. (Bukharin citou a ocupação francesa do Ruhr em 1923 como exemplo, enquanto Lenin mencionava as intenções alemãs sobre a Bélgica e os planos franceses quanto à Lorena.) Essa luta imperialista pelas economias industriais, bem como não industriais, só podia ser explicada pelo predomínio do capital financeiro. Era sintomática de uma luta para redividir o mundo e não simplesmente para expandir-se por territórios virgens. E essa redivisão era imperativa por força do domínio e da maturidade do capital financeiro. Nos anos imediatamente anteriores à Primeira Guerra Mundial, o capital financeiro havia chegado à maturidade, criando um sistema mundial no qual o capital bancário e o capital produtivo eram exportados, até que todo o mundo estivesse ligado a um ou a outro bloco de capital financeiro. Na concepção de Lenin,

> o capital financeiro literalmente, poderíamos dizer, estende sua rede por todos os países do mundo (...). Os países exportadores de capital dividiram o mundo entre si no sentido figurado da expressão. Mas o capital financeiro levou à divisão real do mundo. (Lenin, 1916, p.245)

Desde que o mundo fora dividido dessa maneira, o maior desenvolvimento competitivo dos trustes passou a exigir, necessariamente, uma luta pela redivisão.

Essa luta era vista como um dos principais elementos atuantes na gênese da guerra imperialista, e desse modo, para Lenin e Bukharin, a guerra devia ser considerada como um concomitante necessário da dominação do capital financeiro. Divergiam, quanto a isso, de Hilferding, pois embora a teoria do imperialismo desenvolvida por este, tendo ao centro o capital financeiro, tivesse dado as bases para a teoria dos dois autores mais conhecidos, Hilferding não considerava a guerra como o resultado inevitável da rivalidade imperialista. Ao passo que Lenin e Bukharin achavam que o imperialismo do capital financeiro apenas modificava as condições sob as quais a revolução socialista derrubaria o capitalismo e esmagaria seu Estado, Hilferding via a subordinação do Estado ao capital financeiro e o intervencionismo a que o Estado fora forçado pelos trustes como os fundamentos de um sistema que, mais tarde, chamou de "capitalismo organizado" e que poderia ser prontamente tomado e aproveitado, sem transformação, pelo proletariado. Foi isso, acima de tudo, que marcou as divisões políticas entre Hilferding e Lenin.

Os debates sobre a maneira pela qual a guerra imperialista e a regulação do capitalismo pelos trustes e pelo Estado afetariam o equilíbrio de forças entre as classes e os prognósticos para o capitalismo estão, porém, a uma certa distância da questão do poder, que está no centro do capital financeiro: o enorme poder econômico, social e político que ele mostrava concentrar-se nas mãos dos bancos e de um punhado de capitalistas que os controlam. A validade do conceito de capital financeiro para as sociedades capitalistas avançadas veio a girar em torno da questão da existência ou não desse poder, fundado na dominação dos bancos sobre as empresas industriais às quais estão ligados. O debate sobre essa questão, iniciado por Sweezy num artigo de 1941 e no seu livro posterior (1942), relacionou-se principalmente com a questão empírica de verificar se os dados sobre a propriedade de ações e interligação de diretorias confirmavam que os canais de controle identificados por Hilferding existem realmente. Este debate concentrou-se principalmente nos Estados Unidos, e os problemas teóricos do conceito de capital financeiro – o significado da dominação, do poder e da integração entre bancos e empresas – pouco foram discutidos.

Sweezy observou que Hilferding e Lenin testemunharam a passagem do capitalismo para uma nova etapa, o CAPITALISMO MONOPOLISTA, e que a dominação dos banqueiros fora apenas um fenômeno transitório da sua gestação:

> O capital bancário, tendo tido seus dias de glória, volta novamente a uma posição subsidiária ao capital industrial. (Sweezy, 1942, p.268)

Uma contestação significativa dessa tese foi feita por Fitch e Oppenheimer (1970) e Kotz (1978), com a argumentação de que os principais bancos controlam realmente grandes firmas nos Estados Unidos (embora, apesar da teoria do capital financeiro ressaltar a força que isso dá aos trustes, Fitch e Oppenheimer mostrassem a fragilização provocada nas ferrovias e nas companhias de energia pelas políticas dos bancos). Um mecanismo importante de controle (além da representação nos conselhos de administração) seria, na opinião desses autores, a administração do capital acionário das empresas pelos departamentos fiduciários dos bancos norte-americanos em nome de fundos de pensões e de pessoas físicas, proporcionando a alguns bancos o controle efetivo de blocos estratégicos de ações. Na obra de Kotz, os títulos de outras instituições financeiras em mãos de grupos bancários também foram examinados, e, no caso da Inglaterra, o trabalho de Minns (1980) demonstrou que a administração das carteiras dos fundos de pensão pelos bancos deu a estes o controle de blocos substanciais de ações e pelo menos a possibilidade teórica de utilizar esse poder para controlar o desenvolvimento da indústria. Se tal poder é na realidade exercido nos Estados Unidos e na Inglaterra de hoje é uma questão ainda não respondida. O envolvimento dos bancos nas ondas de fusões por meio das quais o capital foi centralizado ao longo de duas décadas, a partir do início dos anos 1960, e na reestruturação da indústria, nas crises econômicas das décadas de 1970 e 1980, está fora de dúvidas, embora seja difícil de documentar e de quantificar. Mas se dominaram e deram impulso a tais mudanças, de maneira significativa, como implica o conceito de capital financeiro, é menos claro.

A coerência teórica do conceito de capital financeiro, ao contrário da validade empírica da tese da dominação dos bancos, não foi posta em questão. Mas, na verdade, não está livre de problemas. A principal dificuldade é que duas entidades distintas, o capital de financiamento nas mãos dos bancos e o capital industrial organizado em empresas, são vistas num processo de fusão mas, apesar disso, permanecendo distintas, na medida em que uma continua dominando a outra. Essa ideia é defensável enquanto o "processo de fusão" é interpretado de uma maneira vaga, significando que os elementos, embora permanecendo distintos, são articulados entre si por meio de canais definidos e são mutuamente transformados pela sua conexão. Embora algumas das transformações estejam explicitadas no conceito (como o maior grau de monopólio no capital industrial), Hilferding, Lenin e Bukharin refletiram o problema reduzindo as características do capital financeiro àquelas de um ou outro de seus elementos. Embora Hilferding observasse a "independência relativa" do capital financeiro, em certos momentos ele argumenta que o capital bancário simplesmente tornou-se capital industrial: "os bancos (...) tornaram-se, numa proporção cada vez maior, capitalistas industriais" (1981, p.225), ao passo que Lenin, em sua introdução ao livro de Bukharin (1917), passou a dotar o capital financeiro da mesma característica de universalidade atribuída por Marx ao capital bancário (na forma de capital a juros):

> (...) o capital financeiro, um poder peculiarmente móvel e flexível, peculiarmente entrelaçado interna e internacionalmente, peculiarmente destituído de individualidade e divorciado dos processos imediatos de produção (...).

Um problema diferente que, não obstante, se relaciona com o da natureza da fusão e da transformação dos elementos do capital financeiro é a identificação do capital de financiamento com os bancos e do capital industrial com as empresas cujas atividades são apenas industriais. Tal identificação significa que formas de articulação entre o capital de financiamento e o capital industrial que não estão compreendidas nos laços entre bancos e empresas ficam excluídas da análise teórica (e de boa parte da investigação empírica), embora o conceito de capital financeiro pretenda ser mais geral. Bom exemplo da debilidade empírica resultante dessa restrição teórica são as modernas empresas multinacionais, que abrangem a produção industrial, as atividades comerciais e as atividades bancárias das transações monetárias e de controle dos fundos de investimento (na forma de lucros retidos e de reservas e na forma de empréstimos tomados nos mesmos grandes mercados monetários de que se valem os bancos). Elas integram o capital de financiamento e o capital industrial (e mercantil), mas, como isso ocorre dentro delas próprias, o conceito de capital financeiro definido em termos de bancos e empresas não pode, a rigor, lhes ser aplicado.

Para as estratégias políticas marxistas a questão da validade moderna do conceito, em última análise, está em saber se o capital financeiro gera um poder político ou econômico que tem de ser rompido para que o capitalismo seja derrubado. Hilferding e Lenin assinalaram a concentração de poder por ele gerado; o segundo argumentou que "literalmente várias centenas de bilionários e milionários têm nas suas mãos o destino de todo o mundo", enquanto o primeiro pensava que "tomar posse de seis grandes bancos de Berlim significaria tomar posse das mais importantes esferas da indústria em grande escala e facilitaria muito as fases iniciais da política socialista, durante o período de transição". Na década de 1980; continua sendo certo que a construção do socialismo exigiria a derrubada do poder independente dos bancos, mas as razões disso estão mais relacionadas com seu caráter de detentores de capital de financiamento do que com a sua posição dominante dentro do capital financeiro. Com algumas exceções (a mais destacada é a da economia japonesa), o poder dos bancos dentro do sistema capitalista não é consequência principalmente de seu envolvimento direto na indústria e de seu controle sobre ela, embora esse envolvimento exista. Ele vem do poder estrutural que seu capital de financiamento (e de outros) exerce nos mercados cambiais e monetários, determinando as taxas de juro e as taxas de câmbio que influenciam toda a economia. Resulta igualmente do poder discricionário, adquirido pelos bancos privados, de movimentar o crédito em escala internacional. Mas esse crédito é capital de financiamento e não capital bancário amarrado à indústria: isso ficou evidenciado, na década de 1970, pela transformação do sistema bancário internacional na principal fonte de crédito para alguns governos do Terceiro Mundo e alguns governos socialistas, posição que lhes dá grande poder, mas que não constitui capital financeiro. (Ver também CAPITALISMO ORGANIZADO e IMPERIALISMO E MERCADO MUNDIAL.)

Bibliografia: Bottomore, Tom, "Introduction to the Translation", in Rudolf Hilferding, *Finance Capital*, 1981 • Bukharin, Nikolai, *Imperialism and the World Economy*, 1917 (1972) • Coakley, Jerry, "Finance Capital", 1982 • Fitch, Robert & Mary Oppenheimer, "Who Rules the Corporation?", 1970 • Hilferding, Rudolf, *Das Finanzkapital*, 1910; *Finance Capital*, 1981; *Le capital financier*, 1970; *El capital financiero*, 1973 • Kotz, David, *Bank Control of Large Corporations in the United Slates*, 1978 • Lenin, V.I., *Imperialism, the Highest Stage of Capitalism*, 1916 (1964); *L'Impérialisme, stade suprème du capitalism*, 1971

[*O imperialismo, fase superior do capitalismo*, 1979] • Luxemburg, Rosa & Nikolai Bukharin, *Imperialism and the Accumulation of Capital*, 1972 • Minns, Richard, *Pension Funds and British Capitalism*, 1980 • Sweezy, Paul, *The Theory of Capitalist Development*, 1942 [*Teoria do desenvolvimento capitalista*, 1982].

capital, formas do Ver FORMAS DO CAPITAL E RENDIMENTOS

capital industrial Ver CAPITAL e FORMAS DO CAPITAL E RENDIMENTOS

capital mercantil O modo de produção capitalista caracteriza-se por relações sociais de produção específicas, quais sejam trabalho assalariado livre (compra e venda de FORÇA DE TRABALHO) e a existência de meios de produção sob a forma de MERCADORIA. Isto é, o capitalismo implica não apenas a troca monetária, mas também a dominação do processo de produção pelo CAPITAL. O ciclo de vida do capital tem três momentos em seu circuito contínuo, D-M...P...M'-D'. O primeiro momento é a transformação do capital-dinheiro em capital produtivo (D-M, troca de dinheiro pelas mercadorias força de trabalho e meios de produção), mediada pelo capital financeiro. No segundo momento, que se desenrola na esfera de produção, há uma transformação física dos meios de produção em PRODUÇÃO, o que dá lugar ao surgimento de uma série de mercadorias (M...P...M'). Esse momento é controlado pelo capital industrial. Finalmente, as mercadorias, ou capital-mercadoria, devem ser transformadas em capital-dinheiro, ou seja, devem ser realizadas. Nesse terceiro momento, tem lugar o papel do capital mercantil.

Antes do processo de ACUMULAÇÃO PRIMITIVA (criação de uma força de trabalho assalariada e livre), o desenvolvimento do capitalismo não era possível, mas os produtos já entravam em uma troca monetária. Há uma certa confusão quanto a esse ponto, particularmente na bibliografia sobre a TEORIA DA DEPENDÊNCIA (Frank, 1968; Wallerstein, 1979), mas os autores marxistas geralmente concordam quanto a que a época do capitalismo coincide com o controle do processo de produção pelo capital (Brenner, 1977). Antes da época do capitalismo, nas sociedades onde o comércio estava bem-desenvolvido, a *forma* capital existia sem as relações sociais essenciais em que se baseia. Comprando para vender, o capital mercantil caracterizava-se pelo circuito D-M-D, no qual o processo de produção está fora do circuito do capital mercantil, e o capital atua apenas na esfera da circulação, ou mercantil.

Desenvolveu-se um certo debate sobre o papel histórico do capital mercantil na transformação das formações sociais. Alguns autores, particularmente Engels, argumental que o capital mercantil foi o veículo pelo qual o capitalismo tomou o lugar da SOCIEDADE FEUDAL. Marx, porém foi bastante claro ao dizer que o capital mercantil "(...) é incapaz de, por si mesmo, promover e explicar a transição de um modo de produção a outro" e que "tal sistema representa, em toda parte, um obstáculo para o verdadeiro modo capitalista de produção (...)" (*O Capital*, III, cap.XX). Segundo Marx, nessa fase, o capital mercantil não só não controla o processo de produção, como "tende antes a preservá-lo como uma precondição" (ibid.). Seguindo essa linha de argumentação, certos autores afirmaram que o subdesenvolvimento dos países hoje atrasados reflete o efeito debilitador da ação do capital mercantil sobre tais países durante o período do colonialismo europeu (1500-1850). Afirma-se, especificamente, que esse capital aliou-se aos elementos mais reacionários das classes dominantes pré-capitalistas locais, aumentando seu poder e bloqueando o aparecimento de relações capitalistas de produção (Kay, 1976; Dore e Weeks, 1979). Essa argumentação relaciona-se de perto com o debate sobre a natureza do IMPERIALISMO.

Embora a expressão "capitalismo mercantil" seja encontrada com frequência, é uma denominação um tanto inexata. Como dissemos acima, o capital mercantil está, por definição, divorciado da esfera de produção, e todo modo de produção é definido pelas relações sociais segundo as quais a produção se organiza. Portanto, o capital mercantil não pode determinar a natureza fundamental da sociedade; ele antes se superpõe às sociedades, cujo caráter essencial é determinado independentemente dele. O capitalismo mercantil não é, portanto, um sistema econômico e social definido, mas antes um mecanismo de controle da troca de produtos por dinheiro. (Ver também SUBDESENVOLVIMENTO E DESENVOLVIMENTO.)

JW

Bibliografia: Brenner, Robert, "The Origins of Capitalist Development: a Critique of Neo-Smithian Marxism", 1977 • Dore, Elisabeth & John Weeks, "International Exchanges and the Causes of Backwardness", 1979 • Frank, Andrew Gunder, *Capitalism and Underdevelopment in Latin America*, 1969 • Kay, G., *Development and Underdevelopment: a Marxist Analysis*, 1975 • Wallerstein, Immanuel, *The Capitalist World System*, 1979.

capital produtivo Ver CAPITAL e FORMAS DO CAPITAL E RENDIMENTOS

capital, valorização do Ver ACUMULAÇÃO

capitalismo Denominação do modo de produção em que o capital, sob suas diferentes formas, é o principal meio de produção. O capital pode tomar a forma de dinheiro ou de crédito para a compra da força de trabalho e dos materiais necessários à produção, a forma de maquinaria física (capital em sentido estrito), ou, finalmente, a forma de estoques de bens acabados ou de trabalho em processo. Qualquer que seja a sua forma, é a propriedade privada do capital nas mãos de uma classe, a classe dos capitalistas, com a exclusão do restante da população, que constitui a característica básica do capitalismo como modo de produção.

A palavra "capitalismo" raramente é usada pelas escolas de teoria econômica não marxistas, como Tawney e Dobb observam. E, mesmo nos textos marxistas, ela é mais ou menos tardia. Marx, embora use o adjetivo "capitalista" e fale de "capitalistas", não emprega "capitalismo" como substantivo nem no *Manifesto comunista*, nem no livro primeiro de *O Capital*. Só em 1877, em sua correspondência com os seus seguidores russos, ele a empregou, em uma análise do problema da transição da Rússia para o capitalismo. Essa relutância quanto ao emprego da palavra "capitalismo" pode ter sido consequência da relativa modernidade desta na época de Marx. O Dicionário Oxford registra o seu aparecimento em 1854, em um texto do romancista inglês William M. Thackeray.

O sufixo "ismo" pode ser usado para indicar uma fase da história (absolutismo), um movimento (jacobinismo) ou um sistema de ideias (milenarismo) ou uma combinação de tudo isso. Assim, socialismo é tanto um modo de produção (uma fase da história) como um sistema de ideias. A palavra "capitalismo", porém, raramente denota o sistema de ideias que defende e difunde um certo modo de produção: indica apenas uma fase histórica. Mas esse uso limitado não empresta clareza ao conceito. Como fase da história, suas linhas de demarcação foram sempre controversas, sua origem tem sido fixada em épocas mais remotas ou mais próximas, conforme as teorias sobre seu aparecimento e, particularmente nos últimos anos, sua periodização também tem sido muito discutida. Têm-se registrado, ainda, tentativas para ampliar o conceito acrescentando-lhe adjetivos, como CAPITALISMO MONOPOLISTA e CAPITALISMO MONOPOLISTA DE ESTADO – (ver também PERIODIZAÇÃO DO CAPITALISMO).

As controvérsias relativas às origens e à periodização do capitalismo nascem da tendência a atribuir ênfase a um dos muitos traços distintivos que se pode considerar como característicos desse modo de produção. Será, portanto, útil, relacionar esses traços distintivos. Como modo de produção, podemos dizer que o capitalismo é caracterizado por:

a) produção para a venda e não para uso próprio, por numerosos produtores: sob esse aspecto difere da produção simples de mercadorias (ver MERCADORIA);

b) existência de um mercado onde a FORÇA DE TRABALHO é comprada e vendida, em troca de salários em dinheiro, por um dado período (salário por tempo) ou por uma tarefa específica (salário por tarefa): a existência de um mercado e da relação contratual que ele implica está em vivo contraste com relações de trabalho características de fases anteriores como a escravidão ou a servidão (ver ESCRAVISMO e SERVIDÃO);

c) mediação universal (ou predominante) das trocas pelo uso do dinheiro: ao tomar a forma monetária, o capital faculta ao seu proprietário o máximo de flexibilidade para seu emprego. Esse aspecto também atribui um papel sistemático aos bancos e demais intermediários financeiros. A troca direta de um produto por outro pode ser idealmente contraposta ao uso do dinheiro, mas a incidência real de trocas diretas é limitada. Para se estabelecer esse contraste é preciso remontar a fases anteriores, nas quais, embora houvesse um uso restrito de moedas, a possibilidade de recorrer a instrumentos de débito e crédito para a compra e a venda não existia, exceto pelo exemplo dos empréstimos concedidos à nobreza feudal pelo nascente capital mercantil à guisa de adiantamento para que aquela consumisse os produtos que este lhe vendia (ver DINHEIRO; CAPITAL MERCANTIL e CAPITAL FINANCEIRO);

d) o capitalista, ou seu agente gerencial, controla o processo de produção (de trabalho). Isso implica não apenas o controle sobre a contratação e a demissão de trabalhadores, como também sobre a escolha de técnicas, o escalonamento da produção, o ambiente de trabalho e as disposições para a venda do produto: o contraste, no caso, se faz com o sistema de produção domiciliar, ou com as formas protossocialistas modernas e alternativas, tais como a cooperativa, a empresa gerida pelos trabalhadores, as empresas de propriedade dos trabalhadores ou do Estado (ver PROCESSO DE TRABALHO e AUTOGESTÃO);

e) controle das decisões financeiras: o uso universal do dinheiro e do crédito facilita a utilização dos recursos de outras pessoas para financiar a ACUMULAÇÃO. No capitalismo isso se traduz no poder de que dispõe o empresário capitalista para contrair débitos, ou emitir ações, ou hipotecar os edifícios da fábrica, de modo a levantar financiamentos. Os trabalhadores estão excluídos dessas decisões mas poderão sofrer com erros de cálculo do capitalista, como, por exemplo, a inadimplência, que leva à falência. O capitalista, em todo caso, precisa lutar por esse controle com os credores e/ou os acionistas. Alguns autores (Berle e Means, 1932) consideraram a difusão do sistema de ações, acompanhado da passividade dos acionistas, como uma nova fase do capitalismo marcada por uma separação entre a propriedade e o controle. Houve (Drucker, 1976) quem caracterizasse como socialismo a propriedade de ações por fundos de pensões em benefício de trabalhadores que participam de planos de aposentadoria. Tais interpretações pretendem sugerir que o elemento essencial é o controle, que pode estar ou não acompanhado da propriedade. Neste item, é preciso chamar a atenção para o contraste dessa modalidade de controle com o controle financeiro centralizado por uma autoridade planejadora que existe no socialismo;

f) concorrência entre capitais: o controle que os capitalistas individuais detêm sobre o processo de trabalho e a estrutura financeira é modificado pelo seu constante exercício num contexto de CONCORRÊNCIA entre capitais, quer estejam estes capitais envolvidos na produção da mesma mercadoria ou de uma mercadoria parecida que pode substituí-la, quer apenas se confrontem uns aos outros na luta por mercados ou empréstimos. Essa concorrência crescente opera como uma lei impessoal do valor, que força o capitalista a adotar novas técnicas e práticas que reduzam custos e a acumular de modo a tornar possível a compra de máquinas mais avançadas. Essa revolução constante do VALOR é um aspecto importante da dinâmica do capitalismo. A concorrência deve ser interpretada de modo amplo, e não de maneira estrita como a concorrência perfeita da economia neoclássica, mais verossímil na produção simples de mercadorias. É a concorrência que fortalece a tendência para a concentração do capital nas grandes empresas. É para neutralizá-la que surgem monopólios e cartéis. A revolução constante na tecnologia impõe novas formas, como a empresa que produz várias mercadorias diferentes ou mesmo a empresa multinacional. Essas formas diversificadas, contudo, não eliminam a concorrência, apenas modificam o modo pelo qual as empresas a enfrentam. Alguns autores (como Galbraith, 1967 por exemplo), argumentaram que a grande empresa moderna pode planejar como proteger-se das imposições do mercado, mas a experiência recente das indústrias norte-americanas de automóveis e de aço em face da concorrência internacional mostram as limitações dessa perspectiva.

As origens do capitalismo são reconstituídas de diferentes formas: alguns explicam-nas pelo crescimento do capital mercantil e do comércio exterior, outros veem sua causa na difusão das transações monetárias no interior do feudalismo pela comutação da renda e das obrigações feudais. Esse debate diz respeito à TRANSIÇÃO DO FEUDALISMO PARA O CAPITALISMO e está referido principalmente à experiência da Europa Ocidental, onde o capitalismo surgiu originalmente. Quaisquer que sejam as causas a que se atribuem tais origens, o período que vai aproximadamente do século XV até o século XVIII é geralmente aceito como a fase do capital mercantil do capitalismo. O comércio de além-mar e a colonização realizada por monopólios autorizados pelos Estados coloniais desempenharam um papel fundamental nessa fase do capitalismo na Holanda, na Espanha, em Portugal, na Inglaterra e na França. O comércio marítimo tornou-se mais barato que o comércio terrestre graças à invenção de navios rápidos, e áreas até pouco sequer conhecidas pela Europa viram-se ligadas por um comércio que compreendia escravos, metais preciosos e manufaturas simples.

A fase industrial teve início com o aparecimento de máquinas movidas por energia não humana e é conhecida como Revolução Industrial. Tendo se iniciado na Inglaterra, na indústria de fiação de algodão, essa revolução estendeu-se a diferentes indústrias, universalizando principalmente o uso da máquina a vapor, e a diferentes regiões da Europa Ocidental e da América do Norte. Essa fase é contemporânea do crescimento da ciência da ECONOMIA POLÍTICA e da ideologia do *laissez-faire*. Foi marcada pela luta no sentido de reduzir ou eliminar o papel do Estado no controle do mercado do trabalho, do comércio exterior e do comércio interno. As teorias de Adam Smith e David Ricardo foram armas poderosas nessa batalha (ver ECONOMIA VULGAR). Pelo menos na Inglaterra, a batalha ideológica pelo *laissez-faire* foi vencida na década de 1840 com a revogação das Corn Laws, a aprovação do Banking Act e a abolição dos Navigation Acts. A reforma da Poor Law racionalizou a assistência do Estado aos pobres e indigentes, de acordo com as doutrinas do *laissez-faire*. O papel do Estado no capitalismo, embora minimizado na ideologia do *laissez-faire* e modesto na experiência inglesa, continuou substancial no desenvolvimento posterior do modo de produção capitalista na França, na Alemanha, na Itália e na Rússia. O único outro caso que faz paralelo com a experiência inglesa nesse sentido é o dos Estados Unidos da América.

Há, porém, uma tendência para caracterizar essa fase média do capitalismo – capitalismo industrial num período de crescimento rápido e de progresso técnico, consistindo de pequenas empresas de propriedade individual, com um mínimo de participação do Estado e concorrência generalizada – como uma fase de algum modo natural. E assim, fases subsequentes foram denominadas de CAPITALISMO MONOPOLISTA, CAPITALISMO FINANCEIRO, capitalismo tardio, etc. A fase do capitalismo dos monopólios (capitalismo financeiro) dataria mais ou menos da passagem do século, quando os processos industriais de grande escala se tornavam possíveis com o advento da Segunda Revolução Industrial. Ora, se é fato que cada uma das características acima relacionadas deva ser considerada como um aspecto essencial do capitalismo, vários autores já encontraram razões para anunciar o desaparecimento desse sistema. Ideólogos do *laissez-faire* (Friedman, Hayek) assinalaram o desenvolvimento da negociação coletiva e da legislação no sentido de regular as consequências adversas da atividade econômica como indícios do abandono do capitalismo clássico. Autores marxistas viram o tamanho crescente dos monopólios ou o papel dominante do Estado como sinais da má saúde ou do envelhecimento do capitalismo. O papel desempenhado pelos Estados nacionais ao darem assistência ao capitalismo na procura de mercados no exterior, muitas vezes em colônias controladas politicamente, foi considerado por Lenin como algo que assinalava a fase do imperialismo, que chamou de fase superior do capitalismo. O papel, cumprido internamente pelo Estado, de minorar o problema da realização por meio de gastos públicos na era pós-keynesiana foi considerado, por economistas liberais (Shonfield, 1965; Galbraith, 1967), o anúncio de uma nova era do capitalismo; alguns social-democratas também adotaram esse ponto de vista (por exemplo, Crosland, 1956).

Na maior parte dos países capitalistas modernos, porém, as características relacionadas acima ainda são identificáveis: predomínio da propriedade privada dos meios de produção, uso do saldo devedor para financiar a acumulação, compra e venda de força de trabalho e controle capitalista, mais ou menos limitado, das contratações e demissões e da escolha de técnicas. Internacionalmente, as economias capitalistas tornaram-se mais abertas, e não menos, e os países capitalistas adiantados tiveram de enfrentar a concorrência de países que antes eram subdesenvolvidos ou estavam fora da órbita da Europa Ocidental. Em todas essas economias, o lucro privado continua sendo o principal propulsor da atividade empresarial bem como o principal sinal e a principal motivação para que se dê início a e para que se levem a termo projeto de acumulação.

Isso não é negar que o capitalismo tenha mudado e evoluído. As influências mais importantes que atuaram sobre a sua evolução foram a um só tempo tecnológicas e sociais, sempre no sentido amplo. Ondas sucessivas de inovações, a começar pela máquina a vapor e o aproveitamento da energia do vapor nas ferrovias, as siderurgias e as indústrias elétricas, a revolução química que atingiu tanto a agricultura como a indústria, os navios a vapor bem como as recentes invenções do radar e da eletrônica, modificaram o capitalismo em termos das imposições de limites ao capital individual, das possibilidades de controle e de suas proporções e alcance. Simultaneamente, as lutas políticas e sociais para a ampliação do direito de voto e dos direitos políticos, como a liberdade de manifestação e de reunião e a liberdade da consciência, modificaram o contexto legislativo e administrativo em que o capitalismo funciona. Há, é claro, uma variedade de formas políticas que o Estado tem assumido nos países capitalistas – fascista, autoritário, republicano, democrático, monárquico, etc. –, mas o crescimento da comunicação e da consciência sobre os acontecimentos internacionais tem acarretado, por toda parte, uma pressão democrática que força os Estados, qualquer que seja a sua coloração política, a dar ouvidos, ou a responder com a repressão, às reivindicações populares de maior direito de controle sobre o processo econômico. As discussões marxistas sobre o Estado capitalista refletem essas considerações (por exemplo, Miliband, 1973; Poulantzas, 1968).

Os autores que consideram a ausência de controle por parte dos trabalhadores sobre o processo de trabalho como a forma fundamental da subordinação do trabalho a forças externas (ver ALIENAÇÃO) caracterizam as economias da União Soviética, da China e dos países da Europa Oriental como formas de um certo tipo de capitalismo. Dada a falta de propriedade privada (pelo menos nas atividades não agrícolas), tais autores acrescentam fórmulas como "de Estado" ou "monopolista de Estado" ao termo capitalismo, de modo a melhor caracterizar essas economias. Generalizou-se, igualmente, o uso – aliás muito mais impreciso – desse rótulo para indicar o crescimento da participação do Estado nas economias capitalistas baseadas na propriedade privada (ver CAPITALISMO MONOPOLISTA DE ESTADO). Assim, alguns autores consideram a economia dos Estados Unidos da América como uma economia de capitalismo monopolista de Estado. A expressão "capitalismo de Estado" foi usada por Lenin para indicar uma fase transitória da economia soviética, em que alguns setores seriam de propriedade do Estado, embora o modo de produção capitalista predominasse em grande parte da economia. Em sua argumentação, Lenin referiu-se ao exemplo da Alemanha durante a Primeira Guerra Mundial enquanto uma economia capitalista gerida pelo Estado como um truste único, o que, a seu ver, era de se considerar como o limite máximo do processo de CENTRALIZAÇÃO E CONCENTRAÇÃO DO CAPITAL previsto por Marx. Depois de fixar as diferenças entre o contexto político da Rússia Soviética e o da Alemanha no período da guerra, Lenin tratou o capitalismo de Estado como um avanço para além da etapa capitalista. Autores subsequentes, particularmente Trotski, entenderam o que outros chamam de capitalismo de Estado como uma fase degenerada do socialismo ou como um indício de que o socialismo ainda não se havia realizado.

A existência da escassez e a pressão persistente para acumular nessas sociedades, bem como nos países recém-descolonizados da Ásia e da África, levaram alguns autores a propor que o conceito de industrialização, e não o de capitalismo, é que deve ser usado para descrever essa fase da história. O mais destacado expoente dessa concepção é W.W. Rostow (1960), cujo esquema de periodização conscientemente rejeita a categoria marxista de modo da produção em favor de etapas definidas por medidas econômicas como produção *per capita*, taxa de poupança, etc. Rotular todas as sociedades como capitalistas, com ou sem qualificações suplementares do tipo "monopolista" ou "de Estado" estimula a noção de que há uma convergência das diferentes sociedades no rumo de um estágio universal de consumo elevado e tecnologia avançada. O sentido profundo deste tipo de formulação é contrapor-se à interpretação dada por Marx ao capitalismo como uma fase histórica específica e transitória na marcha para o socialismo. Embora a esquematização de Rostow tenha sido muito criticada, tanto por marxistas como por não marxistas, ela tem resistido como um lugar-comum. As questões que suscita para os marxistas são: será o capitalismo uma fase transitória? Podem as formas socialistas existir paralelamente ao capitalismo? Qual a natureza das sociedades pós-capitalistas e quais os caminhos pelos quais essas sociedades podem realizar o socialismo? (Ver também TRANSIÇÃO PARA O SOCIALISMO.)

MD

Bibliografia: Belluzo, L.G.M., *Valor e capitalismo*, 1980 • Bennetti, Carlo & Jean Cartelier, *Marchands, salarial et capitalistes*, 1980 • Berle, A. & G.C. Means, *The Modern Corporation and Private Property*, 1932 • Crossland, C.A.R., *The Future of Socialism*, 1956 • Deleplace, Ghislain, *Théories du capitalisme: une introduction*, 1979 • Dobb, M., *Studies in the Development of Capitalism*, 1946 (1963) [*A evolução do capitalismo*, 1983] • Drucker, P., *The Unseen Revolution: How Pension Fund Socialism Came to América*, 1976 • Galbraith, J.K., *The New Industrial State*, 1967 [*O novo Estado industrial*, 1968 e 1983] • Hilton, R. (org.), *The Transition from Feudalism to Capitalism*, 1978 • Mandel, Ernest, *Traité d'économie marxiste*, 1962 • Miliband, Ralph, *The State in Capitalist Society*, 1969 [*O Estado na sociedade capitalista*, 1982] • Poulantzas, Nicos, *Pouvoir politique et classes sociales*, 1968 [*Poder político e classes sociais*, 1971 e 1977] • Rostow, W.W., *The Stages of Economics Growth*, 1960 [*Etapas do desenvolvimento econômico: um manifesto não comunista*, 1979] • Rostow, W.W. (org.), *The Economics of Take Off into Self Sustained Growth*, 1963 • Shonfield, A., *Modern Capitalism*, 1965 • Sweezy, P.M., *The Theory of Capitalist Development*, 1942 [*Teoria do desenvolvimento capitalista*, 1982] • Varga, E., *Essais sur l'économie politique du capitalisme*, 1967.

capitalismo monopolista A ideia de que se os monopólios são característicos de uma nova fase do capitalismo que se teria iniciado no final do século XIX foi introduzida no marxismo por Lenin e pelos teóricos do CAPITAL FINANCEIRO. Mas a expressão "capitalismo monopolista" adquiriu um sentido diferente e novo destaque com o livro de Paul Baran e Paul Sweezy (1966), que teve um significativo papel na renovação do interesse pela teoria econômica marxista em meados da década de 1960. Nesse livro, Baran e Sweezy desenvolveram algumas ideias embrionárias que haviam apresentado em obras anteriores (Sweezy, 1942; Baran, 1957), e suas teses foram posteriormente defendidas por uma rica produção teórica composta sobretudo de textos publicados no periódico *Monthly Review* e por livros impostantes como o de Braverman (1974), escrito no quadro geral dessa produção. Embora a obra de Baran e Sweezy sobre o capital monopolista tenha reavivado o interesse pela teoria econômica marxista, particularmente nas Américas do Norte e do Sul, tinha caráter revisionista. Diante do que parecia ser um capitalismo estável e afluente de pós-guerra, Baran e Sweezy argumentaram que as contradições descobertas por Marx haviam sido substituídas por outras e que o capitalismo havia desenvolvido novos métodos para submetê-las ao seu controle. A principal transformação no caráter do capitalismo, segundo Baran e Sweezy, teria sido a substituição da concorrência entre capitais industriais pelos monopólios; em outras palavras, o peso de cada empresa nos *mercados* em que eram vendidas as suas mercadorias aumentara e havia sofrido uma transformação qualitativa. Embora se baseassem na lei da CENTRALIZAÇÃO E CONCENTRAÇÃO DO

CAPITAL, proposta por Marx, para explicar a *causa* desse fato, e inscrevessem seu conceito na tradição marxista, Baran e Sweezy valeram-se de um conhecido teorema da teoria econômica neoclássica para argumentar que seu *efeito* era um aumento dos lucros das empresas monopolistas.

O conceito de capitalismo monopolista da escola neoclássica atribui aos lucros crescentes das empresas monopolistas o estatuto de uma lei que substitui a lei da TAXA CRESCENTE DE LUCRO formulada por Marx. Argumentando que os lucros totais se aproximam do "excedente econômico da sociedade", Paul Baran e Paul Sweezy formulam, "como uma lei do capitalismo monopolista, que o excedente tende a aumentar tanto absoluta como relativamente à medida que o sistema se desenvolve" (1966, p.72). E consideram essa substituição da lei da taxa decrescente de lucro pela tendência do excedente a aumentar como a expressão teórica daquelas coisas que seriam as "mais essenciais no que diz respeito à transformação estrutural do capitalismo competitivo em monopolista". Dessa tendência nascem alguns aspectos mais destacados do novo sistema, mas é importante notar que o conceito de "excedente econômico" proposto por Baran e Sweezy é bastante diferente do conceito de MAIS-VALIA de Marx.

O excedente econômico é calculado a partir dos preços de mercado e não segundo os valores e, o que é mais significativo, baseia-se num juízo de valor relacionado com a natureza do custos socialmente necessários (ver PREÇO DE PRODUÇÃO E O PROBLEMA DA TRANSFORMAÇÃO). Para a sociedade, argumentam Baran e Sweezy, o excedente é o produto total menos os custos de produção, desde que estes sejam socialmente necessários. Alguns custos comerciais são excluídos dessa categoria sob a alegação de que só têm a ver com as promoções de vendas: entre estes estão não apenas custos como salários de vendedores, mas também o custo das características de cada mercadoria que não são rigorosamente necessários à sua função básica. Assim, por exemplo, os embelezamentos de automóveis, tais como cromados e estofados atraentes, são custos desnecessários à sua função básica de transporte e não devem ser incluídos nos custos socialmente necessários; antes, devem ser considerados como um elemento do excedente. Essa definição arbitrária de mercadorias que (parcialmente) não constituem valores de uso é irrelevante para os conceitos de mais-valia ou de TRABALHO PRODUTIVO E IMPRODUTIVO formulados por Marx. Finalmente, a gênese dos aumentos do excedente econômico é situada no processo de TROCA, pelo controle do mercado, ao passo que a mais-valia, como Marx a entendia, tem seu fundamento no PROCESSO DE TRABALHO e na articulação deste com o processo de valorização.

Braverman (1974), porém, volta sua atenção para o processo de trabalho no capitalismo monopolista. Num notável estudo histórico e teórico, examina a ascensão da "gerência científica", que relaciona com o início da fase do capitalismo monopolista, e acompanha as transformações do processo de trabalho, a desqualificação do trabalho e as modificações da estrutura ocupacional e da posição da classe operária que ocorreram nos anos subsequentes. Na verdade, o que ocorre é que o conceito de capitalismo monopolista desenvolvido por Baran e Sweezy e certos elementos desse conceito, tais como o excedente econômico, não são utilizados de maneira fundamental em seu estudo. Assim, apesar da ligação de Braverman com o trabalho de Baran e Sweezy e de seu livro chamar-se *Trabalho e capital monopolista*, a análise que Braverman desenvolve não comporta nenhuma reparação do predomínio das considerações relativas à circulação, à troca, no conceito de capital monopolista produzido por esses dois autores.

Baran e Sweezy, desenvolvendo sua argumentação numa tradição inspirada por Kalecki (1954) e Steindl (1952), acham que o excedente econômico sempre crescente leva à estagnação econômica se não for neutralizado, pois postulam uma incapacidade inerente ao sistema de empregar o excedente ou, em outras palavras, o SUBCONSUMO. O capitalismo monopolista é caracterizado pelo desenvolvimento de mecanismos de absorção do excedente e, com isso, de manutenção do crescimento. Esses mecanismos incluem, ao aumento das despesas militares, os gastos com as imensas e "perdulárias" promoções de venda, associadas ao consumo de massas e as elevadas despesas estatais. Na medida em que tais mecanismo realmente asseguram o ímpeto do capitalismo monopolista, o potencial de que as classes exploradas dos países que estão no centro desse sistema podem dispor para derrubá-lo fica muito enfraquecido, e, desse modo, Baran e Sweezy argumentam que as sementes de sua destruição encontram-se nas revoluções do Terceiro Mundo, cuja emergência preveem a partir das contradições geradas pela expansão imperialista do capitalismo monopolista e pela extração de "excedente econômico" do Terceiro Mundo promovida por esse imperialismo.

LH

Bibliografia: Baran, Paul, *The Political Economy of Growth*, 1957 [*A economia política do desenvolvimeno*, 1977] • Baran, Paul & Paul Sweezy, *Monopoly Capital*, 1966 [*Capitalismo monopolista*, 1978] • Braverman, Harry, *Labour and Monopoly Capital*, 1974 [*Trabalho e capital monopolista: a degradação do trabalho no século XX*, 1981] • Kalecki, Michael, *Theory of Economic Dynamics*, 1954 • Steindl, Josef, *Maturity and Stagnation in American Capitalism*, 1952 [*Maturidade e estagnação no capitalismo americano*, 1983) • Sweezy, Paul, *The Theory of Capitalist Development*, 1942 [*Teoria do desenvolvimento capitalista*, 1982].

capitalismo monopolista de Estado É a fase mais recente do capitalismo, caracterizada pela ascensão do Estado como força econômica significativa, diretamente envolvida na acumulação de capital (ver PERIODIZAÇÃO DO CAPITALISMO). A maior parte das análises dessa fase relaciona o Estado, de alguma forma, com uma fração do capital: o capital monopolista, representado pelas empresas gigantes e pelos grandes grupos financeiros. A efetiva existência desse estágio do capitalismo enquanto fase distinta do CAPITALISMO MONOPOLISTA é motivo de controvérsia, mas essa noção tem representado um importante fundamento teórico para as estratégias dos partidos comunistas: a natureza de classe do moderno Estado capitalista é definida pelo alinhamento do capital monopolista contra todas as outras classes e frações de classes da sociedade, de modo que uma aliança antimonopolista entre médios e pequenos capitais, a classe operária e as camadas médias pode ser formada na luta pelo poder de Estado.

O conceito do capitalismo monopolista de Estado teve origem em obras publicadas na União Soviética e na Europa Oriental em princípios da década de 1950, embora várias tendências diferentes tenham surgido depois da morte de Stalin (ver Hardach e Katras, 1975; Wirth, 1972; e sobretudo o abrangente estudo de Jessop, 1982). Uma dessas tendências enfatiza a ação instrumental dos monopólios, que subordinam o Estado aos seus objetivos na luta por maiores lucros, em meio a um capitalismo moribundo, a um imperialismo que enfrenta uma crise geral. Uma segunda vertente considera o capitalismo monopolista de Estado como produto das leis inatas do capital. O desenvolvimento das forças produtivas e a CENTRALIZAÇÃO E CONCENTRAÇÃO DO CAPITAL produzem um Estado que intervém na economia em favor dos monopólios, em parte por causa da contradição entre as relações de produção e as forças produtivas cada vez mais socializadas, em parte devido à importância dos monopólios para o conjunto da economia, e em parte, finalmente, por força da necessidade que têm os monopólios da administração do ciclo econômico pelo Estado.

Autores como Zieschang, da República Democrática Alemã, conferem particular ênfase ao papel do Estado na estabilização do capitalismo por meio de políticas keynesianas de acumulação, produção, demanda e a valorização do capital. Boccara (1976) e outros teóricos franceses situam essa interpretação dentro de um quadro mais geral que vê as crises econômicas como resultado da superacumulação e o papel do Estado moderno como uma tentativa de superar a crise pela desvalorização fundamental do capital. Como Fine e Harris (1979), os marxistas franceses situam as origens dessa fase na década de 1930, ao passo que os autores soviéticos, que tratam o capitalismo monopolista de Estado em termos de um capitalismo imperialista moribundo, localizam sua origem na Primeira Guerra Mundial e pretendem que o conceito tem sua origem nos escritos de Lenin naquele período embora, na realidade, Lenin não tenha caracterizado o capitalismo monopolista de Estado como uma fase distinta do capitalismo monopolista. Da mesma forma, Baran e Sweezy (1966) rejeitam essa distinção sob a alegação de que o Estado sempre teve uma certa significação para a economia capitalista, e Poulantzas (1975) argumenta que o capitalismo monopolista de Estado é apenas uma fase dentro da segunda grande etapa do capitalismo, o imperialismo.

A maneira pela qual, segundo a teoria do capitalismo monopolista de Estado, este se relaciona com o capital, também é controversa. Um elemento essencial das obras soviéticas é a ideia da "fusão" entre o Estado e o capital monopolista. De acordo com Afanasyev (1974), por exemplo, essa fase envolve um fenômeno qualitativamente novo: "a crescente fusão entre os monopólios e o Estado burguês, o aparecimento da administração do monopólio pelo Estado, baseada na fusão do poder de Estado com o poder monopolista". Mas a ideia de "fusão" não é encontrada em todos os conceitos do capitalismo monopolista de Estado; Boccara (1976) e Fine e Harris (1979) a rejeitam, ao passo que Herzog (1971) chama a atenção para a relativa autonomia do Estado no contexto de uma "separação contraditória na unidade". (Ver também ESTADO.)

LH

Bibliografia: Afanasyev, L. et al., *The Political Economy of Capitalism*, 1974 • Baran, Paul & Paul Sweezy, *Monopoly Capitalism*, 1966 [*Capitalismo monopolista*, 1978] • Boccara, Paul (org.), *Le capitalisme monopoliste d'État*, 1976 • Fine, Ben e Laurence Harris, *Rereading "Capital"*, 1979 [*Para reler "O Capital"*, 1978] • Hardach, Gerd & Dieter Karras, *A Short History of Socialist Economic Thought*, 1975 (1978) • Herzog, Philippe, "Le rôle de l'État dans la société capitaliste actuelle", 1971 • Jessop, Bob, *The Capitalist State*, 1982 • Poulantzas, Nicos, *Les classes sociales dans le capitalisme aujourd'hui*, 1975 [*As classes sociais no capitalismo de hoje*, 1978] • Wirth, Margaret, *Kapitalismustheorie in der DDR*, 1972.

capitalismo organizado Expressão introduzida por Rudolf HILFERDING em ensaios publicados entre 1915 e meados da década de 1920, nos quais procurou definir as mudanças ocorridas na sociedade capitalista durante e depois da Primeira Guerra Mundial. Nesses ensaios, Hilferding, de certo modo, desenvolveu ideias já sugeridas em *O capital financeiro*, obra que publicara em 1910 (ver AUSTROMARXISMO). As características do capital organizado a seu ver eram as seguintes: (a) a introdução de uma margem considerável de planejamento econômico em consequência da dominação pelas grandes empresas e pelos bancos e da crescente participação do Estado no controle da vida econômica; (b) a extensão desse planejamento à economia internacional, o que levaria a um "pacifismo realista" nas relações entre os Estados capitalistas; (c) uma mudança necessária da relação entre a classe operária e o Estado no sentido de que o objetivo desta deveria agora ser o de transformar uma economia planejada e organizada pelas grandes empresas numa economia planejada e controlada pelo Estado democrático. A concepção de Hilferding foi criticada na época pelos teóricos bolchevistas, entre os quais Bukharin, para os quais ela exagerava a estabilização do capitalismo no pós-guerra e estimulava políticas reformistas. Na década de 1970, porém, esta concepção de Hilferding atraiu novamente a atenção, podendo-se dizer que tem certas afinidades com versões recentes da teoria do CAPITALISMO MONOPOLISTA DE ESTADO.

TBB

Bibliografia: Hardach, Gerd & Dieter Karras, *A Short History of Socialist Economic Thought*, 1978 • Hilferding, Rudolf, "Arbeitsgemeinschaft der Klassen?", 1915 ◎ "Probleme der Zeit", 1924 • Winkler, H.A. (org.), *Organisierter Kapitalismus: Voraussetzungen und Anfänge*, 1974.

capitalismo ao socialismo, transição do Ver TRANSIÇÃO PARA O SOCIALISMO

capitalismo, periodização do Ver PERIODIZAÇÃO DO CAPITALISMO

cartéis Ver CAPITALISMO MONOPOLISTA

casta Na década de 1850, Marx dedicou muita atenção à Índia (ver especialmente seus artigos para o *New York Daily Tribune* e vários trechos dos *Grundrisse*). Mas estava interessado principalmente na "propriedade comunal" que existia na comunidade aldeã, característica geral da SOCIEDADE ASIÁTICA, e no impacto do capitalismo britânico sobre a sociedade indiana, e pouco disse sobre a casta enquanto tal (ver Thorner, 1966). Sua principal referência às castas encontra-se em "Os resultados prováveis do domínio britânico na Índia" (1853), onde pergunta se "um país não só dividido entre muçulmanos e hindus, mas também entre tribos, entre castas; uma sociedade cuja estrutura baseava-se numa espécie de equilíbrio resultante de uma repulsão geral e de um exclusivismo constitucional entre todos os seus membros" não estaria "predestinado a ser presa da conquista"? Sobre os efeitos do capitalismo, Marx concluiu que "a indústria moderna, resultante do sistema ferroviário, dissolverá as divisões hereditárias do trabalho sobre as quais se assentam as castas indianas, obstáculos decisivos ao progresso e ao poder do país".

Poucos marxistas tentaram analisar ou explicar o sistema de castas. Os que o fizeram tentaram, em geral, assimilar a ampla divisão em quatro dos *varnas* a um sistema de classes. Assim, Rosas argumenta que, na Índia, o sistema de castas obscurece a natureza da sociedade de classes, ao passo que formas feudais obscurecem, com frequência, o caráter de sociedade asiática da Índia (1943, p.159). Rosas admite, porém, que o sistema de castas, em toda a sua complexidade, envolvendo a existência de numerosos pequenos grupos de casta locais (*jatis*), é característico da Índia, e que seu desenvolvimento não pode ser explicado de maneira definitiva com base nos conhecimentos atualmente disponíveis (1943, p.162). Um historiador indiano simpático ao marxismo (Kosambi, 1944) critica, porém, a explicação proposta por Rosas, que "não serve por ter obliterado muitos detalhes" (1944, p.243). Por outro lado, estudiosos não marxistas reconheceram a existência de importantes elementos de classe no sistema de castas; Srinivas (1959) observa que "uma casta que possuía terras exercia um domínio efetivo, a despeito de seu *status* ritual", e Béteille (1965) mostra que "na sociedade tradicional, e mesmo há 50 anos (...) o sistema de classes estava subsumido à estrutura de castas [e] a propriedade e a não propriedade da terra bem como as relações dentro do sistema de produção estavam, em grande medida, associadas à casta" (1965, p.191).

Em sua maioria, porém, estudiosos e pesquisadores consideram os grupos de casta locais (*jatis*) como grupos de *status* no sentido que lhes dá Max Weber (Béteille, 1965, p.188; ver também CLASSE e CRÍTICOS DO MARXISMO), definidos por "estilos de vida" mais do que pelo seu lugar em um sistema de produção. Desse ponto de vista, as castas se enquadram numa categoria que Marx e Engels distinguiram quando escreveram que "nas primeiras épocas da história, encontramos em quase toda parte uma complicada disposição da sociedade em várias ordens, uma gradação múltipla de categorias sociais" (*Manifesto comunista*, I). A questão é se essa "gradação múltipla" e, como exemplo particular dela, o sistema de castas podem ser explicados totalmente dentro do esquema do materialismo histórico, ou se explicações *ad hoc* são necessárias nesses casos (por exemplo, a influência da religião na constituição das castas, ver Dumont, 1967 e HINDUÍSMO), embora ainda talvez influenciadas pela concepção marxista da história como um "guia para a análise" (como disse Engels numa carta a C. Schmidt, de 5 de agosto de 1890). Essa última possibilidade encontra apoio no fato de que estudiosos, marxistas e não marxistas, reconhecem uma estreita ligação entre casta e classe. Além disso o desenvolvimento econômico da Índia deu lugar a importantes transformações no sistema de castas, das quais uma das mais significativas foi o aparecimento de "associações de casta" como importantes grupos de interesse econômico (Bailey, 1963, p.122-35). É claro, porém, que o estudo das castas pelos historiadores, antropólogo e sociólogos marxistas ainda está em sua infância.

TBB

Bibliografia: Bailey, F.G., *Politics and Social Change: Orissa in 1959*, 1963 • Béteille, André, *Caste, Class and Power: Changing Patterns of Stratification in a Tanjore Village*, 1965 • Dumont, Louis, *Homo hierachicus: essai sur le système des castes*, 1967; *Homo*

Hierarchicus: The Castle System and its Implications, 1970 • Kosambi, D.D., "Caste and Class in India", 1944 ◎ *An Introduction to the Study of Indian History*, 1956 • Rosas, Paul, "Caste and Class in Índia", 1943 • Srinivas, M.N. et al., "Caste: a Trend Report and Bibliography", 1959 • Thorner, Daniel, "Marx on India and the Asiatic Mode of Production", 1966.

centralização e concentração do capital
O capital tem dois aspectos distintos. Em relação ao processo de trabalho, ele existe como uma massa concentrada de meios de produção que comanda um exército de trabalhadores: em relação ao capitalista particular, representa a parte da riqueza social concentrada em suas mãos como capital. Esses aspectos do capital são, por sua vez, objeto de dois processos distintos: o processo de crescente concentração por meio da acumulação, que Marx chama de *concentração do capital*; e o processo de crescente concentração através da concorrência e do crédito, que ele chama de *centralização do capital.*

A acumulação é o reinvestimento do lucro em métodos de produção mais novos, mais poderosos. Novos métodos de produção implicam uma crescente escala mínima de investimento e uma crescente proporção do capital investido por trabalhador - portanto, uma crescente concentração do capital em relação ao processo de trabalho. Ao mesmo tempo, embora a acumulação tenda a aumentar o volume de capital à disposição de cada capitalista particular, a divisão da propriedade entre membros da mesma família, o aparecimento de capitais novos que se separam de capitais antigos e o nascimento de novos capitais tendem a aumentar o número dos próprios capitalistas e, portanto, a diminuir o capital social concentrado nas mãos dos capitalistas individualmente. Sendo a acumulação comparativamente lenta em relação a esses últimos fatores, o efeito líquido da propriedade tende a ser uma descentralização. O resultado final, portanto, é que a acumulação concentra o capital no processo de trabalho, mas tende a descentralizar a sua propriedade.

A concorrência e o crédito, por outro lado, aumentam a concentração nas duas frentes. A concorrência favorece os investimentos de grande escala graças aos menores custos de produção destes, ao passo que o sistema de crédito permite que os capitalistas particulares reúnam as grandes somas necessárias a tais investimentos. A concentração do capital no processo de trabalho avança, dessa forma, muito mais rapidamente do que lhe seria facultado fazer por efeito da mera acumulação de capital. Ao mesmo tempo, como a concorrência destrói os capitalistas mais fracos e o sistema de crédito permite ao forte engolir o fraco, crédito e concorrência levam a uma concentração da propriedade dos capitais que mais do que compensa as tendências descentralizadoras que decorrem diretamente apenas da acumulação.

No todo, portanto, o capitalismo é caracterizado pela crescente capitalização da produção, bem como por uma crescente centralização da propriedade do capital social; (*O Capital*, I, cap.XXIII; *O Capital*, III, cap. XV; *Teorias da mais-valia*, III). Na análise de Marx, esses dois fenômenos surgem da batalha da concorrência e, por sua vez, servem para intensificá-la. Na teoria econômica burguesa, porém, o próprio conceito de concorrência "perfeita" ou "pura" implica que qualquer concentração ou centralização seja a antítese da concorrência. *Uma vez identificada a concepção burguesa com a realidade da concorrência na primeira fase do capitalismo e/ou com a própria análise que faz Marx dessa fase*, o fato histórico da crescente concentração e centralização parece ser uma evidência *prima facie* do colapso da concorrência, da ascensão da concorrência "imperfeita", do oligopólio e do monopólio. Na economia marxista, a tradição dominante, que tem origem com Hilferding e foi desenvolvida por Kalecki, Steindl, Baran e Sweezy, faz exatamente essa dupla identificação. Isso leva os autores com ela identificados a argumentar que o capitalismo moderno é regulado, em última análise, pelos resultados do equilíbrio de forças entre os monopolistas, os trabalhadores e o Estado (ver CRISES ECONÔMICAS). No extremo oposto. Varga (1948) e alguns autores mais recentes argumentam que a concentração e a centralização na verdade intensificaram a concorrência, em vez de negá-la, e que as evidências empíricas da lucratividade com efeito trazem apoio à teoria da concorrência de Marx (Clifton, 1977 e Shaikh, 1982). Devemos notar que a autoridade teórica de Lenin é invocada pelos dois lados em apoio aos seus respectivos modos de pensar. Não será necessário dizer que esse debate tem implicações importantes para a análise do capitalismo moderno e da crise atual.

AS

Bibliografia: Clifton, James, "Competition and the Evolution of the Capitalist Mode of Production", 1977 • Shaikh, Anwar, "Neo-Ricardian Economics: a Wealth of Algebra, a Poverty of Theory", 1982 • Varga, Eugene, *Changes in the Economy of Capitalism Resulting from the Second World War*, 1948.

ciência A ciência está relacionada com marxismo sob dois aspectos: (a) como algo que o marxismo é ou pretende ser; (b) como algo que ele procura explicar (e talvez até mesmo transformar). Em (a) a ciência é um valor ou norma; em (b), um tópico de pesquisa e *investigação*. Sob o primeiro aspecto, *intrínseco*, o marxismo envolve, ou pressupõe, uma epistemologia (ver TEORIA DO CONHECIMENTO). Sob o segundo aspecto, *extrínseco*, constitui uma sociologia histórica. Como há outras ciências além do marxismo, uma epistemologia adequada irá além do marxismo em seus limites intrínsecos; mas, como há outras práticas sociais além da ciência, o marxismo é mais abrangente em sua dimensão extensiva. Muitos dos problemas associados ao conceito de ciência no marxismo nascem da incapacidade de conciliar e sustentar esses dois aspectos. Assim, a ênfase em (a) a expensas de (b) leva ao *cientificismo*, representado pelo deslocamento da ciência da esfera sócio-histórica e pela consequente perda de reflexividade histórica; ao passo que a ênfase em (b) às expensas de (a) leva ao *historicismo*, que é a redução da ciência a uma expressão do processo histórico, com o consequente relativismo de julgamento.

Ambos os aspectos estão presentes em Marx: de um lado, ele se diz empenhado na construção de uma ciência, o que pressupõe uma posição epistemológica determinada; do outro, considera toda ciência, inclusive a sua, como produto e como um suposto agente causal da história. *Historicamente*, Marx era um *racionalista* no sentido de que considerava a ciência como uma força progressista, potencial e realmente liberadora, capaz de aumentar o poder do homem sobre a natureza e sobre seu próprio destino. *Epistemologicamente*, Marx era, ou pelo menos veio a ser, um *realista* num sentido próximo do moderno REALISMO científico, pois compreendeu: (i) que a tarefa da teoria é proporcionar uma explicação adequada e empiricamente controlada das estruturas que produzem os fenômenos que se manifestam na vida socioeconômica, muitas vezes em oposição ao modo espontâneo como aparecem; (ii) que essas estruturas são ontologicamente irredutíveis e normalmente defasadas em relação aos fenômenos que geram, reconhecendo dessa maneira a estratificação e diferenciação da realidade; (iii) que sua representação correta no pensamento é dependente da transformação crítica das teorias e concepções preexistentes, inclusive (em parte) das que são praticamente constitutivas dos fenômenos em estudo; (iv) que o processo de conhecimento científico é uma atividade prática, laboriosa (na "dimensão transitiva"), que caminha lado a lado com o reconhecimento da existência independente e da transcendência ao fato concreto dos objetos desse conhecimento (na "dimensão intransitiva"), que permanecem "fora da cabeça, tal como antes" (*Grundrisse*, Introdução). Para Marx, não há contradição entre a *historicidade* do conhecimento e a *realidade* de seus objetos, devendo ambas ser consideradas como dois aspectos da unidade dos objetos conhecidos.

Esse sentido que é próprio da perspectiva científica de Marx – o racionalismo histórico e o realismo epistemológico – conservou-se no marxismo de Engels, que dominou a Segunda e a Terceira Internacionais, mas expressou-se de forma cada vez mais vulgar (para o que, aliás, é preciso reconhecer, o próprio Marx proporcionou amplos precedentes). Assim, passaram a predominar um triunfalismo tecnológico de tipo prometeico, disfarçado em uma concepção evolucionista ou mecanicista-voluntarista da história, e um realismo contemplativo ou vulgar, no qual o pensamento era visto como um reflexo ou cópia da realidade, interpretada em termos de uma cosmologia processual monista. Pelo menos a partir de Engels, o marxismo usou o conceito de dialética para registrar a "historicidade" de seu objeto de estudo e o conceito de materialismo para indicar a "cientificidade" de seu enfoque. E isso combinou-se, de maneira bastante mecânica (e hipernaturalista), no MATERIALISMO DIALÉTICO, que se dividiu, no MARXISMO OCIDENTAL, em correntes antitéticas: correntes dialéticas (principalmente antinaturalistas) e correntes materialistas (predominantemente naturalisas) – as primeiras tendendo ao historicismo e ao idealismo epistemológico; as outras marcadas pelo cientificismo e pelo materialismo epistemológico.

Nas três principais escolas do marxismo ocidental de vocação dialética – ou seja, (i) o historicismo hegeliano de Lukács, Korsch e Gramsci, (ii) a teoria crítica de Horkheimer, Adorno, Marcuse e Habermas, e (iii) o humanismo de Lefebre, Sartre, Kosik, Petrovit – a ênfase passa sucessivamente da ciência como fonte de mistificação para a ciência como agente de dominação e para a ciência como *hermeneuticamente inadequada* ao mundo humano. (i) Para Lukács, segundo o qual "há alguma coisa de altamente problemático no fato de que a sociedade capitalista está predisposta a harmonizar-se com o método científico" (1923/1971, p.7), a ciência, ao decompor totalidades em fatos fragmentados (atomizados), é essencialmente uma expressão da REIFICAÇÃO endêmica da sociedade capitalista; e o MATERIALISMO HISTÓRICO contrapõe-se à ciência ao caracterizar-se por um método totalizador que lhe é próprio. Temas semelhantes predominam na produção teórica de Korsch e Gramsci. (ii) Na tradição da ESCOLA DE FRANKFURT, a ciência é associada a uma razão ou interesse instrumental, que são entendidos, pelo menos na esfera social, como uma agência mais ou menos diretamente repressiva; à razão instrumental contrapõe-se a razão ou o interesse emancipatório, estimulante da vida, ou desrepressor, (iii) O marxismo humanista se tem inclinado, em geral, a um dualismo mais ou menos pronunciado, considerando o método de investigação social como caracteristicamente interpretativo ou dialético, etc., em contraste com o método das ciências naturais. A todas essas três escolas é comum uma concepção equivocada da ciência como necessariamente positivista (ver POSITIVISMO) e uma ênfase na prática humana, na dimensão transitiva, às expensas da eficácia transcendente, na dimensão intransitiva, levando ao idealismo epistemológico, ao relativismo axiológico, ao voluntarismo prático e/ou ao pessimismo histórico.

Por outro lado, as principais figuras do marxismo ocidental de inclinação materialista, como Althusser, Della Volpe e Colletti, procuraram separar a ciência do processo histórico (como no "teoricismo" althusseriano) ou cientificizar e racionalizar de maneira hipernaturalista a história (como em Della Volpe), enquanto, no plano epistemológico, tendem a retornar a posições filosóficas como o racionalismo (Althusser), o empirismo (Della Volpe), ou o kantismo (Colletti), já praticamente superadas por Marx. Esses pensadores têm, contudo, o mérito de reconhecer que o marxismo, pelo menos na forma como Marx o entendia, pretende ser uma ciência, e não uma filosofia, uma visão do mundo ou uma arte prática.

A apreciação dos aspectos intrínsecos e extrínsecos da ciência suscita as questões da autonomia específica do marxismo como ciência e de sua autonomia relativa como uma prática, dentro do campo das ciências e da totalidade social. Mais especificamente, o reconhecimento do aspecto epistemológico suscita os conhecidos problemas da ideologia e do *naturalismo*, isto é, de como os discursos e práticas sociais científicas, e particularmente os discursos e práticas marxistas, se distinguem dos discursos e práticas ideológicos, de um lado, e dos científico-naturais, de outro. Coloca-se assim a questão da autonomia específica do marxismo como projeto de investigação científica. O reconhecimento do aspecto histórico levanta uma série complexa de questões relacionadas com a situação das ciências, em geral, e do marxismo, em particular, na topografia do materialismo histórico, cuja importância teórica e prática seria difícil exagerar. Assim, é a própria ciência, ou apenas suas aplicações, uma força produtiva? Se a ciência é parte da superestrutura (ver BASE E SUPERESTRUTURA), como conceber a sua autonomia relativa? Será a ciência natural uma força produtiva e a ciência social uma parte da superestrutura destinada a desaparecer no comunismo? Poderá haver uma ciência natural proletária, como Bogdanov e Gramsci acreditavam, ou apenas uma ciência social proletária? Ou será a ideia desta última, como pretendia Hilferding, uma contradição nos termos? Qual a relação do desenvolvimento do conhecimento científico no marxismo e nas ciências em geral com as lutas populares em favor do controle pelos trabalhadores dos processos de trabalho científico? E, mais globalmente, qual a relação desse conhecimento e dessas lutas com o grande projeto inacabado da emancipação humana? (Ver também DIALÉTICA; MATERIALISMO e VERDADE.)

RB

Bibliografia: Althusser, Louis, "Sur la dialectique matérialiste", 1965 ["Sobre a dialética materialista", 1979] • Bhaskar, Roy, A Realist Theory of Science, 1978 • Cardoso, Miriam Limoeiro, *La ideologia dominante*, caps.1 e 2, 1975 • Coelho de Souza, Alberto, "Ciência e ideologia em Althusser", 1970 • Della Volpe, G., *Logica come seienza positiva*, 1950 (1969); *Logic as a Positive Science*, 1980 • Fleichsmann, E. et al., *Science et dialectique chez Hegel et Marx*, 1980 • Habermas, Jurgen, *Erkenntnis und Interesse*, 1968; Knowledge and Human Interests [Conhecimento e interesse, 1983] • Lecourt, D., *L'affaire Lissenko*, 1976; *Prolétarian Science? The case of Lysenko*, 1977 • Lowy, Michael, "Objectivité et point de vue de classe dans les scienees sociales", 1972 • Lukács, Georg, *Geschichte und Klassenbewusstsein*, 1923; *History and class consciousness*, 1971 [História e consciência de classe, 1974] • Rose, H. e S., *The political Economy of Science*, 1976.

ciências naturais O problema com as ciências naturais na história do marxismo é que elas sempre ofereceram uma alternativa tentadora ao idealismo e ao utopismo. Durante muitas décadas, alguns excertos do *Anti-Dühring* de Engels publicados sob a forma de um pequeno livro intitulado *Do socialismo utópico ao socialismo científico* constituíram o principal texto marxista de divulgação. Marx e Engels estavam ambos profundamente imbuídos do conceito de ciência como progresso que caracterizou o pensamento do século XIX, e alguns de seus intérpretes mais influentes – Bernstein, Kautsky, Plekhanov – valeram-se intensivamente de modelos e analogias com as ciências naturais para defender o caráter científico do marxismo, tendo recorrido principalmente à teoria da evolução de Darwin. Marx e Engels haviam formulado juízos nuançados sobre o DARWINISMO, mas seus intérpretes teóricos recorreram ao pensamento de Darwin como uma teoria que ligava concepções do homem e da sociedade a métodos e pressupostos da ciência. Marx referiu-se ao darwinismo como a base, na história natural, para sua interpretação da história (carta de Marx a Engels, 19 de dezembro de 1860), e Engels, em seu discurso diante do túmulo de Marx, referiu-se à descoberta feita por este da lei básica do desenvolvimento da história humana como análoga à descoberta de Darwin da lei da evolução orgânica. Mas ambos sentiam-se igualmente chocados com a imagem da natureza viva de que derivava o darwinismo – a lei malthusiana da luta, a lei de Hobbes de todos contra todos (carta de Marx a Engels, 18 de junho de 1862). Mesmo em seus escritos mais influenciados pelas ciências naturais, Engels interpôs o conceito de trabalho entre os macacos e os seres humanos (*Dialética da natureza*, cap.IX).

Marx e, especialmente, Engels estudavam atentamente o desenvolvimento científico da matemática, da biologia, da física e da química. Engels foi muito mais longe do que Marx na integração da dialética com as leis da natureza (ver DIALÉTICA DA NATUREZA). Marx preocupava-se mais com a ciência como força produtiva e como meio de controle *da* força de trabalho. Observou que as

> ciências naturais penetraram de *forma prática* na vida humana por meio da indústria e, com isso, transformaram a vida humana, preparando a emancipação da humanidade, embora seu efeito imediato fosse o de acentuar a desumanização do homem (...) as ciências naturais abandonarão sua orientação abstrata materialista, ou melhor, idealista, e se tornarão a base de uma ciência *humana*, tal como já se tornaram – embora de forma alienada – a base da vida humana concreta. Uma base para a vida e outra para a *ciência* é, *a priori*, uma falsidade. (*Manuscritos econômicos e filosóficos*, Terceiro manuscrito)

Nos *Grundrisse*, Marx ressalta a estreita ligação entre a indústria e a ciência e prevê que ela continuaria a aumentar ("Capítulo sobre o capital", p.704-5); no primeiro livro de *O Capital*, em um trecho verdadeiramente assustador sobre as inovações tecnológicas destinadas a controlar os trabalhadores, apresenta a seguinte citação de Ure: "Essa invenção confirma a grande doutrina, já proposta, de que quando o capital coloca a ciência a seu serviço, a mão rebelde do trabalho terá sempre de aprender a docilidade" (cap.XIII, 5).

Há muitas tendências no marxismo que ressaltam seu caráter de ciência, mas, quando a palavra "ciência" é analisada, verifica-se que é invocada com frequência como parte de uma busca de legitimidade e muitas vezes não é às ciências naturais que se está fazendo referência (ver REVOLUÇÃO CIENTÍFICA E TECNOLÓGICA). Quando a referência é às ciências naturais, usualmente o que se tem em mente são as fontes de pesquisa científica nas necessidades da produção. Isso evidenciou-se do modo mais eloquente em um ensaio de Boris Hessen (in Bukharin et al., 1931) sobre "as raízes sociais e econômicas dos *Principia* de Newton" que estabelece as relações desse famoso documento da revolução científica com as questões econômicas do século XVII. Outros ensaios, no mesmo livro, procuram mostrar que a teoria científica é a continuação da prática por outros meios. A ideia do caráter autossuficiente e autônomo da ciência, segundo Bukbarin, é um caso de falsa consciência, uma confusão das paixões subjetivas do cientista profissional com o papel social objetivo da ciência. A função social da ciência no processo de produção permanece (1931, p.19-21).

Gramsci afirma que todas as hipóteses científicas são superestruturas e e todo o conhecimento é historicamente relativo 1971, p.446 e 468).

> A matéria enquanto tal, portanto, não é assunto nosso, mas sim como ela é organizada social e historicamente para a produção, e as ciências naturais devem ser consideradas, de forma correspondente, como uma categoria essencialmente histórica, uma relação humana (...). Não seria possível dizer num certo sentido, e até certo ponto, que a natureza ofereceu a oportunidade, não para descobertas e invenções de forças preexistentes – e de qualidades preexistentes da matéria – mas para "criações" que estão estreitamente ligadas aos interesses da sociedade e ao desenvolvimento e às futuras necessidades do desenvolvimento das forças produtivas? (Gramsci, 1971, p.465-6)

O papel das ciências naturais e o desenvolvimento da ciência como força produtiva levaram a uma atenuação da distinção entre ciência e tecnologia, de tal modo que a reestruturação do capitalismo em torno, por exemplo, da microeletrônica, da biotecnologia e de meios cada vez mais sutis de vigilância e controle, levou a uma maior consciência da necessidade de políticas relativas à ciência, à tecnologia e à medicina. Em conjunto, os marxistas ortodoxos da tradição do MATERIALISMO DIALÉTICO trataram as práticas científicas como neutras em relação aos valores e acima da luta de classe (ver BERNAL), ao passo que os "teóricos críticos" (ver ESCOLA DE FRANKFURT) consideraram as categorias, os pressupostos e o papel legitimador das ciências naturais como o próprio centro do problema da transformação revolucionária. Como Marx e Engels disseram em *A ideologia alemã* (vol.I, I, A), "conhecemos apenas uma única ciência, a ciência da história".

RMY

Bibliografia: Arato, Andrew, "Re-examining the Second International", 1973-1974 • Badaloni, N., *Sulla dialettica della Natura di Engels*, 1976 • Bukharin, Nikolai et al., *Science at the Cross Roads*, 1931 (1971) • Gramsci, Antonio, *Selections from the Prison Notebooks*, 1971 • Jacoby, Russel, "Towards a Critique of Automatic Marxism: the Politics of Philosophy, from Lukács to the Frankfurt School", 1971 • Lichtheim, George, *Marxism: an Historical and Critical Study*, 1961 • Radical Science Journal Collective, "Science, Technology, Medicine and the Socialist Movement", 1981 • *Science et marxisme*, caderno II de *Les Cahiers du Centre d'Études Socialistes* • *Sul marxismo e le scienze*, caderno 6 de *Crítica marxista*, 1972 • Tosel, A., "Le matérialisme dialectique 'entre' les ciences de la nature et la science de l'histoire", 1977.

circulação Na teoria marxista, há uma nítida distinção entre a esfera da PRODUÇÃO, da qual se origina a MAIS-VALIA, e a esfera da TROCA, em que as mercadorias são compradas e vendidas e as finanças são organizadas. Durante a ACUMULAÇÃO de capital, registra-se um movimento permanente entre essas duas esferas de atividade, que constitui a circulação de capital. E isso se expressa na própria organização da grande obra de Marx: "Uma análise crítica da produção capitalista" é o subtítulo do primeiro livro de *O Capital*, ao passo que: "O processo de circulação de capital" é o tema do livro segundo; já o terceiro livro compreende igualmente as relações de DISTRIBUIÇÃO e tem o subtítulo de "O processo da produção capitalista como um todo".

A circulação do capital pode ser considerada a partir da perspectiva de um capitalista individual e dá origem ao circuito do capital industrial: D-M... P... M'-D'. O capital-dinheiro D (ver DINHEIRO) é adiantado para adquirir MEIOS DE PRODUÇÃO e FORÇA DE TRABALHO, que são então reunidos para que se inicie o processo de produção, passando a constituir, portanto, os elementos do capital produtivo P. O capital-mercadoria M' é o resultado do PROCESSO DE TRABALHO e tem, portanto, a ele incorporada mais-valia. A venda ou a realização dessas mercadorias faz voltar o circuito à forma dinheiro, mas este aparece agora quantitativamente expandido para M' para incluir o LUCRO. O circuito pode agora ser renovado, possivelmente expandindo-se para acomodar a acumulação. [...P...] constitui a esfera de produção que, é preciso observar, interrompe a esfera da troca na circulação do capital tal como a esfera da troca interrompe a esfera de produção já que as mercadorias devem ser compradas e vendidas, mas também produzidas, para que a circulação prossiga.

Para o capital como um todo, a circulação integra muitos desses circuitos individuais de capitais industriais. E para que ela possa fazê-lo, diferentes equilíbrios econômicos têm de ser estabelecidos. Em termos de VALOR DE USO, proporções adequadas de meios de produção e de meios de CONSUMO têm de ser produzidas e trocadas para que a produção possa ser empreendida e o trabalho empregado nos vários setores da economia. Em termos de valor de troca, os preços devem ser estabelecidos e o dinheiro ou crédito ser acessível para que capitalistas e trabalhadores possam obter as mercadorias adequadas, nas proporções adequadas e com lucro onde necessário. A economia burguesa e alguns economistas filiados à tradição marxista que encaram essas relações de circulação em termos de classes tomam um ou outro desses equilíbrios como um foco de análise, constituindo o seu colapso uma explicação da crise e da recessão. Podemos dizer que Marx fez quase o mesmo ao enfatizar a anarquia da produção capitalista. Marx, porém, acrescenta um terceiro equilíbrio a ser estabelecido, que combina os equilíbrios do valor do uso e do valor de troca presentes nos outros dias. Trata-se da circulação como um equilíbrio das relações de VALOR. Somente com isso é que as contradições da produção capitalista evidenciam-se na análise do processo da circulação.

Tal procedimento é consequência dos resultados a que Marx chegou no livro primeiro de *O Capital* com sua análise da produção capitalista. Marx mostra que, ao se formarem, as relações de valor estão sendo transformadas pela acumulação de capital, que reduz os valores ao promover o aumento da produtividade mediante a introdução da maquinaria (ver MAQUINARIA E PRODUÇÃO MECANIZADA). Se a circulação é analisada fazendo-se abstração da produção, só pode aparecer a possibilidade de CRISES ECONÔMICAS a partir de um dado valor de uso, dado valor de troca ou dadas relações de valor. A *necessidade* da crise nas relações econômicas só pode resultar da circulação do capital na medida em que esta coordena o processo de acumulação através da troca. É isso o que preocupa Marx quando ele analisa a lei da TENDÊNCIA DECRESCENTE DA TAXA DE LUCRO.

Escolas diferentes de economia política surgiram dentro do marxismo a partir de diferentes interpretações do processo de circulação, embora tais divergências de interpretação geralmente não sejam explicitadas. Para as teorias do subconsumo, a circulação de capital é determinada pelo nível de demanda e está situada predominantemente no movimento das relações de troca. Para os neorricardianos, a circulação é determinada pelas relações de distribuição, em que se corporifica uma relação inversa entre salários e lucros. Os fundamentalistas, ou a escola da lógica do capital, determinam a circulação pela produção, mas confinam as contradições à esfera da produção em vez de considerá-las como resultado da circulação como um todo, com a produção como determinante.

BF

Bibliografia: Boccara, Paul, *Sur la mise en mouvement du capital*, 1978 • Fine, Ben, *Marx's "Capital"*, cap.7, 1975 ◦ *Economic Theory and Ideology*, cap.2, 1980 • Fine, B. & L. Harris, *Rereading "Capital"*, cap.1, 1979 [Para reler *"O Capital"*, 1981].

circulação, meio de Ver DINHEIRO

classe O conceito de classe tem uma importância capital na teoria marxista, conquanto nem Marx nem Engels jamais o tenham formulado de maneira sistemática. Num certo sentido, ele foi o ponto de partida de toda a teoria de Marx, pois foi a descoberta do PROLETARIADO como a ideia no próprio real" – uma nova força política engajada em uma luta pela emancipação – que fez Marx voltar-se diretamente para a análise da estrutura econômica das sociedades modernas e de seu processo de desenvolvimento. Nessa mesma época (1843-1844), Engels, pelo lado da ECONOMIA POLÍTICA, estava efetuando a mesma descoberta, delineada em seu ensaio publicado em 1844 nos *Deutsch-Französische Jahrbücher* (*Anais Franco-Alemães*) e em seu livro *A condição da classe trabalhadora na Inglaterra* (1845). Assim, foram a estrutura de classes da fase inicial do capitalismo e as lutas de classes nessa forma de sociedade que constituíram o ponto de referência principal para a teoria marxista da história. Posteriormente, a ideia da LUTA DE CLASSES como força motriz da história foi ampliada, e no *Manifesto comunista* Marx e Engels afirmaram, em uma frase famosa, que "a história de todas as sociedades que até hoje existiram é a história das lutas de classes". Ao mesmo tempo, contudo, Marx e Engels admitiram que a classe era uma característica singularmente distintiva das sociedades capitalistas sugerindo mesmo em *A ideologia alemã* que a "própria classe é um produto da burguesia" – e não empreenderam qualquer análise sistemática das principais classes e relações de classes em outras formas de sociedade. Kautsky, em sua discussão sobre classe, ocupação e *status* (1927), argumentou que muitas das lutas de classes mencionadas no *Manifesto comunista* eram, na realidade, conflitos entre grupos de *status* e que Marx e Engels estavam cientes disso, já que, nesse mesmo texto, observaram que, "nas épocas mais antigas da História, encontramos em quase toda parte uma complicada disposição da sociedade em várias ordens, uma múltipla gradação de categorias sociais" e contrastaram essa situação com a "característica distintiva" da época burguesa, em que a "sociedade como um todo está cada vez mais dividida em dois grandes campos hostis, em duas grandes classes que se enfrentam diretamente – a burguesia e o proletariado". Mas existe claramente um sentido em que Marx quis afirmar a existência de uma divisão fundamental de classes em todas as formas de sociedade que sucederam as antigas comunidades tribais, e que aparece, por exemplo, quando ele argumenta, em termos gerais, que

> é sempre a relação direta entre os proprietários das condições de produção e os produtores diretos que revela o segredo mais íntimo, o fundamento oculto, de todo o edifício social. (*O Capital*, III, cap.XLVIII)

A maior parte dos marxistas posteriores seguiram os passos de Marx e Engels ao concentrarem sua atenção na estrutura de classes de sociedades capitalistas e tiveram de enfrentar duas questões principais. A primeira diz respeito precisamente às "complicações" da estratificação social em relação às classes fundamentais. No fragmento sobre "as três grandes classes da sociedade moderna", que Engels publicou como capítulo final do terceiro volume de *O Capital*, Marx observa que, mesmo na Inglaterra, onde a estrutura econômica "está mais desenvolvida, e de maneira mais clássica, (...) camadas intermediárias e transitórias obscurecem os limites das classes". Ao discutir as crises econômicas em *Teorias da mais-valia* (cap.XVII, 6), Marx observa que está deixando de lado, para os objetivos de sua análise preliminar, entre outras coisas, "a constituição real da sociedade, que, de maneira alguma, consiste unicamente da classe dos trabalhadores e da classe dos capitalistas industriais". Em outras passagens das *Teorias da mais-valia*, Marx refere-se explicitamente ao crescimento da classe média como um fenômeno do desenvolvimento do capitalismo:

> O que (Ricardo) se esquece de enfatizar é o contínuo aumento numérico das classes médias (...) situadas a meio caminho entre os trabalhadores, de um lado, e os capitalistas e proprietários de terras, do outro (...) (as quais) se assentam com todo o seu peso sobre a base trabalhadora e ao mesmo tempo aumentam a segurança e o poder social dos 10.000 das classes superiores. (cap.XVIII, seção B 1d)

De novo, referindo-se desta vez a Malthus,

> sua maior esperança (...) é que a classe média aumente em quantidade e o proletariado trabalhador forme uma proporção constantemente diminuída do total da população (mesmo se ela crescer em números absolutos). Esta é, de fato, a tendência da sociedade burguesa. (cap. XIX, 14)

Tais observações não se ajustam facilmente à ideia de uma polarização crescente da sociedade burguesa entre "duas grandes classes". E, uma vez que a classe média de fato continuou a crescer, os cientistas sociais marxistas, de Bernstein a Poulantzas, viram-se obrigados, repetidamente, a analisar a significação política desse fenômeno, sobretudo em relação ao movimento socialista.

A segunda questão diz respeito à situação e ao desenvolvimento das duas principais classes na sociedade capitalista, a burguesia e o proletariado. Em *O Dezoito Brumário de Luis Bonaparte* (parte VII), Marx definiu uma classe plenamente constituída do seguinte modo:

> Na medida em que milhões de famílias vivem sob condições econômicas de existência que separam seu modo de vida, seus interesses e a sua cultura daqueles das outras classes e as colocam em oposição hostil a essas outras classes, elas formam uma classe. Na medida em que há apenas uma interconexão local entre esses camponeses, de pequenas propriedades, e a identidade de seus interesses não gera nenhuma comunidade, nenhum elo nacional e nenhuma organização política entre eles, tais pessoas formam uma classe.

Em *Miséria da filosofia* (cap.II, 5), ao descrever o aparecimento da classe trabalhadora, Marx expressa a mesma concepção em termos positivos:

> As condições econômicas transformaram, em primeiro lugar, a massa do povo em trabalhadores. A dominação do capital sobre os trabalhadores criou a situação comum e os interesses comuns dessa classe. Assim, essa massa já é uma classe em relação ao capital, mas não ainda uma classe para si mesma. Na luta, da qual indicamos apenas algumas fases, essa massa se une e forma uma classe para si. Os interesses que ela defende tornam-se interesses de Classe.

Entre os autores marxistas mais recentes, Poulantzas (1974) rejeita (como um resíduo hegeliano) a distinção entre "classe em si" e "classe para si", argumentando como se as classes surgissem plenamente dotadas de consciência de classe e de organização política, em oposição específica à perspectiva proposta por Lukács (1923), que atribui importância crucial ao desenvolvimento da consciência de classe, que é trazida ao proletariado do exterior por um partido revolucionário (ver LENINISMO). Muitos autores marxistas vêm reconhecendo (cada vez mais nas duas últimas décadas) que, no caso da classe trabalhadora, o desenvolvimento de uma consciência "socialista" ou "revolucionária" coloca problemas que exigem uma análise mais cuidadosa e completa. O "interesse de classe" em si não é mais conhecido (como o foi de um modo geral por Marx) como um "fato social" objetivo e inequívoco, mas antes como algo cujo sentido é constituído pela interação e discussão das experiências da vida diária e as interpretações dessas mesmas experiências pelas doutrinas políticas; por conseguinte, como algo que pode assumir diversas formas, como indicam, de certo modo, as divisões históricas no movimento da classe trabalhadora. Em um extremo, alguns marxistas (por exemplo, Marcuse, 1964) sugeriram que o interesse de classe e a consciência de classe característicos da classe trabalhadora extinguem-se virtualmente em consequência de sua assimilação mais ou menos completa em sociedades industriais adiantadas; outros têm questionado essencialmente o ponto de vista de que a ação política é determinada principalmente pelas relações de classe (Wellmer, 1971) ou rejeitaram a noção de interesses da classe dominante em uma época de regulamentação estatal abrangente da vida social (Offe, 1972; ver também ESCOLA DE FRANKFURT). De forma menos extremada, o movimento socialista em sociedades capitalistas adiantadas tem sido visto como algo que apenas parcialmente depende da classe trabalhadora, dependendo cada vez mais de uma aliança de vários grupos (ver EUROCOMUNISMO). Essa posição ganha plausibilidade com a proeminência, em anos recentes, de movimentos políticos radicais não baseados em classes, entre os quais o movimento feminista e diversos movimentos étnicos e nacionais (ver FEMINISMO; NACIONALISMO; RAÇA).

Tais questões tornam-se ainda mais relevantes quando se trata do estudo da estrutura de classes das sociedades não capitalistas. Nas sociedades asiáticas, tais como Marx as definiu, o desenvolvimento das classes como principais agentes da transformação social parece estar fora de cogitação pela ausência da propriedade privada: o grupo dominante nesse tipo de sociedade pode ser visto não como o grupo dos proprietários de meios de produção, mas como o dos que controlam o aparelho de Estado (ver SOCIEDADE ASIÁTICA). Na sociedade antiga escravista (ver ESCRAVISMO) as linhas do conflito social estão longe de ser claras, e o próprio Marx refere-se algumas vezes às lutas de classes entre homens livres e escravos, outras vezes aos conflitos entre credores e devedores. Há também dificuldades para identificar os conflitos sociais que conduziram ao declínio do feudalismo: tem havido discordância entre o marxistas acerca do papel desempenhado pelas lutas de classes entre senhores e servos e, por outro lado, sobre a significação do surgimento de uma nova classe – os burgueses das cidades – e do conflito, que Marx tanto enfatizou, entre cidade e campo (ver SOCIEDADE FEUDAL; ESTÁGIOS DE DESENVOLVIMENTO e TRANSIÇÃO DO FEUDALISMO PARA O CAPITALISMO). Uma questão de ordem mais geral é a do lugar do CAMPESINATO na estrutura de classe e do seu papel político em diferentes tipos de sociedade. Marx, como tem sido observado, não considerava os camponeses franceses do século XIX como uma classe no sentido pleno, e ainda menos como uma classe revolucionária. As revoluções socialistas do século XX, porém, têm se efetuado principalmente nas sociedades camponesas, e segmentos da classe camponesa têm desempenhado um papel importante em movimentos revolucionários, como ainda desempenham em muitos países do Terceiro Mundo, embora possam ser algumas vezes conduzidos por partidos de base urbana ou por intelectuais urbanos (ver COLONIALISMO e SOCIEDADES COLONIAIS E PÓS-COLONIAIS).

Uma nova questão, enfrentada pelos marxistas da atual geração, é o aparecimento de uma nova estrutura de classe nas sociedades socialistas. Em termos amplos, duas abordagens alternativas podem ser distinguidas. A primeira assevera que uma nova classe, camada social ou elite dominante instalou-se no poder nesses países. Assim, Trotski, conquanto negasse que uma nova classe surgira na URSS, via a BUROCRACIA como o grupo dirigente em "Estado dos trabalhadores degenerado". O estudo recente mais completo é o de Konrád e Szelényi (1979, p.145), segundo os quais, "a estrutura social do socialismo inicial" é uma estrutura de classes, "e, na realidade, uma estrutura de classes de caráter dicotômico (...). Num extremo está uma incipiente classe de intelectuais que ocupam a posição de redistribuidores, no outro uma classe trabalhadora que produz o excedente social mas não tem direito de dispor dele". E prosseguem: "Esse modelo dicotômico de uma estrutura de classe não é suficiente para o propósito de classificar todos os membros da sociedade (tal como a dicotomia entre capitalistas e proletários não basta para que se possa definir a posição de todos os indivíduos na sociedade capitalista); uma fração cada vez maior da população deve ser situada em uma camada social intermediária" (ver CLASSE MÉDIA). A segunda abordagem é melhor ilustrada pelo estudo de Weselowski (1979), que analisa a transformação da estrutura de classes na Polônia, onde, a seu ver, houve um desaparecimento paulatino das diferenças de classe como consequência do declínio da importância da relação com os meios de produção, processo esse que foi acompanhado por uma diminuição de diferenças secundárias relacionadas com a natureza do trabalho e com atributos de posição social como renda, educação e acesso aos bens culturais. Daí ele excluir a ideia de uma nova classe dominante e enfatizar fortemente a decomposição da dominação de classe, embora ao mesmo tempo reconheça que as diferenças de status persistem como também os conflitos de interesse entre grupos e camadas sociais diferentes. Duas questões da maior importância colocam-se diante da avaliação dessas conceituações alternativas da estrutura social de sociedades socialistas: (a) terá havido uma transformação efetiva na relação com os meios de produção no sentido da instauração de controle coletivo público, genuíno, ou o que prevaleceu foi apenas uma nova forma de "propriedade econômica" ou "posse" (isto é, controle efetivo e não propriedade jurídica; ver PROPRIEDADE) dos meios de produção por parte de um grupo social específico que exerce o poder através do aparelhos do partido e do Estado? (b) os conflitos nas sociedades socialistas ocorrem unicamente entre grupos de *status* ou têm um caráter de classe mais amplo, como várias rebeliões nesses países – mais recentemente na Polônia – podem sugerir?

Os estudos marxistas desde o final do século XIX deixaram bem claro que a estrutura de classes é um fenômeno muito mais complexo e ambíguo do que parece em muitos dos textos de Marx e Engels, que foram grandemente influenciados em seus pontos de vista pelo caráter inegavelmente destacado das relações de classe no capitalismo de sua época e, sobretudo, pela emergência do movimento da classe trabalhadora na vida política. Vários problemas aqui mencionados resumidamente – entre os quais as transformações da estrutura de classes em sociedades capitalistas e socialistas e as suas implicações políticas, a constituição e o papel político das classes no Terceiro Mundo, a relação das classes e das lutas de classe com outros grupos sociais, inclusive nações, e com outras formas de conflito social – permanecem como um desafio à investigação mais profunda e rigorosa. Para usarmos as próprias palavras de Marx, eles não serão solucionados pelo "*passe-partout* de uma teoria histórico-filosófica" mas por uma análise concreta, em cada caso específico, das "circunstâncias empiricamente dadas".

TBB

Bibliografia: Carchedi, Guglielmo, *On the Economic Identification of Social Classes*, 1977 • Cardoso, F.H., "Altnussérisme ou marxisme? A propos du concept de classe chez Poulantzas", 1972 ["Althusserianismo ou marxismo? A propósito do conceito de classe em Poulantzas: comentários", 1973] • Cueva, Agustín, "La concepción marxista de las clases sociales", 1979 • Giddens, Anthony, *The Class Structure of the Advanced Societies*, 1973 [*A estrutura de classes nas sociedades avançadas*, 1975] • Konrád, George & Ivan Szelényi, *La marche au pouvoir des intellectuels*, 1975; *The Intellectuals on the Road to Class Power*, 1979 • Nicolaus, Martin, "Proletariat and Middle Class in Marx", 1967 • Ossowski, Stanislaw, *Class Structure in the Social Consciousness*, 1963 [*Estrutura de classes na consciência social*, 1976] • Poulantzas, Nicos, *Les classes sociales dans le capitalisme aujourd'hui*, 1974 [*As classes sociais no capitalismo de hoje*, 1978] • Santos, Teotônio dos, *Concepto de clases sociales*, 1973 [*Conceito de classes sociais*, 1982] • Weselowski, W., *Classes, Strata and Power*, 1979 • Wright, Erik Olin, *Class, Crisis and the State*, 1978.

classe, consciência de Ver CONSCIÊNCIA DE CLASSE

classe dominante A expressão "classe dominante" abrange duas noções, que Marx e Engels distinguiam, embora não as tivessem explicado sistematicamente. A primeira é a de uma classe economicamente dominante que, em virtude de sua posição econômica, domina e controla todos os aspectos da vida social. Em *A ideologia alemã* (vol.I, IA2) essa ideia é expressa da seguinte maneira: "As ideias da classe dominante são, em qualquer época, as ideias dominantes, isto é, a classe que é a força *material* dominante na sociedade é, ao mesmo tempo, sua força *intelectual* dominante. A classe que dispõe dos meios da produção material tem controle sobre os meios da produção intelectual". A segunda noção é a de que a classe dominante, para manter e reproduzir o modo de produção e as formas de sociedade existentes, deve necessariamente exercer o poder de Estado, isto é, dominar politicamente. No *Manifesto comunista*, Marx e Engels disseram que "a burguesia, finalmente, desde o estabelecimento da indústria moderna e do mercado mundial, conquistou para si, no moderno Estado representativo, o predomínio político exclusivo. A direção do Estado moderno é apenas um comitê de administração dos interesses comuns de toda a burguesia".

Entre os marxistas posteriores, Gramsci foi quem estabeleceu a distinção mais clara e mais explícita entre a dominação de classe na sociedade civil, que designou pela categoria de HEGEMONIA, e o domínio político enquanto tal, ou poder de Estado: "O que podemos fazer, no momento, é definir os dois principais 'níveis' da superestrutura: o que pode ser chamado de 'sociedade civil', isto é, o conjunto dos organismos habitualmente chamados de 'privados', e o da 'sociedade política' ou 'Estado'. Esses dois níveis correspondem, por um lado, à função de 'hegemonia' exercida pelo grupo dominante sobre toda a sociedade, e por outro, à função de 'domínio direto' ou comando, exercida através do Estado e do governo 'jurídico'" (Gramsci, 1971, p.12 e parte II). Nos últimos anos, duas questões preocuparam os que tentaram desenvolver uma teoria política marxista mais sistemática. Uma delas relaciona-se com o papel específico da hegemonia (isto é, a influência cultural geral da IDEOLOGIA) na manutenção e reprodução da dominação de classe. Gramsci reconhece claramente sua importância, mas foram principalmente os pensadores da ESCOLA DE FRANKFURT que a tomaram como a principal explicação da ausência de consciência de classe revolucionária e da continuada subordinada da classe operária nas sociedades capitalistas adiantadas. Uma "ideologia dominante" – cujos elementos não são especificados com muita precisão – assegura, ao que argumentam, uma "pacificação" do conflito social, uma assimilação mais ou menos total da classe operária pela ordem social existente e a exclusão da discussão pública de qualquer concepção alternativa radical da vida social. Não é isso, evidentemente, o que Marx e Engels pensavam que as "ideias dominantes" poderiam realizar; e a tese da ideologia dominante tem sido, também ela, criticada como um desvio do marxismo, por exagerar a influência das ideias, em contraposição "à monótona compulsão das relações econômicas", à repressão política, e ao reformismo bem-sucedido (ver Abercrombie, Hill e Turner, 1980).

A segunda questão refere-se à relação entre dominação de classe e poder de Estado: em estudos recentes (por exemplo, Poulantzas, 1968 e Miliband, 1977) acentuada ênfase tem sido conferida à "autonomia relativa" do ESTADO. A dominação de classe, argumenta-se, não se traduz automaticamente em poder de Estado, e o Estado não pode ser considerado simplesmente como o instrumento de uma classe. Outros pensadores radicais foram mais longe, separando a dominação econômica do governo político, e Wright Mills (1956), por exemplo, preferiu a expressão "elite do poder" a "classe dominante" (ver ELITES).

Uma outra série de problemas é levantada pela identificação e pela delimitação da classe dominante nas formas históricas particulares de sociedade. No debate sobre a TRANSIÇÃO DO FEUDALISMO PARA O CAPITALISMO, Maurice Dobb formulou uma importante questão sobre qual era a classe dominante nas sociedades feudais europeias entre os séculos XIV e XVII (Hilton, 1976), e perguntas semelhantes podem ser propostas com relação a outros contextos. Os contornos precisos de uma classe dominante ou dirigente são difíceis de definir na SOCIEDADE ANTIGA OU NA SOCIEDADE ASIÁTICA. Quanto às sociedades capitalistas, pode-se perguntar se, em fins do século XX, elas são dominadas pela BURGUESIA exatamente como no século XIX, ou se a classe dominante compreende atualmente elementos burgueses, tecnocráticos e burocráticos (como parece implícito nas definições do capitalismo de hoje como CAPITALISMO MONOPOLISTA DE ESTADO). E ainda se essa classe dominante tem uma relação diferente com as classes e grupos subordinados em consequência da intensificação do poder "contrabalançador" da classe operária e de outras organizações. Finalmente, tem-se discutido com frequência cada vez maior a emergência de uma nova classe dominante, historicamente excepcional, nas sociedades socialistas de hoje (ver CLASSE, e também Konrád e Szelényi, 1979). Essas questões constituem o centro dos debates atuais sobre a teoria política marxista e deram origem a novas propostas de esclarecimento teórico (ver Poulantzas, 1968 e Therborn, 1978) bem como vários estudos mais empíricos, particularmente sobre sociedades capitalistas (Domhoff, 1967 e Miliband, 1969).

TBB

Bibliografia: Abercrombie, Nicholas, Stephen Hill & Bryan S. Turner, *The Dominant Ideology Thesis*, 1980 • Domhoff, G. William, *Who Rules America?*, 1967 • Gramsci, Antonio, *Selections from the Prison Notebooks*, 1971 • Konrád, George & Ivan Szelényi, *The Intellectuals on the Road to Class Power*, 1979 • Miliband, Ralph, *The State in Capitalist Society*, 1969 [*O Estado na sociedade capitalista*, 1982] ◦ *Marxism and Politics*, 1977 [*Marxismo e política*, 1979] • Poulantzas, Nicos, *Pouvoir politique et classes sociales*, 1968 (1971); *Political Power and Social Classes*, 1973 [*Poder politico e classes sociais*, 1974] • Therborn, Göran, *What Does the Rulling Class do When Rules?*, 1978.

classe em si Ver CLASSE e CONSCIÊNCIA DE CLASSE

classe média Marx e Engels usaram a expressão "classe média" de várias maneiras, nem sempre coerentes. Engels, no seu "Prefácio" a *A condição da classe trabalhadora na Inglaterra* (1845), escreveu que havia usado a palavra alemã *Mittelklasse* "no sentido da palavra inglesa *middle-class* ou *middle-classes*, que corresponde ao francês *bourgeoisie* e significa aquela parte das classes proprietárias que se distinguia da aristocracia", e empregou o mesmo termo, na mesma acepção, referindo-se à evolução da burguesia no sistema feudal em *Do socialismo utópico ao socialismo científico* (1880). Marx, porém, usou a expressão mais no sentido de "pequena burguesia", para designar a classe ou camada social que está entre a burguesia e a classe operária. Em duas passagens de seus escritos publicados sob o título de *Teorias da mais-valia*, Marx referiu-se explicitamente à tendência ao crescimento da classe média como um aspecto importante do desenvolvimento do capitalismo (ver CLASSE). Nem Marx nem Engels estabeleceram uma distinção sistemática entre diferentes setores da classe média ou, em particular, entre a "velha classe média" de pequenos produtores, artesãos, profissionais independentes, agricultores e camponeses, e a "nova classe média" formada pelos trabalhadores em escritórios, supervisores, técnicos, professores, funcionários do governo, etc.

Posteriormente, os marxistas preocuparam-se particularmente com dois aspectos da classe média. O primeiro desses aspectos é a orientação política da classe média em diferentes contextos, que os marxistas analisaram, sobretudo em relação ao FASCISMO. Marx e Engels, de um modo geral, encaravam a pequena burguesia como um elemento conservador na sociedade. Ou a consideravam, lado a lado com a ARISTOCRACIA OPERÁRIA, como um elemento reformista nos movimentos operários (*Neue Rheinische Zeitung*, 1850). Nas décadas de 1920 e de 1930, os marxistas tenderam a vê-la como a principal base social dos movimentos fascistas. Mas há também, nas sociedades capitalistas desenvolvidas, o conhecido fenômeno do "radicalismo de classe média", e é impossível ir muito longe na análise do comportamento político da classe média sem distinguir os grupos muito diversos de que é formada; lojistas, pequenos produtores, profissionais liberais e pessoal administrativo muito bem remunerado (que se fundem com a burguesia), profissionais mal pagos, trabalhadores técnicos ou de supervisão, trabalhadores burocráticos e assim por diante. Mesmo depois de esses numerosos grupos serem devidamente diferenciados, ainda assim é difícil chegar a uma classificação satisfatória – por exemplo, em "alta" e "baixa" classe média – que explique integralmente as diferentes adesões políticas, desses setores médios, as quais, na verdade, são muito influenciadas, ao que tudo indica, por uma variedade de fatores culturais e por condições políticas específicas.

O segundo aspecto da classe média, que tem merecido ainda maior atenção dos marxistas, é o seu crescimento no capitalismo. Bernstein (1899) sugeriu, como uma das principais razões para a revisão da teoria marxista, o fato de que "a classe média não desaparece" (supondo, não sem algum fundamento, que a interpretação ortodoxa da polarização das classes exigia esse desaparecimento), e Renner (1953) argumentou, mais tarde, que o crescimento substancial da "classe de serviços" havia modificado fundamentalmente a estrutura de classe das sociedades capitalistas (ver AUSTROMARXISMO). A mais importante tentativa recente de definir a classe média e de determinar as fronteiras entre ela e a classe operária é a de Poulantzas (1974), que usa dois critérios para isso: a distinção entre trabalho produtivo e improdutivo (para ele, trabalhadores produtivos são os que produzem mais-valia e estão diretamente engajados na produção material) e a distinção entre trabalho intelectual e trabalho manual. O resultado de usar esses critérios é, como disse Wright (1978), tornar a classe operária muito pequena e a classe média muito grande nas sociedades capitalistas adiantadas, o que coloca alguns problemas para o futuro do movimento da classe operária, problemas esses que Poulantzas não enfrenta diretamente.

Outros autores marxistas seguiram o caminho simetricamente oposto em sua análise, argumentando que ou a classe média está sendo proletarizada em consequência da mecanização do trabalho de escritório e sua consequente "desqualificação" (Braverman, 1974), ou os técnicos, engenheiros e profissionais liberais empregados nos serviços públicos e na indústria formam parte de uma "nova classe operária" que mostrou seu potencial radical nos movimentos sociais de fins da década de 1960, particularmente na França (Mallet, 1963). A tese da proletarização é uma contrapartida direta da tese do aburguesamento da classe operária, sustentada principalmente por sociólogos não marxistas, mas que pode ser encontrada também, embora de forma um pouco diferente, na obra de alguns marxistas (por exemplo, Marcuse, 1964). Um juízo sobre essas interpretações contrárias só pode ser feito, em última análise, em termos da evolução das atitudes e das organizações políticas: estarão, de fato, os partidos de classe operária atraindo o apoio de setores da classe média que se proletarizam, no sentido de que estão perdendo as suas qualificações, quer na medida em que estejam constituindo uma nova classe operária em sua relação com as grandes empresas e o Estado? Ou mostrar-se-ão os partidos do "centro" capazes de crescer como órgãos representativos de interesses característicos da classe média? A análise marxista tem hoje de tratar dessas duas tendências reais das sociedades capitalistas, atentando, de um lado, para a falta de homogeneidade e para as acentuadas flutuações históricas que caracterizam a classe média em termos de perspectiva política, e, por outro lado, para algumas das características que definem sua posição social – sua situação no mercado e a influência que têm sobre ela considerações de *status* – particularmente ressaltadas por Max Weber (ver CRÍTICOS DO MARXISMO), em oposição à teoria marxista das classes sociais.

TBB

Bibliografia: Abercrombie, Nicholas & John Urry, *Capital, Labour and the Middle Class*, 1983 • Baudelot, C. & R. Establet & J. Malemort, *La petite-bourgeoisie en France*, 1974 • Braverman, Harry, *Labor and Monopoly Capital*, 1974 [*Trabalho e capital monopolista: a degradação do trabalho no século XX*, 1981] • Glucksmann, André, "Nous ne sommes pas tous prolétaires", 1974 ["Nem todos somos proletários", 1977] • Gueda, Paul, "A propos des soi-disant nouvelles 'couchesmoyennes'" 1973 • Guilhon de Albuquerque, J.A., "Notes sur le système du sousdéveloppement, le rôle de d'État et le concept de classes moyennes modernes", 1972 • Mallet, Serge, *La nouvelle classe ouvrière*, 1963 • Nicolaus, Martin, "Proletariat and Middle Class in Marx", 1967 • Poulantzas, Nicos, *Les classes sociales dans le capitalisme aujourd'hui*, 1974 [*As classes sociais no capitalismo de hoje*, 1978] • Renner, Karl, "The Service Class", in T. Bottomore & P. Goode (orgs.), *Austro-Marxism*, 1978 (1953) • Walker, P. (org.), *Between Capital and Labour*, 1980 • Wright, Erik Olin, *Class, Crisis and the State*, 1978 [*Classe, crise e o Estado*, 1981].

classe operária Para Marx e Engels a classe operária, engajada em sua luta contra a BUR-

GUESIA, era a força política que realizaria a destruição do CAPITALISMO e uma TRANSIÇÃO PARA O SOCIALISMO: era "a classe a que pertence o futuro" como escreveu Marx em seu prefácio à *Enquête Ouvrière* em 1880. No *Manifesto comunista*, Marx e Engels esboçaram o processo de formação da classe operária: "O proletariado atravessa várias fases de desenvolvimento. Com seu nascimento, começa a sua luta com a burguesia. A princípio essa luta é realizada pelos trabalhadores individualmente, em seguida pelos trabalhadores de uma fábrica, depois pelos de um mesmo ramo da indústria, em uma mesma localidade (...). Mas, com o desenvolvimento da indústria, o proletariado não só tem seu número aumentado, como se concentra em maiores massas, sua força aumenta (...) os trabalhadores começam a se articular". Por fim, as lutas locais se tornam centralizadas com a ajuda dos modernos meios de comunicação, transformando-se "em uma luta nacional entre classes". Durante a segunda metade do século XIX, o crescimento dos MOVIMENTOS OPERÁRIOS seguiu as linhas gerais das previsões de Marx e Engels, embora a criação de organizações partidárias próprias fosse relativamente lenta, exceto na Alemanha e na Áustria onde, em fins do século, havia partidos marxistas de grandes proporções e de grande força. Em seguida, porém, começaram a expressar-se as primeiras dúvidas quanto ao papel revolucionário da classe operária, notadamente por Bernstein, que contestou a ideia de uma crescente polarização de classes e de um confronto revolucionário, defendendo uma política de transição mais gradativa e pacífica para o socialismo. A partir de então, o movimento da classe operária dividiu-se claramente entre as alas reformistas (ver REFORMISMO) e revolucionária, embora também houvesse várias posições intermediárias, uma das quais foi a assumida pelo Partido Social-Democrata Austríaco (SPÖ), liderado pelos austromarxistas (ver AUSTROMARXISMO). A divisão tornou-se ainda mais acentuada depois da Revolução Russa, com a criação dos partidos comunistas e da Terceira Internacional (Comunista) como rivais dos velhos partidos social-democratas e da Segunda Internacional (ver COMUNISMO; INTERNACIONAIS e LENINISMO).

A discussão entre reformistas e revolucionários continua até hoje, mas não foi, e não pode ser, simplesmente um debate sobre princípios. Ela tem de relacionar-se com a situação social real e a perspectiva política da classe operária nos países capitalistas desenvolvidos e, sob esse aspecto, colocaram-se dois problemas de ordem geral. O primeiro tem como centro o fato de que, por toda parte, apenas uma minoria da classe operária (em certos países, como os Estados Unidos e a Inglaterra, uma minoria muito reduzida) jamais chegou a adquirir uma CONSCIÊNCIA DE CLASSE revolucionária e de que nunca uma consciência socialista de qualquer tipo deitou raízes profundas em toda a classe operária. Por outro lado, as revoluções socialistas deste século, lideradas em sua maioria pelos partidos comunistas, ocorreram em sociedades camponesas, e não nas sociedades onde predomina o capitalismo avançado. Os marxistas responderam a essa situação de várias maneiras. Lenin argumentou, de modo geral, embora não o fizesse em todas as ocasiões, que a classe operária não podia, pelos seus próprios meios, alcançar uma consciência revolucionária, a qual lhe devia ser transmitida por elemento a ela estranhos, por um partido de revolucionários marxistas comprometido com sua causa; e a mesma concepção foi exposta em termos mais teóricos por Lukács (1923). Outros marxistas, particularmente Rosa Luxemburg, criticaram a doutrina de Lenin como tendente a substituir a classe pelo partido e a levar a uma ditadura partidária sobre a classe. Mas a ideia de que é preciso transmitir à classe operária, de fora dela, uma consciência revolucionária cria outro tipo de dificuldade quando, após um período relativamente longo, torna-se evidente que, na maior parte dos países capitalistas, os partidos revolucionários e, em particular, os leninistas, não conseguiram conquistar senão o apoio de uma parcela muito reduzida da classe operária. Essa situação levou, por sua vez, os leninistas e outros a atribuírem o reformismo dos movimentos operários à crescente influência de uma ARISTOCRACIA OPERÁRIA. Mais recentemente, porém, essa atribuição começou a fundir-se com a ideia de um aburguesamento progressivo de grandes segmentos da classe operária e a provocar avaliações mais pessimistas quanto à sua missão histórica. Esse pessimismo expressou-se melhor pelos marxistas ligados à ESCOLA DE FRANKFURT, cujo reconhecimento do caráter não revolucionário da classe operária ocidental levou à depreciação radical do seu papel e à busca de outras forças revolucionárias na sociedade moderna particularmente durante as comoções de fins da década de 1960 – entre os estudantes, os jovens, os grupos étnicos explorados, as massas camponesas do Terceiro Mundo.

Mas há também uma ampla corrente do pensamento marxista que interpreta a evolução da política da classe operária no século XX (ocupando um terreno intermediário entre as duas posições já mencionadas) como uma conquista mais gradativa do poder, por meio de reformas sucessivas – uma "revolução lenta", na frase de Bauer – em consequência da qual se dá uma socialização progressiva da economia dentro do capitalismo e finalmente, a edificação de uma forma socialista democrática de sociedade. Essa concepção, porém, enfrenta o segundo problema mencionado acima, ou seja, a questão de estar ou não a classe operária declinando, de forma constante e inexorável, como proporção da população total dos países capitalistas adiantados. Sobre esse assunto, ligado à questão do crescimento da CLASSE MÉDIA, há hoje em dia um vigoroso debate entre os que veem uma "proletarização" de setores da classe média (Braverman, 1974) ou a emergência de uma "nova classe operária" (Mallet, 1963), abrangendo o que vinha sendo habitualmente considerado como ocupações de classe média, e os que consideram a classe média como uma categoria distinta, crescente, definida pelo caráter de seu trabalho – intelectual e de supervisão – ou pela sua situação no mercado e sua condição social, e que, portanto, acham que o avanço na direção do socialismo depende de uma aliança entre a classe operária e grandes segmentos da classe média. Mas, em qualquer dessas interpretações, a continuidade da "marcha para o socialismo" (Schumpeter) é entendida como crucialmente dependente da ação política da classe operária organizada, que continua sendo a mais poderosa força política para a transformação radical da sociedade.

TBB

Bibliografia: Adler, Max, "Metamorphosis of the Working Class", in T. Bottomore & P. Goode (orgs.), *Austro-Marxism*, 1933 (1978) • Balibar, Étienne, *Cinq études du matérialisme historique*, 1974 • Braverman, Harry, *Labor and Monopoly Capital*, 1974 [*Trabalho e capital monopolista*, 1981] • Gorz, André, *Stratégie Ouvrière néo-capitalisme*, 1964 [*Estratégia operária e neocapitalismo*, 1968] ◎ *Adieux au prolétariat*, 1980 [*Adeus ao proletariado*, 1982] • Mallet, Serge, *La nouvelle classe ouvrière*, 1963 • Mann, Michel, *Consciousness and Action Among the Western Working Class*, 1973 • Poulantzas, Nicos, "Les classes sociales", 1972 ["As classes sociais", 1973] ◎ *Les classes sociales dans le capitalisme d'aujourd'hui*, 1974 [*As classes sociais no capitalismo de hoje*, 1978] • Przeworski, Adam, "Proletariat into a Class: the Process of Class Formation from Karl Kautsky's *The Class Struggle* to Recent Cóntroversies", 1977 • Rubel, Maximilien, *Karl Marx: essai de biographie intelectuelle*, 1957 • Sweezy, P.M. & Charles Bettelheim, *Lettres sur quelques problèmes actuels du socialisme*, 1972 • Thiollent, Michel, "Sobre a enquete operária", 1980.

classe para si Ver CLASSE e CONSCIÊNCIA DE CLASSE

classes, luta de Ver LUTA DE CLASSES

coloniais, impérios Ver IMPÉRIOS DA ÉPOCA DE MARX

colonialismo As análises marxistas do colonialismo o têm abordado levantando e discutindo várias questões gerais. Em primeiro lugar, tentaram mostrar que o controle político direto de sociedades não capitalistas foi, de algum modo, resultado das necessidades da reprodução ou de desenvolvimentos tendenciais das economias industriais capitalistas europeias e norte-americana no século XIX. Em segundo, examinaram os efeitos políticos, econômicos e ideológicos da penetração do capitalismo industrial nas sociedades não capitalistas. Quanto a este aspecto, as análises preocuparam-se principalmente com os resultados de tais efeitos para o avanço do socialismo, tanto nas sociedades industriais capitalistas como nas sociedades colonizadas;

consequentemente, tenderam a enfocar as formas do desenvolvimento capitalista colonial criadas e perpetuadas pelas potências colonizadoras e as suas implicações. Finalmente, avaliaram as consequências possíveis do desenvolvimento do socialismo em sociedades coloniais para a transformação socialista em países colonizadores. Esses problemas têm sido abordados a partir de perspectivas teóricas e políticas diversas, dentro da tradição marxista, e as diferentes respostas dadas assentaram parâmetros para os debates marxistas sobre a natureza do desenvolvimento capitalista ou socialista pós-colonial (ver SOCIEDADES COLONIAIS E PÓS-COLONIAIS).

Grande parte dos textos de Marx e Engels sobre o colonialismo (Marx, 1968 e Marx e Engels, 1968) são comentários sobre os resultados do governo colonial britânico na Índia e na China. Tais escritos têm a forma de artigos e cartas, e os mais detalhados são os artigos escritos por Marx sobre a Índia em 1853. Nessa época, Marx trabalhava nos esboços dos *Grundrisse*; uma das partes dessa obra – as "Formas que antecederam a produção capitalista" – trata, de passagem, dos efeitos do governo colonial sobre os MODOS DE PRODUÇÃO NÃO CAPITALISTAS, particularmente sobre o modo de produção asiático (ver SOCIEDADE ASIÁTICA). Esses escritos, embora breves, indicam que Marx e Engels consideravam a relação entre o desenvolvimento capitalista industrial e a dominação e expansão coloniais uma relação complexa, irredutível às tendências econômicas "básicas" propostas como explicações por muitos autores marxistas posteriores. Marx e Engels argumentavam que a dominação colonial era necessária não simplesmente como um meio de ganhar acesso aos mercados e matérias-primas, mas também como uma forma de excluir nações industriais rivais, e nos casos em que a reprodução de economias não capitalistas era particularmente resistente à penetração capitalista. Colocaram, assim, a dominação colonial dentro de um contexto econômico geral de necessidade de mercados, de matérias-primas e de mercados de investimento, aos quais, contudo, a existência e a atuação do colonialismo não eram sempre redutíveis. A análise da resistência dos modos de produção não capitalistas à penetração do capitalismo industrial foi desenvolvida posteriormente no terceiro livro de *O Capital*, onde Marx ressaltou a importância do estado colonial para a transformação daqueles modos de produção não capitalistas cujo nível político era crucial para a sua reprodução (como, por exemplo, o modo de produção asiático).

Para muitos críticos parece haver duas linhas contraditórias na análise de Marx. Quando, por exemplo, ele analisa os efeitos do colonialismo sobre a sociedade indiana, mostra como a sua economia foi solapada pela destruição forçada do artesanato têxtil tradicional e pela negligência com os trabalhos coletivos e públicos organizados pelo Estado; mas, num evidente paradoxo, também afirma que a dominação colonial era benéfica, na medida em que introduziu um sistema econômico que revolucionaria a produção, trazendo mudanças tecnológicas que beneficiariam a população nativa a longo prazo. Esse aparentemente contraditório modo de ver o impacto colonial como a um só tempo prejudicial e benéfico tornou-se o foco dos debates marxistas sobre a "questão colonial".

A análise do impacto do colonialismo na desestruturação de modos de produção não capitalistas e em sua transformação num sentido capitalista foi desenvolvida posteriormente por Rosa LUXEMBURG. De uma perspectiva subconsumista que encarava a dominação colonial como um meio de destruir as economias autossuficientes no interesse de um capitalismo cuja reprodução era obstruída por uma contínua carência de demanda efetiva, Rosa Luxemburg definiu como destrutivos quatro mecanismos do capitalismo industrial. As economias naturais podiam ser minadas pela introdução de uma economia produtora de mercadorias e pela separação interna entre comércio e agricultura. Ou podiam ser coercitivamente reduzidas pela apropriação, mediante o uso de força, de suas terras férteis, matérias-primas e força de trabalho. Só o colonialismo poderia consumar essa obra de sabotagem com êxito: ele ocorria como um último recurso, quando a operação de mecanismos econômicos tais como comércio, investimento e monetarização não tivessem conseguido desarticular a reprodução da economia natural.

Com a obra de HILFERDING, a dominação colonial começou a ser encarada mais especificamente como o resultado de uma fase particular do desenvolvimento do capitalismo industrial. Hilferding associava o colonialismo com o advento do domínio do capital financeiro (ver CAPITAL FINANCEIRO) e o resultante aumento da exportação de capital das economias capitalistas industriais, em fins do século XIX. Isso lançou as bases da exacerbação dos conflitos entre Estados nacionais sobre a anexação e a consolidação de áreas coloniais (ver NACIONALISMO e GUERRA). LENIN ampliou e difundiu a análise de Hilferding, argumentando que a exportação de capital para áreas colonizadas conduziria à expansão e ao aprofundamento do desenvolvimento capitalista. A polêmica de Lenin com a teoria do "ultraimperialismo" de KAUTSKY centrava-se na questão da rivalidade interimperialista entre estados nacionais, que limitava suas possibilidades de exploração cooperativa de áreas colonizadas; esta posição, lado a lado com a adesão de Lenin à ideia de Marx de que a penetração capitalista é em última análise progressista, definiu uma das vertentes do debate sobre o colonialismo na Terceira Internacional (ver INTERNACIONAIS). As outras vertentes deste debate derivavam da premissa de Kautsky ou da insistência de BUKHARIN (e de Hilferding) na ideia de que a produção capitalista, em vez de difundir-se equilibradamente por toda a economia colonial, permaneceria restrita aos setores que operavam no interesse das economias capitalistas industriais. A perspectiva leninista foi aprofundada e ampliada, de modo importante, pelo marxista indiano Manabendra ROY e, mais tarde, por Eugen Varga. Os argumentos em favor da necessária restrição setorial da produção capitalista foram melhor representados por Pronin.

Esses debates sobre as formas do desenvolvimento capitalista promovidas pela dominação colonial, juntamente com as diferentes análises de seus efeitos sobre a estrutura de classes e o Estado, lançaram as bases para o surgimento das teorias do subdesenvolvimento e da dependência, bem como das críticas às mesmas, no período "neocolonial" posterior à independência política das principais colônias. A questão teórica principal continuou, porém a mesma: exigiria a reprodução capitalista industrial das economias avançadas, necessariamente, a imposição de uma forma específica de capitalismo colonial que desarticula o setor interno dos países dominados e conduz ao empobrecimento da população nativa (ver SUBDESENVOLVIMENTO E DESENVOLVIMENTO e TEORIA DA DEPENDÊNCIA).

A perspectiva marxista sobre o colonialismo tem sido alvo de críticas minuciosas, das quais as mais importantes levantam os seguintes pontos:

(i) o colonialismo não é peculiar a qualquer fase específica do desenvolvimento das economias capitalistas industriais. Embora a anexação e a expansão colonial se intensificasse no final do século XIX, as evidências são insuficientes para justificar o argumento marxista em geral e a análise de Lenin em particular.

(ii) Os argumentos econômicos da tradição marxista que afirmam a existência de um estágio "imperialista" de desenvolvimento capitalista são deficientes, para não dizer insustentáveis. Vários autores, notadamente Barratt-Brown (1974), Warren (1980) e O'Connor (1970), especificaram suas limitações principais: o "capital financeiro" – definido como o domínio dos bancos sobre o capital industrial – só prevaleceu em uma minoria das economias capitalistas industriais; a exportação de capital não aumentou dramaticamente na última parte do século XIX; não se trata apenas de uma questão de taxas de lucro mais altas nas colônias, mas sim da massa de lucros realizável, e esta sempre foi muito maior nas economias industrializadas; o declínio e o retardamento tecnológicos do progresso capitalista, que Lenin associava à necessidade de exportar capital, estão pouco evidenciados no século XIX e no início do século XX.

(iii) Seja qual for o número dos elos na cadeia entre as ações do Estado colonial e as exigências da reprodução das economias capitalistas industriais, as análises marxistas sobre o colonialismo sempre reduziram, em última análise, as primeiras às últimas. Esse determinismo econômico tem restringido fortemente as análises de aspectos como a estrutura de classes das sociedades coloniais, com sua reprodução contínua de agrupamentos econômicos cuja existência não pode ser explicada meramente pelas necessidades de reprodução do capitalismo industrial.

(iv) A análise das sociedades que existiam antes do impacto colonial tem sido ignorada, ou situada dentro das categorias residuais abrangentes cuja generalidade as tem tornado heuristicamente sem valor. Essas categorias são o conceito de Rosa Luxemburg de uma economia natural autossuficiente pré-capitalista, ou a noção de que as sociedades pré-coloniais equivaliam simplesmente às formações feudais europeias antes do advento do capitalismo.

(v) O enfoque centrado nas possibilidades de um capitalismo colonial que cria as bases para a transição para uma economia socialista tem conduzido à obsessão política e teórica com a emergência de uma BURGUESIA NACIONAL nas sociedades coloniais e pós-coloniais, o que limitou mais ainda as possibilidades de uma análise marxista rigorosa das classes e do Estado em tais sociedades. (Ver também IMPERIALISMO E MERCADO MUNDIAL.)

JGT

Bibliografia: Abdel-Malek, Anouar, *Sociologie de l'impérialisme*, 1971 • Barratt-Brown, M., *The Economics of Imperialism*, 1974 • Claudín, Fernando, "La experiencia colonial", 1970 ["A experiência colonial", 1977] • Clarkson, S., *The Soviet Theory of Development*, 1979 • Hilferding, R., *Das Finanzkapital*, 1910 (1955); *Finance capital*, 1981; *El capital financiero*, 1973 • Lenin, V.I., *Imperialism, the Highest Stage of Capitalism*, 1916 (1964) [*O imperialismo, fase superior do capitalismo*, 1971] • Luxemburg, Rosa, *Die Akkumulation des Kapitals*, 1913; *The Accumulation of Capital*, 1951 [*A acumulação do capital*, 1976] • Merle, Marcel (org.), *L'anticolonialisme européen de Las Casas à Sartre*, 1969 • O'Connor, J., 'The Economic Meaning of Imperialism", in R. Rhodes (org.), *Imperialism and Underdevelopment: a Reader*, 1970 • Palloix, Christian, *L'économie mondiale capitaliste*, t. II, 1971 • Pronin, A., *India*, 1940 • Rey, Pierre-Philippe, *Colonialisme, néo-colonialisme et transition au capitalisme*, 1971 • Roy, M.N., *India in transition*, 1922 • Santiago, Theo (org.), *Descolonização*, 1977 • Sartre, J.P., *Situations V: colonialisme, anticolonialisme*, 1964 [*Colonialismo e anticolonialismo*, 1966] • Varga, Eugen, *Changes in the Economy of Capitalism Resulting from the Second World War*, 1948 • Warren, B., *Imperialism, Pioneer of Capitalism*, 1980 • Yaari, Arieh, *Le défi national: les théories marxistes sur la question nationale à l'épreuve de l'Histoire*, 1978 • Ver igualmente as bibliografias de IMPERIALISMO E MERCADO MUNDIAL, INTERNACIONAIS, NAÇÃO, NACIONALISMO e SOCIEDADES COLONIAIS E PÓS-COLONIAIS.

comitês de fábrica Ver CONSELHOS

composição de valor do capital Ver COMPOSIÇÃO ORGÂNICA DO CAPITAL

composição orgânica do capital Com o desenvolvimento da maquinaria e da produção mecanizada, o PROCESSO DE TRABALHO é continuamente transformado pelos esforços do CAPITAL de aumentar a MAIS-VALIA (ver MAQUINARIA E PRODUÇÃO MECANIZADA). A mecanização permite a produção de uma quantidade maior valores de uso por trabalhador num mesmo período de tempo determinado, o que significa que o VALOR de cada VALOR DE USO produzido diminui. Mas a produção de mais valores de uso só pode ocorrer se houver aumento da quantidade relativa de meios de produção que um trabalhador, num tempo determinado, transforma em produtos, o que, por sua vez, significa uma redução do número de trabalhadores necessário por unidade de meios de produção para levar a termo uma determinada produção. No capitalismo, um aumento de produtividade implica sempre uma redução do número de trabalhadores em relação aos meios de produção com os quais trabalham. A razão entre a massa dos meios de produção e o trabalho necessário para pô-los em ação é chamada de "composição técnica do capital" (ou CTC), sendo a posição do capital entendida aqui em termos de valor de uso. Como não há uma maneira pela qual meios de produção heterogêneos e o trabalho concreto possam ser medidos, a CTC é uma razão puramente teórica, cujo aumento é sinônimo de um aumento de produtividade.

A composição do capital pode, é claro, ser medida em termos de valor, mas o resultado não é um conceito simples, que, aliás, muitas vezes, é mal-compreendido. Se os valores de uso fossem refletidos de forma não problemática pelos valores, quando a razão entre os meios de produção e o trabalho aumentasse, a razão, em termos de valor, entre o capital constante e o capital variável aumentaria *pari passu*. Mas, como os aumentos de produtividade reduzem os valores, não fica claro o que acontece à composição do capital em termos de valor em decorrência de tais aumentos. Por exemplo: com a elevação da quantidade dos meios de produção, e a consequente diminuição do valor de cada meio de produção unitário, o produto dos dois em conjunto – o capital constante – pode aumentar, diminuir ou permanecer estável, dependendo dos números em causa. Nesse quadro, os que argumentam que a composição do capital em termos de valor aumenta sempre e necessariamente veem-se reduzidos a uma afirmação que não pode ser fundamentada, exceto em termos de uma metafísica dúbia relacionada com a essência do capital.

Mas a questão é importante, uma vez que a dinâmica da composição do capital em termos de valor é fundamental para a análise que Marx faz do ciclo industrial, dos movimentos dos salários, do emprego e da taxa de lucro (ver ACUMULAÇÃO; EXÉRCITO INDUSTRIAL DE RESERVA; SALÁRIOS; TENDÊNCIA DECRESCENTE DA TAXA DE LUCRO). A interpretação seguida aqui baseia-se na que foi proposta por Ben Fine e Laurence Harris (1976 e 1979), que não encerra ambiguidades e é coerente com a análise de Marx (*O Capital*, I, cap.XXV; III, cap.VIII). Marx define a "composição orgânica do capital" (COC) como a composição técnica do capital representada em termos de valor. Os insumos (meios de produção e força de trabalho) são tomados pelos seus valores "antigos", fazendo-se abstração de alterações que ocorrem nos valores em consequência ao aumento de produtividade. Uma alteração na COC significa simplesmente o valor de uma modificação na CTC, e assim as variações na COC são diretamente proporcionais às variações na CTC. Já a "composição de valor do capital" (CVC) é a CTC em termos de valor, quando os insumos são tomados pelos seus valores correntes, ou "novos", e as diferenças entre a CVC e a COC refletem alterações dos valores que ocorrem em consequência do aumento da produtividade, o que sugere uma interpretação de número índice que Steedman (1977, p.132-6) procura fazer. Dessa forma, um aumento na CTC produz sempre um aumento na COC, mas o efeito total só é revelado na CVC, que pode aumentar ou não.

Como, então, são usadas essas categorias? Abordando a análise da acumulação da perspectiva daquilo que todos os capitais têm em comum – sua capacidade de se valorizarem – Marx mostra como o capital procura aumentar a mais-valia relativa com a introdução de maquinaria (CTC ascendente) que desenvolve continuamente as forças produtivas (ver FORÇAS PRODUTIVAS E RELAÇÕES DE PRODUÇÃO). Os valores dos insumos se acumulam à medida que a escala de produção se expande e os trabalhadores empregam mais matérias-primas e usam mais máquinas. Ao mesmo tempo, os valores unitários dos produtos baixam, porque a produtividade aumenta. Como caem precisamente esses valores depende da maneira pela qual os valores formados na produção são realizados na troca (ver CONCORRÊNCIA). Mas, visto que os ajustes exigem tempo, surgem divergências entre os valores dos insumos tal como resultam dos processos anteriores de produção (COC) e os mesmos insumos tal como tomados em termos dos valores que emergem dos processos de produção correntes (CVC). Essas discrepâncias podem ser marcadamente acentuadas para grandes blocos de capital fixo. Os valores "antigos" devem, a certa altura, ser ajustados (desvalorizados) em relação aos valores correntes e, se as discrepâncias forem grandes, isso pode resultar em um rompimento do processo de acumulação (ver CRISES ECONÔMICAS). Os vários conceitos que Marx construiu para a composição do capital são, portanto, adequados não a um processo de crescimento intemporal em equilíbrio, mas a um processo dialético pelo qual a essência das relações de valor (valorização pelo desenvolvimento das forças produtivas) é confrontada continuamente pelos obstáculos criados pelas formas de existência dessas relações (tais como a multiplicidade dos capitais em competição), e o ajuste pode ser muito descontínuo e abrupto.

Essa explicação também sugere quais são os motivos pelos quais tantos marxistas têm dificuldades com relação às várias composições do capital: o processo da valorização compreende o circuito total do capital, envolvendo tanto a PRODUÇÃO como a CIRCULAÇÃO. A circulação não é epifenômeno da produção, como também o capital em geral não é redutível a muitos capitais concorrentes. Consequentemente, a formação de valores na produção e a realização desses valores na concorrência pode envolver determinações contraditórias; as várias composições do capital são categorias destinadas a dar conta dessas contradições reais. (Para os debates mais recentes sobre o tema, ver Fine e Harris, 1976; Steedman et al., 1981; ver também CONTRADIÇÃO e DIALÉTICA.)

SM

Bibliografia: Fine, Ben & Laurence Harris, "Controversial Issues in Marxist Economic Theory", in R. Miliband & J. Saville 1976, *The Socialist Register*, 1976 ◎ *Rereading "Capital"*, 1979 [*Para reler "O Capital"*, 1981] • Magaline, A.D., *Lutte de classes et dévalorisation du capital*, 1975 • Mandel, Ernest, *Traité d'économie marxiste*, 1962 • Salama, P. & J. Vallier, *Une introduction à l'économie politique*, 1973 • Steedman, Ian, *Marx after Sraffa*, 1977 • Steedman, Ian et al., *The Value Controversy*, 1981.

composição técnica do capital Ver COMPOSIÇÃO ORGÂNICA DO CAPITAL

comuna de Paris A análise da Comuna de Paris de 1871 mostrava-se de fundamental importância para Marx, que tratou do assunto em vários escritos, notadamente os manifestos que compõem *A guerra civil na França* (1871) (complementados pela introdução de Engels, de 1891), e para Lenin, que a ela se dedicou especialmente em O *Estado e a revolução* (1917). Interpretações parcialmente conflitantes também foram propostas por Kautsky em *Terrorismus und Kommunismus* (*Terrorismo e comunismo*) (1919) e por Trotski em seu prefácio ao livro de Talès, *La Commune de Paris* (1921).

A Comuna de Paris, que durou dois meses, não resultou de qualquer ação planejada e, em momento algum, beneficiou-se da liderança de qualquer indivíduo ou organização que dispusesse de um programa coerente. É significativo, porém, que um terço dos membros eleitos da Comuna fossem trabalhadores manuais e em sua maioria estivessem entre a terça parte dos membros da Comuna que era constituída por ativistas do ramo francês da Primeira Internacional. Os membros desse governo foram escolhidos pelos eleitores parisienses numa eleição especial, organizada pelo Comitê Central da Guarda Nacional de Paris, uma semana depois que este se viu, inesperadamente, com o poder de Estado nas mãos, uma vez que o governo provisório francês se havia retirado apressadamente da capital depois que algumas de suas tropas se confraternizaram com o povo em 18 de março de 1871.

Marx achava que as "medidas tomadas pela Comuna, notáveis pela sua sagacidade e moderação, só podiam ser compatíveis com a situação de cidade sitiada". (...) "Suas medidas especiais não poderiam senão indicar a tendência de um governo do povo e pelo povo." Como reiterou mais tarde, em uma carta de 22 de fevereiro de 1881, endereçada a Domela Nieuwenhuis, a Comuna de Paris foi apenas "o levante de uma cidade, em condições excepcionais, e sua maioria não era, nem poderia ser, socialista".

Não obstante, se a Comuna não foi uma revolução socialista, ainda assim Marx ressaltou que sua "grande medida social (...) foi sua própria existência". Longe de dever ser vista como um modelo dogmático, ou como uma fórmula para governos revolucionários do futuro, a Comuna de Paris foi, para Marx, uma "forma política totalmente expansiva, ao passo que todas as formas anteriores de governo haviam sido enfaticamente repressivas". Insistindo nesse modo de ver de Marx, Lenin ressaltou que, dessa maneira, a Comuna havia improvisado uma "DITADURA DO PROLETARIADO", isto é, um Estado que daria um controle sem precedentes de todas as instituições, inclusive as coercitivas, à maioria dos eleitores, como parece ter realmente feito. Um Estado que seria muito adequado à emancipação do trabalho por meio do estabelecimento de uma sociedade socialista.

O grande interesse de Marx e de Lenin pelo caráter fundamentalmente democrático da Comuna de Paris tem sido tematizado pela literatura marxista desde princípios da década de 1920 como algo do maior relevo, que, em particular, tem constituído um elemento essencial para a crítica marxista do Estado unipartidário, rigorosamente monolítico, que surgiu na URSS com Stalin (ver Johnstone, 1978). A mais importante contribuição marxista recente para a história da Comuna de Paris é "Pouvoir, Pouvoirs, État en 1871", artigo de J. Bruhat, publicado em *Le Mouvement Social*, n.79, abril-junho de 1972. Para uma antologia das principais interpretações marxistas clássicas, ver Schulkind, 1972. Um exame das recentes questões de historiografia que inclui análises marxistas encontra-se em Leith, 1978. (Ver também DEMOCRACIA e ESTADO.)

ES

Bibliografia: Bruhat, J., "Pouvoir, Pouvoirs, État en 1871", 1972 • Johnstone, Monty, "The Commune and Marx's Conception of the Dictatorship of the Proletariat and the Role of the Party", in J.A. Leith (org.), *Images of the Commune*, 1978 • Leith, J.A. (org.), *Images of the Commune*, 1978 • Rougerie, J. (org.), *Jalons pour une histoire de la commune de Paris*, 1972, 1871 • Schulkind, Eugene, *The Paris Commune: The View from the Left*, 1972 • Tersen, B.D., *La Commune de 1871*, 1970.

comuna russa Antiga comunidade de camponeses russos na qual a terra era de propriedade inalienável da *obshchina*, ou comuna, e periodicamente redistribuída em lotes às famílias pertencentes à comuna, em geral de acordo com o número de adultos do sexo masculino existentes em cada família. A ideia de que a comuna russa poderia ser a instituição embrionária de uma sociedade igualitária descentralizada foi primeiro difundida por Alexander Herzen e, subsequentemente, por quase todos os teóricos do POPULISMO revolucionário na Rússia, que a viam como o veículo pelo qual a devastação econômica e moral trazida pelo capitalismo poderia ser evitada, e realizado o destino excepcional da Rússia de mostrar ao mundo a maneira pela qual o socialismo poderia ser realizado. A comuna, acreditavam eles, havia preservado a solidariedade natural e os instintos socialistas dos camponeses russos. A federação das comunas livres substituiria o Estado autoritário e lançaria as bases da fusão das instituições russas ancestrais com o pensamento socialista ocidental contemporâneo.

Levado pelos críticos russos (Mikhailovski e Zassulitch), Marx admitiu ser pelo menos possível que a Rússia pudesse evitar a desintegração do sistema comunal de ocupação da terra e os piores abusos do capitalismo. A comuna, em sua opinião, continha um dualismo inato: a propriedade comunal da terra, de um lado, e a propriedade privada das forças produtivas a ela aplicadas e dos bens móveis, de outro. Poderia, portanto, desenvolver-se em qualquer das duas direções. A questão da comuna camponesa levou Marx a uma importante clarificação de sua concepção da necessidade histórica. Não havia, sustentava ele, em 1877, nenhuma abstratamente necessária ou inelutável progressão da propriedade comunal primitiva para a propriedade privada (capitalista), e desta para o socialismo, que fosse aplicável a todas as sociedades (ver MATERIALISMO HISTÓRICO; ESTÁGIOS DE DESENVOLVIMENTO). E deixou claro que não havia pretendido, em *O Capital*, construir "uma teoria histórico-filosófica geral cuja suprema virtude estivesse em ser suprahistórica". Também observou que as perspectivas da comuna dependiam muito das políticas do Estado russo. Sua conclusão geral foi a de que o potencial socialista da comuna só poderia ser realizado se o czarismo fosse derrubado e, além disso, se a revolução na Rússia "se tornasse o sinal para uma revolução proletária no Ocidente, de modo que ambas se complementassem" ("Prefácio" à edição russa do *Manifesto comunista*, 1882).

A avaliação de Marx foi mais reconfortante para a política voluntarista dos populistas do que para seus partidários, os emigrados russos do Grupo Emancipação do Trabalho, chefiados por Plekhanov, que, àquela altura, já havia concluído que a produção de mercadorias e a diferenciação social haviam enfraquecido a tal ponto a comuna que a tornavam implausível como um trampolim para o socialismo. A controvérsia entre marxistas e populistas quanto à vitalidade da comuna camponesa continuou por toda a década de 1880 e a de 1890. A refutação mais completa dos argumentos populistas foi feita por Lenin em *O desenvolvimento do capitalismo na Rússia* (1899), mas as concepções populistas reapareceriam sob novas formas nos debates entre os marxistas e os socialistas revolucionários nas duas primeiras décadas do século XX.

NH

Bibliografia: Blackstock, P.W. & B.F. Hoselitz (orgs.), *Marx and Engels: the Russian-Menace to Europe*, 1952 • Dangeville, Roger, "Marx et la Russie: lettres de Marx à Vera Zassulitch", 1965 • Herzen, A., "The Russian People and Socialism", in A. Herzen, *Selected Philosophical Works*, 1956 • Lenin, V.I., *The Development of Capitalism in Russia*, 1899 (1960) [*O desenvolvimento do capitalismo na Rússia*, 1982] (especialmente a seção XII do cap.II e a seção XI do cap.III) • Plekhanov, G.V., *Our Differences, in Selected Philosophical Works*, vol.I, 1885 (1961) (especialmente cap.III) • Venturi, F., *Il popolismo russo*, 1952; *Roots of Revolution*, 1960.

comunidade primitiva Ver COMUNISMO PRIMITIVO

comunismo Marx refere-se a comunismo – a palavra teve origem nas sociedades secretas revolucionárias atuantes em Paris em meados da década de 1830 – em dois sentidos diferentes mas relacionados: como um movimento político da classe operária atuante na sociedade capitalista e como uma forma de sociedade que a classe trabalhadora criaria com sua luta. No primeiro sentido, ele escreveu no terceiro de seus *Manuscritos econômicos e filosóficos* – provavelmente influenciado não apenas pelo trabalho de Lorenz von Stein (1842) sobre o proletariado e o comunismo ("a reação de toda uma classe"), mas também pelos seus contatos pessoais com os comunistas franceses da Liga dos Justos – que "todo o desenvolvimento histórico, tanto a gênese *real* do comunismo (o nascimento de sua existência empírica) como a sua consciência pensante, é seu processo de vir-a-ser compreensivo e consciente". Alguns anos depois, ele e Engels, no *Manifesto comunista*, asseveraram que "os comunistas não formam um partido separado e oposto a outros partidos de classes trabalhadoras", e "não têm quaisquer interesses à parte daqueles do proletariado como um todo"; distinguem-se apenas por enfatizarem sempre "os interesses comuns do proletariado como um todo" e por representarem "os interesses do movimento como um todo".

Durante a segunda metade do século XIX, os termos "socialismo" e "comunismo" passaram a ser usados geralmente como sinônimos na designação do movimento da classe trabalhadora, embora o primeiro fosse muito mais usado. Marx e Engels seguiram esse uso até certo ponto e não faziam grande objeção nem mesmo à expressão "social-democrata" (ver SOCIAL-DEMOCRATA), adotada como designação por alguns partidos socialistas, notadamente os dois maiores, na Alemanha e na Áustria; embora Engels ainda expressasse reservas em 1894, dizendo que embora "o nome possa passar", era inadequado "para um partido cujo programa econômico não é meramente socialista em geral, mas especificamente comunista, e cujo objetivo político supremo é o de superar todo e qualquer Estado e, consequentemente, também a democracia" ("Introdução" a uma coletânea de seus ensaios publicados no *Volksstaat*). Somente após 1917, com a criação da Terceira Internacional (Comunista) e de partidos comunistas empenhados em violento conflito com outros partidos da classe operária, o termo "comunismo" adquire de novo um sentido bem distinto, semelhante àquele que tinha por volta de meados do século XIX, quando foi contrastado, como uma forma de ação revolucionária visando à derrubada violenta do capitalismo, com o socialismo enquanto movimento constitucional e mais pacífico de reformas progressivas. Subsequentemente – e em particular durante o período do stalinismo – o comunismo veio a ter um outro significado, o de um movimento liderado por partidos autoritários, em que a discussão aberta da teoria ou da estratégia política marxista fora suprimida, e caracterizado por uma subordinação mais ou menos total dos partidos comunistas de todos os outros países ao partido soviético. É neste sentido que o comunismo pode agora ser visto como um movimento político característico do século XX, que foi amplamente estudado e criticado não só por opositores do marxismo (como é bastante natural), mas por muitos marxistas. Fernando

Claudín (1970) fez uma das análises mais abrangentes da degeneração do movimento comunista em um estudo dos fracassos da política do Comintern durante a década de 1930, na Alemanha, nas frentes populares daquele período e na China, bem como do declínio mais recente da influência política soviética desde a secessão iugoslava, as revoltas na Europa Oriental e a ruptura com a China comunista. "Com a morte de Stalin", conclui Claudín, "o movimento comunista entrou em seu declínio histórico". Uma análise similar sob muitos aspectos, escrita a partir de dentro da realidade da Europa Oriental e propondo meios para restabelecer um projeto socialista viável naquela parte do mundo, é a de Rudolf Bahro (1977). Na Europa Ocidental, a crise do movimento comunista expressou-se através do eurocomunismo que, pela ênfase que atribui ao valor das instituições democráticas ocidentais historicamente evoluídas e por sua tentativa de reaproximação com a social-democracia, talvez assinale o início de uma nova fase na qual o comunismo, enquanto tendência política acentuadamente separada do socialismo, uma vez mais desaparecerá.

O segundo sentido do termo comunismo – o comunismo como uma forma de sociedade – foi discutido por Marx em várias ocasiões, tanto nos seus primeiros textos como nos últimos, embora somente em termos muito gerais, já que ele repudiava qualquer projeto de escrever "receitas (comtianas) para as cozinhas do futuro". No terceiro de seus *Manuscritos econômicos e filosóficos*, Marx diz que:

> O comunismo é a abolição *positiva da propriedade privada, da alienação humana*, e portanto a verdadeira apropriação da natureza *humana* através do e para o homem. O comunismo é, portanto, o retorno do próprio homem como um ser *social*, isto é, realmente humano; um retorno completo e consciente que assimila toda a riqueza do desenvolvimento prévio.

Mais tarde, ele e Engels deram a essa concepção um significado sociológico mais preciso ao especificarem a abolição das classes e da divisão do trabalho como condições prévias para uma sociedade comunista. Assim, em *A ideologia alemã* (Vol.I, I, C), argumentam que a fim de se consumar uma tal sociedade era necessário que os indivíduos

> restabelecessem seu controle sobre aquelas forças materiais e abolissem a divisão do trabalho. Isto não é possível sem uma comunidade (...). A ilusória comunidade na qual, até a presente, os indivíduos se têm combinado sempre adquiriu uma existência independente, à parte desses mesmos indivíduos, e, já que era a união de uma classe contra outra, representava, para a classe dominada, não só uma comunidade completamente ilusória como também uma nova algema. Numa comunidade genuína, os indivíduos conquistam sua liberdade na/e através de sua associação.

Foi nesse sentido também que Marx e Engels se referiram às antigas sociedades tribais – em que não havia propriedade privada, divisões de classes ou uma ampla divisão do trabalho – como "comunismo primitivo". Em obras subsequentes, Marx procurou definir o caráter econômico da futura sociedade comunista como uma "sociedade de produtores associados", argumentando, no terceiro livro de *O Capital* (cap.LXVIII), que a liberdade na esfera econômica só poderia consistir "no fato de a humanidade socializada, os produtores associados, regularem seu intercâmbio com a natureza racionalmente, trazendo-a sob seu controle comum, ao invés de serem por ela governados como por algum poder cego".

Somente na *Crítica ao Programa de Gotha* Marx fez a distinção entre duas etapas da sociedade comunista: uma fase inicial, logo depois da nova sociedade ter surgido da sociedade capitalista, em que o indivíduo recebe por seu trabalho e compra bens de consumo (isto é, a TROCA continua); e uma fase mais elevada em que cada pessoa contribui para a sociedade de acordo com a sua capacidade e dela retira conforme suas necessidades. Foi Lenin (1917) quem popularizou a descrição dessas duas etapas como "socialismo" e "comunismo", embora Tugan-Baranovsky tivesse sugerido esse uso anteriormente (1908), e a terminologia tornou-se então parte da ortodoxia leninista. Mas, embora em pronunciamentos oficiais na URSS e em outros países do Leste Europeu ainda se façam referências a essas duas fases, elas não são o ponto focal das discussões atuais entre os marxistas, que se relacionam principalmente com duas questões que nascem das experiências concretas dos países socialistas. Uma dessas questões diz respeito ao papel do mercado num sistema socialista – ou melhor, uma vez que as relações de mercado se fazem cada vez mais presentes nas sociedades socialistas – à operação efetiva de uma "economia de mercado socialista", que é cada vez mais tida como capaz de proporcionar não apenas maior eficiência econômica mediante uma alocação mais racional de recursos de produção e distribuição como também uma substancial descentralização da tomada de decisões para as empresas públicas "autodirigidas" de todos os tipos, bem como para empresas de propriedade privada de menor escala (ver especialmente Brus 1972 e 1973). Isso deve ser encarado, contudo, no contexto da alocação constante de uma grande parte do produto nacional bruto, segundo mecanismos não mercadológicos, sob a forma de amplos serviços sociais, embora esta seja, atualmente, também uma faceta das sociedades capitalistas desenvolvidas.

A segunda questão refere-se à visão de Marx das necessidades humanas e da organização do trabalho humano para satisfazer essas necessidades na sociedade comunista, que formou um pano de fundo impreciso para as concepções marxistas da futura ordem social, mas que tem sido pouco estudada de um modo explícito até anos recentes em sua relação com os problemas práticos do socialismo. Um estudo importante (Heller, 1976) assinala algumas incoerências na própria concepção de Marx. Nos *Grundrisse*, a alienação do trabalho (seu caráter externamente imposto) é superada, e o trabalho se converte em *travail attractif*, uma necessidade vital, já que "todo o trabalho torna-se essencialmente trabalho intelectual, o campo para a autorrealização da personalidade humana". Mas, em *O Capital*, embora a alienação cesse, o trabalho não se torna *travail attractif*, pois, como escreveu Marx (*O Capital*, III, cap.XLVIII) "a esfera da produção material... permanece um domínio da necessidade", e "o verdadeiro domínio da liberdade" só começa além dele, nas horas de lazer. Por esse motivo, permanece a obrigação de trabalhar (isto é, uma coerção) na sociedade dos produtores associados. Uma solução do problema dentro da própria obra de Marx deve ser encontrada, argumenta Agnes Heller, na ideia de que, nesse tipo de sociedade, uma nova "estrutura de necessidades" emergirá, e a vida cotidiana não será construída em torno do trabalho produtivo e do consumo material, mas sim em torno de atividades e relações humanas que são fins em si mesmas e se transformam nas necessidades principais. Mas Agnes Heller reconhece, por um lado, que restam imensas dificuldades para que se possa determinar quais as "verdadeiras necessidades sociais" no setor da produção e para assegurar que *todos* tenham voz nas decisões sobre a alocação da capacidade produtiva (problema ainda maior se a sociedade comunista for concebida, como deve ser, como uma sociedade global); e, por outro lado, que as ideias de Marx sobre o novo sistema de necessidades são utópicas – mas frutíferas na medida em que estabelecem uma norma pela qual se pode medir a qualidade da vida presente. De um modo similar, Stojanović (1973), que vê as maiores perspectivas de inovações essenciais no marxismo na sua confrontação crítica com a sociedade socialista tal como existe atualmente, argumenta que a edificação de uma sociedade socialista desenvolvida "só é possível se abordada do ponto de vista do comunismo amadurecido", o que equivale a dizer, do ponto de vista de uma norma moral (mesmo utópica).

Nas recentes discussões marxistas sobre uma futura sociedade sem classes, a distinção entre socialismo e comunismo como etapas "inferior" e "superior" perdeu muito de sua importância e parece na verdade simplista. O movimento no sentido dessa sociedade pode passar por muitas etapas, no momento inteiramente imprevisíveis, e pode também experimentar interrupções e regressões. O que parece importante, agora, para a maioria dos que participam destes debates, é empreender, por um lado, um estudo empírico e crítico mais profundo das instituições, práticas e normas sociais vigentes, tanto nos países capitalistas como nos socialistas, do ponto de vista de suas potencialidades inerentes para o desenvolvimento no sentido do ideal de Marx; e, por outro lado, uma elaboração mais rigorosa das normas morais de uma sociedade socialista (ver ÉTICA; MORAL). O argumento de Wellmer (1974), que rejeita a noção de "um mecanismo de emancipação" fundado na economia e afirma "ser necessário incluir a democracia socialista, a justiça socialista, a ética socialista e uma 'consciência socialista' entre os componentes de uma sociedade socialista a ser 'incubada' no ventre de uma ordem capitalista", pode muito bem ser aplicado aos países socialistas existentes, desde que com a devida consideração de suas características e problemas específicos. (Ver também IGUALDADE; SOCIALISMO.)

TBB

Bibliografia: Badaloni, Nicola, *Per il comunismo*, 1972 • Bahro, Rudolf, *Die Alternative*, 1977; *The Alternative in Eastern Europe*, 1978 [*A alternativa: para uma crítica do socialismo real*, 1980] • Bernardo, João, *Para uma teoria do modo de produção comunista*, 1975 • Brus, Wlodzimierz, *The Market in a Socialist Economy*, 1972 • *The Economics and Politics of Socialism*, 1973 • Cammet, J.M., *Antonio Gramsci and the origins of italian comunism*, 1967 • Claudín, Fernando, *Las crisis del movimiento comunista*, 1970; *La crise du mouvement communiste international: du Komintern au Cominform* (1972); *The Communist Movement: From Comintern to Cominform* (1975) • Deutscher, Isaac, *Ironies of History*, 1964 (1966) [*Ironias da história*, 1968] • Heller, Agnes, *The Theory of Need in Marx*, 1976 • "La nature des pays de l'Est", *Critiques de l'Economie Politique*, n.7-8, 1922 • Lenin, V.I., *State and Revolution*, 1917 (1964) [*O Estado e a Revolução*, 1980] • Löwy, Michael, "Marx e o partido comunista (1846-1848)", 1968 • Moore, Stanley, *Marx on the Choice between Socialism and Comunism*, 1980 • Müller, Hans, *Ursprung und Geschichte des Wortes "Sorialismus" und seiner Vervandten*, 1967 • Stojanovic, Svetozar, *Between Ideais and Reality: a Critique of Socialism and its Future*, 1973 • Tartakowski, D., *Les premiers communistes*, 1979 • Touvais, Jean-Yves, "Le communisme est un objectif de l'humanité que l'on atteint consciemment", 1972 • von Stein, Lorenz, *Der Sozialismus und Kommunismus des heutigen Frankreich*, 1842; *The Social Movement in France* (1964) • Wellmer, Albrecht, *Critical Theory of Society*, 1971 • Zinoviev, Alexandre, *Le communisme comme réalité*, 1981.

comunismo primitivo Expressão que se refere ao direito coletivo aos recursos básicos, à ausência de direitos hereditários ou de domínio autoritário e às relações igualitárias que antecederam à exploração econômica e à sociedade de classes na história humana. Durante muito tempo tema de relatos de viajantes que vinham de sociedades estratificadas e dotadas de Estado, ou fonte de inspiração para obras humanistas (como a *Utopia*, de Thomas Morus) e para rebeldes políticos e comunidades socialistas experimentais, o conceito teve uma primeira materialização etnográfica mais especificada em 1877, com Lewis Henry Morgan. Valendo-se dos conhecimentos obtidos diretamente em pesquisa de campo junto aos iroqueses, Morgan, em *Ancient Society*, descreveu a "liberdade, igualdade e fraternidade das antigas gens" (1974, p.562) e, em *Houses and House-Life of the American Aborigines* (1881) descreveu e analisou pormenorizadamente como o "comunismo no modo de viver" refletia-se na arquitetura das aldeias dos norte-americanos nativos.

Em *A origem da família, da propriedade privada e do Estado* (1884), Engels desenvolveu, a partir das copiosas notas de Marx sobre *Ancient Society* (ver Krader, 1972), bem como a partir do próprio texto de Morgan, uma análise do comunismo primitivo e dos processos que levaram à sua transformação. Aplicou aos dados produzidos por Morgan e a outros o conceito fundamental da análise do capitalismo desenvolvida por Marx, ou seja, a transição da produção destinada ao uso para a produção de mercadorias destinadas à troca. E acrescentou suas próprias reflexões sobre a transformação concomitante das relações comunais de família em famílias individuais como unidades econômicas e da igualdade dos sexos em subordinação das mulheres.

O estabelecimento da ANTROPOLOGIA como disciplina independente em fins do século XIX coincidiu com um questionamento geral da realidade da evolução social e do comunismo primitivo, tal como esboçados por Engels (Leacock, 1982). A posição antropológica então predominante era a de que a propriedade privada e a diferenciação das classes constituíam universais humanos: que simplesmente adquiriam maior importância na sociedade estratificada politicamente organizada (por exemplo, Lowie, 1929). Essa posição, por sua vez, foi contestada por argumentações que sustentavam a tese Morgan/Engels, desenvolvidas principalmente pelo arqueólogo inglês Gordon Childe (1954) e pelo antropólogo social norte-americano Leslie White (1959). O trabalho desses e de outros pesquisadores acabou levando, após meados do século, à aceitação do comunismo primitivo como uma realidade, embora se preferisse fazer referência a ele por meio de expressões de menor conotação política, como igualitarismo (Fried, 1967). Os textos atuais de antropologia observam em geral que, nas sociedades igualitárias, os direitos aos recursos eram comuns; a propriedade limitava-se a objetos estritamente pessoais; o *status* porventura existente não era herdado, mas correspondia diretamente à sabedoria, à capacidade e à generosidade comprovadas; os dirigentes eram apenas "primeiros entre iguais" num processo de tomada de decisões essencialmente coletivo.

A aplicação dos conceitos de Marx à análise das sociedades não divididas em classes, particularmente a que vem sendo feita pelos antropólogos franceses, produziu recentemente uma literatura considerável, de cunho muitas vezes polêmico, sobre o modo (ou modos) de produção comunista primitivo (Seddon, 1978). O problema de parte dessa literatura é a incapacidade de distinguir entre povos totalmente comunistas e povos em processo de transição para a sociedade de classes (Hindess e Hirst, 1975). A suposição errônea de que todos os povos ditos primitivos eram comunistas na época da expansão europeia deriva, em parte, da avaliação exagerada de Morgan sobre a democracia entre os Astecas do México, cuja sociedade era, ao contrário, altamente estratificada, e da aceitação, por Engels, dessa e de outras classificações errôneas de Morgan. Um outro problema com que se defrontam muitas análises das sociedades comunais primitivas é a incapacidade de definir as transformações nelas provocadas pelo colonialismo europeu. Em consequência disso, alguns antropólogos marxistas, como, aliás, muitos outros não marxistas, afirmam, contrariando Engels, que as mulheres estavam subordinadas aos homens até mesmo em sociedades que se poderia considerar igualitárias sob outros aspectos (Leacock, 1982).

EBL

Bibliografia: Fried, Morton H., *The Evolution of Political Society*, 1967 [*A evolução da sociedade política*, 1975] • Gordon Childe, V., *What Happened in History*, 1954 [*O que aconteceu na história*, 1981] • Hindess, Barry & Paul Q. Hirst, *Pre-Capitalist Modes of Production*, 1975 [*Modos de produção pré-capitalistas*, 1976] • Krader, Lawrence, *The Ethnological Notebooks of Karl Marx*, 1972 • Leacock, Eleanor B., "Marxism and Anthropology", in B. Ollman & E. Vernoff (orgs.), *The Left Academy*, 1981 ◎ *Myths of Male Dominance*, 1982 • Lowie, Robert H., *The Origin of the State*, 1929 • Morgan, Lewis Henry, *Ancient Society*, 1877 (1974) [*A sociedade primitiva*, 1973] ◎ *Houses and House-life of the American Aborigines*, 1881 (1965) • Seddon, David (org.), *Relations of Production: Marxist Approaches to Economic Anthropology*, 1978 • White, Leslie A., *The Evolution of Culture*, 1959.

comunista, revolução Ver REVOLUÇÃO

concorrência Para Marx, a concorrência é uma categoria tão complexa quanto difícil de definir. Por um lado, ela pertence à essência mais íntima do CAPITAL, que, sem ela, é inconcebível. Por outro lado, como Rosdolsky (1968) demonstrou, Marx construiu boa parte da sua teoria da PRODUÇÃO capitalista fazendo abstração da concorrência. Rosdolsky chega mesmo a sugerir que somente no nível da análise desenvolvida no terceiro livro de *O Capital* Marx precisou introduzir a concorrência. Até essa altura, a análise, para Rosdolsky, diz respeito ao capital em geral, enquanto oposto a muitos capitais em concorrência. Rosdolsky leva sua observação demasiado longe, mas com isso deixa claro até que ponto a análise que Marx faz da produção pelo capital tematiza uma relação entre capital e trabalho que existe independentemente da concorrência que o capital gera no interior das classes. Nesse sentido, não é raro vermos Marx enfatizar o papel desempenhado pela concorrência como o mecanismo pelo qual as leis do capitalismo operam ou se impõem. Como tal, a concorrência deve ser entendida em muitos níveis diferentes de complexidade quando os aspectos mais concretos da economia capitalista são analisados. Há aqui um contraste com a ciência econômica burguesa e com o marxismo de tradição sraffiana (ver SRAFFA) ou ricardiana (ver RICARDO E MARX), onde a concorrência entre capitalistas é introduzida desde o início na análise.

É porque a concorrência é tão complexa, envolvendo as relações mais imediatas entre vários capitais distintos, que Marx, em última análise, resolveu só abordá-la sistematicamente em obras posteriores a *O Capital* que planejava escrever. Sua morte, porém, impediu que levasse a cabo esse projeto. Não obstante, dispersas ao longo de *O Capital* e em outras obras há muitas referências ao significado da concorrência que, se forem reunidas, nos permitirão construir uma imagem do seu tratamento por Marx. Em um nível mais geral, Marx refere-se constantemente às impressões enganadoras que são produzidas pelo processo de concorrência. Item após item, Marx enfatiza que as aparências das relações econômicas criadas pela concorrência são o oposto exato de sua verdadeira base, efeito esse que se produz, geralmente, como resultado do divórcio entre a perspectiva dos agentes econômicos individuais e seu relacionamento com a economia como um todo. Por exemplo, a transformação do valor em preço na concorrência, que iguala a taxa de LUCRO, dá a impressão de que o lucro deriva do capital adiantado como um todo, quando a sua fonte é exclusivamente a MAIS-VALIA, que depende, imediatamente, apenas do capital variável (ver PREÇO DE PRODUÇÃO E O PROBLEMA DA TRANSFORMAÇÃO; VALOR E PREÇO).

Ao discutir a renda da terra e a propriedade fundiária em particular, Marx revela a estrutura da formação de valor e preço, o que é crucial para a análise da concorrência (ver PROPRIEDADE FUNDIÁRIA E RENDA DA TERRA).

Dentro de um dado setor da economia, os distintos capitais caracterizam-se por níveis de produtividade mais ou menos desiguais. Assim, os níveis individuais de valor associados gerarão um valor normal ou valor de mercado em relação ao qual alguns capitais renderão lucros excedentes e outros, lucros deficientes. A gama de diferentes valores associados dentro de um setor é determinada predominantemente pelas diferentes magnitudes de capital acumulado. A concorrência força à ACUMULAÇÃO aqueles capitais cuja produtividade e magnitude são inferiores à produtividade e à magnitude normais, e, desse modo, um tempo de TRABALHO SOCIALMENTE NECESSÁRIO é fixado como uma norma dentro do setor. Simultaneamente, outros capitais buscam lucros extras aumentando o capital investido de modo que ele fique acima da norma. A concorrência leva então a um novo valor de mercado e a uma magnitude mínima de capital a ele correspondente, decrescendo um quando o outro aumenta, respectivamente. Ao nível da produção, a concorrência está estreitamente relacionada com a extração de mais-valia, seja esta absoluta ou relativa. Nesse terreno, a concorrência atua através do aumento da magnitude de capital para criar maior COOPERAÇÃO OU DIVISÃO DE TRABALHO e para introduzir transformações no PROCESSO DE TRABALHO mediante introdução de maquinaria com vistas a intensificar a produção mecanizada (ver MAQUINARIA E PRODUÇÃO MECANIZADA).

Entre diferentes setores da economia, a concorrência age para formar preços de produção a partir dos valores de mercado. Esse relacionamento entre valor e preço está baseado na mobilidade do capital entre os setores e na tendência a que se estabeleça uma taxa média ou normal de lucro. Para isso, um sistema de crédito plenamente desenvolvido é decisivo do ponto de vista de Marx, pois proporciona os recursos financeiros para a mobilidade do capital entre os setores (como também para acumulação dentro de setores).

No nível mais complexo e concreto, há uma divergência entre preço de mercado e o preço de produção que depende de fatores mais imediatos que afetem a oferta e procura. Tais fatores são mais ou menos temporários e incluem, por exemplo, divergências entre valor dos salários e o valor da força de trabalho como um efeito do preço dos bens de consumo. Em um sentido mais geral, pode-se ver que a relação entre valor, preço de produção e preço de mercado mantém uma correspondência com as três formas de capital que aparecem no circuito individual do capital: capital produtivo, capital-dinheiro e capital-mercadoria, respectivamente. A CIRCULAÇÃO agregada de mercadorias inclui gastos que se destinam a pagar rendimentos (salários e lucros para o CONSUMO capitalista) e não simplesmente gastos de capital, e é isso que explica a divergência entre preços de mercado e preços de produção, embora a estrutura e o processo da formação do preço de produção determinem a formação do preço de mercado.

A análise acima é formal, já que diz respeito principalmente à estrutura lógica da concorrência na acumulação de capital e no processo de formação de preço. Mas Marx também analisa as formas de concorrência em bases históricas, isto é, mecanismos diferentes que predominam em estágios diferentes de desenvolvimento do MODO DE PRODUÇÃO. No primeiro estágio de desenvolvimento do CAPITALISMO, a acumulação se faz predominantemente através da concentração (ver CENTRALIZAÇÃO E CONCENTRAÇÃO DO CAPITAL) e a tendência a que a taxa de lucro seja igualada não funciona. As mercadorias tendem a ser trocadas pelos seus valores, e a concorrência é baseada nas maiores ou menores restrições existentes nos mercados de mercadorias e de FORÇA DE TRABALHO. No nível mais elevado de desenvolvimento, associado à acumulação que se faz por meio da centralização do capital, registra-se uma transformação histórica na formação dos preços a partir da mobilidade do capital entre os setores estimulada pelo sistema de crédito. Marx faz uma PERIODIZAÇÃO DO CAPITALISMO implícita, que Lenin retomaria em seu estudo sobre o imperialismo como estágio correspondente ao CAPITALISMO MONOPOLISTA.

Nessa obra, e em outras mais, Lenin enfatiza que monopólio e concorrência não são contrários mutuamente exclusivos, mas que a segunda se intensifica com o desenvolvimento do primeiro. E isso a despeito da centralização do capital e do fenômeno subsidiário da formação de cartéis e da interpenetração entre capital industrial e capital bancário. Contudo, vários autores marxistas mais recentes têm sustentado o argumento de que monopólio e concorrência se excluem mutuamente, tendo o monopólio se expandido às expensas da concorrência. Autores como Paul Baran e Paul Sweezy concluem que o imperativo da acumulação de capital fica, desse modo, enfraquecido e que o capital padece de uma tendência crônica à estagnação. Para eles, a análise de Marx é inadequada ao momento atual, restringindo-se sua validade apenas à explicação do capitalismo do século XIX. Numa perspectiva oposta a essa, ganha sua maior concretude precisamente naquelas condições em que o capitalismo monopolista se afirma.

BF

Bibliografia: Baran, P. & P. Sweezy, *Monopoly* Capital, 1964 [*Capitalismo monopolista*, 1978] • Cowling, K., *Monopoly Capitalism*, 1982 • Fine, B., "On Marx's Theory of Agricultural Rent", 1979 • Possas, M.L., "Valor, preço e concorrência", 1982.

consciência de classe Marx estabeleceu, desde o início, uma distinção entre a situação objetiva de uma classe e a consciência subjetiva dessa situação, isto é, entre a condição de classe e a consciência de classe. Em sentido estrito, as diferenciações sociais só assumem a forma de "classe" na sociedade capitalista, porque só nessa forma de sociedade é que o fato de se pertencer a uma dada classe social é determinado apenas pela propriedade (ou controle) dos meios de produção ou pela exclusão dessa propriedade ou desse controle. Nas sociedades estamentais pré-burguesas, uma ordem juridicamente sancionada de estamentos sobrepunha-se às diferenças relativas à propriedade dos meios de produção. Um aristocrata era sempre um aristocrata e, como tal, possuidor de privilégios bem definidos e delimitados com precisão. O sistema de relações de propriedade estava oculto pelas estruturas dos estamentos. O sistema de estamentos ou estados harmonizava-se bastante bem com o sistema de relações de propriedade, mas apenas na medida em que a terra continuava sendo o mais importante dos meios de produção e era, em sua maior parte, propriedade da aristocracia e da igreja. Mas, com a ascensão da burguesia urbana e o desenvolvimento do capital mercantil, manufatureiro e finalmente industrial, e como a burguesia (parcialmente enobrecida) interferiu no setor dos interesses agrícolas em grande escala, essa harmonia foi sendo cada vez mais enfraquecida. A consciência de estamento é fundamentalmente diferente da consciência de classe. Pertencer a um estamento é uma norma hereditária, claramente evidente a partir dos direitos e privilégios que encerra, ou da exclusão de tais direitos e privilégios. Pertencer a uma classe, porém, depende de conhecer sua própria posição dentro do processo de produção. Por isso, muitas vezes essa condição permanece escondida por uma orientação nostálgica voltada para o velho sistema de estamentos, em particular no caso das "camadas intermediárias" burguesas, pequeno-burguesas e camponesas.

Marx apresenta o aparecimento da consciência de classe na burguesia e no proletariado como consequência da crescente luta política do *Tiers État* (o Terceiro Estado da sociedade feudal francesa) com as classes dirigentes do *Ancien Regime.* E ilustra as dificuldades do desenvolvimento da consciência de classe com o exemplo dos camponeses pequenos proprietários da França, que usavam seu direito de votar para se sujeitarem a um senhor (Napoleão III), em lugar de se firmarem de maneira revolucionária como classe dominante:

> Na medida em que milhões de famílias vivem em condições econômicas de existência que separam seu modo de vida, seus interesses e sua cultura do modo de vida, dos interesses e da cultura das outras classes, e as coloca em oposição hostil a essas classes, constituem por sua vez uma classe. Na medida em que há apenas uma interligação local entre esses camponeses pequenos proprietários, e a identidade de seus interesses não cria um elo nacional, comunitário, e nenhuma organização política entre eles, não constituem uma classe. São, em consequência disso, incapazes de impor seus interesses de classe em seu próprio nome, seja por meio de um parlamento ou de uma convenção. Não se podem representar a si mesmos, têm de ser representados. E seu representante deve, ao mesmo tempo, surgir como seu senhor, como uma autoridade sobre eles. (*O Dezoito Brumário de Luís Bonaparte*, parte VII)

A formação da consciência de classe no proletariado pode ser vista como a contrapartida do fracasso necessário da consciência de classe política entre os pequenos camponeses. No caso do proletariado, o conflito inicialmente limitado (por exemplo, uma luta sindical em uma determinada empresa ou em um ramo da indústria) amplia-se com base em uma identidade de interesses, até tornar-se uma questão comum a toda a classe, que também cria um instrumento adequado, sob a forma de partido político. O trabalho coletivo nas grandes fábricas e empresas industriais e os meios de comunicação aperfeiçoados exigidos pelo capitalismo industrial favorecem essa unidade. O processo de formação da consciência de classe coincide com a ascensão de uma organização de classe abrangente. Esses dois aspectos apoiam-se mutuamente.

Marx tem perfeita consciência de que a compreensão e a defesa atuante dos interesses comuns de toda uma classe podem, muitas vezes, entrar em conflito com os interesses particulares de certos trabalhadores ou de grupos de trabalhadores. Podem, pelo menos, levar a conflitos entre os interesses de curto prazo e de alcance imediato de certos trabalhadores especializados, em sua ascensão social, e os interesses da classe como um todo. Por isso, é atribuída grande importância à *solidariedade.* A diferenciação entre a estrutura assalariada e as tentações da afluência crescente provocaram, em geral, um enfraquecimento da solidariedade de classe e, portanto, o enfraquecimento da consciência de classe nas sociedades altamente industrializadas. Nesse processo, o "efeito de isolamento" da concorrência individual pelos bens de consumo de prestígio, que atingiu pelo menos certas parcelas da classe operária, pode talvez ter um papel semelhante ao "isolamento natural" dos pequenos camponeses franceses em 1851.

De acordo com Kautsky e Lenin, uma consciência de classe adequada, isto é, *política*, só pode chegar à classe operária "a partir de fora". Lenin dizia ainda que só uma "consciência sindical" pode surgir espontaneamente na classe operária, isto é, uma consciência da necessidade e da utilidade da representação dos interesses econômicos da classe operária contra os interesses do capital. A consciência de classe política só pode ser desenvolvida pelos INTELECTUAIS que, por serem portadores da cultura e bem-informados, e por estarem à distância do processo de produção imediato, estão em condições de compreender a sociedade burguesa e suas relações de classe em sua totalidade. Mas a consciência de classe desenvolvida pelos intelectuais, consubstanciada na teoria marxista, só pode ser adotada pela classe operária, e não pela burguesia ou pela pequena burguesia. Como o instrumento organizacional para a transmissão de consciência de classe à classe operária concreta, Lenin imaginou um "novo tipo de partido", composto de revolucionários profissionais. Em contraste com essa concepção leninista, Rosa Luxemburg deu destaque ao papel da experiência social, a experiência da luta de classes, na formação da consciência de classe. Até mesmo os erros no curso das lutas de classes podem contribuir para o desenvolvimento de uma consciência de classe adequada capaz de assegurar o sucesso final, ao passo que o patrocínio do proletariado pelas elites intelectuais só pode levar ao enfraquecimento da capacidade de agir e à passividade.

Lukács (1923) desenvolveu uma espécie de metafísica da consciência de classe, que foi condenada, de forma imediata e decisiva, pelos marxistas, tanto leninistas como social-democratas. Mas as formulações de Lukács na verdade correspondem perfeitamente à teoria leninista, e o mesmo acontece com a sua concepção do papel do partido. A definição que Lukács propõe de consciência de classe vem, como a de Lenin, da tese de que a consciência de classe "adequada", ou política, deve ter como conteúdo

> a sociedade como uma totalidade concreta, o sistema de produção em um determinado ponto da história e a resultante divisão da sociedade em classes. (...) Relacionando a consciência com a totalidade da sociedade, é possível inferir os pensamentos e sentimentos que os homens teriam numa determinada situação se fossem capazes de avaliar tanto essa situação como os interesses que dela resultam em seu impacto sobre a ação imediata e sobre a totalidade da estrutura da sociedade. Isto é, seria possível inferir os pensamentos e sentimentos adequados à sua situação objetiva. (...) A consciência de classe consiste de fato das reações adequadas e racionais "atribuídas" a uma posição particular típica no processo de produção. Essa consciência não é, portanto, a soma nem a média do que é pensado ou sentido pelos indivíduos isolados que constituem a classe. E, não obstante, as ações historicamente significativas da classe como um todo são determinadas em última análise por essa consciência, e não pelo pensamento dos indivíduos – e tais ações só podem ser compreendidas por referência a essa consciência. (1971, p.50-1)

Uma classe cuja consciência é definida dessa maneira é, portanto, apenas um "sujeito histórico atribuído". A classe existente empiricamente só pode agir (com êxito) se adquirir consciência de si mesma da maneira prevista pela definição ou – na linguagem hegeliana – transformar-se de "classe em si" em "classe por si". Se uma determinada classe, como a pequena burguesia, é, na realidade, incapaz disso, ou (como o proletariado alemão em 1918) não consegue realizar totalmente essa transformação, sua ação política também fracassará, necessariamente. O problema da definição de Lukács está em que ela pode ser explorada por elites políticas que, invocando sua "posse" de uma teoria da atribuição, venham a tutelar ou, na verdade, a desmoralizar o verdadeiro proletariado. (Ver também CLASSE; IDEOLOGIA; LUTA DE CLASSES.)

IF

Bibliografia: Lukács, Georg, *Geschichte und Klassenbewusstsein*, 1923; *History and Class Consciousness* (1971) [*História e consciência de classe*, 1974] • Mann, Michael, *Consciousness and Action Among the Western Working Class*, 1973 • Mészáros, István (org.), *Aspects of History and Class Consciousness*, 1971.

consciência, falsa Ver IDEOLOGIA

conselhos Durante a vida de Marx e Engels houve apenas um movimento que prenunciou os conselhos e os sovietes de trabalhadores do século XX: a COMUNA DE PARIS. A exemplo desses movimentos posteriores, ela surgiu de modo inteiramente espontâneo e representou uma forma de poder popular extremamente democrática, que Marx louvou como o marco de uma nova etapa do movimento revolucionário.

O primeiro soviete formou-se em São Petersburgo em outubro de 1905. Embora de caráter local e de duração extremamente curta, foi-lhe conferido um papel extremamente importante na Revolução de 1905, por um de seus participantes principais, Trotski, que nos diz, em seu relato da Revolução de 1905, que "o soviete organizou as massas trabalhadoras, norteou as greves e manifestações políticas, armou os trabalhadores, e protegeu a população dos *pogroms*" (Trotski, 1906). Segundo Trotski, o soviete era uma "democracia autêntica", já que não tinha câmara alta e câmara baixa como a maioria das democracias ocidentais, prescindia da burocracia profissional, e, nele, os eleitores tinham o direito de destituir seus representantes a qualquer momento. Tinha suas bases na classe operária das fábricas, e a extensão de seu poder era a de ser simplesmente um governo de trabalhadores "em embrião".

Embora os sovietes se fossem destacar muito mais na Revolução de 1917, nem Lenin nem Trotski escreveram um tratado geral, teórico, sobre os sovietes como forma de organização política. Lenin, particularmente, parece ter visto os sovietes, que em 1917 tinham bases muito mais amplas do que em 1905, como meios possíveis para a concretização do objetivo de tomar o poder e destruir o Estado burguês. Mas quando os sovietes caíram sob a influência dos mencheviques, ele pôs de lado a palavra de ordem "Todo o Poder aos Sovietes" e buscou outros meios organizacionais – como os comitês de fábricas, ligados mais de perto à classe operária das fábricas – para concretizar seu objetivo. Durante todas essas mudanças de tática, Lenin sempre se empenhou em ressaltar a necessidade de destruir o Estado burguês e de substituí-lo por um novo tipo de Estado que dirigisse a TRANSIÇÃO PARA O SOCIALISMO e, ao argumentar assim, pretendia estar apenas reafirmando as teorias básicas do marxismo. Desse modo, *O Estado e a Revolução* (1917) consiste em grande parte de uma reafirmação dos textos de Marx e Engels, Em setembro e outubro de 1917, quando os sovietes retomaram seu caráter revolucionário, ele os definiu como os novos depositários do poder de Estado. No panfleto mais importante que divulgou imediatamente antes da Revolução, "*Conservarão os bolcheviques o poder de Estado?*" (1917), Lenin afirmava que os sovietes eram um novo aparelho de Estado que "(...) proporciona uma força armada de trabalhadores e de camponeses; e esta força não está divorciada do povo, como o estava o antigo exército permanente, mas se acha ligada ao povo de modo muito estreito (...)". Insistia em que o soviete era muito mais democrático que qualquer aparelho de Estado anterior, porque, além de impedir o desenvolvimento da burocracia de políticos profissionais, poderia investir os representantes eleitos pelo povo tanto de funções legislativas como de funções executivas. Como fizera contra os anarquistas e sindicalistas, argumentou vigorosamente em favor da centralização do poder soviético.

Trotski compartilhou das ideias de Lenin sobre os sovietes durante toda a Revolução de 1917, mas conceituou a situação vigente durante esse período como uma *dualidade de poder*. Ou a burguesia dominaria o antigo aparelho de Estado, fazendo apenas alterações menores que atendessem aos seus próprios propósitos, e, nesse caso, os sovietes acabariam sendo destruídos; ou estes últimos formariam a base de um novo Estado, que destruiria tanto o antigo aparelho governamental como a própria dominação das classes às quais ele servia. Após a tomada do poder, Lenin salientou constantemente a impossibilidade de conciliar o poder soviético com a DEMOCRACIA burguesa, considerando o primeiro como a expressão direta do poder da classe trabalhadora. Consequentemente, após conquistar a maioria (juntamente com os socialistas revolucionários de esquerda) nos sovietes, ele dissolveu a Assembleia Constituinte, justificando essa medida com a alegação de que os sovietes representavam uma forma mais elevada de democracia do que os parlamentos burgueses. E em *As tarefas imediatas do poder soviético* (1918), empenhou-se em fundamentar uma nova medida política distinguindo os dois tipos de Estado: "O caráter socialista da democracia soviética, isto é, *proletária*, tal como é aplicada concretamente hoje em dia, repousa, em primeiro lugar, no fato de que os eleitores são o povo trabalhador e explorado; a burguesia está excluída."

Lenin e Trotski representavam a posição de extrema esquerda nos conselhos de trabalhadores, mas, na onda de revoluções que varreu a Europa Central e Ocidental após 1918, nas quais os conselhos de trabalhadores desempenharam um papel preeminente, suas opiniões não prevaleceram. Durante esse período, havia duas outras posições políticas. A ala direita, representada por figuras como Ebert e Cohen na Alemanha, que tinham uma conexão bastante tênue com o marxismo, considerava os conselhos simplesmente como organizações transitórias, a serem abolidas tão logo as instituições da democracia parlamentar pudessem ser firmadas. A posição marxista mais representativa era a de figuras do "Centro", como Karl KAUTSKY e Max ADLER (1919), que tentaram conciliar os extremos. Em *Die Diktatur des Proletariats* (*A ditadura do proletariado*), de 1918, Kautsky admitiu que a organização soviética era um dos fenômenos mais importantes de nossa época, mas opôs-se de modo violento à dissolução da Assembleia Constituinte pelos bolcheviques e às suas tentativas de transformar os sovietes, que até então tinham sido a organização de combate de uma classe, em órgãos de governo. Em particular, criticou severamente a exclusão de membros da burguesia dos sovietes, sob a alegação de que, na Alemanha, isso significaria privação de direitos de um grande número de pessoas. Kautsky afirmava ainda que os critérios de exclusão eram muito imprecisos e que a exclusão de oponentes impediria a formação de uma consciência de classe política do proletariado, já que o privaria de qualquer experiência de luta política. Em última análise, o governo soviético estabelecido pelos bolcheviques estava fadado a tornar-se a ditadura de um partido dentro do proletariado.

Ao passo que todos os autores mencionados até aqui examinaram a forma de organização política do soviete em relação às questões políticas imediatas, Antonio GRAMSCI (1972b e 1977) empreendeu uma análise mais teórica, às vezes beirando o utopismo, sobre a natureza dos conselhos e especulou acerca de suas relações com outras organizações proletárias. O conselho de fábrica (que Gramsci equiparou ao soviete) não é somente uma organização para levar adiante a luta de classe, mas "(...) o modelo do Estado proletário. Todos os problemas inerentes à organização do Estado proletário são inerentes à organização do conselho" (Gramsci, 1977). Para ligar essas instituições e ordená-las numa hierarquia de poderes altamente centralizada será necessário criar uma democracia de trabalhadores genuína, preparada para substituir a burguesia em todas as suas funções essenciais de administração e de controle. Nenhum outro tipo de organização proletária é adequado a essa tarefa. Os sindicatos são uma forma da sociedade capitalista, não um sucessor em potencial dessa sociedade: são parte integrante do capitalismo e têm um caráter essencialmente competitivo, não comunista, porque organizam os trabalhadores não como produtores, mas como assalariados que vendem a mercadoria força de trabalho.

Os conselhos de trabalhadores (sovietes, *Arbeiterräte*), politicamente orientados, devem ser distinguidos dos conselhos de fábrica (*Betriebsräte*, conselhos do trabalho) que se ocupavam da administração econômica de fábricas. Os conselhos de fábrica eram vistos principalmente como um instrumento de concretização da "democracia industrial", conceito apresentado por um grupo bastante heterogêneo de pensadores, que inclui não marxistas, como Sydney Webb e G.D.H. Cole, e os marxistas Karl KORSCH e Otto BAUER. Este último expressou a ideia em *Der Weg zum Sozialismus* (*O caminho para o socialismo*), de 1919: "Com o estabelecimento de comitês de fábricas, alcançamos, na fábrica, uma monarquia constitucional: a soberania jurídica é compartilhada entre o patrão, que governa a empresa como um monarca hereditário, e o comitê da fábrica, que desempenha o papel de parlamento. Para além desse estágio, chega-se à constituição republicana da indústria. O patrão desaparece; a direção econômica e técnica da indústria é confiada a um conselho administrativo." As dificuldades inerentes a essa visão bastante utópica do potencial político dos conselhos de fábricas foram expostas por Karl RENNER (1921), que assinalou que a democracia econômica baseada nos conselhos de fábricas só podia representar interesses idênticos, limitados e setoriais, e que conflitos de interesse entre classes ou grupos diferentes só podiam ser solucionados por meios políticos – pela democracia política, e não pela ditadura dos conselhos, em sua argumentação. Desse modo, Renner concebia a democracia econômica, da qual os conselhos de fábrica eram apenas uma das formas, e que já havia sido bem sucedida na Inglaterra sob outras formas (cooperativas, sindicatos, etc.), como o complemento para a democracia política dos parlamentos.

Após o fracasso das revoluções na Europa Central e o declínio da importância dos sovietes na URSS, surgiram poucos textos teóricos sobre a significação dos conselhos, com exceção dos seguidores de PANNEKOEK na Holanda e do Grupo Comunista dos Conselhos, de Mattick, ao qual Korsch estava ligado. Esses dois grupos atribuíram aos conselhos um papel mais crucial nas revoluções políticas do que todos os teóricos anteriores e viram o poder dos sovietes como um indicador do sucesso de uma revolução. Desse modo, criticaram a URSS por não ter conservado o poder dos conselhos. Em suas análises, tendem a identificar os conselhos como uma forma específica de poder da classe operária e, como tal, como uma forma espontânea de organização dessa classe, que não se deveria subordinar aos ditames do partido revolucionário.

PGO

Bibliografia: Adler, Max, *Demokratie und Ratesystem*, 1919; *Démocratie et conseils ouvriers* (1967) • Anweiler, Oskar, *The Soviets: the Russian Workers, Peasants and Soldiers Councils, 1905-1921*, 1958 (1974) • Avrich, P., *La tragédie du Kronstadt*, 1975 • Bauer, Otto, *Der Weg zum Sozialismus*, 1919 • Bricianer, Serge (org.), *Pannekoek et les conseils ouvriers*, 1969; *Pannekoek and the Workers' Councils* (1978) • Bourdet, Yvon, *Otto Bauer et la révolution*, 1968 • Collet, C. & X. Smith (orgs.), *La contre-révolution bureaucratique: textes de K. Korsch, O. Ruhle, A. Pannekoek*, 1973 • Faye, J.P. & V. Fisera (orgs.), *La révolution des conseils ouvriers (1968-1969): textes du Printemps de Prague*, 1977 • Ferro, Mare, *Des soviets au communisme bureaucratique*, 1980 • Gramsci, Antonio, *I consigli e la critica operaia alla produzione*, 1972b ◎ *Selections from Political Writings 1910-1920*, 1977 • Kautsky, Karl, *Die Diktatur des Proletariats*, 1918 [*A ditadura do proletariado*, 1979] • Korsch, Karl, *Arbeitsrecht für Betriebsräte*, 1922 (1968) ◎ *Schriften zur Sozialisierung*, 1969 ◎ *Marxisme et contre-révolution dans la premiére moitié du XXe siécle* (1975) • Lenin, V.I., *Can the Bolsheviks Retain State Power?*, 1917e (1964) [*Conservarão os bolcheviques o poder de Estado?*, 1980] ◎ *The Immediate Tasks of the Soviet Government*, 1918a (1964) [*As tarefas imediatas do poder soviético*, 1980] • Lewin, Moshe, *Le dernier combat de Lénine*, 1967; *Lenin's Last Struggle* (1969) ◎ *La paysannerie et le pouvoir soviétique: 1928-1930*, 1976 • Mandel, Ernest (org.), *Contrôle ouvrier, conseils ouvriers, autogestion*, 1973 • Mattick, Paul, *Intégration capitaliste et rupture ouvrière*, 1972 [*Integração capitalista e ruptura operária*, 1977] • Pannekoek, Antonie, *Les conseils ouvriers*, 1974 • Renner, Karl, "Democracy and the Council System", in Tom Bottomore & Patrick Goode (orgs.), *Austro-Marxism*, 1921 (1978) • Trentin, Bruno, *Il sindicato dei consigli*, 1979 • Trotski, L.D., *Die Russische Revolution 1905*, 1906 (1923); (1971), 1905.

consumo O consumo dos produtos do trabalho humano (valores de uso) é a maneira pela qual os seres humanos se mantêm e se reproduzem como indivíduos e como indivíduos sociais, isto é, tanto no sentido físico e mental (como seres humanos com uma determinada personalidade), como num contexto sócio-histórico (como membros de uma formação social, num período histórico específico). No capitalismo, isto é, na produção generalizada de mercadorias ("economia de mercado"), o consumo assume essencialmente a forma de consumo de mercadorias; as duas principais exceções são o consumo de bens produzidos domesticamente e o consumo na agricultura de subsistência. O consumo está subdividido em duas grandes categorias: *consumo produtivo*, que inclui tanto o consumo dos bens de consumo pelos produtores, como o consumo dos meios de produção no processo produtivo; e o *consumo improdutivo*, que inclui todo o consumo de bens que não entram no processo de reprodução, não contribuem para o ciclo seguinte de produção. O consumo improdutivo compreende essencialmente o consumo de bens de consumo pelas classes não produtivas (a classe dominante, o trabalho improdutivo, etc.) e o consumo tanto de bens de consumo como de bens de investimento pelos setores não produtivos do Estado (o setor militar e o setor da administração estatal).

O consumo tem uma dimensão fisiológica e uma dimensão histórica. Elas estão ligadas ao que Marx chama de "sistema das necessidades humanas", que também se enquadram nas mesmas duas categorias. As necessidades fisiológicas básicas devem ser distinguidas das necessidades historicamente determinadas, que têm origem nos sucessivos avanços no desenvolvimento das forças produtivas e na relação de forças sempre em transformação, entre as classes sociais ("popularização" de bens e de serviços de consumo antes reservados à classe dominante; ver VALOR DA FORÇA DE TRABALHO). Com o crescimento, porém, da indústria de grande escala, a mecanização generalizada do trabalho, a diferenciação constante das mercadorias e o crescente desgaste fisiológico e nervoso da força de trabalho, os bens de consumo são cada vez mais determinados pelas inovações técnicas e pelas mudanças na esfera da produção. O consumo capitalista, portanto, relaciona-se cada vez mais com a produção capitalista. Isso envolve tanto uma ampliação da esfera de consumo como uma deterioração potencial de sua qualidade e implica, em qualquer caso, uma crescente manipulação do consumidor pelas empresas capitalistas nas esferas da produção, da distribuição e da publicidade.

No socialismo, e mais ainda no comunismo, pelo contrário, a produção seria determinada em proporções crescentes pelos consumidores. As necessidades, conscientemente expressas, dos consumidores (e suas prioridades estabelecidas democraticamente) determinariam o padrão de produção. A produção que visa às necessidades substituiria, por si mesma, a produção que visa ao lucro, à maximização da renda ou da produção, e a acumulação de uma quantidade cada vez maior de bens materiais (cada vez menos úteis) deixaria de ser um objetivo fundamental do consumo, uma vez satisfeitas as necessidades básicas. O consumo tenderia a se tornar mais humanamente criativo, isto é, criador de uma personalidade humana universalmente desenvolvida e de relações mútuas mais ricas entre os seres humanos. (Ver também IGUALDADE.)

EM

Bibliografia: Heller, Agnes, *The Theory of Need in Marx*, 1976.

contradição Embora o conceito possa ser usado como uma metáfora para qualquer espécie de dissonância, divergência, oposição ou tensão, ele assume um significado particular no caso da ação humana (ou, mais geralmente, de qualquer ação orientada para um objetivo), em que especifica qualquer situação que permita a satisfação de um fim unicamente às expensas de um outro, isto é, uma conexão ou coerção. Uma *contradição interna* é então uma dupla-conexão ou autocoerção, em que um sistema, agente ou estrutura E é impedido de operar com um sistema regulador R porque está operando com um outro sistema R'; ou em que um curso de ação empreendido T gera um rumo de ação contrária, inibitória, desgastante ou oposta de qualquer outra forma T'. A *contradição lógica* formal é uma espécie de contradição interna, cuja consequência para o sujeito é a *indeterminação axiológica*: "A e – A" deixam o curso da ação (ou crença) indeterminado.

Na tradição marxista, as *contradições dialéticas* se têm caracterizado em constraste com (i) as oposições ou conflitos exclusivos ou "reais" (a *Realrepugnanz* kantiana), pois seus termos ou polos pressupõem-se mutuamente, de modo a constituir uma *oposição inclusiva*; e com (ii) as oposições lógicas formais, pois as relações envolvidas são dependentes de *significado* (ou conteúdo), e não puramente formais, de modo que a negação de A não leve ao seu cancelamento abstrato, mas à criação de um conteúdo mais abrangente, novo e superior. Associado ao primeiro contraste está o tema da "unidade dos contrários", a marca registrada de toda a *dialética ontológica* marxista, de Engels a Mao Tse-tung. Associados ao segundo contraste, estão os temas da "negação determinada", da crítica imanente e da totalização, que são a marca registrada da dialética *relacional*, de Lukács a Sartre. Em ambos os aspectos, as contradições dialéticas são tidas como caracteristicamente concretas.

Nas obras econômicas da maturidade de Marx, o conceito de contradição é empregado para designar, entre outras coisas: (a) inconsistências lógicas ou anomalias teóricas intradiscursivas; (b) oposições extradiscursivas como, por exemplo, a oferta e a procura que envolvem forças ou tendências de origens (relativamente) independentes as quais interagem de tal modo que seus efeitos tendem a se anular mutuamente, em momentâneo ou semipermanente equilíbrio; (c) contradições dialéticas históricas (ou temporais); e (d) contradições dialéticas estruturais (ou sistêmicas).

O tipo (c) envolve forças de origens não independentes operando de forma que a força F tenda a produzir ou seja ela mesma o produto de condições que, simultânea ou subsequentemente, produzam uma força F' contrária que tende a frustrar, anular, subverter ou transformar F. Exemplos dessas contradições são as que existem entre as relações de produção e as forças produtivas ou entre o capital e a luta organizada da classe trabalhadora. Tais contradições históricas estão assentadas nas contradições estruturais (d) do CAPITALISMO, que proporcionam *ab initio* as contradições formais de sua possibilidade. Para Marx, as mais importantes dessas contradições são as que existem entre os aspectos concretos úteis e os aspectos sociais abstratos do trabalho (ver TRABALHO ABSTRATO), e entre o valor do uso e o valor da MERCADORIA – que se manifestam na distinção entre as formas de valor relativas e equivalentes e se exteriorizam nas contradições entre mercadoria e DINHEIRO e trabalho assalariado e capital. Todas essas contradições são "dialéticas", tanto (a) porque elas constituem oposições inclusivas reais, pois seus termos pressupõem existencialmente seu oposto e (b) porque são sistemática ou internamente relacionadas com uma forma de aparência mistificadora.

Contradições dialéticas dos tipos (c) e (d) em Marx são, ao mesmo tempo, próprias ao sujeito e empiricamente fundadas. Mas há uma extensa linha de crítica do pensamento marxista, como também não marxista (de Bernstein a Colletti), segundo a qual a noção de contradição dialética na realidade é incompatível com (1) a LÓGICA formal e, por conseguinte, com o discurso coerente e/ou (2) a prática científica, e portanto com o MATERIALISMO. Mas isto não é verdade, pois as oposições inclusivas, quer no interior do ser, quer entre ser e pensamento podem ser consistentemente descritas e cientificamente explicadas. (Ver TEORIA DO CONHECIMENTO.)

RB

Bibliografia: Althusser, Louis, "Contradiction et surdéterrnination", 1962 • Bhaskar, Roy, *Dialectic, Materialism and Human Emancipation*, 1983 • Calletti, Lucia, "Marxism and the Dialectic", 1975 • Godelier, Maurice, "Système, structure et contradiction dans *Le Capital*", 1966a; "System, Structure and Contradition in *Capital*" (1972) • Lukács, G., *Geschichte und Klassenbewusstsein*, 1923; *History and Class Consciousness* [*História e consciência de classe*, 1974] • Mao Tse-tung, *On Contradiction*, 1937a (1967); *A propos de la contradiction* (1967) [*Sobre a contradição*, 1979].

cooperação Marx dedica todo um capítulo do livro primeiro de *O Capital* ao conceito de cooperação, logo em seguida à análise da produção da MAIS-VALIA absoluta e relativa. Esse capítulo é, por sua vez, seguido da análise do modo de desenvolvimento do PROCESSO DE TRABALHO capitalista através dos estágios da MANUFATURA e da MAQUINARIA E PRODUÇÃO MECANIZADA. A cooperação é, juntamente com a DIVISÃO DO TRABALHO, um elo importante entre, de um lado, os conceitos abstratos de mais-valia absoluta e relativa e, de outro, a análise mais complexa dos métodos de produção especificamente capitalistas. A cooperação é definida, bastante simplesmente, no capítulo XIII do livro primeiro de *O Capital*: "Quando numerosos trabalhadores trabalham lado a lado, seja num único e mesmo processo, ou em processos diferentes mas relacionados, diz-se que eles cooperam, ou trabalham em cooperação."

Essa definição é notável por ser independente de qualquer modo de produção específico, o que, aliás, vale, em grande medida, para muitas das observações de Marx sobre o assunto. Por exemplo: "Quando o trabalhador coopera sistematicamente com outros, livra-se dos grilhões de sua individualidade e desenvolve as possibilidades de sua espécie" (ibid.). As observações de Marx que independem de um modo de produção específico geralmente derivam de uma perspectiva que enfoca o aspecto de VALOR DE USO da cooperação. Desse modo, Marx pode argumentar que a cooperação leva à criação da força coletiva de trabalho, que é mais do que a soma das partes que a constituem. Não obstante, como fica claro pelas citações acima, mesmo em seu aspecto geral a cooperação é vista em termos sociais e não reificados. Além disso, a análise geral é conduzida juntamente com a análise dos aspectos específicos da cooperação no CAPITALISMO, em que ela aparece como uma relação de valor (de mais-valia) entre produtores. A cooperação existe nos modos de produção anteriores, mas só no capitalismo pode ela ser sistematicamente explorada, graças à disponibilidade de trabalhadores assalariados que podem ser reunidos em grande número. Além disso, a CONCORRÊNCIA transforma essa possibilidade em necessidade, já que a força coletiva do trabalho deve ser utilizada para produzir dentro de um tempo de TRABALHO SOCIALMENTE NECESSÁRIO. Consequentemente, no contexto da concorrência, a análise da cooperação capitalista apenas basta para demonstrar a necessidade da ACUMULAÇÃO individual e social do capital, mesmo quando a parte coletiva do trabalho cria economia no uso dos meios de produção.

A cooperação é analisada igualmente segundo os pontos de vista do valor de uso e do valor tendo em vista as características da supervisão do trabalho. O trabalho em cooperação requer uma influência organizadora em quaisquer circunstâncias, mas, para a produção capitalista, esse papel organizador está inseparavelmente ligado ao papel de disciplinar trabalhadores no processo de trabalho com vistas à extração da mais-valia. A maior produtividade que daí resulta parece derivar do – e, portanto, deve ser creditada ao – poder do capital ou do capitalista, o que tende a obscurecer o papel desempenhado pelo trabalho como única fonte do valor e da mais-valia.

BF

cooperativismo Ver ASSOCIAÇÃO COOPERATIVA

corporações multinacionais Ver EMPRESAS MULTINACIONAIS

crédito e capital fictício Em sua forma mais simples a venda de uma mercadoria consiste da sua TROCA por DINHEIRO. O vendedor pode, porém, aceitar, em lugar do dinheiro propriamente dito, a promessa de pagamento futuro. Nesse caso, ele concede *crédito* ao comprador, e ambos estabelecem uma nova relação como *credor* e *devedor* até que a promessa de pagamento seja cumprida. O devedor pode pagar ao credor transferindo-lhe dinheiro, e, nesse caso, o dinheiro funciona como meio de pagamento. Mas, em sistemas de crédito bem-desenvolvidos, os devedores muitas vezes pagam passando a seus credores promessas de pagamento de outros agentes. Em muitos casos, tais promessas se cancelam mutuamente (por exemplo, se A deve a B R$1.000,00, B deve a C R$1.000,00 e C deve a A R$1.000,00, os débitos podem simplesmente compensar-se uns aos outros) sem intervenção de dinheiro. Nos grandes centros comerciais onde as transações de crédito se concentram, o dinheiro serve como intermediário apenas em uma pequena parcela dos valores que se transferem por meio de créditos que se compensam mutuamente.

Assim, o crédito substitui o dinheiro na CIRCULAÇÃO de mercadorias e na transferência de VALOR. O crédito reduz os custos de manutenção do valor da mercadoria dinheiro e acelera a rotação do capital. Os bancos centralizam o crédito para as empresas capitalistas. Em lugar de os capitalistas individuais concederem crédito uns aos outros e incorrerem nos custos da coleta e nos riscos da perda inerentes às transações de crédito, eles podem todos conceder crédito a um banco sob a forma de depósitos e obter crédito do banco na medida em que dele necessitem, sob a forma de empréstimos. Alternativamente, o banco pode realizar o mesmo objetivo endossando ou "aceitando" promessas de pagamento de capitalistas individuais, comprometendo-se a pagar com os fundos do banco se o emissor original não o fizer. Esse processo substitui o crédito do devedor original pelo crédito bancário. Finalmente, o banco pode aceitar uma promessa de pagamento de um particular e emitir seus próprios títulos de débito em troca. O banco obtém lucro nessas transações emprestando a uma taxa de juros mais alta do que a taxa que paga pelos empréstimos que recebe, ou, no caso de aceites, "descontando" as promessas de pagamento particulares, ou seja, aceitando-as por um valor menor do que seu valor nominal e cobrando-as por esse valor nominal.

O crescimento do crédito cria uma cadeia potencialmente instável de interdependências financeiras, já que todo agente espera ser pago pelos seus devedores para pagar aos seus credores. Uma falta substancial de pagamento, provocada, por exemplo, por uma queda na venda de mercadorias decorrente de uma crise de realização, pode deflagrar uma crise de crédito ou mesmo pânico, fazendo com que cada agente procure transformar o crédito em dinheiro, exigindo pagamentos em dinheiro (ver CRISES ECONÔMICAS). Como isso não é possível, a primeira coisa que acontece é que a pressão eleva, e de maneira acentuada, as taxas de juros, o que resulta em falências e intervenções sobre os capitais mais fracos.

Marx distingue o crédito concedido para facilitar a compra e venda de mercadorias dos empréstimos de capital em que não há nenhuma compra de mercadoria. O emprestador do capital confia dinheiro a um capitalista tomador de empréstimo com o objetivo de receber, sob a forma de juros, uma parte da MAIS-VALIA que surgirá do uso do dinheiro para o financiamento da produção capitalista. De fato, as transações de crédito e de empréstimo têm forma semelhante e estão intimamente ligadas em sistemas financeiros capitalistas altamente desenvolvidos, onde as mesmas instituições, como os bancos, agem quase sempre como intermediárias em ambos os tipos de transação.

Formas específicas de empréstimos de capital também podem gerar o que se chama de capital fictício. Na forma de organização da empresa capitalista conhecida como sociedade anônima por ações ou simplesmente sociedade anônima, a propriedade da empresa e de seus bens é representada por ações transferíveis, cada uma das quais dá direito a uma fração do lucro líquido da empresa. Os proprietários originais dessas ações efetivamente investem capital-dinheiro na firma. Se as ações forem vendidas pelos proprietários originais, o dinheiro por elas pago não entra mais no circuito de capital da empresa; representa simplesmente uma renda para o vendedor. A empresa continua a circular o capital original, aumentado pela parte da mais-valia por ela gerada que houver sido acumulada.

Assim, a propriedade de ações de uma empresa representa um direito a um certo fluxo de renda proporcionado pelo lucro líquido desta empresa. Os proprietários de dinheiro podem emprestá-lo e receber juros sobre ele, ou comprar ações e receber dividendos. O preço das ações será fixado de forma a torná-las atraentes como investimento na concorrência com os empréstimos, dados os maiores riscos existentes no fluxo de lucro líquido em comparação com o fluxo de juros. Mas esse preço das ações pode exceder ao valor do capital realmente investido nas operações da empresa. Marx chama esse excesso de *capital fictício*, já que ele corresponde a uma parte do preço das ações que não corresponde ao valor de capital que realmente é investido na produção da empresa.

Suponhamos, por exemplo, que uma firma que não tem dívidas e não tem impostos a pagar, disponha de R$ 100 milhões em capital e realize a taxa média de lucro de 20% ao ano, obtendo um lucro de R$ 20 milhões anuais. Suponhamos que haja um milhão de ações emitidas, cada qual com o direito a R$ 20,00 por ano de lucro. Se a taxa de juros sobre os empréstimos for de 5% ao ano, e o risco do fluxo de dividendos levar os investidores a exigirem um retorno de 10% ao ano para as ações, cada uma delas terá o preço de R$ 200,00 e o milhão de ações o preço de R$ 200 milhões. Os R$ 100 milhões pelos quais o preço das ações excede aos R$ 100 milhões de capital real são chamados por Marx de capital fictício.

Em geral, o capital fictício pode surgir sempre que uma renda é "capitalizada" dessa maneira pelos mercados financeiros. A dívida pública, por exemplo, não corresponde a um investimento de capital, sendo apenas um direito a uma certa parte fixa das receitas tributárias. Ainda assim, os mercados financeiros tratam a dívida pública como se fosse um investimento produtivo e estabelecem um valor de capital para ela em relação à taxa de juros sobre empréstimos. (Ver também CAPITAL FINANCEIRO.)

DF

Bibliografia: Hilferding, Rudolf *Das Finannzkapital*, 1910; *Finance Capital*, parte II (1981); *El capital financero* (1973).

crime Nos diferentes textos marxistas em que se discutem crime e criminalidade, destacam-se temas bem definidos. Primeiro, o crime é analisado como o produto da sociedade de classes. Em *A condição da classe trabalhadora na Inglaterra*, Engels argumenta que a degradação dos trabalhadores ingleses acarretada pela expansão da produção fabril despojava-os da vontade própria, conduzindo-os inevitavelmente ao crime. A pobreza fornecia a motivação, e a deterioração da vida familiar interferia na educação moral adequada das crianças. Engels observou, porém, que o crime é uma reação individual à opressão, ineficaz e facilmente esmagada. Por esse motivo, os trabalhadores cedo voltaram-se para formas coletivas de luta de classes. Mas o ódio de classe, alimentado por essas reações coletivas, continuava a dar lugar a algumas formas individualistas de crime.

Em outros textos, como "Esboço de uma crítica da economia política", "Discurso de Elberfeld" e *Anti-Dühring*, Engels atribuiu o crime à competitividade da sociedade burguesa, que favorece não só os crimes cometidos por trabalhadores empobrecidos, como também a fraude e outras práticas comerciais enganosas. Citando estatísticas criminais da França e da Filadélfia, Marx afirmou em "Capital punishment", artigo escrito para o *New York Daily Tribune* (18 de fevereiro de 1953), que o crime era menos um produto de instituições políticas peculiares de um dado país do que "das condições fundamentais da sociedade burguesa em geral".

Dessa concepção sobre as causas do crime resulta que as medidas policiais repressivas não o eliminam, apenas o contêm. A erradicação do crime não prescinde de condições sociais radicalmente transformadas. O progresso da civilização já havia reduzido o nível de crimes violentos (mas aumentava o crime contra a propriedade); uma sociedade comunista, ao suprir as necessidades individuais, eliminando a desigualdade e dando um fim à contradição entre o indivíduo e a sociedade, "cortaria o crime pela raiz" assegurou Engels em seu "Discurso de Elberfeld". Mais tarde, Marx observou que a ascensão da classe trabalhadora na Comuna de Paris tinha virtualmente acabado com o crime (*A guerra civil na França*).

Willem A. Bonger, social-democrata holandês (um dos muitos criminalistas de fins do século XIX e início do século XX influenciados simultaneamente pelo pensamento marxista e pelo positivismo não marxista), procurou refletir sobre a relação entre capitalismo e crime propondo que a competitividade do capitalismo dava lugar ao egoísmo – à busca do interesse pessoal em detrimento de outrem. Embora socialmente prejudicial, o comportamento egoísta é encontrado em todas as classes, mas a força política da classe dominante confere a suas modalidades particulares de comportamento explorador uma imunidade pelo menos parcial em relação à responsabilidade criminal. Por esse motivo, a classe operária é super-representada nas estatísticas criminais. O crime, pensava Bonger, só desapareceria quando o socialismo abolisse as fontes sociais do egoísmo. Análises marxistas mais recentes do crime tentaram entender a criminalidade entre as classes subalternas como uma adaptação ou resistência à dominação de classe e a criminalidade da classe dominante como um instrumento de dominação de classe. Quando se transformam as relações de classe numa determinada formação social, mudam também os padrões do crime (Taylor et al., 1973 e 1975; Hay et al., 1975; Thompson, 1975; Pearce, 1976; Greenberg, 1981).

Um segundo aspecto tematizado pelos pensadores marxistas com relação à questão do crime tem sido a crítica da justiça criminal. Uma das dimensões dessa crítica refere-se ao fracasso da imposição da lei nas sociedades capitalistas no que diz respeito à concretização dos próprios ideais manifestos de respeito justo e imparcial da lei. Em artigos publicados em Vorwarts em 1844, Engels observou que o processo criminal inglês, com a sua exigência de que o cidadão tivesse propriedade para servir no júri, funcionava a favor das classes abastadas. Discriminações odiosas no cumprimento da lei têm merecido atenção contínua da criminologia radical norte-americana. Outra dimensão concerne aos aspectos ideológicos da justiça criminal. Marx e Engels iniciaram essa crítica em *A Sagrada Família*, e Marx retomou-a em um dos artigos que escreveu para o *New York Daily Tribune* (16 de setembro de 1859), intitulado "Population, Crime and Pauperism", onde criticou as justificações filosóficas da pena criminal por sua abstração, sua incapacidade de situar os criminosos nas circusntâncias sociais concretas que deram lugar a seus crimes. Textos contemporâneos buscaram fazer avançar a crítica da IDEOLOGIA através de análises críticas de explicações criminológicas das causas do crime, da política de controle do crime, e da representação do crime nos meios de comunicação de massas (Taylor et al., 1973 e 1975; Pearce, 1976; Hall et al., 1978; Clarke, 1978).

Em um outro nível, a crítica da justiça criminal assumiu a forma de uma economia política de controle do crime. Rusche e Kirchheimer (1939) explicaram as mudanças históricas das práticas punitivas desde a Idade Média até o século XX em termos de controle do trabalho. Durante épocas de escassez de força de trabalho, as instituições penais (a prisão, a casa de correção, as galés) poderiam ser usadas para prover os empregadores ou o Estado de um suprimento regular de trabalhadores forçados a custos baixos, enquanto em períodos de excedente de força de trabalho, a punição podia ser usada para controlar uma população excedente potencialmente explosiva (ver POPULAÇÃO). Embora tenha sido criticada como economicista (ver ECONOMICISMO), esta linha de análise foi aprofundada e refinada na produção teórica contemporânea sobre as origens e subsequente transformação do tribunal de delinquentes juvenis, da prisão e da polícia e sobre a maneira pela qual transformações de curto prazo na política punitiva estão relacionadas com o ciclo econômico. Numa perspectiva um tanto diversa, Quinney (1977) sugeriu que o crime contribui para a crise fiscal do Estado. Para manter sua legitimidade, o Estado deve aumentar seus gastos com o controle do crime em resposta ao aumento da criminalidade provocando pelo capitalismo. Ao fazer isso, sua capacidade de garantir a acumulação continuada de capital fica ameaçada. Assim, o crime está implicado nas contradições do capitalismo.

Existe uma terceira vertente da produção teórica marxista sobre o crime que envolve temas relativos à análise e à crítica do direito criminal. Essa vertente, porém, não será examinada neste artigo, uma vez que envolve a discussão de questões específicas das teorias do direito (ver DIREITO).

Alguns dos comentários de Marx sobre o crime dizem respeito a assuntos não relacionados diretamente com os temas acima abordados. Numa irônica passagem das *Teorias da mais-valia*, Marx trata das consequências sociais do crime. Comentando a proposição de que todas as ocupações remuneradas são úteis, ele observou que, segundo tal critétio, o crime também é útil. Afinal, o crime dá lugar à polícia, ao tribunal, ao carrasco, até mesmo ao professor que leciona direito criminal. O crime, prosseguiu Marx, suaviza a monotonia da existência burguesa e fornece enredos para a grande literatura. Ele afasta os trabalhadores desempregados do mercado de trabalho e emprega outros na execução da lei, impedindo, por conseguinte, que a concorrência reduza excessivamente os salários. Ao estimular esforços preventivos, o crime faz progredir a tecnologia. Sob esse aspecto, Marx antecipa as análises funcionalistas das complexas interconexões entre o normal e o desviante na vida social.

Embora Marx e Engels geralmente considerem os dados oficiais sobre detenções e julgamentos como indicadores válidos da criminalidade, em "Population, Crime and Pauperism", Marx assinalou que essas estatísticas refletem, pelo menos em parte, a maneira mais ou menos arbitrária como as transgressões são rotuladas. Uma excessiva prontidão para recorrer à lei criminal, sugeriu ele, tanto pode criar crimes quanto puni-los. Com essa passagem, pode-se dizer decididamente que Marx aparece como precursor das análises sociológicas contemporâneas sobre a rotulação do comportamento desviante.

DG

Bibliografia: Bonger, Willem A., *Criminality and Economic Conditions*, 1905 (1916) • Cain, Maureen & Alan Hunt (orgs.), *Marx and Engels on Law*, 1979 • Clarke, Dean H., "Marxism, Justice and the Justice Model", 1978 • Greenberg, David F. (org.), *Crime and Capitalism: Readings in Marxist Criminology*, 1981 •

Hall, Stuart, Charles Critcher, Tony Jefferson, John Clarke & Brian Roberts, *Policing the Crisis: Mugging, the State and Law and Order*, 1978 • Hay, Douglas, Peter Linebaugh, John G. Rule, E.P. Thompson & Cal Winslow, *Albion's Fatal Tree: Crime and Society in Eighteenth-Century England*, 1975 • Pearce, Frank, *Crimes of the Powerful: Marxism, Crime and Deviance*, 1976 • Phillips, Paul, *Marx and Engels on Law and Laws*, 1981 • Quinney, Richard, *Class, State and Crime*, 1977 • Rusche, Georg & Otto Kirchheimer, *Punishment and Social Structure*, 1939 • Taylor, Ian & Paul Walton & Jock Young, *The New Criminology: For a Social Theory of Deviance*, 1973 ◎ *Critical Criminology*, 1975 • Thompson, E.P., *Whigs and Hunters: The Origin of the Black Act*, 1975.

crise da sociedade capitalista Os marxistas têm, tradicionalmente, concebido a crise como o colapso dos princípios básicos de funcionamento da sociedade. Na sociedade capitalista, acredita-se que tal colapso seja gerado pelo processo de ACUMULAÇÃO, determinado pela tendência decrescente da taxa de lucro (ver CRISES ECONÔMICAS). Deve-se, porém, fazer distinção entre, de um lado, crises ou colapsos parciais e, de outro, crises que conduzem à transformação de uma sociedade ou formação social. As primeiras referem-se a fenômenos como os ciclos econômicos que envolvem surtos de prosperidade aparentemente intermináveis, seguidos de graves declínios da atividade econômica, e são uma face crônica do capitalismo. Já as crises do segundo tipo traduzem o enfraquecimento do princípio organizador ou nuclear de uma sociedade, isto é, a erosão ou destruição daquelas relações societais que determinam o alcance e os limites da transformação da (entre outras coisas) atividade econômica e política.

Para Marx, o princípio organizador da sociedade capitalista era a relação entre o trabalho assalariado e o capital; para ele, a contradição fundamental desse tipo de sociedade é a que existe entre a produção social e a apropriação privada, isto é, a produção social em benefício de interesses particulares. Presumindo-se que Marx estava certo, colocam-se perguntas como as seguintes: terão as circunstâncias dos últimos cem anos alterado o modo pelo qual a contradição fundamental do capitalismo afeta a dinâmica das sociedades? Terá a lógica da crise deixado o caminho do crescimento econômico e da acumulação instáveis e marcados por crises e evoluído no sentido de alguma coisa de fundamentalmente diferente? Se assim é, quais as consequências disso para as formas da luta social?

Marx previu acertadamente a afirmação de uma tendência geral, em todas as sociedades capitalistas, no sentido do desenvolvimento das indústrias intensivas em capital e de uma maior concentração deste. Pensadores marxistas mais recentes documentaram como as firmas e indústrias tornaram-se cada vez mais interdependentes (Gurland, 1941; Neumann, 1944; Baran e Sweezy, 1966). Embora seja adequado analisar o capitalismo contemporâneo em termos de alguns setores (os setores privados competitivos e oligopólicos, o setor público, etc.), é impressionante como os destinos de muitas empresas e indústrias são inter-relacionadas. A rede de interdependência assegura, no máximo, um equilíbrio econômico delicado. Qualquer distúrbio ou rompimento da vida econômica pode ramificar-se potencialmente por todo o sistema. A falência de uma grande firma ou banco, por exemplo, tem implicações para numerosas empresas aparentemente saudáveis, para comunidades inteiras, e, por conseguinte, para a estabilidade política. Assim, para que se mantenha a ordem das sociedades contemporâneas, é necessária a ampla intervenção do Estado. O florescimento da atividade estatal no século XX, a expansão da "máquina intervencionista", pode ser visto, sob esse ângulo, como inevitável. Os efeitos extensivos crescentes de mudanças no seio do sistema (índices elevados de desemprego e inflação nas depressões e picos do ciclo econômico) e/ou o impacto de fatores externos (escassez de matérias-primas como consequência de eventos políticos internacionais, por exemplo) tiveram de ser cuidadosamente manejados.

O esforço permanente de regular a atividade econômica e sustentar o crescimento, intimamente associado com Keynes e com a ideia de controle fiscal e monetário, aprofundou o envolvimento do Estado em um número cada vez maior de áreas da vida econômica e social (ver CAPITALISMO MONOPOLISTA DE

ESTADO). Esse envolvimento criou dificuldades que sugerem que, se alguns Estados foram bem-sucedidos durante as décadas de 1950 e 1960 no esforço para minimizar as flutuações econômicas, isso só foi alcançado pela protelação de problemas e crises potenciais (Habermas, 1973). Para evitar crises econômicas e a agitação política, governos e Estados arcam com uma parte crescente dos custos da produção. Além disso, para desempenhar seus papéis cada vez mais diversificados, tiveram de expandir suas estruturas burocráticas, aumentando sua própria complexidade interna. Essa crescente complexidade, por seu turno, provoca uma necessidade maior de cooperação e, mais importante ainda, exige um orçamento estatal em permanente expansão. O Estado tem de financiar-se a si mesmo por meio da tributação e de empréstimos nos mercados de capital, mas não pode fazer isso de um modo que interfira no processo de acumulação e ameace o desenvolvimento econômico. Essas limitações ajudaram a criar uma situação quase permanente de inflação e crise nas finanças públicas (O'Connor, 1973). Se o Estado não pode desenvolver estratégias políticas adequadas dentro das limitações sistemáticas com que se defronta, o resultado será provavelmente um padrão de mudanças e colapsos contínuos na política social e no planejamento (Best e Connolly, 1976). Esses problemas acham-se tão profundamente estruturados que parece muito improvável, realmente, que governos da direita como o britânico e o norte-americano do início do anos 1980 possam reverter essa evolução, a não ser por períodos muito curtos.

As consequências políticas dessa situação têm sido interpretadas de modos diferentes. Se os problemas econômicos e as consequentes lutas entre Estados nacionais levarem à guerra e à concretização da sempre presente ameaça de catástrofe, uma crise profunda de legitimidade, segundo Habernas (1973) e Offe (1972), será enfrentada pelas democracias das sociedades de classes ocidentais. O Estado está envolvido em contradições: a intervenção na economia é inevitável e, no entanto, o exercício do controle político sobre a economia arrisca-se a desafiar a base tradicional da legitimidade de toda a ordem social: a crença de que os objetivos coletivos só podem ser adequadamente consumados se os indivíduos privados agirem em isolamento competitivo e perseguirem seus propósitos com interferência mínima do Estado. A própria intervenção do Estado na economia e em outras esferas chama a atenção para as questões de escolha, planejamento e controle. A "mão do Estado" é mais visível e inteligível do que "a mão invisível" do mercado. Mais e mais áreas da vida são encaradas pela população em geral como áreas politizadas, isto é, passíveis de estarem sujeitas (via governo) ao seu controle potencial. Esse desenvolvimento, por seu turno, estimula demandas sempre maiores apresentadas ao Estado: por exemplo, reivindicações relativas a participação e consulta sobre decisões. Se essas exigências não puderem ser atendidas pelas alternativas existentes, o Estado pode enfrentar uma "crise de legitimação". As lutas relativas a, entre outras coisas, distribuição da renda, controle das condições de trabalho, natureza e qualidade de bens e serviços públicos estatais podem ultrapassar as froneiras das instituições vigentes de administração econômica e controle político. Nessas circunstâncias, a hipótese da transformação fundamental do sistema não pode ser afastada. É improvável, decerto, que venha a resultar de *um* evento, de uma derrubada insurrecional do poder de Estado. Mais provavelmente será marcada por um processo de erosão contínua da capacidade de reproduzir-se da ordem existente e pela emegência progressiva de instituições alternativas.

Aqueles que esboçaram esse quadro tenderam a diminuir o papel das forças sociais que fragmentam, atomizam e por conseguinte privatizam as experiências que o homem tem do mundo social. Fatores como estruturas diferenciadas de salário, inflação permanente, crise nas finanças governamentais e desenvolvimento econômico desigual – que dispersam os efeitos da crise econômica sobre certos "grupos", como os consumidores, os idosos, os enfermos, as crianças em idade escolar – são todos parte de uma série complexa de circunstâncias que se combinam para fragmentar repetidamente as frentes de oposição de classes, tornando-as menos amplas (Held, 1982). Uma faceta evidente dessas tendências tem sido a emergência, em muitas sociedades ocidentais, do que se tem chamado de "arranjos corporativistas". O Estado, em seu esforço para sustentar a continuidade da ordem existente, favorece seletivamente os grupos cuja arquiescência e apoio são decisivos: o capital oligopólico e o trabalho organizado. Representantes desses "grupos estratégicos" (sindicatos ou confederações de empresas) cada vez mais se associam aos representantes do Estado para solucionar ameaças à estabilidade política mediante um processo de negociação extraparlamentar altamente informal, em troca do favorecimento de seus interesses corporativos (Schmitter, 1977, Panitch, 1977 e Offe, 1980). Assim, efetiva-se um "compromisso de classes" entre os poderosos, a expensas de grupos vulneráveis, como os idosos, os doentes, os não sindicalizados, os não brancos, e das regiões vulneráveis, como as áreas com indústrias "em declínio", que deixaram de ser importantes para a economia (Held e Krieger, 1982). E desse modo importantes frentes da luta social podem ser fragmentadas repetidamente. Nessas circunstâncias, os resultados políticos continuam incertos.

Mas existem tendências cruciais que reforçam a possibilidade de uma severa crise. O favoritismo para com grupos dominantes expresso por esses arranjos corporativistas e os resultados a que chegam tais barganhas tripartites provocam a erosão do apoio eleitoral-parlamentar por parte dos grupos mais vulneráveis, que pode ser necessário à sobrevivência de um regime. De modo mais fundamental ainda, os arranjos corporativistas podem minar a aceitação, pelas massas, de instituições que têm tradicionalmente canalizado o conflito, como os sistemas partidários e as convenções de negociação coletiva. Assim sendo, novos arranjos podem ser um tiro pela culatra, encorajando a formação de movimentos de oposição ao *status quo* pelos excluídos dos processos de tomada de decisão, como os trabalhadores das fábricas, os interessados em questão ecológica e as ativistas do movimento feminino (Offe, 1980).

Tendências como essas, contudo, não podem ser interpretadas independentemente de condições e pressões internacionais. O mundo capitalista foi criado na dependência de um mercado internacional e é cada vez mais dependente do comércio internacional. A multiplicidade das interconexões econômicas entre os países, que estão fora do controle dos Estados desses países (Wallerstein, 1974), bem como o desenvolvimento econômico desproporcional e o desenvolvimento econômico desigual, tanto entre as sociedades industriais avançadas como entre estas e os países do Terceiro Mundo, reforçam a possibilidade de lutas intensas para definir quem ocupa o centro e a periferia da ordem econômica e quem controla certos recursos. O que não pode ser ignorado é a natureza altamente contingente e inerentemente perigosa do sistema internacional de Estados nacionais, cujas origens antecedem o desenvolvimento capitalista, mas que foi profundamente influenciada por ele (Poggi, 1978).

Para entender as tendências de crise, hoje, toma-se necessária, portanto, uma análise diferenciada das condições internacionais que constituem os limites e o contexto da política das sociedades modernas. É precisamente a interseção de processos e eventos nas arenas nacionais – crise de formas de Estado particulares, surgimento de novos movimentos sociais e políticos, conflitos nas relações entre regimes, partidos e instituições econômicas – com as circunstâncias internacionais que tem se revelado o determinante crucial de crises de transformação, crises que afetam o princípio organizativo da sociedade (Skocpol, 1979). Mas é difícil ver como tal explicação possa tomar a forma prescrita pelo marxismo clássico com a sua ênfase, por exemplo, na história como desenvolvimento progressivo das forças produtivas sociais ou como evolução progressiva de sociedades por meio da luta de classes (Giddens, 1981). A evolução dos fatos, dentro de e entre sociedades, parece ter feito explodir as fronteiras desse esquema conceitual.

DH

Bibliografia: Baran, Paul & Paul Sweezy, *Monopoly Capitalism*, 1966 [*Capitalismo monopolista*, 1978] • Best, Michael & William Connolly, *The Politicized Economy*, 1976 • Giddens, Anthony, *A Contemporary Critique of Historical Materialism*, 1981 • Gurland, A.R.L., "Technological Trends and Economic Structure under National Socialism", 1941 • Habermas, Jürgen, *Legitimationsprobleme im Spätkapitalismus*,

1973; *Legitimation Crisis* (1974) [*Crise de legitimação do capitalismo tardio*, 1979] • Held, David, "Crisis Tendencies, Legitimation and the State", in John B. Thompson & David Held (orgs.), *Habermas: Critical Debates*, 1982 • Held, David & Joel Krieger, "Theories of the State: Some Competing Claims", in Stephen Bornstein et al., *The State in Capitalist Europe*, 1982 • O'Connors, James, *The Fiscal Crisis of the State*, 1973 [*USA: a crise do Estado capitalista*, 1977] • Offe, Claus, *Strukturprobleme des kapitalistischen Staates*, 1972 ◎ "The Separation of Form and Content in Liberal Democratic Politics", 1980 • Panitch, L., "The Development of Corporatism in Liberal Democracies", 1977 • Poggi, Gianfranco, *The Development of the Modern State*, 1978 • Poulantzas, Nicos, *La crise de l'État*, 1976; *La crisis dei Estado* (1978) • Schmitter, P.C., "Modes of Interest Intermediation and Models of Societal Change in Western Europe", 1977 • Skocpol, Theda, *States and Social Revolutions*, 1979 • Wallerstein, Immanuel, *The Modern World System*, 1974.

crises econômicas Ao examinar as teorias da crise, é preciso distinguir as *crises gerais*, que envolvem um colapso generalizado das relações econômicas e políticas de reprodução, das crises parciais e dos ciclos econômicos, que constituem um traço regular da história do capitalismo. Na produção capitalista, o desejo individual de lucro colide periodicamente com a necessidade objetiva de uma divisão social do trabalho. As crises parciais e os ciclos econômicos são apenas o método intrínseco ao sistema de reintegrar esse desejo e essa necessidade. Quando o sistema é saudável, recupera-se rapidamente de suas convulsões. Quanto menos sadio for, porém, mais prolongadas se tornam as convalescenças, mais anêmicas as recuperações e maior é a possibilidade de que ele ingresse numa longa fase de depressão. Nos Estados Unidos da América, por exemplo, embora tenham ocorrido 35 ciclos econômicos e crises nos 150 anos decorridos de 1834 até o presente, apenas duas – a Grande Depressão de 1873-1893 e a Grande Depressão de 1929-1941 – podem ser classificadas como crises gerais. A questão enfrentada hoje pelo mundo capitalista é se uma Grande Depressão da década de 1980 não virá somar-se a essa lista (Mandel, 1972; Burns, 1969).

Ao analisar o sistema capitalista, Marx refere-se constantemente às suas "leis de movimento". Fala, por exemplo, da *tendência* decrescente da taxa de lucro como uma lei geral, ao mesmo tempo em que apresenta várias *tendências neutralizadoras* "que interceptam e anulam os efeitos da lei geral". Coloca-se então, naturalmente, a pergunta: Como pode uma "lei" surgir a partir da atuação de tendências e contratendências? Há duas maneiras básicas de responder a essa pergunta. Uma possibilidade é conceber que as várias tendências operam em pé de igualdade: o capitalismo dá origem a um conjunto de *tendências conflitantes*, e o equilíbrio de forças existente numa "conjuntura" histórica específica determina então o rumo final que tomará o sistema. Nessa perspectiva, as reformas estruturais e a intervenção do Estado parecem ter um grande potencial neutralizador porque, em circunstâncias adequadas, elas podem fazer pender a balança e, portanto, efetivamente regular o resultado final. Essa perspectiva geral, como iremos ver, orienta a maior parte das modernas teorias marxistas da crise e tem importantes implicações políticas.

Marx, por outro lado, tratou do assunto de maneira bastante diferente. Para ele era importante distinguir entre a tendência *dominante* e as várias tendências neutralizadoras subordinadas, porque estas últimas operam dentro dos limites estabelecidos pela primeira. Como as tendências dominantes nascem da natureza mesma do próprio sistema e o impelem vigorosamente na direção que apontam, as tendências subordinadas operam, efetivamente, dentro de limites móveis e são *canalizadas*, por assim dizer, numa direção definida. (Dentro desses limites apenas, as tendências subordinadas podem funcionar como tendências conflitantes em pé de igualdade.) Desse ponto de vista, as reformas estruturais, a intervenção estatal e até mesmo as lutas e classes que deixam inalterada a natureza básica do sistema têm um potencial limitado, precisamente porque acabam por subordinar-se à dinâmica intrínseca desse sistema.

É possível, a partir do que foi dito, identificar dois tipos principais de teorias das crises, que correspondem a duas abordagens metodológicas diversas da história do capitalismo:

as *teorias da possibilidade*, baseadas na noção de lei como o *resultado de tendências conflitantes*, segundo as quais as crises ocorrem se, e quando, houver uma certa conjugação de fatores historicamente determinados; e as *teorias da necessidade*, baseadas na noção da lei como a *expressão de uma tendência dominante intrínseca* que subordina as tendências neutralizadoras, segundo as quais a ocorrência periódica de crises gerais é inevitável (embora, é claro, a forma e o momento específicos de tais crises sejam determinados, *dentro de limites*, por fatores históricos e institucionais). Procurar-se-á expor adiante como as modernas teorias marxistas da crise exemplificam essas duas abordagens.

Teorias da possibilidade. Dentre as teorias da possibilidade podemos identificar dois grupos principais: as teorias do subconsumo/estagnação e as teorias da compressão de salários:

Teorias do subconsumo/estagnação. Na sociedade capitalista, o valor em dinheiro do produto líquido é igual à soma dos salários pagos aos trabalhores *mais* os lucros obtidos pelos capitalistas. Como os trabalhadores recebem menos do que o valor total do produto líquido, seu consumo nunca é suficiente para comprá-lo de volta: o consumo dos trabalhadores cria um "hiato da demanda", e, quanto maior é a parcela dos lucros proporcionalmente aos salários em relação ao total do valor acrescido, maior esse hiato. É claro que os capitalistas consomem uma parte de seus lucros, e isso ajuda a preencher parte desse hiato. Não obstante, a maior parte da renda dos capitalistas é poupada, não consumida, e, à maneira keynesiana, essas economias são vistas como um "vazamento" da demanda, cujas bases continuam sendo, em última instância, a renda e o consumo restritos das massas. Se essa parte do hiato da demanda correspondente às poupanças do capitalista não fosse preenchida, parte do produto não seria vendida, pelo menos não a preços normais, de modo que todo o sistema se contrairia até que os lucros fossem tão baixos que os capitalistas fossem forçados a consumir toda a sua renda – e, nesse caso, não haveria investimento (líquido) e, portanto, não haveria crescimento. A lógica econômica interna de uma economia capitalista a predispõe, desse modo, à estagnação.

É claro que o hiato da demanda pode ser preenchido não só pelo consumo, mas também pela demanda por investimento (a demanda de instalações e equipamentos). Quanto maior for essa demanda, mais elevado será o nível de produção e de emprego no sistema, em qualquer momento do tempo, e mais depressa ele crescerá. Portanto, o movimento do sistema depende, em última análise, da influência mútua entre a tendência à estagnação, criada pelos planos de poupança dos capitalistas, e a tendência à expansão, criada pelos seus planos de investimento, tendência essa que, de certo modo, se opõe e neutraliza a primeira. Os capitalistas poupam porque, como capitalistas individuais, devem tentar crescer para sobreviver. Mas só podem investir quando há possibilidades objetivas, e estas, por sua vez, dependem de dois fatores. Especificamente, as *bases* para o comércio e a troca em grande escala são proporcionadas quando a hegemonia de uma determinada nação capitalista (a Grã-Bretanha no século XIX e os Estados Unidos no século XX) permite-lhe orquestrar e impor a estabilidade política e econômica internacional em grandes escala. E o *combustível* para o investimento em grande escala é proporcionado quando acontece de coincidirem uma massa crítica de produtos novos, mercados novos e novas tecnologias. Quando coexistirem as bases e o combustível, os fatores expansionistas estarão em ascensão. Por outro lado, quando o combustível se esgota e a rivalidade intercapitalista passa a cada vez mais enfraquecer as bases, à certa altura os fatores de contração se reafirmam, e a estagnação entra na ordem do dia – até, é claro, que uma nova ordem hegemônica (forjada talvez por uma guerra mundial) e uma nova onda de descobertas científicas e tecnologias iniciem um novo período de crescimento.

Nada disso se modifica fundamentalmente com o advento da questão do poder de monopólio. No capitalismo moderno, umas poucas empresas poderosas dominam cada ramo da indústria e, limitando a produção e aumentando os preços, podem redistribuir a renda em seu favor, a expensas dos trabalhadores e das empresas capitalistas menores.

Como os grandes capitalistas poupam uma proporção maior da renda, a poupança total eleva-se; por outro lado, de modo a manter altos os preços e os lucros, as empresas maiores restringem o investimento em suas próprias indústrias, reduzindo com isso as possibilidades existentes de investimento. Aumentando o hiato da demanda e, simultaneamente, enfraquecendo as oportunidades de investimento, os monopólios tornam, em teoria, a esgtagnação praticamente inevitável. É claro que, *na prática*, o CAPITALISMO MONOPOLISTA do pós-guerra até recentemente desfrutou de um surto de prosperidade continuada que, sob muitos aspectos, excedeu a qualquer momento anterior de sua história. Assim, mais uma vez a ausência da estagnação real se explica pela presença de fatores neutralizadores excepcionalmente fortes: hegemonia dos Estados Unidos no pós-guerra, novos produtos e novas tecnologias, gastos militares.

Nesse contexto, é evidente que qualquer intervenção econômica que fortaleça e oriente os fatores de expansão pode, em princípio, superar a ameaça de estagnação. A teoria econômica keynesiana, por exemplo, pretende que, por seus próprios gastos, ou pelo seu estímulo aos dispêndios privados, o Estado pode conseguir que níveis socialmente desejados de produção e emprego sejam atingidos, e, com isso, *determinar, em última análise, as leis do movimento da economia capitalista* (ver KEYNES E MARX). *Os subconsumistas não negam essa possibilidade.* Eles simplesmente afirmam que ela não tem eficácia prática no momento, porque o capitalismo moderno se caracteriza pelo monopólio e não pela concorrência. O monopólio aumenta a tendência do capitalismo à estagnação. Quando essa estagnação se instala, o Estado reage estimulando a demanda agregada, mas os monopolistas respondem a isso aumentando os preços em lugar de ampliar a produção e o emprego (como fariam as empresas competitivas). O impasse resultante entre o poder do Estado e o poder de monopólio produz a estagnação-com-inflação: estagflação (Harman, 1980; Shaikh, 1978). Se o Estado abandona a luta e recua, temos então uma recessão ou possivelmente uma depressão. Desse ponto de vista, o aparecimento de uma crise é um fato essencialmente político, provocado pela recusa do Estado a combater os monopólios. A teoria keynesiana afirma que o Estado tem a capacidade econômica de administrar o sistema capitalista, *e uma vez aceita essa premissa*, tanto a existência da crise como a recuperação dependem dos *fins políticos* com que tal capacidade é usada. Somos, assim, levados a concluir que um programa político de restrição aos monopólios por meio do controle de preços, da regulamentação e do planejamento econômico enérgicos e eficazes conterá a inflação, ao passo que maiores gastos com o bem-estar social e até mesmo maiores salários beneficiarão *não só a classe trabalhadora, mas também o sistema capitalista como um todo* (reduzindo o hiato da demanda). As contradições econômicas do sistema podem ser, portanto, deslocadas para a esfera política, e dentro dela solucionadas, desde que seja exercida pressão suficiente sobre o Estado. Sweezy, conscientemente, evita explicitar as conclusões políticas inerentes ao seu argumento, embora advirta que os próprios capitalistas podem descobrir maneiras novas de controlar o sistema (*Monthly Review*, vol.32, n.5, p.12-3).

Teorias da compressão dos salários. As teorias da compressão procuram relacionar as crises gerais com uma queda constante da taxa de lucro (ver TENDÊNCIA DECRESCENTE DA TAXA DE LUCRO). O seu ponto de partida é o reconhecimento de que, quando os salários reais aumentam, e/ou a duração e a intensidade do dia de trabalho diminuem, a taxa potencial de lucro cai, se os outros fatores não variarem. Em termos marxistas, uma queda na taxa de mais-valia provoca uma queda na taxa geral de lucro, *ceteris paribus.* Mas isso é simplesmente dizer que um aumento dos salários reais (ajustados à duração e à intensidade do trabalho) reduz a taxa de lucro em *relação à sua tendência.* Se a taxa de lucro tende a cair independentemente disso, então a elevação nos salários reais (ajustados) apenas exacerba a queda preexistente da taxa de lucro. Isso, como iremos ver na seção seguinte, é o que diz Marx. Mas, se a taxa de lucro tende a crescer, então só um aumento suficientemente rápido dos salários reais pode explicar uma queda real da taxa de lucro. É essa, tipicamente, a alegação dos teóricos da compressão salarial, que supõem que, na ausência de mudanças do salário real, as mudanças técnicas tendem a aumentar a taxa de lucro e a razão entre lucros e salários.

Numa das versões da teoria, essa taxa crescente alimenta diretamente um surto de investimento; em outra, que, na verdade, é uma extensão da teoria do subconsumo/estagnação, a razão crescente entre lucro e salário e o crescente poder de monopólio exacerbam o hiato da demanda, e daí a tendência do sistema à estagnação. Mas o Estado também tem condições de neutralizar isso e, portanto, manter o surto de prosperidade (*boom*). Em ambos os casos, se o *boom* durar o suficiente para que o mercado de trabalho se torne tão limitado e os trabalhadores tão militantes que suas exigências salariais produzam uma continuada queda na taxa real de lucro, então uma crise acabará por surgir. Tipicamente, a teoria da compressão salarial busca ver salários reais crescendo em velocidade superior à do crescimento da produtividade como uma evidência de que é o trabalho que está por trás da crise.

Por exemplo, o tratamento matemático convencional da chamada escolha tecnológica implica uma taxa crescente de lucro, a não ser que o aumento do salário real reverta seu curso (Shaikh, 1978, p.242-7). Isso é citado pela maioria daqueles que atualmente sustentam teorias da compressão salarial, como Roemer (1979), Bowles (1981), Armstrong e Glyn (1980). Outros, como Hodgson (1975, p.75-6), simplesmente referem-se à estabilidade empírica da composição orgânica como uma característica do capitalismo moderno. Finalmente, Kalecki (1971) é normalmente citado como a fonte do argumento de que a intervenção do Estado transforma a tendência ao subconsumo em compressão salarial. É digno de nota que, mesmo na literatura convencional sobre a escolha tecnológica, o crescimento do salário real em relação à produtividade não é um fator necessário nem suficiente para gerar uma queda na taxa de lucros. Isso é facilmente demonstrável a partir dos diagramas de Shaikh (1978a, p.236), em que a taxa de salário máxima (a interseção vertical) é o produto líquido por trabalhador.

O que é importante notar aqui é que, como a crise só ocorre quando os aumentos dos salários dos trabalhadores se tornam "excessivos", há muita margem, nessa teoria, para uma visão do capitalismo em que este pode proporcionar *tanto* salários reais crescentes aos trabalhadores, *como* uma taxa crescente de lucro aos capitalistas. Desse ponto de vista, o Estado pode, em princípio, promover a recuperação, caso *tanto* os trabalhadores como os capitalistas venham a fazer concessões suficientes, e mesmo impedir crises futuras se ambos os lados revelarem certa moderação. Uma característica geral das teorias da possibilidade é que, como acabam dotando o Estado do poder de determinar as leis básicas do movimento do capitalismo, as expectativas e as promessas daqueles que as propõem passam a depender muito da noção de que, mesmo no capitalismo, a política pode comandar o sistema. *Se essa premissa for falsa, então, em última instância, as táticas e a estratégia que a cercam são passíveis de questionamento sério.* Isso, como se verá em seguida, é exatamente o que está implícito nas teorias da necessidade.

Teorias da necessidade. A principal teoria moderna da necessidade é a teoria da tendência decrescente da taxa de lucro, de Marx. No passado, até mesmo algumas versões da teoria do subconsumo (como a de Rosa Luxemburg) eram teorias da necessidade, mas admite-se geralmente que isso ocorria principalmente devido a um entendimento errôneo da lógica de sua própria argumentação. A lei da tendência decrescente da taxa de lucro procura explicar porque o capitalismo atravessa longos períodos de crescimento acelerado que são necessariamente seguidos de períodos correspondentes de crescimento desacelerado e crises eventuais. O que as teorias do subconsumo explicam por meio de fatores externos, como os surtos de descobertas, Marx explica por meio de fatores internos baseados nos movimentos da taxa potencial de lucro.

A força propulsora de toda a atividade capitalista é o lucro, e a mais-valia é o seu fundamento oculto. Para extrair o máximo possível de mais-valia, o capitalista deve aumentar a duração e/ou a intensidade do dia de trabalho e, acima de tudo, aumentar a produtividade do trabalho. Para competir eficientemente com outros capitalistas, deve conseguir, simultaneamente, menores custos de produção unitários. O aumento do capital fixo é a solução para ambos os problemas. Em poucas palavras, o crescimento do capital fixo em relação ao trabalho (a mecanização da produção) é o principal meio de aumentar a produtividade do trabalho, e o crescimento do capital fixo em relação ao produto (a capitalização da produção) é o principal meio de reduzir os custos unitários de produção. Pode-se mostrar, porém, que o crescimento do capital fixo também tende a reduzir a taxa de lucro nos métodos mais adiantados de produção (ver, a esse respeito, as referências citadas no artigo TENDÊNCIA DECRESCENTE DA TAXA DE LUCRO). Para o capitalista individual que primeiro adota esses métodos mais amplos, de capital mais intensivo, seus menores custos unitários lhe permitem reduzir os preços e expandir-se a expensas de seus concorrentes, compensando dessa maneira a menor taxa de lucro por meio de uma fatia maior do mercado. Mas, para o sistema como um todo, isso faz com que a taxa média de lucro baixe. Embora vários fatores possam, temporariamente, neutralizar essa tendência, eles operam dentro de limites estreitos, de modo que a queda, ao longo do século, da taxa de lucro surge como a *tendência dominante*.

Em um período prolongado, os efeitos dessa tendência decrescente da taxa de lucro sobre o investimento provocam uma "onda longa" na massa do lucro potencial total, que acelera, desacelera e entra em estagnação. Na fase posterior, a demanda por investimento se reduz e a capacidade ociosa se generaliza, enquanto a falta de novos investimentos diminui o crescimento da produtividade, de modo que os salários reais podem, durante certo tempo, aumentar *em relação* à produtividade. Em outras palavras, tanto o subconsumo com a compressão salarial, como fenômenos, aparecem como *efeitos* da crise de lucratividade. Mas eles não *causam* a crise geral, porque são mecanismos incorporados à acumulação capitalista, que ajustam a capacidade à demanda efetiva e que mantêm os aumentos de salários dentro dos limites dos aumentos da produtividade. (*O Capital*, I, cap.XXV; Garegnani, 1978).

Cada crise geral precipita uma destruição geral dos capitais mais fracos e intensifica ataques ao trabalho; essa destruição e esses ataques ajudam a restabelecer a acumulação aumentando a centralização e a concentração do capital e elevando a lucratividade geral. Esses são os mecanismos "naturais" de recuperação do sistema. Mas, por força da queda secular na taxa de lucro, cada fase ascendente prolongada é caracterizada por taxas de lucro a longo prazo geralmente mais baixas, *de modo que, no mundo dominado pelo capitalismo, os problemas de estagnação e desemprego mundiais se agravam com o tempo.* Como esses problemas surgem da própria acumulação capitalista, e não da concorrência insuficiente ou dos salários excessivos, não podem ser simplesmente "administrados" pela intervenção do Estado, *por mais progressista que seja a intenção deste.* A política não pode comandar e não comandará o sistema, a menos que esteja disposta a reconhecer que a solução capitalista de uma crise exige um ataque à classe operária e que a solução socialista exige, por seu lado, um ataque ao próprio sistema. Desse ponto de vista, como bem observa Yaffe (1976), o recurso ao poder do Estado, tão característico das teorias da possibilidade, pode ser uma ilusão perigosa. (Ver também CRISE DA SOCIEDADE CAPITALISTA.)

AS

Bibliografia: Aglietta, Michel, *Regulation et crises du capitalisme: l'expérience des États-Unis*, 1976; *A Theory of Capitalist regulation: the US experience* (1979) • Armstrong, P. & A. Glyn, "The law of the falling rate of profit and oligopoly: a comment on Shaikh", 1980 • Bowles, S., "Technical Change and the Profit Rate: a simple proof of the Okishio Theorem", 1981 • Burns, A.F., *The Business Cycle in a Changing World*, 1969 • Dowbor, Ladislau, *Introdução teórica à crise*, 1981 • Emmanuel, Arghiri, *Le profit et les crises*, 1974 • Garegani, P., "Notes on Consumption, Investment and Effective to Joan Robinson", 1978 • Grou, Pierre, *Monnaie, crise économique: élements d'interpretation*, 1977 • Harman, C., "Theories of Crisis", 1980 • Hilferding, Rudolf, *Das Finanz Kapital*, parte IV, 1910; *Finance Capital* (1981); *El capital financiero* (1973) • Hodgson, G., *Trotsky and Fatalistic Marxism*, 1975 • Jacoby, Russell, "The Politics of Crisis Theory: Towards a Critique of Automatic Marxism II", 1975 • Kalecski, M., "The Political Aspects of Full Employment", in M. Kalecki, *Selected Essays on the Dynamics of the Capitalist Economy*, 1943 (1971); *Ensayos escojidos sobre la dinâmica de la economía capitalista* (1977) • Mandel, E., *Late Capitalism*, 1972 (1975) • Polari, R.A., "A concepção keynesiana das crises econômicas e sua crítica com base em Marx", 1984 • Roemer, J.E., "Continuing Controversy on the Falling Rate of Profit: Fixed Capital and Other Issues", 1979 • Shaikh, A., "An Introduction to the History of Crisis Theories", in A. Shaikh, *U.S. Capitalism Crisis*, 1978a ◎ "Political Economy and Capitalism", 1978b • Sweezy, Paul, Artigos publicados em *Monthly Review* vol.31, ns.3 e 6, vol.32, n.5, vol.33, ns. 5 e 7, vol.31, n.2, 1979-1982 • Varga, Eugen, *La crise économique, sociale, politique*, 1934 (1935) • Yaffe, D., "Hodgson and Activist Reformism", 1976.

cristianismo Na sociedade moderna, escreveu Marx em seu ensaio *A questão judaica*, os homens livraram-se do pesadelo da religião relegando-a à esfera pessoal e isolando-a, portanto, do tumulto público da competição. Nesta separação, Marx via um indicador da ALIENAÇÃO do homem em relação aos homens, que tornava impossível para o indivíduo constituir-se como ser humano completo. Ainda assim, era necessário um passo adiante, e a Reforma, que deu esse passo, foi um avanço revolucionário, escreveu ele em "Crítica da filosofia do direito de Hegel: introdução". Marx considerava o cristianismo, com a sua fixação no homem e na alma individuais, e particularmente sua versão burguesa protestante, o credo mais apropriado a uma economia da troca anônima de mercadorias (*O Capital*, I, cap.I). Engels perseguia a mesma ideia quando contrastou o luteranismo com o calvinismo de seus próprios antepassados e considerou o segundo como mais maduro, mais plenamente urbano, e republicano por temperamento (*Ludwig Feuerbach e o fim da filosofia clássica alemã*, parte 4). Era uma fé, afirmou ele, ajustada às mais ousadas aspirações burguesas ou dos primeiros grupos capitalistas de seu tempo. Nesse sentido, Engels interpretou o dogma da predestinação como tendo suas raízes na imprevisibilidade de êxito ou fracasso na arena dos negócios (Prefácio à edição inglesa de *Do socialismo utópico ao socialismo científico*).

Em 1847, Marx investiu contra a noção de que a doutrina cristã podia oferecer uma alternativa para o COMUNISMO: ela não significava mais do que uma submissão covarde, quando aquilo de que a CLASSE OPERÁRIA necessitava era de coragem e autorrespeito (Marx e Engels, 1957, p.83). Na terceira parte do *Manifesto comunista* o socialismo cristão é descartado como um estratagema feudal-conservador, facilmente identificável pelos trabalhadores. Mas Marx logo reconheceu que, num país preponderantemente camponês como a França, a influência clerical podia ser ainda bem ponderável; e isso explicava a intervenção armada do governo francês para restabelecer o governo papal em Roma (*As lutas de classes na França, de 1848 a 1850*, parte II). Anos mais tarde, numa viagem pela Renânia, não pôde deixar de perceber que o catolicismo social, tendo como seu expoente o bispo Ketteler, de Mainz, estava exercendo um efeito insidioso sobre os trabalhadores (Carta a Engels, 25 de setembro de 1869).

Engels explicou que a Reforma foi possibilitada pelo desenvolvimento econômico da Alemanha e pela crescente participação do país no comércio internacional. Em sua obra sobre as Guerras Camponesas de 1524-5, ele as abordou como a primeira tentativa de uma revolução nacional, burguesa ou antifeudal, frustrada pela ausência de articulação e aliança entre burgueses e camponeses, enquanto as camadas sociais mais baixas, os deserdados da sorte, situados à margem da sociedade, podiam apenas abandonar-se aos sonhos irrealizáveis de um mundo ideal do futuro, dentro do espírito milenar do cristianismo primitivo; anabatismo destes últimos era o primeiro e tênue vislumbre do socialismo moderno (cap.2).

Em seus últimos anos de vida, Engels retornou repetidamente ao problema da origem e do desenvolvimento inicial do cristianismo. Uma religião que tinha desempenhado um papel tão amplo na história do mundo, escreveu ele em seu ensaio sobre Bruno Bauer (1882), um pioneiro no estudo do tema, não podia ser posta de lado como mera ilusão; o que se fazia necessário era compreender as condições das quais emergira. Na miséria, as massas do Império Romano, sem nenhuma esperança de alívio material, voltaram-se para as ideias de salvação espiritual; aprenderam a censurar seus próprios pecados, dos quais a expiação oferecia absolvição. O dogma do pecado original era o princípio exclusivo de igualdade cristã, escreveu Engels no *Anti-Dühring* (Parte I, cap.X), e estava em harmonia com uma fé para escravos e oprimidos. Mas foi além disso e, já no final de sua vida, traçou um paralelo entre os cristãos antigos e o movimento da classe trabalhadora de sua própria época: ambos tinham início entre as massas oprimidas, mas o cristianismo tornava-se, com o passar do tempo, a religião do Estado, e o socialismo, um projeto político e social que, ele não tinha dúvida, conquistaria uma rápida vitória (Marx e Engels, 1957, p.313). Num pronunciamento final, ao término da "Introdução" que escreveu em 1895 para a edição da obra de Marx, *As lutas de classes na França de 1848 a 1850*, Engels prestou tributo aos cristãos antigos como "um perigoso partido da revolta", pronto a desafiar imperadores e a solapar a autoridade constituída ao se recusar a oferecer sacrifícios em seus altares.

Vários marxistas da geração seguinte foram atraídos pelo tema das origens cristãs. Kautsky foi um dos que o explorou mais profundamente, além de abordar a história cristã posterior em diversos de seus livros. Investigou, por exemplo, os efeitos da Revolução Francesa sobre a teologia alemã em sua adoção da ética kantiana como a base para um desafio ao MATERIALISMO (1906, p.66-7). Kautsky, porém, tinha uma visão menos lisonjeira do cristianismo antigo, acentuando a utilidade de um credo de submissão servil para os senhores de escravos que, de outro modo, só poderiam manter seu poder pela força. Recusou-se a admitir qualquer influência amenizadora por parte do credo cristão, quando seus recursos e posição melhoraram, sobre a dureza da sociedade romana, preferindo atribuir qualquer melhoria a causas objetivas, políticas ou econômicas [(1925) p.165-7]. Mais tarde, o marxismo oficial deu um veredito semelhante. "O ensinamento cristão da redenção", nas palavras de um autor soviético, "reflete a impotência, o sentimento de condenação e o desamparo das massas trabalhadoras oprimidas" (Prokofev, 1967, p.464). Mas Rosa Luxemburg, além de sensibilizar-se pelo consolo que a fé sempre trouxe aos pobres que nada tinham a esperar neste mundo, mostrou-se impressionada pela divisão da propriedade entre os primeiros cristãos, embora essa partilha tivesse um significado apenas limitado, vez que tratava-se de um comunismo de consumo, não de produção. Ela escreveu sobre o tema em meio ao torvelinho da revolução de 1905 e protestou contra o modo como os socialistas estavam sendo caluniados pelos padres.

Desde então, observa-se um considerável interesse do pensamento marxista na Europa Ocidental pelo estudo e pela crítica do cristianismo, em vários contextos históricos e políticos. Em países católicos, onde a força da Igreja como esteio do conservantismo permaneceu grande, esse interesse teve amiúde um caráter prático, como ocorreu com Antonio Gramsci na Itália sob regime fascista compartilhado pela Igreja. Na Inglaterra, onde os historiadores marxistas encontram um de seus temas mais frutíferos nos conflitos do século XVII, estes puderam ver a religião desempenhar um papel positivo e dinâmico, embora não independente, com o calvinismo atuando como ideologia das classes recentemente alçadas à qualidade de proprietárias, e os diversos ramos do anabatismo como ideologias dos sem propriedades. Outra questão muito destacada foi a conexão entre o metodismo e a Revolução Industrial. Muitos concordam com a conclusão de que, conquanto o metodismo desse à incipiente classe trabalhadora algumas lições úteis, seu efeito geral foi o de retardar o desenvolvimento político dos trabalhadores (Thomson, 1949, p.23).

Mas todo o movimento religioso tem, a um só tempo, um impulso progressista e uma vocação reacionária, declarou o mesmo autor. "Há dois Cristos": um dos que dominam e outro dos que trabalham (1949, p.4). Em décadas recentes, houve tréguas na antiga hostilidade das Igrejas para com o comunismo, hostilidade essa pelo menos tão constante quanto a dos comunistas contra as Igrejas, e encontrou-se espaço, de ambas as partes, para "diálogos" que marxistas como Garaudy, na França, e Klugmann, na Inglaterra, promoveram ativamente. Um apoio frequente tem sido dado pelos cristãos e pelas

Igrejas a causas progressistas, entre as quais revoltas e revoluções coloniais. Os marxistas podem ter de se indagar se não teriam, no passado, voltado as costas de maneira excessivamente decidida para o fato de que o próprio socialismo é, em muitos aspectos, produto do cristianismo.

VGK

Bibliografia: Garaudy, Roger, *Marxisme du XXe siècle*, 1966; *Marxism and the Twentieth Century* (1969) [*Marxismo do século XX*, 1974] • Hill, Christopher, *Society and Puritanism in pre-Revolutionary England*, 1964 • Kautsky, Karl, *Ethik und Materialistische Geschichts aufassung*, 1906; *Ethics and the Materialist Conception of History* (1918) ® *Der Ursprung des Christentums*, 1908; *Foundations of Christianity: a Study in Christian Origins* (1925) • Konder, Leandro, "Marxismo e cristianismo", 1978 • Luxemburg, Rosa, *Socialism and the Churches*, 1905 (1972) • Portelli, Hughes, *Gramsci et la question religieuse*, 1974 • Prokofev, V.I., "Religious and Communist Morality", in M. Jaworskyj, *Soviet Political Thought: an Anthology*, 1959 (1967) • Thomson, George, *An Essay on Religion*, 1949 • Thompson, E.P., *The Making of the English Working Class*, 1963.

críticos do marxismo As primeiras críticas sistemáticas à teoria marxista começaram a aparecer na última década do século XIX. Na ciência econômica, os mais antigos comentários críticos, aos quais o próprio Marx (1879-1880) respondeu, parecem ter sido os que constam da segunda edição de *Allgemeine oder theoretische Volkswirtschaftslehre, Erster Teil, Grundlegung* (1879), de Adolph Wagner. Análise críticas mais substanciais surgiram após a publicação do terceiro livro de *O Capital* em 1894, notadamente o longo ensaio de Wemer Sombart, "Zur Kritik des Ökonomischen Systems von Karl Marx" (1894), e *Zum Abschluss des Marxschen Systems* (1896) de Böhm-Bawerk. Os críticos da teoria da economia capitalista construída por Marx tomam como critério de suas críticas a coerência lógica dessa teoria. Böhm-Bawerk é o exemplo típico daqueles que procuraram demolir a teoria de Marx em favor da economia neoclássica, e, durante gerações, os marxistas, a começar por Hilferding, tiveram de fazer face a suas críticas. Steedman (1977), por outro lado, ilustra o caso daqueles cuja crítica, embora incisiva, é feita como uma tentativa de fortalecer o marxismo. Ele aplica o quadro teórico formulado por SRAFFA (como uma crítica à economia neoclássica) à avaliação da lógica de Marx, mas o resultado disso é uma proposta de abandonar toda a estrutura da teoria de Marx. Os principais objetos dessas críticas foram a teoria do valor, a teoria das origens do lucro e da tendência decrescente da taxa de lucro de Marx: alvos bem-escolhidos, pois têm importância fundamental para todo o sistema.

O conceito de valor de Marx, em que o valor é relacionado com O TRABALHO ABSTRATO socialmente necessário, foi com frequência submetido à crítica de que a identificação do trabalho como o elemento que torna as mercadorias comparáveis na troca é arbitrário (Böhm-Bawerk, 1896; Cutler et al., 1977). Muita crítica foi dedicada ao "problema da transformação" (ver PREÇO DE PRODUÇÃO E O PROBLEMA DA TRANSFORMAÇÃO), interpretado como a pretensão de Marx de mostrar a relação entre valores e preços de produção (e entre MAIS-VALIA E LUCRO). Os críticos consideram os preços de produção como uma categoria observável e argumentam que a validade da teoria do valor para explicar fenômenos da experiência depende de se o valor é ou não capaz de (ou necessário para) gerar esses preços. Bortkiewicz (1907) demonstrou que a solução quantitativa de Marx é incompleta, e tanto ele próprio, como autores posteriores (Dimitriev, 1904; Seton, 1957) propuseram soluções alternativas. Steedman argumenta que o veredito de Samuelson (1971) de que os valores são "um desvio irrelevante" na trajetória dos preços de produção é correto, já que, no sistema de Sraffa (ou no de Bortkiewicz, ou ainda no de Dimitriev), valores e preços são diretamente deriváveis do insumo físico. Esse ponto de vista granjeou considerável apoio e tem estimulado forte oposição por parte de autores marxistas (ver Elson, 1979; Steedman et al., 1981).

Os conceitos de valor construídos em *O Capital* permitem a Marx analisar a mais-valia como fundamento do lucro. Steedman, porém, mostra que, em seu próprio sistema, mais-valia positiva não é condição necessária para lucro positivo (se houver capital fixo ou produção conjunta). Nesse caso, porém, segundo Morishima (1974), um conceito de mais-valia diferente do conceito de Marx torna-se necessário. Se a mais-valia não é a fonte de lucro (ou uma condição necessária do lucro), a explicação do lucro deve estar fora da teoria de Marx. Böhm-Bawerk argumentou contra Marx que os lucros são consequência da produtividade dos meios de produção e da preferência temporal dos capitalistas; são uma recompensa pela espera. Essa teoria continua a constituir o núcleo central da economia neoclássica. E Schumpeter (1976), ao rejeitar a teoria do valor, identificou a existência continuada dos lucros com a inovação e o espírito empresarial, ao mesmo tempo que criticava Marx por ter negligenciado o papel da iniciativa empresarial no capitalismo.

Além da teoria das origens do lucro, a lei que governa seus movimentos (para Marx, "a lei mais importante") atraiu argumentos contrários segundo os quais a lógica de Marx na dedução da lei da TENDÊNCIA DECRESCENTE DA TAXA DE LUCRO é falsa. Em nível geral, muitos autores observaram que os pressupostos de Marx não são suficientes para viabilizar uma previsão empírica relativa a quedas da taxa de lucro (calculada em termos de valores ou de preços de produção), enquanto outros chegaram, a partir disso, à conclusão de que a lei de Marx não tem substância (Hodgson, 1974). Uma crítica mais rigorosa, que procura provar que a escolha de novas técnicas pelo capitalista nunca pode levar a uma queda da taxa de lucro, a menos que os salários reais se elevem, contradizendo aparentemente as suposições de Marx sobre o efeito do progresso técnico, foi proposta por Okishio (1961) e recuperada num quadro teórico sraffiano por Kimmelweit (1974) e Steedman (1977).

Embora todas essas críticas supostamente incidam sobre erros lógicos da argumentação e da teoria de Marx, de um modo geral tais erros só podem ser demonstrados partindo-se de uma estrutura teórica (como a de Sraffa) que não se vale do método de abstração de Marx (ver Fine e Harris, 1979). Houve um crítico, porém, que se limitou a lavar as mãos para Marx e Engels. Tendo procurado no pensamento deles uma "chave para o enigma econômico", Keynes escreveu em carta a Bernard Shaw (1º de janeiro de 1935): "Não pude descobrir nada, a não ser controvérsias fora de moda". Na verdade, Marx precedeu Keynes no que diz respeito ao ataque deste à lei de Say e à teoria quantitativa do dinheiro, mas os keynesianos de esquerda, simpáticos sob alguns aspectos ao marxismo, rejeitaram os fundamentos teóricos das propostas de Marx. Joan Robinson (1942), por exemplo, afirma que "não há uma das ideias importantes que (Marx) expressou em termos do conceito de *valor* que não possa ser expressa sem recurso a tal conceito" e rejeita os conceitos de mais-valia e de exploração de Marx, teoricamente ligados ao de valor. Desse modo, tanto os críticos neoclássicos como os keynesianos e sraffianos baseiam suas críticas em argumentos segundo os quais a teoria do valor de Marx ou é redundante ou é falsa.

Na sociologia, dois dos fundadores dessa disciplina moderna – Max Weber e Émile Durkheim – desenvolveram suas ideias até certo ponto em oposição consciente à teoria marxista da sociedade. Isso é mais evidente na obra de Weber, que não só escolheu para análise problemas relacionados de perto com os tratados por Marx (as origens e o desenvolvimento do capitalismo ocidental, o significado das classes sociais e do movimento operário, a natureza do Estado Moderno e do poder político), como também criticou explicitamente, embora de maneira rápida, a "concepção materialista da história". Pode-se argumentar, como fez Karl Löwith (1932), que tanto Marx como Weber estavam interessados principalmente no destino dos seres humanos na moderna sociedade capitalista, o primeiro interpretando-o em termos de "alienação" e o segundo, em termos de "racionalização", e que suas respectivas concepções da ciência social correspondem à divisão real da sociedade entre burguesia e proletariado. A crítica básica de Weber ao materialismo histórico é a de que ele constitui apenas *uma* das perspectivas possíveis da história baseadas em uma determinada orientação do valor; outras perspectivas são igualmente possíveis. Weber ilustrou esse ponto de vista mostrando o papel que as ideias religiosas (a ética protestante) poderiam ter desempenhado no desenvolvimento do capitalismo, embora tenha deixado claro que não pretendia substituir uma "interpretação econômica" unilateral por uma "interpretação espiritualista" igualmente unilateral (Weber, 1904). Em seus minuciosos estudos, Weber (1921) fez ressalvas com respeito à concepção marxista da importância fundamental das classes e da LUTA DE CLASSES, chamando a atenção para o papel dos grupos de *status*, questionou a concepção marxista do ESTADO e aproximou-se dos teóricos das ELITES em seu modo de conceber o poder político, ao mesmo tempo em que enfatizava particularmente o papel independente do Estado nacional. Atribuiu também particular importância ao crescimento da BUROCRACIA e baseou parcialmente sua crítica ao socialismo marxista na afirmação de que o movimento socialista tinha maiores probabilidades de produzir uma "ditadura do funcionário" do que uma "ditadura do proletariado" (1924).

Durkheim, embora não se tenha voltado tanto para os problemas propostos pelos marxistas (talvez porque o pensamento marxista e o movimento socialista estivessem menos desenvolvidos na França do que na Alemanha), ainda assim ocupou-se da teoria da sociedade de Marx em várias ocasiões ao comentar trabalhos marxistas na revista *Année Sociologique* e em outros lugares, em sua análise das "formas anormais de divisão do trabalho" (1893) e nas conferências que pronunciou sobre o socialismo, embora estas tenham sido por ele interrompidas antes de chegarem a uma análise sistemática do socialismo alemão (marxista). Durkheim reconheceu que a teoria marxista tinha o mérito particular de tentar explicar a vida social "não pelas noções daqueles que dela participam, mas pelas causas mais profundas que não são percebidas pela consciência" (1857, p.648), mas achava que, de um modo geral, a teoria de Marx atribuía demasiada importância aos fatores econômicos e às lutas de classes. Para Durkheim (1893 e 1897), a luta de classes era um fenômeno secundário, oriundo da falta de regulação do novo tipo de sociedade industrial e de divisão do trabalho que haviam surgido na Europa. E opôs ao conceito marxista do Estado a ideia do Estado como "inteligência" e agente moral da sociedade como um todo (1950).

Durante esse período surgiu igualmente uma crítica da teoria de Marx dentro do marxismo proposta por Eduard BERNSTEIN (1899). Uma das principais afirmações de Bernstein nessa obra era que a polarização das classes não mais ocorria por causa da elevação constante dos níveis de vida e do crescimento da classe média. Esse tema se tem destacado desde então, tanto nas reinterpretações da teoria marxista – por exemplo a concepção das "classes de serviço" de Renner (1953), a análise da "pequena burguesia" no capitalismo de hoje por Poulantzas (1974) – como em críticas feitas de fora a essa teoria (por exemplo, Parkin 1979). O debate sobre classe nos últimos anos deu origem à concepção de uma "nova classe operária" ou mesmo de uma nova estrutura de classes (ver CLASSE OPERÁRIA), e ao estudo de movimentos sociais não classistas como os movimentos étnicos (ver RAÇA) ou o movimento feminista (ver FEMINISMO) em sua relação com a luta de classes. Produziu também novos estudos sobre a estratificação social e sobre o possível aparecimento de novas estruturas de classe nas sociedades socialistas (por exemplo, Konrád e Szelényi 1979).

Importante crítica sociológica do marxismo encontra-se na obra de Karl Mannheim (especialmente *Ideologie und Utopie*, 1929), que procurou substituir a teoria da IDEOLOGIA de Marx por uma sociologia do conhecimento mais geral. Na crítica de Mannheim destacam-se três aspectos principais: (i) rejeita uma associação direta entre consciência e interesses econômicos, em favor de uma correlação entre um "estilo de pensamento" e uma série de atitudes indiretamente relacionadas com os interesses; (ii) trata o próprio marxismo como a ideologia de uma classe, argumentando que todo o pensamento social tem um caráter "relacional" e não pode pretender uma "verdade" científica; (iii) concebe outros grupos sociais além das classes (por exemplo, grupos de gerações) como capazes de exercer uma influência significativa sobre a consciência. Mais recentemente, a crítica sociológica da teoria marxista foi feita por dois outros destacados sociólogos. Raymond Aron, de um ponto de vista muito influenciado por Weber, nega a pretensão da "interpretação econômica" a ser uma ciência da história e ressalta a independência que a política tem da economia. Num estudo bastante amplo, Aron examinou criticamente o marxismo de Sartre (que também foi, sob muitos aspectos, um crítico importante do marxismo) e de Althusser (Aron, 1973). Também influenciado por Weber, embora muito menos crítico do marxismo como um todo, C. Wright Mills propôs uma interpretação mais ou mesmo semelhante da separação entre o econômico e o político, preferindo a expressão "elite do poder" à categoria classe dominante, que, nas sua opinião, pressupõe uma correspondência entre poder econômico e poder político.

As críticas mais recentes da teoria marxista têm incidido basicamente sobre o problema do Estado e da política. Muitos críticos, partindo de uma perspectiva "democrática pluralista" (por exemplo, Lipset 1960), procuraram mostrar que a teoria política marxista apresenta um quadro falso dos sistemas políticos ocidentais: não há uma "classe dominante" capaz de impor sua vontade ao Estado e transformá-lo em seu "instrumento". De qualquer modo, a natureza dos sistemas políticos ocidentais, com a competição política e eleitoral que tais sistemas tomaram possível, impede o Estado de colocar em prática, por um período mais longo de tempo, políticas indevidamente favoráveis a qualquer classe ou grupo. De uma perspectiva diferente, os críticos também argumentaram que a noção de "autonomia relativa do Estado" não vai bastante longe (ver ESTADO) e que os marxistas não levam na devida conta o fato de que o Estado, situado num contexto internacional e competindo com outros Estados, tem preocupações específicas, acima e além dos interesses de todas as classes e grupos da sociedade (por exemplo, Skopckal, 1979).

Outro tema importante desenvolvido pelas críticas e reavaliações recentes da teoria marxista relaciona-se com sua posição como uma "ciência da história", embora esse debate também remonte a Weber. HABERMAS, em sua "reconstrução" do MATERIALISMO HISTÓRICO, argumenta, em conformidade com sua crítica geral do "positivismo" marxista (ver ESCOLA DE FRANKFURT e POSITIVISMO), que as fases iniciais do desenvolvimento social têm de ser concebidas não só em termos do trabalho social e da produção material, mas também em termos da organização familiar e das normas de ação, ambas crucialmente dependentes da linguagem. Críticas mais radicais da teoria marxista da história foram feitas, de perspectivas entre si opostas, por Popper e por ALTHUSSER, contra o seu suposto HISTORICISMO. Por outro lado, um "materialismo histórico antiquado" (Cohen, 1978), que ressalta a influência determinante do desenvolvimento das forças produtivas, foi defendido com vigor por alguns autores recentes. Por outro lado, muito se tem insistido em certos problemas da teoria marxista, relativos particularmente às transições de uma forma de sociedade para outra e ao papel das classes nesse processo.

Grande dificuldade tem sido encontrada para harmonizar os complicados detalhes fatuais revelados em grande número pela moderna pesquisa com fórmulas gerais concebidas de maneira ampla. Isso tem exposto os pensadores marxistas a críticas de tendenciosidade na seleção de evidências que se enquadrem em suas concepções: são acusados, por exemplo, de conferir indevido destaque, no estudo das revoluções europeias, que sempre foi um de seus temas preferidos, a quaisquer indícios de luta de classes. Se as lutas de classes realmente estão presentes em toda a história, ou até que ponto é possível identificar na história a presença das "classes", são aspectos questionados com frequência. A insistência do marxismo em tais aspectos foi inclusive considerada parte daquilo que Heilbroner chamou de sua "teleologia tácita, seus inconfessos pressupostos milenares" (Heilbroner, 1980, p.87).

De importância crucial para o materialismo histórico é o conceito do "modo de produção", embora, nos textos de Marx, "ele não seja formulado com precisão em momento algum" (Shaw 1978, p.31); e, sempre que os marxistas debateram as suas obscuridades, particularmente o problema de como a base econômica se relaciona com as ideias, a religião e as leis, estiveram longe de um acordo. Podem ser acusados, como o próprio Marx foi, de tenderem a "oscilar entre versões frouxas e versões rigorosas" da questão da determinação da base sobre a superestrutura (Evans, 1975, p.67). Um medievalista que levantou objeções de longo alcance à teoria marxista argumenta que os padrões de pensamento e comportamento podem modificar-se muito sem qualquer mudança concomitante no sistema produtivo: as diferenças entre a Europa de Carlos Magno e a Europa de Frederico, o Barba-Roxa, são muito mais significativas do que qualquer continuidade subjacente dos métodos econômicos (Leff, 1969, p.137-40).

Igualmente problemático tem sido demonstrar de maneira convincente o processo ou processos pelos quais um modo de produção dá lugar a outro, particularmente em épocas remotas. Muitos críticos consideram que a teoria da transformação histórica de Marx não passa, no fundo, de uma teoria das mudanças tecnológicas. De um modo geral os marxistas sempre repudiaram essa perspectiva, embora talvez se deva admitir que, como diz Gandy, Marx por vezes "escorrega descuidadamente para o determinismo tecnológico" (1979, p.131). Mas não se pode afirmar que os marxistas tenham oferecido uma resposta que combine suficiente precisão com generalidade suficiente. Nesse contexto, também, o peso a ser atribuído às ideias e ideais bem como o grau de autonomia destes são problemáticos. Maximilien Rubel falou de uma "contradição insolúvel" no pensamento de Marx, entre o determinismo econômico e o humanismo criativo (O'Malley e Algozin, 1981, p.51). Os sucessores de Marx têm, muitas vezes, evitado a questão do componente ético da história (ver ÉTICA E MORAL). E todas essas perplexidades veem-se agravadas hoje em dia pela questão de ter a história obedecido ou não às mesmas "leis", ou a "leis" semelhantes, em toda parte. Está sendo necessário reconhecer, de maneira cada vez mais frequente, que a teoria marxista nasceu da experiência da Europa Ocidental. Sua aplicação por autores ocidentais a outras regiões (por exemplo, a países como Índia), tem provocado, até agora, muitas críticas de outros historiadores, marxistas e não marxistas.

O exame crítico mais substancial do pensamento marxista como um todo nos últimos anos é sem dúvida o livro de Leszek Kolakowski *Main Currents of Marxism* (1978, 3 vols.), que distingue entre o valor do marxismo como "uma interpretação da história passada" e seu caráter de "fantasia" como ideologia política, argumentando que, embora o legado intelectual de Marx tenha sido em grande parte assimilado pelas ciências sociais modernas – de modo que, como sistema ou método explicativo independente, o marxismo está "morto" –, como doutrina política eficaz ele é simplesmente uma "caricatura e uma forma fictícia de religião". Mas são precisamente a força explicativa característica do pensamento marxista em muitas áreas, apesar de alguns problemas não resolvidos, e sua capacidade de gerar não uma religião, mas um corpo de normas racionais para uma sociedade socialista, que parecem a muito pensadores fazer dele um desafio permanente a outros modos de pensamento.

OS EDITORES

Bibliografia: Aron, Raymond, *Histoire et dialectique de la violence*, 1973 • Bernstein, Eduard, *Die Voraussetzungen des Sozialismus und die Aufgaben der Sozialdemokratie*, 1899; *Evolutionary Socialism* (1961) [*Socialismo evolucionário*, 1964] • Böhm-Bawerk, Eugen von, "Zum Abschluss des marxschen Systems", 1896; *Karl Marx and the Close of his System* (1949 e 1975) • Bortkiewicz, L. von, "Zur Berichtigung der grunlegenden theoretischen Konstruktion von Marx im dritten Band des *Kapitals*", 1907 ◦ "Value and Price in the Marxian System", 1952 • Cutler, A. & B. Hindess & P. Hirst & A. Hussain, *Marx's Capital and Capitalism Today*, 1977 [*O Capital de Marx e o capitalismo de hoje*, 1980-1981] • Dimitriev, V.K., *Economic Essays on Value Competition and Utility*, 1974 • Durkheim, Émile, *De la division du travail social*, 1893 [*Da divisão do trabalho social*, 1978] ◦ *Le suicide; étude sociologique*, 1897 (1969) [*O suicídio*, 1982] ◦ *Leçons de sociologie*, 1950 • Elson, Diane (org.), *Value: the Representation of Labour in Capitalism*, 1979 • Evans, M., *Karl Marx*, 1979 • Fetscher, Iring, *Karl Marx und der Marxismus*, 1967; *Karl Marx and Marxism* (1970) [*Karl Marx e os marxismos*, 1970] • Fine, B. & L. Harris, *Rereading "Capital"*, 1979 [*Para reler "O Capital"*, 1981] • Gandy, D.R., *Marx and History*, 1979 • Heilbroner, R.L., *Marxism: For and Against*, 1980 • Himmelweit, S., "The Continuing Saga of the Falling Rate of Profit: a Reply to Mario Cogoy", 1974 • Hodgson, G., "The Theory of the Falling Rate of Profit", 1974 • Kolakowski, Leszek, *Main Currents of Marxism*, 1978 • Lipset, S.M., *Political Man*, 1960 • Lowith, Karl, *Max Weber und Karl*

Marx, 1932; *Max Weber and Karl Marx* (1982) • Mannheim, Karl, *Ideologie und Utopie*, 1929; *Ideology und Utopia* (1936) [*Ideologia e Utopia*, 1968] • Morishima, M., "Marx in the Light of Modern Economic Theory", 1974 • Okishio, N., "Technical Change and the Rate of Profit", 1961 • Parkin, Frank, *Marxism and Class Theory: A Bourgeois Critique*, 1979 • Robinson, Joan, *An Essay on Marxian Economics*, 1942 • Schumpeter, J.A., *Capitalism, Socialism and Democracy*, 1976 [*Capitalismo, socialismo e democracia*, 1983] • Seton, F., "The Transformation Problem", 1957 • Skopckal, Theda, *States and Social Revolutions*, 1979 • Steedman, Ian, *Marx after Sraffa*, 1977 • Steedman, Ian et al., *The Value Controversy*, 1981 • Weber, Max, *Die protestantische Ethik und der Geist des Kapitalismus*, 1904; *The Protestant Ethic and the Spirit of Capitalism* (1976) [*A ética protestante e o espírito do capitalismo*, 1967] • Weber, Max, "Socialism", in W.G. Runciman (org.), *Max Weber: Selections in Transtation*, 1924 (1978).

cultura O conceito de "cultura" não desempenhou um papel essencial no sistema teórico marxista como, por exemplo, o conceito de IDEOLOGIA. Mas as acepções de cultura têm sido sempre alvo da crítica dos pensadores marxistas sempre que se voltam para a defesa, por exemplo, da noção de "arte pela arte" ou, em um sentido bastante diferente do termo, quando buscam rejeitar uma abordagem materialista em antropologia (Sahlins, 1976). É digno de nota, no entanto, que grande parte dos debates mais importantes do século XX sobre ESTÉTICA e questões culturais de modo mais genérico foram promovidos pelos marxistas. Além disso, existe uma dimensão cultural crucial para todo o projeto marxista e socialista, e as questões de cultura e ideologia têm sido tão importantes para o MARXISMO OCIDENTAL que alguns autores identificaram uma tendência específica de marxismo "culturalista".

Já mencionamos dois usos do termo cultura que podem ser vistos como os polos extremos de seu emprego. Num deles, o termo denota o domínio estético, em particular, o domínio da ARTE e da LITERATURA e as relações entre ambas. No outro extremo estão os usos antropológicos do termo para denotar "todo o modo de vida" de uma sociedade, construídos, em geral, de um modo idealista, fundamentando-se em significados, valores e assim por diarnte. Em algum ponto entre esses dois extremos encontra-se o conjunto de sentidos desenvolvidos de forma mais completa pelo pensamento idealista alemão, em que a cultura é encarada como o domínio do espírito objetivo e sua materialização nas instituições humanas. Nesse sentido, "cultura" conserva seu significado original de cultivo e desenvolvimento (*Bildung*), às vezes identificado com civilização e às vezes dela distinto como algo de mais profundo, mas quase sempre merecendo uma avaliação fortemente positiva.

Não é de surpreender que poucos autores marxistas se tenham identificado integralmente com qualquer desses usos, na medida em que sugerem uma separação entre diferentes aspectos da prática humana – uma esfera distinta de produção estética ou um domínio próprio de ideias ou valores com sua própria lógica intrínseca. Mas o uso marxista do conceito de cultura bem como certas formas não marxistas de seu emprego expressam, também, uma tentativa de romper com essas distinções e, no pensamento marxista, de desenvolver uma explicação materialista das relações entre as ideias e outros aspectos e condições da práxis humana. É a cultura, em seu sentido mais amplo, que é debatida na famosa oposição que Marx estabelece entre "o pior dos arquitetos" (que, ao menos, planeja suas próprias construções) e "a melhor das abelhas" (*O Capital* I, cap.V).

Em outras palavras, o conceito de cultura está no âmago da concepção de consciência como existência consciente: a consciência diretamente ligada a um estado de coisas existente e, também, condição para a possível transformação desse estado de coisas. Numa forma rudimentar de marxismo, isso dá lugar a uma concepção dualista de cultura, entendida paradoxalmente como reflexo da base econômica (ver BASE E SUPERESTRUTURA) e como uma arma de propaganda na luta de classes. Isso pode ser exemplificado pela coexistência, no mínimo intrigante, de uma teoria do conhecimento do "reflexo" (na qual o conhecimento aparece como simples reflexo de uma realidade que existe independentemente) e de uma estética realista, de um lado e, de outro, de uma concepção instrumental da produção intelectual que enfatiza as virtudes do partidarismo (do lado certo, naturalmente).

Dadas as características da Revolução Russa não é de surpreender que essa atitude instrumentalista tenha sido o tema mais proeminente no conceito de revolução cultural de Lenin e da polêmica que ele e Trotski mantiveram com o movimento Proletkult, que visava criar uma nova cultura proletária. Essa última era certamente partidária, mas de um modo que Lenin e Trotski consideravam irrelevante e contraprodutivo. Para eles, a emergência de uma cultura socialista era uma perspectiva de longo prazo, cujos fundamentos tinham de ser assentados pela extensão da alfabetização e da educação e pela criação de uma nova *intelligentsia* socialista que absorvesse e incorporasse o que havia de valioso na cultura burguesa (tal como devia incorporar os métodos mais avançados de organização do trabalho, como o taylorismo). O conceito de revolução cultural foi retomado pela República Democrática Alemã e por outros países socialistas na década de 1950. Na China, porém, a Revolução Cultural da década de 1960 atacou a cultura burguesa de um modo mais próximo do espírito dos radicais contra os quais eram endereçadas as palavras de Lenin.

Apesar de seu conservadorismo nas questões estéticas, o conceito de Lenin de revolução cultural parece ter fornecido as bases para o conceito muito amplo de cultura que predomina nos debates contemporâneos nos países socialistas. Na URSS, ele é frequentemente ligado ao conceito de "modo de vida" (*byt*), de uma forma que se aproxima bastante do antigo sentido de cultura como *Bildung* (A Constituição da República Democrática Alemã, por exemplo, inclui não só as artes mas "a cultura física, o esporte e o turismo" como "elementos de cultura socialista").

Considera-se, em geral, que o Marxismo Ocidental começou com Lukács e Gramsci, que certamente marcaram o início de uma tradição que se vem mostrando muito interessada pelas questões culturais; na verdade, não seria exagero vê-los como os pais do desenvolvimento marxista subsequente nessa área. Lukács foi educado no neokantismo alemão, e seu ensaio de 1920 sobre a antiga e a nova cultura é uma reformulação marxista de um conceito de cultura derivado dessa tradição, em geral, e de Simmel, em particular. Lukács definiu cultura em oposição à civilização como:

> o conjunto de produtos e capacidades de valor que são dispensáveis em relação à manutenção imediata da vida. Por exemplo, a beleza interna e externa de uma casa (...) em contraste com a sua durabilidade e segurança.

Nesse sentido, a cultura é destruída pela produção capitalista para o mercado, e como "a precondição sociológica da cultura é o homem como um fim em si mesmo", a nova cultura, cujas características são no momento imprevisíveis, só é possível com o advento do socialismo. Os últimos trabalhos de Lukács foram, em grande parte, dedicados à estética. Além disso, *Geschichte und Klassenbewusstsein* (*História e consciência de classe*, 1923) diz respeito ao desenvolvimento de uma cultura e de uma visão do mundo proletárias, que contrastam com as formas de pensamento reificado da Europa burguesa. Os primeiros livros de Lukács proporcionaram os fundamentos para a obra de Lucien Goldmann no campo da sociologia da literatura e da história das ideias, tendo exercido igualmente marcante influência sobre a teoria crítica da ESCOLA DE FRANKFURT, cujas figuras principais são Adorno, Horkheimer e Marcuse. Adorno também teve um importante intercâmbio de ideias com BENJAMIN, que tinha uma ligação apenas incidental com o Instituto de Pesquisa Social, e com Brecht. A estética de Adorno é sem dúvida a mais bem-desenvolvida e assume, assim como a de Horkheimer e de Marcuse, um conceito mais amplo de cultura que deve bastante ao uso dado por Freud ao termo cultura em *O futuro de uma ilusão* (1927) e em *O mal-estar na civilização* (1930).

A formulação de Marcuse em seu ensaio de 1937 sobre o conceito afirmativo de cultura (reeditado em Marcuse, 1965 e 1968) é bem representativa:

> Há um conceito geral de cultura que (...) expressa a implicação do espírito no processo histórico da sociedade. Ela significa a totalidade da vida social num determinado momento, na

> medida em que ambas as áreas da reprodução das ideias (cultura no sentido restrito, o "mundo espiritual") e da reprodução material ("civilização") formam uma unidade historicamente distinguível e abrangente. (1968, p.94)

A cultura nesse sentido não deve ser vista como independente e entendida "em termos de si mesma", mas, muito menos, como mero reflexo de uma base que existe independentemente. Na esfera estética,

> a tarefa da crítica não deve ser a de procurar os grupos de interesses particulares aos quais os fenômenos culturais devem ser atribuídos, mas sim a de decifrar as tendências sociais gerais que se expressam nesses fenômenos e através dos quais seus poderosos interesses se realizam. A crítica cultural deve transformar-se em configuração do social. (1968, p.30)

A cultura, analisada em termos do FETICHISMO DA MERCADORIA e (especialmente por Adorno) da REIFICAÇÃO, recebeu dois tratamentos principais. O primeiro é o que Marcuse denominou "cultura afirmativa". A cultura afirmativa no mundo burguês é, como a religião para Marx, "o suspiro da criatura oprimida, o coração de um mundo sem coração, a alma de condições desalmadas. Ela é o ópio do povo" (*Crítica da filosofia do direito de Hegel*, Introdução). Como Marcuse escreveu:

> Por cultura afirmativa entendo a cultura da época burguesa que levou, no curso de seu próprio desenvolvimento, à separação da civilização em relação ao mundo espiritual e moral, constituindo-o enquanto esfera de valores independentes e considerada superior à civilização. Sua característica mais importante é a afirmação de um mundo universalmente compulsório, eternamente melhor e cujo valor é sempre crescente, que deve ser afirmado incondicionalmente: um mundo essencialmente diferente do mundo real da luta cotidiana pela existência, mas que pode ser realizado por todo indivíduo para si mesmo "de dentro", sem qualquer transformação do real. (1968, p.95)

A cultura e, particularmente, a arte assumem, assim, um papel ambíguo: servem de sustentáculo aos desejos de liberdade e felicidade (a *promesse de bonheur*) que são inviabilizados nas sociedades modernas, mas projetam-nos em uma esfera ilusória, afirmando, assim, o *status quo* ao "pacificar o desejo rebelde" (1968, p.121). O conceito de cultura, como Adorno mais tarde argumentou, está em ligação estreita com o de administração.

Mas se a cultura burguesa tradicional tinha, ao menos, um tipo de transferência, esta está ausente na "indústria cultural", que Adorno e Horkheimer analisaram em *Dialektik der Aufklärung* (*Dialética do esclarecimento*, 194). Na indústria cultural o princípio da mercadoria é levado a seu extremo, não apenas na produção "estética" mas, até mesmo, na esfera da personalidade, que "dificilmente significa algo mais do que dentes brancos brilhantes e inexistência de odores e emoções do corpo" (Adorno e Horkheimer, 1972, p.167). Marcuse viu nesse processo de "mercantilização" da cultura a transformação da "cultura superior" em "cultura material", em que a primeira perde seu potencial crítico. A cultura, como o sexo, torna-se mais acessível, mas sob uma forma degradada (Marcuse, 1964, cap.3). Mesmo a crítica mais radical desse estado de coisas é recuperada como apenas uma outra mercadoria: o livro *One Dimensional Man* (1964) de Marcuse teve um sucesso comercial considerável. Qualquer tentativa de desenvolver uma cultura genuinamente alternativa (Marcuse era mais otimista quanto a essa possibilidade do que Adorno e Horkheimer) parece ser uma mera tentativa desesperada de agarrar-se a alguma coisa.

Habermas, a principal figura da segunda geração da teoria crítica, deu menor atenção às questões culturais, mas tem se voltado cada vez mais para esse tema em suas análises sobre a legitimidade na civilização moderna e desenvolveu um conceito de modernidade cultural em que os processos sociais racionalizados são cada vez mais deduzidos da compreensão proporcionada pelo senso comum dos indivíduos que a eles estão submetidos. Essa abordagem pode permitir uma análise mais geral e vigorosa dos processos identificados anteriormente pela teoria crítica.

Se, de um lado, existe uma nítida linha de influência que parte da reformulação marxista da tradição da crítica cultural alemã feita por Lukács, de outro lado, a ênfase dada por Gramsci à dimensão cultural da política socialista em sociedades onde a burguesia governa mais pela HEGEMONIA do que pela força exerce influência significativa, de uma maneira mais difusa, sobre pensadores marxistas contemporâneos tão diferentes como Raymond Williams e Louis Althusser. A preocupação central com a cultura é mais nítida na Inglaterra, na obra de Williams, do historiador Edward Thompson, e dos membros do Centro de Estudos Culturais Contemporâneos de Birmingham, fundado por Richard Hoggarth. No entanto, mesmo aqueles que criticaram essa abordagem, tendo por princípio o ESTRUTURALISMO francês, revelam igual interesse pelos fenômenos da superestrutura, mesmo que este seja formulado de modo distinto (Eagleton, 1976 e Johnson, in Barrett et al., 1979). Processo similar ocorre em relação à importante obra de Pierre Bourdieu e de seus colaboradores na França. Bourdieu utiliza-se das noções de capital simbólico e capital cultural para investigar a reprodução de relações de classe em sistemas educacionais e na política, assim como no "consumo cultural" em sentido restrito (Bourdieu e Passeron, 1977 e Bourdieu, 1979). Também o imperialismo tem sido visto como um fenômeno tanto cultural quanto econômico e militar. Segundo esse tipo de análise o virtual monopólio, por parte dos países adiantados, da televisão, da produção de livros e revistas e das agências noticiosas é apenas um aspecto de um processo no qual o Terceiro Mundo está exposto a uma "cultura comercial" ocidental na esfera da produção e a uma cultura de consumo que estimula a má distribuição de recursos (Schiller, 1976).

Resta ver até onde o Marxismo Ocidental manterá sua preocupação um tanto unilateral com a superestrutura, quer concebida em termos de cultura e ideologia, ou de noções mais difusas como as de significação e representação. Está claro, contudo, que existe uma crescente consciência (em parte devida ao feminismo) da interrelação entre a produção e a reprodução, e parece provável que os marxistas venham a pensar menos em termos de "cultura com um C maiúsculo" e mais em termos dos complexos mecanismos da produção e da reprodução culturais dentro dos modos de produção existentes.

WO

Bibliografia: Adorno, Theodor, *Prismen: Kulturkritik und Gesellschaft*, 1955; *Prisms* (1967); *Prismas, la crítica de la cultura y la sociedad* (1962) • Adorno T.W. & M. Horkheimer, *Dialeklik der Aufklärung*, 1947 [*A dialética do esclarecimento*, 1985] • Anderson, Perry, *Components of the National Culture*, 1967; *La cultura represiva* (1977) • Barrett, Michèle et al., *Ideology & Cultural Production*, 1979 • Bourdieu, Pierre, *La Distinction*, 1979 • Bourdieu P. & J.C. Passeron, *La réproduction*, 1970; *Reproduction in Education Society & Culture* (1977) • Casimir, Jean, *La cultura oprimida*, 1981 • Chauí, Marilena, *Cultura e democracia*, 1980 • Coutinho, Carlos Nélson, "Cultura e democracia no Brasil", 1979 • Dias, E.F., "Cultura, política e cidadania na produção gramsciana de 1914 a 1918", 1983 • Eagleton, Terry, *Criticism and Ideology*, 1976 • Escobar, C.H., "Da categoria de cultura: do aparelho cultural do Estado", 1979 • Freud, Sigmund, *The Future of an Illusion*, 1927 (1928) [*O futuro de uma ilusão*, 1978] ◎ *Civilisation and its Discontents*, 1930 (1949) [*O mal-estar na civilização*, 1978] • Goldmann, Lucien, *Cultural Creation in Modern Society*, 1971 (1976) • *Gramsci e la cultura contemporanea*, 1969-1970 • Lukács, G., "Alte und neue Kultur", 1920; "The Old Culture and the New Culture" (1970) ◎ *Geschichte und Ktassenbewusstsein*, 1923 • Marcuse, Herbert, "Ueber den affirmativen Charakter der Kultur", 1937 ◎ *One Dimensional Man*, 1964 [*Ideologia da sociedade industrial (O homem unidimensional)*, 1982] ◎ *Kultur und Gesellschaft*, 1965; *Culture et société* (1970) ◎ *Negations*, 1968 • Sahlias, Marshall, *Culture and Practical Reason*, 1976 [*Cultura e razão prática*, 1979] • Schiller, Herbert, *Communication & Cultural Domination*, 1976.

D

darwinismo Charles Darwin publicou *The Origin of Species* em 1859 e resumiu suas descobertas como: as leis da hereditariedade, da variabilidade, do aumento populacional, da luta pela vida e da seleção natural, que implica a divergência de caráter e a extinção das formas menos aperfeiçoadas. Em 18 de junho de 1862, Marx escreveu a Engels dizendo ter-se divertido com o fato de que "Darwin projeta, entre os animais e as plantas, a sua própria sociedade inglesa, com sua divisão do trabalho, sua competição, sua abertura de novos mercados, suas invenções e a 'luta pela existência' malthusiana". Mas quando os darwinistas sociais fizeram a inversão disso e retrataram a história humana em termos dos animais e plantas de Darwin, Marx reagiu com escárnio, já que sua teoria atribuía importância decisiva às mudanças que os homens realizavam-em seu MODO DE PRODUÇÃO, por maior que fosse o papel desempenhado pela adaptação seletiva na constituição do ambiente natural e histórico como um todo. É verdade que, em 1873, Marx enviou a Darwin um exemplar autografado de *O Capital*. Mas ele enviou volumes autografados de sua obra também a outras pessoas, e não há nenhum motivo convincente para acreditar-se que Marx pretendesse dedicar a Darwin qualquer parte, edição ou tradução de *O Capital*.

Engels traçou uma analogia metodológica entre a obra de Marx e a de Darwin quando declarou em seu "Discurso diante do túmulo de Karl Marx", pronunciado em 1883, que "assim como Darwin descobriu a lei do desenvolvimento da natureza orgânica, Marx descobriu a lei do desenvolvimento da história humana". Engels também tentou integrar as teorias de Marx e de Darwin em um de seus textos: "O papel do trabalho na transformação do macaco em homem." Do ponto de vista de Engels, o desenvolvimento inicial da história humana dependeu crucialmente da natureza do trabalho humano, mas a seleção natural deu lugar a uma teoria não darwiniana da habilidade herdada para explicar como uma criatura descendente de macacos veio a se dedicar a atividades produtivas. Apesar dos comentários ocasionais acerca da evolução histórica e da ascensão e do declínio das raças, nações e classes, Engels não abraçou, de fato, uma teoria darwinista social da sobrevivência dos mais aptos na história da humanidade, mas uma teoria marxista de que "toda a história da humanidade" tem sido uma história de "lutas de classes, enfrentamentos entre exploradores e explorados, classes dominantes e oprimidas" ("Prefácio" à edição de 1888 do *Manifesto comunista*). O progresso das atividades produtivas humanas e as lutas entre exploradores e explorados não se ajustam facilmente a qualquer esquema em que a seleção assegure que apenas os mais aptos sobreviverão e se reproduzirão. Além disso, é questionável se a metodologia comum atribuída por Engels a Marx e a Darwin realmente se ajusta a qualquer dos dois autores.

Os evolucionistas interpretaram a seleção natural de Darwin como um desenvolvimento progressivo no mundo natural, que incluía a existência humana. Alguns deles, como PANNEKOEK, procuraram conciliar essa luta permanente e progressiva com o caráter inevitável do socialismo reivindicado pelos marxistas. As principais dificuldades de tais perspectivas evolucionistas prendem-se a questões do tipo: luta gradual de indivíduos ou luta revolucionária de classes? – bem como às diferenças entre a ordem da natureza e a da história, e à relação entre uma lei científica do comportamento humano e a ação humana intencional e consciente na conformação da sociedade.

TC

Bibliografia: Ball, T., "Marx and Darwin: a Reconsideration", 1979 • Carver, T., "The 'Guiding Threads' of Marx and Darwin", 1982 • Kelly, A., *The Descent of Darwin: the Popularization of Darwinism in Germany 1860-1914*, 1981.

democracia Desde seus primeiros escritos, Marx afirmou seu compromisso com o ideal da democracia direta. Sua concepção inicial desse gênero de democracia prendia-se a uma crítica rousseauniana do princípio da representação e à concepção de que a verdadeira democracia implica o desaparecimento do Estado e, desse modo, o fim da separação entre o Estado e a sociedade civil, que ocorre porque "a sociedade passa a ser um organismo de interesses homogêneos e solidários, e a esfera 'política' distinta, a esfera do 'interese geral', desaparece juntamente com a divisão entre governantes e governados" (Colletti, 1975, p.44). Essa concepção reaparece nos textos de Marx sobre a COMUNA DE PARIS, que ele tanto admirou por ela ter sustentado que todos os representantes do povo poderiam ser removidos de seus cargos a qualquer momento e estavam condicionados às instruções formais de seus eleitores. Assim, "em lugar de decidir uma vez em cada três ou seis anos qual o membro da classe dominante que deverá representar mal o povo no parlamento, o sufrágio universal deveria servir ao povo, constituído em Comunas (...)" (*A guerra civil na França*, III).

Em parte por ser essa a sua concepção, Marx jamais se empenhou em definir questões de procedimento às escolhas coletivas ou à tomada de decisões sob o COMUNISMO, quer no seu estágio inferior, quer em sua fase superior.

A visão que Marx tinha da democracia burguesa (que se caracteriza pelo sufrágio universal, pelas liberdades políticas, pelo império da lei e pela competição política) era, porém, complexa e sensível às suas possibilidades contraditórias. Sobre a república democrática burguesa, ele escreveu, na segunda parte de *As lutas de classes na França de 1848 a 1850*, que sua constituição sanciona o poder social da burguesia, ao mesmo tempo em que retira as garantias políticas desse poder, impondo-lhe "condições democráticas que, a todo momento, contribuem para a vitória das classes que lhe são hostis e põem em risco as próprias bases da sociedade burguesa". A partir da "Introdução" escrita por Engels para essa mesma obra em 1895, uma certa corrente do marxismo centralizou suas atenções nessa segunda possibilidade, ou seja, a da vitória final do socialismo pelas urnas e pelo parlamento. Expoentes notáveis dessa ideia foram Kautsky, naquela época, e muitos dos chamados "eurocomunistas" em nossos dias (ver EUROCOMUNISMO).

Já Lenin discordava vigorosamente da concepção de Kautsky e escreveu, em *A revolução proletária e o renegado Kautsky* (1965, p.235), que "é natural que um liberal fale de 'democracia' em geral; um marxista, porém, nunca esquecerá de perguntar: 'para que classe?'". A democracia burguesa, como qualquer outra forma de Estado, era uma forma de dominação de classe que precisava ser "esmagada" e substituída pela DITADURA DO PROLETARIADO organizada em sovietes (ver CONSELHOS). As implicações dessa concepção, que foi, no século XX, a concepção dominante entre todos os leninistas e trotskistas, são claras: uma política insurrecional de transição, insensibilidade diante das diferenças entre as formas burguesas de Estado e uma tendência a considerar a suspensão das liberdades democráticas burguesas nas sociedades socialistas como não incompatíveis com o projeto socialista.

Uma tradição marxista alternativa, embora embrionária, pode ser encontrada no pensamento de Gramsci, para quem o desenvolvimento das forças populares nas democracias burguesas por meio da mobilização e da organização políticas e o desenvolvimento de uma cultura contra-hegemônica poderiam estimular a expansão de todas as possibilidades de transformação socialista que possam encerrar. Uma concepção como essa vê-se na contingência de enfrentar, como nenhuma das outras faz, o problema do consenso democrático e de como conquistá-lo para o socialismo.

Sobre a questão da democracia no socialismo, nem o marxismo clássico, nem o marxismo-leninismo tiveram muito a dizer de concreto (se bem que por motivos diferentes), embora algumas escolas de pensamento (por exemplo o AUSTROMARXISMO) opostas ao marxismo-leninismo a tenham discutido de maneira crítica. Mais recentemente, pensadores da Europa Oriental tentaram enfrentar a questão de como (e se) "o socialismo realmente existente" (Bahro, 1978) poderia ser democratizado, mas, ironicamente, tais vozes mal foram ouvidas em suas próprias sociedades.

SL

Bibliografia: Bahro, Rudolf, *Die Alternative*, 1977; *The Alternative in Eastern Europe* (1978) [*A alternativa: para uma crítica do socialismo real*, 1980] • Brus, Wlodzimierz, *The Market in a Socialist Economy*, 1972 ◎ *Socialist Ownership and Political Systems*, 1975 • Chauí, Marilena, *Cultura e democracia*, 1980 • Colletti, Lucio, *From Rousseau to Lenin*, 1972 ◎ "Introduction", in Karl Marx, *Early Writiings*, 1975a • Coutinho, Carlos Nélson, "Cultura e democracia no Brasil", 1979 ◎ "A democracia como valor universal", 1979 • Fernandes, Florestan, "Tarefas dos intelectuais na revolução democrática", 1979 • Heller, Agnes & F. Feher *Marxisme et démocratie* (1981) • Hunt, Richard M., *The Political Ideas of Marx and Engels*, 1974 • Lefort, Claude, *L'invention démocratique: les limites de la domination totalitaire*, 1981 [*A invenção democrática: os limites do autoritarismo*, 1983] • Lenin, V.I., *The Proletarian Revolution and the Renegade Kautsky*, 1918b (1965) [*A revolução proletária e o renegado Kautsky*, 1979] • Maguire, John M., *Marx's Theory of Politics*, 1978 • Mandel, Ernest, "Democratie socialiste et dictature du prolétariat", 1977 • Markovié, Mihailo, *Democratic Socialism: Theory and Practice*, 1982 • Miliband, Ralph, *Marxism and Politics*, 1977 [*Marxismo e política*, 1979] • Salvadori, M.L., *Gramsci e il problema storico della democrazia*, 1970.

democracia industrial Ver CONSELHOS

dependência Ver TEORIA DA DEPENDÊNCIA

desenvolvimento desigual No sentido mais geral da expressão, "desenvolvimento desigual" significa que sociedades, países, nações desenvolvem-se segundo ritmos diferentes de tal modo que, em certos casos, os que começam com uma vantagem sobre os outros podem aumentar essa vantagem, ao passo que, em outros casos, por força dessas mesmas diferenças de ritmo de desenvolvimento, os que haviam ficado para trás podem alcançar e ultrapassar os que dispunham de vantagem inicial. Para ter sentido, portanto, a ideia de "desenvolvimento desigual" deve incluir, em cada caso específico, a principal força propulsora (ou forças propulsoras) que determina essas diferenças de ritmo de desenvolvimento.

No capitalismo, é principalmente a possibilidade de alcançar os competidores no uso de modernas técnicas de produção e/ou organização do trabalho, isto é, de obter maior produtividade do trabalho, que determina o ritmo de desenvolvimento das empresas e das nações. *O crescimento cumulativo* torna-se possível uma vez ultrapassado um certo nível de acumulação de capital, de industrialização, de treinamento técnico dos trabalhadores e cientistas, etc. Portanto, os primeiros países a atravessarem a Revolução Industrial em fins do século XVIII e princípios do século XIX conseguiram uma vantagem decisiva em relação aos países que só mais tarde começaram a trilhar o mesmo caminho, aumentando com isso a diferença de níveis de desenvolvimento, que, a princípio, era pequena. Por outro lado, tendo em vista que se registram periodicamente verdadeiros cortes no conhecimento tecnológico, dando origem a novas técnicas, os países que se atrasaram no desenvolvimento da indústria em grande escala, mas que já dispõem das precondições básicas para o crescimento cumulativo, podem alcançar os que já dominavam o mercado mundial antes deles. Esses países conseguem alcançar seus concorrentes adquirindo um perfil técnico mais moderno do que o evidenciado pelos países que já operavam em bases industriais de grande escala vinte ou trinta anos antes e que, por essa razão, têm instalações industriais bem antigas, lado a lado com instalações mais modernas. Além disso, esses países relativamente recém-chegados podem ingressar com muito mais facilidade em novos ramos da indústria. É essa uma das razões pelas quais a Alemanha e os Estados Unidos puderam alcançar a Grã-Bretanha e França como grandes produtores industriais no final do século XIX, e o Japão e a Alemanha Ocidental estão hoje alcançando os Estados Unidos.

Trotski estendeu o conceito de desenvolvimento desigual (amplamente usado por Marx e Lenin) de modo a abranger um fenômeno mais complexo, o do *desenvolvimento desigual e combinado*. Embora países relativamente atrasados, *sob o capitalismo do laissez-faire*, tenham atravessado, em linhas gerais, fases de desenvolvimento semelhantes às atravessadas pelos países adiantados algumas décadas antes, isso já não pode ocorrer *sob o imperialismo*. Em lugar do crescimento orgânico, a maior parte dos países menos desenvolvido passou por um processo de combinação de "desenvolvimento e subdesenvolvimento". As economias destes países aparecem como uma combinação de um "setor moderno" (muitas vezes dominado pelo estrangeiro, ou desenvolvido pelo Estado; pode haver uma combinação dos dois casos) e um "setor tradicional" (primitivo, no caso da agricultura, ou controlado por classes dominantes pré-capitalistas ou mercantis). Em consequência dessa combinação peculiar, não se pode registrar em tais países qualquer crescimento cumulativo: o atraso da agricultura determina uma limitação do mercado interno que põe um freio ao ritmo da industrialização, e uma parte significativa do capital monetário acumulado é desviada da indústria para a especulação imobiliária, a usura e a poupança. (Ver também SUBDESENVOLVIMENTO E DESENVOLVIMENTO.)

EM

Bibliografia: Lenin, V.I., *Imperialism, the Highest Stage of Capitalism*, 1916 (1964) [*O imperialismo, fase superior do capitalismo*, 1979] • Trotski, L.D., Prefácio a *History of the Russian Revolution*, vol.1, 1932 [*História da Revolução Russa*, 1978].

desenvolvimento, estágio de Ver ESTÁGIOS DE DESENVOLVIMENTO

desenvolvimento do marxismo Ver MARXISMO, EVOLUÇÃO DO

despotismo oriental Ver SOCIEDADE ASIÁTICA

determinismo O determinismo é normalmente entendido como a tese de que, para tudo o que acontece, há condições tais que nada diferente poderia ter ocorrido. Assim, impressionado pelos espetaculares êxitos astronômicos da física newtoniana, Laplace (1951) afirmou que, dado apenas o conhecimento do estado mecânico total do universo em qualquer momento do tempo, nada "seria incerto, e o futuro, como o passado, estaria presente aos [nossos olhos]". Em sua influente forma filosófica articulada por Hume, no seu tratado sobre a natureza humana (1739-1740), e por Mill, o determinismo surge como o *determinismo da regularidade*, isto é, para todo acontecimento x há uma série de acontecimentos $y_1 \ldots\ldots y_n$ tal que eles são regularmente conjugados sob as mesmas descrições. Mas a recente reflexão da filosofia da ciência sobre as condições em que são concretamente possíveis resultados deterministas (dos quais o determinismo, como tese metafísica, extrai sua plausibilidade) sugere que, com exceção de alguns poucos contextos especiais e fechados, estabelecidos experimentalmente ou de ocorrência natural, as leis antes impõem *limites* do que prescrevem resultados fixos, únicos. Assim, em geral, as leis devem ser analisadas como tendências de mecanismos e não como conjunções invariáveis de acontecimentos, de modo que o elo aparentemente determinado pela lei, ou conexão nômica, não é contingente nem concreto, mas necessário e real (Bhaskar, 1979). A partir dessa perspectiva, o único sentido no qual a ciência pres supõe o determinismo é o sentido (não humeano, não laplaciano) de *determinismo da ubiquidade*, a ubiquidade das causas reais e, portanto, a possibilidade de explicações estratificadas. Pode-se, então, ver que o "determinismo", tal como normalmente entendido, baseia-se (i) no erro de supor que, porque um acontecimento foi historicamente causado, estava destinado a acontecer antes de ter sido causado, isto é, uma confusão de "determinação" e "predeterminação"; e (ii) numa ingênua antologia realista das leis.

Num contexto marxista, o debate sobre o determinismo girou em torno da seguinte questão: os resultados futuros determinados, ou talvez até mesmo datados (condições, estados de coisas, acontecimentos, etc.), são (α) *inevitáveis*, (ß) *previsíveis*, ou (y) *fatídicos* (no sentido de terem de acontecer, quaisquer que sejam os atos das pessoas)?

Em (α), Marx e o marxismo são levados a duas direções. Formalmente, Marx identifica as leis da economia capitalista, tais como a tendência decrescente da taxa de lucro, como *tendências* sujeitas a contrainfluências. E reconhece claramente a multiplicidade das causas ou determinações que operam sobre os resultados históricos. Assim,

> uma base econômica que, em suas principais características, é a mesma [pode manifestar] variações e gradações infinitas, devido ao efeito de numerosas circunstâncias externas, influências climáticas e geográficas, influências históricas do exterior, etc. (*O Capital* III, cap.XLVII)

Ao mesmo tempo, Marx quer evitar o ecletismo.

> Em todas as formas de sociedade, são uma produção determinada e suas relações que atribuem a toda outra produção e suas relações sua posição e influência. É uma iluminação geral, na qual todas as outras cores são mergulhadas e que lhes modifica as tonalidades específicas. É um éter especial que define a gravidade específica de tudo o que se encontra dentro dele. (*Grundrisse*, Introdução)

A tensão é claramente visível na famosa carta de Engels a Bloch (21 de setembro de 1890):

> A situação econômica é a base, mas os vários elementos da superestrutura (...) também exercem sua influência sobre o curso dos acontecimentos (...) e em muitos casos têm preponderância na determinação de sua forma. Há uma interação na qual, em meio a uma série interminável de acidentes, o movimento econômico finalmente se afirma como necessário.

Em seu influente ensaio de 1962, "Contradiction e surdetermination", Louis Althusser procurou evitar tanto o monismo, seja do tipo reducionista econômico (por exemplo, Kautsky, Bukharin) ou do tipo histórico-essencialista (por exemplo, Lukács, Gramsci), quanto o pluralismo, em seu conceito (tomado de Freud) de "sobredeterminação", argumentando ser a economia que *determina* qual dos níveis relativamente autônomos da superestrutura é *dominante*, conjunturalmente ou historicamente (cf. Marx: "é a maneira pela qual o [mundo antigo e a Idade Média] ganhava a sua vida que explica por que num caso a política, no outro caso o catolicismo, desempenharam o papel principal". [*O Capital* I, cap.II])

No plano mais abstrato, parece que Marx está comprometido com um *pluralismo integrativo* (estruturado assimetricamente) tanto (1) dentro do materialismo histórico como (2) entre o materialismo histórico e vários esquemas explicativos suplementares ou mesmo alternativos. Mas, dentro dessa última categoria, pode ser importante distinguir o caso (a), em que uma determinação não estudada no materialismo histórico (por exemplo, as condições climáticas) age como uma causa autenticamente *independente*, do caso (b) em que sua eficácia está sujeita à *mediação* do processo histórico, tal como explicado pelo materialismo histórico. De qualquer modo, dada a complexidade e heterogeneidade das causas múltiplas dos acontecimentos na história humana, o marxismo só de maneira muito implausível poderá ser entendido como uma teoria determinista no sentido (a).

Superficialmente pelo menos, a história parece caracterizada por uma *pluralidade*, bem como por uma multiplicidade, de causas. Sob esse aspecto, há uma tensão clara entre (i) o "Prefácio" de Marx à *Crítica da economia política* e seu "Prefácio" à primeira edição do primeiro livro de *O Capital*, em que observa que "o país mais desenvolvido industrialmente apenas mostra ao menos desenvolvido a imagem de seu próprio futuro", o que sugere uma visão unilinear da história, e (ii) a candente denúncia, em sua carta a Mikhailovski (novembro de 1877) dos que transformaram seu "esboço histórico da gênese do capitalismo na Europa Ocidental em uma teoria histórico-filosófica do caminho geral que todos os povos estão destinados a trilhar, quaisquer que sejam as circunstâncias em que se encontrem", bem como os muitos trechos dos *Grundrisse* que sugerem uma visão multilinear da história.

Passando a (ß), precisamos apenas observar que – com a exceção de uma ou duas óbvias afirmações retóricas – todas as previsões de Marx são *condicionais* e sujeitas à operação de cláusulas *ceteris paribus*, de modo que ele não é um historicista no sentido apontado por Popper (ver HISTORICISMO).

Quanto a (*y*) parece claro que Marx não é fatalista. Para ele, os acontecimentos do futuro ocorrerão por causa dos, ou pelo menos em virtude dos, e não a despeito dos, atos dos homens e mulheres. Qualquer outro ponto de vista constituiria uma grosseira reificação do processo histórico e seria contrário às repetidas afirmações de Marx de que "os homens fazem a história". Por outro lado, se Marx não é um fatalista, Gramsci ainda assim julgou oportuno caracterizar 1917 como "a revolução contra *O Capital* de Karl Marx"; e uma linha crítica mais recente, expressa por Habermas e Wellmer considera a citação aprovadora feita por Marx, no "Pósfácio" da segunda edição do primeiro livro de *O Capital*, de uma descrição de seu método proposta por um comentarista como "[prova da] necessidade da atual ordem de coisas e da necessidade de outra ordem para a qual a primeira deve passar, inevitavelmente (...) quer o homem acredite ou não, que tenha consciência dela ou não", como indicador a de um mal-entendimento objetivista de sua própria prática científica.

Assim, como a questão geral do determinismo interligou-se à do "livre-arbítrio", assim também a da necessidade envolveu-se com a questão da liberdade. Num interessante trecho do terceiro livro de *O Capital* (cap.XLVIII) Marx justapôs dois conceitos de liberdade. O primeiro consiste na regulação racional e na minimização do trabalho necessário, e o segundo, no "desenvolvimento da energia humana" como "um fim em si mesmo". Não é claro se Marx concebia essa atividade criadora livre, no comunismo, como não restrita e não condicionada pelas formas sociais (mediações) e pelas circunstâncias históricas. De qualquer modo, Engels, no *Anti-Dühring* (parte I, cap.II), apresentou uma teoria metafísica geral da liberdade de uma maneira diferente, argumentando que "a liberdade não consiste no sonho de independência em relação às leis naturais, mas no conhecimento dessas leis e na possibilidade que isso oferece de fazer com que elas funcionem para objetivos definidos". Embora Engels atribuísse a origem dessa ideia a Hegel, parece provável que tenha compreendido esse seu aforisma (como também o compreenderam os marxistas ortodoxos) mais geralmente nos sentidos baconiano e positivista de que a natureza só nos obedece se a ela obedecermos e de que o conhecimento é poder, do que em qualquer sentido spinoziano ou hegeliano. Se essa interpretação de Engels é correta, então permanece a diferença clara entre as ciências naturais e sociais: nas ciências sociais o conhecimento ou a ação não são externos às necessidades descritas. Por outro lado, foi exatamente esse aparente deslocamento da agência do processo social, tal como descrito naturalisticamente, que se tornou a característica marcante do evolucionismo positivista (ver POSITIVISMO) da Segunda Internacional e o justificacionismo histórico (ou ultravoluntarismo) da Terceira Internacional.

Plekhanov tentou, em seu influente ensaio de 1898 sobre o papel do indivíduo na história, mostrar que a crença no determinismo era compatível com um alto nível de atividade política, admitindo que os indivíduos podiam "modificar as características individuais dos acontecimentos e algumas de suas consequências específicas", mas não a sua "tendência geral" (1969, p.169). Embora Adler e os austromarxistas tivessem tentado, de várias maneiras, conciliar finalismo e causalidade, associando uma explicação causativa da agência humana a uma concepção não voluntarista das formas sociais, a tendência geral do MARXISMO OCIDENTAL é antinaturalista e anticausalista, bem como antideterminista. Essa tendência atingiu seu apogeu, talvez, na tentativa de Sartre de fundamentar a inteligibilidade da hitória nos projetos, livremente escolhidos, dos indivíduos, ao mesmo tempo em que insistia nas ordens e níveis múltiplos de mediação a que as forças habitualmente consideradas no materialismo histórico estão devidamente sujeitas: em Sartre, como em Fichte, é a determinação, e não a liberdade (ou a possibilidade de emancipação), que tem de ser explicada. (Ver também DIALÉTICA; INDIVÍDUO; TEORIA DO CONHECIMENTO; MATERIALISMO; REALISMO; CIÊNCIA.)

RB

Bibliografia: Adler, Max, *Kausalität und Teleologie im Streite um die wissenschaft*, 1904; "Causality and Teleology", in T. Bottomore & P. Goode (orgs.), *Austro-marxism* (1978) • Althusser, Louis, "Contradiction e surdétermination", 1962, republicado em L. Althusser, *Pour Marx*, 1965 [*A favor de Marx*, 1979] • Bhaskar, Roy, *The Possibility of Naturalism*, 1979 • Cohen, G.A., *Karl Marx's Theory of History*, 1978 • Cardoso, M.L., *La ideologia dominante*, 1975 ◎ *La construcción de conocimientos*, 1977 • Giddens, Anthony, *A Contemporary Critique of Historical Materialism*, 1981 • Plekhanov, G.V., "On the Role of the individual in History", in G.V. Plekhanov, *Fundamental Problems of Marxism*, 1898, 1940 (1969) [*Questões fundamentais do marxismo*, 1978] • Sartre, Jean-Paul, *Question de méthode*, 1960b [*Questões de método*, 1978] • Timpanaro, S., *Sul materialismo*, 1975; *On materialism* (1976) • Wellmer, Albrecht, "Critique of Marx's Positivism", in T. Bottomore (org.), *Modern Interpretations of Marx*, 1981 • Williams, Raymond, "Determinism", in R. Williams, *Keywords*, 1976.

Deutscher, Isaac (Chrzanov, nas proximidades de Cracóvia, 3 de abril de 1907 – Roma, 19 de agosto 1967.) Tendo nascido em uma família judaica muito religiosa, estava destinado a ser um estudioso do Talmud. Mas renunciou a sua crença religiosa na juventude e ingressou no então ilegal Partido Comunista Polonês em Varsóvia no ano de 1927. Foi expulso do partido em 1932 por sua oposição à linha então predominante em relação ao FASCISMO, qual seja a de que ele não constituía maior ameaça para a classe trabalhadora do que a SOCIAL DEMOCRACIA. Deutscher ligou-se à oposição trotskista (ver TROTSKISMO) ao STALINISMO, mas tornou-se membro do Partido Socialista Polonês. Opôs-se à formação da Quarta Internacional (trotskista) em 1938, com o argumento de que não existiam condições para a sua eficácia. Em 1939, transferiu-se de Varsóvia para Londres e serviu no Exército polonês de 1940 a 1942. A partir de então, combinou a atividade jornalística, em periódicos como *The Economist* e *The Observer*, com a redação de ensaios e livros e com palestras e programas radiofônicos ocasionais. Proferiu as Trevelyan Lectures na Universidade de Cambridge no período 1966-1967, as quais foram publicadas (1967) com o título de *The Unfinished Revolution: Russia 1917-1967.*

As principais obras de Deutscher são a sua "biografia política" de STALIN e seu livro em três volumes sobre TROTSKY, exemplos destacados de biografia no estilo marxista e também notáveis por sua qualidade literária. Nesses e em outros escritos, Deutscher buscou fazer uma apreciação equilibrada da experiência soviética. Foi um crítico coerente e severo de Stalin e do stalinismo, mas aliou a sua condenação a uma avaliação positiva do que foi realizado pela "revolução vinda de cima" orquestrada por Stalin. Um tema importante dos escritos de Deutscher é o de que uma classe operária está nascendo na União Soviética, que, com o tempo, poderá cumprir a promessa da "revolução inacabada" iniciada em outubro de 1917.

RM

Bibliografia: Deutscher, Isaac, *Stalin: A Political Biography*, 1949 (1966); *Staline* (1953) [*Stalin, a história de uma tirania*, 1970] ◎ *The Prophet Armed, Trotsky: 1879-1921*, 1954 [*Trotsky: o profeta armado*, 1968] ◎ *The Prophet Unarmed, Trotsky: 1921-1929*, 1959 [*Trotsky: o profeta desarmado*, 1968] ◎ *The Prophet Outcast, Trotsky: 1929-1940*, 1963 [*Trotsky: o profeta banido*, 1968] ◎ *"Heretics and Renegades" and Other Essays*, 1955 (1969) ◎ *Ironies of History*, 1964 [*Ironias da História*, 1968] ◎ *Marxism in our Time*, 1971 • Horowitz, David, *Isaac Deutscher: The Man and his Work*, 1971.

dialética Possivelmente o tópico mais controverso no pensamento marxista, a dialética suscita as duas principais questões em torno das quais tem girado a análise filosófica marxista: a natureza da dívida de Marx para com Hegel e o sentido em que o marxismo é uma ciência. A dialética é tematizada na tradição marxista mais comumente enquanto (a) um método e, mais habitualmente, um método científico: a dialética *epistemológica*; (b) um conjunto de leis ou princípios que governam um setor ou a totalidade da realidade: a dialética *ontológica*; e (c) o movimento da história: dialética *relacional*. Todos os três aspectos encontram-se em Marx. Mas seus paradigmas são os comentários metodológicos de Marx em *O Capital*, a filosofia da natureza exposta por Engels no *Anti-Dühring*, e o hegelianismo transfigurado do Lukács da primeira fase, em *Geschichte und Klassen bewusstsein* (*História e consciência de classe*) – textos que podem ser considerados como os documentos básicos da ciência social marxista, do materialismo dialético e do MARXISMO OCIDENTAL, respectivamente.

Há duas inflexões da dialética em Hegel: (a) como processo lógico, e (b) mais estritamente, como o dínamo, o motor desse processo.

(a) Em Hegel, o princípio do idealismo – o entendimento especulativo da realidade como espírito (absoluto) – une duas tendências antigas da dialética, a ideia eleática da dialética como *razão* e a ideia jônica da dialética como *processo*, na noção da dialética como um *processo de razão* que se autogera, autodiferencia e se autoparticulariza. A primeira vertente começa com os paradoxos de Zenão, passa pelas diferentes dialéticas socrática, platônica e aristotélica, e, pela prática medieval da disputa, chegando à crítica kantiana. A segunda ideia de dialética assume, tipicamente, uma forma dual: numa dialética *ascendente*, demonstra-se a existência de uma realidade superior (por exemplo, as Formas de Deus); e, numa dialética *descendente*, explica-se sua manifestação no mundo fenomenal. Os protótipos são a dialética transcendente da matéria do ceticismo antigo e a dialética imanente da autorrealização divina da escatologia neoplatônica e cristã, a partir de Plotino e Erígena. A combinação das fases ascendente e descendente resulta em um padrão quasitemporal de unidade original, perda ou divisão e retorno ou reunificação; ou em um padrão quasilógico de hipóstase e realização. A combinação das vertentes eleática e jônica resulta no Absoluto hegeliano – processo lógico ou *dialético* que se realiza pela própria alienação e estabelece sua unidade consigo mesmo reconhecendo essa alienação como nada mais que sua própria livre expressão ou manifestação; e que se recapitula e se completa no próprio Sistema Hegeliano.

(b) O motor desse processo é a dialética, concebida de maneira mais restrita, que Hegel chama de "a compreensão dos contrários em sua unidade ou do positivo no negativo" (1812-1816; 1969, p.56). É o método que permite ao pensador dialético observar o processo pelo qual as categorias, noções ou formas de consciência surgem umas das outras para formar totalidades cada vez mais inclusivas, até que se complete o sistema de categorias, noções ou formas, como um todo. Para Hegel, a verdade é o todo e o erro está na unilateralidade, na incompletude e na abstração; pode ser reconhecido pelas contradições que gera e remediado por sua incorporação em formas conceituais mais plenas, mais ricas, mais concretas. No curso desse processo, observa-se o famoso princípio da *Aufhebung* (superação): com o desdobramento da dialética, nenhum *insight* parcial se perde. De fato, a dialética hegeliana progride de duas maneiras básicas: trazendo à luz o que está implícito, mas não foi articulado explicitamente numa ideia, ou reparando alguma ausência, falta ou inadequação nela existente. O pensamento "dialético", em contraste com o "reflexivo" (ou analítico), apreende as formas conceituais em suas interligações sistemáticas, e não apenas em suas diferenças determinadas, concebendo cada evolução como produto de uma fase anterior menos desenvolvida, cuja verdade ou realização necessária ela representa; de modo que há sempre uma tensão, uma ironia latente ou uma surpresa incipiente entre qualquer forma e o que ela é no processo de vir a ser.

As fases mais importantes do desenvolvimento do pensamento de Marx sobre a dialética hegeliana são: (i) a brilhante análise da lógica "mistificada" dessa dialética na *Crítica da filosofia do direito de Hegel*, resumida no último dos *Manuscritos econômicos e filosóficos*, em que o conceito idealista de trabalho de Hegel é o centro dá atenção; (ii) nas obras imediatamente seguintes, *A Sagrada Família*, *A ideologia alemã* e *Miséria da filosofia*, a crítica a Hegel é feita no quadro de um violento ataque polêmico à filosofia especulativa enquanto tal; (iii) a partir da época dos *Grundrisse*, quando há uma clara reavaliação positiva da dialética hegeliana. O alcance dessa reavaliação continua sendo objeto de animada controvérsia. Duas coisas, porém, parecem estar fora de dúvida: Marx continuou a ter uma postura crítica ante a dialética hegeliana enquanto tal e, não obstante, acreditava estar trabalhando com uma dialética relacionada à hegeliana. Dessa maneira, diz, a propósito de Dühring:

> Ele sabe muito bem que meu método de desenvolvimento *não* é hegeliano, já que sou materialista e Hegel é idealista. A dialética de Hegel é a forma básica de toda a dialética, mas só *depois* de ter sido purgada de sua forma mistificada, e é precisamente isso que distingue *meu* método. (Carta a Kugelmann, 6 de março de 1868)

E, no "Posfácio" à segunda edição do primeiro livro de *O Capital*, escreve:

> A mistificação que a dialética sofre nas mãos de Hegel não impede que ele tenha sido o primeiro a apresentar suas formas gerais de movimento de maneira abrangente. Com ele, a dialética está de cabeça para baixo. Ela deve ser invertida, para que se revele o núcleo racional dentro da ganga mística.

Essas duas metáforas – da inversão e do núcleo – foram objeto de uma especulação quase teológica. A metáfora do núcleo parece indicar que Marx achava possível conservar parte da dialética hegeliana, contra a concepção (1) dos JOVENS HEGELIANOS e de Engels, de que é possível extrair totalmente o método dialético do sistema de Hegel, e (2) a concepção dos críticos de tendência positivista, de Bernstein a Coletti, segundo a qual isso não é possível, pois a dialética hegeliana está totalmente comprometida com o idealismo de Hegel. Infelizmente, Marx não realizou nunca seu desejo de "tornar acessível à inteligência humana comum, em duas ou três páginas, aquilo que é *racional* no método descoberto e ao mesmo tempo mistificado por Hegel" (Carta de Marx a Engels, 14 de janeiro de 1858).

Qualquer que seja a dívida de Marx para com Hegel, há notável coerência em suas críticas a ele, de 1843 a 1873. (a) Formalmente, há três alvos principais de ataque – as inversões de Hegel, seu princípio de identidade e seu misticismo lógico. (b) Substantivamente, Marx centra sua crítica na incapacidade de Hegel de sustentar a autonomia da natureza e a historicidade das formas sociais.

(a) (1) Hegel é culpado, segundo Marx, de uma tríplice inversão de sujeito e predicado. Em cada caso, Marx descreve a posição de Hegel como uma inversão, e sua própria posição como uma inversão da posição de Hegel: a inversão da inversão. Assim, Marx contrapõe à ontologia idealista absoluta, à epistemologia racionalista especulativa e à sociologia idealista substantiva de Hegel, uma concepção dos universais como propriedades das coisas particulares, do conhecimento como irredutivelmente empírico e da sociedade civil (mais tarde dos modos de produção) como fundamento do Estado. Mas não fica claro se Marx está apenas afirmando o contrário da posição de Hegel ou se está transformando sua problemática. De fato, ele habitualmente a transforma: sua crítica visa tanto aos termos e relações de Hegel quanto às suas "inversões". Marx considera o espírito infinito uma projeção ilusória dos seres finitos (alienados) e a natureza como transcendentalmente real; e a teleologia espiritual imanente do espírito infinito, petrificado e finito hegeliana é substituída por um compromisso metodológico com a investigação, controlada empiricamente, das relações causais, que se dão no interior e de forma recíproca, entre a humanidade – historicamente emergente, em permanente desenvolvimento – e a natureza irredutivelmente real, mas transformável. Igualmente Marx não diferencia de maneira nítida as três inversões identificadas em Hegel. As distinções entre elas estão, porém, implícitas na segunda e na terceira linhas de crítica adotadas por Marx, quando põe em evidência as reduções que Hegel faz do ser ao conhecer (a "falácia epistemológica") e da ciência à filosofia (a "ilusão especulativa").

(2) A crítica de Marx ao princípio da identidade de Hegel (a identidade do ser e do pensamento *no* pensamento) é dupla. Em sua crítica *esotérica*, que segue a linha do método transformativo de Feuerbach, Marx mostra

como o mundo empírico surge como *consequência* da hipóstase do pensamento feita por Hegel; mas em sua crítica *esotérica*, Marx afirma que o mundo empírico é realmente sua *condição* secreta. Assim, Marx observa como Hegel apresenta sua própria atividade, ou o processo de pensamento em geral, transformada em um sujeito independente (a Ideia), como o demiurgo do mundo experimentado. Argumenta, então, que o conteúdo do pensamento especulativo do filósofo consiste, na realidade, em dados empíricos recebidos sem crítica, absorvidos a partir do estado de coisas existente que, dessa maneira, é reificado e eternalizado. O diagrama seguinte mostra a lógica da objeção feita por Marx:

Crítica de Marx ao princípio de identidade de Hegel

A análise de Marx implica (i) que o conservadorismo ou a apologética é intrínseca ao método hegeliano, e não como os hegelianos de esquerda supunham, enquanto resultado de alguma fraqueza ou concessão pessoal, e (ii) que a teoria lógica de Hegel é incoerente com sua prática efetiva, porque seus passos dialéticos são motivados por considerações não dialéticas, irrefletidas, mais ou menos grosseiramente empíricas.

(3) A crítica de Marx ao "misticismo lógico" hegeliano e à partenogênese de conceitos e enganos ideológicos invocativos que ele possibilita acaba por revelar-se como uma crítica da noção de autonomia ou autossuficiência final da filosofia (e das ideias em geral). Mas também aqui não é claro se Marx está defendendo (i) uma inversão literal, isto é, a absorção da filosofia (ou sua suplantação positivista) pela ciência, tal como sugere a polêmica do período de *A ideologia alemã*; ou (ii) uma prática transformada da filosofia, ou seja, como heterônoma isto é, dependente da ciência e de outras práticas sociais mas com funções próprias relativamente autônomas, tal como indicado por sua própria prática (e pela de Engels).

(b) A crítica que Marx faz a Hegel nos *Manuscritos econômicos e filosóficos* localiza duas lacunas conceituais: (1) a *objetividade* da natureza e do ser em geral, concebidos como radicalmente distintos do pensamento, isto é, como dotados de realidade independente, desprovidos de dependência causal e de necessidade teleológica em relação a qualquer tipo de espírito; e (2) a distinção entre *objetivação* e *alienação* – pois, ao transfigurar racionalmente as formas atuais, historicamente determinadas e alienadas da objetivação humana em autoalienação de um sujeito absoluto, Hegel esvazia conceitualmente a possibilidade de um modo realmente humano, não alienado, de objetivação humana. Em oposição a Hegel, para quem "o único trabalho (...) é o *trabalho mental abstrato*" (*Manuscritos econômicos e filosóficos*, final do terceiro manuscrito), o trabalho para Marx sempre (1) pressupõe "um substrato material (...) proporcionado sem a ajuda do homem" (*O Capital*, I, cap.I) e (2) envolve transformação real, compreendendo perda irreparável, finitude e a possibilidade de autêntica inovação e emergência. Dessa forma, qualquer dialética marxista será condicionada objetivamente, será absolutamente limitada e prospectivamente aberta (isto é, inacabada).

Uma possibilidade suscitada pela crítica feita por Marx à filosofia da identidade de Hegel é a de que a dialética em Marx (e no marxismo) pode não especificar um fenômeno *unitário*, mas sim várias figuras e tópicos *diferentes*. Assim, ela pode referir-se a padrões ou processos na filosofia, na ciência ou no mundo; ao ser, ao pensamento ou na sua relação (dialética ontológica, epistemológica e relacional); na natureza ou na sociedade, no que está "dentro" ou "fora" do tempo (dialética histórica *versus* dialética estrutural) – nos universais ou nos particulares, trans-históricos ou transientes etc. E dentro dessas categorias, outras divisões podem ser significativas. Assim, qualquer dialética epistemológica pode ser metaconceitual, metodológica (crítica ou sistemática), heurística ou substantiva (descritiva ou explicativa); uma dialética relacional pode ser concebida basicamente como um processo ontológico (por exemplo, Lukács), ou como uma crítica epistemológica (por exemplo, Marcuse). Esses modos dialéticos podem estar relacionados (a) por uma ascendência comum e (b) pelas suas conexões sistemáticas dentro do marxismo, sem estar relacionados pela (c) posse de uma essência, um núcleo ou germe comuns e ainda menos (d) de uma essência que possa remontar (inalterada) a Hegel. Marx ainda pode ter uma dívida positiva para com a dialética hegeliana, mesmo que em sua obra ela seja totalmente *transformada* (de modo que nem o núcleo, nem a metáfora da inversão, se aplicariam) e/ou *desenvolvida* de várias maneiras.

As teorias positivas mais comuns da dialética marxista propõem-na: (i) como uma concepção do mundo (por exemplo, Engels, MATERIALISMO DIALÉTICO, Mao Tse-Tung); (ii) como uma teoria da razão (por exemplo, Della Volpe, Adorno); e (iii) como dependente essencialmente das relações entre o mundo e a razão - ou pensamento e ser, sujeito e objeto, teoria e prática etc. (por exemplo, Lukacs, Marcuse). Não há dúvida de que, para o próprio Marx, a ênfase primordial do conceito é *epistemológica*. Marx usa, com frequência, método "dialético" como sinônimo de método "científico". No Posfácio à segunda edição do primeiro volume de *O Capital*, ele cita a descrição claramente positivista de seu método (ver POSITIVISMO) feita pelos comentaristas de São Petersburgo, dizendo que "quando o comentarista descreve de maneira tão exata (...) o método que realmente usei, o que está descrevendo, senão o método dialético?" Parece claro, porém, que o método de Marx, embora naturalista e empírico, não é positivista, mas sim *realista* (ver REALISMO) e que sua dialética epistemológica leva-o também a uma dialética ontológica específica e a uma dialética relacional *condicional*. Numa carta a J.B. Schweitzer (24 de janeiro de 1865), Marx observa que "o segredo da dialética científica" depende da compreensão "das categorias econômicas como a expressão teórica de relações históricas de produção, correspondentes a determinada fase do desenvolvimento da produção material". A dialética de Marx é científica porque explica as contradições do pensamento e as crises da vida socioeconômica em termos das relações essenciais, contraditórias e particulares que as geram (dialética ontológica). E a dialética de Marx é histórica porque a mesma tem raízes nas – e é (condicionalmente) um agente das – mudanças nas relações e circunstâncias que descreve (dialética relacional).

Em correspondência com a distinção, em Marx, entre seu modo de investigação controlado empiricamente e seu método semidedutivo de exposição, podemos distinguir entre sua dialética crítica e sua dialética sistemática. A primeira, que é também uma intervenção prática na história, toma a forma de uma tríplice crítica da doutrina econômica, da concepção de seus representantes, e das estruturas geradoras e relações essenciais que formam sua base, e incorpora um momento kantiano (historicizado) (ressaltado originalmente por Max Adler) no qual são meticulosamente situadas as condições históricas de validade e adequação prática das várias categorias, teorias e formas que são criticadas. A dialética crítica de Marx talvez seja mais adequadamente classificada como uma fenomenologia dialética, empiricamente em aberto, condicionada materialmente e historicamente circunscrita.

A dialética sistemática de Marx começa no primeiro capítulo do primeiro livro de *O Capital* com a dialética da mercadoria e culmina nas *Teorias da mais-valia*, com a história crítica da economia política. Em última análise, para Marx todas as contradições do capitalismo nascem das contradições estruturalmente fundamentais entre o valor de uso e o valor da mercadoria, e entre os aspectos útil concreto e social abstrato do trabalho que ela encerra. Essas contradições, juntamente com as outras contradições estruturais e históricas que criam (como as existentes entre as forças e relações de produção, a produção e o processo de valorização, o trabalho assalariado e capital etc.) são (i) oposições reais inclusivas nas quais os termos ou polos das contradições se pressupõem existencialmente uns aos outros, e (ii) internamente relacionadas a uma forma mistificante de aparência. Essas *contradições dialéticas* não violam o princípio de não contradição, pois podem ser descritas de forma coerente; nem a lei da gravidade, pois a noção de (má) representação real invertida de um objeto real, gerada pelo objeto em questão, é facilmente acomodada a uma ontologia estratificada não empirista, como a defendida por Marx (ver CONTRADIÇÃO). Marx considera essas contradições estruturais fundamentais como sendo elas próprias um legado histórico da separação dos produtores imediatos (i) dos meios e materiais de produção, (ii) uns dos outros e, portanto, (iii) do nexo das relações sociais dentro do qual se processa sua ação sobre a natureza e sua reação a ela. É inegável que há, aqui, mais do que vestígio de um esquema schilleriano da história como uma dialética da unidade original não diferenciada, da fragmentação, e da unidade restabelecida, mas diferenciada. Assim, diz Marx no capítulo sobre o capital dos *Grundrisse*:

> Não é a unidade da humanidade viva e ativa com as condições naturais, inorgânicas, de sua troca metabólica com a natureza, e portanto sua apropriação da natureza, que exige explicação, ou é resultado de um processo histórico, mas sim sua separação em relação a essas condições inorgânicas da existência humana e essa existência ativa, separação que só é completamente postulada na relação entre trabalho assalariado e capital.

Ele pode ter considerado isso como empiricamente estabelecido. Mas, de qualquer modo, seria indevidamente restritivo estabelecer para a ciência essa concepção: ela pode, por exemplo, funcionar como uma heurística metafísica, ou como o núcleo de um programa de pesquisa em desenvolvimento, com implicações empíricas, sem ser ela mesma diretamente testável.

Não são as chamadas definições ou diferenças "dialéticas" de Marx, mas suas *explicações* dialéticas, nas quais forças, tendências ou princípios opostos são explicados em termos de uma condição causal comum da existência, e críticas *dialéticas* nas quais teorias, fenômenos etc. inadequados são explicados em termos de suas condições históricas, que são características. Por que a crítica da economia política de Marx toma a forma aparente de uma *Aufhebung* (superação)? Uma nova teoria procurará sempre salvar a maioria dos fenômenos explicados com êxito pelas teorias que busca suplantar. Mas ao salvar os fenômenos teoricamente, Marx transforma radicalmente suas descrições, e ao localizá-los num novo âmbito crítico-explicativo, contribui para o processo de sua transformação prática. Estará Marx em débito, em sua dialética crítica ou sistemática, com a concepção da realidade, de Hegel? As três chaves da ontologia de Hegel são (1) o idealismo realizado, (2) o monismo espiritual e (3) a teleologia imanente. Em oposição a (1) Marx rejeita tanto o absoluto hegeliano como a figura de identidade de todo o universo, concebendo a matéria e o ser como irredutíveis ao espírito e ao pensamento (ou como alienações deles); contra (2), Althusser argumentou corretamente que a diferenciação e a complexidade são essenciais para Marx, e Della Volpe ressaltou, com acerto, que suas totalidades estão sujeitas a confirmação empírica e não especulativa. Quanto a (3), a ênfase de Marx recai sobre a necessidade causal e não conceitual – a teleologia é limitada à práxis humana e seu aparecimento em outras áreas é "explicado racionalmente" (carta de Marx a Lassalle, 16 de janeiro de 1861). O mais importante é que, para Marx, que iniciava uma *ciência da história*, a estratificação e o vir-a-ser ontológicos são irredutíveis, ao passo que em Hegel, onde são tratados nas esferas lógicas da Essência e do Ser, são dissolvidos no concreto e na infinidade, respectivamente (e, portanto, na esfera autoexplicativa do Conceito). Sob todos os aspectos filosoficamente significativos, a ontologia de Marx difere tanto da ontologia de Hegel como da ontologia do empirismo atomista, alvo das obras filosóficas posteriores de Engels, que Marx, em sua crítica feita nos tempos de juventude, havia demonstrado estar tacitamente suposta no idealismo hegeliano.

As três posições mais comuns em relação à dialética são: a de que é um absurdo (por exemplo, Bernstein), a de que é universalmente aplicável, e a de que é aplicável ao domínio conceitual e/ou social, mas não ao domínio natural (por exemplo, Lukács). Engels deu à segunda posição, universalista, o peso de sua imensa autoridade. De acordo com ele, a dialética é "a ciência das leis gerais do movimento e desenvolvimento da natureza, da sociedade e do pensamento humanos" (*Anti-Dühring*, parte I, cap.XIII). Tais leis podem ser "reduzidas, no geral, a três" (*Dialética da natureza*, "Dialética"): (1) a transformação da quantidade em qualidade e vice-versa; (2) a unidade e interpenetração dos contrários, e (3) a negação da negação.

Há ambiguidades na análise de Engels. Não fica claro se as leis devem ser consideradas mais ou menos como verdades *a priori* ou como generalizações superempíricas; se são indispensáveis à prática científica ou simplesmente recursos expositivos cômodos. Além da notória arbitrariedade dos exemplos de Engels, a relevância de sua dialética para o marxismo, concebido como uma suposta ciência social, pode ser questionada, especialmente porque ele se opõe a qualquer materialismo reducionista. Embora as evidências indiquem que Marx concordava com a tendência geral da contribuição de Engels, sua própria crítica da economia política não pressupõe nem implica qualquer dialética da natureza, e sua crítica do apriorismo deixa implícito o caráter *a posteriori* e especificamente ligado ao sujeito das pretensões sobre a existência de processos dialéticos, ou de outros tipos, na realidade. As relações entre as posições de Marx, Engels e Hegel podem ser representadas da seguinte maneira:

A própria suposição de uma dialética da natureza pareceu a muitos críticos, de Lukács a Sartre, como categoricamente errônea, na medida em que envolve uma retrojeção antropomórfica (e portanto idealista) sobre a natureza de categorias como contradição e negação, que só têm sentido na esfera humana. Esses críticos não negam que as ciências naturais, como parte do mundo sócio-histórico, possam ser dialéticas; o que está em questão é se pode haver uma dialética da própria natureza. Evidentemente, há diferenças entre as esferas natural e social. Mas serão suas diferenças específicas mais ou menos importantes do que suas semelhanças genéricas? Com efeito, o problema da dialética da natureza se reduz a uma variante do problema geral do naturalismo; o modo pelo qual é resolvido depende de ser a dialética concebida de maneira bastante ampla e da sociedade ser bastante naturalista para tornar plausível sua extensão à natureza. Mesmo assim, não deveríamos esperar uma resposta unitária – podem existir polaridades dialéticas e oposições inclusivas na natureza, mas não inteligibilidade dialética ou razão. Alguns apologistas de Engels (por exemplo, Ruben) argumentaram que (1) a interrogação epistemológica da natureza pelo homem e (2) o aparecimento histórico do homem, a partir da natureza, pressupõem os "pontos de indiferença" schellingianos ("ou identidade dialética") para sustentar a inteligibilidade dos elos "transcategóricos". Não obstante, tanto a homogeneização ou equalização epistemológica (na medição ou na experiência) como o aparecimento histórico (na evolução) pressupõem a independência da práxis em relação aos polos naturais relevantes. Qualquer relação dialética entre a humanidade e a natureza assume o aspecto não hegeliano de uma relação *assimetricamente* interna (as formas sociais pressupõem formas naturais, mas não o inverso); de modo que qualquer identidade epistemológica ou ontológica só ocorre dentro de uma *não identidade* materialista de amplo alcance.

A curto prazo, o resultado paradoxal da intervenção de Engels foi a tendência, no marxismo evolucionista da Segunda Internacional, para um hipernaturalismo e um monismo comparável, sob muitos aspectos, ao positivismo de Haeckel, Dühring e outros, a que Engels conscientemente se opunha. A longo prazo, porém, certas consequências formais da apropriação, por Engels, da dialética hegeliana (na qual o reflexionismo agia como substituto epistemológico do princípio de identidade, e uma visão de mundo processual sustentava uma homologia da forma) se afirmaram: a absolutização ou fechamento dogmático do conhecimento marxista, a dissolução da ciência na filosofia, e mesmo a transfiguração do *status quo* (na *Ansicht* reconciliadora do marxismo soviético).

Se Engels estabeleceu, involutariamente, o processo naturalizado da história como um "novo absoluto", Lukács tentou mostrar que a meta da história era a verdadeira realização daquele mesmo absoluto que Hegel havia procurado em vão na filosofia contemplativa, mas que Marx encontrara finalmente na economia política, em sua descoberta do destino e do papel do proletariado como o sujeito-objeto idêntico da história. Tanto em Engels como em Lukács a "história" foi efetivamente destituída de substância – em Engels, por ser "objetivisticamente" interpretada em termos das categorias de um processo universal; em Lukács, por ser "subjetivisticamente" concebida como outras tantas mediações ou momentos de um ato finalizador não condicionado de autorrealização, que era sua base lógica.

Apesar dessas falhas originais, tanto a tradição marxista ocidental, como a materialista dialética, produziram algumas figuras dialéticas notáveis. Na primeira, além da própria dialética da autoconsciência histórica, ou dialética do sujeito-objeto, há a teoria/prática de Gramsci, a essência/existência de Marcuse e as contradições de aparência/realidade de Colletti, todas de proveniência mais ou menos hegeliana. Em Benjamin, a dialética representa o aspecto descontínuo e catastrófico da história; em Bloch, é concebida como fantasia objetiva; em Sartre, tem raízes na intelegibilidade da própria atividade totalizante do indivíduo; em Lefebvre, significa a meta do homem desalienado. Entre os marxistas ocidentais mais anti-hegelianos (inclusive Colletti), a dialética de Della Volpe consiste essencialmente no pensamento não hipostasiado, não rígido, enquanto a dialética althusseriana traz a complexidade, a pré-formação e a sobredeterminação das totalidades. Colocado entre os dois campos, Adorno ressalta, de um lado, a imanência de toda crítica e, do outro, a não identidade do pensamento.

Enquanto isso, dentro da tradição materialista dialética, a terceira lei de Engels foi abandonada sem maiores cerimônias por Stalin e a primeira lei relegada por Mao Tse-tung a um caso especial da segunda, que, a partir de Lenin, arcou, cada vez mais, com o peso da dialética. Houve, sem dúvida, boas razões materialistas para isso (bem como motivos políticos). A negação da negação é o meio pelo qual Hegel dissolve o ser determinado no infinito. Por outro lado, como Godelier observou, os materialistas dialéticos raramente apreciaram as diferenças entre a unidade marxista e a identidade hegeliana dos contrários. Dentro dessa tradição Mao é digno de nota por uma série de distinções potencialmente inspiradoras – entre contradições antagônicas e não antagônicas, contradições principais e secundárias, aspectos principais e secundários de uma contradição etc. – e por ressaltar, como Lenin e Trotski, a natureza "combinada e desigual" de seu desenvolvimento.

Em sua longa e complexa história, cinco tendências básicas do significado da dialética, cada qual mais ou menos transformada no marxismo, se destacam. (1) De Heráclito, as *contradições dialéticas*, envolvendo oposições ou conflitos inclusivos de forças de origens não independentes, são identificadas por Marx como constitutivas do capitalismo e seu modo de produção. (2) De Sócrates, a *argumentação dialética* é, de um lado, transformada sob o signo da luta de classes, mas, de outro, continua a funcionar num certo pensamento marxista como uma norma de verdade, em "condições ideais" (em Gramsci, uma sociedade comunista; em Habermas, um "consenso sem constrangimentos"). (3) De Platão, a *razão dialética* assumiu uma gama de conotações, desde a flexibilidade conceitual e a novidade que, sujeitas a controles empíricos, lógicos e contextuais, desempenham papel crucial na descoberta e desenvolvimento científicos –, passando pelo esclarecimento e pela desmistificação (crítica kantiana) até a profunda racionalidade das práticas materialmente fundadas e condicionadas de autoemancipação coletiva. (4) De Plotino a Schiller, o *processo dialético* da unidade original, da separação histórica e da unidade diferenciada continuam, por outro lado, como os limites contrafatuais ou polos que a dialética sistemática da forma mercadoria de Marx deixa implícitos, e age, por outro lado, como uma espora na luta prática pelo socialismo. (5) De Hegel, a *inteligibilidade dialética* é transformada em Marx, para incluir tanto a apresentação causalmente gerada de objetos sociais e sua crítica explicativa – em termos de suas condições de ser –, tanto as que são historicamente específicas e dependentes da práxis como as que autenticamente não o são. (Ver também DETERMINISMO; LÓGICA; TEORIA DO CONHECIMENTO.)

R.B.

Bibliografia: Althusser, Louis, *Pour Marx*, 1965 [*A favor de Marx*, 1979] • Badaloni, Nicola, "Sulla dialecttica della natura di Engels e sull'attualità di una dialettica materialista", 1976 ◎ *Sulla dialettica della natura di Engels*, 1976 • Bhaskar, Roy, *Dialectic, Materialism and Human Emancipation*, 1982 • Bornheim, Gerd, *Dialética, teoria, práxis*, 1977 • Colletti, Lucio, *Marxismo e Hegel*, 1973 • Dal Pra, M., *La dialettica in Marx*, 1965 • Della Volpe, Galvano, *Logica come scienza positiva*, 1950 (1969); *Logic as a Positive Science* (1980) • Fausto, Rui, *Marx: lógica e política*, 1983 • Fleichmann, E. et al., *Science et dialectique chez Hegel et Marx*, 1980 • Gianotti, José Artur, "A propósito de uma incursão na dialética", 1965 ◎ *As origens da dialética do trabalho*, 1966 • Kolakowski, L., *Main Currents of Marxism*, vol.1, 1978 • Kosik, Karel, *Dialectique du concret*, 1963 (1970) [*Dialética do concreto*, 1969] • Lefebvre, Henri, *Le matérialisme dialectique*, 1962 ◎ *Logique formelle et logique dialectique*, 1969a • Lenin, V.I., *Cahiers sur la dialectique de Hegel* (1967) [*Os cadernos sobre a dialética de Hegel*, 1975] • Löwy, Michael, *Dialectique et révolution*, 1973 • Lukács, G., *Geschichte und Klassenbewusstsein*, 1923; *History and Class Consciousness* (1979) [*História e consciência de classe*, 1974] • Luporini, Cesare, *Dialettica e materialismo*, 1974 • Marcuse, H., *Reason and Revolution*, 1941 [*Razão e revolução*, 1978] • Merleau-Ponty, Maurice, *Les aventures de la dialectique*, 1955; *Adventures of the Dialectic* (1973) • Sartre, Jean-Paul, *Critique de la raison dialectique*, 1960 • Stedman Jones, G., "Engels and the End of Classical German Philosophy", 1973 • Wood, A.W., *Karl Marx*, 1981.

dialética da natureza Um dos mais surpreendentes legados do prestígio da ciência no século XIX foi sua influência sobre o marxismo da Segunda Internacional e sobre O MARXISMO SOVIÉTICO. Engels, numa série de reflexões polêmicas e exploratórias sobre a ciência e a natureza, tecidas a partir do ponto de vista do marxismo, atacou, em seu livro *Anti-Duhring*, a "revolução na ciência" proposta por Dühring e desenvolveu inúmeras observações e especulações em sua *Dialética da natureza*. Tais reflexões encerravam uma tentativa de integrar certos conceitos do materialismo histórico à filosofia da natureza, com o propósito de mostrar que o marxismo poderia formular leis da natureza e que uma única ontologia poderia abranger a natureza e a humanidade (ver NATUREZA). Os instrumentos analíticos que podem ser usados para obter uma compreensão dos processos naturais e sociais foram assim reduzidos a leis dialéticas. Engels parecia estar explorando a adequação entre, de um lado, as descobertas, teorias e debates científicos do século XIX e, de outro, as concepções dialéticas. Bom exemplo disso são suas reflexões sobre "O papel do trabalho na transformação do macaco em homem". Codificadores subsequentes dessa abordagem transformaram-na numa forma esclerosada de metafísica marxista que estabeleceu as supostas leis do ser (ver MARXISMO, EVOLUÇÃO DO). Em particular, a dialética da natureza apresenta três teoremas universais: tese – antítese – síntese, ou "negação da negação" como a lei de todo desenvolvimento; a transformação da quantidade em qualidade como explicação da maneira pela qual a mudança evolucionária se torna mudança revolucionária; a interpenetração dos contrários como relação dialética fundamental (ver DIALÉTICA). Como filosofia da ciência, a dialética da natureza não teve muita aceitação no Ocidente. Na União Soviética, na China e na Europa Oriental, foi levada bastante a sério, embora tenha mais um ar de catecismo do que de uma tradição que cresce e se aprofunda (ver FILOSOFIA).

RMY

Bibliografia: Graham, Loren R., *Science and Philosophy in the Soviet Union*, 1973 • Kolakowski, Leszek, *Main Currents of Marxism*, vol.2: *The Golden Age*, 1981, cap.XV • Wetter, Gustav A., *Dalectical Materialism: a Historical and Systematic Survey of Philosophy in the Soviet Union*, 1958.

diamat Ver MATERIALISMO DIALÉTICO

dinheiro O dinheiro é uma forma equivalente geral do VALOR, na qual o valor das mercadorias aparece como puro valor de troca (ver MERCADORIA). A forma dinheiro do valor é inerente à forma produção de mercadorias organizada pela TROCA. Nesta, uma quantidade definida de uma mercadoria, digamos vinte metros de linho, iguala-se a uma quantidade definida de uma segunda mercadoria, digamos, um casaco. Nessa equação, o casaco mede o valor do linho; o linho é um valor relativo ao casaco, e este é o equivalente do linho. Essa relação simples de valor pode ser desenvolvida de modo a igualar os vinte metros de linho a uma quantidade definida de qualquer outra mercadoria como seu equivalente: o linho pode ser equiparado a um casaco, a cinco quilos de chá, a vinte quilos de café, ou a duas onças de ouro. Nessa forma desenvolvida do valor, qualquer mercadoria desempenha, por sua vez, o papel de equivalente. A forma desenvolvida do valor pode ser invertida para a forma geral equivalente de valor, na qual uma mercadoria serve para medir simultaneamente o valor de todas as outras. No exemplo dado, se o linho for visto como o equivalente geral, ele medirá o valor do casaco, de cinco quilos de chá, de duas onças de ouro e assim por diante. Qualquer mercadoria pode, em princípio, servir como equivalente geral. O *numéraire* (numerário) da teoria econômica neoclássica é um caso particular de mercadoria que é equivalente geral.

O dinheiro é um equivalente geral *socialmente aceito*, uma mercadoria específica que surge na realidade social para desempenhar o papel de equivalente geral e exclui desse papel todas as outras mercadorias. Qualquer mercadoria produzida poderia, em princípio, servir de dinheiro; Marx refere-se habitualmente à mercadoria-dinheiro como ouro, e argumenta que as propriedades naturais do ouro, sua durabilidade, uniformidade e divisibilidade, o tornam particularmente adequado a funcionar como a medida do valor de troca puro. A forma dinheiro do valor está, portanto, latente na, e surge diretamente da, forma produção de mercadorias. O conceito de uma "economia da troca direta" na qual existem relações de troca bem-desenvolvidas sem a intermediação do dinheiro não tem lugar na teoria do dinheiro de Marx. Onde quer que a forma produção de mercadorias apareça, o dinheiro como uma forma do valor tenderá a desenvolver-se também, mesmo que ocorram muitas transações sem a sua mediação como meio de compra. A propriedade mais fundamental do dinheiro na teoria de Marx é a sua função como medida do valor das mercadorias. Nesse papel, o equivalente geral não precisa estar fisicamente presente já que é possível expressar o preço de uma mercadoria em ouro sem na realidade trocá-la por esse metal. Quando uma mercadoria surge como um equivalente geral socialmente aceito, quantidades definidas dessa mercadoria-dinheiro passam a ser usadas como um *padrão de preço*, e recebem nomes especiais, como "libra", "dólar", "franco", "marco", "peso", etc. O Estado pode desempenhar um certo papel na regulamentação e na manipulação do padrão de preço, tal como regulamenta os padrões habituais de peso, comprimento e outras medidas.

Como a mercadoria-dinheiro é uma mercadoria produzida, seu valor é determinado pelas mesmas leis que determinam o valor das outras mercadorias. Se fizermos abstração de todos os fatores que podem fazer com que as mercadorias sejam trocadas segundo uma razão matemática diferente da proporção de TRABALHO ABSTRATO nelas incorporado, uma grandeza da mercadoria-dinheiro que contenha uma hora de trabalho abstrato comprará uma quantidade de qualquer outra mercadoria em que também esteja incorporada uma hora de trabalho abstrato. O valor da mercadoria-dinheiro, como o valor das outras mercadorias, modifica-se continuamente com as transformações das condições de sua produção. Assim, embora o Estado possa regular o padrão de preço, isto é, a quantidade de ouro que há na libra ou no dólar ou em qualquer outra moeda, não pode regular o valor da própria mercadoria-dinheiro (ouro).

Quando a mercadoria-dinheiro surge, começa a desempenhar outros papéis além do de medida de valor: meio de circulação, reserva imobilizada de valor, meio de pagamento e moeda universal. Como meio de circulação, o dinheiro é o intermediário na troca de mercadorias. A troca toma forma de venda de uma mercadoria por dinheiro, seguida pela compra de outra mercadoria com o dinheiro (processo descrito por Marx com o diagrama M-D-M, isto é, Mercadoria-Dinheiro-Mercadoria). Se examinarmos esse processo de um ponto de vista social, veremos que uma certa quantidade de dinheiro é necessária para a circulação de um certo volume de mercadorias num determinado período de tempo. Essa quantidade depende do valor das mercadorias e do valor da mercadoria-dinheiro, os quais, conjuntamente, determinam o preço em dinheiro da massa de mercadorias e, a partir da velocidade de circulação do dinheiro, o número de transações de que cada unidade monetária pode participar durante o período. Na teoria de Marx, esses fatores determinam o volume de dinheiro necessário à circulação das mercadorias. Já o mecanismo pelo qual esse dinheiro é proporcionado constitui matéria de investigação distinta. E nesse ponto fundamental que a teoria do dinheiro de Marx se separa da "teoria quantitativa do dinheiro", segundo a qual os preços das mercadorias devem subir ou baixar para equilibrar o dinheiro que deve estar em circulação para uma quantidade predeterminada de dinheiro existente.

Como o dinheiro faz uma aparição apenas fugaz e transitória na circulação de mercadorias, é possível que símbolos ou emblemas seus o substituam desde que possam, de fato, ser convertidos na mercadoria-dinheiro pelo seu valor nominal. Assim, pequenas moedas cujo conteúdo metálico é inferior ao seu valor nominal ou notas bancárias com um valor intrínseco desprezível podem circular em lugar do dinheiro. Caso diferente é a emissão pelo Estado de papel-moeda sem lastro, isto é, sem a garantia de sua conversibilidade em ouro pelo seu valor nominal. Marx analisa esse fenômeno pressupondo que o ouro continua a funcionar como dinheiro lado a lado com o papel-moeda. Este último circulará em lugar do ouro, mas, se o Estado o emitir em excesso com relação às necessidades da circulação, ele sofrerá uma depreciação relativamente ao ouro nas transações do mercado até que o valor em ouro do papel-moeda seja apenas o suficiente para atender às exigências da circulação. Nessas circunstâncias, o preço das mercadorias em papel-moeda subirá em proporção à emissão desse papel-moeda, mas o mecanismo que atua nessa mudança é a queda do valor em ouro do papel-moeda no mercado. Os preços em ouro das mercadorias continuam sendo determinados pelas condições da produção do ouro e das outras mercadorias, mas uma quantidade maior de papel-moeda é necessária para equivaler a tais preços em ouro. Esse resultado tem, mais uma vez, uma base e um mecanismo diferentes da "teoria quantitativa do dinheiro", que prevê um aumento geral dos preços monetários das mercadorias devido a um aumento da quantidade de dinheiro e não uma depreciação do papel-moeda relativamente a uma mercadoria-dinheiro que continua a funcionar como equivalente geral.

Como o dinheiro serve de intermediário na troca de mercadorias, a compra e venda não são idênticas, e a lei de Say – a proposição de que a oferta de mercadorias para venda é equivalente à demanda de outras mercadorias para compra, de modo que a oferta cria, no agregado, sua própria demanda – não tem validade. Uma vez que a compra é separada da venda, as crises de troca, nas quais as mercadorias não podem ser vendidas por dinheiro, são possíveis, embora os determinantes positivos das crises estejam nas relações específicas da produção capitalista.

A circulação de dinheiro permite e exige a formação de tesouros, estoques de dinheiro mantidos tanto para facilitar a circulação de mercadorias como para acumular o trabalho abstrato cristalizado da sociedade, como um fim em si. A existência de tesouros pode proporcionar a flexibilidade necessária para permitir que o dinheiro em circulação se adapte às exigências desta, embora Marx, em sua teoria geral do dinheiro, não dê nenhuma explicação dos mecanismos pelos quais o dinheiro entra e sai dos tesouros. Nas crises capitalistas, o entesouramento expressa a pouca inclinação dos capitalistas a adiantar capital monetário em face dos mercados em colapso. A acumulação do dinheiro pelo entesourador deve ser distinguida da ACUMULAÇÃO de valor pelo capitalista. O entesourador acumula lançando no mercado um valor em mercadorias maior do que o que ele compra de volta. Embora o entesourador retire dinheiro de circulação, não consegue apropriar-se de qualquer valor extra ou mais-valia, já que o valor das mercadorias que vendeu é exatamente igual ao valor do dinheiro que entesoura. O entesouramento é uma agregação passiva de valor monetário. o CAPITAL, por outro lado, expande-se por um processo constante de circulação: uso do dinheiro para comprar mercadorias destinadas à produção e apropriação de uma mais-valia na venda das mercadorias produzidas.

O pagamento das mercadorias pode ser adiado se o vendedor concede crédito ao comprador. Nesse caso, o dinheiro funciona também como meio de pagamento para resgatar dívidas. O crédito também pode, em consideráveis proporções, substituir o dinheiro na circulação de mercadorias e contribuir para acelerar a velocidade do dinheiro. Nos períodos de crise, porém, o dinheiro como meio de pagamento reafirma seu primado, quando os produtores lutam para levantar o dinheiro real necessário à cobertura de suas dívidas, ante uma incapacidade generalizada de transformar as mercadorias em dinheiro pela sua venda no mercado.

Quando a mesma mercadoria funciona como dinheiro em vários países diferentes, a mercadoria-dinheiro serve também como moeda universal, para o pagamento de contas de comércio internacional e para a transferência de riquezas entre países.

O capital-dinheiro na teoria de Marx é um estoque de dinheiro de que o capitalista dispõe depois de vender mercadorias, mas antes de reinvestir o valor na produção gastando-o na compra de força de trabalho e meios de produção. Nem todos os estoques de dinheiro constituem capital-dinheiro, já que dinheiro pode ser guardado pelas famílias capitalistas, para o financiamento de seu consumo, ou pelas famílias operárias e pelo Estado, para financiar seus circuitos de receita e despesa. Essas reservas são, potencialmente, capital-dinheiro, já que podem ser mobilizadas por empresas capitalistas que as tomam emprestadas para empregá-las como capital no circuito do capital.

Nas modernas economias capitalistas, os elos entre o sistema monetário e uma mercadoria equivalente geral tornaram-se muito atenuados, e o sistema de crédito funciona normalmente sem recorrer a uma mercadoria-dinheiro. Nessas circunstâncias, o valor da unidade monetária não depende dos custos de produção de uma mercadoria-dinheiro, mas está livre para variar em resposta às pressões sobre os preços geradas no circuito do capital e no processo de acumulação. A estrutura básica da teoria de Marx, que deriva a forma monetária do valor da forma produção de mercadorias e busca compreender como o sistema monetário acomoda a circulação das mercadorias e o dinheiro, permanece válida ainda neste caso, mas a determinação do valor da mercadoria-dinheiro pelo seu custo de produção deve ser substituída pela determinação de alterações no valor da unidade monetária em resposta às contradições da acumulação de capital.

A teoria do dinheiro de Marx mostra que o dinheiro, em todos os seus momentos, serve como mediação de uma relação social. Quando funciona como medida de valor, expressa a equivalência do trabalho abstrato socialmente necessário na troca, a relação entre produtores de mercadorias. O dinheiro como meio de circulação permite a validação social dos produtores do trabalho privado. O uso do dinheiro como meio de pagamento serve como mediação na relação entre devedores e credores. O capital-dinheiro expressa o domínio do capitalista sobre a força de trabalho. O papel do Estado na administração do dinheiro deve, assim, ser considerado como uma administração também dessas relações sociais.

DF

Bibliografia: Bernardo, João, "O dinheiro: da reificação das relações sociais até o fetichismo do dinheiro", 1982 • Brunhoff, Suzanne de, *La monnaie chez Marx*, 1967 (1973); *Marx on Money* (1976) [*A moeda em Marx*, 1978] ◎ "Marchandise et monnaie dans les *Théories de la plus-value*", 1977 ◎ *Les rapports d'argent*, 1979 • Denis, Henri, *La monnaie*, 1951 • Hilferding, Rudolf, *Das Finanzkapital*, caps. I-V, 1910 (1955); *Finance Capital* (1981); *El capital financeiro*, 1963 (1973) • Schmitt, Bernard, *Monnaie, salaires et profits*, 1966 (1975) • Schubert, A., "Circulation de marchandises et formes de la monnaie", 1971 • Tolipan, Ricardo, "Dinheiro e transformação em Marx", 1983 • Vilar, Pierre, *Or et monnaie dans l'histoire*, 1974.

direito Afirma-se muitas vezes que o marxismo compartilha com o socialismo revolucionário e com o ANARQUISMO uma profunda hostilidade ao direito, uma convicção de que ele protege a PROPRIEDADE, a desigualdade social e a dominação de classe e de que a necessidade do direito desaparecerá numa sociedade verdadeiramente humana de produtores associados. O próprio Marx, embora houvesse iniciado sua carreira universitária como estudante de direito, logo perdeu o interesse pelo assunto e nada escreveu de sistemático ou extenso sobre questões de teoria jurídica e de história do direito ou sobre o lugar do direito na sociedade. Em sua juventude, como hegeliano de esquerda e democrata radical (1842-1843), adotou a posição hegeliana radical de que o "verdadeiro" direito é a sistematização da liberdade, das regras internas das atividades humanas coerentes "universais" e, portanto, nunca poderia confrontar os seres humanos de fora, como uma força de coerção, buscando determiná-las como se fossem animais. No período 1844-1847, quando se encontrava no processo de desenvolver uma crítica ainda principalmente filosófica da sociedade baseada na propriedade privada, Marx entendia que o direito real, vigente, era uma forma de ALIENAÇÃO que abstraía o sujeito jurídico e os deveres e direitos legais dos seres humanos concretos e das realidade sociais, proclamando uma igualdade jurídica e política formal, ao mesmo tempo em que tolerava, e na verdade encorajava, a servidão econômica, religiosa e social, divorciando o homem como sujeito jurídico e o homem como cidadão político do homem econômico da SOCIEDADE CIVIL.

Depois de ter elaborado a sua concepção materialista da história (ver MATERIALISMO HISTÓRICO), e mesmo já a partir de 1845, Marx desenvolveu a tese de que o direito era essencialmente epifenomenal, parte da superestrutura (ver BASE E SUPERESTRUTURA), um reflexo das concepções, das necessidades e dos interesses de uma classe dominante, produzida pelo desenvolvimento das forças produtivas e das relações de produção que constituem a base econômica do desenvolvimento social.

A posição de Marx em sua produção teórica da maturidade de que o direito é uma forma de dominação de classe pode ser conciliada com suas duas concepções anteriores e, na verdade, as subsume. Mas, enquanto a crítica do direito como forma de alienação o vê como um sistema de conceitos abstratos, a crítica do direito como forma de dominação de classe, sobretudo quando é exercida por Engels, trata-o como um conjunto de mandamentos sancionados pelo Estado. Todas as três perspectivas levam à conclusão de que, na sociedade verdadeiramente humana, não alienada, do comunismo, não haverá direito como força externa coercitiva que constrange os indivíduos. Em sua *Crítica ao Programa de Gotha* (1875), Marx distinguiu a fase imediatamente posterior à revolução, em que os hábitos burgueses ainda não desapareceram, em que os "horizontes estreitos do direito (lei) burguês" ainda não podem ser transcendidos e cada qual trabalha segundo a sua capacidade e recebe de acordo com a sua contribuição, do estágio último do comunismo, em que cada qual contribui segundo as suas possibilidades e recebe de acordo com as suas necessidades. Engels proclamou que, nessa fase, em que propriedade privada e divisão de classe já terão desaparecido, o Estado e o direito igualmente desaparecerão, vez que ambos, como órgãos da dominação de classe, terão perdido sua razão de ser (ver ESTADO).

Boa parte das discussões e críticas marxistas e não marxistas, das concepções de Marx e Engels sobre o direito centralizaram-se nos problemas mais gerais da concepção materialista da história: se a relação do direito, e da superestrutura em geral, com a base econômica deve ser entendida como uma relação de causalidade ou funcionalmente; se uma relação de causalidade pode permitir, como acreditava Engels, uma reação, embora limitada, da superestrutura sobre a base (determinação em duas direções); se existem, na sociedade, estruturas relativamente independentes; e, finalmente, se o direito é uma dessas estruturas. Certos críticos argumentaram que o direito pode determinar o caráter da produção econômica e que concepções e realidades jurídicas, como a propriedade, são parte da própria definição das relações de produção de Marx e, portanto, não podem ser por elas determinadas. Os defensores procuraram mostrar que o uso que faz Marx de palavras como "apropriação" e "propriedade" refere-se a fatos infrajurídicos, embora, na interpretação determinista, isso ainda deixe levantado o problema de por que o direito deve ser necessário para assegurar o poder conquistado e definido sem ele. Alguns autores marxistas, especialmente na União Soviética e nos países do bloco soviético, têm tratado o direito como uma força material e, nos últimos anos, como algo que, de alguma maneira, é necessário a qualquer sociedade, pois comporta elementos que estão referidos à divisão em classes da sociedade e elementos que refletem condições e necessidades gerais das sociedades humanas.

Apenas dois teóricos do direito marxistas – Karl RENNER e E.B. Pashukanis (1891-?1937) – atraíram o interesse e a consideração dos teóricos do direito não marxistas. Rejeitando a concepção de que o direito é um epifenômeno e insistindo em que os conceitos jurídicos são parte da conceituação do modo de produção, Renner refletiu sobre a continuidade e a relativa estabilidade, em termos comparativos, das definições dos conceitos jurídicos em modos de produção muito diferentes. E concluiu que as normais jurídicas eram neutras e relativamente estáveis e fundadas nas relações e nas atividades humanas encontradas em grande variedade de sociedades. Mas tais normas eram sempre reunidas em instituições jurídicas, de diferentes maneiras, com o fito de desempenhar diferentes funções sociais, de acordo com o modo de produção em que serviam a uma função. A norma da propriedade, de certa forma necessária a qualquer sociedade para indicar quem será responsável pelo quê, sofria uma transformação fundamental em sua função social em consequência do fato de que o desenvolvimento da sociedade burguesa destruía o caráter privado e inicialmente familiar da propriedade, conferindo-lhe um caráter público e social (ver AUSTROMARXISMO). Pashukanis, pelo contrário, via o direito como um fenômeno fundamentalmente comercial, que atingira seu apogeu na sociedade burguesa. Para ele, o direito baseia-se na individualidade, na igualdade e na equivalência abstratas das partes legais. E trata todas as instituições jurídicas, inclusive a Família, o direito criminal e o Estado, segundo o modelo do contrato entre os indivíduos e seu *quid pro quo*. O direito é, assim, fundamentalmente diferente da administração, que dá maior ênfase aos deveres do que a os direitos e, no Socialismo, à subordinação ao bem comum do que à igualdade formal, às normas sociotécnicas do que aos indivíduos, à unidade de propósito do que ao conflito de interesses. Num socialismo plenamente desenvolvido, as políticas públicas e o plano substituiriam o direito.

O desenvolvimento do pensamento jurídico nos países governados por partidos marxistas-leninistas está hoje em contradição fundamental com a crescente ênfase que se confere, entre os pensadores marxistas do Ocidente, à natureza de classe do direito e com a convicção, cada vez maior, de que ele deve ser substituído por procedimentos participatórios voluntários e informais. A teoria oficial soviética há muito definiu o direito como a totalidade das normais sancionadas pelo Estado, que asseguram as bases e a natureza do modo de produção dominante bem como o poder da classe dominante. Mas as proclamações de Kruschev de que a DITADURA DO PROLETARIADO havia terminado na URSS e de que o Estado soviético era agora o Estado de Todo o Povo foram seguidas por uma crescente intensificação da importância do direito na sociedade socialista, administrativa, educacional e ideologicamente. Entende-se que a lei assegura uma vida social estável e previsível, organiza a produção e protege o indivíduo e os seus direitos. O direito é hoje visto como um meio regular, necessário, justo e eficiente de conduzir a sociedade em que a propriedade é social. Como o Estado, o direito é, declaradamente, um elemento fundamental nos assuntos humanos, que foi apropriado e deformado na defesa dos interesses das classes dominantes nas sociedades de classes, mas que não desaparecerá quando as classes desaparecerem pois comporta aspectos cuja natureza independe da existência de classes sociais e das relações que entre elas se travam.

EK

Bibliografia: Bloch, Ernst, *Droit naturel et dignité humaine* • Cain, Maureen & Alan Hunt, *Marx and Engels on Law*, 1979 • Cerroni, Umberto, *Marx e il* *diritto moderno*, 1962 • Dujardin, Phillipe, *Le droit mis en scène*, 1979 • Edelman, B., *Le droit saisi par la photographie: éléments pour une théorie marxiste du droit*, 1973 • Hazard, John N., *Communists and their Law: a Search for the Common Core of the Legal Systems of the Marxian Sociatist States*, 1969 • Kamenka, Eugene & Erh-Soon Tay, "Socialism, Anarchism and Law", in Eugene Kamenka & Robert Brown & Erh-Soon Tay (orgs.), *Law and Society: the Crisis in Legal Ideais*, 1978 • Miaille, M., *Pour une introduction critique au droit*, 1978 • Pashukanis, E.B., *Allgemeine Rechtslehre und der Marxismus*, 1924 (1929); *La théorie générale du droit et le marxisme* (1970) ◎ *Selected Writings on Marxism and Law* (1979) • Renner, Karl, *Die Rechtsinstitute des Privatsrechts und ihre soziale Funktion: ein Beitrag zur Kritik des bürgerlicher Rechts*, 1904 (1929); *The Institutions of Private Law and their Social Function* (1949) ["As funções econômicas e sociais das instituições legais" (trad. parcial), in T. Bottomore (org.), *Karl Marx*, 1981].

distribuição Para Marx as relações de distribuição diferem em diferentes formas de sociedade, tal como entendia J. Stuart Mill; mas, ao contrário de outros autores, Marx sustenta que elas derivam das RELAÇÕES DE PRODUÇÃO:

> As chamadas relações de distribuição, portanto, correspondem a, e surgem de, formas sociais específicas, historicamente determinadas, do processo de produção (...). A concepção de que só as relações de distribuição são históricas, mas não as relações de produção, é (...) apenas a concepção da crítica inicial, ainda acanhada, da economia burguesa. (*O Capital*, III, cap.LI)

No centro da teoria da PRODUÇÃO de Marx está a EXPLORAÇÃO de uma classe por outra. A extração do trabalho excedente que corresponde a essa exploração proporciona uma relação de distribuição entre as classes. Mas essa é uma relação que só pode ser compreendida em suas dimensões quantitativa e qualitativa pela referência às relações de produção. Vamos ilustrar isso no contexto do capitalismo, embora Marx tenha dito muita coisa sobre as relações de distribuição no comunismo na *Crítica ao Programa de Gotha*.

A relação de distribuição básica é a que se processa entre o CAPITAL e o trabalho, cada qual respectivamente representado sob a forma de rendimentos por LUCRO e SALÁRIO. Assim sendo, uma análise do capitalismo sob o ponto de vista da distribuição o interpreta como um conflito sobre a exploração, tal como expressa em uma relação inversa entre lucros e salários. Para Marx, porém, os lucros vêm da produção de MAIS-VALIA, através da coerção exercida sobre os trabalhadores para que trabalhem mais do que o tempo necessário à produção das mercadorias imprescindíveis à reprodução da força de trabalho. A distribuição entre salários e lucros é então resultado das relações de produção. Os salários são *adiantados* como uma *precondição* da produção, e os lucros, como forma da mais-valia na TROCA, são o *resultado* da produção, ela própria um conflito entre o capital e o trabalho no PROCESSO DE TRABALHO. Consequentemente, as relações de distribuição sob o capitalismo não devem ser vistas primordialmente, como na escola sraffiana de economia marxista, como um conflito entre as duas classes sobre as parcelas que lhes cabem de um produto líquido, mas como o resultado de um conflito na produção, no qual as classes não estão situadas simetricamente.

A produção de mais-valia revela a natureza das relações de distribuição entre o capital e o trabalho. Mas a própria mais-valia tem de ser distribuída. Entre os capitalistas industriais, e dada a mobilidade do capital por meio do crédito (ver CRÉDITO E CAPITAL FICTÍCIO), há a tendência a que a mais-valia seja distribuída como lucro em relação ao capital adiantado (ver PREÇO DE PRODUÇÃO E O PROBLEMA DA TRANSFORMAÇÃO). A mais-valia é também apropriada sob outras formas, como a renda da terra, para a qual as relações da propriedade fundiária são importantes (ver PROPRIEDADE FUNDIÁRIA E RENDA DA TERRA), e o JURO, razão pela qual o capital financeiro deve ser analisado. Além disso, a CONCORRÊNCIA é o árbitro mais complexo e concreto da distribuição, permitindo por exemplo que os salários incluam uma parte da mais-valia, de tempos em tempos, quando o mercado da FORÇA DE TRABALHO é vantajoso para os salários.

BF

ditadura do proletariado É um conceito fundamental do pensamento político de Marx e também do leninismo. Numa carta a J. Wedemeyer, datada de 5 de março de 1852, Marx negou que houvesse descoberto as classes ou a luta de classes, afirmando apenas que "o que fiz de novo foi provar: (1) que a existência das classes está apenas ligada a fases particulares do desenvolvimento da produção; (2) que a luta de classes leva necessariamente à ditadura do proletariado; (3) que essa ditadura constitui apenas a transição para a abolição de todas as classes e para uma sociedade sem classes".

Em parte alguma, porém, Marx definiu precisamente o que entendia pelo conceito de ditadura do proletariado. Na terceira parte de *As lutas de classes na França de 1848 à 1850*, ele diz que o socialismo revolucionário e o comunismo envolvem "a declaração da permanência da revolução, a ditadura de classe do proletariado como um momento intermediário necessário no caminho para a abolição das diferenças de classe em geral (...)". Em sua *Crítica ao Programa de Gotha*, escrita em 1875, também afirma que "entre a sociedade capitalista e a sociedade comunista, existe um período de transformação revolucionária de uma para a outra. Há um correspondente período de transição na esfera política, e, nesse período, o Estado só pode tomar a forma de uma ditadura revolucionária do proletariado" (parte IV). Mas estas e outras referências à ditadura do proletariado que se pode encontrar nos escritos de Marx pouco acrescentam à explicação do conceito.

Há, porém, um importante texto de Marx que pode ser encarado como uma elaboração do que ele queria dizer com esse conceito. Trata-se do panfleto que ele escreveu em 1871 sobre a COMUNA DE PARIS, publicado sob o título de *A guerra civil na França*. Marx escreveu mais tarde que a Comuna foi "apenas o levante de uma cidade em condições excepcionais" e que "a maioria da Comuna não era de modo algum socialista, nem poderia ser" (Carta de Marx a F. Domela-Nieuwenhuis, 22 de fevereiro de 1881). Engels, por sua vez, em uma introdução que preparou para uma nova edição alemã de *A guerra civil na França*, escreveu em 1891: "Veja-se a Comuna de Paris: foi a Ditadura do Proletariado"; e, à luz da análise de Marx sobre a Comuna de Paris, essa afirmação era procedente.

Para Marx, o traço distintivo e aspecto mais significativo da Comuna de Paris – "a forma política, finalmente descoberta, sob a qual realizar a emancipação econômica do trabalho" (*A guerra civil na França*, parte III) – estava no fato de, ao contrário de todas as revoluções anteriores, ela ter começado a desmontar o aparelho de Estado e a dar poder ao povo: "toda a iniciativa até então exercida pelo Estado foi colocada nas mãos da Comuna", cujo conselho municipal era eleito pelo sufrágio universal e da qual a maior parte dos membros "eram naturalmente trabalhadores, ou representantes reconhecidos da classe operária". "A Comuna devia ser um órgão de trabalho – e não um órgão parlamentar – executivo e legislativo ao mesmo tempo." Ela acabou com a polícia e suprimiu o exército permanente, substituindo-o pelo povo armado. Como o restante dos servidores públicos, "os magistrados e juízes deveriam ser eleitos, responsáveis e demissíveis"; e todo o serviço público tinha de ser remunerado com salários iguais aos dos trabalhadores. "A constituição da Comuna", escreveu também Marx, "teria devolvido ao corpo social todas as forças até então absorvidas pelo Estado parasitário, que se alimenta da sociedade, cujo livre movimento impede" (ibid, parte III). Em suma, Marx viu a Comuna de Paris como uma tentativa de dar poder à classe operária e de criar um regime tão próximo quanto possível da democracia direta.

Isso mostra que a ditadura do proletariado, na visão que dela tinha Marx, deveria ser liberal. Em outras palavras, Marx entendia por ditadura do proletariado, não apenas uma forma de *regime* na qual o proletariado exerceria o tipo de hegemonia até então exercido pela burguesia, ficando a tarefa concreta do governo por conta de outros, mas também como uma forma de *governo*, com a classe operária realmente governando e se desincumbindo de muitas das tarefas até então executadas pelo Estado.

Essa visão da ditadura do proletariado como sendo tanto uma forma de regime como uma forma de governo encontrou sua mais forte expressão em *O Estado e a Revolução*, de Lenin, escrito às vésperas da Revolução de Outubro de 1917 e inspirado de perto na análise da Comuna de Paris feita por Marx. O livro de Lenin, porém, não trata de um importante problema relacionado com o conceito, qual seja o papel do PARTIDO. Há, claramente, uma diferença muito grande entre "ditadura do proletariado", de um lado, e "ditadura do proletariado sob a direção do partido", de outro. E foi a última fórmula que prevaleceu, tanto na teoria como na prática, na União Soviética.

O mesmo problema se coloca com relação a um significado adicional, e muito importante, do conceito, que é a sua interpretação como supressão sumária, pelo proletariado, de seus inimigos no curso da revolução e no período de transição entre o capitalismo e o socialismo (ver TRANSIÇÃO PARA O SOCIALISMO). No final de 1918, Lenin escreveu, em *A revolução proletária e o renegado Kautsky*: "A ditadura revolucionária do proletariado é o poder conquistado e mantido pela violência do proletariado contra a burguesia, poder que não é restringido por quaisquer leis." Isso passou a significar o uso da repressão pelo Estado e seus órgãos de coerção, sob provisões legais imprecisas e em nome do proletariado.

Esse aspecto repressivo do conceito foi o que tendeu a ser ressaltado pelos seus críticos, e, por ter sido geralmente associado à ditadura do partido e do Estado sobre o conjunto da sociedade, inclusive o proletariado, o próprio conceito passou a constituir um motivo de constrangimento para os dirigentes dos partidos comunistas nos países capitalistas. Muitos desses partidos eliminaram oficialmente a ditadura do proletariado de seus programas.

RM

Bibliografia: Althusser, L. & Rossana Rossandra et al., *Discutere lo Stato*, 1979 • Balibar, Étienne, *Sur la dictature du prolétariat*, 1976 • Buci-Glucksmann, Christinne, *Gramsci et l'État*, 1975 • Claudín, Fernando, *Marx, Engels y la Revolución de 1848*, 1975 • Draper, Hal, *Karl Marx's Theory of Revolution*, vol. II: *the Potitics of Social Classes*, 1977 • Kautsky, Karl, *Die Diktatur des Protelariats*, 1918; *The Dictatorship of the Proletariat* (1919) [*A ditadura do proletariado*, 1979] • Lenin, V.I., *The State and Revolution*, 1917 (1964) [*O Estado e a Revolução*, 1980] ◎ *The Proletarian Revolution and the Renegade Kautsky*, 1918b (1965) [*A revolução proletária e o renegado Kautsky*, 1979] • Mao Tsé-tung, "A propos de l'expérience historique de la dictature du prolétariat", dois artigos publicados em *Mao Tse Toung et la construction du socialisme*, 1956-1957 (1975) • Paggi, L. & V. Gerratana & B. de Giovanni, "Da Gramsci a noi: il Partito e lo Stato, il pluralismo e l'egemonia", 1977 • Radjavi, Kazem, *La dictatura du prolétariat el le déperrissement de l'État de Marx à Lenine*, 1975.

divisão do trabalho Marx define a divisão social do trabalho como "a totalidade das formas heterogêneas de trabalho útil, que diferem em ordem, gênero, espécie e variedade" (*O Capital*, I, cap.I). A seguir, assinala que a divisão do trabalho é uma condição necessária para a produção de mercadorias pois, sem atos de trabalho mutuamente independentes, executados isoladamente uns dos outros, não haveria mercadorias para trocar no mercado. Mas a recíproca não é verdadeira: a produção de mercadorias não é uma condição necessária para a existência de uma divisão social do trabalho; mesmo as comunidades primitivas já conheciam a divisão de trabalho, mas seus produtos nem por isso se convertiam em mercadorias. De modo semelhante, a divisão do trabalho dentro de uma fábrica não é o resultado da troca, entre trabalhadores, dos seus produtos individuais. Isso sugere que há duas divisões de trabalho inteiramente diversas a serem consideradas. Primeiro, há a divisão *social* do trabalho, entendida como o sistema complexo de todas formas úteis diferentes de trabalho que são levadas a cabo independentemente umas das outras por produtores privados, ou seja, no caso do capitalismo, uma divisão do trabalho que se dá na troca entre capitalistas individuais e independentes que competem uns com os outros. Em segundo lugar, existe a divisão de trabalho entre trabalhadores, cada um dos quais executa uma operação parcial de um conjunto de operações que são, todas, executadas simultaneamente e cujo resultado é o produto social do trabalhador coletivo. Essa é uma divisão de trabalho que se dá na produção, entre o capital e o trabalho em seu confronto dentro do processo de produção.

Embora essa divisão do trabalho na produção e a divisão de trabalho na troca estejam mutuamente relacionadas, suas origens e seu desenvolvimento são de todo diferentes (ver CAPITAL; MERCADORIA, TROCA e VALOR).

Consideremos primeiramente a divisão social do trabalho. Ela existe em todos os tipos de sociedade e tem origem nas diferenças da fisiologia humana, diferenças estas que são usadas para favorecer determinados fins dependendo das relações sociais que predominem. Além disso, comunidades diferentes têm acesso a diferentes meios de produção e de subsistência em seus ambientes naturais, e tais diferenças estimulam a troca de produtos quando as diferentes comunidades entram em contato. Assim, a troca dentro de e entre unidades sociais (a família, a tribo, a aldeia, a comunidade ou seja o que for) dá impulso à especialização da produção e, portanto, a uma divisão do trabalho. Contudo, com o desenvolvimento do capitalismo, os produtos são gradualmente convertidos em mercadorias, e surge uma divisão do trabalho no seio do processo de produção, uma criação especificamente capitalista, que interage com a divisão social do trabalho do modo que procuramos descrever a seguir. A busca da valorização do capital e, por conseguinte, da mais-valia (ver ACUMULAÇÃO) reúne produtores artesanais, antes independentes, em um mesmo processo de produção, que se realiza em um mesmo local, sob o controle do capital: dessa maneira, a divisão do trabalho na produção desenvolve-se a expensas da divisão social do trabalho. Ao mesmo tempo, a produção em certos processos de trabalho é decomposta em seus elementos constitutivos, cada um dos quais torna-se objeto de um processo de produção distinto: dessa maneira, a divisão social do trabalho desenvolve-se a expensas da divisão do trabalho na produção. Mas as forças produtivas desenvolvidas pelo capital aumentam em um ritmo tal que ambas as divisões do trabalho se expandem, demarcando e revendo continuamente as linhas que as separam. Assim, é o imperativo da acumulação que estrutura a divisão capitalista do trabalho, e não os limites impostos pelas proporções do mercado (ver COOPERAÇÃO; MANUFATURA e PROCESSO DE TRABALHO).

A despeito dessa interação contínua, a especialização que ocorre na produção que se realiza sob o controle do capital é de gênero bem diferente da que tem lugar na troca entre capitais diferentes. Em primeiro lugar, a divisão do trabalho na troca só liga todos os diferentes processos de produção existentes na medida em que estes produzem mercadorias, pois só é possível ligar entre si trabalhos diferentes por meio dos produtos desses trabalhos enquanto mercadorias, conexão essa que se realiza unicamente nas atividades de compra e venda. Ao contrário, na divisão do trabalho na produção, nenhum trabalhador individual produz uma mercadoria; cada trabalhador é apenas um componente do trabalhador coletivo, a soma total de todas as atividades especializadas. E as únicas atividades de compra e venda que têm lugar nesse processo são a compra, pelo capitalista, da força de trabalho do número de trabalhadores necessário e a venda de sua força de trabalho ao capitalista por parte desses trabalhadores.

Em segundo lugar, a divisão do trabalho na sociedade requer uma distribuição ampla dos meios de produção entre um grande número de produtores independentes. Mas a divisão do trabalho no seio da produção pressupõe a concentração dos meios de produção como propriedade privada exclusiva do capitalista.

Em terceiro lugar, o modo pelo qual as duas formas de divisão do trabalho são organizadas é totalmente diferente. No que diz respeito à divisão do trabalho na sociedade, aquilo que Marx chama de "o jogo do acaso e do capricho" (*O Capital*, I, cap.XIV) tem sua influência, resultando em uma distribuição aparentemente arbitrária de capitais entre os vários ramos do trabalho social. Conquanto todo capitalista esteja constrangido pela necessidade de produzir um valor de uso e seja condicionado pelas considerações de lucratividade, tais coerções só são por ele sentidas por meio das flutuações de preços. Assim, a divisão social do trabalho é imposta *a posteriori*, pelo processo de CONCORRÊNCIA. Ao contrário, "o acaso e o capricho" não têm nenhuma influência no processo de produção, em que cada trabalhador tem uma função definida, combinada em proporções determinadas com as dos outros trabalhadores e com os meios de produção. A divisão do trabalho na produção é planejada, regulada e supervisionada pelo capitalista, já que é um mecanismo que pertence ao capital como sua propriedade privada: é, assim, imposta *a priori* pelos poderes coercitivos do capital. Marx conclui que:

> na sociedade onde o modo capitalista de produção prevalece, a anarquia na divisão social do trabalho e o despotismo na divisão do trabalho na manufatura condicionam-se mutuamente um ao outro. (*O Capital*, I, cap.XIV)

E o que era verdadeiro para a manufatura é ainda mais verdadeiro na produção mecanizada, em que o processo de subordinação do trabalho aos meios de produção se realiza em sua mais cabal extensão (ver MAQUINARIA E PRODUÇÃO MECANIZADA).

Finalmente, esse contraste entre "anarquia" e "despotismo" é reforçado pela ideologia burguesa. A divisão organizada do trabalho no seio da produção é proclamada como a organização que aumenta a força produtiva do capital, e o confinamento dos trabalhadores, para toda a vida, às operações parciais que tolhem e deformam as suas possibilidades humanas é convenientemente ignorado. Mas toda e qualquer tentativa consciente de regular a desorganização social do trabalho, controlá-la, planejá-la de acordo com critérios estabelecidos socialmente, é logo denunciada como uma limitação da liberdade individual, dos direitos da propriedade privada e da iniciativa ou espírito empresarial do capitalista individual. A ideologia burguesa tende, assim, a analisar a divisão de trabalho em termos da distribuição dos indivíduos por empregos segundo preferências e habilitações (sejam elas inatas ou adquiridas), a proclamar a especialização como fonte de maior desenvolvimento e maior produtividade, e, em geral, a ignorar a divisão do trabalho como produto de determinadas relações econômicas e sociais. Categorias e instituições historicamente específicas são, desse modo, tratadas como eternas e não como transitórias. E como preferências individuais e tecnologias de produção sempre existirão, é fácil ridicularizar como desanimadoramente utópica a concepção de Marx e Engels de que:

> na sociedade comunista, onde ninguém tem uma esfera exclusiva de atividade mas todos podem realizar-se em qualquer ramo que desejarem, a sociedade regulamenta a produção geral e assim torna possível para mim fazer uma coisa hoje e outra amanhã, caçar pela manhã, pescar depois do almoço, criar gado no fim da tarde, fazer crítica após o jantar, como for do meu desejo, sem jamais me converter em caçador, pescador, vaqueiro ou crítico. (*A ideologia alemã*, vol.I, IA, 1)

A acusação de utopismo, porém, é, nesse caso, inteiramente improcedente. A intenção principal da análise que Marx faz do capitalismo é a de demonstrar como e porque os produtos do trabalho humano dominam os próprios produtores, como o trabalho morto, objetificado em sua existência como capital, exerce seu domínio sobre o trabalho vivo mediante as leis aparentemente objetivas da oferta e da procura. E um dos corolários disso é que uma divisão do trabalho é imposta aos indivíduos pela sociedade que eles mesmos criaram. Ora, a produção é sempre, naturalmente, uma atividade de objetivação do trabalho em produtos, mas as relações de classes sob as quais essa objetivação se faz são fundamentais para se determinar que enquanto existir uma clivagem entre o interesse comum e o particular, enquanto, portanto, a atividade não for dividida voluntariamente, mas naturalmente, a própria criação do homem converte-se em um poder estranho que a ele se opõe e que o escraviza em lugar de ser por ele controlado (...) essa fixação da atividade social, essa consolidação do que nós próprios produzimos em uma força material que a nós se sobrepõe (...) é um dos principais fatores do desenvolvimento histórico até agora (*A ideologia alemã*, vol.I, IA, 1).

Essa é uma inversão característica do capitalismo, pela qual o que é sujeito é convertido em objeto, e vice-versa. É por isso que Marx e Engels tratam a abolição da divisão de trabalho como sinônimo da abolição das relações de propriedade privada: as pessoas só serão livres quando conquistarem o controle sobre a produção e a troca, planejando-as de maneira consciente. Com a abolição da forma mercadoria, as características sociais do trabalho não mais aparecerão como características objetivas dos produtos do trabalho, como uma relação social entre objetos cujos movimentos controlam seus próprios produtores. Ao contrário, tais inversões reais desaparecerão com a abolição da divisão do trabalho baseada na propriedade privada.

Obviamente, alguma forma de divisão social do trabalho será ainda necessária para que as condições materiais da vida humana continuem a ser produzidas e reproduzidas. A verdadeira liberdade somente é possível fora da esfera da produção real; dentro da produção, a liberdade

> só pode consistir do homem socializado, os produtores associados que regulam racionalmente seu intercâmbio com a Natureza, trazendo-a sob o seu controle comum, em vez de serem por ela governados como por forças cegas; e consumando isso com o mínimo dispêndio de energia possível e sob as condições mais favoráveis à e dignas de sua natureza humana. (*O Capital*, III, cap.XLVIII)

Desse modo, em vez de o "despotismo" controlar a divisão do trabalho na produção, esta será controlada pelo planejamento democrático concebido e executado pelos próprios produtores. Em vez da "anarquia" controlar a divisão social do trabalho,

> a sociedade (...) tem de distribuir seu tempo de um modo objetivo, de modo a conseguir uma produção adequada às suas necessidades globais, tal como o indivíduo tem de distribuir seu tempo corretamente de modo a reunir conhecimentos nas proporções devidas ou satisfazer as várias exigências de sua atividade. (*Grundrisse*, "O capítulo sobre o dinheiro")

As potencialidades de desenvolvimento da maquinaria e, em particular, da AUTOMAÇÃO, sob relações socializadas de produção, permitirão uma tal economia de tempo na produção que, pela primeira vez, será possível um "verdadeiro reino da liberdade" fora da produção material, adequado e favorável àquele "desenvolvimento da energia humana que é um fim em si mesmo" (*O Capital*, III, cap.XLVIII). Então teremos

> o livre desenvolvimento de individualidades e, consequentemente, a redução do tempo de trabalho necessário, não para que, com isso, haja mais trabalho excedente, mas para que à redução geral do trabalho necessário da sociedade ao mínimo possível possa corresponder, no tempo liberado e com os meios criados, o desenvolvimento artístico, científico, etc., dos indivíduos, de todos eles. (*Grundrisse*, "O capítulo sobre o capital")

Dessa maneira a divisão do trabalho será abolida. (Ver também COMUNISMO.)

SM

Bibliografia: Braverman, Harry, *Labour and Monopoly Capital*, 1974 [*Trabalho e capital monopolista*, 1981] • Coriat, B., *L'atelier et le chronomètre*, 1979 ◎ *The Restructuring of Assembly Line: the New Economy of Time and Control*, 1980 • Gorz, André, *Critique de la division du travail*, 1973 [*Crítica da divisão do trabalho*, 1980] • Gorz, André (org.), *The Division of Labour*, 1976 • Linhart, Robert, *Lenin, les paysans, Taylor*, 1976 [*Lenin, os camponeses, Taylor*, 1983] • Palma, A., "L'organizzazione capitalística del lavoro nel Capitale de Marx", 1966 • Pignon, D. e J. Querzola, "Democracy and Dictatorship in Production", in A. Gorz (org.), *The Division of Labour*, 1976 • Salvati, M., "Divisione del lavoro: capitalismo, socialismo, utopia", 1962.

Dobb, Maurice H. (Londres, 24 de julho de 1900 – Cambridge, 17 de agosto de 1976.) O mais notável economista marxista do século XX. Tendo estudado em Cambridge e em Londres, obteve seu primeiro cargo de professor em Cambridge, em 1924, e suas atividades ali, no Trinity College, até e após sua aposentadoria, influenciaram profundamente o pensamento acadêmico marxista com relação a temas como o advento do capitalismo, o planejamento socialista, a teoria do valor e a história da teoria econômica burguesa. A força de sua obra acadêmica se deve muito ao fato de ter ele sido um ativo militante político e ter orientado seu trabalho teórico, particularmente o que desenvolveu sobre o planejamento socialista, para problemas práticos. Em notas autobiográficas, Dobb (1978) enfatizou seu ativismo político como comunista; foi membro do Partido Comunista inglês de 1922 até sua morte.

Em *Studies in the Development of Capitalism* publicado em 1946, Dobb analisa as "leis de movimento" da produção feudal que levaram à sua crise e dissolução, rejeitando a tese de que o elemento externo da troca e do comércio crescentes é causa desse processo de crise e dissolução. Esta obra, e outras correlatas, colocaram as questões desenvolvidas em suas obras subsequentes (ver TRANSIÇÃO DO FEUDALISMO PARA O CAPITALISMO). Os numerosos trabalhos de Dobb sobre o planejamento socialista, desde os escritos em 1928, até *Socialist Planning: Some Problems*, publicado em 1970, tiveram como centro de interesse as relações entre o mercado e o plano, e o equilíbrio adequado entre a produção de meios de produção e dos bens de consumo. Sua obra sobre a teoria do valor e o pensamento econômico burguês permaneceu quase que como a única representativa da economia marxista na Inglaterra durante alguns anos. A sua interpretação da teoria do valor foi influenciada, particularmente nas obras tardias (1970b, 1973), por Ricardo e Sraffa, com quem ele colaborou na publicação dos *Works* (*Obras*) de David Ricardo.

LH

Bibliografia: Cambridge Journal of Economics, vol.2, n.2 (Maurice Dobb Memorial Issue) • Dobb, M.H., *Capitalist Enterprise and Social Progress*, 1925 ◎ *Wages*, 1928 [*Os salários*, s.d.] ◎ *Political Economy and Capitalism*, 1937 [*Economia política e capitalismo*, 1978] ◎ *Studies in the Development of Capitalism*, 1946 [*A evolução do capitalismo*, 1983] ◎ *Soviet Economic Development since 1917*, 1947 ◎ *On Economic Theory and Socialism*, 1955 ◎ *An Essay on Economic Growth and Planning*, 1960 ◎ *Welfare Economics and the Economics of Socialism*, 1969 ◎ *Socialist Planning: Some Problems*, 1970 ◎ "The Sraffa System and Critique of the Neo-classical Theory of Distribution", *The Economist*, vol.118, p.347-62, 1970 ◎ *Theories of Value and Distribution Since Adam Smith: Ideology and Economic Theory*, 1973 ◎ "Randon Biographical Notes", 1978 • Hilton, R.H. (org.), *The Transition from Feudalism to Capitalism*, 1976 (os artigos de M. Dobb que constam dessa coletânea foram publicados em português em Paul Sweezy et al. [*Do feudalismo ao capitalismo*, 1977]).

E

ecologia Embora Marx e Engels considerassem a voraz tendência expansionista do modo capitalista de produção como condição necessária para a transição ao socialismo, nem por isso deixaram de pôr em evidência a sua violência destrutiva. Com a evolução da teoria marxista, porém, o primeiro ponto de vista foi enfatizado cada vez mais, de maneira unilateral, até que, finalmente, Stalin considerou que a superioridade do socialismo sobre o capitalismo estava apenas na capacidade deste para criar condições ótimas para o crescimento das forças produtivas.

Em *A condição da classe trabalhadora na Inglaterra* (1845) Engels já menciona os efeitos devastadores da expansão da indústria sobre o meio ambiente natural, ao passo que Marx observa em *O Capital* que "a transformação capitalista do processo de produção é, ao mesmo tempo, o martírio dos produtores" e que "todo avanço da agricultura capitalista é um avanço da arte não só de roubar o trabalhador, mas também de roubar o solo". Esse progresso, portanto, leva, a longo prazo, à "ruína das fontes permanentes dessa fertilidade [do solo]" (I, cap.XIII). "A produção capitalista, portanto, desenvolve apenas as técnicas e a organização do processo social de produção, enfraquecendo simultaneamente as fontes de toda a riqueza: a terra e o trabalhador" (ibid). No terceiro livro de *O Capital*, Marx refere-se expressamente à obrigação que têm os seres humanos de preservar as precondições ecológicas da vida humana para as gerações futuras: "Do ponto de vista de uma formação socioeconômica superior [isto é, o socialismo], a propriedade privada individual da terra parecerá de tão mau gosto quanto a propriedade de um ser humano por outro. Nem mesmo toda uma sociedade, ou toda uma nação, ou todas as sociedades contemporâneas tomadas em conjunto, são donas absolutas da terra. São apenas seus ocupantes, seus beneficiários, e, como um bom pai de família, têm de deixá-la em melhores condições para as gerações seguintes."

IF

Bibliografia: Bahro, Rudolf, *Elemente einer neuen Politik, zum Verhaltnis von Ökologie und Sozialismus*, 1980 • Fetscher, Iring, "Fortschrittsglaube und Ökologie im Denken von Marx und Engels", in Fetscher, *Vom Wohlfahrtsstaat zur neuen Lebensqualität*, 1980 • Leiss, William, *The Domination of Nature*, 1972.

economia keynesiana Ver KEYNES E MARX

economia marxista no Japão A economia marxista chegou ao Japão em princípios do século XX. O Partido Social-Democrata japonês foi proibido no próprio dia de sua criação, em 1901, mas, apesar disso, constituiu o núcleo a partir do qual as ideias marxistas se difundiram e exerceram influência principalmente entre os ativistas socialistas não acadêmicos. A primeira tradução japonesa do *Manifesto comunista* foi publicada na revista semanal do partido em 1904, e uma versão resumida de *O Capital* era editada em 1907, enquanto outros livros de origem japonesa buscavam introduzir ideias marxistas como uma base para o socialismo.

Contexto histórico. Nessa época, o marxismo era apenas uma de um conjunto de ideias e instituições europeias (principalmente alemãs) que haviam sido importadas rapidamente e em grande quantidade pelo Japão desde a Restauração Meiji de 1868. O caráter específico da transformação provocada pela assim chamada Era Meiji na estrutura da economia japonesa tem sido motivo de disputas entre os marxistas japoneses (ver adiante), mas o fato é que ela deu início a um ritmo sem precedentes de expansão capitalista e de crescimento do comércio exterior em comparação com o crescimento relativamente lento do capitalismo europeu inicial, ou mesmo com as taxas de crescimento registradas na mesma época e posteriormente nos Estados Unidos da América e na Alemanha. Ao contrário dessas economias capitalistas mais antigas, o capitalismo industrial japonês foi edificado, em grande parte, sobre uma infraestrutura criada diretamente pelo governo Meiji, que empreendeu a construção, destinada a posterior venda, de fábricas, docas e minas modernas, permitindo ao capital japonês competir com a indústria dos países capitalistas adiantados, embora dependendo pesadamente da importação de técnicas industriais e de conhecimento técnico. A essa, seguiu-se a importação de estruturas institucionais. A mais influente foi a prussiana, que ofereceu o modelo para uma Constituição segundo a qual o poder da assembleia eleita era rigidamente controlado e restringido por um executivo responsável diretamente perante o imperador e não perante o parlamento. A Constituição Meiji visava à "modernização" sem qualquer transferência substancial do poder, e a Alemanha bismarckiana oferecia um modelo adequado para isso. A "escola histórica" alemã, que enfatizava a especificidade do desenvolvimento nacional e histórico, era a influência dominante no pensamento social e econômico da época. Suas concepções mostravam-se mais claramente adequadas ao Estado marcadamente intervencionista do Japão do que as políticas de *laissez-faire* da economia política clássica, que logo perdeu o prestígio nas universidades. Enquanto isso, a expansão imperialista do Japão, que se fez através das guerras com a China (1894-1895) e com a Rússia (1904-1905), favoreceu um acelerado crescimento econômico, que foi acompanhado da constituição de um proletariado empobrecido e contido pelo campesinato ainda proporcionalmente maciço e pelo desemprego rural.

Como na Europa, a revolução russa renovou o interesse por e o apoio aos movimentos socialistas no Japão. O Partido Comunista Japonês foi criado em 1922. Outros partidos - socialista, de frente popular, de trabalhadores e de camponeses - também foram criados nesse período. O capital japonês reagiu à crise mundial com uma intensificação do processo de monopolização. O conglomerado Daibatsu, tão característico do capitalismo japonês de hoje, teve suas raízes nos cartéis formados depois da Guerra Russo-Japonesa, mas foi no período entre as duas guerras mundiais que o CAPITAL FINANCEIRO tornou-se particularmente integrado. Embora o crescimento dessas grandes empresas tenha levado ao desenvolvimento rápido dos sindicatos, os salários urbanos e as condições de trabalho continuaram muito atrasados. Isso era assegurado por um EXÉRCITO INDUSTRIAL DE RESERVA maciço no campo, pois, nessa época, cerca de metade da população trabalhadora ainda se dedicava à agricultura e à pesca, ao passo que as indústrias empregavam menos de 20% (Itoh, 1980, p.16). Enquanto os partidos socialistas se ocupavam das lutas entre camponeses e latifundiários, da reivindicação do sufrágio universal e de questões sindicais, as ideias marxistas começaram a, pela primeira vez, penetrar nas universidades. Nos recém-criados departamentos de economia, e também em universidades que não dispunham de departamentos de economia, as cátedras cabiam muitas vezes a professores educados na Alemanha e influenciados pela florescente cultura marxista alemã de antes e depois da Primeira Guerra Mundial. A tradução de obras marxistas começou a processar-se num ritmo quase igual ao do crescimento do capital japonês. Embora a primeira tradução japonesa dos três volumes de *O Capital* só tivesse sido publicada entre 1920 e 1924, em 1933 era editada em japonês a primeira coleção das obras completas de Marx e Engels, acompanhada de um índice mais detalhado do que o de qualquer outra versão. A severa repressão política da década de 1930 teve seus efeitos sobre o desenvolvimento do marxismo japonês. Quase todos os marxistas perderam seus cargos nas universidades, e as prisões em massa e a censura esmagaram com eficiência qualquer manifestação fora das universidades, enquanto o conflito sino-japonês se transformava na Segunda Guerra Mundial.

Durante algum tempo, depois da guerra, o marxismo adquiriu predominância nos departamentos de economia das universidades, tornando-se, com efeito, a ortodoxia. Mas, com a expansão do intercâmbio acadêmico com os Estados Unidos da América, a economia neoclássica e, até certo ponto, a economia keynesiana também se tornaram influentes; hoje em dia, é aproximadamente igual, no conjunto das universidades japonesas, o número de partidários das duas principais escolas de economia, a marxista, e a "moderna", isto é, não marxista. Essas duas escolas desenvolveram-se em grande parte isoladamente, mas a formação básica na maior parte das universidades japonesas ainda consiste de elementos de ambas, de modo que, ao contrário do que acontece no Ocidente, a maior parte dos economistas neoclássicos japoneses conhece elementos de marxismo. Isso levou a uma evolução interessante, sobretudo na área matemática. Modelos matemáticos foram usados por Koshimura (1975) para estender o esquema de reprodução de Marx ao estudo das crises de desproporção e por Okishio (1963, 1977) para construir modelos para a tendência decrescente da taxa de lucro e para o crescimento do exército industrial de reserva. De maneira mais abrangente, Morishima (1973) tentou incorporar o marxismo à teoria do crescimento de Von Neumann. As modernas técnicas econométricas também foram usadas por alguns economistas marxistas japoneses em seu trabalho empírico.

Os debates. As controvérsias sobre a natureza da economia japonesa, registradas durante as décadas de 1920 e 1930, não foram diferentes, em suas implicações políticas, das que tiveram lugar na Rússia no início do século XX. O Comintern vacilou entre a possibilidade de que a próxima transformação importante no Japão pendesse para uma revolução socialista e a hipótese de que o país ainda tivesse de levar a cabo sua revolução burguesa antes que ali fosse possível a revolução socialista. O Partido Comunista Japonês acabou preferindo a segunda posição em 1932, com base no argumento de que a Restauração Meiji não levara o capitalismo ao Japão, que ainda continuava a ser, basicamente, uma sociedade feudal. Os partidários dessa linha tornaram-se conhecidos como a escola Koza-Ha (feudalista). A eles opunha-se a escola Rona-Ha (operários e camponeses), cujas posições teóricas eram adotadas pela ala esquerda de vários partidos socialistas, independentes do partido comunista oficial.

Em apoio à sua posição, a escola Koza-Ha apontava a natureza absolutista do Estado japonês, que não havia sido transformado segundo o modelo dos países capitalistas do Ocidente. A Restauração Meiji, diziam eles, fora simplesmente uma série de reformas do sistema agrário feudal, com as quais a nascente classe capitalista se acomodou numa aliança com os atifundiários feudais, conservando estes seu predomínio. A continuada existência de altos arrendamentos, pagos em grande parte em produtos, no setor agrícola numericamente predominante, mas empobrecido, dava fundamento à insistência da escola Koza-Ha em que a exploração feudal dos camponeses agrícolas era a forma dominante de extração de excedente no Japão. Por outro lado, a escola Rona-Ha considerava a Restauração Meiji como a revolução burguesa no Japão, depois da qual a exploração capitalista, e não a feudal, passara a ser predominante na economia do país, argumentando também que a estrutura de classes se havia modificado com uma rápida proletarização do campesinato.

A partir da Segunda Guerra Mundial, um debate semelhante teve lugar dentro da escola Koza-Ha: teria o capitalismo finalmente sido levado ao Japão com a reforma agrária do pós-guerra, imposta pela ocupação norte-americana? Kurihara levantou o argumento de que, em consequência da reforma, a classe latifundiária havia sido realmente eliminada, mas que isso não significava que o desenvolvimento capitalista estivesse ocorrendo na agricultura. O controle direto, pelo Estado, das relações de produção na agricultura significava, isso sim, que uma forma de CAPITALISMO MONOPOLISTA DE ESTADO havia sido imposta de cima. Os teóricos ortodoxos Koza-Ha continuaram a rejeitar essa interpretação, pois, como observaram os críticos Rona-Ha, se a reforma agrária do pós-guerra houvesse de algum modo introduzido o desenvolvimento capitalista a partir de cima, o argumento de que o governo Meiji não o poderia ter feito antes era incoerente. Por outro lado, se a Restauração Meiji não foi uma revolução burguesa por lhe faltar um sujeito revolucionário, e não passou de uma reorganização imposta de cima, isso se aplicava também às modificações posteriores à guerra, trazidas por uma potência ocupante. Na verdade, argumentavam eles, a ocupação dera apoio à sua versão de que o Japão era ainda pré-capitalista; de que ainda conservava uma estrutura interna semifeudal, dominada pelo imperialismo, por meio da colaboração com o Estado absolutista. Ainda uma vez, essa concepção conferia prioridade política a uma revolução burguesa. Mas essa posição teórica perdeu qualquer fundamento diante do crescimento do capitalismo japonês e, na verdade, do próprio Japão como moderna potência imperialista, a partir da década de 1950. Não obstante, o desenvolvimento de tendências reformistas dentro do Partido Comunista Japonês tem suas raízes nessa posição original, ao passo que o desenvolvimento de posições próximas às do EUROCOMUNISMO entre a liderança do partido pode ser atribuído à caracterização anterior de certos aspectos da economia como capitalismo monopolista de Estado. Por outro lado, as reformas agrárias do pós-guerra foram analisadas pelos teóricos Rona-Ha como uma reforma capitalista da propriedade privada da terra, que criava empecilhos para o desenvolvimento capitalista, dirigida contra o poder dos grandes latifundiários. Essa posição foi sustentada pela ala esquerda do Partido Socialista que, coerentemente, propôs a revolução socialista como a fase seguinte da democratização do país.

Dois aspectos desse debate sobre o caráter da economia japonesa e a natureza das reformas Meiji e do pós-guerra foram significativos nos debates metodológicos da época, e acabaram levando ao desenvolvimento de um terceiro grupo, a escola Uno do marxismo japonês. Em primeiro lugar, os elementos que levaram a escola Koza-Ha a caracterizar a economia japonesa como feudal foram considerados pelos seus críticos como a base sobre a qual um tipo específico de desenvolvimento capitalista podia ser caracterizado. Isso suscitou questões sobre a relação entre a especificação abstrata de um modo de produção e suas leis de movimento e a forma específica que tomam em certas economias. Em segundo lugar, a interpretação teórica ortodoxa (Koza-Ha), que refletia as vacilações de um partido político, pôs em questão a relação entre a teoria econômica e a luta política. Kozo Uno, em seus *Principles of Political Economy* (1980), insistiu em que o marxismo devia reconhecer e distinguir claramente três níveis de análise:

1) Os *princípios* deveriam derivar da análise feita por Marx em *O Capital*, desenvolvendo-a quando necessário. A esse nível, as leis puramente econômicas do movimento da produção capitalista poderiam ser formuladas. Uno argumentava que Marx, em *O Capital*, havia usado a economia inglesa de meados do século XIX como seu principal exemplo porque essa economia estava passando por um processo de desenvolvimento que a inclinava para o caso paradigma de uma economia capitalista pura, e, em consequência disso, era possível fazer, a partir dela, a abstração de princípios básicos. Mas os princípios eram abstrações, com as quais certos aspectos de qualquer economia real não se conformavam.

2) O nível seguinte de análise desenvolveria uma *teoria das etapas* das formas históricas nas quais as leis do movimento do desenvolvimento capitalista operavam em todo o mundo e das políticas econômicas a que haviam dado origem. Uno sugeriu três dessas etapas: o mercantilismo, durante o qual o capital mercantil britânico, baseado na indústria da lã, predominara; em seguida, o liberalismo, em que prevalecera o capital industrial britânico apoiado na indústria do algodão; e finalmente, o imperialismo, no qual domina o capital financeiro, baseado no desenvolvimento da indústria pesada na Alemanha e nos Estados Unidos da América, bem como na Grã-Bretanha.

3) Um terceiro nível, de *análise empírica*, examinaria o desenvolvimento das economias de certos países e seria adequado à análise dos períodos de transição, nos quais

considerações políticas, tanto quanto as de caráter puramente econômico, teriam de ser analisadas. Uno considerou toda a época atual, desde a Primeira Guerra Mundial, como um período desse tipo, transitório entre o capitalismo e o socialismo. Portanto, como a confrontação política com as forças socialistas dentro e fora das economias capitalistas condiciona as diretrizes políticas adotadas nessas economias, o período atual já não constitui uma etapa de puro desenvolvimento capitalista. Uno afirmava que uma diferenciação clara desses três níveis de análise evitaria o dilema em que a teoria ortodoxa se viu diante do desenvolvimento do capitalismo japonês que não se conformava ao modelo do desenvolvimento capitalista delineado em *O Capital*. Enquanto este último se faz em nível de princípios, o desenvolvimento capitalista japonês deve ser analisado ao nível empírico, no qual o caráter específico da agricultura e da formação de classes japonesas podia ser levado em consideração.

A escola de Uno também deu contribuições interessantes à teoria do VALOR e da crise (ver CRISES ECONÔMICAS), a partir das prescrições metodológicas acima delineadas, e mostrou uma saudável falta de dogmatismo, nada característica de grande parte do marxismo japonês. Uma das principais áreas de discordância entre os teóricos da escola de Uno e outros pensadores marxistas do Japão configura-se a partir da insistência dos primeiros em que a teoria econômica pode ser independente dos movimentos políticos e ideológicos. Isso foi caracteristicamente confirmado pelo desenvolvimento da própria escola, que, embora tenha alguns partidários entre a ala esquerda do Partido Socialista, continua sendo basicamente uma escola acadêmica: seus seguidores consideram como sua principal contribuição para a transformação socialista o desenvolvimento de uma compreensão científica do capitalismo. Essa separação, e as limitações que impôs ao trabalho dos economistas da escola pode ser inerente à separação metodológica de níveis de análise: talvez um enfoque demasiadamente estreito das leis de movimento do capitalismo leve a que se negligencie o papel de LUTA DE CLASSES. Uno restringe a consideração da luta de classes ao nível empírico, político, mas outros diriam que a luta de classes pode ser considerada inerente ao processo pelo qual os modos de produção se reproduzem e, portanto, inerente à sua definição (e não apenas à análise dos períodos de transição). As contradições do capitalismo, como as que existem internamente na FORÇA DE TRABALHO como mercadoria – que Uno analisa, ao nível dos princípios, como a base das crises capitalistas – são o resultado, e não apenas a causa, da luta de classes. Essas tendências que enfatizam a necessidade de considerar a luta de classes como endógena às leis do movimento do capitalismo podem revelar-se, sob esse aspecto, mais proveitosas para a análise do estado atual da economia mundial.

SH

Bibliografia: Burkett, Paul, "Value and Crisis: Essays on Marxian Economics in Japan, a Review", 1983 • Itoh, Makoto, *Value and Crisis: Essays on Marxian Economics in Japan*, 1980 • Koshimura, Shinzaburo, *Theory of Capital Reproduction and Accumulation*, 1975 • Morishima, Michio, *Marx's Economics*, 1973 • Okishio, Nubuo, "A Mathematical Note on Marxian Theorems", 1963 ◉ "Notes on Technical Progress and Capitalist Society", 1977 • Sekine, Thomas, "The Necessity of the Law of Value", 1980 ◉ "Uno-Riron: a Japanese Contribution to Marxian Political Economy", 1975 • Soo Haeng Kim, "The Marxist Theory of Crisis: a Critical Appraisal of Some Japanese and European Reformulations", 1981 • Uno, Kozo, *Principles of Political Economy: Theory of a Purely Capitalist Society*, 1064 (1980).

economia política Expressão frequentemente utilizada como sinônimo de economia, para indicar a área do conhecimento que estuda a alocação de recursos e a determinação da atividade econômica agregada. O significado mais específico da expressão *economia política* no contexto marxista relaciona-se com o conjunto de obras e o corpo de conhecimentos produzidos por certos autores que estudaram a distribuição e a acumulação do excedente econômico bem como os problemas correlatos da determinação de preços, salários, emprego e da eficácia ou ineficácia de medidas políticas na promoção da acumulação. Nesse sentido, a expressão está associada basicamente às obras de Adam Smith e David Ricardo, e de autores como Malthus, James Mill e J.S. Mill, McCulloch e Sênior. O próprio Marx estabeleceu uma clara distinção entre a economia política científica (Adam Smith e David Ricardo, principalmente o segundo; ver RICARDO E MARX) e a economia política vulgar, que se desenvolveu depois de 1830 (ver ECONOMIA VULGAR). Marx encarava *O Capital*, sua principal obra, como uma crítica da economia política, mas, em épocas mais recentes, os economistas acadêmicos simpáticos ao marxismo usaram a expressão economia política para designar a teoria econômica radical, de modo a distingui-la da economia burguesa ou neoclássica. Mas há uma outra vertente da teoria econômica acadêmica que também se intitula economia política e estuda a interação dos processos políticos democráticos com as relações econômicas determinadas pelo mercado. Esse corpo teórico considera o processo político, na medida em que não se baseia nas relações de mercado (mercadoria), como uma deformação da economia de mercado.

Todas essas tendências, embora aparentemente distintas, têm sua raiz comum na obra de Adam Smith, e a chave para a compreensão dessa obra é o conceito de economia autônoma, autorregulada, designada pela expressão SOCIEDADE CIVIL. A genialidade de Adam Smith está em ter ele descortinado a *probabilidade* do isolamento da sociedade civil em relação à esfera política (o Estado), sua *capacidade* de autorregular-se se deixada em paz, seu *potencial* de concretizar uma situação de benefício máximo para todos os participantes desde que estes estivessem livres para perseguir seus próprios interesses e, portanto, a *desejabilidade filosófica* de que se produzisse esse estado de coisas, no qual a sociedade civil poderia tornar-se independente do Estado.

Embora Adam Smith tenha definido as bases a partir das quais originaram-se os desenvolvimentos e divergências subsequentes, sua obra deve ser vista no contexto que lhe é adequado. Excetuando-se economistas anteriores isolados, principalmente John Locke e Richard Cantillon, as origens da economia política devem ser buscadas no Iluminismo do século XVIII. A erosão da autoridade religiosa havia criado a necessidade de uma nova explicação dos fatos sociais, e o progresso das ciências naturais, em particular com a obra de Isaac Newton no século XVII, indicava a possibilidade de se chegar a essa explicação usando os métodos da ciência. Uma vertente do conjunto de esforços para criar uma ciência dos fatos sociais foi *L'esprit des lois* de Montesquieu, obra taxonômica que, embora oferecesse um "modelo" para explicar a diversidade das estruturas sociais humanas, não continha uma explicação dinâmica. Um grupo de filósofos escoceses que se reproduziu numa sucessão de mestres e discípulos durante aquele século, criou um corpo teórico que constitui as origens da ciência social, ao qual davam o nome de economia política. Francis Hutchison, Adam Ferguson, David Hume, Adam Smith, John Millar e Lord Kames são os principais representantes desse grupo. Eles produziram coletiva e cumulativamente a ideia de que a história humana atravessa estágios de crescimento e que o modo de conseguir a sobrevivência em qualquer sociedade é a chave para a compreensão de cada um desses estágios, bem como da transição de um estágio para outro. Caça, pastoreio, agricultura e comércio foram identificados como os quatros modos principais, e uma variedade de circunstâncias sociais – a natureza da autoridade política, o progresso da moral, a posição das mulheres, a "estrutura de classes", – eram explicadas em termos do modo de subsistência. Não se tratava de uma explicação monocausal, nem de um modelo unilinear, unidirecional ou determinista do progresso histórico. Era uma especulação ousada, apoiada em amplas leituras sobre as condições de vida em diferentes sociedades registradas por viajantes e em estudos históricos sobre nações diversas, desde os gregos e romanos (ver ESTÁGIOS DE DESENVOLVIMENTO).

Adam Smith não era o mais "materialista" dos filósofos escoceses (John Millar é quem merece esse título), embora certamente o mais influente e famoso. Em *The Wealth of Nations*, a teoria dos quatro estágios ou etapas não recebe destaque, mas a lógica dessa ideia leva Adam Smith a associar o comércio à liberdade. O crescimento do comércio e o crescimento da liberdade determinam-se mutuamente. O comércio pode ser visto como a chave da prosperidade, mas só a sua livre realização, não sujeita a limitações, poderia assegurar a prosperidade máxima. A liberdade é, portanto, uma chave para o crescimento do comércio, que, difundindo-se mundialmente e tornando possível a acumulação de riquezas sob forma líquida (isto é, móvel), torna os comerciantes independentes da tirania política e, portanto, aumenta as possibilidades de progresso da liberdade.

Escrevendo numa fase bastante inicial da Revolução Industrial, Adam Smith percebeu a importância crucial da produção industrial. A divisão do trabalho na produção industrial tornava possível um crescimento sem precedentes da produção e da produtividade. Se fosse possível vender essa maior produção em um mercado, certamente a divisão do trabalho mostrar-se-ia lucrativa, e os lucros poderiam ser reinvestidos em atividades ainda mais lucrativas. Ao situar o crescimento da riqueza na relação da divisão do trabalho com o crescimento dos mercados, Adam Smith libertou a teoria econômica de uma inclinação agrária que lhe havia sido transmitida pelos fisiocratas e do estreito *bias* comercial que lhe fora impingido pelos mercantilistas. O excedente não se originava apenas da terra, nem era a aquisição de tesouros (metais preciosos) a única medida, ou a medida desejável, da prosperidade econômica. Assim, a riqueza poderia tomar a forma de mercadorias (reproduzíveis) vendáveis. Se os possuidores de riqueza gastassem-na de maneira produtiva, em novos investimentos, a riqueza aumentaria.

O outro aspecto da mensagem de Adam Smith foi a necessidade de deixar que as pessoas perseguissem seus próprios interesses sem restrições externas de natureza política. Argumentando que os indivíduos, ao buscarem realizar seu interesse pessoal, promoviam de forma indireta e involuntária o interesse coletivo, Adam Smith cristalizou o conceito de sociedade civil como uma estrutura autorregulada, mas benéfica. A racionalidade individual levava ao bem coletivo; a aparente anarquia da busca individual do interesse egoísta levava a um universo ordenado, a uma ordem provocada não pela ação política deliberada mas, inconscientemente, pela ação de muitas pessoas. A esfera do interesse privado tornou-se, assim, autônoma em relação à do interesse público, o indivíduo privado divorciou-se do cidadão. Mas em contraste com os receios, até então existentes, de um colapso da ordem e de uma guerra civil entre os interesses privados na ausência de um Estado que superintendesse o domínio econômico, Adam Smith oferecia um quadro de harmonia, de benefícios e de prosperidade, devido precisamente à *ausência* do Estado na esfera do interesse privado.

Mostrava-se, assim, que a sociedade civil era autônoma, benéfica e capaz de progresso. Como a riqueza consistia de mercadorias vendáveis, reproduzíveis, o trabalho como agente primordial da produção (e, por meio da divisão do trabalho, como chave do aumento da produtividade) era a escolha óbvia para medida do valor dessas mercadorias. Mas o trabalho não era apenas uma *medida* de valor, era também concebido como *causa* ou fonte de valor. Se, porém, o trabalho era a fonte de todo o valor, como justificar as duas principais categorias de rendimentos não provenientes do trabalho – a renda da terra e o lucro?

Os estudos subsequentes de economia política – definida de maneira ampla de modo a incluir grande parte da ciência social – evoluíram a partir das seguintes vertentes da obra de Adam Smith: (1) a teoria econômica do progresso histórico; (2) a teoria da acumulação e do crescimento econômico por meio da divisão do trabalho e da difusão das trocas; (3) a redefinição da riqueza como propriedade de mercadorias, e não apenas como tesouro, que deu início à crítica das políticas mercantilistas e à defesa do Livre Comércio; (4) a teoria do comportamento individual que reconciliou a busca do interesse pessoal com o bem coletivo e deu um programa para o *laissez-faire* e o Estado não intervencionista; e (5) a teoria do valor-trabalho, que colocava o trabalho como uma medida e, por vezes, como uma fonte, de valor.

David Ricardo aperfeiçoou e reformulou as vertentes mais estritamente econômicas da obra de Adam Smith enumeradas em (2), (3) e (4) acima, mas ignorou a teoria do progresso. Hegel tomou de Adam Smith a teoria do progresso e a ideia de sociedade civil de que se valeu para construir a sua teoria do Estado. Marx chegou à economia de Adam Smith por meio de sua *Crítica da filosofia do direito de Hegel*. A noção de sociedade civil e de sua separação da sociedade política era uma das ideias centrais dessa filosofia. Hegel tentou racionalizar a monarquia hereditária prussiana com o Estado ideal, argumentando que a separação entre a sociedade civil e a sociedade política era a causa de uma divisão social básica, e como tal, um obstáculo ao progresso histórico. Essa contradição entre a sociedade civil como a esfera dos interesses egoístas e a sociedade política como a esfera do interesse público só podia ser conciliada, na concepção de Hegel, por disposições políticas que estivessem acima e fora da sociedade civil, por instâncias "supraclasses". Eram elas o sistema dos Estados, a burocracia e a monarquia hereditária. Ao criticar a teoria de Hegel, Marx a ela contrapôs o sufrágio universal, o proletariado e a democracia como a tríade que, ao contrário do que pensava Hegel, poderia superar as contradições da sociedade civil, abrindo o caminho para o comunismo e, com isso, para a autorrealização humana. Mas Marx tomava a autonomia da sociedade civil como um dado. Suas pesquisas subsequentes o afastaram da teoria do Estado e fizeram-no voltar-se para um exame da teoria do funcionamento da sociedade civil, isto é, para a crítica da economia política.

Na verdade, a teoria do PROGRESSO transformou-se no MATERIALISMO HISTÓRICO nas mãos de Marx. Sua teoria do valor aguçou a contradição implícita na natureza dúplice do trabalho como medida e como fonte do valor. Embora aceitando a teoria da acumulação, Marx buscou questionar, pelo método da crítica imanente, os aspectos benéficos do funcionamento do capitalismo. Usou o materialismo histórico para demonstrar a historicidade do capitalismo – o capitalismo apenas como uma etapa da história – e usou a contradição da teoria do valor para criar uma teoria da luta de classes que, no capitalismo, toma a forma de antagonismo entre o trabalho e o capital. Procurou demonstrar como a busca individual do interesse próprio, longe de levar à racionalidade coletiva ou ao bem público, leva à repetição de crises, e como as tentativas dos capitalistas no sentido de superar tais crises levam ao colapso final do capitalismo e/ou à sua substituição pelo socialismo, à qual se chega por meio da luta política.

Assim, Marx chamou sua obra de crítica da economia política porque nela mostrara que as categorias básicas da economia política eram históricas e não universais. O que era puramente econômico tornava-se relativo à sua época particular e transitório. Mas a subsequente evolução da teoria econômica ignorou, deliberadamente ou não, a crítica de Marx. A teoria econômica neoclássica desconheceu, a partir da década de 1870, as vertentes (1) e (5) da obra de Adam Smith (em especial a última), mas tomou dela a teoria do comportamento individual e a defesa do livre comércio, dando-lhes a forma de uma ciência econômica pura. A teoria da ACUMULAÇÃO foi ignorada por todos, exceto pelos marxistas, até que Schumpeter e os autores pós-keynesianos a fizessem reviver. A teoria econômica inglesa, sob a influência de Marshall e Pigou, apontou as muitas exceções ao sumário equacionamento do bem individual com o bem público e desenvolveu uma argumentação em favor da intervenção estatal para promover o bem-estar social. A autonomia da sociedade civil, apresentada como a capacidade que a economia tinha de chegar à plena utilização dos recursos, tornou-se novamente controversa depois da crítica que Keynes fez à lei de Say (ver SUBCONSUMO). Houve, recentemente, um renascimento da ideologia do *laissez-faire*, que, nas mãos da Escola de Chicago, tem constituído o fundamento de um ataque em duas frentes: contra o argumento Marshall-Pigou em favor da intervenção do Estado em certas atividades econômicas para corrigir a incapacidade da "mão invisível", e contra os argumentos de Keynes contrários à natureza autorregulada da economia. Essa escola neoclássica reivindica o nome de "economia política" por ter revertido aos argumentos de Adam Smith, ao mesmo tempo em que ignora as dimensões históricas da economia política clássica. Uma das tendências dessa escola considera a democracia como um obstáculo ao funcionamento eficiente do livre mercado e busca subordinar o político ao econômico, isto é, modelar o Estado à imagem da sociedade civil. Portanto, uma definição de economia política como a teoria da sociedade civil é ainda, em grande medida, válida.

MD

Bibliografia: Belluzzo, L.G. de Mello, *Valor e capitalismo*, 1980 • Benetti, C. et al., *Économie classique, économie vulgaire*, 1975 • Desai, M., *Marxian Economics*, 1979 [*Economia marxista*, 19841] • Dobb, Maurice, *Theories of value and distribution since Adam Smith*, 1973 • Mandel, Ernest, *Traité d'économie marxiste*, 1962 ◎ *La formation de la pensée économique de Karl Marx*, 1967 (1972) [*A formação do pensamento econômico de Karl Marx*, 1980] • Meek R.L., "The Scottish Contribution to Marxist Sociology", in R.L. Meek, *Economics and Ideology and Other Essays*, 1967 [*Economia e ideologia: o desenvolvimento do pensamento econômico*, 1971] • O'Malley, J., "Editorial Introduction", in Karl Marx, *Critique of Hegel's Philosophy of Right*, 1970 • Tolipan, Ricardo, "A questão do método na economia política", 1984 • Varga, Eugen, *Essais sur l'économie politique du capitalisme* (1967) • Skinner, A., "A Scottish Contribution to Marxist Sociology?", in I. Bradley & M. Howard (orgs.), *Classical and Marxian Political Economy*, 1982.

economia vulgar Epíteto com o qual Marx caracterizou a teoria econômica pós-ricardiana. A expressão foi, desde então, usada em sentido muito amplo pelos autores marxistas, abrangendo tanto a economia clássica pós-ricardiana quanto a economia neoclássica. A economia vulgar refere-se, em particular, aos trabalhos que se concentram na análise de fenômenos de superfície como, por exemplo, a oferta e a procura, em detrimento das relações estruturais de valor, ou que produzem uma análise que reluta em investigar as relações econômicas de uma maneira científica desinteressada, com medo de chegar às relações de classe subjacentes às trocas de mercadorias. Esse último aspecto torna *apologética* a economia vulgar, vez que ela se mostra interessada sobretudo em defender e racionalizar os interesses da burguesia, mesmo ao custo da imparcialidade científica.

O *locus classicus* da definição de Marx da economia vulgar é o seu prefácio à segunda edição alemã do livro primeiro de *O Capital* (1873). Ao caracterizar o subdesenvolvimento da teoria econômica na Alemanha, Marx periodiza a evolução da economia política na Inglaterra em suas fases científica e vulgar, ligando-a ao desenvolvimento da luta de classes. A economia política que permanece "dentro dos limites do horizonte burguês" vê o capitalismo como "a forma final e definitiva da produção social, e não como uma fase histórica passageira de sua evolução". Nesse caso, a economia política só pode ser uma ciência na medida em que a luta de classes é latente, ou meramente esporádica. Assim, se a indústria moderna está em sua infância e a luta entre o capital e o trabalho se subordina a outras lutas, como a que se trava entre a burguesia e o feudalismo, então a pesquisa científica ainda é possível. David Ricardo (ver RICARDO E MARX) é considerado por Marx como o último grande representante da economia política inglesa pois, em sua obra, o antagonismo dos interesses de classes é de importância primordial.

O período entre 1820 e 1830, segundo Marx, foi a última década de atividade científica da economia política inglesa. Nessa década, tiveram lugar a popularização e o desdobramento da teoria de Ricardo e uma polêmica não marcada por preconceitos contra as interpretações burguesas dessa teoria. Marx refere-se, no caso, à escola de socialistas ricardianos e aos primeiros ataques dirigidos contra a teoria de Ricardo no Political Economy Club. O ano de 1830 marca a linha divisória decisiva. Já então, segundo Marx, a burguesia havia conquistado o poder político na França e na Inglaterra, e, uma vez no poder, já não precisava da economia política como arma crítica em sua luta contra a velha ordem feudal. A luta de classes também assumia uma forma mais explícita. "Foi o dobrar de finados da economia científica burguesa. A partir de então, já não se tratava de saber se este ou aquele teorema eram verdadeiros, mas se eram úteis ou prejudiciais ao capital, convenientes ou inconvenientes, politicamente perigosos ou não." Apesar disso, a economia política foi usada como arma crítica na luta contra a Lei de Cereais. Com a revogação dessa lei, a economia vulgar perdeu seu poder crítico residual.

Essa periodização estabelecida por Marx foi aceita pelos historiadores marxistas da economia política (como Rubin, 1979), mas não mereceu uma análise crítica. A possibilidade de fixar uma data precisa – 1830 – como momento em que a burguesia tomou o poder é bastante discutível. Também é discutível se a infância da indústria moderna, mencionada como fator que cria condições de possibilidade para uma economia política científica na década de 1820, poderia ter chegado ao seu término com aquela década. Essa aceitação não crítica do rótulo e da periodização pode muito bem ter contribuído para a incapacidade, demonstrada pelos marxistas, de distinguir entre os economistas (vulgares) subsequentes.

MD

Bibliografia: Benetti, C. et al., *Economie classique, économie vulgaire*, 1975 • Blaug, Marck, *Ricardian Economics*, 1958 • Rubin, I.I., *A History of Economic Thought*, 1979.

economicismo Conceito desenvolvido por Lenin em vários artigos de 1899 (Lenin, 1899a e 1899c), que criticavam certos grupos atuantes no movimento social-democrata russo por separarem as lutas políticas das lutas econômicas e concentrarem seus esforços nas últimas, atitude essa que Lenin associava às "ideias de Bernstein (ver BERNSTEIN). "Se a luta econômica for considerada como alguma coisa completa em si mesma", escreveu ele, "não haverá nela nada de socialista." Em um artigo posterior, Lenin (1901) definiu o "economicismo" como uma *tendência à parte* no movimento social-democrata, com as seguintes características: vulgarização do marxismo que conferia menor importância ao elemento consciente na vida social; vocação para restringir a agitação e a luta política; incapacidade de compreender a necessidade de "criar uma organização forte e centralizada de revolucionários". Seu texto polêmico de 1902, *Que fazer?*, dirigia-se principalmente contra o economicismo, estabelecendo uma distinção entre a política sindicalista e a política social-democrata e denunciando a "subserviência à espontaneidade" (isto é, a noção de um movimento espontâneo na direção do socialismo como resultado do desenvolvimento econômico).

Lenin usou a expressão "economicismo", portanto, principalmente no contexto da política prática, situando-se essa noção no quadro mais amplo de suas convicções sobre a necessidade de um partido disciplinado e centralizado, que, de fora da classe operária, nela promovesse uma maior consciência de classe (ver LENINISMO). Mas o economicismo tem igualmente uma significação teórica, enquanto modalidade de marxismo que enfatiza (e, na concepção dos seus críticos, o faz de maneira exagerada) a determinação da vida social como um todo pela base econômica (ver BASE E SUPERESTRUTURA) e insiste, de um modo geral, em que há um determinismo na teoria de Marx. Gramsci (1971, parte II, seção I), em sua análise do economicismo e de suas manifestações políticas, identifica-o com o sindicalismo, o liberalismo do *laisser-faire* e várias outras formas de "abstencionismo eleitoral" que expressam todas o mesmo grau de oposição à ação política e ao partido político e relaciona-o com uma determinada orientação teórica das ciências sociais, ou seja, "a convicção férrea de que existem leis objetivas do desenvolvimento histórico semelhantes à leis naturais, juntamente com uma crença numa teleologia predeterminada, como a de uma religião".

Em debates recentes, o economicismo foi criticado de maneira vigorosa, embora bastante inadequada, pelos marxistas estruturalistas (ver ESTRUTURALISMO), no contexto de sua refutação do modelo base/superestrutura e da teleologia. Poulantzas, em seu estudo sobre a política da Internacional Comunista em relação ao fascismo (1970), argumenta que tal política tinha seus fundamentos em um tipo particular de economicismo que reduzia o imperialismo a um fenômeno puramente econômico (um processo de evolução econômica linear), explicava o fascismo na Itália pelo atraso econômico do país e não esperava que ele surgisse na Alemanha, que tinha uma economia adiantada, altamente industrializada. O economicismo, em suas várias nuances de significado, e as críticas que lhe são feitas, suscita algumas questões fundamentais (que também têm sido formuladas em outros termos) sobre o papel preciso do desenvolvimento econômico (e tecnológico) na teoria da história de Marx (ver MATERIALISMO

HISTÓRICO) e, em particular, quanto ao peso que deve ser atribuído a esse desenvolvimento, em contraposição à influência (relativamente) independente da ideologia, da consciência de classe e da ação política, enquanto manifestações da atuação dos homens.

TBB

Bibliografia: Gramsci, Antonio, "Some Theoretical and Practical Aspects of Economism", in A. Gramsci, *Selections from the Prison Notebooks*, 1929-1935 (1971) • Lenin, V.I., *What is to be Done?*, 1902 (1961) [*Que fazer?*, 1978].

educação Os elementos de uma concepção marxista da educação começam a surgir da década de 1840, em muitas obras de Marx e Engels (por exemplo, *O Capital*, cap. XIII; *A ideologia alemã*, vol.I, parte I; *Crítica ao Programa de Gotha*, IV e *Princípios do comunismo*, de Engels). Posteriormente, uma teoria mais coerente da educação foi gradualmente construída sobre esses fundamentos. Grande impulso lhe foi dado pela Revolução de Outubro e sua necessidade de uma práxis educacional marxista (Lenin, Krupskaia, Blonskii, Pistrak e Makarenko). Na verdade, a teoria marxista da educação é, essencialmente, uma *teoria da prática*. Bebel, Jaurès, Klara Zetkin, Liebknecht, Gramsci, Langevin, Wallon e Sève foram algumas das principais figuras que para ela contribuíram. Hoje em dia, inúmeros pesquisadores dedicam-se ao seu desenvolvimento.

Os principais componentes da teoria são os seguintes:

(1) Educação pública gratuita, compulsória e uniforme para todas as crianças, que assegure a abolição dos monopólios culturais ou do conhecimento e das formas privilegiadas de instrução. Em suas formulações originais, essa educação teria de ser realizada em instituições. A razão disso era evitar que as más condições de vida da classe operária prejudicassem o desenvolvimento geral das crianças. Mais tarde, outros objetivos foram explicitados, como a necessidade de enfraquecer o papel da família na reprodução social, de criar as crianças em condições menos desiguais e de utilizar a força socializadora da comunidade. Na verdade, as experiências educacionais revolucionárias de mais êxito foram as realizadas em instituições, desde as experiências de Pistrak e Makarenko até as experiências cubanas.

(2) A combinação da educação com a produção material (ou, numa das formulações de Marx, a combinação de instrução, ginástica e trabalho produtivo). O objetivo implícito no caso não era um melhor preparo vocacional, nem a transmissão de uma ética do trabalho, mas a eliminação do hiato histórico entre trabalho manual e trabalho intelectual, entre concepção e execução, assegurando a todos uma compreensão integral do processo produtivo. Embora a validade teórica desse princípio seja amplamente reconhecida, sua aplicação prática (como mostram as experiências de vida breve, ou as experiências que tiveram um êxito apenas parcial) apresenta problemas, particularmente nas atuais condições de rápidas transformações científicas e tecnológicas.

(3) A educação tem de assegurar o desenvolvimento integral da personalidade. Com a reaproximação da ciência e da produção, o ser humano pode tornar-se um produtor no sentido mais completo. Assim sendo, suas potencialidades podem ser reveladas e desenvolver-se. Todo um universo de necessidades vem à tona nessas condições, ativando o indivíduo em todas as esferas da vida social, inclusive o consumo, o prazer, a criação e o gozo da cultura, a participação na vida social, a interação com os outros seres humanos e a autorrealização (autocriação). A realização desse objetivo exige, entre outras coisas, a transformação da divisão social do trabalho, tarefa formidável que ainda está apenas nos seus primeiros momentos.

(4) À comunidade é atribuído um novo e considerável papel no processo educacional, que transforma as relações entre os grupos dentro da escola (que evolui da competição para a cooperação e o apoio mútuo) e implica uma relação mais aberta entre a escola e a sociedade, pressupondo uma relação biunívoca e mutuamente enriquecedora entre professor e aluno.

A teoria acima delineada não é fechada. A interpretação desses princípios e a práxis a eles relacionada colocam verdadeiros dilemas. Há também debates (tanto entre os marxistas como entre estes e os não marxistas) sobre a teoria da personalidade. E ainda a controvérsia "natureza/cultura", a discussão sobre o papel da escola e da educação na reprodução social e sobre o potencial inovador da escola e da educação face às determinações sociais mais gerais bem como sobre a importância relativa dos conteúdos, dos métodos, e da estruturação da educação como instrumento da transformação social.

ZF

Bibliografia: Althusser, Louis, "Idéologie et appareils idéologiques d'État: notes pour une recherche", 1970 ["Aparelhos ideológicos de Estado", in L. Althusser, *Posições-2*, 1980] • Appel, M.W., *Ideology and Curriculum*, 1979 [*Ideologia e currículo*, 1982] • Baudelot, Christian & Roger Establet, *L'école capitaliste en France*, 1971 • Bebel, August, *Weib und Sozialismus*, 1879; *Woman and Socialism* (1886) • Bourdieu, P. & J.C. Passeron, *La reproduction: éléments pour une théorie du système d'enseignement*, 1970 [*A reprodução: elementos para uma teoria do sistema de ensino*, 1975] • Bowles, S. & H. Gintis, *Schooling in Capitalist America*, 1976 • Broccoli, A., *Antonio Gramsci e l'educazione come egemonia*, 1972 • Dias, Edmundo Fernandes (org.), *Educação e política: Gramsci e o problema da hegemonia*, 1983 • Durand, J.C.G. (org.), *Educação e hegemonia de classe: as funções ideológicas da escola*, 1979 • Ferge, Zsuzsa, *A Society in the Making*, 1979 • Freire, Paulo, *Pedagogia do oprimido*, 1970 • Freitag, Bárbara, *Escola, Estado e sociedade*, 1980 • Gramsci, Antonio, *La formazione dell'uomo*, 1967 ◉ *L'alternativa pedagogica*, 1973; *La alternativa pedagógica* (1976) • Jaurès, Jean, *Le socialisme et l'enseignement*, 1899 • Langevin, Paul, *La pensée et l'action*, 1950 • Lenin, V.I., "The Question of Ministry of Education Policy", 1913 (1963) ◉ "The Tasks of the Youth Leagues", 1920 (1966) ["As tarefas das uniões da juventude", 1980] ◉ "On Polytechnical Education: Notes on Theses by Nadezhada Konstantinovna", 1920 (1966) • Lindenberg, D., *L'Internationale communiste et l'école de classe*, 1972 • Manacorda, M.A., *Marx e la pedagogia moderna*, 1966 • Pamplona, M.A.V., "A questão escolar e a hegemonia como relação pedagógica", 1983 • Poulantzas, Nicos, "Préface" a *L'Internationale comuniste et l'école de classe*, 1972 ["A escola em questão", in C.H. de Escobar, *As instituições e os discursos*, 1973] • Rossi, W.G., *Capitalismo e educação: contribuição ao estudo crítico da economia da educação capitalista*, 1978 (1980).

elite As teorias das elites foram construídas, notadamente por Vilfredo Pareto e Caetano Mosca, em clara e consciente oposição ao marxismo, e contradizem a concepção marxista sob dois aspectos. Em primeiro lugar porque asseveram que a divisão da sociedade em grupos dominantes e subordinados é um fato universal e inalterável. Nas palavras de Mosca (1896): "Entre os fatos e tendências constantes encontrados em todos os organismos políticos, um é tão evidente que se torna visível ao observador mais casual. Em todas as sociedades – desde as que são muito pouco desenvolvidas e mal atingiram a aurora da civilização até as mais adiantadas e poderosas – há duas classes de pessoas – uma classe que governa e uma outra que é governada." Em segundo lugar; porque definem o grupo dirigente da sociedade de um modo inteiramente diferente do marxismo. Pareto o faz principalmente em termos das qualidades superiores de alguns indivíduos, que dão origem à emergência de elites em cada esfera da vida. Mosca, basicamente em termos do inevitável domínio de uma "minoria organizada" ou "classe política" sobre a maioria desorganizada, embora também se refira a "atributos altamente estimados e muito influentes" dessa minoria. Mosca, porém, introduziu tantas qualificações que acabou por esboçar uma teoria mais complexa (e mais próxima do marxismo) na qual a própria classe política é influenciada e limitada por uma variedade de "forças sociais" (representando interesses diferentes) e está ligada a uma ampla subelite que é um elemento vital no sentido de assegurar estabilidade política. Isso levou Gramsci (1949) a dizer que a "classe política (de Mosca) é um quebra-cabeça (...) tão flutuante e elástica é a noção", embora, em outro trabalho, concluísse que essa "classe política" correspondia simplesmente ao segmento intelectual do grupo dominante.

O impacto dessas concepções das elites sobre o marxismo é bem ilustrado pelo caso de Robert Michels, cujo estudo dos partidos políticos (1911) foi descrito como "a obra de alguém que passou do marxismo revolucionário para o campo da teoria das elites" (Beetham, 1981). Desiludido com a liderança do Partido Social-Democrata alemão, Michels colocou a questão de por que os partidos socialistas se desviam para o reformismo e respondeu-a dizendo que os líderes necessariamente se distanciam da massa dos membros e são assimilados pelas elites sociais existentes. Formulada com apoio nas ideias de Mosca e de Pareto, e até certo ponto nas de Max Weber, a "lei de ferro da oligarquia" de Michels define as condições sob as quais esse divórcio se produz e os líderes passam a constituir uma elite dominante no partido: em parte em decorrência do contraste entre a capacidade e a determinação dos dirigentes, alimentadas pela educação e pela experiência, em contraste com a "incompetência das massas"; em parte porque, como minoria, os dirigentes são melhor organizados e também porque controlam um aparelho burocrático.

Bukharin (1921) respondeu parcialmente a essa argumentação de Michels ao dizer que a incompetência das massas é um produto das condições econômicas e técnicas do presente e desapareceria numa sociedade socialista; por conseguinte não há nenhuma lei universal da oligarquia. Entre os marxistas contemporâneos, Poulantzas (1968) analisou brevemente as teorias das elites e ainda mais brevemente as descartou como incapazes de proporcionar qualquer explicação das bases do poder político (o que não é muito exato). Outros marxistas ou autores simpatizantes do marxismo mostraram-se mais propensos a incorporar alguns elementos das teorias das elites às suas próprias concepções e, certamente, a reconhecer que questões difíceis (embora não necessariamente irrespondíveis) foram propostas, particularmente por Michels. O pensador que foi mais longe na aceitação da teoria das elites (fortemente influenciado pelo conceito de poder de Weber) foi Wright Mills (1956) que usou a expressão "elite do poder" em lugar de "classe dominante", porquanto, em sua opinião, essa última é uma expressão "excessivamente carregada" porque pressupõe necessariamente que uma classe econômica domina politicamente e "não deixa autonomia suficiente à ordem política e a seus agentes". Wright Mills distinguiu três elites fundamentais – econômica, política e militar – na sociedade norte-americana e enfrentou, mas não solucionou, a dificuldade de mostrar como esses três grupos formam realmente uma única elite do poder e como estão unidos. Outros autores (por exemplo, Milliband, 1977) têm discutido as elites principalmente em termos da burocracia estatal e particularmente em relação à questão do poder político na URSS e em outros países socialistas – se é que, de fato, estes podem ser descritos como dominados por uma "elite do poder" burocrática. Com isso, levantam-se difíceis problemas para a análise do poder político em tais sociedades, e particularmente a questão de se o grupo dominante poderia, em termos marxistas, ser com mais propriedade concebido como uma elite ou como uma classe que efetivamente "possui" os meios de produção (ver CLASSE).

De modo mais geral, a teoria política marxista ainda precisa desenvolver um conceito mais preciso de elite, bem como examinar de um modo mais compreensivo e rigoroso a relação entre elites e classes, particularmente em relação aos regimes socialistas e à distinção entre líderes e seguidores não só na vida social como um todo, mas nos próprios partidos socialistas.

TBB

Bibliografia: Beetham, David, "Michels and his critics", 1981 • Bottomore, T.B., *Elites and Society*, 1966 [*As elites e a sociedade*, 1974] Galli, C., "Gramsci e le teorie delle 'elites'", 1970 • Gramsci, Antonio, *Note sul Machiavelli, sulla politica e sullo Stato moderno*, 1949 [*Maquiavel, a política e o Estado moderno*, 1976] • Michels, Robert, *Zur Soziologie des Parteienwesens in der modernen Demokratie*, 1911; *I partiti politici, studio sociologico delle tendenze oligarchiche nella democracia moderna* (1912); *Political Parties: a Sociological Study of the Oligarchical Tendencies of Modern Democracy* (1949) • Mills, C. Wright, *The Power Elite*, 1956 [*A elite do poder*, 1981] • Mosca, Caetano, *Elementi di scienzo politica*, 1896; *The Ruling Class* (1939).

emancipação De acordo com a perspectiva liberal clássica, a liberdade é a ausência de interferência ou, ainda mais especificamente, de coerção. Sou livre para fazer aquilo que os outros não me impedem de fazer. O marxismo é herdeiro de uma concepção mais rica e mais ampla de liberdade como autodeterminação que tem origem no pensamento de filósofos como Spinoza, Rousseau, Kant e Hegel. Se, em geral, a liberdade é a ausência de restrições às opções disponíveis para os agentes, pode-se dizer que a tradição liberal tende a oferecer uma interpretação muito limitada sobre quais possam ser essas restrições (entendendo-as muitas vezes apenas como interferências deliberadas), sobre quais sejam as opções relevantes (restringindo-as frequentemente àquilo que os agentes na verdade concebem ou escolhem) e sobre quem são os próprios agentes (vistos como indivíduos isolados que perseguem seus fins concebidos independentemente, sobretudo no mercado). O marxismo propõe noções mais amplas das restrições e opções relevantes bem como da ação humana.

Mais especificamente, Marx e os marxistas tendem a ver a liberdade em termos da eliminação dos obstáculos à emancipação humana, isto é, ao múltiplo desenvolvimento das possibilidades humanas e à criação de uma forma de associação digna da condição humana. Entre esses obstáculos, destacam-se as condições do trabalho assalariado. Como Marx escreveu em *A ideologia alemã*, "as condições de sua vida e trabalho, e, com elas, todas as condições de existência da sociedade moderna, tornaram-se (...) algo sobre que os proletários individuais não têm controle e sobre que nenhuma organização social lhes pode proporcionar esse controle" (vol.I, IV, 6). Para superar esses obstáculos é necessária uma tentativa coletiva, e a liberdade como autodeterminação é coletiva no sentido de que consiste na imposição, socialmente cooperativa e organizada, do controle humano tanto sobre a natureza como sobre as condições sociais de produção: "o pleno desenvolvimento do domínio humano sobre as forças da natureza, bem como da própria natureza da humanidade" (*Grundrisse*, Caderno V, Ed. Penguin, p.488). Tal domínio só se realizará completamente com a substituição do modo de produção capitalista por uma forma de associação na qual "é a associação de indivíduos (supondo-se uma etapa adiantada do desenvolvimento das forças produtivas modernas, é claro) que submete as condições do livre desenvolvimento e movimento dos indivíduos sob o controle destes". Só então, "dentro da comunidade terá cada indivíduo os meios de cultivar seus dotes e possibilidades em todos os sentidos" (*A ideologia alemã*, vol.I, IV, 6).

Como seria essa forma de associação que compreende o controle coletivo, a associação ou comunidade, o desenvolvimento das múltiplas individualidades e a liberdade pessoal, Marx e Engels jamais o disseram. Nem examinaram os possíveis conflitos entre esses valores, ou entre eles e outros. O marxismo tende a tratar as considerações sobre tais questões como "utópicas". Mas essa visão da emancipação é, evidentemente, parte integrante de todo o projeto marxista. E isso foi claramente percebido pela chamada Teoria Crítica, que postula essa visão como um ponto de vista a partir do qual criticar as sociedades reais e talvez não emancipáveis (ver ESCOLA DE FRANKFURT).

A concepção mais ampla e mais rica de liberdade do marxismo levou, muitas vezes, os marxistas a subestimarem e mesmo a denegrirem as liberdades econômicas e civis das sociedades capitalistas liberais. Embora Marx valorizasse claramente a liberdade pessoal, em *A questão judaica*, ele relaciona o direito à liberdade com o egoísmo e a propriedade privada, e, em outro trabalho, falou da livre concorrência como uma liberdade limitada, porque baseada no domínio do capital, e significando, "portanto (*sic*), ao mesmo tempo, a mais completa suspensão de toda a liberdade individual" (*Grundrisse*, Caderno VI, edição Penguin, p.652). De um modo geral, Marx sempre se mostrou inclinado a ver as relações de troca como incompatíveis com a verdadeira liberdade. Os marxistas mais recentes o acompanharam nisso, e, particularmente depois de Lenin, evidenciaram muitas vezes uma acentuada tendência a negar às liberdades "formais" da democracia burguesa o estatuto de verdadeiras liberdades.

Tais formulações são teoricamente equivocadas e foram desastrosas na prática. Não há uma ligação essencial entre a liberdade liberal e a propriedade privada ou o egoísmo; nem a concorrência econômica, nem relações de troca são inerentemente incompatíveis com a liberdade das partes interessadas (nem, por sua vez é a busca da satisfação do interesse pessoal implícita em ambas necessariamente incompatível com a emancipação, a menos que esta seja definida como baseada num altruísmo universal), e o caráter limitado das liberdades políticas e jurídicas burguesas não as torna menos verdadeiras. É um erro pensar que o desmascaramento da ideologia burguesa implica denunciar as liberdades burguesas como ilusórias. Antes é preciso mostrar que, em certos casos (como o da liberdade de acumular propriedade), elas restringem ou mesmo impedem o exercício de outras liberdades mais valiosas, e que, em outros ainda (como o da liberdade de divergir), são aplicadas de maneira excessivamente limitada. Na prática, o fato de não se considerar as liberdades liberais como liberdade legitimou a sua completa supressão e negação, muitas vezes em nome da própria liberdade.

SL

Bibliografia: Berlin, Isaiah, *Four Essays on Liberty*, 1969 • Caudwell, Christopher, *The Concept of Freedom*, 1965 [*O conceito de liberdade*, 1970] • Cohen, Gerald A., "The Structure of Proletarian Unfreedom", 1983 • Dunayevskaya, Raya, *Marxism and Freedom from 1776 until Today*, 1964 • Horkheirner, Marx & Theodor Adorno, *Dialektik der Aufklärung: Philosophische Fragmente*, 1947; *Dialectics of Enlightenment* (1973) [*Dialética do Iluminismo*, 1984] • Ollman, Bertell, *Alienation: Marx's Conception of Man in Capitalist Society*, 1976 • Selucky, Radoslav, *Marxism, Socialism, Freedom*, 1979 • Wood, Allen W., *Karl Marx*, 1981.

empirismo A tradição marxista tem sido, de um modo geral, hostil ao empirismo, pelo menos aparentemente; mas nem o objeto preciso, nem as razões dessa hostilidade têm-se mostrado sempre claros. Em certa medida isso advém do fato de que, ao contrário de (e, na verdade, em parte como uma consequência de) sua crítica inicial do idealismo, a crítica de Marx ao empirismo nunca foi articulada sistematicamente como uma crítica de uma doutrina ou sistema filosófico, assumindo antes a forma substantiva de uma crítica da economia vulgar. Tanto Marx como Engels tentaram reparar essa omissão ao nível filosófico apelando, embora de modos diferentes, para a "dialética" para suprir o ingrediente antiempirista ausente em sua epistemologia (ver DIALÉTICA).

Conquanto nunca subscrevessem o empirismo, os jovens Marx e Engels, particularmente nos seus textos do período 1844-1847, abraçaram alguns temas caracteristicamente empiristas: rejeitaram de modo expresso o apriorismo e qualquer doutrina de ideias inatas, conceberam o conhecimento como irredutivelmente (e mesmo exclusivamente) empírico, tenderam a depreciar a abstração como tal e a pender para um indutivismo baconiano. Na época do primeiro livro de *O Capital* (1867), contudo, o compromisso metodológico de Marx com o que é hoje conhecido como "realismo científico" estava fixado plenamente: "a economia vulgar por toda parte aferra-se às aparências em oposição à lei que as regula e explica". Ao contrário, "a verdade científica é sempre paradoxal, se julgada pela experiência cotidiana, que capta unicamente a aparência ilusória das coisas" (*Salário, preço e lucro*, parte VI). O empirismo vê o mundo como uma coleção de aparências dissociadas, ignora o papel da teoria na organização ativa e na reorganização crítica dos dados oferecidos por essas aparências e não identifica a função desta como o esforço de representar no pensamento as relações essenciais que as geram. As leis são as tendências de estruturas ontologicamente irredutíveis a e normalmente defasadas dos eventos que geram; e o conhecimento delas é produzido ativamente como um produto social e histórico. Assim, em oposição à reificação empirista dos fatos e à personificação empirista das coisas, Marx empenha-se em estabelecer uma distinção entre o processo (transitivo) do conhecimento e a realidade (intransitiva) de seus objetos.

As tradições marxistas, tanto a do materialismo dialético como a do marxismo ocidental, têm polemizado contra o empirismo. Pode-se, porém, argumentar que a primeira, em virtude de sua teoria do conhecimento fundada na ideia de "reflexo", ignora a dimensão transitiva e reverte a uma forma contemplativa de "empirismo objetivo", reduzindo efetivamente o sujeito ao objeto do conhecimento. No marxismo ocidental, a polêmica antiempirista tem funcionado normalmente como parte de uma tentativa para sustentar, tanto contra o materialismo dialético como contra o pensamento burguês, conceitos tidos como essenciais ao marxismo autêntico – por exemplo, totalidade (Lukács), estrutura (Althusser) e transformação determinada (Marcuse). Contudo, a tradição se tem inclinado com frequência ao apriorismo, passando ao largo tanto da crítica inicial de Marx ao racionalismo como da maciça base empírica da obra científica da maturidade de Marx. E, nesse sentido, pode-se também arguir, seguindo a linha da crítica inicial de Marx a Hegel (particularmente na *Crítica da filosofia do direito de Hegel*), que, ao ignorar efetivamente a dimensão intransitiva, a tradição tende a uma forma de "idealismo subjetivo", tacitamente identificando o objeto com o sujeito do conhecimento.

A obra de Marx foi *antiempirista*, mas não antiempírica. Na medida em que essa distinção seja respeitada, o marxismo pode, uma vez mais, assumir a opção de tornar-se um programa de pesquisa empírica aberta, historicamente desenvolvido e orientado para a prática, em vez de constituir um sistema fechado de pensamento. (Ver também MATERIALISMO; REALISMO; TEORIA DO CONHECIMENTO.)

RB

Bibliografia: Adorno, T., *Negative Dialektik*, 1966; *Negative Dialectics* (1973) • Adorno, T. et al., *Der Positivismusstreit in der deutschen Soziologie*, 1956 (1974); *La disputa dei positivismo en la sociologia alemana* (1973); *De Vienne à Francfort, la querelle allemande des sciences sociales* (1979) • Bhaskar, R., *Philosophical Ideologies*, 1982 • Cardoso, Miriam L., "El papel decisivo de orientación de la teoría en la investigación", in M.L. Cardoso, *La construcción de conocimientos*, 1977 • Della Volpe, G., *Logica come scienza positiva*, 1950 (1969); *Logic as a Positive Science* (1980) • Lenin, V.I., "Materialism and Empirio-Criticism", 1908 (1962) [*Materialismo e empiriocriticismo*, 1975].

empobrecimento relativo e absoluto Ver PAUPERIZAÇÃO

empresas multinacionais A expressão refere-se às empresas capitalistas que operam em mais de um país. Embora essa definição ampla se pudesse aplicar às grandes casas mercantis que operaram durante a fase inicial do colonialismo europeu (a partir do século XVII), a expressão só começou a ser usada depois da Segunda Guerra Mundial para designar especificamente um fenômeno da fase monopolista do capitalismo, na qual há uma internacionalização do capital industrial (ver CAPITALISMO MONOPOLISTA E PERIODIZAÇÃO DO CAPITALISMO). Na década de 1970, alguns autores introduziram a expressão "empresas transnacionais" para se referirem ao mesmo fenômeno (Müller e Barnet, 1976).

De uma perspectiva marxista, a internacionalização do capital industrial é explicada pelo desenvolvimento do próprio capitalismo. A expansão ou acumulação de VALOR é inerente ao modo de produção capitalista e, durante a fase inicial da evolução capitalista, essa expansão se fez às expensas da produção pré-capitalista, sobretudo dentro das fronteiras nacionais dos países incipientemente capitalistas (ver ACUMULAÇÃO PRIMITIVA).

Nessa fase inicial de desenvolvimento, que Marx chamou de "fase da manufatura" (ver MANUFATURA), não existiam condições para a exportação de dinheiro ou de capital produtivo. Esse foi o período durante qual o CAPITAL MERCANTIL era poderoso, controlando comércio entre as áreas capitalistas e pré-capitalistas. Com a evolução do capitalismo, desenvolveu-se também o sistema de crédito (ver CRÉDITO E CAPITAL FICTÍCIO e CENTRALIZAÇÃO E CONCENTRAÇÃO DO CAPITAL), facilitando a exportação do capital-dinheiro, que Lenin documentou em seu conhecido livro *Imperialismo, fase superior do capitalismo* (ver IMPERIALISMO E MERCADO MUNDIAL). A exportação de capital produtivo (meios de produção) esperou pelo colapso das formações sociais pré-capitalistas das regiões atrasadas do mundo, uma vez que o capital produtivo ou industrial baseia-se na exploração da força de trabalho constituída como mercadoria. A dissolução das formações sociais pré-capitalistas começou a ocorrer em escala mundial depois da Segunda Guerra Mundial (ver MODOS DE PRODUÇÃO NÃO CAPITALISTAS e CAMPESINATO).

Como seria de se esperar, a exportação de capital produtivo pelos países capitalistas adiantados tomou, inicialmente, a forma de investimentos em atividades de extração e na agricultura de *plantations*, já que essas atividades se destinavam à exportação e não dependiam de um mercado interno que só se desenvolve com a expansão das relações sociais de produção capitalistas (Lenin, 1893a). Só quando o capitalismo expandiu-se nos países atrasados a exportação generalizada de capital produtivo (isto é, o investimento em todos os ramos industriais) tornou-se possível. Essa exportação generalizada de capital produtivo criou a empresa multinacional, com sede num país e instalações fabris por todo o mundo.

A literatura sobre empresas multinacionais é em grande parte descritiva e de orientação teórica eclética, particularmente inclinada aos argumentos da teoria da dependência. Essa literatura compreende, porém, um valioso trabalho de documentação do complexo processo de internacionalização do capital-dinheiro e do capital produtivo. É particularmente importante a análise da transferência de tecnologia dos países desenvolvidos para os subdesenvolvidos. O trabalho empírico sobre essa questão remete para o importante debate que se trava entre os marxistas sobre se a tendência do capitalismo em sua fase avançada é acelerar ou retardar o desenvolvimento das forças produtivas em escala mundial (ver IMPERIALISMO e MERCADO MUNDIAL para melhor análise desse aspecto). Da mesma forma, os estudos de caso sobre os acordos de transferência de preços (trocas internacionais entre subsidiárias da mesma empresa) e os acordos de divisão do mercado entre as empresas mostram-se relevantes para o debate sobre se o capitalismo na fase imperialista ainda é governado pela contradição competitiva entre capitais.

Talvez a mais fundamental questão teórica suscitada por essa bibliografia de estudos empíricos seja a relação entre a classe capitalista e o Estado nacional. Um aspecto básico da maior parte das teorias marxistas sobre a rivalidade capitalista é o vínculo entre a classe capitalista e o Estado que defende seus interesses na área internacional. Para alguns autores, a internacionalização do capital tem como resultado que a nacionalidade dos capitais se torne ambígua e que os interesses do capital multinacional tornem-se tão complexos, que não mais se possam conter na estrutura de um Estado nacional. Essa é uma das muitas questões que indicam o quanto uma síntese considerável entre teoria e trabalho empírico ainda está por ser realizada para que se possa bem compreender a internacionalização do capital.

JW

Bibliografia: Barnet R. & R. Müller, *Global Reach*, 1974 • Claude, H., *Les multinationales et l'impérialisme*, 1978 • Gonçalves, Reinaldo, "A internacionalização da produção: uma teoria geral?", 1984 • "Les multinationales", *Les Cahiers Français*, n.190, mar-abr 1979 • Palloix, C., *L'économie capitaliste et les firmes multinotionales*, 1975 • Radice, H. (org.), *International Firms and Modern Imperialism*, 1975.

Engels, Friedrich (Barmen, 28 de novembro de 1820 – Londres, 5 de agosto de 1895.) Filho primogênito de um industrial têxtil de Wuppertal, na Westfália, Friedrich Engels foi educado nos rigores do calvinismo e, ao deixar o ginásio, recebeu em Bremen treinamento para ingressar na profissão do comércio. Desde a escola secundária, contudo, já mostrava ambições literárias radicais. Sentiu-se, a princípio, atraído pelos autores democráticos nacionalistas do movimento conhecido como Jovem Alemanha, que se desenvolveu na década de 1830, passando, em seguida, a sofrer influência crescente de HEGEL. Aproveitando a oportunidade que o serviço militar lhe proporcionou de adiar o início de sua carreira no comércio, foi para Berlim em 1841 e ligou-se intimamente ao círculo dos JOVENS HEGELIANOS, que se formara em torno de Bruno Bauer. Ali, adquiriu efêmera notoriedade pelos seus ataques, escritos sob pseudônimo, à crítica que Schelling fez a Hegel.

No outono de 1842, Engels partiu para a Inglaterra, para trabalhar na firma de seu pai em Manchester. Sob a influência de Moses Hess, ele já se havia tornado comunista e, seguindo as ideias formuladas em *Die europäische Triarchie* (*A triarquia europeia*) de Hesse, acreditava estar a Inglaterra destinada à revolução social. Sua permanência de quase dois anos na região têxtil e o contato com os owenistas e os cartistas distanciaram-no do círculo de Bauer. Essa experiência, registrada em *Die Lage der arbeitenden Klasse in England* (*A condição da classe trabalhadora na Inglaterra*), que publicou em 1845, convenceu-o de que a CLASSE OPERÁRIA, uma força caracteristicamente nova criada pela "revolução industrial", seria o instrumento da transformação revolucionária para o COMUNISMO. Entre a sua partida da Inglaterra e a redação de seu livro, Engels teve o seu primeiro encontro importante com Marx. Como ambos compartilhavam a mesma posição crítica contra o grupo de Bauer e haviam sido igualmente impressionados pela importância do movimento operário fora da Alemanha, concordaram em escrever uma obra conjunta expondo suas posições, *Die Heilige Familie* (*A Sagrada Família*, 1845), que marcou o início de uma colaboração que se estenderia por toda a vida. Naquela época, o comunismo que divisavam continuava fortemente influenciado por FEUERBACH, embora já possuísse um caráter distintivo graças à importância muito maior que Marx e Engels atribuíam à classe operária e à política.

Mas, a partir de princípios de 1845, e em parte sob o impacto da crítica feita por Stirner a Feuerbach em *Der Einzige und sein Eigentum* (*O único e a sua propriedade*), Marx esclareceu sua posição teórica, tanto em relação a Feuerbach como aos Jovens Hegelianos, o que marcou o início de uma concepção da história caracteristicamente "marxista". Segundo o próprio Engels, sua participação nesse processo foi secundária. Não obstante, seus trabalhos sobre economia política e sobre a relação entre a Revolução Industrial e o desenvolvimento de uma consciência de classe na Inglaterra trouxeram elementos vitais para a síntese geral de Marx. Além disso, Engels contribuiu substancialmente para a obra conjunta e inacabada em que ele e Marx expuseram a nova concepção: *Die deutsche Ideologie* (*A ideologia alemã*, 1845-1847).

Entre 1845 e 1850, a colaboração de Marx e Engels foi muito estreita. Engels rompeu com seu pai e dedicou-se integralmente às atividades políticas em Bruxelas e Paris. O projeto dos dois pensadores era convencer os comunistas alemães do acerto de sua posição e forjar laços internacionais com movimentos operários de outros países, tendo por base uma plataforma proletária revolucionária comum. Com esse objetivo, ingressaram na seção alemã da Liga dos Justos (rebatizada Liga Comunista) e para ela produziram Das Kommunistische *Manifest* (*Manifesto Comunista*), às vésperas da revolução de 1848. Durante a revolução, Engels trabalhou com Marx em Colônia, no periódico *Neue Rheinische Zeitung*. Ameaçado de prisão em setembro de 1848, foi para a França, mas voltou em princípios de 1849 e, de maio a junho, participou da fase final da resistência armada até a vitória da contrarrevolução. O interesse de Engels pelas questões militares data desse período, e sua interpretação geral da revolução foi registrada nos artigos sobre a revolução e contrarrevolução na Alemanha que escreveu para o *New York Daily Tribune* (1851-1852), no qual foram publicados com a assinatura de Marx.

Depois de passar algum tempo na Suíça e em Londres, onde a Liga Comunista finalmente se dissolveu, Engels instalou-se em Manchester em 1850, voltando a trabalhar na firma da sua família. Ali permaneceu até 1870. Além de ocupar-se de sua bem-sucedida atividade comercial, ajudou a família empobrecida de Marx e foi o principal companheiro político e intelectual do autor de *Das Kapital* (*O Capital*). Nesse período, Marx e Engels difundiram suas posições comuns em numerosas colaborações jornalísticas. Foi também a partir de fins da década de 1850 que Engels passou a interessar-se, de maneira cada vez mais intensa, em estabelecer as conexões dialéticas entre a concepção materialista da história e as ciências naturais (ver CIÊNCIAS NATURAIS): sua obra inacabada sobre esses temas foi organizada e publicada em Moscou na década de 1920, sob o título de *Dialektik der Natur* (*Dialética da natureza*).

Em 1870, Engels pôde aposentar-se confortavelmente e transferir-se para Londres. Quando a saúde de Marx começou a agravar-se, Engels assumiu uma parte crescente do trabalho político de ambos, em particular a direção da Primeira Internacional em seus últimos anos (ver INTERNACIONAIS). Foi nesse papel político que Engels assumiu a polêmica contra as correntes positivistas do Partido Social-Democrata Alemão, produzindo o livro *Herrn Eugen Dühring Umwälzung der Wissenschaft*, mais conhecido como o *Anti-Dühring* (1878) – a primeira tentativa de exposição geral do pensamento marxista. Esse trabalho e resumos seus como *Die Entwicklung des Sozialismus von Utopie zur*

Wissenschaft (*Do socialismo utópico ao socialismo científico*) estão na base da enorme reputação de Engels junto aos novos movimentos socialistas entre 1880 e 1914. Outras obras, notadamente *Der Ursprung der Familie, des Privateigentums und des Staats* (*A origem da família, da propriedade privada e do Estado*, 1884) e *Ludwig Feuerbach und der Ausgang der klassischen deutschen Philosophie* (*Ludwig Feuerbach e o fim da filosofia clássica alemã*, 1886), consolidaram a posição de Engels como filósofo ainda mais importante do que Marx, durante a época da Segunda Internacional. Depois da morte de Marx, em 1883, Engels passou a maior parte de seu tempo organizando e publicando os segundo e terceiro volumes de *O Capital*, o que fez em 1885 e 1894. Mas participou também, ativamente, da formação da Segunda Internacional, que considerava como o melhor veículo para o desenvolvimento do socialismo e como barreira contra o risco de uma guerra destrutiva entre a França e a Alemanha. Estava começando a trabalhar no quarto volume de *O Capital*, subsequentemente publicado como *Theorien über den Mehrwest* (*Teorias da mais-valia*), quando morreu de câncer.

Antes de 1914, Engels desfrutou de uma reputação sem paralelo. Mais do que Marx, ele foi responsável pela difusão do marxismo como visão do mundo, dentro do movimento socialista (ver MARXISMO, EVOLUÇÃO DO). Depois de 1914 e da Revolução Russa, porém, essa posição passou a ser contestada. Ao passo que os marxistas soviéticos acentuaram o cientificismo aparente de seus escritos como parte da filosofia oficial do MATERIALISMO DIALÉTICO, os socialistas ocidentais o acusaram de POSITIVISMO e de REVISIONISMO. A ambas as interpretações podem ser imputados enganos sérios, até porque Engels pertenceu a uma geração pré-positivista. Além da do próprio Marx, as influências intelectuais mais importantes que recebeu foram Hegel e Fourier, e sua interpretação do socialismo deve ser entendida sob essa luz.

GSJ

Bibliografia: Adler, Max, *Marx und Engels als Denker*, 1908 (1972) • Bidet, Jean, "Engels et la religion", 1974 • Bloch, Ernst, "Friedrich Engels als Polyhistor", 1955 • Bottigelli, Émile, "Hegel et le jeune Engels", 1979 • Bruhat, J., *Marx/Engels*, 1971 • Carver, Terrell, *Engels*, 1981 ⊙ *Marx and Engels: The Intellectual Relationship*, 1983 • Colletti, Lucio, *Il marxismo e Hegel*, 1969; *Marxism and Hegel* (1973); *Le marxisme et Hegel* (1969) • Cornu, Auguste, *Karl Marx et Friedrich Engels: leur vie et leur ceuvre*, 4 vols., 1958-1970 ⊙ "La participation de Friedrich Engels à l'élaboration du matérialisme historique", 1970 • Fetscher, Iring, *Karl Marx und der Marxismus*, 1967 [*Karl Marx e os marxismos*, 1970] • Gemkow, H., *Friedrich Engels: eine Biographie*, 1972 • Glucksmann, C., *Engels et la philosophie marxiste*, 1971 • Henderson, W.O., *The Life of Friedrich Engels*, 1976 • Kapp, Y., *Eleanor: chronique familiale des Marx*, 1980 • Labica, Georges, "Du jeune Engels", 1976 • Lukács, G., *Karl Marx und Friedrich Engels als Literaturhistoriker*, 1947 (1952) • Luporini, Cesare, *Dialettica e materialismo*, 1974 • MacLellan, David, *Engels*, 1977 • Marcus, S., *Engels, Manchester and the Working Class*, 1974 • Mayer, G., *Friedrich Engels: eine Biographie*, 1934 • Mehring, Franz, *Aus dem literarischen Nachlasz von Karl Marx, Friedrich Engels und Ferdinand Lassalle*, 1923 • Mondolfo, Rodolfo, *Il materialismo storico in Friedrich Engels*, 1952 (1973) • Prestipino, G., *Natura e società: per una nuova lettura di Engels*, 1973 • Riazanov, David, *Marx et Engels*, 1967 ⊙ "L'héritage littéraire de Marx et d'Engels", 1968 • Rubel, Maximilien, "La Russie dans l'ceuvre de Marx et d'Engels: leur correspondance avec Danielson", 1950 ⊙ *Bibliographie des ceuvres de Karl Marx (avec en appendice un répertoire des ceuvres de Friedrich Engels)*, 1952 • Stedman Jones, Gareth, "Engels", in E. Hobsbawm (org.), *Storia del marxismo*, 1978; *History of Marxism* (1980) [*História do marxismo*, 1980] • Ulrich, H., *Der Junge Engels*, 1961 • Uma bibliografia bastante completa das obras de Engels e das que ele escreveu em colaboração com Marx encontra-se na primeira parte da Bibliografia, ao final deste volume, sob o título de "Os escritos de Marx e Engels citados neste dicionário".

equivalente geral Ver DINHEIRO

Escola de Frankfurt A gênese da Escola de Frankfurt, na Alemanha das décadas de 1920 e 1930, é inseparável do debate sobre o que constitui o marxismo ou sobre o alcance e o significado de uma teoria concebida com uma intenção prática: a crítica e a subversão da dominação em todas as suas formas. Para compreender os eixos em torno dos quais se desenvolveu o pensamento da Escola de Frankfurt, é essencial apreciarmos os turbulentos acontecimentos que constituíram o seu contexto: a derrota dos movimentos proletários de esquerda na Europa Ocidental após a Primeira Guerra Mundial, o colapso dos partidos de massa de esquerda na Alemanha, que se transformaram em movimentos ou reformistas ou dominados por Moscou, a degeneração da Revolução Russa com o STALINISMO e a ascensão do FASCISMO e do nazismo. Esses acontecimentos suscitaram questões fundamentais para aqueles que se inspiravam no marxismo mas estavam dispostos a reconhecer como eram enganosas e perigosas as concepções dos que sustentavam que o socialismo era uma tendência inevitável do desenvolvimento da história ou que a ação social "correta" resultaria automaticamente da promulgação da linha partidária "correta".

A Escola de Frankfurt pode ser associada diretamente a um radicalismo antibolchevique e a um marxismo aberto ou crítico. Hostis ao capitalismo como ao socialismo soviético, seus escritos procuraram manter viva a possibilidade de um caminho alternativo para a evolução da sociedade, e muitos dos que se engajaram na Nova Esquerda nas décadas de 1960 e 1970 viram no trabalho teórico desenvolvido pelos pensadores da Escola de Frankfurt uma intrigante e estimulante interpretação da teoria marxista, em que se destaca a valorização de questões e problemas (autoritarismo e burocracia, por exemplo) raramente tematizados por versões mais ortodoxas do marxismo.

Faz-se habitualmente referência às ideias da Escola de Frankfurt recorrendo-se à expressão "teoria crítica" (Jay, 1973 e Jacoby, 1974). Mas a teoria crítica, é preciso dizer, não constitui uma unidade; não significa a mesma coisa para todos os seus seguidores (Dubiel, 1978 e Held, 1980). A tradição de pensamento a que se pode fazer referência de maneira bastante genérica com a ajuda dessa expressão divide-se em duas vertentes fundamentais. A primeira organizou-se em torno do Instituto de Pesquisa Social (*Institut für Sozial Forschung*), criado em Frankfurt em 1923, exilado da Alemanha em 1933, reinstalado nos Estados Unidos pouco depois e finalmente restabelecido em Frankfurt em princípios da década de 1950. As principais figuras do Instituto foram Max HORKHEIMER (filósofo, sociólogo e psicólogo social), Friedrich Pollock (economista e especialista em problemas de planejamento nacional), Theodor ADORNO (filósofo, sociólogo e musicólogo), Erich Fromm (psicanalista e psicólogo social), Herbert MARCUSE (filósofo), Franz Neumann (cientista político, particularmente voltado para estudos sobre o direito), Otto Kirchheimer (cientista político, também voltado para estudos sobre o direito), Leo Lowenthal (estudioso da cultura popular e da literatura), Henryk Grossman (economista político), Arkadij Gurland (economista e sociólogo) e, como membro do "círculo externo" do Instituto, Walter BENJAMIN (ensaísta e crítico literário). É comum fazer-se referência às pessoas que pertenciam ao Instituto como sendo a "Escola de Frankfurt". O rótulo, porém, é enganoso, pois o trabalho dos membros do Instituto nem sempre constituiu uma série de projetos complementares, intimamente ligados entre si. Na medida em que se pode falar de uma "escola", a referência deve compreender apenas Horkheimer, Adorno, Marcuse, Lowenthal, Pollock e (nos primeiros anos do Instituto) Fromm; e mesmo entre esses havia importantes diferenças de concepções. A segunda vertente da teoria crítica nasce da recente obra filosófica e sociológica de Jürgen HABERMAS, que reformula a noção de teoria crítica. Outros pensadores que contribuíram para o desenvolvimento desse projeto teórico (ver Wellmer, 1971) foram Albrecht Wellmer (filósofo), Claus Offe (cientista político e sociólogo) e Klaus Eder (antropólogo).

A exposição que segue tem como referência os membros mais destacados da Escola de Frankfurt – Horkheimer, Adorno, Marcuse e Habermas – ou seja, aqueles que mais contribuíram até hoje para a elaboração de uma teoria crítica da sociedade. A ideia dessa teoria pode ser especificada por vários traços comuns a suas obras. A ampliação e o desenvolvimento da noção de crítica, desde uma preocupação com as condições de possibilidade da razão e do conhecimento (Kant), até uma reflexão sobre o surgimento do espírito (Hegel), e daí até um enfoque de formas históricas específicas – capitalismo, o processo de troca (Marx) – foi resultado do trabalho desses homens. Os pensadores da Escola de Frankfurt buscaram desenvolver uma perspectiva crítica na análise de todas as práticas sociais, isto é, uma perspectiva que se preocupa com a crítica da ideologia, ou seja, de explicações da realidade sistematicamente distorcidas que procuram ocultar e legitimar relações assimétricas de poder. Preocuparam-se com a maneira pela qual os interesses, conflitos e contradições sociais se expressam no pensamento e também com a maneira pela qual se produzem e reproduzem em sistemas de dominação. Através da análise desses sistemas, pretendiam intensificar a consciência das raízes da dominação, minar as ideologias e contribuir para forçar transformações na consciência e na ação.

Formados principalmente como filósofos, todos os teóricos críticos escreveram importantes apreciações da herança filosófica alemã. Esses trabalhos foram concebidos ao mesmo tempo como análises e intervenções, pois seu objetivo era romper os grilhões de todos os sistemas fechados de pensamento e combater tradições que haviam bloqueado o desenvolvimento do projeto crítico. Todos os quatro pensadores conservaram muitas das preocupações do idealismo alemão – por exemplo, com a natureza da razão, da verdade e da beleza – mas reformularam a maneira pela qual razão, verdade e beleza eram entendidas por Kant e Hegel. Seguindo Marx, colocaram a história no centro de sua abordagem da filosofia e da sociedade (por exemplo, Marcuse, 1941). E contudo, embora os quatro sustentem que todo conhecimento é condicionado historicamente, todos igualmente pretendem que afirmações sobre a verdade podem ser julgadas racionalmente e independentemente de determinados interesses sociais (interesses de classe, por exemplo). Defendem, desse modo, a possibilidade de um momento autônomo da crítica (Horkheimer, 1968 e Adorno, 1966).

Grande parte do trabalho dos teóricos críticos foi elaborado no contexto de diálogos críticos com importantes filósofos e pensadores sociais contemporâneos e do passado. As principais figuras da Escola de Frankfurt debruçaram-se sobre e buscaram sintetizar aspectos da obra de, entre outros, Kant, Hegel, Marx, Weber, Lukács e Freud. Para Habermas, certas tradições do pensamento anglo-americano também são importantes, particularmente a filosofia da linguagem e as recentes filosofias da ciência. A motivação para esse projeto teórico parece ser a mesma em todos os pensadores da Escola de Frankfurt: seu objetivo é lançar as bases para a tematização, em um contexto de pesquisa interdisciplinar, de questões relacionadas às condições que tornam possível a reprodução e a transformação da sociedade, o significado da cultura e as relações entre o indivíduo, a sociedade e a natureza.

O reconhecimento de que o marxismo tornou-se uma ideologia repressiva em sua versão stalinista – confirmando-se dessa forma que suas doutrinas não oferecem necessariamente a chave da verdade – constitui uma das premissas fundamentais da teoria crítica. Permite o reconhecimento não só do fato de que os conceitos marxistas "clássicos" são inadequados para explicar vários fenômenos (stalinismo e fascismo, entre outros), mas também de que as ideias e teorias de, por exemplo, Weber e Freud proporcionam instrumentos valiosos para pensar alguns dos problemas enfrentados pelos marxistas: porque a revolução no Ocidente era esperada e porque não ocorreu? A preocupação dos teóricos críticos em apreciar e, quando cabível, desenvolver o pensamento não marxista, não representa uma tentativa de enfraquecer o marxismo, mas de revigorá-lo e fazê-lo avançar. Nesse sentido, ao mesmo tempo em que reconhecem a importância capital da contribuição de Marx para a economia política, essa é por eles considerada como uma base insuficiente para a compreensão da sociedade contemporânea. A expansão do Estado a uma gama cada vez mais variada de áreas da vida, a relação cada vez mais estreita e encadeada entre "base" e "superestrutura", a difusão daquilo que eles próprios denominaram "indústria da cultura", o desenvolvimento do autoritarismo – tudo isso implicava que a economia política devesse ser integrada a outros interesses. Portanto, a sociologia política, a crítica da cultura, a psicanálise e outras disciplinas encontraram um lugar no quadro geral da teoria crítica. Levantando problemas relacionados com a divisão do trabalho, a burocracia, os padrões culturais, a estrutura da família, bem como com a questão central de propriedade e controle, a Escola de Frankfurt ampliou decisivamente os termos de referência da crítica e contribuiu para a transformação da noção do que é o político.

A obra dos pensadores da Escola de Frankfurt buscou mostrar as complexas relações e mediações que fazem com que os modos de produção – talvez o referente mais fundamental do corpo teórico constituído por Marx – não possam ser caracterizados simplesmente como estruturas objetivas, como coisas que se desenvolvem "por sobre as cabeças" dos agentes humanos. Opuseram-se assim, especialmente, à interpretação "determinista" e "positivista" do materialismo histórico com a ênfase que lhe é característica nas fases inalteráveis da evolução histórica (impulsionada por uma "base" econômica aparentemente autônoma) e à conveniência da aplicação do modelo metodológico das ciências naturais à compreensão de tais fases. Esse modo de interpretar o pensamento de Marx corresponde, segundo os teóricos frankfurtianos, a uma forma de pensamento que o próprio Marx rejeitara – o "materialismo contemplativo", um materialismo que negligencia a importância central da subjetividade humana. O ponto de vista tradicional do marxismo ortodoxo (por exemplo, as doutrinas do Partido Comunista Alemão) não percebia o que significa analisar tanto as condições objetivas da ação como as maneiras pelas quais essas condições são compreendidas e interpretadas. Uma análise dos componentes, por exemplo, da cultura ou da formação da identidade, é necessária porque a "história é feita" pela "conduta determinada de sujeitos dotados de conhecimento parcial". A contradição entre as forças produtivas e as relações de produção não dá origem a uma trajetória pré-determinada para a crise. O curso da crise e a natureza de sua solução dependem das práticas dos agentes sociais e de como estes compreendem a situação da qual são parte. A teoria crítica dirige-se para a análise da influência mútua entre a estrutura e as práticas sociais, a mediação entre o objetivo e o subjetivo que se faz em e através de fenômenos sociais determinados.

Embora existam significativas diferenças entre os diversos modos pelos quais formularam tais questões, os teóricos críticos acreditavam que, pela análise das questões sociais e políticas contemporâneas, poderiam esclarecer possibilidades futuras que, se realizadas, fortaleceriam a racionalidade da sociedade. Não se mostravam, porém, apenas interessados em explicar o que está latente, nem, como Horkheimer e Adorno disseram muitas vezes, em "lembrar" ou "recordar" um passado que corre o risco de ser esquecido: a luta pela emancipação, as razões dessa luta, a natureza do próprio pensamento crítico, contribuíram igualmente com novas ênfases e novas ideias em sua concepção da teoria e da prática. Marcuse, por exemplo, defende a gratificação pessoal (contra aqueles revolucionários que sustentam uma visão ascética e puritana), a autoemancipação individual (contra os que argumentam simplesmente que a liberação decorrerá das transformações das relações de produção e das forças produtivas), e alternativas fundamentais à relação vigente entre a humanidade e a natureza (contra os que apenas desejam acelerar o desenvolvimento das formas de tecnologia existentes) – e tudo isso representa um significativo afastamento das doutrinas marxistas tradicionais (Marcuse, 1955). Horkheimer, Adorno e Marcuse nunca apresentaram, porém, um conjunto rígido de fórmulas políticas. Isso porque um princípio central do seu pensamento, como também do de Habermas, é o de que o processo de liberação implica um processo de *autoemancipação* e *autocriação*. Assim sendo, as organizações leninistas de vanguardas foram avaliadas criticamente por estes teóricos porque reproduziam uma divisão do trabalho crônica, a burocracia e a liderança autoritária. Embora os teóricos críticos não tenham produzido uma teoria política completa e circunstanciadamente fundamentada, situaram-se na tradição dos que sustentam a unidade entre socialismo e liberdade e que argumentam que os objetivos de uma sociedade racional devem ser prefigurados e coerentes com os meios usados para se chegar a ela.

Durante as décadas de 1930 e 1940, o Instituto de Pesquisa Social, dirigido por Horkheimer, realizou pesquisas e análises em várias áreas de estudos diferentes, entre as quais a formação da identidade individual, relações familiares, burocracia, Estado, economia e cultura. Embora a teoria que se tornou conhecida como "a teoria social de Frankfurt" tenha partido com frequência de axiomas marxistas bem conhecidos, muitas das conclusões a que chegou contrariam a teoria marxista tradicional, pois suas constatações puseram em evidência muitos obstáculos à transformação social no futuro previsível. A seguinte constelação de elementos mostrou-se de importância fundamental para a explicação das tendências contemporâneas da sociedade capitalista proposta pela Escola de Frankfurt: a) a tendência para a crescente integração entre o econômico e o político; os monopólios se organizam e intervêm no Estado, ao passo que este intervém para salvaguardar e manter os processos econômicos; b) a crescente interdependência entre a economia e a formação política assegura a subordinação da iniciativa local à deliberação burocrática e da alocação dos recursos do mercado ao planejamento centralizado; a sociedade é coordenada por poderosas administrações (públicas e privadas), cada vez mais autossuficientes, mas orientadas exclusivamente para a produção; c) com a difusão da burocracia e da organização, há uma extensão da racionalização da vida social, por meio da difusão da razão instrumental – uma preocupação com a eficiência dos meios com vistas a certos fins predeterminados; d) a extensão constante da divisão do trabalho fragmenta as tarefas, e, na medida em que estas se tornam cada vez mais mecanizadas, há menores possibilidades para o trabalhador de refletir sobre elas e organizar seu próprio trabalho; o conhecimento do processo total de trabalho torna-se menos acessível, e a maior parte das ocupações se tornam unidades atomizadas, isoladas; e) finalmente, com a fragmentação das tarefas e do conhecimento, a experiência de classe diminui e a dominação torna-se ainda mais impessoal; as pessoas se transformam em meios para a realização de objetivos que parecem ter existência própria; o padrão particular de relações sociais que condiciona esses processos – as relações de produção capitalistas – é reificado, e, à medida em que um número cada vez maior de áreas da vida social assumem as características de simples mercadorias, a reificação é intensificada, e as relações sociais tornam-se ainda menos compreensíveis (ver FETICHISMO DA MERCADORIA; TROCA); os conflitos tornam-se, por sua vez, cada vez mais centrados em questões marginais que não colocam à prova os fundamentos da sociedade.

A análise desses processos desenvolvida pela Escola de Frankfurt procurou pôr em evidência os fundamentos sociais específicos dessa dominação aparentemente anônima e revelar, com isso, o que impede que as pessoas "cheguem à consciência de si mesmas como sujeitos" capazes de espontaneidade e de ação positiva. No tratamento desse tema, a atenção focalizou-se em uma apreciação do modo pelo qual ideias e crenças são transmitidas pela "cultura popular" – a maneira pela qual o domínio do pessoal, do privado, é minado pela socialização exterior (extrafamiliar) do ego.

Horkheimer e Adorno acreditavam que a produção dos grandes artistas da época burguesa, bem como a produção dos artistas da Idade Média e do Renascimento, preservara uma certa autonomia com relação ao mundo dos interesses puramente pragmáticos (Adorno e Horkheimer, 1947). Através de sua *forma* ou de seu *estilo*, as obras desses artistas representaram experiências individuais de um modo capaz de iluminar os significados de tais experiências. A arte "autônoma", como Adorno a chama com mais frequência, produz imagens de beleza e ordem ou de contradição e dissonância: um domínio estético que, ao mesmo tempo que se afasta da realidade, realça traços significativos desta. O mundo que é seu objeto é derivado da ordem estabelecida, mas retrata essa ordem de maneira não convencional. Como tal, a arte tem um caráter cognitivo e subversivo: seu "conteúdo de verdade" está em sua capacidade de reestruturar padrões convencionais de significação (ver ARTE E ESTÉTICA).

Para os teóricos de Frankfurt, em sua época a maior parte das entidades culturais já se haviam transformado em mercadorias, ao passo que a própria cultura se tornara uma "indústria" (*Kultur industrie*). O termo "indústria" refere-se, aqui, à "padronização" e à "pseudo-individualização", ou diferenciação marginal, dos artefatos culturais (por exemplo, filmes de *westerns* para a televisão ou música de cinema) e à racionalização das técnicas de promoção e distribuição. Sem preocupar-se com a integridade da forma artística, a indústria da cultura interessa-se pela "predominância do efeito". Ela visa principalmente à criação de diversões e distrações, proporcionando uma fuga temporária às responsabilidades e à monotonia da vida cotidiana. Mas a indústria da cultura não propicia uma evasão autêntica. O relaxamento que proporciona – isento de demandas e esforços – só serve para distrair as pessoas das pressões básicas que atuam sobre suas vidas e para reproduzir a sua vontade de trabalhar. Em suas análises da televisão, da arte, da música popular e da astrologia, Adorno tentou mostrar como os produtos desta "indústria" simplesmente reproduzem e reforçam a estrutura do mundo de que as pessoas procuram se evadir, na medida em que fortalecem a convicção de que os fatores negativos da vida são devidos a causas naturais ou ao acaso, promovendo assim um senso de fatalismo, de dependência e de obrigação. A indústria da cultura produz um "cimento social" para a ordem existente. (Adorno não afirmou ser este o destino de toda a arte e de toda música. Nunca se cansou de ressaltar, por exemplo, que a música atonal de Schönberg preserva uma função crítica, negativa.) Com a análise da arte e da música modernas, a Escola de Frankfurt procurou apreciar a natureza de diferentes fenômenos culturais. Nessa investigação, tentou mostrar como a maioria das atividades de lazer são dirigidas e controladas. Tanto a esfera da produção como a do consumo exercem uma influência crucial sobre a socialização dos indivíduos. Forças impessoais controlam não apenas as crenças dos indivíduos como também seus impulsos (ver CULTURA).

Valendo-se de vários conceitos da psicanálise, os teóricos da Escola de Frankfurt estudaram a maneira pela qual a sociedade constitui o indivíduo, produzindo tipos de caráter social. E constataram que, no processo de socialização, a importância dos pais está diminuindo. As famílias oferecem uma proteção cada vez menor contra as pressões esmagadoras do mundo exterior, e a legitimidade da autoridade do pai vem sendo enfraquecida. O resultado é, por exemplo, que os meninos não mais aspiram a ser como seu pai e sim, cada vez mais, como imagens projetadas pela indústria da cultura em geral (ou pelo fascismo na Alemanha nazista). O pai conserva um certo poder, mas suas exigências e proibições são, na melhor das hipóteses, mal assimiladas. O poder paterno parece, portanto, arbitrário. Nessa situação o filho conserva uma ideia abstrata de força e vigor, e busca um "pai" mais poderoso, adequado a essa imagem. Cria-se um estado geral de vulnerabilidade às forças externas – aos demagogos fascistas, por exemplo.

O estudo clássico de Adorno et al. (1950), *The Authoritarian Personality* (*A personalidade autoritária*) tinha como objetivo a análise dessa vulnerabilidade em termos de uma síndrome de personalidade que se cristaliza sob pressões como essas. O estudo procurava estabelecer relações entre certos traços de caráter e opiniões políticas que poderiam ser consideradas como potencialmente fascistas, tais como o nacionalismo agressivo e o preconceito racial (ver RAÇA). E revelou um indivíduo "padronizado", cujo pensamento individual é rígido, inclinado ao uso de lugares-comuns, cegamente submisso aos valores e à autoridade convencionais, e supersticioso. Mostrou quão profundamente a ideologia estava arraigada e porque as pessoas podiam aceitar sistemas de crenças "contrários aos seus interesses racionais". O tipo autoritário de caráter foi justaposto ao indivíduo autônomo, capaz de julgamento crítico.

Os estudos da Escola de Frankfurt sobre a cultura contemporânea, os padrões de autoritarismo, etc., pretendiam contribuir para estimular a luta pela emancipação, embora se deva acrescentar que o significado preciso desse projeto foi motivo de divergências entre os membros da escola. Não obstante, fica claro que a obra dos teóricos da Escola de Frankfurt evidencia um paradoxo, particularmente constrangedor na medida em que todos os quatro sustentam que as potencialidades da transformação humana e social devem ter base histórica: sua teoria da importância da transformação social fundamental pouco apoio tem na luta social. A ampliação dos termos de referência da crítica e a noção do político por eles propostas constituem um passo importante no sentido de sustentar as tensões de sua posição. Foi precisamente porque não tinham em vista nenhuma transformação inevitável do capitalismo que tanto se preocuparam com a crítica da ideologia e com, através dessa crítica, contribuir para criar a consciência da possibilidade de um rompimento com a estrutura de dominação existente. Mas as tensões surgem, no essencial, de uma tese discutível - uma tese que os levou a subestimar tanto a significação de certos tipos de luta política como a importância de seu próprio trabalho para essas lutas.

Uma das principais preocupações dos teóricos da Escola de Frankfurt foi explicar por que a revolução não aconteceu no Ocidente, ao contrário do que Marx previra. Ao tentarem explicar a ausência de revolução, tenderam a subestimar a complexidade dos acontecimentos políticos, e sua suposição de que a transformação deveria ter ocorrido por meio de um rompimento decisivo com a ordem existente levou-os a dar um peso indevido ao poder das forças que operam para a estabilização da sociedade. Ao procurarem explicar porque aquilo que esperavam não ocorreu, exageraram a capacidade do "sistema" de absorver a oposição. Em consequência disso a teoria crítica perdeu de vista várias lutas sociais e políticas importantes, tanto no Ocidente como fora dele - lutas que mudaram e continuam mudando a face da política (ver CRISE DA SOCIEDADE CAPITALISTA). Não obstante, embora nem sempre fossem capazes de apreciar a variável constelação dos eventos políticos, seu interesse teórico e crítico pela análise das muitas formas de dominação que inibem os movimentos políticos radicais teve considerável impacto prático: seu trabalho nesses domínios é parte integrante e importante da tradição marxista.

Outras críticas têm sido feitas às posições da Escola de Frankfurt, que não é nossa intenção reproduzir aqui (Anderson, 1976; Held, 1980; Thompson, 1981; Geuss, 1982). Significativamente, algumas das lacunas e falhas mais importantes da produção teórica da Escola de Frankfurt foram devidamente tematizadas nos escritos da segunda geração de teóricos críticos, principalmente nos trabalhos de Habermas, que desenvolveu suas ideias dentro de um quadro referencial que difere substancialmente do de Horkheimer, de Adorno ou de Marcuse. Em particular, Habermas foi mais adiante na discussão dos fundamentos filosóficos da teoria crítica, procurando explicar seus pressupostos sobre a racionalidade e a "boa sociedade", e reformulou a explicação proposta pela teoria crítica das possibilidades de desenvolvimento da sociedade capitalista (Habermas, 1968a e 1973). A obra de Habermas ainda está em processo de elaboração e representa um testemunho atuante do fato de que a construção de uma teoria crítica da sociedade ainda é um projeto de grande vitalidade, mesmo que não se possa, no momento atual, aceitar sem crítica muitas de suas doutrinas. (Ver também TEORIA DO CONHECIMENTO; MARXISMO OCIDENTAL.)

DH

Bibliografia: Adorno, Theodor W., *Kierkegaard: Konstruktion des Aesthetischen*, 1933 (1966) ◎ *Philosophie der neuen Musik*, 1949 (1972); *Philosophie de la nouvelle musique* (1962); *Philosophy of Modern Music* (1973) [*Filosofia da nova música*, 1974] ◎ *Minima Moralia: Reflexionem aus dem beschädigten Leben*, 1951 (1970); *Minima Moralia: Reflections from Damaged Life* (1974); *Minima Moralia* (1980) ◎ *Versuch über Wagner*, 1952 (1962); *Essai sur Wagner* (1966) ◎ *Prismen: Kulturkruik und Gesellschaft*, 1955a; *Prismas: la crítica de la cultura y la sociedad* (1962); *Prisms* (1967) ◎ *Zur Verhaelthis von Soziologie und Psychologie*, 1955b; "Sociology and Psychology" (1967, 1968) ◎ *Dissonanzen: Music in der veralteten Welt*, 1956a (1963) [parcialm. trad., "O fetichismo na música e a regressão da audição", 1980] ◎ *Zur Metacritik der Erkenntnistheorie*, 1956b; *Against Epistemology* (1982) ◎ *Drei Studien zu Hegel*, 1957; *Trois études sur Hegel* (1979) ◎ *Noten zur Literatur*, 1958-1965 [parcialm. trad., "Lírica e sociedade", 1980; "Posição do narrador no romance contemporâneo", 1980] ◎ *Klangfiguren*, 1959 [parcialm. trad., "Ideias para a sociologia da música", 1968 e 1980] ◎ *Mahler*, 1960; *Mahler: une physionomie musicale* (1976) ◎ *Quasi una Fantasia*, 1963 (1982) ◎ *Eingriffe: neven kritische Modelle*, 1963 [parcialm. trad., "Televisão, consciência e indústria cultural", 1978] ◎ *Moments Musicaux*, 1964a ◎ *Jargon der Eigenstlichkeit: zur deutschen Ideologie*, 1964b; *The Jargon of Authenticity* (1973) ◎ *Sti-*

chworte: kritische Modelle 2, 1965; *Modèles critiques: intervention-répliques* (1984) ◎ *Negative Dialektik*, 1966 (1970); *Negative Dialectics* (1973); *Dialectique négative* (1978) ◎ *Ohne Leitbild: Parva Aesthetica*, 1967 [parcialm. trad., "A indústria cultural", 1978] ◎ *Impromptus: Zweit Folge neue gedrucker musikalischer*, 1968 ◎ *Gesammelte Schriften*, 1970 (23 vols.) ◎ *Aesthetische Theorie*, 1970; *Théorie esthétique* (1974) [*Teoria estética*, 1982] ◎ *Philosophische Terminologie. Zur Einleitung*, 1973; *Terminologia filosófica* (1976) • Adorno, T.W. & Ernst Bloch, *Über Walter Benjamin*, 1968 • Adorno, T.W. & Hanns Eisler, *Komposition für der Film*, 1944; *El cine y la música* (1981) • Adorno, T.W. & Marx Horkheimer, *Dialektik der Aufklärung: Philosophische Fragmente*, 1947 (1969); *Dialectic of Enlightment* (1972); *La dialectique de la raison: fragments philosophiques* (1974) [*Dialética do esclarecimento*, 1985] ◎ *Sociologische Excurse: nach Vortragen und Disckussionen*, 1956 [*Temas básicos da sociologia*, 1978] ◎ *Sociologica II*, 1962 • Adorno, T.W. & Karl Popper et al., *Der Positivismusstreit in der deustschen Sociologie*, 1969; *La disputa del positivismo en la sociologia alemana* (1973); *De Vienne e Francfort, la querelle allemande des sciences sociales* (1979) ["Introdução à controvérsia sobre o positivismo na sociologia alemã" (trad. da introdução de Adorno), 1980] • Adorno, T.W. et al., *The Authoritarian Personality*, 1950 • Anderson, Perry, *Considerations on Western Marxism*, 1976 • Arendt, Hannah, *Men in Dark Times*, 1968 ◎ *Benjamin-Brecht: Zwei Essays*, 1971 • Benjamin, Walter, *Schriften*, 1955 ◎ *Angelus Novus*, 1961 (1966) ◎ *Illuminationen*, 1961; *Iluminations* (1968) ◎ *Briefe*, 1966 ◎ *Versuche über Brecht*, 1966 ◎ *Oeuvres*: vol.I, *Mythe et violence*; vol. II, *Poésie et révolution*, 1971 ◎ *Gesammelte Schriften*, 1972 • Benjamin, W. et al., *Textos escolhidos*, 1980 • Dubiel, Helmut, *Wissenschaftorganisation und politische Erfahrung*, 1978 • Geuss, Raymond, *The Idea of a Critical Theory*, 1982 • Habermas, Jürgen, *Strukturwandel des Öffentlichkeit*, 1962; *L'espace public* (1978) ◎ *Theorie und Praxis*, 1963; *Theory and Practice* (1974); *Théorie et pratique* (1975) ◎ *Technik und wissenchaft als Ideologie*, 1968a; *La technique et la science comme "ideologie"* (1973) [parcialm. trad., "Técnica e ciência enquanto 'ideologia'", 1980] ◎ *Erkenntnis und Interesse*, 1968b; *Knowledge and Human Interests* (1971); *Connaissance et intérêt* (1976) [*Conhecimento e interesse*, 1983] ◎ *Protestbewegung und Hochschulreform*, 1969a; *Toward a Rational Society* (1971) ◎ *Philosophische-politische Profile*, 1971; *Profils philosophiques et politiques* (1974) ◎ *Legitimationsprobleme in Spälkapilalismus*, 1973; *Legitimation Crisis* (1976) [*Crise de legitimação do capitalismo tardio*, 1979] ◎ *Theorie des Kommunikativen Handelns*, 1981 • Habermas, J. (org.), *Antworten auf Herbert Marcuse*, 1968 • Held, David, *Introduction to Critical Theory: Horkheimer to Habermas*, 1980 • Hirsch, Mario, "L'école de Francfort, une critique de la raison instrumentale", 1975 • Horkheimer, Max, *Anfänge der burgerlischen Geschichtsphilosophie*, 1930; *Les débuts de la philosophie bourgeoise de l'histoire* (1974) ◎ *Eclipse of Reason*, 1947; *Éclipse de la raison* (1974) [*Eclipse da razão*, 1976] ◎ *Zur Kritik der instrumentellen Vernunft*, 1967 ◎ *Kritische Theorie*, 1968; *Critical Theory* (1972) [parcialm. trad., "Teoria tradicional e teoria crítica", 1980; "Filosofia e teoria crítica", 1980] ◎ *Théorie traditionnelle et théorie critique*, 1974 • Jacoby, Russell, "Marxism and the Critical School", 1974 • Jameson, Frédéric, *Marxism and Form*, 1971 [*Marxismo e forma*, 1985] • Jay, Martin, *The Dialectical Imagination: a History of the Frankfurt School and the Institute of Social Research, 1923-1950*, 1973; *L'Imagination dialectique* (1977) • Jimenez, Marc, *Adorno: art, idéologie et théorie de l'art*, 1973 • Kothe, F.R., *Benjamin e Adorno: confrontos*, 1978 • Marcuse, Herbert, "*Beiträge zu einer Phänomenologie des historischen Materialismus*", 1928; "Contribution to a Phenomenology of Historical Materialism" (1969) ["Contribuições para compreensão de uma fenomenologia do materialismo histórico", 1968] ◎ "Neue Quellen zur Grundlegung des historischen Materialismus", 1932a; "Les manuscripts économicophilosophiques de Marx" (1969) ["Novas fontes para a fundamentação do materialismo histórico", 1968 e 1981] ◎ *Hegels Ontologie und die Grundlegung einer Theorie der Geschichitlichkeit*, 1932b; *L'ontologie de Hegel et la théorie de l'historicité* (1972) ◎ *Autorität und Familie in der deutschen soziologie bis 1933*, 1936 ◎ *Reason and Revolution: Hegel and the Rise of Social Theory*, 1941; *Raison et révolution: Hegel et la naissance de la théorie sociale* (1968) [*Razão e revolução*, 1978] ◎ *Eros and Civilization: a Philosophical Inquiry into Freud*, 1955; *Eros et Civilization* (1963) [*Eros e Civilização*, 1981] ◎ *Soviet Marxism: a Critical Analysis*, 1958; *Le marxisme soviétique* (1963) [*Marxismo soviético*, 1969] ◎ *One Dimensional Man: Studies in the Ideology of Advanced Industrial Society*, 1964; *L'Homme unidimensionnel* (1968) [*Ideologia da sociedade industrial*, 1968 e 1982] ◎ *A Critique of Pure Tolerance*, 1965a; *Critique de la tolérance pure* (1969) ◎ *Kultur und Gesellscnaft*, 1965b; *Culture et société* (1970) ◎ *La fin de l'utopie*, 1967 (1968); *El final de la utopia* (1968) ◎ *Negations: Essays in Critical Theory*, 1968 ◎ *Ideen zu einer Kritischen Theorie der Gesellschaft*, 1969a; *Pour une critique de la société* (1971) [*Ideias sobre uma teoria crítica da sociedade*, 1981] ◎ *Philosophie et révolution*, 1969b ◎ *An Essay on Liberation*, 1969c; *Vers la libération* (1969) ◎ *Counter-Revoluton and Revolt*, 1972; *Contre-révolution et révolte* (1973) [*Contra-revolução e revolta*, 1981] ◎ *Actuels*, 1976a ◎ *Berliner Requiem*, 1976b ◎ *Die Permanenz der Kunst*, 1977; *The Aesthetic Dimension* (1978); *La dimension esthétique* (1979) [*A dimensão estética*, 1981] • Merquior, J.G., *Arte e sociedade em Marcuse, Adorno e Benjamim*, 1969 • Palmier, Jean-Michel, *Marcuse et la nouvelle gauche*, 1973 • Thompson, John, *Critical Hermeneutics*, 1981 • Vincent, Jean-Marie, *La théorie critique de l'École de Francfort*, 1976 • Wellmer, Albrecht, *Critical Theory of Society*, 1971 • Wolff, Kurt W. & Barrington Moore Jr. (orgs.), *The Critical Sptrit: Essays in Honor of Herbert Marcuse*, 1967 • Zima, Pierre, *L'École de Francfort*, 1974.

escravidão Ver ESCRAVISMO

escravismo O trabalho realizado sob alguma forma de coerção não econômica predominou durante grande parte da história e é ainda hoje um fenômeno frequente (Kloosterboer, 1960). Como o escravo é o tipo mais conhecido e mais dramático de trabalhador não livre, acreditou-se geralmente que fosse também o mais comum; daí o uso metafórico, nas línguas ocidentais, das palavras "escravo", "escravidão", "escravizado", em contextos não relacionados necessariamente com o trabalho desde o grego antigo. Mas o fato é que, na história do mundo como um todo, os escravos existiram em número muito menor do que outras modalidades de trabalhadores manuais submetidos a uma falta de liberdade menos completa (embora raramente se possa dispor de números exatos). O escravo era, ele próprio, uma mercadoria de propriedade privada, a quem era perpetuamente negada a posse dos meios de produção, o controle sobre seu trabalho ou sobre os produtos desse trabalho e de sua própria reprodução. Isso não acontecia com o servo (ver SERVIDÃO), com o peão, com o camponês da SOCIEDADE ASIÁTICA, mais ou menos preso à terra, com o hilota espartano e com outras variedades de trabalhadores não livres. Um senhor de escravos sempre podia dar aos seus escravos privilégios específicos, e mesmo conceder-lhes alforria ou liberdade. Mas tais atos de modo algum constituíam uma inconsistência na definição do, nem significavam uma ameaça ao sistema de escravidão, por mais importantes que fossem como indicadores da maneira precisa pela qual a escravidão funcionava em determinada sociedade, como aparece claramente no contraste entre a frequência da alforria na Roma antiga e sua raridade nos Estados Unidos.

Não há discordância quanto ao fato de que os escravos são, até certo ponto, diferentes dos outros tipos de trabalhadores não livres, mas há acentuada divergência sobre se a ênfase dada a essa distinção constitui ou não um mero pedantismo. Esquematicamente, a alternativa está em ver a escravidão como uma espécie do gênero "trabalho dependente (ou involuntário)" ou encará-la como o próprio gênero e as outras modalidades de trabalho não livre como as espécies. A manutenção da distinção entre escravo e servo, mesmo pelos que rejeitam maiores diferenciações, nos dá uma chave da resposta que, em termos marxistas, tem seu fundamento nos conceitos de MODO DE PRODUÇÃO e FORMAÇÃO SOCIAL. Os servos eram a forma específica de força de trabalho no feudalismo (ver SOCIEDADE FEUDAL), e os escravos, na sociedade antiga, um elemento importante das relações sociais de produção, juntamente com a propriedade privada e a produção de mercadorias.

Aí surgem as complicações. Em primeiro lugar, no mundo greco-romano não só a escravidão era insignificante nas extensas regiões orientais, outrora integrantes do Império Persa, como também parece ter sido marginal na maior parte das províncias setentrionais e ocidentais do Império Romano (ver SOCIEDADE ANTIGA), onde a força de trabalho dependente estava sujeita a graus variados, mas menos acentuados, de falta de liberdade. Por exemplo, esses trabalhadores normalmente não constituíam mercadorias e, com frequência possuíam pelo menos os instrumentos de produção (Finley 1981, parte II). Em outras palavras, o trabalho dependente existia e funcionava dentro de sociedades com diferentes relações sociais de produção (fossem ou não essas sociedades partes de uma mesma unidade política, notadamente o Império Romano). A questão em aberto, de importantes implicações teóricas, é, portanto, se as relações de produção eram suficientemente diferentes para não permitir, em termos análiticos, a inclusão dessas sociedades numa mesma formação social em que o modo de produção escravista fosse dominante.

Em segundo lugar, dificuldades análogas surgiram com o interesse, bastante recente, pelo escravismo nas sociedades mais simples da África e Ásia. A abordagem predominante entre os antropólogos parece ser a de contornar as dificuldades eliminando da definição de escravidão o aspecto da propriedade e a qualidade de "estranho", não integrante do sistema de parentesco, como características do escravo. Os antropólogos marxistas, porém, tiveram de haver-se também com as diferenças no modo de produção (ver ANTROPOLOGIA). Assim, Meillassoux (1975) queixa-se de que não há "uma teoria geral que nos permita identificar a escravidão", e que "realmente não é óbvio que a escravidão seja apenas uma relação de 'produção'". E Maurice Bloch (in Watson, 1980) sugere que "todos devemos conservar o direito de construir tantos modos de produção quantos quisermos para os objetivos a que nos propomos".

Uma terceira complicação nasce da existência indubitável de sociedades escravistas no Novo Mundo, notadamente em regiões da América do Sul como as Caraíbas e o Brasil (Padgug, 1976). Como disse Marx nos *Grundrisse* (edição Penguin, p.513): "O fato de que hoje não só chamamos aos donos de fazendas da América de capitalistas, como também de que *são* realmente capitalistas, baseia-se em sua existência como anomalias dentro de um mercado mundial baseado no trabalho livre." Essa posição anômala é, sem dúvida, a chave para que se possa compreender porque, enquanto no Novo Mundo a escravidão foi *abolida*, a escravidão antiga não o foi. A escravidão norte-americana chegou a um fim abrupto por meio de uma emenda constitucional em 1865, sendo substituída pelo trabalho livre; a escravidão greco-romana foi substituída, no decorrer de um período de séculos, não pelo trabalho livre, mas por outra modalidade de trabalho dependente que acabou por se transformar na servidão, segundo um processo e um ritmo que ainda são objeto de muitas discordâncias (por exemplo, Dockès, 1979). E nunca foi totalmente eliminada: os escravos continuaram a existir, em número significativo, até o final da Idade Média, embora já não constituíssem a forma predominante de força de trabalho (Verlinden, 1955-1977).

Essa "sobrevivência" é inerente à concepção de formação social. Os escravos existiram durante a maior parte da história humana, mas, como força de trabalho dominante, apenas no Ocidente, em alguns períodos e em poucas regiões. Da mesma forma, camponeses livres que cultivavam sua própria terra e artesãos livres e independentes trabalhando nas cidades sempre foram numerosos nas sociedades escravistas, especialmente no mundo antigo, onde normalmente tinham papel essencial para o funcionamento bem-sucedido da produção escravista (Garnsey, 1980). O critério para que se possa reconhecer a dominância do modo de produção escravista está não no número de escravos mas em sua posição, isto é, na medida em que a elite deles dependia para assegurar sua riqueza.

MIF

Bibliografia: Albuquerque, Manoel Maurício de, "A propósito de rebelião e trabalho escravo", 1978 • Ampolo, C. & G. Pucci (orgs.), "Problemi della schiavitù", *Opus*, n.I, 1, 1982 • Dockès, P., *La libération medievale*, 1979 • Finley, M.I., *Ancient Slavery and Modern Ideology*, 1980 ◎ *Economy and Society in Ancient Greece*, 1982 • Garlan, Y., *Les esclaves en Grèce ancienne*, 1982 • Gamsey, P. (org.), *Non-slave Labour in Greco-Roman Antiquity*, 1980 (*Proceedings of the Cambridge Philological Society*, sup. 6) • Kloosterboer, W., *Involuntary Labour after the Abolition of Slavery*, 1960 • Meillassoux, C. (org.), *L'esclavage en Afrique précoloniale*, 1975 ◎ "Lettres sur l'esclavage", 1977 • Padgug, R.A., "Problems in the Theory of Slavery and Slave Society", 1976 • Verlinden, C., *L'esclavage dans l'Europe medievale*, 1955-77 • Watson, J.L. (org.), *Asian and African Systems of Slavery*, 1980 • Ver também a bibliografia do verbete SOCIEDADE ANTIGA e – para uma extensa bibliografia suplementar – Finley, 1980.

Estado Conceito de importância fundamental no pensamento marxista, que considera o Estado como a instituição que, acima de todas as outras, tem como função assegurar e conservar a dominação e a exploração de classe. A concepção marxista clássica de Estado está expressa na famosa formulação de Marx e Engels no *Manifesto comunista*: "O executivo do Estado moderno nada mais é do que um comitê para a administração dos assuntos comuns de toda a burguesia." Embora seja mais complexa do que parece à primeira vista, esta é uma afirmação demasiado sumária e que se presta à simplificação exagerada. Apesar disso, traduz efetivamente a proposição central do marxismo com relação ao Estado.

O próprio Marx jamais empreendeu uma análise sistemática do Estado. Mas o primeiro trabalho mais extenso que escreveu depois de sua tese de doutorado, ou seja, a *Crítica da filosofia do direito de Hegel* (1843) está, em grande medida, relacionado com o Estado, tema que, na verdade, ocupa um lugar importante em muitas de suas obras, notadamente em seus escritos históricos, como por exemplo *As lutas de classe na França de 1848 a 1850* (1850), o *Dezoito de Brumário de Luís Bonaparte* (1852) e *A guerra civil na França* (1871). Também Engels tratou, demoradamente, do Estado em muitos de seus escritos, como por exemplo o *Anti-Dühring* (1878) e *A origem da família, da propriedade privada e do Estado* (1884).

Um dos textos mais famosos de Lenin, *O Estado e a Revolução*, escrito às vésperas da revolução bolchevique, pretendeu ser uma reexposição da teoria marxista do Estado, contrapondo-se ao que Lenin considerava como a deformação desta pelo "revisionismo" da Segunda Internacional. Outros políticos e pensadores cuja produção teórica se insere na tradição marxista ocuparam-se do Estado, por exemplo, os membros da escola "austromarxista", como Max Adler e Otto Bauer (ver AUSTROMARXISMO) e, mais notavelmente, Antonio Gramsci. Mas foi só a partir da década de 1960 que o Estado se tornou um campo de investigação e de discussão importante dentro do marxismo. Essa relativa indiferença pode ser atribuída, em parte, ao empobrecimento geral do pensamento marxista provocado pelo predomínio do STALINISMO desde fins da década de 1920 até fins da década de 1950, e também a uma tendência excessivamente "economicista" (ver ECONOMICISMO), que tendia a atribuir um papel derivado e "superestrutural" ao Estado, e a vê-lo, sem problematizá-lo, como um mero servo das classes economicamente dominantes. Grande parte dos trabalhos recentes sobre o Estado preocupam-se, pelo contrário, em explorar e explicar a sua "autonomia relativa" e as complexidades que envolvem suas relações com a sociedade.

Em *Grundlinien der Philosophie des Rechts* (*Princípios da filosofia do direito*), Hegel buscou apresentar o Estado como a materialização do interesse geral da sociedade. Estando supostamente situado acima dos interesses particulares, o Estado seria capaz de superar a divisão entre ele próprio, Estado, e a SOCIEDADE CIVIL, bem como o abismo entre o indivíduo, como pessoa privada, e o cidadão. Marx rejeita tais pretensões em sua *Crítica da filosofia do direito de Hegel* sob a alegação de que o Estado, na vida real, não representa o interesse geral, mas antes defende os interesses da propriedade. Nessa obra, Marx apresenta um remédio basicamente político para essa incapacidade do Estado de garantir o interesse geral, qual seja, a realização da democracia. Pouco depois, contudo, chegou à concepção de que era necessário muito mais do que isso, e que a "emancipação política", por si só, não poderia provocar a "emancipação humana". Esta exige uma reorganização muito mais completa da sociedade, cujo principal aspecto é a abolição da propriedade privada.

Essa concepção do Estado como o instrumento de uma classe dominante, assim designada em virtude de sua propriedade dos meios de produção e do controle que sobre estes exerce, permaneceu, desde então, fundamental em toda a obra de Marx e Engels. O Estado, disse o segundo no último livro que escreveu – *A origem da família, da propriedade privada e do Estado* –, é "em geral, o Estado da classe mais poderosa, economicamente dominante, que, por meio dele, torna-se igualmente a classe politicamente dominante, adquirindo com isso novos meios de dominar e explorar a classe oprimida". Isso, porém, deixa em aberto a questão de por que e como o Estado, enquanto instituição distinta da classe ou das classes economicamente dominantes, desempenha esse papel. E essa questão é particularmente relevante na sociedade capitalista, na qual a distância entre o Estado e as forças econômicas é, em geral, bem-acentuada.

Prevaleceram, nos últimos anos, duas abordagens diferentes para responder a essa questão. A primeira vale-se de vários fatores ideológicos e políticos, como, por exemplo, as pressões que as classes economicamente dominantes podem exercer sobre Estado e sociedade e a congruência ideológica entre essas classes e aqueles que dispõem de poder no Estado. A segunda abordagem ressalta as "coerções estruturais" a que o Estado está sujeito numa sociedade capitalista e o fato de que, a despeito das disposições ideológicas e políticas daqueles que dirigem o Estado, suas políticas devem forçosamente assegurar a acumulação e a reprodução do capital. Na primeira abordagem, o Estado é o Estado dos capitalistas; na segunda, é o Estado do capital. As duas abordagens, porém, não são excludentes, mas complementares.

Apesar das diferenças entre elas, ambas têm em comum a noção de que o Estado está subordinado e limitado por forças e pressões que lhe são externas. De acordo com tais perspectivas, o Estado é realmente um agente ou instrumento cuja dinâmica e impulso vêm de fora dele, o que deixa de levar em conta muito da concepção marxista do Estado tal como formulada por Marx e Engels, que lhe atribuíram uma considerável margem de autonomia. Isso fica perfeitamente claro com relação ao fenômeno a que tanto Marx quanto Engels dedicaram grande atenção, ou seja, os regimes ditatoriais, tais como o regime bonapartista que se instalou na França depois do golpe de Estado de Luís Napoleão Bonaparte em 1852 (ver BONAPARTISMO). Em *O Dezoito de Brumário de Luís Bonaparte*, Marx escreve que a França parecia, em consequência do golpe,

> ter escapado ao despotismo de uma classe para voltar a estar sujeita ao despostimo de um indivíduo, e, na verdade, para cair sob a autoridade de um indivíduo sem autoridade (...). A luta parece ter chegado ao ponto em que todas as classes caem de joelhos, igualmente mudas e igualmente impotentes, ante as coronhas dos fuzis.

O bonapartismo, escreve igualmente Marx em *A guerra civil na França* quase vinte anos depois, "era a única forma de governo possível na época, quando a burguesia já havia perdido e a classe operária ainda não havia adquirido a faculdade de governar a nação". E Engels também observa, em *A origem da família, da propriedade privada e do Estado*, que, "como exceção", (...) "ocorrem períodos nos quais as classes em luta se equilibram tão bem que o poder do Estado, como mediador ostensivo, adquire, por momentos, uma certa margem de independência em relação a ambas". As monarquias absolutas dos séculos XVII e XVIII e os regimes de Napoleão I e de Napoleão III foram exemplos de tais períodos, como também o governo de Bismarck na Alemanha: "nesse caso", diz Engels, "os capitalistas e os trabalhadores foram jogados uns contra os outros e igualmente enganados em benefício dos *junkers* prussianos empobrecidos".

Tais formulações aproximam-se muito da sugestão de que não apenas o Estado desfruta de uma "autonomia relativa", como também pode se tornar totalmente independente da sociedade e governá-la da maneira pela qual as pessoas que o controlam acham conveniente e sem referência a qualquer força da sociedade, distinta do Estado. Um exemplo antigo, que se adequa a estas formulações, é o "despotismo oriental" (ver SOCIEDADE ASIÁTICA), a que Marx e Engels dedicaram grande atenção nas décadas de 1850 e de 1860. Mas sua aplicação é ainda mais geral. De fato, a "teoria marxista do Estado", longe de transformar o Estado em um agente ou instrumento subordinado a forças externas, concebe-o muito mais como uma instituição independente, com interesses e propósitos próprios. Em *O Dezoito de Brumário de Luís Bonaparte*, Marx fala do poder executivo do Estado bonapartista como uma "imensa organização burocrática e militar, uma máquina de Estado engenhosa de amplas bases, e um exército de meio milhão de funcionários além do exército real, que se eleva a outro meio milhão". E prossegue descrevendo essa força como "um corpo parasitário terrível, que cerca o corpo da sociedade francesa como um casulo e sufoca todos os seus poros." Essa "máquina de Estado" teria interesses e propósitos próprios.

Mas isso não contradiz a ideia de que o Estado serve aos propósitos e interesses da classe ou classes dominantes: o que está em causa, com efeito, é uma associação entre os que controlam o Estado e os que possuem e controlam os meios da atividade econômica. É essa a noção que na verdade dá fundamento ao conceito de CAPITALISMO MONOPOLISTA DE ESTADO, de que se valem os autores comunistas "oficiais" para explicar o capitalismo avançado do mundo de hoje. A explicação é vulnerável na medida em que sugere uma *fusão* das instâncias política e econômica, ao passo que a articulação real é a de uma associação em que as instâncias política e econômica conservam suas respectivas identidades e pela qual o Estado pode agir com considerável independência para manter e defender a ordem social da qual a classe economicamente dominante é a principal beneficiária. Essa independência está implícita até mesmo na formulação do *Manifesto comunista* citada no início deste artigo e que parece transformar o Estado numa instituição subordinada. Marx e Engels falam, no caso, dos "assuntos *comuns* de *toda* a burguesia", o que significa claramente que a burguesia é constituída de elementos particulares e diferentes e tem diversos interesses distintos e específicos, bem como outros, comuns, e que cabe ao Estado administrar esses assuntos comuns da burguesia, o que não pode fazer sem considerável margem de independência.

Uma importante função do Estado em sua associação com a classe economicamente dominante é regular a LUTA DE CLASSES e assegurar a estabilidade da ordem social. O domínio de classe sancionado pelo Estado e por ele defendido assume muitas formas políticas diferentes, desde a "república democrática" até a ditadura; e a forma assumida pelo domínio de classe tem grande importância para o proletariado. Em um contexto de propriedade e apropriação privadas, porém, a forma política vigente permanece como domínio de classe, qualquer que seja ela.

Antes da Primeira Guerra Mundial, Lenin, como Marx e Engels já haviam feito, estabeleceu uma distinção entre diferentes formas de regime político, chegando a referir-se aos Estados Unidos e à Grã-Bretanha, em contraposição à Rússia tzarista, como países "onde existe completa liberdade política" ("Inflammable Material in World Politics", 1908, *CW* 15, p.186). Com a Primeira Guerra Mundial, Lenin deixou de considerar essas distinções como importantes. No prefácio a *O Estado e a Revolução*, que data de agosto de 1917, Lenin diz que "a monstruosa opressão dos trabalhadores pelo Estado, que se está fundindo com as todo-poderosas associações capitalistas em proporções crescentes, está se tornando cada vez mais monstruosa. Os países adiantados – nos referimos às regiões interiores desses países – estão se tornando prisões militares para os trabalhadores". No mesmo texto, Lenin insiste em que, com a guerra, "a Grã-Bretanha e a América do Norte, os maiores e últimos representantes – em todo o mundo – da 'liberdade' anglo-saxônica, no sentido de que não tinham *cliques* militares e burocracia, mergulharam totalmente no imundo e sangrento pântano das instituições burocrático-militares, que, em toda a Europa, subordinam tudo a si mesmas e tudo suprimem" (CW 25, p.318 e 415-416). Dada a imensa autoridade que os pronunciamentos de Lenin passaram a ter no mundo do marxismo como resultado da revolução bolchevique, sua rejeição prática da distinção entre "democracia burguesa" e outras formas de domínio político capitalista (por exemplo, o FASCISMO) bem podem ter contribuído para a prejudicial negligência dos marxistas para com essa distinção nos anos subsequentes.

A preocupação de Lenin em *O Estado e a Revolução* e em outras obras era combater a noção "revisionista" de que o Estado burguês poderia ser reformado: ele devia ser "esmagado". Essa foi a observação feita pelo próprio Marx em *O Dezoito de Brumário de Luís Bonaparte* ("todas as revoluções aperfeiçoaram essa máquina, em lugar de esmagá-la") e por ele reiterada na época da Comuna de Paris ("a próxima tentativa da Revolução Francesa já não será, como antes, transferir a máquina burocrático-militar de uma mão para outra, mas esmagá-la, e essa é a condição preliminar de toda a verdadeira revolução do povo no continente europeu". Carta a Kugelmann, 12 de abril de 1871). O Estado seria então substituído pela DITADURA DO PROLETARIADO, na qual ocorreria o que Lenin chamou, em *O Estado e a Revolução*, de

> gigantesca substituição de certas instituições por outras, de um tipo fundamentalmente diferente (...) em lugar das instituições específicas de uma minoria privilegiada (o mundo oficial privilegiado, os chefes do exército permanente), a própria maioria pode preencher diretamente essas funções, e quanto mais as funções do poder de Estado forem desempenhadas pelo povo como um todo, menor a necessidade da existência desse poder. (*CW* 25, p.419-20)

Essa formulação é um eco fiel das proposições do marxismo clássico sobre o assunto. Em um trecho famoso do *Anti-Dühring*, Engels diz:

> O primeiro ato por virtude do qual o Estado realmente se constitui como representante de toda a sociedade – o ato de assumir a propriedade dos meios de produção em nome da sociedade – é, ao mesmo tempo, seu último ato independente como Estado. A interferência do Estado nas relações sociais torna-se, em uma esfera após a outra, supérflua, e, em seguida, desaparece por si mesma. O governo das pessoas é substituído pela administração das coisas e pela condução dos processos de produção. O Estado não é "abolido", ele *desaparece.*

Essa referência, e muitas outras, ao Estado, nos escritos de Marx e Engels, mostra as afinidades do marxismo clássico com o ANARQUISMO: a principal diferença entre o marxismo e o anarquismo, pelo menos em relação ao Estado, é que o primeiro rejeitou a concepção anarquista de que o Estado pode ser suprimido no dia seguinte à revolução.

O marxismo clássico e o leninismo sempre ressaltaram o papel coercitivo do Estado, quase que com a exclusão de todos os outros aspectos: o Estado é essencialmente a instituição pela qual uma classe dominante e exploradora impõe e defende seu poder e seus privilégios contra a classe ou classes que domina e explora. Uma das principais contribuições de GRAMSCI para o pensamento marxista foi a proposição da ideia de que a dominação da classe dominante não se realiza apenas pela coerção, mas é obtida pelo consentimento. Gramsci insistiu em que o Estado tinha um papel importante nos campos cultural e ideológico, bem como na organização do consentimento (ver HEGEMONIA). Esse processo de legitimação, de que participam tanto o Estado como muitas outras instituições da sociedade, despertou considerável atenção entre os marxistas nas duas últimas décadas. Uma questão que, em relação a isso, vem preocupando alguns teóricos nos últimos anos, é até onde o Estado, em regimes capitalistas democráticos, pode cumprir a tarefa de obter o consentimento em circunstâncias de crise e recessão. Por um lado, o Estado, nesses regimes, tem de atender a reivindicações populares variadas. Por outro lado, também deve atender às necessidades e exigências do capital. Argumenta-se que a incompatibilidade crescente entre as reivindicações populares e as exigências do capital provoca uma "crise de legitimidade" que não é resolvida facilmente dentro dos quadros dos regimes capitalistas democráticos (ver CRISE NAS SOCIEDADES CAPITALISTAS).

A instauração do Estado soviético estava destinada a se constituir num importante desafio conceitual à teoria marxista do Estado, pois tratava-se de uma sociedade na qual os meios de produção haviam passado à propriedade pública e cujo regime proclama sua fidelidade ao marxismo. Isso suscitou a questão da natureza do Estado que havia sido criado. Qualquer discussão dessa questão foi, porém, obscurecida pela experiência do stalinismo, e, como seria de esperar, o pensamento stalinista sobre o Estado insistiu em sua importância primordial e duradoura: longe de "desaparecer", o Estado devia ser fortalecido como a força motriz da edificação do socialismo e também para que pudesse enfrentar seus muitos inimigos internos e externos. A "revolução de cima" de que falou Stalin foi feita, disse ele também, "por iniciativa do Estado".

O Estado, segundo pretendia Stalin, era um "Estado de novo tipo", que representava os interesses dos trabalhadores, dos camponeses e da intelectualidade em outras palavras, de toda a população soviética. Já não era, nesse sentido, um Estado de classe, que procurava manter o poder e os privilégios de uma classe dominante, em detrimento da grande maioria. Era, pelo contrário, numa frase que passou a ser usada no governo de Kruschev, um "Estado de todo o povo".

Essa pretensão tem sido violentamente contestada pelos críticos marxistas do regime soviético. A visão que tais críticos têm do Estado soviético (e do Estado em todos os regimes do tipo soviético) foi muito influenciada pelo seu julgamento da natureza das sociedades do tipo soviético. Os críticos que as consideravam como sociedades de classes também acharam que o Estado nelas existente era o instrumento de uma "nova classe" e, como tal, não diferia significativamente, em termos conceituais, do Estado em outras sociedades de classes. Por outro lado, os críticos que viam as sociedades do tipo soviético como "de transição" entre o capitalismo e o socialismo e que rejeitavam a ideia de uma "nova classe", consideraram o Estado dessas sociedades como um "Estado dos trabalhadores deformado", sob o controle de uma "burocracia" ávida de poder e de privilégios, que uma revolução dos trabalhadores acabaria por derrubar (ver CLASSE; TROTSKI). Esse debate ainda continua, mas, de qualquer modo, não há discordância entre seus participantes quanto o imenso poder de que desfruta o Estado nessas sociedades.

Os marxistas preocupados com o Estado nas sociedades capitalistas também enfrentam muitas questões e problemas diferentes: qual a natureza e o papel precisos do Estado nas sociedades capitalistas avançadas de hoje? Como se manifesta seu caráter de classe? Até que ponto pode ele ser transformado em instrumento das classes subalternas? Como impedir que, numa futura sociedade socialista, ele se aproprie de uma parcela indevida do poder? Ou, como disse Marx em sua *Crítica ao Programa de Gotha*, como pode o Estado em tal sociedade ser transformado "de um órgão imposto de cima à sociedade num órgão totalmente a ela subordinado?" Essas perguntas e muitas outras não respondidas sobre o Estado conferem-lhe certamente um lugar importante no debate marxista, por muitos anos ainda.

RM

Bibliografia: Althusser, Louis & Rossana Rossanda et al., *Discutere lo Stato*, 1979 • Boggs, C. & D. Plotke (orgs.), *The Politics of Eurocommunism*, 1980 • Buci-Glucksmann, Christinne, *Gramsci et l'État*, 1975 [*Gramsci e o Estado*, 1980] • Cardoso, F.H., "Estado capitalista e marxismo", 1977 • Cerroni, Umberto, "Gramsci e il superamento della separazione tra società e Stato", 1959 (1969) • Cliff, T., *Russia: a Marxist analysis*, 1970 • Cornu, Auguste, *Karl Marx et la Révolution de 1848*, 1948 • de Felice, Franco, "Questione meridionale e problema dello Stato in Gramsci", 1966 • Draper, H., *Karl Marx's Theory of Revolution*, vol.I: *State and Bureaucracy*, 1977 • Gold, D. & C. Lo & E.O. Wright, "Recent Developments in Marxist Theories of the State", 1975 • Gramsci, Antonio, *Quaderni del carcere*, 1929-35 (1975) ◎ *Note sul Machiavelli, sulla politica e sullo Stato moderno*, 1949 [*Maquiavel, a política e o Estado moderno*, 1968 e 1976] • Habermas, Jurgen, *Legitimations probleme im Spät Kapitalismus*, 1973 [*Crise de legitimação do capitalismo tardio*, 1979] • "Il marxismo e lo Stato", *Mondoperaio*, caderno n.4, 1976 [Bobbio, N. et al., *O marxismo e o Estado*, 1979] • Lefebvre, Henri, *De l'État*, 1976 • Lenin, V.I., *Le cahier bleu* (1979) (*le marxisme quant à l'État*) • Littlejohn, G. et al., *Power and the State*, 1977 • Miliband, Ralph, "Marx and the State", 1973 • Mylnar, Zdnek, "Quelques problèmes de la politique et de l'État dans une société socialiste", 1968 • Naville, Pierre, *Le nouveau Léviathan*, 1967-74 • Papaioannou, Kostas, "Marx et l'État", 1969 • Pires, Eginardo, "Ideologia e Estado em Althusser: uma resposta", 1978 • Poulantzas, Nicos, "Préliminaires à l'étude de l'hégémonie dans l'État", 1965 ◎ *Pouvoir politique et classes sociales*, 1968 (1971); *Political Power and Social Classes* (1973) [*Poder político e classes sociais*, 1971 e 1977] ◎ *La crise de l'État*, 1976 ◎ *L'État, le pouvoir, le socialisme*, 1978 [*O Estado, o poder e o socialismo*, 1981] • Radjavi, Kazem, *La dictature du prolétariat et le dépérissement de l'État de Marx à Lénine*, 1975 • Tucker, R.C. (org.), *Stalinism*, 1977 • Vincent, Jean-Marie, "État et classes sociales: sur un livre de Nicos Poulantzas", 1975.

Estado (capitalismo monopolista de) Ver CAPITALISMO MONOPOLISTA DE ESTADO

estágios de desenvolvimento Ao procurarem dividir a história do mundo em estágios cada qual com sua estrutura social e econômica própria e seguindo-se a outro em uma configuração lógica, Marx e Engels incorporaram a herança do pensamento do século XVIII sobre os quatro "modos de subsistência" - a caça, o pastoreio, a agricultura e o comércio - considerados habitualmente como uma única sequência. O primeiro esboço que fizeram nesse sentido, em *A ideologia alemã*, era bastante simples. Limitando-se à história europeia, assinalava quatro épocas: a primeira teria sido a comunal ou tribal primitiva; a segunda, a era clássica ou antiga, baseada na escravidão; a terceira, a época feudal, seguida da quarta, a capitalista. No "Prefácio" à sua *Contribuição à crítica da economia política*, publicada em 1859, Marx parece aceitar sem críticas essa série, dando à mais antiga das épocas o nome de "asiática". Mas as notas inéditas que escrevera nos dois anos anteriores sobre as formações econômicas pré-capitalistas, mostram-no tateando num registro dessa evolução que já percebia ser bem mais complicado (*Grundrisse*, p.471-514). Marx procurava então identificar todos os tipos possíveis de sistemas produtivos, sem se preocupar em dispô-los em ordem ou explicar como um foi substituído pelo outro. Não obstante, conferiu grande ênfase a um certo atributo de energia e de iniciativa individuais, fator que só indiretamente pode ser considerado econômico e que evidentemente parecia-lhe parcialmente responsável por ter a Europa progredido e a Ásia ter deixado de evoluir além de um certo ponto. E encontrou duas fontes dessa energia e dessa iniciativa individuais: a cidade mediterrânea clássica, berço de uma vida civil desconhecida na Ásia, e um tipo de propriedade característico da antiga Europa Ocidental que denominou de "germânica" - por oposição ao tipo "eslavo" ou oriental - em que a terra era, a seu ver, de propriedade individual e não comunal. Nos *Grundrisse*, o exemplo pelo qual Marx demonstra maior interesse é o de Roma, que conquistou o Mundo Mediterrâneo, então dominado pela competição armada pela terra. Marx via nos romanos um povo camponês transformado, pela superpopulação e pelas consequentes guerras de conquista, numa economia escravista oligárquica. Por que essa simples causação malthusiana não teve consequências semelhantes em outros lugares, particularmente na Ásia, é um problema que ele não levantou.

No *Anti-Dühring* (parte II, cap.IV), Engels relacionou a escravidão mais diretamente com a vida primitiva, considerando-a como um primeiro passo para a superação desta última. Mas tarde, partilhando do entusiasmo de Marx pelo estudo do antropólogo Lewis Morgan (1877) sobre o clã primitivo, a ele recorreu para analisar a desintegração da sociedade "gentílica" ou de clãs e o aparecimento do Estado sobre as ruínas desta em Atenas. Engels explicou essa transformação como consequência de uma crescente troca de mercadorias que foram ganhando ascendência sobre seus artífices, muitos dos quais se viram afogados em dívidas à proporção que o dinheiro foi entrando em circulação. Sob o efeito desse estímulo, com a crescente divisão do trabalho e a ascensão de uma classe de mercadores, a "fase superior" da barbárie chegou aos umbrais da civilização (*A origem da família, da propriedade privada e do Estado*, caps.V e IX). Paul Lafargue seguiu seus passos, elaborando uma obra bastante viva de divulgação da teoria, em que delineava as épocas sucessivas da história, desde o comunismo primitivo até o capitalismo, cuja missão era lançar as bases para um novo e mais avançado comunismo. Para Lafargue, todas as sociedades percorriam o mesmo caminho, tal como todos os seres humanos caminham do nascimento à morte (1895, cap.I).

O próprio Marx havia repudiado, com certo vigor, qualquer crença numa série fixa de fases históricas que se pudesse ter reproduzido por toda parte (Carta ao editor do periódico russo *Otechestvenniye Zapiski*, novembro de 1877), e, já no fim de sua vida, discutiu a possibilidade de um avanço direto, uma vez dadas condições favoráveis na Europa, do comunismo primitivo remanescente no *mir* ou COMUNA RUSSA, para o socialismo moderno. Engels e os marxistas posteriores a Marx ficaram com o legado de vários quebra-cabeças. Plekhanov (1895) levou adiante a teoria sobre o ciclo europeu; mas pretendia que a Ásia se havia afastado de seus inícios em comum com a Europa, tomando uma direção diversa por força das circunstâncias geográficas e climáticas que promoviam o poder de Estado fundado no controle das águas. Em 1931, contudo, o conceito de modo de produção asiático (ver SOCIEDADE ASIÁTICA) foi rejeitado pelos estudiosos soviéticos, depois de uma profunda análise dos problemas da periodização (Dirlik, 1978, 180-181, 196-198; Enteen, 1978, p.165s.). Com isso, baniu-se o enigma da prolongada imobilidade da Ásia, para o qual Marx tanto havia tentado encontrar explicações. Stalin (1938) afirmou que um modo de produção "nunca permanece num mesmo ponto por longo tempo" e está sempre em estado de mudança e desenvolvimento, dos quais as massas trabalhadoras são a principal força motriz. O terreno ficava, assim, livre para a hipótese de um padrão universal único, que se poderia simplificar ainda mais caso se deixasse de considerar a escravidão como uma parte necessária dele, nada ficando entre o clã e a fábrica capitalista senão o feudalismo. Mas o manual organizado por Kuusinen em 1961 incluía a escravidão e estabelecia, firmemente, que, apesar das variações locais, "todos os povos percorrem um caminho que é basicamente o mesmo" porque o desenvolvimento da produção sempre "obedece às mesmas leis internas" (Kuusinen, 1961, p.153). De maneira um tanto inconsistente, sempre se arranjava lugar para "muitos períodos de estagnação e retrocesso" e para o colapso de não poucas civilizações (1961, p.245).

Glezermann, outro teórico soviético, embora admitindo que as leis da história não podem ser revogadas, ou seja, a ordem dos estágios é inalterável, deteve-se, contudo, no exame da possibilidade de não se verificarem alguns desses estágios, como, por exemplo, a escravidão, e achou que a doutrina de uma série invariável havia prejudicado a Segunda Internacional, dando lugar à argumentação de que o imperialismo estava desempenhando uma tarefa necessária ao impor o capitalismo às colônias (Glezerman, 1960, p.202-6). Convém observar que Lenin, em julho de 1912, rejeitou qualquer ideia de que a China pudesse saltar para o socialismo sem passar por uma longa fase preparatória de capitalismo (Lenin, 1912).

Já o marxismo ocidental, nos últimos anos, tem se inclinado a pensar em mais sequências, mais flexíveis e variáveis. O historiador britânico da pré-história Gordon Ghilde explicou muitos casos de "saltos", como o da Europa, que aprendeu a metalurgia do Oriente Próximo sem ter de passar pelas fases preliminares que levam a ela (ver ARQUEOLOGIA E PRÉ-HISTÓRIA). O marxista francês Roger Garaudy (1966) sustenta que o marxismo é estultificado ao ser aplicado de maneira inflexível, tomando-se os "cinco estágios" como uma "verdade absoluta e completa" para toda a humanidade. O italiano Umberto Melotti é outro que considera como imperialista o esquema unilinear, ao mesmo tempo em que rejeita o postulado, derivado em sua opinião de Montesquieu, de Hegel e dos economistas clássicos ingleses, de duas linhas de desenvolvimento distintas e desiguais, a europeia e a asiática (1977, p.46 e 156). Em seu lugar, ele propõe um diagrama completo de cinco linhas paralelas, mas que se influenciam mutuamente, todas elas tendo origem na comunidade primitiva (1977, p.25-6).

Com tudo isso, a mecânica da transformação e a questão de por que ela parece seguir caminhos diversos, ou não se processar durante épocas muito prolongadas, continuam, sob muitos aspectos, indefinidas. Muito se refletiu sobre o aparecimento do feudalismo europeu medieval, não a partir de um antecessor único, mas de uma complicada combinação do final do período romano com as formas de organização dos bárbaros. Marx e Engels escreveram sobre como o capitalismo surgiu do feudalismo, isto é, da forma europeia peculiar de feudalismo, com seu significativo elemento urbano. Observou-se, contudo, com frequência, que eles não tiveram muito a dizer sobre esse processo em seus detalhes ou sobre as contradições internas do feudalismo que provocaram tal processo. A transição da Europa dos tempos medievais para a época moderna continua sendo um dos problemas mais difíceis e absorventes para os historiadores marxistas (ver TRANSIÇÃO DO FEUDALISMO PARA O CAPITALISMO).

Entre esses historiadores marxistas existem hoje muitos que estão fora da Europa, com pontos de vista próprios. Na Índia, eles começaram a rejeitar o quadro traçado por Marx de uma estagnação prolongada, em favor da hipótese (até agora não consubstanciada por evidências) de que pelo menos as formas iniciais de capitalismo estavam surgindo na Índia quando o progresso foi sufocado pela conquista britânica. Para alguns marxistas asiáticos, uma sequência universal, longe de ser considerada como uma imposição ocidental, tem o atrativo de representar uma reivindicação de igualdade com a Europa. A questão foi debatida na China em 1930, e a ideia de uma "sociedade asiática" com caracteres distintos não teve grande aceitação. Mas, entre as dificuldades surgidas, a de descobrir uma era escravista na China antiga que correspondesse à greco-romana não foi certamente das menores. (Ver também MATERIALISMO HISTÓRICO; MODO DE PRODUÇÃO; PROGRESSO; SOCIEDADE ASIÁTICA.)

VGK

Bibliografia: Dirlik, Arif, *Revolution and History: the Origins of Marxist Historiography in China, 1919-1937*, 1978 • Enteen, George M., *The Soviet Scholar-Bureaucrat: M.N. Pokrovski and the Society of Marxist Historians*, 1978 • Evans, M., *Karl Marx*, 1975 • Garaudy, Roger, *Marxisme du XXe siècle*, 1966 [*Marxismo do século XX*, 1974] • Glezerman, Grigory, *The Laws of Social Developmet*, 1960 • Hilton, R.H. (org.), *The Transition from Feudalism to Capitalism*, 1973 • Kuusinen, O. (org.), *Fundamentals of Marxism-Leninism*, 1961 • Lafargue, Paul, *Origine et évolution de la propriété*, 1895; *The Evolution of Property from Savagery to Civilization* (1910) • Melotti, Umberto, *Marx and the Third World*, 1972 (1977) • Plekhanov, G.V., *In Defence of Materialism: the Development of the Monist View of History*, 1895 (1945) [*A concepção materialista da história*, 1980] • Stalin, I.V., *Dialectical and Historical Materialism*, 1938 [*Materialismo histórico e dialético*, 1982].

estágios do capitalismo Ver PERIODIZAÇÃO DO CAPITALISMO

estética Não há, nos escritos de Marx e de Engels, uma teoria sistemática da arte, embora ambos tenham manifestado, desde o início e ao longo de sua vida intelectual, grande interesse pela estética e pelas artes. Os vários e curtos trechos em que trataram dessas questões vieram a constituir a base de numerosas tentativas, em particular nas últimas décadas, de produzir uma estética especificamente marxista. As reflexões dispersas de Marx e Engels sobre as artes foram recolhidas em volumes recentemente organizados e têm sido muito citadas em livros que analisam o desenvolvimento do pensamento marxista sobre a estética (Arvon, 1973; Laing, 1978). Não é de surpreender que a natureza fragmentária desses comentários tenha produzido uma grande variedade de ênfases e posições entre os que, posteriormente, procuraram pensar os problemas estéticos a partir da teoria marxista. Neste verbete, procuramos, em primeiro lugar, identificar brevemente alguns desses pontos de partida presentes na obra de Marx e Engels e a maneira pela qual mostraram-se sugestivos para os vários autores que mais tarde os retomaram. Em seguida, examinamos na história da estética marxista e em obras recentes nesse campo, alguns temas de particular importância.

A estética na obra de Marx e Engels. Uma estética humanista foi construída a partir dos comentários de Marx sobre a natureza da arte como trabalho criativo, igual em qualidade a outros trabalhos (não alienados) (Vasquez, 1973). Quando Marx fala, em *O Capital* (I, cap.V, 1) sobre o caráter essencialmente humano do trabalho, comparando o arquiteto e a abelha, é significativo o fato de o arquiteto ser lembrado simplesmente como exemplo de trabalhador humano e não como uma categoria privilegiada de artista. A ideia de que *todo* trabalho não alienado é criativo e, portanto, intrinsecamente igual ao trabalho artístico, constitui a base de uma estética humanista que consegue desmistificar a arte, estimulando-nos a considerar sua evolução histórica e sua separação de outras atividades (ver ALIENAÇÃO).

O corolário dessa visão é o reconhecimento de que, no capitalismo, a arte, como outras formas de trabalho, transforma-se, cada vez mais, em *trabalho alienado*. A própria arte torna-se MERCADORIA, e as relações da produção artística reduzem a posição do artista à de trabalhador explorado, que produz mais-valia. Como diz Marx (*Teorias da mais-valia*, I), "a produção capitalista é hostil a certos ramos da produção espiritual, como por exemplo, a arte e a poesia". E esclarece a transformação do trabalho artístico no capitalismo da seguinte maneira:

> Milton, que escreveu *Paradise Lost* (*Paraíso perdido*) por cinco libras, era um *trabalhador não-produtivo*. Por outro lado, o escritor que produz matéria para seus editores como se fosse uma fábrica é um *trabalhador produtivo* (...). O proletário literário de Leipzig que fabrica livros (...) sob a direção de seu editor, é um *trabalhador produtivo*, pois seu produto é, desde o início, subordinado ao capital e só é criado com a finalidade de aumentar esse capital. Um cantor que vende suas canções por conta própria é um *trabalhador improdutivo*. Mas o mesmo cantor contratado por um empresário e que canta para ganhar dinheiro para esse empresário, é um *trabalhador produtivo*, pois produz capital.

Essa análise da deformação do trabalho artístico e dos produtos culturais no capitalismo é a premissa de críticas posteriores da "indústria cultural," como, por exemplo, as que foram propostas por Adorno e Horkheimer, segundo as quais a determinação pela lei do valor e a transformação dos produtos culturais em mercadorias reduzem a cultura e as artes ao estatuto de coisas conformistas, repetitivas e sem mérito artístico, cuja função é assegurar a submissão política.

A partir da teoria geral do FETICHISMO DA MERCADORIA de Marx o pensador marxista Georg LUKÁCS desenvolveu uma teoria da arte. Em sua principal obra filosófica, *Geschichte und Klassenbewusstsein* (*História e consciência de classe*, 1923), Lukács fez a crítica da natureza reificada e fragmentada da vida e da experiência humanas sob o capitalismo, analisando o impacto do fetichismo da mercadoria sobre a consciência. O pensamento reificado não percebe a totalidade das relações sociais e econômicas. Depois, Lukács dedicou-se integralmente ao trabalho e à reflexão crítica sobre a literatura e a estética, tendo como ponto central o conceito de "totalidade". Na opinião de Lukács, a grande literatura é a que consegue ir além das aparências superficiais, captando e reconstruindo a totalidade social com todas as suas contradições (ver TOTALIDADE).

Esse quadro teórico dá fundamento à teoria do *realismo na arte*. Na opinião de Lukács, a boa literatura "realista" retrata a totalidade por meio do uso de personagens "típicos". Essa concepção de realismo encontra apoio em outros escritos dos fundadores do marxismo, em particular em duas importantes cartas escritas por Engels, na década de 1880, a mulheres que pretendiam ser romancistas. Nelas, Engels rejeita com firmeza a chamada "literatura de tendência" – a literatura que encerra uma mensagem política explícita – em favor do texto "realista", do qual sempre pode emergir uma análise política correta. "Quanto mais permanecerem ocultas as opiniões do autor, melhor para a obra de arte. O realismo a que me refiro pode manifestar-se até mesmo a despeito das opiniões do autor" (Carta a Margaret Harkness, abril de 1888, in Marx e Engels, 1973, p.116). E cita o exemplo de Balzac, que apresenta "uma maravilhosa história realista da 'sociedade' francesa", embora fosse um legitimista, cujas "simpatias estão com a classe fadada à extinção". A ideia do realismo como retrato fiel de uma sociedade e de seus conflitos estruturais (de classe), por meio do uso de "tipos" tem sido uma referência fundamental para a estética marxista.

De maneira mais ampla, as teorias da relação entre a arte ou a literatura e a sociedade em que surgem estão fundadas na formulação, feita por Marx, em seu "Prefácio" de 1859 à *Contribuição à crítica da economia política*, da metáfora BASE E SUPERESTRUTURA, na qual a estética é mencionada explicitamente como parte da superestrutura e como uma das "formas ideológicas" nas quais se expressa a luta de classes. Uma das primeiras formulações dessa concepção da arte como expressão ideológica de sua época encontra-se na obra de Plekhanov, para quem "a literatura e a arte são o espelho da vida social" (Arvon, 1973, p.12). Em suas formulações menos elaboradas, esse gênero de explicação reduz a arte a um mero *reflexo* das relações sociais e da estrutura de classes, que se produz automaticamente a partir dessas instâncias materiais. Análises mais complexas da arte como ideologia podem ser encontradas na obra de autores mais recentes, como por exemplo Lucien GOLDMANN.

Finalmente, há uma outra tradição, bastante diferente, da estética marxista que chama a atenção para o *potencial revolucionário da arte* e a questão da participação política do artista. Como os comentários de

Engels sobre o realismo deixam claro, ele atribuía maior importância à descrição objetiva do que ao partidarismo explícito. Não obstante, os marxistas extraíram dos escritos de Marx e Engels uma teoria do radicalismo nas artes. Lenin, em 1905, recomendou que o escritor colocasse sua arte a serviço do partido (Lenin, 1905 e 1967, p.22-7). (Os que utilizaram isso como prova de seu filistinismo não levam em conta, porém, seus outros ensaios sobre arte e literatura, em particular seus estudos sobre Tolstoi (ibid, p.48-62).) Partindo da ideia marxista de que "os homens fazem a sua própria história" e de que a consciência desempenha um papel crucial na transformação política, estetas e artistas, desde Maiakovski, Brecht e Benjamin até cineastas contemporâneos como Godard e Pasolini, estabeleceram um programa de prática estética revolucionária.

Grandes temas da estética marxista. O conceito de realismo continua sendo de importância fundamental para boa parte da estética marxista, inclusive suas variantes de realismo socialista (em suas versões oficiais soviética e chinesa, ou nas do marxismo ocidental; ver Laing, 1978 e Arvon, 1973). Esse conceito foi alvo de dois tipos de críticas. O primeiro remonta a um antigo debate entre Lukács e Brecht (Bloch, 1977; ver Arvon, 1973), no qual Brecht argumenta que a literatura realista clássica do século XIX já não é adequada aos leitores ou públicos do século XX e, em particular, que tal literatura não tem força para radicalizar. Estamos claramente diante da questão de compreender a arte e a literatura como um retrato fiel e crítico da sociedade ou de entendê-las primordialmente em termos de seu potencial revolucionário. A versão contemporânea desse debate contrapõe as tendências de vanguarda e formalmente inovadoras às formas narrativas, mais tradicionais, de arte, literatura e drama. Os defensores das formas de vanguarda argumentam que as formas mais tradicionais estimulam uma visão passiva e sem crítica, por mais radical que seja o conteúdo da obra. A segunda crítica ao realismo relaciona-se de algum modo com esse argumento ao postular que o realismo tradicional, baseado que está em uma narrativa unificada e coerente, obscurece as contradições e oposições reais daquilo que reflete, e projeta uma unidade artificial em sua representação do mundo. O texto modernista, por outro lado, é capaz de captar o que há de contraditório e de permitir ao que está oculto e silenciado manifestar-se, graças às técnicas de fragmentação e interrupção textuais. Essa tendência foi influenciada pela obra de Pierre Macherey, colaborador de Althusser e também por semiologistas franceses como Roland Barthes e Julia Kristeva.

A teoria da *arte como ideologia* foi muito aperfeiçoada e modificada por obras recentes, particularmente no marxismo ocidental, mas também na Alemanha Oriental e na URSS. A arte, embora ainda vista como ideológica num sentido importante, não é tida na conta de simples reflexo da vida social, mas considerada uma expressão da ideologia sob forma mediada. As formas e códigos de representação, em particular, passaram a ter sua importância reconhecida como processos e convenções fundamentais por meio dos quais a ideologia é produzida sob forma literária e artística. A influência do ESTRUTURALISMO e da semiologia foi importante nesse sentido, como também o renascimento do interesse pela obra dos formalistas russos (Bennett, 1979). As instituições e práticas das artes são, da mesma forma, cada vez mais consideradas como essenciais ao entendimento da produção e da natureza dos textos – por exemplo, o papel de mediadores como os editores, as galerias de arte, os críticos, etc. Estes, porém, só foram levados a sério, até agora, por uns poucos autores, muitos dos quais sociólogos marxistas das artes ou dos meios de comunicação. Finalmente, o papel dos públicos e dos leitores foi reconhecido como parcialmente constitutivo da própria obra de arte, com frequência por autores que citam, em apoio dessa tese, o comentário de Marx, na "Introdução" aos *Grundrisse*, de que "o consumo produz a produção". A teoria hermenêutica, a semiologia e a estética da recepção – campos do conhecimento em grande medida alheios à tradição marxista – propiciaram abordagens e instrumentos para a análise do papel ativo na produção de obras culturais e de seus significados que é exercido por aqueles que são os seus destinatários. Isto é, o "significado" de uma obra já não é considerado como fixo, mas como dependente de seu público.

A questão da *relação entre estética e política* continua sendo de importância central para a estética marxista contemporânea (Baxandall, 1972) e está relacionada com os debates sobre o realismo focalizados acima. Um renascimento do interesse pela obra de BENJAMIN chamou a atenção para a possibilidade de revolucionar os meios de produção artística como ato e estratégia políticos, deslocando o foco da problemática, até então concentrado em questões relativas ao conteúdo radical ou mesmo à forma dos produtos culturais. Outro aspecto do debate contemporâneo é uma avaliação que vem sendo feita, por exemplo, pelos dramaturgos socialistas, da seguinte questão: serão as ideias radicais expressas com maior utilidade na televisão, com seu potencial público de massa e suas possibilidades de inovação técnica e de mobilização de recursos "brechtianos", ou no teatro, com sua liberdade relativa face às limitações estruturais, profissionais e, no caso do teatro comunitário ou de rua, ideológicas? Finalmente, e lado a lado com o desenvolvimento de uma crítica feminista do próprio marxismo, surgiram recentemente uma prática e uma teoria da cultura socialista-feminista em que os temas patriarcais nas artes e as relações patriarcais no teatro e em outras instituições culturais são submetidas à crítica e à inversão, conjuntamente com uma ênfase prioritária nas questões de classe e de estratégia.

Para concluir, o desenvolvimento de uma estética marxista pôs em questão a ideia do *valor estético*. O reconhecimento de que não só as próprias artes mas também as práticas e instituições da crítica de arte devem ser entendidas como ideológicas e como relacionadas a interesses mostra a natureza relativa e arbitrária da atribuição de valor às obras de arte. Até recentemente isso não era considerado como um problema pelos pensadores marxistas preocupados com a estética, e autores como Lukács conseguiram preservar uma "grande tradição" na literatura – que talvez esteja surpreendentemente próxima da grande tradição da corrente dominante da crítica burguesa – invocando certos critérios político-estéticos. A questão da relação entre a "alta" arte e a arte popular, bem como a da perspectiva parcial da crítica, raramente foi levantada. No momento, o problema do valor estético é enfrentado pelos marxistas de várias maneiras, que vão desde uma aceitação voluntária das implicações relativistas da crítica da ideologia até uma tentativa de reafirmar padrões absolutos de beleza e de valor estético com base em supostos universais humanos de tipo antropológico ou psicológico. (Ver também ADORNO; ARTE; BENJAMIN; GOLDMANN; LITERATURA; LUKÁCS.)

JWO

Bibliografia: Adorno, T.W., *Gesammelte Schriften 7: Asthetische Theorie*, 1970; *Théorie esthétique* (1974); *Autor de la théorie esthétique* (1976) • Arvon, Henri, *Marxist Aesthetics*, 1973 • Baxandall, Lee, *Marxism and Aestheries*, 1968 • Baxandall, Lee (org.), *Radical Perspectives in the Arts*, 1972 • Bennett, Tony, *Formalism and Marxism*, 1979 • Bloch, Ernst et al., *Aesthetics and Politics*, 1977 • Goldmann, Lucien, *Le dieu caché*, 1956 (1959) • Jameson, Frederie, *Marxism and Form*, 1971 [*Marxismo e forma*, 1985] • Laing, Dave, *The Marxist Theory of Art*, 1978 • Lenin, V.I., *On Literature and Art*, 1905 (1967) • Lukács, G., *Die Theorie des Romans*, 1920 ◎ *Probleme des Realismus*, 1955 ◎ *Die eigenart des Asthetischen*, 1963 ◎ *Estética*, 1966 ◎ *Probleme des Asthetik*, 1969 • Marcuse, Herbert, *Die Permanenz der Kunst*, 1977; *The Aesthetics Dimension* (1978) [*A dimensão estética*, 1981] • Slaughter, Cliff, *Marxism, Ideology and Literature*, 1980 [*Marxismo, ideologia e literatura*, 1983] • Vásquez, A.S., *Las ideas estéticas de Marx*, 1956 ◎ *Estética y marxismo*, 1965 ◎ *Art and Society: Essays in Marxist Aesthetics*, 1973 • Williams, Raymond, *Marxism and Literature*, 1977 [*Marxismo e literatura*, 1979] • Wolff, J., *The Social Production of Art*, 1981 [*A produção social da arte*, 1982].

estruturalismo Método de investigação – ou, em certas formulações, filosofia mais geral da ciência que tem afinidades com o realismo e contesta as posições do empirismo e do positivismo – que passou da linguística à crítica literária e à sociologia da literatura, à teoria estética, às ciências sociais, particularmente à antropologia e finalmente ao marxismo. A característica principal do método estruturalista é tomar como seu objeto de investigação um "sistema", isto é, as relações recíprocas entre um conjunto de fatos e não fatos particulares examinados isoladamente; seus conceitos básicos são os da totalidade, autorregulação e transformação. Na antropologia, o estruturalismo está particularmente ligado à obra de Claude Lévi-Strauss (1958) e, por meio dela, teve forte influência sobre a antropologia marxista mais recente (ver em especial Godelier, 1973, parte I). A principal corrente estruturalista no pensamento marxista, porém, tem sua fonte na obra de Louis Althusser, embora este tenha procurado distinguir sua interpretação daquilo que chama de "ideologia estruturalista". Segundo Althusser (1965 e 1966), Marx eliminou o sujeito humano da teoria social e construiu uma "nova ciência" dos níveis da prática humana (econômica, política, ideológica e científica) que se inscrevem na estrutura de uma totalidade social. Portanto, a teoria marxista não é "humanista" ou "histórica" (no sentido teleológico), mas relacionada essencialmente com a análise estrutural de totalidades sociais (por exemplo, MODO DE PRODUÇÃO; FORMAÇÃO SOCIAL); e o objetivo dessa análise é revelar a "estrutura profunda" que subjaz aos fenômenos diretamente observáveis da vida social e os produz. Assim, Godelier (1973), em sua argumentação contra o empirismo e o funcionalismo em antropologia, diz que, para Lévi-Strauss, como para Marx, "as estruturas não são realidades diretamente visíveis ou observáveis, mas níveis de realidade que existem além das relações visíveis do homem e cujo funcionamento constitui a lógica mais profunda de um sistema social" (1977, p.45). Essa ideia de uma estrutura real atrás das aparências exerceu influência não só em antropologia, mas também na economia política marxista, na qual a análise da mercadoria feita por Marx em *O Capital* é considerada uma amostra exemplar da análise estrutural, e na sociologia, especialmente no estudo das classes sociais e do Estado (Poulantzas, 1968).

A relação do estruturalismo marxista com os estudos históricos tem dado origem a muitas controvérsias. Althusser (1966) escreveu que "Marx considera a sociedade contemporânea (e todas as formas passadas de sociedade) como um *resultado* e como uma *sociedade*" e que o problema do resultado "isto é, da produção histórica de um determinado modo de produção, de uma determinada formação social", tem de ser postulado e resolvido (1970, p.65). Na prática, porém, dedicou pouca ou nenhuma atenção às transformações históricas. Godelier (1973) também pretende levar em conta a história, mas diz que "as leis da transformação referem-se a constantes, porque refletem as propriedades estruturais das relações sociais. A história, portanto, não explica – tem de ser explicada" (1977, p.6). E em outro texto (1966) ele ressalta (como fez Marx) a contradição como o aspecto básico dos sistemas sociais que produz a transformação, introduzindo com isso um elemento específico e diferente na versão marxista do estruturalismo. Mas Godelier não procurou construir uma teoria da história nesses termos.

Alguns marxistas estruturalistas desenvolveram suas interpretações até um ponto extremo, concluindo que "não há nenhum objeto real 'história'; a noção de que há uma história *real* é o produto do empirismo. A palavra 'história' deve ser limitada à designação do não sujeito ideológico constituído das filosofias da história e da prática de escrever a história" (Hindess e Hirst, 1975, p.317). Isso, por sua vez, provocou uma vigorosa resposta dos historiadores marxistas, que criticaram a esterilidade abstrata desse tipo de estruturalismo (ver particularmente Thompson, 1978). Mas houve também tentativas de combinar as abordagens estruturalista e histórica, notadamente o "estruturalismo genético" de Goldmann (muito influenciado por Lukács e Piaget), que formulou assim seu princípio básico: "Desse ponto de vista, as estruturas que constituem o comportamento humano não são, na realidade, fatos dados universalmente, mas fenômenos específicos resultantes de uma gênese passada e que sofrem transformações que prenunciam uma evolução futura" (1970).

A rejeição, por Althusser e seus seguidores, de qualquer influência causal dos agentes humanos e a afirmação de um rigoroso determinismo estrutural também provocaram críticas, que se expressam na polêmica entre Poulantzas e Miliband (in Blackburn, 1972), quando o segundo argumenta que esse "superdeterminismo", com sua ênfase exclusiva nas "relações objetivas", ignora e obscurece importantes diferenças entre formas de Estado capitalista que vão de um Estado democrático constitucional à ditadura militar e ao fascismo. Mais geralmente, o estruturalismo se coloca em total oposição às versões da teoria marxista propostas por Lukács, por Gramsci e pela Escola de Frankfurt, que ressaltam o papel da consciência e da ação humanas na vida social e baseiam seu pensamento numa concepção da história em que está implícita a ideia de progresso. Num sentido amplo, portanto, o estruturalismo deu nova expressão à tradicional tensão entre dois polos do pensamento marxista, concebido em um extremo como uma rigorosa ciência da sociedade e, no outro, como uma doutrina humanista que, nas palavras de Gramsci, encerra todos os elementos "necessários para dar vida a uma organização prática integral da sociedade, isto é, para se tornar uma civilização integral total" (1971, p.462). Mais ainda, o estruturalismo voltou a suscitar todas as questões fundamentais sobre a determinação na teoria de Marx.

TBB

Bibliografia: Althusser, Louis, *Pour Marx*, 1965; *For Marx* (1969) [*A favor de Marx*, 1979] • Althusser, Louis et al., *Lire le Capital*, 1966; *Reading Capital* (1970) [*Ler O Capital*, 1979-80] • Coutinho, Carlos Nélson, *O estruturalismo e a miséria da razão*, 1962 • Godelier, Maurice, "Système, structure et contradiction dans *Le Capital*", 1966a ◎ *Rationalité et irrationalité en économie*, 1966b [*Racionalidade e irracionalidade em economia*, s.d.] ◎ *Horizons, trajets marxistes en anthropologie*, 1973; *Perspectives in Marxist Anthropology* (1977) • Goldmann, Lucien, "Structuralisme, marxisme, existencialisme", 1966 ◎ "Genèse et structure", in L. Goldmann, *Marxisme et sciences humaines*, 1970 • Lévi-Strauss, Claude, *Anthropologie structurale*, 1958; *Structurale Anthropology* (1963) [*Antropologia estrutural*, 1975] • Prado Jr., Caio, *O estruturalismo de Lévi-Strauss; o marxismo de Louis Althusser*, 1971 • Schaff, Adam, *Structuralisme et marxisme*, 1974 • Thompson, E.P., *The Poverty of Theory*, 1978 [*A miséria da teoria*, 1981].

etapas do capitalismo Ver PERIODIZAÇÃO DO CAPITALISMO

ética O socialismo de Marx não se baseia numa exigência moral subjetiva, mas em uma teoria da história. Marx, como Hegel antes dele, considera a história como progressista. Mas o PROGRESSO que tem lugar no desenrolar da história se faz dialeticamente, isto é, se faz por, e através de, CONTRADIÇÃO. Para Marx, o processo de evolução histórica de modo algum está concluído; a sociedade capitalista de hoje não é a meta final da história. De acordo com sua teoria da história, a função do modo de produção capitalista está na criação dos pressupostos materiais de uma futura sociedade socialista e do comunismo. A história enquanto tal marcha para a realização de uma ordem social mais humana e melhor, e a compreensão consciente dessa tendência objetiva da história permite ao proletariado industrial apressar o processo histórico, "abreviar as dores do parto da nova sociedade". Comparada com essa visão eficiente da história, a exigência moral meramente subjetiva revela-se sempre impotente. Ao afirmar isso, Marx se vale da crítica hegeliana do moralismo; e, não obstante, há um julgamento moral imanente à teoria marxista da história. A promoção da evolução histórica só pode ser considerada uma tarefa meritória se a história estiver caminhando para o que for "melhor", para a "emancipação da humanidade", que há de se realizar sob a forma da emancipação do proletariado.

A crítica da economia política produzida por Marx certamente não pretende ser um julgamento moral do modo de produção capitalista, mas antes demonstrar as contradições a ele imanentes, que apontam para além desse modo de produção. Não obstante, essa crítica encerra juízos morais inequívocos. A "exploração do homem pelo homem", a REIFICAÇÃO das relações sociais entre seres humanos como relações entre "coisas" (ver DINHEIRO; MERCADORIA; FETICHISMO DA MERCADORIA), a destruição dos pressupostos vivos de toda a produção, que são a natureza e a humanidade – todas essas indicações das consequências negativas do modo de produção capitalista encerram avaliações morais. Mas, como Marx considera todas as fases desse modo de produção, inclusive a fase de expansão colonialista, como pressupostos historicamente necessários da futura sociedade socialista, é obrigado a aceitar esses aspectos negativos. Em um de seus artigos sobre o domínio britânico na Índia, escreveu:

> É certo que a Inglaterra está provocando uma revolução social no Hindustão, motivada apenas pelos mais vis interesses e particularmente brutal em sua maneira de impor esses interesses. Mas a questão não é essa. A questão é: pode a humanidade realizar seu destino sem uma revolução fundamental da situação social da Ásia? Se a resposta é não, quaisquer que tenham sido os crimes da Inglaterra, ela terá sido o instrumento inconsciente da realização dessa revolução. (*New York Daily Tribune*, 25 de junho de 1853)

Só com o advento do socialismo essa maneira contraditória de provocar o progresso pode ser superada:

> Quando uma grande revolução social tiver dominado as conquistas da época burguesa, o mercado mundial e as modernas forças de produção, sujeitando-os ao controle comum dos povos mais adiantados, só então o progresso humano deixará de assemelhar-se àquele horrível ídolo pagão que só bebia néctar no crânio das vítimas que lhe haviam sido imoladas. (*New York Daily Tribune*, 8 de agosto de 1853)

Marx e Engels expressam, eles próprios, opiniões divergentes quanto a se existirá ou não uma moralidade na futura sociedade socialista, quanto à forma que essa moralidade tomaria, se fosse necessária. Em seus primeiros escritos, Marx parece acreditar que já não haverá uma moralidade que prescreva normas de comportamento para os indivíduos. Assim, escreve, concordando com Helvétius e os materialistas franceses:

> Se o interesse pessoal esclarecido é o princípio de toda moral, é necessário que o interesse privado de cada pessoa coincida com o interesse geral da humanidade. (...) Se o homem é formado pelas circunstâncias, estas devem ser formadas humanamente. (*A Sagrada Família*, cap.VI)

Engels, porém, acredita que a história evidencia uma progressão no sentido de moralidades cada vez mais elevadas de moralidade, o que parece significar que a moral do proletariado vitorioso acabará por se tornar a moral universal da humanidade. As pretensões à validade universal da moral anterior eram na realidade ilusórias. Assim, a teoria ética de Feuerbach

> (...) destina-se a todas as épocas, todos os povos e todas as condições; e por essa mesma razão não é nunca aplicável a nenhum lugar. Com relação ao mundo real, ela permanece tão impotente quando o imperativo categórico de Kant. Na realidade, cada classe, e mesmo cada profissão, tem sua própria moral, que, aliás, é violada sempre que se torna possível fazê-la impunemente. (*Ludwig Feuerbach e o fim da filosofia clássica alemã*, parte III)

As transformações da teoria ética marxista estão relacionadas com transformações na teoria da história e nas próprias circunstâncias históricas. Na medida em que a unidade entre fato e valor no processo histórico dissolveu-se e foi substituída por uma teoria positivista do progresso, surgiu uma necessidade de uma suplementação ética do marxismo. Enquanto a maior parte dos revisionistas (Bernstein, Staudinger, etc.) buscaram essa suplementação no neokantismo (ver KANTISMO E NEOKANTISMO), Kautsky recorreu a um naturalismo grosseiro, no qual a moralidade era atribuída aos impulsos "sociais" encontrados entre os "mamíferos superiores" (Kautsky, 1906). Lenin, porém, diante da necessidade prática de intervir ativa e profundamente no processo histórico, e face às condições atrasadas da Rússia, reduziu a ética socialista à tarefa de fazer avançar e acelerar a luta de classes e a vitória do proletariado:

> a moral é o que serve para destruir a velha sociedade exploradora e para unir todos os trabalhadores em torno do proletariado, que está construindo uma nova sociedade comunista. (Lenin, 1920c)

É claro que a tese implícita nessa definição é a de que a "sociedade comunista" é moralmente superior à sociedade capitalista existente. Mas essa instrumentalização total da ética suscita a questão da relação entre os meios e os fins. Kolakowski (1960, p.225-37) argumenta que há meios que são, por princípio, inadequados para a consecução de um objetivo moral (como, por exemplo, uma sociedade realmente humana): a justificação retrospectiva do "mal" como um meio inevitável de realizar o progresso (como no artigo de Marx sobre Índia) é diferente, em princípio, do planejamento e da utilização conscientes de meios "maus" por um partido revolucionário. (Ver também MORAL.)

IF

Bibliografia: Bauer, Otto, "Marxismus und Ethik", 1905-6; parcialm. trad. para o inglês in T. Bottomore & P. Goode (orgs.), *Austro-Marxism* • Kauenka, E., *Marxism and Ethics*, 1965 • Kautsky, Karl, *Ethik und materialistische Geschichtsauffassung*, 1906 (1910); *Ethics and the Malerialist Conception of History* (1918) • Kolakowski, Leszek, "Uber die Richtigkeit der Maxime 'Der Zweck heiligt die Mittel'", in L. Kolakowski, *Der Mensch Ohne Alternative*, 1960 • Rubel, Maximilien (org.), *Pages choisies de Karl Marx pour une éthique socialiste*, 1948 ◎ *Pages de Karl Marx pour une éthique prolétarienne*, 1970 • Stojanovié, Svetozar, "The Ethical Potential of Marx's Thought", in *Between Ideals and Reality*, 1973, cap.7.

eurocomunismo Movimento de mudança estratégica e teórica iniciado na década de 1970 por vários partidos comunistas dos países capitalistas democráticos – os partidos de massa da Itália, da Espanha e da França, bem como numerosos partidos menores – em reação ao XX Congresso do Partido Comunista Soviético (PCUS), de 1956, e aos acontecimentos que o cercaram (a revolta húngara e outras revoltas em sociedades socialistas, a cisão sino-soviética, o crescimento da *détente* na política internacional) bem como em resposta às dramáticas transformações da estrutura social do capitalismo adiantado que se seguiram ao prolongado surto de prosperidade do pós-guerra. Na década de 1970, os principais partidos comunistas europeus se deram conta de que o seu êxito político dependeria, a partir de então, de sua capacidade de atrair novos eleitores além da classe operária – em particular, das "novas camadas médias" – e de estabelecer alianças funcionais com outras forças políticas.

A desbolchevização está na essência do eurocomunismo na medida em que o compromisso com as políticas e métodos oriundos da experiência anterior da Terceira Internacional foi significativamente atenuado. Para os partidos eurocomunistas, o "caminho para o socialismo" deve ser pacífico, democrático e construído principalmente com a matéria-prima existente na sociedade nacional. O próprio socialismo deve ser democrático, sempre de acordo com a lógica do desenvolvimento social interno. O recurso aos padrões institucionais soviéticos – em particular, às "ditaduras proletárias" unipartidárias – e a repetição do modelo soviético foram, em geral, descartados. Na maioria dos casos, a "desestalinização" e a democratização da vida interna do partido também foram propostas, processos esses que implicaram a recusa da hegemonia soviética sobre o movimento comunista internacional.

O Partido Comunista Italiano (PCI) foi o primeiro a adotar o eurocomunismo (a expressão foi criada por um jornalista italiano) depois de enunciar a sua estratégia do "compromisso histórico" em 1973. O PCI previa o início de sua trajetória para o socialismo por meio de uma aliança com os democratas-cristãos, então no governo, em torno de um vigoroso programa de reformas democráticas (Hobsbawm, 1977). O Partido Comunista Espanhol (PCE), saindo de décadas de clandestinidade sob o regime de Franco, optou, por sua vez, por uma linha semelhante, que envolvia uma participação leal dos comunistas na construção de uma nova e avançada democracia espanhola (Carrillo, 1977). O Partido Comunista Francês (PCF), empenhado na tentativa de chegar ao poder aliado aos socialistas em torno de um programa comum de reformas democráticas, caminhou em sentido semelhante em seu XXII Congresso de 1976, quando a fidelidade ao modelo soviético e à DITADURA DO PROLETARIADO foi abandonada (Marchais, 1973 e PCF, 1976). Embora distintas umas das outras, as definições eurocomunistas desses três partidos fizeram fracassar as metas soviéticas de recentralização do movimento comunista internacional em torno de uma linha pró-soviética na Conferência dos Partidos Comunistas realizada em Berlim Oriental no ano de 1976.

As esperanças iniciais do eurocomunismo já estavam frustradas quando chegou a década de 1980. Na Itália, o PCI, depois de importantes conquistas eleitorais e da participação no bloco parlamentar majoritário (embora não no governo) em 1976, poucas vantagens obteve dos democratas-cristãos em troca de seu apoio parlamentar. Em 1980, frente a um impasse político e aos efeitos da crise econômica, seu eleitorado e sua massa – particularmente entre os sindicatos – começou a diminuir. Não obstante, o PCI insistiu em seu caminho eurocomunista, embora o "compromisso histórico" tenha sido substituído pelo renascimento da "União da Esquerda" com o Partido Socialista Italiano (PSI). Assim, em 1981 o PCI rompeu dramaticamente com o PCUS em torno da questão da declaração da lei marcial na Polônia com o objetivo de destruir o *Solidarnösc*, anunciando que as energias progressistas da revolução soviética estavam esgotadas. A partir de então, uma *terza via* – um terceiro caminho, eurocomunista, para o socialismo, tornava-se imperativo.

O partido espanhol não conseguiu marcar sua presença, quer eleitoralmente, quer em termos de força sindical (por meio das Comissões de Trabalhadores) nos primeiros anos da nova democracia espanhola. Em lugar dele, um novo Partido Social-Democrata acumulou rapidamente a maior parte dos recursos que o PCE ambicionava e que sua estratégia eurocomunista pretendia captar. Em consequência disso, em princípios da década de 1980 o PCE foi vítima de disputas cismáticas regionalistas e faccionais, das quais um dos temas centrais era a relutância do seu secretário-geral, Santiago Carrillo, em permitir a democratização da vida interna do partido. O declínio e a marginalaização pareciam inevitáveis.

O partido francês seguiu outro caminho. Como o PCE, ele se havia "eurocomunizado" a partir da cúpula, modificando sua perspectiva estratégica sem mudar sua vida interna. Assim, quando a *Union de la Gauche* revelou-se extremamente lucrativa eleitoralmente para os socialistas, a liderança do PCF determinou, abruptamente, uma mu dança de orientação, depois de 1977. O eurocomunismo foi abandonado em favor de uma reafirmação de formas mais antigas de identidade –*ouvrierisme* (obreirismo), sectarismo antissocial-democrata, pró-sovietismo – com o objetivo de dificultar o crescimento dos socialistas. No processo, as forças eurocomunistas dentro do partido foram esmagadas. A eleição presidencial de 1981 na França mostrou que esse recuo em relação ao eurocomunismo provavelmente apressou, em lugar de conter, o declínio do PCF. Na esteira da vitória de François Mitterrand e dos socialistas, porém, o PCF foi obrigado, pelas circunstâncias e pelo seu desejo de obter postos ministeriais, a modificar novamente sua estratégia, voltando à proposta da unidade da esquerda. Relutou, porém, em retomar a uma posição plenamente eurocomunista, conservando, em particular, uma posição internacional acentuadamente pró-soviética.

Assim, o eurocomunismo, saudado na década de 1970 como uma nova trajetória plausível para o êxito da esquerda, dividida entre os caminhos igualmente pouco promissores do comunismo e da social-democracia tradicionais, deu mostras de sérias debilidades na década de 1980. Em certos casos – o PCE e o PCF – as modificações foram feitas tarde demais e foram demasiado incompletas para impedir que um movimento social-democrata rejuvenescido ocupasse com sucesso um terreno político contestado. No caso italiano, onde o eurocomunismo foi assumido de forma mais completa, ainda assim o sucesso político mostrou-se bastante enganoso.

GR

Bibliografia: Bosi, M. & H. Portelli, *Les PC espagnol, français et italien face au pouvoir*, 1976 • Bucci-Glucksmann, Christinne, "Pour un eurocommunisme de gauche", in *Changer le PC?*, 1979 • Carrillo, Santiago, *"Eurocomunismo" y Estado*, 1977; *Eurocommunism and the State* (1977) [*O eurocomunismo e o Estado*, 1978] • Claudín, Fernando, *Eurocomunismo y socialismo*, 1977; *Eurocommunism and Socialism* (1979) • *Eurocommunisme*, núm. esp. da revista *Dialectiques*, n.18-9 • Hobsbawm, Eric (org.), entrevista com Giorgio Napolitano, *The Italian Road to Socialism*, 1977 • Lange, Peter & Vannicelli, Maurizio, *Eurocommunism: a Case Book*, 1981 • Mandel, Ernest, *Critique de l'Eurocommunisme*, 1978; *From Stalinism to Eurocommunism* (1978) [*Crítica do eurocomunismo*, 1978] • Marchais, Georges, *Le défi démocratique*, 1973 • Parti Communiste Français (PCF), *Le socialisme* *pour la France*, 1976 • Poulantzas, Nicos, *L'État, le pouvoir et le socialisme*, 1978 [*O Estado, o poder e o socialismo*, 1981] • Ross, George, *Workers and Communists in France*, 1982.

evolução do marxismo Ver MARXISMO, EVOLUÇÃO DO

exército industrial de reserva A existência de uma reserva de força de trabalho desempregada e parcialmente empregada é uma característica inerente à sociedade capitalista, criada e reproduzida diretamente pela própria acumulação do capital, a que Marx chamou exército de reserva do trabalho ou exército industrial de reserva. A acumulação de capital significa o crescimento deste, mas significa também novos métodos de produção, de maior escala e mais mecanizados, que a concorrência obriga os capitalistas a adotar. O crescimento do capital aumenta a demanda por trabalho, mas a mecanização substitui os trabalhadores por máquinas e, com isso, reduz essa demanda. A demanda líquida por trabalho depende, portanto, da força relativa de cada um desses dois efeitos, e são precisamente essas forças relativas que variam de modo a manter o exército industrial de reserva. Quando o efeito do emprego é mais forte do que o efeito de dispensa da força de trabalho e atua por tempo suficiente para esgotar o exército industrial de reserva, a escassez de força de trabalho disso resultante e a aceleração dos salários fortalecerão automaticamente a tendência à dispensa em detrimento do emprego. Uma elevação dos salários reduz o crescimento do capital e, portanto, do emprego, e juntamente com a escassez do trabalho, intensifica o ritmo de mecanização e, portanto, de dispensa de trabalhadores. Dessa forma, a acumulação de capital reabastece automaticamente o exército industrial de reserva (*O Capital*, I, cap. XXIII; Mandel, 1976, p.63-4). Acrescente-se a isso a importação de força de trabalho das áreas onde o desemprego é alto e a mobilidade do capital para áreas em que são baixos os salários, processos que servem para restabelecer a relação "adequada" entre o capital e a superpopulação relativa.

Quaisquer que fossem suas fronteiras históricas, o sistema capitalista sempre criou e manteve um exército industrial de reserva. O capitalismo moderno expandiu-se por todo o mundo, e o mesmo acontece com o seu exército industrial de reserva. As massas famintas do Terceiro Mundo, a importação e subsequente expulsão de "trabalhadores imigrados" pelos países industrializados e a fuga do capital para as regiões onde são baixos os salários são simplesmente manifestações desse fato.

AS

Bibliografia: Coontz, Sydney H., *Population Theories and the Economic Interpretation*, 1957 • Mandel, Ernest, "Introduction" a Karl Marx, *Capital* I, 1976 • Nun, José, "Superpoblación relativa, ejército industrial de reserva y masa marginal", 1969 • Oliveira, Francisco de, "A produção dos homens: notas sobre a reprodução da população sob o capital", 1976.

exploração Termo usado por Marx em dois sentidos, o primeiro dos quais, mais geral, é a utilização de um objeto pelas vantagens que oferece – exploração de recursos naturais, de uma situação política, ou da moralidade hipócrita: "(...) em relação ao tráfico de crianças, os pais de classe operária evidenciaram características que são verdadeiramente revoltantes e em muito se assemelham ao tráfico de escravos. Mas o capitalista, bom fariseu (...) denuncia essa ignomínia que ele mesmo criou, perpetua e explora..." (*O Capital*, I cap.XV, seção 3). Num certo sentido, portanto, exploração é um termo pejorativo de caráter abrangente, bastante útil e de excepcional força polêmica; e por isso muito presente na investida crítica de Marx contra o capitalismo.

Mas *exploração* possui um outro significado mais preciso e, nesse sentido, é um conceito básico do MATERIALISMO HISTÓRICO. Em qualquer sociedade em que as forças produtivas se tenham desenvolvido além do mínino necessário à sobrevivência da sua população, capacitando-a assim, pelo menos potencialmente para crescer, transformar-se e sobreviver às vicissitudes da natureza, a produção de um excedente torna possível a exploração, que é o fundamento da sociedade de classes. A exploração ocorre quando um setor da população produz um excedente cuja utilização é controlada por outro setor. As classes, na teoria marxista, só existem nas relações que mantêm uma com as outras, e essa relação gira em torno da forma de exploração que tem lugar em um determinado MODO DE PRODUÇÃO. É a exploração que dá origem à LUTA DE CLASSES.

Assim, os diferentes tipos de sociedade, as classes neles existentes e a luta de classes que é responsável pela dinâmica de qualquer sociedade podem, todos, ser caracterizados pela maneira específica segundo a qual a exploração se efetiva. No capitalismo, a exploração toma a forma da extração de MAIS-VALIA da classe operária pela classe dos capitalistas industriais, mas outras classes exploradoras, ou frações de classe, participam da distribuição da mais-valia. O acesso ao excedente, no capitalismo, depende da propriedade, e assim a classe explorada nesse modo de produção, o proletariado, vende a sua força de trabalho para sobreviver, embora também ela esteja dividida em frações segundo o caráter específico da força de trabalho que possui e vende (ver PROCESSO DE TRABALHO; DIVISÃO DO TRABALHO; CLASSE MÉDIA; CONSCIÊNCIA DE CLASSE).

A exploração no modo de produção capitalista é diferente da que existe nos MODOS DE PRODUÇÃO NÃO CAPITALISTAS porque ocorre normalmente sem a intervenção direta da força ou de processos não econômicos. O excedente no modo capitalista de produção surge do caráter específico do processo de produção e, particularmente, da maneira pela qual este está ligado ao processo de TROCA. A produção capitalista gera um excedente porque os capitalistas compram a força de trabalho do operário por um salário que é, de fato, igual ao valor desta força de trabalho. Mas, porque possuem o controle da produção, os capitalistas extraem dos trabalhadores um trabalho maior do que o equivalente a esse salário. Marx discordou dos economistas políticos clássicos, que consideravam a exploração como resultado da troca desigual de trabalho por salário (ver VALOR DA FORÇA DE TRABALHO). Para Marx, a distinção entre trabalho e força de trabalho permite compreender que esta seja vendida pelo seu valor enquanto o primeiro cria o excedente. Assim, a exploração se produz, no modo capitalista de produção, pelas costas dos participantes, oculta pela fachada da troca livre e igual (ver FETICHISMO E FETICHISMO DA MERCADORIA).

> A esfera da circulação, ou troca de mercadorias, dentro de cujas fronteira têm lugar a venda e a compra da força de trabalho, é, na verdade, um verdadeiro Éden dos direitos inatos do homem, em que reinam exclusivamente a Liberdade, Igualdade, a Propriedade e Bentham. Liberdade, porque tanto o comprador como o vendedor de uma mercadoria, digamos, da força de trabalho, são determinados apenas pela sua própria e livre vontade (...). Igualdade, porque os participantes da troca entram em relação uns com os outros como meros possuidores de mercadorias e trocam equivalente por equivalente. Propriedade, porque cada um dispõe apenas daquilo que é seu. E Bentham, porque cada qual pensa apenas na vantagem que pode levar. [Mas se nós] (...) na companhia do possuidor do dinheiro e do possuidor da força de trabalho, deixarmos essa barulhenta esfera onde tudo ocorre na superfície e à plena vista de todos e os seguirmos até o recinto fechado da produção, em cuja entrada está pendurado o aviso 'Entrada proibida exceto a negócios', veremos ali não só como o capital produz, mas como o próprio capital é produzido. O segredo da realização do lucro deve, por fim, ser posto a nu! (*O Capital*, I, cap.VI)

Mas a "realização do lucro" é apenas exploração capitalista. Seu segredo deu origem à ciência da economia política, e, desde que Marx o revelou, a economia ortodoxa se tem empenhado em tornar a velá-lo. Nenhum modo de produção anterior exigiu tanto trabalho intelectual para que seu método de exploração fosse descoberto, exposto e reencoberto, pois, nas sociedades anteriores, as formas de exploração eram transparentes: tantos dias de trabalho dados, tanto de cereal exigido pelos representantes da classe dominante. O capitalismo é único no que diz respeito à ocultação de seu método de exploração por trás do processo de troca, o que torna a análise do processo econômico da sociedade uma exigência imprescindível para a sua superação.

A exploração é obscurecida também pelo modo como é medido o excedente apropriado e utilizado pelo modo de produção capitalista. A taxa de lucro $\left(\frac{m}{c+v}\right)$ dá a medida do volume de mais-valia como uma fração do capital total adiantado (constante e variável), que é a medida dos juros dos capitais individuais, pois é de acordo com a quantidade total do capital adiantado que partes da mais-valia são apropriadas. Mas, com a expansão do capital, a taxa de lucro pode cair dissimulando um crescimento simultâneo da taxa de exploração definitiva como razão do excedente em relação ao trabalho necessário, que é a taxa de mais-valia, m/v.

SH

Bibliografia: Dowbor, Ladislav, "O que é capital", 1982 • Luxemburg, Rosa, *Einführung in die Nationalökonomie*, 1925; *What is Economics?* (1954) [*Introdução à economia política*, s.d.] • Sandroni, Paulo, "O que é mais-valia", 1982.

F

fábrica, conselhos de Ver CONSELHOS

falsa consciência Ver IDEOLOGIA

família A análise marxista da família ainda está profundamente marcada pela obra de Engels, *A origem da família, da propriedade privada e do Estado*, em que este argumenta que a família burguesa tem seu fundamento material na desigualdade entre o marido e a mulher, com esta produzindo legítimos herdeiros para a transmissão da propriedade em troca de cama e mesa. Engels definiu essa relação como uma forma de prostituição, contrastando o casamento mercenário burguês com o verdadeiro "amor sexual" que podia florescer no seio de um proletariado em que marido e mulher alcançavam a igualdade na exploração resultante do trabalho assalariado.

Essa análise foi criticada de todos os ângulos possíveis, mas continua a ser uma explicação exclusivamente materialista da família e tem o mérito considerável de procurar explicar as diferentes formas de família características das diferentes classes. A explicação de Engels, porém, baseia-se na discutível antropologia evolucionista de L.H. Morgan, reduz a evidente dominação dos homens na família proletária como "residual" e não leva em consideração a divisão doméstica do trabalho e o ônus imposto às mulheres, que têm o "turno duplo" do trabalho assalariado e do cuidado com os filhos e a casa.

Apesar dessas críticas, os pontos principais das observações de Engels constituem a base da política oficial da família, como argumentou Molyneux (1981), na tradição marxista-leninista. A URSS pode ser apontada como um modelo dessas políticas. O esforço para atrair as mulheres para o trabalho produtivo é combinado com a provisão social de facilidades para o cuidado com as crianças e com uma ideologia oficial que exalta a "mãe que trabalha". O próprio Lenin argumentou em favor da socialização do trabalho doméstico, mas, como observam os críticos e críticas feministas (ver FEMINISMO), essa socialização jamais foi entendida como envolvendo uma participação do homem nos trabalhos da casa. Sob esse aspecto, o Código Familiar Cubano, que concita os maridos a dividirem com suas mulheres o trabalho da casa e o cuidado dos filhos, representa uma tendência excepcional na reformulação socialista da família.

O próprio Marx não desenvolveu uma análise da família independentemente da que foi produzida por Engels, e, na verdade, há evidências segundo as quais sua concepção da questão era naturalista e não crítica. Sem fundamentar tais suposições, Marx tende a deixar implícito, em sua análise do salário e da reprodução da força de trabalho por exemplo, que os trabalhadores são homens e que mulheres e crianças são simplesmente uma ameaçadora fonte de substituição e concorrência barata.

No pensamento marxista como um todo, a família ocupa uma posição muito controversa. *O Manifesto comunista* propõe "a abolição da família", mas esse apelo tem sido transformado no projeto, bem menos radical, de abolir a família burguesa em favor de uma família proletária, socialista. Essa "família socialista", porém, tem mostrado tendência a se basear numa implícita monogamia heterossexual, e não escapa às críticas feitas à família por um pensamento radical mais geral. O pensamento marxista sobre a família tende, portanto, a ser menos rigorosamente crítico do que as posições socialista utópica, libertária, anarquista e feminista.

A análise marxista da família no século XX tem seu ponto alto no reconhecimento, pela ESCOLA DE FRANKFURT, de que ela é uma instituição *social* e uma ideologia, a despeito de ter um caráter aparentemente privado. Nas décadas de 1950 e 1960 os debates sobre o tema tenderam a descer a clichês muito difundidos, como, por exemplo, a discussão sobre se a família estava "tendo sua função assumida pelo Estado", ou estava em "declínio".

As análises mais recentes concentram-se em duas áreas. A primeira é a interpretação histórica das diferentes formas de família. Muitos historiadores marxistas aceitam que a forma da família predominante hoje no Ocidente é característica da burguesia do século XIX como classe, e isso levou a uma especificação mais detalhada das formas de família em sua variação histórica, por classe, por grupo étnico e assim por diante. Um segundo aspecto importante está na relevância da psicanálise para a interpretação da família – embora essa abordagem permaneça bastante controvertida no pensamento marxista.

A definição não é dos problemas menores encontrados na análise da família. Historicamente, dois significados distintos do termo – (1) disposições de PARENTESCO e (2) organização da casa – tenderam a combinar-se numa noção de parentes que residem em conjunto. Devemos admitir, porém, que a ressonância *ideológica* da família estende-se muito além dessa definição formal.

MB

Bibliografia: Molyneux, Maxine, "Socialist Societies Old and New: Progress towards Women's Emancipation", 1981 • Poster, Mark, *Critical Theory of the Family*, 1978 [*Teoria crítica da família, 1979*] • Riley, Denise, "Left Critiques of the Family", in Cambridge Women's Studies Group, *Women in Society*, 1981.

fascismo O surgimento de movimentos fascistas e o estabelecimento de regimes fascistas em vários países europeus durante as décadas de 1920 e 1930 fizeram os pensadores marxistas se defrontarem com um novo e premente problema a ser analisado. Colocaram-se duas questões principais: (1) que condições econômicas e sociais deram lugar ao fascismo, e (2) o que tornou possível a vitória do fascismo e a destruição do movimento da classe trabalhadora em alguns países? Trotski, numa série de panfletos e artigos que escreveu entre 1930 e 1933, empenhou-se principalmente em formular uma estratégia política eficaz que capacitasse a classe trabalhadora a deter o avanço fascista na Alemanha, mas também esboçou as principais características do fascismo, das quais as mais importantes são: o fascismo é a expressão de uma crise estrutural profunda do capitalismo moderno, isto é, resulta da tendência do capitalismo monopolista (conforme foi observado e definido por Hilferding) a "organizar" o conjunto da vida social de uma maneira totalitária (ver TOTALITARISMO); a base social dos movimentos de massas fascistas é a pequena burguesia ou classe média. Uma análise geral mais ampla do fascismo foi empreendida por Otto Bauer (1936), que o considerou como "o produto de três processos interligados". A Primeira Guerra Mundial tinha expulso grandes números de pessoas da vida burguesa, convertendo-as em *déclassés*, e após a guerra elas formaram as milícias" fascistas e "ligas de defesa" com suas ideologias militaristas, antidemocráticas e nacionalistas. Em segundo lugar, as crises econômicas de pós-guerra empobreceram uma grande parte da baixa classe média e campesinato, que desertaram dos partidos burgueses democráticos e cerraram fileiras nas milícias. Em terceiro lugar, as crises econômicas reduziram os lucros da classe capitalista, e, para restaurá-los elevando o nível da exploração, a burguesia precisava romper a resistência da classe trabalhadora, o que parecia difícil ou impossível de conseguir sob um regime democrático.

Vários membros da Escola de Frankfurt também fizeram estudos profundos sobre a ascensão do fascismo. Neumann, num estudo clássico da Alemanha nacional-socialista, *Behemoth* (1942), argumentou que "em um sistema monopolista, os lucros não podem ser produzidos e apropriados sem o poder político totalitário (...) é essa a característica marcante do nacional-socialismo" (1942, p.354) e descreveu o regime como uma "economia de comando", ou, mais amplamente, como o "capitalismo monopolista". Na Alemanha, afirmou ele, o processo de CENTRALIZAÇÃO E CONCENTRAÇÃO DO CAPITAL, levando ao monopólio, tinha ido mais além do que em outros países, e isto, juntamente com a gravidade excepcional da crise econômica alemã, era responsável pela força do fascismo. Uma análise um pouco diferente foi empreendida por Pollock (1975) em ensaios escritos entre 1932 e 1941 em que, embora admitisse a importância do capitalismo monopolista, enfatizava mais fortemente o papel do Estado intervencionista e descrevia o sistema como "capitalismo de Estado" (expressão que Neumann considerou como uma *contraditio in adjecto* que "não pode suportar uma análise de um ponto de vista econômico"). Finalmente, Adorno e Horkheimer, em colaboração com vários cientistas sociais norte-americanos, realizaram, a partir de 1945, uma série de estudos sobre preconceitos – focalizando em particular a "personalidade autoritária" e o antissemitismo – cujo objetivo básico era determinar as bases psicológicas dos movimentos fascistas (ver Adorno et al., 1950; e também PSICANÁLISE).

Alguns estudos mais recentes sobre o fascismo, embora aceitando amplamente os principais elementos propostos pelas análises acima referidas, que relacionam o fascismo com o capitalismo monopolista, a aguda crise econômica e a posição ameaçada de grandes segmentos da classe média, também levantaram questões adicionais. Poulantzas (1970), em um estudo dedicado principalmente a um exame clínico da doutrina e da política da Terceira Internacional e dos partidos comunistas da Itália e da Alemanha (ver COMUNISMO; INTERNACIONAIS) em sua confrontação com o fascismo (e notadamente sua caracterização da social-democracia como "fascismo social"), também discute, não obstante, algumas questões mais gerais e, em particular, as concernentes à natureza específica do fascismo em relação a outras formas de "Estado capitalista de exceção", que incluem o bonapartismo e vários tipos de ditadura militar. Mason (1981) num curto ensaio sobre problemas não resolvidos nas explicações marxistas sobre o fascismo, refere-se particularmente à significação de Hitler como líder e do antissemitismo; e sugere que o Terceiro Reich pode ter sido um "regime singular", chamando assim a atenção para uma importante questão geral – pois, embora as condições para o aparecimento do fascismo possam surgir em todas as sociedades capitalistas avançadas, sua vitória pode muito bem depender de circunstâncias nacionais específicas e de tradições históricas. Finalmente, parece necessário dar maior atenção a fenômenos como desemprego, que outros autores (embora também alguns marxistas, entre eles Adler e Bauer) têm enfatizado; assim Carsten (1967) observa que "foi em particular nas fileiras dos desempregados que a SA nazista (tropa de choque) recrutou, durante aqueles anos (1930-1932), um exército privado de 300 mil homens". Dos estudos marxistas e de outras procedências pode-se concluir, portanto, que uma crise econômica aguda pode promover não só o maior radicalismo da classe trabalhadora como também o rápido desenvolvimento de movimentos políticos de direita.

TBB

Bibliografia: Adorno, Theodor W. et al., *The Authoritarian Personality*, 1950 • Ayçoberry, Pierre, *La question nazie: les interprétations du national-socialisme* (1922-1975), 1979 • Bauer, Otto, *Zwischen zwei Weltkriegen? Die Krise der Weltwirtschaft, der Demokratie und der Sozialismus*, 1936 (o ensaio sobre o fascismo está parcialmente traduzido para o inglês in T. Bottomore & P. Goode (orgs.), *Austro-Marxism*) • Bettelheim, Charles, *L'économie allemande sous le fascisme*, 1946 • Bourderon, Roger, *Le fascisme: idéologie et pratiques*, 1979 • Carsten, F.L., *The Rise of Fascism*, 1967 • De Felice, Renzo (org.), *Antologia sul fascismo*, 1976 • Dimitrof, G., *Arbeiter Klasse gegen Faschismus*, 1976 • Gramsci, Antonio, *Socialismo e fascismo: l'Ordine Nuovo (1921-1922)*, 1966 ◎ *Sul fascismo*, 1974 (seleção e apresentação de Enzo Santarelli) • Guérin, Daniel, *Fascisme et grand capital*, 1936 (1965) • Hamilton, A., *L'illusion fasciste: les intellectuels et le fascisme*, 1971 • Konder, Leandro, *Introdução ao fascismo* (contém extensa bibliografia), 1977a • Macciocchi, M.-A. et al., *Éléments pour une analyse du fascisme*, 1976 • Mason, Tim, "Open Questions on Nazism", in Raphael Samuel (org.), *People's*

History and Socialist Theory, 1981 • Neumann, Franz, *Behemoth: the structure and Practice of National Socialism*, 1942 (1944) • Nolte, Ernst & Clara Zetkin et al., *Theorien über den Faschismus*, 1972 • Paris, Robert, *Histoire du fascisme en Italie*, 1962 ◎ *Les origines du fascisme*, 1968 • Pirker, Theo (org.), *Komintern und Faschismus, 1920-1940: Dokumente zur Geschichte und Theorie des Faschismus*, 1965 • Pollock, Frederick, *Stadien des Kapitalismus*, 1975 • Poulantzas, Nicos, *Fascisme et dictature*, 1970 [*Fascismo e ditadura*, 1978] • Quazza, Guido et al., *Fascismus e società italiana*, 1973 • Reich, Wilhelm, *Massenpsychologie des Faschismus*, 1933, 1942 (1972) • Santarelli, Enzo, *Storia del fascismo*, 1973 • Trotski, L.D., *The Struggle Against Fascism in Germany*, 1971.

fases de desenvolvimento Ver ESTÁGIOS DE DESENVOLVIMENTO

fases do capitalismo Ver PERIODIZAÇÃO DO CAPITALISMO

feminismo O lugar do feminismo no pensamento marxista é objeto de controvérsia. Pode-se argumentar, de um lado, que o feminismo – considerado como a igualdade entre as mulheres e os homens – é essencialmente uma doutrina do liberalismo e do Iluminismo, que pouco deve ao marxismo revolucionário. Por outro lado, tem-se afirmado que a libertação das mulheres da opressão e da exploração só poderá ser conseguida como parte da libertação humana que só a revolução socialista poderia proporcionar.

Certamente é preciso identificar tendências historicamente muito diferentes no feminismo. Na Inglaterra e nos Estados Unidos, a tradição mais antiga é a do feminismo democrático, liberal, voltado para a conquista de direitos e oportunidades iguais para as mulheres. No século XIX, grande parte da atividade feminista concentrou-se na eliminação das barreiras educacionais e profissionais, mas o entusiasmo que movia tais campanhas reformistas era, com frequência, animado por um espírito militante. Essa militância pela "igualdade de direitos" culminou com as violentas lutas das sufragetes do início do século XX, em sua campanha pelo direito de voto para as mulheres. Vitórias dessa vertente do feminismo voltada para a "igualdade de direitos" foram a legislação britânica sobre a igualdade de salários e a discriminação de sexos, bem como seus equivalentes nos Estados Unidos; no momento, desenvolvem-se campanhas em favor de muitas reformas de política social, emprego, etc.

Uma segunda tradição dominante no feminismo pode ser identificada pelo seu caráter mais "separatista". As utopias feministas retrataram, muitas vezes, comunidades de mulheres onde as características supostamente violentas, militaristas, hierárquicas e autoritárias dos homens estão felizmente ausentes. Essa tendência do pensamento feminista inclina-se para o pessimismo na questão da diminuição da brutalidade masculina e aconselha a criação de comunidades de mulheres e o fortalecimento das relações das mulheres entre si. Historicamente, essa tradição tendeu à sentimentalização, e não a uma abordagem erótica, das relações entre as mulheres; mas sob esse aspecto, como outros, as herdeiras contemporâneas do feminismo separatista adotam uma posição menos conciliadora e menos respeitável. O movimento de liberação feminina, formado na Grã-Bretanha e nos Estados Unidos em fins da década de 1960, e representado em textos clássicos como Firestone (1979) e Millett (1971), alcança seu impacto político por meio de uma crítica inflexível da brutalidade masculina (física e mental) e do poder masculino (econômico, político e militar). Muitas feministas argumentam que a dominação masculina (patriarcado) é a divisão social mais importante, mais significativa do que as divisões de CLASSE ou RAÇA.

Uma terceira corrente do feminismo associa a luta pela libertação da mulher com as perspectivas socialistas mais gerais e com a política socialista. É importante observar que o movimento feminista contemporâneo na Grã-Bretanha foi menos influenciado politicamente pela tradição marxista-leninista do que inspirado pelo SOCIALISMO UTÓPICO, pelo pensamento libertário, pelo maoísmo (ver MAO TSE-TUNG), pelo anticolonialismo e pelo ANARQUISMO. O "despertar da consciência", por exemplo, é uma estratégia fundamental do feminismo, devendo muito a Fanon e a Mao. Não é por coincidência que essas tradições socialistas levam muito a sério as questões da IDEOLOGIA, da consciência e da revolução cultural.

Qual é, então, o lugar do feminismo no pensamento marxista propriamente dito? Há tantas respostas para essa pergunta quanto há interpretações de Marx. O feminismo é claramente compatível com o espírito de justiça, de igualitarismo e de realização individual que se encontram na teoria da ALIENAÇÃO do jovem Marx. É mais difícil verem que o Marx amadurecido de *O Capital* deixou margem para qualquer consideração de gênero em sua análise pormenorizada da dinâmica em que se baseia o capitalismo. Em geral, as interpretações humanistas de Marx tendem a ser mais compatíveis com o feminismo do que as posições anti-humanistas. Nos últimos anos, porém, os seguidores de Althusser procuraram argumentar (de um ponto de vista anti-humanista) que a opressão das mulheres pode ser entendida em termos das exigências da REPRODUÇÃO capitalista (por meio da FAMÍLIA) da força de trabalho e das relações sociais de produção. Esses argumentos não se mostraram totalmente convincentes, sobretudo porque tentam explicar – com referência às necessidades do capitalismo como sistema – um fenômeno (a opressão das mulheres) que parece existir em todos os modos de produção conhecidos.

Houve considerável tensão entre o pensamento marxista e o pensamento feminista, e o próprio Marx oferece, em seus escritos, pouco estímulo ao feminismo. Engels, por outro lado, além de ter produzido uma análise da família que exerceu enorme influência, adotou, durante toda a sua vida, uma atitude mais auspiciosa para com o feminismo. Embora os marxistas tenham, com frequência, considerado o feminismo como um dos vários "desvios burgueses" do caminho revolucionário, ao passo que as feministas, muitas vezes, acusaram o marxismo de não querer dar prioridade à igualdade de gênero, não pode haver dúvida de que existe, há algum tempo, uma base para simpatia mútua e aliança entre marxismo e feminismo. Fora do próprio pensamento feminista, não há nenhuma tradição de análise crítica da opressão das mulheres que se possa comparar à atenção incisiva dada à questão por vários pensadores marxistas. Lenin, Trotski e Bebel, em particular, desenvolveram o trabalho de Engels nessa área. As políticas públicas de sociedades que procuram implementar uma TRANSIÇÃO PARA O SOCIALISMO em termos marxistas atribuíram, invariavelmente, considerável peso à emancipação das mulheres. Até mesmo na URSS, que muitos críticos consideram como menos radical do que sociedades socialistas mais novas como Cuba, a posição das mulheres pode ser favoravelmente comparada com a situação nos países vizinhos. (Isso fica particularmente claro se a Ásia Central soviética, por exemplo, for comparada a Estados adjacentes como o Irã.)

A história do feminismo no movimento comunista pode ser acompanhada pelas biografias de mulheres como Klara Zetkin e Alexandra KOLLONTAI. Os regimes inspirados no marxismo em geral não se mostraram sensíveis à crítica feminista das relações pessoais e familiares opressivas, mas, não obstante, realizaram melhorias materiais na situação das mulheres e fizeram substanciais reformas legislativas e de política. Pode-se demonstrar, certamente, que o feminismo é tratado com mais respeito nos programas políticos inspirados pelo marxismo do que nos regimes recentemente instalados no poder com base em qualquer modalidade de fundamentalismo religioso. (Ver também TRABALHO DOMÉSTICO.)

MB

Bibliografia: Banks, Olive, *Faces of Feminism*, 1981 • Firestone, Shulamith, *The Dialectic of Sex*, 1979 • Millett, Kate, *Sexual Politics*, 1971 • Mitchell, Juliet, "Women and Equality", in J. Mitchell & A. Oakley (orgs.), *The Rights and Wrongs of Women*, 1976 • Rowbotham, Sheila, *Women, Resistance and Revolution*, 1974.

fetichismo Marx nos diz que, na sociedade capitalista, os objetos materiais possuem certas características que lhes são conferidas pelas relações sociais dominantes, mas que aparecem como se lhes pertencessem naturalmente. Essa síndrome, que impregna a produção capitalista, é por ele denominada fetichismo, e sua forma elementar é o fetichismo da MERCADORIA enquanto reposítório ou portadora do VALOR. A analogia é com a religião, na qual as pessoas conferem a alguma entidade um poder imaginário. Mas a analogia é inexata, pois, como Marx sustenta, as propriedades conferidas a objetos materiais na economia capitalista são reais e não produto da imaginação. Só que não são propriedades naturais. São sociais. Constituem forças reais, não controladas pelos seres humanos e que, na verdade, exercem controle sobre eles; são as "formas de aparência" objetivas das relações econômicas que definem o capitalismo. Se essas formas são tomadas como naturais, isso se deve a que seu conteúdo ou essência social não é visível imediatamente e só pode ser revelado pela análise teórica.

Embora isso nem sempre seja bem compreendido, a doutrina do fetichismo de Marx e a sua teoria do valor acham-se indissoluvelmente ligadas. Ambas põem em evidência a forma peculiar assumida pelo trabalho na sociedade burguesa. O trabalho enquanto tal é um elemento universal das sociedades humanas. Mas é somente com a produção e a troca de mercadorias, generalizadas sob a égide do capitalismo, que o trabalho ganha expressão como uma propriedade objetiva de seus próprios produtos: como seu valor. Em outros tipos de economia, tanto naquelas em que as relações são comunais como naquelas em que prevalecem relações de exploração, o trabalho pode ser reconhecido diretamente pelo que ele é: um processo social. Ele é abertamente regulado e coordenado como tal, seja por uma autoridade ou por consenso. No capitalismo, ao contrário, os produtores individuais de mercadorias trabalham independentemente uns dos outros, e a coordenação porventura existente se faz impessoalmente – pelas costas dos produtores, por assim dizer – via mercado. Todos funcionam dentro de uma elaborada DIVISÃO DO TRABALHO. Mas essa relação social entre produtores só se efetua na forma de uma relação entre seus produtos, as mercadorias que eles compram e vendem; o caráter social do trabalho só aparece de modo indireto, nos valores dessas mercadorias, pelos quais, sendo todas igualmente materializações do trabalho, são as mercadorias comensuráveis. As coisas tornam-se portadoras de uma característica social historicamente específica.

A ilusão do fetichismo brota da fusão da característica social com as suas configurações materiais: o valor parece inerente às mercadorias, natural a elas como coisas. Por extensão desse fetichismo elementar, qualquer coisa, ao desempenhar o papel de DINHEIRO – o ouro, por exemplo –, converte-se na verdadeira encarnação do valor; na concentração pura e aparente de um poder que é, de fato, social. De modo similar, no fetichismo do capital, as relações econômicas específicas que dotam os meios de produção da condição de CAPITAL são obscurecidas. As forças que o capital comanda, todas as potencialidades produtivas do trabalho social, aparecem como se lhe pertencessem naturalmente: aparência mistificadora cuja expressão suprema é a capacidade que o capital tem de, mesmo sem empregar trabalho produtivo, gerar JUROS.

Assim, as propriedades conferidas aos objetos do processo econômico, verdadeiras forças que sujeitam as pessoas ao domínio deste processo, são como que uma espécie de máscara para as relações sociais peculiares ao capitalismo. Isso dá lugar às ilusões quanto à origem natural dessas forças. Mas a máscara não é ilusão. As aparências que mistificam e deturpam a percepção espontânea da ordem capitalista são reais: são formas sociais objetivas, que, simultaneamente, são determinadas pelas relações subjacentes e as obscurecem. É assim que o capitalismo *se apresenta*: sob disfarce. Desse modo, a realidade do trabalho social fica oculta por trás dos valores das mercadorias; assim, também os SALÁRIOS ocultam a EXPLORAÇÃO já que, embora sejam o equivalente apenas do VALOR DA FORÇA DE TRABALHO, parecem ser um equivalente do maior valor que a FORÇA DE TRABALHO em ação cria. O que na verdade é social aparece como natural; uma relação que é de exploração parece ser uma relação justa. Cabe à teoria descobrir o conteúdo essencial oculto em cada forma manifesta. Contudo, essas formas ou aparências não são, com isso, dissolvidas. Duram tanto quanto a própria sociedade burguesa. No comunismo, segundo Marx, o processo econômico será transparente para os produtores e poderá ser por eles controlado. (Ver também FETICHISMO DA MERCADORIA.)

NG

Bibliografia: Cohen, Gerald A., *Karl Marx's Theory of History*, 1978, cap.V e apêndice I • Geras, Norman, "Essence and Appearance: Aspects of Fetishism in Marx's *Capital*", 1971.

fetichismo da mercadoria Marx analisa *o fetichismo da mercadoria* no primeiro livro de *O Capital* (cap.I, 4), sob o título "O fetichismo da mercadoria: seu segredo". Tendo mostrado que a produção de mercadorias (ver MERCADORIA) constitui uma relação social entre produtores, relação essa que coloca diferentes modalidades e quantidades de trabalho em equivalência mútua enquanto valores (ver VALOR), Marx indaga como tal relação aparece para os produtores ou, de modo mais geral, na sociedade. Aos produtores, ela "se apresenta como uma relação social que existe não entre eles próprios, produtores, mas entre os produtos de seus trabalhos". As relações sociais entre alfaiate e carpinteiro aparecem como uma relação entre casaco e mesa nos termos da razão em que essas coisas se trocam entre si, e não em termos do trabalho nelas materializado. Marx, contudo, apressa-se a assinalar que essa aparência das relações entre mercadorias como uma relação entre coisas não é falsa. Ela existe, mas oculta a relação entre os produtores: "as relações que ligam o trabalho de um indivíduo com o trabalho dos outros aparecem, não como relações sociais diretas entre indivíduos em seu trabalho, mas como o que realmente são: relações materiais entre pessoas e relações entre coisas."

A teoria do fetichismo da mercadoria nunca é retomada explicitamente e mais extensamente em *O Capital*, ou em qualquer outra obra de Marx. Não obstante, sua influência pode ser claramente discernida nas críticas de Marx à economia política clássica. O fetichismo da mercadoria é o exemplo mais simples e universal do modo pelo qual as formas econômicas do CAPITALISMO ocultam as relações sociais a elas subjacentes, como, por exemplo, quando o CAPITAL, como quer que seja entendido, e não a MAIS-VALIA, é tido como a fonte do lucro. A simplicidade do fetichismo da mercadoria faz dele um ponto de partida e uma boa referência para a análise das relações não econômicas. Sua análise estabelece uma dicotomia entre aparência e realidade ocultada (sem que a primeira seja necessariamente falsa) que pode ser levada para a análise da IDEOLOGIA; discute relações sociais vividas como e sob a forma de relações entre mercadorias ou coisas, o que tem aplicação na teoria da REIFICAÇÃO e da ALIENAÇÃO. (Ver também FETICHISMO.)

BF

Bibliografia: Fine, Ben, *Economic Theory and Ideology*, 1980, cap.I • Geras, Norman, "Essence and Appearance: Aspects of Fetishism in Marx's *Capital*", in R. Blackburn (org.), *Ideology in Social Science*, 1972 • Mohun, Simon, "Ideology, Knowledge and Neoclassical Economics", in F. Green & P. Nore (orgs.), *Issues in Political Economy*, 1979.

Feuerbach, Ludwig (Landschut, Baviera, 28 de julho de 1804 – Rechenberg, perto de Nürnberg, 13 de setembro de 1872.) Eminente filósofo materialista cuja obra *Das Wesen des Christentums* (*A essência do cristianismo*, 1841), com a sua doutrina de que a religião é a projeção de desejos humanos e uma forma de ALIENAÇÃO, atraiu a atenção mundial, e cuja crítica do pensamento de HEGEL e da RELIGIÃO teve uma influência importante sobre os jovens MARX e ENGELS.

Filho de um jurista e criminologista notável para a sua época (Paul Johann Anselm von Feuerbach), Ludwig Andreas Feuerbach aproximou-se da filosofia pelos caminhos da teologia, iniciando seus estudos em Heidelberg em 1823. Em 1824 foi para Berlim, onde frequentou os cursos de Hegel; em 1825 perdeu a fé religiosa, tornando-se filosoficamente um hegeliano e transferiu-se para a Faculdade de Filosofia, graduando-se em Erlangen em 1828. Em 1830, publicou anonimamente seus *Gedauken über Tod und Unsterblichkeit* (Pensamentos sobre a morte e a imortalidade) que provocaram escândalo pela negação da imortalidade da alma. Em 1829, tornara-se *Dozent* em filosofia em Erlangen e continuou a lecionar até 1832, quando interrompeu sua atividade docente em protesto contra o fato de a universidade não o ter nomeado professor efetivo por causa de seus pontos de vista antirreligiosos. Passou o resto de sua vida como um intelectual não ligado a instituições acadêmicas e publicou, na década de 1830, numerosos estudos pioneiros da história da filosofia moderna, seguidos por artigos cada vez mais críticos, de um ponto de vista "materialista", do idealismo de Hegel. *Das Wesen des Christentums*, as suas *Grundsätze der Philosophie der Zukunft* (*Proposições básicas da filosofia do futuro*) e as *Vorläufige Thesen zur Reform der Philosophie* (*Teses preliminares para a reforma da filosofia*), criaram uma geração de feuerbachianos, que o acompanharam na rejeição do monarquismo, das pretensões da Razão Absoluta e da religião como projetos ilegítimos de abstrair do homem os poderes humanos, de colocar o pensamento no lugar dos pensamentos humanos e de fazer com que estes princípios dominassem o homem. Seguiram-se outros estudos da religião e, com a deflagração da Revolução de 1848, Feuerbach foi saudado, pelo menos pelos estudantes de Heidelberg, como seu pai intelectual e herói, embora ele próprio assumisse uma atitude passiva e cética em relação ao movimento, acreditando que a Alemanha não se achava suficientemente emancipada das ilusões teológicas para poder tornar-se uma república. Em 1850, Feu erbach, assumindo o materialismo médico de Moleschott, resumiu seu ponto de vista de que o homem é determinado pela natureza e pela qualidade de seu alimento, e não pelas homilias contra o pecado, no trocadilho alemão de que "o homem é aquilo que come". Depois disso escreveu pouca coisa de importância, exceto alguns fragmentos sobre ética, e deixou de atrair a atenção pública. Leu, em 1868, *O Capital* de Marx e o elogiou pela sua denúncia de condições horríveis e inumanas; em 1870 ingressou no Partido Social-Democrata alemão.

Feuerbach não foi um filósofo sistemático que buscasse a coerência rigorosa de pensamento. Lançando ideias e produzindo aforismas não chegou a estabelecer posições coerentemente trabalhadas e cuidadosamente analisadas sobre os principais problemas filosóficos de que tratou em sua obra. Tanto seu "materialismo" (que poderia ser melhor descrito como um empirismo naturalista e não atomista) quanto sua teoria do conhecimento ainda precisam ser melhor interpretadas e dão margem a muitas discussões. O tratamento que Marx lhe dá em suas *Teses sobre Feuerbach*, considerando-o um materialista contemplativo que negligenciou o lado ativo do espírito é, no mínimo, equivocado; assim como a acusação de que ele só viu a *práxis* sob seus aspectos *dirty Jewish* (expressão empregada por Marx para caracterizar a prática vulgar). Tendo exercido grande influência na Alemanha na década de 1840 e na Rússia e na França até as décadas de 1850 e 1860, o pensamento de Feuerbach foi retomado e revalorizado em diversos momentos posteriores. E embora se houvesse tornado a principal figura antiteológica do século XIX, desempenhou um papel central na teologia do século XX, que colocou o homem como o verdadeiro conteúdo da religião. A elevação do amor a princípio de união dos seres humanos levada a cabo por Feuerbach e sua doutrina do Eu-Tu como conteúdo mínimo de toda atividade humana verdadeira (pensar, falar, amar) atraíram os teólogos modernos e alguns outros filósofos que se mantiveram à margem do desenvolvimento técnico. Mas não chegaram a interessar os marxistas. A crítica da religião de Feuerbach, sua concepção de alienação, seu "materialismo" e sua crítica de Hegel provocaram alguns novos estudos nos últimos anos e tornaram-se parte do novo tratamento filosófico do pensamento marxista. O próprio Marx viu que a crítica da religião de Feuerbach tinha como limite a proposição de que o homem é o mais alto ser para o homem e que por isso ela forneceria um ponto de partida para uma verdadeira filosofia revolucionária. A argumentação de Feuerbach de que Hegel invertera os papéis de sujeito e predicado, tratando o homem como um atributo do pensamento ao invés do pensamento como um atributo do homem, foi, certamente, uma das fontes da decisão de Marx de "colocar Hegel de cabeça para baixo", e o método de investigação crítico e genético de Feuerbach, que busca a origem e a função de instituições sociais tais como a religião, foi aplicado por Marx ao Estado em 1843 e pode ser considerado um dos componentes de sua concepção materialista da história. Foi apenas com a descoberta e a redescoberta dos escritos filosóficos da juventude de Marx que as relações entre Marx e Feuerbach vieram a ser estudadas profundamente e bem-compreendidas. O próprio Marx encarava Feuerbach como uma importante mas passageira fase em seu próprio desenvolvimento intelectual e que não conservava mais qualquer interesse, embora ele tenha encomendado de Londres, na década de 1860, os sete volumes das obras escolhidas de Feuerbach. O *Ludwig Feuerbach e o fim da filosofia clássica alemã* de Engels, embora tenha sido um texto importante para o desenvolvimento do materialismo dialético oficial da União Soviética, não encerra nenhum valor como estudo da filosofia de Feuerbach, nem contribui para o aprimoramento da filosofia marxista. Entre os marxistas clássicos e os filósofos que trabalharam na União Soviética, ainda em tempos recentes, muito se falou sobre Feuerbach como um importante, mas inadequado, precursor do marxismo. Apenas um estudo sério foi aí produzido, o de A.M. Deborin (1923). A argumentação de Deborin, segundo a qual Feuerbach foi um importante filósofo e o marxismo é uma variedade de feuerbachianismo, que encerrava a primeira edição do livro, foi removida das edições subsequentes e sua avaliação incorreta do relacionamento entre Feuerbach e Marx transformou-se em uma das acusações feitas contra ele quando foi denunciado e afastado de seu posto de filósofo junto ao comando de Stalin. O estudo de Kamenka (1970) avalia Feuerbach como um filósofo de importância histórica e basicamente correto em seu empirismo não atomista, em sua teoria ativa do espírito e em sua crítica da religião; mas não o vê como um grande filósofo sistemático. Wartofsky (1977) afirma que Feuerbach levantou diversas questões importantes e profundas, numa tentativa de mostrar que o desenvolvimento filosófico de Feuerbach é da maior significação para um conhecimento dialético do progresso do pensamento.

EK

Bibliografia: Feuerbach, Ludwig, *Das Wesen des Christentums*, 1841 (1971); *The Essence of Christianity* (1874 e 1957); *L'essence du christianisme* (1968) ◎ *Grundsätze der Philosophie der Zukunft*, 1843; *Principles of the Philosophy of the Future* (1966); *Principes de la philosophie de l'avenir* (1960) ◎ *Das Wesen der Religion*, 1851; *The Essence of Religion* (1873) ◎ *Manifestes philosophiques* (1960) ◎ *The Essence of Faith According to Luther* (1967) ◎ *Lectures on the Essence of Religion* (1967) • Kamenka, Eugene, *The Philosophy of Ludwig Feuerbach*, 1970 • Wartofsky, M.W., *Feuerbach*, 1977 • As obras completas de Feuerbach, publicadas em 10 volumes em vida do autor, foram editadas por Bolin & Jodl (1903-11) e reeditadas em 13 volumes, com material suplementar, pela Fromann Verlag/Günther Holzboog, em Stuttgart-Bad Canstatt, sob a supervisão editorial de Hans-Martin Sass (1960-4). A edição em língua alemã mais completa da obra de Feuerbach é a planejada edição crítica em 16 volumes, aos cuidados de Werner Schuffenhauer, lançada pela Academie-Verlag, de Berlim Oriental.

fictício, capital Ver CRÉDITO E CAPITAL FICTÍCIO

filosofia O marxismo é, basicamente, um movimento político prático: uma forma de socialismo que se distingue no interior das correntes de pensamento socialista por sua combinação de uma prática revolucionária com uma teoria social radical e abrangente. Essa teoria pretende ser uma ciência social e não uma filosofia (social ou política). Qual, então, a relação entre essa prática ao mesmo tempo política e científica e a filosofia? E como o MARXISMO vê essa relação?

Marx começou sua carreira intelectual como filósofo. Só posteriormente voltou-se para o trabalho intelectual que levou à fundação da ciência do MATERIALISMO HISTÓRICO, que teve sua maior expressão em *O Capital*. Qual a natureza dessa transição da filosofia para a ciência? E como ela se relaciona com a transição mais geral, observada na cultura europeia como um todo, onde a filosofia cedeu sua posição de predominância intelectual para a CIÊNCIA: primeiro para as ciências naturais no século XVII e, depois, para a ciência social, no próprio século de Marx?

Do mesmo modo como, na prática, o marxismo opõe-se à política burguesa, ele também se opõe às ideias e teorias burguesas. No entanto ele não rejeita simplesmente as teorias burguesas, mas as absorve e transforma dialeticamente. Sendo a teoria marxista principalmente uma ciência social, ela critica as ciências sociais burguesas embora busque herdar a mesma tradição de cientificidade das ciências naturais reivindicada pela cultura burguesa. As ciências naturais, ele também as considera sujeitas às transformações históricas, sobretudo por reconhecer e teorizar a historicidade da natureza. Ao estabelecer essas relações com a ciência burguesa, Marx e o marxismo respondem positivamente a três correntes da filosofia: ao aristotelismo, ao materialismo da revolução científica e do Iluminismo, e à DIALÉTICA de Hegel. Mas embora assimile elementos chaves dessas filosofias, transforma-os em um corpo teórico que se coloca em oposição geral à filosofia burguesa. Para o marxismo, a filosofia burguesa é ideologia burguesa.

A principal pergunta a ser formulada é: o marxismo apropria-se da filosofia burguesa e opõe-se a ela incorporando-a à própria filosofia marxista? Haverá uma filosofia especificamente marxista, seja como extensão da ciência marxista, seja implícita nela? Ou o materialismo histórico contradiz e substitui a filosofia enquanto tal? No século que se seguiu à morte de Marx, a resposta que o marxismo deu a essas perguntas foi a de que existe, na verdade, uma filosofia marxista, e é ela que permite compreender a oposição do marxismo à filosofia burguesa. A evolução do marxismo, até agora, segue, em geral, uma linha teórica em que predomina, sucessivamente, uma dentre duas filosofias marxistas: a primeira associa-se mais de perto à obra tardia de Engels, e a segunda, à obra inicial de Marx.

Materialismo dialético. A filosofia marxista teve sua primeira expressão no MATERIALISMO DIALÉTICO, uma combinação do MATERIALISMO científico com a dialética de Hegel, que afirma ser a realidade concreta uma unidade contraditória, impulsionada por suas contradições, em um processo, evolucionário e revolucionário, de incessante transformação histórica. Sendo contraditória, a realidade só pode ser explicada com exatidão por meio de proposições contraditórias, exigindo, em consequência, uma LÓGICA dialética especial que supera a lógica formal e seu princípio de não contradição. Dessa perspectiva, o materialismo concebe matéria e espírito como opostos entre si dentro de uma unidade onde a matéria desempenha o papel principal. Assim, o materialismo dialético é uma "visão do mundo" (Engels, *Anti-Dühring*, "Prefácio" à segunda edição), uma teoria sobre a natureza da realidade como um todo. Reivindica, particularmente, aplicar-se às diferentes ciências específicas, tanto naturais quanto sociais, na medida em que elas progridam em direção à maturidade, constituindo uma versão marxista da "unidade da ciência" e, nesse processo, afirmando a cientificidade do materialismo histórico. Dentro dessa perspectiva, ele se considera responsável pela generalização das descobertas da ciência e validado por elas. É o materialismo dialético, então, uma filosofia ou uma ciência?

A argumentação de Engels a respeito dessa questão é apresentada no "Prefácio" à segunda edição do *Anti-Dühring* e no chamado "Velho Prefácio", originalmente escrito para a primeira edição e posteriormente rejeitado e utilizado como parte do material de *A dialética da natureza*. Os argumentos de Engels, porém, mal chegam a justificar a tendência a se considerar o materialismo dialético como uma filosofia. Nesse texto, Engels alega que os desenvolvimentos nas ciências naturais que tendem a confir mar o materialismo dialético são desenvolvimentos da ciência natural *teórica*. Por "teórica" Engels entende a evolução conceitual das ciências, e, em particular, a evolução relativamente especulativa de conceitos que, embora confirmados pela evidência estritamente empírica, vão muito além dos limites desta. Esses conceitos, pensa ele, tenderão a unificar as ciências sociais isoladas e esse processo de unificação conceitual não empírica exige competências e ideias que até então fizeram parte do domínio da filosofia. Embora o próprio Engels aborde a questão do ponto de vista da filosofia, das filosofias do materialismo e da dialética, ele considera que os prováveis desenvolvimentos nas próprias ciências naturais acabarão tornando "meu trabalho (...) supérfluo" (*Anti-Düring*, "Prefácio" à segunda edição): sua "filosofia natural" transformar-se-á na "ciência natural teórica", e a filosofia, como tal, tornar-se-á supérflua, sendo o que nela há de valor apropriado e transformado pela ciência.

Humanismo marxista e marxismo ocidental. Nas décadas de 1920 e 1930, com a regressão da Revolução Russa e com o *Diamat* (uma abreviação para materialismo dialético particularmente usada na URSS) transformado em elemento essencial da ortodoxia do Partido Comunista, a hegemonia dessa expressão inicial da filosofia marxista começou a dar lugar a uma outra, já sem o caráter de doutrina única e bem-definida, mas representando uma tendência menos unitária, cujos primeiros teóricos foram LUKÁCS e KORSCH. Os primeiros escritos filosóficos de Marx, redescobertos nessa época, vieram dar apoio a essa nova filosofia em detrimento do materialismo dialético. O *Diamat* era uma teoria sobre a realidade como um todo, que via os indivíduos e a sociedade como instâncias de processos naturais universais e considerava a ciência social como uma ciência natural da sociedade. A nova tendência era humanista: retomava a velha doutrina humanista do "homem como a medida de todas as coisas". Afirmava o papel central e a singularidade dos indivíduos e da sociedade, criticando não só o modelo da ciência natural para o conhecimento do social, mas, também, a própria ciência e a tecnologia como burguesas, e, portanto, como formas alienadas e manipuladoras de investigação e prática. Na verdade, o conceito caracteristicamente hegeliano de ALIENAÇÃO, que está inteiramente ausente do *Anti-Dühring*, mas é essencial nos *Manuscritos econômicos e filosóficos* de Marx (1844), passou a assumir, como a própria obra, posição predominante. Com ele, foram reformados os conceitos correlatos, como os de REIFICAÇÃO e FETICHISMO, todos aparentemente axiológicos e éticos. Mas a questão central era a concepção dos indivíduos como sujeitos e não como objetos: isto é, como centros da consciência e dos valores e, portanto, como necessariamente diferentes do resto da ordem natural, tal como descrita pela ciência.

Para o materialismo dialético, a teoria marxista é predominantemente científica, e ele mesmo é uma filosofia da ciência, no sentido de "filosofia natural", destinada a perder seu caráter filosófico e a tornar-se plenamente científica no momento em que a "ciência natural teórica" tenha sido desenvolvida. Para o humanismo marxista, ao contrário, a teoria marxista não é primordialmente científica, mas filosófica: a ocorrência de qualquer aspecto científico é vista como parte que se integra à perspectiva totalizante da filosofia humanista. Seus temas estão ligados à cultura geral da reação romântica contra o racionalismo iluminista, e a uma herança da tradição filosófica representada, principalmente, pela filosofia mais próxima do Romantismo, o idealismo alemão: Kant (ver KANTISMO E NEOKANTISMO), Hegel e a filosofia hermenêutica da *Geisteswissenschaften*. Todas estas perspectivas concordavam quanto a que a realidade, tal como a conhecemos, não tem existência independente desse conhecimento, mas é (em parte) constituída por ele. A hermenêutica, em particular, rejeitou a doutrina empirista da unidade da ciência, argumentando que o conhecimento das questões sociais e humanas não pode ter a mesma lógica e a mesma metodologia da ciência natural empírica: a questão não é a explicação causal dos fatos, mas a compreensão do significado das ideias e da linguagem. De fato, entender a linguagem de uma sociedade representa entender, em grande parte, a própria sociedade. Isso porque, ao compreenderem sua própria linguagem, os indivíduos têm um conhecimento de sua sociedade que não pode ser subvertido por nenhuma ciência. A articulação teórica desse conhecimento não exige a objetividade imparcial da observação empírica, mas a "empatia" ou, mesmo, a participação nas atividades sociais investigadas, e é mais conceitual e filosófica do que empírica e científica.

Essas tendências estiveram presentes, com maior ou menor vigor, na obra da ESCOLA DE FRANKFURT, na de SARTRE e no marxismo dos filósofos iugoslavos dissidentes contemporâneos (que se expressa na produção intelectual publicada pela revista *Praxis*). Nas duas últimas décadas, porém, esse humanismo marxista, e com ele o alto valor atribuído à filosofia das obras de juventude de Marx, passou a ser criticado pela própria filosofia marxista, especificamente por ALTHUSSER e seus colaboradores. Como a escola italiana de Della Volpe, Althusser contrapôs-se às tendências hegeliana e idealista do humanismo marxista, argumentando que a teoria marxista é fundamentalmente ciência, mas que no materialismo histórico existe, implicitamente, uma filosofia marxista que pode ser explicitada pela análise. Do mesmo modo que o materialismo dialético, essa filosofia marxista se considera uma filosofia da ciência. Mas, em oposição a ele, a filosofia marxista de Althusser não é uma "filosofia natural", uma visão de mundo que o marxismo partilha com as ciências naturais avançadas. Antes, é algo mais próximo da concepção ortodoxa da filosofia da ciência, ou seja, a epistemologia: a ciência é a "prática teórica" e a filosofia é a "teoria da prática teórica". Em sua autocrítica posterior, no entanto, Althusser faz ressalvas a essa concepção, argumentando que, embora ainda sendo filosofia da ciência, a filosofia marxista difere da ciência por ser normativa e ideológica, e, em particular, por ser política. Ao contrário da ciência marxista, a filosofia marxista é "a política no campo da história", a "luta de classes na teoria" (Althusser; 1974, 1976, p.68 e 142).

Filosofia, idealismo e materialismo. Marx começou sua carreira intelectual como filósofo, reconhecendo o direito tradicional e definitivo da filosofia ao primado intelectual no campo das ideias. Já nessa fase inicial, porém, tornou-se um crítico dessa pretensão e, como ela, da própria filosofia: aceitou a ideia do "fim da filosofia", não em sua forma empirista, como a substituição de uma metafísica *a priori* pela ciência empírica, mas por considerar que o propósito ou o objetivo da filosofia é sua realização, o que torna o seu fim ou sua supressão supérfluos. Chegou, no entanto, ao ponto de vista de que a filosofia "se realizava" não na própria realidade, mas em outra forma de teoria, a ciência. A ciência é, dentre todos os tipos de teoria, a que mais se aproxima da realidade e a mais capaz de retratá-la. A filosofia é uma forma de teoria que submete até mesmo as suas percepções mais penetrantes a uma deformação sistemática. Isso porque a filosofia se constitui precisamente na busca de legitimação de todas as (outras) ideias no interior das próprias ideias e, portanto, de ideias que formariam a base a priori e eternamente válida do pensamento em geral. É essa busca que leva a filosofia a oscilar entre o dogmatismo *a priori* e o ceticismo completo. A ciência não pode e não precisa ser legitimada pela filosofia, pois a ciência não tem fundamentos na própria teoria. Na verdade, toda teoria tem seu fundamento na realidade material, mas a ciência é a única forma de teoria que reconhece isso e, portanto, a única forma capaz de representar adequadamente a realidade. Devido a seu fundamento material, outras formas de teoria, como a filosofia, conseguem conhecer algo dessa realidade material, mas de forma mistificada. Ao substituir a filosofia, a ciência se apropria dos conteúdos de suas percepções, mas os converte à sua própria forma, mais adequada.

É esse conjunto de considerações e argumentos que Marx vai condensar em sua defesa do materialismo contra o idealismo, e exemplificar na formulação de sua própria ciência social do materialismo histórico. A visão de Marx do materialismo *como filosofia* é, em parte, responsável pela convicção de que existe uma filosofia marxista. O materialismo tradicional pode ser uma filosofia, porém parece mais coerente com a interpretação de Marx e de Engels sustentar que, para eles, a filosofia conserva da religião um idealismo mais ou menos residual, de modo que o materialismo filosófico, embora seja em si mesmo um progresso em relação ao idealismo filosófico, é ainda, por ser filosofia, idealista, pois concebe como fundamento do pensamento não a realidade material, mas (transcendentalmente) a ideia necessária da realidade material. A alternativa filosófica ao ceticismo total é sempre a antologia, a metafísica ou a epistemologia. A alternativa não filosófica, que reconhece seu fundamento na própria realidade material, é a ciência. Para a ciência, o conhecimento da realidade é possível, mas nenhuma ideia, por mais imersa que esteja na estrutura conceitual, é inquestionável. As ideias necessitam, em última análise, de uma legitimação científica, mesmo que indireta, em termos de sua adequação à realidade.

A epistemologia tradicional concebe o conhecimento como a posse, por parte de um sujeito, de um objeto conhecido. Esse conhecimento é uma ideia do objeto na mente do sujeito, e, para o materialismo, o objeto é paradigmaticamente uma "substância material" ou "matéria". Dado que o ponto de partida clássico da filosofia encontra-se no interior das ideias do sujeito e dado seu compromisso geral com a "via das ideias", surge o problema cético de como essas ideias podem se constituir em conhecimento de um objeto material que lhes é independente e externo. O idealismo filosófico nega a existência de tal objeto. Para o idealismo de Hegel, o objeto do conhecimento não é material, mas ideal, produto do espírito, numa atividade na qual o espírito se objetifica ou aliena. A alienação implica perda e ilusão; perda do eu e a ilusão de que aquilo que se perde não é o produto do espírito, mas alguma outra coisa. Isso prepara o terreno para a saga histórica de Hegel, de reparação ou reconciliação, uma saga cognitiva dentro da consciência e que leva ao objetivo do Conhecimento Absoluto.

Não é em sua contrapartida filosófica, o materialismo filosófico, que Marx vai transformar esse idealismo filosófico, mas em elementos de uma ciência da sociedade. Nesse processo, ele desenvolve um materialismo especificamente social, desviando da matéria para a prática (material) a concepção do que é material. O conhecimento da natureza adquirido pela ciência física é o de um objeto que ela mesma afirma ser externo e independente em relação à consciência. Mas ao absorver esse princípio do materialismo filosófico, Marx rejeita a relação individualista sujeito-objeto como seu fundamento. Seguindo Hegel, ele ressalta a aquisição do conhecimento como um processo de produção sócio-histórico ativo, mas lhe dá uma interpretação materialista, argumentando que, como o conteúdo do conhecimento é uma abstração da atividade intelectual, assim também a atividade intelectual é uma abstração da prática (material) e, em última análise, da produção econômica dos bens materiais. A dualidade tradicional pensamento e matéria é, dessa forma, mediada pela prática material, uma condição constante de nosso conhecimento da natureza. Para a ciência social, porém, a prática sócio-histórica não é apenas a condição inevitável, mas também o objeto do conhecimento (ver TEORIA DO CONHECIMENTO). A sociedade, como objeto do conhecimento científico, é uma estrutura de práticas, tendo por base a prática material. Embora a natureza não seja produzida por nós, nem certamente pela atividade espiritual pura, como pretende o idealismo, produzimos realmente bens e artefatos, e com isso, produzimos ou reproduzimos, mesmo que não deliberadamente, nossas relações sociais e, portanto, a própria sociedade. Esse é um caso em que se observa diante das atividades e objetos sociais um processo de alienação, uma relação que envolve perda, ilusão e sujeição: o trabalho produz mercadorias que são apropriadas pelo capital e, por isso, aparecem como produtos do capital e não do trabalho, produtos que controlam o produtor, e não o inverso. A própria sociedade é esse produto alienado, aparecendo para os seus membros como um objeto natural cuja transformação está acima de suas forças. Essa alienação, porém, não deve ser entendida filosoficamente, como um aspecto eterno da condição humana, mas cientificamente, como algo passível de transformação, uma transformação na qual a ciência pode e deve desempenhar um papel prático efetivo. A unidade da estrutura social é contraditória, uma estrutura de classe contraditória tendo por base o contraditório modo de produção capitalista. Sob a pressão dessas contradições, a sociedade vive um processo de mudança que leva a uma situação revolucionária na qual a classe operária, armada da ciência de Marx como sua IDEOLOGIA teórica, as eliminará, colocando a ordem social sob controle humano e, nesse processo, liberando-se a si mesma e à humanidade em geral.

Realismo científico e dialética. Ao rejeitar a relação sujeito-objeto da epistemologia tradicional, Marx rejeita a forma específica como ela aparece no EMPIRISMO. E o faz por meio de uma concepção singular que, embora encontre apoio na moderna filosofia da ciência, atinge não só o empirismo, mas, também, a alternativa hermenêutica e com ela, ainda mais, as bases do método filosófico de Wittgenstein, em sua teoria da linguagem. Toda uma tradição filosófica que teve sua melhor expressão em Platão é apropriada e transformada por Marx quando afirma que a aparência empírica da sociedade, assim como a da natureza, é superficial e contradita pelo caráter de sua realidade subjacente. São essas aparências reais, mas superficiais, que, ao serem registradas como as ideias espontâneas dos membros da sociedade, são conceitualizadas na linguagem ordinária e, dessa forma, entram e influem, de maneira mais ou menos decisiva, no trabalho teórico de uma sociedade. Para Marx, a função real de uma teoria científica é penetrar a superfície empírica da realidade e descobrir as "relações reais", as estruturas e forças subjacentes, que geram essas "formas fenomênicas" e as tendências históricas fundamentais da realidade. Os conceitos teóricos da ciência não são, portanto, redutíveis a conceitos observáveis, como no empirismo, nem são construções subjetivas impostas à realidade pelos teóricos, como no idealismo. Tais conceitos descrevem, de forma mais ou menos precisa, aspectos não observáveis da realidade (material). A concepção que Marx tem da ciência é realista (ver REALISMO), como argumentaram membros do grupo inglês de filósofos marxistas, de aparecimento recente (ver, por exemplo, Bhaskar, 1979 e Mepham e Ruben, 1979).

Segue-se que, para Marx, uma ciência desenvolvida inclui conceitos que não são totalmente empíricos, nem *a priori*: eles vão além da evidência rigorosamente empírica e, não obstante, são aceitos ou rejeitados não "filosoficamente", mas cientificamente, como parte de uma estrutura conceitual mais ou menos adequada à realidade. Segue-se também que um elemento crucial do método científico é a crítica conceitual e a inovação. Como prática social com determinada situação histórica e cultural, a ciência de Marx sujeita os conceitos oriundos da linguagem comum e das teorias pré-existentes ao exame crítico, transformando, pelo trabalho intelectual, essa matéria-prima em um produto teórico mais adequado. Mas, como essas ideias correntes são parte da própria sociedade, já que a ciência social é o objeto a ser compreendido e explicado, Marx procura explicá-las fazendo-as remontar às suas condições materiais. Marx não sucumbe à tentação, tão forte na "sociologia do conhecimento", de supor que uma explicação materialista do pensamento é incompatível com sua avaliação cognitiva e, com isso, de adotar um relativismo cético incoerente. Pelo contrário, ao fazer remontar cognitivamente as ideias imperfeitas às condições materiais a que se relacionam, ele revela a sociedade e, em particular, seu modo dominante de produção, como objeto mistificador, objeto gerador de uma aparência que esconde sua realidade subjacente e com isso confunde e mistifica seus membros (Marx, *O Capital*, I, cap.I, seção 4, texto sobre o fetichismo da mercadoria). Essa mistificação objetiva é parte de um processo pelo qual a sociedade se reproduz. Tem, portanto, função política, sustentando a classe dominante na luta de classes. A crítica científica que Marx faz dessas ideias e teorias é, portanto, em si mesma política. Marx mostra o caráter ideológico burguês dessas ideias e teorias e, ao criticá-las, critica também as condições materiais que lhes são propícias: pois "pedir que abram mão de suas ilusões sobre sua condição é pedir-lhes que abram mão de uma condição que exige a ilusão" (Marx, *Crítica da filosofia do direito de Hegel* "introdução"). Dessa forma, a ciência de Marx repudia o princípio fundamental da filosofia burguesa da ciência: a neutralidade frente a seu objeto, considerando-o, também, um elemento ideológico. Mas o materialismo de Marx é incompatível com a suposição de que tanto essas ideias quanto suas condições materiais mistificadoras possam ser modificadas apenas pela crítica teórica. Sua ciência é parte daquela atividade "prático-crítica" que ele identifica como "revolucionária" na primeira das suas *Teses sobre Feuerbach:* uma atividade que não se distancia, mas que é parte integrante do movimento socialista que promove a derrubada prática do capitalismo e da sociedade burguesa. A ciência de Marx é uma ciência do ponto de vista da classe operária e, como tal, desfruta da vantagem cognitiva comum a qualquer classe em ascensão e peculiar a uma classe que não será superada por nenhuma outra. Sua cientificidade não é, simplesmente, compatível com sua situação de ideologia proletária, mas exige essa situação de forma positiva. Ao contrário do que diz Althusser, é a ciência, e não a filosofia, que constitui o lado marxista da "luta de classes na teoria".

Essas relações são teorizadas pela dialética em sua forma materialista. Do ponto de vista da filosofia burguesa, o passo crucial e decisivo dado por Marx foi a aplicação da categoria lógica de CONTRADIÇÃO à realidade material. Esse passo torna-se inteligível pelo que expusemos acima e pela generalização dos conceitos de alienação e fetichismo. Quaisquer que sejam suas semelhanças, a ciência social difere das ciências naturais que estudam a realidade inorgânica porque o pensamento enquanto tal é parte do objeto da ciência social, ou seja, a sociedade, e esse pensamento exige, portanto, ser julgado e criticado cognitivamente (cientificamente), mas, também, compreendido explicativamente em relação às suas condições materiais. As estruturas e as forças básicas que condicionam a vida material e o trabalho também condicionam a vida espiritual e o trabalho intelectual. Assim, ao buscar refletir a realidade em seu conteúdo explícito, o pensamento refletirá a realidade da prática material de um modo implícito e estrutural que ele mesmo pode não reconhecer. Esse elo explicativo entre pensamento e ação oferece uma perspectiva para a possibilidade de analisarem-se as ideias de uma maneira que decifre os segredos da realidade. E, o que é mais importante, proporciona um canal através do qual a crítica das ideias pode unir-se à crítica das práticas (materiais) que as originam. É essa unidade que é categorizada pela concepção dialética de contradição, na qual a alienação é um caso especial. Para a ciência, a contradição é uma categoria crítica, uma categoria lógica que implica a ilogicidade ou irracionalidade daquilo a que é aplicada. Mas a prática, do mesmo modo que o pensamento, pode ser mais ou menos irracional. Para uma ciência dialética, sistemas de pensamento contraditórios, incorporando ilusão e mistificação, refletem as irracionalidades estruturais de um sistema de práticas (materiais) que é contraditório, que está em conflito consigo mesmo. Basicamente, são essas irracionalidades práticas que confundem e mistificam as ideias dos indivíduos. A crítica de Marx, portanto, compreende um tipo de julgamento que não se enquadra na categoria de moralidade, mas de racionalidade.

Essas contradições sociais reais, porém, não são "filosóficas", uma parte eterna da condição humana, mas historicamente específicas. O mesmo, aliás, vale para qualquer doutrina filosófica relevante. Como a revolução elimina as contradições estruturais da sociedade, essa estrutura tornar-se-á mais racionalmente organizada, mais acessível ao controle dos indivíduos e mais inteligível a seu pensamento espontâneo (Marx, *O Capital*, I, cap.I, seção 4, texto sobre o fetichismo da mercadoria). A verdade da hermenêutica, mas não em sua forma filosófica, será realizada. O mesmo acontecerá com a verdade do empirismo, na medida em que a verdade do realismo científico for superada. A contradição entre a aparência social e a realidade desaparecerá e, com ela, o caráter mistificador da sociedade. Já não haverá necessidade nem mesmo possibilidade de teoria, isto é, de ciência social (Cohen, 1978, p.326).

Esse esquema situa e destaca o significado último das concepções de Marx e Engels sobre a filosofia e sua relação com o materialismo e o idealismo. Para o materialismo de Marx, não só a religião e a filosofia, mas toda teoria enquanto tal, inclusive a ciência social, são, em última análise, idealistas: pressupõem a mais central de todas as formas da divisão do trabalho, a divisão entre o trabalho manual e o trabalho intelectual e, com isso, uma sociedade mistificadora e alienante. Uma característica de nossa época é a absorção e a substituição da filosofia pela ciência, que transforma seus conteúdos em um tipo de teoria com um conteúdo, uma forma e um modo de existência mais materialistas. Mas o materialismo social verdadeiro é algo a ser realizado historicamente *na* prática e *como* prática, uma prática social cuja inteligibilidade e transparência permitirão que ele se torne compreensível ao pensamento espontâneo de seus agentes, sem necessidade de teoria, e, assim, sem o idealismo, por mais residual que seja, que é uma forma de pensamento inseparável de um modo de atividade que exige o distanciamento em relação à vida da prática (Marx, *Teses sobre Feuerbach*, particularmente a oitava tese).

RE

Bibliografia: Althusser, Louis, *Pour Marx*, 1965 [*A favor de Marx*, 1979] ◉ *Lire le Capital*, 1968 [*Ler 'O Capital'*, 1979] ◉ *Éléments d'autocritique*, 1974; *Essays in Self-Criticism* (1976) [*Elementos de autocrítica*, 1978] ◉ "Est-il simple d'être marxiste en philosophie?", 1975 • Bhaskar, Roy, *The Possibility of Nuturalism*, 1979 • Cassano, Franco, *Marxismo e filosofia in Italia*, 1973 • Cirese, A.M., "Concezione del mondo, filosofia, folclore", 1970 • Cohen, Gerald A., *Karl Marx's Theory of History*, 1978 • Colletti, Lucio, *Il marxismo e Hegel*, 1969; *Marxism and Hegel* (1973); *Le marxisme et Hegel* (1969) • Cornu, Auguste, *Essai de critique marxiste*, 1949 • Giannotti, J.A., *Exercícios de filosofia*, 1975 • Goldmann, Lucien, *Sciences humaines et philosophie*, 1952 (1966) • Habermas, Jürgen, *Erkenntnis und Interesse*, 1968 [*Conhecimento e interesse*, 1982] • Jdanov, A.A., "El frente ideologico y la filosofia", 1947 (1968) • Korsch, K., *Marxismus und Philosophie*, 1923; *Marxism and Philosophy* (1970) • Lefebvre, Henri, *Problèmes actuels du marxisme*, 1963 • Lenin, V.I., *Philosophical Notebooks*, 1963 • Lukács, G., *Geschichte und Klassenbewusstsein*, 1923 [*História e consciência de classe*, 1974] • Marcuse, Herbert, *Reason and revolution*, 1941 [*Razão e revolução*, 1978] • Mepham, J. & D.H. Ruben (orgs.), *Issues in Marxist Philosophy*, 1979 • Semprun, Jorge, "Economie politique et philosophie dans les *Grundrisse* de Marx", 1968 • Sève, Lucien, *Une introduction à la philosophie marxiste*, 1980 • Texier, Jacques, *Gramsci et la philosophie du marxisme*, 1966 • Toglioti, Palmiro, "De Hegel au marxisme", 1960.

força de trabalho Força de trabalho é a capacidade de realizar trabalho útil que aumenta o VALOR das mercadorias (ver MERCADORIA). É a sua força de trabalho que os operários vendem aos capitalistas em troca de um salário em dinheiro. A *força de trabalho* deve ser diferenciada do *trabalho*, que é o próprio exercício efetivo da capacidade produtiva humana de alterar o valor de uso das mercadorias e de acrescentar-lhes valor. Os produtos do trabalho podem ser comprados e vendidos como mercadorias. É impossível, porém, dar um sentido exato à ideia de compra e venda do próprio trabalho enquanto atividade produtiva. O produtor que não pode vender o seu produto de trabalho deve vender a sua capacidade de trabalhar, comprometendo-se a exercer o trabalho no interesse e sob a direção do comprador, em troca de uma soma de dinheiro, ou seja, do salário.

A categoria força de trabalho aparece, na teoria do valor – trabalho, na explicação da fonte da MAIS-VALIA. O capitalista investe dinheiro para comprar mercadorias e, mais tarde, as vende por mais dinheiro do que o investido inicialmente. Isso só pode ser feito sistematicamente se houver alguma mercadoria cuja utilização aumente o valor de outras mercadorias. A força de trabalho é precisamente essa mercadoria, e a única, já que, com a compra e o uso da força de trabalho o capitalista obtém trabalho, e este é a fonte do valor. A fonte da mais-valia no sistema da produção capitalista como um todo está no fato de que o valor que os capitalistas pagam pela força de trabalho é menor do que o valor que o trabalho por eles extraído dessa força de trabalho acrescenta às mercadorias. A única outra explicação possível da mais-valia, a de que o capitalista compra mercadorias abaixo do seu valor e as vende acima desse valor, pode explicar casos individuais de mais-valia, mas não explica a mais-valia na totalidade do sistema de produção, já que o valor ganho dessa maneira deve ser perdido por algum outro produtor de mercadorias.

A precondição histórica do aparecimento da força de trabalho no mercado, para que os capitalistas a possam comprar, é a formação de uma classe de trabalhadores "livres": "livres", primeiro, por terem o direito legal de dispor de sua força de trabalho por períodos limitados em negociações de troca com compradores potenciais; e "livres" também da propriedade de, e do acesso a, meios de produção próprios. Assim, o aparecimento da força de trabalho livre no mercado exige a dissolução da escravidão (ver ESCRAVISMO), da SERVIDÃO e de todas as limitações ao direito que as pessoas têm de dispor de sua força de trabalho num processo de troca. Também exige a separação entre os trabalhadores diretos e os meios de produção, de modo que os primeiros, por não disporem de meios de produção próprios, não possam produzir e vender o produto de seu trabalho e sejam forçados a vender a sua força de trabalho para poderem viver (ver ACUMULAÇÃO PRIMITIVA).

Embora a força de trabalho surja, na produção capitalista plenamente desenvolvida, como uma mercadoria no mercado, tem várias peculiaridades que a distinguem de outras mercadorias e dão origem a importantes contradições no sistema capitalista de produção. Em primeiro lugar, apesar de aparecer como uma mercadoria à venda, a força de trabalho não é produzida como as outras mercadorias. A produção da força de trabalho é um aspecto da REPRODUÇÃO biológica e social dos trabalhadores como seres humanos. Esse complexo processo de reprodução envolve relações sociais que são, em geral, diferentes das relações capitalistas ou mercantis. Nas sociedades capitalistas bem desenvolvidas, por exemplo, a força de trabalho é reproduzida pelo trabalho familiar, que não é assalariado; nos países capitalistas menos desenvolvidos, a força de trabalho é frequentemente reproduzida por meio de modos de produção não capitalistas que ainda sobrevivem. Esses processos têm a sua lógica e a sua ideologia próprias; a pura lógica das relações capitalistas não pode, em si e por si mesma, assegurar a reprodução da força de trabalho.

Em segundo lugar, o VALOR DE USO da força de trabalho é a sua capacidade de produzir valor. Ao contrário de outras mercadorias, para utilizá-la o seu comprador, o capitalista, tem de estabelecer toda uma nova série de relações com o vendedor, o operário. A extração de trabalho da força de trabalho cria outros pontos de conflito entre o comprador e o vendedor, além dos que dizem respeito à negociação habitual sobre o preço da mercadoria, neste caso o salário. Trata-se dos conflitos sobre a intensidade e as condições de trabalho. Esses conflitos de classes antagônicas estruturam fundamentalmente os aspectos técnicos e sociais da produção capitalista.

Finalmente, a venda da força de trabalho aliena o trabalhador da sua capacidade criativa de produção, que é, por força dessa venda, entregue ao capitalista, e de qualquer controle sobre o produto do seu trabalho. Na emergência da força de trabalho como mercadoria, as contradições da forma mercadoria entre o valor de uso e o valor de troca reaparecem como ALIENAÇÃO do trabalhador em relação ao seu trabalho e ao produto desse trabalho.

Apesar de progressos substanciais que haviam sido feitos, até a obra de Ricardo, no sentido da formulação de uma teoria coerente do valor, a ECONOMIA POLÍTICA clássica foi incapaz de solucionar a confusão inerente ao conceito de "valor do trabalho", que, em certos contextos, significava salário e, em outros, o valor produzido pelo trabalho. Marx dissipou essa confusão dividindo o conceito de trabalho dos economistas clássicos em dois conceitos distintos, os conceitos de trabalho e de força de trabalho (*O Capital* I, caps. VI e XIX). Essa distinção nos permite ver que a venda da força de trabalho ao capitalista em troca de um salário antecede a produção e a incorporação de valor ao produto e assim compreender qual é o mecanismo exato de apropriação de mais-valia na produção capitalista. Marx considerava a descoberta da distinção entre força de trabalho e trabalho como a sua mais importante contribuição positiva à ciência econômica. (Ver também EXPLORAÇÃO; TRABALHO ABSTRATO; TRABALHO SOCIALMENTE NECESSÁRIO; VALOR DA FORÇA DE TRABALHO.)

DF

força de trabalho, valor da Ver VALOR DA FORÇA DE TRABALHO

forças produtivas e relações de produção Em todas as obras econômicas da maturidade de Marx está presente a ideia de que uma contradição entre as forças produtivas e as relações de produção subjaz à dinâmica do modo de produção capitalista. De maneira mais geral, essa contradição explica a existência da história como uma sucessão de modos de produção, já que leva ao colapso necessário de um modo de produção e à sua substituição por outro. E o binômio forças produtivas/relações de produção subjaz, em qualquer modo de produção, ao conjunto dos processos da sociedade, e não apenas ao processo econômico. A conexão entre forças produtivas/relações de produção e a estrutura social foi descrita, numa das formulações mais sintéticas de Marx, no "Prefácio" à *Contribuição à crítica da economia política*.

> Na produção social de sua vida, os homens estabelecem relações definidas indispensáveis e independentes de sua vontade, relações de produção que correspondem a um estágio definido do desenvolvimento de suas forças produtivas materiais. A soma total dessas relações de produção constitui a estrutura econômica, a base real sobre a qual se ergue uma superestrutura jurídica e política (...).

O poder que a contradição entre as relações de produção e as forças produtivas tem de atuar como motor da história é afirmado no mesmo texto: "em um certo estágio de seu desenvolvimento, as forças produtivas materiais da sociedade entram em conflito com as relações de produção existentes (...) dentro das quais até então funcionaram"; e ainda: "de formas de desenvolvimento das forças produtivas, essas relações convertem-se em obstáculos a elas", iniciando-se, desse modo, uma revolução social.

O conceito de forças produtivas de Marx abrange os meios de produção e a força de trabalho. O desenvolvimento das forças produtivas compreende, portanto, fenômenos históricos como o desenvolvimento da maquinaria e outras modificações do PROCESSO DE TRABALHO, a descoberta e exploração de novas fontes de energia e a educação do proletariado. Restam, porém, vários elementos cuja definição é discutida. Alguns autores encaram a própria ciência como uma força produtiva (e não apenas as transformações dos meios de produção que dela resultam), e há quem considere o espaço geográfico como uma força produtiva (Cohen, 1978, cap.II).

As relações de produção são constituídas pela propriedade econômica das forças produtivas. No capitalismo, a mais fundamental dessas relações é a propriedade que a burguesia tem dos meios de produção, ao passo que o proletariado possui apenas a sua força de trabalho. A propriedade econômica é diferente da propriedade jurídica, pois está referida ao controle das forças produtivas. Num sentido jurídico, os trabalhadores que possuem direitos sobre um fundo de pensões podem ser considerados como proprietários de ações das companhias nas quais esse fundo de pensões investe e, dessa forma, indiretamente, como proprietários jurídicos dos seus meios de produção (embora mesmo essa interpretação da posição jurídica esteja sujeita a críticas com base na suposição de que a propriedade de ações é um título legal que dá direito a rendimentos, mas não aos meios de produção). Mesmo que não fosse assim, porém, os trabalhadores não dispõem, certamente, do controle sobre esses meios de produção e, portanto, não têm a propriedade econômica (ver PROPRIEDADE).

A maneira pela qual o desenvolvimento das forças produtivas e das relações de produção ocorre e os efeitos desse desenvolvimento têm constituído o objeto de uma das principais controvérsias no pensamento marxista. A interpretação mais estreita e generalizada da famosa passagem do "Prefácio" é a seguinte: dentro de um modo de produção há uma correspondência entre forças produtivas e relações de produção e, secundariamente, como resultado disso, entre as relações de produção e as relações jurídicas, ideológicas e outras relações sociais (essa segunda correspondência é a que existe entre BASE (ou infraestrutura) E SUPERESTRUTURA). Nessa correspondência, há um primado das forças produtivas; as relações de produção são determinadas pelas forças produtivas e, por sua vez, determinam a superestrutura. Essas posições respectivas dos três elementos na cadeia de causação adquirem significação a partir de suas implicações para o desenvolvimento histórico. Assim, o desenvolvimento das forças produtivas *leva a* uma contradição entre elas e as relações de produção (que "se convertem em obstáculos a elas"), e a intensificação dessa contradição *leva ao* colapso do modo de produção existente e de sua superestrutura. O problema dessa interpretação do papel histórico fundamental das forças produtivas e das relações de produção gira em torno de uma questão central: será válido conceber as forças produtivas como os principais motores da história?

No renascimento da teoria marxista que teve lugar no terceiro quartel do século XX, essa interpretação da tese de Marx foi motivo de considerável crítica. Alguns autores levantaram a importante consideração de que a tese parecia encerrar uma implicação política que estava sendo rejeitada: argumentava-se que a política de rápida industrialização promovida por Stalin, com sua coletivização forçada e sua repressão política, tinha origem nessa concepção do primado das forças produtivas (e que Trotski estava de acordo com ela), de tal modo que, se as forças produtivas na União Soviética se pudessem tornar em pouco tempo forças produtivas características da indústria moderna, as relações socialistas de produção nelas encontrariam sua base adequada. Além disso, os próprios textos de Marx pareciam, para esses autores, ambíguos quanto ao primado das forças produtivas: em certas passagens, Marx escreve como se as relações de produção dominassem as forças produtivas e nelas gerassem transformações. No primeiro livro de *O Capital*, por exemplo, particularmente na análise do desenvolvimento da subordinação real do trabalho ao capital, Marx escreve como se as relações capitalistas de produção revolucionassem os instrumentos de produção e o processo de trabalho. Tais formulações não constituem, porém, forçosamente, um problema para a ideia do primado das forças produtivas se o marxismo puder oferecer uma concepção da articulação entre forças produtivas e relações de produção na qual elas interagissem, mas em que as forças produtivas fossem, de algum modo, determinantes tanto das relações de produção como da maneira segundo a qual forças produtivas e relações interagem. Mas os próprios textos de Marx são omissos quanto a isso, e alguns autores argumentam que tais textos excluem a possibilidade dessa interação entre dois elementos distintos porque combinam ou "fundem" forças produtivas e relações de produção, constituindo as primeiras uma forma das relações de produção. (*Cutler* et al., 1977, cap.5; Balibar, 1965.)

A ideia de que as forças produtivas têm o primado, apesar dos problemas que apresentam, foi vigorosamente reafirmada por Cohen (1978; ver também Shaw, 1978), que demonstra a coerência da tese em seus próprios termos e argumenta que ela tem uma centralidade válida, lógica, nos próprios escritos de Marx. A dificuldade básica para compreender a relação entre forças produtivas e relações de produção está em que, embora elas sejam vistas como necessariamente compatíveis entre si dentro de um modo de produção, as forças produtivas devem desenvolver-se de uma maneira que favorece o amadurecimento de uma contradição ou incompatibilidade entre elas e as relações de produção: seu progresso, portanto, tem um elemento de assimetria, e de uma assimetria que é antes necessária e sistemática do que acidental. Assim, "compatibilidade" não pode significar determinação mútua e igual. Poderia significar que as relações de produção se desenvolvem, provocando o desenvolvimento das forças produtivas, as quais, por sua vez, reagem sobre as relações de produção, mas de tal modo que o efeito das relações de produção sobre as forças produtivas é multiplicado ao passo que o efeito das forças produtivas sobre as relações de produção é atenuado. Se isso ocorresse, as relações de produção teriam o primado, mas o amadurecimento das forças produtivas não levaria à constituição dos "obstáculos" que caracterizam a contradição. Cohen, porém, não leva em consideração tal interpretação. Em lugar dela, argumenta que o desenvolvimento das forças produtivas é primordial porque resulta de um fator que é, num certo sentido, exógeno. Para ele, há uma força motora que está fora das forças produtivas e das relações de produção e que atua, primeiro, sobre as forças produtivas. Para Cohen, essa força motora é a racionalidade humana, um impulso racional e sempre presente dos seres humanos no sentido de tentar melhorar sua situação e superar a escassez pelo desenvolvimento das forças produtivas.

A êntase que Cohen atribui à busca racional que os seres humanos desenvolvem no sentido da realização de seu interesse de superar as necessidades materiais é o elo mais fraco, embora crucial, da defesa que ele faz da concepção de Marx sobre o primado das forças produtivas. Como argumentam Levine e Wright (1980), mesmo que a ação dos interesses humanos seja vista no contexto dos interesses de classe, evitando-se com isso um individualismo não marxista, ela negligencia a questão das possibilidades das classes. Os interesses de uma classe não têm garantida sua eficácia na criação da história. Levine e Wright definem possibilidades de classe "como os recursos organizacionais, ideológicos e materiais disponíveis para as classes na luta de classes" e argumentam que a "transformação dos interesses em práticas é o problema central de qualquer teoria adequada da história". Isso se torna, decerto, uma questão particularmente aguda quando a teoria das forças produtivas e das relações de produção enfrenta o problema do tipo de contradição que levará ao colapso do modo de produção capitalista e à instalação do socialismo. Os autores que argumentam em favor da importância tanto das possibilidades de classe como dos interesses de classe na realização dessa transformação pretendem, com isso, estar postulando a significação da luta de classe por oposição ao determinismo econômico de um desenrolar inexorável do desenvolvimento contraditório das forças produtivas e das relações de produção em resposta a um interesse humano básico. (Ver também MATERIALISMO HISTÓRICO.)

LH

Bibliografia: Balibar, E., "Sur les concepts fondamentaux du matérialisme historique", in L. Althusser et al., *Lire le Capital*, 1965 ["Sobre os conceitos fundamentais do materialismo histórico", in L. Althusser et al., *Ler O Capital*, 1980] • Cohen, G.A., *Karl Marx's Theory of History: a Defence*, 1978 • Cutler, A. et al., *Marx's "Capital" and Capitalism Today*, vol.I, 1977 [*O Capital de Marx e o capitalismo de hoje*, vol.I, 1980] • Levine, A. & E.O. Wright, "Rationality and Class Struggle", 1980 • Shaw, W.H., *Marx's Theory of History*, 1978 [*Teoria marxista da história*, 1979].

formação social Expressão raramente usada por Marx, que se referia mais frequentemente a SOCIEDADE. No "Prefácio" à *Contribuição à crítica da economia política*, de 1859, ele emprega as duas expressões com o mesmo sentido. Depois de discutir as condições nas quais a sociedade burguesa, como a "última forma antagônica do processo social de produção", desaparecerá, ele conclui que "com essa formação social, portanto, a pré-história da sociedade humana chega ao fim". A expressão "formação social" tornou-se moda com as obras dos marxistas estruturalistas (ver ESTRUTURALISMO) recentes, alguns dos quais (por exemplo, Hindess e Hirst, 1977) distinguiram o conceito científico de "formação social" da noção ideológica de "sociedade", embora não tenham explicado claramente porque o fizeram. De qualquer modo, formação social, no seu uso concreto, refere-se a dois fenômenos bastante conhecidos dos marxistas e dos sociólogos de todas as tendências – ou seja, a *tipos de sociedade* (por exemplo, sociedade feudal, sociedade burguesa ou capitalista) e a *sociedades particulares* (por exemplo, a França ou a Inglaterra como uma sociedade) – e nada indica que a simples introdução de uma nova palavra tenha trazido maior rigor analítico. Outra tendência que se tem afirmado é o uso da expressão "formação econômica e social", preferida por Godelier, a quem ela "parece útil acima de tudo na análise das realidades históricas *concretas*" (1973), e que a emprega em um estudo do Império Inca no século XVI. Essa expressão pode ter certo valor na medida em que revela explicitamente a ideia presente no conceito marxista de sociedade de que os elementos econômicos e sociais estão interligados e articulados numa estrutura; mas não faz referência aos elementos ideológicos e, em suma, como todos os conceitos, não proporciona uma definição abrangente.

TBB

Bibliografia: Godelier, Maurice, *Horizon, trajets marxistes en anthropologie*, 1973 • Hindess, Barry & Paul Q. Hirst, *Modes of Production and Social Formation*, 1977 [*Modos de produção e formação social*, 1978].

forma equivalente de valor Ver DINHEIRO e VALOR

forma extensiva do valor Ver VALOR

forma geral do valor Ver VALOR

forma relativa do valor Ver VALOR

forma simples do valor Ver VALOR

formas do capital e rendimentos O capital, como relação social, é um fenômeno dinâmico, que percorre um circuito no qual assume formas diferentes em diferentes pontos. Se começarmos com o capital sob a forma de dinheiro (D), este se transforma em mercadorias (meios de produção e força de trabalho) para tornar-se então capital produtivo (P). O resultado do processo de produção é o capital-mercadoria (M') que tem de ser realizado por meio da venda das mercadorias para, com isso, ser retransformado em capital-dinheiro. Nesse sentido, o capital assume formas diferentes, mas D e M' são, por si mesmas, formas sem vida: faz mais sentido dizer que o capital assume funções especializadas em cada fase do seu circuito.

O *capital produtivo* (P) é um processo. É a fábrica em atividade. No caso de um sistema capitalista hipotético, sem complexidade concreta, a empresa que dirige a fábrica pode possuir igualmente o controle total das transações com as mercadorias e com o dinheiro, mas, na realidade, tais processos constituem funções especializadas e envolvem formas distintas do capital. *O capital mercantil* tem a função especializada de transacionar com as mercadorias. É exemplificado pelas grandes casas comerciais que obtêm lucro comprando e vendendo as matérias-primas para a indústria ou pelas numerosas lojas dos centros comerciais que negociam com produtos acabados (o M' do circuito), mas há muitas formas intermediárias. Na medida em que os bancos simplesmente negociam com dinheiro (o D do circuito) também eles de certo modo estão operando com um tipo de capital mercantil. Mas o desenvolvimento do sistema monetário em relação a essas operações dá origem ao crédito (ver CRÉDITO E CAPITAL FICTÍCIO) e ao desenvolvimento de uma forma diferente e especializada de capital, dita *capital a juros* (ver CAPITAL FINANCEIRO E JUROS). O capital a juros entra no processo de emprestar capital-dinheiro ao capital industrial (ou produtivo), de modo que o D inicial no circuito do capital industrial é proveniente dessa fonte.

As partes IV e V do livro terceiro de *O Capital* tratam dessas formas especializadas de capital. E constituem um elemento importante no sentido de validar o projeto de Marx de explicar as complexidades do mundo a partir de princípios revelados pela análise de categorias altamente abstratas e gerais, pois Marx chega a esses capítulos depois de ter estudado a natureza do capital em sua forma não diferenciada. No primeiro e no segundo livros de *O Capital* e nas partes iniciais do terceiro livro, Marx apresenta as leis do capital em geral e da concorrência entre vários capitais industriais e acreditava que as formas especializadas de capital só poderiam ser compreendidas com base nessas leis. Essa primeira análise revela particularmente a maneira pela qual a MAIS-VALIA é produzida e distribuída entre os capitais industriais, ao passo que as partes IV e V e, mais adiante, a parte VII do terceiro livro de *O Capital* tratam de como essa mais-valia é distribuída sob a forma de vários tipos de rendimentos entre diferentes formas especializadas de capital. O capital deixa de ser o único ator, e entram em cena, além do capital industrial, o capital mercantil e o capital a juros. E, ao passo que, na análise que até aqui fora desenvolvida, a mais-valia assumia a forma de LUCRO, agora o capital industrial só recebe o que Marx chamou de lucro empresarial: o capital a juros recebe uma parte da mais-valia a título de juros e o capital mercantil recebe igualmente lucro, um lucro comercial que também constitui uma dedução da mais-valia total. Os rendimentos recebidos pelo capital mercantil e pelo capital a juros e sua separação das outras formas de mais-valia merecem melhor análise.

O capital mercantil, operando na esfera da circulação, não gera diretamente mais-valia, mas apropria-se, como lucro, de parte da mais-valia gerada no único lugar que pode gerá-la, a esfera da produção na indústria e na agricultura capitalistas. Os comerciantes fazem mais do que comprar mercadorias para revenda, pois, para desempenhar seu papel, eles também despendem capital com o pagamento da força de trabalho constituída por empregados, balconistas, guarda-livros, etc. Esse trabalho, porém, é improdutivo, de acordo com a definição de Marx (ver TRABALHO PRODUTIVO E IMPRODUTIVO), e não produz diretamente mais-valia, embora, ao reduzir os custos de circulação, fazendo-os menores do que teriam sido se os capitalistas industriais não especializados tivessem de promover a circulação, possa contribuir indiretamente para a produção da mais-valia. Uma vez que o capital mercantil não gera mais-valia em um processo de produção por ele controlado, seu lucro é conseguido nas transações com o capital industrial (e agrícola). Os comerciantes compram mercadorias da indústria abaixo do seu valor e as vendem pelo seu valor. A diferença, de que se apropriam, tem a tendência a igualar a taxa geral de lucro; a concorrência faz com que a taxa de lucro que cabe aos comerciantes, em função do capital por eles investido, seja igual à que cabe aos industriais em relação ao seu capital, e cada uma delas equivale ao total da mais-valia dividido pelo total do capital (mercantil e industrial).

Quando se considera o lucro comercial, faz-se abstração da dedução dos juros. Ora, a natureza do capital a juros, também, deve ser analisada considerando-se-o apenas em sua relação com o capital industrial. Os juros são pagos pelos capitalistas industriais com parte de seus lucros, e o que resta é o que Marx chamou de lucro empresarial, uma proporção do total. Marx achava que as proporções que resultam dessa divisão decorrem da atuação das forças "acidentais" da oferta e da procura, de modo que não se pode postular princípios gerais que determinem a taxa de juros (ou a taxa do lucro empresarial), exceto como limites gerais da gama de valores que estas taxas poderiam assumir.

A última modalidade de rendimento que sai da mais-valia é a RENDA DA TERRA, mas essa remuneração do proprietário da terra não corresponde exatamente a uma remuneração de uma forma especializada de capital.

As formas especializadas de capital representam mais do que simplesmente uma base para a divisão da mais-valia em diferentes modalidades de rendimentos, pois o desenvolvimento de cada um deles tem um impacto histórico importante. Embora dependa do capital industrial como fonte de seus lucros, o capital mercantil surgiu historicamente como uma forma anterior ao capital industrial. Na verdade, o papel do comércio e do saque na ascensão do capitalismo – o processo de ACUMULAÇÃO PRIMITIVA – significa que o capital mercantil mostrou-se fundamental no sentido da reunião dos recursos e do estímulo à expansão das relações sociais que eram necessários ao capitalismo. As antigas companhias de comércio monopolistas foram, sob esse aspecto, as representantes típicas desse processo. Embora o capital mercantil esteja nas origens do capitalismo europeu, argumentou-se que sua influência dominante nas relações da Europa com o Terceiro Mundo bloqueou a possibilidade dos países da África, da Ásia e da América Latina levarem a cabo um desenvolvimento capitalista próprio. Kay (1975) argumenta que o capital mercantil, dentro da Europa, perdeu sua independência com o avanço do capitalismo industrial, não tendo, portanto, prejudicado o desenvolvimento deste último e a ascensão de uma classe que obtém lucros pela organização da produção. Em muitos países do Terceiro Mundo, porém, o capital mercantil continuou a predominar, pelo menos até recentemente, e a contar com considerável grau de independência na busca de lucros por meio do comércio, em lugar de desenvolver a produção capitalista. Kay pretende que essa independência teve um caráter paradoxal, pelo menos desde meados do século XIX, época a partir da qual o capital mercantil "tanto conservou como perdeu sua independência". Conservou-a no sentido de que era a única forma de capital nos países subdesenvolvidos, mas, uma vez que, no mundo como um todo, coexistia com o capital industrial, teve de modificar seu modo de agir para atuar parcialmente como agente deste no Terceiro Mundo. Como seu agente, teve de comerciar da maneira exigida pelo capital industrial (enviando matérias-primas e alimentos para os países capitalistas e vendendo suas manufaturas para os países pobres) e de influenciar a produção local apenas da maneira estritamente necessária para atender às necessidades de matérias-primas e de alimentos da Europa (ver SUBDESENVOLVIMENTO E DESENVOLVIMENTO).

O papel do capital a juros na história é parcialmente identificado por Marx em termos do impacto do sistema de crédito sobre a centralização do capital (ver CENTRALIZAÇÃO E CONCENTRAÇÃO DO CAPITAL) e, em particular, sobre a formação das sociedades anônimas por ações. A centralização do capital e o aumento das sociedades anônimas foram considerados como o marco de uma nova etapa (ver PERIODIZAÇÃO DO CAPITALISMO) e como portadores de um efeito significativo: dão origem a um dos fatores que, para Marx, podem neutralizar a tendência decrescente da taxa de lucro (*O Capital*, III, cap.XIV, seção 6) pois os que adiantam o capital para as sociedades por ações devem aceitar um menor rendimento em consequência do predomínio do juro como forma de mais-valia. E dão origem a uma mudança na composição de classe, já que o capitalista que realmente atua passa a distinguir-se dos proprietários do capital que a indústria utiliza. Mas o capital a juros não permaneceu inalterado desde o seu aparecimento histórico: desenvolveu características mais complexas e Rudolf Hilferding (1910) e outros autores marxistas identificaram sua transformação em CAPITAL FINANCEIRO como particularmente importante.

LH

Bibliografia: Hilferding, R., *Das Finanzkupital*, 1910; *Finance Capital* (1981); *El Capital Financiero* (1973) • Kay. G., *Development and Underdevelopment: a Marxist Analysis*, 1975.

Frankfurt, Escola de Ver ESCOLA DE FRANKFURT

G

geografia O conhecimento geográfico trata da descrição e análise da distribuição espacial das condições (criadas pelo homem ou existentes na natureza) que formam a base material para a reprodução da vida social. Também procura compreender as relações entre essas condições e a qualidade de vida social sob um determinado MODO DE PRODUÇÃO.

A forma e o conteúdo do conhecimento geográfico dependem do contexto social. Todas as sociedades, classes e grupos sociais dispõem de um "saber geográfico" característico, de um conhecimento funcional de seu território e da distribuição espacial dos valores de uso para eles relevantes. Esse "saber" adquirido pela experiência é codificado e transmitido socialmente como parte do aparato conceitual com o qual indivíduos e grupos enfrentam o mundo. Pode ser transmitido como uma imagística espacial-ambiental de definição imprecisa, ou como um corpo formal de conhecimento – a geografia – no qual são instruídos todos os membros da sociedade ou apenas uma elite privilegiada. Esse conhecimento pode ser usado na luta para dominar a NATUREZA, bem como outras classes e povos. Também pode ser usado na luta para libertar os povos das chamadas catástrofes "naturais" e da opressão interna e externa.

A geografia burguesa, enquanto corpo formal de conhecimentos, sofreu sucessivas transformações sob a pressão de imperativos práticos em permanente mudança. A preocupação com a precisão na navegação, em séculos anteriores, deu lugar mais tarde a práticas cartográficas destinadas a estabelecer a propriedade privada e os direitos estatais sobre territórios. Paralelamente, a criação do mercado mundial significou "a exploração da terra em todas as direções" para descobrir "qualidades novas e úteis das coisas" e, com isso, promover a "troca universal de produtos de todos os climas e terras estranhas" (Marx, *Grundrisse*, p.409). Trabalhando na tradição da filosofia natural, geógrafos como Alexander von Humboldt (1769-1859) e Carl Ritter (1779-1859) empenharam-se em construir uma descrição sistemática da superfície do globo, como repositório de valores de uso exploráveis (tanto naturais como humanos) e como o *locus* de formas diferenciadas de reprodução econômica e social. Em fins do século XIX, as práticas e o pensamento geográficos foram profundamente afetados pelo engajamento direto na exploração de oportunidades comerciais, nas perspectivas de ACUMULAÇÃO PRIMITIVA e da mobilização de reservas de força de trabalho, e no governo do império e da administração colonial. A divisão do mundo em esferas de influência pelas principais potências imperialistas também deu origem às perspectivas geopolíticas segundo as quais geógrafos como Friedrich Ratzel (1844-1904) e Sir Halford Mackinder (1861-1947) examinaram a luta pelo controle do espaço, o acesso às matérias-primas, ao abastecimento de mão de obra e à conquista de mercados, em termos diretos de controle geográfico. Em período mais recente, os geógrafos preocuparam-se com a "administração racional" ("racional" do ponto de vista da acumulação, quase sempre) dos recursos naturais e humanos e das distribuições espaciais.

Duas correntes de pensamento, fortemente opostas, destacam-se na história da geografia burguesa. A primeira, profundamente materialista em sua abordagem, apega-se, apesar disso, a uma versão do determinismo ambiental ou espacial (a doutrina de que as formas de economia, de reprodução social, de poder político são determinadas pelas condições ambientais, ou pela localização). A segunda, de espírito profundamente idealista, vê a sociedade como que empenhada na transformação ativa da face da Terra, seja em cumprimento da vontade de Deus ou de acordo com os ditames da consciência e da vontade humanas. A tensão entre essas duas correntes de pensamento nunca foi solucionada na geografia burguesa, que, além disso, preservou sempre um forte conteúdo ideológico. Embora aspire ao entendimento universal da diversidade da vida social, com frequência cultiva perspectivas paroquiais e etnocêntricas em relação a essa diversidade e tem sido, muitas vezes, veículo para a transmissão de doutrinas de superioridade racial, cultural ou nacional. As ideias do destino "geográfico" ou "manifesto", da "responsabilidade do homem branco" e da "missão civilizadora" da burguesia estão amplamente difusas pelo pensamento geográfico. A informação geográfica (os mapas, por exemplo) pode ser facilmente usada para explorar os medos e promover a hostilidade entre povos, e, com isso, justificar o imperialismo, a dominação neocolonial e a repressão interna (particularmente nas áreas urbanas).

Marx e Engels não dedicaram grande atenção à geografia como disciplina formal, mas recorreram com frequência às obras dos geógrafos (como Humboldt), e seus textos histórico-materialistas estão impregnados de comentários sobre questões geográficas. Em sua produção deixaram implícito que a oposição fundamental do pensamento burguês podia ser superada, ao argumentarem que, agindo sobre o mundo externo e modificando-o, modificamos com isso também as nossas próprias naturezas e que, embora os seres humanos façam sua própria história, não o fazem em circunstâncias sociais e geográficas de sua própria escolha. Evidentemente preocupado, contudo, em distanciar-se da corrente determinista do pensamento burguês, Marx procurava habitualmente reduzir a significação das diferenciações ambientais e espaciais, e o resultado disso é um tratamento um tanto ambivalente das questões geográficas.

Muitas vezes, por exemplo, os escritos de Marx dão a impressão de que há uma progressão histórica unilinear de um modo de produção a outro. Mas ele também admitiu que as sociedades asiáticas tinham um modo de produção característico, modelado em parte pela necessidade de construir e manter projetos de irrigação em grande escala em ambientes semiáridos (ver SOCIEDADE ASIÁTICA). E, mais tarde, criticou os que transformaram seu "esboço histórico da gênese do capitalismo numa teoria histórico-filosófica do caminho geral do desenvolvimento fixado pelo destino para todas as nações", afirmando que apenas havia tentado "restabelecer o caminho pelo qual, na Europa Ocidental o sistema econômico capitalista emergira do útero do sistema econômico feudal" (Carta ao editor de *Otechestvenniye Zapiski*, novembro de 1877). Em *O Capital*, Marx mostra como, até mesmo na Europa Ocidental, houve considerável variação em vista da penetração desigual das relações sociais capitalistas sob as circunstâncias locais, o que deu lugar a "variações e graduações infinitas na aparência" (III, cap.XLVII).

Marx procurou igualmente fazer a análise da dinâmica histórica do capitalismo sem referência às perspectivas geográficas sob a alegação de que estas simplesmente complicariam as coisas, sem nada acrescentar de novo. Mas, na prática, foi obrigado a reconhecer, em *O Capital*, que a produtividade física do trabalho é afetada pelas condições ambientais que, por sua vez, constituem a base física da divisão social do trabalho (I, cap.XVI). O valor da força de trabalho (e das taxas de salário) varia, consequentemente, de lugar para lugar, dependendo dos custos de reprodução, das circunstâncias históricas e naturais. Diferenças de renda também podem, em parte, ser apropriadas devido a diferenças de fertilidade e localização (ver PROPRIEDADE FUNDIÁRIA E RENDA DA TERRA). Na medida em que tais diferenças criam variação geográfica nas taxas de salário e lucro, Marx encara a mobilidade do capital (como dinheiro, mercadorias, atividade de produção, etc.) e do trabalho como meio de reduzi-las. Com isso, ele é forçado a examinar o papel da expansão geográfica – colonização, comércio exterior, exportação de capital, saque das reservas de ouro, etc. – sobre a dinâmica histórica do capitalismo. Ele aceita que a expansão geográfica possa contribuir para neutralizar eventuais tendências decrescentes da taxa de lucro, mas nega que as tendências do capitalismo para a crise possam ser solucionadas de maneira permanente por meio dessa expansão. As contradições do capitalismo são simplesmente projetadas para o palco do globo. Mas Marx não procura fazer qualquer análise sistemática desses processos. A obra que planejou sobre as crises e o mercado mundial nunca chegou a ser realizada.

As observações de Marx possuem um tema que lhes dá unidade: embora a natureza possa ser o objeto do trabalho, grande parte da natureza geográfica com que trabalhamos é um produto social. A capacidade produtiva do solo, por exemplo, não é original nem indestrutível (como pretendia Ricardo) porque a fertilidade pode ser criada ou destruída por meio da circulação do capital. Também as relações espaciais são modeladas de forma ativa por uma indústria de transporte e comunicações que se destina, na era burguesa, à redução do número de ciclos na circulação do capital (o que Marx chamou de "aniquilação do espaço pelo tempo"). Configurações espaciais típicas das forças produtivas e das relações sociais do capitalismo (investimento em infraestruturas físicas e sociais, URBANIZAÇÃO, divisão territorial do trabalho, etc.) são produzidas por meio de processos específicos de desenvolvimento histórico. O capitalismo produz uma paisagem geográfica à sua própria imagem, para descobrir em seguida que essa imagem tem defeitos sérios, está cheia de contradições. Criam-se ambientes que simultaneamente favorecem e aprisionam os futuros caminhos do desenvolvimento capitalista.

A produção marxista posterior deixou, muitas vezes, de levar em conta o "saber geográfico" de nuances sutis que está presente em todos os textos de Marx e Engels. O livro de Lenin sobre o *Desenvolvimento do capitalismo na Rússia* (1899), é uma das mais antigas exceções. A tendência dominante é considerar a natureza, e portanto as circunstâncias geográficas, como sociais, sem maiores problemas. A tentativa de Karl Wittfogel (1896-1988) de reintroduzir o determinismo geográfico no pensamento marxista, embora encerre falhas sérias, reabriu a questão das relações entre o modo de produção e as condições ambientais. As exigências práticas de reconstrução, planejamento, desenvolvimento industrial e regional na União Soviética também levaram ao aparecimento da geografia como disciplina formal dentro de um quadro geral marxista. Uma preocupação profunda e quase que exclusiva com o desenvolvimento das forças produtivas da terra foi associada à análise em que o desenvolvimento concreto dessas forças produtivas era considerado como a força motora numa história social diferenciada geograficamente. Esse estilo de pensamento estendeu-se ao Ocidente, principalmente através da obra de geógrafos franceses como Pierre George (1909-2006).

O estudo do imperialismo e do mercado mundial (tópico que Marx deixou intocado) introduziu uma imagística mais explicitamente espacial no pensamento marxista nos primeiros anos do século XX. Hilferding, Lenin, Bukharin e Rosa Luxemburg unificaram dramaticamente temas como a exploração, a expansão geográfica, o conflito e a dominação territoriais com a teoria da acumulação do capital. Autores posteriores levaram adiante com particular vigor essa imagística espacial. Os centros exploram as periferias, as metrópoles exploram o interior, o primeiro mundo subjuga e explora impiedosamente o terceiro, o subdesenvolvimento é imposto de fora, etc. (ver SUBDESENVOLVIMENTO E DESENVOLVIMENTO). A luta de classes se transforma em luta da periferia contra o centro, do campo contra a cidade, do terceiro mundo contra o primeiro. Tão forte é essa imagística espacial que ela flui livremente de volta para a interpretação até mesmo das estruturas do coração do capitalismo. As regiões são exploradas por uma metrópole dominante na qual os guetos são caracterizados como "neocolônias internas". A linguagem de *O Capital* (a exploração de uma classe por outra) tende a dar lugar, em certas obras marxistas, a uma poderosa imagística na qual as pessoas de um lugar exploram as pessoas de outro. Pouca coisa há, porém, nessa tradição marxista que tenha de fato apreendido os processos concretos pelos quais os antagonismos de classe se traduzem em configurações espaciais ou a maneira pela qual as relações espaciais e a reorganização espacial são produzidas sob os imperativos do capitalismo.

Nova vida foi insuflada a essas questões na década de 1960, à medida que a crítica radical da geografia burguesa ganhava forças. A tentativa de reconstituir o entendimento geográfico formal a partir de uma perspectiva socialista teve algumas vantagens peculiares. A geografia burguesa tradicional, dominada por pensadores conservadores ligados à ideologia do império, mostrou-se, não obstante, sintética e materialista em sua abordagem dos modos de vida e da reprodução social em diferentes ambientes naturais e sociais. Foi um alvo relativamente fácil para a crítica e prestou-se facilmente a abordagens histórico-materialistas. Mas pouca coisa havia a que se pudesse recorrer no pensamento geográfico marxista e apenas uma breve lufada de uma tradição radical indígena no anarquismo de Elisée Reclus (1830-1905) e do príncipe Kropotkin (1842-1921).

A tendência radical concentrou-se inicialmente numa crítica da ideologia e da prática geográficas. Colocou em questão o racismo, o classismo, o etnocentrismo e o sexismo nos textos de geografia e no ensino da matéria. Atacou a posição dominantemente positivista (ver POSITIVISMO) dos geógrafos como uma manifestação da consciência empresarial burguesa. Denunciou o papel dos geógrafos nas iniciativas imperialistas e no planejamento urbano e regional dirigido para o controle social no interesse da acumulação capitalista. Buscou revelar os pressupostos ocultos e as tendenciosidades de classe no interior da geografia por meio de uma severa crítica das suas bases filosóficas.

Mas buscou também identificar e preservar as facetas da geografia relevantes para a reconstrução socialista e fundir os aspectos positivos da geografia burguesa com um entendimento reconstituído da geografia, subjacente aos textos de Marx e Engels. As técnicas mais rotineiras - desde o mapeamento até a análise dos estoques de recursos - pareciam utilizáveis (como mostrou a experiência soviética), mas estavam demasiado próximas da prática burguesa para serem bem-aceitas, e o pressuposto de sua neutralidade social era problemático. Era necessária mais alguma coisa. Os geógrafos burgueses haviam procurado, há muito, compreender como povos diferentes modelam suas paisagens físicas e sociais como reflexo de suas necessidades e aspirações, e também haviam mostrado que diferentes grupos sociais - crianças, velhos, classes sociais, culturas inteiras - têm formas diferentes e, com frequência, não comparáveis de conhecimento geográfico. Havia apenas mais um passo daí até a criação de uma interpretação mais dialética, baseada na tese de Marx de que, agindo sobre o mundo externo e modificando-o, modificamos nossa própria natureza. A partir disso, pôde ser estabelecida uma nova agenda para a geografia: o estudo da construção e da transformação ativa dos ambientes naturais (tanto físicos como sociais), por meio de processos sociais específicos, juntamente com a reflexão crítica sobre o conhecimento geográfico (que, ele próprio, contribui para esses processos sociais) resultante dessa construção e dessa transformação. Segue-se que as contradições de um processo social (como as que têm fundamento no antagonismo entre o capital e o trabalho) são necessariamente manifestas tanto na paisagem geográfica real (a organização social do espaço) como em nossas interpretações dessa paisagem.

A pesquisa geográfica marxista está em sua infância no Ocidente. E busca reformular as questões propostas pela geografia burguesa, e abrir novas perspectivas com base na teoria e na prática marxistas. Busca percepções mais profundas sobre a maneira pela qual diferentes formações sociais criam paisagens materiais e sociais à sua própria imagem. Explora a maneira pela qual o capitalismo transforma e cria a natureza sob a forma de novas forças produtivas que se implantam sobre o solo e coloca em movimento processos irreversíveis, e muitas vezes prejudiciais, de mudança ecológica. Examina como as configurações espaciais das forças produtivas e das relações sociais são criadas e com que efeitos: o desenvolvimento geográfico desigual, a integração espacial do capitalismo mundial por meio da mobilidade geográfica do capital e do trabalho. Procura explicar como a exploração de pessoas de um lugar por pessoas de outro lugar (as periferias pelos centros, as áreas rurais pelas cidades) pode surgir numa formação social dominada pelo antagonismo entre o capital e o trabalho. Investiga como a organização espacial (por exemplo, a segregação) se relaciona com a reprodução das relações de classe. Acima de tudo, os geógrafos procuram compreender como as crises (ver CRISES ECONÔMICAS) se manifestam geograficamente por meio de processos de crescimento e declínio regionais, de concorrência entre regiões e de reestruturação destas, de exportação do desemprego, da inflação e da capacidade produtiva excedente, que degeneram em rivalidades interimperialistas e em guerras.

DWH

Bibliografia: Aruchin, V., *Theoretical Problems of Geography*, 1977 • Gregory, D., *Ideology, Science and Human Geography*, 1978 • Harvey, D., *The Limits to Capital*, 1982 • Johnston, R.J. (org.), *The Dictionary of Human Geography*, 1981 • Kidron, M. & R. Segal, *The State of the World Atlas*, 1981 • Peet, R., *Radical Geography*, 1977 • Quaini, M., *Marxismo e geografia*, 1974; *Geography and Marxism* (1982) • As principais revistas em que se publicam trabalhos marxistas de geografia são *Antipode* (Clark University, Worcester, Mass., EUA); *Herodote* (Paris, Maspero) e *International Journal for Urban and Regional Research* (Londres, Edward Arnold). Ver também *Soviet Geography* (Nova York, American Geographical Society).

gestão operária Ver AUTOGESTÃO

Goldmann, Lucien (Bucareste, 20 de junho de 1913 – Paris, 3 de outubro de 1970.) Durante seus estudos em Viena na década de 1930, Lucien Goldmann entrou em contato com as primeiras obras de LUKÁCS – particularmente "A metafísica da tragédia", último capítulo de *Die Seele und die Formen* (*A alma e as formas*) de 1911, *Die Theorie des Romans* (*A teoria do romance*) de 1916 e *Geschichte und Klassenbewusstsein* (*História e consciência de classe*) de 1923, que deixaram uma impressão profunda e duradoura em seu pensamento. A "epistemologia genética" de Jean Piaget também exerceu significativa influência sobre Goldmann, assim como, na década de 1960, a tese de Marcuse sobre o CAPITALISMO ORGANIZADO como um sistema capaz de regular suas contradições internas, significativamente presente em *Pour une sociologie du roman* de Goldmann e na edição revista do seu livro *Sciences humaines et philosophie*.

Inspirando-se nas concepções de Lukács sobre a CONSCIÊNCIA DE CLASSE, Goldmann formulou seu próprio quadro conceitual de análise crítica, centrado na noção de "identidade parcial entre sujeito e objeto" que torna possível a produção de uma "visão coerente do mundo" de um "sujeito transindividual". Na perspectiva de Goldmann, só este último é objetivamente capaz de atingir o nível filosófica e artisticamente (literariamente) significativo do "máximo possível de consciência", em contraste com as contingências e limitações da consciência individual. É por isso que o verdadeiro sujeito da criação cultural é o "sujeito coletivo", que articula as "estruturas significativas" da consciência histórica em resposta às necessidades e determinações de um grupo ou classe social situado dentro da totalidade social dinâmica.

Após a publicação de suas duas teses de doutorado – uma sobre Kant (1945), em Zurique, e a outra sobre Racine e Pascal (1956) em Paris –, que envolviam pesquisas históricas detalhadas, o interesse de Goldmann voltou-se principalmente para questões metodológicas e metateóricas, que discutiu em ensaios reunidos em numerosos volumes após a sua publicação original em contextos polêmicos. Escrevendo na França, no auge da popularidade do ESTRUTURALISMO, Goldmann tentou definir a sua própria posição como uma voz crítica dentro da órbita (mas em oposição a ela) do que ele chamava de "unilateralidade dogmática do estruturalismo", designando sua abordagem pessoal como "estruturalismo genético", para melhor insistir sobre a sua dimensão histórica. Sua obra que se tornou mais popular foi, para sua grande surpresa, um volume de ensaios intitulado *Pour une sociologie du roman*, várias vezes reimpresso em grandes edições. Retomando algumas das teses básicas de *Die Theorie des Romans* de Lukács, esse livro expressava a força de REIFICAÇÃO de forma muito mais extremada que a do filósofo húngaro, reunindo os temas originais das primeiras obras de Lukács à visão proposta por Marcuse em *One Dimensional Man*. A partir dessa *démarche*, situava a chave para a decifração das obras da corrente literária do Novo Romance francês no desaparecimento da mediação ativa do mundo maciçamente reificado do capitalismo contemporâneo. O conceito de negatividade ocupou, nessa fase, um papel muito significativo no pensamento de Goldmann, que equacionava "estruturação" com "desestruturação" e insistia em que "a evolução das sociedades industriais criou algumas situações irreversíveis" (Goldmann, 1969, p.19). Contra esse *background* visto como uma paralisia social devastadora, Lucien Goldmann saudou maio de 1968 entusiasticamente, como um ato de libertação. Não viveu, contudo, o bastante para traduzir suas perspectivas políticas mais otimistas em uma nova visão teórica, conforme desejava.

IM

Bibliografia: Goldmann, Lucien, *Mensh, Gemeinschaft und Welt in der Philosophie Immanuel Kants: Studien zur Geschichte Dialektik*, 1945; *La communauté humaine et l'univers chez Kant* (1948 e 1952); *Immanuel Kant* (1971) [*Origem da dialética: a comunidade humana e o universo em Kant*, 1967] ◎ *Sciences humaines et philosophie*, 1952 (1966); *The Human Sciences and Philosophy* (1969) [*Ciências humanas e filosofia*, 1980] ◎ *Le dieu caché*, 1956a (1959); *The Hidden God* (1967) ◎ *Racine* 1956b; *Racine* (1972) (com introdução de Raymond Williams) ◎ *Recherches dialectiques*, 1958 [alguns artigos desta coletânea encontram-se publicados em português em *Dialética e cultura*, 1967] ◎ "Introduction aux premiers écrits de Lukács", in G. Lukács, *La théorie du roman*, 1963 ◎ *Pour une sociologie du roman*, 1964; *Towards a Sociology of the Novel* (1975) [*Sociologia do romance*, 1967] ◎ "*Structuralisme, marxisme, existencialisme*", 1966 ◎ *Marxisme et sciences humaines*, 1970a ◎ *Structures mentales et création culturelle*, 1970b ◎ "Le sujet de la créati n culturelle", 1970c • Goldmann, Lucien et al., *Problémes d'une sociologie du roman*, 1963 • Goldmann, Lucien et al., *Littérature et société: problémes de méthodologie en sociologie de la littérature*, 1967 • Goldmann, Lucien et al., *Sociologie de la littérature*, 1970 • Naïr, Sami, "Goldmann's Legacy", 1981 • Routh, Jane, "A reputation made: Lucien Goldmann", 1977 • Slaughter, Cliff, "The Hidden Structure: Lucien Goldmann", *Marxism, Ideology and Literature*, 1980, cap.5 [*Marxismo, ideologia e literatura*, 1983] • Williams, Raymond, "Literature and Sociology: in Memory of Lucien Goldmann", 1971 ◎ *Marxism and Literature*, 1977 [*Marxismo e literatura*, 1979].

Gramsci, Antonio (Ales, Sardenha, 22 de janeiro de 1891; Roma, 27 de abril de 1937.) Natural da empobrecida ilha da Sardenha, filho de pais da camada mais humilde da classe média provinciana, Antonio Gramsci obteve, em 1911, uma bolsa de estudos para a Universidade de Turim. Em seus estudos universitários, foi influenciado pela obra do filósofo idealista italiano Benedetto Croce. Impressionado pelo movimento da classe trabalhadora de Turim, ingressou no Partido Socialista Italiano (PSI) em 1913 e começou a escrever para jornais socialistas. A contrastante experiência de uma cultura camponesa atrasada com a de uma cidade industrial influenciou significativamente o ponto de vista de Gramsci de que uma revolução socialista na Itália exigia uma perspectiva nacional-popular e uma aliança entre a classe operária e o campesinato. A necessidade de a classe operária ir além de seus interesses corporativos e o papel político da cultura e da ideologia permaneceriam como um tema constante em sua obra. Gramsci saudou a Revolução de Outubro como um grande evento histórico, que, entre outras coisas, invalidava qualquer leitura de *O Capital* de Marx que pudesse sugerir que a revolução tinha de aguardar o pleno desenvolvimento das forças capitalistas de produção (ver FORÇAS PRODUTIVAS E RELAÇOES DE PRODUÇÃO), e constituía um exemplo de transformação social efetuada pela massa da sociedade e não por uma ELITE. A transformação socialista da sociedade define-se, em toda a sua obra, como expansão do controle democrático pelas massas.

Em 1919, Gramsci participou da fundação de um novo semanário socialista em Turim, o *L'Ordine Nuovo*, cujo propósito era traduzir as lições da Revolução Russa no contexto italiano com a criação de um porta-voz para o movimento dos conselhos de fábricas, que então se desenvolvia na Itália em ritmo acelerado (ver CONSELHOS). Influenciado pela ideia de Sorel de que a esfera produtiva podia fornecer a base para uma nova civilização, Gramsci escreveu que os conselhos contribuíam para a união da classe trabalhadora e permitiam aos trabalhadores entender seu lugar no sistema produtivo e social, bem como desenvolver as faculdades necessárias à criação de uma nova sociedade e de um novo tipo de ESTADO em um período em que a burguesia não podia mais assegurar o desenvolvimento das forças produtivas. O único meio de destruir a velha sociedade e sustentar o poder da classe trabalhadora era começar por construir uma nova ordem. Desse modo, as raízes do conceito de HEGEMONIA de Gramsci podem ser encontradas nesse período (Buci: Glucksmann, 1979). O conceito da possibilidade de construção de novas instituições da classe trabalhadora era dado pelo declínio do papel do empresário individual, pelos investimentos cada vez maiores dos bancos e do Estado, e pela crise da democracia liberal como consequência dessa transformação nas relações entre as instâncias política, social e econômica. Diante da ofensiva fascista de 1920-1, Gramsci analisou sua base de massas como segmentos descontentes da pequena burguesia, usados como instrumentos pelos grandes proprietários de terras, setores da burguesia industrial e elementos do aparelho de Estado. O fascismo, escreveu ele, podia proporcionar uma nova base de unidade para o Estado italiano, e predisse um golpe de Estado, embora tendesse a superestimar a fragilidade do novo regime.

Em janeiro de 1921, Gramsci ajudou a fundar o Partido Comunista Italiano (PCI). De 1922 a 1924, trabalhou para o Comintern em Moscou e Viena em meio aos debates acerca de qual a política que devia ser seguida para edificar o socialismo na União Soviética e sobre o relacionamento entre os socialistas e os novos partidos comunistas no Ocidente. Eleito para o Parlamento italiano em 1924, regressou à Itália, onde assumiu a liderança de seu partido e se engajou numa luta para converter o PCI de seu sectarismo dos anos iniciais em um partido enraizado no movimento de massas. Gramsci foi preso pelo regime de Mussolini em novembro de 1926 e condenado a mais de vinte anos de prisão, onde escreveu os textos essenciais de sua produção teórica, que fazem dele provavelmente o maior teórico marxista do século XX.

Trabalhando em vários cadernos e diferentes temas ao mesmo tempo, sujeito à censura da prisão às possibilidades incertas de acesso a fontes de informação, Gramsci encheu 34 cadernos de anotações. Uma simples nota teórica combina, muitas vezes, vários conceitos e se enquadra em debates ou referência histórica específicos; além disso, existem diversas versões de muitas dessas anotações. Desse modo, não é possível qualquer descrição cronológica ou linear das ideias de Gramsci expostas nos *Quaderni del Cárcere.*

O ponto de partida das anotações teóricas que Gramsci escreveu no cárcere foi, segundo suas próprias palavras, o estudo da função política dos INTELECTUAIS. Gramsci analisou a unificação da Itália, em particular o papel dos intelectuais italianos e como o novo Estado-nação foi o resultado de uma "revolução passiva", em que a massa camponesa deu o mais passivo consentimento à nova ordem política. Gramsci classifica os intelectuais em intelectuais orgânicos, de que qualquer classe progressista necessita para organizar uma nova ordem social, e intelectuais tradicionais, comprometidos com uma tradição que remonta a um período histórico mais antigo. Define o intelectual de uma perspectiva bastante ampla, de modo a incluir todos aqueles que têm "uma função organizacional no sentido amplo" (Gramsci, 1971, p.97). Todos os seres humanos, a seu ver, possuem capacidades racionais e intelectuais, embora somente alguns tenham, no presente, uma função intelectual na sociedade.

Os intelectuais organizam a teia de crenças e relações institucionais e sociais que Gramsci denomina HEGEMONIA. Assim, ele redefine o Estado como força + consentimento, isto é, hegemonia armada de coerção (Gramsci, 1971, p.263): a sociedade política organiza a força, e a SOCIEDADE CIVIL assegura o consentimento. Gramsci usa a palavra "Estado" de modos diferentes: em sentido estrito legal-constitucional como um elemento de equilíbrio entre a sociedade política e a sociedade civil, ou abrangendo ambas. Alguns escritores criticam sua visão "fraca" do Estado que supervaloriza o elemento de consentimento (Anderson, 1976-1977), ao passo que outros salientam que Gramsci tenta analisar o moderno Estado intervencionista em que as linhas demarcatórias entre sociedade civil e sociedade política acham-se cada vez mais apagadas (Sassoon, 1980). A natureza do poder político em países capitalistas avançados, onde a sociedade civil inclui instituições complexas e organizações de massas, segundo Gramsci, impõe a única estratégia capaz de destruir a ordem presente e levar a uma vitória definitiva no sentido da transformação socialista: uma guerra de posição ou guerra de trincheiras; a guerra de movimento, ou ataque frontal, que teve êxito nas circunstâncias muito diferentes da Rússia czarista, é apenas uma tática particular. Influenciado por Maquiavel, Gramsci argumenta que o Príncipe Moderno - o partido revolucionário - é o organismo que permitirá à classe trabalhadora criar uma nova sociedade proporcionando-lhe os meios para desenvolver seus intelectuais orgânicos e uma hegemonia alternativa. A crise política, social e econômica do capitalismo pode, contudo, resultar em uma reorganização da hegemonia mediante várias modalidades de revolução passiva, destinada a eliminar preventivamente a ameaça, por parte do movimento da classe operária, ao controle político e econômico exercido pelos poucos que dominam, ao mesmo tempo em que assegura o desenvolvimento continuado das forças produtivas. Gramsci inclui nessa categoria o fascismo, tipos diferentes de reformismo, e a introdução na Europa da gerência científica e da produção em linha de montagem.

Quanto às suas ideias sobre os intelectuais, Gramsci sugere que, se, por um lado, os filósofos profissionais desenvolvem a capacidade de pensamento abstrato, todos os seres humanos têm uma prática filosófica quando interpretam o mundo, ainda que, frequentemente, de forma não sistemática e não crítica. A filosofia converte-se, segundo a expressão de Marx, em "uma força material" com efeitos sobre o "senso comum" de uma época. Um sistema filosófico deve ser colocado em perspectiva histórica, no sentido de que não pode ser criticado simplesmente num plano abstrato, mas deve ser referido às ideologias que ajuda várias forças sociais a gerarem. Como uma "filosofia da práxis", o marxismo pode ajudar as massas a se tornarem protagonistas da história, à medida em que um número cada vez maior de membros da classe subalterna venha a adquirir conhecimentos especializados, desenvolvendo a possibilidade de uma atividade intelectual crítica e uma visão do mundo coerente. Gramsci critica duas posições influentes em sua época, que reforçam a passividade e a resignação refletidas em frases do tipo "é preciso ser filosófico acerca disso": o idealismo de Croce e o que ele considerava a interpretação simplista e mecânica do marxismo por Bukharin. Essa abordagem encontra ecos na visão crítica de Gramsci sobre a literatura, o folclore e as relações entre a cultura popular e a "alta" cultura ou a cultura "oficial", que deve ser analisada do ponto de vista de como os intelectuais, enquanto grupos, se relacionam com a massa da população e com o desenvolvimento de uma cultura nacional popular.

Após vários anos de saúde precária, Gramsci faleceu em 1937, de uma hemorragia cerebral. Inúmeros debates tiveram início quando suas obras começaram a ser editadas depois da Segunda Guerra Mundial (Jocteau 1975; Mouffe e Sassoon, 1971). Entre as questões levantadas figuram a discussão sobre se as dimensões essenciais de seu pensamento são italianas ou internacionais, sobre as relações de suas ideias com as de Lenin, bem como sobre seu relacionamento, quando na prisão, com o PCI e com os acontecimentos na União Soviética. Interpretações recentes de sua obra apontam para uma teoria embrionária do socialismo e uma contribuição para uma análise crítica da experiência das sociedades socialistas existentes. A influência de Gramsci sobre o PCI posterior à Segunda Guerra Mundial e a relação de suas ideias com o eurocomunismo têm igualmente constituído matéria de debates.

ASS

Bibliografia: Althusser, L., "Le marxisme n'est pas un historicisme", 1966a • Anderson, P., "The Antinomies of Antonio Gramsci", 1976-7; *Sur Gramsci* (1978) • Badia, G., "Gramsci et Rosa Luxemburg", 1970 • Badaloni, N., *Marxismo come storicismo*, 1962 ◎ *Il marxismo di Gramsci*, 1975 • Bertondini, A., "Gramsci e Labriola", 1959 • Bobbio, N., "Gramsci e la concezione della società civile", 1969 (1976) ["Gramsci e a concepção da sociedade civil", 1982] • Bon, F. & M.A. Burnier, "Les intellectuels dans la société", 1966 ◎ *Les nouveaux intellectuels*, 1966 (1971) • Bonomi, G., *Partito e rivoluzione in Gramsci*, 1973 • Bourgin, G., "A propos d'Antonio Gramsci", 1949 • Broccoli, A., *Antonio Gramsci e l'educazione come egemonia*, 1972 • Buci-Gluksmann, Christinne, *Gramsci et l'État*, 1975; *Gramsci and the State* (1979) [*Gramsci e o Estado*, 1980] • Buzzi, A.R., *La théorie politique d'Antonio Gramsci*, 1967 • Calamandrei, F., "Sul convegno gramsciano di Cagliari", 1967 • Cambareri, S., "Il concetto di egemonia nel pensiero di Gramsci", 1959 • Cammet, J.M., *Antonio Gramsci and The Origins of Italian Communism*, 1967 • Caracciolo, A. & G. Scalia (orgs.), *La città futura*, 1959 • Cassano, Franco, *Marxismo e filosofia in Italia*, 1973 • Catalano, F., "Intellectualli e popolo in Gramsci", 1949 • Cerroni, U., "Gramsci e il superamento della separazione tra società e Stato", 1959 ◎ "Per una teoria del partito politico", 1963 • Cirese, A.M., "Concezione del mondo, filosofia, folclore", 1970 • Coutinho, Carlos Nélson, *Gramsci*, 1981 • Davidson, A., *Antonio Gramsci: the man, his ideas*, 1968 ◎ *Antonio Gramsci: Towards an Intellectual Biography*, 1977 • de Felice, Franco, "Questione meridionale e problema dello Stato in Gramsci", 1966 • De Giovanni B. et al., *Egemonia, Stato, partito in Gramsci*, 1977 • Desanti, J.T., "Gramsci, fonctionnaire de l'humanité", 1958a ◎ "Antonio Gramsci, militant et philosophe", 1958b • Dias, E.F., "Cultura, política e cidadania na produção gramsciana de 1914 a 1918", 1983 • Fiori, G., *Vita di Antonio Gramsci*, 1966; *Antonio Gramsci: Life of a Revolutionary* (1973) [*Vida de Antonio Gramsci*, 1979] • Fubini, Elsa, "Bibliografia gramsciana", 1969 (947 obras sobre Gramsci publicadas até 1967) • Garaudy, R., "Introduction à l'oeuvre d'Antonio Gramsci", 1957 • Gerratana, V., "Punti di riferimento per une edizione critica dei *Quaderni del carcere*", 1967 • "Gramsci", *Dialectiques*, n. 4-5, 1974 • "Gramsci", *Les Temps Modernes*, n.343, 1975 • *Gramsci e la cultura contemporanea: atti del convegno internazionale di studi gramsciani, tenuto a Cagliari nei giorni 23-27 aprile 1967*, 1969-70 • Gramsci, Antonio: uma extensa relação das obras de Gramsci – publicações originais em italiano, traduções em português, bem como edições em outras línguas – encontra-se na Bibliografia Geral, no final deste volume • Grisoni, Dominique & R. Maggiori, *Lire Gramsci*, 1973 [*Ler Gramsci*, 1974] • Gruppi, L., *Il concetto di egemonia in Gramsci*, 1972 [*O conceito de hegemonia em Gramsci*, 1978 e 1980] • Hobsbawm, Eric J., "The Great Gramsci", 1974 ["O grande Gramsci, das lutas à prisão", 1975] • *Il Manifesto, Analyses et thèses de la nouvelle gauche italienne*, 1971, apresentadas por Rossana Rossanda • Lajolo, Laurana, *Gramsci: un uomo sconfito*, 1980 [*Antonio Gramsci: uma vida*, 1982] • Leonetti, A., *Note su Gramsci*, 1970 • Lisa, Athos, *Memorie: in carcere con Gramsci*, 1973 • Lombardo Radice, L. & G. Carbone, *Vita di Antonio Gramsci*, 1952 • Longo, L., *Gramsci oggi*, 1967 • Macciocchi, Maria-Antonietta, *Pour Gramsci*, 1974 [*A favor de Gramsci*, 1976] • Magri, Lucio, "Problemi della teoria marxista del partito rivoluzionario", 1963 • Mammucari, M. & Anna Miserocchi, *Gramsci a Roma*, 1979 (1924-6) • Mantovani, G., "Gramsci: l'intelletuale organico", 1966 • Matteuci, N., *Antonio Gramsci e la filosofia della prassi*, 1951 • Merli, S., "I nostri conti con la teoria della 'rivoluzione senza rivoluzione'", 1967 • Mouffe, Chantal (org.), *Gramsci and Marxist Theory*, 1979 • Mouffe, Chantal & Anne S. Sassoon "Gramsci in France and Italy: a Review of the Literature", 1977 • Mura, G., "Antonio Gramsci tra storicismo e intellettualismo", 1966 • Nardone, G., *Il pensiero di Gramsci*, 1971 ◎ *L'umano in Gramsci*, 1977 • Noaro, J., "La vie, la mort et le triomphe d'Antonio Gramsci", 1953 • Orfei, R., *Antonio Gramsci, coscienza critica del marxismo*, 1965 • Ottino, C.L., *Concetti fondamentali nella teoria politica di Antonio Gramsci*, 1958 • Paggi, L., "Studi e interpretazioni recenti di Gramsci", 1966 ◎ *Antonio Gramsci e il moderno principe*, 1970 ◎ "La presenza di Gramsci nelle riviste di Togliatti", 1974 • Pamplona, M.A.V., "A questão escolar e a hegemonia como relação pedagógica", 1983 • Papi, F. & L. Cortesi, "Per una storizzazione marxista del pensiero e dell'azione di Gramsci", 1959 • Paris, R., "La première experience politique de Gramsci (1914-1919)", 1963 ◎ "Qui était Antonio Gramsci?", 1964 • "Una revisionne 'nenniana' di Antonio Gramsci", 1964 ◎ "La revisione del marxismo in Italia", 1966 ◎ "Il Gramsci di tutti", 1967 • Perlini, T., *Gramsci e il gramscisme*, 1974 • Piotte, J.-M., *La pensée politique de Gramsci*, 1970 [*O pensamento político de Gramsci*, 1975] • Pizzorno, A., "A propos de la méthode de Gramsci, de l'historiographie et de la science politique", 1968; "Sobre el método de Gramsci" (1972) • *Politica e storia in Gramsci*, 1977 [*Política e historia em Gramsci*, 1978] • Portantiero, J.C., *Los usos de Gramsci*, 1981 • Portelli, H., *Gramsci et le bloc historique*, 1972 [*Gramsci e o bloco histórico*, 1977] ◎ *Gramsci et la question religieuse*, 1974 ◎ *Prassi rivoluzionada e storicismo in Gramsci*, 1967 • Quercioli, Mimma P. (org.), *Gramsci vivo nelle testimonianze dei suoi contemporanei*, 1977 • Ricci, F., "Gramsci, théoricien politique", 1969 • Riechers, C., *Antonio Gramsci, Marxismus in Italien*, 1970 • Risset, J., "Gramsci et les intellectuels", 1967 ◎ "Lecture de Gramsci", 1970 • Rolland, R., *Antonio Gramsci: ceux qui meurent dans les prisons de Mussolini*, 1934 • Romano, S., *Antonio Gramsci*, 1965 • Rossanda, Rossana, "*Marxismo e stoncismo*", 1965 • Salvadori, M.L., *Gramsci e il problema storico della democrazia*, 1970 • Sanguineti, E., "A partir de Gramsci", 1972 • Sasson, Anne S., *Gramsci's Politics*, 1980 • Sichirollo, L., "Hegel, Gramsci e il marxismo", 1959 • Spriano, P., *Torino operaia nella grande guerra (1914-1918)*, 1960 ⊙ *L'occupazione delle fabbriche (settembre 1920)* ⊙ *Gramsci e L'Ordine Nuovo*, 1965 ⊙ *Gramsci*, 1966 ⊙ *Gramsci in carcere e il Partito*, 1977 ⊙ *Studi gramsciani*, 1958 • Tamburrano, G., *Antonio Gramsci: la vita, il pensiero, l'azione*, 1963 • Texier, J., *Gramsci et la philosophie du marxisme*, 1966 ⊙ "Gramsci, théoricien des superstructures" (1968); "Gramsci, teorico delle sovrastrutture e il concetto di società civile", 1968 ⊙ "Gramsci", 1973 • Togliatti, P., *Gramsci* • Tosin, B., *Con Gramsci*, 1976 • Tronti, M., "Tra materialismo dialettico e filosofia della prassi: Gramsci e Labriola", 1959 • Zanardo, A., "Il 'Manuale' di Bukharin visto dai comunisti tedeschi e da Gramsci", 1958 • Zuccaro, D., *Vita del carcere di Antonio Gramsci*, 1954.

greves As greves rompem abertamente com a subordinação rotineira do operário ao capitalista dentro das relações de produção capitalistas. Na maior parte dos países, durante todo o século XIX (e muitas vezes mesmo depois), as greves eram ilegais e constituíam por isso, pelo menos implicitamente, um desafio ao Estado. De fato, significaram, muitas vezes, parte de explosões de descontentamento da classe operária de caráter mais geral.

As greves inspiraram as primeiras e entusiásticas observações de Marx e Engels sobre os sindicatos. Em 1844, Engels escreveu, em *A condição da classe trabalhadora na Inglaterra* que as greves inglesas acabavam habitualmente em derrotas, mas pressagiavam a "guerra social" e eram "a escola militar dos trabalhadores, na qual se preparam para a grande e inevitável luta". Em *Miséria da filosofia* (1847), Marx disse que os conflitos isolados evoluíam naturalmente para "uma verdadeira guerra civil", permitindo que o proletariado se tornasse "uma classe para si". A mesma mensagem aparece no *Manifesto comunista*. Mais tarde, grande parte do trabalho prático da Primeira Internacional consistiu de apoio material a grevistas, cujo número aumentou durante a crise econômica da década de 1880 (ver INTERNACIONAIS). Marx admitiu, contudo, que as greves podiam ser apenas iniciativas rotineiras de sindicatos relativamente conservadores, visando a objetivos limitados. Se Marx insistia em que os sindicatos da Internacional "não deviam esquecer que estavam lutando contra os efeitos, e não contra as causas desses efeitos", isso significava que os sindicalistas muitas vezes *ficavam* satisfeitos apenas com "envolverem-se nessas inevitáveis guerras de guerrilha" (*Salário, preço e lucro*, 1865).

Uma perspectiva diversa das greves foi desenvolvida por BAKUNIN e seus partidários com a ideia da Greve Geral (que remonta à proposta de Benbow, em 1832, de um "Grande Feriado Nacional"). Em 1868, a Internacional endossou essa estratégia de greve geral com a finalidade de resistir a uma declaração de guerra, para grande descontentamento de Marx. Mais tarde, os bakuninistas desenvolveram o princípio da guerra geral revolucionária, que se tornaria a palavra de ordem básica do Sindicalismo revolucionário. A greve geral também foi uma questão importante para a social-democracia da Segunda Internacional, embora como uma tática limitada voltada para a conquista ou a ampliação do direito de voto. O exemplo belga de 1893 foi seguido em muitos países da Europa, embora a credibilidade da greve política tivesse sido enfraquecida pela oposição crescente dos sindicatos alemães e pela derrota sofrida pelo trabalhismo sueco em 1909. Em agosto de 1914, eram destruídas as ilusões que ainda restavam sobre a greve geral contra a guerra.

O declínio da greve geral reformista (que teve na greve de 1926 na Grã-Bretanha uma nota confirmadora) coincidiu com avanços importantes na análise marxista. O movimento revolucionário na Rússia, em 1905, inspirou o importante texto de Rosa LUXEMBURG *Massentreik, Partei und Gewerkschaften* (*Greve de massas, partido e sindicatos*), em que ela valorizava a espontaneidade do movimento das massas: "o pulsar vivo da revolução e, ao mesmo tempo, sua roda propulsora mais poderosa". Essa ação espontânea, a seu ver, desarticulava as rotinas estabelecidas dos sindicatos, acabava com as demarcações reformistas entre política e economia, e revelava a unidade essencial da luta de classe.

Lenin também foi profundamente influenciado por 1905. Na década de 1890, ele havia feito eco a Marx e Engels, ressaltando a importância das greves para a ampliação da consciência de classe. Mas, desacompanhadas da organização e da luta política, as greves não podiam derrubar a dominação capitalista e o poder do Estado – nem mesmo uma greve geral tinha força para isso. Essa qualificação teórica tornou-se um argumento central do seu livro *Que fazer?*: "A consciência política de classe só pode ser levada aos trabalhadores a partir de fora da sua classe, isto é, só de fora da luta econômica". Não obstante, Lenin admitiu que, em 1905, "o movimento, em certas partes do país, progrediu em poucos dias de uma simples greve para uma tremenda explosão revolucionária". Como Rosa Luxemburg, ele insistiu, a partir de então, em que a greve de massas estava ligada dialeticamente ao crescimento da consciência revolucionária.

Depois da Revolução Russa, levantou-se uma nova questão: em um Estado dos trabalhadores, estariam os grevistas "fazendo greve contra si mesmos?" Lenin argumentou, em 1921, que "as greves em um Estado em que o proletariado detém o poder político só podem ser explicadas e justificadas pelas deformações burocráticas do Estado proletário e por todas as formas de sobrevivência do velho sistema capitalista". Com Stalin, embora as greves nunca tenham sido proibidas formalmente, na prática eram reprimidas como atos de indisciplina, absenteísmo ou até mesmo de "sabotagem contrarrevolucionária".

No Ocidente, os primeiros partidos comunistas atribuíram grande importância ao papel das greves na luta de classes, em particular durante o "terceiro período" (definido pela Terceira Internacional como uma nova fase de ascenso revolucionário na Europa, a partir de 1928). Mas, com a adoção das táticas da "frente popular", essa ênfase reduziu-se e, depois de 1941, nos países que lutavam ao lado da Rússia, os partidos comunistas opuseram-se às greves. Depois da guerra, os sindicatos comunistas em muitos países recorreram com frequência à greve nacional como manifestação política (o que demonstra um certo paralelo com a política da Segunda Internacional na passagem do século). O papel principal de defensores das greves como meio de intensificar a luta de classes foi, nesse ínterim, assumido pelos trotskistas e por outros grupos à esquerda do comunismo "oficial". (Ver também SINDICATOS E SINDICALISMO.)

RH

Bibliografia: Badie, B., *Stratégie de la grève*, 1976 • Baynac, J. et al., *Sur 1905*, 1974 • Brecher, J., *Strike!*, 1972 • Crook, W.H., *The General Strike*, 1931 • Dangeville, R. (org.), *Karl Marx Friedrick Engels et le syndicalisme*, 1964 • Hyman, R., *Strikes*, 1972 • Lenin, V.I., *On Trade Unions*, 1970 • Lozovosky, A., *The World Economic Crisis, Strike Struggles and the Tasks of the Revolutionary Trade Union Movement*, 1931 ◦ *Marx and the Trade Union*, 1935 • Luxemburg, R., *Rosa Luxemburg Speaks*, 1970 • Trotski, L.D., *Die Russische Revolution 1905*, 1906 (1932); *1905* (1971); *1905, suivi de Bilan et perspectives* (1969).

Grünberg, Carl (Focsani, Romênia; 10 de fevereiro de 1861 – Frankfurt am Main, 2 de fevereiro de 1940.) Depois de concluir o curso de Direito na Universidade de Viena tornou-se juiz e, mais tarde, praticou a advocacia por algum tempo, enquanto dava continuidade a suas pesquisas sobre a história agrária e a história do socialismo. Em 1893, fundou (com outros) a *Zeitschrift für Wirts chafts und Sozialgeschichte*. Entre 1894 e 1899 lecionou na Universidade de Viena, onde se tornou professor de Economia Política em 1909: foi o primeiro "professor marxista" em uma universidade de língua alemã. Em 1924, foi designado para ser o primeiro diretor do Instituto de Pesquisa Social de Frankfurt (ver ESCOLA DE FRANKFURT), mas foi forçado a se afastar do cargo em 1928 após uma crise cardíaca. A contribuição de Grünberg ao pensamento marxista foi tripla. Em primeiro lugar, ele foi professor de todos os principais pensadores austromarxistas, sendo chamado "o pai do austromarxismo". Em segundo lugar, foi Grünberg que, em 1910, fundou o famoso *Archiv für die Geschichte des Sozialismus und der Arbeiterbewegung* (Grünberg – Arquivo), para o qual todos os mais importantes pensadores e políticos marxistas do período contribuíram e cujo objetivo Grünberg descreveu como sendo o de proporcionar uma visão geral do socialismo e do movimento trabalhista baseada em investigações especializadas de estudiosos e de grupos de pesquisa. Finalmente, em seu curto período como diretor do Instituto de Frankfurt, Grünberg orientou-o na direção do debate teórico e da pesquisa histórica que se revelariam tão férteis, embora tal orientação viesse a receber um rumo diferente com o seu sucessor, Max Horkheimer. (Ver também AUSTROMARXISMO; HORKHEIMER.)

TBB

Bibliografia: Grünberg, Carl (org.), *Archiv für die Geschichte des Sozialismus und der Arbeiterbewegung*, vols. I-XV, 1910-1930 ◎ *Festschrift für Carl Grünberg zum 70 Geburtstag*, 1932 ◎ *Indexband zu Archiv für die Geschichte des Zozialismus und der Arbeiterbewegung* (*C. Grünberg*), 1973, incluindo uma biografia de Carl Grünberg por Günther Nenning.

guerra Marx e Engels cresceram no período imediatamente posterior aos 25 anos de guerras revolucionárias e napoleônicas, que correspondeu a um longo intervalo de paz na Europa, entre 1815 e 1854, e bem pode ter contribuído para levá-los a não considerar a guerra como a mais importante das atividades humanas. Eram, além disso, jovens progressistas de origem burguesa, que cresciam sob um regime político bem pouco simpático, a monarquia militar prussiana. A abordagem da história que eles começaram a desenvolver na década de 1840 teve como pedra fundamental os modos de produção econômica, deixando relativamente de lado as guerras, conquistas, violências que os historiadores, até então, haviam tomado como sua matéria. Em *A ideologia alemã* admitiram a frequência do conflito armado, mas reduziram-lhe a significação dizendo que os conquistadores tinham de adaptar-se ao sistema produtivo que encontravam, tal como fizeram os bárbaros que dominaram o império romano, adotando, juntamente com o sistema produtivo, também as línguas e a religião dos conquistados (Vol.I, I, 2).

Em 1848, porém, Marx, Engels e seus amigos da Liga Comunista defenderam uma "guerra revolucionária" contra a Rússia. Era uma estratégia baseada no precedente dos exércitos revolucionários franceses em marcha pela Europa – o que, como poderiam muito bem ter lembrado, tanto revolucionou a Europa como a indispôs em relação ao progresso. Desde então, e até o fim de suas vidas, as questões relativas à guerra se impuseram à sua atenção, e, com relação a tais questões, desenvolveram interesses divergentes mas complementares: Marx no sentido de questões mais teóricas, Engels ocupando-se dos métodos e da evolução técnica da guerra. Este último servira, durante um breve período compulsório, na artilharia prussiana e participara do abortado levante de 1849 no sudoeste da Alemanha. Uma carta de 1851 (a Weydemeyer, 19 de junho) mostra que ele planejava uma série de estudos militares de amplo escopo, com o motivo muito prático de qualificar-se para oferecer orientação por ocasião da próxima explosão revolucionária. Colaborou com numerosos artigos sobre assuntos militares para os comentários feitos por Marx sobre acontecimentos do momento, e estes e outros escritos granjearam-lhe a reputação de especialista no assunto.

Sobre as relações entre a economia e a guerra em épocas modernas Marx e Engels expressaram vários pontos de vista, nunca reunidos de maneira regular. Em *A ideologia alemã* (Vol.I, I, 2) e em outros trabalhos admitiram que o período inicial do capitalismo, até cerca de 1800, com o capital mercantil na liderança, havia sido marcado por muitas guerras e que a luta pelas colônias aguçara a concorrência comercial. Mas o capitalismo industrial mais moderno aparecia-lhes, ao que tudo indica, sob outra luz. É de lamentar que Marx e Engels jamais tenham retomado uma intuição antiga que se revela em *A Sagrada Família* (cap.VI, 3). Segundo essa passagem, Napoleão, obcecado pela luta militar e pela glória em si mesmas, não estimulou a burguesia francesa, abrindo-lhe mercados, como pretendem as análises marxistas mais recentes, mas, pelo contrário, afastou-a de seu verdadeiro caminho, que era a edificação da indústria. Em 1849, Marx estendeu essa concepção pacífica do capitalismo moderno até a oligarquia financeira, dizendo que ela era sempre pela paz porque a luta fazia baixar as cotações da bolsa de valores (*As lutas de classes na França de 1848 a 1852*, seção 1). Em um artigo escrito em maio de 1853, Marx afirmou que nada, a não ser uma crise econômica, poderia provocar a guerra de que se falava, e que poderia provocá-la mais por motivos políticos do que por motivos rigorosamente econômicos ("Revolução na China e na Europa", publicado no *New York Daily Tribune* em 14 de junho de 1853). A Europa estava então na iminência da Guerra da Crimeia (1854-1856), a primeira de uma nova série de conflitos, pela qual Marx manifestou um apaixonado interesse. Quando a guerra eclodiu, ele tinha perfeita consciência da combinação, do lado dos Aliados, entre motivos econômicos como a preocupação com os mercados orientais, e motivos políticos: a necessidade de glória que tinha Napoleão III para ilustrar sua coroa mal conseguida e o desejo de Palmerston de contornar a exigência de reforma parlamentar. Condenar a guerra como uma peste imposta pelos governos aos seus povos (*The Eastern Question*, n. 108) era a tendência natural do pensamento de Marx. Por outro lado, ele e Engels, como Lenin mais tarde, opuseram-se sempre com firmeza ao pacifismo, e a preocupação que os dominava então era a intervenção do czar, "o policial da Europa", que tanto contribuíra para assegurar a derrota das revoluções de 1848-1849. Uma guerra bem-sucedida contra Nicolau I libertaria a Rússia e reabriria o caminho para o progresso na Europa; e mais ainda se uma coalizão convencional entre governos pudesse ser transformada numa guerra verdadeiramente revolucionária de povos e princípios. Marx e Engels decepcionaram-se portanto ao verem que a luta na Crimeia era empreendida com muito menos disposição do que lhes parecia necessária. Engels deplorou a incompetência dos comandantes, a decadência da "arte da guerra"; Marx receava que a guerra pudesse definhar sozinha e sacudiu a cabeça ante "a raça domesticada dos homens do presente" (*The Eastern Question*, n.88 e n.104), como se a civilização lhe parecesse estar condenada devido à sua incapacidade, sob a fascinação da prosperidade industrial, de lutar com disposição. Sua aversão pelos donos de moinhos contribuiu para que ele combinasse os ataques ao cobdenismo com as críticas àquele simulacro de guerra.

Da visão ou miragem da "guerra revolucionária", passou-se ao plano mais realista da aprovação limitada que era possível dar às guerras que se seguiram, até 1870, que seriam classificadas pelo marxismo como "progressistas-burguesas" ou guerras de libertação nacional. Os socialistas não podiam tomar parte diretamente nelas, mas apoiariam o lado que oferecesse perspectivas mais favoráveis à classe operária. Entre elas estava a Guerra Civil Norte-Americana, que Marx e Engels acompanharam de perto, desejando ardentemente a vitória do Norte. Engels, como observador militar, ficou desagradavelmente impressionado com o espírito combativo e a capacidade de luta do Sul; Marx estava mais atento para os fatores subjacentes que prenunciavam em favor do Norte.

Na época da Guerra Austro-Prussiana de 1866, a Primeira Internacional já existia, e uma resolução, não inspirada por Marx e Engels, censurou o rompimento da paz como uma briga de governantes na qual os trabalhadores deveriam ser neutros. Mas essa guerra e a Guerra Franco-Prussiana de 1870 ajudaram a promover a unificação da Alemanha, seguida logo depois da unificação da Itália. E, embora Marx e Engels achassem profundamente lamentável que a Alemanha estivesse sendo unificada a partir de cima, por Bismarck e o exército prussiano, e não por seu povo, ainda assim receberam bem essa transformação política na medida em que ela favorecia a expansão econômica e, com isso, apressava o crescimento da classe operária. Por outro lado, inclinavam-se a considerar a guerra de 1870 como resultado da provocação de Napoleão III – por quem sempre nutriram bastante ódio – e portanto, do lado alemão, como uma guerra defensiva. Concitaram, porém, os socialistas alemães a oporem-se às anexações e a trabalharem pela reconciliação com os operários franceses.

Os acontecimentos e novos estudos levaram-nos a reconsiderar algumas de suas concepções originais sobre o papel da guerra na história. Curiosamente, foi Engels que se mostrou menos inclinado a conceder-lhe lugar de maior destaque. Às voltas com os problemas da história antiga, Marx foi obrigado, por volta de 1857 (suas notas sobre tais problemas, nos *Grundrisse*, p.471-514, não parecem ter sido lidas pelo seu amigo), a reconhecer a guerra, pelo menos em certas épocas, como um fator fundamental. A concorrência pela terra, escreveu ele, deve ter feito da atividade guerreira uma das principais tarefas de todas as comunidades agrárias primitivas. Na Grécia, ela era a grande função coletiva, e a cidade desenvolveu-se como seu ponto focal de organização. A guerra e a conquista eram, igualmente, parte integrante da vida romana, e subverteram, a longo prazo, a república, por estimularem a escravidão e a desigualdade. Engels, ao contrário, repetiu, no *Anti-Duhring*, um dos principais postulados de *A ideologia alemã*, ridicularizando qualquer ideia de que a história fosse essencialmente o exercício da força. Planejou, dez anos mais tarde, um extenso suplemento aos três capítulos dessa obra dedicados à "teoria da violência", em que ilustraria sua tese sobre a história alemã desde meados do século. Assim, em 1887-1888, procurou demonstrar que Bismarck havia realizado involuntariamente o trabalho da revolução burguesa, acabando com a pletora de pequenos Estados alemães, e que o regime por ele criado era apenas um preço temporário a pagar. A Europa Ocidental havia já então assumido a forma de poucos e grandes Estados nacionais, entre os quais a harmonia internacional, essencial ao progresso do movimento operário, poderia ser buscada ("O papel da violência na história", seção 1). O trabalho ficou inacabado – talvez Engels tenha perdido confiança em seu argumento.

Esse trabalho de Engels mostra uma certa afinidade com uma outra linha de pensamento que durante muitos anos ele e Marx, e alguns de seus discípulos, como Lafargue, julgaram convincente. Os acontecimentos de 1848-1849 e, posteriormente, a imagem que fizeram da Guerra da Crimeia como simples ficção de luta, levou-os a concluir que os exércitos modernos não eram mais do que corpos de polícia, organizados pelos Estados para manter seus respectivos povos sob controle. Depois de 1848, as burguesias europeias, aterrorizadas com os operários, buscaram proteção dos governos e soldados. "É esse o segredo dos exércitos permanentes da Europa, que seriam incompreensíveis, sem isso, para os historiadores futuros", escreveu Marx em "A revolução na Espanha", artigo publicado no *New York Daily Tribune* em agosto de 1856. Nesse artigo, ele comentava um episódio da contrarrevolução na Espanha, e suas palavras são aplicáveis ao exército espanhol durante a maior parte do século XIX e todo o século XX. Esse exército tinha, além disso, o hábito, que conservou por muito tempo, de interferir na política por sua conta própria. Essa era, aliás, outra ameaça que Marx levou em conta, particularmente depois de 1851, quando Luís Napoleão pôde valer-se dos generais franceses, muitos deles formados na escola brutal da conquista argelina, para dar seu golpe de Estado e assegurar-se o trono.

Marx compreendeu que os exércitos poderiam exercer certa atração popular, não só para o chauvinismo mas, por motivos mais sólidos, para aqueles aos quais proporcionava emprego. Na França, os camponeses tinham muito gosto pela guerra e pela glória, escreveu ele, porque o recrutamento militar minorava o excesso de população no campo (*O Dezoito Brumário de Luís Bonaparte*, parte VII). Mas, a partir de 1848, ele e Engels passaram a lutar pela abolição dos exércitos regulares e por sua substituição, não por milícias burguesas do tipo da Guarda Nacional na França, mas por um "povo armado" mais democrático. É muito provável que Engels, quando engajou-se com tanto entusiasmo no movimento dos voluntários, na década de 1860, visse nele um passo nessa direção. Na Alemanha e em outros lugares, os partidos socialistas apoiaram essa reivindicação. Os governos, por seu lado, expandiram seus exércitos regulares com base no serviço militar obrigatório. De qualquer modo, Engels – como Lenin – conservou a esperança de que os governos estavam dando às massas um treinamento militar de que elas se poderiam valer para derrubá-los (*Anti-Dühring*, parte II, cap.III).

Ao mesmo tempo, ele se sentia preocupado com a hipertrofia dos exércitos, com seu crescimento ao ponto de transformarem-se quase que em um Estado. As forças armadas se haviam transformado num fim em si mesmas, escreveu ele no *Anti-Dühring* (parte II, cap.III), enquanto a nação era reduzida a um mero apêndice sem outra função senão a de sustentá-lo. Em seus últimos anos, preocupava-se cada vez mais com o perigo de guerra. Não era possível pensar-se agora numa "guerra revolucionária", e ela não era necessária, pois os partidos socialistas cresciam e pareciam capazes de tomar o poder dentro de pouco tempo por si mesmos. E um conflito travado com as terríveis armas novas representaria um retrocesso terrível para o socialismo e para a civilização. Numa longa carta a Lafargue (25 de outubro de 1886) sobre a crise balcânica e as forças incendiárias então em atividade na região – entre as quais o ambicioso general francês Boulanger –, argumentou que, se houvesse guerra, seu verdadeiro propósito seria conter a revolta social. "Portanto, sou pela 'paz a qualquer preço'...". Mas em 1891, Engels tinha algo diferente a dizer: a Alemanha devia estar preparada para defender-se contra um ataque da Rússia e da França, então aliadas (Carta a Bebel, 29 de setembro de 1891). Suas palavras foram citadas em 1914: Engels se esquecera da dificuldade que tinha o homem comum de saber qual lado, num caso desses, era o agressor. Muito próximo do fim, ele acalentou a ideia demasiado esperançosa de que as novas armas haviam tornado os riscos da guerra muito mais incalculáveis do que os que qualquer governo ousaria enfrentar e que as coalizões em que o continente europeu estava dividido poderiam dissolver-se (Carta a Lafargue, 22 de janeiro de 1895). Em meio à pressão dos acontecimentos e à crescente complexidade das relações internacionais, suas impressões eram, evidentemente, flutuantes: sua lógica nem sempre é fácil de seguir, e nenhuma concepção geral emerge com clareza de seus escritos desse último período.

Seus sucessores herdaram essa perplexidade cada vez maior e mais profunda. Com a aproximação de 1914, as conferências realizadas pela Segunda Internacional, cujos líderes eram, em sua maioria, marxistas ou próximos do marxismo, foram dominadas pelo perigo de guerra. Em 1905, o socialista francês Jaurès fez duas previsões sobre o resultado de uma guerra europeia que, ambas, se mostrariam corretas: a guerra poderia desencadear a revolução, como, aliás, as classes dominantes fariam bem em lembrar, mas poderia também inaugurar uma época de ódios nacionais, de reação, de ditadura (Pease, 1916, p.126). Kautsky, que, depois da morte de Engels, tornou-se o principal teórico da Internacional, na qualidade de historiador, podia contentar-se com a reflexão de que os sistemas sociais petrificados foram, com muito maior frequência na história, destruídos pela guerra do que pela revolução. Mas compreendeu, como Engels, que o medo da revolução poderia levar um regime inseguro a jogar com a guerra como uma solução. Num estado de espírito mais exaltado, manifestou a esperança de que a sombra da revolta tivesse o efeito contrário de atemorizar os governos, afastando-os da espada. Durante trinta anos, escreveu ele em *Weg zur Macht* (*O caminho do poder*, 1909, p.149-54), esse temor havia evitado uma guerra que, de outro modo, já teria estourado há muito tempo. Não podia, porém, contemplar o futuro sem sombrias preocupações. Todas as classes dominantes acusavam as dos países vizinhos de tramarem contra elas; a hostilidade mútua estava sendo intensificada à histeria; a expansão imperialista tornava inevitável a acumulação de armas, que prosseguiria até o ponto de exaustão e explosão. Nada poderia conter essa tendência, exceto a transformação total, revolucionária.

O militarismo, escreveu Karl Liebknecht no livro que lhe valeu 18 meses de prisão, é um fenômeno "tão complexo, multiforme, multifacetado", que se torna muito difícil dissecá-lo. Os militares e os capitalistas não tinham, no seu entender, sentimentos mútuos cordiais, embora se aceitassem uns aos outros como se suporta um mal necessário; financeiramente o exército era um ônus, embora a maior parte do seu peso recaísse sobre os trabalhadores (Liebknecht, 1907, p.9, 41, 48-52). Tal avaliação não pode ser considerada como uma afirmação clara de que a causa da guerra está no capitalismo. E essa afirmação não pode ser encontrada em, nem deduzida de, *O Capital*. Desde que essa obra foi escrita, porém, o capitalismo generalizou-se pela Europa e pela América do Norte, e, em décadas mais recentes, sua estrutura passou por modificações, crescendo rapidamente a concentração do poderio financeiro. Nos anos anteriores a 1914, porém, parecia bastante natural responsabilizá-lo pela motivação para a guerra, principalmente porque seus próprios porta-vozes afirmavam, com toda a ênfase, que o comércio ia atrás dos canhões e que as nações deviam entrar na luta pela existência ou desaparecer. Em 1912, o congresso da Internacional em Basileia resolveu que, se a classe operária fosse incapaz de evitar a catástrofe, deveria esforçar-se em promover o fim das hostilidades e valer-se da crise delas resultante para derrubar o capitalismo, pois seria crime trabalhadores se matarem mutuamente em benefício do lucro privado.

Com a chegada de 1914, a Internacional cindiu-se sem esperanças de regeneração, e a cisão do socialismo perdura desde então. Lenin incluía essa divisão entre os principais ganhos obtidos pelo capitalismo com a guerra. No manifesto que preparou para o comitê do partido em outubro de 1914 sobre a guerra e a social-democracia russa, levou em conta uma complexidade de causas: a corrida armamentista, a intensificação da luta pelos mercados, os interesses dinásticos das velhas monarquias e o desejo de desviar a atenção e dividir os trabalhadores, cuja resposta deveria ter sido transformar a guerra em guerra civil (Lenin, 1914b). Não há fenômenos "puros" na história, apenas combinações, observou ele numa longa polêmica contra os socialistas de direita no verão de 1915. Os direitos nacionais da Sérvia eram certamente um dos ingredientes do caldeirão, mas um dos menos importantes. Em essência, afirmava Lenin nessa sua caracterização do colapso da Segunda Internacional (1915), todos os governos se vinham preparando para a guerra; todos eram culpados: era inútil perguntar quem desfechara o primeiro golpe e desonesto repetir agora o que Marx e Engels haviam dito sobre as guerras "progressistas" de uma época diferente.

Pode-se dizer, é claro, que os bolcheviques tinham mais a esperar da derrota de seu país do que qualquer outro partido socialista, porque eram demasiado fracos para poderem contar com uma oportunidade de chegar ao poder que se apresentasse de qualquer outro modo durante muito tempo ainda. Mas, com o prosseguimento da guerra, Lenin passou a atribuir a responsabilidade por ela cada vez mais exclusivamente ao capitalismo, também mais fraco na Rússia do que em qualquer outro país beligerante. A responsabilidade capitalista pela guerra foi o tema predominante de seu livro sobre o imperialismo (Lenin, 1916); a obra de Bukharin sobre o imperialismo e a economia mundial (Bukharin, 1917-1918) chegava a conclusão semelhante; os dois livros, porém, deviam muito a *Das Finanzkapital* (*O capital financeiro*) de Hilferding (1910). Em seu primeiro congresso, em março de 1919, a nova Internacional Comunista confirmou formalmente o diagnóstico da Primeira Guerra Mundial como uma explosão das contradições do capitalismo e da anarquia de uma economia mundial por ele governada. A Rússia enfrentava então tensões de outro tipo: a guerra civil combinada com a intervenção estrangeira. Lenin formulou algumas conclusões políticas a partir dessa situação, em um relatório ao VII Congresso de Sovietes de Toda a Rússia (5 de dezembro de 1919): "A guerra não é apenas uma continuação da política, é o epítome da política" (Lenin, 1919). Ele acreditava que a luta estava dando aos trabalhadores e camponeses por ela colhidos uma educação política muito mais rápida do que teria sido possível em qualquer outra circunstância. Quando de seu término, Trotski, que foi o edificador do Exército Vermelho, registrou algumas das lições militares, que tinham uma essência prática de bom-senso. A guerra não podia ser reduzida a uma ciência com leis eternas, como queriam os tradicionalistas, nem ser guiada, como um jogo de xadrez, por preceitos deduzidos do marxismo, como imaginavam alguns jovens entusiastas (Trotski, 1971, p.113s).

Pouco depois de 1918, os comunistas advertiram quanto ao perigo de outra guerra mundial. Desde a experiência de 1941-1945, com suas perdas incalculáveis para a Rússia, os marxistas (com exceção dos chineses) deram grande ênfase à prevenção da guerra como a mais premente necessidade da humanidade. Numa declaração formal em 1961, na realidade uma rejeição do aventureirismo maoísta e de sua tese da inevitabilidade da guerra, os outros partidos comunistas afirmaram (e nisso não estavam sendo muito exatos) que o marxismo nunca havia considerado a guerra como o caminho para a revolução. Enquanto isso, o estudo histórico da guerra e da sociedade progredia ativamente, embora muita coisa ainda precise ser melhor discutida. Os marxistas deram contribuições valiosas para a análise da Segunda Guerra Mundial, chamando a atenção para a parcela de responsabilidade que coube aos altos círculos da economia alemã, obscurecida pelo tratamento dado a essa guerra no Ocidente, onde ela é caracterizada simplesmente como uma luta contra Hitler ou o nazismo. Mas não se pode dizer realmente que exista uma doutrina abrangente das causas da guerra que possa ter pretensões ao título de marxista, embora exista uma doutrina leninista relativa às guerras deste século. Entre as diversas hipóteses, a que foi formulada por Engels no final de sua vida, de que a guerra tenha mais probabilidade de eclodir com a superacumulação de armamentos, parece ser a única que tem maior relevância hoje.

Novas reflexões fizeram-se necessárias em face das guerras de libertação colonial dos últimos cinquenta anos. Os marxistas puderam dar-lhes uma aprovação muito mais inequívoca do que Marx e Engels podiam conferir às guerras que construíam nações, em seu tempo, na Europa. Na verdade, os levantes coloniais foram, em grande parte, organizados e liderados pelos comunistas. Engels escreveu com frequência sobre as campanhas de além-mar de sua época, particularmente sobre a Revolta da Índia e a segunda guerra da China (1856- 1860); escreveu com um espírito altamente crítico sobre o imperialismo, embora manifestasse a expectativa de que ele viesse a se mostrar, de maneira não intencional, revolucionário, pela destruição de velhos regimes fossilizados. As estimativas que fazia sobre a capacidade de luta dos indianos, dos persas e dos chineses, mal organizados e mal liderados, eram, em geral, muito negativas. Nos escritos e discursos de Trotski durante a guerra civil russa, há uma rejeição inflexível da tática de guerrilhas como anárquica e inútil. A experiência posterior mostraria que a guerrilha, guiada por uma firme liderança política, pode ser altamente eficiente. Mas homens como Mao e o general Giap acreditavam ser necessário proceder, o mais depressa possível, à criação de exércitos regulares, permanecendo as guerrilhas como auxiliares. Em amplas áreas, as guerras de libertação colonial chegaram a termo com sucesso. E uma nova dimensão se abriu para a questão das causas da guerra com a invasão, em 1979, do Vietnã comunista pela China comunista. (Ver também NACIONALISMO.)

VGK

Bibliografia: Carr, E.H., *The Bolshevik Revolution 1917-1923*, vol.3, nota E: "The Marxist Attitude to war", 1953 (1966) • Chaloner, W.H. & W.O. Henderson (orgs.), *Engels as Military Critic*, 1959 • Cole, G.D.H., *A History of Socialist Thought*, vol.3, 1889-1914 (1956) • Giap, general Vo Nguyen, *Dien Bien Phu* (ed. revista), 1964 ◎ *Guerre du peuple, armée du peuple*, 1967 • Liebknecht, Karl, *Militarismus und Antimilitarismus*, 1907; *Militarism and Anti-Militarism* (1973) • Pease, Margaret, *Jean Jaurès, Socialist and Humanitarian*, 1916 • Trotski, L.D., *Military Writtings* (1971).

H

Habermas, Jürgen (Düsseldorf, 18 de junho de 1929.) Criado na Alemanha nazista, Habermas não se tornou um pensador radical até aproximadamente o final dos anos 1950. Sob a influência de ADORNO, de quem foi assistente, descobriu a importância fundamental de Marx e de Freud para a política e as ciências sociais. Depois de ensinar filosofia em Heidelberg (1961-1964), assumiu uma cadeira de filosofia e sociologia na Universidade de Frankfurt. Em 1972, transferiu-se para o Instituto Max Planck em Starnberg, na Alemanha Ocidental. Apesar de uma certa identidade de interesses e preocupações com a ESCOLA DE FRANKFURT, Habermas desenvolveu suas ideias dentro de um quadro significativamente diferente da perspectiva dos principais representantes dessa escola: Adorno, HORKHEIMER e MARCUSE. Enquanto o primeiro, por exemplo, sustenta a inexistência de fundamentos últimos para o conhecimento e os valores, Habermas defende o ponto de vista de que esse problema dos fundamentos – o problema de constituir uma base normativa bem-fundamentada para a teoria crítica – tem solução e procurou desenvolver os alicerces filosóficos da teoria crítica. Esse projeto envolve a reconstrução de algumas das teses centrais da filosofia grega e alemã: a inseparabilidade entre a verdade e a virtude, entre os fatos e os valores, entre a teoria e a prática. O objetivo último de Habermas é criar um quadro geral dentro do qual um grande número de abordagens aparentemente competitivas das ciências sociais se possam integrar: entre estas estão a crítica da ideologia, a teoria da ação, a análise dos sistemas sociais e a teoria da evolução social.

O imperativo de reformular a teoria crítica nasce, para Habermas, dos rumos da história no século XX. A degeneração da revolução russa com o stalinismo e a gestão social tecnocrática; a inexistência, até agora, de uma revolução das massas no Ocidente, a ausência de uma CONSCIÊNCIA DE CLASSE proletária revolucionária entre as massas, a frequência com que a teoria marxista se degrada em uma ciência determinista, objetivista, ou em uma crítica cultural pessimista – tudo isso, segundo Habermas, são características importantes do tempo presente. Habermas argumenta, ainda, que a sociedade capitalista está passando por várias modificações fundamentais: aumenta a intervenção do Estado, o mercado é subsidiado; o capitalismo está cada vez mais organizado (ver CAPITALISMO ORGANIZADO); a razão instrumental (a razão que só se ocupa da adequação dos meios à consecução de fins predeterminados) e a BUROCRACIA ameaçam a "esfera pública", aquela em que a vida política é abertamente discutida pelos cidadãos; novos tipos de tendências à crise ameaçam a legitimidade da ordem social e política.

Em seu esforço para responder a tais questões, Habermas desenvolveu uma orientação teórica relevante para uma grande variedade de disciplinas das ciências sociais e humanas. Entre suas contribuições mais originais, até hoje, estão uma investigação histórica sobre a formação e a desintegração da esfera pública (1962), uma análise do lugar da ciência e da tecnologia modernas nas sociedades capitalistas (1968a), a elaboração de um arcabouço filosófico para a teoria crítica (1963, 1968b e 1969), o desenvolvimento de uma teoria da ação (1981), uma análise de padrões de crise nas sociedades capitalistas (1973) e uma reconstrução da teoria da evolução social (1976).

DH

Bibliografia: Habermas, Jürgen, *Strukturwandel des Öffentlichkeit*, 1962; *L'espace public* (1978) ◎ *Theorie und Praxis*, 1963 (1969); *Theory and Practice* (1974); *Théorie et pratique* (1975) ◎ *Zur Logik der Soualwissenschaften*, 1967 ◎ *Technik und Wissenchaft als Ideologie*, 1968a; *La technique et la science comme "ideologie"* (1973) [trad. parcialm., "Técnica e ciência enquanto ideologia", 1980] ◎ *Erkenntnis und Interesse*, 1968b; *Knowledge and Human Interests* (1971); *Connaissance et intérêt* (1976) [*Conhecimento e interesse*, 1983] ◎ *Protest bewegung und Hochschulreform*, 1969a; *Toward a Rational Society* (1970) ◎ *Philosophisch-politische Profile*, 1971; *Profils philosophiques et politiques* (1974) ◎ *Legitimations probleme in Spätkapitalismus*, 1973; *Legitimation Crisis* (1976); *Raison et legitimité* (1978) [*Crise de legitimação do capitalismo tardio*] ◎ *Communication and the Evolution of Society*, 1976 (1979) ◎ *Theorie des Kommunikativen Hundeln*, 1981 • Held, David, *Introduction to Critical Theory: Horkheimer to Habermas*, 1980 • McCarthy, Thomas, *The Critical Theory of Jürgen Habermas*, 1978 • Therborn, Göran, "Jürgen Habermas: a new ecleticism", 1971 • Thompsom, John, *Critical Hermeneutics*, 1981 • Thompson, John & David Held (orgs.), *Habermas: Critical Debates*, 1982 • Ver igualmente a bibliografia do artigo Escola de Frankfurt.

Hegel, Georg Wilhelm Friedrich (Stuttgart, 27 de agosto de 1770 - Berlim, 14 de novembro de 1831.) Filho de um coletor de impostos, Hegel estudou filosofia, letras clássicas e teologia na Universidade de Tübingen, passando depois a trabalhar como professor particular, primeiro em Berna e depois em Frankfurt. Em 1801 tornou-se docente universitário (*Privatdozent*) e, em 1805, professor da Universidade de Iena, onde foi escrita sua primeira obra importante, *Phänomenologie des Geistes* (*Fenomenologia do Espírito*), publicada em 1807. De 1808 a 1816, foi reitor do Aegidiengymnasium em Nuremberg e, em seguida, professor em Heidelberg (1816-1818) e em Berlim, onde ficou de 1818 até sua morte e onde começou a formar-se uma escola hegeliana.

A filosofia de Hegel foi importante para Marx sob dois aspectos. Em primeiro lugar, Marx foi profundamente influenciado pelas críticas de Hegel a Kant e pela sua filosofia da história. Em segundo, Marx valeu-se do método dialético de Hegel em sua forma mais abrangente, a que aparece em *Wissenchaft der Logik* (*Ciência da lógica*), publicado em 1812, para mostrar a estrutura dinâmica do modo de produção capitalista. Em sua crítica do conhecimento, Kant limitara as pretensões humanas ao conhecimento científico genuíno ao domínio da "aparência", dizendo que o conhecimento só pode resultar da ação combinada de formas de intuição e de categorias imanentes ao sujeito que conhece, de um lado, e de dados sensórios produzidos externamente, de outro. Para além dessa relação, estabelecida pela reflexão crítica, resta a "coisa-em-si", que, em princípio, é incognoscível. O que os seres humanos podem conhecer é apenas a "aparência". Hegel, porém, contrariando Kant, mantinha que aparência e essência estão necessariamente juntas e que a mais íntima estrutura da realidade corresponde à do Espírito humano que se autoconhece. Em termos teológicos isso significa que Deus (o Absoluto) chega ao autoconhecimento por meio do conhecimento humano. As categorias do pensamento humano são assim, ao mesmo tempo, formas objetivas do Ser, e a lógica é ao mesmo tempo ontologia.

Hegel interpreta a história como "progresso na consciência da liberdade". As formas de organização social correspondem à consciência da liberdade e, portanto, a consciência determina o ser. A consciência de uma época histórica e de um povo se expressa sobretudo na religião, "que é onde o povo define por si mesmo o que considera como verdade (...). A religião é a consciência de um povo daquilo que ele é, do seu ser mais elevado" escreve Hegel em *Philosophie der Weltgeschichte* (*Filosofia da história do mundo*), publicado em 1830-1831. Os povos que adoram uma pedra ou um animal como seu "deus" não podem ser, portanto, livres. Relações sociais e políticas livres só se tornam possíveis com a adoração de um deus de forma humana ou um "espírito" (o "Espírito Santo"). O progresso histórico passa pela necessidade e pela privação, pelo sofrimento, pela guerra e pela morte, e até mesmo pelo declínio de culturas e povos inteiros. Mas Hegel permanece convicto de que, por meio dessas lutas históricas, surge gradualmente um princípio superior de liberdade, uma maior aproximação com a verdade, um grau superior de percepção da natureza da liberdade. A direção da história humana está voltada para o cristianismo, a Reforma, a Revolução Francesa e a monarquia constitucional. O progresso das concepções religiosas e das ideias filosóficas corresponde ao progresso social e político.

Os JOVENS HEGELIANOS, por meio dos quais Marx conheceu a filosofia de Hegel, usaram a doutrina de seu mestre como uma arma crítica contra a monarquia prussiana, que se havia tornado conservadora. Com isso, foram além da concepção que Hegel tinha do Estado como uma monarquia constitucional administrada por funcionários esclarecidos. Embora Hegel considerasse apenas os funcionários educados em filosofia como possuidores de uma visão desenvolvida da unidade do espírito subjetivo (o ser humano individual) e do espírito objetivo, (o Estado), os jovens hegelianos sustentavam que os cidadãos podiam adquirir essa visão. Por isso, também postulavam que a religiosidade meramente alegórica do cristianismo tradicional fosse superada pela generalização da visão filosófica da lógica hegeliana. A ideia da humanidade devia tomar o lugar do Deus alegoricamente representado do cristianismo:

> A humanidade é a união das duas naturezas: Deus torna-se homem, infinito objetificado em finitude, um espírito finito que lembra a sua infinitude. É o realizador de milagres, na medida em que, no curso da história humana, domina a natureza, tanto dentro dos seres humanos como fora deles, cada vez mais completamente, e subordina a natureza como o material impotente de sua própria atividade. É sem pecado na medida em que o processo de sua evolução é sem culpa; a poluição é uma característica apenas dos indivíduos, que, na espécie e na história, é transcendida. (D.F. Strauss, *Leben Jesu, Kritisch bearbeitet*, 1835)

(Ver também HEGEL E MARX.)

IF

Bibliografia: Avineri, Shlomo, *Hegel's Theory of the Modern State*, 1972 • Chacon, Vamireh, "A herança de Hegel", 1970 • Garaudy, Roger, *Dieu est mort: étude sur Hegel*, 1962 • Hegel, G.W.F., *Phänomenologie des Geistes*, 1807 (1964); *The Phenomenologie of Mind* (1931) ◦ *Wissenchaft der Logik*, 1812 (1951); *The Science of Logic* (1929) ◦ *Enzyklopädie der philosophischen wissenschaften*, 1817 (1966) ◦ *Grundlinien der Philosophie des Rechts*, 1821 (1911); *The Philosophy of Right* (1942) ◦ *Philosophie der weltgeschichte*, 1830-1831 (1955); *The Philosophy of History* (1956) • Hyppolite, Jean, *Études sur Marx et Hegel*, 1955 • Kojève, A., *Introduction à la lecture de Hegel*, 1947 • Konder, Leandro, "Hegel e a práxis", 1979 • Lenin, V.I., *Cahiers sur la dialectique de Hegel* (1967) • Löwith, Karl, *Von Hegel zu Nietzsche: der revolutionäre Bruch im Denken des neunzehnten Jahrhunderts*, 1941 (1949, 1950); *From Hegel to Nietzsche: the Revolution in Nineteenth-Century Thought* (1964) • Lukács, G., *Der junge Hegel*, 1948 (1967) • Mercier-Josa, S., *Pour lire Hegel et Marx*, 1980.

Hegel e Marx O pensamento de Marx mostra a influência da filosofia dialética de Hegel sob muitos aspectos. Marx familiarizou-se com o pensamento hegeliano em sua época de estudante em Berlim, adotando em primeiro lugar uma interpretação republicana da filosofia da história de Hegel tal como, por exemplo, a de Eduard Gans. Como Hegel, Marx interpreta a história do mundo como uma progressão dialética, mas, seguindo a reinterpretação materialista de Hegel por Feuerbach, compreende o "trabalho material como a essência, como a essência autovalidante da humanidade" (*Manuscritos econômicos e filosóficos*). A reformulação crítica da filosofia da história de Hegel por Marx consiste na eliminação do sujeito fictício da história do mundo, do chamado "Espírito do Mundo"; e no prolongamento do processo dialético de desenvolvimento histórico para o futuro. O reino da liberdade, que Hegel afirmava plenamente realizado aqui e agora, está, para Marx, no futuro, como uma possibilidade real do presente. A dialética das forças produtivas e das relações de produção que promove o progresso histórico não oferece – ao contrário da dialética do Espírito do Mundo de Hegel – nenhuma garantia de que o reino da liberdade (ver EMANCIPAÇÃO) se concretizará: apenas apresenta a possibilidade objetiva desse desdobramento. Se a revolução da sociedade, historicamente possível, não ocorrer, então a recaída na barbárie, como dizia Rosa Luxemburg ou "a ruína das classes em luta" (Marx) é também possível.

Em lugar do Estado constitucional burguês, que para Hegel constituía o ponto final da evolução histórica, Marx apresenta o conceito da "livre associação dos produtores": uma ordem social que dispensa qualquer tipo de força coercitiva que paire acima e além dela e cujos membros tratam dos seus assuntos por meio do consenso. Para Hegel, o processo pelo qual o indivíduo se liberta de sua existência natural, da coerção externa, é um processo de "espiritualização": pela percepção filosófica de sua situação objetiva, o indivíduo chega a perceber que aquilo que parecia ser uma coerção externa sobre sua vontade é, na verdade, uma condição necessária de sua existência como ser pensante, com vontade própria. Com essa percepção vem a reconciliação com a realidade objetiva; Hegel e os hegelianos conservadores sustentavam que essa percepção, essa reconciliação e essa libertação só podiam ser atingidas com perfeição por funcionários do Estado filosoficamente educados, enquanto os hegelianos de esquerda, os JOVENS HEGELIANOS, generalizando essa ideia, identificavam esse processo de "espiritualização" com o do amadurecimento do indivíduo para a cidadania. Não obstante, em ambas as interpretações o indivíduo fica com uma certa "identidade dupla": de um lado, é um indivíduo natural, que se sente sujeito a forças externas e coercitivas; de outro, é um "ser espiritual" que dispõe do conhecimento de que aquilo que aparentemente lhe nega a sua liberdade é, na verdade, a sua liberdade e a própria realidade. A libertação é reconciliação. Para Marx, porém, a libertação só é possível quando essa duplicação da identidade humana em ser humano e cidadão, em indivíduo natural e ser espiritualizado, já não é necessária, já foi superada; quando os seres humanos já não têm de objetificar as suas próprias limitações sociais numa "essência estranha que paira acima deles" – o Estado (e, mais tarde, também o capital). Apesar de todas as suas críticas a Hegel, Marx manteve a convicção hegeliana de que a humanidade faz PROGRESSO no curso da História. Ele também adota – na verdade, ele o faz como algo natural – o eurocentrismo de Hegel; e seu próprio eurocentrismo manifesta-se de forma mais evidente em seus escritos sobre a Índia e a China.

No trabalho de Marx de "crítica da economia política" faz-se sentir uma segunda influência de Hegel. A compreensão dessa influência é particularmente essencial para um entendimento adequado da principal obra de Marx – *O Capital* –, pois diz respeito ao método que subjaz à análise do modo capitalista de produção. Marx vale-se do método dialético de Hegel, que afirmava ter colocado de pé, no sentido de apresentar a dinâmica interna e a estrutura sistemática da produção capitalista. O sistema capitalista de relações de produção constitui uma TOTALIDADE, isto é, uma unidade abrangente que, por isso mesmo, deve ser examinada e apresentada como um todo interligado. Além disso, a pesquisa empírica e a análise dos dados empíricos específicos deve preceder à apresentação da totalidade. O movimento dialético próprio das categorias ao mesmo tempo objetivas e subjetivas de valor, dinheiro e capital deve ser uma característica do objeto sob investigação e não o resultado de um esquema metodológico imposto de fora. Marx faz ressaltar a diferença entre o seu modo de lidar com as relações e os fatos empíricos e o procedimento de Hegel que, como ele já afirmara em sua *Crítica da filosofia do direito de Hegel*, primeiro desenvolve um esquema de categorias em sua *Wissenchaft der Logik* (*Ciência da lógica*) e, em seguida, apresenta as instituições sociais, como a família, a sociedade civil, o Estado e suas estruturas internas em conformidade abstrata com esse esquema prévio. De acordo com Marx, a única exposição dialética adequada de um objeto de investigação é aquela que é sensível à individualidade dinâmica e estrutural do objeto. O "sujeito" que se automovimenta do modo capitalista de produção, aquilo pelo que e para o que a produção capitalista tem lugar, é o próprio capital, que não é, porém, algo independentemente real, mas antes algo que surge da interação e da colaboração inconscientes de indivíduos e classes e que, portanto, desaparecerá quando a sociedade capitalista tiver sido superada. Não é um sujeito real de produção, mas um "pseudossujeito". Por essa razão será no mínimo enganoso afirmar que a categoria de "capital" de Marx desempenha o mesmo papel, em seu pensamento, que a categoria de "Espírito" tem no pensamento e no sistema de Hegel. Enquanto, segundo a filosofia idealista de Hegel, o Espírito (do Mundo) realmente produz a história, o capital é apenas o sujeito aparentemente real do modo de produção capitalista. A *real* "falta de sujeito" desse modo de produção (Althusser) não é, de maneira alguma, apenas uma descoberta metodológica de Marx; a ideia de que o capital aparece, por um lado, objetivamente como o sujeito independentemente real da produção, embora, por outro lado, não seja "realmente real", não seja de modo algum um sujeito realmente independente, encerra uma crítica implícita do modo de produção que o constitui. A livre associação dos produtores destina-se, segundo Marx, a substituir o capitalismo, ordem social que explora de maneira impiedosa e cega a natureza e na qual os indivíduos e as classes são determinados pelas leis estruturais do modo de produção para servirem ao "pseudossujeito", o capital. A livre associação dos produtores, afirma Marx, regulará o intercâmbio metabólico entre a sociedade e a natureza racionalmente, em contraste com a sociedade capitalista, onde a produção é subserviente e só reage aos interesses do capital. A produção, sob essas novas condições, será dirigida para a satisfação das necessidades materiais do produtor e de suas necessidades de atividade (social), vida social e desenvolvimento individual. Como verdadeiro sujeito da produção, a livre associação de produtores tomará o lugar do "pseudossujeito", o capital, que é simples "aparência", objetivamente existente, de um sujeito de produção. Só nesse sujeito ainda não realizado o Espírito do Mundo hegeliano encontrará sua materialização empírica.

Marx só usou a dialética de Hegel metodológica e tacitamente para fundamentar sua crença no progresso histórico. Engels, porém, no *Anti-Dühring*, procurou ir além disso, esboçando um tipo de ontologia dialética materialista e uma teoria do desenvolvimento (ver MATERIALISMO). Dessa *démarche*, que devia realmente mais a Darwin e às ciências naturais e visões de mundo científicas do século XIX do que a Hegel, nasceu o chamado MATERIALISMO DIALÉTICO, para cujo desenvolvimento e elaboração posteriores contribuíram Plekhanov, Lenin, Stalin e vários outros pensadores soviéticos.

IF

Bibliografia: Adler, Max, *Marx und Engels als denker*, 1908 (1972) • Althusser, Louis, *Pour Marx*, 1965 [*A favor de Marx*, 1979] Bekker, Konrad, *Marx philosophische Entwicklung, sein Verhältnis zu Hegel*, 1940 • Bloch, Ernst, *Subjekt-Objekt: Erläuterungen zu Hegel*, 1951 (1962) • Bottigelli, Émile, "Présentation" de K. Marx, *Manuscrits de 1844*, 1962 • Colletti, Lucio, *Il marxismo e Hegel*, 1969; *Marxism and Hegel* (1973) • Cornu, Auguste, *La jeunèsse de Karl Marx*, 1934 ◎ *Karl Marx et Friedrich Engels: leur vie et leur oeuvre*, 1955-70 • Fetscher, Iring, "Das Verhältnis des Marxismus zu Hegel", in I. Fetscher, *Karl Marx und der Marxismus*, 1967; "The relation of Marxism to Hegel", in I. Fetscher, *Karl Marx and Marxism* (1970) ["Relação entre marxismo e Hegel", in I. Fetscher, *Karl Marx e os marxismos*, 1970] • Fleichsrnann, E. et al., *Science et dialectique chez Hegel et Marx*, 1980 • Hillmann, Günther, *Marx und Hegel*, 1966 • Hyppolite, Jean, *Études sur Marx et Hegel*, 1955 • Korsch, Karl, *Marxismus und Philosophie*, 1923; *Marxism and Philosophy* (1970) • Lichtheim, George, *From Marx to Hegel and Other Essays*, 1971 • Lowy, Michael, *La théorie de la révolution chez le jeune Marx*, 1970 • Lukács, Georg, *Der Junge Marx, seine philosophische Entwicklungvon 1840-1844*, 1965 • Mandel, Ernest, *La formation de la pensée économique de Karl Marx*, 1967 (1972) [*A formação do pensamento econômico de Karl Marx*, 1980] • Marcuse, Herbert, "Neue Quellen zur Grundlegung des historischen Materialismus: Interpretation der neuveroeffentlichen Manuskripte von Marx", 1932 (1969) ["Novas fontes para a fundamentação do materialismo histórico: interpretação dos recém-publicados manuscritos de Marx", 1968 e 1981] ◎ *Reason and Revolution: Hegel and the Rise of Social Theory*, 1941 [*Razão e revolução*, 1978] • Mercier-Josa, S., *Pour fire Hegel et Marx*, 1980 • Negt, Oskar (org.), *Aktualität und Folge der Philosophie Hegels*, 1970 • Riedel, Manfred, "Hegel und Marx", in M. Riedel, *System und Geschichte*, 1974 • Rubel, Maximilien, *Karl Marx: essai de biografie intelectuelle*, 1957 (1971) • Sichirollo, L., "Hegel, Gramsci e il marxismo", 1959 • "Sur le jeune Marx", *Recherches Internationales à la Lumière du Marxisme*, n.19, 1960 • Wolf, Dieter, *Hegel und Marx*, 1979.

hegemonia Qualquer definição de hegemonia é complicada pelo uso da palavra em dois sentidos diametralmente opostos: significando domínio, como em "hegemonismo", ou significando liderança e tendo implícita alguma noção de consentimento. Mao Tsetung usou "hegemonismo" para indicar uma modalidade de domínio de um país sobre outro que não é imperialismo. O segundo significado é mais comum na tradição marxista. Anderson (1976-1977) assinalou que tanto os mencheviques como Lenin usam o termo para indicar liderança política na revolução democrática, baseada numa aliança com segmentos da classe camponesa. Buci-Glucksmann (1979) discute como foi usada por Bukharin e Stalin na década de 1920 essa expressão, cujo pleno desenvolvimento como conceito marxista pode ser atribuído a Gramsci. Muitos comentaristas mostram-se de acordo quanto a que hegemonia é o conceito chave dos *Quaderni del carcere* de Gramsci e a sua contribuição mais importante para a teoria marxista. Nos escritos de Gramsci anteriores à prisão, nas poucas ocasiões em que o termo é usado, refere-se a uma estratégia da classe operária. Em um ensaio que escreveu pouco antes de ter sido preso em 1926, Gramsci empregou a palavra para referir-se ao sistema de alianças que a classe operária deve criar para derrubar o ESTADO burguês e servir como a base social do Estado dos trabalhadores (Gramsci, 1978, p.443). Mais ou menos na mesma época, Grasmci valeu-se igualmente do termo para argumentar que o proletariado soviético teria de sacrificar seus interesses corporativos, econômicos, de modo a sustentar uma aliança com a classe camponesa e servir assim aos seus próprios interesses gerais (Gramsci, 1978, p.431). Nos *Quaderni del carcere*, Gramsci vai além desse emprego do termo, semelhante ao sentido que tinha nos debates da Internacional Comunista no período, para aplicá-lo ao modo pelo qual a burguesia estabelece e mantém sua dominação. Os exemplos históricos que ele discute nesse contexto são a Revolução Francesa e o *Risorgimento* italiano, contrastando a ampla base de consenso do novo Estado francês com o consenso limitado desfrutado pelo Estado na Itália unificada. Ao discutir as diferentes manifestações da dominação burguesa, apoia-se na leitura crítica de pensadores como Maquiavel e Pareto, descrevendo o Estado como força mais consentimento. Nas condições modernas, argumenta Gramsci, uma classe mantém seu domínio não simplesmente por meio de uma organização específica da força, mas por ser capaz de ir além de seus interesses corporativos estreitos, exercendo uma liderança moral e intelectual e fazendo concessões, dentro de certos limites, a uma variedade de aliados unificados num bloco social de forças que Gramsci chama de bloco histórico (Portelli, 1978). Esse bloco representa uma base de consentimento para uma certa ordem social, na qual a hegemonia de uma classe dominante (ver CLASSE DOMINANTE) é criada e recriada numa teia de instituições, relações sociais e ideias. Essa "textura de hegemonia" é tecida pelos INTELECTUAIS que, segundo Gramsci, são todos aqueles que têm um papel organizativo na sociedade (Piotte, 1970 e Risset, 1967). Desse modo, Gramsci supera a definição de Marx, Engels e Lenin de Estado como instrumento de uma classe.

Embora Gramsci tenha escrito que as instituições de hegemonia estão localizadas na SOCIEDADE CIVIL, ao passo que a sociedade política é a arena das instituições políticas no sentido constitucional jurídico, ele assinala que essa é uma divisão puramente metodológica e acentua a superposição efetiva que existe nas sociedades concretas (Gramsci, 1971, p.160). Na verdade, nas condições políticas de uma crescente intervenção do Estado na sociedade civil e do reformismo como resposta às demandas feitas na arena política quando sindicatos e partidos políticos de massa se organizam e quando a economia transforma-se no chamado CAPITALISMO ORGANIZADO, a forma de hegemonia muda e a burguesia se engaja no que Gramsci chama de revolução passiva. Assim, a base material da hegemonia é constituída mediante reformas ou concessões graças às quais mantém-se a liderança de uma classe, mas pelas quais outras classes têm certas exigências atendidas. A classe que lidera ou classe hegemônica é, assim, na definição de Gramsci, verdadeiramente política porque vai além de seus interesses econômicos imediatos (pelos quais pode até ter lutado na arena política) para representar o avanço universal da sociedade. Desse modo, Gramsci emprega o conceito de hegemonia para arguir que qualquer concepção economicista de política ou de ideologia que só tenha em conta interesses de classe econômicos imediatos no que diz respeito à política e à cultura é incapaz de uma análise correta da situação política e do equilíbrio de forças políticas, e não pode levar a uma compreensão adequada da natureza do poder de Estado (ver ECONOMICISMO). Em consequência disso, tais concepções mostram-se inadequadas como base para uma estratégia política do movimento da classe trabalhadora.

Há várias implicações na abordagem que faz Gramsci dessa questão, por ele definida como uma tentativa de desenvolver a ciência marxista da política. Uma hegemonia completamente desenvolvida deve repousar no consentimento ativo, numa vontade coletiva em torno da qual vários grupos da sociedade se unem. Desse modo, Gramsci vai muito além de uma teoria das obrigações políticas baseada em direitos civis abstratos para argumentar que o mais amplo controle democrático desenvolve-se sob a forma mais elevada de hegemonia. Mas a sua análise de várias formas de hegemonia, como a que dominou o *Risorgimento* italiano, mostra que a natureza limitada do consentimento pode levar a uma base precária para uma ordem política, que poderá tender a apoiar-se cada vez mais na força. A hegemonia, como é possível argumentar, não se reduz a legitimação, falsa consciência ou instrumentalização da massa da população, cujo "senso comum" ou visão do mundo, segundo Gramsci, é composto de vários elementos, alguns dos quais contradizem a IDEOLOGIA dominante, como aliás grande parte da experiência cotidiana (Piotte, 1970). O que uma ideologia hegemônica, dominante, pode propiciar é uma visão do mundo mais coerente e sistemática que não só influencia a massa da população, como serve como um princípio de organização das instituições sociais. A ideologia, a seu ver, não reflete ou espelha simplesmente o interesse da classe econômica, e nesse sentido não é um "dado" determinado pela estrutura econômica ou pela organização da sociedade, mas sim um terreno de luta. A ideologia organiza a ação pelo modo segundo o qual se materializa nas relações, instituições e práticas sociais e informa todas as atividades individuais e coletivas (Mouffe, 1979).

Gramsci define o projeto histórico político do PROLETARIADO como a criação de uma "sociedade regulada" em que hegemonia e sociedade civil, ou seja, a área do consentimento, expandem-se plenamente, e a sociedade política, ou área da coerção, restringe-se. E isso implica que o proletariado deve criar uma expansão contínua do consentimento na qual os interesses dos vários grupos se conjuguem para formar um novo bloco histórico. Ao desenvolver uma estratégia para esse fim, uma nova hegemonia deve absorver e sistematizar elementos de ideias e práticas populares. O conceito de hegemonia constitui, desse modo, a base da análise crítica de Gramsci do folclore e da cultura popular, bem como de sua abordagem da religião e da relação entre a filosofia sistemática dos filósofos e a filosofia não sistemática da visão de mundo da massa da população.

Várias questões se têm levantado a respeito do conceito de hegemonia de Gramsci. Algumas têm a ver com a adequação de sua análise do poder de Estado burguês e as conclusões estratégicas que dela extrai (Anderson, 1976-1977). Um aspecto desse debate relaciona-se com o problema de até que ponto a hegemonia da classe operária pode ou deve desenvolver-se antes que o poder de Estado se transforme e com até que medida o desenvolvimento da hegemonia continua sendo tarefa de um Estado socialista (Macchiocchi, 1979 e Gruppi, 1972). Outras questões relacionam-se com o papel do PARTIDO revolucionário na criação da hegemonia proletária. Alguns autores enfatizam o caráter homogêneo ou unitário, e possivelmente totalizante, da hegemonia, enquanto outros acentuam seus diversos elementos que não estão necessariamente enraizados em classes definidas economicamente e o modo pelo qual ela representa a convergência de grupos inteiramente diferentes, bem como as concessões que isso implica. Algumas interpretações recentes pretendem que o conceito de hegemonia proporciona um instrumento teórico não apenas para a análise da sociedade burguesa e para o desenvolvimento de uma estratégia de TRANSIÇÃO PARA O SOCIALISMO, como também para a avaliação das realizações e dos limites das próprias sociedades socialistas.

ASS

Bibliografia: Anderson, P., "The Antinomies of Antonio Gramsci", 1976-7 • Buci-Glucksmann, Christinne, *Gramsci et l'État*, 1975; *Gramsci and the State* (1979) (*Gramsci e o Estado*, 1980) ◎ "Hegemony and Consent", in A.S. Sassoon (org.), *Approaches to Gramsci* • Cambareri, S., "Il concetto di egemonia nel pensiero di Gramsci", 1959 (1969) • De Giovanni, B. et al., *Egemonia, Stato, partito in Gramsci*, 1977 • Dias, E.F., *Educação e política: Gramsci e o problema da hegemonia*, 1983 • Femia, J, *Gramsci's Political Thought: Hegemony, Consciousness and the Revolutionary Process*, 1981 • Gramsci, A., *Selections from the Prison Notebooks* ◎ *Note sul Machiavelli, sulla politica e sullo Stato moderno*, 1949 (1966) [*Maquiavel, a política e o Estado moderno*, 1968] ◎ *Il Risorgimento*, 1945 ◎ *Quaderni del carcere*, 1975 ◎ *Selections from Political Writings (1921-1926)*, 1978 • *Gramsci e la cultura contemporanea: atti del convegno internazionale di studi gramsciani, tenuto a Cagliari nei giorni 23-27 aprile 1967*, 1969-70 • Grisoni, Dominique & R. Maggiori, *Pour lire Gramsci*, 1973 [*Ler Gramsci*, 1974] • Gruppi, L., "Lenin e il concetto di egemonia", 1970 ◎ *Il concetto di egemonia in Gramsci*, 1972 [*O conceito de hegemonia em Gramsci*, 1978] • Macciocchi, Maria Antonietta, *Pour Gramsci*, 1974 [*A favor de Gramsci*, 1976] • Mouffe, Chantal, "Hegemony and Ideology in Gramsci", in C. Mouffe (org.), *Gramsci and Marxist Theory*, 1979 • Paggi, L. & V. Gerratana & B. de Giovanni, "Da Gramsci a noi: il Partito e lo Stato, il pluralismo e l'egemonia", 1977 • Piotte, J.-M., La pensée politique de Gramsci, 1970 [*O pensamento político de Gramsci*, 1975] • Portelli, H., *Gramsci et le bloc historique*, 1972 [*Gramsci e o bloco histórico*, 1977] • Poulantzas, N., "Préliminaires à l'étude de l'hégémonie dans l'Etat", 1965 • *Prassi rivoluzionaria e storicismo in Gramsci*, caderno n.3 de *Crítica Marxista*, 1967 • Risset, J., *Gramsci et les intellectuels*, 1967 • Sassoon, Anne S., *Gramsci's Politics*, 1980 ◎ "Hegemony and Political Intervenrion", in A.S. Sassoon (org.), *Approaches to Gramsci*, 1982 • Tosel, André, "Hégémonie et pluralisme: l'élaboration théorique et politique du marxisme italien", 1979 ["Hegemonia e pluralismo: a elaboração teórico-política do marxismo italiano", 1979].

hidráulicas, sociedades Ver SOCIEDADE ASIÁTICA

Hilferding, Rudolf (Viena, 10 de agosto de 1877 – Paris, fevereiro de 1941.) Após estudar medicina na Universidade de Viena, clinicou até 1906 (e, de novo, durante seu serviço militar, de 1915 a 1918), mas mostrou-se profundamente interessado pelos problemas econômicos desde os seus tempos de estudante secundário. A partir de 1902, tornou-se colaborador assíduo, com artigos sobre assuntos econômicos, de *Die Neue Zeit*, e, em 1904, publicou sua réplica às críticas feitas por Böhrn-Bawerk, do ponto de vista da teoria austríaca da utilidade marginal, à teoria econômica de Marx, num livro que Paul Sweezy (1942) considerou "a melhor crítica à teoria subjetiva do valor a partir de um ponto de vista marxista". Ainda em 1904, Rudolf Hilferding fundou, com Max Adler, os *Marx-Studien*. Em 1906 foi convidado a ir a Berlim ensinar na escola do Partido Social Democrata alemão (SPD) e, em seguida, tornou-se editor internacional de *Vorwärts*. Em 1914 aliou-se à ala esquerda do SPD na oposição à votação pelo parlamento dos créditos de guerra e, após o conflito, dirigiu a revista do Partido Social-Democrata Independente (USPD), *Freiheit*. Tendo adquirido cidadania prussiana em 1920, foi nomeado para o Conselho Econômico do Reich, foi membro do Reichstag de 1924 a 1933 e ministro das Finanças em dois governos (1923 e 1928-1929). Após a tomada do poder pelos nazistas, só lhe restava o exílio e, em 1938, foi para Paris. Com a invasão da França pelos alemães, transferiu-se para a zona não ocupada, mas acabou sendo entregue às autoridades alemãs pelo governo de Vichy e morreu nas mãos da Gestapo. Rudolf Hilferding tornou-se conhecido sobretudo por uma importante análise, publicada em 1910, da "última etapa do desenvolvimento capitalista", *Das Finanzkapital* (*O capital financeiro*) e por seus textos posteriores sobre O CAPITALISMO ORGANIZADO. (Ver também AUSTROMARXISMO.)

TBB

Bibliografia: Gottschalch, Wilfried, *Strukturveränderungen der Gesellschaft und polinsches Handeln in der Lehre von Rudolf Hilferding*, 1962 • Hilferding, Rudolf, *Böhm-Bawerks Marx-Kritik*, 1904; *Böhm-Bawerk's Criticism of Marx*, publicado juntamente com a tradução da monografia de Böhm-Bawerk, em volume organizado e prefaciado por Paul M. Sweezy (1949) ◎ *Das Finanzkapital*, 1910; *Finance Capital* (1981); *El capital financiero* (1973).

historicismo Os usos do termo "historicismo" são, no pensamento marxista, quase tão multiformes quanto seus significados originais no pensamento social alemão pré-hegeliano. Existem dois sentidos principais:

Primeiramente, há o historicismo associado à obra de Karl Popper. Para Popper, Hegel e Marx são responsáveis pela visão equivocada e perniciosa de que a história tem um padrão e um significado que, se compreendidos, podem ser usados no presente para prever e conformar o futuro. A fusão da metafísica e da história envolvida na concepção de Popper do historicismo pode ter existido em Hegel mas não parece ser característica da obra mais importante de Marx. Marx era de opinião que a história em si não tinha nenhum significado além daquele que os homens, em seus vários estágios de desenvolvimento, lhe conferem. É também óbvio que houve versões subsequentes do marxismo nas quais uma percepção supostamente "superior" das "leis da história" deu lugar às políticas totalitárias que Popper associou com o historicismo. Igualmente, a questão de se o pensamento do próprio Marx deve ser julgado como historicista está ligado às questões de sua cientificidade, com sua crítica do utopismo e com o estatuto teórico de suas previsões.

O segundo sentido corrente da palavra – em muitos aspectos oposto ao anterior – é encontrado no relativismo histórico do "retorno a Hegel" das obras do jovem LUKÁCS, de KORSCH, e em certa medida, de GRAMSCI. Korsch, referindo-se explicitamente a Hegel, afirmou que "devemos tentar entender cada mudança, desenvolvimento e versão da teoria marxista, desde o seu aparecimento original a partir da filosofia do idealismo alemão, como um produto necessário de sua época". No mesmo sentido, Gramsci, em sua crítica de Bukharin, pôde referir-se ao marxismo como um "historicismo absoluto". A principal crítica dessa versão do marxismo é a de ALTHUSSER que, no quinto capítulo de *Lire le Capital*, faz do historicismo, junto com o humanismo, o objeto principal de sua crítica. Envolvidas nesse debate estão, uma vez mais, a natureza da ciência fundada por Marx e também a complexa questão da relação de Marx com Hegel. (Ver também HEGEL E MARX; MATERIALISMO HISTÓRICO; MARXISMO; MARXISMO, EVOLUÇÃO DO.)

DM

Bibliografia: Althusser, Louis, "Le marxisme n'est pas un historicisme", in L. Althusser et al., *Lire le Capital*, 1966 [*Ler o Capital*, 1969-1970] • Badaloni, Nicola, *Marxismo come storicismo*, 1962 • Gramsci, Antonio, *Il materialismo storico e la filosofia di Benedetto Croce*, 1948 (1966) [*Concepção dialética da história*, 1966 e 1981] • *Gramsci e la cultura contemporanea: atti del convegno internazionale di studi gramsciani, tenuto a Cagliari nei giorni 23-27 aprile 1967*, 1969-70 • Korsch, Karl, *Marxismus und Philosophie*, 1923 (1966); *Marxism and Philosophy* (1970) • Löwy, Michel, "L'humanisme historiciste de Marx ou Relire le Capital", 1970 • Lukács, G., *Geschichte und Klassenbewusstsein*, 1923; *History and Class Consciousness* (1971) [*História e consciência de classe*, 1974] • Popper, Karl, *The Poverty of Historicism*, 1957 • "Prassi rivoluzionaria e storicismo in Gramsci", *Crítica Marxista*, caderno n.3, 1967 • Rossanda, Rossana, "Marxismo e storicismo", 1965.

historiografia Marx e Engels dizem, em *A ideologia alemã* (vol.I, 1A), que, com sua falta de história nacional e de Estado nacional, os alemães não podiam pensar de maneira realista sobre o passado tal como podiam fazer os franceses ou os ingleses; por isso imaginavam que a religião fosse a força motriz da história. Marx não tinha em grande conta nem mesmo os mais eminentes historiadores alemães, como Ranke, "o mentiroso catador de detalhes", que reduziu a história a um "anedotário fácil e atribuiu todos os grandes acontecimentos a causas insignificantes e mesquinhas" (Carta a Engels, 7 de setembro de 1864). Dos não alemães, Guizot foi um dos primeiros historiadores que impressionou Marx com seu estudo sobre a Revolução Inglesa, em que reconhecia as afinidades desta com a Revolução Francesa de 1789, embora Marx não tenha tardado a apontar falhas no tratamento dado por Guizot à questão, criticando-o por ser muito estritamente político.

Engels tinha mais de historiador nato do que seu amigo e sentia-se atraído tanto pela análise histórica quanto pela teoria de como ela deveria ser feita. A incompreensão do processo histórico foi uma das muitas deficiências de que acusou Eugen Dühring. Acusou-o também de ver a história apenas como um registro repulsivo de ignorância, barbárie, violência, esquecendo-se da evolução oculta que se processava "por trás das rumorosas cenas que se desenrolavam no palco" (*Anti-Dühring*, parte I, cap.XI; parte II, cap. II). Na mesma obra, Engels insistiu em que a economia política devia ser tratada como uma "ciência *histórica*", vez que lidava com um material em constante transformação (parte II, cap.I). Nessa época, alguns historiadores, por exemplo os que escreviam na Inglaterra, estavam apenas começando a tomar consciência de seu mau hábito, do qual Engels se queixou em carta a Mehring (14 de julho de 1893), de decompor a história em história religiosa, história jurídica, história política, etc, como se fossem compartimentos estanques.

Ao próprio Engels já se faz a crítica de, ao escrever um trabalho como seu livro sobre a guerra camponesa de 1524-1525 na Alemanha, não estar buscando a verdade através de uma pesquisa original, mas extraindo de publicações anteriores tudo o que pudesse confirmar uma tese previamente concebida. Posteriormente, ele se deu perfeita conta dos riscos que se corre com procedimentos demasiado simples e, no final de sua vida, planejava uma revisão profunda de *As guerras camponesa na Alemanha.* Engels teve como discípulo o jovem Kautsky, a quem desde logo se sentiu obrigado a criticar pelo seu estilo descuidado de trabalhar, agravado por uma formação austríaca que negligenciava preparativos cuidadosos. Kautsky não tinha "a mínima ideia do que significa o trabalho realmente científico", escreveu Engels a Bebel em 1885 (24 de julho). Mas Kautsky aprendeu a lição e, mais tarde, realizaria uma obra importante, em que enfatizou a grande influência prática do conhecimento histórico sobre os acontecimentos, sobretudo os militares. Fez, igualmente, comentários sagazes sobre a maneira pela qual a história era escrita pelos não marxistas. Observou, por exemplo, que o lisonjeiro perfil de Júlio César traçado por Mommsen foi publicado em 1854, poucos anos depois de 1848 e da insurreição dos trabalhadores de Paris, numa época em que Napoleão III estava sendo exaltado por muitos liberais, particularmente na Alemanha, como o salvador da sociedade, e se empenhava, ele próprio, em promover o culto de Júlio César (1908, p.168).

Na Rússia, socialistas destacados como Lenin encaravam a história com igual seriedade. Bukharin teve muito a dizer sobre o idealismo que encontrou em toda a historiografia e em outras ciências sociais, desde Bossuet com sua noção do registro do passado como manifestação da orientação do homem por Deus, até Lessing, Fichte, Schelling, Hegel, onde tudo era obscurecido pelo "misticismo puro e simples, ou outras tolices" (1921, p.59). Depois da revolução de 1917, foi necessário recorrer a todos os historiadores disponíveis, bem como a especialistas de outras áreas, o que não se fez, contudo, sem o empenho de orientá-los no sentido de um ponto de vista marxista. Em 1925 foi criada, na União Soviética, uma Sociedade de Historiadores Marxistas, na qual o velho bolchevique e historiador Pokrovski teve importante papel como intermediário entre os acadêmicos e o novo mundo oficial. Pokrovski começou, como mostra Enteen (1978), tentando amenizar as coisas para os partidários da velha escola e estabelecer uma coexistência pacífica entre marxistas e não marxistas. Mas, em 1928, essa coexistência já se tornava cada vez mais difícil, e, a partir de 1931, a mão pesada de Stalin punha fim, como diria Deutscher, aos planos ambiciosos e entusiastas com que a historiografia soviética havia começado. E a história do partido bolchevique patrocinada por Stalin – "aquele compêndio bizarro e grosseiro dos mitos stalinistas" – passou a constituir-se em modelo. "A historiografia ocidental", acrescentou Deutscher, "raramente foi culpada de falsificação total, mas não tem sido inocente da supressão de fatos." Ao dizer isso, Deutscher estava fazendo o elogio de E.H. Carr como "o primeiro historiador autêntico do regime soviético", embora este se tenha preocupado "principalmente com as instituições e as políticas", mostrando menos interesse pelas estruturas sociais subjacentes do que um marxista teria (1955, p.91-5).

Mas não foi apenas na União Soviética que a história sofreu deformações propagandísticas. Entre os principais problemas com os quais Gramsci se preocupou na prisão estava o de avaliar as tendências representadas pelas duas principais obras históricas de seu compatriota Benedetto Croce, sobre a Europa e a Itália do século XIX. Gramsci achava que Croce havia errado balizando seus inícios, respectivamente, em 1815 e 1871, pois com isso, omitia as lutas da época revolucionária e napoleônica na França e o *Risorgimento*: tal escolha sugeria o desejo de dirigir os leitores para ideias não revolucionárias sobre o presente, o que, tal como estavam as coisas, significava dirigi-los para o fascismo (1971c, p.118-9).

Tornou-se menos difícil para os porta-vozes soviéticos responder à crítica ocidental quando, nos anos da Guerra Fria, a objetividade de que os estudiosos ocidentais tanto se orgulhavam viu-se tão seriamente comprometida nos Estados Unidos da América e, em proporções menores, na Europa. Tem apresentado, aliás, uma recuperação lenta e ainda incompleta. Um contra-ataque dirigido contra a literatura que prolifera nos Estados Unidos da América sobre a política soviética de nacionalidades acusa essa produção de identificar-se com a propaganda dos emigrados nacionalistas ucranianos e da Ásia Central e de apresentar de maneira enganosa coisas como a abertura do Cazaquistão à produção do trigo, tratando-a como "colonização" e comparando-a à colonização do Oeste norte-americano, que foi feita a expensas de seus habitantes nativos (Zenushkina, 1975, p.9 e 284). Essa autora, que formulou tais acusações, admitiu, por outro lado, que os escritos soviéticos produzidos durante a agitação da década de 1920 foram, muitas vezes, pouco críticos: "A história soviética, como ciência, estava ainda em sua infância" (1975, p.14-5).

Numa perspectiva mais geral, o autor soviético I.S. Kon acusou, em 1960, os historiadores ocidentais de sucumbirem ao pensamento religioso reacionário, como o de Jacques Maritain, que fazia reviver a filosofia cristã da história como se esta fosse governada pelo transcendental, ou o de Berdiaeff, com sua depreciação pessimista do mundo e de suas injunções em comparação com a eternidade. No Ocidente, qualquer visão de evolução estava sendo abandonada, disse Kon, em favor do conceito de "ciclos múltiplos, independentes, contidos em si mesmos, 'culturais' (Spengler), 'civilizações' (Toynbee), ou, para usar a expressão de Rothacker, 'estilos de vida'"; ou em favor do relativismo, como o de C. Beard, segundo o qual todo historiador, toda geração, tem o direito válido de uma imagem própria do passado (Kon, 1960). Outro crítico soviético, Glezerman, ingressando na prolongada controvérsia entre marxistas e weberianos, criticou os segundos por não verem no feudalismo ou no capitalismo senão concepções abstratas, construtos mentais. O esquema de história mundial de Toynbee foi considerado por Glezerman como um instrumento para combater a divisão da história em modos de produção proposta por Marx, que substituía "civilizações" sem qualquer relação entre si por formações econômicas e sociais. Glezerman observou ainda como o pensamento econômico burguês corrente, representado por exemplo no III Congresso Mundial de Sociologia reunido em 1956, renunciava a qualquer pensamento de progresso ou desenvolvimento histórico, colocando em seu lugar o rótulo neutro de "mudança" (Glezerman, 1960, p.179, 183-184).

Contra quaisquer tendências ao obscurantismo ou à inércia, uma vigorosa contracorrente é representada pela revista *Annales d'histoire économique et sociale*, mais conhecida simplesmente como *Annales*, que muito contribuiu para colocar a França no primeiro plano entre as nações produtoras de estudos históricos. Fundada no período entre as duas guerras, sob a inspiração de Marc Bloch e Lucien Febvre, que tiveram Fernand Braudel como seu destacado continuador, ela alcançou, nas décadas de 1950 e 1960 uma posição excepcional. Colocou-se de maneira militante contra todos os modos de pensar condicionados ou dirigidos, confrontando-os com uma visão ampla da história como a principal das ciências sociais, como um guia para toda as outras. Dando vigoroso impulso à pesquisa, encorajou todos os tipos de novas especulações e o método experimental, entre os quais o marxismo pôde exercer uma influência clara, e ao mesmo tempo adquirir uma nova vitalidade, libertando-se dos clichês soviéticos. Na Grã-Bretanha, uma abertura semelhante ocorreu de maneira independente, com o lançamento, em 1952, de outra revista de história e de ideias históricas, *Past and Present*. Ela foi criada por um grupo comunista, não como um órgão caracteristicamente marxista, mas como uma publicação aberta e progressista, num rompimento com os cerceantes preconceitos da Guerra Fria. Depois de seus primeiros anos, a revista evoluiu num sentido ainda mais liberal e conquistou um lugar especial, e uma boa reputação, no mundo de língua inglesa, ao mesmo tempo em que continuava sendo uma publicação na qual as interpretações marxistas sentiam-se à vontade. Graças à ampliação do debate e ao intercâmbio de ideias, o abismo entre o pensamento marxista e outras formas de pensamento da historiografia ocidental diminuiu muito, e a importância do primeiro, hoje em dia, é reconhecida, embora a historiografia ocidental tenha se mostrado, em época mais recente, atraída por alguns enfoques novos, como a "bio-história" ou a "psico-historia", que dificilmente se poderão conciliar com a metodologia marxista.

VGK

Bibliografia: *Aujourd'hui, l'histoire*, 1974 • Bukharin, N.I., *Historical Materialism: a System of Sociology*, 1921 (1925) [*Tratado de materialismo histórico*, 1970] • Cardoso, Ciro Flamarion & Héctor Pérez Brignoli, *Os métodos da história*, 1972 • Deutscher, Isaac, *Heretics and Renegades*, 1955 (1969) • Enteen, George M., *The Soviet Scholar-Bureaucrat: M.N. Pokrovski and the Society of Marxist Historians*, 1978 • Gianotti, J.A., "Histórias sem razão", 1979 • Glezerman, G., *The Laws of Social development*, 1960 • Gramsci, Antonio, *Selections from the Prison Notebooks (1929-1935)*, 1971c • Hobsbawm, Eric, "L'apport de Karl Marx à l'historiographie", 1968 • Kon, I.S., "The Idea of Historical Change and Progress", in M. Jaworskyj (org.), *Soviet Political Thought*, 1960 (1967) • Pelletier, A. & J.J. Goblot, *Matérialisme historique et histoire des civilizations*, 1969 • Pizzorno, A., "A propos de la méthode de Gramsci, de l'historiographie et de la science politique", 1968 • Zenushkina, L., *Soviet Nationalities Policy and Bourgeois Historians*, 1975.

Horkheimer, Max (Stuttgart, 14 de fevereiro de 1895 – Nuremberg, 7 de julho de 1973.) Estudou nas universidades de Munique, Freiburg e Frankfurt, primeiro psicologia e, mais tarde, filosofia. Concluiu o doutorado com um trabalho sobre Kant em 1923. Exerceu grande influência como diretor do Instituto de Pesquisa Social de Frankfurt a partir de 1930; foi Max Horkheimer quem ali reuniu os pensadores que vieram a constituir aquela que ficou conhecida como ESCOLA DE FRANKFURT. Embora tivesse uma formação de filosofia, seus amplos conhecimentos de ciências sociais foram decisivos para o desenvolvimento daquela Escola (Dubiel, 1978; Held, 1980). Fez críticas às versões do marxismo promulgadas pelas Segunda e pela Terceira Internacionais, colocando-se especificamente contra todas as interpretações "deterministas" e "positivistas" do materialismo histórico. A renegação filosófica e política do marxismo constitui o núcleo essencial de sua obra.

Sob a direção de Horkheimer, o Instituto de Pesquisa Social foi orientado para o desenvolvimento de uma teoria crítica da sociedade. Embora sua posição se modificasse consideravelmente com o correr do tempo, Horkheimer sempre conservou e valorizou pelo menos três elementos desse projeto: a) a ideia de uma crítica da ideologia que ele considerava similar, em sua estrutura, à crítica que Marx fizera da produção e da troca de mercadorias no capitalismo; b) a ênfase na necessidade de reintegrar as disciplinas por meio da pesquisa interdisciplinar; c) o papel central da PRÁXIS na verificação final das teorias – a pretensão da crítica a ser a "autoconsciência crítica potencial da sociedade" tinha de ser mantida na prática.

Entre as realizações mais importantes de Horkheimer estão uma elaboração das bases filosóficas da teoria crítica e uma crítica do empirismo e do positivismo (1947), uma importante análise (escrita juntamente com Adorno) sobre a origem e natureza da razão instrumental (1947), um estudo sobre a mercantilização da cultura moderna (1968), uma explicação de como o autoritarismo se cristaliza no ponto de interseção da estrutura econômica da sociedade capitalista com a superestrutura ideológica, ponto em que se situa a família patriarcal (1939, 1967 e 1968), e um grande número de comentários sobre a cultura e a política contemporâneas (1974).

DH

Bibliografia: Adorno, Theodor & Max Horkheimer, *Dialektik der Aufklänung: Philosophische Fragmente*, 1947; *Dialectic of Enlightenment* (1972); *Dialectique de la raison* (1974) [*Dialética do Iluminismo*, 1984] • Dubiel, Helmut, *Wissenschaftsorganisation und politische Erfahrung*, 1978 • Held, David, *Introduction to Critical Theory: Horkheimer to Habermas*, 1980 • Horkheimer, Max, "Die Juden und Europa", 1939 ◎ *Eclipse of Reason*, 1947 (1974); *Eclipse de la raison* (1974) [*Eclipse da razão*, 1976] ◎ *Zur Kritik der instrumentellen Vernunft: aus den Vortraegen und Aufzeichnungen*, 1967 (onde se encontra a versão alemã de *Eclipse of Reason* e o artigo "Autorität und Familie in der Gegenwart", mencionado no título seguinte) ◎ *Critical Theory*, 1968 (1972) (volume que inclui "Art and Mass Culture", "Authority and the Family" e "Traditional and Critical Theory", ensaios escritos originalmente em alemão na década de 1930 e nos primeiros anos da década de 1940) ◎ *Notizen 1950 bis 1969 un Dämmerung*, 1974 • Schmidt, Alfred, *Zur Idea der Kritischen Theorie: Elemente der philosophie Max Horkheimers*, 1974.

I

idealismo Marx se opôs ao idealismo em suas formas metafísica, histórica e ética. O idealismo metafísico vê a realidade como constituída, ou dependente, do espírito (finito ou infinito) ou de ideias (particulares ou transcendentes); o idealismo histórico entende as ideias ou a consciência como os agentes fundamentais ou únicos da transformação histórica; o idealismo ético projeta um estado empiricamente infundado ("superior" ou "melhor") como uma maneira de julgar ou racionalizar a ação. O anti-idealismo ou "materialismo" de Marx não pretendia negar a existência e/ou a eficácia causal das ideias (pelo contrário, por oposição ao materialismo reducionista, insistia nisso), mas apenas a autonomia e/ou o primado explicativo a elas atribuído.

As obras de Marx escritas entre 1843 e 1847 podem ser consideradas uma ampla crítica do idealismo, no curso da qual Marx (juntamente com Engels) "acertou as contas" com sua "antiga consciência filosófica" e começou a mapear o terreno de suas investigações protocientíficas. Essa crítica foi elaborada num duplo movimento: no primeiro momento caracteristicamente feuerbachiano (ver FEUERBACH), as ideias são situadas como propriedades de espíritos finitos materializados; no segundo, caracteristicamente marxista, esses espíritos são, por sua vez, situados como produtos de relações sociais que se desenvolvem historicamente.

O desenvolvimento do primeiro momento focalizou-se inicialmente na DIALÉTICA hegeliana e consistiu de uma crítica das triplas inversões sujeito-predicado de Hegel dirigida contra a ontologia idealista absoluta, a epistemologia racionalista especulativa e a sociologia idealista substantiva de Hegel, e da identificação que Hegel faz dos tópicos das inversões: primeiro a redução do ser ao conhecer, cuja condição esotérica Marx qualifica como um positivismo não crítico; em seguida, a redução da ciência à filosofia, cuja consequência Marx mostra ser a flexibilidade total da ideologia. Tendo completado a crítica feuerbachiana do idealismo, Marx substitui a problemática feuerbachiana de uma NATUREZA HUMANA imutável pela problemática histórico-materialista de uma socialidade humana em desenvolvimento: "A essência humana não é abstração inerente a cada indivíduo singular. Na realidade, é o conjunto das relações sociais." (*Teses sobre Feuerbach*, sexta tese, 1845.) Ao mesmo tempo, Marx insiste em que a história não é "senão a atividade dos homens em busca de seus fins" (*A Sagrada Família*, 1845); ele está preocupado em evitar hipóstases ontológicas como o individualismo essencialista – tanto a REIFICAÇÃO quanto o voluntarismo – ao formular sua concepção da reprodução e da transformação das formas sociais, e do processo histórico em geral, enquanto PRÁXIS humana, ou trabalho.

Embora Engels e Lenin tenham sustentado uma vigorosa polêmica dirigida principalmente contra o ceticismo e o idealismo subjetivo, a tradição dialética materialista que inauguraram caiu, com frequência, num materialismo dogmático e contemplativo. Por outro lado, a tradição marxista ocidental (ver MARXISMO OCIDENTAL), iniciada por Lukács e Korsch, ao ressaltar novamente os aspectos subjetivo e crítico do materialismo de Marx, tendeu muitas vezes a uma ou outra forma de idealismo epistemológico. O "naturalismo ético" de Marx foi rejeitado tanto pelos kantianos da Segunda Internacional, como por muitas filosofias humanistas e existencialistas que surgiram depois da Segunda Guerra Mundial, no período pós-stalinista. Ao mesmo tempo, o significado preciso e o estatuto do MATERIALISMO HISTÓRICO são matéria polêmica nos tempos atuais. Assim, de uma maneira ou de outra, a questão do idealismo continua, como no início, próxima do centro do pensamento marxista. (Ver também TEORIA DO CONHECIMENTO.)

RB

ideologia Duas vertentes do pensamento filosófico crítico influenciam diretamente o conceito de ideologia de Marx e de Engels: de um lado, a crítica da religião desenvolvida pelo materialismo francês e por Feuerbach e, de outro, a crítica da epistemologia tradicional e a revalorização da atividade do sujeito realizada pela filosofia alemã da consciência (ver IDEALISMO) e particularmente por Hegel. Não obstante, enquanto essas críticas não conseguiram relacionar as distorções religiosas ou metafísicas com condições sociais específicas, a crítica de Marx e Engels procura mostrar a existência de um elo necessário entre formas "invertidas" de consciência e a existência material dos homens. É essa relação que o conceito de ideologia expressa, referindo-se a uma distorção do pensamento que nasce das contradições sociais (ver CONTRADIÇÃO) e as oculta. Em consequência disso, desde o início, a noção de ideologia apresenta uma clara conotação negativa e crítica.

Em contraste com uma leitura puramente sincrônica dos escritos de Marx, é necessário considerar o conceito de ideologia dentro do contexto das várias fases do desenvolvimento intelectual de Marx, mesmo que não se admita qualquer "ruptura epistemológica" dramática entre tais fases. Um núcleo básico de significação encontra novas dimensões quando Marx desenvolve sua posição e ataca novas questões. A primeira fase compreende os seus primeiros escritos e vai até 1844. A característica desse período é o debate filosófico no qual os principais pontos de referência são Hegel e Feuerbach. A expressão "ideologia" ainda não aparece nos textos de Marx, mas os elementos materiais do futuro conceito já estão presentes em sua crítica da religião e da concepção hegeliana do Estado, definidas como "inversões" que obscurecem o verdadeiro caráter das coisas. A "inversão" hegeliana consiste na conversão do subjetivo em objetivo, e vice-versa, de tal modo que, partindo da suposição de que a Ideia se manifesta necessariamente no mundo empírico, o Estado prussiano surge como a autorrealização da Ideia, como o "universal absoluto" que determina a sociedade civil, em lugar de ser por ela determinado.

Mas a inversão hegeliana não é produto de uma percepção ilusória. Se o ponto de vista de Hegel é abstrato, é porque "a 'abstração' é a do Estado político", como diz Marx no capítulo sobre a Legislatura de sua *Crítica da filosofia do direito de Hegel*. Nesse sentido, ele afirma que a fonte da inversão ideológica é uma inversão da própria realidade. A mesma ideia existe na crítica da religião feita por Marx. Embora aceite o princípio básico de Feuerbach de que o homem faz a religião e de que a ideia segundo a qual Deus fez o homem é uma inversão, Marx vai mais longe ao argumentar que essa inversão é mais do que uma alienação filosófica ou simples ilusão – ela expressa as contradições e sofrimentos do mundo real. O Estado e a sociedade produzem a religião, "que é uma consciência invertida do mundo, porque eles próprios são um mundo invertido", sustenta Marx em seu texto conhecido como "Crítica da filosofia do direito de Hegel: introdução", publicado em 1844 nos *Deutsch-Französische Jahrbücher* (*Anais Franco-Alemães*). A inversão religiosa compensa, no espírito, uma realidade deficiente, reconstitui na imaginação uma solução coerente que está além do mundo real, para compensar as contradições desse mundo real.

A segunda fase começa com o rompimento com Feuerbach em 1845 e vai até 1857. É um período dominado pela construção, por Marx e Engels, do MATERIALISMO HISTÓRICO, em que as premissas gerais de sua abordagem da sociedade e da história são desenvolvidas e a tendência feuerbachiana da primeira fase é definitivamente abandonada. Nesse contexto, o conceito de ideologia é introduzido pela primeira vez. A ideia de uma inversão é conservada, mas Marx a amplia para abranger a crítica da religião e da filosofia de Hegel e que os JOVENS HEGELIANOS vinham desenvolvendo. Marx compreende que essa crítica depende das próprias premissas hegelianas, pois os jovens hegelianos acreditam que a tarefa é libertar o homem das ideias errôneas. "Mas eles esquecem – diz Marx – que a essas frases estão apenas opondo-se outras frases e não estão, de modo algum, combatendo o mundo real que de fato existe." (*A ideologia alemã*, vol.I, I). Assim, a inversão que Marx passa a chamar de ideologia subsume tanto os velhos como os jovens hegelianos e consiste em partir da consciência em vez de partir da realidade material. Marx afirma, pelo contrário, que os verdadeiros problemas da humanidade não são as ideias errôneas, mas as contradições sociais reais e que aquelas são consequência destas.

Com efeito, enquanto os homens, por força de seu limitado modo material de atividade, são incapazes de resolver essas contradições na prática, tendem a projetá-las nas formas ideológicas de consciência, isto é, em soluções puramente espirituais ou discursivas que ocultam efetivamente, ou disfarçam, a existência e o caráter dessas contradições. Ocultando-as, a distorção ideológica contribui para a sua reprodução e, portanto, serve aos interesses da classe dominante. Portanto, a ideologia surge como um conceito negativo e restrito. É negativo porque compreende uma distorção, uma representação errônea das contradições. É restrito porque não abrange todos os tipos de erros e distorções. A relação entre as ideias ideológicas e não ideológicas não pode ser interpretada como a relação geral entre erro e verdade. As distorções ideológicas não podem ser superadas pela crítica, só podem desaparecer quando as contradições que lhes deram origem forem resolvidas na prática.

A terceira fase começa com a redação dos *Grundrisse* em 1858 e caracteriza-se pela análise concreta das relações sociais capitalistas adiantadas que culmina em *O Capital*. A palavra ideologia quase que desaparece desses textos. Não obstante, a pertinência da análise econômica de Marx para o conceito evidencia-se com o uso constante e a reelaboração da noção de inversão. Marx já havia chegado à conclusão de que, se algumas ideias deformavam ou "invertiam" a realidade, era porque a própria realidade estava de cabeça para baixo. Mas essa relação aparecia de maneira direta, não mediada. A análise específica das relações sociais capitalistas leva-o à conclusão mais avançada de que a conexão entre "consciência invertida" e "realidade invertida" é mediada por um nível de aparências que é constitutivo da própria realidade. Essa esfera de "formas fenomenais" é constituída pelo funcionamento do mercado e da concorrência nas sociedades capitalistas, e é uma manifestação invertida da esfera da produção, o nível subjacente das "relações reais". Como diz Marx:

> tudo parece invertido na concorrência. O padrão final das relações econômicas vistas superficialmente em sua existência real, e consequentemente nas concepções pelas quais os seus portadores e agentes procuram compreendê-las, é muito diferente, e, na verdade, é o próprio inverso, de seu padrão interno essencial, mas oculto, e da concepção que a ele corresponde. (*O Capital*, III, cap.XII)

Portanto, a ideologia oculta o caráter contraditório do padrão essencial oculto, concentrando o foco na maneira pela qual as relações econômicas aparecem supercialmente. Esse mundo de aparências constituído pela esfera de circulação não só gera formas econômicas de ideologia, como também é "um verdadeiro Éden dos direitos inatos do homem, onde reinam a Liberdade, a Igualdade, e Propriedade e Bentham". (*O Capital*, I, cap.VI). Sob esse aspecto, o mercado é também a fonte da ideologia política burguesa: "a igualdade e a liberdade são, assim, não apenas aperfeiçoadas na troca baseada em valores de troca, como também a troca dos valores de troca é a base produtiva real de toda *igualdade* e *liberdade*." (*Grundrisse*, Capítulo sobre o capital). Mas é claro que a ideologia burguesa da liberdade e da igualdade oculta o que ocorre sob o processo superficial de troca, em que "essa aparente igualdade e liberdade individuais desaparecem" e "revelam-se como desigualdade e falta de liberdade" (ibid.).

A partir da crítica inicial da religião, até o desmascaramento das aparências econômicas mistificadas e dos princípios aparentemente libertários e igualitários do capitalismo, há uma notável coerência na compreensão a ideologia por Marx. A ideia de uma dupla inversão, na consciência e na realidade, é conservada em todos os momentos, embora no fim se torne mais complexa, graças à distinção de um duplo aspecto da realidade o modo de produção capitalista. A ideologia, portanto, conserva sempre a sua conotação crítica e negativa, mas o conceito só se aplica às distorções relacionadas com o ocultamento de uma realidade contraditória e invertida. Nesse sentido, a definição, tão frequente, de ideologia como falsa consciência não é adequada na medida em que não especifica o tipo de distorção criticada, abrindo dessa forma caminho a uma confusão de ideologia com todos os tipos de erro.

Pouco depois da morte de Marx, o conceito de ideologia começou a adquirir um novo significado. A princípio não perdeu necessariamente a sua conotação crítica, mas surgiu uma tendência a colocar esse aspecto em segundo lugar. Os novos significados tomaram principalmente duas formas, ou seja, uma concepção da ideologia como a totalidade das formas de consciência social – que passou a ser expressa pelo conceito de "superestrutura ideológica" – e a concepção da ideologia como as ideias políticas relacionadas com os interesses de uma classe. Embora esses novos significados não fossem resultado de uma reelaboração sistemática do conceito dentro do marxismo, acabaram por substituir a conotação negativa original. As causas desse processo de deslocamento são complexas. Em primeiro lugar, elementos de um conceito neutro de ideologia podem ser encontrados em certas formulações dos próprios Marx e Engels. Apesar da tendência básica que apresentam na direção de um conceito negativo, seus textos não estão isentos de ambiguidades e afirmações pouco claras, que ocasionalmente parecem indicar uma direção diferente. Gramsci, por exemplo, cita com frequência o trecho do "Prefácio" de 1859 no qual Marx se refere às formas jurídicas, políticas e filosóficas – "em suma, formas ideológicas pelas quais os homens tomam consciência desse conflito e o solucionam pela luta" – em apoio de sua concepção da ideologia como a esfera superestrutural que tudo abrange, na qual os homens adquirem consciência de suas relações sociais contraditórias. (Gramsci 1971, p.138, 164, 377). Engels, por sua vez, refere-se, em algumas passagens, à "superestrutura ideológica", às "esferas ideológicas" e ao "domínio ideológico" com uma generalidade suficiente para que seja possível acreditar que a ideologia abrange a totalidade das formas de consciência. (*Anti-Dühring*, cap.IX).

Outro importante fator que contribuiu para essa evolução no sentido de um conceito positivo de ideologia é o fato de que as duas primeiras gerações de pensadores marxistas posteriores a Marx não tiveram acesso ao texto de *A ideologia alemã*, que permaneceu inédito até a década de 1920. Assim, Plekhanov, Labriola e, mais significativamente, Lenin, Gramsci e o Lukács dos primeiros escritos não estavam familiarizados com a argumentação mais vigorosa de Marx e Engels em favor de um conceito negativo de ideologia. Na ausência dessa obra, os dois textos mais influentes para a discussão do conceito eram o "Prefácio" de 1859, de Marx, e o *Anti-Dühring*, de Engels, frequentemente citados pelas novas gerações de marxistas. Não obstante, esses dois textos encerram ambiguidades importantes e não estabelecem uma distinção adequada entre a relação base-superestrutura e o fenômeno ideológico. Assim, progressivamente a ideia de uma superestrutura ideológica firmou-se através das obras de autores como Kautsky, Mehring e Plekhanov. Mas até 1898 nenhum dos autores da primeira geração chamou claramente o próprio marxismo de ideologia.

O primeiro pensador que colocou o problema de se o marxismo era ou não uma ideologia foi Bernstein. Sua resposta é que, embora as ideias proletárias tenham uma direção realista, porque se referem a fatores materiais que explicam a evolução das sociedades, elas ainda são reflexos do pensamento e, portanto, ideológicas. Ao identificar a ideologia com ideias e ideais, Bernstein apenas repete o que Mehring e Kautsky já haviam dito. Mas chega à conclusão óbvia a que os outros não haviam chegado, ou seja, a de que o marxismo deve ser uma ideologia. É sintomático da ausência de qualquer ideia clara sobre um conceito negativo de ideologia o fato de que, embora Bernstein já estivesse sendo atacado pela sua "revisão" (ver REVISIONISMO) de Marx, nenhum de seus críticos marxistas o contestou sob esse aspecto. Isso mostra que a primeira geração de marxistas não achou que fazia parte da essência do marxismo a defesa de um conceito negativo de ideologia.

A mais importante causa da evolução do conceito de ideologia, porém, é positiva, e está nas lutas políticas das últimas décadas do século XIX, particularmente as que tiveram lugar na Europa Oriental. O marxismo centraliza sua atenção na necessidade de criar uma teoria da prática política e, portanto, sua evolução passa a relacionar-se cada vez mais com as lutas de classe e as organizações partidárias. Nesse contexto, as ideias políticas das classes em conflito adquirem uma nova importância e precisam ser explicadas teoricamente. Lenin deu a solução, ampliando o significado do conceito de ideologia. Numa situação de confrontação de classes, a ideologia parece estar ligada aos interesses da classe dominante e sua crítica aos interesses das classes dominadas; em outras palavras, a crítica da ideologia da classe dominante é realizada a partir de uma posição de classe diferente, ou – por extensão – de um diferente ponto de vista ideológico. Portanto, para Lenin a ideologia torna-se a consciência política ligada aos interesses de cada classe; em particular, ele dirige sua atenção para a oposição entre a ideologia burguesa e a ideologia socialista. Com Lenin, portanto, o processo de transformação do significado da ideologia chega ao seu ponto culminante. A ideologia já não é uma distorção necessária que oculta as contradições tornando-se, em lugar disso, um conceito neutro relativo à consciência política das classes, inclusive da classe proletária.

A concepção de Lenin passou a ser a mais influente e desempenhou um papel crucial nas novas contribuições sobre o tema. Isso fica evidente na produção de Lukács, por exemplo, que, desde seus primeiros ensaios, emprega as palavras ideologia e ideológico para referir-se tanto à consciência burguesa como à proletária, sem considerar implícita uma necessária conotação negativa. O marxismo, para Lukács, é "a expressão ideológica do proletariado", ou "a ideologia do proletariado combativo", na verdade a sua "arma mais poderosa", que levou à "capitulação ideológica" burguesa (Lukács, 1923, p.258-9, 227 e 228). Se a ideologia burguesa é falsa, isso não acontece por ser ela ideologia em geral, mas porque a situação da classe burguesa é estruturalmente limitada. Mas a ideologia burguesa domina e contamina a consciência psicológica do proletariado. A explicação dada por Lukács a esse fenômeno vai além da explicação de Lenin. Enquanto para este a subordinação ideológica do proletariado resultava do fato de ter a burguesia uma ideologia mais antiga e meios mais poderosos para a disseminação das suas ideias, para Lukács são a própria situação e prática do proletariado, dentro das aparências reificadas da economia capitalista, que levam à subordinação ideológica do proletariado. Por outro lado, como o próprio Lukács reconheceu mais tarde, ele exagerou o papel da ideologia e da luta ideológica em seus primeiros escritos, a tal ponto que elas parecem tornar-se um substituto da prática política real e da luta de classes real.

A concepção de ideologia de Lenin também influenciou Gramsci, que rejeitou explicitamente uma concepção negativa. Além disso, a ideia que ele tinha da concepção negativa não corresponde à de Marx, mas refere-se antes às "elocubrações arbitrárias de indivíduos particulares" (Gramsci, 1971, p.376). Gramsci propõe, portanto, uma distinção entre "ideologias arbitrárias" e "ideologias orgânicas", concentrando seu interesse nestas últimas. A ideologia, nesse sentido, é "uma concepção do mundo implicitamente manifesta na arte, no direito, na atividade econômica e em todas as manifestações da vida individual e coletiva". (1971, p.328). Mas a ideologia é mais do que um sistema de ideias, ela também está relacionada com a capacidade de inspirar atitudes concretas e proporcionar orientação para a ação. A ideologia está socialmente generalizada, pois os homens não podem agir sem regras de conduta, sem orientações. Portanto, a ideologia torna-se "o terreno sobre o qual os homens se movimentam, adquirem consciência de sua posição, lutam etc." (1971, p.377). É, portanto, na ideologia e pela ideologia que uma classe pode exercer HEGEMONIA sobre outras, isto é, pode assegurar a adesão e o consentimento das grandes massas. Enquanto Lenin e Lukács trataram a ideologia ao nível da teoria, Gramsci nela distingue quatro graus ou níveis, ou seja, filosofia, religião, senso comum e folclore, em ordem decrescente de rigor e articulação intelectual.

Gramsci abriu um campo novo ao analisar, de maneira muito sugestiva, o papel dos INTELECTUAIS e dos aparelhos ideológicos (educação, meios de comunicação, etc.) na produção da ideologia. Lenin e Lukács não foram capazes de encurtar a distância entre a ideologia socialista e a consciência espontânea, entre a consciência "atribuída" (Lukács, 1923) e a consciência psicológica da classe; Gramsci encontra uma dupla corrente de determinações entre elas. É certo que a ideologia socialista é desenvolvida pelos intelectuais, mas não pode haver uma distinção absoluta entre intelectuais e não-intelectuais, e, o que é mais, a própria classe cria seus intelectuais orgânicos. Não se coloca, portanto, a questão de uma ciência vinda de fora que é preciso introduzir na consciência da classe operária); em lugar disso, a tarefa é renovar e tomar crítica uma atividade intelectual já existente. A ideologia marxista não substitui uma consciência deficiente, mas antes expressa uma vontade coletiva, uma orientação histórica presente na classe.

A existência de duas importantes concepções de ideologia dentro da tradição marxista é motivo de muitos debates. Alguns autores contemporâneos acreditam que apenas uma dessas versões é realmente marxista, enquanto outros, incapazes de aceitar uma discordância entre Marx e Lenin, tentaram conciliar ambas as versões. Foi o que aconteceu com Althusser, que propôs a mais influente concepção de ideologia das duas últimas décadas. Althusser distingue uma teoria da ideologia em geral, na qual a função da ideologia é assegurar a coesão na sociedade, da teoria de ideologias específicas, na qual a função geral já mencionada é sobredeterminada pela nova função de assegurar a dominação de uma classe. Essas funções podem ser desempenhadas pela ideologia na medida em que esta é "uma representação da relação imaginária dos indivíduos com suas condições reais de existência" (Althusser, 1971, p.153) e na medida em que interpela os indivíduos e os constitui como sujeitos que aceitam seu papel dentro do sistema de relações de produção. Por outro lado, Althusser também afirma a existência de ideologias dominadas que expressam o protesto das classes exploradas. Ele insiste em que a ciência é o oposto absoluto da ideologia, mas, ao mesmo tempo, define a ideologia como um nível objetivo da sociedade que é relativamente autônomo. A dificuldade dessa abordagem está na impossibilidade de conciliar a existência de uma ideologia revolucionária com a afirmação de que toda ideologia sujeita os indivíduos ao sistema dominante. Além disso, é muito difícil conciliar a ideologia como representação errônea oposta à ciência com a ideologia enquanto superestrutura objetiva da sociedade, a menos que a superestrutura encerre apenas distorções ideológicas e a ciência esteja localizada em algum outro lugar, mas também isso é problemático.

JL

Bibliografia: Althusser, Louis, *Pour Marx*, 1965; *For Marx* (1969) [*A favor de Marx*, 1979] ⊚ *Lénine et la philosophie*, 1969; *Lenin and Philosophy and other Essays* (1971) [*Lénine e a filosofia*, 1974] ⊚ "Idéologie et appareils idéologiques d'État", 1970 ["Aparelhos ideológicos de Estado", 1980] • Cardoso, M.L., *La ideologia dominante*, cap.II, 1975 [*Ideologia do desenvolvimento: Brasil, JK-JQ*, 1978] • Coelho de Souza, Alberto, "Ciência e ideologia em Althusser", 1970 • Colletti, Lucio, *Ideologia e società*, 1970 • Gabei, Joseph, "La fausse conscience", 1967 ⊚ *Les idéologies*, 1976 • Goldmann, Lucien, "Idéologie et marxisme", in F. Châtelet et al., *Le centenaire du "Capital"*, 1969 • Gramsci, Antonio, *Gli intelettuali e l'organizzazione della cultura*, 1949a (1966) [*Os intelectuais e a organização da cultura*, 1968] ⊚ *Selections from the Prison Notebooks*, 1971 • Larrain, Jorge, *The Concept of Ideology*, 1979 ⊚ *Marxism and Ideology*, 1982 • Lefort, Claude, "Esquisse d'une genêse de l'idéologie dans les sociétés modernes", 1978 • Lenin, V.I., *What is to be done?*, 1902 (1961) [*Que fazer?*, 1979] • Lukács, G., *Geschichte und Klassenbewusstsein*, 1923; *History and Class Consciousness* (1971) [*História e consciência de classe*, 1974].

igualdade A teoria marxista reconhece dois tipos de igualdade, que correspondem às duas fases da sociedade pós-revolucionária. Na primeira, predomina o princípio "de cada qual segundo sua capacidade, a cada qual segundo o trabalho realizado". Esse princípio de distribuição - ao contrário do que pretendem os defensores da sociedade capitalista atual - só se concretizará na sociedade pós-revolucionária, onde todos os outros critérios pelos quais a distribuição tem sido feita serão abolidos como ilegítimos e injustos. Mas, como as diferenças nas realizações individuais são, pelo menos em parte, resultado de diferenças de talento e capacidade que são inatas ou produto das condições ambientais, e, como as situações familiares e condições de vida dos diferentes indivíduos são muito diversas (desde diferenças no físico e as correspondentes necessidades de vestuário e alimentação, até as diferentes responsabilidades impostas por diferenças no tamanho da família, etc.), esse princípio de distribuição não equivale ainda a uma igualdade *justa* (tratamento igual), pois, embora uma *igualdade abstrata* seja formalmente aplicada *a todos os indivíduos*, eles recebem na realidade um tratamento *materialmente desigual*.

O princípio "de cada qual segundo sua capacidade, a cada qual segundo suas necessidades" corresponde à fase comunista superior da sociedade pós-revolucionária. Só no COMUNISMO será conferido um tratamento realmente igual aos seres humanos desiguais, com todas as suas necessidades forçosamente desiguais. Um músico, por exemplo, receberá o instrumento de que necessita, mesmo que não toque publicamente, e assim por diante. Pressupõe-se, é claro, que o desejo universal de possuir cada vez mais terá desaparecido por si mesmo numa sociedade que assegura meios de vida adequados a todos e na qual já não há hierarquias de poder e de prestígio. Em resposta à crítica generalizada de que essa perspectiva é "utópica", pode-se mencionar o aparecimento espontâneo de "valores pós-materiais" em muitas sociedades altamente industrializadas. Quando são asseguradas a todos atividades satisfatórias e a possibilidade de variá-las, e as relações sociais garantem e expressam tais atividades, a motivação de possuir cada vez mais diminuirá por si mesma e "moderação racional" surgirá em seu lugar.

IF

Bibliografia: Heller, Agnes, *The Theory of Need in Marx*, 1976.

imperialismo e mercado mundial De todos os conceitos da teoria marxista, o imperialismo talvez seja o que é usado mais ecleticamente e com maior desconsideração pela base teórica em que se apoia. O uso mais comum dessa expressão refere-se à relação econômica e política entre países capitalistas adiantados e países atrasados. Na verdade, desde o término da Segunda Guerra Mundial, a palavra "imperialismo" se transformou em sinônimo da opressão e da "exploração" dos países fracos e empobrecidos pelos países poderosos. Muitos dos autores que apresentam essa interpretação citam Lenin como autoridade teórica, embora Lenin tenha criticado Kautsky violentamente por este ter definido o imperialismo dessa maneira.

O imperialismo refere-se ao processo de ACUMULAÇÃO capitalista em escala mundial na fase do CAPITALISMO MONOPOLISTA, e a teoria do imperialismo é a investigação da acumulação no contexto de um mercado mundial criado por essa acumulação. A teoria tem três elementos: (1) a análise da acumulação capitalista, (2) a PERIODIZAÇÃO DO CAPITALISMO em fases ou estágios e (3) a localização do fenômeno no contexto da divisão política do mundo em "países". Como o primeiro elemento implica o segundo, restam apenas dois elementos distintos. Estes se combinam para produzir linhas correlatas, mas distintas, de investigação: (1) as relações entre os países capitalistas adiantados (concorrência imperialista); (2) o impacto do capitalismo sobre FORMAÇÕES SOCIAIS não capitalistas ("articulação de MODOS DE PRODUÇÃO"); e (3) a opressão dos povos subjugados pelo domínio do capital, ou seja, "a Questão Nacional" (ver NAÇÃO). Na teoria marxista ortodoxa, a obra de Lenin constitui a base da teoria do imperialismo. Seu trabalho mais famoso sobre o assunto é um folheto intitulado *O imperialismo, fase superior do capitalismo*, mas seria um erro considerá-la como a contribuição teórica de Lenin para a análise do desenvolvimento do capitalismo em escala mundial. A fundamentação teórica desse trabalho que Lenin chamou de "ensaio popular" encontra-se em dois outros longos ensaios por ele escritos quase duas décadas antes (Lenin, 1893a e 1897). O objetivo desses dois trabalhos é, a um só tempo, defender a teoria da acumulação de Marx contra os argumentos dos teóricos do subconsumo desenvolvendo, com isso, uma teoria do mercado mundial capitalista, e demonstrar a natureza progressista do capitalismo com o propósito de criticar propostas utópicas de socialismo (ver PROUDHON).

Em seu folheto sobre o imperialismo, Lenin estabeleceu uma relação, hoje famosa, das características do fenômeno: (1) a "exportação do capital" adquire importância primordial, lado a lado com a exportação de mercadorias; (2) a produção e a distribuição passam a ser centralizadas por grandes trustes ou cartéis; (3) os capitais bancário e industrial se fundem; (4) as potências capitalistas dividem o mundo em esferas de influência, e (5) essa divisão é concluída, abrindo a possibilidade de uma futura luta intercapitalista para redividir o mundo. A primeira dessas características, a "exportação de capital" é frequentemente considerada como o fator isolado que pode identificar o estágio imperialista do capitalismo. A expressão, porém, é ambígua, como Lenin observou em seus dois ensaios teóricos. Essa ambiguidade surge porque as mercadorias são capital, uma das formas assumidas pelo capital em seu circuito D-M...P...M'-D' (capital-dinheiro ... capital produtivo ... capital-mercadoria, e novamente capital-dinheiro).

Antes de entrarmos em considerações sobre porque o imperialismo é caracterizado pela exportação de dinheiro e de capital produtivo, o uso da palavra "exportação" deve ser esclarecido. O imperialismo não é caracterizado, na literatura que dele trata, pela expressão "movimento de capital", mas pela palavra específica "exportação", que introduz explicitamente uma distinção entre os movimentos de capital que são "nacionais" e os que são "internacionais". Como não ocorre nenhuma transformação no capital simplesmente com a passagem por uma fronteira ou posto aduaneiro, essa distinção analítica deve ser justificada por uma explicação do que significam as fronteiras políticas para o movimento do capital. Em outras palavras, devemos explicar porque são necessários novos conceitos (como o próprio conceito de imperialismo) para passar de uma sociedade capitalista abstrata para uma formulação mais concreta que considere a divisão do mundo em termos de países. E isso envolve claramente o significado atribuído ao conceito de "país". O tratamento explícito das divisões políticas é o que distingue o conceito leninista de imperialismo do conceito de Kautsky. Na formulação leninista, a "exportação de capital" ocorre no contexto de um mundo dividido por diferentes classes dominantes, cujo poder é representado pelo ESTADO de cada país. Assim, a *exportação* de capital implica o papel de mediação dos Estados dos respectivos países e o conflito potencial entre os interesses das classes dominantes dos diferentes países. Este último pode ocorrer entre Estados capitalistas (rivalidade intercapitalista), ou entre um Estado capitalista e um Estado ou classe dominante pré-capitalista (articulação de modos de produção e a questão nacional). Lenin conferiu ênfase particular à rivalidade intercapitalista, desenvolvendo sua conclusão política básica de que a acumulação na fase imperialista cria a tendência para as guerras intercapitalistas. Foi nesse quadro que ele identificou a Primeira Guerra Mundial com imperialista e que o Comintern identificou, da mesma maneira, a Segunda Guerra Mundial, até a invasão nazista da União Soviética.

Por outro lado, Kautsky definiu o imperialismo como a relação entre países capitalistas adiantados e países subdesenvolvidos ("áreas agrárias") e argumentou explicitamente que os conflitos entre as classes dominantes países capitalistas adiantados tendiam a desaparecer durante a fase imperialista. Essas duas pedras fundamentais da teoria de Kautsky tenderam a caracterizar a literatura teórica produzida sobre o imperalismo desde o fim da Segunda Guerra Mundial e, mais claramente, a TEORIA DA DEPENDÊNCIA. Esta literatura conferiu toda a ênfase à dominação imperialista sobre os países atrasados, com a tese implícita ou explícita de que a classe capitalista dos Estados Unidos da América mostrou-se bastante forte, desde a Segunda Guerra Mundial, para reduzir todas as outras classes capitalistas à condição de clientes seus.

Qual dessas interpretações do imperialismo é correta é, ao mesmo tempo, uma questão empírica e teórica. A teoria do imperialismo, tal como Lenin a desenvolveu, deriva em linha direta da teoria da acumulação de Marx. O capitalismo representa uma forma particular de sociedade de classes, e suas leis particulares de desenvolvimento refletem a maneira pela qual o produto excedente é extraído dos produtores diretos. Essa extração de um produto excedente tem lugar na PRODUÇÃO e, na sociedade capitalista, pressupõe a compra e venda da FORÇA DE TRABALHO. A compra e venda da força de trabalho tanto reflete a natureza essencial do capitalismo como determina essa natureza essencial. A compra e venda da força de trabalho reflete a separação entre os trabalhadores e os meios de produção (ver ACUMULAÇÃO PRIMITIVA) e, uma vez estabelecida esta separação, a condição de MERCADORIA da força de trabalho determina a maneira pela qual a sociedade capitalista se reproduz. Essa reprodução deve ser conseguida por meio da circulação das mercadorias: os trabalhadores despossuídos devem receber SALÁRIOS para que possam comprar as mercadorias que já não produzem; os capitalistas devem vender as mercadorias para obter o capital-dinheiro para comprar a força de trabalho e os meios de produção e reiniciar o processo de produção.

Assim, a sociedade capitalista se reproduz por um ciclo, constantemente repetido, de troca, produção e realização (o circuito do capital) e foi por essa razão que Marx descreveu o capital como VALOR que se autoexpande. O capital inicia o processo de reprodução trocando uma determinada quantidade de valor sob a forma de DINHEIRO por força de trabalho e pelos meios de produção, e, da produção, nasce uma massa de mercadorias de maior valor que devem ser realizadas como capital-dinheiro. Esse processo de autoexpansão, no contexto da CONCORRÊNCIA, se repete em escala cada vez maior. Essa é a teoria da expansão do capital. Trata-se de uma teoria geral, abstraída de qualquer contexto espacial. O fato de passarmos a levar em conta a divisão política do mundo não cria a necessidade de nenhuma teoria especial da expansão do capital. Essa teoria, desenvolvida por Marx em *O Capital*, contrasta com a análise dos subconsumistas, notadamente Rosa Luxemburg, que rejeitam a conclusão de que o capitalismo é capaz de se autorreproduzir e, portanto, julgam necessário especificar uma teoria especial do movimento do capital entre as áreas geográficas.

A perspectiva teórica de Marx leva a uma periodização do capitalismo explícita, de modo a ser possível explicar o movimento internacional do capital em suas diferentes formas (capital-dinheiro, capital produtivo e capital-mercadoria). Como dissemos, o capital tende, pela sua própria natureza, a expandir-se. Na primeira fase do desenvolvimento capitalista, o âmbito de movimentação do capital-dinheiro e do capital produtivo é limitado, devido ao subdesenvolvimento das relações sociais de produção. Durante aquilo que Marx chamou de "fase de manufatura", as instituições capitalistas de crédito eram relativamente subdesenvolvidas, tornando difícil o movimento do capital-dinheiro, tanto no interior das formações sociais capitalistas como entre estas e as formações pré-capitalistas. Além disso, nessa fase inicial do desenvolvimento capitalista, grande parte do mundo era pré-capitalista, e o papel do dinheiro era extremamente limitado, de modo que o seu movimento, e o do capital produtivo, estavam limitados pelas relações sociais vigentes nas formações sociais não capitalistas. Em consequência disso, o movimento internacional do capital nesse período foi principalmente o do capital-mercadoria (comércio), e esse comércio desenvolveu progressivamente um mercado mundial para a produção capitalista. Nesse comércio, as mercadorias manufaturadas de origem capitalista tendem a ser trocadas por matérias-primas e gêneros alimentícios produzidos segundo relações sociais de produção pré-capitalistas (como a escravidão do Novo Mundo).

As consequências desse comércio para as formações sociais pré-capitalistas constituem matéria bastante controversa e de importância fundamental para a teoria do imperialismo, especificamente no que diz respeito à análise da articulação dos modos de produção. Alguns autores argumentam que o comércio, por si só, é suficiente para tornar as formações sociais pré-capitalistas predominantemente capitalistas (Sweezy et al., 1967), e que, no século XIX, as áreas subdesenvolvidas do mundo efetivamente se transformaram dessa maneira (ver MODOS DE PRODUÇÃO NÃO CAPITALISTAS). Marx, porém, argumentou que o comércio por ele mesmo, dominado pelo CAPITAL MERCANTIL, tende a tornar rígidas as relações pré-capitalistas. Seguindo essa linha de argumentação, podemos concluir que o desenvolvimento inicial do mercado mundial tendeu a bloquear o desenvolvimento do capitalismo naquilo que Lenin chamou de países "atrasados" ou áreas coloniais e semicoloniais. Assim, nesse período de manufatura, a expansão do capitalismo transformou as relações sociais e desenvolveu as forças produtivas nos países capitalistas, mas bloqueou as mesmas transformações e o mesmo desenvolvimento em outros países.

Em meados do século XIX, porém, o capitalismo havia ingressado na fase do que Marx chamou de "indústria moderna" (*O Capital*, I, caps.XIII e XIV) caracterizada pela produção da mais-valia relativa, acompanhada da centralização do capital e do desenvolvimento das instituições de crédito para facilitar essa centralização. Começou assim a época conhecida como capitalismo monopolista, em que a produção, em escala cada vez maior (concentração) criou a tendência à monopolização em escala nacional e internacional. Na formulação de Marx e, mais tarde, de Lenin, esse processo de monopolização foi acompanhado pela intensificação da concorrência. Esse ponto também é controvertido. Como dissemos, Kautsky interpretou literalmente a monopolização como o oposto da concorrência, que assinalava o fim da rivalidade intercapitalista. Bukharin e Preobrajenski adotaram uma posição intermediária, argumentado que, na fase do capitalismo monopolista, a concorrência é limitada dentro dos países capitalistas, mas continua a se exercer entre estes. A expressão CAPITALISMO MONOPOLISTA DE ESTADO tem sido usada para descrever essa situação.

Segundo a argumentação de Marx e Lenin, a combinação de monopolização e intensificação da concorrência introduz a época do imperialismo. Entre os países capitalistas, esse processo de combinação cria a tendência para a guerra intercapitalista, e, na esfera econômica, o conflito assume a forma da exportação de capital. O desenvolvimento do sistema de crédito facilita a integração dos capitais bancário e industrial, de modo que a exportação do capital-dinheiro se torna possível em grande escala. Durante toda a fase imperialista a exportação de capital-dinheiro (e de capital produtivo, examinada adiante) ocorreu, e ocorre, em grande parte entre países capitalistas adiantados, e o mesmo é válido para o movimento do capital-mercadoria, o que reflete o subdesenvolvimento tanto das relações sociais como das forças produtivas nos países atrasados. Os dois debates mais importantes que se expressam na literatura sobre o imperialismo giram em torno da justeza da caracterização da fase imperialista pela rivalidade intercapitalista e em torno do impacto da exportação de capital-dinheiro, particularmente do capital produtivo, sobre as áreas subdesenvolvidas. A segunda questão, dentro de uma perspectiva marxista, implica definir se a exportação de capital sob essas formas tende a transformar os países subdesenvolvidos e fazer com que o capitalismo neles se desenvolva. Se essa tendência é verdadeira, então o capitalismo da época do imperialismo seria considerado como progressista na medida em que a sua tendência de reproduzir-se nos países subdesenvolvidos representaria o desenvolvimento progressista de forças produtivas e o surgimento do proletariado como uma força importante na luta de classes.

É a essa altura da teoria do imperialismo que se torna necessário considerar explicitamente a divisão política do mundo. Se, como argumentou Marx a troca apenas não provoca o desenvolvimento do capitalismo, então a força é necessária para romper as relações sociais pré-capitalistas que impedem a constituição de uma força de trabalho assalariada e livre, e o uso da força exige o controle do Estado. Inspirando-se em Lenin, uma escola de pensamento marxista propôs o argumento de que as classes dominantes dos países capitalistas adiantados tendem a aliar-se com as classes dominantes pré-capitalistas dos países atrasados, e essa aliança impede que a burguesia consiga, nesses países, provocar com êxito uma revolução burguesa que a leve ao poder de Estado (ver BURGUESIA NACIONAL). E, sem o poder do Estado, a burguesia local permanece fraca e o capitalismo continua subdesenvolvido.

Nessa análise, o próprio capitalismo é considerado como progressista, mas a dominação imperialista do mundo pelas classes dominantes dos países capitalistas avançados bloqueia o desenvolvimento do capitalismo no mundo subdesenvolvido. E a burguesia local é considerada como uma força potencialmente anti-imperialista devido às suas contradições com a burguesia imperialista. Alguns autores, notadamente Mao Tse-tung, concluíram disso que a luta revolucionária nos países subdesenvolvidos tem duas etapas, uma etapa inicial anti-imperialista para derrubar o domínio combinado das classes dominantes pré-capitalistas e do capital imperialista, seguida de uma etapa de revolução socialista. A primeira fase, chamada de Nova Democracia por Mao, envolve uma aliança do proletariado, do CAMPESINATO e da burguesia local, ou pelo menos dos seus elementos que têm fortes contradições com o capital imperialista.

A proposição geral de que uma luta primordialmente anti-imperialista é uma precondição para a revolução socialista em um país dirigido por uma classe dominante pré-capitalista é geralmente aceita. Há grande controvérsia, porém, quanto à maneira de analisar o imperialismo, quando um país subdesenvolvido é predominantemente capitalista. Alguns autores argumentam que, quando os países se tornam predominantemente capitalistas, podemos esperar que se desenvolvam até atingirem um nível e uma estrutura semelhantes aos dos países capitalistas hoje adiantados, e que isso está realmente ocorrendo em países como o Brasil e o México (Warren, 1973). Os teóricos da dependência, por outro lado, rejeitam esse processo até mesmo como possibilidade e usam a expressão "desenvolvimento capitalista dependente" (ou desenvolvimento capitalista "distorcido") para descrever as formações sociais predominantemente capitalistas do mundo subdesenvolvido. Embora a expressão seja atraente, é usada em geral de modo bastante subjetivo, e as características que a teoria da dependência atribui ao "capitalismo dependente" constituíram, de um modo geral, características dos países capitalistas hoje desenvolvidos em suas fases iniciais de transformação capitalista. Um aspecto, porém, em que os países hoje subdesenvolvidos diferem radicalmente é dado pelo fato de que devem passar por uma transformação capitalista numa época em que o mundo já está dominado pelas potências capitalistas. Os teóricos da dependência baseiam toda a sua análise nesse fato, e a dinâmica dos países subdesenvolvidos se transforma numa simples reação ao domínio externo, sendo a expressão imperialismo usada no sentido extremamente limitado de relações entre países adiantados e países atrasados. Além disso, o desenvolvimento capitalista dependente postulado pelos teóricos da dependência é logicamente dependente da proposição de que a concorrência foi eliminada *nos* e *entre* os países capitalistas adiantados. É a suposta ausência da concorrência que torna o capital imperialista interessado na limitação do desenvolvimento capitalista nos países subdesenvolvidos como um aspecto da proteção de suas posições monopolistas. Essa interpretação literal do capitalismo monopolista tem sofrido consideráveis críticas nos últimos anos (Clifton, 1977; Weeks, 1981).

Não será exagero dizer que, da época de Lenin à década de 1970, a teoria do imperialismo permaneceu em grande medida estagnada, até porque as contribuições que a ela se fizeram depois da Segunda Guerra Mundial foram estudos de natureza empírica. Mas nos últimos anos, o debate teórico reapareceu, motivado pelas condições objetivas, ou seja, o crescimento do capitalismo no mundo subdesenvolvido. Esse crescimento torna parcial, na melhor das hipóteses, qualquer análise do subdesenvolvimento que se baseie em uma aliança entre forças imperialistas e pré-capitalistas supostamente capaz de impedir o desenvolvimento do capitalismo. No outro extremo, a tese da dependência, segundo a qual o capitalismo está generalizado no mundo subdesenvolvido, mas "dependente" ou "distorcido", precisa valer-se de um número inaceitavelmente elevado de argumentos *ad hoc* para incorporar a acumulação capitalista obviamente bem-sucedida em vários países subdesenvolvidos. O resultado é uma inquietação teórica saudável entre os autores marxistas e um renovado interesse pela rivalidade intercapitalista como possível explicação da dinâmica da acumulação na fase do capitalismo monopolista.

JW

Bibliografia: Amin, Samir, *L'accumulation à l'échelle mondiale*, 1970 ⊙ "Le modèle théorique d'accumulation et de développement dans le monde contemporain: la problématique de transition", 1972 • Bukharin, N.I., *Imperialism and World Economy*, 1917-1918 (1972) [*O imperialismo e a economia mundial*, 1969] • Brewer, A., *Marxist Theories of Imperialism: a Critical Survey*, 1980 • Claude, H., *Les multinationales et l'imperialisme*, 1976 • Clifton, J.A., "Competition and the Evolution of the Capitalist Mode of Production", 1977 • Denis, Henri, *Marchés nouveaux et accumulation de capital*, 1971 • Fernandes, Florestan, *Capitalismo dependente e classes sociais na América Latina*, 1972 (1975) • Gonçalves, Reinaldo, "A internacionalização da produção: uma teoria geral?", 1984 • Gunder Frank, André, *Capitalism and Underdevelopment in Latin America*, 1967 (1969) • Hilton, R. (org.), *The Transition from Feudalism to Capitalism*, 1978 • Kemp, T., *Theories of Imperialism*, 1967 • Lenin, V.I., *Imperialism: the Highest Stage of Capitalism*, 1916 (1964) [*Imperialismo, fase superior do capitalismo: ensaio popular*, 1979] • *L'impérialisme*, núm. esp. da revista *Esprit*, abril de 1969 • "L'impérialisme", *Critiques de l'Économie Politique*, ns. 4 e 5, 1971 • Palloix, Christian, "La question de l'impérialisme chez V.I. Lénine et Rosa Luxemburg", 1970 ⊙ *L'économie capitaliste mondiale*, 1971 ⊙ *L'économie capitaliste et les firmes multinotionales*, 1975 • Santos, Teotônio dos, *Imperialismo e corporações multinacionais*, 1977 ⊙ *Imperialismo y dependencia* 1978 • Vallier, Jacques, "Les théories de l'impérialisme de Lénine et Rosa Luxemburg", 1971 • Warren, B., "Imperialism and Capitalist Industrialization", 1973 • Weeks, John, *Capital and Exploitation*, 1981.

impérios da época de Marx Marx e Engels deram muita atenção aos impérios, às mais heterogêneas modalidades de impérios: na antiga Europa, ao império romano; mais além, na Índia, ao não há muito decadente império mongol, bem como ao então existente poderio mandchu, na China. O expansionismo europeu de sua época foi por eles visto quase que sob o mesmo ângulo de que tinham observado o capitalismo na Europa: ambos eram brutais e detestáveis, mas necessários ao progresso para aqueles que sofriam seus efeitos. Marx e Engels estavam convencidos de que, como a África e a Ásia se haviam apegado durante muitos anos a processos tradicionais, abrira-se um imenso abismo entre elas e os estados da Europa, até mesmo os mais atrasados. Marx teceu altos louvores ao conde Gurowski, porta-voz russo do pan-eslavismo, que, por sinal, lhe parecia detestável como instrumento da influência czarista, por defender não "uma liga contra a Europa e a civilização europeia", mas a transferência da atenção para a "desolação estagnante" da Ásia como escoadouro adequado para as energias eslavas: ali "a Rússia é um poder civilizador" (*The Eastern Question*, n.98). A nenhum império asiático poderia ser creditada tal virtude, nem mesmo ao turco, que tinha um pé na Europa. Estava claro para Marx que a condição semibárbara da região balcânica resultava em grande parte da presença turca; se seus povos conquistassem a liberdade, cedo desenvolveriam uma saudável aversão à Rússia czarista para a qual então eram forçados a se voltar, em busca de proteção (*The Eastern Question*, n.1).

Os discípulos de Fourier elaboraram, lado a lado com seu socialismo utópico, projeto de uma espécie de imperialismo utópico e interessaram-se em especial pelo norte da África como campo para a expansão francesa, que esperavam pudesse ocorrer por meio de um processo em grande parte pacífico de confraternização com os habitantes locais. Marx e Engels não tinham ilusões róseas, mas, a exemplo de quase todos os europeus, encararam a conquista francesa da Argélia como um avanço das fronteiras da civilização. Muito depois, na época da ocupação britânica do Egito, Engels estava disposto a apostar que o líder nacionalista Arabi Pasha não tinha outra aspiração que não fosse a de espoliar ele próprio os camponeses em lugar de deixar que os financistas estrangeiros o fizessem: "num país rural o camponês existe unicamente para ser explorado." Podia-se muito bem simpatizar com as massas oprimidas, acrescentou ele, e condenar "as brutalidades inglesas sem apoiar, de modo algum, os seus adversários militares do momento" (Carta a Bernstein, 9 de agosto de 1882).

Mas esse ponto de vista geral não impediu Engels nem Marx de estarem alertas para a diversidade de situações locais, motivos e métodos. Nenhuma teoria unificada do IMPERIALISMO tal como mais tarde os marxistas tentaram construir pode incluir todas as suas manifestações com respeito à expansão europeia. Marx não elogiou todas as conquistas coloniais, ainda que fosse apenas pelo fato de que poderiam dificultar o desenrolar de assuntos internos à Europa que ele considerava mais importantes, como no caso da segunda guerra da Birmânia. Lamentando a aproximação desse conflito em 1853, Marx declarou que as guerras da Inglaterra naquele quarto de século eram imperdoáveis: não se poderia alegar nenhum perigo estratégico para o império inglês a partir da Birmânia, ao contrário do que acontecia no Noroeste, e não havia qualquer evidência dos supostos desígnios norte-americanos. Não havia, de fato, nenhum motivo para essa guerra, exceto "o desejo de emprego para uma aristocracia necessitada" – fator que o estudo marxista posterior do imperialismo britânico pode ter subestimado muito. Marx observou também, em um dos artigos que escreveu para o *New York Daily Tribune*, que, tendo o custo dos conflitos na Ásia sido "jogado nos ombros dos indianos", poderia não estar distante um colapso das finanças da Índia ("A guerra na Birmânia", 30 de julho de 1853). No mesmo ano, ao atribuir a rebelião e o caos na China à pressão da intervenção e do comércio britânicos, ele levantou, profeticamente, em outro desses artigos, a questão de "como essa revolução repercutirá, com o tempo, sobre a Inglaterra e, através desta, sobre a Europa" ("A Revolução na China e na Europa", 14 de junbo de 1853).

Em 1883, durante a campanha francesa na Indochina, Engels apontou, como a mais recente inspiração do imperialismo em áreas tropicais, "os interesses das trapaças no mercado de ações", em operação então "aberta e franca" tanto na Indochina como na Tunísia (Carta a Tautsky, 18 de setembro de 1883). E, mais uma vez, a teoria marxista posterior, comprometida com a doutrina de Hobson-Hilferding-Lenin da exportação de capital como alma do imperialismo, concedeu pouca atenção a leituras mais elementares, como essa, do capitalismo e de suas operações. No ano seguinte, Engels descreveu o domínio holândes em Java como "um exemplo de socialismo de Estado", pois o governo organizava a produção de uma agricultura comercial para exportação, embolsando os lucros, "com base nas antigas comunidades aldeãs de estrutura mais ou menos comunista" (Carta a Bebel, 18 de janeiro de 1884). Em sua opinião, Java mostrava, uma vez mais, a exemplo da Índia e da Rússia, "como hoje em dia o comunismo primitivo proporciona... as melhores e mais amplas bases para a exploração e o despotismo," e o quanto se devia desejar o seu desaparecimento (Carta a Kautsky, 16 de fevereiro de 1884).

Uma faceta altamente específica do império britânico, que tinha como único e distante paralelo a posição da Rússia na Sibéria, era o fato de que ele incluía colônias de povoamento estabelecidas em áreas praticamente sem habitantes nativos. Marx, como muitos marxistas posteriores, demonstrou muito menos interesse por tais estabelecimentos coloniais do que por territórios como a Índia, mas dedicou o capítulo final de *O Capital* ao plano de emigração organizada de Gibbon Wakefield, que se destinava a estender a ordem social inglesa às colônias pelo controle das vendas de terras e pela manutenção de seus preços altos com o fim de impedir que os colonos tivessem suas próprias fazendas, o que, do ponto de vista de Wakefield, significaria a fragmentação da propriedade e impediria o desenvolvimento econômico. Marx menciona o caso, deplorável segundo Wakefield, que este conta a título de exemplo: certo empresário levara trabalhadores para o oeste da Austrália, e, tão logo lá chegaram, estes o abandonaram. Trata-se de uma excelente ilustração da verdadeira natureza do capitalismo: o dinheiro só se poderia converter em capital quando houvesse mão de obra para explorar.

Engels esperava que as "colônias propriamente ditas", como as da Austrália, se tornassem logo independentes (Carta a Kautsky, 12 de setembro de 1882). Visitando o Canadá rapidamente em 1888, Engels teve uma impressão desfavorável da apatia que ali encontrou (conheceu principalmente a parte francesa), e achou que, dentro de dez anos, o país ficaria satisfeito se fosse anexado aos Estados Unidos da América, que já começavam a ganhar controle econômico sobre o Canadá, e que a Inglaterra não levantaria qualquer objeção a isso (Carta a Sorge, 10 de setembro de 1888). Aos olhos de Marx, as antigas fazendas, então transformadas pela abolição da escravatura, estavam na categoria de "colônias". Em 1865, ele e Engels partilharam da indignação pública generalizada contra as "infâmias da Jamaica", como Engels as chamou em carta a seu amigo (1º de dezembro de 1865), referindo-se à sangrenta repressão que se seguiu a um pequeno distúrbio entre os negros que padeciam adversidades econômicas. No Pacífico, os colonos ingleses não tardaram a desenvolver ambições próprias, e, em 1883, Engels falou de um plano destes para se apossarem da Nova Guiné como parte da busca de mão de obra praticamente escrava para as fazendas de açúcar de Queensland (Carta a Kautsky, 18 de setembro de 1883).

A Irlanda, que fora em parte a primeira vítima do imperialismo inglês e em parte o primeiro campo da colonização anglo-escocesa, interessou profundamente a Marx e Engels durante toda a permanência destes na Inglaterra. Engels, que planejava escrever sua história, ficou impressionado com a pobreza e atraso da ilha ao visitá-la em 1856 (Carta a Marx, 23 de maio de 1856). Marx observou cuidadosamente a transformação econômica ali ocorrida, após a grande fome e o desmoronamento do velho sistema de arrendamentos exorbitantes, do setor agrícola para o pastoril, com expulsões para permitir a consolidação de fazendas e uma nova corrente de emigração (Carta a Engels, 30 de novembro de 1867). Desconcertado diante da incapacidade da classe trabalhadora britânica de mostrar, após o cartismo, qualquer espírito político militante, Marx julgou ver uma causa disso na possibilidade que os industriais ingleses tiveram de utilizar mão de obra barata vinda da Irlanda e, com isso, dividir os trabalhadores: os trabalhadores ingleses odiavam os fura-greves irlandeses e os desprezavam como membros de uma raça inferior. Se as tropas britânicas se retirassem, escreveu ele, a revolução agrária na Irlanda não tardaria muito, e a consequente derrubada da aristocracia fundiária irlandesa conduziria ao mesmo evento na Inglaterra e abriria o caminho para a derrubada do capitalismo (Carta a Meyer e Vogt, 9 de abril de 1870). Esse raciocínio pode parecer menos convincente do que aquilo que habitualmente se espera, com razão, encontrar em Marx. Mas é como se, nesse caso, ele se estivesse agarrando a algo em desespero de causa.

VGK

Bibliografia: Mashkin, M.N. 1981, *Frantsurkie sotsialist i demokrati i kolonial'nii vopros: 1830-1871* (Socialistas e democratas franceses e a questão colonial) • Quase todas as cartas de Marx e Engels e os artigos escritos para o jornal norte-americano *New York Daily Tribune* mencionados no texto podem ser encontrados na edição portuguesa da coletânea de textos de Marx e Engels sobre a questão colonial: Karl Marx & Friedrich Engels, *Sobre o colonialismo*, Lisboa, Estampa, Coleção Teoria, n.42, 1978, 2 vols.

indivíduo Em *Teorias da mais-valia* Marx escreveu que

> embora, no início, o desenvolvimento da espécie humana se tenha feito às custas da maioria dos indivíduos humanos e até mesmo de classes, ao seu término ela rompe essa contradição e coincide com o desenvolvimento do indivíduo; portanto, o desenvolvimento superior do indivíduo só é atingido por um processo histórico ao longo do qual indivíduos são sacrificados. (parte II, cap.IX)

Como esse trecho mostra, Marx via a história do mundo como a história do florescimento das forças e potencialidades humanas, que operam, porém, até o fim da sociedade de classes, sem o conhecimento dos homens, através de relações sociais que são "indispensáveis e independentes da vontade dos homens" ("Prefácio" à *Crítica da economia política*). Com a abolição do capitalismo, contudo, o desenvolvimento dessas forças e potencialidades torna possível um mundo sob controle de produtores associados que cooperam comunitariamente, desenvolvem individualidades múltiplas e gozam de liberdade pessoal.

Enquanto filosofia da história, portanto, o marxismo propõe uma teoria do desenvolvimento do indivíduo, como, aliás, muitas outras teorias do século XIX. Como ciência social, rejeita as explicações elaboradas em termos dos propósitos, atitudes e crenças individuais, preferindo considerá-las, elas próprias, como matéria a ser explicada. Por outro lado, como toda macroteoria, precisa de uma microteoria para trabalhar; mas não focaliza a atenção sobre os detalhes dessa teoria. Como teoria da ideologia, postula que as teorias e modos de pensar individualistas, e particularmente os formulados em termos de indivíduos abstratos, fora de contexto histórico, são "robinsonadas" - expressão cunhada por Marx na "Introdução" à *Crítica da economia política* e inspirada no personagem de Robinson Crusoe - que ocultam as relações sociais subjacentes, sobretudo as relações de produção, as quais, por sua vez, explicam o pensamento e a ação individuais. Finalmente, como visão da boa sociedade e da realização humana, o marxismo postula uma noção de individualidade multifacetada e plenamente desenvolvida, que não pode ser medida por nenhum padrão predeterminado (embora só seja realizável sob condições de unidade social e de controle coletivo da natureza), que mostra ligações claras com o romantismo alemão.

Marx tem, portanto, relativamente pouco a dizer sobre o micronível da interação humana, sobre a natureza da psiquê humana individual, sobre as relações pessoais ou sobre as relações entre o Estado e o indivíduo ou entre o público e o privado. O marxismo vê indivíduo como produto social (conforme enfatizou marxismo "estruturalista" de Althusser) e ainda assim exige uma teoria do comportamento humano individual e da interação social para sustentar o materialismo histórico. Seu objetivo (como os humanistas marxistas perceberam) é, a um só tempo, explicar e engajar-se no processo que levará ao fim das relações sociais de produção e troca reificadas, sujeitando-as "ao poder dos indivíduos unidos", pois "a realidade criada pelo comunismo é precisamente a base para tornar impossível que alguma coisa exista independentemente dos indivíduos, uma vez que a realidade é, não obstante, apenas um produto do intercâmbio anterior dos indivíduos" (*A ideologia alemã*, I, IV, 6).

SL

Bibliografia: Della Volpe, Galvano, *Teoria marxista dell' emancipazione umana*, 1974 • Kosik, Karel, "L'individu et l'histoire", 1968 • Lukács, Georg, *Geschichte und Klassenbewusstsein*, 1923; *History and Class Consciousness* (1971) [*História e consciência de classe*, 1974] • Lukes, Steven, *Individualism*, 1973 • Macpherson, C.B., *The Political Theory of Possessive Individualism*, 1962 [*A teoria política do individualismo possessivo*, 1979] • Plamenatz, John, *Karl Marx's Philosophy of Man*, 1975 • Schaff, Adam, *Marxismus und das menschliche Individuum*, 1965 [*O marxismo e o indivíduo*, 1967] • Tucker, D.F.B., *Marxism and Individualism*, 1980 [*Marxismo e individualismo*, 1983].

indústria da cultura Ver CULTURA e ESCOLA DE FRANKFURT

industrialização Embora o termo "industrialização" esteja ausente da obra de Marx e Engels, o *conceito* está claramente presente. Marx distingue a "indústria moderna" ou "sistema fabril" ou "sistema da maquinaria" das formas anteriores de produção capitalista, a COOPERAÇÃO e a MANUFATURA. A indústria moderna distingue-se da manufatura pelo papel central que nela desempenha a maquinaria:

> Tão logo as ferramentas se transformaram de implementos manuais do homem em implementos de um aparelho mecânico, de uma máquina, o mecanismo motor também adquiriu uma forma independente, totalmente emancipada das limitações da força humana. Com isso, a máquina individual reduz-se a simples fator da produção pela maquinaria. (*O Capital*, I, cap. XIII, seção 1)

Paralelamente à manufatura, Marx distingue duas fases no desenvolvimento do sistema da maquinaria. Na primeira, a "cooperação simples", existe apenas "na fábrica um conglomerado de máquinas semelhantes e que trabalham simultaneamente", usando uma única fonte de energia. Na segunda fase, um "complexo sistema de maquinaria", o produto atravessa uma série conexa de processos detalhados, realizados por uma cadeia de máquinas interligadas. Quando esse sistema complexo é aperfeiçoado e pode realizar todo o processo de produção, com os trabalhadores como simples atendentes, torna-se um "sistema automático de maquinaria" (*O Capital*, I, cap.XIII, seção 1).

A transformação das ferramentas operadas manualmente em instrumentos de uma máquina reduz o trabalhador a uma "simples" fonte de energia, e, com a expansão da produção, os limites da força humana exigem a substituição dos músculos humanos pela força motriz mecânica. No sistema fabril, todas as máquinas são impulsionadas por uma única "força motriz", a máquina a vapor. Contudo, Marx chama a atenção para o fato de que essa máquina existia muito antes da "indústria moderna" e de que ela

> não deu origem a nenhuma revolução industrial (...) pelo contrário, a invenção das máquinas (...) é que tornou necessária uma revolução na forma da máquina a vapor. (*O Capital*, I, cap. XIII, seção 1)

Os novos meios de comunicação e transporte exigidos pela indústria moderna constituíram um importante estímulo para o aperfeiçoamento da máquina a vapor. Navios oceânicos e fluviais, ferrovias, locomotivas e telégrafo exigiam, para a sua construção, "máquinas ciclópicas", e essas máquinas (martelo-pilão, perfuratriz, torno mecânico) demandavam uma grande força motriz sujeita a um controle perfeito. A esfera de torno inventada por Maudsley facilitou o aperfeiçoamento na fabricação de máquinas a vapor necessárias a esse controle. (*O Capital*, I, cap. XIII, seção 1). Na fábrica, com um sistema instalado de máquinas automáticas, os trabalhadores são reduzidos a atendentes das máquinas, e há uma crescente "separação entre o esforço intelectual de produção e o trabalho manual", já que se exige um nível de habilitação ainda menor do que na manufatura (*O Capital*, I, cap.XIII, seção 4; para um desenvolvimento posterior desse tema ver Braverman, 1974).

A "indústria moderna" também transforma a agricultura, na qual máquinas são introduzidas juntamente com produtos químicos de origem industrial e outras técnicas inovadoras. A existência de capitais cada vez maiores para competir na agricultura completa o afastamento dos camponeses da terra, e a nova maquinaria substitui muitos trabalhadores agrícolas e empobrece outros. A transferência da população para as cidades é acelerada, e a divisão entre a cidade e o campo se torna completa. A industrialização da agricultura empobrece o solo, bem como o trabalhador agrícola (*O Capital*, I, cap.XIII, seção 10)

Na indústria como na agricultura, a introdução de máquinas e sua dominação sobre um número cada vez maior de setores da produção cria uma "população excedente", ou um "exército industrial de reserva" (ver EXÉRCITO INDUSTRIAL DE RESERVA e POPULAÇÃO), quando o trabalho vivo é substituído pela máquina (*O Capital*, I, cap.XXIII, seção 3 e Engels, *Do socialismo utópico ao socialismo científico*, parte III).

Embora formas de produção capitalista existissem antes da industrialização, a "indústria moderna" é a mais elevada forma dessa produção, a forma que finalmente põe de lado todas as outras e estabelece a dominação do modo de produção capitalista na economia e da BURGUESIA na política. A indústria moderna realiza a dominação econômica pela subordinação da indústria doméstica e da manufatura na cidade e no campo, destruindo-as em seguida e conquistando para si todo o mercado interno (*O Capital*, I, cap.XIII; ver também Lenin, 1899b). Ao mesmo tempo, a concorrência entre os capitalistas produz uma expansão e um aperfeiçoamento contínuos da maquinaria e do sistema fabril, causando com isso sucessivas revoluções nas FORÇAS PRODUTIVAS E RELAÇÕES DE PRODUÇÃO da sociedade.

> A indústria moderna nunca considera (...) como definitiva a forma existente de um processo. A base técnica dessa indústria é, portanto,

revolucionária, ao passo que todos os modos de produção anteriores eram essencialmente conservadores. (*O Capital*, I, cap.XIII, seção 9)

Embora Marx situe o início da indústria moderna na Inglaterra no último terço do século XVIII, localiza o seu período de desenvolvimento mais rápido entre 1846 e 1866 (*O Capital*, I, cap.XXIII, seção 5). As repercussões da indústria moderna não se limitaram, porém, à Inglaterra. Tendo revolucionado os meios internacionais de comunicação e transporte, a indústria moderna destruiu a indústria artesanal dos outros países com as suas mercadorias baratas, criando assim uma nova divisão internacional do trabalho na qual uma parte do mundo produz matérias-primas para as indústrias da outra parte (*O Capital*, I, cap.XIII, seção 7).

Marx e Engels preocuparam-se apenas com a industrialização capitalista. Políticos e teóricos marxistas posteriores, porém, valeram-se de sua análise como base para a teoria e a prática da industrialização no socialismo. Embora a industrialização "forçada" na URSS seja habitualmente identificada com Stalin (ver STALINISMO e MARXISMO SOVIÉTICO), PREOBRAJENSKI foi o primeiro marxista a tentar adaptar a análise de Marx da industrialização capitalista às condições soviéticas. Nessa adaptação, ênfase particular foi conferida à importância do setor de capital constante para a acumulação e a expansão industriais (ver *O Capital*, II, cap.XXI, e ESQUEMAS DE REPRODUÇÃO). Com Stalin, isso levou a que se privilegiasse o investimento nas indústrias de bens de capital (ou "indústria pesada"), que, desde então, vem constituindo uma característica marcante da industrialização da União Soviética e da Europa Oriental.

GK

Bibliografia: Braverman, H., *Labour and Monopoly Capital: the Degradation of Work in the Twentieth Century*, 1974 [*Trabalho e capital monopolista: a degradação do trabalho no século XX*, 1981] • Dobb, Maurice, *Studies in the Development of Capitalism*, 1946 (1963) [*A evolução do capitalismo, 1983*] • Lenin, V.I., *The Development of Capitalism in Russia: the Process of the Formation of a Home Market for Larger-Scale Industry*, 1899 (1940) [*O desenvolvimento do capitalismo na Rússia*, 1982] • Preobrajenski, E., *The New Economics*, 1926 (1965) [*A nova econômica*, 1979] • Sweezy, P, "Karl Marx and the Industrial Revolution", 1968 • Warren, B., "Imperalism and Capitalist Industrialisation", 1973.

infraestrutura Ver BASE E SUPERESTRUTURA

Instituto de Pesquisa Social de Frankfurt Ver ESCOLA DE FRANKFURT

intelectuais O marxismo se tem preocupado com o papel desempenhado pelos intelectuais na história e com a relação entre os intelectuais socialistas e os movimentos socialistas. Quanto à primeira questão, Marx e Engels consideravam os intelectuais como nitidamente divididos em conservadores e progressistas. Estabeleciam um vínculo entre os primeiros, mais numerosos, e sua concepção de IDEOLOGIA, que viam como um casulo protetor de convicções tecido em torno de si mesma por qualquer sociedade, em benefício principalmente das classes nela dominantes. Essas ilusões têm sido objeto do interesse e da atividade de homens habituados, graças à ampliação da divisão do trabalho e à separação entre trabalho intelectual e trabalho manual, ao pensamento abstrato e pouco realista (*A ideologia alemã*, vol.I, 1A e 1B; carta de Engels a F. Mehring, 14 de julho de 1893). Marx e Engels consideravam a especialização como limitadora e prejudicial a todos os trabalhadores, tanto intelectuais quanto manuais (Venable 1946, p.54, 1929).

Em contrapartida, Engels prestou tributo a pensadores de épocas como o Renascimento, cujos espíritos se movimentavam livre e vigorosamente em meio ao bulício e a agitação da vida ativa (*Dialética da natureza*, Introdução). Esses homens, na sua opinião e na de Marx, expressaram e esclareceram os impulsos de novas e progressistas classes ou correntes sociais. Homens como Bayle, que, em um ensaio laudatório sobre o materialismo francês (*A Sagrada Família*, cap.VI, 3d) Marx destacou como o demolidor de toda a metafísica, podiam ser facilmente identificados como porta-vozes ou aliados da burguesia francesa que preparavam o terreno para o seu desafio, por tanto tempo adiado, contra a monarquia e a aristocracia.

Marx e Engels alinharam-se, eles próprios, da mesma maneira, com a nova classe operária industrial. Mas as relações com essa massa quase analfabeta não podiam ser iguais às que se haviam travado entre os intelectuais e qualquer outro movimento anterior; e sobre o que podiam ou deviam ser tais relações, nenhum dos dois deixou qualquer afirmação conclusiva. A questão complica-se pelo fato de terem eles sustentado, desde o princípio, uma opinião excepcionalmente negativa sobre os amadores ou curiosos do socialismo surgidos nos meios burgueses e pequeno-burgueses da Alemanha de sua época, considerando-os como pretensiosos e superficiais. Na terceira parte do *Manifesto comunista*, ironizando o socialismo "alemão", o "verdadeiro", acusaram esses manipuladores de palavras de transformar as ideias francesas em abstrações sem sentido, em invenções da fantasia. A violenta polêmica de Engels com Dühring revela toda a aversão que ele e Marx tinham por esse pseudointelectualismo e sua preocupação com o risco de ser o movimento dos trabalhadores enganado e mal orientado por ele (cf. carta de Marx e Engels a A. Bebel e outros, setembro de 1879).

Marx e Engels nutriam esperanças, embora intermitentes, de que a classe operária soubesse encontrar seu próprio caminho para o socialismo. Mas eram poucos os indícios de que isso pudesse acontecer e pouquíssimos os pensadores operários, como Joseph Dietzgen, que surgiam. Lenin achava que a classe operária não poderia chegar pelos seus próprios meios a ideias que fossem além do sindicalismo e que outras ideias lhe teriam de ser transmitidas por elementos de fora da classe. Como disse Plekhanov, os marxistas deveriam orgulhar-se de servir como intelectuais para os trabalhadores revolucionários (1908, p.28). Lenin tinha, porém, sentimentos ambivalentes em relação à intelectualidade, particularmente a da Rússia, e suas diatribes sobre as deficiências desta lembram as de Marx contra os alemães cultos de sua época. Era pouco coesa, negligente, hesitante. Essas restrições se aprofundaram depois do fracasso da revolução de 1905, quando Lenin achou que até mesmo os intelectuais bolcheviques estavam sucumbindo ao derrotismo e que alguns se refugiavam na fantasia vazia. E chegou a escrever a Gorki que via com bons olhos a deserção desses intelectuais e sua substituição, nas fileiras do partido, por trabalhadores. Ainda assim, poucos dias depois, assegurou ao seu amigo que não desejava deixar de fora os intelectuais, "como fazem os tolos sindicalistas", e que tinha plena consciência de sua importância para o movimento operário (Cartas de 7 e 13 de fevereiro de 1908). Na verdade, 79 dos 169 mais destacados bolcheviques inscritos no partido antes de 1917 tinham educação superior, e 15% dos membros do partido haviam frequentado universidades (Liebman, 1973, p.100).

Ao fazer conferências sobre o socialismo para um atento público de profissionais liberais, Kautsky tinha esperanças de conquistar a adesão de muitos deles. Assegurou-lhes que o socialismo traria para o trabalho intelectual e artístico não só maior público, como também maior liberdade: qualquer tentativa de controle governamental nessa esfera seria tolice, e a palavra de ordem seria "Comunismo na produção material, anarquismo na intelectual" (1902, p.178-9, 183). A revolução bolchevique foi o teste prático dessa promessa, se bem que em condições desfavoráveis devido ao atraso da Rússia. Lenin observou que em todos os campos era necessário empregar a antiga intelectualidade, que teria de ser – e o mesmo era válido para a classe operária – reformada, reeducada (1920a, p.113). A intelectualidade técnica tinha uma particular importância. A rápida industrialização pelos métodos stalinistas colocou o regime em choque com ela, ao passo que outros setores eram submetidos a um controle rigoroso. Pessoas instruídas eram, de qualquer modo, muito poucas, e novos quadros foram sendo criados, recrutados a princípio e na medida do possível entre a classe trabalhadora, e treinados mais para a fidelidade e a eficiência do que para o pensamento independente. Dificuldades semelhantes foram encontradas, mais tarde, na China, onde se mostravam mais graves devido ao atraso ainda maior do país, não tendo sido em nada minoradas pela Revolução Cultural que, em certos momentos, pareceu disposta a dispensar totalmente os intelectuais e a voltar ao comunismo primitivo.

Na Europa Ocidental a questão foi muito estudada por Gramsci, que distinguiu entre a intelectualidade "tradicional" de qualquer país, que se considera uma classe ou comunidade à parte – isolamento irreal que se reflete em toda filosofia idealista – e os grupos pensantes que toda classe (com exceção dos camponeses) produz "organicamente" a partir de suas próprias fileiras (1949, *passim* e 1957, p.118-20). Gramsci ansiava por ver formarem-se mais intelectuais da classe operária, embora sua definição fosse bastante ampla para incluir todas as camadas de dirigentes e organizadores: os intelectuais de que se precisa hoje, escreveu ele, são edificadores práticos da sociedade, e não simplesmente oradores. Gramsci observou que uma característica constante da vida moderna era uma elevada taxa de desemprego entre "as camadas intelectuais médias" (1957, p.122-3).

No Ocidente, a diminuição da confiança na classe operária como aquela que traria o socialismo fez com que um peso maior fosse dado à intelectualidade. Nenhum marxista confesso poderia ir tão longe quanto Wright Mills, nos Estados Unidos, no esforço de elevar a intelectualidade à posição de realizadora da missão progressista que a omissão da classe trabalhadora deixara vaga. Mas o MARXISMO OCIDENTAL vem prestando crescente atenção à influência das ideias na história e, portanto, aos homens e mulheres que delas mais se têm ocupado. Com isso, tem se fortalecido a convicção de que o socialismo, para que tenha futuro, deve cuidar do conhecimento e das artes, tanto quanto dos interesses materiais mais imediatos.

VGK

Bibliografia: Bon, F. & M.A. Burhier, "Les intellectuels dans la société", 1966 ◎ *Les nouveaux intellectuels*, 1966 (1971) • Catalano, F., "Intellettuali e popolo in Gramsci", 1949 • Davidson, Alastair, *Antonio Gramsci: Towards an Intelectual Biography*, 1977 • Debray, Régis, *Le pouvoir intellectuel en France*, 1979 • Fernandes, Florestan, "Tarefas dos intelectuais na revolução democrática", 1979 • Gandy, G.R., *Marx and History: From Primitive Society to Comunist Future*, 1979 • Gómez de Souza, Luís Alberto, "O intelectual orgânico: a serviço do sistema ou das classes populares?", 1978 • Gramsci, Antonio, *Gli intelettuali e l'organizzazione della cultura*, 1949 [*Os intelectuais e a organização da cultura*, 1968] ◎ *"The Modern Prince" and other writings*, 1957 ◎ *L'alternativa pedagógica*, 1973; *La alternativa pedagógica* (1976) • *Gramsci e la cultura contemporanea: atti del convegno internazionale di studi gramsciani, tenuto a Cagliari nei giorni 23-27 aprile 1967*, 1969-70 • Hamilton, A., *L'illusion fasciste: les intellectuels et le fascisme (1919,1945)*, 1971 • Kautsky, Karl, *Ethik und materialistische Geschichtsauffassung*, 1906; *Ethics and the Materialist Conception of History* (1918) • Konrád, G. & I. Szelényi, *La marche au pouvoir des intellectuels*, 1975; *The intelectuals on the Road to Class Power* (1979) • Lenin, V.I. & M. Gorki, *Letters, Reminiscenses, Articles*, 1973 • Liebman, Marcel, *Le léninisme sous Lénine*, 1973; *Leninism under Lenin* (1975) [*O leninismo sob Lenine*, 1976] • Mantovani, G., "Gramsci: l'intellettualé organico", 1966 • Mills, C. Wrighl, *The Marxists*, 1962 [*Os marxistas*, 1968] • Mura, C., "Antonio Gramsci tra storicismo e intellettualismo", 1966 • Nizan, Paul, *Les chiens de garde*, 1971 • Piotte, J.-M., *La pensée politique de Gramsci*, caps. 1 e 2, 1970 [*O pensamento político de Gramsci*, 1975] • Plekhanov, G.V., *Materialismus Militans*, 1908-10 (1973) • Seliger, Martin, *The Marxist Conception of Ideology*, 1977 • Venable, Vernon, *Human Nature: the Marxist View*, 1946.

internacionais A **Associação Internacional dos Trabalhadores** (1864-1876) – a **Primeira Internacional** – foi uma federação internacional das organizações da classe trabalhadora de vários países da Europa Central e Ocidental, onde o movimento operário estava renascendo, na década de 1860, após as derrotas de 1848-1849. Embora tenha sido fundada pelos esforços espontâneos dos trabalhadores de Londres e Paris, que manifestavam sua solidariedade com o levante nacional polonês de 1863, Marx (de 1864 a 1872) e Engels (de 1870 a 1872) iriam desempenhar o papel chave em sua liderança.

Marx reconheceu, de imediato, que "estavam em causa 'poderes' reais", mas que "levaria tempo para que o movimento renascido permitisse a velha ousadia da palavra". (Carta de Marx a Engels, 4 de novembro de 1864) que tinha caracterizado a organização dirigente internacional de menor amplitude, a Liga dos Comunistas, liderada por ele e Engels entre 1847 e 1852. Por isso, Marx redigiu e conseguiu a aprovação de um *Manifesto de lançamento* e de Estatutos concebidos de modo a proporcionar as bases para a cooperação tanto com os líderes liberais dos sindicatos ingleses como com os adeptos de Proudhon, Mazzini e Lassalle, na França, na Itália e na Alemanha. A associação admitia tanto membros individuais como organizações locais e nacionais; seu Conselho Geral, eleito em seus congressos (normalmente) anuais, teve sede em Londres até 1872.

Nos primeiros anos da Internacional, Marx, que redigia quase todos os documentos distribuídos pelo Conselho Geral, restringiu-se "aos pontos que permitiam acordo imediato e ação combinada pelos trabalhadores" (Carta de Marx a Kugelmann, 9 de outubro de 1866). Essas atividades incluíam medidas contra a exportação de "fura-greves", protestos contra os maus tratos infringidos aos prisioneiros fenianos irlandeses e a luta contra a guerra. Com o desenvolvimento da Internacional, Marx conseguiu assegurar a adoção de reivindicações de caráter cada vez mais socialista. Assim, em 1868, apesar de uma oposição proudhonista decrescente, a Internacional, que se iniciara sem qualquer compromisso específico com a propriedade pública, declarou-se a favor da propriedade coletiva das minas, ferrovias, terras aráveis, florestas e comunicações.

A COMUNA DE PARIS de 1871 representou um momento decisivo da história da Associação Internacional dos Trabalhadores (AIT). Engels chegou a descrever a revolução da primavera de Paris como "sem sombra de dúvida o filho intelectual da Internacional, embora esta não houvesse movido um dedo sequer para levá-la a efeito" (Carta de Engels a Sorge, 12-17 de setembro de 1874). Os partidários franceses da Internacional, principalmente os adeptos de Proudhon, desempenharam um papel importante na Comuna, e o Conselho Geral organizou uma campanha de solidariedade internacional. Marx garantiu o endosso de sua justificação histórica apaixonada da Comuna, *A guerra civil na França*, pela maioria do Conselho Geral, em cujo nome foi publicada como um comunicado. A experiência da Comuna, bem como o desenvolvimento da luta pelo direito de voto da classe operária, levaram Marx e Engels a atribuírem grande ênfase à necessidade de formas efetivas de ação política. Em setembro de 1871, por iniciativa de ambos, a AIT, na Conferência de Londres, manifestou-se oficialmente, pela primeira vez, em favor da "constituição da classe operária num partido político" (ver PARTIDO). Esse objetivo foi incorporado em novo artigo estatutário, elaborado por Marx e aprovado no Congresso de Haia da Internacional em 1872, que também especificou que "a conquista do poder político torna-se o grande dever do proletariado".

Essas posições sofreram firme oposição de BAKUNIN e de seus partidários na Internacional que, a partir de uma premissa anarquista (ver ANARQUISMO), argumentavam a favor da abstenção da política. A Aliança Internacional para a Democracia Socialista, de Bakunin, tinha requerido ingresso na AIT em 1868. Apesar de seu desagrado pelo programa da Aliança, Marx apoiou no ano seguinte a admissão de suas seções na Internacional, com base no princípio de que esta deveria "deixar cada seção estruturar livremente seu próprio programa teórico" (*Documents of the First International*, vol.3, p.273-7, 310-1). O conflito entre os partidários de Marx e de Bakunin, que tiveram sua escalada na Internacional entre 1869 a 1872, teve como centro justamente a questão de como a AIT devia ser organizada Bakunin atacava o "autoritarismo" do Conselho Geral, ao mesmo tempo que procurava colocar a Internacional sob a tutela de uma sociedade secreta hierarquicamente organizada e controlada por ele.

Defrontando-se externamente com a repressão política e, internamente, com a divisão provocada pelos seguidores de Bakunin, Marx e Engels defenderam um aumento de poderes do Conselho Geral. Bakunin ganhou apoio contra essa medida na Suíça, na Itália, na Espanha e na Bélgica, conseguindo também a adesão de uma parte substancial dos associados ingleses.

O Congresso de Haia de 1872 reuniu 65 delegados de 13 países europeus, da Austrália e dos Estados Unidos, um número maior do que em qualquer congresso anterior. E nele foram concedidos maiores poderes ao Conselho Geral. Bakunin e seu camarada,

Guillaume, foram expulsos por tentarem organizar uma sociedade secreta dentro da Internacional, tendo havido também uma acusação, mais controvertida, de fraude contra Bakunin. O congresso aprovou ainda, por estreita maioria, uma proposta de Marx e Engels e dos partidários destes para mudar a sede do Conselho Geral para Nova York. Um motivo significativo para essa proposta pode ter sido o temor de que, em Londres, o Conselho pudesse cair sob o controle dos emigrados blanquistas franceses (ver BLANQUISMO), com os quais Marx e Engels se haviam aliado para derrotar Bakunin. Essa mudança, porém, marcaria efetivamente o fim da Internacional, dissolvida numa conferência na Filadélfia em 1876. Uma Internacional "antiautoritária", que tentou usar manto da AIT, desfrutou de algum êxito inicial, mas viu-se inapelavelmente cindida por volta de 1877 e realizou seu derradeiro congresso, puramente anarquista, em 1881.

Nos anos seguintes, assistiu-se a um importante crescimento dos partidos nacionais de trabalhadores, a maior parte dos quais de caráter mais ou menos marxista, que a Internacional havia, especialmente em 1871-1872, se empenhado bastante em promover. Marx, até sua morte em 1883, e Engels, mesmo às vésperas do congresso de criação da Segunda Internacional, haviam-se oposto à tentativa "de criar organizações internacionais que são, no presente, tão impossíveis como inúteis" (Carta de Engels a Laura Lafargue, 28 de junho de 1889). Subsequentemente, contudo, Engels daria à Internacional significativo apoio e orientação.

A **Segunda Internacional** (1889-1914) foi efetivamente fundada no Congresso Internacional de Trabalhadores, organizado pelos marxistas em Paris no mês de julho de 1889. A exemplo da Primeira Internacional, tinha sua base essencialmente no movimento dos trabalhadores europeu, mas foi muito mais ampla do que a sua antecessora. Em grande parte dominada pela Social-Democracia alemã, os partidos que lhe eram filiados tinham conseguido – ou estavam em vias de conseguir – uma base de massas. Por volta de 1904, esses partidos participavam de eleições em 21 países, tinham conquistado mais de 6,6 milhões de votos e 261 cadeiras parlamentares. Em 1914, contavam com quatro milhões de membros e com 12 milhões de votos nas eleições parlamentares. A Segunda Internacional foi, essencialmente, uma federação livre de partidos e sindicatos. Em 1900, o Bureau Socialista Internacional, com função mais técnica e coordenadora do que diretiva, foi estabelecido em Bruxelas, tendo Camille Huysmans como seu secretário de tempo integral. Na maior parte dos partidos filiados, com a exceção destacada do Partido Trabalhista Britânico (admitido em 1908), o marxismo era a ideologia predominante, embora outras tendências e influências também estivessem presentes, entre as quais os anarquistas, que, depois de derrotados na questão da luta política nos congressos de 1893 e de 1896, foram excluídos da Internacional. Os dois teóricos que, após a morte de Engels em 1895, mais contribuíram para o caráter do marxismo oficial da Segunda Internacional foram KAUTSKY e PLEKHANOV.

A Internacional realizava seus congressos de dois em dois ou, no máximo, de quatro em quatro anos, para decidir sobre as ações comuns e para debater questões de política. Entre as primeiras, estava a convocação para organizar, a partir de 1890, manifestações em todos os países nos dias 1º de maio, em apoio à jornada de trabalho de oito horas. Lutas entre tendências da direita, esquerda e centro, que tinham origem inicialmente no interior dos partidos nacionais, transferiram-se para a arena da Internacional. O Congresso de Paris de 1900 debateu agudamente a questão do "millerandismo": se era permissível participar de um governo burguês, como o socialista francês Millerand tinha feito, como ministro, no ano anterior. Finalmente, uma resolução de compromisso, elaborada por Kautsky, foi aprovada, permitindo esse tipo de participação como "um expediente temporário ...em casos excepcionais, se sancionada pelo partido" (apud Braunthal, 1966, vol.1, p.272-3). O congresso seguinte, reunido em Amsterdã em 1904, foi instado a dar aprovação internacional e validação à resolução que condenara as ideias revisionistas de BERNSTEIN, aprovada pelo congresso Social-Democrata alemão, em Dresden, no ano anterior. Isso provocou um grande e marcante debate sobre estratégia, no qual o líder social-democrata alemão Bebel defendeu seu partido das acusações, do líder socialista francês Jaurès, de que a rigidez doutrinária dos social-democratas alemães era responsável por um assustador contraste entre o crescimento de seu eleitorado e sua incapacidade de mudar o regime autocrático do Kaiser. O congresso apoiou a resolução de Dresden por 25 votos contra 5, com 12 abstenções, mas os revisionistas permaneceram na Internacional e no partido alemão, impregnando a ambos com as suas ideias (ver REVISIONISMO).

Uma outra questão importante e controvertida foi o colonialismo, já condenado unanimemente pelo congresso da Internacional de 1900, na época da Guerra dos Bôeres. Contudo, a maioria da comissão colonial do Congresso de Stuttgart argumentou, sete anos depois, que "não se devia rejeitar todas as políticas coloniais em quaisquer circunstâncias; por exemplo, aquelas que, sob um regime socialista, poderiam servir a um propósito civilizador" (apud Braunthal, 1966, p.318). Após aceso debate, esse ponto de vista foi rejeitado por 127 votos contra 108, e aprovada uma resolução condenando as "políticas coloniais capitalistas (que) devem, por sua natureza, dar lugar à servidão, trabalhos forçados e o extermínio dos povos nativos" (apud Braunthal, 1966, p.319).

A luta contra a guerra sempre foi essencial para a Internacional e, desde a fundação desta, refletira-se nas resoluções de seus congressos. Ela dominou o Congresso de Stuttgart em 1907, realizado quando as nuvens tempestuosas da guerra avolumavam-se sobre a Europa. A resolução final ali aprovada unanimemente – a despeito de sérias divergências no debates – incluía uma emenda apresentada por Lenin, Rosa Luxemburg e Martov, cujo texto, após instar pela realização de "todo o esforço possível para impedir a deflagração da guerra", prosseguia: "se, apesar disso, a guerra for deflagrada, é dever deles (dos movimentos operários) intervir em favor de seu mais rápido término, empregando toda a sua força para utilizar a crise econômica e política criada pela guerra para levantar as massas e, desse modo, acelerar a derrubada do domínio da classe capitalista" (apud Braunthal, 1966, p.363). Essa posição foi reafirmada nos dois congressos seguintes. O de Basileia em 1912, o último antes da guerra, tornou-se uma grande e comovente manifestação pela paz. E concitava – também por unanimidade – à ação revolucionária, caso houvesse a guerra. A eclosão da Primeira Guerra Mundial, dois anos depois, provou que a unanimidade em torno de tais palavras "havia sido apenas um fino verniz cobrindo um nacionalismo profundamente enraizado" (Deutscher, 1972, p.102). Os principais partidos da Segunda Internacional deram seu apoio à guerra travada por seus respectivos governos e com isso provocaram o colapso ignominioso da Internacional. Foi a culminação de todo um período de expansão capitalista e de integração nacional do movimento operário.

Somente os partidos russo, sérvio e húngaro – justamente com pequenos grupos dentro de outros partidos – permaneceram fiéis aos princípios repetidamente enaltecidos pela Internacional. Algumas tentativas sem sucesso foram feitas durante a guerra, particularmente por partidos de países neutros, para reviver a Segunda Internacional, cujo Bureau Internacional se transferira para a Holanda. Em 1919, porém, numa conferência em Berna, foi reconstituída uma pálida versão da antiga Segunda Internacional (a "Internacional de Berna"), que realizou seu primeiro congresso em Genebra, no ano seguinte, contando com a representação de 17 países. Em 1921, os socialistas de esquerda de dez partidos, inclusive o Partido Social-Democrata Independente Alemão (USPD), o Partido Social-Democrata Austríaco (SPO) e o ILP inglês, reuniram-se em Viena para constituir a União Internacional de Trabalhadores dos Partidos Socialistas ("União de Viena"), apelidada de "Segunda e Meia Internacional". Esta associação considerava-se como o primeiro passo para uma Internacional ampla e, em 1923, num congresso realizado em Hamburgo, uniu-se à Segunda Internacional revivida para formar a *Internacional Trabalhista e Socialista*, que deixou de funcionar em 1940. Foi substituída em 1951 pela atual *Internacional Socialista*, que é uma associação livre dos principais partidos socialistas e social-democráticos em todo o mundo, com sede em Londres.

A **Terceira Internacional** (1919-1943) Com a desintegração da Segunda Internacional, ao eclodir a Primeira Guerra Mundial, Lenin escreveu, em novembro de 1914: "A Segunda Internacional está morta, vencida pelo oportunismo... Viva a Terceira Internacional..." (Lenin, 1914a, p.40). Essa Terceira Internacional - também chamada de *Internacional Comunista* ou *Comintern* - foi fundada em Moscou em março de 1919 por iniciativa dos bolcheviques, após a vitória da Revolução de Outubro na Rússia e numa época de grande agitação revolucionária na Europa Central. Falando em seu Primeiro Congresso, Lenin expressou o estado de espírito e as esperanças então dominantes quando declarou que "a fundação de uma república soviética internacional está a caminho". Definiu o "reconhecimento da ditadura do proletariado e do poder soviético em lugar da democracia burguesa" como "os princípios fundamentais da Terceira Internacional". Uma "União Mundial das Repúblicas Socialistas Soviéticas" (apud Degras, 1971, vol.2, p.465) permaneceria como seu objetivo oficial ao longo de toda a sua existência, embora passasse a segundo plano após 1935. Em seu Segundo Congresso, reunido em Moscou em julho-agosto de 1920, havia delegados de partidos e organizações de 41 países, e delegados observadores, entre outros, do Partido Socialista Francês e do Partido Social-Democrata Independente Alemão, que, em seus respectivos congressos, antes do fim daquele ano, decidiriam, por maioria, filiar-se ao Comintern. Preocupado com a ameaça de diluição da nova Internacional pelos instáveis elementos social-democratas, o congresso estabeleceu 21 Condições de filiação draconianas. Todos os partidos que desejavam essa filiação tinham de "afastar os reformistas e centristas de todas as posições de responsabilidade no movimento operário", e combinar o trabalho legal com o ilegal, inclusive a propaganda sistemática no exército. Definindo a época como de "aguda guerra civil", o Comintern exigia "disciplina férrea" e o maior grau possível de centralização, nacionalmente pela direção dos partidos e internacionalmente pelo executivo do Comintern cujas decisões tinham força de lei entre os congressos (Degras, 1971, vol.1, p.166-72).

Em seus Estatutos, o Comintern declarava que "rompia de uma vez por todas com as tradições da Segunda Internacional, para a qual somente existiam povos de pele branca": sua missão era congregar e libertar trabalhadores de todas as cores. O Segundo Congresso aprovou as *Teses sobre a questão nacional e colonial*, elaboradas por Lenin, que enfatizavam a necessidade de uma aliança anti-imperialista dos movimentos de libertação nacional e colonial com a Rússia Soviética e os movimentos operários que combatiam o capitalismo (Degras, 1971, vol.1, p.138-44). O texto de Lenin, *Esquerdismo, doença infantil do comunismo*, escrito em 1920, buscava combater as tendências "esquerdistas" no Comintern e discutia questões como a participação comunista nas eleições parlamentares e o seu trabalho dentro dos sindicatos reacionários. Foram essas as questões que Lenin enfrentou no Terceiro Congresso do Comitern em 1921, quando percebeu que a onda revolucionária tinha regredido, que os partidos comunistas fora da Rússia representavam uma minoria da classe operária e que as táticas revolucionárias ofensivas anteriores, moldadas essencialmente na experiência russa, já não eram adequadas ao Ocidente. O congresso convocou uma frente única dos partidos da classe operária, nacional e internacionalmente, para lutar pelas necessidades imediatas dos trabalhadores. Em consequência disso, uma conferência dos dirigentes do Comintern, da Segunda Internacional e da União de Viena, foi realizada em Berlim, em 1922, mas não se conseguiu chegar a um acordo.

Após o fracasso da esperada revolução alemã, em outubro de 1923, o Comintern reconheceu que se iniciara um período de relativa estabilização capitalista. Durante os anos seguintes, as lutas internas do partido soviético refletiram-se no Comintern. Depois de muitas batalhas amargas, a oposição trotskista à política stalinista de "socialismo num só país", ao Comitê de Unidade Sindical Anglo-Russo e à estratégia e táticas a serem seguidas na revolução chinesa de 1925-1927 foi derrotada, e Trotski foi expulso da direção executiva do Comintern em setembro de 1927. O Sexto Congresso do Comintern, em 1928, aprovou um programa amplo, em grande parte elaborado por Bukharin. Esse congresso igualmente inaugurou o "terceiro período" do Comintern, no qual a social-democracia foi denunciada como "social-fascismo" e propostas para uma frente única com os seus líderes foram rejeitadas. Em 1931 a direção do Comintern anunciou ser necessário não mais traçar uma linha "entre fascismo e democracia burguesa e entre a forma parlamentar da ditadura da burguesia e a sua forma fascista declarada" (apud Sobolev et al., 1971, p.313). Os efeitos desastrosos dessa política, sobretudo na Alemanha, conduziram a uma revisão da estratégia do Comintern. Em março de 1933, após o estabelecimento da ditadura nazista, a direção do Comintern recomendou publicamente, aos partidos filiados, a aproximação com os comitês centrais dos partidos social-democratas com propostas para uma ação conjunta contra o fascismo. Isso levou à ação unida entre comunistas e socialistas na França. O sétimo, e último, congresso do Comintern em 1935, em que estavam representados mais de três milhões de comunistas (785 mil em países capitalistas), através de 65 partidos, manifestou-se vigorosamente em favor de uma frente única dos partidos da classe operária e sua ampliação numa Frente Popular para conter o avanço fascista. Em sua principal intervenção, Dimitrov enfatizou que a escolha era, agora, não entre a ditadura do proletariado e a democracia burguesa, mas entre a democracia burguesa e a ditadura burguesa aberta e terrorista, representada pelo fascismo. A nova estratégia do Comintern ajudou a inspirar as Frentes Populares na França e na Espanha. Mobilizou o apoio internacional para a luta da República Espanhola contra o fascismo, como também para as propostas do governo soviético de uma frente de paz entre a URSS e as democracias burguesas ocidentais para fazer face à agressão fascista.

O Comintern, que foi sempre dominado pelo Partido Comunista Soviético, deu total apoio aos expurgos stalinistas da década de 1930, nos quais pereceram alguns de seus mais destacados membros e que levaram à dissolução do Partido Comunista Polonês em 1938 sob acusações forjadas. Depois do pacto de não agressão germano-soviético de agosto de 1939, o Comintern reviu sua estratégia baseada na diferenciação entre as democracias burguesas ocidentais e os Estados fascistas. De 1939 a 1941, condenou a guerra como injusta, reacionária e imperialista, de ambas as partes. Após o ataque alemão à União Soviética em junho de 1941, deu seu incondicional apoio à União Soviética e a seus aliados ocidentais na luta contra as potências do Eixo. O Comintern foi dissolvido em junho de 1943 por proposta de seu Presidium, com o argumento de que as condições diferentes sob as quais o movimento comunista internacional tinha agora de operar tornavam sua direção impossível por um centro internacional. A dissolução do Comintern teve igualmente a finalidade de tranquilizar os aliados ocidentais de Stalin (Claudín, 1970).

A Quarta Internacional foi fundada em 1938 por iniciativa de Trotski e de pequenos grupos de seus partidários (ver TROTSKISMO), em oposição à Segunda e à Terceira Internacionais, que sempre acusou de "contrarevolucionárias". Permaneceu restrita e sempre esteve muito sujeita a sérias cisões. (Ver também INTERNACIONALISMO.)

MJ

Bibliografia: Braunthal, Julius 1961-1971, *Geschichte der Internationale*; *History of the Internacional*, vols. 1 e 2 (1966-1980) • Claudín, Fernando, *La crisis del movimiento comunista*, 1970; *La crise du mouvement comuniste: du Komintern au Kominform* (1972); *The Communist movement: from Comintern to Cominform* (1975) • Cole, G.D.H., *A History of Socialist Thought*, vols. 2-5, 1954-60 • Collins, Henry & Chimen Abramsky, *Karl Marx and the Britisn Labour Movement: Years of the First International*, 1965 • Degras, Jane (org.), *The Communist International 1919-1943: Documents*, vols. 1-3, 1956-1965 (1971) • Deutscher, Isaac, "On Internationals and Internationalism", in Isaac Deutscher, *Marxism of Our Time*, 1964 (1972) • *Documents of the First International*, vols. 1-5, 1963-1968 • *Documents of the Fourth International: the Formative Years (1933-1940)*, 1973 • Dutt, R.P., *The Internationale*, 1964 • Frank, Pierre, *La Quatrième Internationale*, 1969 • Haupt, Georges, *Le congrès manqué: l'Internationale à la veille de la Première Guerre Mondiale*, 1965 • Humbert-Droz, Jules, *L'origine de l'Internationale Communiste: de Zimmerwald à Moscou*, 1968 • Joll, James, *The Second International, 1889-1914*, 1955 (1975) • Kriegel, Annie, *Les Internationales ouvrières: 1864-1943*, 1964 • *La question chi-*

noise dans l'Internationale Communiste: textes, 1976 • *Les quatre congrès de l'Internationale communisce*, 1934 (1972) • Marcou, Lilly, *L'Internationale après Scaline*, 1979 • Pirker, Theo (org.), *Komintern und Faschismus, 1920-1940: Dokumente zur Geschichte und Theorie des Faschismus*, 1965 • Ragionieri, Ernesto, *Il marxismo e l'Internazionale*, 1968 • Réberioux, Madeleine (org.), *La Il Internationale et l'Orient*, 1967 • Rubel, Maximilien, "La Charte de la Première Internationale: essai sur le 'marxisme' dans l'AII", 1965 • Sobolev, A.I. et al., *Outline of the Communist International*, 1971 • Trotski, L.D., *La IIIe Internationale après Lénine*, 1969 • Ver também a bibliografia do artigo INTERNACIONALISMO.

internacionalismo O internacionalismo teve importância fundamental para o pensamento e a atividade de Marx e Engels, que deram uma base de classe (o internacionalismo proletário) à ideia da fraternidade humana proclamada pela Revolução Francesa. Engels, em 1845, publicou um artigo em *The Northern Star*, intitulado "The Festival of Nations in London" ("O Festival das Nações em Londres"), no qual contrastava "a fraternização das nações, tal como está hoje sendo posta em prática em toda parte pelo partido proletário extremista", com "o velho egoísmo nacional instintivo e com o cosmopolitismo hipócrita privativista e egoísta do livre comércio". Enquanto a burguesia de cada país possui seus interesses próprios específicos, "os proletários de todos os países têm um único e mesmo interesse, o único e mesmo inimigo, e a única e mesma luta". Marx e Engels achavam que esse interesse comum estava não apenas na cooperação através das fronteiras em defesa dos interesses imediatos de classe, mas também no projeto de provocar "uma grande revolução social (que) se apropriará destas realizações da época burguesa – o mercado mundial e as modernas forças de produção –, sujeitando-as ao controle comum dos povos mais adiantados", conforme escreveu Marx em "The Future Results of British Rule in India" ("Os resultados futuros do domínio britânico na Índia"), artigo publicado no *New York Daily Tribune* de 8 de agosto de 1853.

Quando Marx e Engels ingressaram na Liga dos Comunistas em 1847, o antigo lema da organização, "Todos os Homens São Irmãos", foi modificado para "Proletários de Todos os Países, Uni-vos!". Ao especificar o que distinguia os comunistas, na segunda parte do *Manifesto comunista*, colocaram em primeiro lugar o fato de que "nas lutas nacionais dos proletários dos diferentes países, os comunistas põem em primeiro plano e fazem prevalecer os interesses comuns de todo o proletariado, independentemente de qualquer nacionalidade". Ao mesmo tempo, reconheceram que "no princípio, a luta do proletariado com a burguesia tem o caráter de uma luta nacional, não em sua essência, mas em sua forma. É claro que o proletariado de cada país deve primeiramente ajustar as contas com sua própria burguesia" (*Manifesto comunista*, I). Marx e Engels enfatizaram que "não há absolutamente qualquer contradição no fato do partido internacionalista dos trabalhadores lutar pelo estabelecimento da nação polonesa", no artigo em favor da Polônia que publicaram em *Der Volkstaat* de 24 de março de 1875 (o grifo é do original). Ao lutar pela independência da Irlanda, Marx a via como um estímulo à revolução social na Inglaterra, como se pode ver na carta que escreveu a S. Meyer e A. Vogt, de 9 de abril de 1870.

Se a Primeira Internacional foi constituída "para servir como meio centralizado de comunicação e cooperação entre as associações de trabalhadores existentes nos diferentes países", conforme Marx registrou nos Estatutos Gerais da Associação Internacional dos Trabalhadores, cujo anteprojeto preparou, ele e Engels nem sempre a consideraram essencial para o internacionalismo. Engels escreveu em 1885, em sua "Contribuição à história da Liga dos Comunistas", que a Primeira Internacional se havia transformado "num peso" para o movimento internacional, que "o simples sentimento de solidariedade baseado na compreensão da identidade de posição de classe basta para criar e manter unido". As expectativas de Engels eram demasiado otimistas, mas o problema não foi resolvido com a constituição da Segunda Internacional, que, com a deflagração da Primeira Guerra Mundial em 1914, desmoronou em meio a uma onda de nacionalismo.

A partir de 1914, Lenin insistiu em que os internacionalistas deveriam trabalhar pela "conversão da atual guerra imperialista em guerra civil" (Lenin, 1914b, p.34). Também argumentou em favor da autodeterminação das nações oprimidas pela Rússia czarista (e por outros países), "não porque tenhamos sonhado em dividir o país economicamente, ou porque alimentemos o ideal dos Estados pequenos, mas, pelo contrário, porque desejamos grandes Estados e uma maior unidade, até mesmo uma fusão de nações, só que a partir de uma base realmente democrática, realmente internacionalista, que é *inconcebível* sem a liberdade de separação" (1915b, p.413-4; o grifo é do original). Durante e depois da guerra, Lenin conferiu ênfase cada vez maior à necessidade de "uma união entre os proletários revolucionários dos países capitalistas adiantados e as massas revolucionárias dos países onde não há, ou quase não há, um proletariado, isto é, as massas oprimidas dos países coloniais e orientais" contra o imperialismo (Lenin, 1920e, p.232). E insistiu em que "o internacionalismo proletário exige, primeiro, que os interesses da luta proletária em qualquer país sejam subordinados aos interesses dessa luta em escala mundial, e segundo, que uma nação que está conseguindo a vitória sobre a burguesia deva ser capaz de e esteja disposta a fazer os maiores sacrifícios nacionais pela derrubada do capital internacional" (Lenin, 1920f, p.148).

Lenin e os bolcheviques esperavam que a Revolução Russa de outubro de 1917 fosse a precursora de uma revolução socialista internacional. O isolamento dos revolucionários russos levou à substituição, sob regime de Stalin, de grande parte do internacionalismo do período de Lenin por elementos do egoísmo nacional. Tais desvios não desapareceram depois da Segunda Guerra Mundial, quando o isolamento terminou, mas, como reconhece uma declaração do governo soviético de 30 de outubro de 1956, houve "violações e erros que subestimaram o princípio de igualdade de direitos nas relações entre Estados socialistas" (*Soviet News*, 31 de outubro de 1956). A partir de então, a assistência mútua (particularmente importante para países como Cuba, Vietnã e Angola) e as tentativas de integração dos "sistemas socialistas do mundo" foram acompanhadas de um reaparecimento do nacionalismo e de conflitos (que levaram, em casos extremos, à guerra e à intervenção militar apresentada como "assistência internacionalista contra a contrarrevolução") entre alguns desses Estados. Tais fatos constituem hoje o mais sério desafio para os marxistas que vinham tradicionalmente admitindo que "na medida em que o antagonismo entre as classes dentro da nação diminua, a hostilidade de uma nação para com outra acabará" (*Manifesto comunista*, II). Tais fatos têm igualmente contribuído para a tensão nas relações entre os partidos comunistas que ainda consideram, como na década de 1930, "a atitude para com a União Soviética a pedra de toque do internacionalismo", e os partidos eurocomunistas como o italiano (PCI), que criticam publicamente a URSS e proclamam "um novo internacionalismo (...) sem laços particulares ou privilegiados com ninguém" ("Resolução da Liderança do PCI de 29 de dezembro de 1981", in E. Berlinguer, 1982, p.28). (Ver também EUROCOMUNISMO; INTERNACIONAIS; NAÇÃO E NACIONALISMO.)

MJ

Bibliografia: Berlinguer, Enrico, *After Poland: Towards a New Internationalism*, 1982 • Deutscher, Isaac, *Marxism in Our Time*, 1964 (1972) • Dutt, Rajani Palme, *The Internationale*, 1964 • Johnstone, Monty et al., "Conflicts between Socialist Countries", 1979 • Klugmann, James, "Lenin's Approach to the Question of Nationalism and Internationalism", 1970 • Lenin, V.I., *Questions of National Policy and Proletarian Internationalism*, 1970 • Miliband, Ralph, "Military Intervention and Socialist Internationalism", 1980 • *The World Socialist System and Anti-Communism*, 1972 • Zagladin, V.V. (org.), *The World Communist Movement*, 1973 • Ver também a bibliografia do artigo INTERNACIONAIS.

Islã De um modo geral, os marxistas têm mantido silêncio com relação às origens e ao papel histórico do Islã. Os comentários de Marx e de Engels sobre o Islã são tentadoramente sugestivos, mas igualmente incompletos. Numa carta a Engels em que discute a natureza das sociedades asiáticas, Marx formulou a pergunta fundamental, para a qual ainda não foi encontrada nenhuma resposta adequada: Por que a história do Oriente *apa-*

rece como uma história das religiões? Mais concretamente, num artigo sobre a história do primitivo cristianismo publicado em *Die Neue Zeit*, Engels chamava atenção para um dos processos fundamentais da estrutura social islâmica, isto é, a oscilação política entre as culturas nômades e sedentárias. Num comentário que reproduzia a teoria de Ibn Khaldun da circulação das elites tribais, Engels observou que o Islã é uma religião adaptada aos árabes das cidades e aos beduínos nômades:

> Nela existe, contudo, o embrião de uma colisão periódica. Os citadinos se tornam ricos, sibaritas e negligentes na observância da "lei". Os beduínos, pobres e consequentemente de moral rígida, contemplam com inveja e cobiça essas riquezas e prazeres. (Marx e Engels, 1957)

Os nômades pobres periodicamente se unem atrás de um profeta para expulsar os decadentes habitantes das cidades, reformar a conduta moral e restabelecer a fé primitiva. Após algumas gerações, os beduínos puritanos tornam-se também individualistas em moral e negligentes na observância da religião; uma vez mais, um *mahdi* se ergue no deserto para varrer as cidades, e o ciclo de domínio político se repete. As transformações constantes das elites políticas não correspondem, porém, a qualquer reorganização fundamental da base econômica da sociedade, que permanece marcadamente estacionária (ver SOCIEDADE ASIÁTICA).

Embora Engels tenha interpretado alguns movimentos messiânicos e sectários do Islã como manifestações desse conflito perene entre nômades e citadinos, é possível procurar entender o próprio Islã como um efeito dessa fusão contraditória de pastoreio nômade e sociedade sedentarizada. Originado com a Hégira (a migração do profeta Maomé de Meca para Medina) em 622 AD, o Islã tem de ser entendido como parte da cultura mercantil dos centros de comércio da península arábica. Embora cientistas sociais, como Max Weber, tenham tratado o Islã como "uma religião de guerreiros", ele foi principalmente a religião das elites urbanas beneficiadas pelas recompensas econômicas do próspero comércio que circulava através de Meca, as quais, no século VII, passaram a dominar a economia árabe. O Islã, como fusão da devoção urbana e da virtude tribal, constituiu um novo princípio de integração política baseado antes na fé do que no sangue, organizado em torno da lealdade a um profeta e a valores universais. Ao unir as tribos fissíparas em uma comunidade religiosa única sob a liderança urbana e comercial, o Islã protegeu o comércio e mostrou-se uma força política peculiarmente dinâmica. Após a morte do profeta Maomé em 632, a nova religião estabeleceu rapidamente seu domínio no Oriente Médio e no Norte da África, apesar da divisão entre os adeptos de Ali (xiitas), o genro do profeta, e os defensores dos "califas guiados com retidão" (sunitas) sobre a questão da sucessão política.

O êxito inicial da expansão do Islã é, em parte, explicado pela fraqueza militar dos impérios vizinhos (sassânida e bizantino) e, em parte, pelo sistema protecionista que o Islã criou em relação às populações protegidas e decadentes de tribos cristãs e judias num sistema de comunidades chefiadas por um líder religioso. Essas conquistas islâmicas não pulverizaram, contudo, as estruturas sociais das formações sociais dentro das quais a fé islâmica tornara-se dominante. O Islã difundiu-se como uma série de impérios patrimoniais com as seguintes características constitutivas: (1) a propriedade da terra era controlada pelo Estado e distribuída aos senhores de terras na forma de prebendas não-herdáveis; além da posse prebendal, havia a terra tribal e a propriedade religiosa (propriedade *waqf*); (2) a burocracia estatal era preenchida por escravos, e um exército de escravos desenvolveu-se como um para-choque social entre a casa real, a cavalaria prebendal e a população urbana; (3) a cultura urbana e a devoção religiosa eram modeladas pelos interesses e pelo estilo de vida de uma classe de mercadores, cuja prosperidade dependia do comércio intercontinental de artigos de luxo, e de líderes religiosos (os *ulemás*), cujo controle sobre a lei (a *sharia*) contribuiu para a sua preeminência social. No período de expansão e consolidação (700-1500), antes da fragmentação da sociedade islâmica em três impérios (sefévida, timúrida e otomano), além da prosperidade mercantil baseada em artigos de luxo (especiarias, sedas, perfumes e joias), o fabrico de papel, têxteis, tapetes, trabalhos de couro e cerâmica expandiu-se rapidamente apesar dos prejuízos decorrentes das invasões mongóis dos séculos XIII e XIV. A Espanha islâmica, em particular, tornou-se um grande centro de desenvolvimento agrário, de construção de navios, de mineração e de têxteis. O excedente econômico que resultou da conquista, expansão e desenvolvimento do artesanato tornou-se a base de uma cultura cortesã requintada e racional, marcada pelo patrocínio real da ciência, da medicina e das artes. Desse modo, o Islã tornou-se o veículo criativo da filosofia e da ciência da antiga Grécia que, através da Espanha islâmica, propiciaram as bases intelectuais do Renascimento.

A ausência de desenvolvimento capitalista endógeno na sociedade islâmica representa uma questão importante para a historiografia marxista. A ideia de que as crenças dos muçulmanos, o fatalismo da teologia islâmica ou as normas jurídicas contra a usura impediram o desenvolvimento de uma sociedade capitalista foi rejeitada pelos autores marxistas. Rodinson (1974), por exemplo, demonstrou que as prescrições relativas ao comportamento econômico do *Corão* (recitação de Deus) e as *Sunas* (práticas ortodoxas do Profeta) não inibiam o desenvolvimento econômico; pelo contrário, desenvolveu-se efetivamente no Islã um setor capitalista de modo bastante semelhante à evolução europeia. Houve, porém, três limitações à sua expansão: (1) a autossuficiência da economia local das aldeias, (2) o domínio do Estado no modo de produção asiático e (3) obstáculos periódicos ao desenvolvimento socioeconômico em decorrência de invasões nômades. O problema da argumentação de Rodinson é a equação de comércio e do capital mercantil com as relações de produção capitalistas. No Islã, o comércio intercontinental – a principal fonte de acumulação de capital – era controlado por um pequeno grupo de mercadores que quase não influíam na produção e na distribuição locais. Embora o excedente rural fosse apropriado pelos citados por meio do mecanismo de tributação, havia pouco intercâmbio econômico entre cidade e campo porque as necessidades dos camponeses eram satisfeitas localmente. O papel do comércio nas sociedades islâmicas proporciona um exemplo para o argumento de Marx de que embora o comércio desintegrasse as relações econômicas tradicionais na Europa, suas consequências corrosivas dependiam da natureza das comunidades produtivas entre as quais se fazia. E as antigas comunidades da Ásia pouco eram perturbadas por esse comércio intercontinental.

Embora Marx e Engels esperassem que o desenvolvimento das relações capitalistas viesse a liquidar a crença e a identidade religiosas, o Islã mostrou-se até agora altamente resistente ao impacto secularizante da transformação capitalista. Essa resistência – consequência das reações islâmicas ao imperialismo e ao COLONIALISMO – pode ser dividida em duas etapas. Na primeira, houve um amplo movimento de reforma religiosa, visando a suprimir as práticas rurais e mágicas associadas ao sufismo e à veneração dos santos. Afirmou-se, desse modo, uma renovada ênfase na aptidão para ler e escrever, na ortodoxia do Corão e na simplicidade dos rituais: a devoção urbana alfabetizada foi imposta de cima à religiosidade das massas das regiões rurais. O Islã reformado foi simultaneamente um retomo à tradição corânica e uma tentativa para tornar-se compatível com a sociedade moderna, secular, industrial. Na segunda etapa, o Islã assumiu uma posição populista, militante e anticolonialista, em que os *ulemás* emergiram como os representantes dos pobres urbanizados, da juventude desempregada e dos estudantes excluídos. Com as mesquitas, as *madraças* (escolas religiosas) e os *ulemás* desfrutando do apoio popular das massas, o Islã puritano e militante pôde emergir como a fonte principal de oposição aos regimes sustentados pelo imperialismo na África e na Ásia.

BST

Bibliografia: Ashtor, E., *A Social and Economic History of the Near East in the Middle Ages*, 1976 • Gellner, Ernest, *Muslim Society*, 1981 • Hodgson, Marshall G.S., *The Venture of Islam*, 1974 • Lombard, Maurice, *The Golden Age of Islam*, 1975 • Rodinson, Maxime, *Mohammad*, 1971 ◦ *Islam and Capitalism*, 1974 ◦ *Marxism and the Muslim World*, 1979 • Turner, Bryan S., *Weber and Islam: a Critical Study*, 1974.

J

Japão, economia marxista no Ver ECONOMIA MARXISTA NO JAPÃO

Jaurès, Jean (Castres, Languedoc, 3 de setembro de 1859 – Paris, 31 de julho de 1914.) Um brilhante estudante, de uma modesta família de classe média, Jaurès tornou-se professor universitário, abarcando um amplo espectro de interesses, e um escritor e orador fluente. Dedicando-se muito cedo à política, foi eleito para a Assembleia de sua região nativa, o Tarn, em 1885 e em 1893, já agora definitivamente um socialista, como candidato dos mineiros do Tarn após uma longa greve. Republicano e democrata, atuou em defesa de Dreyfus e na campanha pela separação entre a Igreja e o Estado. Não se ligou à ala mais intransigente ou marxista do movimento socialista mas tinha grande respeito por Marx, a quem se referia frequentemente. Engels, é preciso ser dito, era um dos inúmeros marxistas que pouco o respeitavam, particularmente como um economista (Carta a Lafargue, 6 de março de 1894). Enquanto historiador, Jaurès foi um pioneiro no estudo das bases sociais da Revolução Francesa e procurou combinar o materialismo histórico de Marx com o reconhecimento dos ideais e de sua influência (Lévy, 1947, p. XIV). Seu objetivo era afirmar o socialismo como o legítimo herdeiro e a realização da Revolução. Estava praticamente preparado para falar em termos de luta de classes e confiava na liderança da classe operária, apoiada pelo campesinato, para o desenvolvimento da França. Insistia na importância do trabalhador enquanto indivíduo emancipado e não apenas como uma unidade no interior da massa. Um grande patriota francês, idealizou um plano de reforma do exército, publicado em 1910, que se baseava no serviço universal de curta duração, visando tornar o exército mais eficaz e democrático. Mas era um eloquente defensor da paz que acreditava na Internacional como seu bastião. Com a aproximação da guerra, em 1914, pregava a paz quando foi assassinado por um nacionalista fanático.

VGH

Bibliografia: Jackson, J. Hampden, *Jean Jaurès, his Life and Work*, 1943 • Jaurès, Jean, *Histoire Socialiste*, 1898-902 (1922-4) ◎ *Études socialistes*, 1901 ◎ *L'Armée nouvelle*, 1910 • Lévy, Louis, *Anthologie de Jean Jaurès*, 1947 • Pease, Margaret, *Jean Jaurès, Socialist and Humanitarian*, 1916 • Rappoport, Charles, *Jean Jaurès, l'homme, Le penseur, Le socialiste*, 1915.

jovens hegelianos Discípulos radicais de HEGEL, também conhecidos como hegelianos de esquerda, constituíram uma escola de pensamento bastante amorfa na Alemanha em fins da década de 1830 e em princípios da década seguinte. A princípio preocupavam-se exclusivamente com questões religiosas, vez que essa era a única área em que os debates relativamente livres eram possíveis. A discussão realmente política entre os jovens hegelianos não foi possível até 1840, quando a ascensão de Frederico Guilherme IV e o consequente relaxamento da censura à imprensa abriram os jornais, por um curto período, à propaganda de suas ideias. O restabelecimento do controle governamental, cerca de três anos depois, significou o fim do movimento.

Em suas origens, os jovens hegelianos eram uma escola filosófica e sua abordagem da religião e da política foi sempre intelectual. Sua filosofia pode ser chamada, no máximo, de um racionalismo especulativo. Aos elementos românticos e idealistas de seu pensamento, acrescentaram as agudas tendências críticas do *Aufklärung* e uma admiração pelos princípios da Revolução Francesa. Acreditavam na razão como processo evolutivo contínuo e atribuíam-se a tarefa de serem os arautos desse processo. Como Hegel, acreditavam que ele acabaria por levar à unidade final, mas tendiam a achar que seria antecedido de uma última divisão, o que deu a alguns de seus escritos um tom muito apocalíptico, pois achavam ser seu dever forçar divisões, pela crítica, até uma ruptura final para, desse modo, apressar a sua solução.

Os jovens hegelianos exerceram considerável influência sobre a formação das ideias do jovem Marx, que herdou do mais destacado deles, Bruno Bauer, sua crítica contundente da religião, que serviu de modelo para suas primeiras análises da política e da economia. De Ludwig FEUERBACH, Marx assimilou o humanismo radical, que envolvia uma transformação sistemática da filosofia de Hegel e uma rejeição da supremacia da ideia hegeliana. Max Stimer, o supremo egoísta e o mais negativo de todos os jovens hegelianos, levou Marx a ir um pouco além do humanismo um tanto estático de Feuerbach. Finalmente, Moses Hesse, o primeiro divulgador das ideias comunistas na Alemanha, foi pioneiro na aplicação do pensamento radical à teoria econômica. Em meados da década de 1840, porém, Marx já se havia inclinado para uma concepção materialista da história que incluía as críticas incisivas aos jovens hegelianos contidas em *A ideologia alemã* e *A Sagrada Família*.

D.MCL

Bibliografia: Cornu, Auguste, *La jeunesse de Karl Marx*, 1934 ◉ *Moses Hess et la gauche hégelienne*, 1934 • Lukács, Georg, *Der junge Marx, seine philosophische Entwicklung*, 1965 • Mclellan, David, *The Young Hegelians and Karl Marx*, 1969 • Rubel, Maximilian, *Karl Marx: essai de biografie intelectuelle*, 1957 (1971).

judaísmo São várias as razões pelas quais o judaísmo tem importância para Marx e para o marxismo, embora seu conteúdo substantivo não seja propriamente objeto de análise. Em primeiro lugar, o judaísmo deu a Marx a oportunidade de estudar o papel de uma religião na sociedade – uma religião que não fosse o cristianismo, que era na época um apêndice do Estado – num período em que ele se estava afastando do radicalismo democrático para aproximar-se do materialismo histórico. Em segundo lugar, porque Marx era de origem judaica e queria distanciar-se dessa associação. E finalmente porque Marx foi frequentemente acusado de ser antissemita. A maior parte do que já se escreveu e do que continua a ser escrito sobre o assunto tende a concentrar-se nesses dois últimos fatores.

Marx foi arrastado para o debate sobre os judeus e o judaísmo depois que os judeus da Alemanha, com apoio cada vez maior de uma pressão liberal cuja força crescia, vinham há meio século lutando pela emancipação civil e pela abolição de sua condição especial de tolerados. Para Marx, a crítica da religião na Alemanha já estava feita, e ele apoiou as reivindicações por direitos civis dos judeus, em parte porque qualquer modificação estrutural na organização do Estado cristão seria desejável pois enfraqueceria os alicerces de uma ordem social indesejável, e em parte porque os direitos civis proporcionariam apenas a emancipação política, precursora insuficiente, mas necessária, da realização da emancipação humana. Marx não entrou espontaneamente no debate sobre os judeus. Seguira com interesse a desmistificação do cristianismo, iniciada com a inspiradora obra de D.F. Strauss, *Leben Jesu, Kritish bearbeitet* (*A vida de Jesus, criticamente analisada*, 1837), e levada adiante, pouco depois, com *Das Wesens des Christemtums* (*A essência do cristianismo*) de Feuerbach (1841) e a crítica sistemática de Bruno Bauer à teologia. Feuerbach acrescentou uma nova dimensão ao debate deixando intacta a teologia cristã e apresentando-a em termos antropológicos: o Deus cristão aparece como a projeção feita pelo homem de seu eu espiritual numa divindade imaginária (Löwith, 1941). Moses Hess completou essa linha da crítica religiosa elaborada pelos JOVENS HEGELIANOS, rejeitando a sua "consciência teológica" e pedindo uma análise *social* da condição humana (Hess, 1843).

Quando Bruno Bauer ingressou no debate sobre a emancipação dos judeus, seguiu o modo de pensar estabelecido pela tradição filosófica alemã. Fichte, que fora o primeiro a reagir às reivindicações de emancipação dos judeus expressas já no século XVIII, rejeitou-as sob a alegação de que o isolamento dos judeus era, em grande parte, provocado por eles mesmos. Como seres humanos, podiam reivindicar direitos humanos, mas como dissidentes em um Estado cristão, não podiam pretender a aceitação formal de sua dissidência, se, aos próprios cristãos, era negado esse direito de divergir. Hegel, em uma famosa nota de rodapé em *Grundlinden der Philosophie des Rechts* (*Princípios da filosofia do direito*, 1821) também chamou a atenção para a condição humana dos judeus, mas relacionou a questão dos direitos civis com a aceitação de obrigações civis. Se, por exemplo, os judeus estivessem dispostos a aceitar o serviço militar e os quacres não, então os judeus tinham maior direito de serem emancipados. Bauer, porém, preferiu acompanhar Fichte. Em dois ensaios bastante conhecidos (Bauer, 1843), rejeitou a emancipação judaica em parte porque os judeus não estavam dispostos a se libertarem de sua condição judaica e também porque os cristãos não podiam dar-lhes liberdade quando eles próprios não eram livres. Foi a essa altura que Marx entrou no debate, com uma análise crítica dos argumentos de Bauer. Como Hess, ele postulou a necessidade de uma análise social da religião e negou a tese de que os judeus teriam de abrir mão de seu judaísmo para obter a igualdade civil. A religião era uma questão privada, e o Estado não tinha o direito de intervir senão nas questões relacionadas com o indivíduo como cidadão. As objeções de Bauer eram teológicas e, portanto, não tinham validade. Havia, porém, uma questão social, e Marx concordava com Bauer quanto a que, se os judeus, que representavam, numericamente, um segmento insignificante da população (mais ou menos 1%), podiam ainda assim exercer uma influência totalmente desproporcional ao seu número, isso se devia à sua concentração tradicional no comércio, posição que lhes dava um poder político real. Marx desenvolveu esse ponto de vista, enfatizando a importância do poder financeiro, que havia permitido aos judeus não só exigir direitos civis, como também infiltrar seus valores sociais e comerciais na organização da sociedade civil. O Estado precisa da função comercial desempenhada pelos judeus e se torna "judaizado" em sua busca de dinheiro. O exclusivismo judaico, que serve às preocupações etnocêntricas dos judeus, não é determinado – como queria Bauer – pela sua recusa em aceitar uma posição na história, mas, pelo contrário, é um produto da história que preserva o judeu como um elemento essencial na estrutura da sociedade civil. Segue-se disso que, quando os judeus abrirem mão de seu papel social como comerciantes, ou o Estado se libertar-de sua necessidade de comercialismo, os judeus e sua dedicação ao egoísmo místico de sua tradição religiosa desaparecerão.

O essencial da argumentação de Marx sobre essa questão está nos dois ensaios de crítica a Bauer publicados, em 1844, no número solitário dos *Deutsch-Französische Jahrbücher* (*Anais franco-alemães*). O primeiro desses ensaios traz uma apresentação incisiva da relação entre a Igreja e o Estado, na qual a posição teológica de Bauer é refutada. O segundo ensaio, que trata do papel social dos judeus e do judaísmo, é uma curta e vigorosa investida polêmica, escrita em um estilo agressivo, virulento, cheio de assertivas e suposições, que pouco deve às realidades empíricas da vida judaica na primeira metade do século XIX ou às tradições intelectuais do judaísmo. Quando foram publicados, esses ensaios não tiveram repercussão, e a única resenha crítica sobre eles surgiu em um jornal judeu que recebeu bem o apoio de Marx à reivindicação de emancipação (ver Carlebach, 1978). O caráter polêmico do segundo ensaio não provocou comentários, provavelmente por ser a linguagem pouco moderada em que estava escrito bastante comum na década de 1840. Com o aparecimento de movimentos antissemitas organizados na esteira do êxito da luta judaica pela emancipação no último quartel do século XIX, renovou-se o interesse pelos ensaios de Marx, tanto de defensores como de adversários do marxismo. Os judeus também tiveram de tomar posição diante dos ensaios de Marx, em particular os que se sentiam de algum modo atraídos pelo socialismo. Foi nesse contexto que surgiram muitas obras buscando resolver a questão. Teria Marx sido judeu em um sentido mais significativo do que a simples descendência biológica? Ou seria ele antissemita, ou ainda, mais precisamente, partilharia da convicção dos movimentos antijudaicos de que os judeus e o judaísmo eram contrários aos interesses e ao bem-estar de nações, grupos ou classes sociais?

Em relação à primeira questão, foram muitas as tentativas de mostrar Marx como um "profeta", na tradição do Velho Testamento (Künzli, 1966), como um judeu secular embebido da tradição ética judaica, como um judeu que se odiava a si mesmo ou como um apóstata (Carlebach, 1978). Marx também foi muitas vezes descrito como um judeu de "raça", com todas as implicações de caráter que isso tem nas teorias racistas. O próprio Marx não fez comentários sobre o assunto, a não ser para admitir suas origens. À parte uma apreciação literária dos profetas hebreus, não há indicações de que ele se sentisse judeu ou fosse influenciado pela tradição judaica. Com o advento do nazismo e o extermínio em massa dos judeus da Europa, a questão do antissemitismo de Marx tornou-se mais delicada. Como disse um socialista judeu, a campanha para libertar a humanidade do judaísmo que teve lugar em 1843 aproximou-se muito de uma receita para os acontecimentos de 1943 (Jona Fink, apud Carlebach, 1978, p.298s). Embora saibamos que Marx não era avesso a fazer uso de vulgarismos ofensivos em relação a alguns judeus (Silberner, 1962), não há fundamentos para considerá-lo como antissemita. Ao mesmo tempo, não haver dúvidas de que seu segundo ensaio sobre os judeus foi, e continua sendo, usado pelos que difundem concepções antissemitas, em apoio às várias acusações que fazem aos judeus. É certo também que o uso indevido deste texto de Marx começou quando ele ainda estava vivo sem que houvesse protestado ou mesmo se manifestado a respeito.

O debate sobre a relação de Marx com os judeus e o judaísmo continua e provavelmente continuará por algum tempo (Pachter, 1979; Hirsch, 1980 e Clark, 1981), mas raramente focaliza o problema mais interessante por ele levantado com relação ao judaísmo. Ou seja, se o judaísmo sobreviveu graças à história, ou a despeito dela. Essa questão foi desenvolvida por Moses Hess quando este examinou, em 1862, a ideia de uma solução nacional para o problema judaico em *Rom und Jerusalem* (*Roma e Jerusalém*), mas não recebeu maior atenção até o aparecimento do sionismo político em fins do século XIX. Deu, então, origem a um debate vigoroso, embora em grande parte hostil ao marxismo, que, não obstante, contribuiu de maneira substancial para o desenvolvimento das análises marxistas sobre o nacionalismo em geral (Carlebach, 1978, particularmente caps.IX e X).

JC

Bibliografia: Bauer, Bruno, "Die Fähigkeit der heutigen Juden und Christen frei zu werden", in G. Herwegh (org.), *Einundzwantig Bogen aus der Schweit*, 1843a ◎ *Die Judenfrage*, 1843b • Carlebach, Julius, *Karl Marx and the Radical Critique of Judaism*, 1978 • Clark, Joseph, "Marx and the Jews: Another View", 1981 • Hess, Moses, "Philosophie der Tat", 1843 (1921) • Hirsch, Helmut, *Marx und Moses: Karl Marx zur "Judenfrage" und zu Juden*, 1980 • Künzli, Arnold, *Karl Marx: Eine Psychographie*, 1966 • Löwith, Karl, *Von Hegel bis Nietzsche*, 1941 (1949); *From Hegel to Nietzsche* (1964) • Pachter, Henry, "Marx and the Jews", 1979 • Silberner, Edmund, *Sozialisten zur Judenfrage*, 1962.

K

kantismo e neokantismo A obra do filósofo alemão Immanuel Kant (1724-1804) é fundamental para a compreensão tanto da moderna teoria do conhecimento como da moderna teoria social. Na teoria do conhecimento, a obra de Kant realizou uma síntese de elementos do racionalismo e do empirismo por meio da qual tornou-se possível sustentar a objetividade dos juízos científicos e do senso comum e rejeitar a especulação metafísica. A formação de juízos objetivos exige a aplicação de conceitos fundamentais ou "categorias" e de "formas da intuição" (espaço e tempo) ao conteúdo de uma possível experiência sensorial. O espírito dá uma contribuição ativa organizando o conhecimento, mas cai numa contradição insolúvel quando vai além das fronteiras da experiência sensorial possível. Segue-se disso, contudo, que o mundo de que temos conhecimento é o mundo dos objetos da experiência possível: o mundo dos fenômenos (*pheno mena*), que é distinto das coisas tais como são "em si mesmas" e independentemente das faculdades cognitivas humanas. Mas para os propósitos da vida prática e moral – e até mesmo para a condição da própria ciência – não podemos passar sem ideias cujos objetos estão além do alcance da experiência sensorial: ideias como Deus, livre-arbítrio, imortalidade da alma. Como coisas-em-si (*noumena*), esses objetos não podem ser objetos de conhecimento e se enquadram no domínio da fé.

Na teoria do conhecimento, e nas disciplinas afins como a história, a filosofia e a sociologia da ciência, a obra de Kant tem sido uma fonte importante para críticos das explicações positivistas e empiristas da ciência e do conhecimento, quase que universalmente dominantes (ver EMPIRISMO; POSITIVISMO; CIÊNCIA). O reconhecimento kantiano da contribuição ativa do sujeito que conhece para a constituição do conhecimento é um pressuposto necessário a qualquer tentativa de compreender a história da ciência como algo diferente da acumulação gradativa de fatos empíricos e constitui uma suposição necessária a qualquer sociologia da ciência. Mas a distinção de Kant entre o reino dos "fenômenos" e o das "coisas-em-si" é motivo de sérias dificuldades quanto à própria posição de Kant e fonte de importantes ambiguidades nos usos subsequentes das ideias kantianas. Uma vez que o conhecimento das coisas-em-si é descartado pela teoria do conhecimento de Kant, fica aberto o caminho para uma relativização de nosso próprio conhecimento dos "fenômenos" ou "aparências", de tal modo que críticos posteriores da ideia da objetividade na ciência (desde Hegel até sociólogos e filósofos da ciência contemporâneos, como Bloor e Feyerabend) puderam utilizar certas ideias kantianas para subverter o projeto intelectual do próprio Kant.

Para Marx, Engels e Lenin, a teoria do conhecimento de Kant é deficiente sob três aspectos, dependentes uns dos outros. Em primeiro lugar, é considerada como não histórica em sua explicação das contribuições a priori do espírito para a constituição do conhecimento: para Kant esses conceitos fundamentais são propriedades universais do espírito humano, ao passo que os marxistas tendem a ver as possibilidades cognitivas do homem sujeitas à transformação e ao desenvolvimento histórico. De maneira correlata, enquanto o kantismo localiza as condições *a priori* do conhecimento objetivo nas faculdades do espírito, o marxismo as situa caracteristicamente nas indispensáveis práticas sociais humanas, que têm aspectos tanto materiais quanto intelectuais e espirituais. Finalmente, Engels e Lenin argumentaram que o limite entre o mundo dos "fenômenos" cognoscíveis e o das coisas-em-si incognoscíveis não é, como quer o kantismo, fixo e absoluto, mas sim historicamente relativo. A cognoscibilidade potencial do mundo tal como é, independente e anterior ao sujeito humano, é considerada, pelo marxismo, como essencial à visão materialista do mundo.

A distinção kantiana entre o mundo das aparências, objeto possível do conhecimento natural-científico, e o mundo do espírito, da vontade e da moral como objetos de fé, também foi importante para a moderna teoria social. Para Hegel, essa distinção constituiu a base de uma ontologia social idealista e de uma dialética histórica nas quais o conhecimento absoluto do espírito autorrealizado é o ponto de vista para uma crítica da objetividade científica e do materialismo. Para um moderno pensador marxista (Colleti, 1969), a inversão materialista de Hegel por Marx deve ser entendida como um retorno aos elementos materialistas da filosofia de Kant. Depois do declínio da influência de Hegel na Alemanha, e com a subsequente difusão da cultura filosófica positivista e materialista, uma "revolta" contra o positivismo tomou a forma de um retorno a Kant como fonte de uma nova metodologia e de uma base filosófica para as ciências históricas e da cultura. Esse movimento neokantiano mostrou-se difuso, tanto geograficamente quanto do ponto de vista dos usos da obra de Kant. Caracteristicamente, porém, seguiu-se uma divisão fundamental entre as ciências da natureza e as formas de conhecimento que tomam os fenômenos culturais e históricos como seu objeto. Os conceitos fundamentais de significado, valor e objetivo, segundo os quais organizamos nosso conhecimento histórico e cultural, num certo sentido funcionam de maneira análoga às formas da intuição e às categorias *a priori* na explicação dada por Kant ao conhecimento científico natural. Diferem, porém, pelo fato de que esses conceitos que fundamentam as ciências humanas são, simultaneamente, os conceitos por meio dos quais os agentes humanos criam o mundo social: a identidade última entre o sujeito e o objeto do conhecimento científico social estabelece uma relação qualitativamente diferente entre o conhecimento e seu objeto nesse campo de investigações.

O marxismo filosófico associado a Lukács e a sociologia weberiana têm, ambos, suas raízes, intelectual e biograficamente, no neokantismo de Dilthey e de Rickert. A base filosófica do AUSTROMARXISMO e, mais notadamente, a da obra de Max Adler também são neokantistas. Filosoficamente, o marxismo subsequente dividiu-se, de maneira geral, entre a tendência da qual a obra do último período de Engels e o livro *Materialismo e empiriocriticismo* de Lenin são paradigmas e formas diversas de neokantismo. A primeira oferece uma perspectiva naturalista/materialista da história da espécie humana como parte da ordem da Natureza, inteligível por meio de formas naturais/científicas de conhecimento. Já as tendências de inspiração neokantiana consideram estarem o natural e o humano-histórico separados por uma profunda distância em virtude do caráter consciente e transformador da prática social humana, que exige formas de entendimento qualitativamente diferentes das formas das ciências naturais. (Ver também FILOSOFIA; TEORIA DO CONHECIMENTO.)

TB

Bibliografia: Adler, Max, *Kant und der Marxismus*, 1925 • Althusser, L., *Lénine et la philosophie*, 1969; "Lenin and Philosophy", in L. Althusser, *Lenin and Philosophy and Other Essays* (1971) • Bleicher, J., *Contemporary Hermeneutics*, 1980 • Colleti, L., *Il marxismo e Hegel*, 1969; *Marxism and Hegel* (1973) • Goldman, Lucien, *Mensh, Gemeinschaft und Welt in der Philosophie Immanuel Kants: Studien sur Geschichte Dialektik*, 1945; *La communauté humaine et l'univers chez Kant* (1948) [*Origem da dialética: a comunidade humana e o universo em Kant*, 1967] • Hughes, H.S., *Consciousness and Society*, 1967 • Korner, S., *Kant*, 1955 • Labriola, Antonio, *La concezione materialista della storia*, 1895, 1896 (1965) • Lenin, V.I., *Materialism and Empirio-Criticism*, 1908 (1962) [*Materialismo e empiriocriticismo*, 1975] • Lukács, G., *Geschichte und Klassenbewusstsein*, 1923; *History and Class Consciousness* (1971) [*História e consciência de classe*, 1974] • Outhwaite, W., *Understanding Social Life*, 1975.

Kautsky, Karl (Praga, 16 de outubro de 1854 – Amsterdam, 17 de outubro de 1938.) Estudou história, economia e filosofia na Universidade de Viena onde, ainda estudante, colaborou com artigos para a imprensa socialista. Em 1875 filiou-se ao Partido Social-Democrata austríaco. Mudou-se em 1880 para Zurique, onde se tornou amigo de BERNSTEIN. De 1885 a 1890 viveu em Londres, trabalhando em estreita colaboração com Engels. Passou a viver na Alemanha após a revogação da Lei Antissocialista. Consolidou rapidamente sua posição de principal teórico do Partido Social-Democrata Alemão (SPD), ao escrever a parte teórica do programa do Erfurt (1891). Permaneceu no mesmo partido até 1917, quando ingressou no Partido Social-Democrata Independente (USPD), dissidente. Tendo retornado aos quadros do SPD em 1922, nunca chegou, porém, a recuperar sua influência anterior. Emigrou para Praga em 1934 e morreu no exílio em Amsterdam.

Kautsky foi o mais destacado pensador marxista da Segunda Internacional entre 1889 e 1914 e desempenhou um importante papel na consolidação do marxismo como disciplina intelectual. A partir de 1883, dirigiu *Die Neue Zeit*, a primeira revista marxista a ser publicada sistematicamente desde 1884, e defendeu a "ortodoxia" marxista contra os "revisionistas" (ver REVISIONISMO) a princípio especificamente sobre a questão agrária em *Die Agrarfrage* (*A questão agrária*) e, depois, em termos mais gerais, contra Bernstein (1899). Após trabalhar com Engels na década de 1880, traduziu *A miséria da filosofia*, de Marx, e, mais tarde, editou as *Teorias de mais-valia*. Escreveu várias obras de difusão das teorias econômicas e filosóficas de Marx e aplicou o marxismo à investigação das origens do CRISTIANISMO (1908) e da natureza do pensamento religioso utópico. Sua orientação intelectual inicial pendeu para o materialismo científico natural, em particular o de Buckle, Haeckel e Darwin, e a sua concepção do marxismo permaneceu enquadrada nesse molde para o resto de sua vida. Essa sua concepção do marxismo como um materialismo científico natural aplicado à sociedade explicita-se integralmente em *Die materialistische Geschichtsauffassung* (*A concepção materialista da história*, 1927). O apego aos aspectos mais deterministas da teoria marxista levou-o a um conflito crescente com aqueles que encaravam o marxismo como um guia para a ação revolucionária e não simplesmente como um método de análise.

Weg zur Macht (*O caminho para o poder*), publicado em 1909, foi a última obra de Kautsky aceita por todas as correntes do marxismo, com exceção é claro dos "revisionistas" declarados. Nessa obra, reafirmou a necessidade de a classe operária empreender a ação revolucionária direta contra o poder do Estado. De modo bastante interessante, Kautsky formulou a possibilidade de uma aliança entre a classe operária dos países metropolitanos e os movimentos de libertação nacional das colônias. A partir de então, foi cada vez mais atacado pela esquerda marxista, processo esse que começou com a controvérsia que manteve com Rosa LUXEMBURG acerca da questão da greve de massas (Kautsky, 1914). Sua posição equívoca em relação à Primeira Guerra Mundial, fundada em sua convicção teórica de que o imperialismo não era um resultado necessário do desenvolvimento do capitalismo, foi incisivamente condenada por Lenin. A crítica de Kautsky aos bolcheviques, sua oposição à ditadura do proletariado (1918) e seu apoio à democracia parlamentar levaram-no a ser rotulado de "renegado" por Lenin. Kautsky sustentou suas posições e suas críticas até o fim de sua vida, mas afastou-se cada vez mais da atuação política. Embora continuasse a escrever prolificamente até a data de sua morte, após o início da década de 1920 nada mais produziu que fosse comparável, em qualidade, a sua obra anterior.

PGO

Bibliografia: Blumenberg, Werner, *Karl Kautskys literarisches Werke: cine bibliographische Übersicht*, 1960 • Kautski, Karl, *Karl Marx: Ökonomische Lehren*, 1887 (1912) ◎ *Bernstein und das sozialdemokratische Programe Eine Antikritik*; *Le marxisme et son critique Bernstein* (1900) ◎ *Die Agrarfrage*, 1899; *La question agraire* (1900 e 1970); *La question agraria* (1974 e 1976) [*A questão agrária*, 1968 e 1972] ◎ *Ethik und materialistische Geschichtsauffassung* 1906 (1910); *Ethics and the Materialist Conception of History* (1918) ◎ *Die historische Leitung Von Karl Marx*,

1908; *L'oeuvre historique de Karl Marx* (1947) ◎ *Der Ursprung des Christentums*, 1908; *Foundations of Christianity: a Study of Christian Origins* (1925) ◎ *Weg zur Macht*, 1909; *The Road to Power* (1909) [*O caminho do poder*, 1979] ◎ *Der politische Massenstreik*, 1914 ◎ *Die Diktatur des Proletariats*, 1918 [*A ditatura do proletariado*, 1979] ◎ *Terrorismus und komunismus*, 1919; *Terrorism and Communism* (1920) ◎ *Die materiatistische Geschichtsauffassung*, 1927 • Korsch, Karl, "*Karl Kautsky und die materialistische Geschichtsauffassung*", 1929; "La conception matérialiste de l'histoire", in K. Korsch, *L'anti-Kautsky* (1973) • Lenin, V.I., *The Proletarian Revolution and the Renegade Kautsky*, 1918 (1965) [*A revolução proletária e o Renegado Kususki*, 1979] • Mathias, Eric, "Kautsky und der Kautskysmus", 1957 • Mattick, Paul, *Intégration capitaliste et rupture ouvrière*, 1972 [*Integração capitalista e ruptura operária*, 1977] • Salvadori, M., *Kusnsk y e la rivoluzione socialista*, 1976; *Kautsky and the Socialist Revolution* (1979) • Stevenson, Gary P., *Karl Kauts y: 1854-1938*, 1979 • Trotski, L.D., *Terrorismus und komunismus: An, Kautsky*, 1920 [*Terrorismo e comunismo: o anti-Kautsky*, 1969].

Keynes e Marx A característica comum mais importante nas abordagens da teoria e dos problemas econômicos de Marx e de J.M. Keynes é o seu *caráter macroeconômico*, que dá continuidade a uma tradição que os fisiocratas haviam iniciado e os economistas clássicos, particularmente David Ricardo, haviam aperfeiçoado. A diferença mais importante entre ambos está em que, na obra de Marx, a abordagem e as análises macroeconômicas têm raízes em sua teoria específica do VALOR e da MAIS-VALIA (a teoria do valor-trabalho por ele aperfeiçoada), ao passo que, em Keynes e sua escola, os cálculos macroeconômicos têm um caráter puramente empírico e "imediato" (cálculos de PNB baseados em estatísticas governamentais) e não estão relacionados com a teoria neoclássica do valor, na qual Keynes ainda se baseia e que tem um caráter essencialmente microeconômico, sem qualquer possibilidade de verificação estatística. Isso introduz, entre outros problemas, uma contradição explosiva nas análises keynesiana e pós-keynesiana do capital (no sentido não marxista do termo), cujas implicações devastadoras para a teoria neoclássica foram mostradas pela escola inglesa de Cambridge (Sraffa, Joan Robinson et al.). O retorno aos cálculos macroeconômicos (ajudado pelos quadros de insumo-produto de Leontiev) não é, porém, com Keynes, um projeto nascido da pesquisa científica, mas um recurso pragmático para chegar a um determinado objetivo, ou seja, *influenciar decisivamente a elaboração de políticas econômicas pelo governo*. Como Marx, Keynes rejeitou o teorema neoclássico segundo o qual o sistema capitalista tendia espontaneamente, pela atuação das leis do mercado, para o equilíbrio e para um crescimento mais ou menos seguro. Ao contrário de Marx, porém, Keynes rejeitou a ideia de que o ciclo econômico (ou o ciclo industrial) era um resultado inevitável das leis do movimento do modo capitalista de produção. Keynes achava que uma política governamental anticíclica correta, particularmente (mas não apenas) em setores como tributação, oferta de dinheiro, expansão e contração do crédito, taxas de juros ("dinheiro barato"), obras públicas e especialmente déficits orçamentários ("financiamento da economia por meio de déficits orçamentários") e excedentes orçamentários, poderia garantir o pleno emprego, ou quase, e uma taxa significativa de crescimento econômico por longos períodos, talvez para sempre.

Tal suposição baseava-se numa teoria específica da crise (teoria do ciclo econômico; ver CRISES ECONÔMICAS) situada basicamente na tradição "subconsumista" de Malthus, de Sismondi, dos populistas russos, de Rosa Luxemburg e sua escola, do Major Douglas e de outros. Como Marx, Keynes rejeitava a lei de Say, segundo a qual um determinado nível de oferta cria automaticamente a sua própria demanda. Para ele, a "propensão para consumir" (isto é, a relação entre a produção corrente e a demanda corrente dessa produção) estava limitada pela taxa de poupança, evidentemente mais alta nas rendas mais elevadas do que nas rendas menos elevadas. A seu ver, o nível da renda nacional era, em grande parte, uma função do nível de emprego, e uma política de pleno emprego era necessária a uma política de crescimento econômico continuado. Essas ideias foram experimentadas durante o *New Deal* de Roosevelt nos Estados Unidos da América e, depois da Segunda Guerra Mundial, foram colocadas em prática não só naquele país, como também na Grã-Bretanha, na Holanda, na França, no Japão e, posteriormente, em quase todos os países capitalistas ligados à Organização de Cooperação e Desenvolvimento Econômico (OECD).

Embora a contradição entre a tendência do capitalismo a desenvolver sem limites as forças produtivas e o consumo restrito das massas também seja fundamental para a explicação dada por Marx às crises econômicas, sua teoria da crise baseia-se muito menos que a de Keynes numa explicação unicausal do ciclo, Marx combina sempre a tendência à superprodução de mercadorias com a tendência à superacumulação do capital (impossibilidade de valorização adicional do capital a uma determinada taxa média de lucro). Para Marx, portanto, a renda nacional no capitalismo não é apenas função do nível de consumo e de emprego, mas também função da taxa de lucro (em outras palavras, o nível de emprego é também uma função da taxa de lucro). Portanto, todas as forças que promovem o pleno emprego só podem permanecer operacionais se não solaparem a taxa de lucro ou se não se fizerem acompanhar de outras tendências que ajam nesse sentido. Da mesma forma, todas as forças que aumentam os lucros não podem realizar o crescimento acelerado a longo prazo se não levarem, ao mesmo tempo, a uma expansão do mercado dos "consumidores finais", isto é, se não levarem ao pleno emprego. É esse o problema básico do desenvolvimento cíclico, que nenhuma política econômica governamental pode resolver a longo prazo.

Quando Keynes e seus discípulos tiveram de enfrentar não o desafio teórico geral, mas o desafio do desemprego em grande escala na década de 1930 e a ameaça de uma repetição desse desemprego depois da Segunda Guerra Mundial (quando se supunha que terminaria o surto de prosperidade provocado pela produção de armas), sua tendência foi ignorar as advertências dos marxistas e concentrar sua polêmica na refutação dos argumentos dos liberais neoclássicos "ortodoxos", segundo os quais as políticas públicas de inspiração keynesiana levariam a uma inflação crescente a longo prazo. Keynes chegou a postular, como um arguto político burguês, que a classe operária e os sindicatos mostrar-se-iam menos resistentes a uma lenta erosão dos salários reais, acompanhada da ascensão dos salários nominais e da inflação, do que a uma redução dos salários nominais com um papel-moeda estável. Hoje em dia, porém, seus discípulos adotaram a posição de que é necessário controlar os salários para vencer a "estagflação". O que os monetaristas, e o próprio Keynes, queriam realizar pondo em prática políticas governamentais (para os monetaristas, no setor da oferta monetária), os neokeynesianos querem realizar por meio de uma política de rendas (isto é, pelo controle governamental dos salários), com ou sem a colaboração da burocracia dos sindicatos, conforme as possibilidades.

As diferenças entre a proposta marxista e a keynesiana para se chegar ao pleno emprego são notáveis. Keynes aceita a lógica do sistema capitalista, dentro da qual situa claramente a sua proposta. E a grande debilidade dessa proposta (que entre outras coisas levou ao fracasso do *New Deal* em seu esforço para conseguir o *pleno emprego*) está em que, embora o "financiamento pelo déficit orçamentário" e as medidas gerais favoráveis ao consumo popular possam aumentar temporariamente as vendas e a produção de bens de consumo, só podem levar os capitalistas a aumentarem o investimento produtivo se, simultaneamente, fizerem aumentar a taxa de lucro e as expectativas de lucro. Isso exige uma soma de circunstâncias coincidentes que não ocorrem geralmente, e sem dúvida não são produzidas pelas políticas keynesianas. Para os marxistas, por outro lado, não há necessidade de aceitar a lógica interna do sistema capitalista. A prioridade é conferida à realização de um objetivo social, e às estratégias políticas que levam à criação das precondições para a sua realização, o que implica a necessidade de criar outro sistema econômico, com uma lógica econômica diversa e com diferentes relações de produção: a transição para o socialismo, a expropriação da burguesia e a eliminação do poder de Estado burguês.

Houve tentativas de superar o hiato entre o projeto keynesiano e o marxista no campo teórico (por exemplo, Kalecki) e no campo das políticas econômicas, pelos que propuseram uma "economia mista", com um vigoroso setor público na economia, capaz de gerar um investimento produtivo suficiente para neutralizar a "greve de investimentos" do setor privado, provocada pelo decréscimo da taxa de lucro. Não há evidência de que esse modelo tenha jamais funcionado, ou possa funcionar, e de que seja possível combinar, numa mesma economia, a lógica da produção com fins lucrativos e a lógica da produção planificada de acordo com as necessidades. (Ver também CRÍTICOS DO MARXISMO.)

EM

Bibliografia: Kühne, Karl, *Economics and Marxism*, 1979 • Mattick, P., *Marx and Keynes: The Limits of the Mixed Economy*, 1969 • Robinson, Joan, "Marx and Keynes", in D. Horowitz (org.), *Marx and Modern Economics*, 1948 (1968) • Tsuru, Shigeto, "Keynes *versus* Marx: the Methodology of Aggregates", in D. Horowitz (org.), *Marx and Modern Economics*, 1954 (1958).

Kollontai, Alexandra (São Petersburgo, 19 de março de 1872 – Moscou, 9 de março de 1952.) Figura bastante controversa logo depois da Revolução Russa, seu nome simboliza atualmente o espírito do idealismo revolucionário derrotado na década de 1920. Sua vida e sua obra, a que as autoridades soviéticas pouca importância deram desde sua morte, foram tomadas pelas feministas socialistas do Ocidente como uma inspiração e uma advertência.

Alexandra Kollontai aderiu aos bolcheviques em 1914 e em 1917 fazia parte do Comitê Central do partido. Depois da Revolução de Outubro tornou-se a única mulher a participar do governo de Lenin, ao ser eleita Comissária do Povo para o Bem-Estar Social. Em 1920 tornou-se diretora do *Zhenotdel* (departamento feminino) do partido. Já havia então publicado muitas obras criticando a família e a moral sexual burguesas, e sua posição inflexível nessas questões – frequentemente interpretada de maneira inexata como uma posição em favor do "amor livre" – foi expressão de um idealismo e de um espírito libertário no piano das relações pessoais que seriam, pouco depois, rejeitados pela política do partido com relação à família.

Em 1920, ingressou na Oposição Operária, fração oposicionista de esquerda dentro do partido bolchevique, preocupando-se cada vez mais com a burocratização, o elitismo e a ênfase exclusiva da produção, características da Nova Política Econômica de Lenin. Caiu, por isso, como era inevitável, em desgraça, sendo acerbamente condenada por Lenin e banida por Stalin em 1922 para um posto diplomático sem importância em Oslo. A partir de então, escapou dos expurgos stalinistas, em consequência dos quais muitos de seus companheiros da oposição de esquerda encontraram a morte, e chegou a ser embaixadora soviética na Suécia.

Alexandra Kollontai foi uma escritora e uma oradora de grande vigor, e sua popularidade fez com que ela e suas ideias constituíssem um espinho atravessado na garganta do mundo oficial soviético. Embora tivesse sido condecorada já no fim de sua vida, hoje em dia é praticamente desconhecida na União Soviética. No Ocidente, porém, continua sendo uma fonte de inspiração para as feministas socialistas; suas ideias são aproximadamente defendidas, sua vida e suas convicções são admiradas e seu destino entendido como um martírio infligido por uma ortodoxia partidária burocratizada e dominada pelos homens. A figura histórica de Alexandra Kollontai provavelmente continuará controvertida, sobretudo por ter ela permanecido fiel ao partido que lhe rejeitou as ideias e escolhido o exílio pacífico em lugar da oposição continuada.

MB

Bibliografia: Kollontai, Alexandra, *A oposição operária: 1920-1921*, 1973 ◎ *Autobiografia de una mujer emancipada y otros escritos*, 1976 ◎ *Selected Writings*, 1977 ◎ *Marxisme e révolution sexuelle*, 1977 • Porter, Cathy, *Alexandra Kollontai: a Biography*, 1980.

Korsch, Karl (Todstedt, perto de Hamburgo, 15 de agosto de 1886 – Belmont, Massachusetts, 21 de outubro de 1961.) Filho de um funcionário de banco, Karl Korsch estudou direito, economia e filosofia em várias universidades e obteve seu doutorado em Iena. Tornou-se membro do "Movimento dos Estudantes Livres", e a seguir, durante sua estada na Inglaterra (1912-1914), filiou-se à Fabian Society. Após a Primeira Guerra Mundial, inclinou-se rapidamente para a esquerda, aderindo, primeiro, ao Partido Social-Democrata Independente (USPD) e, depois, ao Partido Comunista da Alemanha (KPD). Durante essa época participou ativamente do movimento dos CONSELHOS. Foi membro destacado do KPD de 1920 a 1926, tendo escrito prolificamente para seus jornais nesse período e dirigido sua revista teórica *Die Internationale* (até 1924). Condenado como "revisionista" (ver REVISIONISMO) por Zinoviev no V Congresso da Internacional Comunista (1924), foi expulso do KPD em 1926. Continuou a atuar politicamente em vários grupos dissidentes até deixar a Alemanha em 1934. Exilado nos Estados Unidos de 1938 até sua morte, afastou-se progressivamente das versões dominantes do marxismo.

Indubitavelmente a contribuição mais original de Korsch ao marxismo está contida em sua obra, publicada em 1923, *Marxismus und Philosophie* (*Marxismo e filosofia*). Seu objetivo era "(...) compreender cada transformação, desenvolvimento e revisão da teoria marxista, desde o seu aparecimento original, a partir da filosofia do idealismo alemão, como um produto necessário de cada época (...)". Segundo Korsch, o marxismo havia atravessado três etapas importantes: entre 1843 e 1848, estivera ainda profundamente impregnado do pensamento filosófico; entre 1848 e 1900, os componente da teoria do marxismo se haviam separado em economia, política e ideologia; finalmente, entre 1900 e um futuro indefinido, os marxistas teriam passado a encarar o socialismo científico como um conjunto de observações puramente científicas, sem qualquer conexão imediata com a luta política. *Marxismus und Philosophie* foi uma obra pioneira porque, como o próprio Korsch assinalou, os principais pensadores marxistas da Segunda Internacional tinham prestado pouca atenção às questões filosóficas. A obra é ainda mais marcante pelo fato de que os *Manuscritos econômicos e filosóficos* de Marx e os *Grundrisse* só foram publicados uma década ou mais depois. Em geral, Korsch enfatizou o elemento subjetivo, ativista, da política marxista, em contraste com a fórmula determinada dos "marxistas ortodoxos" da Segunda Internacional.

A outra obra importante de Korsch, Karl Marx (1938), foi escrita sob condições inteiramente diversas, quando ele já participava de movimentos políticos de caráter amplo e não mais considerava o marxismo como a única ideologia apropriada ao movimento dos trabalhadores. O propósito do livro era "(...) reexpor os princípios e conteúdos mais importantes da ciência social de Marx à luz de eventos históricos recentes e das novas necessidades teóricas surgidas sob o impacto desses eventos (...)". Nessa obra, Korsch concentrou-se no marxismo como uma ciência materialista com três princípios básicos: a especificação histórica, o seu caráter crítico e a sua orientação prática. O marxismo tem um conteúdo duplo, baseado nesses princípios: a concepção materialista da história e a economia política. De certa forma, em relação tanto aos princípios quanto ao conteúdo do marxismo tal como agora os expunha, Korsch distanciou-se das posições filosóficas de *Marxismus und Philosophie* para aproximar-se de uma concepção mais positivista do marxismo. Talvez as partes mais valiosas de *Karl Marx* sejam as que apresentam as proposições básicas da economia política marxista, na época um aspecto relativamente negligenciado do marxismo. Essa obra não tem o espírito pioneiro de *Marxismus und Philosophie*, mas pode suportar comparação com outras exposições básicas das teorias fundamentais do marxismo produzidas em qualquer período, mostrando-se relevante ainda nos dias de hoje.

A maior parte dos outros escritos de Korsch são textos de jornalismo político de valor circunstancial. Duas exceções, contudo, são *Arbeitsrecht für Betriebsräte* (*Direito do trabalho ao controle das fábricas*), publicado em 1922, em que não só ele analisou uma lei específica (a Lei dos Conselhos Fabris de 1920) de um ponto de vista marxista, como também considerou a relação entre direito e sociedade em termos mais gerais, e *Die materialistische Geschichtsauffassung* (*A concepção materialista da história*), publicada em 1929, uma crítica interessante das bases filosóficas da obra do mesmo nome de

Kautsky. A partir de meados de 1930, como já se disse, Korsch mudou sua visão do papel do marxismo e expressou essa posição mais claramente em suas notas para a conferência "Zehn Thesen über Marxismus heute" (1950), na qual afirmou que "todas as tentativas para restabelecer a teoria marxista como um todo e em sua função original enquanto teoria da revolução social da classe trabalhadora são agora utopias reacionárias".

PGO

Bibliografia: Goode, Patrick, *Karl Korsch*, 1979 • Korsch, Karl, *Arbeitsrecht für Betriebsräte*, 1922 (1968) ◉ *Marxismus und Philosophie*, 1923 (1966); *Murxism and Philosophy* (1970) ◉ *Die materialistische Geschichtsauffssung*, 1929 ◉ *Karl Marx*, 1938 (1967); *Karl Marx* (1967) ◉ "Zehn Thesen über marxismus heute", 1950 (1965) ◉ *Schriften wr Soziatisierung*, 1969 ◉ *L'anti-Kautsky* (1973) ◉ *Marxisme et contre-révolution dans la première moitié du XXe siècle*, coletânea de textos apresentados por Serge Bricianier (1975) • Vacca, Giuseppe, *Lukács o Korsch?*, 1969.

L

Labriola, Antonio (Cassino, 2 de julho de 1843 – Roma, 12 de fevereiro de 1904.) Após ter estudado filosofia na Universidade de Nápoles, tornou-se professor primário, permanecendo naquela cidade até 1874 quando foi nomeado para uma cátedra de filosofia em Roma. Influenciado inicialmente pelo hegelianismo e depois pela psicologia associacionista de Herbart, tornou-se marxista em fins da década de 1880. Labriola foi o primeiro "marxista acadêmico" da Europa. Sua obra mais conhecida é *Saggi sul materialismo storico* (1895 e 1896), estudo em quatro volumes sobre o materialismo histórico dos quais o último foi publicado postumamente em 1925. O marxismo de Labriola era aberto e pragmático, e mesmo em seus trabalhos mais tardios ele se recusou a enquadrar todas as suas ideias em um esquema abrangente de pensamento. O grande valor da teoria marxista da história, a seu ver, era ter superado as abstrações de uma teoria de "fatores" históricos: "As várias disciplinas analíticas que ilustram os fatos históricos terminaram por mostrar a necessidade de uma ciência social geral, que unificará os diferentes processos históricos. A teoria materialista é o ponto culminante dessa unificação." Mas esse princípio unificador teria que ser interpretado de um modo flexível: "A estrutura econômica subjacente, que determina todo o resto, não é um simples mecanismo, do qual instituições, leis, costumes, pensamento, sentimentos, ideologias emergem como efeitos automáticos e mecânicos. Entre essa estrutura subjacente e todo o resto, existe um processo complexo, amiúde sutil e tortuoso, de derivação e mediação, que pode nem sempre ser descoberto" (Labriola, 1904, p.149 e 152). Labriola introduziu o marxismo no movimento socialista italiano, originalmente sindicalista (ver SINDICALISMO), e exerceu uma forte influência sobre seu discípulo Benedetto Croce, que também publicou vários ensaios importantes sobre o marxismo entre 1895 e 1899.

TBB

Bibliografia: Bertondini, A., "Gramsci e Labriola", 1959 • Dal Pane, Luigi, *Antonio Labriola: la vita e il pensiero*, 1935 • Labriola, Antonio, *Saggi sul materialismo storico*, 1895 e 1896 (1964); *Essays on the Materialist Conception of History* (1904) [*Ensaios sobre o materialismo histórico*, s.d.] ⊙ *Discorrendo di socialismo e di filosofia*, 1898; *Socialism and Philosophy* (1907) ⊙ *Lettere a Benedetto Croce: 1885-1904*, 1975 • Tronti, M., "Tra materialismo dialetticco e filosofia della prassi: Gramsci e Labriola", 1959.

Lafargue, Paul (Santiago de Cuba, 15 de janeiro de 1842 – Paris, 26 de novembro de 1911.) De ascendência muito mesclada, Paul Lafargue foi para a França estudar medicina e não tardou a envolver-se em movimentos políticos de esquerda, a princípio sob a inspiração das ideias de Proudhon. Tendo se mudado para Londres em 1866, tornou-se íntimo da família de Marx, adotou os pontos de vista deste e casou com a sua filha Laura. Instalando-se permanentemente em Paris após 1880, logo tornou-se um importante propagandista do *Parti Ouvrier Français* e um infatigável popularizador do pensamento marxista no seio do movimento dos trabalhadores, mantendo-se sempre em contato estreito com Engels. Um dos mais versáteis e atraentes, embora não o mais ortodoxo, de todos os divulgadores do marxismo, Lafargue foi um ardente militante anticlerical. Os direitos das mulheres figuraram igualmente entre seus interesses, que também abrangeram questões econômicas. No cárcere, em 1883, Lafargue escreveu uma de suas obras mais apreciadas, *Le droit à la paresse*, em que, com algum exagero fantasioso, argumenta em favor de mais lazer para os trabalhadores, tema que foi um dos primeiros a abordar. Sua origem colonial contribuiu para fazer dele um crítico do imperialismo e para interessá-la nos novos campos da antropologia e da etnologia. Seu texto mais teoricamente ambicioso, *Origine et évolution de la propriété*, é uma brilhante apresentação da teoria marxista da história. (Ver também ESTÁGIOS DE DESENVOLVIMENTO; NACIONALISMO.)

VGK

Bibliografia: *Friedrich Engels, Paul and Laura Lafargue: Correspondence*, 1959-1960 • Girault, Jacques, *Paul Lafargue: textes choisis*, 1970 • Lafargue, Paul, *Le droit à la paresse*, 1883 (1977); *The Right to be Lazy* (1907) [*O direito à preguiça*, 1980 e 1983] ◎ *Origine et évolution de la propriété*, 1895; *The Evolution of Property from Savagery to Civilization* (1910) • Stolz, Georges, *Paul Lafargue, théoricien militant du socialisme*, 1938.

Lassalle, Ferdinand (Breslau, 11 de abril de 1825 – Genebra, 31 de agosto de 1864.) Uma das figuras mais insólitas da história do socialismo, Ferdinand Lassalle era filho de um próspero negociante judeu. Estudante de filosofia em Berlim, tornou-se um JOVEM HEGELIANO progressista e, durante a revolução de 1848, colaborou com Marx e com a *Neue Rheinische Zeitung* (*Nova Gazeta Renana*). Preso, foi absolvido por um júri em maio de 1849. Em 1858, publicou um alentado estudo de orientação hegeliana sobre o filósofo grego Heráclito, o Obscuro, e, em 1861, outro estudo sobre o direito e a evolução das ideias jurídicas. Retornou à política em 1859 com um folheto sobre a guerra italiana, atuando ativamente quando a crise constitucional entre a monarquia e o Parlamento irrompeu na Prússia no início da década de 1860. Em 1861, organizou o primeiro partido socialista da Alemanha, a União Geral dos Trabalhadores Alemães, com toda a autoridade concentrada em suas próprias mãos.

Sete anos mais moço do que Marx, Lassalle sempre demonstrou considerável respeito por ele, ajudando-o com dinheiro e facilidades editoriais e instando para que completasse a elaboração de *O Capital*. Em uma visita a Londres em 1862, sugeriu a Marx que fundassem um jornal a ser dirigido por ambos. Marx, e mais ainda Engels, estavam longe de demonstrar reciprocidade a essa amizade: não apreciavam a vaidade excessiva de Lassalle, seu estilo de vida pródigo e dissoluto, sua demagogia, e desconfiavam de suas ideias. Os vários escritos de Lassalle mereceram da parte deles pouca aprovação; como economista, Lassalle parecia-lhes demonstrar muita ignorância da matéria e, pior que isso, plagiar Marx. Seja como for, ficaram chocados com sua morte prematura, resultante de um absurdo duelo resultante de uma decepção amorosa.

Marx e Engels reprovavam sobretudo as táticas políticas de Lassalle em seus últimos anos de vida. Compreendendo que a burguesia alemã era incapaz de uma luta revolucionária séria, e embebido de uma boa dose de nacionalismo alemão, Lassalle deixou de apoiar os liberais e negociou com Bismarck, na vã esperança de alcançar, através dele e da monarquia, os dois grandes objetivos que apresentara ao movimento dos trabalhadores em sua "Carta Aberta", ou manifesto, de fevereiro de 1863. Um desses objetivos era o sufrágio universal para democratizar o Estado; o outro era tornar o Estado não mais um mero "vigia noturno" ou policial, que era como, a seu ver, os liberais do *laissez-faire* o encaravam, mas um participante ativo na mudança social, assegurando créditos às cooperativas de trabalhadores através das quais a economia seria aos poucos socializada.

O partido de Lassalle crescia com uma lentidão que o preocupava muito. Não conseguiu grandes avanços em Berlim, mas seus métodos fizeram dele um propagandista eficaz, e a sua organização, como também seu nome, sobreviveram a ele. Em 1875, quando seu partido concordou em fundir-se com outra organização operária liderada por Wilhelm Liebknecht e August Bebel, mais próximos de Marx, este último ficou indignado ao descobrir que o programa aprovado numa reunião em Gotha continha muito mais ideias lassalianas do que marxistas. Escreveu então uma crítica completa desse programa, opondo-se, por exemplo à perpetuação da chamada "lei férrea dos salários" que Lassalle havia endossado, e assinalando que havia atacado somente os capitalistas e não os proprietários de terras. Mas o programa não foi alterado até 1890. Uma avaliação conclusiva de Lassalle, feita por Engels em carta a Kautsky de 23 de fevereiro de 1891, é muito severa. Entre os marxistas posteriores, Lassalle continuou a ser lembrado como o criador do movimento socialista na Alemanha e foi um dos heróis do socialismo homenageado com monumentos na Rússia logo após a revolução bolchevique.

VGK

Bibliografia: Bernstein, Eduard, *Ferdinand Lassalle as a Social Reformer*, 1891 (1969) • Daxan-Herzbrun, Sonia, "Nationalisme et socialisme chez Ferdinand Lassalle", 1967 • Footman, David, *The Primrose Path: a Life of Ferdinand Lassalle*, 1946 • *Marx-Engels, correspondência* • Marx, Karl, *Critique of the Gotha Programme* • Morgan, R., *The German Social Democrats and the First International: 1864-1872*, 1965 • Oncken, Hermann, *Lassalle: eine politische Biographie*, 1920.

Lenin, V.I. (Simbirsk, hoje Ulianovsk, 22 de abril de 1870 - Gorki, 21 de janeiro de 1924.) Vladimir Ilitch Ulianov, depois conhecido pelo nome de guerra *Lenin*, foi sem dúvida o mais influente líder e teórico político do marxismo no século XX. Lenin revitalizou a teoria da REVOLUÇÃO do marxismo ao acentuar a importância da luta de classes ser dirigida por um partido coesamente organizado. Desenvolveu uma teoria do imperialismo, como estágio final do capitalismo em que estariam dadas as condições para uma revolução proletária internacional, que se estabeleceria e se manteria, pela força, numa DITADURA DO PROLETARIADO transitória. Dirigiu o Partido Bolchevique na Revolução de Outubro de 1917, que levou ao poder na Rússia o primeiro Estado socialista do mundo. Por intermédio da Internacional Comunista (ver INTERNACIONAIS), por ele inspirada, suas concepções se espalharam por todo o mundo, definindo o COMUNISMO moderno, em oposição à SOCIAL-DEMOCRACIA.

Lenin nasceu em uma família de recursos modestos porém suficientes para uma vida confortável e de gente instruída, interessada em literatura e música. Seu pai, Ilia Nicolaievitch Ulianov tinha formação universitária e era inspetor das escolas primárias de Simbirsk. Liberal moderado, distinguia-se por um elevado sentido do dever, particularmente no exercício de funções públicas. Morreu quando Vladimir Ilitch tinha dezesseis anos. No ano seguinte, quando este preparava seus exames finais do curso secundário, Alexandre, seu irmão mais velho, foi executado por haver participado de uma conspiração contra a vida do czar Alexandre III. Certamente esse acontecimento teve um efeito traumático sobre o jovem Lenin, mas tão extraordinárias eram já sua capacidade de resistência e sua tenacidade que ele foi aprovado nos exames com as notas mais elevadas, sendo admitido na Universidade de Kazan. Mas lá não permaneceu muito tempo; logo foi expulso por ter participado de uma manifestação estudantil de protesto. Desde então, dedicou-se integralmente à atividade revolucionária, assim como seu outro irmão e suas duas irmãs.

A primeira obra substancial de Lenin, *Quem são os "Amigos do Povo"*, foi publicada em 1893, com o objetivo de combater as ideias econômicas, sociais e políticas do POPULISMO russo, tema persistente nos escritos de Lenin até 1900. Ele já se havia firmado então como líder dos marxistas de São Petersburgo e influíra no sentido de afastá-los da propaganda doutrinária em favor das atividades de agitação econômica de massas. Preso em dezembro de 1895, continuou a escrever, na prisão, apoiando as grandes greves de 1896. Exilado para a Sibéria, lá concluiu sua alentada obra *O desenvolvimento do capitalismo na Rússia* (1899), que pode ser considerada, dentro do marxismo, como a mais completa análise histórica concreta das primeiras fases da evolução do capitalismo.

Em 1900, Lenin reuniu-se ao grupo de Plekhanov em Genebra. Concebeu o plano de um jornal nacional (*Iskra*) para articular os descontentamentos e reivindicações contra o czarismo e para agir como o arcabouço de um disciplinado partido de revolucionários profissionais que dirigisse a revolução democrática. Resumiu suas concepções sobre os objetivos do partido e as formas de organização necessárias, em condições de ilegalidade, para realizá-los, em seu programa *Que fazer?* (1902).

Na revolução de 1905, Lenin acreditava que as medidas econômicas contra a propriedade fundiária feudal eram mais importantes do que os projetos constitucionais. Por isso ressaltou a importância da nacionalização das terras como medida para separar a burguesia dos grandes proprietários de terras, promover o rápido desenvolvimento do capitalismo no campo e atrair os camponeses pobres para o lado do proletariado. (Sobre a posição de Lenin em 1905, a oposição que fez à revolução permanente de Trotski e à linha menchevique de entregar a liderança aos liberais, ver *Duas táticas da social democracia na revolução democrática*, escrito em junho-julho de 1505 e publicado em brochura no mesmo ano em Genebra.)

Para explicar a deflagração da guerra em 1914 e a posição patriótica de muitos líderes socialistas, Lenin voltou-se para a teoria do capitalismo monopolista, ou financeiro, desenvolvida por Hilferding e Bukharin. Em 1916, produziu aquele que pode ser considerado seu livro mais influente e característico, *O imperialismo, fase superior do capitalismo*, no qual afirmou que uma nova época, final, do capitalismo, havia surgido e nela o monopólio substituía a concorrência e que a concentração do capital e as divisões de classes da sociedade haviam chegado ao seu extremo. A exportação de capital havia substituído a exportação de mercadorias, e o território econômico de todo o mundo havia sido submetido à exploração parasitária dos Estados capitalistas mais poderosos. O monopólio econômico encontrava seu complemento na uniformidade política e na erosão das liberdades civis; a sociedade e o Estado estavam subordinados aos interesses do capital financeiro. O capitalismo na era do imperialismo, concluía Lenin, havia se tornado militarista, parasitário, opressor e decadente. Tinha, porém, concentrado a produção em trustes e cartéis, e o capital nos bancos, simplificando com isso, e muito, a tarefa de colocar toda a economia sob o controle e a propriedade social. Havia, portanto, criado "uma base material completa para o socialismo".

Mais ou menos na primavera de 1917 todos os elementos da teoria da revolução de Lenin haviam sido reunidos. A guerra internacional e o colapso econômico tornavam imperativa uma revolução socialista internacional, pois não havia outro modo de sair da barbárie. O truste capitalista-estatal e burocrático-militarista seria substituído pelos órgãos da democracia popular, órgãos administrativos similares aos da COMUNA DE PARIS, cujas formas modernas eram os sovietes (ver CONSELHOS). As estruturas administrativas simplificadas dos bancos e dos trustes permitiriam a todos participar da administração econômica da sociedade. Essas concepções libertárias sobre a natureza própria do ESTADO foram desenvolvidas por Lenin em *O Estado e a Revolução* (1917). Em outubro de 1917, tendo conseguido a maioria nos principais sovietes urbanos e militares, Lenin levou o Partido Bolchevique a assumir o poder num golpe de Estado revolucionário relativamente incruento.

A partir da primavera de 1918, os escritos de Lenin mudaram consideravelmente de tom. Como presidente do Conselho dos Comissários do Povo, teve de enfrentar uma série crescente de crises: fome urbana, colapso dos transportes e do exército, intervenção estrangeira e guerra civil. Sua preocupação era a de assegurar a mobilização mais eficiente possível dos escassos recursos do regime, restabelecer a disciplina firme e a confiabilidade e insistir na autoridade do centro. A ênfase passou a recair sobre a responsabilidade dos órgãos inferiores do partido (e do Estado) para com os órgãos superiores, e esse ponto foi crucial para a sua formulação do centralismo democrático. A autoadministração e a descentralização do modelo da Comuna foram substituídas por uma versão mais austera de DITADURA DO PROLETARIADO que, como Lenin admitia, teria de ser exercida pelo seu partido. Foi esse modelo de Estado partido que absorvia a energia da classe revolucionária que se projetou na Internacional Comunista, na qual Lenin depositava tanta fé, pois continuava convencido de que, sem a rápida extensão da revolução à Europa as perspectivas do socialismo na Rússia não eram boas.

Com o fim da intervenção estrangeira e da guerra civil na União Soviética, cresceu o ressentimento contra o regime ditatorial centralizado instalado pelos bolcheviques. Em março de 1921, Lenin dirigiu seu partido para a retirada estratégica da Nova Política Econômica, com um relaxamento considerável dos termos da liberdade de comércio dos camponeses. Ao mesmo tempo, porém, insistiu em maior disciplina dentro do partido, proibiu as facções e frações e adotou uma linha severa contra os críticos que não eram do partido. Lenin previa um prolongado período de economia mista antes que o setor socialista se pudesse expandir de maneira significativa, e essa situação, insistia ele, exigia renovada vigilância e disciplina.

Até seus últimos escritos de fins de 1922 e de 1923, depois que um segundo ataque obrigou-o, por motivos de saúde, a afastar-se das atividades políticas militantes, Lenin não teve tempo para refletir sobre o que tinha sido edificado na Rússia. Perturbava-o o fato de que o aparelho de Estado reproduzia muitos dos piores abusos do Estado czarista, e estava ciente de que os comunistas eram administradores perdulários e incompetentes, que se distanciavam cada vez mais do povo. Alguns deles, inclusive Stalin, haviam se tomado tão duros que deveriam ser privados de seus poderes ("Carta ao Congresso", dezembro de 1922). Além disso, o aparato estatal havia crescido demais em proporção ao trabalho útil que realizava, e Lenin propôs reduções drásticas em seu tamanho. Em seus últimos anos, Lenin não tinha certeza nem mesmo de que o partido fosse capaz de preservar os valores socialistas em um país em que a indústria e o proletariado haviam sofrido tanto e estavam cercados por uma imensa massa camponesa. Suas últimas propostas (1923a e 1923b) foram que o Partido e o Estado fundissem seus melhores elementos numa instituição exemplar que poderia manter acesa uma esperança de socialismo na Rússia isolada e atrasada.

Lenin foi, sob todos os pontos de vista, um homem extraordinário. Totalmente dedicado à causa revolucionária, a ela subordinou toda sua vida. Como líder, sua determinação e sua capacidade de decisão, a eficácia de suas análises teóricas e de seus encaminhamentos práticos deram-lhe um incomparável prestígio e autoridade dentro do Partido Bolchevique e do governo soviético. Extremamente exigente consigo mesmo, tinha expectativas igualmente exigentes em relação a seus companheiros. Era, por natureza, pessoalmente modesto e viveu de maneira frugal e austera. Sentia-se genuinamente incomodado com elogios exagerados e com tentativas de transformá-la em herói. Após sua morte, em janeiro de 1924, contrariando todos os seus expressos desejos, foi enterrado com grande solenidade em um mausoléu na Praça Vermelha, canonizado pelo partido e pelo Estado, e homenageado de múltiplas formas em seu próprio país e por todo o movimento comunista.

Lenin foi o fundador do comunismo moderno. Os partidos e regimes comunistas continuam a venerar seus escritos e seu exemplo pessoal e ainda se sentem obrigados a justificar suas atuais políticas buscando apoio em seu pensamento. (Ver também BOLCHEVISMO; LENINISMO.)

NH

Bibliografia: Althusser, Louis, *Lénine et la philosophie*, 1969 [*Lenin e a filosofia*, 1974] ◎ *Marx et Lénine devant Hegel*, 1975 • Arvon, H., *Lénine*, 1970 • Besse, G. et al., *Lénine, la philosophie et la culture*, 1970 • Bruhat, J., *Lénine*, 1960 • Carr, E.H., *The Bolshevik Revolution*, 1966 • Centre d'Études et de Recherches Marxistes (Cerm), *Lénine et la pratique scientifique*, 1974 • Cliff, T., *Lenin*, 4 vols., 1975-1979 • Cogniot, G., *Présence de Unine*, 1970 • Deborin, Alexander, *Lenin, der kämpfende Materialist*, 1924 (1971) • Deutscher, Isaac, *L'enfance de Lénine*, 1971 • Garaudy, Roger, *Lénine*, 1968 • Gourfinkel, M., *Lénine*, 1959 • Gruppi, Luciano, "Lenin e il concetto de hegemonia", 1970 • Harding, N., *Lenin's Political Thought*, 1982 • Krupskaia, Nadejda, *Memories of Lenin*, 1930-1932 (1970) • Lefebvre, Henri, *Pour connaitre la pensée de Lénine*, 1957 (1977) • Lenin, V.I., *Collected Works*, 45 vols., 1960-1970 ◎ *Oeuvres*, 1965 ◎ *Obras escolhidas*, 1979-1980 • Lewin, M., *Lenin's Last Struggle*, 1969; *Le dernier combat de Lénine* (1978) • Liebman, M., *Le léninisme sous Lénine*, 1973; *Leninism under Lenin* (1975) [*O leninismo sob Lenine*, 1976] • Pannekoek, Anton, *Lenin als Philosoph*, 1938; *Lenin as Philosopher*

(1948); *Lénine philosophe* (1970) • Rigby, H., *Lenin's Government Sovnarkom 1917-1922*, 1979 • Shub, D., *Lenin*, 1966 • Trotski, L.D., *La jeunesse de Lénine*, 1920 ◎ *Lénine, suivi d'un texte d'André Breton*, 1970 • Ulam, A.B., *Lenin and the Bolsheviks*, 1965 • Ulianova-Elisarova, Anna & Maria Ulianova & Dimitri Ulianov & Nadedja Krupskaia, *Souvenirs sur Lénine: Lénine vu par les siens*, 1956 • Wolfe, B.D., *Lénine, Trotski, Staline*, 1951; *Three Who Made a Revolution* (1966) • Zetkin, Clara, *Reminiscenses of Lenin*, 1934 • Para as referências bibliográficas das mais importantes obras de Lenin, inclusive as citadas neste artigo, consultar a Bibliografia Geral, no final deste volume.

leninismo Os marxistas-leninistas entendem por "leninismo" o desenvolvimento da concepção científica da sociedade proposta por Marx e Engels. Como tal, o leninismo é uma ciência das leis de desenvolvimento da natureza e da sociedade, que esclarece as relações causais entre o homem e a sociedade bem como a marcha rumo à sociedade sem classes do comunismo. Os principais componentes do marxismo-leninismo são o materialismo dialético e o materialismo histórico enquanto métodos de análise, a economia política como estudo das relações das classes com os meios de produção e o nível das forças produtivas, e a teoria do comunismo científico (estrutura e processo das sociedades comunistas). Definido de modo mais estrito, o leninismo é a tendência, dentro do movimento marxista, que aceita as principais contribuições teóricas de Lenin ao marxismo revolucionário. Como tal, é uma concepção da tomada do poder para e pelo proletariado e da construção da sociedade socialista que legitima a ação revolucionária do partido em nome da classe operária. O leninismo pode ser distinto do BOLCHEVISMO, que é a prática política ou o movimento político baseado no leninismo.

Os leninistas veem o marxismo como uma PRÁXIS de classe revolucionária voltada fundamentalmente para a tomada do poder para e pelo proletariado. Os leninistas enfatizam o papel do partido comunista como arma de luta. O partido é formado de militantes marxistas dotados de consciência de classe e organizado centralizadamente segundo o princípio do centralismo democrático. Para os leninistas, o problema do sindicalismo constituir a base de partidos socialistas está em que sua perspectiva é muito estreita e está voltada essencialmente para a melhoria das condições econômicas da classe trabalhadora e não para a atividade revolucionária. Em vez de confiar no desenvolvimento espontâneo da consciência da classe operária, os leninistas veem no partido um catalizador, que leva a teoria revolucionária e a organização política às massas exploradas. "Sem uma teoria revolucionária (...) não pode haver qualquer movimento revolucionário". Para os marxistas-leninistas, a tomada do poder é resultado da luta revolucionária. Após a tomada do poder, é preciso estabelecer inicialmente a ditadura do proletariado, sob a hegemonia do partido. Os leninistas rejeitam a possibilidade de que o Estado capitalista possa ser conquistado e posto a serviço dos interesses do proletariado ou de que o socialismo possa ser atingido por meios evolucionários.

Os leninistas consideram o capitalismo um fenômeno internacional e imperialista. As leis da acumulação de capital nos países capitalistas adiantados levam a crises de superprodução de mercadorias e de capital e à tendência decrescente da taxa de lucro: a busca de lucros leva à exportação de capital e à estabilização temporária do mundo capitalista. O imperialismo determina a divisão do mundo entre as nações industriais adiantadas, dominantes e exploradoras, e as sociedades coloniais forçadas a participar do sistema mundial. A concorrência imperialista entre os países desenvolvidos leva-os ao conflito militar, como aconteceu na Primeira Guerra Mundial, durante a qual Lenin se opôs firmemente à política da Segunda Internacional que justificava o apoio dos movimentos social-democratas aos Estados nacionais beligerantes. O desenvolvimento desigual entre as nações promovido pelo imperialismo faz com que o foco do movimento revolucionário socialista se situe no Leste: para Lenin, a Rússia era o caso paradigmático. O "elo mais fraco" do capitalismo está localizado nas áreas "subdesenvolvidas" ou semicoloniais, onde a burguesia autóctone é fraca, mas há uma industrialização suficiente para criar um proletariado com consciência de classe. A burguesia metropolitana pode, em virtude do lucro suplementar obtido com o tributo colonial, acalmar temporariamente parte de sua própria classe operária. A concepção da revolução socialista nesses países "subdesenvolvidos" leva à incorporação do campesinato como um agente da transformação revolucionária. Segundo Lenin e Mao Tse-tung, o campesinato se torna uma força social importante primeiramente na revolução burguesa e, em seguida, os camponeses pobres e médios tornam-se um dos principais apoios da classe operária na criação de uma ordem socialista. Mas, com a revolução socialista em processo no Leste, as contradições do capitalismo na metrópole tornam-se mais agudas e levam à revolução mundial. A revolução socialista só se pode consumar em escala mundial.

Comparado ao marxismo clássico, ou não leninista, o leninismo atribui um papel maior aos "trabalhadores" revolucionários (operários e camponeses) do que, rigorosamente, a um proletariado revolucionário enquanto tal. No mesmo sentido, vê, nos países "subdesenvolvidos" ou semicoloniais, e não nos países capitalistas avançados, o cenário provável da revolução socialista. Finalmente, enfatiza o papel de vanguarda do partido e não a atividade espontânea da classe operária (ver PARTIDO). Quanto a essa questão, Rosa Luxemburg foi uma das mais destacadas opositoras do leninismo, acentuando, ao contrário, a importância da consciência de classe espontânea.

O sucesso dos bolcheviques na Revolução de Outubro na Rússia levou muitos leninistas a identificar o leninismo com a prática do Estado soviético enquanto "representante" da ditadura do proletariado em escala mundial. Essa perspectiva está particularmente associada a Stalin e seus partidários, para os quais o interesse do proletariado mundial era idêntico ao da União Soviética. Depois da morte de Lenin e durante todo o período em que Stalin deteve o poder, o leninismo tornou-se uma ideologia de legitimação usada pelos governantes soviéticos e seus partidários no movimento comunista mundial. Em seu livro *Fundamentos do leninismo* (1924), Stalin descreveu o leninismo como "o marxismo na era do imperialismo e da revolução proletária (...). O leninismo é a teoria e a tática da ditadura do proletariado em particular". O leninismo tornou-se, nesse sentido, uma doutrina que envolvia a subserviência dos partidos comunistas mundiais aos interesses da União Soviética. A oposição a Stalin e à hegemonia do partido soviético sobre o movimento comunista mundial (ver COMUNISMO) levou outros marxistas a reivindicarem para si a verdadeira herança revolucionária de Lenin, a condição de autênticos adeptos e seguidores da práxis revolucionária de Lenin. Desses, os mais importantes enquanto grupos são os seguidores de Trotski e de Mao Tse-tung. Ambos os grupos são leninistas no sentido de que defendem o papel de vanguarda do partido, a prioridade da ação política, o apoio à Revolução de Outubro e a abordagem metodológica de Lenin. Um terceiro grupo, mais revisionista, encontra-se entre os adeptos do EUROCOMUNISMO, segundo os quais a política de Lenin era uma política específica para a Rússia de sua época. Para eles, a metodologia de Lenin em particular a importância da vanguarda política e a análise concreta do capitalismo – é a espinha dorsal do leninismo. Nessa perspectiva, um partido comunista mais aberto e democrático, menos centralizado, é o adequado para as condições ocidentais, e impõem-se diferentes alianças políticas e de classes para que o partido comunista alcance o poder no contexto das democracias parlamentares. Embora sustentando a crença na luta de classes, os pensadores eurocomunistas veem maior vantagem política na participação no e na utilização do aparelho de Estado capitalista, entendidas essa participação e essa utilização como passos necessários para a defesa e a ampliação dos direitos dos trabalhadores sob o capitalismo. Em particular, é preciso esclarecer que os eurocomunistas encaram a ditadura do proletariado como uma aplicação específica do leninismo, não como a sua substância, e já não a consideram como adequada à luta do proletariado europeu.

DSL

Bibliografia: Carrilla, S., *"Eurocomunismo" y Estado*, 1977; *Eurocomunism and the State* (1977) [*O eurocomunismo e o Estado*, 1978] • Corrigan, P. & H.R. Ramsay & D. Sayers, *Socialist Construction and Marxist Theory: Bolshevism and its Critique*, 1978 •

Harding, N., *Lenin's Political Thought*, 2 vols., 1977 e 1981 • Knei-Paz, B., *The Social and Political Thought of Leon Trotsky*, 1978 • Lane, D., *Leninism: a Sociological Interpretation*, 1981 • Lenin, V.I., *What is to be Done?*, 1902 (1961) [*Que fazer?*, 1978] ◎ *Imperialism, the Highest Stage of Capitalism*, 1916 (1964) [*O imperialismo, fase superior do capitalismo*, 1979] ◎ *The State and Revolution*, 1917 (1969) [*O Estado e a revolução*, 1980] • Luxemburg, R., "Leninism or Marxism", in R. Luxemburg, *The Russian Revolution*, 1961 • Meyer, A.G., *Leninism*, 1957 • Stalin, I.V., *Foundations of Leninism e Problems of Leninism*, in B. Franklin (org.), *The Essential Stalin*, 1934 (1973).

linguística Ramo da ciência que se ocupa da descrição sistemática dos fenômenos de linguagens particulares e desenvolve sistemas conceituais e teorias adequadas a tal finalidade. Compara os idiomas em sua variedade, explica as semelhanças e diferenças entre eles e cria teorias que explicam as características formais e funcionais da linguagem. Trata também de questões filosóficas, como a origem da linguagem humana, seu lugar na sociedade, sua relação com o pensamento e a realidade, etc.

Marx e Engels trataram esporadicamente das questões relacionadas com a teoria linguística, embora de maneira razoavelmente sistemática. A primeira série de observações de Marx relevantes para a linguística e a filosofia da linguagem relaciona-se com o problema da essência ou natureza da linguagem. Sua teoria social, exposta em *A ideologia alemã*, inclui a tese da unidade entre a atividade material-social e a linguagem. Assim sendo, a comunicação não é apenas uma das funções da linguagem, pelo contrário, a linguagem pressupõe, lógica e fatualmente, a interação das pessoas: "...a linguagem, como a consciência, só surge da necessidade, a necessidade de intercâmbio com outros homens" (*A ideologia alemã*, vol.I, A, 1). Uma tese característica da teoria linguística marxista é a de que a linguagem é *essencialmente*, e não apenas contingencial ou secundariamente, um fenômeno social. Essa hipótese, ligada à premissa sobre a pressuposição mútua da consciência e da linguagem, apoia principalmente a tese da natureza social da consciência: "A consciência é, portanto, desde o início, um produto social..." (ibid.) A ideia da determinação social parece distinguir a concepção marxista da linguagem das vigorosas afirmações do inatismo – a teoria que ressalta a determinação inata, biológica, da faculdade da linguagem –, e isso constitui a base para algumas das críticas marxistas à teoria da linguagem de Chomsky (ver Ponzio, 1973). Também se opõe naturalmente às especulações relacionadas com a possibilidade lógica de uma linguagem privada, o que oferece a possibilidade de um "uso marxista" de Wittgenstein (ver Rossi-Landi, 1968). A tese sobre a *natureza social* da linguagem foi suplementada por Engels com a hipótese empírica de que ela (assim como a consciência) se origina no trabalho. A partir de Engels, várias abordagens marxistas procuraram fazer remontar a gênese da linguagem ao trabalho. O desenvolvimento mais radical da hipótese genética de Engels foi feito por Lukács, para o qual o trabalho explica não só a origem, mas também as propriedades estruturais da linguagem. O trabalho, em sua opinião, é o modelo básico de todas as atividades humanas, inclusive a atividade linguística.

Outra série de reflexões de Marx refere-se ao problema da interrelação entre linguagem, pensamento e realidade. De acordo com essas especulações, a linguagem e o pensamento formam uma unidade inseparável quanto ao funcionamento e quanto à origem: a linguagem é o modo de ser dos pensamentos. Essa concepção, mesmo em sua formulação atual, dá continuidade à tradição da *Sprachphilosophie* pós-kantiana e da filologia alemã (Herder, Schlegel, Bopp, os irmãos Grimm, Humboldt). A tese da unidade do pensamento e da linguagem, na forma proposta por Marx e Engels, lembra, de certo modo, uma versão minorada do relativismo linguístico, isto é, a tese de que as estruturas linguísticas determinam diferentes modos de pensar, visões do mundo etc. (a hipótese de Sapir-Whorf, o neo-humboldtianismo etc.). A maior parte dos marxistas, porém, rejeita o relativismo linguístico, já que em geral aceitam uma ou outra das versões da teoria do reflexo como ponto de partida, e dão ênfase à universalidade das formas do pensamento humano. As contradições que daí surgem podem ser resolvidas de várias maneiras. A universalidade do pensamento humano pode estar relacionada às estruturas linguísticas universais descritas pela tipologia da linguagem. Essa interpretação aborda a universalidade do ponto de vista da forma da linguagem. Outra solução seria a inclusão da fala na categoria de atividade (como é feito na teoria do ato da fala), ou fazer remontar a linguagem ao trabalho, como condição universal da vida humana.

A terceira série de formulações de Marx relevantes para a teoria linguística focaliza a relação entre classes sociais e ideologias. Reflexões que podem ser interpretadas em nível semântico parecem confirmar a suposição de uma "linguagem burguesa" em *A ideologia alemã*. Além disso, Marx observa que "as ideias não existem separadamente da linguagem" (*Grundrisse*, p.163), e que "as ideias da classe dominante são, em todas as épocas, as ideias dominantes" (*A ideologia alemã*, vol.I, IA, 2). Essas considerações levam à conclusão de que o uso linguístico traz a marca das relações e das ideologias de classe, e que o poder da classe dominante se estende até ao uso da linguagem. Surge, então, uma questão bastante difícil: a linguagem possui caráter de superestrutura, como ocorre com as ideologias por ela manifestadas? (ver BASE E SUPERESTRUTURA; IDEOLOGIA). A resposta mais provável parece ser a de que a linguagem, de acordo com Marx, não pressupõe mais do que a própria sociedade considerada em geral (isto é, a natureza necessariamente coletiva da atividade humana), enquanto sua inter-relação com estruturas concretas socioideológicas se expressa no nível dos subcódigos especiais do uso linguístico. Os aspectos empíricos dessa interrelação pertencem atualmente ao domínio da sociolinguística.

Os resultados da linguística histórica comparada, ou da "moderna gramática histórica", oferecidos pelos trabalhos de Bopp, Grimm e Diez, foram mencionados com frequência por Marx e Engels como padrões científicos a serem imitados. O próprio Engels se ocupa de história da linguística comparada. Ele resumiu suas constatações em seus manuscritos sobre a história antiga alemã, mais especificamente sobre a época dos francos e a linguagem destes. (Engels, "Zur Urgeschichte der Deutschen" e "Fränkische Zeit", in Ruschinski e Retzlaff-Kresse, 1974). Tendo, por exemplo, estudado as características fonéticas dos dialetos tribais, Engels criticou a classificação dos dialetos alemães baseada na chamada oscilação da segunda vogal alemã e considerou todo dialeto como sendo do Alto ou do Baixo alemão, em "Fränkische Zeit". Contribuiu, dessa maneira, para uma reconstituição mais precisa, tanto geográfica como linguística, do dialeto franco. Esses manuscritos dão fundamento à linguística marxista, na medida em que consideram a evolução linguística de acordo com a história da comunidade que fala a língua, e relacionam a abordagem lógica à abordagem histórica.

Na teoria linguística, o marxismo evidenciou, na primeira metade do século XX, duas tendências. A primeira remonta à teoria de Marx sobre a relação entre linguagem e ideologia. Na interpretação de Lukács, algumas das análises de Marx revelaram os efeitos da REIFICAÇÃO sobre a linguagem. Em *Geschichte und Klassenbewusstsein* (*História e consciência de classe*), Lukács indicou a possibilidade de "um estudo filológico, do ponto de vista do materialismo histórico", a ser realizado sobre tal base (Lukács, 1923, p.209, nota 16). Esse é, essencialmente, o caminho seguido pela semiologia marxista desde seus inícios na década de 1960, e essa abordagem trata, entre outras coisas, da "alienação linguística". Em consequência, a teoria linguística foi enriquecida por categorias como "trabalho linguístico", "instrumento linguístico", "capital linguístico" etc. (Rossi-Landi, 1975).

A tese de que a linguagem é um fenômeno social e ideológico foi interpretada por linguistas soviéticos, influenciados pelas concepções de Marr, na década de 1930, como significando que a linguagem tem um caráter de classe e, assim sendo, é parte da superestrutura. De acordo com Marr, a linguagem surgiu como um meio de dominação de classe e foi determinada causalmente pela luta de classes, em todas as fases de seu desenvolvimento. Devido à unidade do processo de criação de linguagem (glotogonia), todas as linguagens conhecidas poderiam ser reduzidas aos mesmos elementos, ao passo que as diferenças entre as línguas deveriam ser explicadas pelo fato de terem surgido em diferentes fases do processo de desenvolvimento. A determinação de classe das línguas significava, para Marr, que diferentes línguas representavam o produto de diferentes classes, e não de comunidades tribais, étnicas ou nacionais. As concepções de Marr prevaleceram sobre a orientação rival, formulada por Mikhail Bakhtin (sob o pseudônimo de V. N. Voloshinov) na obra-prima da época sobre filosofia da linguagem (Voloshinov, 1973). Bakhtin também considerava a linguagem como um fenômeno socioideológico, mas não via as comunidades linguísticas como coincidentes com as distinções de classe. Várias classes usam a mesma linguagem; portanto, em lugar de supor que a luta de classes determina a linguagem, deveríamos dizer que ela se processa dentro da própria linguagem. Ou, nas próprias palavras de Bakhtin: "O signo torna-se a arena da luta de classes" (Voloshinov, 1973, p.23).

Uma segunda vertente, que exerceu prolongada influência sobre os estudos marxistas da linguagem, oferece um contraste curioso com as concepções de Voloshinov e de Marr quanto à natureza social da linguagem. Diz respeito à teoria pavloviana dos reflexos, que identifica a linguagem com o sistema secundário de sinalização. Essa concepção teve menos influência sobre a linguística em geral do que sobre a formulação – dentro do quadro do MATERIALISMO DIALÉTICO – da doutrina relativa à inter-relação entre linguagem e conhecimento. Certamente é um paradoxo da história da ciência e da ideologia o fato de que o naturalismo pavloviano e o marxismo tenham sido doutrinas oficialmente sancionadas no mesmo lugar e na mesma época.

O artigo de Stalin sobre linguística pôs fim ao predomínio de Marr (Stalin, 1950). O principal argumento do texto era, em suma, que a linguagem não pode ter um lugar na dicotomia base-superestrutura. De acordo com Stalin, a linguagem deve ser interpretada como o são as ferramentas de trabalho, já que é capaz de servir a diferentes sistemas sociais.

Tentativa notável de aplicar e desenvolver a teoria dos reflexos de Pavlov foi feita por Lukács, ao propor uma hipótese relativa ao chamado "primeiro sistema de sinalização", dentro de sua teoria da vida cotidiana, que abrangia a linguagem cotidiana (Lukács, 1963, vol.2, p.11-93). Lukács também criticou Pavlov por seu naturalismo e, em obras posteriores, discutiu a linguagem principalmente como elemento da REPRODUÇÃO social, como meio para a continuidade da vida social:

> Questão fundamental, sobre a relação entre o marxismo e a linguística atual, é a da possibilidade, ou não, de se falar de uma "linguística marxista" e, se for possível, em que sentido. A história do marxismo mostra que há uma abordagem marxista específica (em várias versões, é claro) da interpretação da linguagem humana. Existe, assim, uma teoria marxista da filosofia da linguagem, que dá primazia ao caráter social da linguagem e à comunicação social. Essa abordagem estende-se até mesmo à explicação dos aspectos estruturais da linguagem. Mas, pelo menos no estado atual da linguística, essa ênfase no caráter social pode ser posta de lado no curso da elaboração de uma representação formal das estruturas gramaticais que, afinal de contas, é uma das principais metas da moderna linguística teórica. Se a teoria tem caráter marxista ou não, é uma questão a ser decidida não no nível da descrição gramatical, mas no nível onde nosso conhecimento da linguagem humana está integrado na totalidade de nosso conhecimento.

KR e JK

Bibliografia: Lukács, G., *Geschichie und Ktassenbewusstsein*, 1923 [*História e consciência de classe*, 1974] ◉ *Die Eigenart des Asthetischen*, 1963 • Ponzio, Augusto, *Produzione linguística e ideologia sociale: per una teoria marxista del linguaggio e della comunicazione*, 1973 • Rossi Landi, Ferruccio, "Per un uso marxiano di Wittgenstein", 1968 ◉ *Linguistics and Economics*, 1975 • Ruschinski, H. & Retzlaff-Kresse, B. (orgs.), *Marx-Engels über Sprache, Still und überserzung*, 1974 • Stalin, J.V., "Marxism in Linguistics", 1950 • Voloshinov, V.N. (M. Bakhtin), *Marxism and the Philosophy of Language*, 1973.

literatura As concepções estéticas de Marx e Engels foram modeladas e mesmo dominadas pelas suas ideias sobre a literatura (o que inclui os textos de teatro); as outras artes mereceram pouco de sua atenção. Os pensamentos, opiniões e comentários incidentais de Marx e Engels sobre literatura, em sua maior parte feitos em cartas, trazem várias contribuições penetrantes e bastante originais para a teoria literária (e, portanto, para a crítica literária). Mas essas observações e temas não constituem um sistema abrangente de teoria literária e não são completos em si, vez que estão orientados principalmente para o que a tradição chama de "conteúdo" e não para a "forma" da obra literária. Além disso, os marxistas posteriores a Marx e Engels vieram a constituir uma "tradição" traiçoeira, se bem que, em muitos casos, estimulante, de crítica literária, porque suas interpretações foram temperadas pelas correntes ideológicas de sua época e prejudicadas por sua frequente ignorância dos fundamentos substanciais para o estudo da literatura que Marx e Engels haviam formulado (a primeira e breve coletânea dos escritos dispersos de Marx e Engels sobre o assunto, organizada por M. Lifshitz e por F.P. Schiller, só foi publicada em 1933 e muito pouco utilizada até 1945). Meio século transcorreu depois da morte de Engels até que os vários temas sobre a literatura levantados e elaborados por ele e por Marx começassem a ser sistematicamente desenvolvidos e pudessem proporcionar um quadro de referência para os estudos marxistas sobre literatura, embora seja preciso registrar duas notáveis tentativas precursoras de criar uma teoria literária marxista: a de Mehring (1893) e a de Plekhanov (1912).

Os valores que subjazem às obras dos autores marxistas posteriores nesse campo podem ser definidos rapidamente em termos de *representação da realidade*. A base de suas análises é a teoria da história de Marx, que envolve um método de estudo dialético e materialista. Assim sendo, a teoria e a crítica literárias marxistas não podem, sob nenhum pretexto, reduzir-se a meros julgamentos moralistas e muito menos a denúncias ou apologias políticas. Os estudos literários, dentro dessa perspectiva, tenderão a resultar em reavaliações e decisões que são ao mesmo tempo éticas e comportamentais, embora isso seja um momento subsequente à apropriação da realidade (literária) segundo propósitos de compreensão e de análise. Os principais temas de interesse para os marxistas são os equivalentes de classe, o método e a recepção da literatura realista e o problema da alienação/desalienação na experiência literária.

Equivalentes de classe. A preocupação com identificar e isolar elementos importantes da representação da realidade na literatura em termos de classe social começou antes de Marx, tenda sido introduzida, ao que tudo indica, por Mme. de Stäel. Com o advento do capitalismo industrial e de um proletariado urbano empobrecido que substituiu os camponeses como a principal grupo social de massa, os produtores e críticos literários adquiriram uma aguda consciência da instabilidade relativa das formações sociais e do papel da ética e da política "de classe" na constituição da sociedade futura. Marx foi apenas um dentre os integrantes da geração dos Jovens Hegelianos, que, na Alemanha, compreenderam os acontecimentos da vida social e sua representação literária como históricos e mutáveis. Marx quis, inicialmente, ser um poeta de fantasia inflamada e capaz de vigorosa crítica social, cama seus amigas E.T.A. Hoffman, Heinrich Heine e F. Freiligrath, mas abandonou esse objetivo ao mergulhar cada vez mais no pensamento filosófico e social, no jornalismo político e na atividade política, tornando-se uma das principais figuras do emergente movimento operário internacional.

As classes sociais foram um elemento essencial no pensamento de Marx desde o momento em que ele descobriu (em princípios da década de 1840) o proletariado como "a ideia no próprio real", e o pensamento literária marxista orienta-se, necessariamente, para os valores que atingem a produção e a recepção literárias, a partir da classe social. Ao mesmo tempo, esse tema deve ser visto como um resultado cumulativo dos *insights*, bem como dos erros, de numerosas críticas de obras literárias específicas. Na verdade, o conceito essencial para uma análise de classes da literatura – a de *equivalentes* de classe – foi proposto não por Marx ou Engels, mas por Plekhanov, que pode ser considerado, juntamente com Mehring, como um dos primeiros teóricos marxistas da literatura.

A noção de equivalentes de classe pode ser aplicada a uma série de correlatos na obra literária, desde as afirmações explícitas de opiniões políticas (mais ou menos relacionáveis com as filiações de classe), encontradas com mais frequência nas obras daqueles que os

Jovens Hegelianos chamavam de autores de *Tendenz*, aos quais Marx referiu-se, de maneira mais aprovadora, em carta a Freiligrath (29 de fevereiro de 1860) cama alistados no "partido no grande sentido histórico", isto é, no movimento progressista da humanidade. Marx sempre permaneceu pessimista, porém, quanto à possibilidade de a maior parte dos escritores dar o salto do interesse pessoal (interesse de classe) para uma empatia literária realmente universal. Entretanto, quando isso se verificava como nos romances de Balzac (apesar da reconhecida dedicação do autor aos princípios monárquicos), Marx saudava o acontecimento. Por outro lado, ele ironizava até mesmo (ou particularmente) os autores socialistas ou radicais que, embora levantando a bandeira da igualdade e fraternidade, ainda estavam dominados pela influência de suas origens e posição de classe: Eugène Sue foi um dos primeiros alvos de sua zombaria, em *A Sagrada Família* (cap.V; ver também Prawer, 1976, cap.4).

As posteriores análises marxistas dos equivalentes de classe em literatura variaram muito: do humanismo radical de Mikhail Bakhtin (1929a, 1929b e 1965), que atribui ênfase à luta de classes (ver Solomon, 1979, p.292-300), o "estruturalismo genético" de Goldmann, cujas obras (1956a, 1956b, 1964, 1970b e 1970c) examinam a literatura da perspectiva da "visão do mundo" de uma classe que nela encontra expressão. Os poucos textos de Lenin sobre a literatura, baseados na análise temática, são totalmente superados por essa linha de trabalho, o mesmo ocorrendo com as análises "vulgares" que predominaram na crítica literária bolchevique da década de 1930, em que as origens de classe do autor eram tratadas como um determinante total e permanente de suas atitudes e interesses. Esse tipo de análise, que deforma a noção de "equivalentes de classe", fazendo dela um simples processo de rotulação, encontra exemplo no crítico soviético V. Friche; mais recentemente, porém, foi reabilitada, num contexto de pensamento bastante diferente, por Sartre, em seu volumoso estudo sobre a educação de classe de Flaubert. Não é necessário dizer que, nas mãos de críticos de sensibilidade, os valores de "conteúdo" têm interesse, principalmente em obras como essa de Sartre, que, de qualquer modo, serão lidas por constituírem, elas próprias, realizações literárias significativas.

O método realista. Diversas formulações de Marx e Engels forneceram uma base sólida para se relacionar a representação das classes sociais com as possibilidades narrativas da literatura. E a noção neo-hegeliana de "tipicidade" é de importância fundamental desse ponto de vista. Marx e Engels comentaram em detalhe o método literário de Lassalle que estrutura seu drama histórico *Franz von Sickingen* (Carta de Marx a Lassalle, 19 de maio de 1859). Esses textos, juntamente com algumas cartas posteriores de Engels aperfeiçoam, deliberadamente, o pensamento anterior deste e de Marx sobre a representação dos fenômenos históricos na ficção. Assim, Engels escreveu a Margaret Harkness, em princípios de abril de 1888, sobre seu romance, *A City Girl*: "se tenho alguma crítica afazer, será talvez a de que o seu romance não é bastante realista. O realismo, para mim, implica, além da verdade do detalhe, a apresentação verdadeira de personagens típicos em circunstâncias típicas". Os estudos de Lukács sobre o realismo na literatura são a principal, embora um tanto limitada, exegese dessa afirmação.

O uso analítico da noção marxista de realismo literário só começou com essa afirmação de Engels, que pode ser tão verdadeira (e até mesmo mais válida) para a escrita da história quanto para a ficção. Marx havia elogiado os contos fantasiosos de Hoffmann e os romances de Balzac; e não encontramos nenhuma alusão aos problemas que isso cria ao lermos os marxistas que defendem tranquilamente uma teoria do "reflexo" na descrição narrativa. Alguns dos primeiros pensadores marxistas que escreveram sobre arte, como o norte-americano L. Fraina (cujos temas foram a dança, o futurismo), levantaram questões que Brecht e outros desenvolveriam nas discussões da década de 1930 e mais tarde, sobre o realismo e o modernismo (ver Bloch et al., 1977). Finalmente, os escritos de Kafka pareciam colocar decisivamente o problema. Na maior liberdade do período posterior a Stalin, os críticos literários marxistas ortodoxos viram-se diante da valorização e do elogio a Kafka por "renegados" do realismo como Fischer, Garaudy e Fuentes. E como muitos artistas marxistas ou *marxizantes* fizeram livremente experiências com o simbolismo, a fantasia, o surrealismo, a alegoria e a subjetividade durante todos os anos de ortodoxia na URSS e nos círculos intelectuais dominados, no exterior, pelo partido soviético, a maneira pela qual as questões foram formuladas pelos críticos e árbitros comunistas revela-se, no mínimo, altamente enganosa. Uma história adequada da teoria marxista do realismo só será escrita quando as realizações e os pressupostos de seus cineastas, poetas, romancistas, pintores, desenhistas industriais e outros criadores tiverem sido avaliadas com propriedade. Será uma tarefa imensa e reveladora.

Alienação e desalienação. A noção de ALIENAÇÃO de Marx é a dimensão subjacente do tema da luta de classes em sua teoria da história; e isso é igualmente válido para a teoria literária. O que se iniciou como uma percepção dos equivalentes de classe (entre outros elementos significativos) na ficção levou os críticos e teóricos mais perceptivos e bem-preparados em direção a equivalentes (míticos, baseados no gênero, e/ou formais), na obra literária, das consequências do conflito, da confusão e da perda de potencial da espécie humana na vida social. Assim, Marx disse da pretensa humanidade-em-geral da heroína do romance de Eugène Sue *Os mistérios de Paris* que ela, na verdade, traía a estreiteza do espírito e da experiência social e humana do autor. E observou, de maneira mais geral, que a era industrial havia provocado o empobrecimento da imaginação criativa – os mitos e a harmonia estética dos gregos antigos deixariam de existir – à proporção que os personagens da classe social dominante do capitalismo eram levados, por força da concupiscência, a perderem os traços que o Renascimento mais havia valorizado nos grupos dominantes de sua época (*Grundrisse*, Introdução).

O possível desenvolvimento dessa dimensão filosófica dos comentários de Marx e Engels em sua aplicação a obras literárias individuais faria parecerem insignificantes muitos dos estudos literários mais detalhados de alguns de seus seguidores marxistas. A indignação contra a degradação da qualidade da vida e contra a deformação do potencial de autorrealização de nossa espécie humana é algo da maior importância nos escritos de Marx (em particular nos *Manuscritos econômicos e filosóficos*). Essa indignação é o elemento motivador dominante e, combinada com o sentido atribuído por Marx à desalienação (tal como é entendido por Mora 1974) enquanto possibilidade moral e orientação prática, contribui com o equilíbrio de proporção e contexto para o fervor irado e revolucionário que distingue o marxismo de outras filosofias e teorias históricas de nossa era.

A aplicação de uma dimensão que se pode considerar como quase utópica a casos empíricos de análise crítica está cheia de riscos. A consciência de perda, de diminuição, de ignorância, de confusão e da ausência pode avassalar o detalhamento do que existe. Não obstante, não é possível, em termos de método, valer-se de uma abordagem que supõe pragmaticamente que o existente só pode ser explicado até certo ponto, antes de se recorrer ao que existe mas está ausente, sem estabelecer uma concepção do alienado e do espaço no qual ele existe. A literatura e as artes em geral são a esfera ideal para fazer isso. Bahro (1977), como outros recentes críticos marxistas, ressaltou "o poder emancipador e humanizador de toda arte". Porque o artista, o escritor, é um coexplorador da problemática da alienação e da desalienação, e o valor estético (literário) está entre os mais tangíveis valores desalienantes conferidos à esfera pública. (Ver também ARTE e ESTÉTICA.)

LB

Bibliografia: Bakhtin, Mikhail M., *Marxism and Philosophy of Language*, 1929a (1973); *Marxisme et philosophie du langage* [*Marxismo e filosofia da linguagem*, 1979] ◎ *Problèmes de la poétique de Dostoievski*, 1929b (1970) ◎ *François Rabelais et la culture populaire sous la Renaissance*, 1965 (1970) • Baxandall, Le, *Marxism and Aesthetics: a Selective Annotated Bibliography*, 1968 • Bisztray, George, *Marxist Models of Literary Realism*, 1978 • Bloch, Ernst et al., *Aesthetics and Politics*, 1977 • Bullock, Chris David Peck, *Guide la Marxist Literary Criticism*, 1980 • Cândido, Antônio, *Literatura e sociedade*, 1965 (1976) • Coutinho, Carlos Nélson, *Literatura e humanismo*, 1967 • *Critique so-*

ciologique et critique psychanalitique, 1970 • Demetz, Peter, *Marx, Engels and the Poets: Origins of Marxist Literary Criticism*, 1967 • Eagleton, Terry, *Criticism and Ideology: a Study in Marxist Literary Theory*, 1976 • Garaudy, Roger, *D'un réalisme sans rivages*, 1963 • Goldmann, Lucien, *Le dieu caché*, 1956a (1959); *The Hidden God* (1967) ◎ *Racine*, 1956b ◎ *Pour une sociologie du roman*, 1964; *Towards a sociology of the Novel* (1975) [*Sociologia do romance*, 1967] ◎ *Structures mentales et création culturelle*, 1970b ◎ "Le sujet de la création culturelle", 1970c • Goldmann, Lucien et al., *Problèmes d'une sociologie du roman*, 1963 ◎ *Littérature er société: problèmes de méthodologie en sociologie de la littérature*, 1967 ◎ *Sociologie de la littérature*, 1970 • Gorki, Maksim, "Discurso en el primer congresso de escritores soviéticos", 1934 (1968) • Heller, Agnes, "L'esthétique de Gyorgy Lukács", 1968 • Jameson, Frederic, *Marxism and Form: Twentieth Century Dialectical Theories of Literature*, 1971 [*Marxismo e forma*, 1985] • Jdanov, A.A., *Sur la littérature, la philosophie, la musique*, 1940 (1950) ◎ "El frente ideológico y la literatura", 1945 (1968) • Konder, Leandro, *Marxismo e alienação*, 1965 ◎ *Os marxistas e a arte*, 1967 • Lenin, V.I., *Sur l'art et la littérature*, 1976 • Macherey, Pierre, *Pour une théorie de la production littéraire*, 1966 • Matvejevic, Predrag, "L'engagement en littérature, vu sous les aspects de la sociologie et de la création", 1972 • Morawski, Stefan, *Inquiries Into the Fundamentals of Aeslhetics*, 1974 • Pereira, Astrogildo, *Crítica impura*, 1963 • Posada, F., *Lukács, Brecht y la situación del realismo socialista*, 1969 • Prawer, S.S., *Karl Marx and World Literature*, 1976 • Routh, J. & J. Wolff (orgs.), *The Sociology of Literature: Theoretical Approaches*, 1977 • Slaughter, Cliff, *Marxism, Ideology and Literature*, 1980 [*Marxismo, ideologia e literatura*, 1983] • Trotski, L.D., *Litterature and Revolution*, 1923 (1957 e 1960); *Littérature et révolution* (1964) [*Literatura e revolução*, 1980] • Weimann, Robert, *Structure and Society in Literary History*, 1976 • Williams, Raymond, "Literature and sociology: in memory of Lucien Goldmann", 1971 ◎ *Marxism and Literature*, 1977 [*Marxismo e literatura*, 1979] ◎ *Politics and Letters*, 1979 • Ver igualmente as bibliografias dos artigos ADORNO; ALIENAÇÃO; BENJAMIM; ESTÉTICA; GOLDMANN; LUKÁCS e SARTRE.

lógica A obra de Marx e dos marxistas caracteriza-se pelo uso consciente de categorias tomadas ao quadro tradicional da lógica. Papéis importantes são atribuídos à negação, à quantidade, à relação e à necessidade. O *método explicativo* de Marx e dos marxistas desenvolve-se dentro do quadro dessas categorias, interpretadas de maneira realista: elas são tratadas como formas da realidade onde se inclui o pensamento (ver REALISMO).

Categorias. A DIALÉTICA é a característica dominante da lógica marxista, mas sua compreensão baseia-se na visão marxista das categorias tradicionais.

Negação. A NEGAÇÃO interna, mais do que a negação externa, constitui a base da lógica marxista. Ao buscar analogias na lógica formal, que trata das formas da proposição, a negação interna nos parece mais próxima da negação da asserção em "Todos *não* são vermelhos" do que da negação da proposição "*nem* todos são vermelhos". Uma avaliação mais exata deve, portanto ir além da lógica formal.

Na medida em que um sistema se desenvolve, toda nova determinação nega esse sistema de uma entre várias maneiras. Ou ela se soma ao sistema introduzindo uma multiplicidade onde antes havia unidade; agora há o sistema *e* a determinação que surgiu de dentro do próprio sistema; ou destrói o sistema e com isso se afirma como uma unidade onde antes havia uma unidade diferente. A negação, portanto, em seu sentido interno, é um processo de desenvolvimento da multiplicidade a partir da unidade. A crítica que Marx faz da economia política é, em si, uma negação interna. Não é uma negação baseada em princípios que transcendem a sociedade, mas que tem por base o ponto de vista da classe operária dentro do capitalismo (ver ESCOLA DE FRANKFURT).

Quantidade. Os valores de troca (ver VALOR) e o TRABALHO ABSTRATO são quantidades fundamentais na teoria econômica marxista. A abstração das diferenças qualitativas entre os valores de uso (para se chegar aos valores de troca) e entre dispêndios concretos de trabalho (para se chegar ao trabalho abstrato) é de importância crucial para a edificação da teoria marxista. Essa e outras abstrações semelhantes são desenvolvidas em função do processo inverso que explica as mudanças qualitativas por meio das mudanças quantitativas. A lei da variação segundo a qual as mudanças qualitativas surgem de mudanças na quantidade dá ao marxismo seu caráter materialista (Engels, *Dialética da natureza*, cap.2). A quantidade, aqui, tem o significado de grandeza extensiva - partes fora de partes. Enquanto Hegel considerava a quantidade como uma externalidade a ser superada na unidade, o materialismo marxista postula conceitos quantitativos como parte de sua estrutura teórica básica (ver IDEALISMO).

Relação. Embora as relações entre as partes de uma quantidade possam ser irredutivelmente externas, os marxistas utilizam de maneira importante as relações internas. Haverá, então, todos abrangentes que incluem os termos dessas relações. As relações sociais de produção são relações entre agentes no sistema social abrangente. Os todos sociais ainda conservam o papel de sujeitos lógicos que não podem ser dissolvidos em pontos de convergência de múltiplas relações (Zeleny, 1980, cap.3). Os todos sociais têm aspectos múltiplos relacionados internamente (Marx, *Grundrisse*, Introdução). Dessa forma, uma visão atomista do mundo é eliminada, devido à importância dada às relações internas. Consequência disso é que uma causa terá seus efeitos não isoladamente, mas como causa que tem poder no fato de ser parte do todo. Além disso, quando causa e efeito são ambos aspectos de um sistema, há reciprocidade ou interação, já que a mudança representada pelo efeito é uma mudança no sistema a que a causa pertence.

Necessidade. As tendências determinam as necessidades. Pode, porém, haver obstáculo à realização das tendências. Assim, em oposição às tradicionais relações modais da necessidade, não se deduz a realidade, mas, no máximo, a possibilidade. Se, portanto, alguma coisa é necessária, se e quando ocorrer, sua ocorrência está fundamentada numa tendência. Os obstáculos às tendências nem sempre são acidentais; a negatividade dos todos é uma base para tendências conflitantes ou contraditórias dentro desses todos. Devido a esse conflito, a necessidade, assim como a lei científica, levam antes a desenvolvimentos ideais do que a desenvolvimentos concretos. (Hegel, 1929, vol.2, seção 2, cap.1 (C) (b); e Marx, *O Capital*, III, cap.XIII).

A tendência à socialização do local de trabalho leva necessariamente à propriedade social dos meios de produção. Essa tendência, porém, é contrabalançada pela tendência a disciplinar a força de trabalho, que leva necessariamente a um controle cada vez menor, pelos trabalhadores, do local de trabalho. Nenhum desses desenvolvimentos ideais - que se revelem através da necessidade - corresponde ao local de trabalho real.

Lógica dialética. A realidade é dialética porque as modificações nela ocorridas nascem das contradições (ver CONTRADIÇÃO). Os não marxistas têm dificuldades de aceitar as contradições, e os marxistas discutem entre si sua natureza.

Contradições. Para compreender as contradições, basta reunir várias das categorias acima. Primeiro, os polos de uma contradição estão encerrados em um todo e são, portanto, internamente relacionados. Segundo, as próprias contradições refletem a negatividade da realidade por meio da qual a multiplicidade nasce da unidade. Nem todas essas contradições são formais, como "*a* é vermelho e *a* não é vermelho". As contradições formais constituem um caso especial de "*a* é *H* e *a* é *G*", que representa uma multiplicidade - *H* e *G* - dentro da unidade - *a* - e portanto é o tipo básico de contradição. Se *H* e *G* fossem determinações externas, como na teoria platônica da predicação, não haveria tensão entre a unidade de *a* e suas determinações. Mas, no caso, as determinações são internas.

Terceiro, a tensão entre a unidade e a multiplicidade resolve-se pela mudança. O tipo específico de mudança é determinado pelas tendências associadas a cada polo da contradição. A interação dessas tendências é uma negação da negação; a negação original é a postulação da multiplicidade dentro de um todo unitário e a negação subsequente é a mudança provoca da pela tensão entre a unidade e a multiplicidade (Engels, *Anti-Duhring*, cap.XIII; e também Fisk, 1979, cap.4).

Lógicas alternativas. Um dos fundamentos da rejeição não marxista das contradições é a convicção de que de uma contradição se deduz qualquer coisa. Assim, num sistema dialético qualquer coisa pode ser provada. Mas em sistemas formais em que a conclusão é interpretada como uma "vinculação" ou uma relação de "pertinência", as contradições podem ser isoladas sem que tudo possa ser provado. Ainda mais interessante é o fato de que um sistema formal completo, com vinculação, pode ser construído contendo certas proposições e suas negações, ambas enquanto teoremas, embora a lei clássica da não contradição – não (A e não A) – seja um teorema (Routley e Meyer, 1976). O significado disso é que não há razão conclusiva na lógica formal para a rejeição da opinião de que o mundo mantenha algumas contradições formais. *A fortiori* não há razão conclusiva na lógica formal para rejeitar a opinião de que o mundo mantenha contradições do tipo mais básico, mas também mais imprecisas, que expressam uma tensão entre a unidade e a multiplicidade. Essa tentativa de mostrar que um mundo incoerente é possível contraria a visão kantiana de que as contradições pertencem apenas ao pensamento. Segundo essa visão, a dialética deve ser relegada ao pensamento e por isso não pode ser parte do mundo material.

Método explicativo. A visão dialética não oferece um plano completo para a explicação, mas é suficiente para distinguir o método explicativo marxista nas ciências sociais do de seus rivais.

Abstração. Teoria e prática são, ambas, partes da existência social. Suas tendências para o isolamento não são nunca plenamente realizadas. Como momentos conflitantes da existência social, elas interagem. Devido ao fato de que as mudanças quantitativas estão na base das mudanças qualitativas, essa interação deve ser compatível com a visão de que o fundamento da explicação de conceitos e hipóteses é a prática. Isso contradiz a visão de que eles têm sua origem nas criações da mente, visão que incorre em questões céticas quanto à existência da realidade que eles representam. Os conceitos teóricos são abstratos, mas não por serem criações da mente. Seu caráter abstrato tem origem na prática (Sohn-Rethel, 1979, cap.5). Na prática certos aspectos da realidade são tratados, em detrimento da totalidade. Um conceito representa os aspectos da realidade ressaltados na prática real ou possível.

Uma teoria como um todo, tal como a teoria econômica marxista, é abstrata por representar tendências de apenas um aspecto bastante limitado da existência social. Para ser de utilidade em questões concretas, uma teoria abstrata deve estar combinada a questões relativas a outros aspectos da existência social. As relações econômicas, as relações políticas, a IDEOLOGIA, são aspectos da sociedade (Althusser, 1965, cap.6). A opinião de que há uma teoria de todos esses aspectos parece incompatível com o caráter abstrato das teorias e a natureza seletiva da prática. Ainda assim, dentro do postulado materialista histórico, a teoria de qualquer um desses aspectos tomará a teoria econômica como base para sua operação.

Determinação. Os marxistas explicam as coisas examinando aquilo que as determina. Não obstante, há no marxismo uma oscilação entre duas interpretações da determinação. Uma delas é que a determinação é uma questão de antecedentes que estimulam, geram ou propiciam a ocasião para as consequências. A incerteza quanto a possibilidade de que isso encerre a questão é provocada pelo exame de como tal visão da determinação se enquadra na dialética. Se as relações forem internas às totalidades e dependerem delas para o que são, então a determinação – como relação de estímulo ou geração – deve ser determinada, ela mesma, pelas características subjacentes das totalidades. Assim, a segunda interpretação é a de que a determinação é uma questão das naturezas das totalidades que possibilitam as relações dentro delas. Como essas interpretações não são incompatíveis, mas complementares, é importante reconhecer que ambos os tipos de determinação tem lugar no marxismo (Balibar, 1966, cap.1; Fisk, 1981).

A interpretação materialista da história confere papel primordial à teoria econômica na explicação (ver MATERIALISMO HISTÓRICO). Esse primado admite a explicação não em termos da determinação enquanto um estímulo antecedente, mas apenas em termos da natureza da totalidade, tornando possível em seu interior esse estímulo antecedente. O econômico é primordial nas ciências sociais do mesmo modo como um paradigma é primordial nas ciências físicas. (Kuhn, 1970, cap.5).

Teleologia. O caráter teleológico de grande parte da teoria de Marx é indiscutível. Por vezes um desenvolvimento dos meios de produção *determina* uma mudança nas relações de produção; outras vezes, a preservação das relações de produção determina uma mudança nos meios de produção. Afirmações desse tipo não podem ser representadas simplesmente em termos de uma estimulação antecedente, mesmo que a estimulação antecedente seja parte delas. A ideia é que explicamos um acontecimento com base no fato de que, se ele ocorresse, seria um estímulo para algum estado de coisas desejável (Cohen, 1978, cap.9). A linha de montagem é explicada pelo fato de que, havendo uma linha de montagem, o trabalhador pode ser disciplinado com maior facilidade. A explicação teleológica não elimina a necessidade de determinação pelas características subjacentes da totalidade. Somente num certo tipo de totalidade social - onde a exploração serve aos privilegiados - surgirá a existência da linha de montagem, simplesmente porque ela torna mais fácil disciplinar os trabalhadores.

Níveis de realidade. O status da superestrutura e das aparências é debatido pelos marxistas (ver BASE E SUPERESTRUTURA). Segundo Marx, a base econômica determina a superestrutura da consciência (*Contribuição à crítica da economia política*, Prefácio). Isso pode ser interpretado tendo em vista os dois tipos de determinação. Afirmar que a superestrutura é causada pela base econômica entendida como estimulação antecedente levanta problemas insuperáveis sobre a maneira pela qual poderia até mesmo haver uma base econômica sem um sistema desenvolvido de consciência. Isso nos leva a tentar interpretar a metáfora base-superestrutura por meio do segundo tipo de determinação. A base é, portanto, uma moldura econômica dentro da qual uma mistura de circunstâncias culturais, políticas e também econômicas, pode estimular mudanças de consciência.

As aparências não são as sensações dos fundamentos empíricos do conhecimento (ver EMPIRISMO). As aparências, como as aparências dos valores de troca como características objetivas dos produtos, são, por natureza, ideológicas. A distinção entre aparência e realidade, portanto, é uma distinção social, em um sentido em que a distinção entre sensação e teoria, feita pelo empirismo, nunca pretendeu que fosse. As aparências devem ser criticadas com os instrumentos da teoria, e não usadas como base para a teoria (Marx, *O Capital*, I, cap.1, seção 4).

Relatividade. A lógica explicativa global do marxismo é uma lógica da relatividade. As teorias e conceitos são formados dentro da prática, a fim de fazê-la progredir. São, assim, relativos a circunstâncias objetivas determinadas. Somente se a interconexão das coisas dentro do todo fosse abandonada os conceitos e as teorias poderiam ser tomados como transcendentes à prática. Além disso, as conexões causais e teleológicas são relativas à totalidade que as torna possíveis e por isso elas não têm âmbito universal.

As perspectivas marxistas referentes aos conceitos diferem das concepções que enfatizam a relatividade da referência em relação à linguagem. Essas visões partem da linguagem e inevitavelmente caem na armadilha da linguagem. Para os marxistas a relatividade dos conceitos se dá em relação às circunstâncias sociais e, em última análise, de classe, que encerram, em si, os sistemas políticos. É, portanto, uma relatividade materialista e não idealista.

Muitos marxistas admitem até certo ponto a relatividade implícita na unidade da teoria e da prática, mas buscam uma saída além da prática. Alguns procuram a saída pela visão de que, pelos sentidos, atinge-se a realidade tal como ela é (Lenin, 1927, cap.2, seção 5). Outros a procuram atribuindo um estatuto privilegiado à perspectiva do proletariado - uma perspectiva que, ao contrário de outras, permite uma visão não deformada da realidade (Lukács, 1971, seção 3). Tais concepções chocam-se com a interpretação dialética que dá aos conceitos e às teorias um caráter relativo.

MF

Bibliografia: Althusser, Louis, *Pour Marx*, 1965 [*A favor de Marx*, 1979] • Badaloni, Nicola, *Per il comunismo*, 1972 • Balibar, Étienne, "Sur les concepts fondamentaux du matérialisme historique" in Louis Althusser, *Lire le Capital*, 1968 [*Ler o Capital*, 1980] • Cohen, G.A., *Karl Marx's Theory of History*, 1978 • Della Volpe, Galvano, *Logica come scienza positiva*, 1950 (1969); *Logic as a Positive Science* (1980) ◎ *Logica come scienza storica*, 1969 • Fausto, Rui *Marx: lógica e política*, 1983 • Fisk, Milton, "Dialectic and Ontology", in Mepham, J. & O.H. Ruben (orgs.), *Issues in Marxist Philosophy*, 1979 ◎ "Determination and Dialectic", 1981 • Hegel, G.W.F., *Wissenschaft der Logik*, 1812-1816; *Science of Logic* (1929) • Kuhn, T.S., *The Structure of Scientific Revotutions*, 1970 • Lefebvre, Henri, *Logique formelle et logique dialectique*, 1969a • Lenin, V.I., *Materialism and Empirio-Criticism*, 1908 [*Materialismo e empiriocriticismo*, 1975] • Lukács, G., *Geschichte und Klassenbewusstsein*, 1923 [*História e consciência de classe*, 1974] • Reymond, A., *Les principes de la logique et la critique contemporaine*, 1932 • Routley, R. & R.K. Meyer, "Dialectical Logic, Classical Logic, and the Consistency of the World", 1976 • Sonn-Rethel, A., *Intellectual and Manual Labor*, 1978 • Vadée, M. & A. Doz et al., *La Logique de Marx*, 1974 • Zelený, Jindrich, *The Logic of Marx*, 1980.

lucro Ver MAIS-VALIA E LUCRO

Lukács, György [Georg] (Budapeste, 13 de abril de 1885 – Budapeste, 4 de julho de 1971.) Lukács teve uma intensa e longa vida de filósofo, professor e teórico da literatura e da estética, tendo atuado igualmente, entre 1919 e 1929, como um dos líderes do movimento comunista húngaro. Autor de muitos trabalhos, os primeiros dos quais foram publicados em 1902, completou seu último livro setenta anos mais tarde, pouco antes de sua morte, deixando ainda em rascunho a última obra planejada: suas memórias, adequadamente intituladas de *Gelebtes Denken* (*Pensamento vivido*).

Antes de 1918, o pensamento de Lukács enquadrava-se em um sistema idealista objetivo, influenciado por Platão, Kant, Hegel e Kierkegaard, do qual, aliás, foi o primeiro a retomar a obra em 1908. Amigo de Georg Simmel, Max Weber e Ernst Bloch, passou muito tempo na Alemanha, tendo escrito posteriormente muitas de suas obras em alemão. Na Hungria, durante a Primeira Guerra Mundial, foi o líder intelectual de um "círculo dominical", juntamente com Frigyes Antal, Béla Balázs, Béla Fogarasi, Arnold Hauser, Karl Mannheim, Karl Polányi, Wilhelm Szilasi, Charles de Tolnay, Eugene Varga e outros. Em 1917, Lukács e seus amigos organizaram a Escola Livre das Ciências do Espírito, da qual participavam também Béla Bartók e Zoltan Kodály. As principais obras que escreveu nesse período foram *Die Seele und die Formen* (*A alma e as formas*, 1910), *História da evolução do drama moderno*, publicado em húngaro em 1911, *Cultura estética*, publicado em húngaro em 1913, *Die Theorie des Romans* (*A teoria do romance*, 1916) e *Heidelberger Philosophie der Kunst* (*A filosofia da arte de Heidelberg*), bem como *Heidelberger, Aesthetik* (*A estética de Heidelberg*), iniciadas em 1912, abandonadas em 1918 e postumamente publicadas.

Durante o último ano da Primeira Guerra Mundial, Lukács abraçou com entusiasmo a perspectiva marxista e, em dezembro de 1918, ingressou no Partido Comunista. Nos meses da Comuna Húngara, em 1919, foi ministro (comissário do povo) da Educação e Cultura e nomeou vários de seus amigos e companheiros (Antal, Bartók, Kodály, Mannheim, Varga e outros) para importantes cargos político-culturais. Depois da derrota, fugiu do país e, até 1945, a ele voltou apenas eventualmente para trabalhos partidários clandestinos, desafiando a sentença de morte a que fora condenado pelos juízes de Horthy. Passou os anos de sua emigração na Áustria, na Alemanha e na Rússia, e voltou à cátedra de estética da Universidade de Budapeste em agosto de 1945.

O período marxista de Lukács prolonga-se por cinco fases de atividade política e teórica distintas, que se resumem a seguir com apoio em um esquemático balizamento cronológico:

1) ***1919-1929***. Como um dos líderes do Partido Comunista Húngaro, Lukács participou ativamente da luta política cotidiana, viciada pelas confrontações internas entre facções, e esteve constantemente sob a mira de Béla Kun e de seus amigos na Terceira Internacional. Muitos de seus escritos dessa fase relacionavam-se com questões de política e agitação e com a elaboração de uma estratégia política viável, culminando com as chamadas

Teses de Blum. Escritas em 1928 e defendendo perspectivas muito semelhantes à política da Frente Popular (que seria adotada como política oficial do Comintem sete anos mais tarde, após discurso de Dimitrov), as *Teses de Blum* foram divulgadas prematuramente e condenadas pelo Comintern como "uma teoria meio social-democrata e liquidacionista". Os principais escritos teóricos de Lukács desse período estão reunidos em três volumes: *Geschichte und Klassenbewusstsein. Studien über marxistische Dialektik* (*História e consciência de classe: estudos de dialética marxista* 1923); *Lenin: Studie über den Zusammenhang seiner Gedanken* (*Lenin: estudo sobre a unidade de seu pensamento*, 1924) e *Politischen Schriften* (*Escritos políticos, 1919-1929*). Desses livros, o primeiro – condenado pelo Comintern por instigação de Bukharin, Zinoviev e outros – exerceu enorme influência, de Karl Korsch a Walter Benjamin e Maurice Merleau-Ponty, de Lucien Goldmann a Herbert Marcuse e ao movimento estudantil de fins da década de 1960.

2) ***1930-1945***. Forçado a abandonar a militância política ativa por força da rejeição de suas *Teses de Blum*, Lukács escreveu nessa fase principalmente ensaios de crítica literária e duas importantes obras teóricas: *Der historische Roman* (*O romance histórico*, 1937) e *Der junge Hegel. Über die Bezichungen von Dialektik und Ökonomie* (*O jovem Hegel: sobre as relações entre a dialética e a economia*, 1938). Os estudos literários de Lukács foram posteriormente reunidos em volumes intitulados *Probleme des Realismus* (*Problemas do realismo*), *Goethe und seine Zeit* (*Goethe ea sua época*) e *Thomas Mann* (*Thomas Mann*). Teoricamente, esse período foi marcado por uma modificação de suas concepções anteriores sobre o "reflexo" e pela rejeição do "sujeito-objeto idêntico" (tal como expressara em *Geschichte und Klassenbewusstsein*, decorrentes por certo da publicação dos *Manuscritos econômicos e filosóficos* de Marx e dos *Cadernos filosóficos* de Lenin. Esteve preso durante um breve período e foi libertado por intervenção de Dimitrov, que compartilhava suas ideias.

3) ***1945-1949***. Depois de seu retorno à Hungria, Lukács participou intensamente da atividade política e cultural, publicando muitos ensaios literários e artigos filosóficos populares, tendo fundado, e presidido intelectualmente, a publicação mensal *Fórum*. Em 1949, foi violentamente atacado pelos ideólogos do partido, Rudas, Horvath e Révai, pelas opiniões expressas em seus livros *Literatura e democracia* e *Por uma nova cultura húngara* (publicados originalmente em húngaro), que lembravam as perspectivas das *Teses de Blum*. Esses ataques, dos quais participavam também Fadeiev e outras figuras russas, marcaram a completa estalinização da cultura e da política na Hungria e obrigaram Lukács a retirar-se para seus estudos filosóficos.

4) ***1950-1956***. A partir de 1950, Lukács iniciou importantes trabalhos de síntese, dos quais dois foram completados nesse período: *Die Zerstörung der Vernunft* (*A destruição da razão*) e *Über der Besonderheit als Kategorie der Aesthetik* (*A particularidade como categoria da estética*). Em 1956, escreveu *Zur Gegenwartsbedeutung des Kritischen Realismus* (mais traduzido como *O significado presente do realismo crítico*), tornando-se em outubro desse ano ministro da Cultura do breve governo de Imre Nagy. Depois de sufocado o levante, foi deportado com os outros membros do governo para a Romênia, retornando a Budapeste no verão de 1957.

5) ***1957-1971***. Completou, durante esse período, duas sínteses maciças: um trabalho sobre ESTÉTICA *Die Eigenart des Aesthetischen* (*A natureza específica da estética*, 1963) e uma ontologia social, *Zur Ontologie des gesellschaftlichen Seins. Hegels falsche und echte Ontologie* (*Para uma antologia do ser social*, 1971).

As principais obras de Lukács cobrem uma vasta área, indo da estética e da crítica literária à filosofia, à sociologia e à política. Em estética, além dos muitos trabalhos nos quais desenvolveu uma teoria marxista do realismo, a partir de uma posição acentuadamente antimodernista, produziu uma das sínteses mais fundamentais e abrangentes da teoria da arte e da literatura. Na filosofia, como figura principal do MARXISMO OCIDENTAL, defendeu constantemente a causa da dialética contra várias formas de irracionalismo, de materialismo mecanicista e de dogmatismo, tendo construído, em *Geschichte und Klassenbewusstsein*, uma teoria da alienação e da REIFICAÇÃO muito antes da tardia publicação das estimulantes obras de Marx sobre o assunto. Em seus dez últimos anos de atividade, desenvolveu, no terreno filosófico, uma monumental ontologia social ainda pouco compreendida. Na sociologia, sua teoria da CONSCIÊNCIA DE CLASSE exerceu grande impacto, influenciando a "sociologia do conhecimento" e a ESCOLA DE FRANKFURT, bem como teorias mais recentes. Na política, finalmente, Lukács é lembrado sobretudo por suas ideias relativas a questões de organização e como um dos primeiros defensores da Frente Popular e de uma participação política de base das massas nas "Democracias Populares".

IM

Bibliografia: Adorno, T.W., "Erpresste Versöhnung: zu Georg Lukács *Wider den missverstandenen Realismus*", 1961 (1963) • Baxandall, L., *Marxism and Aesthetics*, 1968 • Benseler, Frank (org.), *Festschrift zun achtzingsten Geburtstag von Georg Lukács*, 1965 • Berger, J., *Toward Reality: Essays in Seeing*, 1962 • Birnbaum, N., *Toward a Critical Sociology*, 1971 • Bourdet, Yvon, *Figures de Lukács*, 1972 • Brecht, Bertolt, *Schriften aus Literatur und Kunst*, vol.II, 1966 • Coutinho, C.N., *Literatura e humanismo*, 1967 • Engensberger, H.M. (org.), *Brecht/Lukács/ Benjamin*, 1968 • Fischer, Ernst, *Kunst und Koexistenz*, 1966 • Gabel, Joseph, "Mannheim et le marxisme hongrois", 1969 • Garaudy, Roger, *D'un réalisme sans rivages*, 1963 • *Georg Lukács zum siebzigsten Geburtstag*, 1963 • Goldmann, Lucien, *Sciences humaines et philosophie*, 1952 [*Ciências humanas e filosofia*, 1980] ◎ *Recherches dialectiques*, 1958 [trad. parcialm., *Dialética e cultura*, 1979] ◎ "Introduction aux premiers écrits de Lukács", 1963 ◎ *Pour une sociologie du roman*, 1964 [*Sociologia do romance*, 1967] ◎ *Lukács and Heidegger*, 1977 • Heller, Agnes, "L'esthétique de György Lukács", 1968 • Holz, H.H. et al., *Gespräche mit Georg Lukács*, 1967 [*Conversando com Lukács*, 1969] • Konder, Leandro, *Marxismo e alienação*, 1965 ◎ *Os marxistas e a arte*, 1967 ◎ "Rebeldia, desespero e revolução no jovem Lukács", 1977 • Korsch, Karl, *Marxismus und Philosophie*, 1923; *Marxism and Philosophy* (1970); *Marxisme et philosophie* (1964) • Lichtheim, George, *Lukács*, 1970 [*As ideias de Lukács*, s.d.] • Löwy, Michael, *Pour une sociologie des intelleauels révolutionnaires: l'évolution politique de Lukács, 1909-1929*, 1976 • Lukács, György: uma relação das obras de Lukács encontra-se na Bibliografia Geral, no final deste volume • Mannheim, Karl, *Ideologie und Utopie*, 1929; *Ideology and Utopie* (1963) [*Ideologia e utopia*, 1982] • Merleau-Ponty, M., *Les aventures de la dialectique*, 1955 • Mészáros, István (org.), *Aspects of History and Class Consciousness*, 1971 ◎ *Lukács' Concept of Dialectic*, 1972 • Netto, José Paulo, "Possibilidades estéticas em *História e consciência de classe*", 1978 ◎ "Lukács e a problemática cultural da era stalinista", 1979 • Posada, F., *Lukács, Brecht y la situación del realismo socialista*, 1969 • Read, Herbert, *The Tenth Muse*, 1958 • Rosenberg, Harold, "The Third Dimension of Georg Lukács", 1964 • Runciman, W.G., *Social Science and Political Theory*, 1963 [*Ciência social e teoria política*, 1967] • Schaff, A., *Marxismus und das menschliche Individuum*, 1965; *Le marxisme et l'individu* (1968) [*O marxismo e o indivíduo*, 1967] ◎ "Conscience d'une classe et conscience de classe: en marge de l'ouvrage de Georg Lukács, *Histoire et conscience de classe*", 1972 • Sontag, Susan, "The Literary Criticism of Georg Lukács", 1966 • Vacca, Giuseppe, *Lukács o Korsch?*, 1969 • Vásquez, Adolfo Sanches, *Las ideas estéticas de Marx: ensayos de estética marxista*, 1956 ◎ *Estética y marxismo*, 1965 • Watnick, Morris, "Relativism and Class Consciousness: Georg Lukács", 1962 • Zitta, V., *Georg Lukács' Marxism: Alienation, Dialectics, Revolution*, 1964.

lumpemproletariado Em *O Dezoito Brumário de Luís Bonaparte* (1852), Marx refere-se ao *lumpemproletariado*, termo que traduz o alemão *lumpenproletariat*, como "o lixo de todas as classes", "uma massa desintegrada", que reunia "indivíduos arruinados e aventureiros egressos da burguesia, vagabundos, soldados desmobilizados, malfeitores recém-saídos da cadeia (...) batedores de carteira, rufiões, mendigos", etc., nos quais Luís Bonaparte apoiou-se em sua luta pelo poder. Em um contexto semelhante, ao analisar a ascensão do fascismo, autores marxistas mais recentes também fizeram referências ocasionais ao lumpemproletariado, embora tal noção não tenha um lugar muito destacado em sua análise. Bauer (1938) distinguiu como elementos importantes nos movimentos fascistas os *déclassés* que se haviam mostrado incapazes de encontrar seu caminho de volta ao seio da vida burguesa depois da Primeira Guerra Mundial e as massas empobrecidas da baixa classe média e do campesinato. Mas, quando observa que "todo o lumpemproletariado" foi atraído pelos fascistas, Bauer não deixa claro o que está subsumido por esta categoria e dá maior ênfase a como e a quanto os trabalhadores desempregados puderam ser recrutados para as fileiras fascistas. Trotski (1971), em seus escritos sobre o fascismo, referiu-se brevemente à "transformação de grupos cada vez maiores de trabalhadores em lumpemproletariado", mas deu muito mais atenção à pequena burguesia como base social dos movimentos de massa fascistas.

O principal significado da expressão lumpemproletariado não está tanto na referência a qualquer grupo social específico que tenha papel social e político importante, mas antes no fato de ela chamar a atenção para o fato de que, em condições extremas de crise e de desintegração social em uma sociedade capitalista, grande número de pessoas podem separar-se de sua classe e vir a formar uma massa "desgovernada", particularmente vulnerável às ideologias e aos movimentos reacionários.

TBB

Bibliografia: Bauer, Otto, "Faschismus", in W. Abendroth (org.), *Faschismus und Kapitalismus: Theorien über die sozialen Ursprunge und die Funktion des Faschismus*, 1938 (1967) • Trotski, L.D., *The Struggle against Fascism in Germany*, 1971b.

luta de classes Segundo as palavras do *Manifesto comunista*, "a história de todas as sociedades existentes até hoje é a história das lutas de classe". Mas essa tese mereceu diferentes qualificações desde que foi pela primeira vez formulada. Engels a modificou, referindo-a à história *escrita* (nota à edição inglesa de 1888 do *Manifesto comunista*), para que se levassem em conta as comunidades primitivas, nas quais as divisões de classes ainda não haviam aparecido. Posteriormente, Kautsky (1890) argumentou que algumas das lutas de classes mencionadas no *Manifesto comunista* eram, na verdade, conflitos entre grupos de *status* e que esse ponto de vista estava de acordo com a observação, feita pelos próprios autores, no mesmo texto, de que as sociedades pré-capitalistas eram todas caracterizadas por uma "múltipla gradação de categorias sociais" (ver CLASSE). No caso da SOCIEDADE FEUDAL, por exemplo, há discordâncias entre os historiadores marxistas sobre a natureza e a significação da luta de classes, ressaltando alguns deles a importância das revoltas camponesas, ao passo que outros chamam a atenção para a complexidade das filiações e divisões de classe (ver ESTÁGIOS DE DESENVOLVIMENTO; TRANSIÇAO DO FEUDALISMO PARA O CAPITALISMO). Por outro lado, Marx e Engels indicaram – e sua posição passou a ser o ponto de vista marxista mais generalizado – que é na sociedade capitalista que as classes fundamentais se diferenciam mais claramente, que a CONSCIÊNCIA DE CLASSE se desenvolve de maneira mais completa e que as lutas de classes são mais agudas. Nesse sentido, a sociedade capitalista constitui, sob esses aspectos, um ponto culminante na evolução histórica das formas da sociedade dividida em classes. Nessa perspectiva, as lutas de classes modernas têm importância fundamental na teoria marxista, porque seu resultado final é concebido como uma TRANSIÇÃO PARA O SOCIALISMO, isto é, para uma sociedade sem classes.

É compreensível, portanto, que a pesquisa e o debate marxistas posteriores se tenham concentrado, em grande medida, no desenvolvimento da luta de classes nos tempos modernos, desde a emergência do MOVIMENTO OPERÁRIO no século XIX até os dias de hoje. A questão crítica é se, durante esse período, houve, na realidade, uma intensificação da luta de classes. No marxismo, o primeiro a questionar essa ideia explicitamente – embora Marx e Engels já tivessem levantado algumas dúvidas em suas referências à ARISTOCRACIA OPERÁRIA e a um *aburguesamento* mais geral da classe operária, pelo menos na Grã-Bretanha – foi Bernstein (1899), que afirmou ser evidente que, no final do século XIX, não estavam ocorrendo nem uma polarização das classes nem uma intensificação da luta de classes. Entre os fatores por ele aduzidos para explicar essa situação de mudança estavam o crescimento da CLASSE MÉDIA, a crescente complexidade da estrutura de classes e a elevação do nível de vida, temas esses que figuraram com destaque em todas as discussões subsequentes. Estudos históricos mais recentes chamam a atenção também para outros aspectos. Foster (1974), em sua análise do movimento operário em três cidades inglesas do século XIX examina em detalhe "o desenvolvimento e o declínio de uma consciência de classe revolucionária no segundo quartel do século", e explica esse declínio como resultado de mudanças relacionadas com a liberalização (ampliação do sufrágio, crescimento dos partidos de massa, reconhecimento jurídico dos sindicatos), que tornaram possível uma reimposição da autoridade capitalista. Evidentemente, tratase de um processo que tem se repetido, sob diferentes formas, em períodos históricos posteriores. Há um problema particular que sempre foi colocado pelo desenvolvimento da sociedade norte-americana, onde jamais surgiu um partido socialista de massa, nem se registraram lutas de classes políticas em escala considerável. A "exceção norte-americana" tem sido objeto de muita análise sociológica, marxista e não marxista, desde os primeiros anos deste século (ver Sombart, 1906). Essa situação levou alguns marxistas e outros pensadores radicais nos Estados Unidos a revisões bastante devastadoras da teoria marxista. Exemplo disso são a rejeição que Mills (1960) faz da concepção de uma luta de classes fundamental e do papel da classe operária como principal agente da transformação social, qualificando essa concepção como uma "metafísica do trabalho", bem como o argumento bastante similar de Marcuse (1964) sobre a incorporação da classe operária pela sociedade capitalista adiantada.

Os conflitos nos países socialistas da Europa Oriental colocam um outro tipo de questão, que é decidir se os movimentos de oposição e as rebeliões, como o de 1956 na Hungria, o de 1968 na Tchecoslováquia, ou, mais recentemente, o da Polônia, em 1981, são ou não são lutas *de classes*; e, se não forem, que forças sociais representam. No caso, a interpretação das lutas que se registram depende de um julgamento prévio quanto a se uma nova estrutura de classes ter-se-á ou não constituído nessas sociedades e, em particular, se há uma nova classe dominante. Também é evidente que, em algumas dessas sociedades as lutas nacionais adquiriram considerável importância (ver, a esse respeito, por exemplo, Carrere d'Encausse, 1978), fenômeno esse que tem uma significação muito mais ampla, pois, também nos países capitalistas do Ocidente, nas últimas décadas, os conflitos sociais envolveram não só, ou nem mesmo principalmente, as classes, mas igualmente grupos nacionais, étnicos ou religiosos, bem como vários movimentos sociais de caráter amplo – feministas, ecológicos, antinucleares. A tarefa da análise marxista hoje é enquadrar essas diversas lutas em uma teoria coerente e determinar empiricamente a importância específica das lutas de classes em condições estruturais e históricas diversas. Isso exige também, como demonstram vários estudos marxistas recentes (por exemplo, Poulantzas, 1974), um reexame da luta de classes no final do século XX, não mais em termos de uma confrontação exclusiva entre burguesia e proletariado, mas antes em termos de alianças entre vários grupos sociais que, de um lado, dominam e dirigem a vida econômica e social e, de outro, são subordinados e dirigidos.

TBB

Bibliografia: Bernstein, Edward, *Die Voraussetzungen des Sozialismus und die Aufgaben der Sozialdemokratie*, 1899 (1961) • Carrère d'Encausse, Helène, *L'Empire éclaté: la revolte des nations en URSS*, 1978 • Foster, John, *Class Struggle and the Industrial Revolution*, 1974 • Kautsky, Karl, *The Class Struggle*, 1890 (1910) • Lenin, V.I., *The State and Revolution*, 1917 (1969) [*O Estado e a Revolução*, 1980] • Magaline, A.D., *Lutte de classes et devalorisation du capital*, 1975 • Poulantzas, Nicos, *Les classes sociales dans le capitalisme aujourd'hui*, 1974 [*As classes sociais no capitalismo de hoje*, 1978] • Tilly, Louise & Charles (orgs.), *Class Conflict and Collective Action*, 1981.

Luxemburg, Rosa (Zamosé, Polônia, 5 de março de 1871 – Berlim, 15 de janeiro de 1919.) Filha mais moça de uma família judaica de classe média razoavelmente abastada e culta, Rosa Luxemburg cresceu e foi educada, como seus cinco irmãos, em Varsóvia. Era uma jovem inteligente, de espírito independente e bem-sucedida nos estudos que, rebelando-se contra o regime repressivo então dominante nos colégios da Polônia russa, envolveu-se na atividade política socialista desde a juventude. Militante ativa, teve de deixar a Polônia em 1889 para evitar ser presa e foi para Zurique. Ali, matriculou-se na universidade, onde estudou, de início, matemática e ciências naturais, depois economia política. Concluiu seus estudos com uma tese de doutoramento sobre o desenvolvimento industrial da Polônia. Muito atuante na vida política dos emigrados revolucionários do Império russo, e opondo-se, ao mesmo tempo, ao nacionalismo do Partido Socialista Polonês, assumiu em 1894, juntamente com Leo Jogiches, companheiro igualmente engajado, a liderança da criação da Social-Democracia do Reino da Polônia: ele, como o principal organizador do movimento, e ela como sua expressão e intelecto mais capaz. Rosa Luxemburg e Leo Jogiches formaram o que se tornaria uma relação longa e intensa, tendo o estreito laço político entre eles sobrevivido a um posterior esfriamento da relação pessoal. Em 1898, em busca de um cenário político mais amplo para suas energias, Rosa Luxemburg mudou-se para a Alemanha.

A partir de então, torna-se-ia figura destacada nos importantes debates travados dentro do socialismo europeu. Destacou-se de imediato por ocasião da controvérsia revisionista (ver BERNSTEIN e REVISIONISMO) com a obra *Sozial reform oder Revolution* (*Reforma social ou Revolução*), que talvez ainda hoje seja a melhor contestação marxista ao REFORMISMO. Enquanto o capitalismo persistisse, afirmou ela, suas crises e contradições não poderiam ser vencidas, e afirmar o contrário, como fazia Bernstein, significava extirpar o próprio coração do marxismo, negando os fundamentos objetivos do projeto socialista e convertendo-o numa utopia abstrata. De fato, o movimento dos trabalhadores devia lutar por reformas por meio da atividade sindical e parlamentar. Mas, como isso nunca bastaria para abolir as relações capitalistas de produção, jamais deveria perder de vista seu fim último: a conquista do poder pela revolução. Em 1904, com o texto Organizationsfragen der russischen Sozialdemokratie (Questões de organização da social-democracia russa), Rosa Luxemburg interveio no debate entre Lenin e os MENCHEVIQUES, criticando o primeiro por sua concepção de um PARTIDO de vanguarda muito centralizado, o que, na sua opinião era uma tentativa de exercer tutela sobre a classe operária. O temas desse livro – característicos de toda a sua obra – eram a iniciativa independente, o movimento espontâneo dos trabalhadores, a sua capacidade de aprender com a própria experiência e com os próprios erros, e a sua consequente necessidade de uma organização democrática de bases amplas. Rosa Luxemburg manifestou outras discordâncias de Lenin naqueles anos. Embora se opusesse à opressão, tanto à opressão nacional como a qualquer outro tipo, não apoiou, como Lenin, a independência da Polônia nem, de modo mais geral, a palavra de ordem do *direito* das nações à autodeterminação.

Contudo, sua reação comum à Revolução de 1905 na Rússia aproximou-os: ambos divisaram para a Rússia uma revolução burguesa a ser efetuada sob a liderança, e pelos métodos de luta, do proletariado. Nas ações de massa realizadas pelos trabalhadores russos em 1905, Rosa Luxemburg julgou ter descoberto uma ideia estratégica de relevância internacional, que começou a defender dentro da social-democracia alemã, falando, em relação a esta e a outras questões, em nome da ala esquerda da organização. Em *Massentreik, Partei und Gewerkschaftem* (*Greve de massas, partido e sindicatos*), que publicou em 1906, propôs a GREVE de massas como a forma por excelência da revolução proletária. Expressão espontânea do poder criativo das grandes massas e antídoto contra a inércia burocrática, a greve ligava as lutas políticas às econômicas e as exigências imediatas às mais profundas, num desafio potencialmente global à ordem capitalista. Em 1910 esse ponto de vista levou-a a romper com KAUTSKY quando este apoiou a política cautelosa, puramente eleitoreira, da liderança do partido.

Outra importante preocupação de Rosa Luxemburg era o IMPERIALISMO e a ameaça de guerra que ele representava. Em 1913, em sua principal obra teórica, *Die Akkumulation des Kapitals* (*Acumulação do capital*) procurou explicar a causa subjacente do imperialismo. Uma economia capitalista fechada, sem acesso às formações sociais não capitalistas, tenderá a desmoronar pela sua incapacidade de absorver toda a mais-valia por ela produzida. Entendido como uma luta competitiva entre as nações capitalistas pelo que restava do mundo não capitalista, o imperialismo, ao se expandir por toda essa periferia, levaria ao domínio universal das relações capitalistas e ao inevitável colapso do sistema.

Durante a Primeira Guerra Mundial, Rosa Luxemburg liderou a oposição pacifista na Alemanha. Porta-bandeira intelectual dos internacionalistas revolucionários reunidos na Liga Espartaco, denunciou, no famoso panfleto que assinou como *Junius* e em outros escritos, – a posição patriótica da social-democracia como uma traição. Passou a maior parte da guerra na prisão, onde escreveu *Die russische Revolution* (*A Revolução Russa*) em solidariedade e afinidade de ideias com Lenin, Trotski e os bolcheviques, endossando a luta destes por uma revolução socialista. Permaneceu, porém, crítica com relação à política agrária e à política das nacionalidades dos bolcheviques e, acima de tudo, com relação à estreiteza com que estas entendiam a democracia socialista e à tendência que sempre demonstraram para, nessa matéria, transformar em virtude necessidades infortunadas. Liberta em fins de 1918 para participar da revolução alemã, foi brutalmente assassinada por oficiais da direita, por ocasião de um levante abortado em Berlim.

A obra de Rosa Luxemburg tem sido por vezes interpretada como uma espécie de fatalismo político, por causa de sua teoria do colapso inevitável do capitalismo, e como uma manifestação de fé sem limites na espontaneidade das massas. Essa interpretação, porém, é inexata e caricatural. O colapso do capitalismo colocava o proletariado diante de alternativas diversas: de um lado, crises, reação, guerra e, finalmente, catástrofe e barbarismo; de outro, o socialismo. A luta ativa pelo socialismo era, portanto, necessária e urgente. Para Rosa Luxemburg, segundo um dos fundamentos do marxismo, a substância dessa luta é, na verdade, fornecida pelos esforços espontâneos e autoemancipatórios da classe operária. Nunca negou, porém, a necessidade de organização, nem a importância da teoria marxista e de uma vanguarda bem-preparada. As divergências entre ela e Lenin foram frequentemente exageradas; sempre houve muito de comum entre ambos. O compromisso de toda uma vida de Rosa Luxemburg com a democracia e a liberdade foi, sem dúvida, o de um revolucionário marxista e não pode ser confundido com as críticas a essa tradição feitas por liberais, reformistas ou anarquistas, que lhe são totalmente estranhas.

Bibliografia: Badia, Gilbert (org.), *Les spartakistes: 1918, l'Allemagne en révolution*, 1966 ◎ *Les spartakisme: les dernières années de Rosa Luxemburg et de Karl Liebknecht, 1914-1919*, 1967 ◎ "Gramsci et Rosa Luxemburg", 1970 ◎ *Rosa Luxemburg, journaliste, polémiste, révolutionnaire*, 1975 • Basso, Lelio, *Rosa Luxemburg*, 1975 • Bourdet, Yvon, "Rosa Luxemburg et le marxisme anti-autoritaire", 1972 • Davis, H.B. (org.), *The National Question: Selected Writings by Rosa Luxemburg*, 1976 • Frólich, Paul, *Rosa Luxemburg, Gedanke und Tal*, 1939; *Rosa Luxemburg* (1972) • Geras, Norman, *The Legacy of Rosa Luxemburg*, 1976 [*A atualidade de Rosa Luxemburgo*] • Guérin, Daniel, *Rosa Luxemburg et la spontaneité révolutionnaire*, 1971 • Howard, Dick (org.), *Selected Political Writings of Rosa Luxemburg*, 1971 • Laurat, Lucien, *L'accumulation du capital d'après Rosa Luxemburg suivi d'un aperçu sur la discussion du problème depuis la mort de Rosa Luxemburg*, 1930 • Löwy, Michael, "Rosa Luxemburg et la question nationale", 1973 ["Rosa Luxemburgo e a questão nacional", 1975] • Luxemburg, Rosa, *Soziolreform oder Revolution*, 1899; *Reform or Revolution* (1937); *Réforme et révolution* (1947 e 1971) [*Reforma ou Revolução*, 1946 e *Reforma, revisionismo e oportunismo*, 1975] ◎ "Organizationsfragen der russichen Sozialdemokratie", 1904 ◎ *Massenstreik, Partei und Gewerkschaften*, 1906; *The Mass Strike, the Political Party and the Trade Unions* (1925); *Greve de masses, parti e syndicats* (1971) ◎ *Die Akkumulation des Kapitals*, 1913; *The accumulation of Capital* (1951); *L'accumulation du capital* (1967) [*A acumulação do capital: estudo sobre a interpretação econômica do imperialismo*, 1976] ◎ *Briefe ans dem gefängnis*, 1914-1918, 1921 ◎ *Die russische Revolution*, 1922; *The Russian Revolution* (1961); *La Révolution Russe* (1964 e 1968) [*A Revolução Russa*, 1946] ◎ *Einführung in die Nationalökonomie*, 1925; *What is Economics?* (1954); *Introduction à l'économie politique* (1972) [*Introdução à economia politica*, s.d.] ◎ *Politische Schriften*, 1969 ◎ *Gesammelte Werke*, 1970 • Luxemburg, Rosa & Bukharin, Nikolai, *Imperialism and the Accumulation of Capital*, 1972 • Nettl, J.P., *Rosa Luxemburg*, 1966; *La vie et l'oeuvre de Rosa Luxemburg* (1972) • Palloix, Christian, "La question de l'impérialisme chez V.I. Lenin et Rosa Luxemburg", 1970 • Prudhommeaux, André & Dori, *Spartacus et la Commune de Berlin*, 1949 • Rosdolsky, Roman, "Remarques méthodologiques à propos de la critique des schémas de reproduction de Marx par Rosa Luxemburg", 1971 • Vallier, Jacques, "Les théories de l'impérialisme de Lénine et Rosa Luxemburg", 1971 • Waters, Mary-Alice (org.), *Rosa Luxemburg speaks*, 1970.

lyssenkismo A expressão teve origem com a carreira, a influência e o escândalo de Trofim Denissovitch Lyssenko, nascido em 1898 em Karlovaka, na província ucraniana de Poltava, na URSS, e falecido a 20 de novembro de 1976, também na URSS. Lissenko era um obscuro criador de plantas que propôs teses extravagantes, segundo as quais, submetendo-se as sementes a certas temperaturas, à umidade e a outras técnicas simples, era possível modificar radicalmente os padrões sazonais das colheitas e seu rendimento. Pretendia igualmente que os efeitos benéficos de tais modificações podiam ser transferidos às gerações subsequentes: a transmissão de características adquiridas. Seus métodos, pretensões e teorias contrariavam a ciência que então se desenvolvia da genética das plantas. O resultado foi que a teoria e a prática biológicas na União Soviética e nos países por ela influenciados, evoluíram em oposição frontal à comunidade internacional de cientistas e técnicos em agricultura. A partir de 1927, época em que começou a ser conhecido, até 1948, quando o apoio de Stalin eliminou qualquer oposição ao seu poder, Lyssenko avançou em ascensão constante até controlar todas as disciplinas relacionadas com as concepções de hereditariedade. A genética ocidental foi denunciada e seus praticantes na URSS foram perseguidos, presos e, em certos casos, executados. O poder de Lyssenko permaneceu indiscutido até a morte de Stalin em 1953, quando diminuiu, voltando a crescer sob o patrocínio de Kruschev, até serem ambos depostos em 1965. No Ocidente, o lyssenkismo foi entendido como uma lição: não se deve interferir com a autonomia relativa e a neutralidade da ciência. A interferência política na ciência produz resultados científicos, tecnológicos e sociais pouco desejados. O lyssenkismo foi usado com êxito como uma arma contra as ideias socialistas e comunistas sobre a ciência e a sociedade, especialmente durante a Guerra Fria. Afastou muitos cientistas progressistas do campo marxista e teve efeitos sérios sobre a história, a filosofia e as análises sociais da ciência.

Não há dúvida de que o lyssenkismo prejudicou a pesquisa genética soviética bem como a investigação científica em campos correlatos, embora se tenha dito que teve um efeito mensurável surpreendentemente reduzido sobre a já problemática produção agrícola soviética. Revelou-se desastroso tanto como sistema de apadrinhamento quanto como fundamento de uma metodologia científica. O principal problema, porém, é que a crueza do escândalo de Lyssenko dificultou realmente o avanço de questões mais complexas sobre as relações entre as forças sociais, políticas e econômicas com o papel dos especialistas. Lyssenko cresceu enquanto cientista camponês ou proletário em parte porque os cientistas burgueses na União Soviética não se mostravam dispostos a cooperar. Quando terminou o compromisso de Lenin com os especialistas burgueses, a tentativa de realizar uma "revolução cultural" e promover "cientistas vermelhos" colheu em suas rede muitos oportunistas sem qualificação. Da mesma maneira, a necessidade de um excedente de cereais para alimentar o proletariado urbano e para a exportação que permitiria comprar bens de capital para a industrialização, levou a medidas extremas (ver Stalin, 1928). A facilidade com que se pode criticar a política soviética relativa à ciência, à tecnologia e à agricultura contribuiu para afastar a atenção das formas mais sutis, mas não menos importantes, pelas quais as prioridades políticas, econômicas e ideológicas no Ocidente modelaram a pesquisa e o desenvolvimento científicos. O "lissenkismo" serviu como uma cortina de fumaça atrás da qual foi possível alimentar a complacência em relação ao controle capitalista sobre a pesquisa e o desenvolvimento científicos, no contexto do sistema ocidental mais refinado e mediado de apadrinhamento e patrocínio. Antes do *sputnik* (1957), considerava-se o sistema ocidental como muito mais bem-sucedido; a partir de então, a ênfase nas despesas militares fez com que o patrocínio militar da pesquisa e do desenvolvimento científicos ocidentais aumentasse em 40 a 50%, tendo crescido igualmente o recurso cada vez maior aos contratos com fornecedores para a execução das tarefas relacionadas com a pesquisa. Como base teórica para a genética e a agricultura, o lyssenkismo está totalmente desacreditado. Como lição e como convite a uma análise mais profunda do processo de fixação de prioridades em pesquisa e desenvolvimento científicos, pode-se dizer que ele ainda tem muitas lições a dar.

RMY

Bibliografia: Graham, Loren, *Science and Philosophy in the Soviet Union*, 1973 • Huxley, Julian, *Soviet Genetics and World Science: Lysenko and the Meaning of Heredity*, 1949 • Jorakovsky, David, *The Lysenko Affair*, 1970 • Lecourt, Dominique, *L'affaire Lysenko*, 1976; *Proletarian Science? The Case of Lysenko* (1977) • Lewontin, Richard & Richard Levins, "The Problem of Lysenkoism", in H. Rose & S. Rose (orgs.), *The Radicalisation of Science*, 1976 • Medvedev, Zhores A., *The Rise and Fall of T.D. Lysenko*, 1969 • Safonov, V., *Land in Bloom*, 1951 • Stalin, I.V., "On the Grain Front", in I.V. Stalin, *Problems of Leninism*, 1953 • Young, Robert M., "Getting Started on Lysenkoism", 1978 • Zirkle, Conway, *Death of a Science in Russia*, 1949.

M

mais-valia A extração de mais-valia é a forma específica que assume a EXPLORAÇÃO sob o capitalismo, a *differentia specifica* do modo de produção capitalista, em que o excedente toma a forma de LUCRO e a exploração resulta do fato da classe trabalhadora produzir um produto líquido que pode ser vendido por mais do que ela recebe como salário. Lucro e salário são as formas específicas que o trabalho excedente e o trabalho necessário assumem quando empregados pelo capital. Mas o lucro e o salário são, ambos, DINHEIRO e, portanto, uma forma objetificada do trabalho que só se torna possível em função de um conjunto de mediações historicamente específicas em que o conceito de mais-valia é crucial.

A produção capitalista é uma forma (na verdade, a forma mais generalizada) de produção de MERCADORIAS. Os produtos são produzidos para a venda como valores que são medidos e realizados na forma de preço, isto é, enquanto quantidades de dinheiro (ver VALOR E PREÇO). O produto pertence ao capitalista, que obtém mais-valia da diferença entre o VALOR do produto e o valor do capital envolvido no processo de produção. O último é constituído por duas partes: o capital constante, correspondente ao valor despendido em meios de produção, que é simplesmente transferido para o produto durante o processo de produção; e o capital variável, que é utilizado para empregar trabalhadores, pagos pelo valor daquilo que vendem, sua FORÇA DE TRABALHO. O capital variável é assim chamado porque sua quantidade varia do começo ao fim do processo de produção; o que no início é VALOR DA FORÇA DE TRABALHO ao término é valor produzido por esta força de trabalho em ação. A mais-valia é a diferença entre esses dois valores: é o valor produzido pelo trabalhador que é apropriado pelo capitalista sem que um equivalente seja dado em troca. Não há, aqui, uma troca injusta, mas o capitalista se apropria dos resultados do trabalho excedente não pago.

Isto é possível porque a força de trabalho é a mercadoria que possui a propriedade única de ser capaz de criar valor, constituindo, por isso, o ingrediente essencial da produção capitalista. Os meios de produção são esgotados (consumidos) no processo de produção, seus valores de uso são realizados no processo de produção e reaparecerão no produto sob uma nova forma: seu valor é simplesmente transferido para o valor do produto. A força de trabalho também é consumida no processo de produção, mas o consumo da força de trabalho é o próprio trabalho. Como este último possui a dupla característica de ser, ao mesmo tempo, TRABALHO ABSTRATO e trabalho útil na produção de mercadorias, o valor de uso do trabalho tem, também, um duplo caráter: a força de trabalho possui tanto o valor de uso de ser capaz de criar valores de uso (trabalho útil) quanto o valor de uso de ser capaz de criar valor (trabalho abstrato). É este último que interessa ao capitalista, pois o valor produzido quando a força de trabalho é consumida é um novo valor, e os trabalhadores são empregados devido, apenas, à expectativa de que este novo valor seja maior do que o valor de sua força de trabalho. A classe operária é constituída por indivíduos que nada possuem a não ser sua força de trabalho. Porque os trabalhadores não têm outro acesso aos meios de produção e precisam vender algo para que possam viver, são forçados a vender sua força de trabalho e não podem fazer uso dessa sua propriedade criadora de valor em benefício próprio. Por isso os trabalhadores são explorados não em função de uma troca injusta no mercado de trabalho, já que eles vendem sua força de trabalho pelo valor que ela de fato tem, mas devido a sua posição de classe que os leva a entrar no processo de produção capitalista no lugar onde a exploração efetivamente ocorre. Embora cada contrato de assalariamento não seja, como todo contrato de troca livre, forçado por qualquer de suas partes, os trabalhadores não são livres para não vender sua força de trabalho, de vez que não possuem outro meio de sobrevivência. Esta liberdade, embora real ao nível do contrato de assalariamento individual, é, na verdade, o que Marx chamou de dupla liberdade do trabalhador: a liberdade de vender sua força de trabalho ou a liberdade de morrer de fome.

A análise de Marx da mais-valia difere significativamente da de seus antecessores da economia política clássica. Estes, e particularmente David Ricardo, tenderam a ver a mais-valia como resultado da troca injusta do trabalho pelo salário entre trabalhadores e capitalistas: os trabalhadores seriam forçados a vender seu trabalho abaixo de seu valor; o excedente surgiria na troca. Mas a distinção descoberta por Marx entre trabalho e força de trabalho permitiu mostrar como, sem uma troca injusta, a força de trabalho pode ser vendida pelo seu valor e a mais-valia surgir na produção. Desse modo, Marx demonstrou que a exploração no capitalismo, assim como em todos os modos de produção que o antecederam, tem lugar no processo de produção; que o estabelecimento de razões de troca justas não representa o fim da exploração; e que as posições de explorador e explorado são posições de classe, definidas pelo acesso aos meios de produção (e não por rendas individuais que resultam de negociações individuais de contratos de troca, como a economia neoclássica iria afirmar posteriormente).

Na medida em que os valores são quantidades, os montantes de mais-valia também são quantidades. O montante de mais-valia que um trabalhador produz é a diferença entre o valor que ele produz e o valor de sua força de trabalho. O primeiro é determinado pelas condições do PROCESSO DE TRABALHO em que um trabalhador particular está envolvido e pelo mercado para seu produto. O segundo é determinado, fora do processo de trabalho individual, pelas condições do mercado de trabalho e pelos valores dos bens que o trabalhador precisa consumir. A lei do valor (ver CONCORRÊNCIA) tenderá a assegurar que o valor produzido pelos trabalhadores em diferentes indústrias seja o mesmo, e a concorrência no mercado de trabalho tenderá a assegurar um valor uniforme da força de trabalho, ao menos para o trabalho não qualificado. Por isso podemos falar de uma taxa de mais-valia comum em uma economia, na qual a taxa de mais-valia (às vezes chamada taxa de exploração) é definida pela equação:

$$\frac{\text{montante do excedente produzido}}{\text{capital variável despendido}}$$

Se o trabalho qualificado é visto como um múltiplo do não qualificado, produzindo valor proporcionalmente ao pagamento extra recebido, a taxa de mais-valia também será constante no trabalho qualificado. (Para uma discussão sobre a pertinência dessa suposição ver Roncaglia, 1974; Rowthorn, 1980; Tortajada, 1977.)

Se podemos dividir o valor produzido pelo trabalhador desta forma, podemos, do mesmo modo, dividir o tempo que ele despende na criação desse valor. É possível, assim, estabelecer uma divisão similar da jornada de trabalho separando-a em duas partes: trabalho necessário (no tempo a ele dedicado, o trabalhador produz um equivalente do que recebe como salário) e trabalho excedente (no tempo a ele dedicado, o trabalhador está produzindo apenas para o capitalista). Por definição, portanto, essas duas partes estão assim divididas, de forma que a taxa de mais-valia é dada por

$$\frac{\text{trabalho excedente}}{\text{trabalho necessário}} =$$

$$= \frac{\text{horas despendidas pelo trabalhador trabalhando para o capitalista}}{\text{horas despendidas pelo trabalhador trabalhando para seu consumo pessoal}}$$

A história da produção capitalista pode ser vista como a luta entre a tentativa do capital de aumentar a taxa de mais-valia e a tentativa, de parte da classe trabalhadora, de resistir a este aumento. Isto ocorre basicamente de duas maneiras. A primeira - extração da mais-valia absoluta - envolve o crescimento da taxa de mais-valia por meio de um aumento do valor total produzido por cada trabalhador sem alteração do montante de trabalho necessário. Isso pode ocorrer devido a uma ampliação (intensiva ou extensiva) da jornada de trabalho que, no entanto, se defronta com a resistência organizada da classe operária e atinge limites físicos, em que a saúde da classe da qual o capital como um todo (ou mesmo os capitalistas individuais) depende deteriora-se devido às horas excessivamente longas ou à alta intensificação do trabalho ou a salários insuficientes. É em função disso que se explica, por exemplo, a aliança, na Inglaterra, em 1847, entre organizações da classe operária, capitalistas filantrópicos e os interesses do grande capital (em oposição ao pequeno capital) na luta pela legalização da jornada de dez horas de trabalho (*O Capital*, livro primeiro, cap.X).

Quando a extração da mais valia absoluta atinge seus limites, a alternativa para o aumento do valor total do que cada trabalhador produz é dividir a mesma quantidade em proporções mais favoráveis ao capital, ou seja, manter a mesma duração da jornada de trabalho e redividi-la de modo a obter mais mais-valia a ser apropriada pelo capital. Isso exige a redução do tempo de trabalho necessário, ou seja, uma redução no valor da força de trabalho. Essa é a extração da mais-valia relativa, que pode ocorrer segundo dois modos: ou se reduz a quantidade de valores de uso consumidos pelo trabalhador, ou se reduz o tempo de trabalho socialmente necessário para produzir a mesma quantidade de valores de uso. O primeiro método encontra os mesmos limites da extração de mais-valia absoluta: resistência da classe operária e deterioração de suas condições físicas. O segundo caminho é que fez do capitalismo o modo de produção mais dinâmico de todos os tempos, transformando continuamente seus métodos de produção e introduzindo incessantemente inovações tecnológicas. Pois é apenas através da mudança técnica que o tempo de trabalho socialmente necessário de determinados bens pode ser reduzido. Aumentos na produtividade resultantes de novos métodos de produção, nos quais o trabalho morto sob a forma de máquinas assume o lugar do trabalho vivo, reduzem o valor dos bens individuais produzidos. Quando isso se aplica aos bens cujos valores se refletem no valor da força de trabalho, ou seja, bens que fazem parte do consumo do trabalhador –, o valor da força de trabalho cai e uma porção maior da jornada de trabalho pode ser dedicada ao trabalho excedente.

A extração da mais-valia relativa resulta da partilha, entre todos os capitais, dos benefícios dos aumentos de produtividade em algum setor que produz bens de consumo dos trabalhadores. Essa partilha é consequência do processo da CIRCULAÇÃO e da concorrência capitalista, por meio das quais os lucros extras de um capitalista inovador são perdidos gradualmente à medida que o valor do produto cai quando as novas técnicas são adotadas pelos concorrentes. Se a inovação se deu em uma indústria produtora de bens de salário, o benefício será partilhado por todos os capitais na forma de uma redução do valor da força de trabalho; se na produção de meios de produção que eventualmente alimentam a produção de bens de consumo dos trabalhadores, o efeito será igualmente sentido já que o valor dos bens de salário será igualmente reduzido. Se, no entanto, a inovação se dá em uma indústria que produz apenas para o consumo da classe capitalista, ou em um ramo industrial que produz meios de produção utilizados apenas neste setor, o resultado final será a inalterabilidade da taxa de mais-valia e uma simples redução no preço de alguns bens de luxo.

A extração de mais-valia relativa não ocorre, portanto, como um processo consciente para os capitalistas, cujo objetivo é reduzir seus próprios custos individuais com vistas ao aumento de seus próprios lucros. A concorrência irá assegurar a perda do benefício imediato que ganharam sobre seus rivais disseminando o ganho resultante por todos os capitais. Se o resultado final é a extração de mais-valia relativa ou não - isto é, se o produto é do tipo que tem um efeito sobre o valor da força de trabalho –, não importa ao capitalista inovador individual. Ele está sujeito às forças da concorrência em ambos os casos e, eventualmente, perde toda vantagem individual.

Parte significativa da história do desenvolvimento das economias capitalistas pode ser examinada em termos dos processos de extração de mais-valia absoluta e relativa (ver, por exemplo, Fine & Harris, 1979; Himmelweit, 1979). Embora a extração de mais-valia absoluta seja característica dos períodos iniciais do desenvolvimento capitalista, ambas caminham conjuntamente com a mudança técnica, sendo que a extração de mais-valia relativa assenta as bases para um impulso renovado para a extração de mais-valia absoluta (ver PROCESSO DE TRABALHO). Diversos processos podem ser analisados como uma mistura da extração de mais-valia absoluta e relativa; a absorção, por exemplo, de mulheres casadas em trabalhos remunerados permitiu tanto a extração de mais-valia relativa, na medida em que seus salários mais baixos representaram um valor individual mais baixo para a força de trabalho, quanto o assentamento de bases para a extração de mais-valia absoluta, na medida em que se está realizando pela família como um todo mais trabalho criador de valor sem um crescimento correspondente nos custos de sua REPRODUÇÃO e, portanto, na quantidade de trabalho necessário pago pelo capital (ver, por exemplo, Beechey, 1978).

Bibliografia: Beechey, V., "Some Notes on Female Wage Labour in Capitalist Production", 1977 • Fine, B. & L. Harris, *Rereading 'Capital'*, 1979 (*Para reler "O Capital"*, 1981) • Himmelweit, S., "Growth and Reproduction" in F. Green & P. Nore (orgs.), *Issues in Political Economy*, 1979 • Roncaglia, A., "The Reduction of Complex to Simple Labour", 1974 • Rowthorn, R., *Capitalism, Conflict and Inflation: essays in Political Economy*, 1980 • Sandroni, Paulo, *O que é mais-valia*, 1982 • Tortajada, R., "A Note on the Reduction of Complex Labour to Simple Labour", 1977.

mais-valia e lucro O capitalista adianta DINHEIRO para a compra de FORÇA DE TRABALHO e meios de produção; depois de terem os trabalhadores produzido uma nova MERCADORIA com a ajuda dos meios de produção, o capitalista normalmente vende a mercadoria produzida por mais dinheiro do que o investido. Marx expressou esse movimento pela fórmula D-M-D' (Dinheiro-Mercadoria-Dinheiro'), onde D', o dinheiro realizado com a venda das mercadorias, é maior que D, o dinheiro investido ou adiantado. Se os preços pagos e recebidos são iguais em valor, esse dinheiro adicional é a mais-valia que, nessa forma fenomenal, corresponde à categoria contábil convencional de margem bruta (ou lucro bruto): o tanto em que a receita das vendas excede o custo direto dos bens vendidos. Para efeito do capital como um todo (embora não para os capitais particulares), Marx afirmava que a mais-valia total definida em termos de valor é igual ao lucro total definido em termos de preço, mesmo que o preço de cada mercadoria em dinheiro não seja igual ao seu valor. A possibilidade de que essa igualdade ocorra simultaneamente com outro dos axiomas de Marx tem sido motivo de polêmica no contexto da teoria da transformação dos valores em preços (ver PREÇOS DE PRODUÇÃO E O PROBLEMA DA TRANSFORMAÇÃO). A teoria do valor-trabalho revela que a fonte da mais-valia na produção no sistema capitalista é o trabalho não renumerado dos trabalhadores (ver FORÇA DE TRABALHO). Em média, um trabalhador produz em um dia (ou em uma hora, ou em qualquer unidade de tempo de trabalho) um certo VALOR em dinheiro, mas o salário que recebe é o equivalente apenas a uma fração desse valor. Assim, o operário recebe o equivalente a apenas uma parte do dia de trabalho, e o valor produzido na outra parte, não remunerada, é a mais-valia. A forma do salário obscurece esse fato, dando a impressão de que o trabalhador recebe por todas as horas trabalhadas, mas, do ponto de vista da teoria do valor-trabalho, uma fração de trabalho é realizada sem que o trabalhador receba um equivalente e, portanto, não é paga. A EXPLORAÇÃO dos trabalhadores no sistema capitalista de produção não é contrária nem aos costumes, nem às leis da sociedade capitalista, que consideram o trabalhador como o proprietário de uma mercadoria, a força de trabalho, que está protegido enquanto puder obter o valor total dessa mercadoria na troca realizada no mercado.

Só que, mesmo quando os trabalhadores recebem o valor total da força de trabalho, esse valor fica aquém do valor por eles produzido, de modo que, do ponto de vista social, uma parte de seu trabalho é apropriada pela classe capitalista como mais-valia.

Os salários são gastos pelos trabalhadores para se reproduzirem. O tempo de trabalho de que o salário é um equivalente pode ser considerado como o tempo de trabalho necessário à produção das mercadorias exigidas para a reprodução dos trabalhadores. Se fizermos abstração da contribuição à reprodução social feita pelo trabalho que não é mediado pelas relações de troca de mercadorias, como o trabalho familiar e doméstico, ou pelo trabalho realizado segundo modos de produção que não se fundam na produção de mercadorias, o salário agregado corresponde ao trabalho necessário à reprodução dos próprios produtores, e a mais-valia ao trabalho excedente da sociedade. Do ponto de vista da REPRODUÇÃO social, vemos a mais-valia como a forma específica que o trabalho excedente assume na sociedade capitalista. A apropriação da mais-valia pela classe capitalista é, assim, um modo particular de apropriação do trabalho excedente; a sociedade capitalista depende, como outras sociedades de classes, da apropriação do trabalho excedente da sociedade por uma determinada classe social. Todas as sociedades capazes de desenvolvimento produzem um excedente, e, portanto, nelas se despende trabalho excedente; em todas as sociedades de classes o trabalho excedente é apropriado por uma classe social por meio de certos mecanismos de exploração. Na sociedade capitalista, a forma específica de exploração é a apropriação da mais-valia por meio da exploração do trabalho assalariado.

O capitalista é obrigado a abrir mão da parte da mais-valia que vai como renda fundiária para os proprietários da terra (ver PROPRIEDADE FUNDIÁRIA E RENDA DA TERRA). A parte restante da parcela que lhe cabe da mais-valia total aparece para o capitalista como lucro. Esse lucro, por sua vez, é pago, em parte, a outros. O capitalista tem de apagar pelo trabalho improdutivo (ver TRABALHO PRODUTIVO E IMPRODUTIVO) que realiza a tarefa de supervisionar e policiar a produção e comercializar a mercadoria. Se o capitalista levantou empréstimo para financiar a produção, parte da mais-valia transferir-se-á, como juros, para o financiador (ver CAPITAL FINANCEIRO E JUROS). O que resta no bolso do capitalista depois de todos esses pagamentos é chamado por Marx de *lucro da empresa.* O Estado pode tributar esse lucro residual e ficar com parte dele.

Ao se usar as medidas contábeis convencionais para o lucro, é essencial descobrir exatamente qual parte do fluxo de mais-valia está sendo por elas medida. Marx usa normalmente a palavra "lucro" para indicar a mais-valia total, já que faz abstração, em grande parte de sua análise, da renda da terra e da diferenciação entre lucro e juros, lucro comercial e assim por diante (*O Capital*, III, caps.I-IV e XXI-XXIV). Nas teorias econômicas burguesas, a taxa média do lucro sobre o capital investido é considerada "lucro normal", ou "juros", ou ainda o "fator custo dos serviços de capital", e o termo "lucro" ou "lucro econômico" é reservado aos lucros extraordinários resultantes de monopólio ou de inovação. O lucro normal, nesse sentido, é parte da mais-valia.

DF

Bibliografia: Dowbor, Ladislav, *O que é capital*, 1982 • Pires, Eginardo, *Valor e acumulação*, 1979 • Sandroni, Paulo, *O que é mais-valia*, 1982.

manufatura Marx define a manufatura como a forma de COOPERAÇÃO que se fundamenta na DIVISÃO DO TRABALHO e cuja base é a produção artesanal (*O Capital*, I, cap.XIV). Na Inglaterra, a manufatura foi a forma dominante de produção capitalista desde meados do século XVI até o último terço do século XVIII. A manufatura se origina de dois modos diferentes. No primeiro, seus produtos são o resultado de vários processos artesanais de trabalho independentes (Marx usa os exemplos da manufatura de carruagens ou de relógios, e dá a isso o nome de "manufatura heterogênea" no cap. XIV do livro primeiro de *O Capital*). Os trabalhadores artesanais independentes são reunidos numa mesma oficina, sob o controle de um capitalista, e, ao longo do tempo, os processos independentes de trabalho são decompostos em várias operações detalhadas que se tornam função exclusiva de certos trabalhadores. Cada trabalhador torna-se apenas um operário parcial, e o processo completo de manufatura é a combinação de todas essas operações parciais. No segundo, os artigos são totalmente produzidos por um trabalhador artesanal individual que executa uma sucessão de operações (Marx usa os exemplos da manufatura do papel e de agulhas, e chama a isso, no mesmo capítulo, de "manufatura orgânica"). Mais uma vez os trabalhadores são simultaneamente empregados numa oficina. Inicialmente todos fazem o mesmo trabalho. Aos poucos, porém, o trabalho é decomposto até que a MERCADORIA já não é o produto individual de um trabalhador artesanal independente, mas o produto social de uma oficina de trabalhadores artesanais, cada um dos quais realiza apenas uma das operações parciais constituintes do todo. Em ambos os modos, a divisão do trabalho é introduzida, ou desenvolvida, no processo de produção. A maquinaria é pouco usada, exceto em processos simples, que devem ser realizados em grande escala, com a aplicação de grande força (embora o uso esporádico de maquinaria no século XVII tenha sido importante para a criação de uma base prática para a matemática, estimulando a criação da mecânica). Isso significa que, na fase da manufatura, não é alcançada uma unidade técnica, e o único aspecto significativo da maquinaria especificamente característico do período é o que Marx chama de "trabalhador coletivo" – a unilateralidade da especialização de cada trabalhador o obriga a trabalhar como parte do trabalhador coletivo com a regularidade de uma máquina.

Mas, em consequência da especialização provocada pela divisão do trabalho na manufatura, os trabalhadores são ainda mais separados dos meios de produção, pois o que fica perdido por efeito da especialização é concentrado no CAPITAL que emprega esses trabalhadores que se especializam: a força produtiva social do capital se investe no trabalhador coletivo, e o investimento dessa força só aumenta pelo empobrecimento da força produtiva individual do trabalho. A divisão do trabalho na manufatura não só especializa os trabalhadores e os combina num mecanismo único, como também, com isso, cria uma organização do trabalho social que desenvolve novas forças produtivas do trabalho em benefício do capital e, ao mesmo tempo, cria condições historicamente novas para a dominação do capital sobre o trabalho. A divisão do trabalho na manufatura, portanto, é um método particular de criação de MAIS-VALIA relativa. Trata-se, porém, de um método limitado. A habilidade artesanal continua sendo a base da produção, e as hierarquias de habilidades desenvolvidas pela manufatura criam uma importante autonomia do trabalho em relação ao capital. Não há uma estrutura objetiva de manufatura que seja independente dos próprios trabalhadores; a manufatura é essencialmente uma construção econômica artificial baseada na produção artesanal nas cidades e nas indústrias domésticas no campo. Sem a maquinaria, o capital não tem como romper o apego tradicional dos trabalhadores às suas funções parciais, e essa estreita base técnica significa que o capital está constantemente às voltas com problemas de manutenção da disciplina do trabalho, o que só pode fazer pela força. É necessário o desenvolvimento da maquinaria para abolir o papel do ofício artesanal e da habilidade individual como princípios reguladores da produção social (ver MAQUINARIA E PRODUÇÃO MECANIZADA).

Finalmente, o período de manufatura é a época do nascimento e do desenvolvimento da ECONOMIA POLÍTICA como ciência independente. Enquanto os autores do mundo antigo estavam preocupados com a qualidade e O VALOR DE USO, por volta dos primórdios da manufatura, os autores (a partir de William Petty) estavam começando a desenvolver o princípio de reduzir o tempo de trabalho necessário à produção de mercadorias, o que significava uma ênfase nova na quantidade e no valor de troca (ver VALOR). Na verdade, Marx chama Adam Smith de "a quintessência da economia política do período da manufatura" (*O Capital*, I, cap.XIV) por causa da ênfase conferida por esse autor à divisão do trabalho e da maneira pela qual ele vê a divisão social de trabalho pelo prisma da divisão do trabalho na manufatura. (Ver também ACUMULAÇÃO E PROCESSO DE TRABALHO.)

SM

Mao Tse-tung (Chaochan, província de Hunan, 26 de dezembro de 1893 – Pequim, 9 de setembro de 1976.) A importância do grande revolucionário chinês Mao Tse-tung como militante marxista, ou, de qualquer modo, como líder de uma revolução vitoriosa inspirada pelo que ele acreditava serem princípios marxistas, é reconhecida por todos. Há, por outro lado, uma viva controvérsia, ainda não solucionada, quanto à originalidade de sua contribuição teórica e, se é que essa realmente existiu, até que ponto terá representado um avanço ou uma deformação do marxismo. É difícil negar que Mao não só fez, como também disse, coisas características e significativas. Se essas inovações foram ou não autenticamente marxistas é uma questão discutível, mas pode-se defender a opinião de que o foram, pelo menos em parte. Mao tem sido louvado, e atacado, muitas vezes como um "revolucionário camponês". Embora ele tivesse realmente atribuído aos camponeses um papel e sobretudo uma margem de iniciativa maiores do que se considera habitualmente como ortodoxo, o problema do que ele fez com ou ao marxismo talvez seja melhor compreendido se examinarmos primeiro a estrutura da sociedade chinesa como um todo e as conclusões a que sua análise dessa estrutura o levou.

A China da década de 1920, quando Mao começou o seu aprendizado da revolução, era, é claro, um país economicamente muito atrasado. Isso significava que, apesar de tudo o que se pudesse dizer sobre a hegemonia do proletariado (ou de sua vanguarda), o partido comunista tinha de recorrer aos camponeses como a maior força social suscetível de apoiar a causa revolucionária. Mas a sociedade chinesa não era (como pensava Trotski) de caráter primordialmente capitalista, nem era simplesmente "feudal" ou "semifeudal". Sua estrutura de classes era constituída igualmente por um número limitado, mas em rápido crescimento, de trabalhadores urbanos e de empresários chineses, uma "burguesia nacional", por uma classe pequena, mas extremamente poderosa, de proprietário de terras, por camponeses (ricos e pobres, com terra e sem ela) e por uma grande variedade de outras categorias: desde artesãos e vendedores ambulantes até os "compradores" intermediários a serviço dos capitalistas estrangeiros; desde burocratas e militares até monges, bandidos e vagabundos rurais. Essa complexa estrutura social vinha da coexistência de elementos e camadas que se haviam constituído em diferentes épocas históricas, modeladas tanto por influências autóctones como pela influência estrangeira.

As consequências dessa situação refletem-se nos conceitos de "contradição principal" e de "aspecto principal da contradição principal", que desempenham um papel tão grande na interpretação dada por Mao à dialética. Não é necessário dizer que Marx jamais teria indagado, com referência à França ou à Inglaterra do século XIX, "que contradição é principal hoje?" Ele tinha como axiomático que a principal contradição era a que existia entre o proletariado e a burguesia e que assim continuaria sendo até que o conflito fosse resolvido pela revolução socialista. Mao, por sua vez, considerava como a sua tarefa prática mais premente determinar, à luz do que the parecia uma análise marxista, onde era possível abrir brechas decisivas, tanto na China como no mundo. De certa forma, é claro, ele estava simplesmente seguindo uma linha de análise esboçada pelo próprio Marx e desenvolvida por Lenin (e Stalin), segundo a qual não só os camponeses, mas outras classes e grupos em uma sociedade pré-capitalista, poderiam participar da fase democrática da revolução, e o comportamento das diferentes classes em um determinado país poderia ser afetado pela realidade da dominação estrangeira. O problema é que Mao sistematizou e desenvolveu essas ideias, delas extraindo conclusões filosóficas às quais atribuía validade geral.

Pode-se argumentar que foi essa dimensão de sua abordagem da revolução, juntamente com a sua concepção de que a prática era primordial e a teoria secundária, que levou a uma tão grande variedade de interpretações, por vezes categoricamente opostas, do homem e de seus ideais. Por um lado, os que ressaltam a flexibilidade de sua tática e sua habilidade para adaptar-se às variações das circunstâncias, podem dizer (como fizeram os marxistas soviéticos da década de 1960), que Mao era um capitulacionista, devido às concessões que fez, em 1938, em 1945 e em princípios da década de 1950, à "burguesia nacional", ou mesmo um oportunista totalmente sem princípios, ou as duas coisas ao mesmo tempo. Inversamente, porém, os que se surpreendem com a sua ênfase na luta de classe, nos valores proletários e na condução implacável da revolução até as últimas consequências, caracterizaram-no (sobretudo a partir de fins da década de 1950) como o mais radical de todos os grandes líderes e teóricos do movimento comunista internacional.

Pode-se dizer que há elementos de verdade em ambas as interpretações, primeiro com referência às suas táticas, e igualmente em relação aos princípios mais gerais de seu pensamento. Talvez a questão mais crucial que se possa destacar seja o significado por Mao atribuído ao "proletariado". Ele conhecia, é claro, pelo menos a partir de fins da década de 1920, o papel de liderança conferido pelos marxistas à classe operária urbana e, em princípio, aceitava esse axioma. É certo que seu entendimento da expressão "proletariado" foi influenciado pelo significado literal da expressão chinesa *wuchan chiech-chi*: "classe sem propriedade", mas ele sempre reconheceu a hegemonia do proletariado urbano na revolução. Uma ambiguidade mais importante e mais significativa, frequentemente apontada por seus críticos, é a que cerca a relação entre a natureza objetiva da classe proletária, a ideologia proletária ou virtude proletária.

Já em 1928, Mao sugeria que os vagabundos rurais e outros elementos semelhantes poderiam ser transformados em vanguarda combativa proletária por meio de uma combinação do estudo e da participação na prática revolucionária, e essa tendência perduraria em seu pensamento durante todo o meio século seguinte. Manifestou-se particularmente, como todos sabem, na Revolução Cultural de 1966-1976. Mesmo nessa época, porém, Mao não adotou (como por vezes se diz) uma definição totalmente subjetiva do que fosse classe em geral e proletariado em particular. Combinou critérios objetivos e subjetivos, num padrão complexo e variante, ditado em parte pela conveniência, mas em parte pela sua fé na importância das forças subjetivas na história. Em relação a esse tópico mais amplo, Arthur Cohen (1964) argumentou que possivelmente Mao não poderia ter apresentado a tese de que, em certas circunstâncias, a superestrutura desempenhava o "papel principal e decisivo" na transformação histórica, se o caminho para isso não tivesse sido aberto pelos escritos de Stalin de 1938 e 1950. O texto original, de 1937, de "Sobre a contradição", recentemente descoberto, prova que Mao na realidade adotou essa posição antes de Stalin. Essa concepção pode ser considerada como a raiz das tendências, hoje estigmatizadas como "voluntaristas" pelos próprios chineses, que se manifestaram no pensamento de Mao Tse-tung e na política do partido por ocasião do Grande Salto e da Revolução Cultural. Devemos acrescentar, porém, que, embora os marxistas chineses critiquem hoje a ênfase *excessiva* nas forças subjetivas, a concepção ainda predominante é a de que "a ação consciente do homem não pode ser subestimada como força histórica".

À parte o que se disse, no início deste artigo, sobre a significação da ênfase de Mao na necessidade de distinguir a "contradição principal" em cada caso, o aspecto mais importante da sua dialética é a redução das três leis de Hegel e de Marx a uma: a unidade e a luta dos contrários. Esta redução já era sugerida em "Sobre a contradição", texto de 1937 em que Mao escreveu que a lei da unidade dos contrários era "a lei fundamental do pensamento", conferindo-lhe assim, aparentemente, maior importância do que à negação da negação e à transformação da quantidade em qualidade. Em 1964, Mao negou explicitamente a validade das duas últimas leis, dizendo que "não acreditava" na negação da negação e que a transformação da quantidade em qualidade era apenas um caso particular da unidade dos contrários. Essa evolução do pensamento de Mao foi considerada por alguns autores como uma manifestação da tradicional dialética taoísta do *yin* e do *yang* e, por outros, como um reflexo da influência de Stalin. Não há dúvidas, de qualquer modo, quanto a que, logicamente, ela tenha evoluído lado a lado com a crescente tendência de Mao a encarar o desenvolvimento histórico como um processo ambíguo e problemático, e o continuado avanço da revolução como algo de milagroso que contrariava as tendências revisionistas inerentes a todos nós.

Quais foram, então, as contribuições positivas de Mao para o marxismo? Em primeiro lugar, o conceito de "linha de massas", que não significava, mesmo em teoria e muito menos na prática, a entrega da luta revolucionária (antes de 1949) ou da administração do país (depois de 1949) ao próprio povo, mas que, não obstante, introduziu um elemento de participação democrática a partir de baixo (dentro de limites rigorosos e sob a orientação do partido) quase que totalmente ausente da tradição leninista e soviética. Em segundo lugar, embora por vezes tenha exagerado a capacidade das massas, quando mobilizadas por uma vanguarda com posições justas, de transformar, à sua vontade, a natureza e a sociedade, o fato é que Mao Tse-tung introduziu na filosofia marxista da história, segundo habitualmente entendem a maior parte dos marxistas ocidentais, a ideia de que a transformação dos homens deve acompanhar e apoiar o progresso econômico e técnico, e não simplesmente nascer dele, como uma espécie de subproduto. As ideias de Mao sobre a participação da burguesia na revolução, antes e depois de 1949, derivam em grande parte das ideias de Lenin (a ditadura revolucionária e democrática dos operários e camponeses) e de Stalin (o bloco de quatro classes). A orientação que imprimiu à luta política no sentido de integrar elementos não proletários ao processo revolucionário na China levou um passo à frente a síntese entre a revolução nacional e a revolução social na Ásia. (Há, naturalmente, quem considere isso uma de suas grandes contribuições; outros, porém, não pensam assim.) Mao Tse-tung moveu igualmente uma grande guerra contra a burocracia, valendo-se, contudo, de processos às vezes violentos, eventualmente injustos e tão caóticos, que suas iniciativas mostraram-se em grande parte contraproducentes. Não se lhes pode negar, todavia, o mérito de terem colocado o problema na agenda para o futuro. Para concluir, retomando ao aspecto do pensamento de Mao evocado de início, não se pode de maneira alguma afirmar que ele tenha "posto de cabeça para baixo", isto é, invertido o princípio marxista e leninista da hegemonia da classe operária sobre os camponeses. Para Mao, os trabalhadores, como ele disse em 1959, eram "os irmãos mais velhos" nessa relação. É certo porém que ele tenha procurado combinar esse princípio (do qual talvez não percebesse todas as implicações, pelo menos tal como elas apareciam para Marx) com a convicção de que o centro de gravidade da sociedade chinesa se encontrava no campo e de que o campesinato deve desempenhar um papel ativo na edificação de uma nova China socialista. Assim, Mao levantou também esse problema, mas não pôde resolvê-lo, e as contradições entre a China rural e a urbana perduram após sua morte. De qualquer modo, seja isso um bem ou um mal, é pouco provável que o esquema marxista convencional de salvação pela industrialização e de educação dos camponeses pelos operários venha a ser adotado no futuro sem modificações significativas na direção indicada por Mao Tse-tung.

SRS

Bibliografia: Avenas, Denise, *Maoisme et communisme*, 1979 • Bettelheim, Charles, *Révolution culturelle et organisation industrielle en Chine*, 1973 ◎ *Questions sur la Chine après la mort de Mao Tsétoung*, 1978 • Broyelle, C., *La moitié du ciel*, 1973 • Cohen, Arthur A., *The Communism of Mao Tsetung*, 1964 • Dollé, J.-P., *Le décir de révolution*, 1972 • Hsiung, James Chieh, *Ideology and Practice: the Evolution of chinese comunism*, 1970 • Hu Chi-hsi, "Mao Tsé-toung, la révolution et la question sexuelle", 1974 • Mao Tse-tung, *On Contradiction*, 1937a (1967); *A propos de la contradiction* (1967) ["Sobre a contradição", 1979] ◎ *On Practice*, 1937b; *A propos de la pratique* (1967) ["Sobre a prática", 1979] ◎ *Selected Works*, 5 vols., 1961-1977 ◎ *Citações do presidente Mao Tse-tung*, 1967 (1975) ◎ *Miscellany of Mao Tsetung Thought (1949-1968)*, 1974 ◎ *Textes (1949-1958)*, 1975 ◎ *Écrits choisis en trois volumes*, 1976 ◎ *O pensamento de Mao Tse-tung*, 1979 ◎ *Filosofia de Mao Tsetung*, 1979 ◎ *Le Grand Bond en avant (1958-1959)*, 1980 ◎ *Les trois anneés noires (1959-1962)*, 1980 • *Poemas de Mao Tse-tung*, 1981 ◎ *Mao Tse-tung et la construction du socialisme*, 1975 • Schram, Stuart R., *The Political Thought of Mao Tse-tung*, 1969 ◎ "The Marxist", in Dick Wilson (org.), *Mao Tse-tung in the Scales of History*, 1977 • Schram, Stuart R. (org.), *Mao Tse-tung Unrehearsed*, 1974 • Starr, John Bryan, *Continuing the Revolution: the Political Thought of Mao*, 1979 • Wilson, Dick (org.), *Mao Tse-tung in the Scales of History*, 1977 • Womack, Brantly, *The Foundations of Mao Zedong's Politicaf Thought*, 1982.

maquinaria e produção mecanizada Enquanto na MANUFATURA os instrumentos de produção são os implementos manuais dos trabalhadores e têm seu uso limitado pela força e pela agilidade dos seres humanos, com o desenvolvimento da indústria moderna de grande escala, caracterizada pelo uso da maquinaria, todas essas limitações são eliminadas. A máquina é uma combinação de mecanismo motor, mecanismo transmissor e ferramenta que pode realizar uma operação posta em execução por trabalhadores, mas que está livre das limitações orgânicas que condicionam o manuseio das ferramentas pelo trabalhador artesanal. Mas as máquinas não se limitam a substituir o trabalho simplesmente nas operações que a DIVISÃO DO TRABALHO na manufatura já simplificou: a dependência a que a divisão do trabalho característica da manufatura está sujeita com relação à qualificação e à habilidade humanas (que Marx considera um princípio subjetivo) é substituída por um processo totalmente objetivo, caracterizado pelas relações objetivas entre o número, o tamanho e a velocidade das máquinas, e, portanto, pela continuidade da produção e pela implementação da AUTOMAÇÃO. A indústria capitalista moderna usa máquinas para produzir máquinas e, só ao fazê-lo, cria para si uma base técnica adequada, uma organização totalmente objetiva da produção, na qual o caráter cooperativo do PROCESSO DE TRABALHO passa a ser uma necessidade técnica e que trata o trabalhador como uma condição material de produção preexistente. A produção que se vale de maquinaria é, por vezes, chamada de "produção mecanizada", para efeito de sua diferenciação da produção artesanal.

Os aumentos da produtividade resultantes da COOPERAÇÃO e da divisão do trabalho são forças do trabalho social das quais o capitalista pode apropriar-se gratuitamente. O mesmo não acontece com relação aos instrumentos de trabalho. O valor da máquina é transferido ao produto durante o tempo de vida econômica da máquina (que deve ser diferenciado da "depreciação moral" provocada pela diferença entre os tempos de vida econômica e física).

Em comparação com o que acontecia na manufatura, a parcela do valor do produto que lhe é transmitida pela máquina na produção mecanizada representa uma proporção maior do valor total do produto, que é menor em termos absolutos. A produtividade da máquina pode, dessa forma, ser medida em termos da FORÇA DE TRABALHO humana que ela substitui: em geral, a adoção da maquinaria para baratear o produto exige que seja empregado na produção da máquina menos trabalho do que o trabalho que se torna dispensável pelo seu uso. Mas, como os capitalistas pagam pela força de trabalho e não pelo trabalho, os limites para o uso capitalista da maquinaria são fixados pela diferença entre o valor da máquina e o valor da força de trabalho por ela substituída. Isso mostra que a amplitude da utilização da maquinaria na sociedade comunista é muito maior do que na sociedade burguesa. E, enquanto na primeira a introdução da maquinaria serve para reduzir o ônus do trabalho para o homem, na sociedade capitalista a maquinaria é destinada simplesmente a aumentar a produtividade do trabalho e, portanto, constitui a força propulsora da produção da mais-valia relativa (ver VALOR; MAIS-VALIA; ACUMULAÇÃO).

Mas as máquinas não podem produzir mais-valia por si mesmas. A mais-valia só pode ser produzida pela parte variável do CAPITAL, e a quantidade de mais-valia produzida depende da taxa de mais-valia e do número de trabalhadores utilizados. Qualquer que seja a duração da jornada de trabalho, o uso de máquina só pode aumentar a taxa de mais-valia pelo barateamento das mercadorias, reduzindo com isso o valor da força de trabalho pela diminuição do número de trabalhadores empregados por um determinado montante de capital. Ou seja, o capital variável deve ser transformado em capital constante. Essa necessidade está na essência da dinâmica do capitalismo conforme ele é explicado pela teoria marxista e, segundo Marx, tem várias consequências.

Em primeiro lugar, a maquinaria, que é o mais poderoso meio de reduzir o tempo de trabalho, torna-se, sob as relações capitalistas, o meio pelo qual a família de classe operária em seu conjunto passa a constituir simplesmente tempo de trabalho à disposição do capital para a valorização deste. A força de trabalho é explorada mais intensivamente; os trabalhadores perdem seus ofícios e habilitações e se veem compelidos a trabalhar sob os ditames da máquina; a fábrica é um local de disciplina rigorosa, um Estado capitalista autocrático em miniatura, que constitui uma caricatura da regulação social do processo de trabalho; e a ciência, a natureza e o trabalho social incorporados no sistema da maquinaria constituintes do poder do capitalista opõem-se ao trabalhador no processo de trabalho enquanto dominação do trabalho morto sobre o trabalho vivo. Em todo processo de trabalho, que é também um processo de valorização, a realidade objetiva é que "não é o trabalhador quem emprega as condições de seu trabalho, mas antes o inverso, as condições de trabalho é que empregam o trabalhador" (*O Capital*, I, cap. XV). Em segundo lugar, à medida que a maquinaria substitui os trabalhadores, produz uma população trabalhadora excedente, um EXÉRCITO INDUSTRIAL DE RESERVA, cujas flutuações, por sua vez, regulam às SALÁRIOS e asseguram, em condições normais, a apropriação da mais-valia pelos capitalistas. Em terceiro lugar, a tendência a aumentar o capital constante às expensas do capital variável cria o que Marx chama de "uma contradição imanente" à esfera da produção, já que apenas o trabalho vivo produz qualquer valor, e, não obstante, a quantidade de trabalho vivo deve ser reduzida para que aumente a taxa de mais-valia. Isso tem consequências determinantes para a análise dos movimentos tendenciais na composição do capital (ver COMPOSIÇÃO ORGÂNICA DO CAPITAL) e para a análise da taxa de lucro (ver TENDÊNCIA DECRESCENTE DA TAXA DE LUCRO; CRISES ECONÔMICAS).

SM

Marcuse, Herbert (Berlim, 19 de julho de 1898 – Munique, 30 de julho de 1979.) Completou o serviço militar durante a Primeira Guerra Mundial e, pouco depois, participava de atividades políticas num conselho de soldados, em Berlim. Deixou o Partido Social-Democrata em 1919, após um curto período de militância, em protesto contra o partido haver traído o movimento de conselhos (ver CONSELHOS). Estudou filosofia em Berlim e Freiburg e foi, durante algum tempo, aluno de Heidegger e de Husserl. Interessado, desde o início, nas relações entre a filosofia e a política, Marcuse ingressou no Instituto de Pesquisa Social em 1933 (o ano em que a famosa instituição foi obrigada a deixar a Alemanha nazista) e mais tarde tornou-se figura destacada da ESCOLA DE FRANKFURT. Fixou-se nos Estados Unidos depois da Segunda Guerra Mundial. Embora muitas de suas ideias fossem semelhantes às desenvolvidas pelos dois outros importantes representantes do pensamento da Escola de Frankfurt – Horkheimer e Adorno –, engajou-se mais intensamente do que eles em um trabalho teórico sobre os temas e interesses do marxismo clássico. Seu inequívoco comprometimento com a política e a luta social levou-o a tornar-se um destacado porta-voz e um dos principais teóricos da Nova Esquerda na década de 1960 e nos primeiros anos da década de 1970. Foi através da obra de Marcuse que as críticas da Escola de Frankfurt à cultura, ao autoritarismo e ao burocratismo contemporâneos se tornaram tão conhecidas, sobretudo na América do Norte.

A carreira de Marcuse traduz um esforço constante no sentido de analisar e reconstruir o projeto teórico e político marxista. A preocupação com o destino da revolução, com o potencial para o socialismo e com a defesa de objetivos "utópicos" (aparentemente inalcançáveis) é patente em toda a sua obra. Os fins últimos de sua crítica da sociedade são a autoemancipação, a sustentação de um movimento político descentralizado e a reconciliação da humanidade com a natureza. Embora Horkheimer e Adorno reconheçam a importância dos escritos do jovem Marx, é Marcuse quem lhes dá a maior ênfase, em particular aos *Manuscritos econômicos e filosóficos*. Uma teoria geral do trabalho e da alienação constitui o fio que percorre todos os seus escritos. E uma integração bem-elaborada dessa teoria com a obra de Freud é característica, talvez mais do que qualquer outro aspecto, do projeto de Marcuse.

As contribuições mais importantes de Marcuse à teoria social e à teoria política incluem uma primeira tentativa de sintetizar a fenomenologia heideggeriana e o marxismo (1928), um reexame da significação teórica e política da obra de Hegel (1941), uma nova formulação da relação entre indivíduo e sociedade por meio de uma síntese de Marx e Freud (1955), uma análise crítica do socialismo de Estado e do capitalismo industrial (1958, 1964), uma provocadora avaliação da ciência moderna como forma de dominação (1964) e o esboço de uma nova estética (1977).

DH

Bibliografia: Breines, Paul (org.), *Critical Interruptions: New Left Perspectives on Herbert Marcuse*, 1972 • Habermas, Jürgen (org.), *Autworten auf Herbert Marcuse*, 1968 • Leiss, William, *The Domination of Nature*, 1974 • Marcuse, Herbert, "Beitraege zu einer Phaenomenologie des historischen Materialismus", 1928; "Contribution to a Phenomenology of Historical Materialism" (1969) ["Contribuições para a compreensão de uma fenomenologia do materialismo histórico", in V. Chacon (org.), *Marcuse: materialismo histórico e existência*, 1968] ◎ "Neue Quallen zur Grundlegune des historischen Materialismus: Interpretation der neuyeroeffentlicien Manuskripte von Marx", 1932 ["Novas fontes para a fundamentação do materialismo histórico: interpretação dos recém-publicados manuscritos de Marx", 1968] ◎ *Reason and Revolution*, 1941; *Vernunft und Revolution* (1962) [*Razão e Revolução*, 1978] ◎ *Eros and Civilization*, 1955; *Eras und Kulture* (1975); *Triebstruktur und Gesellschaft: ein philosophischer Beitrag zu Siegmund Freud* (1967) [*Eros e civilização*, 1981] ◎ *Soviet Marxism*, 1958 [*Marxismo soviético*, 1969] ◎ "Über das Ideologieproblem in der hochentwickelten Industriegesellschaft", 1961 ◎ *One dimensional man*, 1964; *Der eindimensionale Mensch: Studien zur Ideologie der fortgeschrittenen Industriegesellschaft* (1967) [*Ideologia da sociedade industrial*, 1982] ◎ *Kultur und Gesellschaft*, 1965 ◎ *Ideem zu eine kritischen Theorie der* Gesellschaft 1969 [*Ideias sobre uma teoria crítica da sociedade*, 1981] ◎ *Die Permanens der Kunst: wider eine bestimmte marxistische Åsthetik*, 1977; *The Aesthetik Dimension* (1978) • Robinson, Paul, *The Sexual Radicais*, 1969; *La isquierda freudiana* (1971).

Martov, I.O. (Iulii Ossipovitch Tsederbaum) (Constantinopla, atual Istambul, 24 de novembro de 1873 – Schömberg, Alemanha, 4 de abril de 1923.) Cofundador, com Lenin, da União de Luta para a Emancipação da Classe Trabalhadora (1895) de São Petersburgo e do grupo revolucionário marxista *Iskra* (1900), Martov tornou-se o dirigente mais expressivo da fração dos MENCHEVIQUES no Segundo Congresso da Social-Democracia Russa, realizado em 1903. A partir de então, desafiou o esquema organizacional-leninista de um PARTIDO restrito, altamente centralizado e elitista de revolucionários profissionais, defendendo em seu lugar um amplo partido social-democrata de trabalhadores, adaptado às condições ilegais e (após a revolução de 1905) semilegais da Rússia.

No debate de 1905 acerca do poder que travou com Lenin e Trotski, Martov defendeu a doutrina da revolução burguesa de Plekhanov, definindo-se contra uma prematura tomada do poder pelos socialistas, já que os pré-requisitos econômicos e sociais para o socialismo não existiam na Rússia atrasada e, sobretudo, porque as massas pequeno-burguesas ignorantes ainda não desejavam o socialismo. Os social-democratas não tinham nenhum direito, frisaram Martov e seu camarada menchevique Alexander Martinov, de tomar e usar o poder do Estado para "neutralizar a resistência da pequena burguesia às aspirações socialistas do proletariado". Seguindo o conselho de Marx à Liga dos Comunistas Alemães (1850), Martov atribuía aos social-democratas russos o papel de uma oposição revolucionária militante que, entrincheirada "em órgãos de autogoverno revolucionário" como os sovietes, sindicatos, grêmios de trabalhadores, cooperativas e dumas provincianas, deveria, numa situação de "duplo poder", forçar o governo oficial burguês-democrático a implementar políticas "democráticas".

Um dos baluartes do movimento socialista de paz de Zimmerwald durante a guerra e líder dos mencheviques internacionalistas em 1917, Martov opôs-se ao "defensivismo revolucionário" oficial dos mencheviques e também ao seu "coalizacionismo revolucionário", defendeu um governo de frente popular e, após a Revolução de Outubro, um governo socialista de coalizão, que reunisse desde os Socialistas Populares aos Bolcheviques. Líder do partido de oposição menchevique, Martov rejeitou a ditadura da minoria de Lenin como um afastamento flagrante tanto do conceito majoritário de DITADURA DO PROLETARIADO de Marx quanto da prática democrática da COMUNA DE PARIS. Martov insistia em que Marx não havia divisado a ditadura do proletariado como o poder de Estado de uma "minoria revolucionária consciente" que, *à la* Lenin, impunha sua vontade sobre uma "maioria inconsciente", tornando-a um "objeto passivo da experiência social". E protestava que a ditadura do proletariado proposta por Marx representava a "vontade consciente" da maioria do proletariado, norteando sua "força revolucionária" exclusivamente contra a resistência da "minoria capitalista governante" à "transferência legal do poder político para as massas trabalhadoras". Segundo Martov, era o comprometimento com "o poder de Estado da maioria trabalhadora" que nitidamente dividia os "marxistas revolucionários que se intitulam social-democratas" dos comunistas. Estes últimos tinham não apenas abraçado "a ditadura de uma minoria revolucionária", como também estavam inclinados a criar "instituições que a tornassem uma característica permanente". Martov foi a voz autêntica do marxismo social-democrata russo contestando a interpretação e a prática bolcheviques do marxismo propostas por Lenin. (Ver também BOLCHEVISMO.)

IG

Bibliografia: Bourguina, Anna, *Russian Social Democracy: the Menschevik Movement, a Bibliography*, 1968 • Getzler, Israel, *Martov: a Political Biography of a Russian Social Democrat*, 1967 ◎ "Martov e i menscevichi prima e dopo la rivoluzione", in E. Hobsbawm (org.), *Storia del Marxismo*, vol.III, 1980 ["Martov e os mencheviques antes e depois da Revolução", in E. Hobsbawm (org.), *História do marxismo*, vol.V, 1984] • Haimson, Leopold (org.), *The Menscheviks: From the Revotution of 1917 to the Outbreak of the Second World War*, 1974 • Martov, I.O., *The State and the Socialist Revolution*, 1938 • Weill, C., *Marxistes russes et social-démocratie allemande: 1898-1904*, 1977.

Marx e Keynes Ver KEYNES E MARX

Marx, Engels e a política de seu tempo No centro da relação de Marx e Engels com a política de seu tempo estavam a sua expectativa de uma revolução proletária e seus esforços para promovê-la. Uma vez acertadas as contas com sua consciência filosófica anterior, Marx e Engels voltaram a atenção para os outros movimentos revolucionários e socialistas de sua época. Teorias rivais da que criaram, como o socialismo utópico, o socialismo cristão e o verdadeiro socialismo, foram rejeitadas no *Manifesto comunista* (cap.III) e em outros trabalhos, como não revolucionárias, ao passo que outros movimentos revolucionários contemporâneos eram por eles criticados por sua preocupação demasiado estreita com a revolução exclusivamente política e não com a transformação social mais ampla que Marx e Engels achavam que devia acompanhá-la. Assim Engels, sempre disposto a ajudar Marx em sua polêmica com Bakunin e os anarquistas (ver ANARQUISMO), também criticaria o jacobino russo P.N. Tkachev, que achava mais provável a ocorrência da revolução socialista na Rússia pré-capitalista do que no Ocidente mais adiantado. Em seu artigo "Sobre as condições sociais na Rússia", publicado em 1875 em *Der Volksstaat*, Engels afirmou que Tkachev "ainda tinha de aprender o ABC do socialismo".

Ao rejeitar a tese de Tkachev, Engels seguia a concepção geral do desenvolvimento histórico expressa anteriormente em obras como o *Manifesto comunista* (1848) e no "Prefácio" de Marx à *Contribuição à crítica da economia política* (1859). Não obstante, o modo pelo qual Marx e Engels encaravam a política, particularmente na fase da trajetória de Marx posterior a essas obras, parecia por vezes demonstrar uma certa tendência a afastar-se dos cânones rígidos do MATERIALISMO HISTÓRICO. Isso talvez tenha ocorrido de maneira singularmente digna de interesse em sua avaliação (mais exatamente, na avaliação de Marx) dos acontecimentos na Rússia, quando um movimento revolucionário essencialmente não marxista ganhou impulso naquele país durante a década de 1870 e nos primeiros anos da década de 1880. Apesar da polêmica de Engels com Tkachev e da desconfiança que havia manifestado antes em relação a muitos revolucionários russos, Marx, em seus últimos anos de vida, parecia mais disposto a aceitar a tese populista de um caminho especificamente russo para o socialismo que passava pelas comunas camponesas (ver COMUNA RUSSA), embora, pelo menos em seus pronunciamentos públicos, essa concessão não fosse incondicional. Na verdade, a esperança de Marx e Engels, expressa no prefácio que escreveram para a edição russa (1882) do *Manifesto comunista*, de que a revolução russa se tornasse o sinal para a revolução proletária no Ocidente, de maneira que uma complementasse a outra, demonstra sua preocupação fundamental com ver a revolução proletária ter êxito nos países economicamente mais adiantados do Ocidente, que, na opinião deles, dispunham das condições preliminares, materiais e culturais, para o socialismo.

Considerado uma influência maligna e aparentemente generalizada, o governo do czar era tido por Marx e Engels como o baluarte de grande parte da ordem europeia cuja derrubada desejavam. Sua simpatia pela Hungria e pela Polônia, cujas revoluções haviam sido esmagadas pela Rússia em 1849 e em 1863, respectivamente, talvez nascesse menos do caráter e da perspectiva social de seus movimentos nacionais do que de sua orientação no plano internacional. As aspirações de outros povos da Europa Oriental, principalmente eslavos, que entravam em choque com as pretensões dos húngaros, poloneses ou dos alemães "portadores da civilização", foram consideradas como "contrarrevolucionárias", principalmente por Engels, em sua atuação como editor internacional do *Neue Rheinische Zeitung* (*Nova Gazeta Renana*), o jornal diário que Marx dirigiu em 1848-1849 (ver NAÇÃO e NACIONALISMO).

Foi nas páginas desse jornal, bem como em artigos publicados em épocas posteriores, que Engels propôs seu conceito, originalmente inspirado em Hegel, de "povos sem história". Estavam incluídos nessa categoria os bascos, os bretões, os escoceses das montanhas, os tchecos, os eslovacos, os croatas e outros eslavos meridionais, "remanescentes de uma antiga população que fora dizimada e mantida em servidão pelas nações que mais tarde viriam a ser o principal veículo do desenvolvimento histórico" ("A luta magiar", artigo publicado na *Neue Rheinische Zeitung* de 13 de janeiro de 1849). Por motivos semelhantes, Engels apoiou a Prússia na guerra que esta moveu contra a Dinamarca em 1848 pelo controle do ducado de Schleswig-Holstein, em nome do "direito da civilização contra a barbárie, do progresso contra a estabilidade" ("O armistício entre a Dinamarca e a Prússia", *Neue Rheinische Zeitung*, 9 de setembro de 1848).

Entre as razões apresentadas por Engels para considerar certos povos como "sem história" estava a observação de que, dada a sua fragmentação linguística, cultural e geográfica, nenhum deles poderia concentrar sua população, em número suficiente, numa área de território bastante compacta para nela desenvolver uma economia moderna. Como a criação de tais economias implicava o desenvolvimento de um mercado e de uma estrutura de classes em bases nacionais, Marx e Engels, ao contrário de alguns de seus sucessores austromarxistas (ver AUSTROMARXISMO), opuseram-se às ideias federalistas, optando, em lugar delas, pelos Estados unitários em grande escala. Assim, a primeira de suas *Reivindicações do Partido Comunista na Alemanha* (1848) era a criação de uma "república una e indivisa". Como essa aspiração, assim como outras das que foram expressas em 1848, permaneceu sem realizar-se Marx e Engels passaram a considerar a rápida vitória da Prússia sobre a Áustria em 1866 como vantajosa, em última análise, para a sua causa, já que "tudo que centraliza a burguesia é, decerto, vantajoso para os trabalhadores" (Carta de Marx a Engels, 27 de julho de 1866).

Embora a guerra austroprussiana certamente não fosse o meio preferido por Marx e Engels para fazer avançar o processo de unificação da Alemanha, Marx e Engels acreditavam que, em certos casos, a própria guerra podia, incidentalmente, colaborar para a causa da revolução proletária. Em 1848, manifestaram-se em favor de uma guerra revolucionária contra a Rússia, não só para permitir aos poloneses libertarem-se de seu opressor mas também como um meio de consolidar a revolução na Prússia. Mesmo antes disso, Engels havia considerado a conquista militar como um possível instrumento de progresso social ao descrever a conquista francesa da Argélia, apesar de sua brutalidade, como "um acontecimento importante e positivo para o progresso da civilização".

No mesmo espírito, em 1849, ele saudaria "os enérgicos ianques" em sua conquista da Califórnia aos "preguiçosos mexicanos" ("Pan-Eslavismo Democrático, I", *Neue Rheinische Zeitung*, 15 de fevereiro de 1849). Mais tarde, numa época em que ele e Marx esperavam a ocorrência de uma séria crise econômica no Ocidente, a deflagração da guerra da Crimeia despertou suas esperanças de que a condução sabidamente não muito entusiasmada dessa guerra pelo "agente russo" Palmerston e por outros provocasse a intervenção "da sexta grande potência europeia, a Revolução", conforme escreveu Marx em "A guerra europeia", artigo publicado no *New York Daily Tribune* de 2 de fevereiro de 1854 (*The Eastern Question*, p.220). Apesar de sua associação, nesse período, com o parlamentar conservador inglês russófobo David Urquhart, o interesse de Marx pela guerra nascia menos de qualquer simpatia pela Grande Porta do que de sua preocupação com os interesses da revolução. Considerações semelhantes influenciaram sua atitude para com a guerra franco-austríaca de 1859, na qual, apesar de sua hostilidade com respeito ao domínio do norte da Itália pelos Habsburgo, a derrota austríaca pareceu-lhe capaz de beneficiar as duas potências europeias mais contrárias à revolução, ou seja, a Rússia e a França de Napoleão III. Embora tivesse recebido bem a derrota francesa na guerra com a Prússia, em 1870, Marx sustentava que, após a capitulação de Bonaparte, a Alemanha já não travava uma guerra defensiva, correndo o risco de cair sob ainda maior influência russa. No Segundo Discurso que escreveu para a Associação Internacional dos Trabalhadores, em setembro de 1870, Marx previu, com notável exatidão, o curso que seria seguido pela política externa alemã até 1914: ela estabeleceria, a princípio, laços mais estreitos com a Rússia, aos quais se seguiriam, depois de um breve período de calma, preparativos para uma outra guerra, mais ampla, desta vez contra "as raças eslavas e romanas combinadas".

Se Marx tinha a tendência de reservar a palavra "imperialismo", que usou com tão pouca frequência, para referir-se a impérios da Europa (notadamente o Segundo Império francês), o problema do COLONIALISMO europeu passou a cada vez mais atrair sua atenção depois que ele se instalou na Inglaterra. O que ele e Engels pensavam sobre o mundo não europeu estava intimamente relacionado com sua concepção do capitalismo como um sistema universalista, forçado, pela busca de mercados e de fontes de matérias-primas, a uma expansão constante que, por sua vez, abria caminho para o advento do socialismo. Embora essa expansão pudesse servir para adiar as crises do capitalismo nas áreas mais adiantadas, onde, sem ela, a revolução proletária poderia ocorrer, Marx e Engels consideravam movimentos como a rebelião de Taiping como um possível meio de precipitar "a crise geral há muito preparada, que, difundindo-se no exterior, será seguida de perto pela revolução política no continente europeu" conforme escreveu Marx em "A revolução na China e Europa", artigo publicado em 14 de junho de 1853 no jornal *New York Daily Tribune.*

Embora expressando uma vigorosa condenação moral de grande parte da política ocidental no Oriente, do "iníquo" comércio do ópio até as represálias que se seguiram à revolta na Índia, Marx e Engels nem por isso deixaram de ser extremamente críticos com relação à sociedade oriental tradicional. No seu entender, a "velha China" só havia sido preservada pelo seu "completo isolamento", ao passo que a vida na Índia, sobre a qual Marx escreveu muito mais, sempre fora, pelo menos até a penetração ocidental, "indigna, estagnada e vegetativa". Fundado numa economia de aldeias isoladas e autossuficientes, o despotismo oriental na Índia "limitara o alcance do espírito humano ao mínimo possível". Ao destruir as bases econômicas dessa ordem, a interferência inglesa havia "com isso provocado a maior e (...) a única revolução *social* de que jamais se ouvira falar na Ásia", escreveu Marx em "O domínio britânico na Índia", artigo publicado no *New York Daily Tribune* em 25 de junho de 1853 (ver SOCIEDADE ASIÁTICA). Nas décadas subsequentes, os escritos de Marx a respeito do impacto do capitalismo sobre as sociedades orientais tenderam menos a ressaltar seu caráter revolucionário do que a mostrar a destruição e o sofrimento por ele causados. Não obstante, em sua análise do fenômeno do colonialismo, Marx e Engels apontaram, como

Lenin faria mais tarde, a possibilidade de que os trabalhadores das potências metropolitanas fossem "subornados" com os espólios do império. Assim, Engels escreveu a Marx, em 7 de outubro de 1858, que "o proletariado inglês está, na realidade, ficando mais burguês, de modo que esta nação, a mais burguesa de todas, ao que parece visa, em última análise, a possuir, além de uma burguesia, uma aristocracia burguesa e um proletariado burguês" (ver ARISTOCRACIA OPERÁRIA).

Entre as forças que Engels considerava responsáveis por esse aburguesamento dos trabalhadores ingleses estava a posição da Irlanda como "a primeira colônia da Inglaterra" (carta de Engels a Marx, 23 de maio de 1856). O antagonismo entre os trabalhadores ingleses e os imigrantes irlandeses, fomentado artificialmente pelas classes abastadas, era considerado por Marx como "o segredo da impotência da classe operária inglesa" e da continuidade do poder dos capitalistas. Assim, escreveu em sua correspondência que, embora antes houvesse acreditado que a libertação da Irlanda se seguiria ao triunfo da classe operária inglesa, havia agora chegado à conclusão oposta, de que "o golpe decisivo contra a classe dominante inglesa (e será decisivo para o movimento dos trabalhadores em todo o mundo) *não pode* ser desfechado na *Inglaterra*, mas *apenas na Irlanda*". (Carta de Marx a Meyer e Vogt, 8 de abril de 1870; os grifos são do original.)

Apesar de suas deficiências, o movimento operário inglês foi um aliado útil, dentro da Primeira Internacional (ver INTERNACIONAIS), nas lutas de Marx contra a influência de Proudhon e Bakunin. Ao rejeitar essas doutrinas, porém, o movimento operário inglês nem por isso adotou as políticas revolucionárias de Marx. Como Marx e Engels reconheceram, os trabalhadores ingleses haviam obtido certas conquistas desde meados da década de 1840, notadamente com a aprovação da Lei das Dez Horas e o crescimento dos movimentos cooperativistas. Da mesma forma, muitos dos objetivos da Carta do Povo já haviam sido, ou tinham probabilidade de ser, atingidos, apesar do cartismo enquanto tal ter entrado em decadência depois de 1848. Durante os primeiros, e poucos, anos de existência da Internacional, a Lei da Reforma de 1867 e as melhores condições de organização sindical haviam fortalecido a convicção dos líderes trabalhistas ingleses de que uma estratégia reformista poderia ser suficiente para a consecução de suas metas. Na verdade, eles poderiam ter se sentido tranquilizados pela declaração de Marx no Congresso de Haia da Internacional, em 1872, de que, em países como a Inglaterra, os Estados Unidos e talvez a Holanda, seria possível para a classe operária realizar seus objetivos por meios pacíficos.

Marx reconheceu que, embora os sindicalistas ingleses que participavam da liderança da Internacional nem sempre concordassem com as suas aspirações políticas de longo prazo, o interesse deles por questões internacionais como a luta da Polônia, o movimento de unificação italiana e a guerra civil norte-americana indicava um redespertar do movimento operário britânico, depois de um longo período de relativa inatividade durante a década de 1850. Dessas três questões, a causa do *Risorgimento* era a que contava com maior apoio na Inglaterra, não só entre os trabalhadores como também em outras classes. Não obstante, era a causa que Marx e seus seguidores menos esperavam que contribuísse para seus objetivos, devido à forte influência de seu rival, Mazzini, naquele país e, em menores proporções, dentro da própria Internacional. Aos olhos de Marx, a política de Mazzini era pouco ponderada, dava mais ênfase ao sentimento e à retórica moralista do que ao valor prático das necessidades da população italiana, particularmente dos camponeses. Além de preocupar-se com a influência de Mazzini e, mais tarde, de Bakunin, naquele país, Marx acreditava que, ao nível da política de poder, a independência italiana se faria, em parte, a expensas da Áustria, que, qualquer que fosse o caráter de sua política interna, representava um tampão potencial contra a expansão russa.

No caso da guerra civil norte-americana, acontecimento que dividiu muito mais a sociedade inglesa do que o *Risorgimento*, Marx registrou, no *Manifesto do lançamento da Associação Internacional dos Trabalhadores*, discurso de abertura que pronunciou em 23 de setembro de 1864 no ato público de fundação da organização em Londres, o apoio dado aos confederados por setores das classes dominantes britânicas. Mas, por outro lado, para a causa de Marx, a reservação da União era considerada como uma condição necessária ao futuro desenvolvimento social, político e econômico. O interesse dele e de Engels pela guerra civil norte-americana originava-se, no plano moral, de sua aversão pela escravidão, bem como de suas esperanças, no plano estratégico, de que a escassez de algodão que o conflito vinha provocando na Inglaterra pudesse contribuir para a crise econômica há muito esperada na própria metrópole do capitalismo.

O terceiro importante acontecimento internacional que antecedeu e, no caso, até certo ponto provocou a criação da Internacional foi o levante polonês de 1863. Em princípios da década de 1860, a simpatia pela Polônia havia sido uma das principais forças que promoveram uma cooperação mais estreita entre os movimentos operários inglês e francês, como indicam os discursos de Odger e outros fundadores da Internacional. Esse sentimento não era, porém, partilhado por grupos como os proudhonianos e, mais tarde, o do belga César de Paepe, para os quais a restauração da Polônia simplesmente beneficiaria a nobreza e o clero poloneses. Contra tais argumentos, Marx e Engels sustentavam – como haviam feito em 1848 – que a divisão da Polônia constituía o elo que mantinha unida a Santa Aliança Russo-Prussiano-Austríaca. A sua restauração, concluíam eles, não só enfraqueceria a posição de destaque desfrutada pela Prússia na Alemanha, como também colocaria "vinte milhões de heróis" entre a Europa e "o despotismo asiático sob a direção moscovita", segundo as palavras de Marx em um discurso que pronunciou em um comício de apoio à Polônia realizado em Londres a 22 de janeiro de 1867. Aos revolucionários poloneses que, como Ludwik Warynski (1856-1889), achavam que a luta pela independência nacional era muito menos importante do que a causa das classes exploradas e desvalidas, Engels respondeu que "um movimento internacional do proletariado só é possível entre nações independentes" (Carta de Engels a Kautsky, 7 de fevereiro de 1882).

Apesar de Engels, no início da década de 1850, ter manifestado certas desconfianças, ele e Marx continuaram empenhados na causa da independência polonesa, que, em sua opinião, beneficiaria a causa do socialismo na Europa como um todo. Considerações estratégicas semelhantes chegaram a influir na sua abordagem do movimento revolucionário que surgia na Rússia nas décadas de 1870 e 1880, sobretudo porque, com o cruel esmagamento tanto do levante polonês como da COMUNA DE PARIS, a onda revolucionária parecia estar recuando em outras áreas. Marx e Engels não exigiam dos revolucionários que combatiam ativamente o regime czarista uma adesão estrita às suas teorias. Na verdade, tendo em vista a estimativa que fazia da influência do czar na Europa, Marx tinha menos admiração pelos seus seguidores russos emigrados, teoricamente mais ortodoxos, como Plekhanov, do que pelos populistas e *narodovoltsi* mais atuantes, que lutavam pela revolução na própria Rússia. Sua aprovação aos assassinos de Alexandre II em 1881, sob a alegação de que não havia outra saída, contrastou notavelmente com sua condenação de atos semelhantes na Europa, como as tentativas de Hödel e Nobiling de assassinar o Kaiser Guilherme I, em 1878, e os assassinos de Phoenix Park, em Dublin, em 1882.

Dois anos após a morte de Marx, Engels, habitualmente mais ortodoxo em questões de teoria, declarou que a Rússia em 1885 constituía "um dos casos excepcionais onde seria possível a um punhado de pessoas fazer uma revolução", mas acrescentou que essa revolução poderia liberar forças que estavam fora do controle dos próprios revolucionários (carta de Engels a Vera Zassulitch, 23 de abril de 1885). Nenhuma revolução desse tipo ocorreu durante os anos que Engels ainda viveu, é claro, e, na medida em que o ritmo da industrialização russa se intensificava, em fins do século ele reconheceu que esse país teria, muito provavelmente, de seguir o caminho do desenvolvimento capitalista ocidental, em lugar de recorrer à decadente comuna camponesa como base para uma futura sociedade socialista. Ao chegar a essa conclusão, Engels justificou a posição dos marxistas russos tal como esta se expressou mais tarde, por exemplo, em *O desenvolvimento do capitalismo na Rússia* (1897) de Lenin.

(Ver também BLANQUISMO; BONAPARTISMO; GUERRA; IMPÉRIOS DA ÉPOCA DE MARX; LASSALLE PROUDHON.)

IC

Bibliografia: Avineri, S. (org.), *Karl Marx on Colonialism and Modernization: his despatches and other writings on China, India, Mexico, the Middle East and North Africa*, 1968 • Bloom, S.F., *The World of Nations: a Study of the Nacional Implications of the World of Karl Marx*, 1941 • Collins, H. & C. Abramsky, *Karl Marx and the British Labour Movement: Years of the First Internacional*, 1965 • Cummins, I.T., *Marx, Engels and National Movements*, 1980 • Davis, H.B., *Nationalism and Socialism: Marxist and Labor Theories of Nationalism to 1917*, 1967 • Haupt G. & M. Lowy & C. Weill (orgs.), *Les marxistes et la question nationale, 1848-1914*, 1974 • Kiernam, V.G., *Marxism and Imperialism*, 1974 • Molnar, E., *La politique d'alliances du marxisme (1848-1889)*, 1967 • Walicki, A., "Marx, Engels and the Polish Question", 1980.

Marx e Ricardo Ver RICARDO E MARX

Marx, Karl Heinrich (Trier, 5 de maio de 1818 – Londres, 14 de março de 1883.) Cientista social, historiador e revolucionário, Marx foi certamente o pensador socialista que maior influência exerceu sobre o pensamento filosófico e social e sobre a própria história da humanidade. Embora em grande parte ignorado pelos estudiosos acadêmicos de sua época, o conjunto de ideias sociais, econômicas e políticas que desenvolveu conquistou, de forma cada vez mais rápida, a aceitação do movimento socialista após sua morte, em 1883. Quase metade da população do mundo vive hoje sob regimes que se pretendem marxistas. Esse mesmo sucesso, porém, significou que as ideias originais de Marx foram, com frequência, obscurecidas pelas tentativas de adaptar seu significado a circunstâncias políticas as mais variadas. Além disso, como decorrência da publicação tardia de muitos de seus escritos, só em época relativamente recente surgiu a oportunidade de uma apreciação justa da sua estatura intelectual.

Marx nasceu em uma família de classe média, de situação confortável, em Trier, às margens do rio Mosela, na Alemanha. Descendia de uma longa linhagem de rabinos, tanto da parte materna quanto paterna, e seu pai, embora fosse intelectualmente um racionalista de formação tipicamente iluminista, que conhecia Voltaire e Lessing de cor, só concordara em ser batizado como protestante para não se ver privado de seu trabalho como um dos mais conceituados advogados de Trier. Aos 17 anos, Marx matriculou-se na Faculdade de Direito da Universidade de Bonn e mostrou-se sensível ao romantismo que ali predominava: havia ficado noivo pouco antes de Jenny von Westphalen, filha do barão von Westphalen, figura destacada da sociedade de Trier e que havia despertado em Marx o interesse pela literatura romântica e pelo pensamento político de Saint-Simon (ver SOCIALISMO UTÓPICO). No ano seguinte, o pai de Marx mandou-o para a Universidade de Berlim, maior e mais séria, onde ele passou os quatro anos seguintes e abandonou o romantismo em favor do hegelianismo que predominava na capital naquela época (ver HEGEL E MARX; JOVENS HEGELIANOS).

Marx participou ativamente do movimento dos Jovens Hegelianos. Esse grupo, que contava com figuras como Bauer e Strauss, estava produzindo uma crítica radical do cristianismo e, implicitamente, uma oposição liberal à autocracia prussiana. Quando o acesso à carreira universitária lhe foi vedado pelo governo prussiano, Marx transferiu-se para o jornalismo e, em outubro de 1842, foi dirigir, em Colônia, a influente *Rheinische Zeitung* (Gazeta Renana), jornal liberal apoiado por industriais renanos. Os incisivos artigos de Marx, particularmente sobre questões econômicas, levaram o governo a fechar o jornal, e o seu diretor resolveu emigrar para a França.

Ao chegar a Paris em fins de 1843 Marx estabeleceu rapidamente contato com grupos organizados de trabalhadores alemães que haviam emigrado e com as várias seitas de socialistas franceses. Também dirigiu os *Deutsch-französische Jahrbücher* (Anais franco-alemães), publicação de vida efêmera, que pretendia ser uma ponte entre o nascente socialismo francês e as ideias dos hegelianos radicais alemães. Durante os primeiros meses de sua permanência em Paris, Marx tornou-se logo comunista convicto e começou a registrar suas ideias e novas concepções em uma série de escritos que mais tarde ficariam conhecidos como *Oekonomisch-philosophischen Manuskripte* (*Manuscritos econômicos e filosóficos*), mas que permaneceram inéditos até cerca de 1930. Nesses manuscritos, Marx esboçava uma concepção humanista do COMUNISMO, influenciada pela filosofia de Feuerbach e baseada num contraste entre a natureza alienada do trabalho no capitalismo e uma sociedade comunista na qual os seres humanos desenvolveriam livremente sua natureza em produção cooperativa. Foi também em Paris que Marx iniciou a colaboração com Friedrich ENGELS que duraria toda sua vida.

Em fins de 1844, Marx foi expulso da capital francesa e transferiu-se (com Engels) para Bruxelas, onde passou os três anos seguintes, tendo nesse período visitado a Inglaterra, que era então o país industrialmente mais adiantado do mundo e onde a família de Engels tinha interesses na fiação de algodão em Manchester. Em Bruxelas, Marx dedicou-se a um estudo intensivo da história e criou a teoria que veio a ser conhecida como a concepção materialista da história (ver MATERIALISMO HISTÓRICO). Essa concepção foi exposta num trabalho (também só publicado postumamente), escrito em colaboração com Engels e conhecido como *Die deutsche Ideologie* (*A ideologia alemã*), cuja tese básica é a de que "a natureza dos indivíduos depende das condições materiais que determinam sua produção". Marx esboça, nessa obra, a história dos vários modos de produção, prevendo o colapso do modo de produção vigente – o capitalista – e sua substituição pelo comunismo. Ao mesmo tempo em que escrevia essa obra teórica, Marx participou intensamente da atividade política, polemizando, em *Misère de la Philosophie* (*Miséria da filosofia*), contra o socialismo de Proudhon, autor de *Philosophie de la misère* (*Filosofia da miséria*), que considerava idealista, e ingressando na Liga Comunista, organização de trabalhadores alemães emigrados sediada em Londres da qual se tornou, juntamente com Engels, o teórico principal. Na conferência da Liga realizada em Londres em fins de 1847, Marx e Engels receberam a incumbência de escrever um manifesto comunista que fosse a expressão mais sucinta das concepções da organização. Pouco depois que *Das Kommunistische Manifest* (*Manifesto comunista*) foi publicado em 1848, uma onda de revoluções varreu a Europa.

Em princípios de 1848, Marx transferiu-se novamente para Paris, onde a revolução eclodira primeiro, e em seguida para a Alemanha, onde fundou, de novo em Colônia, o periódico *Neue Rheinische Zeitung* (*Nova Gazeta Renana*). O jornal, que teve grande influência, sustentava uma linha democrática radical contra a autocracia prussiana, e Marx dedicou suas principais energias à sua direção, já que a Liga Comunista havia sido praticamente dissolvida. Com a onda revolucionária, porém, o jornal de Marx foi proibido e ele buscou asilo em Londres, em maio de 1849, para começar "a longa e insone noite de exílio" que deveria durar o resto de sua vida.

Ao fixar-se em Londres, Marx mostrava-se otimista em relação à iminência de uma nova onda revolucionária na Europa: voltou a participar de uma liga Comunista renovada e escreveu dois extensos folhetos sobre a revolução de 1848 na França, e suas consequências, intitulados *Die Klassenkämpfe in Frankreich 1848-1850* (*As lutas de classe na França de 1848 a 1850*) e *Der Achtzehnt Brumaire des Louis Bonaparte* (*O Dezoito Brumário de Luís Bonaparte*). Convenceu-se, porém, em pouco tempo de que "uma nova revolução só era possível em consequência de uma nova crise" e dedicou-se ao estudo da economia política, com o propósito de determinar as causas e condições dessa crise.

Durante a primeira metade da década de 1850, a família Marx viveu num apartamento de três peças no bairro de Soho, em Londres, em condições de grande pobreza. Ao chegar a Londres, a família já tinha quatro filhos, e dois outros nasceram pouco depois. Destes, apenas três meninas sobreviveram ao período do Soho. A principal fonte de renda de Marx nessa época (e posteriormente) era Engels, que tinha bons rendimentos com o negócio de algodão de seu pai em Manchester. Essa renda era suplementada por artigos semanais que Marx escrevia, como correspondente estrangeiro, para o jornal norte-americano *New York Daily Tribune*. Heranças recebidas em fins da década de 1850 e princípios da década de 1860 tornaram um pouco melhor a situação financeira da família de Marx, mas só a partir de 1869 ele pôde dispor de uma renda suficiente e constante, que lhe foi assegurada por Engels.

Não é de surpreender que a importante produção teórica de Marx sobre economia política tenha feito progressos lentos. Em 1857-1858, ele tinha já redigido um gigantesco manuscrito de oitocentas páginas, esboço inicial de uma obra em que pretendia ocupar-se do capital, da propriedade agrária, do trabalho assalariado, do Estado, do comércio exterior e do mercado mundial. Esse manuscrito, conhecido como *Grundrisse der Kritik der Politischen Ökonomie* (*Esboços da crítica da economia política*), só foi publicado em 1941. No início da década de 1860, Marx interrompeu seu trabalho para escrever três grossos volumes intitulados *Theorien über den Mehrwert* (*Teorias da mais-valia*), em que examinava criticamente o pensamento de seus antecessores na reflexão teórica sobre a economia política, particularmente Adam Smith e David Ricardo. Só em 1867 pode Marx publicar os primeiros resultados de seu trabalho no primeiro livro de *Das Kapital* (*O Capital*), dedicado ao estudo do processo capitalista de produção. Nele, desenvolveu sua versão da teoria do VALOR trabalho e suas concepções da MAIS-VALIA e da EXPLORAÇÃO, a qual acabaria por levar, por efeito da TENDÊNCIA DECRESCENTE DA TAXA DE LUCRO, ao colapso do capitalismo. O segundo e o terceiro livros de *O Capital* estavam em grande parte inacabados na década de 1860, e Marx trabalhou neles pelo resto de sua vida. Foram publicados postumamente por Engels.

Uma das razões por que Marx levou tanto tempo para escrever *O Capital* foram o grande tempo e a energia que dedicou à Primeira Internacional (ver INTERNACIONAIS), para cujo Conselho Geral foi eleito quando de sua fundação em 1864. Marx atuou de maneira incansável particularmente na preparação dos congressos anuais da Internacional e na liderança da luta contra a ala anarquista, chefiada por BAKUNIN. Embora tivesse vencido a disputa, a transferência da sede do Conselho Geral de Londres para Nova York, em 1872, que apoiou, levou ao rápido declínio da Internacional. O acontecimento político mais importante durante a existência da Internacional foi a COMUNA DE PARIS de 1871, quando os cidadãos da capital, na esteira da guerra franco-prussiana, rebelaram-se contra seu governo e tomaram a cidade por um período de dois meses. Sobre a sangrenta repressão dessa revolta, Marx escreveu um dos seus mais famosos folhetos, *Der Burgerkrieg in Frankreich* (*A guerra civil em França*), defesa entusiasta das atividades e objetivos da Comuna.

Na última década de sua vida, a saúde de Marx entrou em acentuado declínio, e ele tornou-se incapaz do esforço continuado de síntese criativa que havia caracterizado, de maneira tão evidente, sua obra até então. Conseguiu, apesar disso, fazer comentários substanciais sobre a política contemporânea, em especial sobre a Alemanha e a Rússia. Quanto à primeira, opôs-se, em sua *Kritik des Gothaer Programms* (*Crítica do Programa de Gotha*), à tendência de seus seguidores Wilhelm Liebknecht e August Bebel a fazer concessões ao socialismo de Estado de Ferdinand Lassalle, no interesse de um partido socialista unificado. Na Rússia, em correspondência com Vera Zassulitch, previu a possibilidade de que o país saltasse a fase capitalista de desenvolvimento e edificasse o comunismo com base na propriedade comum da terra, característica do *mir* das aldeias russas. Marx via-se, porém, cada vez mais acometido por doenças e viajava regularmente para estações balneárias na Europa e até mesmo na Argélia, em busca de recuperação. As mortes de sua filha mais velha e de sua mulher ensombreceram os últimos anos de sua vida.

A contribuição de Marx para nossa compreensão da sociedade foi imensa. Seu pensamento não é o sistema abrangente desenvolvido por alguns de seus seguidores sob o nome de MATERIALISMO DIALÉTICO. A própria natureza dialética da sua abordagem dá a esse pensamento um caráter experimental e aberto. Além disso, registra-se com frequência uma tensão entre o Marx ativista político e o Marx estudioso de economia política. Muitas de suas previsões sobre o futuro do movimento revolucionário não se confirmaram até agora. Mas a ênfase que atribuiu ao fator econômico na sociedade e sua análise das classes sociais tiveram, ambas, enorme influência sobre a história e a sociologia.

DM

Bibliografia: Adler, Max, *Marx und Engeles als Denker*, 1908 (1972) • Andreas, Bert, "Une interview de Marx au *Chicago Tribune*", 1968 • Avineri, S., *The Social and Political Thought of Karl Marx*, 1968 • Berlin, Isaiah, *Karl Marx: His Life and Enoironment*, 1963 • Bernardo, João, *Marx crítico de Marx*, 1977 • Blumenberg, Werner, *Karl Marx*, 1962 • Bottomore, T. (org.), *Karl Marx*, 1979 [*Karl Marx*, 1981] • Calvez, Jean-Yves, *La pensée de Karl Marx*, 1959 • Châtelet, François et al., *Le centenaire du "Capital": exposés et entretiens sur le marxisme*, 1969 • Cohen, G., *Karl Marx's Theory of History: a Defence*, 1978 • Cornu, Auguste, *La jeunesse de Karl Marx*, 1934 ⊚ *Karl Marx et la Révolution de 1848*, 1948a ⊚ *Karl Marx et la pensée moderne*, 1948b ⊚ *Karl Marx et Friedrich Engels: leur vie et leur oeuvre*, 4 vols, 1958-1970 • Dornemann, L., *Jenny Marx*, 1954 • Fausto, Rui, *Marx: lógica e política*, 1983 • Hobsbawm, Eric (org.), *Storia del marxismo*, vol.I, 1978; *The History of Marxism*, vol.I (1980) [*História do marxismo*, vol.I: *O marxismo no tempo de Marx*, 1980] • Hunt, R., *The Political Ideas of Marx and Engels*, 1974 • Kapp, Y., *Eleanor: chronique familiale des Marx*, 1980 • *Karl Marx: Chronik seines Lebens in Einzeldaten*, 1934 • Konder, Leandro, *Marx: vida e obra*, 1976 • Korsh, Karl, *Karl Marx*, 1938 (1967); *Karl Marx* (1967); *Karl Marx* (1971) • Lenin, V.I., "Karl Marx", 1913 (1960) ["Karl Marx", 1979] • Löwy, Michael, *La théorie de la révolution chez le jeune Marx*, 1970 • Lukács, G., *Karl Marx und Friedrich Engels als Literaturhistoriker*, 1947 (1952) ⊚ *Der junge Marx, seine philosophische Entwicklung*, 1965 • Maenchen-Helfen, O. & B. Nicolaievsky, *Karl und Jenny Marx: ein Lebensweg*, 1933 • McLellan, D., *Karl Marx: His Life and Thought*, 1974 ⊚ *Karl Marx: the Legacy*, 1983 (*A Century of Political Thought, 1883-1983*) [*Marx, um século de pensamento político: 1883-1983*, 1983] • Mehring, Franz, *Karl Marx, Geschichte seines Lebens*, 1918 (1964); *Karl Marx, the story of his life* (1936); *Carlos Marx, el fundador del socialismo* (1943 e 1968) • Ollmnan, B., *Alienation: Marx's Conception of Man in Capitalist Society*, 1971 • O'Malley, Joseph & Keith Algozin (orgs.), *Rubel on Karl Marx: Five Essays*, 1981 • Padover, Saul, *Kark Marx: an Intimare Biography*, 1978 • Plamenatz, J., *Karl Marx's Philosophy of Man*, 1975 • Riazanov, David, "Marx und seine russischen Bekannten in den vierziger Jahren", 1913 ⊚ *Marx et Engels*, 1967 ⊚ *Karl Marx: homme, penseur at révolutionaire*, 1968a ⊚ "L'héritage littéraire de Marx et d'Engels", 1968 • Rubel, Maximilien, "La Russie dans l'oeuvre de Marx et d'Engels: leur correspondence avec Danielson", 1950 ⊚ *Bibliographie des oeuvres de Karl Marx*, 1956 ⊚ *Karl Marx: essai de biographie intelectuelle*, 1957 (1971); *Karl Marx: Life and Works* (1980) ⊚ *Supplément à la bibliographie des oeuvres de Karl Marx*, 1960 ⊚ *Marx-Chronik, Daten zu Leben und Werk*, 1968 ⊚ *Marx critique du marxisme*, 1974 • Rubel, Maximilien (org.), *Karl Marx. Oeuores: économie*, vols. I e II, 1963 (1969) e 1968 (seleção, introdução e notas de M. Rubel) • Rubel, M. & T. Bottomore (orgs.), *Karl Marx: Selected Writings in Sociology and Social Philosophy*, 1956 [*Sociologia e filosofia social de Karl Marx*, 1964] • Semprun, Jorge, "Economie, politique et philosophie dans les *Grundrisse* de Marx", 1968 • Singer, Paul, "A contribuição de Marx para a economia moderna", 1968 • "Sur le jeune Marx", *Recherches Internationales à la Lumière du Marxisme*, n.19, 1960 • Tönnies, Ferdinand, *Marx: Leben und Lehre*, 1921; *Marx: Life and Thought* (1974) • Uma relação bastante completa das obras de Marx e das que ele escreveu em colaboração com Engels encontra-se na primeira parte da Bibliografia, ao final deste volume, sob o título "Os escritos de Marx e Engels citados neste dicionário". As obras de referência mais completas a esse respeito são certamente as de Maximilien Rubel (1956 e 1969), citadas acima.

marxismo e o Terceiro Mundo A consciência do marxismo surgiu, na maior parte dos países do Terceiro Mundo, em grande medida por meio dos laços coloniais e certamente em estreita relação com a luta anti-imperialista. O imperialismo definiu as questões principais nesse contexto e imprimiu sua marca distintiva ao pensamento e à prática marxistas no e sobre o Terceiro Mundo. Dessas questões, as principais dizem respeito ao impacto do capital metropolitano sobre as estruturas sociais pré-capitalistas, ao aparecimento de novas classes sociais e ao resultantes padrões de alinhamentos e contradições de classes que subjazem ao desenvolvimento dessas sociedades e às condições da luta revolucionária.

O marximo clássico, em particular o de Marx e de Lenin, tinha uma visão dos efeitos da penetração do capital (metropolitano) nas "sociedades atrasadas" que não foi confirmada pela evolução real dos fatos. Embora denunciassem e deplorassem seu caráter explorador e destrutivo, sustentavam, não obstante, a concepção de que, uma vez introduzida a estrutura do modo de produção capitalista numa sociedade, ela imporia sua lógica própria de desenvolvimento, derrubando as estruturas pré-capitalistas e criando a dinâmica de acumulação de capital e de crescimento, conforme havia feito na Europa metropolitana. Lenin propôs um modelo específico desse processo de penetração capitalista em seu estudo sobre *O desenvolvimento do capitalismo na Rússia* (1899), que proporcionou um quadro referencial para análises subsequentes. Nesse livro, Lenin constrói o conceito de uma formação social (a russa) na qual há mais de um modo de produção e na qual o modo de produção capitalista emergente desafia o modo de produção feudal dominante e o Estado feudal. A contradição principal da sociedade russa era a oposição entre esses dois modos de produção, e seria resolvida pela dissolução do modo pré-capitalista. A esse alinhamento de forças de classe correspondia a fase da revolução democrático-burguesa, embora na Rússia essa revolução se devesse realizar sob a liderança de um proletariado decidido e não da burguesia fraca e vacilante. Trata-se de uma teoria da revolução em duas etapas, pois a fase democrático-burguesa tinha de ser concluída antes que a revolução socialista se pudesse concretizar. Lenin mostrou-se bastante enfático quanto a esse aspecto, repudiando as concepções e propostas populistas de passar ao largo do capitalismo por meio de uma revolução socialista em uma só etapa (ver POPULISMO). Segundo a análise de Lenin, a revolução democrático-burguesa implicava a *dissolução* das estruturas pré-capitalistas da formação social. Esse é o quadro teórico referencial a partir do qual as análises do desenvolvimento das sociedades do Terceiro Mundo foram produzidas e ao qual estão referidos os debates posteriores.

Lenin extrapolou sua análise do desenvolvimento do capitalismo na Rússia para as sociedades coloniais, como se o capitalismo nas sociedades colonizadas fosse homólogo ao capitalismo das sociedades metropolitanas; essa questão foi levantada nos debates recentes. De acordo com Lenin, com a introdução do capitalismo, um vigoroso movimento democrático crescia "em toda a Ásia", como crescia na Rússia. Mas, ao contrário da Rússia, nas colônias era a burguesia que estava à frente da luta pela revolução democrático-burguesa, pois ali a burguesia *ainda* estava ao lado do povo. E tudo isso estava muito ligado aos movimentos nacionais, pois a burguesia precisava do Estado-nação para atender às necessidades do desenvolvimento capitalista. Só no Segundo Congresso do Comintern, em 1920, porém, essa análise foi relacionada diretamente com as tarefas do movimento comunista mundial e suas alianças de classe. A referência específica ao imperialismo substituiu, então, as referências anteriores ao capitalismo em geral. Não se levantaram, contudo, questões mais profundas sobre a existência de uma diferença estrutural entre os dois, além da ideia de que o imperialismo representava o capital que não era autóctone. Os rascunhos das teses de Lenin sobre as questões nacional e colonial, perguntavam o que os partidos comunistas deviam fazer em relação aos movimentos anticoloniais e democrático-burgueses (e antifeudais) no mundo colonizado. A proposta de Lenin era que o movimento comunista buscasse as "mais estreitas alianças" com as burguesias desses países e que os partidos do proletariado deviam "apoiar" (Lenin não disse "liderar") os movimentos de libertação nacional. Naquele debate histórico, a posição de Lenin foi questionada por um comunista indiano, Manabendra Nath Roy, que se opôs à recomendação de colaboração com os movimentos burgueses, argumentando que o Comintern devia dedicar suas energias exclusivamente à criação e ao desenvolvimento da organização do proletariado e do campesinato coloniais, promovendo sua luta de classe e conduzindo-os à revolução e à criação de repúblicas soviéticas. A proposta de Roy eludia o problema de que, naquela época, o proletariado e os partidos proletários quase não existiam nas colônias (ver ROY).

Apesar dos problemas teóricos não solucionados a ela subjacentes, a formulação apresentada por Lenin em 1920 continua, não obstante, sendo até hoje o ponto de partida básico de posições divergentes dentro dos movimentos marxistas no que diz respeito às lutas revolucionárias no Terceiro Mundo. O materialismo histórico e o quadro teórico de análise de Lenin postulam uma contradição necessária entre o desenvolvimento do capitalismo em uma formação social e a estrutura social pré-capitalista (feudal) até então nela dominante, contradição essa que se resolve pela dissolução da segunda. Isso implica a existência de contradições antagônicas entre as classes localizadas nos respectivos modos e uma luta de classes inconciliável entre elas. Como, então, conciliar essa concepção com a ideia de uma *aliança* entre o capital metropolitano e o feudalismo autóctone da colônia, se as duas classes dominantes correspondentes a essas formas situam-se respectivamente uma em um modo de produção capitalista e outra em um modo de produção pré-capitalista? Da mesma forma, não há explicação estrutural possível para o conflito entre a burguesia autóctone (nacional) da colônia e a burguesia metropolitana dominante, embora ambas se localizem no mesmo modo de produção capitalista. Não obstante, postula-se que as contradições entre a burguesia nacional colonial, de um lado, e a burguesia metropolitana e as classes dominantes feudais, de outro, determinam as contradições estruturais subjacentes à revolução democrático-burguesa nas colônias, definindo alinhamentos e posições na luta de classes.

À luz do debate de 1920, Lenin reformulou sua posição sob um certo aspecto e aceitou que as palavras "movimentos de libertação nacional" (que deveriam ser apoiados pelos comunistas) substituíssem a sua formulação original, que era "movimentos democrático-burgueses". Admitia, com isso, que a burguesia colonial era tão capaz de compromissos com o imperialismo quanto de oposição a ele; tornava-se assim reformista e, por isso, não deveria mais ser apoiada pelos comunistas. Essa concessão de Lenin reconhecia uma realidade, mas deixava ainda mais confusas as questões teóricas acima mencionadas, pois não ficavam claras quais as condições que determinariam seu caráter em qualquer dos dois sentidos. Essa reformulação não modificou a posição básica de Lenin, que continuou a sustentar que "não há a menor dúvida de que todo movimento nacionalista só pode ser um movimento democrático-burguês" e que seria utópico pensar de outra maneira. O destino da distinção entre "burguesia nacional progressista" e burguesia reformista, nos anos posteriores, foi o de tornarem-se essas expressões designações convenientes usadas pelo Estado soviético para legitimar suas transações com os estados pós-coloniais, de acordo com as exigências dos interesses soviéticos (ver BURGUESIA NACIONAL).

Em 1928, a política formulada pelo Comintern para as sociedades coloniais foi levemente modificada, contra o pano de fundo do fracasso na China, onde uma política de colaboração total com o Kuomintang, o partido liderado pela burguesia nacional, foi imposta aos comunistas chineses pelo Comintern e acabou redundando na contrarrevolução de 1926-1927, em que o Partido Comunista da China foi dizimado por Chiang Kai-shek. No VI Congresso do Comintern, em 1928, a burguesia nacional já não era apresentada como líder da revolução democrático-burguesa, mas antes como inclinada à vacilação e à concessão. Levantou-se a possibilidade de uma liderança proletária, mas a formulação geral foi ambígua. A ênfase recaía sobre a revolução a partir das bases, e a tese também ressaltava que "juntamente com a luta de libertação nacional, a revolução agrária constitui o eixo da revolução democrático-burguesa nos principais países coloniais". Esse foi o ponto de partida do maoísmo (ver MAO TSE-TUNG), mas a linha do Comintern foi novamente modificada no seu VII Congresso, quando a política da Frente Popular foi aprovada, e restabelecida, para o mundo colonizado, a fé na "burguesia nacional".

Nos últimos anos uma concepção totalmente nova foi adotada pelo Partido Comunista da União Soviética e pelos partidos comunistas que seguem sua orientação. Em nome de Lenin, eles ressuscitaram a ideia populista de passar ao largo do capitalismo e a aplicaram ao Terceiro Mundo. A teoria da revolução em duas fases, há muito firmada, foi substituída pelo *slogan* do "caminho não capitalista para o desenvolvimento" que, como se argumentou, era possibilitado pela existência de um poderoso bloco socialista no mundo de hoje. Trata-se de uma concepção estatista da revolução vinda de cima, e seria mais exato dizer que é uma concepção evolucionária e não revolucionária. No Terceiro Mundo em geral, argumenta-se, a burguesia é fraca, e a classe operária ainda não se tornou uma força de vanguarda. Em lugar disso, existem no Terceiro Mundo possibilidades para a criação de um "Estado de Democracia Nacional", com a ajuda soviética, governado por uma "Frente Única Democrática Nacional", sob a liderança de *qualquer* classe democrática: trabalhadores, camponeses, a pequena burguesia urbana, intelectuais progressistas, oficiais militares revolucionários ou mesmo a burguesia (nacional). O principal critério para o reconhecimento do estatuto de "Estado de Democracia Nacional" é sua oposição ao imperialismo, bem como sua cooperação com o bloco socialista. Sugere-se que "a estrutura geral dessa revolução, no curso de sua realização, *vai além do capitalismo*", embora não fique claro por que ou como. Essa concepção suscita amplas questões relativas à teoria marxista do Estado de classe bem como questões referentes a posição de classe e a contradições de classe.

Em contraposição a tudo isso, e a outras tantas concepções sobre o caminho parlamentar pacífico para a revolução democrática nacional sob a liderança da burguesia nacional, a "linha maoísta" traduz um compromisso com a luta revolucionária a partir de baixo. O rótulo maoísta é uma autodesignação de certos movimentos, que não são necessariamente apoiados ou estimulados pelo Estado chinês. Tal identificação vem da retórica adotada pelos chineses no contexto da polêmica sino-soviética, e, se é certo que os próprios chineses recomendaram aos comunistas de certos países, como a Índia e a Indonésia, adotarem a estratégia da luta armada, não o fizeram em outros casos, como o do Paquistão, com cujos governantes tinham relações cordiais. A linha maoísta atribui a importância à luta armada contra o imperialismo e o feudalismo, conferindo grande ênfase à revolução agrária, que considera a principal força da revolução democrática nacional que deverá preceder a revolução socialista.

As posições alternativas resumidas acima foram formuladas dentro do quadro teórico de referência estabelecido por Lenin, que previa a *dissolução* necessária das estruturas pré-capitalistas com o desenvolvimento do capitalismo. Os marxistas de hoje, preocupados com as sociedades onde predominam os pequenos camponeses (que consideram pré-capitalistas), como em certas partes da África, acham, pelo contrário, que o desenvolvimento do capitalismo, em lugar de dissolver essas sociedades camponesas pré-capitalistas, parece conservá-las e subordiná-las às suas necessidades. As sociedades camponesas constituem mercados para a produção industrial e se transformam em produtoras de certas mercadorias para o mercado. Acima de tudo, porém, funcionam como reprodutoras de força de trabalho migrante e barata para emprego nas grandes empresas capitalistas. Em lugar de dissolver os modos de produção pré-capitalistas, argumenta-se que, nas sociedades do Terceiro Mundo, onde o capitalismo não se desenvolve internamente, mas é imposto de fora, o modo de produção capitalista tem o efeito de "conservação-dissolução" das sociedades camponesas pré-capitalistas. Essa teoria da "articulação [simbiótica] dos modos de produção" desfruta hoje de ampla aceitação.

Uma concepção alternativa (Alavi, 1982), que questiona esse conceito de articulação qualificando-o de funcionalista e voluntarista por abandonar uma das concepções fundamentais do materialismo histórico (qual seja, a ideia de que a contradição entre os modos de produção é a mola da história), propõe a tese de que as estruturas pré-capitalistas foram, na realidade, dissolvidas no Terceiro Mundo, onde o que existe é capitalismo. Essa concepção rejeita a ideia de que as relações sociais de produção no campo ainda sejam feudais. Argumenta, no mesmo sentido, que as sociedades camponesas de hoje já não são capazes de se reproduzir enquanto sociedades pré-capitalistas, como antes da transformação colonial. Tendo sido arrastadas para o circuito da produção generalizada de mercadorias da economia capitalista, já não podem subsistir com base em uma autossuficiência local como antes. A exportação de força de trabalho migrante é também um resultado de sua transformação estrutural: foram submetidas pelo capital. Mas essa formulação levanta um problema. A concepção marxista do capitalismo tem como premissa a separação entre os produtores e os meios de produção. No caso dessas sociedades camponesas, porém, está claro que sua sujeição pelo capital (uma vez que tal hipótese seja aceita) se faz sem essa separação, pois o camponês continua a possuir seus meios de produção.

Uma variante dessa concepção é o conceito de modo de produção colonial, que propõe que o capitalismo no Terceiro Mundo tem características estruturais específicas, não sendo, portanto, homólogo ao capitalismo metropolitano. Enquanto nas metrópoles há uma forma "integrada" de divisão de trabalho, referida à produção de bens de capital e de bens de consumo, a divisão do trabalho é desarticulada no Terceiro Mundo, onde não há desenvolvimento equilibrado dos dois ramos da economia, prevalecendo a dependência face ao mundo desenvolvido em termos de exportações e importações. Numerosas variações da representação das relações entre o Terceiro Mundo e a metrópole distribuem-se entre as posições extremas das "teorias da dependência", que consideram que os países do Terceiro Mundo estão totalmente nas garras do imperialismo, e formulações como as de "desenvolvimento dependente" e de "Estado pós-colonial", que reconhecem uma margem de autonomia às economias e aos Estados do Terceiro Mundo com relação aos países capitalistas adiantados. (Ver também COLONIALISMO; TEORIA DA DEPENDÊNCIA; IMPERIALISMO E MERCADO MUNDIAL; SUBDESENVOLVIMENTO E DESENVOLVIMENTO.)

HA

Bibliografia: Aguilar, L.E., *Marxism in latin America*, 1968 • Alavi, H.A., "The Structure of Peripheral Capitalism", in H. Alavi & T. Shanin (orgs.), *Introduction to Sociology of Developing Societies*, 1982 • Alavi, H.A. et al., *Capitalism and Colonial Production*, 1982 • Amin, Samir, *Le développement inégal*, 1973; *Unequal Development* (1976) [*O desenvolvimento desigual*, 1976] • Cardoso, F.H. & E. Falletto, *Desarollo y dependencia en America Latina*, 1970; *Dependency and development in Latin America* (1979) [*Dependência e desenvolvimento na América Latina*, 1981] • Carrère d'Encausse, H. & S.R. Schram, *Le marxisme et l'Asie*, 1965; *Marxism and Asia* (1969) • Kahn, J. & J.R. Llobera, *The Anthropology of Pre-capitalist Societies*, 1981.

marxismo, evolução do A palavra "marxismo" era desconhecida durante a vida de Marx. É famoso o comentário de Marx, transmitido por Engels, de que "sei apenas que não sou marxista", feito em relação a certas frases de seu genro Paul Lafargue. É impossível, evidentemente, deduzir disso que Marx em princípio rejeitava a ideia de que um sistema teórico emergisse de sua obra, mas é evidente que ele não tinha a pretensão de oferecer uma visão de mundo global. O pensamento de Marx e de Engels começou a ser desenvolvido nesse sentido durante o período da Segunda Internacional. Assim, Plekhanov (1894) escreveu que "o marxismo é toda uma visão do mundo" e introduziu a expressão MATERIALISMO DIALÉTICO para designá-la. Para Kautsky, o trabalho de Marx e Engels equivalia a uma teoria abrangente da evolução, que compreendia tanto a natureza como a sociedade humana, da qual fazem parte uma ética e uma visão do mundo materialista (biológica). O próprio Engels havia dado o primeiro passo nessa direção, a pedido dos líderes do Partido Social-Democrata (SPD) alemão, no *Anti-Dühring* (1878), obra (para a qual Marx contribuiu com uma pequena colaboração) que exerceu uma influência muito maior sobre a consciência dos militantes dos partidos socialistas do que a principal obra de Marx, *O Capital*, da qual apenas o primeiro livro foi publicado ainda durante sua vida (1867); os outros dois livros foram organizados e publicados por Engels (1885, 1894), com base em manuscritos e notas de Marx.

O próprio Marx parece ter concebido sua principal obra teórica fundamentalmente, se não exclusivamente, como uma crítica da economia política do ponto de vista do proletariado revolucionário e como uma concepção materialista da história – materialista no sentido de que o modo pelo qual a produção material é realizada (a técnica de produção, num sentido amplo) e é organizada (na terminologia de Marx, as "relações de produção" e, em textos anteriores, também "relações de troca") constitui o fator determinante da organização política e das representações intelectuais de uma época. Tal concepção foi desenvolvida em oposição consciente ao ponto de vista idealista subjetivo dos JOVENS

HEGELIANOS, que pretendiam transformar as condições sociais e políticas por meio de uma simples transformação da consciência. Essa concepção alcançou sua expressão mais extremada na obra do pensador anarquista, Max Stirner, que concitava os seus concidadãos a "expulsar o Estado e a propriedade de suas mentes" e a se unirem numa "União dos Livres". Contra essa perspectiva, Marx mostra que o Estado e a propriedade (dinheiro, etc.) não são, de modo algum, fantasias subjetivas, que desaparecem do mundo se forem ignoradas, mas reflexos de condições reais, que nem por isso, aliás, têm de ser aceitas como eternas e inalteráveis.

A "crítica da economia política" – em conformidade com essa concepção materialista da história não compreende apenas uma crítica das "representações falsas", mas é, ao mesmo tempo, uma crítica das condições objetivas (materiais, sociais) que produzem necessariamente essas representações (da economia política burguesa clássica). Sob esse aspecto, a teoria econômica clássica também não é simplesmente "falsa", mas sim um reflexo adequado (mesmo que imperfeito) dos fenômenos do modo capitalista de produção e de suas relações internas. O valor, o dinheiro, o lucro, a mais-valia, etc., são formas fenomenais necessárias (categorias objetivas) desse modo de produção, que, portanto, só podem desaparecer junto com ele. Em princípio, essa teoria crítica (como qualquer teoria científica) pode ser adotada por qualquer pessoa. Mas *toda uma classe* só pode adotá-la se a sua própria existência não estiver amarrada à necessidade de permanecer inconsciente desse complexo sistema de relações. A única classe que pode assimilar a crítica da economia política sem prejudicar-se é o proletariado e, na verdade, a sua assimilação é a condição prévia necessária à sua emancipação. Embora indivíduos originários da burguesia (como Engels, por exemplo) possam transcender os limites de sua posição de classe, é inconcebível para Marx que toda uma classe se suicide dessa maneira. Poderíamos dizer que há uma barreira existencial que impede a classe capitalista de aceitar a teoria de Marx, que ela tem um interesse existencial em, pelo contrário, ignorar essa teoria, ou refutá-la.

Em oposição às teorias da revolução de Bakunin ou de Blanqui (ver BLANQUISMO), que enfatizavam o "fator subjetivo", o simples compromisso com a revolução, e a consideravam possível (em princípio) a qualquer momento, Marx argumentava que é preciso que as condições objetivas da revolução estejam maduras para que a revolução proletária possa ser vitoriosa. É certo que ele não pôde dizer exatamente quais fossem essas condições objetivas. Por vezes afirma que uma revolução não ocorrerá nunca antes que as forças produtivas se tenham desenvolvido ao ponto máximo possível em uma determinada forma de sociedade. Nesse caso, a estagnação seria uma condição para a revolução, e a "tendência decrescente da taxa de lucro", formulada no terceiro livro de *O Capital* (caps. XIII e XIV), sugere que o sistema capitalista acabará por atingir esse ponto de estagnação. Engels, em seu artigo sobre as condições sociais na Rússia – "Soziales aus Russland" (*Der Volkstaat*, n.43, 1875) –, afirma que a revolução social visada pelo socialismo moderno exige "não só um proletariado para realizar essa transformação mas também uma burguesia em cujas mãos as forças produtivas sociais se tenham desenvolvido ao ponto de tornarem possível a abolição definitiva das distinções de classe".

No movimento operário alemão, que evoluiu rapidamente depois de 1875 apesar da repressão governamental, a impossibilidade concreta de transformações revolucionárias e a premência de uma consolidação cultural das organizações da classe operária criaram a necessidade de uma "visão do mundo" que lhe fosse própria, necessidade essa reforçada pela exigência de educação da classe trabalhadora e pela sua exclusão da cultura burguesa (com resquícios feudais) dominante. Isso levou ao desenvolvimento do marxismo como uma doutrina abrangente sobre o mundo, que, em muitos casos, substituía diretamente concepções religiosas. Em consequência disso, os principais pensadores marxistas da época, como Kautsky e Plekhanov, introduziram no marxismo elementos da ideologia materialista mais difundida. A concepção da história de Marx foi aplicada, por Engels e outros, às sociedades pré-capitalistas, e considerada como uma realização científica análoga à teoria da evolução de Darwin. O que Darwin fizera para a natureza, Marx havia feito para a sociedade humana. A visão marxista do mundo, assim desenvolvida, criou no movimento operário – não só na Alemanha – uma consciência de estar sendo levado por um processo objetivo de desenvolvimento inelutável, e, dessa forma, fortaleceu a sua autoconsciência. Haeckel (1834-1919), o popularizador do darwinismo, foi muito mais significativo para essa visão do mundo do que Hegel e a sua dialética. A discrepância entre a crescente força numérica do Partido Social-Democrata alemão (SPD) – o primeiro partido quase que totalmente marxista – e sua impotência política era disfarçada e compensada pela formação de uma subcultura própria, cuja base ideológica era o marxismo.

Ainda maior do que a que existia na Alemanha imperial, com seu semiconstitucionalismo, era a discrepância entre as esperanças revolucionárias marxistas e a realidade social e política da Rússia pré-revolucionária. Ali, o marxismo foi transmitido à pequena minoria da população já empregada na indústria de grande escala por uma elite intelectual. A teoria do PARTIDO de Lenin expressava muito claramente essa relação. O marxismo era uma visão abrangente do mundo e uma teoria política que tinha de ser levada ao proletariado, de fora, por uma organização criada especificamente com esse objetivo: o "partido de um novo tipo". A ideologia – como essa doutrina do marxismo enquanto visão de mundo foi mais tarde chamada, de maneira não crítica, na era de Stalin – visava a assegurar a disciplina e a exclusividade do partido de quadros e sua pretensão incontestável à condição de vanguarda. Dessa forma, a relação entre a classe operária e a consciência da classe operária foi invertida: primeiro o partido de quadros, com a ajuda dos intelectuais a ele pertencentes, desenvolvia essa consciência de classe, da qual "a visão marxista do mundo" era o núcleo; e, depois, essa consciência era transmitida à classe operária, que cresceu rapidamente depois da revolução. Embora Lenin ainda se mostrasse disposto a aceitar revisões de sua teoria, com fundamento em circunstâncias empíricas, a doutrina da visão do mundo cristalizou-se em um dogma no período da construção de um socialismo de Estado burocrático, sob Stalin. O marxismo tornou-se a doutrina oficial do Estado e do partido, que constituía (e ainda constitui) o ponto de vista obrigatório de todos os cidadãos soviéticos. Foi nesse período, que começa aproximadamente em fins da década de 1920, que a visão marxista do mundo se transformou numa camisa de força, que aprisionou não apenas todos os cidadãos, mas também a ciência e a arte. Havia uma "linguística marxista", uma concepção marxista da cosmologia, da genética, da química, etc. Quando se tornou evidente – depois da morte de Stalin e sob a nova liderança – que a tutela das ciências naturais pelos ideólogos do partido havia colocado a ciência e a tecnologia soviéticas em posição desfavorável em relação ao Ocidente, a tutela foi revogada nessa esfera, mas perdurou nas ciências sociais e culturais, na arte e na literatura, embora com uma certa margem de liberalização.

As contribuições de Marx para uma teoria crítica não foram aperfeiçoadas, mas antes desvalorizadas, pela sua incorporação a uma visão marxista do mundo. É evidente que Marx era um ateu convicto, mas considerava a religião como um produto necessário de condições sociais em que não houvesse liberdade e tinha a certeza de que, com o estabelecimento de uma livre associação de produtores (sob o comunismo), ela desapareceria totalmente. De modo algum pretendeu ele que uma "ideologia materialista" tomasse o lugar da religião. Seu lema favorito – *de omnibus dubitandum* – o teria tornado cético em relação a isso. Pelo contrário, a emergência e a persistência dessa ideologia, e ainda mais de uma visão do mundo imposta pelo Estado, autoritariamente definida, pode ser interpretada, de acordo com o próprio Marx, como a expressão de condições políticas e sociais que nada têm de livres; e a visão do mundo dogmática do MARXISMO SOVIÉTICO desapareceria por si mesma se as estruturas políticas e sociais de dominação burocrática, aos quais essa ideologia simplesmente serve, fossem superadas.

Em oposição à visão do mundo abrangente e generalizadora do marxismo soviético, desenvolveu-se – a partir das primeiras obras de Lukacs e Korsch – o chamado MARXISMO OCIDENTAL, que, antes de mais nada, rejeita a incorporação ao marxismo de uma dialética da natureza, tal como se tentou fazer desde Engels, e chama a atenção para a importância do "fator subjetivo" e da abertura à crítica. Além disso, para esse marxismo "ocidental" ou "crítico", a aplicação da crítica marxista ao próprio marxismo, primeiro defendida por Korsch (1923), também se tornou importante. A incapacidade de empreender essa autocorreção crítica levou o marxismo soviético à esterilidade, apesar dos substanciais recursos financeiros de que dispõe para a pesquisa.

A partir da década de 1920, o marxismo não dogmático influenciou profundamente o pensamento ocidental em muitos campos. Em Cambridge, na Inglaterra, Piero Sraffa, Joan Robinson e Maurice Dobb deram continuidade, durante várias décadas, a uma crítica marxista da economia política, na qual, é certo, foram usados elementos da teoria neorricardiana (ver DOBB; RICARDO E MARX; SRAFFA). Nos Estados Unidos, Paul Baran (1957) deu início a uma abordagem marxista crítica dos problemas do SUBDESENVOLVIMENTO E DESENVOLVIMENTO no Terceiro Mundo. A influência do marxismo aumentou consideravelmente nos campos da sociologia e da história, combinando-se por vezes com a influência de Max Weber, e os historiadores franceses da escola dos *Annales*, em particular, inspiraram-se com frequência e de maneira proveitosa na perspectiva marxista (ver HISTORIOGRAFIA). Algumas dessas contribuições ocidentais foram violentamente criticadas pelos marxistas "ortodoxos", cuja obra, porém, desde a morte de Lenin e com raras exceções (como, por exemplo Preobrajenski e Varga), não foi marcada por nenhuma realização notável. Se a filosofia e a teoria social soviéticas realizaram qualquer progresso, isso ocorreu a despeito do, e não com base no, marxismo soviético, e sobretudo em campos altamente especializados como a lógica matemática e a cibernética, que também têm aplicações tecnológicas (inclusive militares) muito importantes. Uma das principais razões da vitalidade e da originalidade incomparavelmente maiores do pensamento marxista no ocidente é, sem dúvida, o fato dele ter permanecido aberto para outros avanços, não marxistas, nas ciências sociais, na filosofia e em outras disciplinas.

IF

Bibliografia: Bukharin, Nikolai, *Theorie des Historischen Materialismus*, 1921 (1922); *Historical Materialism: a System of Sociology* (1925, 1969) [*Tratado de materialismo histórico*, 1970] • Fetscher, Iring, *Karl Marx und Marxismus*, 1967; *Karl Marx and Marxism* (1970) [*Karl Marx e os marxismos: da filosofia do proletariado à visão proletário do mundo*, 1970] • Gerratana, Valentino, *Ricerche di storia del marxismo*, 1972 • Hobsbawm, Eric J. et al. (orgs.), *Storia del Marxismo*, 1978-1982; *The History of Marxism* (1980-) [*História do marxismo*, 1980-] • Kolakowski, Leszek, *Main Currents of Marxism*, 1978 • Korsch, Karl, *Marxismus und Philosophie*, 1923 (1966); *Marxisme et philosophie* (1964); *Marxism and Philosophy* (1970) ⊙ "Karl Kautsky und die materialistische Geschichts auffassung", 1929 • Lichtheim, George, *Marxism: an Historical and Critical Study*, 1961 • Lukács, Georg, *Geschichte und Klassenbewusstsein*, 1923; *Histoire et conscience de classe* (1960); *Historia y consciencia de clase* (1969); *History and Class Consciousness* (1971) [*História e consciência de classe*, 1974] • Marcuse, Herbert, *Soviet Marxism: a Critical Analysis*, 1958 [*Marxismo soviético*, 1969] • Stalin, J.V., *Dialectical and Historical Materialism*, 1938 [*O materialismo histórico e o materialismo dialético*, 1982] • Vranicki, Predrag, *Geschichte des Marxismus*, 2 vols, 1972 e 1974.

marxismo legal Interpretação crítica e acadêmica do marxismo, desenvolvida por P.B. Struve, M.I. Tugan-Baranovski, N.A. Berdiaev, S.N. Bulgakov e S.L. Frank, que teve influência na Rússia sobretudo no período entre 1894 e 1901. Preocupado basicamente com os méritos (e as deficiências) do marxismo como recurso heurístico e como explicação plausível da evolução histórica, o marxismo legal atribuía particular ênfase ao papel progressista do capitalismo e à sua significação modernizadora, ocidentalizadora e civilizadora para a Rússia contemporânea. O objetivo do marxismo legal, tal como expresso por Struve, era proporcionar "uma justificação do capitalismo", e, para isso, não hesitou em chegar ao ponto de parecer pró-capitalista, tanto aos seus amigos como aos seus adversários populistas.

O marxismo legal dedicou pouca atenção ao marxismo como ideologia mobilizadora da classe operária e, de um modo geral, evitou qualquer participação ativa nas organizações políticas da social-democracia russa.

Seu abstencionismo político originava-se, em parte, da disposição acadêmica do grupo, mas foi reforçado pelas limitações que pesavam sobre a publicação legal das ideias marxistas na Rússia. Depois da prisão e do exílio, nos anos 1895-1896, da maior parte dos líderes políticos e teóricos da ala revolucionária da social-democracia russa, os marxistas legais tomaram-se os mais importantes divulgadores do marxismo em sua aplicação à Rússia. Com seus livros e suas influentes revistas (*Novoe Slovo*, 1897, e *Nachalo*, 1898), os marxistas legais russos conseguiram, em grande parte, substituir o POPULISMO como corrente de pensamento dominante na *intelligentsia* russa da época. Suas publicações também constituíam canais para a divulgação dos escritos teóricos dos "ilegais", que estavam na prisão, no exílio ou na atividade clandestina.

Desde o início, os marxistas legais russos criticaram não só muitas das conclusões de Marx, como também aspectos importantes de seu método. Struve foi precursor de muitas das ideias revisionistas de Bernstein, e pode-se dizer que foi mais radical do que este na denúncia das inadequações metodológicas e empíricas da teoria do colapso catastrófico do capitalismo e da capacidade que teria o proletariado de realizar uma revolução socialista. Os marxistas legais chegaram à conclusão de que o materialismo histórico não tinha qualquer relação necessária com o materialismo filosófico e tornaram-se cada vez mais preocupados com a necessidade de uma base ética para o socialismo (ver ÉTICA). Evoluíram no sentido do neoidealismo e da filosofia moral kantiana (ver KANTISMO E NEOKANTISMO). Frank, Berdiaev e Bulgakov acabariam por se tornar destacados filósofos da religião. Os marxistas legais foram dos primeiros a explorar e desenvolver as explicações propostas por Marx para o desenvolvimento do mercado sob o capitalismo e seus ESQUEMAS DE REPRODUÇÃO. Tugan Baranovski foi o primeiro a desenvolver uma teoria marxista das CRISES ECONÔMICAS, chamando a atenção para o significado da desproporção entre o desenvolvimento das indústrias de bens de produção e o das indústrias de bens de consumo para a explicação da periodicidade das crises capitalistas.

Em 1902, Struve assumiu a direção da primeira revista liberal da Rússia e levou os outros membros do seu grupo para a União de Libertação, organização protoliberal, em 1903. Desde 1901 o grupo recebia violentos ataques por parte de Lenin e de Plekhanov, que diagnosticaram, na sua evolução, o exemplo clássico de uma típica regressão da análise crítica teórica e econômica para o ecletismo filosófico e, daí, para o REVISIONISMO e o liberalismo.

NH

Bibliografia: Berdiaev, N.A., *The Origin of Russian Communism*, 1937 • Kindersley, R., *The First Russian Revisionists: a Study of a Legal Marxism in Russia*, 1962 • Lenin, V.I., *What is to be done?*, 1902 (1961) [*Que fazer?*, 1978] • Luxemburg, R., *Die Akkumulation des Kapitals*, 1913; *The Accumulation of Capital* (1951) [*A acumulação do capital*, 1976] • Mendel, A.P., *Dilemmas of Progress in Tsarist Russia: Legal Marxism and Legal Populism*, 1961 • Pipes, R., *Struve*, vol.I: *Liberal on the Left*, 1970 • Struve, P.B., "My contacts and conflicts with Lenin", 1933-1935.

marxismo na Áustria Ver AUSTROMARXISMO

marxismo na Europa Oriental A história do marxismo no Leste europeu como um campo de produção teórica dotado de perfil próprio começa com a integração dessa região no bloco soviético. Em período anterior, as obras de algumas importantes figuras originárias de países da Europa Oriental de hoje, ou que neles residiram e produziram, devem ser associadas à história do MARXISMO SOVIÉTICO (por exemplo, Dimitrov, Varga, Lukács entre 1930 e 1945) ou ao que Merleau-Ponty chamou de MARXISMO OCIDENTAL (por exemplo, Lukács entre 1918-1929, Bloch). De um modo análogo, se bem que algo mais controverso, somente abordagens não ortodoxas pertencem ao que aqui se entende como esse campo de produção teórica: a ortodoxia do período pós-1945 (seu conteúdo, fases de desenvolvimento e função social) prende-se à carreira do marxismo *soviético* na Europa Oriental. Finalmente, o marxismo iugoslavo, embora geograficamente localizado nessa região, pertence intelectualmente, em sua maior parte, ao corpo de pensamento marxista ocidental.

O marxismo na Europa Oriental deve ser analisado segundo quatro fases distintas que envolvem, sem dúvida, diferentes sequências de tempo nos países em que essa produção teórica é relevante: Alemanha Oriental (República Democrática Alemã), Polônia, Tchecoslováquia e Hungria. Nesse contexto, o termo *revisionismo*, o qual passou agora a significar o projeto de reforma da teoria e da prática do regime existente nas bases de seus próprios princípios (supostamente) marxistas-leninistas, necessita ser complementado por três outros termos, que designam genericamente outras três fases. Em primeiro lugar, o confronto crítico do regime com os resultados da recuperação da filosofia e da teoria social marxistas originais, nitidamente diferentes das versões oficiais, foi apropriadamente denominado, por Lukács, *renascimento* do marxismo. A tentativa de aplicar alguma versão da teoria social clássica de Marx diretamente às sociedades do tipo soviético, muito mais raras na Europa do Leste do que no Ocidente, é uma consequência lógica dessa fase dita de "renascimento". Em segundo lugar, o projeto de desenvolvimento de teorias críticas de suas próprias sociedades sobre os alicerces normativos de alguns elementos fundamentais da filosofia social de Marx e sobre o modelo geral da crítica da economia política por ele construída, mas recorrendo a meios analíticos inteiramente novos, caracteriza-se melhor como a *reconstrução* (Habermas) do marxismo. Em terceiro e último lugar, a construção de perspectivas críticas pós-marxianas, baseadas na intenção explícita de romper com a tradição, deve ser, não obstante, denominada *superação* do marxismo no sentido de supressão/preservação (*Aufhebung*), na medida em que um tal esforço envolve continuidades importantes, se bem que apenas implícitas, com as variedades "renascida" e "reconstruída" da teoria.

Evidentemente, o *revisionismo* é a mais universal de todas as fases do marxismo do Leste europeu. (É também a única que tem um nítido paralelo na União Soviética.) Entretanto, o revisionismo constitui igualmente a fase mais paradoxal. Por um lado, foi um confronto, de fato, dos partidos totalitários governantes com seus próprios princípios marxistas-leninistas originais, entre os quais foram diligentemente selecionados alguns que eram relativamente não autoritários. Por outro lado, o revisionismo também representou uma clara abertura para um desafio democrático e pluralista que vai muito além de qualquer compreensão concebível do leninismo. O fato de que esses elementos foram, por vezes, realmente misturados por uma única figura, como W. Harich, não torna tal mistura menos contraditória. O revisionismo em teoria estava melhor representado, o que era bastante natural, nos dois campos de ciência social oficialmente permitidos: filosofia e economia. Na filosofia, pensadores como Lukács, Bloch e seus alunos, Harich e seu *Deutsche Zeitschrift für Philosophie*, os grupos em torno da revista estudantil polonesa *Pro Prostu*, e o Círculo Petöfi da Hungria procuraram eliminar do marxismo o determinismo e o objetivismo (negligência da subjetividade e da ação humanas) na epistemologia e na antropologia, o cientificismo e o historicismo na ética. Em muitos casos, acreditava-se que uma teoria assim revista torna-se-ia enfim o veículo originalmente desejado não só da reforma geral (fim da repressão policial, reforma jurídica, eliminação da censura, redução do centralismo administrativo), mas também, para alguns revisionistas pelo menos, da democratização (conselhos de trabalhadores, sindicatos livres, liberdade de discussão e até pluralismo no partido governante e, por vezes, até o ressurgimento de um sistema multipartidário). Enquanto que, em alguns casos (especialmente na Polônia), um tal programa acabou sendo considerado incompatível com qualquer forma de leninismo, em outros registraram-se tentativas para comparar favoravelmente o Lenin dos *Cadernos filosóficos* e de *O Estado e a Revolução* (e mesmo o dos debates sindicais) com o Lenin de *Materialismo e empiriocriticismo* e de *Que fazer?* Para a maioria dos revisionistas, o sistemático e intransigente antileninismo já simbolizado por Kolakowski ainda pertence ao futuro.

Na economia, o revisionismo representou, no mínimo, o primeiro contexto intelectual em que ideias de "socialismo de mercado" (o qual tinha, em parte, origens independentes) puderam ser plenamente representadas. Em um nível puramente econômico, por certo, existe uma considerável continuidade entre as abordagens que caracterizam todas as fases do marxismo do Leste europeu, inclusive as discussões pós-marxianas de possíveis modelos de reforma. O desejo de elaborar uma combinação ótima de planificação central e de mecanismos descentralizados de mercado remonta a O. Lange na Polônia e a F. Behrens e A. Benary na Alemanha Oriental, no início da década de 1950, e os modelos teóricos mais relevantes foram imensamente enriquecidos, no período posterior a 1956, por economistas como W. Brus, M. Kalecki, O. Sik, J. Kosta e J. Kornai. O que caracterizou esses esforços no contexto do revisionismo, tal como aqui definido, foi um enfoque quase exclusivo em questões puramente econômicas, evitando-se os requisitos políticos e sociais preliminares para a reforma estrutural do sistema. Era mais ou menos essa a posição dos reformadores econômicos tchecos da "Primavera de Praga". Também em outros países, a profissão de cientista econômico encontraria pouco em comum com o *renascimento* do marxismo, porquanto o desejo de permanecer em sintonia com as fontes originais da tradição era sempre a definição de dogmatismo nesse campo. O programa da *reconstrução* do marxismo, por outro lado, estava fadado a parecer redundante aos olhos dos economistas que já estavam utilizando conceitos não pertencentes à teoria econômica de Marx para os fins de construção de modelos de uma economia socialista, uma área de problemas deliberadamente contornada pela crítica clássica da economia política. Só a perspectiva aqui designada como *superação* do marxismo iria ter um eco em economia, mas essa influência está restrita à Polônia (Lipinski, Kowalik e, no exílio, Brus) e, em muito menor grau, à Hungria.

O renascimento do marxismo (também chamado de "filosofia da práxis") envolveu um abandono geral do leninismo e um retorno às fontes originais e aos valores históricos do marxismo. A tendência, como um todo, respondia ao cínico ritualismo ideológico dos partidos governantes em períodos de quietude dos movimentos sociais. No plano intelectual, essa fase tem muito em comum com a Nova Esquerda ocidental e com o grupo *Praxis* na Iugoslávia. Na Europa Oriental, entretanto, os melhores resultados do renascimento do marxismo ficaram confinados à filosofia, o que envolveu, sobretudo, um retorno ao jovem Marx, mas também uma redescoberta das mesmas preocupações filosóficas na crítica da economia política (A. Schaff, Kolakowski, Lukács, Agnes Heller, G. Markus). Praticamente generalizados foram o estudo e a interpretação, nesse contexto, dos escritos do jovem Lukács, de Korsch e de Gramsci. Por vezes, as perspectivas originais eram enriquecidas por tradições filosóficas não marxistas importantes como, por exemplo, as de Heidegger (Kosik), Husserl (Vajda) e neokantismo (Heller). Mas somente em um caso significativo, a *Carta aberta* de Modzelewski e Kuron, foi uma versão refinada da teoria social clássica de Marx aplicada a sistemas do tipo soviético. Os teóricos do renascimento do marxismo estavam, de fato, familiarizados com as melhores versões dessa teoria clássica (Markus, Kis, Bence), mas, de um modo geral, mostravam-se céticos a respeito da aplicabilidade da teoria das classes, do modelo de relações de forças na transformação social, da teoria de valor, do conceito de fetichismo da mercadoria e da noção do Estado como superestrutura nos contextos europeus orientais. Marx foi assim preservado, mas precisamente como ele não queria ser: como filósofo. Embora seja injusto argumentar (Szelényi e Konrád, 1975) que o utopismo filosófico do renascimento do marxismo subentendeu uma crítica neobolchevista do bolchevismo, ou seja, uma crítica motivada pela esperança de substituir o sistema existente sob a égide de ideias que só podem degenerar na defesa de uma ordem social igualmente autoritária, o silêncio dos filósofos da práxis no que concerne à teoria social indicava uma secreta crença em que não seriam capazes de valer-se nem mesmo da melhor versão da teoria clássica sem uma reversão à mitologia ou ao vanguardismo, ou a ambos. E, de fato, enquanto Kuron e Modzelewski se resguardavam contra o leninismo apenas revivendo os mitos clássicos da classe trabalhadora e da democracia de conselho (ver CONSELHOS), o último teórico importante do renascimento do marxismo, Rudolf Bahro, escrevendo em um contexto muito diferente e dez anos depois, restabeleceu abertamente os vínculos entre a teoria clássica e a política leninista.

A reconstrução e a superação em termos de neomarxismo e de pós-marxismo representam duas respostas à nova situação na Polônia e na Hungria. Enquanto, ao nível das mais recentes discussões de programas políticos nas esferas públicas alternativas dos dois países, o pós-marxismo é esmagadoramente dominante, no nível da produção teórica as realizações do neomarxismo são certamente mais impressionantes. Essa diferença pode ser explicada, em parte, em função de origens parcialmente diferentes. O ano de 1968 representou o final de todas as ilusões entre os intelectuais críticos em toda a Europa Oriental (excetuando-se, talvez, a República Democrática Alemã) a respeito da reforma estrutural dos sistemas de cima para baixo. Não só a derrota da "Primavera de Praga" mas, em especial, a lição que os partidos governantes dela extraíram foram significativas. Em todo o período subsequente, esses partidos mostraram-se firmemente determinados a não arriscar qualquer reforma econômica ou administrativa que pudesse refletir-se na política ou na cultura. Em face dessa nova atitude, aqueles que se formaram na tradição do marxismo do Leste europeu viram-se forçados a perceber que as transformações estruturais que alterariam de um modo decisivo as relações entre partido-Estado e sociedade tinham que ser introduzidas, de uma forma ou de outra, de baixo para cima. Entretanto, os métodos pelos quais tal possibilidade poderia ser explorada foram decisivamente afetados pelos contextos sociais dos respectivos países. Em países onde o alto nível de repressão bloqueou a possibilidade de estabelecimento de uma esfera pública alternativa mais ou menos atuante, não se pôde desenvolver nenhuma linguagem nova de discurso político, o que redundou no uso continuado dos antigos conceitos, ainda que sem qualquer entusiasmo (o padrão na Alemanha Oriental), ou então numa retirada para a posição absolutamente mínima sobre a qual todos aqueles que estão em oposição podem concordar, a linguagem dos direitos humanos (Tchecoslováquia). No contexto da tímida modernização húngara de cima para baixo, a qual se confinou principalmente à economia, mas resultou na preservação de um enquadramento jurídico relativamente melhorado, a possibilidade de desenvolvimento de uma esfera pública alternativa (embora sem qualquer relação com outras forças sociais) levou a uma discussão que é primordialmente de natureza teórica. Na Polônia, finalmente, onde a existência de uma desenvolvida esfera pública alternativa foi determinada desde o começo pelo poder e pelas exigências de um crescente movimento social, a discussão foi primordialmente política, prática. Ao passo que, na Hungria, as possibilidades de mudança estrutural foram exploradas, pelo menos no início, ao nível de uma análise da dinâmica de sociedades cada vez mais afetadas por uma crise de racionalidade administrativa e econômica e pelas tentativas de modernização de cima para baixo ("administração de crise") planejadas para enfrentar essa situação, na Polônia, pelo contrário, a tendência dos teóricos foi para a adoção do ponto de vista dos movimentos sociais que exploram na prática os limite e a plasticidade da sua formação social, uma perspectiva dificilmente estranha à filosofia da práxis.

O caráter teórico da discussão na Hungria e sua linguagem neomarxista foram também uma função da continuada presença, pelo menos até 1977, de um influente círculo intelectual, a Escola Lukács de Budapeste. Os vínculos desse círculo com setores da Nova Esquerda ocidental acarretaram uma audiência internacional mais ampla que continuava falando uma linguagem marxista. O programa da reconstrução do marxismo resultou desse intercâmbio que envolveu uma rara receptividade, no Leste europeu, às variedades de Frankfurt e de Starnberg da "teoria crítica". Em outros centros, apenas o sociólogo polonês Staniszkis tem participado de um empreendimento análogo, o qual pode ser descrito, em termos sumamente gerais, como uma tentativa de construção de uma teoria social dinâmica em torno de conceitos derivados de Weber, de Polanyi, da economia pós-keynesiana, da teoria de sistemas e do próprio Marx, preservando, não obstante, o caráter de modelo da teoria crítica deste. Nessas bases, primeiros e importantes passos foram dados para analisar a nova estrutura de reprodução econômica em sociedades do tipo soviético (Kiss, Bence – "Marc Rakovski" – Markus), as novas formas de estratificação (Hegedüs, Konrád, Szelényi), as instituições políticas e ideológicas (Feher, Agnes Heller) e o lugar dos movimentos sociais no sistema social (Staniszkis). Entretanto, embora fosse ocasionalmente possível, desde perspectivas neomarxistas, antever elementos da nova política da oposição na Polônia (Szelényi e Konrád, Hegedüs), perspectivas mais geralmente marxistas tendiam a obstruir o que, de fato, era *novo* no novo movimento social (Staniszkis e, numa diferente fundamentação intelectual, Bahro). Embora escrevessem no próprio momento em que o movimento social na Polônia já estava introduzindo, de baixo para cima, inovações no sistema vigente em uma escala sem precedentes, os teóricos neomarxistas tenderam para a construção de uma estrutura social fechada, quase imutável, aparentemente capaz de suportar ou integrar elementos de reforma vindos de cima ou de baixo (Rakovski, Markus, Feher, Agnes Heller, Staniszkis), ou para a elaboração de modelos de transformação social assentes em premissas materialistas históricas essencialmente rígidas, os quais levaram a consequências ilusórias a respeito do provável triunfo de um estágio reformista, tecnocrático, de socialismo de Estado.

Foram esses problemas teóricos, no contexto histórico do total desdobramento do movimento social polonês, que conduziram a uma substituição quase universal do neomarxismo pelo pós-marxismo também na Hungria, apesar do fato de que ali não havia a menor probabilidade de desenvolvimento de um movimento social do tipo polonês. Hoje, abordagens neomarxistas são exploradas, como um todo, por teóricos húngaros (em contraste com os poloneses) no exílio, que também escrevem, é claro, para públicos radicais do Ocidente, ao passo que a posição pós-marxista tem sido dominante entre a maior parte dos teóricos importantes das oposições polonesa (Modzelewski, Michnik, Kuron e outros) e húngara (Kis, Bence, Vajda e outros) internas. Hegedüs e Staniszkis parecem ser as únicas exceções à tendência dominante em seu país.

Filosoficamente falando, o pós-marxismo baseou-se numa reconsideração do problema do Estado e da sociedade civil articulado inicialmente por Hegel e pelo jovem Marx. É nesse contexto, é claro, que o pós-marxismo encontra-se em continuidade direta com a obra do renascimento do marxismo. Na esteira de Kolakowski, os teóricos pós-marxistas tendem a rejeitar como inevitavelmente autoritária a solução proposta por Marx para o problema da alienação inerente à dualidade Estado-sociedade civil, notadamente, uma unificação democrática de Estado e sociedade. Procuram, pelo contrário, defender ou restabelecer as mediações institucionais (Vajda) entre a sociedade e o Estado: legalidade, pluralidade, publicidade. Assim, o novo movimento social pôde ser interpretado (Kuron) como a constituição ativa ou a autoconstituição de uma sociedade civil antes suprimida ou subjugada ou até obliterada por Estados totalitários. Alguns dos escritos mais significativos dos pós-marxistas (Kolakowski, Kuron, Michnik) ocupam-se das questões estratégicas do estabelecimento da sociedade civil e, como tal, anteciparam e contribuíram para o movimento polonês conhecido como "Solidariedade", de 1980-1981. Especialmente dignos de nota são os avanços no estabelecimento de novas relações pós-leninistas entre intelectuais e trabalhadores. Não obstante, as abordagens teóricas pós-marxistas praticamente sequer começaram a enfrentar dois sérios problemas que surgem nesse contexto. Em primeiro lugar, no nível filosófico, a rejeição da solução de Marx para o problema da sociedade civil, embora justificada, raras vezes levou a uma elucidação pelos teóricos pós-marxistas de seu relacionamento com a crítica de Hegel e de Marx à versão capitalista de sociedade civil. Se essa crítica é simplesmente rejeitada (Kolakowski), o teórico avizinha-se perigosamente de uma apologia da sociedade capitalista. Se a crítica é aceita, pelo menos em parte (Vajda), o teórico tem ainda que conceituar o projeto possível versão da sociedade civil liberada, não só do Estado totalitário, mas também de seus vínculos históricos com as sociedades capitalistas. Muitos aspectos desse problema foram, de fato, enfrentados criativamente pelo movimento polonês de 1980-1981, mas a reflexão teórica, mesmo nesse caso, ficou para trás da prática. Tal atraso foi recentemente sublinhado por Michnik em um artigo subtraído clandestinamente da prisão de Bialoleka.

Num segundo nível igualmente permanece uma série de problemas não resolvidos para as abordagens pós-marxistas. Admitindo-se primordialmente o ponto de vista do movimento social, era quase impossível explicar de maneira adequada tanto as limitações objetivas do sistema vigente quanto suas dificuldades autoinduzidas, as quais afetam de forma decisiva o campo de ação daqueles que procuram reconstituir a sociedade civil, dada a impossibilidade de derrubar, de todo em todo, os regimes do Leste europeu. Até aqui, dentro do quadro de referência do pós-marxismo, esse problema só foi abordado por exploração histórica das tradições diferenciais de independência social nos vários países do Leste europeu e na União Soviética, o que supostamente explica a estabilidade do sistema no centro e a instabilidade em algumas das periferias. Mas, embora tal inclinação historicista ajude a superar o *bias* estruturalista das teorias neomarxistas (Vajda, 1981), seu próprio relacionamento com a transformação social é primordialmente retrospectivo. Na melhor das hipóteses, quando considerada sozinha, a abordagem constitui uma importante resposta defensiva à destruição da memória e das tradições nas sociedades do tipo soviético (Kundera). Mas sua importância para uma teoria social dinâmica só poderia ser estabelecida se os métodos histórico e estrutural fossem conjugados. O interesse recentemente renovado de alguns teóricos pós-marxistas como Vajda pela análise estrutural, assim como a suscitação do problema de uma sociedade civil socialista por alguns neomarxistas como Szelényi, indicam que, postas de lado as polêmicas, existem importantes vínculos entre as duas tendências, cuja própria pluralidade assinala a saúde de alguns setores da vida intelectual na Europa oriental.

AA

Bibliografia: Bahro, Rudolf, *Die Alternative*, 1977; *The Alternative in Eastern Europe* (1978); *L'alternative* (1979) [*A alternativa: para uma crítica do socialismo real*, 1970] • Erard, Z. & G.M. Zygier, *La Pologne, une société en dissidence*, 1978 • Gabel, Joseph, "Manheim et le marxisme hongrois", 1969 • Hegedüs, A. et al., *Die Neue Linke in Ungarn*, 1974 (1976) • Kolakowski, Leszek, *Toward a Marxist Humanism*, 1968 ◦ *Main Currents of Marxism*, vol.III, 1978 • Konrád, G. & I. Szelényi, *La marche au pouvoir des intellectuels*, 1975; *The Intellectuals on the Road to Class Power* (1979) • Labedz, Leopold (org.), *Revisionism: Essays on the History of Marxist Ideas*, 1962 • Rakovski, M., *Toward an East European Marxism*, 1978 • Silnitskym F. et al. (orgs.), *Communism and Eastern Europe*, 1979 • Vajda, M., *The State and Socialism*, 1981.

marxismo ocidental Na década de 1920, desenvolveu-se, na Europa Central e Ocidental, um pensamento filosófico e político marxista que pôs em questão o MARXISMO SOVIÉTICO que então codificava as conquistas da Revolução Russa. Posteriormente chamado de "marxismo ocidental", esse pensamento marxista crítico deslocou a ênfase do marxismo da economia política e do Estado para a cultura, a filosofia e a arte. Entre os marxistas ocidentais, que nunca foram mais do que um grupo bastante diferenciado de pessoas e correntes, estão Gramsci na Itália, Lukács e Korsch na Europa Central, e, a partir da década de 1930, a ESCOLA DE FRANKFURT, que desempenhou um papel essencial na preservação desse estilo de pensamento. Depois da Segunda Guerra Mundial, Goldmann e os círculos que se congregaram em torno das revistas *Les Temps Modernes* (Sartre, Merleau-Ponty) e *Arguments* (Lefebvre) constituíram um marxismo ocidental francês (ver Kelly, 1982). Sob a influência de Lukács, de Gramsci e da Escola de Frankfurt, novas gerações de marxismo ocidental surgiram, particularmente na Alemanha, na Itália e nos Estados Unidos. Em um sentido mais amplo, houve, é claro, muitas outras formas influentes de pensamento marxista na Europa Ocidental que rejeitaram a versão soviética da teoria de Marx, entre as quais o AUSTROMARXISMO e o marxismo "holandês" (Pannekoek).

A revolução russa conferiu enorme prestígio ao LENINISMO e ao marxismo soviético, e, desse modo, os primeiros marxistas ocidentais pretendiam trabalhar, e acreditavam que o faziam; dentro de um quadro teórico e político leninista. Quando Lukács e Korsch publicaram, em 1923, seus textos fundamentais, *Geschichte und Klassenbewusstsein* (*História e consciência de classe*) e *Marxismus und Philosophie* (*Marxismo e filosofia*), eram teóricos fiéis ao Partido Comunista. Mas os marxistas da Terceira Internacional reagiram hostilmente às suas obras, e o Partido Comunista alemão acabou expulsando Korsch, ao passo que Lukács teve de fazer uma série de "autocríticas" nas quais se afastava de suas ideias iniciais. Não obstante, a relação precisa entre o marxismo ocidental como um todo e o leninismo convencional continuou sendo objeto de acesa polêmica. Caminhos complexos e sinuosos marcaram a relação de muitos marxistas ocidentais, entre os quais Gramsci, Lukács e Sartre, com o Partido Comunista.

O marxismo ocidental assumiu uma forma filosófica, mas a política nela se combinou com a filosofia. A oposição que despertou não veio apenas de divergências metafísicas: sua orientação filosófica implicava, e por vezes formulava, princípios de organização política que entravam em choque com o leninismo: os marxistas ocidentais tenderam menos ao partido de vanguarda do que aos CONSELHOS e a outras formas de autogestão. Suas teorias e princípios foram igualmente marcados pelas consequências de um fato histórico específico, qual seja a derrota constante das revoluções na Europa Ocidental no século XX: em certo sentido, o marxismo ocidental pode ser considerado uma reflexão filosófica sobre essas derrotas.

Os marxistas ocidentais fizeram uma releitura de Marx dando particular atenção às categorias de cultura, consciência de classe e subjetividade. Romperam nitidamente com as autoridades marxistas convencionais, de Kautsky a Bukharin e Stalin, que definiam o marxismo como uma teoria materialista que formula leis de desenvolvimento. Nos escritos de Marx, eram atraídos menos pela análise das estruturas "objetivas" – imperialismo ou acumulação – do que pelas análises das estruturas "subjetivas" – fetichismo da mercadoria, alienação ou ideologia.

O estatuto do marxismo como ciência constituiu um permanente problema para os marxistas ocidentais. Os textos básicos da Segunda Internacional e do marxismo soviético defendiam o marxismo como uma ciência universal da história e da natureza. Para os marxistas ocidentais, porém, tais definições aproximavam-se do positivismo, pela redução de uma teoria social a uma ciência natural, e uma abordagem positivista não comporta as categorias críticas de subjetividade e de consciência de classe, estranhas à natureza enquanto tal. Tanto Lukács (1925) como Gramsci (1929-1935) criticaram o tratado de materialismo histórico escrito por Bukharin (1921), e o fizeram por motivos semelhantes, ou seja, por ele reduzir o marxismo a uma sociologia científica. Todos os marxistas ocidentais admitem que o marxismo exige uma teoria da cultura e da consciência; e, para acentuar tais dimensões, limitaram-no à realidade social e histórica. O marxismo, para eles, não é uma ciência geral, mas uma teoria da sociedade.

Em seus esforços para salvar o marxismo do positivismo e do materialismo vulgar, os marxistas ocidentais argumentam que Marx não propôs apenas uma teoria mais avançada da economia política. O marxismo é primordialmente uma crítica. Em suas formulações mais utópicas – e muitos marxistas ocidentais compartilham uma tendência utopista –, Lukács vê o marxismo comprometido com a abolição da economia política, ou seja, com a emancipação das relações entre os homens do domínio da economia: para ele, as categorias da própria economia política expressam uma dominação econômica que o marxismo pretende subverter.

Korsch observou que Marx deu a todas as suas obras principais o subtítulo de "crítica". O marxismo não se esgota com a descoberta de novas leis de desenvolvimento social; a crítica exige igualmente um esforço de luta intelectual engajada contra a consciência e a cultura burguesas. Os marxistas vulgares acreditavam, erroneamente, que o marxismo significava a morte da filosofia; mas, de acordo com os marxistas ocidentais, o marxismo preserva as verdades da filosofia até a sua transformação revolucionária em realidade. Marx esboçou o papel essencial da filosofia em um dos textos favoritos dos marxistas ocidentais – "Crítica da filosofia do direito de Hegel: introdução" – onde Marx afirma que o proletariado é o coração da emancipação humana, mas a filosofia é a sua cabeça. Ambos são essenciais: "A filosofia não pode realizar-se sem a transcendência do proletariado, e o proletariado não pode transcender-se sem a realização da filosofia." Os primeiros escritos de Marx – seus confrontos com Hegel, com os Jovens Hegelianos e com Feuerbach – revelam o núcleo filosófico do marxismo e transpiram um espírito utópico e libertário que aparece mais contido em seus trabalhos posteriores. Nesse sentido, o marxismo ocidental é quase sinônimo de um retorno ao jovem Marx.

Os textos do jovem Marx permitiram uma correção da compreensão, então generalizada, do marxismo como um materialismo antifilosófico. O marxismo é materialista, mas fica claro, pela própria crítica de Marx a Feuerbach, que girava exatamente sobre esse ponto, que ele não propõe um materialismo simples ou passivo. Feuerbach não havia incorporado as verdades filosóficas do idealismo alemão à sua visão, e, como fora incapaz de conceituar o papel crítico do pensamento e da filosofia, seu materialismo estava impregnado de quietismo. Dificilmente se pode dizer que Marx tenha feito uma apologia da filosofia; inclusive sempre reiterou vigorosamente que a questão era transformar, e não simplesmente compreender, o mundo. Não obstante, ele validou a atividade filosófica. Mais de um século depois, Adorno, na primeira frase da sua *Negative Dialektik* (*Dialética negativa*), referiu-se à crítica de Marx a Feuerbach como uma justificativa da filosofia: "A filosofia, que outrora pareceu obsoleta, permanece viva porque o momento de realizá-la foi perdido."

O vocabulário e os conceitos do marxismo ocidental lembram Hegel, e, quase sem exceção, os pensadores que o representam se formaram no idealismo alemão. O retorno às fontes hegelianas do pensamento marxista marcou toda a tradição do marxismo ocidental, produzindo obras como *Der junge Hegel* (*O jovem Hegel*), de Lukács, *Introduction à la lecture de Hegel*, de Kojève, e *Reason and Revoiution*, de Marcuse. De fato, o marxismo ocidental só surgiu onde uma tradição hegeliana permanecia viva ou se havia estabelecido. Na Europa Central, Wilhelm Dilthey reviveu os estudos hegelianos; na Itália, o hegelianismo de Betrando Spaventa, Giovanni Gentile e Benedetto Croce alimentou Gramsci. E, antes do aparecimento do marxismo ocidental francês, Kojève, Jean Hyppolite e Jean Wahl introduziram Hegel ao público francês. Sua distinta coloração hegeliana distingue o marxismo ocidental (no sentido que conferimos à expressão) de outras formas de marxismo do Ocidente europeu, como o austromarxismo, que foi influenciado pelo neokantismo, e o marxismo estruturalista de Althusser, que procurou expurgar o marxismo dos conceitos hegelianos.

Se o retorno às raízes hegelianas do marxismo parecia benigno, o marxismo ocidental ingressou, porém, em áreas mais controversas quando se defrontou com a avaliação da contribuição de Engels e a dialética da natureza. Para os marxistas ortodoxos, Marx e Engels fundaram o materialismo histórico, e seria ocioso separar as contribuições de cada um deles. Depois da morte de Marx, Engels publicou uma série de trabalhos que conquistaram popularidade como uma das versões oficiais do marxismo, nos quais argumentava que a dialética era simplesmente "a ciência das leis gerais do movimento", válidas tanto para a natureza como para a sociedade (*Anti-Dühring*, cap.XIII). Esse princípio mostrou-se congenial ao marxismo ortodoxo, já que confirmava a DIALÉTICA como uma lei universal e científica. Mas os marxistas ocidentais dele discordaram, e Lukács, em *Geschichte und Klassenbewusstsein*, criticou Engels por distorcer o pensamento de Marx. Estendendo-se a dialética à natureza, as dimensões singulares da história – subjetividade e consciência – ficavam eclipsadas: "os determinantes essenciais da dialética – a interação de sujeito e objeto, a unidade da teoria e da prática, as transformações históricas (...) estão ausentes do nosso conhecimento da natureza". Lukács foi o mais destacado, mas não o primeiro, crítico a acusar Engels de entender mal Marx: os hegelianos italianos (Croce e Gentile) e os socialistas franceses (Charles Andler e Georges Sorel) precederam-no nesse aspecto. Mas o problema, para os marxistas ocidentais, não era tanto o próprio Engels, embora essa questão continuasse atual, mas a dialética da natureza que ele legitimara. O marxismo soviético adotou a dialética da natureza; os marxistas ocidentais rejeitaram-na. Em sua concepção, a matéria física e química não era dialética; além disso, a dialética da natureza desviava a atenção do terreno próprio do marxismo, que é a estrutura cultural e histórica da sociedade.

Os marxistas ocidentais usaram todos os conceitos que puderam ir buscar na tradição marxista para enfrentar a questão da formação e da deformação da consciência social. Na verdade, uma relação de confronto com as forças intelectuais e materiais da cultura burguesa define o seu projeto. Eles acreditavam que essa cultura tem uma vida e uma realidade que não pode ser rejeitada como uma simples mistificação. Portanto, era preciso abandonar os esquemas marxistas mais convencionais sobre a base material e a superestrutura ideológica (ver BASE E SUPERESTRUTURA), já que não faziam justiça nem à verdade, nem à capacidade de resistência da cultura dominante. Para explicar e desmontar a cultura burguesa, os marxistas ocidentais redescobriram ou inventaram os conceitos da falsa consciência, reificação e hegemonia cultural, que aparecem regularmente nos títulos de suas obras (Lukács, 1923; Guterman e Lefebvre, 1936; Gabel, 1962). Várias consequências decorrem dessa orientação. Em primeiro lugar, os marxistas ocidentais, de Gramsci a Marcuse, atribuem aos intelectuais um papel chave. Os intelectuais tornam-se mais do que lacaios da classe dominante; o próprio marxismo precisa contar com uma credibilidade intelectual e com o apoio dos intelectuais, e por isso tem de permanecer atualizado em relação à cultura burguesa. Os marxistas ocidentais empreenderam uma grande variedade de estudos sobre a cultura, abrangendo a literatura, a música e as artes plásticas. Também se empenharam, cada vez mais, em análises da cultura popular, de massa e comercial, pois, em sua concepção, a cultura de massa é parte da sociedade burguesa, tanto quanto o processo de trabalho, ou talvez mais. Alguns deles, em particular os pensadores da Escola de Frankfurt, voltaram-se para a teoria psicanalítica (ver PSICANÁLISE) por motivos semelhantes: a psicanálise não apenas lhes parecia uma das arestas críticas da cultura burguesa, como também prometia esclarecer como o indivíduo se impregnava da cultura.

As formulações filosóficas e teóricas do marxismo ocidental consubstanciaram-se em formulações políticas que questionavam o leninismo. Os conceitos filosóficos de subjetividade, consciência e atividade própria podiam ser traduzidos em organizações políticas como os conselhos dos trabalhadores ou de fábrica, que parecem expressões políticas mais fiéis das posições marxistas ocidentais do que o partido de vanguarda. Tais formulações tornaram-se objeto de um interesse continuado e de uma defesa bem-fundamentada, apresentando afinidades com o marxismo do grupo *Praxis* de filósofos e sociólogos iugoslavos. Nesse terreno mais político, os marxistas ocidentais também cruzaram seus caminhos com a grande heresia que preocupou o leninismo na década de 1920, o comunismo "esquerdista". De maneira em certo sentido justificada, os críticos acusam regularmente os marxistas ocidentais de "esquerdismo", e os comunistas "de esquerda" sem dúvida expressaram, de maneira mais vigorosa, embora de forma menos filosófica, princípios políticos semelhantes. Partindo da mesma preocupação com o impacto da cultura burguesa, chegaram à conclusão de que o leninismo não enfrentava a realidade da dominação cultural. Essa debilidade era consequência de suas origens na Rússia, onde a burguesia e a cultura burguesa não eram politicamente poderosas; portanto, o leninismo como forma política não estava destinado a contestar a dominação cultural generalizada e quase democrática. Com base nesses princípios, os comunistas "esquerdistas" defendiam os conselhos de trabalhadores e de fábricas como o instrumento proletário de organização e luta adequado a emancipação. A emancipação cultural não podia ser comandada de cima, já que a organização hierárquica reproduz a dependência cultural que já paralisa o proletariado, ao passo que, nos grupos autônomos de classe operária, os momentos subjetivos e objetivos de emancipação convergem. Quanto a essa questão, os comunistas "de esquerda", que incluem a escola holandesa (Pannekoek, Gorter) e também, possivelmente, Rosa Luxemburg, convergiram com Lukács, Korsch e outros marxistas ocidentais.

Alguns de seus críticos têm argumentado que o marxismo ocidental constitui um abandono do marxismo clássico, pela sua indiferença para com a economia política e por seu afastamento do materialismo, e apontam, nos textos dos marxistas ocidentais, o que denunciam como idealismo e distância das realidades prosaicas da vida partidária. Não obstante, não devemos esquecer que Marx também distanciou-se muitas vezes da política do dia a dia. Além disso, a stalinização do movimento operário e o fascismo, que forçaram muitos marxistas ocidentais ao exílio, certamente em nada contribuíram para favorecer o desenvolvimento de uma política prática conduzida por marxistas não dogmáticos. De qualquer modo, os marxistas ocidentais produziram uma expressiva literatura teórica, muitas vezes em domínios ignorados por outros; e a produção dessa literatura tem sua motivação, em última análise, nas debilidades da tradição clássica de que os marxistas ocidentais são, por vezes, acusados de desertar.

RJ

Bibliografia: Adorno, Theodor, *Negative Dialektik*, 1966; *Negative Dialectics* (1973) • Anderson, Perry, *Considerations on Western Marxism*, 1976 • Arato, Andrew & Paul Breines, *The Young Lukács and the Origins of Western Marxism*, 1979 • Gabel, Joseph, *La réification*, 1962 ◎ "Marxisme hongrois, 'hungaromarxisme', École de Budapest", 1975 • Gerratana, Valentino, *Ricerche di storia del marxismo*, 1972 • Gramsci, Antonio, "Critical Notes on an Attempt at Popular Sociology", in A. Gramsci, *Selections from the Prison Notebooks*, 1929-1935 (1971) ["Notas críticas sobre uma tentativa de Ensaio Popular de sociologia", in A. Gramsci, *Concepção dialética da história*, 1966 (1981); o original italiano é *Il materialismo storico e la filosofia de Benedetto Croce*, 1948] • Guterman, Norman & Henri Lefebvre, *La conscience mystifiée*, 1936 • Jacoby, Russell, *Dialectic of Defeat: Contours of Western Marxism*, 1981 • Kelly, Michael, *Modern French Marxism*, 1982 • Korsch, Karl, *Marxismus und Philosophie*, 1923; *Marxism and Philosophy* (1970) • Lukács, G., *Geschichte und Klassenbewusstsein*, 1923; *History and Class Consciousness* (1971) [*História e consciência de classe*, 1976] ◎ *Technological and Social Relations*, 1925 (1966) • Markovié, Mihailo, "La philosophie marxiste en Yougoslavie: le groupe Praxis", 1975 • Vacca, Giuseppe, *Lukács o Korsch?*, 1969.

marxismo soviético Quatro períodos distintos podem ser identificados no marxismo soviético até hoje: o jacobino-ideológico (período de Lenin), o totalitário-manipulador (período de Stalin), da busca reformista da dimensão ideológica perdida (período de Kruschev) e o conservador-iconográfico (período de Brejnev).

O bolchevismo levou ao poder elementos originários de quatro diversos legados teóricos, dos quais extraiu sua própria versão de marxismo. O primeiro foi a tradição plekhanoviana de interpretação da filosofia de Marx (e da filosofia marxista) como MATERIALISMO DIALÉTICO. Isso significou, na verdade, a aceitação, embora com uma certa crítica, da posição de Engels (ver MARXISMO, EVOLUÇÃO DO). Lenin, que era, e se proclamava publicamente, discípulo de Plekhanov em filosofia, introduziu em seus escritos pré-revolucionários (dos quais o mais conhecido é *Materialismo e empiriocriticismo*) certas modificações importantes da doutrina de Plekhanov. Aceitava tranquilamente a rejeição, feita por seu mestre, do materialismo "absoluto" de Engels, que significava atribuir materialidade a todo o universo de uma maneira filosoficamente ingênua e não crítica. O materialismo de Lenin baseava-se na sua assim chamada definição "epistemológica" da matéria, que pode ser resumida na seguinte formulação: o conceito de matéria expressa apenas a realidade objetiva que nos é dada pela sensação. Essa posição epistemológica só permitiria uma formulação fenomenalista, isto é, a afirmação das características peculiares dos fenômenos tal como surgem ao nosso conhecimento (ver TEORIA DO CONHECIMENTO). Lenin, ao contrário, deu um cunho autoritário-essencialista à sua concepção quando tratou a primeira e mais importante lei da dialética, tal como reformulada por ele mesmo – a lei da unidade e da luta dos contrários –, como uma característica essencial da própria realidade.

Duas outras modificações feitas por Lenin na concepção de Plekhanov, e na filosofia marxista em geral, foram a sua modalidade de ateísmo e o princípio das duas vertentes gerais ("os dois grandes campos") da filosofia. Ambos tinham antecedentes no marxismo, mas, ao passo que, para Marx, a fé religiosa como ALIENAÇÃO era um importante aspecto sócio-ontológico do problema geral da alienação, para Lenin era primordialmente, se não exclusivamente, uma questão sociopolítica. O postulado das duas vertentes gerais, materialismo e idealismo, da filosofia, havia sido proposto por Engels, que as considerava como atitudes pelas quais se podia optar individualmente. Com Lenin, elas tornaram-se tendências sociologicamente definíveis que encerravam, de maneira inerente, a divisão subsequente da filosofia em uma forma materialista, sustentada por uma força socialmente progressiva, e em uma forma idealista, sustentada por uma força reacionária.

O segundo legado de que se valeu o bolchevismo diz respeito à dimensão socioeconômica. O próprio Lenin, em seus escritos pré-revolucionários sobre o desenvolvimento do capitalismo na Rússia, sobre a teoria do imperialismo e sobre a tipologia das revoluções, mostrou-se um sociólogo de relevo. Mas o aspecto sociológico do legado bolchevique não teve grande desenvolvimento depois da tomada do poder, sobretudo por força das autoilusões ideológicas jacobinas do regime, muito embora Bukharin (1921) tenha apresentado uma concepção do marxismo como um "sistema de sociologia" e examinasse criticamente algumas importantes obras da sociologia ocidental. A teoria econômica, porém, teve pleno florescimento. Todos os líderes bolcheviques e mencheviques de esquerda haviam sido formados em alguma das várias escolas de determinismo econômico, e alguns deles (Bukharin, Bogdanove, particularmente Preobrajenski) foram pensadores originais em assuntos econômicos. Depois da tomada do poder, todos eles tiveram de ocupar-se de problemas econômicos teóricos de dimensões totalmente inesperadas. O comunismo de guerra, determinado pela guerra civil e pela invasão estrangeira criou o problema da realização de um modelo de produção e distribuição puramente socialista, ao passo que a Nova Política Econômica suscitou o problema de uma economia mista. Ambos os problemas encerravam a questão da compatibilidade do mercado com o socialismo e uma economia planificada. Em 65 anos de história soviética nunca voltou a se manifestar um período de tal vigor e originalidade no debate teórico das questões econômicas e, até certo ponto, também das sociais. Foram necessárias as cruzadas de Stalin contra a oposição "esquerdista" e "direitista" para esmagar esse espírito vivo da teoria econômica soviética marxista (ou *marxizante*).

Uma outra importante vertente do marxismo soviético no primeiro período foi a discussão das questões relativas ao poder de Estado, à violência e ao "direito revolucionário" (desenvolvidas por Pashukanis, Stuchka, Krylenko e outros). O diálogo foi sincero e engajado, mas também restrito, pois a premissa maior, o princípio da ditadura do proletariado no sentido que lhe era dado pelos líderes bolcheviques, não podia ser criticada de maneira radical ou completa, embora a Oposição dos Trabalhadores houvesse tentado fazê-lo nos primeiros anos. A dimensão final do marxismo soviético nesse período foi sua teoria da cultura, que teve em Lunacharski seu principal representante.

No período seguinte, o marxismo soviético assumiu uma função radicalmente diferente: foi utilizado a serviço da legitimação carismática e do líder carismático, homogeneizando a sociedade pela "visão do mundo exclusivamente correta e científica" do marxismo-leninismo e tornando-se apenas instrumental. O primeiro passo para isso foi a introdução do conceito de leninismo, cujo autor, Stalin, fixou o enquadramento do que chamou de "nova fase do marxismo" nas conferências que pronunciou sobre *Problemas do leninismo*, na Universidade Sverdlovsk de Moscou, em 1924, e em seu livro *Questões do leninismo* (1926). As conferências e o livro enumeravam os princípios fundamentais do leninismo como o marxismo do novo período: a crise geral do capitalismo e a teoria do imperialismo, o partido e suas organizações de apoio, a ditadura do proletariado etc. – problemas com os quais a teoria política soviética tem sido obrigada a ocupar-se até os dias de hoje. Uma segunda fase foi marcada pela destruição de dois grupos antagônicos, os mecanicistas e os deborinistas, cuja disputa teórica girava em torno do fato de que os primeiros (com os quais Bukharin mantinha uma relação distante) negavam a existência própria, ou a relevância, de uma filosofia marxista e consideravam as ciências naturais como a materialização de uma visão de mundo marxista. Deborin e seu grupo, por outro lado, seguidores ortodoxos de Plekhanov, reivindicavam a orientação da filosofia marxista em toda pesquisa científica. O debate, que se prolongou durante anos (ver Kolakowski, 1978, vol.3, cap.II e Wetter, 1958, caps.VI-VIII), proporcionou uma boa oportunidade para o estabelecimento da autoridade coletiva do partido e da autoridade pessoal de Stalin sobre as questões teóricas. Pela primeira vez desde 1917, uma sessão do comitê central do partido (25 de janeiro de 1931) aprovava uma resolução sobre questões puramente teóricas, condenava os dois grupos, afastava acadêmicos de seus cargos e adotava novas formas de supervisão administrativa da vida intelectual.

O terceiro acontecimento importante foi a publicação da *História do Partido Comunista (bolchevique) da URSS* (1938), que trazia um capítulo sobre "Materialismo Dialético e Histórico". O verdadeiro autor de toda a obra certamente não era Stalin, como pretendiam os boatos semioficiais; na melhor das hipóteses, ele desempenhou o papel de árbitro supremo. Mas é correto supor-se, até certo ponto, ter sido ele o autor do capítulo sobre filosofia marxista. O texto relacionava três aspectos ontológico-epistemológicos fundamentais do materialismo filosófico: "o mundo é, pela sua própria natureza, material", a "matéria é uma realidade objetiva que existe fora e independentemente do sujeito que conhece", "o materialismo filosófico nega a existência de coisas incognoscíveis no mundo". E acrescentava quatro características da dialética: a transformação da quantidade em qualidade, a unidade dos contrários, a lei das conexões universais e a lei da mutabilidade universal, as duas últimas das quais são inovações, uma vez que não se encontram em Engels, Plekhanov ou Lenin. Daí em diante, o texto passa a tratar o materialismo histórico como a "aplicação" do materialismo dialético às questões sociais, analisando rapidamente conceitos como base e superestrutura, modos de produção e forças produtivas. Stalin pontificou claramente que o materialismo dialético e histórico assim descrito era a visão do mundo do Partido Comunista. Marcuse, porém, em seu importante estudo sobre o marxismo soviético nos períodos leninista, stalinista e imediatamente pós-stalinista, argumentou que "não se tratava apenas de uma ideologia promulgada pelo Kremlin para racionalizar e justificar suas políticas, mas expressava, em vários sentidos, as realidades da evolução soviética" (1958, p.9). E analisou pormenorizadamente os principais postulados teóricos do marxismo em relação à prática soviética.

Em conjunto, a história do marxismo soviético depois da Segunda Guerra Mundial, e até a morte de Stalin, consistiu de expurgos e censuras públicas e da publicação de dois textos importantes de Stalin. Em 1947 uma versão de uma obra coletiva sobre a *História da filosofia da Europa Ocidental* foi discutida no comitê central. A chamada "discussão Aleksandrov" (nome do organizador geral da obra, G.F. Aleksandrov, diretor do Instituto Filosófico da Academia Soviética de Ciências) teve um objetivo básico: foi uma demonstração pública de que o partido e o próprio Stalin não haviam diminuído sua vigilância ideológica em meio à atmosfera de esperanças nesse sentido do pós-guerra. Como tal, proporcionou a Zhdanov a oportunidade de um ataque generalizado contra quaisquer indícios de tentativas, supostas ou reais, de liberalização da vida cultural soviética. A outra discussão representativa, o "debate Michurin", de 1948, presidida por Lyssenko, rejeitou a genética como uma ciência burguesa, com base no materialismo dialético (ver LYSSENKISMO). Tornou-se perfeitamente claro que nem mesmo as ciências naturais estavam imunes à censura ideológica.

Os dois textos de Stalin – *Marxismo e problemas de linguística* (1950) e *Problemas econômicos do socialismo na URSS* (1952) – são extremamente confusos, difíceis de analisar do ponto de vista teórico, e, desta vez, ainda mais problemáticos porque nem os objetivos subjacentes à escolha desses dois temas, nem a sua relevância sociológica podem ser facilmente reconstituídos. A interpretação mais provável é a de que Stalin quisesse defender sua linha contra dois "desvios". De um lado, pôs fim ao princípio obrigatório dos "saltos revolucionários" e, com isso, às "revoluções a partir de cima", introduzindo, em lugar delas, o confuso princípio de um "salto gradual" em uma sociedade soviética "não antagônica". Rejeitou também os princípios econômicos da "produção pela produção", propondo uma troca direta de produtos que teria eliminado até mesmo os remanescentes do mercado. Por outro lado, insistiu ainda mais na necessidade e na possibilidade de um "mercado socialista mundial" e, com ele, na separação hermética da União Soviética e Europa Oriental do mundo capitalista.

Foi Kruschev, e não Stalin, quem na verdade pôs fim às "revoluções a partir de cima" e, com isso, deu início a um novo período da história soviética, bem como da história do marxismo soviético. O principal objetivo do marxismo soviético, nesse novo período, foi encontrar uma maneira de deixar de ser mera propaganda e tornar-se novamente uma ideologia atraente. Isso se fez com a incoerência característica do período de Kruschev e compreendeu quatro aspectos principais. Em primeiro lugar, envolveu não só a destruição política, como também ideológica, de Stalin, no XX e no XXI Congressos do PCUS. Em segundo lugar, um culto de Lenin, com o objetivo concomitante de fazer reviver o "leninismo", foi iniciado. Em terceiro, uma certa margem de objetividade na pesquisa foi permitida, combinada, é claro, com o *partijnost* (espírito do partido), o que resultou na publicação de vários trabalhos acadêmicos mais sérios, principalmente nas disciplinas às quais havia referência explícita nas críticas de Kruschev a Stalin, como a história e a jurisprudência. A sociologia também foi restabelecida, na época, como disciplina acadêmica, e passou-se a fazer muita pesquisa empírica em certas áreas. É digno de nota o fato de que grande parte dessa pesquisa pouco difere, no que diz respeito ao método e à abordagem, daquilo que é feito nas sociedades ocidentais, não estando referida necessariamente à teoria marxista de maneira sistemática. As principais beneficiárias dessas mudanças, porém, foram as ciências naturais que, em consequência também do maior papel dos militares na sociedade soviética, conquistaram uma liberdade de pesquisa científica quase total. Finalmente, como combustível leninista para seu reformismo, Kruschev e seu grupo reviveram a intolerância de Lenin para com a religião.

O quarto período do marxismo soviético, que podemos chamar de conservador-iconográfico, caracteriza-se por dois aspectos principais. De um lado, até mesmo as reformas meramente nominais foram abandonadas. Do outro, o marxismo tornou-se iconográfico, no sentido de que o conteúdo do "marxismo-leninismo" nas conferências, aulas e publicações é, hoje, em grande medida, irrelevante: a principal exigência é que se demonstre respeito pela existência e pela validade de seus postulados. Embora as obras marxistas-leninistas sejam publicadas aos milhões de exemplares, a sociedade, e particularmente sua máquina administrativa, é acentuadamente pragmática em suas perspectivas. Grande parte da oposição política e ideológica, que se tomou um fator mais ou menos público nas duas últimas décadas, voltou as costas ao marxismo. Embora alguns críticos (por exemplo, Roye Zhores Medvedev), tanto na URSS como na Europa Oriental, continuem marxistas, baseiam-se fundamentalmente em versões da teoria marxista divergentes das oficiais. Assim, o marxismo soviético, tratado como uma fórmula vazia pelos governantes, desconhecido de grande parte da população (como o cristianismo no Ocidente) e rejeitado como uma premissa sem importância, senão perigosa mesmo, por muitos dos que estão na oposição, completou um círculo completo de dialética negativa.

FF

Bibliografia: Blakeley, T., *Soviet Scholasticism*, 1961 • Bochenski, I.M., *Der sowjetrussische dialektische Materialismus*, 1950 • Chambre, H., *L'évolution du marxisme soviétique: théorie économique et droit*, 1974 • Chesnokov, D.I., *Historical Materialism*, 1969 • Glezerman, G. et al., *Historical Materialism*, 1959 • Jordan, Z., *The Evolution of Dialectical Materialism*, 1967 • Marcuse, H., *Soviet Marxism*, 1959 [*Marxismo soviético*, 1969] • Sheptulin, A.I., *Introduction to Marxist-*

Leninist Philosophy, 1962 • Wetter, G.A., *Dialectical Materialism*, 1958.

materialismo Em seu sentido mais amplo, o materialismo afirma que tudo o que existe é apenas matéria ou, pelo menos, depende da matéria. (Em sua forma mais geral, afirma que toda realidade é essencialmente material; em sua forma mais específica, que a realidade humana o é.) Na tradição marxista, tem prevalecido, de modo geral, um materialismo de tipo menos rígido, *não reducionista*; mas o conceito tem sido desenvolvido de várias maneiras. As definições propostas adiante procuram estabelecer, de início, uma certa clareza terminológica. O materialismo filosófico distingue-se, segundo Plekhanov, do materialismo histórico e, segundo Lenin, de um modo geral, do materialismo científico. O *materialismo filosófico* compreende:

(1) *o materialismo ontológico*, que afirma a dependência unilateral do ser social em relação ao ser biológico (e, mais geralmente, ao ser físico) e a emergência do primeiro a partir do segundo;
(2) *o materialismo epistemológico*, que afirma a existência independente e a atuação transfactual de pelo menos alguns dos objetos do pensamento científico;
(3) o materialismo prático, que afirma o papel constitutivo da ação transformadora do homem na reprodução e na transformação das formas sociais.

O materialismo histórico afirma o primado causal do modo de produção dos homens (e das mulheres) e de reprodução de seu ser natural (físico), ou, de um modo mais geral, do processo de trabalho no desenvolvimento da história humana.

O *materialismo científico* é definido pelo conteúdo (mutável) das convicções científicas sobre a realidade (inclusive a realidade social). A chamada "visão do mundo materialista" consiste em uma série não muito rígida (historicamente mutável) de crenças e atitudes práticas em uma *Weltanschauung* (que pode incluir, por exemplo, uma posição pró-científica, ateísmo etc.). Este verbete versa principalmente sobre o materialismo filosófico, mas a relação deste com o materialismo histórico será apresentada sucintamente.

As principais conotações de significação filosófica da "concepção *materialista* da história" de Marx são: (a) a negação da autonomia, e portanto do primado, das ideias na vida social; (b) o compromisso metodológico com a pesquisa historiográfica concreta, em oposição à reflexão filosófica abstrata; (c) a concepção da centralidade da práxis humana na produção e a reprodução da vida social e, em consequência disso, (d) a ênfase na significação do trabalho enquanto transformação da natureza e mediação das relações sociais, na história humana; (e) a ênfase na significação da natureza para o homem, que evolui de uma concepção presente nas obras iniciais de Marx (particularmente os *Manuscritos econômicos e filosóficos*) – onde esposa um naturalismo entendido como um humanismo da espécie e concebe o homem como essencialmente unido à natureza – para uma concepção tecnológico-prometeica presente nas obras dos períodos médio e final de sua produção intelectual, nas quais concebe o homem como essencialmente oposto à natureza, e dominando-a; (f) a preferência pelo simples realismo cotidiano e o compromisso, que se desenvolve gradativamente, com o REALISMO científico, através do qual Marx vê a relação homem-natureza como uma relação internamente assimétrica, em que o homem é essencialmente dependente da natureza enquanto esta, no essencial, independe do homem.

Apenas o novo materialismo prático ou transformador de Marx (indicado no item *c* acima) será examinado em detalhe neste texto. Essa perspectiva fundamenta-se na concepção de que o homem se distingue do ser meramente animal, e a atividade humana da atividade meramente animal, por uma dupla liberdade: o homem está livre da determinação instintiva e tem liberdade de produzir de maneira planejada e premeditada. O caráter geral dessa concepção expressa-se de maneira sucinta nas *Teses sobre Feuerbach* (8ª tese): "Toda vida social é essencialmente *prática*. Todos os mistérios que levam a teoria ao misticismo têm solução racional na prática humana e na compreensão dessa prática." Os dois temas centrais das *Teses sobre Feuerbach* são o caráter passivo, não histórico, do materialismo tradicional, contemplativo, e o papel fundamental da atividade transformadora, ou prática, na vida social, que o idealismo alemão clássico havia percebido, mas que representara de maneira idealizada e alienada. Foi Lukács quem observou pela primeira vez, em *O jovem Hegel*, que a essência da crítica de Marx à *Fenomenologia do espírito* de Hegel recaía sobre o fato deste ter identificado, e portanto confundido, objetificação e alienação. Ao conceber as atuais formas alienadas, historicamente específicas, da objetificação como momentos da autoalienação de um Sujeito Absoluto, ele imediatamente as transfigurava, de modo racional, e fechava a possibilidade de um modo não alienado, plenamente humano de objetificação humana. Uma vez, porém, estabelecida essa distinção, perdura uma tríplice ambiguidade no uso que o próprio Marx faz de "objetividade" e seus cognatos; e sua clarificação torna-se essencial para o materialismo de Marx, desde, ao menos, a época das *Teses sobre Feuerbach*. Assim, a 1ª tese deixa implícita, sem articulá-la claramente, a distinção entre (a) a *objetividade* ou externalidade como tal e (b) a objetificação como a *produção* de um sujeito; e a 6ª tese implica a distinção entre (b) e a objetificação como o *processo* de reprodução ou transformação das formas sociais (c).

A primeira tese leva Marx a sustentar tanto a visão materialista da independência das coisas em relação ao pensamento como a visão idealista do pensamento como atividade, afirmando, portanto, a distinção entre (a) e (b), ou, na terminologia da introdução aos *Grundrisse*, entre objetos reais e objetos do pensamento; ou, na terminologia do realismo científico moderno, entre objetos intransitivos do conhecimento e o processo transitivo ou atividade de produção do conhecimento. Essa distinção nos permite esclarecer o sentido no qual, para Marx, a prática social é uma *condição*, mas não o *objeto* da ciência natural, visto que é *ontológica* e *epistemologicamente* constitutiva na esfera social. Dessa perspectiva, a alegação de Marx contra o idealismo é de que este ilicitamente abstrai da dimensão intransitiva a ideia de uma realidade independente, enquanto o materialismo tradicional abstrai da dimensão transitiva o papel da atividade humana na produção de conhecimento.

A 6ª tese manifesta uma crítica à teoria social individualista e essencialista, com base no humanismo de Feuerbach. Ela isola a sociabilidade do homem, que se desenvolve historicamente, como a verdadeira chave para os males que Feuerbach mostrou de uma perspectiva antropológica. Isso implica uma distinção entre (b) e (c): entre a atividade humana intencional e a reprodução, ou transformação, das formas sociais históricas preexistentes dadas como condições e meios daquela atividade, mas que são reproduzidas e transformadas somente por ela.

A incapacidade de distinguir adequadamente (a) e (b) como dois aspectos da unidade dos objetos conhecidos levou a tradição marxista à tendência seja para o idealismo epistemológico (redução de (a) a (b) de Lukács e Gramsci até Kolakowski e Schmidt), seja para o materialismo tradicional (redução de (b) a (a) de Engels e Lenin a Della Volpe e aos expoentes contemporâneos da "teoria do reflexo"). A incapacidade de distinguir adequadamente (b) e (c), como dois aspectos da unidade da atividade transformadora (ou como a dualidade da práxis e da estrutura) resultou seja no individualismo sociológico, no voluntarismo, no espontaneísmo etc. (redução de (c) a (b) como, por exemplo, em Sartre); seja no determinismo, na reificação, na hipostatização etc, (redução de (b) a (c) como, por exemplo, em Althusser). As 9ª e 10ª teses articulam explicitamente a concepção de Marx sobre as diferenças entre seu novo materialismo e o velho materialismo: "O ponto mais elevado alcançado por aquele materialismo que não compreende o sensível como atividade prática, é a contemplação dos indivíduos isolados e da sociedade civil." "O ponto de vista do velho materialismo é a sociedade civil; o ponto de vista do novo é a sociedade humana, ou humanidade social." A problemática do materialismo tradicional baseia-se em uma universalidade e em um individualismo histórico e abstrato: Crusoés solitários, externa e eternamente relacionados entre si e a seu destino comum naturalizado. Para Marx, essa concepção encontra-se na base dos problemas tradicionais da epistemologia (ver TEORIA DO CONHECIMENTO) e, na verdade, da FILOSOFIA em geral. Para a consciência contemplativa, desligada da prática material, sua relação com seu corpo, com outras mentes, com objetos externos e, até mesmo, com seus próprios estados passados, torna-se problemática. Mas nem esses problemas filosóficos, nem as práticas das quais nascem podem ser remediados por uma terapia puramente teórica. Por exemplo, contra o jovem hegeliano Stirner, que acreditava "ser necessário apenas tirar algumas ideias da cabeça para abolir as condições que deram origem a tais ideias" (*A ideologia alemã*, vol.1, III), afirma que "a resolução das oposições *teóricas* só é possível de uma maneira *prática* e, portanto, não é de modo algum tarefa do conhecimento, mas sim da vida *real*; a filosofia não podia resolvê-las porque via a tarefa *apenas* como tarefa teórica" (*Manuscritos econômicos e filosóficos*, 2º manuscrito). Ou seja, "os filósofos apenas interpretaram o mundo de várias maneiras; a questão é *modificá-lo*" (11ª tese).

Seria difícil exagerar a importância da concepção cosmológica do materialismo de Engels, desenvolvida em seus últimos escritos filosóficos, especialmente o *Anti-Duhring*, *Ludwig Feuerbach e o fim da filosofia clássica alemã* e *Dialética da natureza*. Não foi apenas o momento decisivo da formação dos principais teóricos da Segunda Internacional (Bernstein, Kautsky, Plekhanov), mas, também, o núcleo doutrinário do que se tornaria conhecido como MATERIALISMO DIALÉTICO, direcionando o eixo em torno do qual giraram muitos dos debates subsequentes. Escrevendo num contexto impregnado de temas positivistas e evolucionistas, especialmente o Darwinismo social (ver DARWINISMO e POSITIVISMO), Engels argumentou: (a) contra o materialismo mecânico ou "metafísico", afirmando que o mundo era um complexo de processos e não de coisas fixas e estáticas; e (b) contra o materialismo redutivo, afirmando que as formas mentais e sociais eram irredutíveis à matéria, embora dela oriundas (como verdadeiramente seu produto superior). O alvo imediato do *Materialismo e empiriocriticismo* de Lenin, que exerceu grande influência, foi a difusão das concepções positivistas de Mach entre seus camaradas bolcheviques, tais como Bogdanov.

Engels e Lenin utilizam muitas noções diferentes de materialismo e idealismo, tratadas como categorias mutuamente exclusivas e totalmente exaustivas, e falam em geral de definições ontológicas e epistemológicas do materialismo como se fossem imediatamente equivalentes. Mas a simples independência da matéria em relação ao pensamento não quer dizer seu primado causal sobre o ser; é coerente com o idealismo objetivo de Platão, Tomás de Aquino e Hegel. É possível, certamente, argumentar que o materialismo ontológico e o materialismo epistemológico estão intrinsecamente ligados – pois se o espírito surgiu da matéria, uma explicação darwiniana da possibilidade de conhecimento torna-se então viável e, inversamente, que um realismo pleno e coerente implica uma concepção do homem como agente causal natural encerrado numa natureza mais ampla. Mas nem Engels, nem Lenin, especificaram satisfatoriamente essas ligações. A ênfase principal de Engels é, sem dúvida, ontológica e a de Lenin, epistemológica, podendo ser apresentadas da seguinte maneira:

— O mundo natural é anterior e causalmente independente de qualquer forma do espírito ou da consciência, mas não o inverso (Engels);
— O mundo cognoscível existe independentemente de qualquer espírito (finito ou infinito), mas não o inverso (Lenin).

Aspecto do materialismo de Engels digno de nota é sua ênfase na refutação prática do ceticismo. Adotando a mesma linha de pensamento de, entre outros, Dr. Johnson, Hume e Hegel, Engels argumentou que o ceticismo – no sentido da suspensão da adesão a qualquer ideia de realidade independente, conhecida através de alguma descrição – não é uma posição sustentável ou séria. Embora teoricamente inexpugnável, ela é continuamente refutada ou contraditada pela prática (inclusive, poderia ter ele acrescentado, como faria Gramsci mais tarde com a sua noção da consciência teoricamente implícita, pela própria prática discursiva dos céticos), particularmente pela "experimentação e a diligência". "Se somos capazes de provar a justeza de nossas concepções de um processo natural ao realizarmos nós mesmos esse processo (...) então podemos pôr um fim à inatingível 'coisa-em-si' kantiana" (*Ludwig*

Feuerbach, seção 2). Enquanto em Engels há uma tensão difusa entre um conceito positivista da filosofia e uma metafísica da ciência, em Lenin há um claro reconhecimento do papel lockeano relativamente autônomo da filosofia, em relação ao materialismo histórico e às ciências em geral. Isso é acompanhado pela (i) distinção clara entre a matéria enquanto *categoria filosófica* e enquanto *conceito científico*; (ii) ênfase no caráter prático e interessado das intervenções filosóficas, em sua doutrina do *partinost* (partidarismo); (iii) tentativa de reconciliar a mudança científica com a ideia de PROGRESSO (buscando negar, de um modo normativo, o dogmatismo e ceticismo) pela distinção entre VERDADE "relativa" e "absoluta".

A marca da tradição materialista dialética foi a combinação de uma DIALÉTICA da natureza com uma teoria reflexionista do conhecimento. Ambas foram rejeitadas por Lukács em seu influente texto *Geschichte und Klassenbewusstsein* (*História e consciência de classe*), que demonstrou que elas são mutuamente incoerentes. Gramsci, redefinindo a objetividade em termos de uma intersubjetividade universal, abordada assintoticamente na história mas que só se realizará no comunismo, foi ainda mais longe, afirmando: "Esqueceu-se de que no caso do [materialismo histórico] deve-se dar ênfase ao segundo termo, – 'histórico' – e não ao primeiro, que é de origem metafísica. A filosofia da práxis é 'historicismo' absoluto, a secularização absoluta e a terrestrialidade do pensamento, um humanismo absoluto da história" (Gramsci *1929-35*). Em geral, sempre que o marxismo ocidental foi simpático aos temas dialéticos, ele foi hostil ao materialismo. Para Sartre, por exemplo, "nenhum materialismo, de qualquer tipo, pode jamais explicar [a liberdade]" (Sartre 1962), que é precisamente aquilo que é característico da situação histórico-humana. Por outro lado, quando o MARXISMO OCIDENTAL apregoou o materialismo, foi, em geral, o de tipo exclusivamente epistemológico, como em Althusser, Della Volpe e Colletti; e quando foram mencionados tópicos ontológicos, como em Timpanaro (1976) em sua importante ênfase no papel desempenhado pela natureza (e pela "subestrutura" biológica, em particular) na vida social, a discussão foi, com frequência, viciada por um empirismo não reflexivo nas questões de ontologia.

Em qualquer análise do materialismo paira o problema da definição da matéria. Para o materialismo prático de Marx, que se limita à esfera social (incluindo, é claro, a ciência natural) e em que a "matéria" deve ser entendida no sentido de "prática social", não surge nenhuma dificuldade especial. Mas a partir de Engels, o materialismo marxista teve pretensões mais globais, passando a enfrentar uma nova dificuldade: se uma coisa material é vista como um duradouro ocupante de espaço, capaz de ser perceptivamente identificado e reidentificado, então muitos objetos do conhecimento científico, embora dependam, para sua *identificação*, das coisas materiais, são evidentemente imateriais. É óbvio que se distinguirmos a ontologia científica da filosófica, essas considerações não precisam, como reconhecia Lenin, refutar o materialismo filosófico. Mas qual é, então, seu conteúdo? Alguns materialistas aceitaram a ideia da cognoscibilidade exaustiva do mundo pela ciência. Mas que razões pode haver para isso? Esse triunfalismo cognitivo parece um conceito antropocêntrico e, portanto, idealista. Por outro lado, a suposição de que tudo o que é cognoscível deve ser cognoscível pela ciência, se não é tautológica, simplesmente desloca a verdade do materialismo para a viabilidade do naturalismo em setores particulares.

Por esses motivos, poderíamos ser tentados a tratar o materialismo mais como uma *tomada de posição*, uma orientação prática, do que como uma série de teses semidescritivas e, mais especificamente, como (a) uma série de negações de grande parte das pretensões da filosofia tradicional – por exemplo, relacionadas com a existência de Deus, da alma, das formas, de ideais, de deveres, do absoluto etc., ou com a impossibilidade (ou condição inferior) da ciência, da felicidade terrena etc.; e, (b) como fundamento indispensável para essas negações, a garantia de que a explicação científica da filosofia tradicional representa modos de consciência falsa ou inadequada ou IDEOLOGIA. Mas essa orientação pressupõe tanto uma explicação positiva da ciência, como é, em princípio, vulnerável à exigência de fundamentação normativa, de modo que uma reconstrução pragmática do materialismo dificilmente representará um progresso em relação a sua reconstrução descritiva. Em ambos os casos, perdura o problema da justificação. De fato, pode ser mais fácil justificar o materialismo como uma avaliação da ciência e da cientificidade, do que justificar o materialismo em si. E talvez só essa explicação e defesa *específicas* do materialismo sejam coerentes com a crítica que Marx faz do pensamento hipostasiado e abstrato (na segunda das *Teses sobre Feuerbach*).

O marxismo pós-luckacsiano contrapôs as premissas de Marx às conclusões de Engels. Mas nas contemporâneas reconstruções realistas da ciência não há incoerência entre suas formas refinadas. Desse modo, uma concepção da ciência enquanto investigação prática da natureza dá origem a uma *antologia não antropocêntrica* das estruturas, mecanismos, processos, relações e campos reais que existem de forma independente e que apresentam uma eficácia transfactual. Além disso, esse *realismo transcendental* justifica, mesmo parcialmente, o espírito, se não a letra, da "Tese dos Dois Grandes Campos", de Engels. Pois (a) opõe-se igualmente ao *realismo empírico* do idealismo subjetivo e ao *realismo conceitual* do idealismo objetivo, (b) mostra o erro comum a ambos, que é a redução do ser a um atributo humano – a experiência ou a razão – em duas variantes da "falácia epistemologica" e (c) revela sua interdependência sistemática: epistemologicamente o idealismo objetivo pressupõe os fatos reificados do idealismo subjetivo e, ontologicamente, o idealismo subjetivo pressupõe as ideias hipostasiadas do idealismo objetivo. De modo que, quando examinadas, suas sutis estruturas podem portar a mesma inscrição de Janus: certeza empírica/verdade conceitual. A investigação histórica também fornece fundamentos para a concepção de Engels de que o materialismo e o idealismo estão relacionados enquanto antagonistas dialéticos no contexto das lutas em torno das modificações do conhecimento científico e, mais geralmente, da vida social. Deve ser mencionado, finalmente, que uma explicação realista transcendental do materialismo é congruente com as forças emergentes da orientação naturalista.

A importância desta última consideração é que, desde Marx e Engels, o marxismo conduziu uma dupla polêmica: contra o idealismo e contra o materialismo vulgar, reducionista ou "não dialético", o materialismo contemplativo (Marx) ou materialismo mecânico (Engels). E o projeto de desenvolver uma avaliação ou crítica "materialista" satisfatória de alguns temas caracteristicamente celebrados pelo idealismo, equivaleu, muitas vezes, na prática, ao esforço de evitar o *reducionismo* (por exemplo, da filosofia à ciência, da sociedade ou do espírito à natureza, dos universais aos particulares, da teoria à experiência, do agenciamento humano ou consciência à estrutura social) – a resposta "materialista" característica – sem reverter a um *dualismo*, que agradaria em muito ao idealismo. Isso, por sua vez, exigiu uma guerra de posição em duas frentes: contra vários tipos de "objetivismo", como a metafísica, o ceticismo, o dogmatismo, o determinismo, a reificação; e contra vários tipos de "subjetivismo", como o positivismo, o agnosticismo, o ceticismo, o individualismo, o voluntarismo, que formalmente se contrapunham mas eram, na verdade, complementares. Seria enganoso pensar o materialismo marxista como busca de uma via mediana, ou de uma simples síntese hegeliana dessas dualidades históricas; ao contrário, ao transformar suas problemáticas comuns, tanto os erros quanto as percepções parciais dos velhos simbiônticos antagônicos são imersos em uma dimensão crítica a partir de uma perspectiva equidistante de ambos.

Como definidos de início, nenhum dos pontos (1)-(3) engendra o materialismo histórico, que é o que se esperaria das relações entre uma posição filosófica e uma ciência empírica. Por outro lado, o materialismo histórico tem raízes no materialismo ontológico, isto é, pressupõe uma ontologia e uma epistemologia científicas e realistas, e consiste numa elaboração substantiva do materialismo prático. Somente a primeira proposição pode ser comentada aqui. Marx e Engels tendiam a defender o materialismo histórico invocando considerações quase biológicas. Em *A ideologia alemã* (vol.I, I) afirmam: "A primeira premissa de toda história humana é, de certo, a existência de seres humanos vivos. Assim, o primeiro fato a ser estabelecido é a organização física desses indivíduos e sua consequente relação com o resto da natureza. (...) [Os homens] começaram a distinguir-se dos animais tão logo começaram a produzir seus meios de subsistência, passo que é condicionado por sua organização física." Os marxistas, porém, em sua maior parte, só consideraram um lado das relações socionaturais, isto é, a tecnologia, descrevendo a maneira pela qual os seres humanos se apropriam da natureza, ignorando, efetivamente, os modos (supostamente estudados na ecologia, na biologia social etc.), pelos quais, por assim dizer, a natureza se reapropria dos seres humanos.

RB

Bibliografia: Althusser, Louis, "Sur la dialectique matérialiste", 1965 • Badiou, Alain, "Le recommencement du matérialisme dialectique", 1967 ["O (re) começo do materialismo dialético", 1979] • Badiou, A. & L. Althusser, *Materialismo histórico y materialismo dialéctico*, 1969 • Bhaskar, Roy, *Dialectic, Materialism and Human Emancipation*, 1983 • Gabaude, J.-M., *Le jeune Marx et le matérialisme antique*, 1970 • Gramsci, A. *1929-1935, Selections from the Prison Notebooks* (1971) • Lefebvre, H., *Le matérialisme dialectique*, 1939 (1957 e 1962) • Lenin, V.I., *Materialism and Empirio-Criticism*, 1908 (1962) • Luporini, Cesare, *Dialettica e materialismo*, 1974 • Sartre, J.-P., "Materialism and Revolution", in J.-P. Sartre, *Literary and Philosophical Essays*, 1962 • Schmidt, A., *Der Desriff der Natur in der Lehre von Marx*, 1962; *The Concept od Nature in Marx* (1971) • Timpanaro, S., *Sul materialismo*, 1975; *On Materialism* (1976) • Wetter, G., *Il materialismo dialetico soviético*, 1948; *Dialectical Materialism* (1958) • Williams, R., *Problems in Materialism and Culture*, 1980.

materialismo dialético O materialismo dialético tem sido, de um modo geral, considerado como a FILOSOFIA do marxismo, distinguindo-se assim da ciência marxista, o MATERIALISMO HISTÓRICO. A expressão foi provavelmente usada pela primeira vez por Plekhanov em 1891, pois foi com aquela primeira geração de marxistas após a morte de Marx que surgiu o "materialismo dialético", justamente quando o trabalho de Marx e Engels dava lugar ao de seus seguidores. O próprio marxismo cristalizou-se a partir dessa transição, e o materialismo dialético foi constitutivo dela (ver MARXISMO, EVOLUÇÃO DO). A primeira geração de marxistas foi marcada pelos dois mais famosos livros dos dois fundadores: *O Capital* de Marx e o *Anti-Dühring* de Engels. O primeiro representava a ciência econômica básica do materialismo histórico. O *Anti-Dühring*, de Engels, foi considerado como a "forma final" (Piekhanov, 1969, p.23) dada à filosofia do marxismo, o materialismo dialético. O materialismo dialético teve grande força na Segunda Internacional e, depois da Revolução Russa, tornou-se essencial para a ortodoxia do Partido Comunista.

Segundo suas próprias definições, o materialismo dialético constituiu-se pelo cruzamento e a união de duas filosofias burguesas: O MATERIALISMO mecanicista da Revolução Científica e do Iluminismo e a DIALÉTICA idealista de Hegel. O mecanicismo do primeiro, que é incompatível com a dialética, e O IDEALISMO da segunda, que é incompatível com o materialismo, são rejeitados como "metafísicos" e "ideológicos". O resultado é uma filosofia no sentido de uma "visão do mundo", a "visão comunista do mundo", como diz Engels no "Prefácio" à segunda edição do *Anti-Dühring*: um corpo de teoria considerado verdadeiro em relação à realidade concreta como um todo, e concebido, em certo sentido, como científico, como uma espécie de "filosofia natural" que generaliza as descobertas das ciências específicas (ao mesmo tempo que nelas se apoia) em seu avanço para a maturidade, entre as quais está a ciência social do materialismo histórico. Assim, enquanto a obra teórica de Marx é um estudo da sociedade, Engels fundou o materialismo dialético desenvolvendo uma "dialética da natureza", que expôs em seu livro *Dialética da natureza*, como base na suposição de que "na natureza (...) as mesmas leis dialéticas (...) impõem-se como as leis que, na história, governam (...) os acontecimentos", estabelecida também no "Prefácio" à segunda edição do *Anti-Dühring*. As teorizações fundamentais do materialismo dialético são, portanto, apresentadas como leis científicas de um tipo geral, que governam a "natureza, a sociedade e o pensamento" (*Anti-Duhring*, parte I, cap.XIII). O aspecto político dessa teoria, aliás característico da contribuição de Engels em geral, está em defender a cientificidade do marxismo, reivindicando para o materialismo histórico o apoio da autoridade cognitiva desfrutada pelas ciências naturais (ver CIÊNCIA NATURAL), e ao mesmo tempo, privar desse apoio outros pensamentos políticos e movimentos culturais que o reivindicam, como a obra de Dühring ou o "darwinismo social" (Benton, *in* Mepham e Ruben, 1979, vol.II, p.101).

A combinação do materialismo com a dialética modifica ambos. Bem-compreendido, o materialismo do materialismo dialético não é, como seu ancestral tradicional, reducionista. Não reduz as ideias à matéria, afirmando a sua identidade final. Sustenta, dialeticamente, que o material e o ideal são diferentes, na realidade opostos, mas existem dentro de uma unidade na qual o material é básico ou primordial. A matéria pode existir sem o espírito, mas o inverso não pode ocorrer. O espírito originou-se historicamente da matéria e dela continua dependente. Segue-se disso que as ciências específicas maduras formam uma hierarquia unificada que tem a física como base, embora não sejam redutíveis à física. Segue-se também, na epistemologia, que a física nos dá o conhecimento de uma realidade objetiva, independente do espírito. O componente dialético afirma que a realidade concreta não é uma substância estática numa unidade indiferenciada, mas uma unidade que é diferenciada e especificamente contraditória: o conflito de contrários faz avançar a realidade num processo histórico de transformação progressiva e constante, tanto evolucionária como revolucionária, e, em suas transformações revolucionárias ou descontínuas, dá origem à novidade qualitativa autêntica. É como esse novo emergente que o espírito é compreendido por essa versão materialista da dialética. No nível intelectual mais fundamental da lógica, a natureza contraditória da realidade implica que afirmações contraditórias são verdadeiras em relação à realidade e, consequentemente, exigem uma lógica dialética que supere a lógica formal, com seu princípio essencial de não contradição (ver LÓGICA; CONTRADIÇÃO).

Assim, as leis fundamentais do materialismo dialético são: (1) a lei da transformação da quantidade em qualidade, segundo a qual as mudanças quantitativas dão origem a mudanças qualitativas revolucionárias; (2) a lei da unidade dos contrários, que sustenta que a unidade da realidade concreta é uma unidade de contrários ou contradições; (3) a lei da NEGAÇÃO da negação, que pretende que, no conflito de contrários, um contrário nega o outro e é, por sua vez, negado por um nível superior de desenvolvimento histórico que preserva alguma coisa de ambos os termos negados (processo por vezes representado no esquema triádico de tese, antítese e síntese).

Não há dúvida de que a teoria da sociedade de Marx é, ao mesmo tempo, materialista e dialética, e pretende ser científica. Se ela tem razão em reivindicar a vantagem cognitiva da cientificidade, deve ter continuidades importantes com as ciências naturais. Pode, porém, ocorrer a possibilidade da existência de continuidades outras, e mais fidedignas, do que a postulada por Engels e pelo materialismo dialético como um conteúdo comum que constitui uma teoria muito geral da realidade como um todo, "a visão comunista do mundo". De qualquer modo, há uma tensão problemática na união de dialética e materialismo, particularmente o materialismo das ciências naturais, com suas fortes tendências para o reducionismo mecanicista e o objetivismo imparcial. É essa ênfase nas ciências naturais e no materialismo histórico como uma ciência natural da sociedade que é característica, dentro do marxismo, do materialismo dialético. Em consequência disso, o materialismo dialético pressionou o materialismo histórico na direção do ECONOMICISMO, ou seja, a tendência a supor que, como base material da sociedade, só a economia, e talvez mesmo apenas seu aspecto "mais material", a tecnologia produtiva, tem uma eficácia causal real, permanecendo a superestrutura política e teórica tão somente epifenomenal. Lenin e Mao Tse-tung, dois expoentes da "visão comunista do mundo", resistiram ao economicismo, mas os efeitos antirrevolucionários deste estiveram presentes no marxismo da Segunda Internacional como estão na posterior ortodoxia firmada pelos partidos comunistas.

Nas décadas de 1920 e 1930, à medida que a Revolução Russa degenerava na tirania stalinista e na burocracia do partido, a dominação geral da filosofia marxista pelo materialismo dialético começou a desmoronar e a dar lugar a uma segunda filosofia marxista, o humanismo marxista. Seus principais teóricos foram Lukács e Korsch, cuja rejeição do materialismo das ciências naturais e cuja ênfase hegeliana na dialética pareciam ser confirmadas pela redescoberta dos primeiros escritos filosóficos de Marx. Essas tendências hegelianas foram violentamente atacadas pelas escolas de Louis Althusser e de Galvano della Volpe nas duas últimas décadas. Em contraste com esse marxismo ocidental, o MARXISMO SOVIÉTICO continuou, em geral, a seguir o materialismo dialético, embora se tenha registrado uma tendência recente no marxismo soviético a rejeitar a concepção de uma lógica dialética específica que substitua a lógica formal.

RE

Bibliografia: Althusser, L., "Sur la dialectique matérialiste", 1963 ◎ "Matérialisme historique et matérialisme dialectique", 1966 • Badaloni, N., "Sulla dialettica della Natura di Engels e sull'attualità di una dialettica materialista", 1976 ◎ *Sulla dialettica della Natura di Engels*, 1976 • Colletti, L., *Il Marxismo e Hegel*, 1969; *Marxism and Hegel* (1973) • Jordan, Z.A., *The Evolution of Dialectical Materialism*, 1967 • Lefebvre, H., *Le matérialisme dialectique*, 1939 • Lenin, V.I., *Materialism and Empirio-Criticism*, 1909 (1962) [*Materialismo e empiriocriticismo*, 1975] ◎ *Philosophical Notebooks*, 1929-1930 (1963) [*Os cadernos sobre a dialética de Hegel*, 1975] • Luporini, Cesare, *Dialettica e materialismo*, 1974 • Mao Tse-tung, "On contradiction", 1937 (1954) ["Sobre a contradição", in Mao Tse-tung, *O pensamento de Mao Tse-tung*, 1979] • Mepham, J. & D.H. Ruben (orgs.), *Issues in Marxist Philosophy*, 1979 • Merleau-Ponty, Maurice, *Les aventures de la dialectique*, 1948 (1955) • Norman, R. & S. Sayers, *Hegel, Marx and Dialectic*, 1980 • Planty-Bonjour, G., *Les catégories du matérialisme dialectique*, 1974 • Plekhanov, G.V., *Fundamental Problems of Marxism*, 1908 (1969) [*Os princípios fundamentais do materialismo*, 1978] • Riazanov, David, "Marx und seine russischen Bekannten in den vierziger Jahren", 1913 • Sève, Lucien, *Une introduction à la philosophie marxiste*, 1980 • Stalin, I.V., *Dialectical and Historical Materialism*, in B. Franklin (org.), *The Essential Stalin*, 1938 (1973) [*O materialismo histórico e o materialismo dialético*, 1982] • Tosel, A., "Le matérialisme dialectique 'entre' les sciences de la nature et la science de l'histoire", 1977 • Tronti, M., "Tra materialismo dialettico e filosofia della prassi: Gramsci e Labriola", 1959 • Wetter, G.A., *Il materialismo dialettico soviético*, 1948; *Dialectical Materialism: a Historical and Systematic Survey of Philosophy in the Soviet Union* (1958).

materialismo histórico Expressão que designa o corpo central de doutrina da concepção materialista da história, núcleo científico e social da teoria marxista. De acordo com a "Introdução" que Engels escreveu em 1892 para *Do socialismo utópico ao socialismo científico*, o materialismo histórico

> designa uma visão do desenrolar da história que procura a causa final e a grande força motriz de todos os acontecimentos históricos importantes no desenvolvimento econômico da sociedade, nas transformações dos modos de produção e de troca, na consequente divisão da sociedade em classes distintas e na luta entre essas classes.

Engels sempre fez questão de reconhecer que Marx fora o criador do materialismo histórico; e encarava a concepção do materialismo histórico como uma das duas grandes descobertas científicas de Marx (a outra era a teoria da mais-valia). Marx, por sua vez, afirmava que Engels havia chegado independentemente à concepção materialista da história. Nos termos da própria teoria, pode-se dizer que ambos puseram em evidência as precondições históricas e materiais para a sua formulação.

Embora os estudiosos discordem quanto ao grau de continuidade de vários temas nos escritos iniciais e nas obras posteriores de Marx, poucos negariam que a concepção materialista da história, que Marx e Engels começaram a formular na época em que escreveram *A ideologia alemã* (1845-1846) – embora não o pudessem ter feito sem os seus antecedentes intelectuais – constitui aquilo que é, e que eles próprios acreditavam ser, característico de sua visão do mundo. Esboços anteriores dessa concepção que se delineiam em seus escritos podem demonstrar ou não que um ou outro já havia chegado a uma perspectiva que se poderia reconhecer como marxista antes de 1844-1845. Foi nessa época, porém, que eles começaram, de maneira consciente, a utilizar o materialismo histórico, segundo as palavras de Marx, como "o fio condutor" de todos os seus estudos subsequentes.

Rigorosamente falando, o materialismo histórico não é uma filosofia; parece melhor considerá-lo antes como uma teoria empírica (ou, talvez mais exatamente, como uma coleção de teses empíricas). Assim, Marx e Engels com frequência enfatizaram o caráter científico de seu trabalho teórico, e *A ideologia alemã* pretende fundar seu enfoque não em abstrações ou dogmas deduzidos abstratamente, mas em observações e numa definição precisa de condições reais: em premissas que "podem ser verificadas de maneira puramente empírica". Ocasionalmente, Marx e Engels apresentam, em favor do materialismo histórico, argumentos simples e *a priori* nem sempre muito convincentes. Uma teoria com pretensões tão ousadas sobre a natureza da história e da sociedade só pode ser justificada, se é que pode sê-lo, pela sua capacidade de proporcionar um quadro teórico que efetivamente viabilize investigações sociais e históricas.

Essas pretensões têm a sua formulação clássica em um trecho bastante denso do "Prefácio" de Marx à *Contribuição à crítica da economia política*. Embora a confiabilidade desse texto tenha sido questionada, a autoridade do "Prefácio" fica fortalecida pelo fato de que Marx a ele se refere pelo menos duas vezes em *O Capital*, como um guia para a sua perspectiva materialista. Os temas do "Prefácio" ecoam em toda a obra de Marx e devem, é claro, ser interpretados à luz do desenvolvimento que receberam em outros trabalhos. No "Prefácio", Marx afirma que a estrutura econômica da sociedade, constituída de suas relações de produção, é a verdadeira base da sociedade: é o alicerce "sobre o qual se ergue a superestrutura jurídica e política e ao qual correspondem formas definidas de consciência social". Por outro lado, as relações de produção da sociedade "correspondem a uma determinada fase do desenvolvimento das suas forças produtivas materiais". Dessa maneira, "o modo de produção da vida material condiciona o processo de vida social, política e espiritual em geral".

Ao se desenvolverem, as forças produtivas da sociedade entram em conflito com as relações de produção existentes, que passam a dificultar o seu crescimento (ver FORÇAS PRODUTIVAS E RELAÇÕES DE PRODUÇÃO). "Abre-se, assim, uma época de revolução social", na medida em que essa contradição divide a sociedade e os homens adquirem, de uma maneira mais ou menos ideológica, "consciência desse conflito e lutam para resolvê-lo". O conflito se resolve em favor das forças produtivas, e surgem relações de produção novas e superiores, cujas condições materiais prévias haviam "amadurecido no seio da sociedade antiga" e que se ajustam melhor ao crescimento continuado da capacidade produtiva da sociedade. O modo de produção burguês representa a mais recente de várias épocas progressivas da formação econômica da sociedade, mas é a última forma de produção fundada no antagonismo de classes. Com seu desaparecimento, tem fim a pré-história da humanidade.

Como se vê pela exposição acima, a tese nuclear do materialismo histórico – embora rejeitada por alguns marxistas – é a de que as diferentes organizações socioeconômicas da produção que caracterizam a história humana surgem ou desaparecem segundo venham a favorecer ou a impedir a expansão da capacidade produtiva da sociedade. O crescimento das forças produtivas explica, assim, o curso geral da história humana. Mas as forças produtivas incluem não apenas os meios de produção (ferramentas, máquinas, fábricas, etc.) mas a força de trabalho – as habilidades, o conhecimento, a experiência e outras faculdades humanas usadas no trabalho. As forças produtivas representam as possibilidades que a sociedade tem à sua disposição para a produção material.

As relações de produção, que devem corresponder ao nível produtivo da sociedade, ligam as forças produtivas e os seres humanos no processo de produção. Essas relações são de dois tipos gerais: de um lado, há as relações técnicas necessárias ao funcionamento do processo prático de produção; do outro, as relações de controle econômico (cuja forma jurídica é a propriedade) que regulam o acesso às forças produtivas e aos produtos. É preciso estabelecer a distinção entre as relações de trabalho material e seu revestimento socioeconômico, e Marx critica, com propriedade, os que confundem os dois. Os diferentes tipos de estrutura econômica são diferenciados pelas relações de produção sociais neles dominantes. Qualquer que seja a forma social da produção, trabalhadores e meios de produção serão sempre os seus fatores (...). A maneira específica pela qual a [sua] união se realiza é que estabelece a distinção entre as diferentes épocas econômicas da estrutura da sociedade (*O Capital*, II, cap.I).

O conceito de MODO DE PRODUÇÃO é igualmente controvertido. Marx o usa por vezes no sentido restrito de natureza técnica da produção, ou de maneira de produzir, por exemplo, quando diz que o capitalismo introduz "diariamente constantes revoluções no modo de produção". Mais frequentemente, Marx emprega o conceito num segundo sentido, no sentido de sistema *social* (ou maneira ou modo) de produzir que tem lugar dentro de, e como resultado de, um certo conjunto de relações de propriedade. Assim, as relações de produção capitalistas definem uma ligação específica entre os homens e as forças produtivas, ao passo, que o modo de produção capitalista envolve a produção de mercadorias (ver MERCADORIA), uma certa maneira de produzir excedente, a determinação do valor pelo tempo de trabalho e assim por diante. (Além disso, Marx usa, por vezes, a expressão "modo de produção" referindo-se tanto às propriedades técnicas como sociais do modo pelo qual se faz a produção.) Pode existir mais de um modo de produção no interior de qualquer formação social, mas, em sua "Introdução" aos *Grundrisse*, Marx sustenta que "em todas as formas de sociedade há um tipo determinado de produção que determina o lugar e a influência de todos os outros".

A expansão das forças produtivas determina as relações e o modo de produção dominantes porque, como disse Marx em carta a Annenkov, "o homem nunca abre mão daquilo que conquistou". Para conservar "os frutos da civilização", os homens modificarão sua maneira de produzir – tanto as suas relações materiais como as suas relações sociais de produção, ou ambas – para ajustá-las às novas forças produtivas criadas e favorecer seu avanço constante. A resultante estrutura econômica, por sua vez, condiciona a superestrutura jurídica e política. Assim, as forças produtivas não modelam diretamente o mundo social. Apenas os contornos gerais da história, as formas principais da evolução socioeconômica da sociedade são determinadas pelo desenvolvimento da capacidade produtiva da sociedade.

As relações de produção podem influenciar o ritmo e a direção qualitativa do desenvolvimento das forças produtivas. O capitalismo, em particular, distingue-se pela sua tendência a elevar a sociedade a um nível produtivo nunca antes imaginado. Isso, aliás, está plenamente de acordo com o materialismo histórico, já que a tese de Marx é que as novas relações de produção que surgem, surgem precisamente porque podem promover o desenvolvimento da capacidade produtiva da sociedade. Correlatamente, observa-se com frequência que as forças produtivas que marcaram o nascimento do capitalismo não são as forças produtivas – por exemplo, as fábricas e máquinas típicas da produção mecanizada em grande escala – que dele se tornaram características. Mas o materialismo histórico vê a emergência do capitalismo como uma reação ao nível então existente das forças produtivas.

Alguns marxistas de hoje negam o papel dominante das forças produtivas, em favor da ideia de que as relações de produção e as forças produtivas determinam-se mutuamente. Mas, embora Marx certamente admita essa interação e chegue mesmo a descrever casos específicos da influência das relações de produção sobre as forças produtivas, em todas as suas formulações teóricas gerais a determinação básica se faz inversamente. É justamente porque o materialismo histórico situa nas forças produtivas o primado da explicação que ele pode responder à pergunta: por que as diferentes formações econômicas e sociais surgem em um determinado momento e não em outro?

As instituições jurídicas e políticas da sociedade são, para Marx, claramente parte da superestrutura: seu caráter fundamental é determinado pela natureza da estrutura econômica existente. Já se outras instituições sociais são propriamente parte da superestrutura, é matéria controversa (ver BASE E SUPERESTRUTURA). Marx achava, certamente, que as várias esferas e domínios da sociedade refletem o modo de produção dominante e que a consciência geral de uma época é condicionada pela natureza de sua produção. A teoria marxista da IDEOLOGIA afirma, em parte, que certas ideias se originam ou se difundem porque sancionam relações sociais existentes ou promovem determinados interesses de classe. A determinação das estruturas jurídicas e políticas da sociedade pelo econômico tenderá, porém, a ser relativamente direta, ao passo que a influência da economia sobre outras esferas, como a cultura e a consciência, é, em geral, mais atenuada e nuançada. O materialismo histórico concebe uma hierarquia geral entre os domínios da vida social, mas tais relações devem ser analisadas não apenas em termos da sociedade em geral, mas também em termos de cada tipo específico de formação socioeconômica. É uma lei, para Marx, que a superestrutura seja determinada pela base, mas essa é uma lei sobre leis: em cada formação social, leis mais específicas governam a natureza precisa dessa determinação geral. Nesse sentido, pode-se encontrar, em uma importante nota de rodapé do primeiro livro de *O Capital* (cap.I, seção 4), a afirmação de que o modo de produção de uma época histórica determina a importância relativa das várias esferas do mundo social daquele período. A natureza e o vigor dos mecanismos supostos pela metáfora base-estrutura, porém, estão entre as questões mais controversas do materialismo histórico. A teoria de Marx não vê a superestrutura como um epifenômeno da base econômica, nem esquece a necessidade de instituições jurídicas e políticas. É precisamente porque uma superestrutura é necessária para organizar e estabilizar a sociedade que a estrutura econômica conforma as instituições que a ela melhor se adéquam. A superestrutura e a infraestrutura ou base não estão relacionadas entre si como uma estátua e o seu pedestal; um dos postulados básicos do materialismo histórico é que as superestruturas afetam, ou "agem retroativamente" sobre a base.

O direito, em particular, é necessário para assegurar a "sanção da ordem existente" e para protegê-la "da arbitrariedade e do mero acaso" (*O Capital*, III, cap.XLVII). Essa própria função já confere à esfera jurídica uma autonomia relativa, visto que as relações de produção existentes são representadas e legitimadas de uma forma abstrata e codificada, que, por sua vez, estimula a ilusão ideológica de que o direito é totalmente autônomo em relação à estrutura econômica. Além disso, no capitalismo, a "*fictio juris* de um contrato" entre partes que são livres obscurece a verdadeira natureza da produção, em particular os "fios invisíveis" que aprisionam o trabalhador assalariado ao capital (*O Capital*, I, cap.XXIII). Nas sociedades pré-capitalistas, como, por exemplo, no feudalismo, a tradição e o costume desempenham uma função estabilizadora semelhante e podem também conquistar uma certa autonomia relativa. No feudalismo, a verdadeira natureza das relações sociais de produção é obscurecida pelo véu das relações de dominação pessoal que envolvem as outras esferas da vida feudal.

A ênfase de Marx na análise de classes, surpreendentemente ausente do "Prefácio", está relacionada de várias maneiras significativas com os aspectos do materialismo histórico até aqui tematizados. Na organização social da produção, os homens mantêm diferentes relações com as forças produtivas e com os produtos, e, em cada modo de produção, tais relações terão características específicas. A posição econômica dos indivíduos, tal como entendida em termos das relações sociais de produção existentes, estabelece, cria certos interesses materiais comuns e determina a que classe social os indivíduos pertencem. Seguem-se disso as conhecidas definições de BURGUESIA e de PROLETARIADO, referidas à compra e à venda, respectivamente, da força de trabalho (e à propriedade ou não propriedade implícita dos meios de produção).

Uma tese fundamental do materialismo histórico é que a posição de classe, assim definida, determina a consciência ou visão do mundo característica dos membros de cada classe. Por exemplo, a análise que Marx faz dos legitimistas e dos orleanistas em *O Dezoito Brumário de Luís Bonaparte* mostra como, com base em sua posição socioeconômica, cada classe cria "toda uma superestrutura de sentimentos, ilusões, modos de pensar e visões da vida próprios, formados de uma maneira que lhe é peculiar". Os diferentes interesses materiais de classe dividem-nas e levam à luta entre elas. As classes diferem na medida em que seus membros se veem como classe, de modo que os antagonismos entre classes podem não ser percebidos pelos que deles participam, ou podem ser percebidos apenas de forma mistificada ou ideológica (ver CONSCIÊNCIA DE CLASSE).

O êxito ou o fracasso final de uma classe é determinado pela sua relação com o avanço do desenvolvimento das forças produtivas. Como se pode ler em *A ideologia alemã*, "as condições sob as quais forças produtivas bem-definidas podem ser aplicadas são as condições do domínio de uma classe definida da sociedade". A classe que tem a capacidade e o estímulo para introduzir ou preservar as relações de produção adequadas ao desenvolvimento das forças produtivas tem garantida a sua hegemonia. Assim, Marx pensava que o êxito final da causa proletária, do mesmo modo que a ascensão da burguesia verificada anteriormente, estava assegurado pelas correntes fundamentais da história, ao passo que as heroicas revoltas de escravos da Antiguidade, por exemplo, sempre estiveram fadadas ao fracasso. O materialismo histórico, portanto, vê o domínio de classe tanto como inevitável quanto como necessário para levar a produtividade dos produtores diretos para além do nível de subsistência. "Sem antagonismo, não há progresso" - pode-se ler em *A miséria da filosofia* (cap.I). "Essa tem sido a lei seguida pela civilização (...). Até agora, as forças produtivas desenvolveram-se em virtude desse sistema de antagonismo de classes". O progresso produtivo trazido pelo capitalismo, porém, elimina tanto a viabilidade do domínio de classe quanto a sua justificação histórica. Como o Estado é primordialmente o veículo pelo qual uma classe assegura seu domínio, ele desaparecerá em uma sociedade sem classes.

O materialismo histórico afirma que a luta de classes e a trajetória básica da história humana são explicados pelo desenvolvimento das forças produtivas. Esse desenvolvimento, porém, deve ser entendido nos termos de um modelo teórico que revela o caráter dos modos de produção específicos em causa. Uma tal teoria será muito abstrata em relação a qualquer sociedade particular. Assim, por exemplo, Marx apresenta a evolução do capitalismo fazendo abstração de qualquer fisionomia específica de qualquer Estado nacional capitalista. *O Capital* subscreve a pretensão de que o socialismo é "inevitável", mas não autoriza a previsão da sua chegada a determinado lugar em um determinado momento: apenas afirma a tendência do desenvolvimento capitalista a provocar o seu advento. E a história específica de cada sociedade não repete simplesmente uma dialética universal de forças produtivas e relações de produção. As sociedades raramente vivem isoladas, sem serem atingidas ou influenciadas pelos avanços das forças produtivas que têm lugar fora delas. Assim sendo, todas as sociedades do mundo não estão destinadas a atravessar as mesmas fases de desenvolvimento econômico, nem a evolução de qualquer formação social em particular depende apenas do seu próprio desenvolvimento produtivo. Embora o materialismo histórico admita que alguns países se possam atrasar em relação a outros, e até mesmo saltar etapas, seu trajeto ainda assim terá de ser explicado dentro do padrão geral da evolução socioeconômica, e essa evolução se deve às forças produtivas.

O "Prefácio" enumera os modos de produção asiático, antigo, feudal e moderno burguês como as principais épocas do progresso da humanidade, mas esses modos de produção marcam as fases gerais de evolução socioeconômica como um todo - não são etapas que a história obrigue todos os países, sem exceção, a percorrer (ver ESTÁGIOS DE DESENVOLVIMENTO). Numa famosa carta de novembro de 1877, Marx negou, caracteristicamente, que tivesse proposto "qualquer teoria histórico-filosófica da *marche générale* imposta pelo destino a todos os povos"; mas esta sua observação tão citada não equivale a uma rejeição da determinação histórica. Marx podia coerentemente acreditar em uma evolução da história determinada necessariamente pelas forças produtivas sem sustentar que todas as formações sociais estão predestinadas a seguir os mesmos caminhos. Parece provável, na verdade, que Marx teria desejado rever a sua divisão dos períodos históricos (ou pelo menos os anteriores ao feudalismo), já que não analisou em detalhe os primeiros modos de produção da humanidade. Modificações do esquema histórico de Marx, bem como de sua análise do capitalismo (e da projetada transição para o socialismo) são, em princípio, compatíveis com os postulados básicos do materialismo histórico. Devemos ter presente que o materialismo histórico não pretende explicar todos os mínimos detalhes da história. Dentro de sua perspectiva ampla, muitos acontecimentos históricos, e certamente as formas específicas por eles assumidas, são acidentais. Nem essa teoria busca explicar cientificamente o comportamento individual, embora procure situá-lo dentro de seus limites históricos. Se existem tendências inelutáveis na história, elas resultam das escolhas dos indivíduos, e não se afirmam a despeito de tais escolhas. As ambições explicativas do materialismo histórico como uma teoria social científica não o levam ao determinismo filosófico.

Como o materialismo histórico tem uma importância fundamental para o marxismo, várias correntes políticas e intelectuais desse movimento distinguiram-se, com frequência, pelas suas diferentes interpretações dessa teoria. Uma versão mais ou menos consagrada do materialismo histórico foi apresentada aqui, mas há controvérsias sobre seus conceitos e teoremas básicos, bem como sobre a importância relativa de seus vários componentes. A tarefa de apresentar o materialismo histórico como uma teoria empiricamente plausível, sem reduzi-Ia a uma série de truísmos, tem se mostrado um tarefa formidável. Dadas as pretensões de grande alcance da teoria e a falta de um consenso interpretativo, uma avaliação precisa de sua viabilidade é extremamente difícil.

WHS

Bibliografia: Althusser, Louis, *Pour Marx*, 1965 [*A favor de Marx*, 1979] • Balibar, Étienne, "Sur les concepts fondamentaux du matérialisme historique", in L. Althusser et al., *Lire "Le Capital"*, 1966 [*Ler "O Capital"*, 1979] • Bukharin, Nikolai, *Historical Materialism: a System of Sociology*, 1921 (1925); *La théorie du matérialisme historique: manuel populaire de sociologie marxiste* (1967) [*Tratado de materialismo histórico*, 1970] • Cardoso, Miriam L., *La construcción de conocimientos*, 1977 • Cohen , G.A., *Karl Marx's Theory of History: A Defence*, 1978 • Evans, Michael, *Karl Marx*, 1975 • Gramsci, Antonio, *Il materialismo storico e la filosofia di Benedetto Croce*, 1948 (1966); *El materialismo histórico y la filosofía de Benedetto Croce* (1973) [*Concepção dialética da história*, 1966 e 1981] ◎ *Quaderni del carcere*, vols. I-IV, 1975 • Labriola, Antonio, *Saggi sul materialismo storico*, 1895-1896 (1964); *Essays on the Materialist Conception of History* (1904); *Essais sur la conception matérialiste de l'histoire* (1897, 1928 e 1970) [*Ensaios sobre o materialismo histórico*, s/d] • Lukács, G., "Une critique du *Manuel* de Boukharine", 1966 • McMurtry, John, *The Structure of Marx's World-View*, 1978 • Plekhanov, G.V., *The Development of the Monist View of History*, 1895 (1972) [*A concepção materialista da história*, 1980] • Shaw, William H., *Marx's Theory of History*, 1978 • Witt-Hansen, J., *Historical Materialism: the Method, the Theories*, 1960 • Wood, Allen W., *Karl Marx*, 1981.

mecanicismo Ver MATERIALISMO

mediação É uma categoria central da DIALÉTICA. Em um sentido literal, refere-se ao estabelecimento de conexões por meio de algum intermediário. Como tal, figura com destaque na epistemologia (ver TEORIA DO CONHECIMENTO) e na LÓGICA em geral, dando conta dos problemas do conhecimento imediato/mediato, de um lado, e dos problemas do silogismo – ou "inferência mediata" – do outro. Desse modo, as diversas formas e variedades de conhecimento podem ser afirmadas em termos de determinadas regras e procedimentos formais que, porém, devem ter sua explicação e justificação no estudo do ser, e não numa referência circular à sua própria estrutura de classificação e validação específica. É por isso que a categoria de mediação adquire significação qualitativamente diferente na dialética marxista, que se recusa a admitir a autonomia de qualquer ramo tradicional da filosofia e trata seus problemas – e portanto também os da "mediação", herdados da lógica e da epistemologia tradicionais, e num sentido especial (como o "meio-termo" ou a média) da ética aristotélica – como partes integrantes de um estudo adequado do ser social, com a TOTALIDADE de suas determinações objetivas, interligações e mediações complexas.

Entre os precursores dessa concepção, Aristóteles ocupa lugar muito importante. Ao definir, na *Ética a Nicômaco*, a virtude como "uma espécie de média, já que (...) põe a sua mira no meio-termo", ele também insistiu na especificidade social/humana de seu termo chave: "Por *meio-termo no objeto* entendo aquilo que é equidistante de ambos os extremos, e que é *um só e o mesmo para todos os homens*; e por *meio-termo relativamente a nós* o que não é nem demasiado nem muito pouco e isto *não é uma só coisa o mesmo para todos.*" Na epistemologia, o problema apresenta-se como a necessidade de mediação entre o sujeito cognoscente e o mundo a que se refere seu conhecimento, isto é, a "demonstrar a verdade, a saber, a efetividade e o poder, a criteriosidade [*Diesseitigkeit*] de seu pensamento" (*Teses sobre Feuerbach*, 2ª tese). Em consequência, ao demonstrar o que era acessível ao conhecimento, bem como as maneiras e formas de assegurar sua realização bem-sucedida, o conceito de "prática" humana como verdadeiro intermediário entre a consciência e seu objeto adquiriu uma significação crescente. Assim, muito antes de que Goethe pudesse falar da "experimentação como mediadora entre sujeito e objeto" (em um artigo com esse título), Vico expressou seu "espanto de que os filósofos tenham empregado todas as suas energias no estudo do mundo da *natureza* que, como foi feito por Deus, só ele conhece; e de que tenham negligenciado o estudo do mundo das nações, ou mundo civil, que, *como foi feito pelos homens, os homens poderiam chegar a conhecê-lo*" (Vico, 1744, p.53).

Ligado a essa tradição filosófica – que culminou na dialética hegeliana – Marx rejeitou a imediatez unilateral de "todo o materialismo até então existente" e sua estreita concepção da prática como "fixada apenas em sua forma fenomênica judia e suja" (*Teses sobre Feuerbach*, 1ª tese). Embora criticando o uso que Hegel fez do conceito de mediação em sua *Grundlinien der Philosophie des Rechts* (*Princípios da filosofia do direito*) apresentando "uma espécie de sociedade de reconciliação mútua" por meio de fictícios "extremos que desempenham, de maneira intercambiável, ora o papel de extremo, ora o papel de meio", de modo que "cada extremo é por vezes o leão da oposição e por vezes o abrigo da mediação", apesar do fato de que "extremos reais não podem ser mediados uns pelos outros de forma mútua, precisamente porque são extremos reais" (*Crítica da filosofia do direito de Hegel*, seção B) –, ele também reconheceu a ação desbravadora de Hegel ao alcançar "a essência do *trabalho* e conceber o homem objetivado, verdadeiro, pois esse é o homem efetivo como o resultado de seu próprio trabalho" (*Manuscritos econômicos e filosóficos*, 3º manuscrito). Com o mesmo espírito, Marx indicou o trabalho (ou "diligência") como o mediador entre o homem e a natureza, identificando assim na atividade produtiva do "ser natural automediado" a condição vital da autoconstituição humana. Mas enquanto para Hegel a mediação externalizadora da atividade era sinônimo de "alienação", Marx identificava as mediações de segunda ordem, historicamente específicas e transcendíveis, do dinheiro, da troca e da propriedade privada (que se sobrepõem à atividade produtiva em si) como responsáveis pela perversão alienadora da automediação produtiva (ver ALIENAÇÃO). Da mesma forma, "o segredo do fetichismo da mercadoria" (*O Capital*, I, cap.I) era explicado pelo fato de que a produção de valor de uso tinha de ser mediada pela produção do valor de troca, e a ela estava subordinada de acordo com as exigências de um determinado conjunto de relações sociais (ver FETICHISMO DA MERCADORIA).

Lenin ressaltou especificamente a função transicional dinâmica da mediação: "Tudo é *vermittelt* (= mediado), fundido em um, ligado pelas transições (...). Não só a unidade dos contrários, mas a transição de cada determinação, qualidade, aspecto, lado, propriedade, em cada uma das outras" (Lenin 1914-1916, p.103 e 222). Lenin estava também preocupado em ressaltar a base prática das figuras de lógica tal como articuladas no silogismo hegeliano:

> Para Hegel, a prática é um "*silogismo*" *lógico*, uma figura da lógica. E isso é verdade! Não, é

> claro, no sentido de que a figura da lógica tem seu outro ser na prática do homem (= idealismo absoluto), mas vice-versa: a prática do homem, repetindo-se um bilhão de vezes, consolida-se na consciência do homem por meio de figuras da lógica. Precisamente (e unicamente) por essa bilionésima repetição, essas figuras têm a estabilidade de um preconceito, um caráter axiomático. Primeira premissa: o fim bom (fim *subjetivo*) versus realidade (realidade externa). Segunda premissa: os *meios* externos (instrumentos), (*objetivo*). Terceira premissa ou conclusão: a coincidência do *subjetivo* e *objetivo*, o teste das ideias subjetivas, o critério da verdade objetiva. (Lenin, 1914-1916, p.217).

Nessa obra, como em outras da literatura marxista, a unidade da teoria e da prática é articulada pelo foco mediador da atividade prática e sua instrumentalidade necessária (ver PRÁXIS). Outros aspectos importantes da mediação envolvem a NEGAÇÃO e as relações complexas das "mediações concretas" com a "totalidade concreta".

IM

Bibliografia: Lenin, V.I., "Conspectus of Hegel's *Science of Logic*", 1914-1916 (1961) • Lukács, Georg, *Moses Hess und die Probleme der idealistischen Dialektik*, 1926; "Moses Hess and the of Idealist Dialectics" (1968) • Vico, Giambattista, *Principi di Scienza Nuova*, 1744; *The New Science* (1961) [*Princípios de (uma) Ciência Nova*, 1979].

medida de valor Ver DINHEIRO

Mehring, Franz (Schlawe, Pomerânia, 27 de fevereiro de 1846 – Berlim, 28 de janeiro de 1919.) Nos anos iniciais de sua carreira, Franz Mehring foi um jornalista liberal bastante conhecido, tendo se destacado como crítico da política imperial de Bismarck. A partir de 1890, tornou-se socialista e, como diretor do *Leipziger Volkszeitung*, ligou-se à ala esquerda do Partido Social-Democrata alemão (SPD). Durante a Primeira Guerra Mundial, criticou energicamente a política de cooperação com o governo do partido e, juntamente com Rosa Luxemburg e Karl Liebknecht, criou o *Spartakusbund*, tornando-se membro importante do Partido Social-Democrata Independente quando de sua fundação em 1917. A morte de Mehring em 1919 foi precipitada pela notícia do assassinato de Karl Liebknecht e de Rosa Luxemburg naquele mesmo ano. As principais contribuições de Mehring para o marxismo se fizeram no terreno da história e da literatura. Sua *Geschichte der deutschen Sozialdemokratie* (*História da social-democracia alemã*), publicada em 1897-1898, é uma ampla análise do desenvolvimento político, social e intelectual da Alemanha no século XIX. *Karl Marx: geschichte seines Lebens* (*Karl Marx: história de sua vida*), a primeira biografia detalhada de Marx, publicada por Mehring em 1918, notabilizou-se, entre outros fatores, pela defesa objetiva que Mehring faz de Lassalle e de Bakunin contra algumas das críticas que thes foram feitas por Marx. A principal obra de Mehring, *Die Lessing Legende* (1893), contribuiu significativamente para a criação de uma sociologia da literatura e da história intelectual marxistas. Mehring deu continuidade a esse tipo de estudo em seus ensaios sobre a literatura moderna. Em suas exposições gerais do materialismo histórico (por exemplo, no apêndice ao seu livro sobre Lessing), Mehring inclinou-se a adotar uma abordagem "reducionista" pouco sutil, que provocou uma crítica implícita de Engels (Carta a F. Mehring, de 14 de julho de 1893) com a observação de que "está faltando um ponto", a saber, o esclarecimento de que Marx e ele (Engels) haviam dado ênfase principalmente à ideia de que as noções ideológicas derivavam dos fatos econômicos básicos, negligenciando "o lado formal – os modos e meios pelos quais surgem essas noções, etc.", o que "vem dando aos nossos adversários uma propícia oportunidade para incompreensões e distorções".

TBB

Bibliografia: Mehring, Franz, *Die Lessing Legende*, 1893 (1938 e 1953) • *Geschichte der deutschen Sozialdemokratie*, 1897-1898 • *Karl Marx: geschichte seines Lebens*, 1918 (1964); *Karl Marx* (1936).

meio de circulação Ver DINHEIRO

meio de compra Ver DINHEIRO

meio de pagamento Ver DINHEIRO

meios de produção Ver FORÇAS PRODUTIVAS E RELAÇÕES DE PRODUÇÃO e PROCESSO DE TRABALHO

mencheviques Os mencheviques constituíram, entre 1903 e 1912, uma tendência e uma facção do Partido Social-Democrata dos Trabalhadores Russos e, a partir de 1912, um partido independente, com esse nome. O II Congresso do partido social-democrata russo, realizado em 1902, dividiu-se, em torno da questão de quais seriam as condições necessárias para pertencer ao partido como membro, entre os partidários de Lenin, favorável à "participação pessoal numa das organizações do partido" como condição mínima, e os de Martov e Axelrod, que propunham uma fórmula menos rígida. Os primeiros, que tendiam a defender um partido mais disciplinado e centralizado, conquistaram a maioria (em russo, *bol'shinstvo*) nas eleições para os órgãos de direção do partido e passaram a ser conhecidos como bolcheviques. Os partidários de Martov e Axelrod, que ficaram conhecidos como mencheviques (minoritários), reivindicavam um partido mais amplo. Outras discordâncias entre os mencheviques e os bolcheviques (ver BOLCHEVISMO) cresceram diante do impacto da Revolução Russa de 1905: versavam, particularmente, sobre a natureza da liderança de classe e sobre as alianças e objetivos adequados a uma revolução democrática burguesa daquele tipo. Enquanto os bolcheviques pretendiam que a classe operária deveria liderá-la, em aliança principalmente com o campesinato, a maior parte dos mencheviques queria que fosse liderada pela burguesia e era favorável a alianças com os liberais. Os mencheviques rejeitaram a concepção bolchevique da participação da classe operária num governo provisório estabelecido por uma revolução democrático-burguesa, defendendo a posição marxista clássica de que o partido dos trabalhadores deveria agir como uma "oposição revolucionária extrema". Os mencheviques previam, para o período histórico subsequente, um roteiro baseado no modelo do Oeste europeu, em que a organização e a consciência de classe operárias desenvolver-se-iam gradualmente, com o crescimento das forças produtivas e das instituições democráticas, forjando-se desse modo as bases objetiva e subjetiva para um avanço final para o socialismo.

Depois da derrota da revolução de 1905, durante a qual desempenharam um importante papel nos sovietes, muitos mencheviques deixaram as organizações clandestinas do partido na Rússia para concentrarem seu trabalho político em organizações de fachada legal. Isso fez com que, a partir de 1908, Lenin passasse a acusá-los de "liquidacionismo" em relação ao partido ilegal e levou à decisão dos bolcheviques de se constituírem em um partido independente no ano de 1912. Martov e seus amigos, não obstante, esforçavam-se para desenvolver na Rússia uma rede de organizações ilegais mencheviques chamadas de "Grupos de Iniciativa". Em 1914 a maioria dos mencheviques adotou uma posição internacionalista, e condenou a guerra como imperialista, mas a ala direita do partido apoiou a "defesa nacional" e a guerra dos aliados contra a Alemanha. Depois da revolução de fevereiro de 1917, porém, a maioria dos mencheviques, que então ocupavam posição de destaque nos sovietes, passou a apoiar a guerra com a palavra de ordem de "defensiva revolucionária", apesar da oposição da ala esquerda do partido, os internacionalistas mencheviques, liderados por Martov, que também criticou severamente a decisão tomada por seu partido em maio de 1917 de participar, como minoria, de um gabinete de coalizão burguês-socialista. Entre junho e novembro de 1917, o partido menchevique, impotente por força de suas divisões internas, perdeu terreno drasticamente para os bolcheviques nos sovietes e entre os camponeses. Nas eleições para a Assembleia Constituinte realizadas em novembro daquele ano, tiveram menos de 3% dos votos, em comparação com 24% dados aos bolcheviques.

Os mencheviques foram unânimes na condenação da Revolução de Outubro de 1917 como um golpe de Estado bolchevique. Um ano depois, porém, a maioria do partido, então liderado por Martov, modificou sua atitude para com o governo soviético, dando-lhe seu apoio crítico na guerra civil. Essa posição foi condenada pela ala direita, agora minoritária, dos mencheviques, e alguns membros desta chegaram até mesmo a participar de governos antissoviéticos sustentados pelo imperialismo.

Embora tenham sido frequentemente reprimidos, os mencheviques continuaram como uma oposição legal até que a revolta de Kronstadt de 1921 (que receberam bem, mas de cuja organização não participaram) levasse efetivamente à supressão de todos os partidos não bolcheviques. Os mencheviques mais destacados puderam emigrar para o Ocidente, onde, até 1965, publicaram uma revista, *Sotsialisticheskivy Vestnik* (*Correio Socialista*). (Ver também LENINISMO; MARTOV; PLEKHANOV.)

MJ

Bibliografia: Ascher, Abraharn (org.), *The Mensheviks in the Russian Revolution*, 1976 • Bourguina, Anna, *Russian Social Democracy: the Menschevik Movement, a Bibliography*, 1968 • Carr, Edward H., *The Bolshevik Revolution, 1917-1923*, 1950 [*A Revolução Russa de Lenin a Stalin*, 1981] • Deutscher, Isaac, "The Mensheviks", in I. Deutscher, *Ironies of History*, 1964 (1966) [*Ironias da história*, 1968] • Getzler, Israel, *Martov: a Political Biography of a Russian Social Democrat*, 1967 ◦ "The Mensheviks", 1976 • Haimson, Leopold H. (org.), *The Mensheviks: From the Revolution of 1917 to the Outbreak of the Second World War*, 1974 (1976) • Lane, David, *The Roots of Russian Communism*, 1969 (1975) • Martov, I.O. & F.I. Dan, *Geschichte der russischen Sozialdemokratie*, 1926 • *Second Ordinary Congress of the RSDLP*, 1904 (1978), *1903* • Weill, C., *Marxistes russes et social-démocratie allemande, 1898-1904*, 1977.

mercado mundial Ver IMPERIALISMO E MERCADO MUNDIAL

mercadoria Todas as sociedades humanas têm de produzir suas próprias condições materiais de existência. A mercadoria é a forma que os produtos tomam quando essa produção é organizada por meio da troca. Nesse sistema, uma vez criados, os produtos são propriedade de agentes particulares que têm o poder de dispor deles transferindo-os a outros agentes. Os agentes que são donos de produtos diferentes confrontam-se num processo de barganha pelo qual trocam seus produtos. Nesse processo, uma quantidade definida de um produto troca de lugar com uma quantidade definida de outro.

A mercadoria tem, portanto, duas características: pode satisfazer a alguma necessidade humana, isto é, tem aquilo que Adam Smith chamou de VALOR DE USO; e pode obter outras mercadorias em troca, poder de permutabilidade que Marx chamou de VALOR. Como as mercadorias são trocadas umas pelas outras em proporções quantitativas definidas, pode-se considerar que cada mercadoria tem um certo valor. Toda a massa de mercadorias produzida num período pode ser vista como uma massa homogênea de valor, embora, vista de outro ângulo, seja uma coleção heterogênea de valores de uso diferentes e incomparáveis. Como valores, as mercadorias são qualitativamente iguais e só diferem quantitativamente no montante de valor que encerram. Como valores de uso, as mercadorias são qualitativamente diferentes, já que cada produto é específico e não pode ser comparado a outro.

A teoria do valor-trabalho analisa essa massa de valor como a forma que o trabalho social total dispendido assume num sistema de produção de mercadorias. O trabalho que produz mercadorias pode ser, assim, considerado, concretamente, como trabalho de um tipo particular, que produz um valor de uso particular (no sentido em que a tecelagem é um tipo particular de trabalho que produz tecido), ou, abstratamente; como a fonte de valor em geral, como TRABALHO ABSTRATO.

O valor torna-se visível como valor de troca quando as mercadorias se confrontam na troca, e o valor de troca passa a ter uma existência independente de qualquer mercadoria específica como DINHEIRO. A quantidade de dinheiro pela qual uma determinada mercadoria pode ser comprada ou vendida é o seu *preço*. O preço das mercadorias tomadas separadamente pode variar em relação aos seus valores, que são medidos pela quantidade de trabalho abstrato nelas contigo. Em média, ou no agregado, o preço total em dinheiro das mercadorias recém-produzidas é igual ao seu valor total (ver PREÇO DE PRODUÇÃO E O PROBLEMA DA TRANSFORMAÇÃO; VALOR E PREÇO). Analiticamente, a mercadoria é a unidade dialética do valor de uso e valor. A análise da forma mercadoria é a base da teoria do trabalho abstrato e da teoria do dinheiro.

A teoria da mercadoria estabelece as categorias fundamentais dentro das quais o capital pode ser analisado. O capital é o valor que se expande por meio do processo de produção e troca. Um capitalista começa a produção com uma certa quantia de dinheiro, que usa para comprar a força de trabalho e os meios de produção; o produto resultante é por ele vendido por mais dinheiro do que o total originalmente adiantado, e o valor excedente é a MAIS-VALIA. O capital é, portanto, uma forma que tem fundamento na existência de um sistema de produção de mercadorias e na emergência da forma monetária do valor. Os conceitos básicos usados para descrever e estudar o capital, a mercadoria, o dinheiro, a compra, a venda e o valor, têm como pressuposto a análise da forma de produção de mercadorias.

O trabalho despendido na produção de mercadoria é o trabalho social. O produto não é consumido pelo seu produtor imediato, mas por alguma outra pessoa que o obtém por meio da troca. Os produtores de mercadorias dependem de que outros produtores lhes forneçam, através da troca, os meios de produção e de subsistência que lhes são necessários. Mas o trabalho que despendem na produção de mercadorias aparece para os produtores como seu próprio trabalho privado, a que se aplicam de maneira independente da sociedade como um todo, para atender às suas necessidades e desejos particulares por meio da troca no mercado. As complexas relações reais que um produtor de mercadorias tem com os outros serem humanos através da divisão social do trabalho promovida pela produção de mercadorias são reduzidas a forças de mercado impessoais e incontroláveis. Os produtores, cujo mundo é, na verdade, criado por outras pessoas, veem-se a si mesmos existindo num mundo de coisas, as mercadorias. A forma produção de mercadorias simultaneamente torna o trabalho privado trabalho social quando os produtos são trocados e fragmenta o trabalho social em trabalhos privados. Essa confusão de relações entre pessoas com relações entre coisas é a contradição fundamental da produção de mercadorias. Marx dá a isso o nome de FETICHISMO DA MERCADORIA, ou seja, o processo pelo qual os produtos do trabalho humano passam a aparecer como uma realidade independente e incontrolável, alheia e estranha àqueles que os criaram. A missão histórica do socialismo, segundo a concepção de Marx, é transcender não apenas as contradições da produção capitalista, mas as contradições da forma mercadoria sobre a qual repousa a produção capitalista.

O conceito de mercadoria é usado por Marx para analisar formas que surgem com base na produção e na troca de mercadorias já bem-desenvolvidas, mas que não são propriamente mercadorias no sentido primitivo, isto é, produtos criados com o propósito de circularem em um sistema de trocas. Por exemplo, a FORÇA DE TRABALHO é vendida por um determinado preço, o salário, e portanto aparece no mercado como uma mercadoria, embora não seja produzida como tal, nem seu valor surja diretamente do trabalho despendido na sua produção. Em economias com mercados financeiros altamente desenvolvidos, o próprio capital se transforma numa "mercadoria", no sentido de que tem um preço (a taxa de juros) e é trocado num mercado (ver CRÉDITO E CAPITAL FICTÍCIO). Em ambos os casos, o conceito de mercadoria é usado por analogia e extensão, e não no seu sentido primitivo.

DF

Bibliografia: de Brunhoff, Susanne, "Marchandise et monnaie dans les *Théories de la plus value*", 1977 • Rubin, I.I., *Studien zur Marxschen Werttheorie*, 1928; *Essays on Marx's Theory of Value*, caps.I a V e cap. VII (1973) [*A teoria marxista do valor*, 1980] • Schubert, A., "Circulation de marchandises et formes de la monnaie", 1971.

mercadoria, fetichismo da Ver FETICHISMO DA MERCADORIA

mercadoria-dinheiro Ver DINHEIRO

mir Ver COMUNA RUSSA

modelo prussiano Ver CAMPESINATO

modo de produção Não tendo sido a expressão usada num sentido único e coerente por Marx, essa categoria foi, desde então, desenvolvida como o elemento central de uma explicação sistemática da história enquanto uma sucessão de diferentes modos de produção (ver MATERIALISMO HISTÓRICO; ESTÁGIOS DE DESENVOLVIMENTO). Essa explicação, que define épocas da história (ou sua caracterização teórica) de acordo com um modo dominante de produção e a revolução como a substituição de um modo de produção por outro, tornou-se típica do marxismo "economicista" da Segunda Internacional (ver ECONOMICISMO; INTERNACIONAIS) e foi reafirmada por Stalin, como a interpretação correta da concepção materialista da história de Marx, em *O materialismo histórico e o materialismo dialético*. Com isso, passou a constituir o fundamento do materialismo dialético (ver MATERIALISMO DIALÉTICO), isto é, da interpretação oficial do marxismo pelo Comintern. O texto que parece autorizar que se considere essa concepção como a concepção do próprio Marx é o famoso "Prefácio" à *Contribuição à crítica da economia política* de 1859:

> Na produção social de sua vida, os homens estabelecem determinadas relações necessárias e independentes de sua vontade, relações de produção que correspondem a uma determinada fase do desenvolvimento de suas forças produtivas materiais. O conjunto dessas relações de produção constitui a estrutura econômica da sociedade – a base real sobre a qual se ergue a superestrutura jurídica e política e à qual correspondem determinadas formas de consciência social. O modo de produção da vida material determina o caráter geral do processo da vida social, política e espiritual (...). Em um certo estágio de seu desenvolvimento, as forças produtivas materiais da sociedade entram em conflito com as relações de produção existentes, ou – o que não é senão a sua expressão jurídica – com as relações de propriedade dentro das quais se desenvolveram até ali. De formas de desenvolvimento das forças produtivas, essas relações se convertem em obstáculos a elas. Abre-se então uma época de revolução social.

Segundo essa perspectiva, a DIALÉTICA consiste no desenvolvimento paralelo dos dois elementos: as forças produtivas que se desenvolvem com base em determinadas relações de produção; sua contradição imanente que só se torna manifesta em um "certo estágio de seu (das forças produtivas) desenvolvimento", quando as "relações de produção se convertem em obstáculos" a esse desenvolvimento. (Para uma análise mais aprofundada, ver FORÇAS PRODUTIVAS E RELAÇÕES DE PRODUÇÃO.) Daí originou-se uma leitura determinista do processo de revolução: quando as forças produtivas superam as relações de produção, a revolução não só é possível, como também inevitável. Mas o êxito da revolução na Rússia atrasada e seu fracasso na Alemanha adiantada apontavam para, entre outras coisas, o papel da consciência no processo revolucionário e sugeriam que algo havia de errado nessa explicação determinista. O modo de produção não determinava a superestrutura de maneira direta e automática como Marx parecia pensar, e o colapso de um modo de produção não era, portanto, coisa tão clara quanto havia parecido. Existiriam talvez circunstâncias nas quais a superestrutura poderia determinar o que aconteceria na base, fatores ideológicos e políticos que afetassem os econômicos a ponto de provocar ou de impedir uma transformação do modo de produção (ver BASE E SUPERESTRUTURA; DETERMINISMO).

Uma tentativa de tratar desse problema, embora conservando o modo de produção como conceito fundamental, foi empreendida por Louis Althusser, particularmente em *Lire le Capital* com a colaboração de Étienne Balibar e de outros. Althusser rejeita a noção de uma base que determina a superestrutura; em vez disso, vê o econômico, o político e o ideológico como níveis que consistem de práticas específicas e que, reunidos, formam uma totalidade estruturada, uma formação social. A ideia de determinação é substituída pela ideia de causalidade estrutural (ver ESTRUTURALISMO). O modo de produção continua sendo um conceito básico, na medida em que é o nível econômico, o modo de produção, que "determina" qual dos diferentes níveis é "dominante" na totalidade estruturada interdependente. O econômico impõe limites, dentro dos quais os outros níveis só podem ser "relativamente autônomos", atribuindo funções necessárias à reprodução do modo de produção aos níveis não econômicos.

O modo de produção, tal como definido por Althusser e Balibar, consiste de duas séries de relações ou "conexões": "a conexão da apropriação real da natureza" e "as relações de expropriação do produto" (Althusser et al., 1966, glossário). Pretendem os autores que essas duas séries de relações correspondem à caracterização feita por Marx de toda e qualquer produção a partir de "dois elementos indissociáveis: o processo de trabalho (...) e as relações sociais de produção sob cuja determinação se executa o processo de trabalho" (ibid.). O problema com essa formulação, como observaram alguns de seus críticos (ver Clark et al., 1980) é que ela dissocia imediatamente o indissociável; o próprio processo de trabalho é visto como algo histórico, ao passo que as relações sociais se concentram dentro do modo de apropriação do produto, isto é, dentro das relações de propriedade e distribuição, apenas. Especificando *a priori* os limites e categorias dentro das quais devemos procurar o que é socialmente específico, Althusser as hipostasia e, com isso, consegue hipostasiar a própria produção. Mas a crítica fundamental que Marx fez ao pensamento burguês foi justamente a de que ele eternalizava as relações sociais do capitalismo e particularmente as da produção capitalista.

Portanto, embora Althusser tenha rompido com as formas anteriores de determinismo econômico grosseiro, rejeitando o seu reducionismo, não consegue diferenciar-se fundamentalmente em sua compreensão da base econômica do modo de produção. A nova relação por ele postulada, na qual a autonomia relativa dos níveis não econômicos depende da sua necessidade para a reprodução do modo de produção, cria uma separação entre a caracterização das condições de produção e a caracterização das condições sob as quais as condições de produção podem ser reproduzidas. Esse procedimento foi criticado por desconhecer a ideia essencial de processo e de dialética na obra de Marx (Glucksmann, 1972).

Um enfoque alternativo, que também rejeita o determinismo econômico da Segunda e da Terceira Internacionais, reformulando e ampliando sua concepção de modo de produção, pôde surgir, em grande medida, como consequência do interesse pelos escritos do próprio Marx sobre o processo de trabalho, interesse esse estimulado pela publicação em inglês, no ano de 1976, do manuscrito até então pouco conhecido e que se destinava a ser o capítulo VI do primeiro livro de *O Capital*: "Resultados do processo imediato de produção" (Capital I, edição inglesa Penguin, 1976, ver Bibliografia Geral ao final deste volume para outras edições). Isso porque o próprio uso que Marx faz da expressão modo de produção fora daquele capítulo é evidentemente ambíguo em relação à dicotomia althusseriana. A expressão modo de produção é usada algumas vezes, na obra de Marx, por um lado, para definir o processo econômico e, basicamente, as relações entre os homens na produção e na apropriação do excedente (por exemplo, no trecho do "Prefácio" citado acima). Em outros momentos, porém, a expressão parece ter um significado muito mais restrito, como no capítulo sobre "A maquinaria e a indústria moderna" do primeiro livro de *O Capital*, em que aspectos da mecanização em esferas específicas da indústria, como a introdução da prensa hidráulica, do tear a vapor e da máquina de cardar, são mencionados como "transformações do modo de produção", em sua respectiva esfera. No capítulo sobre os "Resultados do processo imediato de produção", a coerência dessa variedade de significados torna-se clara. Distinguindo-se entre a subordinação formal e a subordinação real do trabalho ao capital, Marx distingue entre as condições formais sob as quais têm lugar as formas capitalistas de exploração (a definição da tradição do materialismo dialético e de Althusser) e as condições concretas de produção a que tais formas de exploração levam e sob as quais são reproduzidas. Assim, embora as primeiras possam definir o modo de produção formalmente, só podem ser reproduzidas como as segundas; e a consequência disso, isto é, a maneira pela qual o modo de produção age como uma base que afeta o resto da sociedade, depende das condições reais, as condições sob as quais o modo de produção pode ser reproduzido. Ao destinar os níveis não econômicos ao papel de reprodução, argumentariam seus críticos, Althusser não apenas recria o reducionismo que desejava evitar como empobrece o conceito de modo de produção, transformando-o numa redoma formal e a-histórica (ver Banaji, 1977; Glucksmann, 1972, Clarke et al., 1980).

Todos os participantes desse debate certamente aceitariam como uma definição eficiente de "modo de produção" a utilizadíssima citação de Marx (na qual, incidentalmente, ele próprio não emprega a expressão):

> A forma econômica específica pela qual o trabalho excedente não pago se extorque dos produtores diretos determina a relação dominadores-dominados, tal como esta nasce diretamente da própria produção e, por sua vez, age sobre ela como elemento determinante. Aí se fundamenta toda a formação da comunidade econômica, que surge das próprias relações de produção, e, por conseguinte, a estrutura política que lhe é própria. É sempre na relação direta entre os proprietários dos meios de produção e os produtores diretos – uma relação que corresponde sempre, naturalmente, a um dado nível de desenvolvimento dos métodos de trabalho e, portanto, da sua produtividade social – que encontramos o recôndito segredo, a base oculta de toda a estrutura social. (*O Capital*, III, cap.XLVII, seção 2)

A discussão gira em torno da interpretação correta dessa passagem. Todas as partes interessadas admitem que o importante é a maneira pela qual o excedente é produzido e seu uso controlado, pois é a produção de um excedente que permite às sociedades crescerem e se transformarem. A discordância relaciona-se com até que ponto o econômico pode ser definido *a priori* e formalmente distinto de outros "níveis"; até que ponto determinação significa operação de entidades separadas umas das outras, mesmo quando ligadas em uma totalidade estruturada, ou antes desenvolvimento imanente de relações internas a um todo indivisível.

SH

modo de produção antigo Ver SOCIEDADE ANTIGA

modo de produção asiático Ver SOCIEDADE ASIÁTICA

modo de produção camponês Ver CAMPESINATO

modo de produção comunista primitivo Ver COMUNISMO PRIMITIVO

modo de produção escravista Ver ESCRAVISMO

modos de produção não capitalistas Marx argumentou que o capitalismo é apenas uma das formas historicamente específicas em que meios de produção e força de trabalho se combinam para reproduzir as condições materiais de vida. Antes da época capitalista, e no mundo subdesenvolvido de hoje, as condições materiais de vida são reproduzidas por meio de relações não capitalistas. A expressão modos de produção não capitalistas, rigorosamente falando, inclui as sociedades pós-capitalistas, mas só nos ocuparemos aqui dos sistemas sociais pré-capitalistas, entendendo com isso que eles são historicamente anteriores ao desenvolvimento do capitalismo em uma formação social, embora possam ser contemporâneos do capitalismo numa escala mundial.

Um modo de produção, na concepção de Marx, é definido pela maneira como se organiza a produção, especificamente em termos da relação entre os produtores diretos e a classe exploradora (ver MODO DE PRODUÇÃO). Essa relação, que Marx por vezes chamou de "modo de exploração" (ou apropriação) refere-se à maneira pela qual o produto excedente é extraído da classe dos produtores diretos pela classe dos exploradores. Na teoria marxista ortodoxa, essa relação é a base fundamental da sociedade, determinando, com a margem devida às variações históricas concretas, o sistema de domínio político, a ideologia e a cultura. Até recentemente, era comum que os marxistas resumissem o desenvolvimento social a uma sucessão de cinco modos de produção, na seguinte ordem cronológica: COMUNISMO PRIMITIVO, ESCRAVISMO, feudalismo (ver SOCIEDADE FEUDAL; CAPITALISMO e COMUNISMO). O SOCIALISMO era incluído pelos que o consideravam como um modo de produção e excluído pelos que o consideram apenas uma fase de transição entre os dois últimos, por não contar com relações de produção específicas próprias. Nos últimos anos, porém, essa teoria dos estágios tem sido questionada (ver ESTÁGIOS DE DESENVOLVIMENTO). Em particular, o conceito de modo de produção escravista foi bastante criticado, uma vez que a história encerra várias formas qualitativamente diferentes de escravidão (por exemplo, no mundo antigo e no Novo Mundo).

O elemento fundamental para a definição de um modo de produção são as relações sociais de produção que ligam o produtor ao explorador (com a exceção óbvia dos modos de produção em que não há exploração: comunismo primitivo e comunismo). Marx empenhou-se principalmente em identificar as relações de produção capitalistas e feudais, com ênfase sobretudo nas primeiras. Um consenso relativo pode ser encontrado quanto à definição do feudalismo europeu, caracterizado por unidades de produção autossuficientes (feudos) nas quais camponeses ou servos controlam as glebas de terra destinadas à subsistência, às quais estão presos por uma coerção extraeconômica, e são obrigados a entregar um produto excedente à classe dos senhores de terras ou proprietários feudais. Essa expressão deve ser entendida, contudo, de maneira criteriosa, pois a propriedade da terra no sentido jurídico moderno pela classe exploradora não é necessária, nem comum, nas sociedades definidas como feudais.

É muito menor o consenso sobre as características definidoras de outros modos de produção do passado, ou ainda existentes contemporaneamente. A maior parte dos marxistas aceita o conceito de modo de produção antigo para as sociedades da bacia do Mediterrâneo, desde a Grécia clássica até a queda de Roma (Anderson, 1974b; ver SOCIEDADE ANTIGA), mas é difícil encontrar consenso quando se quer ir além disso. Particularmente em relação aos países atrasados, várias hipóteses de modos de produção não conseguiram aceitação geral entre os marxistas: modo de produção de linhagem (Rey, 1975), modo de produção colonial (Rey, 1973; Alavi, 1975 – os dois autores usam a mesma expressão para conceitos diferentes) e modo de produção andino, para mencionarmos apenas os mais conhecidos. Mais importante do que essas tentativas de especificar relações sociais de produção concretas é o debate quanto à caracterização, ou não, dos modos de produção não capitalistas pelas suas contradições internas. O problema é saber se o processo de reprodução interna desses modos de produção contém dentro de si forças desestabilizadoras que tendem a enfraquecer esse mesmo processo de reprodução.

Naturalmente, é esse o argumento apresentado por Marx em relação ao capitalismo. Em termos esquemáticos, pode-se dizer que, para Marx, o processo de concentração do capital e o crescimento do proletariado enfraquecem progressivamente o capitalismo, criando com isso condições para que ele seja derrubado pela classe operária. É questão bastante controversa definir até que ponto todos os modos de produção são igualmente contraditórios. As ideias de Marx sofreram modificações com o tempo, como seria de esperar em qualquer processo de desenvolvimento revolucionário e intelectual, e sobre essa questão, como em relação a outras, podemos encontrar posições diferentes em seus escritos. Em uma passagem muito citada do "Prefácio" à *Contribuição à crítica da economia política*, Marx diz claramente que todos os modos de produção (com exceção do comunismo) são inevitavelmente abalados pela contradição entre as forças produtivas e as relações de produção. Em sua nota suplementar, sobre "Lei do valor e taxa de lucro", ao livro terceiro de *O Capital*, Engels compartilha dessa posição, argumentando que é o desenvolvimento das forças produtivas, em sua opinião essencialmente autônomo, que torna transitórias todas as sociedades.

Nos artigos que escreveu sobre a Índia e a China, Marx cunhou a expressão "modo de produção asiático", cuja característica, entre outras, era a resistência a qualquer tipo de transformação e a ausência de contradições internas que o enfraquecessem. A argumentação de Marx em favor do modo de produção asiático foi muito criticada por Anderson (1974) e poucos a aceitam hoje em dia (ver SOCIEDADE ASIÁTICA). A posição segundo a qual a análise das contradições desenvolvida por Marx é específica ao capitalismo tem maior aceitação e foi eloquentemente defendida por Colletti, que a interpreta como uma afirmação de que as contradições do capitalismo nascem da oposição entre VALOR DE USO e VALOR, que se manifesta no FETICHISMO DA MERCADORIA, em que as relações sociais de exploração se projetam na superestrutura como relações de igualdade formal. Em consequência disso, a luta de classes no capitalismo não é apenas antagônica, mas também contraditória, no sentido de inerentemente instável. Se a argumentação de Colletti é correta, então uma teoria geral do conflito entre as forças produtivas e as relações de produção não pode ser deduzida a partir da análise do capitalismo.

Não obstante a argumentação de Colletti, todas as sociedades de classes continuam a ser caracterizadas, pelo menos potencialmente, pelos antagonismos de classe (ver LUTA DE CLASSES). Com base nesse truísmo, afirma-se que todos os modos de produção têm como dinamismo básico o conflito entre os produtores diretos e a classe exploradora (Bettelheim, 1974; Brenner, 1977). Brenner pretende que é esse conflito, e não o desenvolvimento das forças produtivas, que abala e enfraquece o processo de reprodução nos modos de produção pré-capitalistas e provoca sua dissolução e a transição para um novo modo de produção.

No estado atual da teoria e da prática, há um acordo geral sobre o que se deve entender por capitalismo, por feudalismo e, talvez, por modo de produção antigo. É menor, ou mesmo inexistente, o acordo sobre todos os outros modos de produção possíveis e, em particular, sobre a caracterização das formações sociais do mundo subdesenvolvido. Essa discordância manifesta-se no prolongado debate sobre a natureza e a possibilidade da transformação capitalista nos países subdesenvolvidos. (Ver também IMPERIALISMO E MERCADO MUNDIAL; TEORIA DA DEPENDÊNCIA; SUBDESENVOLVIMENTO E DESENVOLVIMENTO.)

JW

Bibliografia: Alavi, Hansa, "Índia and the Colonial Mode of Production", in R. Miliband & J. Savile (orgs.), *The Socialist Register*, 1975 • Anderson, Perry, *Lineages of the Absolutist State*, 1974a ◎ *Passages from Antiquity to Feudalism*, 1974b [*Passagens da Antiguidade ao feudalismo*, 1982] • Bettelheim, Charles, *Les furtes de classes en URSS*, vol.I, 1974 [*As lutas de classes na União Soviética*, 1976] • Brenner, Robert, "The Origins of Capitalist Development; a Critique of Neo-Smithian Marxism", 1977 • Cardoso, Ciro Flamarion, "Los modos de producción coloniales: estado de la cuestión y perspectiva teórica", 1975 • Colletti, Lucio, *From Rousseau to Lenin*, 1974 • Godelier, Maurice (org.), *Sur les sociétés pré-capitalistes*, 1970 • Harstick, Hanz-Peter (org.), *Karl Marx, über Formen vorkapitalistischer Produktion*, 1977 • Hobsbawm, Eric, "Introduction", in K. Marx, *Pre-Capitalist Economic Formations*, 1964b [*Formas econômicas pré-capitalistas*, 1981] • Marx, Karl & F. Engels & V.I. Lenin, *Sur les sociétés pré-capitalistes*, 1973 • Meillassoux, Claude, *Femmes, greniers et capitaux*, 1976 ◎ "Lettre sur l'esclavage", 1977 ◎ *Terrains et theories*, 1977 • *Modos de producción en América Latina*, *Cuadernos de Pasado y Presente*, n.40, 1973 • Rey, P.P., *Les alliances de classes*, 1973 • "The Lineage Mode of Production", 1975. (Ver também as bibliografias de ANTROPOLOGIA; COLONIALISMO; COMUNISMO PRIMITIVO; SOCIEDADE ASIÁTICA; SOCIEDADE FEUDAL.)

modo de produção servil Ver SOCIEDADE FEUDAL

moeda Ver DINHEIRO

moral A concepção marxista de moral é paradoxal. Pretende, de um lado, que a moral é uma forma de ideologia, que qualquer moral dada surge sempre de um estágio particular do desenvolvimento das forças produtivas e das relações de produção e é sempre relativa a um modo particular de produção e a interesses particulares de classe, que não há verdades morais eternas, que a própria forma da moral e de ideias gerais como a liberdade e a justiça não podem "desaparecer completamente a não ser com o desaparecimento total dos antagonismos de classe" (*Manifesto comunista*), que o marxismo se opõe a toda e qualquer moralização e que a crítica marxista tanto do capitalismo como da economia política não é moral e sim científica. Por outro lado, os escritos de Marx estão cheios de juízos morais, implícitos e explícitos. Desde os seus primeiros escritos, em que expressa seu ódio ao servilismo quando discute a alienação nos *Manuscritos econômicos e filosóficos* e em *A ideologia alemã*, até os violentos ataques às condições vigentes nas fábricas e à desigualdade em *O Capital*, é evidente que Marx era movido pela indignação e por um intenso desejo de um mundo melhor. O mesmo vale para Engels e para a maior parte dos pensadores marxistas que se lhes seguiram. Na verdade, pelo menos nas sociedades capitalistas, pode-se argumentar que a maior parte das pessoas que se tornam marxistas o fazem principalmente por motivos morais.

Esse paradoxo pode ser amplamente ilustrado com textos marxistas. Comparem-se o soberano desprezo que Marx demonstra pelos apelos à justiça de Proudhon e de outros e sua rejeição do vocabulário moral na *Crítica ao Programa de Gotha* com suas amargas descrições dos efeitos sufocantes e alienantes do capitalismo sobre os trabalhadores e com sua visão do comunismo, que muitas vezes aflora e na qual os produtores associados trabalhariam e viveriam "em condições mais favoráveis à sua natureza humana e mais dignas dessa natureza" (*O Capital*, III, cap.XLVIII). Veja-se como Engels rejeita os dogmas morais e como sustenta a opinião de que "a moral foi sempre a moral de classe", e comparem-se tais atitudes com sua crença no progresso moral e na "moral proletária do futuro" (*Anti-Dühring*, parte I, cap.IX). Os ataques de Kautsky, de Rosa Luxemburg e de Lenin ao "socialismo ético" contrastam com a sua denúncia dos males do capitalismo e suas visões do socialismo e do comunismo. Finalmente, a concepção de Trotski de que toda a moral é uma ideologia de classe e parte da "mecânica da ilusão de classe", não parece ir bem com a sua aceitação da "moral libertadora do proletariado" (Trotski et al., 1969, p.16 e 37).

O paradoxo foi evitado por várias tradições divergentes dentro da história marxista: os marxistas de influência neokantiana e os "socialistas éticos" da Alemanha e da Áustria, os marxistas influenciados pelo existencialismo, sobretudo na França, e os dissidentes marxistas da Europa Oriental, especialmente na Polônia e na Iugoslávia. Essas dissensões mostram uma tendência a adotar o componente moral do marxismo (quer sob a forma de imperativos categóricos, de compromissos existenciais ou de interpretações e princípios humanistas) ao mesmo tempo em que rejeitam o componente antimoral ou procuram reduzir-lhe a importância.

Talvez seja possível começar a resolver o paradoxo de duas maneiras. Primeiro, sugerindo que Marx e os marxistas posteriores foram confusos, ou mesmo se iludiram, em sua atitude para com a moral, acreditando falsamente que eles próprios haviam prescindido de um ponto de vista moral, ou ultrapassado esse ponto de vista. Sem dúvida, o componente positivista, cientificista, do marxismo estimulou essa possibilidade. Mas a segunda solução proposta vai mais fundo. Ela envolve uma distinção entre a área da moral que se relaciona com direitos, obrigações, justiça, etc., que é identificada pela palavra alemã *Recht*, e a área relacionada com a realização das possibilidades humanas e a liberdade face aos obstáculos a essa realização, que melhor se revela no que Marx chamou de "emancipação humana" (ver EMANCIPAÇÃO). Pode-se argumentar que a moral é, no primeiro sentido e do ponto de vista marxista, inerentemente ideológica, já que é produzida por condições – acima de tudo a escassez e os interesses conflitantes – que resultam da sociedade de classe, cujos antagonismos e dilemas ela, a um só tempo, falseia e pretende resolver. *Nesse sentido*, o marxismo tem, em relação à moral, uma posição exatamente análoga à sua concepção crítica da religião: o apelo para que se abandonem essas ilusões é o apelo para que se abandonem as condições que exigem tais ilusões. Eliminem-se a escassez e o conflito de classes e a moral do tipo *Recht* desaparecerá. A moral da emancipação exige a abolição das condições que determinam uma moral do tipo *Recht*.

Essa sugestão daria sentido a dois pontos que vários autores recentes têm levantado: que Marx parece rejeitar a ideia de que o capitalismo é injusto e que o marxismo não dispõe de uma teoria desenvolvida dos direitos. Mais geralmente, poderíamos dizer que o marxismo tem uma visão moral inspiradora, mas não uma teoria desenvolvida das obrigações morais, de quais os meios permissíveis na busca de seus fins. O marxismo conta, é claro, com uma teoria dos fins e, desde Lenin, com uma pletora de discussões táticas e estratégicas dos meios; mas, com poucas exceções, resistiu sempre a qualquer discussão dessa questão a partir de um ponto de vista moral.

SL

Bibliografia: Bucnanan, A.E., *Marx and Justice: the Political Critique of Liberalism*, 1982 • Cohen, Marshall & Thomas Nagel & Thomas Scanlon, *Marx, Justice and History*, 1980 • Kamenka, Eugene, *Marxismo and Ethics*, 1969 • Kautsky, Karl, *Ethik und materialistische Geschichtsauffassung*, 1906 (1910); *Ethics and the Materialist Conception of History* (1918) • "Marx and Morality", suplemento ao núm. 7 de *Canadian Journal of Philosophy*, 1981 • Merleau-Ponty, Maurice, *Humanisme et terreur*, 1947; *Humanism and Terror* (1969) [*Humanismo e terror*, 1968] • Plamenatz, John, *Karl Marx's Philosophy of Man*, 1975 • Rubel, Maximilien, *Pages choisies pour une éthique sociatiste*, 1948 • Stoyanovic, Svetozar, *Between Ideais and Reality*, 1973 • Trotski, L.D. & John Dewey & George Novack, *Their Morals and Ours: Marxist versus Liberal Views on Morality*, 1969 ["Nossa moral e a deles", in L.D. Trotski, *Moral e revolução*, 1980] • Wood, A.W., *Karl Marx*, 1981.

movimento cooperativo Ver ASSOCIAÇÃO COOPERATIVA

movimentos operários Dizer que o movimento operário é fundamental para o pensamento marxista é correr o risco de ser pouco enfático. Os marxistas muito têm dito e escrito sobre a cronologia e a tipologia dos movimentos operários. Mais fundamental, porém, do que essas opiniões sobre os movimentos operários, há um sentido no qual o próprio pensamento marxista foi edificado a partir de, e mesmo determinado por, tais movimentos.

Isso não deve surpreender os materialistas históricos. O que distingue o materialismo histórico de outros sistemas de pensamento é o sentido de sua própria subordinação aos movimentos que de fato existem na história e que a modificam, inteligíveis (e mutáveis) sob perspectivas de classe. Os movimentos das classes sociais antecedem qualquer ciência de sua evolução: tal ciência, na medida em que adquire significação histórica, é articulada por meio deles. Uma das descobertas chaves do materialismo histórico, expressa por Marx no primeiro livro de *O Capital* (capítulo XXIV), é que o movimento da classe operária é parte das leis de movimento do capitalismo:

> Juntamente com a constante redução do número de magnatas capitalistas, que usurpam e monopolizam todas as vantagens desse processo de transformação, cresce a massa de miséria, opressão, escravidão, degradação e exploração. Mas, com isso, cresce igualmente a revolta da classe operária, uma classe cujo número aumenta constantemente e que é treinada, unificada e organizada pelo próprio mecanismo do processo capitalista de produção. O monopólio do capital torna-se um grilhão para o modo de produção, que floresceu juntamente com ele e sob ele. A centralização dos meios de produção e a socialização do trabalho chegam a um ponto no qual se tornam incompatíveis com o seu enquadramento capitalista. Esse enquadramento é rompido. Dobram os sinos pela propriedade privada capitalista. Os expropriadores são expropriados.

E do movimento operário nascem teorias adequadas à tarefa de transformar o mundo. Assim, movimentos como a revolta dos tecelões da Silésia, os cartistas, as revoluções de 1848 e suas consequências, o movimento feniano, o desenvolvimento dos sindicatos ingleses, as "fábricas cooperativas dos próprios trabalhadores", a Comuna de Paris e as experiências dos primeiros partidos operários, notadamente o Partido Social-Democrata da Alemanha, foram, cada um deles, fundamentais para modelar o pensamento que aos poucos se tornou conhecido – e a princípio entre seus adversários – como "marxista".

Quatro momentos na relação entre os movimentos operários e o pensamento marxista tiveram particular importância para o desenvolvimento deste último. Houve, primeiro, o movimento de seu nascimento como materialismo histórico, em meados da década de 1840. Para isso foi fundamental a experiência das condições da classe operária e das associações políticas em Manchester, avaliadas e expressas por Engels entre 1842 e 1844, e transmitidas a Marx a partir de então. A ênfase na produção, em lugar da concorrência, nos aspectos especificamente capitalistas da indústria moderna, no Estado como instrumento de opressão da propriedade privada e no comunismo como um movimento autêntico da classe operária e não como uma ideia filosófica chegou ao pensamento socialista por meio do "movimento social", e não o inverso. A partir do momento, na década de 1840, em que a classe se tornou um movimento de massa latente – e potencialmente manifesto – a contradição (no pensamento marxista) tornou-se um fenômeno material com raízes no processo de trabalho do capitalismo, e não na abstração ou na natureza. Havia coisas (relações) que eram internas ao desenvolvimento capitalista, embora externas a ele. Durante os 25 anos que se seguiram ao *Manifesto comunista* as principais questões políticas para a análise histórica materialista dos movimentos operários passaram a ser: (i) até que ponto os movimentos operários poderiam valer-se das revoluções democráticas burguesas para ir além delas próprias no interesse da maioria? (ii) onde e como "a economia política do trabalho", "a produção social controlada pela previsão social" estavam penetrando na esfera do capital? (iii) até que ponto poderiam as associações de operários – quer sindicais, cooperativas ou políticas – constituir "centros de organização da classe operária, como as municipalidades medievais e as comunas constituíram para a burguesia emergente (*Bürgertum*)", conforme escreveu Marx em seu *Informe aos delegados* no Congresso de Genebra da Associação Internacional dos Movimentos Operários realizado em 1867? (iv) onde estavam as contradições, negativas e positivas, a partir das quais novos modos tornavam-se visíveis "como formas de transição do modo de produção capitalista para o modo de produção dos trabalhadores associados" (*O Capital*, III, cap.XVII)? (v) como poderia expressar-se a possibilidade real das lutas setoriais e parciais se generalizarem em vez de serem reprimidas?

Um segundo momento fundamental foi o da COMUNA DE PARIS de 1871. O efeito sobre o pensamento marxista dessa "experiência prática (...) onde o proletariado pela primeira vez dispôs do poder político por dois meses inteiros" (Marx e Engels, *Manifesto comunista*, "Prefácio à segunda edição alemã", 1872) pode ser acompanhado nos rascunhos e no texto de *A guerra civil na França*. Essa experiência do movimento operário levou ao que alguns analistas consideraram como "uma revolução no pensamento de Marx". A Comuna tornou possível uma crítica, na prática, da separação burguesa entre o político e o econômico; sugeriu a necessidade da substituição – e não apenas da tomada – do poder do Estado como a meta do movimento operário; e acabou com o "engodo completo" de que os operários não podiam governar o mundo porque havia algo de inevitável ou natural na divisão política do trabalho vigente. A experiência levou Marx e Engels a reverem algumas das suas concepções do período do *Manifesto*, no tocante a essas questões.

O terceiro momento significativo da relação do movimento operário com o pensamento marxista corresponde a um período mais prolongado. Começou com a criação, particularmente na Alemanha, de partidos políticos operários de massa. Durante as décadas de 1880 e 1890, o marxismo adquiriu, pela primeira vez, influência entre movimentos operários mais significativos. No período da Segunda Internacional, as oportunidades e limitações da organização política operária em grande escala tornaram-se preocupação essencial do pensamento político marxista (ver INTERNACIONAIS). Sua temática dominante e os debates cotidianos dentro dos movimentos operários filiados à Internacional focalizam questões do seguinte tipo: como comemorar o Dia do Trabalho; o papel dos sindicatos, das GREVES e das greves gerais na emancipação do trabalho; a participação nos parlamentos e nos governos burgueses; o papel das reformas como trampolins ou como obstáculos para a revolução; a possibilidade do capitalismo livrar-se de suas contradições por meio da reforma; a natureza (limitações e oportunidades) do nacionalismo, do imperialismo e da GUERRA interna e externa; até onde a organização consciente, segundo as novas linhas, era necessária para que os movimentos operários superassem os efeitos limitadores da espontaneidade; as divisões no capitalismo entre o econômico e o político e as leis férreas da ossificação organizacional (ver Michels, 1911; e o artigo ELITES). Tais debates eram a dieta cotidiana dos movimentos operários em fins do século XIX e princípios do século XX. Eles demarcaram as linhas de fratura das cisões desses movimentos em "revisionistas" e "revolucionários", "socialistas científicos" e "socialistas éticos", "sindicalistas" e "social-democratas".

No período que se seguiu ao quarto momento crucial da relação do movimento operário com o pensamento marxista – a revolução bolchevique de 1917 e a contenção de seus reflexos no resto da Europa nos agitados anos que se seguiram até 1921 –, esses debates continuaram. Mas ocorreram num contexto transformado por esses acontecimentos e se transformaram em divisões *organizacionais* permanentes, congeladas em partidos comunistas, partidos social-democratas ou trabalhistas, e predominantemente em movimentos sindicais apolíticos. O pensamento marxista em relação ao movimento operário transformou-se em dogma nos regimes "socialistas" pós-revolucionários. Nas sociedades capitalistas ocidentais, desenvolveu-se como esforços teóricos para explicar as razões pelas quais o pensamento e os movimentos haviam sido separados pelo imperialismo, pela cooptação, pelo reformismo bem-sucedido, pela repressão, pela hegemonia cultural, etc. No período que vai de princípios da década de 1920 até fins da década de 1960, a principal e trágica relação entre o pensamento marxista e os movimentos operários – pelo menos do ponto de vista político – foi o distanciamento e até mesmo o conflito. A história não se desenvolveu no sentido que a maioria dos marxistas da Segunda Internacional haviam previsto, e a tarefa ainda incompleta do pensamento marxista foi explicar por que isso ocorreu.

A ortodoxia sobre o desenvolvimento dos movimentos operários dentro do pensamento marxista fixou-se bem cedo, com a experiência que Engels teve na Inglaterra no início da década de 1840; permaneceu em vigor durante toda a vida deste e continuou razoavelmente constante depois de sua morte. De acordo com essa ortodoxia, o protesto individualizado dá lugar às lutas locais ou setoriais. Tais lutas são, a princípio, estreitamente econômicas ou estreitamente políticas e não questionam de maneira explícita as nascentes definições capitalistas de tais categorias. São, também a princípio, relativamente desorganizadas e só aos poucos vão criando organizações formais com estruturas constitucionais, procedimentos racionalizados e divisões internas de trabalho. Quando isso ocorre, registram-se igualmente os deslocamentos de objetivos, que se afastam do projeto social e político da classe trabalhadora e se voltam para interesses de determinadas camadas, grupos ocupacionais, entidades nacionais e subnacionais. Ainda assim, o desenvolvimento das contradições do capitalismo é tal que uma fase de "luta de classes nacional" segue-se a essas lutas locais e setoriais. A evolução assume uma forma política coordenada, com a luta pelo poder a nível do Estado. Inexoravelmente, embora com retrocessos e demoras, as diferentes alas do movimento operário – no sentido das divisões políticas e dos ramos da indústria – unem-se para transformá-lo num movimento de classe no sentido mais completo. O desenvolvimento desigual em nível nacional tem paralelo no plano internacional. Mas também aí, segundo o pensamento marxista, esse desenvolvimento desigual será superado: nas palavras do *Manifesto comunista*: "em lugar da velha sociedade burguesa, com suas classes e seus antagonismos de classe, teremos uma associação na qual o livre desenvolvimento de cada um é a condição do livre desenvolvimento de todos". Os setores de liderança liderarão, mas todos acabarão por atingir finalmente o mesmo nível. O desenvolvimento será desigual, mas será também combinado.

Essas ortodoxias são bem conhecidas. Nem sempre, porém, contribuíram para a tarefa incompleta acima mencionada e, nos últimos anos, têm sido questionadas dentro do próprio pensamento marxista. Três direções de análise podem ser mencionadas. Os historiadores do trabalho tentaram, por trás e para além das formas de organização social-democrata e comunista dominantes do movimento operário no século XX, reconstituir e estudar a racionalidade, a eficiência e a criatividade das chamadas formas "primitiva" e "utópica" de movimento (ver SOCIALISMO UTÓPICO), encarando-as como algo mais do que precursoras. As feministas tentaram igualmente, por trás da composição predominantemente masculina dos movimentos operários e das versões dominantemente masculinas de sua história, descobrir a maneira pela qual metade da raça humana foi ocultada à história e mesmo ao seu próprio passado ativo e criativo (ver FEMINISMO): o gênero atualmente passou a ser tratado como uma variável independente da classe, mas com ela relacionada. Os pesquisadores no campo da nascente disciplina dos "estudos culturais" procuraram entender as versões dominantes do que constitui "produção" de modo a recolocar o pensamento marxista sobre o PROCESSO DE TRABALHO não só na produção "econômica", como também na produção cultural e política. A partir dessas três maneiras complementares, a ideia de setores de vanguarda no desenvolvimento do movimento operário está sendo criticada, e interpretações menos evolucionistas desse movimento estão sendo propostas.

SY

Bibliografia: Berta, G., *Marx, gli operai inglesi e i cartisti*, 1979 • Blackburn, Robin (org.), *Revolution and Class Struggle: a reader in marxist politics*, 1978 • Braunthal, Julius, *History of the International*, vols. I-III, 1966-1980 • Castoriadis, Cornélius, *L'Expérience du mouvement ouorier*, 1974 • Caute, D., *The Left in Europe since 1979*, 1966 • Cole, G.D.H., *A History of Socialist Thought*, vols. I-VII, 1953-1960 • Droz, J. (org.), *Histoire génèrale du socialisme*, 1972 • Hobsbawm, Eric J. (org.), *Storia del marxismo*, 1978-1982; *History of Marxism* (1982) [*História do marxismo, 1980-1984*] • Kuczynski, J., *The Rise of the Working Class*, 1967 • Mattick, Paul, *Intégration capitaliste et rupture ouvrière*, 1972 [*Integração capitalista e ruptura operária*, 1977] • Rowbotham, S., *Hidden from History*, 1973 • Stedman Jones, G., *Engels and the Genesis of Marxism*, 1977 • Thompson, E.P., *The Making of the Englisn Working Class*, 1963 • Williams, R., *Politics and Letters*, 1979.

multinacionais Ver EMPRESAS MULTINACIONAIS

N

nação Percebe-se, em muitos escritos de Marx e Engels, que eles eram muito cônscios do caráter ou constituição nacional. Mas a nacionalidade enquanto tal não foi um tema que lhes interessasse muito: esperavam que ela desaparecesse logo e, enquanto isso não acontecia, interessavam-se muito mais pelos elementos que as compõem, as classes sociais. Em sua opinião, muitas nacionalidades já estavam desaparecendo, como os celtas e os povos eslavos menos numerosos, e não o lamentavam. O industrialismo apressava tal processo – foi a conclusão a que chegaram logo de início – fundindo todos os países civilizados em um único todo econômico; uma burguesia ainda podia ter os seus interesses próprios, distintos dos interesses das burguesias de outros países, mas, na classe operária, o sentimento nacional havia desaparecido (*A ideologia alemã*, Vol.I, 2B). Na segunda parte do *Manifesto comunista*, Marx e Engels declaram que "o trabalhador não tem pátria".

A política prática forçou-os a levar as questões nacionais mais a sério, mas coube aos seus sucessores sistematizar uma concepção marxista a respeito. Esta tomou forma com a obra clássica de Otto Bauer (1907) e, mais tarde, com o texto escrito por Stalin em 1913. A nacionalidade, escreve Stalin (mais ou menos no mesmo espírito de Bauer, embora com algumas divergências), não é um fenômeno racial ou tribal. Tem cinco características essenciais: deve ser uma comunidade estável e permanente, deve ter linguagem comum, território próprio e coesão econômica, e possuir um caráter coletivo. Ela assume forma política positiva como nação em condições históricas definidas, em uma época específica, a da ascensão do capitalismo e das lutas da burguesia emergente contra o feudalismo. Invertendo a concepção original de Marx e Engels, Stalin atribui o advento da nação à necessidade que tinha a indústria de um mercado nacional, com uma população homogênea e um mercado comum. O advento da nação teve lugar primeiramente na Europa Ocidental, ao passo que, mais para o Leste, evoluía um Estado diferente, multinacional; mas agora a indústria se difundia por toda parte, acendendo as mesmas aspirações. Todos os povos do império dos Habsburgo e do império czarista que se podiam qualificar como nações tinham, portanto, o direito de pretender a independência. Entre os povos excluídos desse direito estavam os judeus russos, pois não tinham um território próprio. A organização de esquerda dos judeus russos, o Bund, fundada em 1897, havia reivindicado um estatuto de nacionalidade para os judeus e pretendia contar com autonomia no interior do Partido Social-Democrata russo. Tais projetos levaram inclusive a um rompimento do Bund com o partido após acesos debates por ocasião do segundo congresso do partido realizado em 1903, no qual houve muitas discussões sobre as questões nacionais, em particular sobre a questão judaica.

A formulação de Stalin deixa sem resposta várias questões sobre épocas anteriores à da ascensão do capitalismo, como por exemplo a questão dos escoceses que resistiram à conquista inglesa na Idade Média: seriam eles uma nação, e não uma simples nacionalidade? Ou poderia o título ser negado aos romanos? Deixa também dúvidas quanto a certos povos da Europa Ocidental que, mesmo que não tivessem sido verdadeiras nações no passado, organizaram movimentos que reivindicam um estatuto de nação. Engels estava convencido de que os bretões, os corsos e outros encontravam-se perfeitamente satisfeitos com a sua incorporação à França (*O papel da violência na história*, 6). Se assim acontecia em sua época, a situação hoje não é a mesma, e o mesmo se pode dizer dos bascos na Espanha, dos escoceses e de outros, inclusive de povos que Marx e Engels acreditavam estarem fadados a desaparecer (ver particularmente o artigo de Engels publicado, sob o título de "Pan-eslavismo democrático" na *Neue Rheinische Zeitung*, 15 e 16 de fevereiro de 1849). Na Ásia, colocam-se novos problemas. É cada vez mais difícil não pensar no Irã, na China ou no Japão antigos como nações, ou no Vietnã, com seus mil anos de resistência às invasões chinesas. Na África, poucas das entidades políticas de hoje preenchem as cinco condições propostas por Stalin, e tanto nações como novos Estados estão sendo forjados por um esforço consciente, como a Guiné Portuguesa sob a liderança marxista de Amílcar Cabral. (Ver também NACIONALISMO; BAUER; RENNER.)

VGK

Bibliografia: Abdel-Malek, Anovar, *Idéologie et renaissance nationale: l'Égypte moderne*, 1969 • Amin, Samir, *Classe et nation*, 1979 • Bauer, Otto, *Die Nationalitätenfrage und die Sozialdemokratie*, 1907 (1924) • Cabral, Amilcar, *Revolution in Guinea: an African People's Struggle*, 1969 • Chlebowczyk, Józef, *On Small and young Nations in Europe: Nation-Forming Processes in Ethnic Borderlands in East-Central Europe*, 1980 • Claudín, Fernando, "La experiencia colonial", 1970 ["A experiência colonial", 1977] • Dayan-Herzbrun, Sonia, "Nationalisme et socialisme chez Ferdinand Lassalle", 1967 • Haupt, Georges et al., *Les marxistes et la question nationale (1848-1914)*, 1974 • Kann, R.A., *The Multinational Empire: Nationalism and National Reform in the Habsburg Monarchy, 1848-1918*, 1950 • *La question chinoise dans l'Internationale communiste (textes)*, 1976 • Löwy, Michael, "Rosa Luxemburg et la question nationale", 1973 • Réberioux, Madeleine (org.), *La IIe Internationale et l'Orient*, 1967 • Rodinson, Maxime, "Le marxisme et la nation", 1968 • Santiago Theo (org.), *Descolonização*, 1977 • Sanvoisin, Jean, *Rapport entre mode de production et concept de nation dans la théorie marxiste* • Stalin, I.V., "Marxism and the National Question", in I.V. Stalin, *Marxism and the National and Colonial Question*, 1913 (1936) [*O marxismo e o problema nacional e colonial*, 1979].

nacionalismo O nacionalismo é um assunto sobre o qual habitualmente se admite que Marx e Engels nem sempre conservaram uma orientação adequada, principalmente em seus primeiros anos, subestimando excessivamente uma força que estava na iminência de se tornar explosiva. Emigrantes em terra estranha, comprometidos com uma visão racionalista, era bastante natural que compreendessem mal o fervor patriótico. Suas esperanças concentravam-se na luta de classes, e não poderiam ter em grande conta um sentimento que pretendia transcender as divisões sociais e embotava a CONSCIÊNCIA DE CLASSE. Os acontecimentos, porém, obrigaram-nos a reconhecer a importância das questões nacionais, e, como organizadores práticos, eles dificilmente poderiam deixar de compreender que o ambiente e a tradição nacionais eram coisas que o movimento operário não podia ignorar.

Nenhum aspecto de seus pronunciamentos sobre as questões nacionais provocou maiores críticas do que a veemência com que condenaram os povos eslavos minoritários do império dos Habsburgo durante as revoluções de 1848-1849, por se terem voltado contra os austríacos de língua alemã e os magiares, mais fortes, e, com isso, terem ajudado os conservadores a reconquistar o controle da situação. Marx e Engels tendiam a classificar todas as forças heterogêneas em agitação naqueles anos, segundo um esquema um tanto maniqueísta, em reacionárias e progressistas. Pela sua ótica, os austríacos e magiares eram simplesmente liberais, embora na verdade fossem, como mostrou a sua atitude para com as minorias nacionais, pelo menos tão nacionalistas ou chauvinistas quanto elas. Houve um momento em que Engels referiu-se generosamente aos "bravos tchecos", amargurados por séculos de opressão alemã, mas não via um futuro para eles, quer ganhassem ou perdessem (*Neue Rheinische Zeitung*, 18 de junho de 1848), e voltou ao assunto com uma linguagem bem menos moderada depois de terminada a luta. Grande parte desse furor pode ser atribuído à suspeição de que o pan-eslavismo, que influenciou alguns líderes, significasse apoio da Rússia, o poderoso aliado da contrarrevolução. Lenin racionalizou essa hostilidade, posteriormente, argumentando que as pretensões eslavas em 1848, por mais justas que fossem em si, eram inoportunas no momento, e o certo era subordiná-las às exigências mais amplas do progresso (Lenin, 1916b, p.149-50).

A Polônia era um país grande demais para ser pensado da mesma maneira, e seus esforços para reconquistar a liberdade exerciam uma atração que não era apenas romântica, mas também política. A independência da Polônia enfraqueceria o czarismo e estabeleceria uma barreira entre a Rússia e a Alemanha, permitindo a esta última desenvolver-se sem interferências. Na verdade, Marx tinha algumas dúvidas quanto a se a Polônia era, por si mesma, viável (*The Eastern Question*, artigo 59). Uma grave objeção era a de que a Polônia havia perdido a liberdade por causa da irresponsabilidade da nobreza proprietária de servos, e foi essa mesma classe que promoveu o movimento nacional, em aliança com a Igreja católica, até fins do século XIX. Na parte final do *Manifesto comunista*, os autores proclamam seu apoio à ala mais progressista do movimento nacional polonês, que considerava a revolução agrária como uma condição necessária para a emancipação nacional. Mais tarde, Engels colocou a questão de maneira diferente: a libertação nacional polonesa devia vir primeiro, para possibilitar qualquer progresso social. Nenhuma nação podia fixar-se em qualquer outra meta antes de estar livre do domínio estrangeiro, e o movimento operário internacional só podia florescer com base em uma harmonia entre povos livres (Carta de Engels a Kautsky, 7 de fevereiro de 1882). Mais ainda do que no caso da Polônia, ele e Marx chegaram a considerar vital a independência da Irlanda, não por qualquer apreço particular pelo seu nacionalismo ou sua liderança, mas no interesse do progresso nas Ilhas Britânicas como um todo.

As guerras de libertação nacional mereciam o apoio dos socialistas; mas tratava-se de um terreno que podia ser escorregadio, pois toda guerra tinha inevitavelmente motivos muito confusos, alguns mais questionáveis do que outros. Juntamente com as lembranças de conflitos ou opressões mais antigas, elas deixavam atrás de si uma amargura que tornava mais difícil o desenvolvimento de elos fraternais entre os trabalhadores de diferentes nações. Todas as classes eram afetadas, e os governos estavam ansiosos por manter vivos sentimentos xenófobos como uma distração para os descontentamentos internos. A divisão entre a ala marxista e a ala bakuninista (ver BAKUNIN) do movimento socialista não estava alheia à autoafirmação eslavófila contra o que podia parecer uma ascendência alemã ou ocidental. Bakunin alimentava esperanças de uma federação dos povos eslavos que lhes assegurasse uma situação de igualdade (Davis, 1967, p.42). Os que tentavam infundir ideias marxistas no movimento operário francês, como o genro de Marx, Paul Lafargue, tinham muitas vezes a consciência incômoda dos ressentimentos deixados pela derrota de 1870 e da desconfiança em relação ao marxismo como uma doutrina "alemã". Em 1893, Lafargue, Jules Guesde e outros sentiram-se na obrigação de publicar um manifesto rebatendo as acusações de antipatriotismo então fáceis de levantar contra a esquerda, devido ao falatório impensado dos anarquistas (Carta de Lafargue a Engels, 23 de junho de 1893). Jean Jaurès, importante líder socialista francês, menos comprometido com o marxismo do que Lafargue e Guesde e dotado de um forte senso do apego natural de todos os homens à sua terra natal, interpretou as palavras do *Manifesto comunista* segundo as quais os trabalhadores não tinham pátria, como se estas significassem que os trabalhadores haviam sido erroneamente privados de seu lugar na vida nacional e deviam recuperá-lo.

A Itália e a Alemanha haviam sido países divididos que lutaram pela unificação; era com povos que tentavam romper uniões indesejadas que habitualmente a geração de Lenin se tinha de haver. Ele próprio tinha aguda consciência das complexidades do império czarista, com sua variedade de nacionalidades, todas com maior ou menor grau de insatisfação ante a dominação czarista e pan-russa. Sua estratégia pedia um bom equilíbrio, difícil de ser conseguido na prática, entre o dever dos socialistas dos países dominantes de trabalhar pela libertação das nacionalidades oprimidas e o dever dos socialistas que pertenciam a esses povos de se opor ao nacionalismo estreito e voltado sobre si mesmo. Aquela que se tornaria a formulação clássica do ponto de vista bolchevique sobre o problema das nacionalidades está consubstanciada no folheto *O marxismo e a questão nacional*, escrito em 1913 por Stalin, muito provavelmente sob orientação de Lenin, e que, de qualquer modo, correspondia bastante fielmente às concepções deste.

Como tantas outras declarações de princípios marxistas, esta também está bastante mergulhada nas circunstâncias contemporâneas que lhe deram origem. Stalin começa observando que, desde a derrota da revolução de 1905, e com a maior difusão da indústria no império russo constituindo o seu fermento, houve uma tendência generalizada para os nacionalismos locais; existia o perigo de que isso contaminasse os trabalhadores, e era dever dos socialistas resistir a tal tendência, dever esse que alguns militantes socialistas das regiões minoritárias não pareciam muito empenhados em observar. Mas o nacionalismo das minorias só podia ser contrabalançado pelo apoio socialista aos direitos plenos de autodeterminação. Stalin faz, em seguida, uma crítica detalhada do programa adotado pelos líderes socialistas austríacos (ver AUSTROMARXISMO) para enfrentar o problema no império dos Habsburgo, então transformado em Monarquia Austro-Húngara, com todas as outras nacionalidades forçando a rédea. Este programa era uma tentativa de satisfazer as aspirações nacionais pela concessão de plena autonomia cultural. Mas Stalin o considerava inadequado, pois não havia podido evitar uma decomposição do movimento socialista e do movimento sindicalista em seções nacionais divergentes.

Para os russos, o grande problema era a Polônia. Ali, a antiga rebeldia da pequena nobreza latifundiária se havia desgastado, sem que ainda tivesse sido substituída por outra forma de contestação. Alguns socialistas poloneses, dos quais Luxemburg era a mais eloquente, eram de opinião que o apoio ao nacionalismo, naquelas circunstâncias, seria retrógrado e que a unidade entre os trabalhadores poloneses e russos era uma reivindicação muito mais importante. Contra essa posição, Lenin sustentava que não podia haver um entendimento sadio entre os movimentos dos trabalhadores russos e poloneses sem o reconhecimento do direito polonês à liberdade. Em 1916, durante a Primeira Guerra Mundial, quando todos os socialistas começavam a adotar o princípio da autodeterminação, Lenin ainda uma vez reafirmou (1916b) que a meta do socialismo era unir as nações e fundir todos os povos numa mesma família, mas que isso não poderia ocorrer antes que todos eles tivessem a oportunidade de escolher seu próprio caminho. O fato de que essa concepção viesse a constituir, depois de 1917, a doutrina oficial de um Estado multinacional de grandes proporções, com um legado de muitas lutas do passado (embora a Finlândia e as províncias bálticas, bem como a Polônia, dele se tivessem desligado), teve grande significado para o pensamento marxista. Medidas complexas foram adotadas no sentido de proporcionar uma certa margem de autogoverno a todas as comunidades étnicas, correspondente ao seu tamanho e à sua história, bem como plena liberdade de autodesenvolvimeno cultural. Mas, com níveis tão diversos de desenvolvimento, e lembranças por vezes tão dolorosas, eram inevitáveis os atritos. Em sua intervenção no XVI Congresso do partido russo, Stalin tratou da ameaça representada por "insidiosos desvios" de dois tipos opostos: o separatismo regional e a arrogância pan russa, disfarçada de internacionalismo, que estimulava movimentos prematuros de fusão de nacionalidades. Não obstante, as tensões motivadas pelo imperativo da edificação de uma economia sob a ameaça constante de renovação da invasão estrangeira criaram a necessidade de apelos ao patriotismo das massas, que, agora, podia ser pensado como legítimo porque purificado das deformações da sociedade de classes. Esse apelo chegou ao seu clímax por ocasião da "Grande Guerra Patriótica" de 1941-1945, uma vez que não era possível motivar um exército constituído principalmente por camponeses com apelos à defesa do socialismo. Criou-se a Ordem de Suvorov e produziu-se um filme para glorificar esse herói do imperialismo czarista. Tudo isso certamente já está muito distante do racionalismo ascético de Marx.

A fusão do socialismo com a revolta nacionalista foi o objetivo de James Connolly, que deu sua vida, no levante de Dublin de 1916. Na Irlanda, a experiência não teve maior êxito. Mas os movimentos separatistas proliferaram no Ocidente, como havia ocorrido antes na Europa Oriental; e, em alguns deles, como no movimento dos nacionalistas escoceses, fez-se sentir um elemento socialista e marxista. Os partidos comunistas inclinaram-se a vê-los como derivações inoportunas, ou como recuos, quebras da solidariedade da classe operária. Isso aconteceu também fora da Europa. Muitos países asiáticos e praticamente todos os países africanos possuem minorias étnicas cujas aspirações podem suscitar questões as mais difíceis. Assim, tanto no Irã como no Paquistão, a posição comunista, inaceitável para as minorias Balúchi, era a de que elas deviam cooperar com os elementos progressistas de outras províncias em lugar de se constituírem em nação independente.

Mas quando e onde se travou uma luta direta contra o imperialismo, a fusões ou associações do socialismo com o nacionalismo conseguiram muitos êxitos. Antes de 1914, Lenin saudou a revolta da Ásia como altamente favorável ao êxito do socialismo em todo o mundo, e a Terceira Internacional, muito ao contrário de sua rival, a Segunda, deu todo seu apoio aos movimentos de libertação colonial. Na Ásia, em contraste com a Europa, o nacionalismo moderno e o socialismo marxista chegaram ao primeiro plano quase simultaneamente, e o segundo, com sua melhor organização e sua teoria mais clara, pôde assumir a liderança, como na China, contra a invasão japonesa, ou no Vietnã, contra o domínio francês. A Índia foi uma exceção, pois ali, talvez por efeito da ligação tão antiga com o Ocidente e da relativa tolerância para com a atividade política, um movimento nacional de linhas liberais se havia formado há muito tempo. Houve debates crônicos entre os marxistas indianos sobre se deviam ou não colaborar com esse movimento e em que condições: sua incapacidade de conquistar mais terreno resultou em grande parte do fato de parecerem permanecer distantes da luta nacional.

Talvez seja muito cedo para afirmar se, em certos países, notadamente a China, a força que acabará predominando será o socialismo ou o nacionalismo. Na Europa, a dissolução do Comintern, em 1943, foi um marco que assinalou o fim do que se chamou de fase plenamente "internacional" do marxismo (Narkiewicz, 1981, p.84); desde então, a disputa entre a URSS e a China fortaleceu a tendência de cada partido nacional a procurar seu próprio caminho. (Ver também NAÇÃO E REVOLUÇÃO.)

VGK

Bibliografia: Cummins, Ian, *Marx, Engels and National Movements*, 1980 • Davidson, Basil, *Which Way Africa? The Search for a New Society*, 1967 • Davis, Horace Bancroft, *Nationalism and Socialism*, 1967 • Hodgkin, Thomas, *Vietnam: The Revolutionary Path*, 1967 • Lenin, V.I., *The Socialist Revolution and the Right of Nations to Self-Determination*, 1916b (1964) • Nairn, Tom, *The Break-Up of Britain: Crisis and Neo-Nationalism*, 1977 • Narkiewicz, Olga A., *Marxism and the Reality of Power: 1919-1980*, 1981 • Stalin, I.V., *Marxism and the National and Colonial Question* (1936) [*O marxismo e o problema nacional e colonial*, 1979] • Torr, Dona (org.), Marxism, Nationality and War, 1940 • Tuzmuhamedov, R., *How the National Question was Solved in Soviet Central Asia*, 1973.

nacional socialismo Ver FASCISMO

natureza Poder-se-ia pensar que, sendo o marxismo um materialismo, a categoria de "natureza" não ofereceria problemas, mas isso está longe de ocorrer. Os primeiros cadernos de notas de Marx incluem uma crítica do materialismo abstrato em favor de um materialismo que se concentrasse na indústria humana. A natureza existe independentemente, mas, para a humanidade, ela só manifesta suas qualidades e ganha significado por meio de uma relação transformadora com o trabalho humano. Assim, embora nenhum marxista se sinta satisfeito ao ser rotulado de "idealista" (adjetivo usado com frequência nas críticas dirigidas aos que dão ênfase aos elementos hegelianos na tradição marxista), poucos desejariam que o naturalismo do marxismo deixasse de ser crítico.

A natureza é, para a humanidade, uma questão de utilidade, e não uma força em si mesma. A finalidade de procurar conhecer as leis autônomas da natureza é sujeitá-la às necessidades humanas, como um objeto de consumo ou meio de produção (*Grundrisse*, "Capítulo sobre o capital"). "A indústria é a relação histórica concreta da natureza e, portanto, da ciência natural, com o homem", diz Marx no terceiro de seus *Manuscritos econômicos e filosóficos*. A abordagem que historiciza a natureza é característica das obras de Bukharin, das obras de juventude de Lukács, do pensamento de Gramsci e da ESCOLA DE FRANKFURT. Essa abordagem pode ser resumida nas palavras de Lukács: "A natureza é uma categoria social. Isto é, tudo o que é considerado natural em qualquer estágio do desenvolvimento social, qualquer que seja a relação dessa natureza com o homem e qualquer que seja a forma que o envolvimento deste com ela venha a assumir, isto é, a forma da natureza, seu conteúdo, seu alcance e sua objetividade são sempre socialmente condicionados" (1923, p.234).

Há, porém, pelo menos duas outras vertentes na tradição marxista que se inclinam a minimizar a mediação da história humana e das finalidades humanas na ideia da natureza. A primeira, o MATERIALISMO DIALÉTICO, tem sua fonte em Engels, foi desenvolvida pelo marxismo da Segunda Internacional e tornou-se a ortodoxia oficial da filosofia soviética. De acordo com esse enfoque, a natureza não é considerada primordialmente em termos das mediações sociais humanas. Ao contrário, as concepções e categorias marxistas são ontologizadas de modo que a natureza não é uma transformação humana de números incognoscíveis, mas alguma coisa que pode ser expressa diretamente pela teoria marxista. Se seguirmos a natureza e não deformarmos suas verdadeiras categorias, o socialismo está assegurado (ver DIALÉTICA DA NATUREZA). A segunda vertente está intimamente relacionada com o materialismo dialético, mas tem uma formulação mais positivista e pode ser melhor designada como REALISMO. Os partidários dessa tendência negariam ter ontologizado as categorias dialéticas e argumentariam, pelo contrário, que existe uma certa versão de uma correspondência direta entre as categorias da natureza e as do conhecimento. As obras filosóficas de Lenin, Bhaskar e Timpanaro pertencem a essa tendência, caracterizando-se pela deferência para com as ciências naturais e para com as ciências sociais baseadas nos modelos da ciência natural.

Uma maneira de caracterizar as três tendências discutidas aqui seria dizer que o primeiro grupo baseia sua filosofia numa crítica humanista dos conceitos da natureza e, desse ponto de vista, faz uma análise profunda dos conceitos e pressupostos das ciências naturais, biológicas e humanas. O grupo do materialismo dialético funde conceitos da natureza e as ciências num conjunto único de leis dialéticas. Os realistas tendem a ver conceitos de natureza através dos métodos e pressupostos das ciências físicas e fundamentam as ciências humanas nas descobertas da biologia.

RMY

Bibliografia: Bhaskar, Roy, *A Realist Theory of Science*, 1978 • Bukharin, N.I. et al., *Science at the Cross Roads*, 1931 (1971) • Jay, Martin, *The Dialectical Imagination*, 1973 • Joravsky, David, *Soviet Marxism and Natural Science: 1917-1932*, 1961 • Lukács, Georg, *Geschichte und Klassenbewusstsein*, 1923; *History and Class Consciousness* (1971) [*História e consciência de classe*, 1974] • Marcuse, Herbert, *One Dimensional Man*, 1964 [*Ideologia da sociedade industrial*, 1982] • Schmidt, Alfred, *Der Begriff der Natur im der Lehre von Marx*, 1962; *The Concept of Nature in Marx* (1971) • Timpanaro, S., *On Materialism*, 1976.

natureza, dialética da Ver DIALÉTICA DA NATUREZA

natureza humana A noção de natureza humana envolve a crença de que todos os indivíduos partilham características comuns. Se estas são interpretadas como características que se manifestam na realidade, a noção de natureza humana será descritiva. A noção é normativa quando abrange tendências e disposições potenciais que deverão se manifestar sob determinadas condições.

O conceito descritivo compreende um conjunto cada vez mais rico de informações objetivas e fidedignas sobre os seres humanos na história. Esses dados constituem o terreno científico empírico de qualquer teoria sólida sobre a natureza humana. Uma abordagem puramente descritiva sofre, no entanto, da habitual debilidade da ciência positiva e da historiografia: (1) devido à divisão acadêmica do trabalho e à especialização rigorosa, há uma tendência a reduzir-se a natureza humana a apenas uma de suas dimensões: a biológica (agressividade, ciúme quanto ao território, subordinação ao macho dominante), a sociológica (proibição do incesto, na perspectiva de Lévi-Strauss), ou a psicológica (libido e outros instintos em Freud). (2) O conceito descritivo não deveria envolver conceitos de valor, mas essa pretensão é, em geral, falsa; a pesquisa científica empírica é invariavelmente guiada por certos interesses (mais ou menos inconscientes) e envolve, ao menos implicitamente, concepções carregadas de valor. Se essa pretensão fosse verdadeira o conceito descritivo não seria capaz de produzir uma compreensão prática importante sobre os obstáculos básicos e as possibilidades ótimas de autodesenvolvimento do ser humano. (3) A dicotomia entre o estruturalismo e o historicismo não pode ser superada dentro do conceito descritivo. A pesquisa empírica analítica de orientação estruturalista constrói a natureza humana como uma série de modelos de comportamento a-históricos permanentes. A abordagem historica ressalta diferenças nos padrões de comportamento, nos costumes e nas normas, em diferentes lugares e épocas, acabando em um relativismo.

O ponto de vista normativo escapa do relativismo e fornece uma base teórica para a análise e a avaliação críticas. Mas tem, com frequência, caráter metafísico, isto é, postula uma estrutura dos seres humanos cuja validade não pode ser testada nem mesmo em princípio. Em *Leviathan* (1651), por exemplo, Hobbes considerava o desejo egoísta de poder como a característica básica da natureza humana. Esse desejo só é manifestado no chamado estado natural, que é uma construção hipotética. Consequentemente nenhuma evidência possível confirma ou refuta a teoria de Hobbes. A preferência por uma teoria como essa em detrimento de outras independe de fundamentos que demonstrem sua maior adequação à realidade: é apenas uma questão de interesse particular. Nesse sentido, as concepções normativas tendem a ter função ideológica. Ao construírem certas formas historicamente limitadas de vida humana como naturais, duradouras e necessárias, tais teorias racionalizam e legitimam interesses particulares de grupos sociais dominantes. Dificilmente haverá um grande ideólogo que não tente "deduzir" suas teorias a partir de uma "imagem" determinada do homem. Quando Maquiavel aconselha seu príncipe imaginário a não governar apenas pela lei, mas a recorrer também à força, o faz em consequência de sua visão do homem como "ingrato, inconstante, falso, covarde, ganancioso". A crueldade é aconselhável porque "é muito mais seguro ser temido do que amado". Todos os defensores conservadores do direito e da ordem deduzem a legitimidade de uma máquina estatal coercitiva de uma visão do ser humano como naturalmente egoísta, agressivo, ganancioso, interessado principalmente na satisfação de seus desejos. Todos os ideólogos do capitalismo do *laissez-faire* concordam com Malthus quanto a que os homens sejam "realmente inertes, preguiçosos, avessos ao trabalho, a não ser que se vejam obrigados pela necessidade". À medida que o liberalismo dá lugar, gradualmente, ao burocratismo estatal, a dominação e a hierarquia vão sendo cada vez mais ressaltadas como características genéticas da espécie humana. De acordo com Desmond Morris, "como primatas, já estamos carregados de sistema hierárquico. Esse é o modo básico de vida primata".

As correlações entre as ideologias (ver IDEOLOGIA) e as concepções da natureza humana podem ser expressas em regras simples: as ideologias do *status quo* tendem a desenvolver visões céticas. Uma variante desse ceticismo é a relutância em endossar qualquer mudança estrutural, porque há instintos animais no ser humano que não devem ser liberados. Outra variante é a rejeição da própria ideia de natureza humana como conceito metafísico. Na ausência de qualquer razão antropológica para um projeto a longo prazo de transformação social radical, a única alternativa razoável seria um crescimento cauteloso, governado pelo método da tentativa e do erro.

Já os teóricos preocupados com o futuro, em oposição radical às injustiças da sociedade atual, tendem a ser muito otimistas em suas concepções da natureza humana. Por vezes a fé na bondade humana essencial compensa a falta de esperanças quanto à presente situação e à dificuldade da tarefa revolucionária. Quanto mais uma ideologia se volta para o passado e expressa o interesse daqueles que buscam restabelecer estruturas de dominação historicamente obsoletas, mais sombria e mais cínica é sua concepção sobre os seres humanos, considerados como basicamente maus (preguiçosos, agressivos, egoístas, gananciosos, até mesmo brutais). Quanto pior sua imagem, menos esperanças de qualquer projeto de melhoria social e maior a justificativa das restrições à liberdade.

Marx refere-se a sua posição a respeito como uma unidade de naturalismo e humanismo. Naturalismo é a visão de que o homem é parte da natureza. Ele não foi criado por uma entidade espiritual transcendental, mas é o produto de uma longa evolução biológica que, em certo ponto, inicia uma nova forma específica de desenvolvimento, a história humana, caracterizada por uma maneira de agir autônoma, autorreflexiva e criativa: a PRÁXIS. O homem é, portanto, essencialmente um ser da práxis. O humanismo é a concepção de que, como ser da práxis, o homem tanto transforma a natureza como cria a si mesmo: adquire um controle cada vez maior sobre as forças naturais cegas e produz um novo ambiente natural humanizado. Por outro lado, produz grande variedade de capacidades e necessidades, que se tornam então o ponto de partida de novo autodesenvolvimento.

Marx não desenvolveu uma teoria sistemática da natureza humana, mas deu várias contribuições de valor duradouro, não só em seus primeiros escritos filosóficos, como também em suas obras científicas da maturidade. Em primeiro lugar, mostrou que a natureza humana pode ser construída como um conceito dinâmico, histórico, sem cair no relativismo. Deve incluir tanto invariantes universais como elementos que variam de época para época: "Se quisermos julgar todos os atos, movimentos, relações humanas, de acordo com o princípio de utilidade, devemos primeiro tratar a natureza em geral e, em seguida, a natureza humana modificada em cada época histórica" (*O Capital* I, cap.XXII). Marx transcendeu a dicotomia entre o individualismo egoísta e o coletivismo abstrato e primitivo. O indivíduo humano é, ao mesmo tempo, uma *pessoa única*, voltada para a autoafirmação e a objetificação de suas forças subjetivas, e um ser *social*, já que todas as suas forças são moldadas socialmente e sua atividade criativa satisfaz as necessidades dos outros. "É necessário, acima de tudo, evitar postular a 'sociedade', mais uma vez, como uma abstração que está acima de e contra o indivíduo. O indivíduo *é* um ser social" (*Manuscritos econômicos e filosóficos*; Terceiro manuscrito). Marx deu vida nova à distinção estabelecida por Aristóteles entre *realidade e potencialidade*. Por mais degradada e alienada que a existência humana real possa ser, o homem preserva sempre um potencial de emancipação e criatividade. Especificou, também, as condições sob as quais a potencialidade humana é atrofiada e desperdiçada: a divisão do trabalho, a propriedade privada, o capital, a opressão do Estado, a falsa consciência ideológica. Sua abolição é uma condição necessária para a emancipação universal.

Quando as concepções de Marx (expostas em vários fragmentos, contra diferentes adversários e em diferentes épocas de sua evolução) são reunidas, grandes dificuldades tornam-se, porém, aparentes. Há um conceito normativo da natureza humana nos *Manuscritos econômicos e filosóficos* de 1844, em termos da liberdade humana, da produtividade, da criatividade, da sociabilidade, da abundância de necessidades, do poder crescente dos sentidos humanos. Um ano mais tarde, nas *Teses sobre Feuerbach*, Marx define a essência humana como um "*conjunto* de relações sociais". Este último conceito é descritivo e não pode ser usado para uma crítica da sociedade existente. O conceito normativo é totalmente otimista. As características humanas negativas são interpretadas como simples facticidade, como características transitórias que desaparecerão provavelmente quando as condições desfavoráveis que as produziram forem eliminadas. Mas diversas experiências que tiveram lugar durante o turbulento e dramático século decorrido desde a morte de Marx mostram que o mal pode ter raízes mais profundas. Além disso, falta ao conceito de natureza humana uma dialética interna. Como se trata de um conceito histórico, e seu desenvolvimento não pode ser determinado por causas externas, a fonte da autocriação do homem deve estar nas contradições internas da natureza humana. Em lugar de qualificar o positivo como a "essência" e o negativo como a "facticidade", devemos reconhecer o conflito das disposições humanas gerais na própria "essência".

Há uma divisão básica entre os marxistas quanto à questão da natureza humana e da tradição humanista em Marx. A ideologia oficial nos países do "socialismo real" rejeita a própria ideia de uma natureza humana geral, devido à sua suposta incompatibilidade com o modelo base/superestrutura e com a teoria de luta de classes. As únicas características gerais que os seres humanos têm, de acordo com as exigências do materialismo histórico, são as determinadas por um modo de produção definido e devem ter caráter de classe. O ESTRUTURALISMO (por exemplo, Althusser) marxista segue a mesma linha, de maneira mais sofisticada, introduzindo a ideia de um hiato insuperável entre os vários tipos de estrutura social. Em consequência, não há uma natureza humana acima das épocas, que sofra um processo de totalização (ver TOTALIDADE).

Para os marxistas que se identificam como humanistas e teóricos críticos, o conceito de natureza humana é de importância crucial, ao menos por duas razões. Primeiro, a crítica social radical é, em última análise, uma crítica da condição humana e, sem saber o que é o homem, não seria possível estabelecer o que é negativo na condição humana em várias épocas. Segundo, o conceito de história humana perderia qualquer sentido e teria de se desintegrar em histórias de várias épocas se não houvesse alguma coisa invariável em todas as mudanças ocorridas na história, ou seja, o ser humano na história. Alguns humanistas marxistas propõem uma interpretação ortodoxa muito pouco crítica das questões básicas, deixando em aberto os problemas, enquanto outros tentam resolvê-los reconstruindo o materialismo histórico e a antropologia filosófica de Marx. O determinismo rígido na história é rejeitado, e adota-se a tese de que a emancipação e a autorrealização do homem enquanto ser capaz de atuação livre e criativa (praxis) não são necessárias, mas apenas possíveis. A análise do potencial humano para a práxis leva ao estabelecimento de uma série de capacidades humanas universais: por exemplo, o cultivo ilimitado dos sentidos, a comunicação simbólica, o pensamento conceitual e a solução de problemas, a atividade inovadora autônoma, a capacidade de harmonizar as relações com outros indivíduos numa comunidade. Não são essências, mas disposições latentes, em constante conflito com as tendências opostas (agir de forma heteronômica e repetitiva, até mesmo destrutiva, substituir o poder criativo pelo poder dominador, usar os meios de comunicação para criar barreiras, em lugar de pontes, para outras comunidades, agir agressivamente). O conflito entre essas disposições opostas (que faz parte do conceito descritivo da natureza humana) constitui a fonte da dialética histórica.

O conceito normativo de natureza humana, que fornece os fundamentos de toda a crítica humanista, pressupõe um critério básico de avaliação das várias disposições conflitantes. Essas tendências são consideradas positivas, e dignas de uma tentativa de realização, quando são (1) especificamente humanas, e (2) responsáveis por períodos históricos de desenvolvimento verdadeiramente marcante. Assim, apenas os seres humanos, entre todos os organismos vivos, se comunicam por meio de símbolos e pensam conceitualmente. A vida em paz, a liberdade e a criatividade possibilitaram a evolução e o florescimento da cultura. A agressividade e a destrutividade provocaram períodos de estagnação e decadência. Embora todos esses aspectos sejam considerados constitutivos da natureza humana, o potencial para a *práxis* é o fim ideal que dá um sentido de direção à autocriação humana na história.

MM

Bibliografia: Althusser, Louis, *Pour Marx*, 1965 [*A favor de Marx*, 1979] • Fromm, Erich, *Marx's Concept of Man*, 1961 [*Conceito marxista do homem*, 1979] ◎ *The Anatomy of Human Destructiveness*, 1973 [*Ana-*

tomia da destrutividade humana, 1979] • Garaudy, Roger, *Marxisme du XXe siècle*, 1966 [*Marxismo do século XX*, 1974] • Lukács, G., *Geschichte und Klassenbewusstsein*, 1923; *History and Class Consciousness*, 1971 [*História e consciência de classe*, 1974] • Markovié, Mihailo, *The Contemporary Marx* (cap. IV), 1974 • Petrovié, Gajo, *Marx in the Mid-Twentieth Century*, 1967 • Schaff, Adam, *A Philosophy of Man*, 1963 ◎ "L'humanisme marxiste", 1968 • Venable, Vernon, *Human Nature: The Marxian View*, 1945 (1966).

nazismo Ver FASCISMO

negação No sentido marxista, negação não é apenas o ato mental de dizer não, tal como a filosofia formalista/analítica a trata em sua circularidade, mas refere-se principalmente ao fundamento objetivo desses processos de pensamento por negação, sem o qual o ato de "dizer não" seria uma manifestação de capricho gratuita e arbitrária e não um elemento vital do processo de conhecimento. Assim, o sentido fundamental da negação é definido pelo seu caráter como momento dialético imanente de desenvolvimento objetivo, "vir a ser", MEDIAÇÃO e transição.

Enquanto momento integrante de processos objetivos, com suas leis internas de desdobramento e transformação, a negação é inseparável da positividade - daí a validade da frase de Spinoza, "*omnis determinatio est negatio*", toda determinação é negação - e toda "superação" é inseparável da "preservação". Como diz Hegel: "Desse lado negativo, o imediato submergiu-se no Outro, mas o Outro não é, essencialmente, a negativa vazia ou Nada que é considerada habitualmente o resultado da dialética: é o Outro do primeiro, a negativa do imediato; é, assim, determinado como mediado - e contém a determinação do primeiro. O primeiro é, dessa forma, essencialmente contido e preservado no Outro" [1812 (1929), vol.2, p.476]. Aceitando totalmente essa interpretação em seus comentários sobre esse trecho, Lenin escreve:

> Isso é muito importante para o entendimento da dialética. Não é a negação vazia, a negação inútil, a negação cética, a vacilação e a dúvida, que é característica e essencial na dialética - que sem dúvida contém o elemento de negação e, na verdade, o contém como o seu elemento mais importante - mas sim a negação como um momento de ligação, como um momento de desenvolvimento, que conserva o positivo. (Lenin, 1916, p.226)

Em contraste com Feuerbach - que tende a exagerar de maneira unilateral a positividade, exagerando miticamente a imediaticidade em sua rígida rejeição da mediação e da "negação da negação" hegelianas -, Marx e Engels atribuem um papel muito importante à negação. Engels considera a "negação da negação" uma lei geral de desenvolvimento da "natureza, da história e do pensamento, válida nos reinos animal e vegetal, na geologia, na matemática, na história e na filosofia" (*Anti-Dühring*, parte I, cap.XIII) e explora em detalhe os vários aspectos dessa problemática também em sua *Dialética da natureza*. Marx, por sua vez, insiste na importância vital dessa lei nos processos socioeconômicos de desenvolvimento capitalista:

> O modo de apropriação capitalista, o resultado do modo de produção capitalista, produz a propriedade privada capitalista. Esta é a primeira negação da propriedade individual, baseada no trabalho do proprietário. Mas a produção capitalista gera, com a inexorabilidade de uma lei da natureza, sua própria negação. É a negação da negação, que não restabelece a propriedade privada para o produtor, mas lhe dá a propriedade individual baseada nas aquisições da era capitalista, isto é, na cooperação e na posse em comum da terra e dos meios de produção. (*O Capital* I, cap.XXIV, seção 7)

Assim, por meio da negação a "positividade" dos momentos anteriores não reaparece simplesmente. É preservada/superada, juntamente com alguns momentos negativos, em um nível qualitativamente diferente e mais elevado social e historicamente. A positividade, segundo Marx, nunca pode ser um complexo direto, sem problemas, não mediado. Nem pode a simples negação de uma dada negatividade produzir uma positividade que se sustenta por si mesma. Isso porque a formação consequente depende da formação prévia pelo fato de que qualquer negação particular é necessariamente dependente do objeto de sua negação (*Manuscritos econômicos e filosóficos*). Assim sendo, o resultado positivo do empreendimento socialista deve ser constituído em sucessivas etapas de desenvolvimento e transição (*Crítica do Programa de Gotha*).

Ênfase radicalmente diferente é dada à negação por Sartre, não só na "niilizante *néantisation*" do seu "para si" que se constitui pela liberdade (Sartre, 1946), mas até mesmo em suas reflexões posteriores, segundo as quais "o torvelinho da totalização parcial constitui-se como uma negação do movimento total" (Sartre, 1960, p.88) pressagiando com isso a desintegração final das estruturas positivamente autossustentadas. Da mesma forma, na teoria crítica (ver ESCOLA DE FRANKFURT), a negação e a negatividade predominam, de Benjamin a Horkheimer e do *One-Dimensional Man* de Marcuse até o objetivo programático de Adorno de "libertar a dialética dos vestígios afirmativos" (Adorno, 1966, p.xix).

IM

Bibliografia: Adorno, Theodor, *Negative Dialektik*, 1966 (1970); *Negative Dialects*, 1973 • Hegel, G.W.F., *Wissenschaft der Logik*, 1812 (1951); *The Science of Logic* (1929) • Lenin, V.I., *Conspectus of Hegel's Book "The Science of Logic"*, 1916 (1961) • Sartre, Jean-Paul, *L'être et le néant*, 1943; *Being and Nothingness* (1969) ⊚ *Critique de la raison dialectique*, 1960; *Critique of Dialectical Reason* (1976).

neokantismo Ver KANTISMO E NEOKANTISMO

numerário Ver DINHEIRO

O

ouro Ver DINHEIRO

operariado Ver CLASSE OPERÁRIA

P

Pannekoek, Antonie (Anton, em alemão) (Vassen, Holanda, 2 de janeiro de 1873 – Wageningen, Holanda, 28 de abril de 1960.) Estudou matemática na Universidade de Leyden e obteve o doutorado em astronomia em 1902. Trabalhou no Observatório de Leyden até 1906, lecionando mais tarde na Universidade de Amsterdam, onde se tornou professor de astronomia em 1932. De 1906 a 1914 viveu na Alemanha, onde foi membro destacado da ala esquerda do Partido Social-Democrata, lecionou na escola do partido em Berlim até ser ameaçado de deportação e colaborou em *Die Neue Zeit*. O marxismo de Pannekoek distinguiu-se por dois aspectos muito próprios. Em primeiro lugar, desenvolveu-se diretamente da ciência natural, através do estudo dos textos do operário autodidata Joseph Dietzgen (1828-1888), ao qual Engels reconheceu, em *Ludwig Feuerbach e o fim da filosofia clássica alemã* (parte IV), a descoberta por meios próprios da "dialética materialista"; e orientou-se particularmente para o esclarecimento da relação entre ciência e marxismo, notadamente em *Marxismus und Darwinismus* (1909). Em segundo, o pensamento de Pannekoek, na esfera da ação política, resultou numa teoria da auto-organização revolucionária da classe operária em conselhos de trabalhadores (ver os textos de Pannekoek publicados em Bricianer, 1969). Partindo dessa posição, Pannekoek rompeu com as políticas da Terceira Internacional em 1920, tornando-se mais tarde uma figura destacada do movimento dos "Conselhos Comunistas" (ver CONSELHOS) juntamente com KORSCH e Gorter (Smart, 1978).

TBB

Bibliografia: Bricianer, Serge, *Pannekoek et les conseils ouviers*, 1969; *Pannekoek and the Worker's Councils* (1978) • Pannekoek, Antonie, *Marxismus und Darwinismus*, 1909 (1914); *Marxism and Darwinism* (1912) ◎ *Lenin aes Philosoph*, 1938; *Lenin as Philosopher* (1948); *Lénine, philosophe* (1970) ◎ *A History of Astronomy*, 1951 (1961) ◎ *Worker's Councils*, 1970; *Les conseils ouvriers* (1974) • Smart, D.A., *Pannekoek and Gorter's Marxism*, 1978.

papel-moeda Ver DINHEIRO

Paris, Comuna de Ver COMUNA DE PARIS

partido Marx e Engels não desenvolveram uma teoria acabada dos partidos políticos, os quais estavam apenas começando a assumir as formas sob as quais os conhecemos hoje em dia quando ambos já se aproximavam do final de suas vidas. Engels referiu-se aos partidos como "a expressão mais ou menos adequada de (...) classes e frações de classes", na "Introdução" que escreveu em 1895 para a edição de *As lutas de classes na França*, de Marx. Este, por sua vez, em *O Dezoito Brumário de Luís Bonaparte* (partes II e III), atribuiu a divisão do partido monarquista francês entre orleanistas e legitimistas aos "dois grandes interesses entre os quais a burguesia está dividida – a propriedade agrária e o capital". Não considerava, porém, que toda e qualquer luta partidária devesse necessariamente refletir interesses econômicos conflitantes, encarando os fatores ideológicos em grande medida como a *raison d'être* da oposição entre os burgueses republicanos e os burgueses monarquistas, e definiu o partido social-democrata francês como "uma coalizão entre a pequena burguesia e os trabalhadores".

A defesa da constituição de um partido proletário independente ocupou uma posição fundamental no pensamento e na atividade política de Marx e Engels. "Contra o poder coletivo das classes proprietárias", argumentaram eles, "a classe operária não pode agir como classe, exceto constituindo-se em um partido político que seja distinto dos velhos partidos formados pelas classes proprietárias e a eles se oponha". (Resolução redigida por Marx e Engels, aprovada no Congresso de Haia, da Primeira Internacional, em 1872). E falaram de um partido desse tipo em relação a vários e muito diversos tipos de organização. Em relação a todos, porém, a consciência teórica e a *Selbsttätigkeit* (atividade própria e espontânea) da classe operária se complementavam mutuamente como elementos constantes de sua concepção do partido, combinando-se em proporções diferentes segundo diferentes condições. Essa ideia encontra a sua expressão clássica no *Manifesto comunista* (1848), no qual Marx e Engels chamam a atenção para a compreensão teórica mais clara que os comunistas podem ter "das condições, da marcha e dos resultados finais do movimento proletário" (parte II), que concebiam como "o movimento autoconsciente e independente da imensa maioria no interesse da imensa maioria" (parte I).

A Segunda Internacional, no Congresso que realizou em Amsterdam em 1904, declarou que, como havia apenas um proletariado, deveria haver apenas um partido socialista em cada país. Grande parte do pensamento marxista desse período refletia uma concepção economicista, quase fatalista, de um crescimento inexorável desses partidos como função do crescimento e da posição social da classe operária.

Ao contrário, sempre houve um forte elemento de ativismo na concepção que Lenin tinha do partido, ao qual atribuía grande importância teórica e prática. Como no pensamento de Marx e Engels, há mais de um "modelo" de partido no pensamento de Lenin, embora todos esses "modelos" sejam concebidos como uma vanguarda centralizada e empenhada em fundir a teoria e a consciência socialistas com o movimento operário espontâneo. O trabalho mais conhecido de Lenin sobre esse tema, *Que fazer?* (1902), define um partido de quadros limitados e hierarquicamente organizado como o mais adequado tanto ao estágio de desenvolvimento do movimento operário na época quanto às condições de ilegalidade impostas pelo czarismo. Mais tarde, no entanto, valendo-se da maior liberdade proporcionada pela revolução de 1905 e, subsequentemente, pela de fevereiro de 1917, Lenin manifestou-se totalmente a favor de um amplo partido de massas baseado no centralismo democrático (usou a expressão pela primeira vez em 1905, ressaltando seu elemento democrático), com eletividade, responsabilidade e possibilidade de afastamento das lideranças.

Foi em torno da natureza do partido que surgiu, a princípio, a discordância entre bolcheviques e mencheviques, em 1903. As críticas feitas por estes últimos a Lenin e aos bolcheviques, por causa do centralismo excessivo proposto por estes, tiveram o apoio de e foram aprofundadas, no ano seguinte, por Trotski (1904) e Rosa Luxemburg (1904).

Em *Que fazer?* Lenin seguiu Kautsky, argumentando que "a consciência política de classes só pode ser levada ao operário *de fora*, isto é, só de fora da luta econômica" (1961, p.422). E distinguiu entre a "consciência sindical", que os operários podiam adquirir espontaneamente, e a "consciência social-democrata", que o partido tinha por função desenvolver entre o proletariado (1961, p.375 e 421-22; ver ECONOMICISMO). Lukács (1923) levou essa distinção ainda mais longe, e contrapôs a "consciência psicológica" dos operários, adquirida empiricamente, à "consciência atribuída" (*zugerechnetes*), entendida como "a consciência de classe adequada do proletariado e sua forma de organização, o partido comunista".

Em constraste com essa concepção, que Lukács mais tarde repudiaria, no prefácio que escreveu em 1967 para uma reedição de *Geschichte und Klassenbewusstsein* (*História e consciência de classe*), como "essencialmente contemplativa" e como reflexo de um "utopismo messiânico", Gramsci e Togliatti insistiram, nas famosas Teses de Lyon, em que: "Não é necessário acreditar que o partido possa liderar a classe operária por meio da imposição externa de autoridade (...) tanto com relação ao período que precede a conquista do poder como com relação ao período que a segue". O partido só poderia liderar a classe que realmente conseguisse tornar-se "parte da classe operária, ligando-se a todos os setores dessa classe". (Gramsci & Togliatti, 1928; também publicado in Gramsci, 1978, p.367-68.) Mais tarde, na prisão, Gramsci escreveu sobre o papel de iniciador da transformação política ("o príncipe moderno") que cabia ao "partido político – a primeira célula em que se reúnem os germes de uma vontade coletiva que tende a se tornar universal e geral". (Gramsci, 1971, p.129.)

Depois do aparecimento do sistema unipartidário na Rússia soviética em 1921 – que se deveu à força das circunstâncias históricas e não à teoria marxista –, esse sistema foi apresentado por Stalin como um aspecto necessário do socialismo. Em vários Estados socialistas que surgiram desde 1945 há mais de um partido, mas os líderes comunistas (e por vezes as constituições desses Estados) têm insistido em que todos devem aceitar a liderança do partido comunista. Essa ideia é rejeitada pelos partidos eurocomunistas e por vários outros partidos comunistas favoráveis ao pluralismo partidário no socialismo e, inclusive, ao direito de funcionamento para os partidos de oposição dentro da lei. (Ver também BOLCHEVISMO; CONSCIÊNCIA DE CLASSE; INTERNACIONAIS; MARX, ENGELS E A POLÍTICA DE SEU TEMPO; MEDIAÇÃO; MENCHEVIQUES; MOVIMENTO OPERÁRIO.)

MJ

Bibliografia: Bonomi, G., *Partito e rivoluzione in Gramsci*, 1973 • Broué, Pierre, *Le parti bolchevique*, 1963 • Cerroni, Umberto, "Per una teoria del partito político", 1963 • Flechtheim, Ossip K., *Die KPD in der Weimarer Republik*, 1969; *Le parti communiste allemand sous la république de Weimar* (1972) • Gramsci, Antonio, *Notte sul Machiavelli, sulla politica e sullo stato moderno*, 1949 (1966); *Selections from the Prison Notebooks*, parte 1/2: *The Modern Prince* (1971) [*Maquiavel, a política e o Estado moderno*, 1968 e 1980] ◎ "Tesi sulla situazione italiana e sui compiti del PCI aprovate dal III Congresso nazionale del PCI, nel gennaio 1926", 1928; *Selections from Political Writings 1921-1926* (1978) • Johnstone, Monty, "Marx and Engels and the Concept of the Party", 1967 ◎ "Forging a party of a new type: Lenin and the Vanguard Party", in E.J. Hobsbawm et al. (orgs.), *History of Marxism*, 1980 [*História do marxismo*, 1980 e 1982] • Lenin, V.I., *What is to be done?*, 1902 (1961); *Que faire?* (1966) [*Que fazer?*, 1979] • Löwy, Michel, "Marx e o partido comunista (1846-1848)", 1968 • Lukács, G., *Geschichte und Klassenbewusstsein*, 1923 [*História e consciência de classe*, 1974] • Luxemburg, Rosa, "Organizationsfragen der russischen Sozialdemokratie", 1904; "Organisational Questions of Russian Social Democracy", in M.-A. Waters (org.), *Rosa Luxemburg Speaks* (1970) • Magri, Lucio, "Problemi della teoria marxista del partito rivoluzionario", 1963 • Miliband, Ralph, *Marxism and Politics*, 1977 [*Marxismo e política*, 1979] • Molyneux, John, *Marxism and the Party*, 1978 • Trotsky, L.D., *Our Political Tasks*, 1904 (1980); *Nos tâches politiques* (1970).

pauperização Em sua análise do capitalismo, Marx identifica dois tipos de tendências inerentes ao sistema: as tendências ineлutáveis ou dominantes, entre as quais estão a criação de um exército industrial de reserva e a tendência decrescente da taxa de lucro, que canalizam em uma certa direção os fatores que atuam no sentido de neutralizar sua ação, acabando, com isso, por subordiná-los; e as tendências evitáveis ou coordenadas, cuja pressão incessante pode, não obstante, ser compensada por uma tendência oposta que se mostre capaz de exercer pressão suficiente para neutralizá-la.

Ao analisar as condições da classe operária, Marx argumenta que o capitalismo inevitavelmente cria e mantém uma reserva de força de trabalho desempregada e parcialmente empregada, o EXÉRCITO INDUSTRIAL DE RESERVA, que, em conjunção com os limites impostos pelas considerações de lucratividade, de capacidade de concorrência e de mobilidade dos capitais, impede necessariamente que SALÁRIOS reais dos operários aumentem de maneira mais rápida do que a produtividade do trabalho. De fato, os salários reais declinam *relativamente* ao aumento da produtividade do trabalho ou, em termos marxistas, com o aumento da produtividade, a taxa de EXPLORAÇÃO aumenta. A resultante ampliação da distância entre a produtividade e os salários reais fortalece o poder do capital e, portanto, aprofunda "o abismo entre a posição dos trabalhadores e a posição dos capitalistas". O *empobrecimento relativo* dos trabalhadores é um aspecto inerente ao sistema capitalista como um todo. Marx observa que os salários reais podem subir, desde que "não interfiram com o progresso da acumulação" (*O Capital*, I, cap.XXIII) e conclui que "a tendência crescente da taxa de exploração do trabalho" é apenas "uma forma específica pela qual a crescente produtividade do trabalho é expressa sob o capitalismo" (*O Capital*, III, cap.XIV). Em *Trabalho assalariado e capital* (parte IV), Marx observa que os salários podem aumentar se o capital produtivo aumentar também: "O crescimento rápido do capital produtivo acarreta uma expansão igualmente rápida da riqueza do luxo, das necessidades e dos prazeres sociais. Portanto, ainda que os prazeres do operário se vejam aumentados, a satisfação social que ele obtém diminui em comparação com os maiores prazeres do capitalista, inacessíveis ao operário, e em relação ao estágio de desenvolvimento da sociedade em geral."

O fato de que os salários reais não possam, de um modo geral, aumentar além de um dado limite não impede, de modo algum, que os capitalistas procurem constantemente *reduzir* os salários reais tanto quanto possível, e o limite inferior objetivo dessa tendência ao *empobrecimento absoluto* dos operários é proporcionado pelas condições que regulam a disponibilidade do trabalho assalariado. Quando o exército industrial de reserva é grande, por exemplo, os salários reais podem ser reduzidos abaixo do nível de subsistência da força de trabalho porque há novos trabalhadores para substituir os que forem "consumidos" pelo capital. Por outro lado, nos períodos de prosperidade, quando o exército industrial de reserva se esgota em certas áreas, dentro dos limites dos custos da importação de força de trabalho ou da mobilidade do capital os salários reais podem elevar-se simplesmente em consequência da escassez de trabalho assalariado *imediatamente disponível*. E o que é ainda mais importante, as lutas dos trabalhadores, que se refletem na sindicalização e na legislação social, podem regular os termos segundo os quais o trabalho se torna disponível para o capital e, exceto em períodos de crise, neutralizar com êxito as tentativas dos capitalistas no sentido de fazer baixar os salários reais. A pressão inerente ao sistema no sentido de um empobrecimento absoluto da força de trabalho pode, portanto, ser neutralizada, havendo condições adequadas.

Alguns autores marxistas contemporâneos, como Meek (1967), argumentam, porém, que, embora "não haja dúvidas de que Marx realmente previu que, com a evolução do capitalismo, os salários *relativos* [isto é, relativos às rendas da propriedade] baixariam independentemente do que acontecesse aos salários *absolutos*" (1967, p.121), não houve na realidade uma queda apreciável dos salários relativos nos países capitalistas adiantados. Nesse sentido, Meek conclui pela necessidade de elaborar novas "leis do movimento" do capitalismo contemporâneo (1967, p.127-28). Uma versão dessas novas leis pretende que, nos países capitalistas adiantados, não há pauperização "absoluta" nem "relativa", de modo que a pauperização, sob qualquer das suas formas, fica limitada aos países subdesenvolvidos periféricos (usualmente, em consequência do desenvolvimento do capital metropolitano). Essa interpretação associa-se, muitas vezes, às teorias da crise que enfatizam o problema da compressão salarial no centro capitalista (ver CRISES ECONÔMICAS), porque a ausência de pauperização equivale a uma taxa de mais-valia constante ou (mais provavelmente) decrescente. No âmago dessa perspectiva, porém, está a pretensão *empírica* de que a taxa de exploração não se eleva de forma substancial. E é precisamente essa pretensão que desmorona quando se dá um mínimo de atenção às diferenças entre as categorias marxistas e as categorias econômicas ortodoxas em que se expressam as modernas contas nacionais. (Shaikh, 1978, p.237-39.)

AS

Bibliografia: Boyer, M.-Th., "Salaire réel, part relative des salaires et paupérisation", 1975 • Cousin, Michel, "Pauvreté et pauperisation: notes sur l'urgence d'un débat", 1976 • Elliot, J.E., *Marx and Engels on Economics, Politics and Society*. Meek, R.L. 1967, "Marx's Doctrine of Increasing Misery", in R.L. Meek,

Economics and Ideology and Other Essays [*Economia e ideologia: o desenvolvimento do pensamento econômico*, 1971] • Rosdolsky, R., *Zur Enstehungsgeschichte des Marxschen "Kapital"*, 1968; *The Making of Marx's "Capital"* (1977); *Génesis y estructura de "El Capital" de Marx* (1978) • Shaikh, A., "An Introduction to the History of Crisis Theories" in A. Shaikh, *U.S. Capitalism in Crisis*, 1978a • Sowell, T., "Marx's 'Increasing Misery' Doctrine", 1960 • Stein, Hans, "Pauperismus und Association", 1936.

pequena burguesia Ver CLASSE MÉDIA

periodização do capitalismo Como teoria da história, o marxismo é mais do que uma aplicação da dialética à transição de um modo de produção para outro: abrange igualmente as transformações históricas que ocorrem *dentro* do período de vigência de cada um desses modos de produção. O capitalismo, como outros modos de produção, atravessa fases distintas; em vez de avançar ao longo de uma curva contínua à medida que amadurecem suas contradições internas, ele segue um caminho descontínuo, marcado por segmentos distintos. Assim, a etapa que o capitalismo havia alcançado no terceiro quartel do século XX é considerada significativamente diferente do capitalismo concorrencial do paradigma de *O Capital* e diversamente designada como CAPITALISMO MONOPOLISTA (Baran e Sweezy, 1966), CAPITALISMO MONOPOLISTA DE ESTADO (Boccara, 1969), ou capitalismo tardio (Mandel, 1975).

A ideia de que cada modo de produção tem uma história própria é inerente ao materialismo histórico, pois o progresso sistemático da sociedade de um modo de produção para outro só pode ser teorizado em termos do amadurecimento das contradições de um modo de produção, as quais o enfraquecem e lançam as bases para o novo modo de produção. Mas porque deve essa história ser concebida sob a forma de diferentes estágios? A lógica desse tipo de periodização para o capitalismo é a de que há transformações significativas das formas assumidas pelas relações de produção (quer definidas em sentido estrito, quer entendidas como o conjunto das relações sociais) à medida que o capitalismo evolui. As contradições a ele inerentes, como a que se observa entre FORÇAS PRODUTIVAS E RELAÇÕES DE PRODUÇÃO, intensificam-se à medida que o sistema amadurece, mas são transformadas nesse processo. Tais transformações, que afetam todo o espectro das relações sociais e o quadro institucional da sociedade em que se produzem, dão origem a tipos distintos de capitalismo na história de qualquer sociedade. Contudo, embora a construção da história interna dos modos de produção seja, em princípio, uma necessidade teórica, na prática a análise das etapas, fases ou estágios do capitalismo tem sido orientada pela pressão da realidade, pela observação *empírica* e pela descrição das modificações históricas já ocorridas. Lenin desenvolveu sua teoria do imperialismo e Paul Baran e Paul Sweezy produziram seu conceito do capitalismo monopolista como consequência da necessidade política de compreender as transformações ocorridas no sistema, que precisam ser enfrentadas na prática pelo movimento socialista, e de reexaminar os prognósticos sobre o fim do capitalismo.

Alguns autores periodizam o capitalismo em três etapas sucessivas, o capitalismo concorrencial, o capitalismo monopolista e o capitalismo monopolista de Estado, mas há discordâncias quanto à validade dessas categorias, tanto de cada uma delas como de sua sequência. O debate nasceu, em parte, de diferentes perspectivas políticas: Ernest Mandel (1975), por exemplo, aponta uma estreita relação entre o conceito de capitalismo monopolista de Estado e a estratégia política dos partidos comunistas. Em parte, porém, esse debate tem origem em ambiguidades teóricas: a questão de quais sejam os princípios adequados ao delineamento das diferenças entre as etapas não foi resolvida ou sequer colocada e analisada em todos os seus aspectos (ver, a respeito, o comentário crítico de Uno, 1964, examinado no artigo ECONOMIA MARXISTA NO JAPÃO).

As diferenças entre as etapas do capitalismo estão no grau em que a produção, em seu sentido amplo, está socializada. A concepção de Marx sobre a contradição entre forças produtivas e relações de produção centrava-se na natureza cada vez mais socializada da produção capitalista em contraste com a propriedade privada do capital e a apropriação da mais-valia. Mas a propriedade privada e a apropriação, para Marx, tendiam elas mesmas a ir assumindo formas cada vez mais socializadas à medida que o capitalismo se desenvolvia. Assim, no terceiro livro de *O Capital* os comentários sucintos de Marx sobre as sociedades anônimas por ações (que são típicas do capitalismo monopolista) faziam ver que

> (...) o capital, que em si mesmo depende de um modo social de produção e pressupõe uma concentração social dos meios de produção e da força de trabalho, ganha, neste caso, diretamente a forma de capital social (capital de indivíduos diretamente associados), distinguindo-se do capital privado, e seus empreendimentos assumem a forma de empreendimentos sociais, que os dintingue dos empreendimentos privados. (*O Capital*, III, cap.XXVII)

As etapas sucessivas do capitalismo são marcadas pela crescente socialização de todos os aspectos da economia. A própria produção torna-se cada vez mais socializada na medida em que a divisão do trabalho se modifica qualitativamente. Assim, com a passagem do capitalismo concorrencial para o capitalismo monopolista, o método dominante de produção também se modifica: a produção da mais-valia absoluta dá lugar à extração da mais-valia relativa, que se torna a mola propulsora da acumulação quando a maquinaria (ver MAQUINARIA E PRODUÇÃO MECANIZADA) domina o processo de trabalho, caracterizando-se aquilo que Marx chamou de submissão ou sujeição real do trabalho ao capital. E, com a produção mecanizada do capital monopolista, a produção se torna ainda mais altamente socializada do que na etapa anterior: o trabalho produtivo (ver TRABALHO PRODUTIVO E IMPRODUTIVO) chega a tomar a forma de trabalhador coletivo, uma força de trabalho integrada toma o lugar dos trabalhadores artesanais individualizados. A produção de mais-valia relativa significa que a produção de mais-valia em qualquer indústria depende de que a produtividade de todas as outras indústrias reduza, direta ou indiretamente, o valor dos bens de salário e, portanto, O VALOR DA FORÇA DE TRABALHO.

É possível distinguir essas transformações nos métodos de produção com o propósito de dividir a história da crescente socialização do capitalismo em etapas distintas (como em Friedman, 1977). Mas as transformações das formas de apropriação e das estruturas e relações que orientam a reprodução econômica e a divisão social do trabalho indicam demarcações igualmente claras e definidas entre as três etapas: capitalismo concorrencial, monopolista e monopolista de Estado. No capitalismo concorrencial, a mais-valia é apropriada principalmente sob a forma de lucro, e a divisão do trabalho é coordenada ou orientada pelos mercados nos quais as mercadorias são vendidas. Em nível internacional, o capital se expande por meio de exportações e importações de mercadorias. No capitalismo monopolista, o sistema de crédito passa a dominar e a operar com os mercados de mercadorias de modo a orientar a divisão social do trabalho na medida em que aloca o crédito, transferindo-o dos setores não lucrativos para os lucrativos. O juro torna-se a forma predominante sob a qual a mais-valia é apropriada, forçando uma divisão de lucro em juro e lucro empresarial e, como Marx observa, todo o lucro adquire a aparência de juro:

> Mesmo que os dividendos que recebem incluam o juro e o lucro empresarial (...) esse lucro total só é recebido, daqui para a frente, sob a forma de juro, isto é, como simples compensação pela propriedade do capital, que então já está totalmente divorciado de sua função no processo real de produção, tal como essa função na pessoa do gerente está divorciada da propriedade do capital. (*O Capital*, III, cap.XXVII)

Quando o capital, nessa etapa, assume a forma de domínio específica e característica do CAPITAL FINANCEIRO, uma nova e adicional forma de apropriação, o lucro do financista, torna-se significativa. E em nível internacional, a divisão social do trabalho se faz, nessa etapa, pela exportação do capital enquanto capital financeiro, identificada por Hilferding, Bukharin e Lenin como a característica do imperialismo. De fato, o imperialismo foi identificado como uma etapa do capitalismo coetânea ao capital monopolista.

A fase mais recente, o capitalismo monopolista de Estado, é marcada pelo papel do Estado (articulado com o sistema de crédito e os mercados) na coordenação da divisão social do trabalho. Por meio das políticas públicas de inspiração keynesiana, por meio da produção de bens e serviços pelo setor público (seja como mercadorias, seja fora do mercado, como no caso da educação gratuita) e por meio da fixação de um enquadramento para o planejamento setorial, do planejamento normativo ou de políticas de distribuição de rendas, o Estado, nessa nova fase, desempenha um papel ativo que afeta a estrutura da economia. E a tributação torna-se significativa como forma de apropriação da mais-valia. Em nível mundial, o capital é internacionalizado sob a forma de capital produtivo dentro das empresas multinacionais; os processos de produção são divididos entre fábricas situadas em diferentes países, em vez de ser o capital exportado apenas sob forma de mercadorias compradas e vendidas ou de empréstimos internacionais. As teorias sobre esse estágio do capitalismo comumente propõem a existência de uma estreita conexão entre o Estado e o grande capital monopolista (ver CAPITALISMO MONOPOLISTA DE ESTADO).

Os princípios de periodização aqui adotados para o capitalismo encontram paralelos com os que foram usados por Marx na periodização do feudalismo. No livro terceiro de *O Capital*, Marx analisou, no capítulo LXVII, a "gênese da renda da terra capitalista", em termos de três etapas distintas do feudalismo. O elemento que permitia distinguir essas etapas (embora não definisse todo o caráter de cada uma delas) era, para Marx, dado pela forma sob a qual o trabalho excedente era apropriado: renda em trabalho, renda em produtos, renda em dinheiro, respectivamente. E, associados às diferentes formas de apropriação, mecanismos diferentes regulavam a reprodução da economia: coerção, contratos e contratos mais mercados (contratos em dinheiro), respectivamente.

Nicos Poulantzas (1974) argumentou, porém, que só o capitalismo pode ser periodizado. E também diverge em outros aspectos da abordagem aqui adotada, pois pretende que o capitalismo não pode ser periodizado no nível da abstração em que o modo de produção é teorizado, mas apenas ao nível da FORMAÇÃO SOCIAL mais complexa (o conceito que, por situar-se a um nível mais baixo de abstração, apreende mais plenamente a complexidade e a aparência das sociedades reais). Paul Baran e Paul Sweezy (1966) propõem um esquema diferente de periodização, postulando uma divisão simples entre o capitalismo concorrencial, em cuja análise Marx se concentrou, e o "capitalismo monopolista" que caracteriza o período mais recente. O conceito dessa última etapa por eles proposto é bastante diferente do conceito empregado aqui (ver CAPITALISMO MONOPOLISTA) e também não distingue capitalismo monopolista de capitalismo monopolista de Estado. A linha divisória que Baran e Sweezy estabelecem para a discriminação das etapas não corresponde às transformações da forma de todas as forças produtivas e relações de produção, que refletem uma maior socialização, mas às transformações das leis da acumulação, que refletem uma única mudança chave, a que ocorre na estrutura do mercado que passa a ser enfrentada pelas empresas capitalistas quando a concorrência é transformada em monopólio. Na abordagem adotada acima, supõe-se que as contradições básicas do capitalismo, que produzem sua lei da acumulação, permanecem as mesmas, mas que a forma das relações dentro das quais existem modifica-se. Em cada estágio, o capitalismo é afetado pela lei da tendência decrescente da taxa de lucro e pelas CRISES ECONÔMICAS e, na verdade, as crises econômicas importantes abrem caminho para novas etapas (como a década de 1870 marcou o início do capitalismo monopolista e a década de 1930, o do capitalismo monopolista de Estado). Contudo, para Baran e Sweezy, que escreveram durante o prolongado surto de prosperidade do pós-guerra (embora já quase no seu final), o capital monopolista parecia ter transformado essas leis.

O grande estudo de Ernest Mandel (1975) sobre a fase mais recente do capitalismo também não segue o esquema de três grandes estágios delineado acima, mas sua fase do capitalismo tardio pouco difere da noção de capitalismo monopolista de Estado aqui proposta. E, o que é mais importante, Mandel faz uma extensa análise da dinâmica do sistema, das leis da acumulação que dão origem à transformação do capitalismo de uma etapa para a outra. Sua abordagem dessa questão também se assemelha à que aqui se procurou desenvolver ao considerar as contradições da acumulação que Marx identificou como tendentes a levar à nova etapa, sendo, por sua vez, promovidas pelas novas relações estruturais características dessa nova etapa. Na obra de Mandel, as transformações que têm lugar em todos os níveis da economia, desde a nova divisão social do trabalho na produção até o financiamento e a atividade econômica do Estado, são teorizadas como um todo integrado.

LH

Bibliografia: Baran, Paul & Paul Sweezy, *Monopoly Capital*, 1966 [*Capitalismo monopolista*, 1978] • Boccara, Paul (org.), *Le capitalisme monopoliste d'Erat*, 1969 (1976) ◉ *Études sur le capitalisme monopoliste d'État, sa crise et son issue*, 1973 • Braga, J.C.S. & F. Mazzucchelli, "Notas introdutórias ao capitalismo monopolista", 1981 • Fine, Ben & Laurence Harris, *Rereading Capital*, 1979 [*Para reler "O Capital"*, 1981] • Friedman, Andrew, *Industry and Labour*, 1977 • Gonçalves, Reinaldo, "A internacionalização da produção: uma teoria geral?", 1984 • Mandel, Ernest, *Late Capitalism*, 1975 • Poulantzas, Nicos, *Les classes sociales dans le capitalisme aujourd'hui*, 1974 [*As classes sociais no capitalismo de hoje*, 1978] • Teixeira, Aloísio, "Capitalismo monopolista de Estado: um ponto de vista crítico", 1983 • Varga, Eugen, *Le capitalisme monopoliste d'État*, 1955.

Plekhanov, Gheorghi Valentinovitch (Gudalovka, província de Tambov, 29 de novembro de 1856 – Terijoki, Finlândia, 30 de maio de 1918.) Plekhanov iniciou sua carreira como adepto do POPULISMO revolucionário então muito difundido na Rússia. Rejeitando a linha, então dominante, de terrorismo político, foi um dos primeiros agitadores populistas a voltar sua militância para a classe dos trabalhadores urbanos. Em 1878, usava livremente o marxismo em defesa de sua afirmação de que a propriedade comunal da terra na COMUNA RUSSA era, e continuaria sendo, o modo de produção dominante naquele país. Em 1882, sua tradução do *Manifesto comunista* para o russo era publicada com um prefácio de Marx. No ano seguinte, saía o seu primeiro ensaio de maiores proporções, contra o populismo, e Plekhanov criava com Axelrod, Ignatov, Deitch e Vera Zassulitch, o Grupo *Emancipação do Trabalho*, em Genebra. Esse grupo, sobre o qual Plekhanov exercia grande ascendência intelectual, foi o principal núcleo do marxismo russo em fins do século XIX. Traduziram para o russo obras de Marx e Engels, e suas publicações, que exerceram significativa influência sobre os intelectuais revolucionários russos, serviram para definir a ortodoxia do marxismo russo, tendo marcado profundamente, por exemplo, o pensamento de Lenin até 1914.

Considerado, muito justamente, o "pai do marxismo russo", Plekhanov não apenas conseguiu, nos livros, folhetos e publicações que escreveu e/ou editou, fazer uma crítica abrangente e eficaz do populismo, como também assegurou para o marxismo uma grande ascendência como movimento intelectual na Rússia. Finalmente, pode-se dizer que, já nessa época, Plekhanov delineou a estratégia de longo prazo que dominou o movimento revolucionário russo até 1914. Reconhecendo o caráter singular e atrofiadamente desenvolvido da híbrida estrutura social e econômica da Rússia, Plekhanov insistiu em que a revolução far-se-ia necessariamente em duas etapas. Haveria, primeiro, uma revolução democrática contra o czarismo e os resquícios do feudalismo. Essa revolução aceleraria o desenvolvimento do capitalismo e, portanto, a diferenciação entre as classes e criaria as condições de liberdade de associação e de circulação de ideias propícia ao florescimento da segunda revolução, a socialista. Essas duas revoluções, embora com objetivos bem diferentes, não precisariam estar distantes uma da outra, no tempo, pois Plekhanov também entendia que, face à debilidade peculiar da burguesia russa, o proletariado e seu partido seriam obrigados a liderar a revolução democrática. As tarefas do partido proletário, na Rússia, eram, portanto, excepcionalmente pesadas e complexas, particularmente por causa das dimensões relativamente reduzidas da classe operária e do atraso da consciência de classe. Nesse sentido Plekhanov atribuía à *intelligentsia* social-democrata um papel decisivo na criação da organização, da consciência e da união da classe operária. Sustentava, coerentemente, que, sem o ativismo decidido dos "germens revolucionários da *intelligentsia*", o movimento não teria êxito.

No plano internacional e em nível mais amplo, Plekhanov firmou a reputação, superada apenas pela de Kautsky, de teórico inovador e abalizado do marxismo. O livro que publicou em russo em 1895 – *A concepção materialista da história* – acompanha toda a evolução do moderno pensamento filosófico e social, ressaltando particularmente as contribuições de Hegel e de Feuerbach para o pensamento maduro de Marx, que Plekhanov foi o primeiro a caracterizar como MATERIALISMO DIALÉTICO. Nessa obra, Plekhanov afirma que o método dialético materialista de Marx iluminava e unificava todo o conhecimento, e foi pioneiro na sua aplicação não só à política, à economia e à filosofia, como também à linguística, à estética e à crítica literária. Devido à sua convicção de que a determinação pelo econômico, entendida de maneira dialética, era suficiente como visão de mundo e necessária à integridade da missão do proletariado, reagiu com veemência a quaisquer tentativas de "melhorar" o marxismo com a importação de elementos de outras filosofias. Foi, portanto, o principal defensor do "monismo" marxista, contra o ecletismo de Bernstein e seus partidários.

A partir de 1905, a posição de Plekhanov como líder político da social-democracia russa declinou rapidamente – em parte devido à sua atitude hesitante para com a revolução de 1905 –, e ele passou a dedicar-se cada vez mais aos estudos históricos e filosóficos, que publicou parte em alemão e parte em russo. Foi um "defensista" (isto é, partidário da guerra) declarado em 1914 e voltou à Rússia em março de 1917, depois de 35 anos de exílio. Nos meses de vida que lhe restavam, assumiu decididamente posição contra o que entendia como atividades sem princípios dos bolcheviques. E deplorou o fato destes terem tomado o poder, considerando-o prematuro e capaz de provocar consequências desastrosas. Apesar disso, Lenin continuou a ter seus escritos como materialista militante na mais alta conta, e essas obras se tornaram leitura essencial para gerações de ativistas na Internacional Comunista e na União Soviética.

NH

Bibliografia: Ascher, A., *Pavel Axelrod and the Development of Menshevism*, 1972 • Baron, S.H., "Between Marx and Lenin: George Plekhanov", 1962 ◎ *Plekhanov: the Father of Russian Marxism*, 1963 • Haimson, L.H., *The Russian Marxists and the Origins of Bolshevism*, 1955 • Plekhanov, G.V., *Our Diferences: Programme of the Social-Democratic Emancipation of Labour Group*, 1885 (1961) ◎ *In Defence of Materialism: the Development of the Monist View of History*, 1895 (1945 e 1972) [*A concepção materialista da história*, 1980] ◎ *Beiträge zur Geschichte des Materialismus*, 1896; *Essais sur l'histoire du matérialisme (D'Holbach, Helvétius, Marx)* (1976) ◎ *Fundamental Problems of Marxism*, 1908 (1969); *Problèmes fondamentaux du marxisme* (1947 e 1976) [*Questões fundamentais do marxismo*, 1978] ◎ *Der Kämpjend Materialismus*, 1908-1910; *Materialismus militans* (1973); *Materialismo militante* (1967) ◎ *Art and Social life*, 1912 (1953); *Cartas sin direccion* (1975); *El arte y la vida social* [*A arte e a vida social e cartas sem endereço*, s.d.] ◎ *Selected Philosophical Works*, 5 vols. (1961-1981) • Weill, C., *Marxistes russes et social-democratie allemande*, 1977.

política na época de Marx e Engels Ver MARX, ENGELS E A POLÍTICA DE SEU TEMPO

população Ao discutir o método, na "Introdução" aos *Grundrisse*, Marx trata a população como um exemplo daquelas categorias que devem ser concebidas como o resultado concreto de muitas determinações, cuja compreensão completa depende da elucidação prévia de "conceitos mais simples" ou abstrações. Se a população for considerada de maneira indiferenciada, sem a consideração prévia das classes de que é composta, as quais, por sua vez, dependem das relações sociais de exploração que constituem um modo particular de produção, torna-se uma abstração sem fundamento, estéril. Marx insiste, quanto a isso, em que "todo modo de produção histórico tem suas próprias leis específicas da população" e que a lei da população no capitalismo industrial é a da existência de uma "população relativa excedente" (*O Capital*, I, cap.XXIII). Marx rejeita o determinismo naturalista do "pastor" Malthus (para os juízos de Marx e Engels sobre Malthus, ver Meek, 1953), observando que não há relação necessária entre o nível dos salários e o tamanho das famílias e insistindo em que a "população excedente" que mantém baixos os salários não resulta dos hábitos negativos da classe operária, mas do seu trabalho para o capital, que "produz tanto a acumulação de capital como os meios pelos quais [a própria população operária] se torna relativamente supérflua" (ibid.). O trabalho da classe operária produz a mais-valia que, como capital acumulado, é usada para comprar os meios de produção (também produzidos pela classe operária) que, ao substituírem o trabalho vivo pelo trabalho morto, reabastecem o EXÉRCITO INDUSTRIAL DE RESERVA e asseguram que um setor da população, em circunstâncias normais, seja sempre excedente em relação às necessidades do capital e, portanto, incapaz de encontrar emprego.

A importância fundamental da criação e da conservação de um excedente populacional para o modo de produção capitalista demonstra-se pelas tentativas feitas, no período inicial do capitalismo, para impedir que os trabalhadores emigrassem em épocas de recessão. Na Inglaterra, até 1815, os trabalhadores mecânicos que operavam as máquinas não podiam emigrar, e os que tentavam fazê-lo eram severamente punidos, ao passo que, durante a "fome do algodão" decorrente da Guerra Civil Norte-Americana, ocasião em que grande número de trabalhadores das indústrias de algodão perderam seus empregos, as reivindicações da classe operária no sentido da obtenção de uma ajuda estatal ou de uma subscrição nacional voluntária com o objetivo de financiar a emigração de parte da população excedente do Lancashire foram rejeitadas. Em lugar disso, "eles foram trancados naquela 'oficina moral' dos distritos algodoeiros de modo a constituírem no futuro, como haviam feito no passado, o vigor dos industriais do algodão do Lancashire" (*O Capital*, I, cap.XXI).

É uma contradição básica da forma salário que os salários só proporcionem rendimentos para os trabalhadores empregados e que o trabalhadores desempregados devam ser mantidos vivos para constituir a população excedente, à disposição de uma futura exploração. Os Estados modernos procuraram resolver essa contradição por meio da assistência ao desenpregado, destinada a proporcionar um nível de vida muito abaixo do nível dos empregados. Mas, como mostra a controvérsia sobre os benefícios do bem-estar social (de Brunhoff, 1978), estes não eliminam a contradição enquanto tal, que permanece como expressão das leis específicas da população do modo capitalista de produção.

Poucos foram os teóricos marxistas posteriores a Marx que se empenharam em desenvolver uma teoria mais completa da população, com a exceção notável de Coontz (1957), segundo o qual o crescimento populacional bem como a distribuição da população na época capitalista são determinados pela demanda por trabalho. Ao propor tal argumento, Coontz se baseia até certo ponto na obra de demógrafos soviéticos, particularmente na de Urlanis, que analisam o crescimento da população na Europa em termos do desenvolvimento econômico, chamando em seguida a atenção particularmente para a correlação entre o declínio da fertilidade no último quartel do século XIX e a transição do capitalismo competitivo para o capitalismo monopolista ou imperialismo. Mas Coontz critica essa explicação por não ir além da correlação, não chegando a "uma análise do nexo causal ou do *modus operandi* pela qual a demanda por trabalho governa a sua oferta" (1957, p.133), e busca analisar com maior profundidade tanto a demanda por trabalho como as transformações nas funções econômicas da família.

Os marxistas também dedicaram bem pouca atenção às questões populacionais nas formas pré-capitalistas da sociedade. Mas Meillassoux (1975) argumenta que a comunidade doméstica, que existe desde o período neolítico, continua sendo o único sistema econômico e social que lida com a reprodução física dos seres humanos como uma forma integrada de organização social pelo controle das mulheres como "meios vivos de reprodução". A produção capitalista continua presa a essa forma remanescente por meio da família patriarcal, mas tal vínculo está sendo desfeito pela emancipação das mulheres e dos menores, que priva a unidade doméstica de sua força de trabalho, entregando-a diretamente ao capital para que seja explorada. A família patriarcal, outrora indispensável à reprodução do "trabalhador livre", está sendo substituída, e, dessa forma, o trabalhador livre está sendo reduzido à condição de alienação total. Meillassoux prevê que a força de trabalho tornar-se-á uma "verdadeira mercadoria" produzida sob as relações capitalistas de produção. E isso, a seu ver, aponta para uma visão de totalitarismo muito mais bárbara do que a que é evocada pela perspectiva de intervenção na família até mesmo pelo mais burocrático dos Estados socialistas.

Sob um outro aspecto, os historiadores têm se preocupado com a influência das mudanças demográficas. O próprio Marx, nos *Grundrisse* (seção sobre as "Formas que antecedem a produção capitalista"), referiu-se à significação do crescimento da população e das migrações (bem como da guerra) para o desenvolvimento de sociedades antigas (por exemplo, Roma). Mais recentemente, historiadores marxistas e não marxistas travaram um importante debate sobre o significado das mudanças demográficas para a "crise do feudalismo" e a transição para o capitalismo na Europa Ocidental (ver Brenner, 1976 e o debate registrado em *Past and Present* ns.78-80, 85, 97; e também TRANSIÇÃO DO FEUDALISMO PARA O CAPITALISMO). Um dos participantes marxistas desse debate (Hilton, 1978) reconhece a importância do aspecto demográfico e de outros, mas argumenta que tais aspectos deveriam ser vistos no contexto de uma crise "da totalidade de um sistema socioeconômico", e conclui que a pesquisa sobre a matéria ainda não proporcionou respostas claras "devido à insuficiência de evidências quantitativas sobre população, produção e comércio".

Como Meillassoux, Engels supunha que o crescente controle sobre a natureza e o desenvolvimento das forças produtivas exigiriam cada vez mais trabalho humano e, com isso, maior controle sobre a produção de seres humanos. Mas, em uma resposta a Kautsky (1º de fevereiro de 1881), que havia levantado o problema do excessivo crescimento populacional, frequentemente mencionado pelos críticos do socialismo, ele observou: "é claro que existe a possibilidade abstrata de que o número de seres humanos se torne tão grande que terão de ser impostos limites ao seu aumento. Mas, se em algum momento a sociedade comunista for obrigada a regular a produção de seres humanos, como já terá regulado a produção de coisas, será justamente, e exclusivamente, essa sociedade que poderá realizar sem dificuldades tal tarefa." Lenin (1913b) adotou uma atitude muito hostil para com o que chamou de "neomalthusianismo reacionário e empobrecido", e os demógrafos marxistas-leninistas têm, em geral, se mostrado acentuadamente antimalthusianos. As políticas populacionais concretas da URSS e da Europa Oriental, contudo, parecem ter sido influenciadas principalmente por considerações práticas, inclusive a demanda por trabalho e a preocupação com a queda da fertilidade (ver Besemeres, 1980). Na China, por outro lado, o rápido crescimento da população levou a graves medidas no sentido de reduzir a fertilidade, ainda nesse caso por motivos econômicos. (Ver também REPRODUÇÃO.)

TBB E SH

Bibliografia: Besemeres, J.F., *Socialist Population Policies: the Political Implications of Demographic Trends in the URSS and Eastern Europe*, 1980 • Brenner, Robert, "Agrarian Class Structure and Economie Development in Preindustrial Europe", 1976 • Coontz, S.H., *Population Theories and the Economic Interpretation*, 1957 • Dangeville, R., *Marx critique de Malthus*, 1978 • de Brunoff, Susanne, *État et capital*, 1976; *The State, Capital and Economic Policy* (1978) • Edholm, F., O. Harris & K. Young, "Conceptualising Women", 1977 • Hilton, R.H., "A Crisis of Feudalism", 1978 • Kowarick, Lúcio, "Capitalismo, dependência e marginalidade urbana na América Latina: uma contribuição teórica", 1974 • Laclau, Ernesto, "Modos de producción, sistemas económicos y población excedente, aproximación histórica a los casos argentino y chileno", 1969 • Lenin, V.I., "The Working Class and Neo-Malthusianism", 1913b (1963) • Meek, R.L. (org.), *Marx and Engels on Malthus*, 1953 • Meillassoux, Claude, *Femmes, greniers et capitaux*, 1975; *Maidens, Meal and Money* (1981) [*Mulheres, celeiros e capitais*, 1977] • Murmis, Miguel, "Tipos de marginalidad y posición en el proceso productivo", 1969 • Nun, José, "Superpoblación relativa, ejército industrial de reserva y masa marginal", 1969 • Oliveira,

Francisco de, "A produção dos homens: notas sobre a reprodução da população sob o capital", 1976 • *Past and Present*: simpósio sobre a estrutura de classes agrária e o desenvolvimento econômico na Europa Ocidental, 1978, 1979 e 1982 • Riochet, Christian, "Population, subsistances et modes de production: la condition féminine", 1975 • Singer, Paul, *Dinâmica populacional e desenvolvimento*, 1970 • Terrail, Jean-Pierre, "Population et mode de production", 1975.

populismo Conceito polissêmico, usado para designar movimentos sociais e políticos bastante distintos, bem como políticas do Estado e ideologias as mais diversas. Tentativas de estabelecer um conceito geral de populismo são, em geral, pouco compensadoras. Podemos, porém, distinguir proveitosamente quatro contextos mais importantes entre os muitos em que a palavra tem sido usada.

Em primeiro lugar, a expressão populismo pode referir-se aos movimentos radicais norte-americanos do Sul rural e do Oeste que surgiram nas duas últimas décadas do século XIX articulando basicamente as reivindicações dos agricultores independentes então predominantes no campo dos Estados Unidos (que não eram camponeses) e dando voz às suspeitas e denúncias destes contra as concentrações de poder econômico, particularmente por parte de bancos e de instituições financeiras, de grandes especuladores agrários e companhias ferroviárias. Tais movimentos preocupavam-se igualmente com questões relativas à política fiscal e, especialmente, à reforma monetária, além de postularem a exigência da livre cunhagem da prata como antídoto para a depressão dos preços agrícolas.

O populismo russo (*narodnichestvo*), nosso segundo caso, é o exemplo mais significativo do populismo, no presente contexto, pois foi interlocutor em um debate com Marx, o marxismo e movimentos marxistas. Venturi (1960), numa obra abalizada, inclui uma gama maior de movimentos sob essa rubrica do que outros autores, a ele posteriores, como, por exemplo, Walicki (1969), parecem dispostos a fazer. Os movimentos populistas russos tiveram sua inspiração no pensamento de Herzen e de Tchernyshevski, e suas estratégias inspiraram-se nas ideias de Lavrov, Bakunin e Tkachev. Tiveram sua primeira manifestação socialmente expressiva com o movimento "Ir ao Povo", e a segunda com o movimento *Zemlya i Volya* (Terra e Liberdade) muito atuante na década de 1870 e, segundo Venturi, atingiram seu ponto máximo no terrorismo (elitista) do movimento *Narodnaya Volya* (Vontade do Povo) que marcou a história russa na década de 1880. Mas Plekhanov e, depois dele, autores contemporâneos como Walicki, consideravam o *Narodnaya Volya* como uma negação do que é essencial no populismo.

É como ampla corrente de pensamento que o populismo russo continua a apresentar grande interesse – uma corrente que teve vários aspectos e influenciou homens e movimentos tanto revolucionários como não revolucionários. As concepções básicas do populismo consistiam de uma teoria do desenvolvimento não capitalista e da ideia de que a Rússia podia e devia prescindir da etapa capitalista e edificar uma sociedade socialista, igualitária e democrática, com base na força da comuna camponesa e da pequena produção de mercadorias, pois o populismo era hostil à organização da produção em grande escala.

O pensamento populista russo formou-se sob forte influência da análise que Marx fez do desenvolvimento capitalista. O primeiro livro de *O Capital* foi traduzido para o russo por um populista, Nicolai Danielson, e as obras de Marx e dos marxistas eram estudadas com afinco pelos intelectuais populistas. Mas, ao contrário do próprio Marx, os populistas viam na obra deste apenas uma crítica devastadora do desenvolvimento capitalista e de seus efeitos alienantes, considerando-o antes como um processo social retrógrado do que progressista. A Rússia podia evitá-lo, devido à existência da comuna camponesa (ver COMUNA RUSSA) como base potencial para a construção do socialismo. O próprio Marx não rejeitou logo essa ideia, como se evidencia em sua carta a Vera Zassulitch sobre o assunto (8 de março 1881) e em seu prefácio à edição russa do *Manifesto comunista*, onde admitia a possibilidade de que a comuna viesse a servir como *ponto de partida* para um desenvolvimento comunista, desde que fosse "o sinal para uma revolução proletária no Ocidente".

Lenin interpretou a ideologia do populismo, histórica e sociologicamente, como um protesto contra o capitalismo a partir do ponto de vista dos pequenos produtores, particularmente os camponeses, cuja posição estava sendo enfraquecida pelo desenvolvimento capitalista mas que, não obstante, queriam uma dissolução da ordem social feudal. Embora caracterizasse a ideologia populista como romantismo econômico, como uma utopia pequeno-burguesa retrógrada, Lenin foi contra a condenação total do movimento, como se pode ver em sua polêmica com o marxista legal Struve sobre o assunto. Distinguiu também entre a ideologia mais radical, antifeudal e democrática dos primeiros movimentos e autores populistas, e as tendências direitistas de intelectuais populistas que, como Mikhailovski, surgiram depois e representavam principalmente uma reação contra o desenvolvimento capitalista. Mesmo sobre o populismo que lhe era contemporâneo, Lenin escreveu (1894): "É evidente que seria totalmente errôneo rejeitar a totalidade do programa *narodnik* indiscriminadamente. Devemos distinguir claramente seus aspectos reacionários de seus aspectos progressistas."

O terceiro contexto no qual a expressão "populismo" se desenvolveu é o das ideologias do Estado dito "populista" em países da América Latina, onde ele constitui uma estratégia política empregada pelas débeis burguesias locais para forjar alianças com as classes subordinadas, contra as oligarquias agrárias. O objetivo de tais alianças seria promover a industrialização, e elas se fazem em termos que não conferem qualquer peso independente às classes subalternas mobilizadas para a cena política. Esse processo é praticamente uma antítese do populismo como ideologia de movimentos de base rural que entram em conflito com as forças dominantes no Estado. Os casos paradigmáticos de populismo na América Latina, nesse sentido, são os do Brasil sob Vargas e seus herdeiros e o peronismo na Argentina. Devemos acrescentar, porém, que a palavra foi usada de maneira suficientemente imprecisa para torná-la aplicável a uma variedade de configurações do poder de Estado e suas bases entre o povo, em praticamente todos os países da América Latina e em outros lugares. Uma característica essencial do populismo nesse sentido é a sua retórica, que visa à mobilização do apoio entre os grupos subalternos da sociedade e seu caráter manipulador de controle de grupos "marginais". Há uma acentuada ênfase no papel do Estado, mas esse tipo de populismo gira essencialmente em torno de um estilo de política baseado na atração pessoal de um líder e na fidelidade pessoal a ele, que têm seu fundamento num elaborado sistema de proteções e paternalismo. A ideologia populista é moralista, emocional, anti-intelectual e não específica em seu programa. Apresenta a sociedade como se estivesse dividida entre as massas impotentes e os grupos dos poderosos que se colocam contra elas. Mas a ideia de luta de classes não é parte dessa retórica populista, que prefere glorificar o papel do líder como protetor das massas. Essa estratégia política poderia ser melhor designada de personalismo do que de populismo e, nesse sentido, tem algumas afinidades e conexões com o fascismo.

Finalmente, devemos considerar o caso em que o populismo refere-se a uma ideologia de Estado que adota uma visão da sociedade e do desenvolvimento nacional bastante semelhante à dos populistas russos. O exemplo mais destacado e coerente (até agora) dessa abordagem do desenvolvimento nacional é o da Tanzânia, que propôs uma estratégia de desenvolvimento de base rural e de pequena escala, rejeitando a grande indústria e empenhando-se, pelo menos no discurso manifesto, na busca de um caminho de desenvolvimento não capitalista, embora esteja envolvida nas malhas do capitalismo mundial e assim tenha dificuldade de fugir totalmente aos imperativos do capital e às penalidades em que se incorre por desconhecê-los.

HA

Bibliografia: Ianni, Otávio, *O colapso do populismo no Brasil*, 1968 • Ionescu, G. & E. Gellner (orgs.), *Populism*, 1969 • Kitching, G., *Development and Underdevelopment in Historical Perspective*, 1982 • Lenin, V.I., "What the Friends of the People Are" ◎ *The Economic Content of Narodism*, 1894 (1960) • Tella, Torcuato Di, "Populism and Reform in Latin America", in Claudio Veliz (org.), *Obstacles to Change in Latin America*, 1965 • Venturi, Franco, *Il popolismo russo*, 1952; *Roots of Revolution* (1960) • Walicki, A., *The*

Controversy over Capitalism, 1969 • Welfort, Francisco, "O Estado e as massas no Brasil", 1966; "State and Mass in Brazil", in I.L. Horowitz (org.), *Masses in Latin America* (1970) ◎ *O populismo na política brasileira*, 1978.

positivismo Auguste Comte (1798-1857) é geralmente reconhecido como o fundador do positivismo ou "filosofia positiva". O projeto intelectual-político básico de Comte era a extensão dos métodos científicos das ciências naturais ao estudo da sociedade: a criação de uma "sociologia" científica. Sua concepção do método científico era evolucionista e empirista: todos os ramos do conhecimento passam por três estágios históricos necessários: teológico, metafísico e, finalmente, "positivo" ou "científico". Nesse estágio final, é abandonada a referência às causas últimas, ou não observáveis, dos fenômenos, em favor de uma busca de regularidades semelhantes a leis entre os fenômenos observáveis. Do mesmo modo que os modernos filósofos da ciência empiristas, Comte estava comprometido com um modelo de explicação baseado numa "lei geral", segundo o qual a explicação é simétrica com a previsão. A previsibilidade dos fenômenos é, por sua vez, uma condição para estabelecer o controle sobre eles, e é isso que torna possível o emprego da ciência na tecnologia e na engenharia.

Por motivos psicológicos e sistemáticos, segundo Comte, a passagem das ciências humanas para o estágio "positivo" ou científico foi retardada, mas é hoje parte da agenda histórica. A filosofia essencialmente crítica e, portanto, "negativa", do Iluminismo sabia muito bem como derrubar a velha ordem exigirá a extensão da filosofia positiva ao estudo da própria humanidade. Uma vez submetido o domínio das ciências humanas às disciplinas da ciência empírica, cessará a anarquia intelectual, e uma nova ordem institucional adquirirá estabilidade graças ao consenso. O conhecimento das leis da sociedade permitirá aos cidadãos verem os limites das reformas possíveis, ao passo que os governos serão capazes de usar o conhecimento social científico como base para reformas paulatinas e efetivas, que aumentarão ainda mais o consenso. A nova ordem da sociedade – a sociedade científico-industrial – teria a ciência como sua religião secular, funcionalmente análoga ao catolicismo da velha ordem social.

O positivismo tornou-se um movimento político e intelectual mais ou menos organizado em bases internacionais, mas seus temas centrais tiveram, na sociedade de hoje, uma difusão muito maior do que a de qualquer outro movimento. O "positivismo lógico" ou "empirismo lógico", do Círculo de Viena, mais vigoroso e sistemático, tornou-se a tendência mais influente da filosofia da ciência do século XX, ao passo que o projeto de estender os métodos das ciências naturais (tais como são entendidos e interpretados pela filosofia empirista) às ciências sociais foi, até décadas recentes, a tendência dominante do pensamento nessas disciplinas. As teorias evolucionistas ou teorias dos "estágios" do desenvolvimento da sociedade, nas quais diferenças nas formas de propriedade e de relações sociais estão subordinadas aos efeitos supostamente determinantes da tecnologia, têm uma clara ascendência positivista e exerceram enorme influência.

Dentro do próprio marxismo, a concepção filosófica do MATERIALISMO HISTÓRICO como uma ciência e a defesa de uma união entre essa ciência e uma prática política revolucionária possibilitaram marxismos positivistas e neopositivistas. Otto Neurath, um dos principais integrantes do Círculo de Viena nas décadas de 1920 e 1930, defendeu o desenvolvimento da sociologia empírica sobre uma "base materialista". Essa sociologia empírica desenvolveria a teoria de Marx e Engels como uma base para a reorganização planejada da vida social. O planejamento socialista poderia ser considerado análogo à experimentação nas ciências físicas, e quanto maior a escala da reorganização da sociedade, maior o estímulo que daria à teoria sociológica. A tendência antimetafísica e antiteológica da ciência empírica e a visão do mundo a ela associada sempre ofenderam as classes dominantes de todas as época. A extensão da ciência empírica à sociedade encontra também resistência por parte da classe dominante de hoje, que depende da religião e da metafísica para criar ilusões no espírito das massas. A concepção que Neurath tinha da ciência, como a de outros membros do Círculo de Viena, aproxima-a muito das previsões empíricas e, portanto, da tecnologia. A ligação entre o marxismo e a prática pode, dessa maneira, ser compreendida como uma forma de projeto em grande escala de "engenharia social". O REVISIONISMO da Segunda Internacional fundamenta-se numa concepção deste tipo do marxismo como ciência empírica ligada a uma prática da engenharia social, mas uma concepção similar desempenhou igualmente um papel na constituição daquilo que se tornou conhecido como STALINISMO. Em suas formas "stalinistas", o estatuto científico do materialismo histórico é subscrito por uma "visão do mundo científica", que dogmatiza efetivamente suas proposições básicas e legitima uma tecnocracia autocrática em termos das "leis férreas" da história.

Os teóricos da "teoria crítica" da ESCOLA DE FRANKFURT estiveram entre os mais destacados críticos da concepção da relação entre a teoria e a prática como "engenharia social". Uma teoria social autenticamente emancipatória deve ser reflexiva e interpretativa, atenta às potencialidades que estão além da situação vigente, e nunca presa obedientemente ao retrato da realidade empírica desta. Para pensadores como Habermas e Wellmer, as formas mais poderosas da dominação humana nas sociedades de hoje valem-se da ideologia tecnocrática que é o legado do positivismo, e descobrem um "positivismo latente" no próprio pensamento de Marx (Wellmer, 1971). Assim, a teorização na tradição marxista só pode ser emancipatória uma vez que se livre de sua concepção de si mesma como científica e abandone a ideologia tecnocrática a que pertence essa concepção. Contra os teóricos críticos, pode-se argumentar que não são bastante exaustivos em suas críticas do positivismo. Em primeiro lugar, sua rejeição de um programa naturalista para as ciências sociais baseia-se na incapacidade de criticar adequadamente a própria filosofia positivista e empirista das ciências naturais. Em segundo, seguem os positivistas na suposição de que há uma ligação essencial entre ciência e "racionalidade técnica". Pode-se argumentar, no caso, que uma contribuição característica do marxismo foi sua tentativa de desenvolver uma concepção da ciência que é, a um só tempo, objetiva e emancipatória; na verdade, tanto Wellmer como Habermas admitem que a autorreflexão crítica precisa ser complementada por análises generalizantes, causais, do tipo das que são tradicionalmente produzidas pela ciência. (Ver também CIÊNCIA e TEORIA DO CONHECIMENTO.)

TB

Bibliografia: Adorno, T. & Karl *Popper* et al., *Der Positivismusstrei in der deutschen Soziologie*, 1969; *La disputa del positivismo en la sociologia alemana* (1973) • Andreski, S. (org.), *The Essential Comte*, 1974 • Ayer, A.J., *Language, Truth and Logic*, 1964 • Benton, T., *Philosophical Foundations of the Three Sociologies*, 1977 • Cohen, R.S. & R.I. Seerger (orgs.), *Ernst Mach, physicist and philosopher*, 1970 • Giddens, A. (org.), *Positivism and Sociology*, 1974 • Habermas, J., *Erkenntnis und Interesse*, 1968; *Knowledge and Human Interests* (1972) [*Conhecimento e interesse*, 1983] ⊙ "Analytische Wissenschaftslehre und Dialektik", 1969 ["Teoria analítica da ciência e dialética", 1980] • Lecourt, Dominique, *Une 'crise et son enjeu*, 1973 • Marcuse, H., *One-Dimensional Man*, 1964 [*Ideologia da sociedade industrial*, 1982] • Neurath, O., *Empiricism and Sociology*, 1973 • Wellmer, A., *Critical Theory of Society*, 1971.

povos, autodeterminação dos Ver NAÇÃO e NACIONALISMO

práxis A expressão práxis refere-se, em geral, a ação, a atividade, e, no sentido que lhe atribui Marx, à atividade livre, universal, criativa e auto criativa, por meio da qual o homem cria (faz, produz), e transforma (conforma) seu mundo humano e histórico e a si mesmo; atividade específica ao homem, que o torna basicamente diferente de todos os outros seres. Nesse sentido, o homem pode ser considerado um ser da práxis, entendida a expressão como o conceito central do marxismo, e este como a "filosofia" (ou melhor, o "pensamento") da "práxis". A palavra é de origem grega e, de acordo com Lobkowicz, "refere-se a quase todos os tipos de atividade que o homem livre tem possibilidade de realizar; em particular, a todos os tipos de empreendimentos e de atividades políticas" (1967, p.9). Do grego, a palavra passou ao latim e, deste, às línguas europeias modernas. Antes de ingressar na filosofia, era usada na mitologia grega como o nome de uma deusa bastante obscura e em vários outros sentidos (ver Bosnjak, 1965). Uma escritora contemporânea, Fay Weldon, que usou "Praxis" como nome para a heroína de um romance, dá a seguinte explicação: "Práxis, significa ponto crucial, culminação, ação, orgasmo; há quem diga que significa a própria deusa." A palavra foi usada na filosofia grega antiga, especialmente por Platão, mas sua verdadeira história filosófica começa com Aristóteles, que procurou dar-lhe um significado mais preciso. Assim, embora por vezes empregue a forma plural (*praxeis*) para descrever as atividades vitais dos animais e mesmo os movimentos das estrelas, Aristóteles insiste em que, num sentido rigoroso, o termo só deveria ser aplicado aos seres humanos. E embora o use por vezes para designar todas as atividades humanas, sugere que a *praxis* deve ser considerada apenas como uma das três atividades básicas do homem (as outras duas são a *theoria* e a *poiesis*). A sugestão é feita no contexto de uma divisão das ciências ou do conhecimento, de acordo com a qual há três tipos básicos de conhecimento, o teórico, o prático e da *poiesis* (o "produtivo"), que se distinguem pela sua finalidade ou objetivo: para o conhecimento teórico, o objetivo é a verdade; para conhecimento da *poiesis*, a produção de alguma coisa, e, para o conhecimento prático, a própria ação. Este último é, por sua vez, subdividido em econômico, ético e político. Assim, tanto pela sua oposição à teoria e à *poiesis*, como pela sua divisão em econômico, ético e político, o conceito de práxis em Aristóteles parece estar situado e definido de maneira bastante estável e segura. Mas Aristóteles não o segue com muito rigor. Em várias ocasiões, discute a relação entre *theoria* e *praxis* como um tipo de oposição básica no homem, e, ao fazê-lo, parece incluir a *poiesis* na *praxis*, ou deixá-la de lado como algo marginal. Por outro lado, parece por vezes limitar a *praxis* à esfera da ética e da política (deixando de lado a economia), ou simplesmente à política (e nesse caso a ética é incluída na política). Além disso, em certas passagens, Aristóteles parece identificar *praxis* com a *eupraxia* (boa práxis), por oposição à *dyspraxia* (má práxis, infelicidade). Seria, porém, inoportuno considerar como indício de confusão todas essas complicações, que antes expressam um entendimento profundo da complexidade dos problemas.

Na escola do próprio Aristóteles, a questão de dividir toda a atividade humana em dois ou três campos foi decidida em favor da divisão entre o teórico e o prático, dicotomia essa também aceita pela filosofia escolástica medieval. As dificuldades que se impõem para a classificação das ciências e das artes aplicadas, como a medicina ou a navegação (que não pareciam integrar-se nas ciências práticas, nem nas ciências teóricas) levaram Hugues de Saint-Victor (m. 1141), filósofo e teólogo medieval francês, a propor o "mecânico" como um terceiro elemento (além do "teórico" e do "prático"), mas a sugestão não encontrou eco. Por outro lado, em um pequeno tratado intitulado *Practica geometriae*, ele introduziu a distinção entre uma geometria "teórica" e uma geometria "prática", sugerindo com isso o uso de "prático" no sentido de "aplicado". Essa sugestão teve grande aceitação, e o uso de "práxis" como "aplicação de uma teoria" sobreviveu até os nossos dias. Francis Bacon deu destaque ao conceito de práxis nesse sentido e, ao mesmo tempo, insistiu em que o verdadeiro conhecimento é o que dá frutos na práxis. A despeito de concordarem ou não com a perspectiva de Bacon, muitos filósofos que escreveram entre Bacon e Kant tiveram um conceito semelhante do conhecimento prático, como o conhecimento aplicado útil à vida. Assim, D'Alembert, em seu "Discours Préliminaire" à *Encyclopédie*, dividiu todos os conhecimentos em três grupos: os "puramente práticos", os "puramente teóricos" e os que tentavam "adquirir possível utilidade para a práxis a partir do estudo teórico de seu objeto". Mas a concepção aristotélica de que o conhecimento prático é um conhecimento independente dos princípios da atividade humana (especialmente da atividade política e ética) também pode ser encontrada em muitos autores. Assim, Locke, que fez uma divisão tricotómica de todo o conhecimento e de toda a ciência em *fyisikê*, *praktikè* e *semeiotikè*, definiu *praktikè* como "a capacidade de aplicar corretamente nossos próprios poderes e ações para a realização de coisas boas e úteis. O elemento mais importante, sob essa rubrica, é a ética" (1690, vol.II, p.461).

Em Kant encontramos modificações dos dois conceitos tradicionais: (1) a práxis como a aplicação de uma teoria, "a aplicação aos casos encontrados na experiência", e (2) a práxis como o comportamento eticamente relevante do homem. O primeiro sentido é particularmente evidente em seu ensaio sobre a sentença: "Isto pode estar certo em teoria, mas não na prática." O segundo conceito, muito mais importante para Kant, é a base de sua distinção entre a razão pura e a razão prática e da correspondente divisão da filosofia em teórica e prática. Assim, na *Kritik der reinen Vernunft* (*Crítica da razão pura*), Kant distingue entre o "conhecimento teórico", que é aquele que leva a conhecer "o que há", e o "conhecimento prático", pelo qual se imagina "o que deveria haver". Esse conceito do prático ganha maior refinamento quando Kant insiste em que o conhecimento pode ser considerado como prático por oposição tanto ao conhecimento teórico como ao conhecimento especulativo: "Os conhecimentos práticos são (1) *imperativos* e como tal opostos aos conhecimentos teóricos; ou contêm (2) *razões para possíveis imperativos* e, nessa medida, estão opostos aos conhecimentos *especulativos*" (1800, p.96). Por outro lado, Kant insiste em que apesar da distinção entre a razão teórica (ou especulativa) e a razão prática, a razão é "em última análise apenas uma e a mesma". A unidade da razão é assegurada pelo primado da razão prática (ou antes, pelo uso prático da razão sobre a razão teórica (ou especulativa). Em uma análise, "tudo se resume no *prático*" e a "*moral*" é o "*absolutamente prático*". A divisão kantiana da filosofia em teórica e prática reaparece com modificações e acréscimos em Fichte, que insistiu de maneira ainda mais enfática do que Kant no primado da filosofia prática, e em Schelling, que tentou encontrar um terceiro momento mais elevado, que não seria "nem teórico nem prático, mas ambos ao mesmo tempo". Como Scheling, Hegel aceitou a distinção entre o teórico e o prático, colocou este último acima do primeiro e também achou que sua unidade devia ser encontrada num terceiro momento superior. Mas considerou como um dos defeitos básicos da filosofia kantiana que os "momentos da forma absoluta" fossem externalizados como partes separadas do sistema. Recusou-se, por isso, a dividir a filosofia em teórica e prática, e, em seu sistema, que de acordo com um princípio diferente divide-se em lógica, filosofia da natureza e filosofia do espírito, a distinção entre o teórico e o prático reaparece (sendo repetidamente transcendida numa síntese superior) em cada uma das três partes. Assim, a distinção entre o teórico e o prático tem lugar igualmente na esfera do pensamento puro (na lógica), na esfera da natureza (mais especificamente na vida orgânica) e na esfera da realidade humana (no "espírito finito"). A distinção, tal como estabelecida na lógica, encontra sua realização imperfeita na natureza e uma realização adequada no homem. Tal como aplicadas ao homem, a teoria e a práxis são dois momentos do espírito finito, na medida em que este é um espírito subjetivo, o homem como indivíduo. A prática individual é superior à teoria, mas nenhuma das duas é "verdadeira". A verdade da teoria e da práxis é a liberdade, que não pode ser realizada no plano individual, mas somente ao nível da vida social e das instituições sociais, na esfera do "espírito objetivo". E só pode ser conhecida adequadamente, e portanto completar-se, na esfera do "espírito absoluto", por meio da arte, da filosofia e da religião.

No sistema de Hegel, a práxis torna-se um dos momentos da verdade absoluta, mas, ao mesmo tempo, perde sua independência. O primeiro hegeliano a propor que esse "momento" de verdade absoluta devia ser retirado do sistema e colocado contra ele foi Cieszkowski (1838) que defendeu o sistema hegeliano como o da verdade absoluta, mas argumentou que essa verdade tinha de ser realizada por meio da "práxis" ou "ação". Não está claro se Marx leu o livro, mas seu amigo Moses Hess foi muito influenciado por ele. Assim, em *Die europaische Triarchie* (*A triarquia europeia*, 1841) e em "Philosophie der Tat" ("Filosofia da ação", 1843) Hess também defende uma filosofia da práxis e afirma: "A tarefa da filosofia do espírito consiste em tornar-se uma filosofia da ação." Em Marx, o conceito da práxis torna-se o conceito central de uma nova filosofia, que não quer permanecer como filosofia, mas transcender-se tanto em um novo pensamento metafilosófico como na transformação revolucionária do mundo. Marx desenvolveu seu conceito de maneira mais completa nos *Manuscritos econômicos e filosóficos* e o expressou de maneira mais vigorosa nas *Teses sobre Feuerbach*, embora já o tivesse antecipado em seus escritos anteriores. Assim, em sua tese de doutoramento Marx insistiu na necessidade de a filosofia tornar-se prática: "É uma lei psicológica que o espírito teórico, tendo se tornado em si mesmo livre, volte-se para a energia prática e, emergindo como a *vontade* do mundo sombrio de Amentes, volte-se contra a realidade do mundo que existe sem ele" (*A diferença entre as filosofias da natureza de Demócrito e de Epicuro*, parte I, cap.IV). E no seu texto "Crítica da filosofia do direito de Hegel: introdução" (Deutsch-Französiche Jahrbücher, 1844), Marx proclama a práxis como a meta da filosofia verdadeira (isto é, da crítica da filosofia especulativa) e a revolução como a verdadeira práxis (a práxis *à la hauteur des principes*).

Nos *Manuscritos econômicos e filosóficos*, Marx desenvolveu sua concepção do homem como um criativo e livre ser da práxis de forma tanto "positiva" como "negativa", essa última por meio da crítica da autoalienação humana. No que diz respeito à primeira, isto é, à forma positiva, Marx afirma que "a atividade consciente, livre, é o caráter da espécie do ser humano" e que "a construção prática de um *mundo objetivo*, o *trabalho*, que se exerce *sobre* a natureza inorgânica, é a confirmação do homem como um ser de espécie consciente" (Primeiro manuscrito, "Trabalho alienado"). O significado de produção prática do homem encontra sua explicação no confronto entre a produção humana e a produção dos animais.

> Eles (os animais) produzem apenas com um objetivo imediato, enquanto o homem produz de um modo universal. Os animais produzem movidos apenas por suas necessidades físicas, enquanto o homem produz mesmo quando está livre das necessidades físicas e só produz verdadeiramente quando libertado destas necessidades. O animal só se produz a si próprio, enquanto o homem reproduz toda a natureza. O produto do animal é parte integrante de seu corpo físico, enquanto o homem faz face livremente ao seu produto. Os animais só laboram de acordo com os padrões e as necessidades da espécie à qual pertencem, enquanto o homem sabe produzir de acordo com os padrões de todas as espécies e sabe aplicar o padrão adequado à natureza do objeto. E assim o homem labora, também, de acordo com as leis do belo. (ibid.)

Nos *Manuscritos econômicos e filosóficos*, Marx parece às vezes sugerir que a teoria deva ser vista como uma das formas da práxis. Reafirma, porém, a oposição entre a teoria e a práxis e insiste no primado da práxis nessa relação: "A resolução das contradições *teóricas só* é possível de maneira *prática*, só por meio da energia prática do homem" (Terceiro manuscrito, "Propriedade privada e comunismo"). Nas *Teses sobre Feuerbach*, o conceito de práxis, ou melhor, de "práxis revolucionária", é de importância central: "A coincidência da transformação das circunstâncias e da atividade humana ou autotransformação só pode ser concebida e racionalmente entendida como práxis revolucionária" (Terceira tese). E novamente: "Toda vida social é essencialmente *prática*. Todos os mistérios que levam a teoria no sentido do misticismo encontram sua solução racional na práxis humana e na compreensão dessa práxis" (Oitava tese). Nos *Manuscritos econômicos e filosóficos* Marx opõe, geralmente, "trabalho" a "práxis" e descreve explicitamente o primeiro como "o ato de alienação da atividade humana prática", mas é por vezes incoerente, usando "trabalho" como sinônimo de "praxis". Em *A ideologia alemã*, insiste com veemência na oposição entre "trabalho" e o que havia chamado antes de práxis, e sustenta a opinião de que todo trabalho é uma forma autoalienada de atividade produtiva humana, e deveria ser "abolido". A forma não aliedada de atividade humana, anteriormente chamada de práxis, passa a receber o nome de "autoatividade", mas, apesar dessa modificação de terminologia, a ideia fundamental de Marx permanece a mesma: "a transformação do trabalho em autoatividade". E permaneceu a mesma nos *Grundrisse* e em *O Capital*.

Por várias razões o conceito que Marx tinha de práxis foi, durante muito tempo, esquecido ou mal-interpretado. A interpretação errônea começou com Engels que, em seu discurso junto ao túmulo de Marx, afirmou ter ele feito duas grandes descobertas: a teoria do materialismo histórico e a teoria da mais-valia. Isso deu início a opinião generalizada de que Marx não era um filósofo, mas um teórico científico da história e um economista político. Só uma tese sobre a práxis tornou-se conhecida e difundida (e ainda nesse caso devido a Engels), ou seja, a de que a práxis é uma garantia de conhecimento fidedigno e o critério último da verdade. Engels expressou essa tese da maneira seguinte: "Antes porém, houve argumentação, houve ação. *Im Anfang war die Tat* [No começo era o ato]. A prova do pudim está em comê-lo." ("Introdução" à edição inglesa de *Do socialismo utópico ao socialismo científico*). E, em outra obra: "a mais significativa refutação disso (ceticismo e agnosticismo), como de todas as outras excentricidades filosóficas, é a práxis, ou seja, a experimentação e a indústria" (*Ludwig Feuerbach e o fim da filosofia clássica alemã*, parte II). O texto é de grande importância porque expressa uma concepção de práxis que se tornou generalizada: a práxis como experimentação e indústria.

Essa concepção de práxis como o argumento decisivo contra o agnosticismo e como o critério último da verdade foi defendida e desenvolvida por Plekhanov e Lenin. Este último escreveu: "O ponto de vista da vida, da práxis, deve ser o primeiro, o básico, da teoria do conhecimento" (1908); mas tentou interpretá-la de maneira mais flexível, argumentando que "o critério da práxis não pode nunca, na verdade, provar ou refutar totalmente qualquer concepção humana" (ibid.). Plekhanov e Lenin acompanharam a perspectiva de Engels de que a teoria histórica e a teoria econômica de Marx necessitavam, para seu fundamento, de uma nova versão do velho materialismo filosófico. Elaboraram, portanto, a doutrina do MATERIALISMO DIALÉTICO, canonizada finalmente por Stalin (1938). Nesse famoso e curto texto, Stalin cita o não menos famoso pronunciamento de Engels sobre a práxis e a prova e insiste no papel da práxis como critério e base da epistemologia, embora ao mesmo tempo tente mostrar a importância da teoria para a práxis, e, mais especificamente, a relevância dos princípios básicos do materialismo dialético e histórico para a "atividade prática do partido do proletariado". Mao Tse-tung também referiu-se à práxis em várias ocasiões e, em seu ensaio "Sobre a práxis" (1937), com a ajuda de citações de Lenin (e de uma de Stalin), tenta desenvolver uma interpretação da "unidade do saber e do fazer" e da práxis como critério da verdade (*1961-1977*, vol.I, p.295-309).

Labriola parece ter sido o primeiro que, inspirado pelas *Teses sobre Feuerbach* de Marx, tentou interpretar o marxismo como uma "filosofia da práxis" e usou essa denominação para designá-lo. Seguindo o exemplo de Labriola (e desafiado pelas críticas de Gentile e, particularmente, de Croce a Marx), Gramsci também chamou o marxismo de "filosofia da práxis" e tentou desenvolvê-lo no espírito de Marx e, por vezes, contra o próprio Marx (como, por exemplo, quando saudou a Revolução de Outubro como a revolução contra *O Capital*, isto é, contra os elementos deterministas em Marx). Embora o desenvolvimento dado por Gramsci à filosofia da práxis, elaborado teoricamente nas condições extremamente difíceis do cárcere, seja desigual e por vezes incoerente (por retornar à interpretação que Engels fazia da práxis como experimentação e indústria), adquiriu uma influência crescente na década de 1950. Anteriormente, a filosofia da práxis recebera um impulso mais vigoroso com a obra de Lukács, que atacara vigorosamente o conceito de práxis de Engels:

> O mal-entendido mais sério de Engels consiste na sua convicção de que o desempenho da indústria e a experimentação científica constituem práxis no sentido dialético, filosófico. Na verdade, a experimentação científica é contemplação na sua forma mais pura. (1923, p.132)

De acordo com o próprio Lukács, o conceito de práxis era a "preocupação básica" de seu livro, mas seus comentários dispersos sobre ela são menos claros do que suas observações críticas sobre a concepção de Engels. De qualquer modo, a colocação da práxis efetuada por Lukács representou um grande estímulo para maiores discussões embora em uma autocrítica que realizou posteriormente ele tenha afirmado que sua concepção de práxis revolucionária "estava mais de acordo com o utopismo messiânico corrente entre a esquerda comunista do que com a doutrina marxista autêntica" (ibid., prefácio à nova edição de 1971).

Em seus escritos da década de 1920, Korsch também argumentou que o marxismo era uma "teoria da revolução social" e uma "filosofia revolucionária" baseada no princípio da unidade entre teoria e práxis, ou, mais precisamente, na unidade entre a "crítica teórica" e a "transformação revolucionária prática", concebidas as duas como "ações inseparavelmente ligadas" (1923). Mas, ao contrário de Lukács, satisfez-se em grande parte com a concepção corrente de práxis e citou de maneira aprovadora as observações de Engels sobre a questão.

O conceito de práxis também foi desenvolvido independentemente por Marcuse no final da década de 1920 (muito influenciado por *Sein und Zeit* de Heiddeger) e no princípio da década de 1930 (estimulado pela publicação dos *Manuscritos econômicos e filosóficos* de Marx). Em, 1928, Marcuse afirmou que o marxismo não era uma teoria científica autossuficiente, mas uma "teoria da atividade social, da ação histórica", mais especificamente "a teoria da revolução proletária e da crítica revolucionária da sociedade burguesa". Identificando os conceitos de "ação radical" e "práxis revolucionária", Marcuse estudou a relação entre práxis, práxis revolucionária e necessidade histórica. Um estudo mais pormenorizado do próprio conceito de práxis e de sua relação com o "trabalho" pode ser encontrado em um trabalho posterior de Marcuse (1935), que ainda continua sendo uma das mais importantes análises marxistas da práxis. Nesse texto, Marcuse identifica "práxis" com "ação" (*Tun*) e trata o "trabalho" como uma forma específica da práxis. O trabalho não é a única práxis (o jogo também é práxis), mas, como a atividade pela qual o homem assegura sua sobrevivência, é uma forma privilegiada que a "própria práxis da existência humana", da necessidade, "exige". Ao desenvolver a tese de que nem toda atividade humana é trabalho, Marcuse lembra a distinção entre a "esfera da necessidade" (produção e reprodução materiais) e a "esfera da liberdade", estabelecida por Marx. Para além da "esfera da necessidade", diz Marcuse, a existência humana continua sendo práxis, mas a práxis na esfera da liberdade é basicamente diferente da práxis na esfera da necessidade. É a realização da forma e da plenitude da existência e tem seu objetivo em si mesma.

Nas décadas de 1950 e 1960, vários filósofos marxistas iugoslavos, numa tentativa de libertar Marx das errôneas interpretações stalinistas e de reviver e desenvolver o pensamento original de Marx, passaram a considerar o conceito de práxis como central no pensamento deste. Segundo essa interpretação, Marx considerava o homem um ser de práxis, mas não no sentido da atividade econômica ou política (nem mesmo da atividade revolucionária no sentido político comum) e ainda menos da política oficial de um governo "socialista" (ou qualquer outro) ou de um partido político comunista (ou qualquer outro). Em lugar disso, a práxis é considerada como a forma especificamente humana do ser do homem, como atividade livre e criadora e autocriadora. Alguns deles sugeriram mais especificamente que Marx utilizou-se do conceito de "práxis" no sentido aristotélico de *praxis*, *poiesis* e *theoria* e não no sentido de quaisquer *praxis*, *poiesis* e *theoria*, mas apenas no de "boa" práxis em qualquer destes três campos. "Práxis" opunha-se, portanto, não à *poiesis* ou à *theoria*, mas à práxis "má", alienada. A distinção entre boa e má práxis não se dava em um sentido ético, mas como uma distinção ontológica e antropológica fundamental, ou, ainda, como uma distinção no pensamento metafilosófico revolucionário. Em vez de falar de boa e má práxis, estes autores preferiram falar de práxis autêntica e práxis alienada, ou de forma mais simples, de práxis e alienação. O primeiro número da revista *Praxis*, por eles fundada em 1964, foi dedicado ao estudo do conceito.

O conceito de práxis tem desempenhado um papel importante na obra de vários pensadores marxistas recentes (por exemplo, Lefebvre, 1965 e Kosik, 1963) e, notadamente, entre os pensadores da ESCOLA DE FRANKFURT, para os quais a relação entre teoria e práxis foi sempre de interesse primordial, embora tenham dedicado maior atenção à "teoria" (e mais especificamente à "teoria crítica") do que ao outro termo da relação, a "práxis". Um representante mais recente dessa escola, Habermas, tentou formular o conceito de práxis de uma nova maneira, estabelecendo uma distinção entre "trabalho" ou "ação racional voltada para um objetivo" e "interação" ou "ação comunicativa": a primeira é "ação instrumental ou escolha racional, ou sua combinação (...) governada por *regras técnicas* baseadas no conhecimento empírico" ou por estratégias baseadas no conhecimento analítico; a segunda é "interação simbólica (...) governada por normas consensuais com força de lei" (1970, p.91-92). De acordo com Habermas, a práxis social, tal como a entendia Marx, incluía tanto o "trabalho" como a "interação", mas Marx tinha a tendência a reduzir a "práxis social a um de seus momentos, ou seja, o trabalho" (ibid.).

Para concluir, algumas controvérsias recentes podem ser mencionadas. Embora haja uma concordância geral quanto a que o conceito de práxis deva ser reservado aos seres humanos, persiste a discordância quanto à sua aplicação. Alguns pensadores consideram a práxis um aspecto da natureza humana ou da ação humana, que deve, portanto, ser estudado por uma disciplina filosófica (por exemplo, a ética, a filosofia social, a filosofia política, a teoria do conhecimento, etc.). Outros argumentam que ela caracteriza a atividade humana em todas as suas formas. Esse segundo ponto de vista foi por vezes chamado (com uma conotação crítica) de "marxismo antropológico", mas os que o adotam consideram o conceito de práxis mais como um conceito ontológico do que antropológico, que vai além da filosofia como atividade distinta, tendendo a um "pensamento da revolução" mais geral.

Uma segunda questão relaciona-se com até que ponto o conceito de práxis pode ser definido ou esclarecido. Alguns autores são de opinião que, como conceito mais geral, básico para a definição de todos os outros, o conceito de práxis não pode ser ele próprio definido. Outros, porém, insistiram em que, embora seja muito complexo, pode ser analisado, até certo ponto, e definido. As definições de práxis vão desde o seu enfoque simplesmente como atividade humana por meio da qual o homem modifica o mundo e a si mesmo, até outras mais desenvolvidas, que introduzem as noções de liberdade, criatividade, universalidade, história, futuro, revolução, etc. Os que definem a práxis como a atividade humana e criativa livre foram por vezes criticados por sugerirem um conceito puramente "normativo" e "não realista"; se, por "homem", entendermos um ser que realmente existe e, por "práxis", aquilo que os seres humanos realmente fazem, então é evidente que houve sempre mais falta de liberdade e de criatividade na história humana do que o inverso. Em resposta a essas críticas, porém, pretendeu-se que a noção de atividade criativa livre não é "descritiva" ou "normativa", mas expressa potencialidades humanas essenciais, alguma coisa diferente tanto do que simplesmente é como do que apenas *devia* ser.

Finalmente, alguns dos autores que consideram a práxis como atividade criativa livre avançaram até o ponto de defini-la como revolução. Em oposição a isso, argumentou-se que tal concepção implica um retorno à ideia da práxis como forma de ação política. Os seus defensores, porém, sustentam que a revolução não deve ser compreendida apenas como um tipo de atividade política, nem mesmo como uma transformação social radical. No espírito de Marx, a revolução é concebida como uma transformação radical tanto do homem como da sociedade. O objetivo da revolução é abolir a alienação criando uma pessoa verdadeiramente humana e uma sociedade humana (Petrović, 1971).

GP

Bibliografia: Adorno, Theodor W., *Drei Studien zu Hegel*, 1957; *Trois études sur Hegel* (1979) ◎ *Philosophische Terminologie, Zur Einleitung*, 1973; *Terminologia filosófica* (1976) • Bernstein, Richard, *Praxis and Action: Contemporary Philosophies of Human Activity*, 1971 • Bloch, Ernst, *On Karl Marx*, 1971 • Habermas, Jürgen, *Theorie und Praxis*, 1963 (1969); *Théorie et pratique* (1969 e 1975) • Bornheim, Gerd, *Dialética, teoria, práxis*, 1977 • Kosik, Karl, *Dialectics of the Concrete*, 1976 [*Dialética do concreto*, 1969] • Konder, Leandro, "Hegel e a práxis", 1979 • Lefebvre, Henri, *Métaphilosophie: prolégomènes*, 1965 •

Lobkowics, Nicholas, *Theory and Practice: History of a Concept from Aristotle to Marx*, 1967 • Lukács, Georg, *Geschichte und Klassenbewusstsein*, 1923; *History and Class Consciousness* (1971) [*História e consciência de classe*, 1974] • Marcuse, Herbert, "*Beitraege zu einer Phaenomenologie des historischen Materialismus*", 1928 ["Contribuição para a compreensão de uma fenomenologia do materialismo histórico", 1968] ◎ "Neue Quellen zur Grundlegung des historischen Materialismus", 1932 (1969) ["Novas fontes para fundamentação do materialismo histórico", 1968] ◎ "Überdie philosophischen Grundlagen des wirtschaftswissenschaftlichen Arbeitsbegriffs", 1935 (1965) • Markovié, Mihailo, *From Affluence to Praxis: Philosophy and Social Criticism*, 1974 • Petrovié, Gajo, *Philosophie und Revolution*, 1971 • *Praxis: Philosophical Journal*, International Edition, 1965-1974 • Schmied-Kowarzik, Wolfdietrich, *Die Dialektik der gesellschaftlichen Praxis*, 1981 • Sher, Gerson S., *Praxis: Marxist Criticism and Dissent in Socialist Yugoslavia*, 1977 • Vásquez, Adolfo Sanches, *Filosofía de la práxis*, 1967 [*Filosofia da práxis*, 1977].

pré-capitalistas (modos de produção) Ver MODOS DE PRODUÇÃO NÃO CAPITALISTAS

preço Ver PREÇO DE PRODUÇÃO E O PROBLEMA DA TRANSFORMAÇÃO E VALOR E PREÇO

preço de produção e o problema da transformação O conceito de preço de produção destina-se a explicar a tendência da taxa de LUCRO sobre estoques de capital investido a igualar-se entre os diferentes setores da produção capitalista (abstração feita das diferenças de risco, de poder de mercado, de inovação técnica, etc.) no quadro da teoria do valor-trabalho, que sustenta ser o VALOR produzido proporcional ao tempo de trabalho gasto na produção da MERCADORIA. Se o valor produzido fosse proporcional ao tempo de trabalho gasto e os salários fossem uniformes entre os vários setores, então a MAIS-VALIA, ou seja, a diferença entre o valor produzido num ciclo da produção e os salários pagos, também seria proporcional ao trabalho despendido. Abstraindo-se a renda, a mais-valia aparece para o capitalista como lucro, e a razão entre ela e o capital investido como taxa de lucro. Mas, se o capital investido por unidade de trabalho despendido não for uniforme em todos os setores (e não há razão, em geral, para se acreditar que seja), então a razão entre a mais-valia e o capital investido, isto é, a taxa de lucro, será diferente nos diversos setores. Isso levanta o problema teórico de como conciliar a equalização da taxa de lucro com a teoria do valor-trabalho.

Marx propôs, como solução geral para esse problema (*O Capital*, III, caps.VIII-X), que os preços das mercadorias deveriam desviar-se sistematicamente dos seus valores, determinados pelo trabalho nelas materializado, de modo a igualar as taxas de lucro. Mas argumentou que, nesse processo, a lei segundo a qual só o trabalho produz valor seria respeitada porque o valor total produzido e a mais-valia total permaneceriam inalterados. Marx via o afastamento entre preços e valor como uma redistribuição de uma dada mais-valia agregada (massa de mais-valia) entre diferentes setores de produção.

O que significa, para os preços, corresponderem aos valores, ou deles distanciarem-se? Preço é a quantidade de dinheiro que compra uma mercadoria. O valor, de acordo com a teoria do valor-trabalho, reflete a magnitude do tempo de trabalho abstrato, de trabalho socialmente necessário incorporado à mercadoria (ver TRABALHO ABSTRATO E TRABALHO SOCIALMENTE NECESSÁRIO). Para falar com coerência da relação entre preço monetário e valor-trabalho, devemos especificar a relação entre tempo de trabalho abstrato e dinheiro, a magnitude de tempo de trabalho abstrato representada pela unidade monetária, que poderíamos chamar de valor do dinheiro. Os preços corresponderão aos valores se os preços das mercadorias multiplicados pelo valor do dinheiro forem iguais ao tempo de trabalho incorporado na mercadoria. Os preços se desviarão dos valores se o preço de uma mercadoria, multiplicado pelo valor do dinheiro, for maior ou menor do que o tempo de trabalho nela materializado.

A solução de Marx para o problema de reconciliar a teoria do valor-trabalho com a tendência das taxas de lucro a se igualarem parte da suposição de que todas as mercadorias têm preços que expressam com precisão o tempo de trabalho a elas incorporado. Como já vimos, se o capital investido por unidade de tempo de trabalho despendido difere entre os setores, a esses preços iniciais as taxas de lucro variarão de setor para setor. Marx propõe, então, aumentar os preços das mercadorias que têm taxas de lucro inferiores à média e reduzir os preços das que têm taxas de lucro superiores à média, de modo a manter constante a mais-valia total. Como Marx não faz qualquer ajuste do capital variável ou do capital constante nesse processo, o valor agregado recém-produzido (m + v) e, portanto, o tempo de trabalho equivalente à unidade monetária permanecem inalterados. Marx continua com esse ajuste dos preços até que as taxas de lucro sejam todas iguais à taxa de lucro média original. E chama os preços resultantes de *preços de produção*: a esses preços, as taxas de lucro se igualam e a mais-valia total é proporcional ao tempo de trabalho excedente. No processo, tudo o que aconteceu foi uma redistribuição da mais-valia predeterminada. Todos os resultados da análise da produção capitalista pela teoria do valor-trabalho continuam válidos no agregado e são modificados em setores específicos apenas por essa redistribuição. A taxa de lucro, no final, é exatamente igual à taxa média de lucro aos preços iniciais.

Embora a análise de Marx seja abstrata, ela representa o processo real de concorrência sem limites entre os capitais. Se as taxas de lucro num setor excedem à média, o capital afluirá para esse setor de maior lucro, e a CONCORRÊNCIA forçará os preços a baixarem nesse setor até que a taxa de lucro se iguale à média. Essa análise faz abstração, é claro, das barreiras à concorrência, que, na realidade, poderiam impedir que se igualassem as taxas de lucro. Marx reconhece que essas barreiras existem na realidade, mas argumenta que só podem ser analisadas depois de estudado o caso da concorrência sem limites.

Essa solução proposta por Marx foi criticada sob a alegação de que, à medida que os preços das mercadorias produzidas se modificam, o custo dessas mesmas mercadorias, como insumos de produção ou como elementos da subsistência dos trabalhadores, também se modificará. Ao manter inalterado o valor do capital constante e do capital variável em cada setor por meio da transformação. Marx negligencia esse elo entre os preços de venda das mercadorias e os custos. Tentativas posteriores de corrigir essa solução mostraram que, em geral, é impossível conservar todos os seguintes resultados importantes pretendidos por Marx: (1) igualar as taxas de lucro; (2) conservar inalterados a mais-valia e o capital variável; (3) conservar inalterado o capital constante; (4) conservar inalterada a taxa de lucro média original. Todas as soluções propostas realizam (1), ou seja, a igualação das taxas de lucro, mas, para tanto, são forçadas a abandonar algum ou alguns dos outros quatro resultados.

Essas soluções podem ser reunidas em dois grandes grupos conforme as restrições que envolvem. O primeiro grupo mantém constante, na transformação, a cesta de mercadorias consumidas pelos trabalhadores, e *a fortiori*, o tempo de trabalho nelas incorporado. Num modelo muito geral de produção, é possível encontrar preços e um salário que permitem igualar as taxas de lucro entre os setores e facultam aos trabalhadores a compra de um conjunto arbitrário predeterminado de bens de subsistência, desde que esse conjunto não chegue a proporções capazes de tornar impossível a produção de um produto excedente. Nessas soluções, é impossível, de um modo geral, manter invariáveis tanto o valor da mais-valia como o do capital variável (ou, em outras palavras, é impossível tornar invariáveis tanto o valor do dinheiro como a mais-valia). Os críticos da teoria do valor-trabalho usaram esse resultado para argumentar que essa teoria é redundante na análise da produção capitalista, já que não há sentido coerente no qual a mais-valia real possa ser rigorosamente considerada como o resultado do tempo de trabalho excedente (ver Seton, 1957 e Medio, 1972).

O segundo grupo de soluções equaliza as taxas de lucro mantendo constante a razão entre a mais-valia agregada e o capital variável agregado (ou, o que equivale à mesma coisa, mantendo constante o valor do dinheiro e a mais-valia total). Essas soluções, vez que conservam a mais-valia num sentido rigoroso, continuam a atribuir um papel teórico ativo à teoria do valor-trabalho e respeitam o argumento de que o tempo de trabalho excedente é a fonte da mais-valia. Nessas soluções, o poder aquisitivo do salário pode mudar no processo de transformação, e, desse modo, o consumo dos trabalhadores pode, em geral, variar, como também o trabalho materializado nos bens destinados a esse consumo. O que permanece constante é o equivalente do trabalho abstrato que os trabalhadores recebem no salário (ver Lipietz, 1982; Dumenil, 1980 e Foley, 1982). De um modo geral, nenhum desses dois grupos de soluções apresenta os resultados (3) e (4) de Marx: a manutenção inalterada do valor do capital constante e a constância da taxa média de lucro.

Os preços de produção expressam uma teoria mais concreta das relações capitalistas do que os valores-trabalho puros, uma vez que levam em conta a forma especificamente capitalista de produção de mercadorias, ao possibilitarem que as taxas de lucro se igualem através da concorrência entre os capitais. Os preços de produção são apenas um passo na direção de uma teoria do preço plenamente concreta, já que as inovações, a escassez e os congestionamentos, bem como as restrições à concorrência, podem forçar os preços de mercado a se desviarem até mesmo dos preços de produção, durante períodos mais longos, ou mais curtos. Alguns autores que se debruçaram sobre o problema da transformação enfatizaram esse aspecto qualitativo: que o método de abstração de Marx torna necessário ir dos valores aos preços de produção e, destes, aos preços de mercado. Isso porque, para que os valores se revelem, é preciso fazer abstração da concorrência entre capitais dos diferentes setores da produção, e são os valores que permitem a explicação da origem da mais-valia na contradição entre o capital como um todo e o trabalho. Já os preços de produção pertencem a um nível de abstração em que a concorrência entre capitais existe e a mais-valia total é distribuída entre os diferentes capitais. Os preços de mercado, finalmente, não implicam a abstração da plena complexidade das forças em concorrência. Aqueles autores que insistem na significação da transformação para o método de abstração de Marx e no seu poder de revelar dimensões não aparentes, escondidas, opõem-se aos que, preocupados apenas com soluções quantitativas, afirmam que a teoria do valor é redundante, uma vez que não é possível dela derivar preços de produção com base nos pressupostos que Marx tinha como importantes, e que é preciso derivar tais preços diretamente dos dados de tecnologia e de salários.

DF

Bibliografia: Dumenil, G., *De la valeur aux prix de production*, 1980 • Foley, Duncan, "The Value of Money, the Value of Labourpower and the Marxian Transformation Problem", 1982 • Lipietz, Alain, "The So-called Transformation Problem Revisited", 1982 • Medio, Alfredo, "Profits and Surplus Value", in E. Hunt & J. Schwartz (orgs.), *A Critique of Economic Theory*, 1972 • Seton, Francis, "The Transformation Problem", 1957.

preço, valor e Ver VALOR E PREÇO

pré-história Ver ARQUEOLOGIA E PRÉ-HISTÓRIA

Preobrajenski, Evgeni Alexeievitch (Província de Oriol, Rússia, 1886 – Moscou, 1937.) Ingressou no Partido Social-Democrata russo quando tinha dezessete anos, atuando alinhado com os bolcheviques, principalmente nos Urais, até o fim da guerra civil. Em 1920 foi eleito membro efetivo do Comitê Central e tornou-se um dos três secretários do partido durante um curto período. De 1923 a 1927, foi o mais destacado teórico econômico das sucessivas oposições de esquerda dentro do partido, exigindo que se conferisse maior ênfase à industrialização e ligando as dificuldades econômicas do país à burocratização da vida partidária sob a liderança de Stalin. Com a crescente ênfase que passou a ser dada à industrialização, Preobrajenski foi um dos primeiros da antiga oposição de esquerda a romper com Trotski e tentar uma reconciliação com Stalin. Foi readmitido no partido, expulso de novo em 1931, e novamente readmitido em 1932. Em 1934 abjurou das posições que assumira na década 1920, mas foi preso em 1935 e fuzilado sumariamente na prisão em 1937 (Haupt e Marie, 1969).

Preobrajenski tornou-se conhecido por seus textos sobre a inflação e o financiamento da industrialização numa economia agrícola isolada e em atraso. Quando a economia soviética recuperou-se da guerra mundial e da guerra civil, ficou claro que, para aumentar a capacidade industrial, era necessário um considerável investimento, investimento este cujos efeitos geradores de renda seriam sentidos muito antes que se consumassem os efeitos desejados, de aumento da produção. O desequilíbrio inflacionário consequente ameaçaria a aliança operário-camponesa, pondo em risco tanto as bases econômicas quanto políticas da Nova Política Econômica adotada por Lenin em 1921. Preobrajenski argumentava que o desequilíbrio inflacionário existia de qualquer modo. A revolução no campo tinha criado uma estrutura de fazendas trabalhadas pelas famílias camponesas; os camponeses estavam acostumados a consumir mais de seu próprio produto, e somente interessados em entregar seus excedentes às cidades em troca de artigos industriais. Assim, tendo a economia recuperado seu nível de produção de 1913, havia um substancial aumento da demanda por bens industrializados ao qual não correspondia qualquer aumento da capacidade industrial. Nessas condições, Preobrajenski sustentava que: "manter o equilíbrio entre a cota da produção industrial e a agrícola levadas ao mercado nas proporções do pré-guerra (...) significa perturbar o equilíbrio entre a demanda efetiva do campo e a produção de mercadorias da cidade" (Preobrajenski, 1921-1927, p.36-37). Mas o investimento industrial capaz de gerar a longo prazo o crescimento necessário da capacidade industrial apenas agravaria, a curto prazo, a diferença entre a capacidade industrial e a demanda efetiva.

Um grande aumento do investimento era necessário, orientado para a expansão da capacidade da indústria pesada. Mas seria impossível o seu financiamento pelo próprio setor industrial, por ser este muito pequeno, ou por fontes externas, devido ao boicote político e à disponibilidade limitada de exportações agrícolas para financiar as importações. Portanto, o setor agrícola tinha de suportar o ônus do aumento do investimento. Isto deveria ser feito desviando-se parte do excesso da demanda do campesinato, que era destinado ao consumo, para o investimento. Estar-se-ia, assim, simultaneamente, solucionando o desequilíbrio inflacionário da economia soviética. Os monopólios estatais de comércio deveriam substituir o mecanismo de mercado, adquirindo artigos agrícolas a preços baixos e vendendo artigos industrializados a preços mais altos, alterando assim a taxa de trocas entre a indústria estatal e a agricultura privada com vantagem para a primeira. Preobrajenski chamou esse mecanismo de troca desigual por meio de uma política de preços de monopólio fixada pelo Estado de "acumulação primitiva socialista", por analogia com a acumulação primitiva do capitalismo analisada e conceituada por Marx na última parte do primeiro livro de *O Capital*. Não havia, porém, qualquer sugestão de analogia quanto aos métodos de acumulação. Essa política também afetaria mais duramente a camada mais rica de camponeses, refreando dessa maneira o perigo do desenvolvimento do capitalismo no campo.

Preobrajenski sofreu a oposição de Bukharin, que argumentava que a classe camponesa iria recusar-se a vender seu excedente, exceto em bases iguais de troca e que o planejamento devia ser encarado como "uma antecipação do que haveria de estabelecer-se naturalmente (*post factum*) se a regulação fosse espontânea" (Brus, 1972, p.54). Mas a "lei da acumulação primitiva socialista" de Preobrajenski era um regulador econômico que coexistia, embora em contradição, com a "lei do valor" enquanto regulador resultante da manutenção da produção de mercadorias e das relações de propriedade privada. A tese dos dois reguladores de Preobrajenski destinava-se, portanto, a dar conta do antagonismo entre as relações da produção socializadas e as relações de produção privatizadas no período de transição (ver TRANSIÇÃO PARA O SOCIALISMO).

O pensamento econômico de Preobrajenski deve ser entendido nos termos de seu compromisso com a democracia, o socialismo e o internacionalismo. Ele defendeu coerentemente a maior democratização; concebeu a industrialização soviética como um meio e não como um fim, em que o essencial era desenvolver relações de produção socializadas, e foi sempre hostil à doutrina do "socialismo num só país", argumentando que a revolução não poderia ter êxito em estabelecer relações de produção socializadas se isolada de revoluções socialistas nos países capitalistas mais adiantados. (Para um ponto de vista discordante, ver Day, 1973 e 1975, e para uma refutação, Filtzer, 1978.)

Preobrajenski foi um dos economistas marxistas mais criativos e importantes do século XX. O uso que fez dos ESQUEMAS DE REPRODUÇÃO de Marx na sua análise concreta da economia soviética, a teorização da transição, a tese dos dois reguladores, a insistência nas formas econômicas como processos sociais e a análise das possibilidades da industrialização fazem dele um dos poucos economistas que, até esta data, desenvolveram a economia marxista, em lugar de repetir o pensamento econômico de Marx. (Ver também BOLCHEVISMO; CAMPESINATO; COMUNISMO; DITADURA DO PROLETARIADO; STALINISMO; SUBDESENVOLVIMENTO E DESENVOLVIMENTO.)

SM

Bibliografia: Brus, W., *The Market in a Socialist Economy*, 1972 • Day, R.B., *Leon Trotsky and the Politics of Economie Isolation*, 1973 ◎ "Preobrazhenskv and the Theary of the Transition Period", 1975 • Erlich, A., *The Soviet Industrialization Debate, 1924-1928*, 1960 • Filtzer, Donald A., "Preobrazhensky and the Problem of the Soviet Transition", 1978 • Gregory, P.R. & R.C. Stuart, *Soviet Economie Structure and Performance*, 1981 • Haupt, G. & J.J. Marie, *Les bolcheviques par eux-mémes*, 1969; *Makers of the Russian Revolution* (1974) • Preobrajenski, E.A., *The Crisis of Soviet Industrializatum: Selected Essays*, 1921-1927 (1980) ◎ *From NEP to Socialism*, 1922 (1973) ◎ *The New Economics*, 1926 (1965); *La nouvelle économique* (1966 e 1972) [*A nova econômica*, 1979].

processo de trabalho Em sua forma mais simples, o processo de trabalho é aquele em que o trabalho é materializado ou objetificado em valores de uso (ver VALOR DE USO). O trabalho é, nesse caso, uma interação da pessoa que trabalha com o mundo natural, de tal modo que os elementos deste último são conscientemente modificados e com um propósito. Por isso, os elementos do processo de trabalho são três: primeiro, o trabalho em si, uma atividade produtiva com um objetivo; segundo, o(s) objeto(s) sobre os quais o trabalho é realizado; e terceiro, os meios que facilitam o processo de trabalho. Os objetos sobre os quais o trabalho é realizado, em geral criados por um processo de trabalho anterior, são chamados de "matérias-primas". Os meios de trabalho incluem tanto os elementos que são precondições essenciais para o funcionamento do processo de trabalho, embora com ele se relacionem indiretamente (canais, estradas, etc.), como os elementos por meio dos quais o trabalho se exerce sobre seu objeto, como as ferramentas. Esses últimos são sempre resultado de processos de trabalho anteriores, e seu caráter está relacionado ao grau de desenvolvimento do trabalho e às relações sociais sob as quais ele é realizado. Os objetos do trabalho e os meios de trabalho, em conjunto, são chamados de "meios de produção". A transformação do objeto do trabalho realizada pelo trabalho é a criação de um valor de uso; da mesma forma, dizemos que o trabalho foi objetificado. Como os meios de produção são valores de uso consumidos no processo de trabalho, esse é um processo de "consumo produtivo". E, como valores de uso são produzidos, do ponto de vista do processo de trabalho, o trabalho realizado é "trabalho produtivo".

O processo de trabalho é uma condição da existência humana, comum a todas as formas de sociedade humana: de um lado, o homem com o seu trabalho, o elemento ativo; do outro, o elemento natural, o mundo inanimado, passivo. Mas, para ver como os diferentes participantes humanos se relacionam entre si no processo de trabalho, é necessário analisar as relações sociais dentro das quais esse processo ocorre. No processo capitalista de trabalho, os meios de produção são comprados no mercado pelo capitalista, o mesmo acontecendo com a FORÇA DE TRABALHO. O capitalista, em seguida, "consome" a força de trabalho, fazendo com que os portadores desta (os trabalhadores) consumam os meios de produção por meio de seu trabalho. Este é, portanto, realizado sob a supervisão, direção e controle do capitalista, e os produtos resultantes são propriedade dele, e não dos produtores imediatos. Esse processo de trabalho é simplesmente um processo entre coisas que o capitalista comprou, e, portanto, os produtos desse processo lhe pertencem (ver CAPITAL; CAPITALISMO).

Esses produtos só constituem valores de uso para o capitalista na medida em que são portadores de valor de troca. Isto é, a finalidade do processo capitalista de trabalho é produzir MERCADORIAS cujo VALOR exceda à soma dos valores da força de trabalho e dos meios de produção consumidos no processo de sua produção. Assim, esse processo de produção é, ao mesmo tempo, um processo de trabalho que cria valores de uso e um processo de valorização que cria valores. Este segundo processo só é possível por causa da diferença entre o valor de troca e o valor de uso da força de trabalho. É fundamental, para a compreensão da economia marxista, distinguir o valor da força de trabalho do valor que o dispêndio dessa força de trabalho produz no processo de trabalho. Se o segundo não for superior ao primeiro, nenhuma MAIS-VALIA poderá ser criada. Além disso, o capital controla a força de trabalho, já que, no capitalismo, os trabalhadores diretos são obrigados a vender a sua força de trabalho em troca de salário em virtude de sua separação histórica de qualquer tipo de acesso aos meios de produção que não se dê por intermédio da transação salarial. E o capital controla o trabalho porque o exercício da força de trabalho é realizado sob os ditames do capital, ficando a classe operária, com isso, obrigada a trabalhar mais do que o necessário à sua própria subsistência. Assim sendo, o capital é uma relação social coercitiva.

O processo de trabalho, portanto, relaciona-se com o movimento qualitativo da produção; é um processo com uma finalidade e um conteúdo definidos e que produz um determinado tipo de produto. O processo de valorização, ou de criação de valor, traduz o mesmo processo de produção do ponto de vista quantitativo, sendo todos os seus elementos vistos como quantidades definidas de trabalho objetificado, medidas de acordo com o tempo de TRABALHO SOCIALMENTE NECESSÁRIO, em unidade do equivalente universal do valor (ver DINHEIRO). Qualquer processo de produção de mercadorias encerra uma unidade dialética entre processo de trabalho e processo de criação de valor. Quando esse processo de criação de valor é levado além de certo ponto, temos a forma capitalista de produção de mercadoria, ou o processo capitalista de produção, a unidade de processo de trabalho e de processo de valorização.

Há uma certa imprecisão terminológica em grande parte dos escritos marxistas modernos sobre o processo capitalista de produção, já que este é, com frequência, identificado como o processo capitalista de trabalho e não como a unidade dos processos de trabalho e de valorização. É importante sustentar a distinção entre os dois processos, de modo a conservar a dualidade, própria do marxismo, entre o processo de produção do valor de uso e processo de produção de valor. Os meios de produção no capitalismo têm um aspecto dual semelhante. Do ponto de vista do processo de trabalho, os meios de produção são os meios que servem à atividade produtiva intencional, e o operário está ontologicamente relacionado com os meios de produção enquanto elementos essenciais para a objetificação da atividade de trabalho em produtos. Do ponto de vista do processo de valorização, porém, os meios de produção são os meios para a absorção do trabalho humano. Quando o operário consome os meios de produção enquanto elementos materiais da atividade produtiva (processo de trabalho), simultaneamente os meios de produção consomem o trabalhador para que o valor seja valorizado (processo de valorização). No capitalismo, não é o operário que emprega os meios de produção, são os meios de produção que empregam o operário. Quando o dinheiro do capitalista é transformado em meios de produção, estes são imediatamente transformados numa prerrogativa que habilita o capitalista a valer-se do trabalho e do trabalho excedente dos outros, prerrogativa essa justificada pelos direitos da propriedade privada e assegurada, em última análise, pelas forças coercitivas do Estado capitalista. Essa inversão da relação entre trabalho já objetificado nos meios de produção, ou trabalho morto, e força de trabalho em movimento, ou trabalho vivo, é característica do modo capitalista de produção e reflete-se na IDEOLOGIA burguesa como uma confusão entre o valor dos meios de produção, por um lado, e a propriedade que estes possuem de, como capital, se valorizarem, por outro lado. Os meios de produção são vistos, então, como produtivos, quando, na verdade, apenas o trabalho é capaz de produzir coisas (ver FETICHISMO e FETICHISMO DA MERCADORIA para maiores detalhes sobre esse tipo de consciência invertida).

A formulação de que são os meios de produção que empregam o operário no capitalismo, e não o inverso, evidencia a subordinação do trabalho ao capital. Mas Marx distingue duas formas daquilo que chama de "sujeição do trabalho ao capital", formas que correspondem a períodos históricos distintos da pré-história e da história do capitalismo. A primeira forma encontra-se na maneira pela qual o capitalismo emerge dos modos anteriores de produção e diz respeito exclusivamente a uma alteração na maneira pela qual o trabalho excedente é obtido. Marx dá a isso o nome de "sujeição formal do trabalho ao capital" para descrever um processo pelo qual o capital subordina o trabalho com base nas mesmas condições técnicas de produção (mesmo nível de desenvolvimento das forças produtivas) dentro das quais o trabalho era até então realizado. Todas as relações pessoais de dominação e dependência, características da produção das guildas e corporações das cidades feudais e da produção camponesa no campo feudal, são dissolvidas pela lógica do dinheiro, por intermédio do qual diferentes proprietários de mercadorias (das condições de trabalho e da força de trabalho) relacionam-se entre si apenas com base na compra e venda, confrontando-se mutuamente no processo de produção como capital e trabalho. Uma vez que essa "subordinação formal do trabalho ao capital" não modifica o processo de trabalho enquanto tal, a única maneira pela qual a mais-valia pode ser extraída é pela extensão da jornada de trabalho para além do tempo de trabalho socialmente necessário. A subordinação formal associa-se, dessa forma, à produção da mais-valia absoluta, que, segundo Marx, existiu na Inglaterra desde meados do século XVI até o último terço do século XVIII, e na qual o processo de trabalho é caracterizado primeiro pela COOPERAÇÃO simples e, mais tarde, pela MANUFATURA. Mas, com o advento da MAQUINARIA E PRODUÇÃO MECANIZADA, o próprio processo de trabalho é continuamente transformado, ou revolucionado, em busca de ganhos na produtividade. A máquina torna-se o fator ativo no processo de trabalho, impondo ao trabalhador tarefas contínuas, uniformes e repetitivas, que exigem a imposição de uma disciplina fabril rigorosa. Além disso, o conhecimento científico, que é a condição necessária concomitante da introdução da maquinaria, cria novas hierarquias de trabalho intelectual e manual, com a eliminação das divisões anteriores, baseadas nas habilidades artesanais (ver DIVISÃO DO TRABALHO). Marx chama a indústria de grande escala, com a sua produção baseada na maquinaria, de "sujeição real do trabalho ao capital" e a associa à produção de mais-valia relativa. Introduzida na Inglaterra pela "revolução industrial", a sujeição real do trabalho ao capital transforma continuamente o processo de trabalho na busca da acumulação de valor e é considerada, geralmente, sinal da maturidade do capitalismo como modo de produção.

Depois dos escritos de Marx sobre o assunto foram poucas as análises do processo capitalista de produção elaboradas por marxistas ao longo de cerca de cem anos. Isso ocorreu, em parte, por causa do próprio sucesso da análise de Marx: o desenvolvimento da produção fabril depois de sua morte pareceu confirmar, de maneira enfática, os seus escritos. Mas a utilização da ciência na busca de ganhos de produtividade levou a um crescimento tão extraordinário do capitalismo que, apesar da depressão, do fascismo e das guerras mundiais, etc., afirmou-se uma tendência entre os marxistas a considerar a tecnologia capitalista avançada como forma necessária de organização do processo de trabalho, quaisquer que fossem as relações sociais de produção. Isto é, a TECNOLOGIA passou a ser considerada neutra em relação às classes, e sua natureza autoritária e hierárquica como uma função das relações de produção predominantes. Essa perspectiva associava-se, de perto, a uma outra concepção: uma interpretação da história segundo a qual esta é dominada pelo progresso das forças produtivas, e o desenvolvimento da tecnologia é considerado como um processo contínuo, linear, de avanço, que determina quais as relações de produção adequadas a determinados momentos. A tecnologia, e não a luta de classes, tornava-se assim o motor da história. Essas duas perspectivas receberam grande reforço com o entusiasmo com que Lenin adotou os princípios da "administração científica" de Frederick W. Taylor, como um dos meios pelos quais a URSS deveria alcançar e ultrapassar o capitalismo. Assim, em 1918, Lenin observou que o taylorismo,

> como todo progresso capitalista, é uma combinação da brutalidade refinada da exploração burguesa com algumas das maiores realizações científicas no campo da análise dos movimentos mecânicos durante o trabalho, a eliminação de movimentos supérfluos e canhestros, a elaboração de métodos corretos de trabalho, a introdução de um melhor sistema de contabilidade e controle, etc. A República Soviética deve, a qualquer preço, adotar tudo o que for valioso nas realizações da ciência e da tecnologia, nesse campo. A possibilidade de construir o socialismo depende exatamente do nosso sucesso em combinar o poderio soviético e a organização da administração soviética com as realizações modernas do capitalismo. (1918, p.259)

Essa estratégia acabou tendo efeitos negativos sobre o desenvolvimento da sociedade soviética, já que os processos soviéticos de trabalho pouco diferiram dos capitalistas. Em retrospecto, isso não deve causar surpresa, pois a industrialização soviética dependeu da importação, em grande escala, entre 1929 e 1932, de tecnologia capitalista, que era copiada. Mas a União Soviética sempre teve problemas para reproduzir qualquer coisa que se assemelhasse à dinâmica da inovação tecnológica nos países capitalistas adiantados, o que é um exemplo claro, embora controverso, de como a tecnologia é determinada pelas relações de classe, e não o inverso.

A consequência principal, no Ocidente, da concepção "tecnologista" da história foi a estagnação da análise marxista das transformações da estrutura de classes nos países capitalistas adiantados, abrindo assim caminho para uma variedade de sociologias pós-capitalistas ou pós-industriais que proporcionaram boa parte dos fundamentos ideológicos do revisionismo social-democrata, particularmente na década de 1950. Mas, a partir de fins da década de 1960, a atenção dos pensadores marxistas foi se voltando gradualmente para a redescoberta do processo capitalista de trabalho, como parte da retomada da análise marxista do capitalismo. Dentro dessa evolução, a publicação do livro de Braverman (1974) exerceu enorme influência sobre, e foi de grande estímulo para, o desenvolvimento da análise marxista dos processos de produção e das transformações da estrutura de classes nos países capitalistas adiantados (ver Nichols, 1980, para alguns exemplos). A análise de Braverman estrutura-se em torno da acumulação de capital enquanto dinâmica fundamental do capitalismo, restabelecendo a ênfase de Marx na simultaneidade da expansão da produção e da degradação do trabalho. No que diz respeito à expansão da produção, a análise de Braverman volta-se para o CAPITALISMO MONOPOLISTA, ressaltando como o desenvolvimento da administração e da mecanização foram particularmente importantes. A ascensão das grandes empresas oligopolistas, a modificação da estrutura do mercado e o desenvolvimento das atividades econômicas do Estado são integradas na análise de modo a demonstrar como as transformações da estrutura do capital produzem transformações na estrutura da classe operária. Braverman destaca, em particular, as transformações no caráter e na composição do EXÉRCITO INDUSTRIAL DE RESERVA, a importância da divisão sexual do trabalho e as modificações do processo de trabalho nas ocupações burocráticas e nas indústrias de serviços. A outra face da moeda é a degradação do trabalho, em particular do trabalho artesanal, na medida em que a organização capitalista do processo de trabalho se empenha continuamente em barateá-lo e em assegurar o controle efetivo sobre ele, abolindo todas as reservas de habilitações e de conhecimento que enfraquecem as tentativas do capital de reorganizar a produção. Esta última constitui, para Braverman, uma tendência geral no sentido da subordinação real do trabalho ao capital, através da degradação das habilidades artesanais.

As críticas à obra de Braverman (Elger, 1979 apresenta uma boa bibliografia) tendem, em geral, a incidir sobre a sua tentativa de analisar a moderna classe operária como classe "em si", e não como classe "para si", e a consequente omissão de qualquer análise da consciência, da organização e das atividades da classe operária. Essa abordagem torna a classe operária um simples objeto do capital, que se acomoda passivamente às modificações da dinâmica da valorização, perdendo assim de vista os diferentes sentidos em que a luta de classes no local de produção é importante para a compreensão da evolução do processo capitalista de trabalho (ver Rubery, 1978). Além disso, pode-se supor que a análise de Braverman tem implícito que o controle e dominação capitalistas são exercidos de forma completa e total dentro do processo de produção, o que deixa sem explicação o significado das relações políticas e das instituições do Estado capitalista, ao passo que, se as relações de classe dentro da produção forem vistas como frequentemente problemáticas para o capital, poder-se-á considerar que as instituições e processos políticos tornam essas relações problemáticas, no essencial, inofensivas para o capital.

Apesar da passividade da classe operária de Braverman tanto no interior do processo de produção como fora dele (engendrada, talvez, em parte, pelas condições especificamente norte-americanas; mas ver também, a esse respeito, Aglietta, 1979), seu livro foi de importância fundamental no sentido de trazer a atenção dos marxistas de volta para o processo capitalista de trabalho e de proporcionar um enfoque e um ponto de referência para a discussão de questões que são fundamentais para a teoria marxista. (Ver também ACUMULAÇÃO; CONSCIÊNCIA DE CLASSE e INDUSTRIALIZAÇÃO.)

SM

Bibliografia: Aglietta, Michel, *A Theory of Capitalist Regulation: the US Experience*, 1979 • Berg, M. (org.), *Technology and Toil in Nineteenth Century Britain*, 1979 • Braverman, Harry, *Labour and Monopoly Capital*, 1974 [*Trabalho e capital monopolista*, 1981] • Burawoy, M., "Towards a Marxist Theory of Labour Process: Braverman and Beyond", 1978 • Elger, Tony, "Valorization and 'Deskilling': a Critique of Braverman", 1979 • Marglin, Stephen, "What Do Bosses Do? The Origins and Functions of Hierarchy in Capitalist Production", 1974-1975 • Nichols, Theo, *Capital and Labour: Studies in the Capitalist Labour Process*, 1980 • Palloix, Christian, *Procès de production et crise du capitalisme*, 1977 • Rubery, Jill, "Structural Labour Markets: Workers Organization and Low Pay", 1978 • Samuel, Raphael, "The Worship of the World: Steam Pawer and Hand Technology in mid-Victorian Britain", 1977 • Stark, D., "Class Struggle and the Transformation of the Labour Process", 1980 • *The Labour Process*, núm. esp. da revista *The Insurgent Sociologist*, vol.II, n.3, 1982.

produção Se no mundo da política o marxismo está associado à luta pelo COMUNISMO, em sua teoria ele se identifica pelo papel determinante e fundamental desempenhado pela produção. Toda sociedade é caracterizada por uma configuração definida de FORÇAS PRODUTIVAS E RELAÇÕES DE PRODUÇÃO constituídas social e historicamente e que formam a base sobre a qual repousam outras relações econômicas e sociais.

> Na produção social de sua vida, os homens estabelecem determinadas relações necessárias e independentes de sua vontade, relações de produção que correspondem a uma determinada fase do desenvolvimento de suas forças produtivas materiais. O conjunto dessas relações de produção constitui a estrutura econômica da sociedade, a base real, sobre a qual se ergue uma superestrutura jurídica e política e à qual correspondem determinadas formas de consciência social. O modo de produção da vida material condiciona os processo da vida social, política e espiritual em geral.

Adiante nesse seu famoso trecho do "Prefácio" à *Contribuição à crítica da economia política*, Marx sugere que a passagem de um MODO DE PRODUÇÃO para outro deve ser entendida com base no papel determinante desempenhado pela produção. Não obstante, é importante que Marx tenha ressalvado que essas observações constituíam "o resultado geral a que cheguei e que, uma vez estabelecido, serviu como fio condutor de meus estudos". Isso não equivale a dizer que Marx considerava como provável qualquer revisão de suas conclusões, mas sim que a sua análise dependia de maiores investigações lógicas e históricas. A concepção materialista da história (ver MATERIALISMO HISTÓRICO) não deve ser considerada uma fórmula pré-fabricada para revelar os segredos da organização e do desenvolvimento da sociedade.

Isso fica evidenciado pela controvérsia dentro do marxismo em torno, por exemplo, da questão da determinação pelo econômico e da relação entre BASE E SUPERESTRUTURA. Essa é uma questão que se relaciona com o entendimento da própria produção. Em sua "Introdução" aos *Grundrisse* (seção 2c) Marx conclui, num discurso de caráter geral, "não que produção, distribuição, troca e consumo sejam idênticos, mas que todos constituem os membros de uma totalidade, distinções dentro de uma unidade", tendo observado antes (seção 2a) que

> não só é a produção imediatamente consumo, e o consumo imediatamente produção (...) como também cada um deles, além de ser imediatamente o outro e além de mediar o outro, cria, além disso, o outro ao completar-se e cria-se como o outro.

Tudo isso resulta, por exemplo, da sociedade como sistema de REPRODUÇÃO e do consumo dentro do processo de trabalho dos meios de produção. Marx passa então a um discurso semelhante sobre a relação entre DISTRIBUIÇÃO e produção. E tudo isso serve para ilustrar o fato de que essas categorias econômicas não são idênticas, mas que há relações definidas entre elas. Mais ainda, se

> uma produção definida determina desse modo um consumo, uma distribuição e uma troca definidos bem como relações definidas entre esses diferentes momentos (...) a produção é, ela própria, determinada pelos outros momentos. (seção 2c)

Dessa forma, não há uma relação simples entre a produção e o resto da economia, o modo de produção ou a formação social. Na verdade até mesmo o que constitui o objeto da produção é ambíguo. Numa sociedade escravista, a reprodução da espécie pode ser um ato de produção, na medida em que os escravos podem ser comprados e vendidos. Ao contrario, para o CAPITALISMO, é essencial para a característica definidora da FORÇA DE TRABALHO como MERCADORIA que o processo de reprodução esteja fora da esfera da produção acionada pela capital. Esse exemplo ilustra a dificuldade e os riscos que há no esforço teórico para identificar categorias gerais e não históricas como a produção. Leva, porém, ao entendimento de que a produção e os momentos a ela correlatos são sempre sociais numa forma especificamente histórica e devem ser estudados para que se possa conhecer as formas específicas de determinação e definição que envolvem:

> Em todas as formas de sociedade, há um tipo específico de produção que predomina sobre as outras e cujas relações atribuem, dessa forma, posição e influência a essas outras. É uma iluminação geral que banha todas as outras cores e modifica sua particularidade. (*Grundrisse*, "Introdução", seção 3)

Em *O Capital* Marx trata a produção, de tempos em tempos, como uma categoria geral, com o fim de iluminar suas formas específicas no capitalismo. Assim, por exemplo, o PROCESSO DE TRABALHO compreende a transformação de matérias-primas em produtos finais nos quais os materiais originais são muitas vezes visíveis dentro do produto, como na tecelagem. No caso da produção capitalista, essas matérias-primas representam capital constante, e é isso que se conserva no produto/mercadoria como forma de preservação dos valores iniciais e dos valores de uso. Na outra face da mesma moeda, o fato de que é o VALOR que é preservado e necessariamente acrescido durante a produção, fica obscurecido. Naturalmente, isso é ainda mais exato em relação à MAIS-VALIA.

Se a produção é ao mesmo tempo uma categoria geral e uma categoria com características sociais e históricas definidas, elementos cruciais para a especificação dessas últimas, do ponto de vista do marxismo, são o modo de produção e as relações de classes e forças produtivas a ele associadas. Estas, por sua vez, podem ser melhor especificadas em referência a categorias gerais como EXPLORAÇÃO, propriedade dos meios de produção, nível de desenvolvimento tecnológico, etc. Mas seria um erro ver a compreensão que Marx ou o marxismo têm da produção como exclusivamente preocupada com a produção material. Em um plano geral, essa compreensão está voltada tanto para a reprodução da formação social quanto da economia. Marx deixa claro que a sociedade *produz* suas relações políticas e ideológicas, bem como as econômicas, ao passo que há uma tendência no capitalismo, por exemplo, a identificar a produção apenas com o capital, ou mais geralmente, com o trabalho assalariado. O marxismo ressaltou que uma CLASSE DOMINANTE deve produzir os meios de sua legitimação, que o proletariado deve ser reproduzido pelo TRABALHO DOMÉSTICO, etc. Em todos esses casos, há atividades produtivas envolvidas, boa parte das quais não são acionadas diretamente pelo capital e sequer possuem um conteúdo material. Embora tais atividades possam, mais do que a ela identificadas, ser "iluminadas" pela produção capitalista, são, não obstante, produção, e devem ser entendidas como tal. O mesmo vale para as ideias que são produzidas tanto, ou mais, pelas atividades e relações nas quais todos estamos envolvidos do que pelo próprio ato de pensar (ver FETICHISMO DA MERCADORIA, por exemplo).

A produção de ideias, de concepções, de consciência está, de início, diretamente entrelaçada à atividade material e ao intercâmbio material entre os homens, que são a linguagem da vida real. Conceber, pensar, o intercurso mental dos homens, surgem, nesse nível, como o efluxo direto de seu comportamento material. O mesmo aplica-se à produção espiritual expressa na linguagem da política, do direito, da moral, da religião, da metafísica, etc., de um povo. Os homens são os produtores de suas concepções, ideias etc. – homens reais e atuantes, condicionados por um determinado desenvolvimento de suas forças produtivas e das relações entre os homens a estas correspondentes, até as suas formas mais elevadas (*A ideologia alemã*, vol.I, IA).

BF

produção (modo de) Ver MODO DE PRODUÇÃO

produção, preço de Ver PREÇO DE PRODUÇÃO E O PROBLEMA DA TRANSFORMAÇÃO

produção, relações de Ver FORÇAS PRODUTIVAS E RELAÇÕES DE PRODUÇÃO

produção camponesa Ver CAMPESINATO

produção mecanizada Ver MAQUINARIA E PRODUÇÃO MECANIZADA

progresso Há uma concepção de progresso claramente subjacente à teoria da história de Marx (ver MATERIALISMO HISTÓRICO), embora não seja explicitada integralmente em nenhum momento. Numa breve nota ao fim de sua introdução aos *Grundrisse*, referindo-se à relação entre o desenvolvimento da produção material e da produção artística, Marx observa que "o conceito de progresso não deve ser entendido em sua abstração habitual". No "Prefácio" à *Contribuição à crítica da economia política* de 1859, ele ordena os principais modos de produção numa série de "épocas do progresso da formação econômica da sociedade" e, no mesmo texto, define as condições nas quais podem surgir "relações de produção novas, superiores". Os elementos fundamentais dessa concepção em grande medida implícita são, primeiro, que o progresso cultural – "o desenvolvimento completo das potencialidades humanas", a emancipação humana no sentido mais amplo – depende do "pleno desenvolvimento do domínio humano sobre as forças da natureza" (*Grundrisse*, p.387-88), isto é, do crescimento da capacidade produtiva e, em épocas modernas, particularmente do avanço da ciência. E, segundo, que o progresso não é considerado, como nas teorias evolucionistas de Comte e Spencer por exemplo, como um processo gradual, contínuo e integrado, mas antes se caracteriza pela descontinuidade, pela desarmonia e por saltos mais ou menos abruptos de um tipo de sociedade para outro, e realizados basicamente pela luta de classes.

Muitos marxistas posteriores a Marx aceitaram ou postularam mais explicitamente essa concepção de progresso, não só no discurso político cotidiano, em que expressões como "forças progressistas" e "movimentos progressistas" são comuns, mas também em textos teóricos. Assim, o arqueólogo marxista Gordon Childe (1936) pretendeu justificar a ideia de progresso mostrando como a revoluções econômicas haviam promovido a civilização. De outro ponto de vista, Friedmann (1936) argumentou que o marxismo incorporou e levou adiante a ideia de progresso formulada no século XVIII pelos pensadores das revoluções burguesas e continua a expressar uma crença no progresso que a burguesia hoje em dia já abandonou. Mais recentemente, Hobsbawm (1964), na "Introdução" que preparou para uma publicação em separado da seção dos *Grundrisse* que trata das formações econômicas pré-capitalistas, diz que o objetivo de Marx era "formular o *conteúdo* da história em sua forma mais geral" e que "esse conteúdo é *progresso*". Para Marx, segundo Hobsbawm, "o progresso é objetivamente definível" (Hobsbawm, 1964, p.12). Numa perspectiva diferente, o progresso é um conceito importante, embora muito pouco estudado, nas versões mais hegelianas do marxismo (ver LUKÁCS; ESCOLA DE FRANKFURT), que consideram o processo histórico, num certo sentido, como um movimento progressivo de emancipação.

Por outro lado, sempre houve marxistas que procuraram limitar a significação da ideia do progresso, a qual abre caminho para a introdução de juízos de valor numa teoria que consideram puramente científica. Foi essa a posição de alguns pensadores da Segunda Internacional, como, por exemplo, Kautsky e a maior parte dos austromarxistas, que se apegavam rigorosamente à noção da "determinação pelo econômico", embora muitas vezes se vissem obrigados a enfrentar a questão dos objetivos éticos do socialismo (Kautsky, 1906). Essa é também a posição de muitos marxistas estruturalistas contemporâneos, notadamente de Althusser, que se preocupam acima de tudo com estabelecer o caráter rigorosamente científico do marxismo, em oposição ao pensamento ideológico, que inclui todas as formas de HISTORICISMO.

TBB

Bibliografia: Cohen, G.A., *Karl Marx's Theory of History: a Defence*, cap.I, 1978 • Friedmann, Georges, *La crise du progress*, 1936 • Gordon Childe, V., *Man Makes Himself*, 1936 [*A evolução cultural do homem*, 1981] • Hobsbawm, Eric, "Introduction", in Karl Marx, *Pre-Capitalist Economic Formations*, 1964 ["Introdução" in Karl Marx, *Formações econômicas pré-capitalistas*, 1981] • Kautsky, Karl, *Ethik und matrrialistische Geschichts auffassung*, 1906; *Ethics and the Materialist Conception of History* (1918).

proletariado Ver CLASSE OPERÁRIA

proletariado, ditadura do Ver DITADURA DO PROLETARIADO

propriedade Na teoria social marxista, o conceito de propriedade e algumas categorias correlatas (relações de propriedade, formas de propriedade) têm significação fundamental. Marx não considerava a propriedade apenas como a possibilidade daquele que a possui de exercer os direitos de proprietário, ou como o objeto dessa atividade, mas como uma relação essencial que tem um papel fundamental no complexo sistema de classes e camadas sociais. Dentro desse sistema de categorias, a propriedade dos meios de produção tem importância destacada. Lange (1963) diz que, segundo a teoria marxista, a propriedade dos meios de produção é "o princípio orgânico que determina tanto as relações de produção como as relações de distribuição".

Marx e Engels sustentavam que são as transformações das formas de propriedade que basicamente caracterizam a sucessão das formações econômicas e sociais. Essa ideia levou a uma periodização bastante estrita da história da humanidade (comunismo primitivo, escravismo, sociedade asiática, sociedade feudal, capitalismo, socialismo, comunismo), que se simplificou ainda mais nas versões ortodoxas do marxismo (ver Ojzerrnan, 1962, parte II, cap.1; e ESTÁGIOS DE DESENVOLVIMENTO). Um aspecto válido da classificação original de Marx e Engels, porém, é ter ela questionado a suposição, bastante comum no Ocidente naquela época, de que as formas burguesas de propriedade devessem ser a norma em toda parte. Tal questionamento estimulou grande parte da pesquisa histórica a respeito dos direitos sobre a terra na Europa medieval e na Índia anterior ao domínio britânico, por exemplo, bem como a pesquisa antropológica que mostrou a ausência da propriedade privada, pelo menos da terra, entre muitos povos tribais (ver COMUNISMO PRIMITIVO; SOCIEDADE TRIBAL).

No moderno pensamento marxista, esse rígido esquema histórico está, sob muitos aspectos, começando a diluir-se. Assim, os debates da década de 1960 sobre a SOCIEDADE ASIÁTICA (ver Tökei, 1979) estimularam esse processo, e as tentativas de analisar as relações de propriedade nas sociedades romana e germânica de maneira mais realista vêm produzindo um efeito semelhante. Marx já havia discutido, em várias ocasiões, a questão dessas diversas formas de propriedade. Um bom exemplo encontra-se nos *Grundrisse*:

> A propriedade, portanto, significa originalmente – em suas formas asiática, eslava, antiga clássica e germânica – a relação do sujeito que trabalha (produtor ou autorreprodutor) com as condições de sua produção ou reprodução enquanto tal. Terá, portanto, formas diferentes, dependendo das condições dessa produção.

Os que são favoráveis à modernização do pensamento marxista conferem particular ênfase à necessidade de uma análise adequada das relações e formas de propriedade nos países onde a propriedade privada dos meios de produção foi eliminada. De acordo com o stalinismo, a propriedade do Estado sobre os meios de produção dos ramos mais importantes da economia e a coletivização da agricultura, da pequena indústria e do pequeno comércio resolvem na prática o problema da propriedade: fica faltando, apenas, transformar a propriedade cooperativa em propriedade pública (estatal). Para responder a pergunta sobre se o problema da propriedade permanece ou não colocado nesses países, é necessário introduzir o conceito da posse, que significa o exercício efetivo da propriedade e dos direitos de propriedade independentemente da propriedade jurídica, da qual tal exercício se distingue (ver Hegedüs, 1976). Se à situação real for analisada com a ajuda dessa noção, colocam-se duas questões fundamentais:

(a) O exercício das possibilidades de posse pela administração estatal *versus* o exercício dos direitos de propriedade pela sociedade como um todo. Essa oposição envolve principalmente o problema da gestão pelo Estado, mas um dilema semelhante apresenta-se também em nível local, relativamente ao exercício das possibilidades de posse pela administração profissional local *versus* o exercício dos direitos de propriedade pela comunidade local.

(b) O exercício das possibilidades de posse pelo aparelho profissional das empresas econômicas *versus* o exercício dos direitos de propriedade pelos coletivos de empresa. Esse problema surge primeiro nas empresas grandes e médias, tanto no setor estatal como no setor cooperativo. Dentro desse mesmo quadro, na indústria e no comércio de pequena escala, existe a possibilidade do desenvolvimento de associações de produtores relativamente independentes, que poderiam introduzir uma nova forma de propriedade socialista.

O desdobramento das dicotomias mencionadas acima e o desenvolvimento das associações de pequenos produtores representam um primeiro passo no sentido da maior socialização desses países e estão intimamente relacionados com os movimentos e ideias que criticam e contestam o predomínio da BUROCRACIA.

AH

Bibliografia: Bernstein, Eduard, *Gesellschaftlichen und Privateigentum*, 1891 • Bettelheim, Charles, *Calcul économique et formes de propriétés*, 1970 • Bouchet, P. & R. Guillaumond, *La propriété contre les paysans*, 1972 • Goldmann, Lucien, "Economie et sociologie: à propos du traité d'économie politique d'Oskar Lange", 1969 • Hegedüs, András, *Socialism and Bureaucraey*, cap.VII, 1976 • Kautsky, Karl, *Karl Marx: Ökonomische Lehren*, 1887 (1912) ⊚ *Materialistische Gesehiehtsauffassung in der Staat und die Entwicklung der Menschheit*, 1927 • Lange, Oskar, *Political Economy*, 1963 [*Moderna economia política*, 1963] • Ojzerman, T.I., *Formirovunije Filoszofii Marxisma*, 1962 • Proudhon, Joseph, *Qu'est ce que la propriété?*, 1840 (1967) • Stalin, J.V., *Problems of Leninism*, 1924 (1945) • Tökei, F., *Essays on the Asiatic Mode of Production*, 1979.

propriedade fundiária e renda da terra

A teoria da renda fundiária capitalista foi

desenvolvida por Marx no terceiro livro de *O Capital* e também em *Teorias da mais-valia* (principalmente na parte III). O ponto de partida de Marx, que distingue sua teoria de quase todas as outras, é que a renda é a forma econômica das relações de classe com a terra. Em consequência disso, a renda não é entendida como uma propriedade da terra, embora possa ser afetada pelas variações da qualidade e da disponibilidade das terras, mas como uma propriedade das relações sociais.

Marx distingue tipos de renda: a renda diferencial e a renda absoluta. Da primeira, por sua vez, distinguem-se dois tipos. As diferenças de fertilidade e de localização da terra fazem com que capitais idênticos obtenham diferentes retornos quando aplicados no setor agrícola. Essas diferenças constituem a base da renda diferencial do primeiro tipo, RDl. Quando capitais de diferentes magnitudes são aplicados à terra, os retornos por eles obtidos são igualmente diferentes. Ao contrário do que acontece na indústria em geral, porém, os lucros suplementares ou excedentes associados não vão para os capitalistas que investiram capitais maiores do que o normal: tais lucros podem ser, em parte, apropriados como renda, agora de um segundo tipo, RD2. A conclusão de Marx é que, na medida em que o acesso do capital à terra é limitado pela propriedade fundiária, o desenvolvimento intensivo da agricultura fica obstruído. A capacidade e o incentivo dos capitalistas para buscar lucros suplementares ou excedentes na agricultura são inibidos na medida em que a renda possa ser apropriada.

Enquanto a renda diferencial está relacionada com a CONCORRÊNCIA entre capitais *dentro* do setor agrícola, a renda absoluta deriva da concorrência *entre* setores da economia na formação do valor e dos preços de produção (ver PREÇO DE PRODUÇÃO E O PROBLEMA DA TRANSFORMAÇÃO; VALOR e VALOR E PREÇO). Quando o capital flui para a agricultura, é investido intensivamente, como no caso de RD2, ou é investido em novas terras. Nesse último caso, uma renda absoluta deve ser paga sempre que existir a propriedade fundiária que não permite o livre uso da terra. Mas essa renda tem um limite. Segundo Marx, ela pode corresponder, no máximo, à diferença entre o valor e o preço de produção das mercadorias agrícolas, sendo esse um *quantum* positivo da MAIS-VALIA devido à menor COMPOSIÇÃO ORGÂNICA DO CAPITAL na agricultura.

Observa-se, recentemente, um renascimento, dentro do marxismo, do interesse pela teoria da renda, que se seguiu à análise do papel da propriedade fundiária nas crises urbanas (ver URBANIZAÇÃO). Grande parte da literatura produzida sobre a questão rejeitou a teoria de Marx da renda absoluta, substituindo esse conceito pelo de renda de monopólio, segundo o qual não há limite para o nível de renda acima do preço de produção. Mais ainda, não há razão para que a composição orgânica seja menor na agricultura. Fine (1979) argumenta que isso constitui uma interpretação errônea da teoria de Marx e demonstra que os limites da renda absoluta devem ser deduzidos do desenvolvimento intensivo da agricultura enquanto uma alternativa à sua extensão a novas terras. Ball (1977) por sua vez, embora admita que não pode haver uma teoria geral da renda, afirma que a relação específica, historicamente desenvolvida, entre o capital e a terra deve constituir a base para a teorização. Além disso, a seu ver, a composição orgânica não deve ser confundida com a composição de valor do capital. Marx deduz a renda absoluta das barreiras à ACUMULAÇÃO intensiva na agricultura, e isso associa-se a uma menor composição orgânica, e não de valor, do capital. Uma abordagem diferente é adotada por Murray (1977), que apoia as proposições de Marx, mas como se tivessem aplicabilidade geral à propriedade fundiária. Assim sendo, a existência e o papel da renda diferencial e da renda absoluta podem ser presumidos independentemente da forma da propriedade fundiária.

Devemos reconhecer que essas diferentes interpretações da análise de Marx, e esses rompimentos com ela, resultam em parte da precariedade do preparo da análise de Marx, tanto no terceiro livro de *O Capital*, como em *Teorias da mais-valia*. O material apresentado constitui, muitas vezes, páginas de quadros e tabelas de preços hipotéticos e rendas diferenciais. Fine argumenta que tais quadros e tabelas ali estão precisamente porque preços e rendas não podem ser deduzidos das presumidas relações técnicas de produção entre capital, trabalho e terra. Tudo depende do que constitui capital normal e terra normal na determinação do valor, e, no caso, a relação histórica e social entre ambos deve integrar a análise.

No terceiro livro de *O Capital*, Marx também examina o desenvolvimento da renda da terra pré-capitalista, periodizando as formas de renda feudal em três tipos que formam uma sequência lógica: a renda em trabalho, a renda em espécie, ou em produtos, e a renda em dinheiro. Essas três formas de renda estão associadas com diferentes fases do desenvolvimento da sociedade feudal, pressupondo a última, por exemplo, um certo crescimento na produção de mercadorias graças ao qual é possível obter dinheiro de modo a pagar a renda em moeda (ver MERCADORIA). Não obstante, apesar da produção de mercadorias, o modo de produção permanece feudal. No que diz respeito à acumulação privada, essa análise de Marx mostra-se relevante para as análises atuais do subdesenvolvimento uma vez que formas monetárias da renda feudal persistem mesmo depois que sociedades pré-capitalistas entram em confronto com o capital (ver SUBDESENVOLVIMENTO E DESENVOLVIMENTO).

Em *Teorias da mais-valia* Marx desenvolve as suas próprias concepções sobre a questão da renda a partir da crítica do pensamento de outros autores. David Ricardo, por exemplo, tem um conceito de renda diferencial, isolada à parte de uma renda de monopólio que poderia ser obtida em qualquer setor da economia. Para Ricardo, a renda é precisamente uma propriedade intrínseca da terra, da natureza, e a propriedade da terra apenas determina quem deve recebê-la. Já Adam Smith admitiria a possibilidade da renda absoluta na medida em que subscreve uma teoria dos componentes do preço segundo a qual o preço é constituído de parcelas independentemente determinadas, correspondentes a salários, lucros e rendas. Mas essa teoria é, ela própria, incoerente, pois estas três formas de rendimentos não podem ser determinadas independentemente, já que estão confinadas à soma do produto líquido. Criticando estes e outros autores, Marx procura demonstrar que a renda da terra só pode ser adequadamente compreendida pela análise da relação social entre capital e terra: trata-se de uma relação de valor que é distorcida, se comparada com o que acontece na indústria em geral, pela condição de acesso à terra. Consequentemente a mais-valia é apropriada sob várias formas de renda (que só podem ser distinguidas analiticamente) e, quaisquer que sejam os níveis atingidos pela renda da terra, a propriedade fundiária tem um efeito sobre o desenvolvimento daquelas indústrias que dependem particularmente da terra como meio de produção.

BF

Bibliografia: Amin, Samir, "Le capitalisme et la rente foncière: la domination du capitalisme sur l'agriculture", 1974 • Ball, M., "Differential Rent and the Role of Landed Property", 1977 ◎ "On Marx's Theory of Agricultural Rent: a Reply to Ben Fine", 1980 • Cavailhès, Jean, "L'analyse léniniste de la décomposition de la paysannerie", 1976 • Clarke, S. & N. Ginsberg, "The Political Economy of Housing", 1976 • Edel, M., "Marxs Theory of Agricultural Rent: Urban Applications", 1976 • Faure, Claude, *Agriculture et capitalism*, 1978 • Fine, Ben, "On Marx's Theory of Agricultural Rent", 1979 ◎ "On Marx's Theory of Agricultural Rent: a Rejoinder", 1980 ◎ *Theories of the Capitalist Economy*, 1982 • Fine, B. & L. Harris, *Rereading 'Capital'*, 1979 [*Para reler 'O Capital'*, 1981] • Graziadei, A., *La rente de la proprietè de la terre: critiques aux théories de Marx*, 1931 • Gutelman, Michel, *Structures et reformes agraires*, 1974 • Kautsky, K., *Die Argrarfrage*, 1899; *La question agraire* (1970) [*A questão agrária*, 1972] • Murray, R., "Value and Theory of Rent", 1977 • Ossard, Hervé, "L'agriculture et le dévellopement du capitalisme", 1976 • Perceval, L., "L'analyse scientifique contemporaine de la rente foncière", 1972 • Postel-Vinay, Giles, *La reflle fonciére dans l'agriculture*, 1974 • Silva, Sérgio, *Valor e renda da terra*, 1981 • Tavernier, Y. & M. Gervais & C. Servolin (orgs.), *L'univers politique des paysans en France contemporaine*, 1972.

Proudhon, Pierre-Joseph (Besançon, 15 de janeiro de 1809 – Passy, 16 de janeiro de 1865.) Artesão autodidata de origem camponesa, o pensador e político francês Pierre-Joseph Proudhon foi a primeira pessoa a usar a palavra "anarquia" em sentido não pejorativo, para referir-se ao seu ideal de uma sociedade ordenada sem governo. Em seus prolíficos escritos, encontram-se muitas das ideias básicas do ANARQUISMO e também do SINDICALISMO francês. Acreditando que "a abolição da exploração do homem pelo homem e a abolição do governo são a mesma coisa" (ver Thomas, 1980, p.212-13), Proudhon argumentava que os trabalhadores se deviam emancipar não por meios políticos, mas sim econômicos, por meio da organização voluntária de seu próprio trabalho – conceito a que atribuía um valor de redenção. O sistema, por ele proposto, de troca equitativa entre produtores autônomos, organizados individualmente ou em associação, e financiados pelo crédito livre, foi chamado de "mutualismo". As unidades da ordem social radicalmente descentralizada e pluralista que ele imaginava seriam articuladas em todos os níveis pela aplicação do "princípio federal". Em *A Sagrada Família* (cap.IV, 4), Marx elogiou o trabalho de Proudhon, *Qu'est-ce que la propriété*, publicado em 1840, como um "grande progresso científico" que possibilitou, pela primeira vez, "uma verdadeira ciência da economia política". Mas, em *A miséria da filosofia* (1847), que constitui a primeira exposição importante da "crítica da economia política" do próprio Marx, as ideias apresentadas por Proudhon em *Philosophie de la misère* (1846) foram condenadas por este de forma severa e violenta, sobretudo pela tentativa de usar a dialética hegeliana e pelo seu fracasso em elevar-se acima "do horizonte burguês". Em vez de reconhecer que "as categorias econômicas nada mais são que as expressões teóricas, as abstrações, das relações sociais de produção", Proudhon, "virando as coisas de cabeça para baixo como um autêntico filósofo", viu nas relações reais "nada mais que a própria encarnação dessas (...) categorias".

GO

Bibliografia: Bancal, J., *Proudhon, pluralisme et autogestion*, 1970 • Bouglé, C., *La sociologie de Proudhon*, 1912 • Cogniot, G., "Le vrai Proudhon", 1958 • Edwards, Stewart (org.), *Selected Writings of Pierre-Joseph Proudhon*, 1970 • Haubtmann, P., *Proudhon, Marx et la pensée altermande*, 1981 • Proudhon, Pierre-Joseph, *Oeuvres complètes*, ed. org. por C. Bouglé & H. Moysset, 1926-1959 ◎ *Oeuvres choisies*, ed. org. por J. Bancal, 1967 • Thomas, Paul, *Karl Marx and the Anarchists*, 1980 • Woodcock, George, *Pierre-Joseph Proudhon*, 1956.

prussiana, via Ver CAMPESINATO

psicanálise Teoria psicológica criada por Sigmund Freud (1856-1939) que reserva um importante papel aos impulsos inconscientes na explicação do comportamento humano. Freud acreditava que a raiz de grande parte do pensamento e do comportamento humanos estava nas forças do *id*, isto é, em impulsos sexuais e agressivos que são frequentemente recalcados. O corpo teórico principal da psicanálise está voltado sobretudo para a explicação e o tratamento das neuroses e de outras perturbações psicológicas. Mas Freud também formulou uma teoria psicanalítica da sociedade que, segundo acreditava, opunha-se à teoria marxista: seu pensamento via como determinantes as motivações psicológicas inconscientes subjacentes ao comportamento social organizado, ao passo que os marxistas enfatizam a determinação pelos fatores econômicos. Segundo Freud, transformações na estrutura econômica da sociedade não levariam a modificações básicas da NATUREZA HUMANA. Argumentou, assim, que a "nova ordem" que estava sendo criada na União Soviética não traria transformações psicológicas fundamentais, mas que os governantes soviéticos "ainda teriam de lutar durante um tempo incalculável com as dificuldades que o caráter indomável da natureza humana coloca para qualquer gênero de comunidade social" (1932, p.181).

A teoria e a terapia psicanalíticas foram oficialmente rejeitadas na União Soviética, e Lenin, ao que se diz, teria criticado os psicanalistas pela sua prática burguesa de "ficar escarafunchando assuntos sexuais" (Rahmani, 1973, p.9). Já Trotski, que conhecera as ideias de Freud em Viena antes da Primeira Guerra Mundial, via com melhores olhos a psicanálise. Em 1926, ele declarou que o enfoque freudiano era tão materialista quanto o de Pavlov (ver PSICOLOGIA) e argumentou que "o procedimento de declarar a psicanálise incompatível com o marxismo e voltar simplesmente as costas ao freudismo é demasiado simplório" (Trotski, 1973, p.234). Como ocorreu em relação a outras questões, a opinião de Trotski não prevaleceu na URSS.

No Ocidente, vários teóricos marxistas, particularmente na Alemanha, procuraram reinterpretar os conceitos freudianos de modo a desenvolver novas maneiras de compreender os problemas da ALIENAÇÃO e da IDEOLOGIA; entre eles destacam-se Adorno, Horkheimer, Marcuse e Erich Fromm, da ESCOLA DE FRANKFURT, e Wilhelm Reich (1897-1957), que foi discípulo de Freud e, até sua expulsão, membro do Partido Comunista Alemão.

Já se disse que a repressão dos instintos, tal como definida pela teoria psicanalítica, poderia ser considerada um elemento de alienação dos seres humanos em relação ao seu estado natural. Embora Freud tivesse argumentado que a repressão sexual era necessária a toda vida social organizada, tal afirmação passou a ser questionada. Reich ligava a repressão sexual à sociedade dominada pelos homens, em geral, e ao capitalismo em particular. Marcuse procurou solucionar o conflito entre as abordagens freudiana e marxista sugerindo que a teoria do instinto de Freud encerrava uma teoria não explícita da sociedade que era paralela à de Marx. Em *Eros and Civilization*, Marcuse esboçou uma "dialética da civilização" que pensava a história em termos do antagonismo entre Eros e Tânatos, conceitos da teoria freudiana. Como nos primeiros escritos de Reich, esse argumento suscitava a possibilidade de uma futura libertação revolucionária, conseguida pelo triunfo de Eros sobre Tânatos, que traria o fim da dominação política e econômica, juntamente com o da alienação sexual.

Conceitos psicanalíticos também foram usados para buscar uma melhor compreensão da ideologia na sociedade capitalista moderna e para explicar por que grandes segmentos da população podem aderir a convicções políticas que, do ponto de vista marxista, não representam seus interesses econômicos. O exemplo mais espantoso dessa modalidade de "falsa consciência" foi o apoio ao nacional-socialismo na Alemanha (ver FASCISMO). Wilhelm Reich, em *Massenpsychologic des Faschismus* (*A psicologia de massas do fascismo*), argumentou que os marxistas deviam compreender a irracionalidade do apoio de massas ao fascismo em termos de uma reação à repressão sexual. Erich Fromm, que, como Reich, era psicanalista, entendia igualmente que a ideologia devia ser examinada em termos de suas raízes inconscientes, mas atribuiu menos ênfase à sexualidade. Examinou (1942) os preconceitos do adepto do fascismo em termos de tendências autoritárias e sado-masoquistas, que, disse ele, eram generalizadas no capitalismo avançado, em particular no seio da pequena burguesia. A descrição que Fromm faz da psicologia subjacente da personalidade fascista assemelha-se ao retrato do antissemitismo traçado por Sartre. Como Fromm, Sartre criticou as explicações psicanalíticas ortodoxas, que se concentravam na sexualidade reprimida, mas aceitou a ideia básica de que a pessoa preconceituosa projeta conflitos psíquicos íntimos sobre vítimas inocentes. A explicação de Fromm também se assemelha à análise desenvolvida em *The Authoritarian Personality* (1950), onde Adorno, sob a orientação geral de Horkheimer, colaborou com psicólogos norte-americanos na investigação das raízes psicológicas do preconceito e do antissemitismo. Nesses estudos dos preconceitos, os temas psicológicos são, muitas vezes, mais evidentemente aparentes do que os temas especificamente marxistas.

O uso de conceitos baseados na psicanálise teve continuidade em análises mais recentes da ideologia. Por exemplo, Étienne Balibar sugeriu que existem paralelos entre os enfoques marxista e freudiano, apontando as "analogias epistemológicas entre a obra teórica de Marx e a de Freud" (Althusser e Balibar, 1966). Como outros teóricos marxistas, Althusser vale-se de interpretações "não convencionais" da teoria psicanalítica – no caso, foi influenciado pela obra de Jacques Lacan, que afirma a estrutura principalmente linguística, e não primariamente sexual, do inconsciente.

MB

Bibliografia: Adorno, T.W. et al., *The Authoritarian Personality*, 1950 • Althusser, L. & E. Balibar, *Lire le Capital*, 1966 [*Ler O Capital*, 1979 e 1980] • Caruso, Igor, "*Psicoanálisis y sociedad: de la crítica de la ideo-*

logia a la autocrítica", 1971 • Escobar, C.H., "Do estatuto dos discursos no inconsciente e na história", 1974 • Fougeyrollas, Pierre, "Marx, Freud et la révolution totale", 1972 • Freud, S., *New Introductory Lectures on Psycho-Analysis*, 1932 • *Freudo-marxisme*, n.11 da revista *L'Homme et la Société*, com artigos de Reich, Marcuse, Fromm, Caruso, etc. • Froom, E., *Fear of Freedom*, 1942 [*O medo à liberdade*, 1983] ⊙ *The Crisis of Psychoanalysis: Essays on Freud, Marx and Social Psychology*, 1971 [*A crise da psicanálise*, 1977] • Marcuse, H., *Eros and Civilization*, 1964 [*Eros e civilização*, 1981] • *Psicoanálisis y sociedad: apuntes de freudomarxismo* 1 e 2 ns.18 e 19 de *Cuadernos Anagrama*, 1971 • Rahmani, L., *Soviet Psychology: Philosophical, Theoretical and Experimental Issues*, 1973 • Reich, W., *Massenpsychologie des Faschismus*, 1933 (1972); *The Mass Psychology of Fascism*, 1970 e 1975 [*Psicologia de massas do fascismo*, 1974] ⊙ "Zur Anwendung der Psychoanalyse in der Geschichtsforschung", in W. Reich, *Zeitschrift für politische Psychologie und Sexualekönomie*, 1934 ["O emprego da psicanálise na investigação histórica", 1974] • Sartre, J.P., *Refléxions sur la question juive*, 1946 [*Reflexões sobre o racismo*, 1960] • Sinelnikokoft, C., *L'oeuvre de Wilhelm Reich*, 1970 • Trotski, L.D., *Problems of Everyday Life and Other Writings on Culture and Science*, 1973.

psicologia Os comentários de Marx e Engels sobre a psicologia e o estudo da consciência humana fazem parte de sua crítica geral do IDEALISMO e de sua defesa do MATERIALISMO. Em *A ideologia alemã*, Marx e Engels argumentam que a maneira pela qual as pessoas pensam e sentem deve ser examinada a partir de uma visão materialista da sociedade, pois "a vida não é determinada pela consciência, e sim a consciência pela vida" (vol.I, 1, A). Essa posição supõe que o homem tem uma natureza psicológica mutável e que, com a evolução da sociedade, surgem novas formas de consciência. Assim, Marx, no terceiro de seus *Manuscritos econômicos e filosóficos* sugeriu que "a história da indústria" era "o livro aberto dos poderes essenciais do homem, a psicologia humana que se podia perceber que existia" e afirmou ainda que qualquer psicologia que desconhecesse o desenvolvimento histórico da indústria "não se pode tornar uma ciência autêntica, abrangente e real".

A crítica da psicologia idealista envolvia também qualificar como não científicas as noções metafísicas de consciência. Engels ressaltou que os estados mentais tinham uma base material na fisiologia. Afirmou, por exemplo, que "simplesmente não podemos desconhecer o fato de que tudo que leva os homens à ação deve encontrar seu caminho através de seus cérebros". Dessa forma, "as influências do mundo externo sobre o homem expressam-se em seu cérebro, (e) refletem-se nele como emoções, pensamentos, impulsos, desejos" (*Ludwig Feuerbach e o fim da filosofia clássica alemã*, parte II).

Esse tema fisiológico foi retomado por Lenin em sua crítica da filosofia idealista. Segundo Lenin, "o psicólogo que pretende ser científico rejeita as teorias filosóficas da alma e procura realizar um estudo direto do substrato material dos fenômenos psíquicos – os processos nervosos" (*Collected Works*, vol.I, p.144). Em *Materialismo e empiriocriticismo*, (obra escrita em 1908 e que teria uma influência no desenvolvimento da psicologia soviética), Lenin atacou especificamente Wilhelm Wundt, um dos fundadores da psicologia experimental na Alemanha, acusando-o de aderir "à confusa posição idealista" (1908, p.58). Em seu estudo da percepção, Lenin diz que as sensações são um reflexo do mundo externo e sugere que os psicólogos deveriam descrever esse processo em termos exclusivamente físicos: "devem (...) dizer simplesmente que a cor é o resultado da ação de um objeto físico sobre a retina" (1908, p.52).

A necessidade de desenvolver uma psicologia empírica baseada em princípios marxistas foi reconhecida pelos principais teóricos russos nos anos que se seguiram à revolução. Naquela época, havia várias escolas diferentes de psicologia na Rússia, mas, em 1921, estabeleceu-se um padrão para o desenvolvimento futuro quando Lenin assinou um ato concedendo a I.P. Pavlov privilégios especiais. Durante todo o período stalinista, a psicologia pavloviana foi estimulada, a expensas de outras teorias, tendo o ponto culminante sido atingido em 1950, quando o pavlovianismo foi considerado como a única abordagem psicológica aceitável pelo marxismo-leninismo.

Pavlov (1850-1936) estudou o comportamento em termos dos reflexos e dos processos fisiológicos. Seu trabalho mais famoso, realizado antes da revolução, mostrara que a reação natural (reflexo não condicionado) dos cachorros, que salivavam à vista de alimentos, podia ser generalizada (transformar-se num reflexo condicionado), de modo que os cães salivariam ao som de uma campainha, se o som da campainha e a comida lhes tivessem sido apresentados simultaneamente um número de vezes suficiente. Pavlov baniu de seu laboratório o uso de conceitos mentalistas (como pensamento, sentimento, previsão, etc.) e procurou explicar a consciência humana em função de reflexos condicionados e não condicionados. Argumentou em favor de "basearem-se os fenômenos da atividade psíquica em fatos fisiológicos, isto é, de unir-se o fisiológico ao psicológico, o subjetivo ao objetivo" (Pavlov, 1932, p.409).

Além de se sentirem atraídas pelo materialismo fisiológico da abordagem de Pavlov, as autoridades soviéticas também o elogiaram pela sua crença na "plasticidade extraordinária" e nas "potencialidades imensas" dos seres humanos; viram uma afinidade entre seus próprios esforços de criar um novo tipo de sociedade e a convicção de Pavlov de que "nada é imóvel e inflexível; tudo pode ser sempre alcançado, modificado para melhor, desde que sejam criadas as condições adequadas" (1932, p.447). Uma crença semelhante na plasticidade humana era defendida pela psicologia behaviorista norte-americana, que, apesar disso, foi sempre criticada na União Soviética.

Embora houvesse na URSS estímulo oficial a Pavlov, que nunca ingressou no Partido Comunista, nem relacionou sua psicologia com a filosofia marxista, as obras de outros psicólogos, que procuraram criar, deliberadamente, uma psicologia marxista, foram suprimidas. Por exemplo, as teorias de L.S. Vigotsky (1896-1934) foram consideradas oficialmente como "idealistas", em 1936. Ele havia criticado a ênfase fisiológica da "reflexologia" e argumentara que os marxistas não deveriam considerar os seres humanos apenas em função de suas reações ao ambiente exterior, mas também levar em conta a maneira pela qual eles criam ativamente seu ambiente, o que, por sua vez, dá origem a novas formas de consciência. Particularmente em seus estudos pioneiros sobre o pensamento infantil, Vigotsky procurou criar uma psicologia que estivesse "condicionada a todas as premissas do materialismo histórico" (1934, p.51), e ressaltou o fato de que os fatores sociais e históricos se combinam para produzir, na linguagem, um instrumento que guia o pensamento.

Desde a morte de Stalin, a influência de Pavlov diminuiu na URSS (e mais recentemente também na psicologia chinesa), ao passo que as teorias de Vigotsky, desenvolvidas por seus discípulos A.R. Luria e A.N. Leontiev, cresceram de importância. O conceito de "atividade" substituiu o conceito de "reflexo", e constitui hoje um aspecto dominante da psicologia soviética, que afeta todos os níveis de análise desde o fisiológico até a psicologia social. Embora os psicólogos ocidentais tendam a recorrer a conceitos teóricos diferentes, boa parte do trabalho empírico de psicólogos como Vigotsky e Luria foi internacionalmente aceita.

No Ocidente, a obra dos psicólogos soviéticos não levou ao desenvolvimento de uma psicologia especificamente marxista. Os marxistas ocidentais que se interessaram pela psicologia tiveram de voltar-se para a PSICANÁLISE ou concentrar-se na demonstração das limitações da psicologia ocidental. Por exemplo, muita crítica tem sido dirigida contra a tradição que enfatiza a hereditariedade, para a qual as realizações individuais e de grupos étnicos são reflexo de capacidades biológicas inatas e não das condições sociais. Mas, dentro da psicologia ocidental, não são apenas os teóricos marxistas que argumentam que tais teorias psicológicas são racistas e elitistas em seus pressupostos, além de falhas do ponto de vista científico. Nesse sentido, as críticas de determinadas escolas ocidentais de pensamento não são empreendidas, com frequência, de uma perspectiva psicológica especificamente marxista. (Ver também CIÊNCIA; DARWINISMO; NATUREZA HUMANA.)

MB

Bibliografia: Billig, M., *Ideology and Social Psychology*, 1982 • Brown, L.B. (org.), *Psychology in Contemporary China*, 1981 • Joravsky, D., "The Mechanical Spirit: the Stalinist Marriage of Pavlov to Marx", 1977 • Lenin, V.I., *Materialism and Empirio-Criticism*, 1908 (1962) [*Materialismo e empiriocriticismo*, 1975] • McLeish, J., *Soviet Psychology: History, Theory* *and Content*, 1975 • Naville, Pierre, *Psychologie, marxisme, matérialisme*, 1946 • Pavlov, I.P., *Experimental Psychology and Other Essays*, 1932 (1958) • Politzer, Georges, *Critique des fondements de la psychologie*, 1928 (1967) • Rahmani, L., *Soviet Psychology: Philosophical, Theoretical and Experimental Issues*, 1973 • Vigotsky, L.S., *Thought and Language*, 1934 (1962) • Wertsch, J.V. (org.), *The Concept of Activity in Soviet Psychology*, 1981 • Zazzo, R., *Psychologie et marxisme: la vie et l'oeuvre d'Henri Wallon*, 1975.

Q

qualidade e quantidade Ver DIALÉTICA

questão judaica Ver JUDAÍSMO

questão nacional Ver NAÇÃO; NACIONALISMO e MARXISMO E TERCEIRO MUNDO

R

raça Os conceitos de raça e de relações raciais estão necessariamente entre os que parecem suspeitos aos sociólogos marxistas. De um lado, eles parecem sugerir explicações biológicas ou, pelo menos, culturalistas dos fenômenos sociais e institucionais. Por outro lado, parecem referir-se a formas de vínculo social em certos contextos políticos, as quais competem com as que se originam das formações de classes. Uma explicação marxista da raça como fator atuante na política tem, portanto, de voltar-se para as relações que existem entre o que se pode considerar como relações institucionais normais com origem na formação de classes e os tipos de situação nas quais entende-se estarem em jogo "relações raciais".

De fato, a ideia de que o comportamento político e as relações políticas podem ter origem genética não encontra maior apoio tanto entre os biólogos como entre os cientistas sociais. Uma classificação geral das espécies humanas em raças pouca utilidade ou relevância teria para explicar as diferenças políticas. E até mesmo a noção mais limitada de "populações" biológicas, com uma origem genética comum, não pode explicar por ela mesma os agrupamentos empíricos reais que chegam a agir politicamente e a competir pelos recursos disponíveis. Esses agrupamentos têm, claramente, origens de naturezas diversas, entre as quais se incluem particularmente as que se devem às relações diferenciadas que grupos diversos têm com os meios de produção. Argumenta-se, por vezes, e de maneira mais convincente, que os laços étnicos, em geral considerados como criados pela cultura ou pela religião, têm um papel autônomo no desenvolvimento das formações sociais e políticas. Mas a sociologia marxista sempre pode sustentar que diferentes grupos étnicos são colocados em relações de cooperação, simbiose ou conflito pelo fato de que, como grupos, têm diferentes funções econômicas e políticas.

Como o marxismo nasceu num contexto europeu e foi aplicado inicialmente à análise das relações com os meios de produção e da formação de classes nas sociedades industriais capitalistas, era certo que seus conceitos de classe e de luta de classes exigissem uma ampliação ao serem aplicados a outras sociedades, em particular às da periferia colonial. Isso começa a ocorrer hoje e é esse tipo de ampliação da análise de classes marxista que pode ter certa influência nos problemas considerados habitualmente como problemas de raça e etnia. É demasiado limitado e insular aquele marxismo que só vê a luta de classes surgir dentro de unidades nacionais limitadas e etnicamente homogêneas. O capitalismo sempre teve a tendência de ser um fenômeno mundial, e o sistema capitalista deve ser compreendido, sempre, como um sistema econômico mundial, dentro do qual uma unidade de análise útil são os impérios mundiais que se constituíram com a expansão política e econômica para além-mar de algumas potências europeias entre os séculos XVI e XIX. Não houve, nessas unidades, uma simples divisão da população em uma única burguesia e um único proletariado, mas o desenvolvimento de relações variadas e diferentes para com a ordem econômica e política por parte dos mais diversos tipos de grupos étnicos e raciais, dotados eles próprios de interesses que entendiam como os mais distintos e opostos.

A noção de que esses sistemas sociais que não têm as características das sociedades capitalistas adiantadas eram "feudais" ou "orientais" deu lugar, entre muitos estudiosos marxistas, em épocas recentes, à ideia de que, juntamente com o desenvolvimento clássico do capitalismo e da luta de classes nas metrópoles do noroeste da Europa, a partir do século XVI, desenvolveram-se também duas periferias: de um lado uma "segunda servidão", dentro da qual as velhas instituições passaram a ter um novo papel, subordinado, dentro do capitalismo mundial; e, de outro, as novas formas de colonialismo nas Américas, Ásia e África. Foi nessa segunda situação, de colonialismo, que a forma característica de interação política passou a ser considerada - principalmente por não marxistas - como uma questão de relações raciais.

A análise de classes das sociedades coloniais é infinitamente complexa (ver SOCIEDADES COLONIAIS E PÓS-COLONIAIS). Essa análise tem sempre um núcleo decorrente da forma básica de exploração econômica, que pode ser a agricultura de monocultura, baseada na força de trabalho de escravos importados ou de trabalhadores contratados, a dependência forçada de camponeses e variadas formas de tributação agrícola. Outros grupos sociais, porém, emergem nas sociedades coloniais recém-constituídas ou reconstituídas, inclusive libertos, negros e brancos pobres que não pertencem integralmente nem ao grupo explorador nem ao explorado, comerciantes secundários de terceiros países, colonos brancos da metrópole que chegam como agricultores livres, empresários capitalistas ou artesãos livres, e os quadros do clero missionário e dos administradores. Na interação desses grupos há tanto luta de classes dos mais diversos tipos, dentro das estruturas básicas de exploração, como uma luta entre estratos coloniais em defesa de seus interesses específicos. Como os diferentes grupos em causa são geralmente recrutados, e por vezes importados, de diferentes *backgrounds* raciais, étnicos e nacionais, a luta entre eles é, muitas vezes, vista como uma luta racial ou étnica.

Sobrepostas a essas formações sociais coloniais, porém, há outras tendências que surgem em função de um desenvolvimento posterior. A forma colonial pura, frequentemente caracterizada pelo que Max Weber chamou de "capitalismo de saque", tende a ser substituída por formas mais clássicas de *laissez-faire*, envolvendo, entre outra coisas, a emancipação dos escravos e a reforma agrária. Diferentes grupos adquirem então ascendência política no movimento para a independência colonial. O sistema econômico colonial torna-se mais ou meno incorporado, embora sempre de maneira imperfeita, a um sistema capitalista mundial em desenvolvimento, e as forças da transformação e da revolução dividem-se entre o modelo de revolução nacional e o modelo de revolução de classe. Dentro dessa ordem de classes em transformação, a linguagem das diferenças raciais torna-se, muitas vezes, o meio pelo qual os homens se atribuem mutuamente diferentes posições sociais e econômicas. Esse processo de alocação adquire, por vezes, a forma simples da classificação de todos os indivíduos num ou noutro grupo, de tal modo que ser branco ou negro nos Estados Unidos ou ser *East Indian* ou afro-caraibano na Guiana cria um princípio básico de estruturação ou uma forma na qual uma ordem racial mais fluida reflete a diferenciação de *status*, como em muitas partes da América Latina ou das Caraíbas.

Dentro da problemática marxista da "classe em si" que se transforma na "classe para si", a persistência dos agrupamentos baseados na raça e na etnia pode ser considerada, por vezes, uma forma passageira de falsa consciência, que será substituída, no devido tempo, por uma verdadeira CONSCIÊNCIA DE CLASSE. A consciência racial e étnica, porém, parece resistir a essa transformação. Essa resistência pode não se basear na falsa consciência, mas num entendimento realista de que a relação de um dado grupo para com a ordem política e econômica é diferente e de que esse grupo tem seus interesses particulares a defender. Algumas das situações clássicas de relações raciais no mundo moderno podem ser observadas nos Estados Unidos, na República da África do Sul e em várias sociedades pós-coloniais pluralistas. Nos Estados Unidos, os descendentes dos escravos tiveram de competir com os trabalhadores imigrantes livres numa metrópole capitalista recém-criada e tiveram de lutar por um lugar dentro de uma ordem política que se constituiu baseada nesses trabalhadores imigrantes livres. Na África do Sul, uma economia branca, com seus processos internos próprios de luta de classes, superexplora-se a mão de obra nativa por meio de instituições como os campos de trabalho, os guetos urbanos e as reservas rurais. Em sociedades pós-coloniais, como a Malásia e a Guiana, os descendentes de trabalhadores de diferentes origens étnicas competem por recursos e por poder e influência política.

A própria luta de classes metropolitana não está imune a esses processos. A emigração tanto de empresários como de trabalhadores para as oportunidades existentes na periferia colonial deixa hiatos na sociedade metropolitana que são preenchidos por trabalhadores de países mais pobres, e particularmente por trabalhadores oriundos da periferia colonial. Estes com frequência veem-se excluídos de uma aceitação como trabalhadores normais por causa de sua experiência e de suas ligações com a ordem social colonial. Em circunstâncias nas quais a classe operária metropolitana conquistou um grau de incorporação pela ordem dominante, sob a forma de cidadania ou de direitos ao bem-estar social, o trabalhador colonial pode encontrar-se na posição de membro de uma subclasse. Isso pode não significar, como se sugeriu nos Estados Unidos, um grupo que constitua uma massa desesperada, colhida numa cultura de pobreza e num emaranhado de patologias, mas antes a emergência de uma luta de classes independente, mobilizada em torno de ideologias nacionais, étnicas e raciais. Por outro lado, o colapso de um consenso do estado de bem-estar social tanto poderia levar os trabalhadores metropolitanos a compreenderem a necessidade de se aliarem aos trabalhadores coloniais superexplorados, quanto à constituição de um bode expiatório racista, pela responsabilização dos trabalhadores coloniais pela perda de direitos dos trabalhadores metropolitanos em condições de crise econômica.

O uso dos conceitos de raça e de relações raciais não deve, portanto, ser restrito a uma hipótese secundária, na qual um elemento independente é visto como perturbador dos processos normais do desenvolvimento capitalista e da luta de classes, embora essa hipótese secundária possa ter sua utilidade. A análise aqui proposta sugere que a exploração de grupos claramente demarcados segundo uma grande variedade de diferentes maneiras é parte integrante do capitalismo e que grupos étnicos se unem e agem em conjunto por terem sido submetidos a tipos de exploração distintos e diferenciados. As relações raciais e os conflitos raciais são necessariamente estruturados pelos fatores econômicos e políticos de caráter mais geral.

JR

Bibliografia: Brenner, Robert, "The Origins of Capitalist Development: a Critique of Neo-Smithian Marxism", 1977 • Brown, H. "Rap", *Die, Nigger, Die!*, 1969 • Carmichael, S. & C.V. Hamilton, *Black Power: the Politics of Liberation in America*, 1969 • Cleaver, E., *Soul on Ice*, 1969 • Cox, O.C., *Caste, Class and Race*, 1948 (1970) • Davis, Angela et al., *If They Come in the Morning*, 1971 • Fanon, Frantz, *Peau noire, masques blancs*, 1952 • Jackson, G., *Blood in my Eyes*, 1972 • Mason, Philip, *Patterns of Domination*, 1970 • Meillassoux, Claude, *Les derniers blancs: le modèle sud-africain*, 1979 • Rex, John, *Race Relations in Sociological Theory*, 1982 • Rey, P.P., *Capitalisme négrier: la marche des paysans vers le proletariat*, 1976 • Samuel, Pierre, *Le prolétariat africain en France*, 1978 • Sartre, J.P., *Réflexion sur la question juive*, 1946 • Van der Berghe, *Race and Racism: A Comparative Perspective*, 1978 • Wallerstein, Immanuel, *The Modern World System: Capitalist Agriculture and the Origins of the World Economy*, 1974 • Zubaida, Sami (org.), *Race and Racialism*, 1970.

realismo Marx está comprometido com o realismo em dois níveis: 1) um *realismo simples*, de senso comum, que afirma a realidade, a independência e a externalidade dos objetos; 2) um *realismo científico*, que afirma que os objetos do pensamento científico são estruturas reais irredutíveis aos eventos a que dão origem. A primeira acepção inclui, para Marx, tanto a independência essencial da natureza quanto o caráter extralógico da existência em geral (social ou natural), ou seja, "o sujeito real permanece fora da mente, tendo uma existência independente" (*Grundrisse*: Introdução). A segunda acepção, que justifica e aprimora a primeira, incorpora as ideias de que as estruturas explicativas, os mecanismos geradores ou (na terminologia favorita de Marx) as relações essenciais são a) ontologicamente distintas de, b) defasadas em relação a e c) talvez se encontrem mesmo em oposição aos fenômenos (ou formas sensíveis) a que dão origem. É isso que leva Marx a afirmar, no terceiro livro de *O Capital*, que "toda ciência seria supérflua se a aparência exterior e a essência das coisas coincidissem diretamente" (cap.XLVIII) e a criticar o procedimento de Ricardo, das chamadas abstrações forçadas ou violentas, que consiste em tratar os fenômenos como a expressão direta de leis, sem levar em conta os modos complexos como as leis e/ou seus efeitos são mediados (*Teorias da mais-valia*, caps.10-11, 13, 15-18, *passim*). Marx lembra também: "que as coisas, em sua aparência, normalmente representam a si próprias sob uma forma invertida é fato bastante conhecido em qualquer ciência, exceto na economia política" (*O Capital*, I, cap. XIX). As afirmativas a), b) e c) correspondem a três momentos da separação entre os domínios do real e do fatual presentes na moderna filosofia realista da ciência. A crítica de Marx aos economistas clássicos e a seus estudos históricos concretos mostra que ele reconhecia, além de seus limites: i) a *estratificação*, ii) a *complexidade interna* e iii) a *diferenciação* da realidade. Uma abstração pode levar ao erro se ela não for capaz de alcançar a estratificação ou a complexidade interna de um domínio da realidade (por exemplo, se ela isola uma relação ou conexão necessária de outras que são essenciais para sua existência ou eficácia). A diferenciação da realidade permite a possibilidade de múltiplas determinações dos fatos históricos concretos a partir de agentes ou mecanismos de origens independentes (relativa ou absolutamente). Permite, também, a coerência dos mecanismos ou agentes determinantes em uma condição causal de existência ou em uma totalidade.

Embora Marx nunca tenha posto em dúvida a primeira acepção de realismo, seu compromisso com a segunda só se desenvolveu gradualmente à medida em que se aprofundava sua investigação sobre o modo de produção capitalista. Nos *Manuscritos econômicos e filosóficos*, Marx, sob a influência do sensualismo de Feuerbach, critica a abstração *per se* e, em sua trajetória até o realismo científico de *O Capital*, joga com concepções da abstração quase-kantianas e quase-leibnizianas, bem como hegelianas e positivistas. Apesar da evidência abundante em seus textos no que diz respeito ao realismo simples e ao realismo científico de Marx, ambos prestaram-se a controvérsias: o último só foi reconhecido recentemente, e há toda uma tradição que interpretou Marx rejeitando o primeiro. Lukács rejeitou toda distinção entre pensamento e ser como "uma dualidade rígida e falsa" (1971, p.205). Korsch caracterizou-a como "socialismo vulgar", e Gramsci descartou o realismo como "resíduo religioso". A questão reaparece na afirmação de Kokakowski, em nome de Marx, de que a existência das coisas "se dá simultaneamente com sua aparência, como um quadro na mente humana" (1969, p.69) e em Schmidt, para quem "a realidade material é desde o início socialmente mediada" (1971, p.35) e "a história natural é uma extensão, para trás, da história humana" (1971, p.46).

Uma razão para isto é, sem dúvida, o fato de Marx nunca ter claramente estabelecido a distinção teórica (para a qual se encaminha na "Introdução" aos *Grundrisse*) entre dois tipos de objeto de conhecimento: o objeto *transitivo* produtivo pelo conhecimento, que é um produto social e ativamente transformado no processo cognitivo, e o objeto *intransitivo* do conhecimento produzido, que é um mecanismo ou uma estrutura transfatualmente eficiente e (relativa ou absolutamente) independente. Ou seja, Marx nunca relacionou de forma sistemática as duas dimensões em termos das quais pensou o conhecimento humano: a dimensão transitiva da *práxis* e a dimensão intransitiva da *objetividade*. Como a originalidade de Marx encontrava-se em seus conceitos de prática e de processo de trabalho, seu realismo perdeu-se, foi vulgarizado ou assimilado a alguma tradição filosófica preexistente (como, por exemplo, o kantismo). Demais disso, Marx nunca assumiu explicitamente a crítica do empirismo de forma comparável à sua crítica do idealismo, pela qual traçou-se seu caminho da filosofia para uma ciência sócio-histórica. O resultado é que o realismo científico de Marx só pode ser encontrado, por assim dizer, em "estado prático" ou em umas poucas observações metodológicas dispersas. Mais ainda, dada a tendência positivista do próprio Marx (ver POSITIVISMO), particularmente em *A ideologia alemã*, a identificar a filosofia com o realismo ou com a ideologia enquanto tal, os marxistas ortodoxos, na esteira de Engels, concluíram prematuramente que qualquer materialismo deve ser óbvio, ou ideológico, isto é, uma antecipação da ciência. Portanto, a possibilidade de um realismo transcendental, lockeano e leninista em sua função, mas crítico e dialético em sua forma – uma filosofia *para* a ciência – pareceu, até muito recentemente, excluída. Essas considerações, em seu conjunto, ajudam a explicar porque a epistemologia marxista (ver TEORIA DO CONHECIMENTO) depois de Marx tendeu a flutuar entre um realismo dogmático hipernaturalista e vulgarizado, na forma como se expressa, por exemplo, na tradição do materialismo dialético, e uma variedade de idealismo epistemológico, normalmente antinaturalista e axiologicamente relativista, como a que foi dominante no MARXISMO OCIDENTAL.

O realismo científico, no nível de generalidade em que é formulado, só pode isolar algumas das significações epistemológicas da prática científica de Marx. Marx concebeu a realidade mais profunda das relações de produção, através das quais procurou explicar os fenômenos manifestos da vida econômica e criticar a economia política, como internamente contraditória, historicamente dada e dependente das formas fenomenais e das atividades cotidianas que governa. E ele compreendeu sua própria prática como parte do processo que ele estudava e no qual se engajava crítica e autorreflexivamente, mas sem nunca teorizar de modo satisfatório os limites epistemológicos de qualquer materialismo de base científica. E, talvez, Marx jamais tenha se liberado de um racionalismo residual ao tratar com os problemas colocados pela diferenciação da realidade.

Se, por um lado, o materialismo pode fundamentar, de imediato, os conceitos de leis e tendências de Marx, por outro persiste uma ambiguidade epistemologicamente significativa na forma como Marx caracteriza as leis que está investigando: às vezes, por exemplo no "Prefácio" a *O Capital*, as leis são encaradas como tendências que agem com necessidade férrea em direção a resultados inevitáveis; outras vezes, por exemplo nos *Grundrisse*, são vistas como nada mais do que as forças alienadas dos seres humanos que estão destinadas a retornar a eles. Essas duas noções podem certamente ser reconciliadas formalmente. Mas isso levanta a questão de se, de acordo com Marx, um dos resultados a que leva a lógica do capitalismo não seria precisamente a dissolução do caráter "transcendentalmente realista" da sociedade. Uma tal suposição, que adquire uma plausibilidade interpretativa pela natureza peculiarmente concreta do caminho de Marx para o realismo científico, não refutaria, caso fosse confirmada, o realismo científico (porque nessa sociedade o conceito de ciência perderia sua eficácia), mas refutaria a tese de que sempre haveria um papel para a ciência social. (Ver também DETERMINISMO; DIALÉTICA; MATERIALISMO; VERDADE.)

RB

Bibliografia: Bhaskar, Roy, *A Realist Theory of Science*, 1978 • Gramsci, Antonio, *Selections from the Prison Notebooks*, 1929-1935 (1971) • Kolakowski, Leszek, "Karl Marx and the Classical Definition of Truth", 1958 (1969) • Lukács, G., *Geschichte und Klassenbewesstsein*, 1923; *Histoire er conscience de classe* (1960); *History and Class Consciousness* (1971) [*História e consciência de classe*, 1974] • Mepham, J. & D.H. Ruben (orgs.), *Issues in Marxist Philosophy*, 1979 • Ruben, D.H., *Marxism and Materialism*, 1977 • Sayer, A., *Marx's Method*, 1979 • Schmidt, A., *Der Begriff der Natur in der Lehre von Marx*, 1962; *The Concept of Nature in Marx* (1971) • Zeleny, Jindrich, *Die Wissenschafslogik bei Marx und "Das Kapital"*, 1972; *The Logic of Marx* (1980).

realismo socialista Ver ARTE E LITERATURA

reflexologia Ver PSICOLOGIA

reformismo O reformismo deve ser compreendido como uma importante posição no debate que há muito se vem desenvolvendo sobre a natureza da trasição para o socialismo e sobre a estratégia política mais adequada à sua consecução. Desde a década de 1890, pelo menos os setores socialistas dos movimentos operários do capitalismo adiantado vêm debatendo uma série de questões para as quais os escritos de Marx e Engels oferecem respostas muito ambíguas: poderá a transição para o socialismo ser feita sem violência? Seria essa transição um processo gradual e tranquilo de transformação social cumulativa ou seria ela melhor caracterizada por uma luta e uma crise que culminariam em um momento decisivo de transformação social? Poder-se-á chegar ao socialismo por meio da utilização, pela classe operária, das instituições políticas existentes (notadamente os parlamentos e os executivos eleitos do Estado burguês democrático) ou apenas pela suplementação, ou mesmo pela substituição, dessas estruturas estatais por novos caminhos da luta socialista e novas formas de gestão popular. Diferentes conjuntos de respostas a tais perguntas foram propostos por diferentes partidos e teóricos socialistas, em várias épocas, desde 1890. Mas durante 40 anos, após 1917, a escolha das respostas tendeu a colocar-se de maneira relativamente clara: ou um caminho revolucionário (ou, mais adequadamente, insurrecional) para o socialismo, que tirava sua inspiração de Lenin; ou um reformismo que podia remontar aos escritos de Kautsky e à prática política da social-democracia alemã anterior a 1914.

É importante distinguir o reformismo da política menos ambiciosa de reforma social. Como observou Ralph Miliband (1977, p.155):

> sempre houve uma tendência nos movimentos de classe operária (...) para a reforma social; é uma tendência que, na medida em que não procura realizar uma transformação geral da sociedade capitalista numa ordem social totalmente diferente, deve ser nitidamente distinguida da estratégia "reformista", que tem insistido ser exatamente esse o seu objetivo.

É importante reconhecer que os socialistas insurrecionários e os reformistas não discordam quanto à necessidade do socialismo. Sua discordância tem como base a maneira de chegar ao socialismo e, como aspectos correlatos, "a escala e a extensão da transformação econômica e social imediata" (Miliband, 1977, p.178) que essa transição necessariamente exige. Durante pelo menos duas gerações, depois de 1917, a corrente revolucionária do marxismo ocidental tendeu a ver a transição como um processo de caráter necessariamente violento e de forma insurrecional, envolvendo luta fora das instituições políticas existentes (bem como ocasionalmente dentro delas) e culminando com a substituição do Estado burguês pela DITADURA DO PROLETARIADO. Os defensores do reformismo, por outro lado, acreditavam na possibilidade de alcançar o socialismo por meios constitucionais. Buscavam, em primeiro lugar, vencer a batalha pelo controle majoritário do Estado democrático, e em seguida, valer-se de sua posição como governo democraticamente eleito para superintender uma transição pacífica e legal para o socialismo. É essa crença "na possibilidade de alcançar o socialismo pela reforma pacífica e gradual dentro do quadro de um Estado parlamentar neutro" (Anderson, 1980, p.176-77) que constitui a definição do caminho reformista para o socialismo.

A corrente reformista dos movimentos socialistas atuantes nos países de capitalismo adiantado tem sido, e continua a ser, poderosa. Os partidos social-democratas há muito fizeram dela o elemento definidor de sua estratégia, e a prática política (e mais tarde também a teoria) de muitos partidos comunistas da Europa Ocidental tem gravitado em torno dela, na esteira de seu crescente desencanto com a União Soviética e com o caminho insurrecional para o poder. Tais partidos deixaram-se atrair pelo reformismo por causa dos problemas óbvios colocados pela alternativa insurrecional – dos quais os menores não são a impopularidade, a violência e o vanguardismo – e da "atração extremamente forte que a legalidade, o constitucionalismo, o eleitoralismo e as instituições representativas do tipo parlamentar exerceram sobre a esmagadora maioria dos participantes dos movimentos de classe operária nas sociedades capitalistas" (Miliband, 1977, p.172). Embora popular, o reformismo não deixa de ter seus problemas, dos quais os mais graves são a propensão, que parece inexorável, dos partidos reformistas a escorregarem do empenho na luta pelo socialismo para a busca menos árdua de reformas sociais e de vantagens eleitorais dentro do capitalismo e as dificuldades que até mesmo os reformistas mais decididos enfrentam para desmantelar gradualmente o capitalismo sem precipitar a violência reacionária. Longe de constituírem uma via efetiva para o socialismo, os partidos reformistas têm, mais geralmente, atuado como o mecanismo político fundamental pelo qual a classe operária foi incorporada, em posição subordinada, a uma ordem burguesa fortalecida (como na Inglaterra, na Noruega, na Suécia, na Alemanha Ocidental e na Áustria) ou, nas raras ocasiões em que se mostraram mais decididos, como arautos, não do socialismo, mas da repressão violenta dos trabalhadores por Estados capitalistas repressivos, como na Alemanha em 1933 e no Chile 40 anos depois (Anderson, 1980, p.196).

O dilema contemporâneo dos socialistas na Europa Ocidental gira em torno do paradoxo do reformismo: a impopularidade evidente de qualquer estratégia que não seja reformista e a impossibilidade de levar à prática com eficácia qualquer estratégia que seja. Esse paradoxo está por trás da inclinação, tanto dos eurocomunistas de esquerda como dos social-democratas também de esquerda, para buscar uma "terceira via" para o socialismo que não seja reformista nem insurrecional. Para estes, a simples busca de maioria parlamentar ou de um breve período de dualidade de poder antes do desmantelamento do Estado burguês tem de ser substituída por uma estratégia que almeje tanto a vitória parlamentar como "o desdobramento de formas de democracia direta e o crescimento dos órgãos de autogestão" (Poulantzas, 1978, p.256). A seu ver, o reformismo não é "um vício inerente a qualquer estratégia que não seja a da dualidade de poder", mas "um perigo sempre latente", a ser evitado pela luta dentro e fora do Estado em um "longo processo de transformação" (Poulantzas, 1978, p.258-63). Os revolucionários mais ortodoxos, por sua vez, continuam sem se deixar convencer, vendo nessa proposta, sob uma nova retórica, a velha propensão reformista a subestimar os problemas da violência de classe e a centralidade da luta de classes na transição para o socialismo (ver Mandel, 1978, p.167-87). Qual dessas posições é a correta, se alguma o for, continua sendo a questão fundamental a ser resolvida pelos socialistas da Europa Ocidental.

DC

Bibliografia: Anderson, P., *Arguments within English Marxism*, 1980 • Claudín, F., *Eurocomunismo y socialismo*, 1977; *Eurocommunism and Socialism* (1978) • Droz, Jacques (org.), *Histoire générale du socialism*, 1972 • Hodgson, G., *Socialism and Parliamentary Democracy*, 1977 • Mandel, E., *Critique de l'eurocommunisme*, 1978; *From Stalinism to Eurocommunism* (1978) [*Crítica do Eurocomunismo*, 1978] • Miliband, R., *Marxism and Politics*, 1977 [*Marxismo e política*, 1979] • Paris, Robert, "La revisionne del marxismo in Itália", 1966 • Poulantzas, N., *L'Etat, le pouvoir et le socialisme*, 1978; *State, Power, Socialism* (1978) [*O Estado, o poder e o socialismo*, 1980] • Salvadori, M., *Kautsky e la rivoluzione socialista*, 1976; *Karl Kautsky and the Socialist Revolution* (1979) • Wright, E.O., *Class, Crisis and the State*, 1978 [*Classe, crise e o Estado*, 1981].

reificação É o ato (ou resultado do ato) de transformação das propriedades, relações e ações humanas em propriedades, relações e ações de coisas produzidas pelo homem, que se tornaram independentes (e que são imaginadas como originalmente independentes) do homem e governam sua vida. Significa igualmente a transformação dos seres humanos em seres semelhantes a coisas, que não se comportam de forma humana, mas de acordo com as leis do mundo das coisas. A reificação é um caso "especial" de ALIENAÇÃO, sua forma mais radical e generalizada, característica da moderna sociedade capitalista.

Embora não se encontre em Hegel a palavra, nem o conceito de reificação, algumas de suas análises parecem dele aproximar-se, como, por exemplo, a análise da *beobachtende Vernunft* (razão observadora), na *Phänomenologie dês Geistes* (*Fenomenologia do espírito*), ou a análise da propriedade em *Grundlinier der Philosophie des Rechts* (*Princípios da filosofia do direito*). A história real do conceito de reificação começa com Marx e com a interpretação deste por Lukács. Embora a ideia da reificação já esteja implícita nas primeiras obras de Marx (por exemplo, nos *Manuscritos econômicos e filosóficos*), a análise e o uso teórico explícitos do conceito de reificação aparecem em seus escritos posteriores e chegam ao auge nos *Grundrisse* e em *O Capital*. As duas análises mais detidas e desenvolvidas da reificação encontram-se no primeiro volume de *O Capital* (cap.I, seção 4) e no terceiro livro de *O Capital* (cap. XLVIII). No primeiro desses escritos, que versa sobre O FETICHISMO DA MERCADORIA, não há definição de reificação, mas os elementos básicos para uma teoria do fenômeno são propostas em várias afirmações particularmente significativas:

> O mistério da forma mercadoria, portanto, consiste no fato de que, nela, o caráter social do trabalho dos homens aparece para estes como uma característica objetiva, uma qualidade social natural do próprio produto do trabalho. (...) A forma mercadoria e a relação de valor entre os produtos do trabalho que as marca como mercadorias não têm absolutamente nenhuma ligação com as suas propriedades físicas e com as relações materiais que delas resultam. É, simplesmente, uma relação social definida entre homens, que assume, aos seus olhos, a forma fantástica de uma relação entre coisas. (...) A isso chamo o fetichismo que se apega aos produtos do trabalho tão logo são produzidos como mercadorias e que é, portanto, inseparável da produção de mercadorias. (...) Para os produtores, as relações que ligam os trabalhos de um indivíduo com os trabalhos dos demais surgem não como relações sociais diretas entre pessoas que trabalham, mas como o que realmente são, isto é, como relações semelhantes a coisas entre pessoas e como relações sociais entre coisas. (...) Para os produtores, sua própria ação social toma a forma da ação de coisas, que governam os produtores em lugar de serem por eles governadas.

No segundo escrito do terceiro livro de *O Capital*, Marx resume brevemente toda a análise anterior, em que mostrou ser a reificação característica não só da mercadoria, mas de todas as categorias básicas da produção capitalista (dinheiro, capital, lucro, etc.). E insiste em que a reificação existe, até um certo ponto, em "todas as formas sociais desde que estas tenham atingido o nível de produção de mercadorias e de circulação de dinheiro" embora "no modo capitalista de produção e no capital, que é a sua categoria dominante, (...) esse mundo encantado e deformado desenvolva-se ainda mais". Assim, na forma desenvolvida de capitalismo, a reificação alcança seu ponto máximo:

> Na relação capital-lucro, ou, ainda melhor, nas relações capital-juro, terra-renda e trabalho-salários, nessa trindade econômica representada como a ligação entre as partes componentes do valor e da riqueza em geral e suas fontes, temos a mistificação completa do modo capitalista de produção, a reificação (*Verdinglichung*) das relações sociais e coalescência imediata das relações de produção material com sua determinação histórica e social. É um mundo encantado, perverso, às avessas, no qual Monsieur le Capital e Madame la Terre fazem sua aparição fantasmagórica como caracteres sociais e, ao mesmo tempo, diretamente como coisas. (*O Capital*, III, Cap.XLVIII)

Como equivalente da expressão *Verdinglichung* Marx usa a expressão *Versachlichung*, e, para o oposto de *Versachlichung*, ele usa o termo *Personifizierung*. Com essas expressões, ele fala "dessa personificação das coisas e dessa reificação das relações de produção". E considera como contrapartidas ideológicas da "reificação" e da "personificação", o "materialismo grosseiro", o "idealismo grosseiro" ou "fetichismo":

> O materialismo grosseiro dos economistas que consideram como propriedades naturais das coisas relações sociais de produção entre pessoas e qualidades que as coisas adquirem porque estão subunidas a essas relações é, ao mesmo tempo, um idealismo igualmente grosseiro, um fetichismo mesmo, já que atribui a coisas relações sociais como características que lhes são inerentes e, com isso, as mistificam. (*Grundrisse*, ed. Penguin 1973, p.687)

Apesar de o problema da reificação ter sido discutido por Marx em *O Capital*, obra publicada em parte durante sua vida e em parte pouco depois de sua morte e que é geralmente reconhecida como sua obra-prima, essa análise da reificação foi negligenciada durante muito tempo. O problema só despertou maior interesse depois que Lukács chamou a atenção para ele e o examinou de maneira criativa, combinando influências de Marx com as que lhe vieram de Weber, que esclareceu aspectos importantes do problema em sua análise da burocracia e da racionalização (ver Löwith, 1932) e de Simmel, que examinou o problema em sua obra *Philosophie des Geldes* (*A filosofia do dinheiro*), publicada em 1900. No capítulo central e mais extenso de *Geschichte und Klassenbewusstsein* (*História e consciência de classe*), que versa sobre a reificação e a consciência do proletariado, Lukács parte do ponto de vista de que "o fetichismo da mercadoria é um problema *específico* de nossa época, a época do capitalismo moderno" [1923 (1971), p.84] e também que não é um problema marginal, mas "o problema central estrutural da sociedade capitalista" (ibid., p.83). A "essência da estrutura da mercadoria", de acordo com Lukács, já foi esclarecida da seguinte maneira: "sua base é que uma relação entre pessoas ganha o caráter de uma coisa e, dessa forma, adquire uma 'objetividade fantasmática', uma autonomia que parece tão rigorosamente racional e abrangente que disfarça qualquer traço de sua natureza fundamental: a relação entre pessoas" (ibid., p.83). Deixando de lado "a importância desse problema para a própria economia" Lukács empreendeu a análise da questão mais ampla: "até que ponto é a troca de mercadorias, com as suas consequências estruturais, capaz de influenciar a vida externa e interna *total* da sociedade?" (ibid., p.84). Observa que distinguem-se dois aspecto do fenômeno da reificação ou fetichismo da mercadoria (que chama de "objetivo" e "subjetivo"):

> Objetivamente nasce todo um mundo de objetos e relações entre coisas (o mundo das mercadorias e seus movimentos no mercado) (...). *Subjetivamente* – onde a economia de mercado desenvolveu-se plenamente – a atividade do homem se torna estranha a ele próprio, transforma-se numa mercadoria que sujeita à objetividade não humana das leis naturais da sociedade, deve trilhar seu caminho próprio, independentemente do homem, como qualquer outro artigo de consumo. (ibid., p.87)

Ambos o aspectos estão sujeitos ao mesmo processo básico e subordinados às mesmas leis. Assim, o princípio básico da produção capitalista de mercadorias, "o princípio da racionalização baseado no que é *e pode ser calculado*" (ibid., p.88), estende-se a todos os campos, inclusive à "alma" do trabalhador e, de forma mais ampla, à consciência humana. "À proporção que o sistema capitalista constantemente produz e se reproduz economicamente nos níveis mais altos, a estrutura da reificação mergulha cada vez mais profundamente, mais inexoravelmente e mais definitivamente na consciência do homem" (ibid., p.93).

Parece que o problema da reificação estava de algum modo no ar em princípios da década de 1920. O livro de Lukács foi publicado em 1923 e, em 1928, o economista soviético I.I. Rubin publicou em russo seus *Ensaios sobre a teoria do valor de Marx* [ver Rubin, 1928 (1972)], cuja primeira parte é dedicada à teoria do fetichismo da mercadoria de Marx. Era um livro menos ambicioso que o de Lukács (concentra-se na reificação em teoria econômica) e também menos radical. Enquanto Lukács encontrava lugar para a "alienação" na sua teoria da reificação, Rubin inclinava-se a considerar a teoria da alienação como a reconstrução científica da teoria utópica da alienação. Não obstante, tanto Lukács como Rubin foram violentamente criticados como "hegelianos" e "idealistas" pelos representantes oficiais da Terceira Internacional.

A publicação dos *Manuscritos econômicos e filosóficos* de Marx trouxe grande apoio ao tipo de leitura de Marx iniciado por Lukács, mas isso só foi plenamente reconhecido depois da Segunda Guerra Mundial. Embora o estudo da reificação não se tenha tornado nunca tão amplo e intenso quanto o da alienação, vários marxistas importantes, como L. Goldmann, J. Gabel e K. Kosik trouxeram contribuições valiosas a ele. Não só as obras de Marx e Lukács foram examinadas de novo, como também *Sein und Zeit* (*O ser e o tempo*) de Heidegger, que conclui com as seguintes observações e questões: "Que a ontologia antiga trabalha com 'coisas-conceitos' e que há o perigo de reificar a consciência é fato conhecido há muito tempo. Mas o que significa a reificação? De onde se origina ela? (...) Por que essa reificação volta repetidamente à dominação? Como é o Ser da consciência estruturado positivamente de modo que a reificação continua inadequada a ele?" (Heidegger, 1927) Goldmann sustenta que tais perguntas são dirigidas contra Lukács (cujo nome não é mencionado) e que a influência deste pode ser percebida em algumas das ideias positivas de Heidegger.

Várias questões ainda mais substanciais sobre a reificação têm sido igualmente propostas e discutidas. Grande controvérsia tem se manifestado sobre a relação entre reificação, alienação e fetichismo da mercadoria. Enquanto alguns autores identificam a reificação com a alienação ou com o fetichismo da mercadoria (ou com ambos), outros tentaram manter os três conceitos separados. Ao passo que alguns consideram alienação um conceito "idealista" que deve ser substituído pelo conceito "materialista" de "reificação", outros a entendem como um conceito filosófico cuja contrapartida sociológica é a reificação. De acordo com a interpretação predominante, a alienação é um fenômeno mais amplo, e a reificação, uma de suas formas ou aspectos. De acordo com M. Kangrga, a "reificação é uma forma superior, isto é, a forma mais alta de alienação" (1968, p.18), não sendo apenas um conceito, mas um requisito metodológico para o estudo crítico e para a "transformação prática, ou melhor, a destruição de toda a estrutura reificada" (ibid., p.82). (Ver também ALIENAÇÃO; FETICHISMO; IDEOLOGIA.)

GP

Bibliografia: Arato, Andrew, "Lukács' Theory of Reification", 1972 • Bernardo, João, "O dinheiro: da reificação das relações sociais até o fetichismo do dinheiro", 1982 • Gabel, Joseph, *La réification*, 1962 ◎ "La fausse conscience", 1967 • Goldmann, Lucien, "Réification", in L. Goldmann, *Recherches dialectiques*, 1959 ◎ *Pour une sociologie du Roman*, 1964 [*Sociologia do romance*, 1967] • Guterman, Norman & Henri Lefebvre, *La conscience mystifié*, 1936 (1979) • Kangrga, Milan, "Was ist Verdinglichung?", 1968 • Löwith, Karl, *Marx Weber und Karl Marx*, 1932; *Max Weber and Karl Marx* (1982) • Lukács, Georg, *Geschichte und Klassenbewusstsein*, 1923; *History and Class Consciousness* (1971) [*História e consciência de classe*, 1974] • Rubin, I.I., *Essays on Marx's Theory of Value*, 1928 (1971); *Studien zur Marxschen werttheorie* (1973) [*A teoria marxista do valor*, 1980] • Schaff, Adam, *Alienation as a Social Phenomenon*, 1980 • Tadié, Ljubomir, "Bureaucracy – Reifieg Organization", in M. Markovié & G. Petrovié (orgs.), *Praxis: Yugoslav Essays in the Philosophy and the Methodology of the Social Sciences*, 1969.

relações de produção Ver FORÇAS PRODUTIVAS E RELAÇÕES DE PRODUÇÃO

religião Marx e Engels começaram as suas reflexões sobre a sociedade numa Alemanha em que, como o segundo diria mais tarde, dificilmente seria possível uma atividade política direta. Talvez por isso as aspirações progressistas encontrassem expressão na Alemanha de Marx e Engels, em grande parte, na crítica da religião ortodoxa, esteio em que se apoia a ordem social e política, como escreveu Engels em *Ludwig Feuerbach e o fim da filosofia clássica alemã* (parte I). Com sua abordagem evolucionária da história, Hegel mostrava que o materialismo simples dos filósofos do século XVIII era inadequado: não bastava supor que o CRISTIANISMO e todas as outras religiões houvessem sido criadas por impostores (Engels, 1882). Era necessária, escreveu Marx, em 1844, na "Crítica da filosofia do direito de Hegel: introdução", uma análise das condições e das relações humanas que tornavam as religiões indispensáveis à humanidade. A religião era uma expressão da imperfeita consciência de si do homem: não do homem como indivíduo abstrato, mas como homem social, ou ser humano coletivo. Era uma distorção do ser do homem, porque a sociedade era distorcida. Em algumas das mais conhecidas palavras de Marx, a religião é definida como o coração de um mundo sem coração, o ópio – ou lenitivo – das massas sofredoras. O caminho para a felicidade real passa, assim, pela possibilidade de os próprios homens se libertarem do tipo de vida que os levara a ansiar por esse substituto. A autoemancipação, acrescenta Marx, não é apenas desejável: é *dever* do homem realizar seu mais alto potencial, deitando fora tudo o que o mantém na imperfeição e na degradação.

Na quarta de suas *Teses sobre Feuerbach* (1845), Marx lamentou que, embora esse crítico liberal da religião tivesse reconhecido suas raízes terrestres, não havia visto que ela só podia ser eliminada pela reorganização da sociedade. Feuerbach não desejava, na verdade, livrar-se da religião, mas apenas reconstruí-la, escreveu Engels na terceira parte de seu estudo sobre Feuerbach (1886). Este via a história como uma sucessão de transformações religiosas e não de transformações sociais e materiais que se faziam acompanhar de mudanças religiosas. Pelo menos em sua juventude, Marx e Engels mostraram-se demasiado otimistas quanto à rapidez e ao alcance com que tais modificações poderiam esclarecer o homem. Até mesmo o industrialismo, em sua roupagem capitalista, mostravam-se eles prontos a acreditar, poderia libertar das ilusões religiosas aqueles cujas vidas estavam sendo moldadas por esse novo modo de vida, e isso muito antes do socialismo. Comercializando todas as relações, escreveram eles em *A ideologia alemã* (vol.I, I) a indústria estava fazendo o máximo para acabar com a religião e a moral, ou reduzi-las a uma mentira evidente. (Talvez se possa dizer, um século e meio depois, que bons progressos foram feitos nessa direção.) Marx e Engels mostravam-se demasiado confiantes em que as crenças religiosas não poderiam deitar raízes na classe operária, que tinham a inclinação de considerar como mais *tabula rasa* do que realmente era. Todas essas irrealidades, diziam eles, seriam dispersadas pela experiência, e não pela argumentação; demais disto, o novo proletariado nunca de fato as adotara ou há muito delas se havia libertado.

Evidência ainda mais notável dessa confiança na cesta de lixo da história é a afirmação, feita por Marx num de seus ensaios mais antigos, *A questão judaica*, de que, se os judeus pudessem ser libertados do peso de sua presente vida de bufarinheiros, o JUDAÍSMO desapareceria rapidamente. De forma ainda mais explícita em *O Capital* (I, cap.I), Marx reiterou sua convicção de que as ilusões religiosas tinham a única finalidade de lançar um véu sobre as irracionalidades do sistema de produção e desapareceriam quando o homem estabelecesse relações racionais com os outros homens e curasse a totalidade social de suas desarmonias.

Marx fez reflexões mais sistemáticas sobre a religião em sua juventude; Engels voltou ao assunto repetidamente talvez em consequência de sua formação religiosa, da qual se libertou com certa dificuldade. Como historiador, teve ampla oportunidade, em seu livro sobre a Guerra Camponesa de 1524-1525 na Alemanha, de estudar a influência recíproca entre política e religião durante uma crise revolucionária. Nas chamadas "guerras religiosas" dos séculos XVI e XVII, na Europa, tal como nos choques medievais entre a igreja e a heresia, a realidade a ser pesquisada era a luta de classes provocada por interesses materiais conflitantes, disse Engels no segundo capítulo dessa obra, enquanto o espírito acadêmico alemão só sabia ver disputas teológicas, aceitando assim pelo seu valor aparente as ilusões que as épocas passadas tinham sobre si mesmas. Essa abordagem da religião pode parecer apenas negativa, mas acolhe a possibilidade de que tendências desviantes surgidas em protesto contra os cultos oficiais tenham sido inspiradas por novas correntes sociais progressistas. E isso certamente ocorreu e é sobremaneira importante para o estudo da Reforma.

No último capítulo do *Anti-Dühring*, Engels voltou ao tema da religião como uma projeção fantástica das forças que obscurecem a existência humana. De início, as forças da natureza criaram uma mitologia variada e, mais tarde – não menos estranha e até recentemente tão misteriosa quanto a primeira –, as forças da ordem social. Engels considera a divindade única do monoteísmo, na qual foram reunidos todos os atributos das divindades anteriores, como uma personificação da ideia abstrata de humanidade. Esse aparecimento do monoteísmo foi novamente tematizado na segunda parte de *Ludwig Feuerbach e o fim da filosofia clássica alemã*, onde Engels ocupou-se do fato de que os conceitos religiosos parecem distanciar-se mais do que os outros da vida material e estar mais totalmente desligados dela, bem como do fato de que não nasceram diretamente da vida contemporânea, mas foram tomados de um passado distante. Para isso, propôs a explicação de que toda "ideologia", para realizar sua finalidade - satisfazer-nos com ideias em detrimento da realidade - deve desenvolver-se necessariamente a partir de materiais herdados que são objeto de crenças antigas. Mas as modificações por que passam as ideias religiosas correspondem às transformações das condições sociais e das relações de classe.

Os primeiros socialistas da Europa Oriental estavam cercados por uma enorme população camponesa que, particularmente na Rússia, vivia mergulhada em profunda religiosidade, de um tipo peculiarmente supersticioso, que sempre estivera a serviço dos czares. A grande diversidade de outros cultos cristãos e de religiões não cristãs no império czarista complicava ainda mais a situação. Uma luta decidida contra toda religião parecia essencial ao progresso. Daí a posição inflexível de Plekhanov em favor do mais rigoroso materialismo, e sua admiração pelo que chamou de a mais fina flor do pensamento materialista, ou seja, os escritos dos *philosophes* do século XVIII. Plekhanov concordava plenamente com a frase de Engels, segundo a qual a religião havia esgotado todas as suas possibilidades (*Materialismus Militans*, p.13-20). Mas seu ambiente permitia-lhe ver melhor o quanto a religião ainda podia ter uma forte influência negativa sobre as camadas da classe trabalhadora que ainda não haviam alcançado a consciência de classe. Plekhanov indignou-se com a tendência de alguns destacados progressistas a, depois do fracasso da revolução de 1905, evoluírem no sentido de uma espécie de misticismo provocado pelo cansaço e pela desilusão, e que tomou a forma de uma "reconstrução de Deus", ligada especialmente ao nome de Lunacharski.

Esse problema preocupou Lenin ainda mais. Engels havia advertido contra a loucura que seria tentar abolir a religião pela força, como alguns membros blanquistas da Comuna de Paris queriam fazer ("O programa dos refugiados blanquistas da comuna", 1874). Lenin concordava, mas sabia que a influência religiosa não estava limitada a intelectuais pusilânimes, sendo encontrada também entre alguns trabalhadores, desanimados ante a energia cega do capitalismo que os ameaçava, cronicamente, com calamidades imprevisíveis. A religião devia ser uma questão privada, disse ele, no que concernia ao Estado. Um partido socialista, porém, não podia tomar a mesma atitude, mas isso não significava que aqueles que tinham crenças religiosas não pudessem participar do partido, se fossem também socialistas sinceros. O ateísmo não tinha lugar no programa partidário. Como a influência da religião dependia do jogo das forças econômicas, a classe operária não podia ser protegida contra ela por declarações, mas sim pela luta contra o capitalismo, e a unanimidade quanto a isso era muito mais importante do que a unanimidade quanto aos assuntos do céu (Lenin, 1909). Pode haver uma certa diferença de ênfase na declaração de Stalin, em 1913, de que o partido devia defender a liberdade de crença para todas as comunidades, mas denunciar toda religião como um obstáculo ao progresso (Stalin, 1913).

Quando o partido bolchevique subiu ao poder na Rússia, enfrentou esse obstáculo de forma mais concreta. Em seu manual sobre o materialismo histórico publicado em 1921, Bukharin adotou uma posição muito rigorosa com relação à religião, tanto na teoria como na prática. Rejeitou, como o marxismo talvez tenha feito sempre com excessiva presteza, o caráter de derivação alternativa ou suplementar da religião a partir da condição individual do homem, de seu medo da morte e da vida e, em tempos primitivos, dos espíritos dos mortos. Era lógico, argumentou Bukharin, para uma classe operária jovem e revolucionária ter uma visão materialista, tal como era lógico que uma classe dominante senil mergulhasse no torpor religioso. Ridicularizou a hierarquia celestial da Igreja Ortodoxa comparando-a com a burocracia czarista, com São Miguel como comandante em chefe das hastes angelicais. Mas a oposição à religião devia ser ativa; não havia sentido em esperar que esta se extinguisse por si mesma. Surgia, inevitavelmente, a tendência a considerar duvidosa a lealdade dos crentes à nova ordem e a considerá-los inadequados para ocupar posições de responsabilidade.

Os esforços de Marx e Engels para conhecer e interpretar o passado religioso da humanidade tiveram prosseguimento logo com seus sucessores imediatos, notadamente Kautski (1908), no campo da história do cristianismo primitivo. Pannekoek (1938), entre outros, enfatizou a brevidade da ligação da burguesia com o Materialismo, filosofia que adotara durante o seu período de ascensão: a burguesia assustou-se com a explosão do descontentamento em massa durante a Revolução Francesa e voltou à religião como meio de manter as massas em seu lugar. Essa meia-volta, segundo os autores marxistas, podia ser explicada pela sua interpretação dialética da história, mas não pela velha perspectiva materialista simplista. Por isso também voltaram o olhar para mais longe, para os inícios da religião e para uma determinada religião, como o cristianismo. Na primeira parte de sua obra sobre a evolução da Ética – *Ethik und materialistische Geschichts auffassung* (*Ética e concepção materialista da história*), publicada em 1906 –, Kautsky mostrou-se tão intrigado quanto Engels com o fato do monoteísmo e dos credos dotados de uma moral terem evoluído dos cultos de velhas divindades amorais. Nesse campo da pré-historia ou da antropologia, o marxismo teve, a partir de então, uma influência decisiva. Segundo Robertson, a escola de Durkheim (1912) teve muita coisa em comum com o marxismo, mas que, em lugar de tomar a estrutura social como um fato dado, os marxistas pensam em termos do desenvolvimento de processos de interação entre os homens e seu meio-ambiente. O mesmo comentarista acrescenta que, na prática, as duas escolas admitem uma evolução autônoma da religião maior do que as suas fórmulas mais rigorosas pareciam permitir (Robertson, 1972, p.19-21).

Marx e Engels foram levados, por força de seu crescente interesse pelo mundo fora da Europa, a especular sobre outras religiões que não a cristã. A história oriental, observou Marx, adquiria muitas vezes a aparência de uma história das religiões (Carta a Engels, 2 de junho de 1853). Num de seus artigos sobre a Índia (10 de junho de 1853), fez uma observação sugestiva, dizendo que a proximidade existente naquele país entre riqueza ostentatória e pobreza abjeta refletiu-se no HINDUÍSMO, com sua combinação de "exuberância sensual" e "ascetismo autoflagelador". Observou também que a dependência total da natureza encontrava expressão no culto de deuses a ela ligados ou de animais. Outros marxistas deram continuidade, posteriormente, a esse interesse pelo caráter de outras religiões, notadamente o ISLÃ.

Algumas regiões fora da Europa têm contado, já há algum tempo, com seus próprios autores e pensadores marxistas, para realizar o exame de sua história. Na Índia os intelectuais marxistas foram, com frequência, atraídos para o estudo de épocas antigas e do bramanismo e do budismo. Um espírito radicalmente iconoclasta levou Kosambi a acusar o Gita, o livro religioso mais respeitado e de enorme influência na Índia, de "habilidade para conciliar o inconciliável" e de "oportunismo escorregadio" (1962, p.17). Chattopadhyaya procurou evidenciar a acentuada tradição materialista que foi parte do pensamento indiano em suas melhores épocas, referindo-se ao jainismo e ao budismo como filosofias originalmente ateístas, sobrecarregadas, com o passar do tempo, das superstições sempre tão abundantes na Índia. Poder-se-ia esperar novas investigações marxistas sobre épocas mais recentes, mas as tensões comunais dificultam essa tarefa, tornando-a excessivamente delicada. É preciso admitir que os comunistas indianos falharam antes da divisão de 1947, como falhou o também secularista Nehru, ao não compreenderem a enorme força destrutiva das animosidades religiosas. Na China, o historiador e precursor do marxismo Kuo Mo-jo relacionou o culto dos ancestrais na Antiguidade com o advento da propriedade privada e o culto de uma divindade suprema como o advento da autoridade política central, que exigia a sanção celestial (Dirlik, 1978, p.150-56). Pode-se dizer, com efeito, que o marxismo, como Marx ao início de sua vida intelectual, encontrou na investigação histórica da religião uma de suas tarefas mais estimulantes.

VKG

Bibliografia: Bukharin, Nikolai, *Historical Materialism: a System of Sociology*, 1921 (1925) [*Tratado de materialismo histórico*, 1970] • Chattopadhyaya, Debiprasad, *Indian Atheism: a Marxist Analysis*, 1969 (1980) • Dirlik, Arif, *Revolution and History: the origins of Marxist Historiography in China, 1919-1937*, 1978 • Kosambi, D.D., *Myth and Reality: Studies in the formation of Indian culture*, 1962 • Lenin, V.I., "The Attitude of the Worker's Party Towards Religion", 1909 (1965) • Pannekoek, Anton, *Lenin as Philosopher*, 1938 (1948); *Lénine philosophe* (1970) • Portelli, Hughes, *Gramsci et la question religieuse*, 1974 • Robertson, Roland, *The Sociological Interpretation of Religion*, 1972 • Selinger, Martin, *The Marxist conception of ideology*, 1977 • Thompson, George, *Aeschylus and Athens: a Study in the Social Origins of the Drama*, 1941.

renda Ver PROPRIEDADE FUNDIÁRIA E RENDA DA TERRA

renda da terra Ver PROPRIEDADE FUNDIÁRIA E RENDA DA TERRA

rendimentos Ver FORMAS DO CAPITAL E RENDIMENTOS

Renner, Karl (Unter-Tannowitz, Morávia, 14 de dezembro de 1870 – Viena, 31 de dezembro de 1950.) Concluídos seus estudos secundários, Karl Renner alistou-se no exército como meio de sobrevivência até que pudesse continuar seus estudos e, posteriormente, estudou direito na Universidade de Viena. Como estudante, participou da política social-democrata e da primeira grande manifestação do Dia do Trabalho, em 1º de maio de 1893. No serviço militar, familiarizou-se com a grande variedade de nacionalidades do Império Austro-Húngaro, o que nele despertou um acentuado interesse pelo problema da nacionalidade, tema de alguns de seus primeiros trabalhos. Em seus estudos jurídicos, interessou-se principalmente pela teoria e pela sociologia do direito, e seu livro sobre as funções sociais do direito (1904), pioneiro nos estudos marxistas nessa área, continua sendo um clássico. Durante a Primeira Guerra Mundial e posteriormente, Renner chegou a ser considerado o líder da ala direita, mais reformista, do Partido Social-Democrata Austríaco (SPÖ), em oposição a Otto BAUER, que chefiava a ala esquerda, dominante. A partir de 1916, quando publicou uma série de ensaios sobre "problemas do marxismo", Renner preocupou-se particularmente com a revisão da teoria marxista do Estado (para explicar a maciça intervenção do Estado na economia) e das classes (tendo em vista a questão da "nova classe média", ou do que ele chamava de "classe de serviços"). Em 1918, tornou-se o primeiro chanceler (e depois presidente) da República Austríaca. Em 1945, voltou a ser presidente da república. (Ver também AUSTROMARXISMO.)

TBB

Bibliografia: Hannak, Jacques, *Karl Renner und seine Zeit*, 1965 • Renner, Karl, *Der Kampf des Österreischischen Nationem um der Staat*, 1902 ◉ *Die Rechtsinstitute des Privatsrerhts und thre soziale Funktion: ein Beitrag zur Kritik des bürgerlichen Rechts*, 1904 (ed. revista 1929); *The Institutions of Private Law and their Social Functions* (1949) ◉ "Probleme des Marxismus", 1916.

reprodução

> Qualquer que seja a forma social do processo de produção, ele tem de ser contínuo, deve repetir periodicamente as mesmas fases. Uma sociedade não pode deixar de produzir, como não pode deixar de consumir. Portanto, quando visto como um todo interligado, e no fluxo constante de sua renovação permanente, todo processo social de produção é, ao mesmo tempo, um processo de reprodução. (Marx, *O Capital*, I, cap.XXIII)

A reprodução compreende, portanto, a produção e a criação de condições pelas quais ela pode continuar ocorrendo. Mas o âmbito dessas "condições pelas quais" e suas relações com o modo de produção deram origem, nos últimos anos, a um substancial debate, entre autores marxistas, sobre o significado da reprodução. De um lado, afirmou-se que os processos necessários à reprodução das relações capitalistas de produção devem ser incluídos na base (ou infraestrutura) econômica e, implicitamente portanto, são parte do próprio modo de produção. De outro, argumentou-se que a reprodução depende de processos que estão fora do modo de produção e que é sua autonomia relativa de tais processos que torna a reprodução de qualquer modo de produção problemática, contingencial e, portanto, um objeto em que é possível a intervenção da luta de classes.

A exposição que Marx, no livro segundo de *O Capital*, faz da reprodução simples e da reprodução ampliada (ver REPRODUÇÃO, ESQUEMAS DE) tendeu a concentrar-se na reprodução da própria relação capital-trabalho, que é a base da exploração no capitalismo. Como qualquer modo de produção deve ser capaz de existência continuada para que possa caracterizar uma época da história, as condições que permitem a produção também devem permitir a sua reprodução. Mas, quando se considera a reprodução, as relações de produção podem ser vistas sob uma luz diferente. Assim, até mesmo a reprodução simples, na qual toda mais-valia é consumida pela classe capitalista sem que haja nenhuma acumulação, embora seja apenas uma repetição contínua do processo de produção, faz com que desapareçam algumas características enganosas do circuito isolado da produção e com que se apresente em sua melhor luz o caráter de exploração da relação entre o capital e a classe operária como um todo. Isso porque a extração continuada da mais-valia, proporcionada pela repetição do processo de produção capitalista, assegura que não importa como o capital foi obtido inicialmente, ele acabará por consistir inteiramente de mais-valia acumulada. Foi dessa característica da reprodução capitalista que Marx deduziu a conclusão seguinte: "Portanto, o próprio trabalhador produz constantemente a riqueza objetiva sob a forma de capital, uma força estranha que o domina e explora" (ibid.). Embora essa afirmação não seja rigorosamente exata para todos os trabalhadores individualmente, nem para todos os circuitos particulares do capital, mostra-se válida para a classe operária como um todo, tão logo se considera o processo de reprodução.

Mas Marx deixa claro que não apenas o trabalho cria o capital, como: "da mesma maneira, o capitalista produz constantemente força de trabalho enquanto fonte subjetiva de riqueza que é abstrata, simplesmente existe no corpo físico do trabalhador, e está separada de seus próprios meios de objetificação e realização; em suma, o capitalista produz o trabalhador como trabalhador assalariado" (ibid.). Aqui, é a relação – em que o trabalhador assalariado, como vendedor de força de trabalho, defronta-se com o capital – que é "produzida" pelo capitalista. E isso também é melhor revelado pela consideração de circuitos repetidos do que pela de um único circuito de produção. Os trabalhadores devem gastar os salários recebidos ao final de um período da produção para substituir a sua força de trabalho nela consumida. Os trabalhadores são, portanto, reproduzidos na mesma posição de antes, separados dos meios de produção e possuindo apenas aquela "fonte subjetiva de riqueza", a sua força de trabalho, para vender.

Desse modo, reunindo a reprodução do capital e da força de trabalho, o "processo de produção capitalista, visto assim como um processo total, em suas interligações, ou seja, como um processo de reprodução, produz não apenas mercadorias, não apenas mais-valia, mas também produz e reproduz a própria relação de capital; de um lado o capitalista, do outro o trabalhador assalariado" (ibid.).

Outras obras de Marx e dos marxistas a ele posteriores ampliaram o conceito de reprodução de modo a abranger processos que estão fora da própria produção, e que são considerados necessários à continuação da existência de um modo de produção. Marx dá um exemplo de como, para assegurar a reprodução da "sua" força de trabalho, o capital esteve pronto a valer-se de meio políticos para impedir a emigração de trabalhadores qualificados em épocas de alto desemprego (ver POPULAÇÃO). E, na "Introdução" aos *Grundrisse*, fala do processo de "reprodução social" do qual a produção deve ser vista apenas como um momento. Mas esse trecho, que faz parte de sua análise metodológica da economia política, é suficientemente vago para não especificar *quais* os processos que se devem reproduzir para que ocorra a reprodução social. Foi em torno dessa questão que giraram os debates, tanto sobre os processos de base de um modo de produção, sem cuja reprodução ele deixaria de existir, como sobre quais outros (possíveis) processos são necessários para a realização, com êxito, da reprodução.

A distinção entre esses dois tipos de processos pode ser vista como um desenvolvimento da distinção marxista clássica entre

BASE E SUPERESTRUTURA; no caso, os elementos "superestruturais" são os necessários, na prática, à reprodução da base, mas que não são, por definição, partes dela. Assim, os elementos superestruturais poderiam tomar formas diferentes sem transformar o modo de produção, mas essas formas seriam condicionadas pela necessidade de assegurar a reprodução dos processos básicos. Dessa forma, por exemplo, os processos ideológicos que justificam a liberdade do indivíduo de trocar ou possuir propriedades são necessários à continuação do modo de produção capitalista, mas não são parte de sua definição, fundada apenas nas relações econômicas, e outros processos ideológicos, como os do corporativismo, podem por vezes tomar seu lugar. É fácil ver como essa interpretação da reprodução tem dificuldades em escapar à imputação de funcionamento, pois ela leva a supor que os modos de produção só existem para se reproduzirem a si mesmos, e, se tiverem de valer-se dos recursos de outros processos, não econômicos, estes passarão automaticamente a desempenhar seu dever teleológico (ver Clarke et al., 1980; Edholm, Harris e Young, 1977).

A formulação de Balibar dificilmente escapa dessa imputação, embora abrigue a possibilidade de transformação (in Althusser et al., 1965). Para ele, há três instâncias ou práticas, a econômica, a ideológica e a política, e todas devem ser reproduzidas para que a totalidade estruturada que é o modo de produção se possa reproduzir. Essa concepção dá lugar à variação e à autonomia relativa do modo pelo qual cada nível é reproduzido, mas os níveis permanecem fixos, e a possibilidade de transformação resulta da contradição no nível econômico. Uma situação pode ser sobredeterminada, isto é, envolver contradições em mais de um nível, mas entre estes é preciso que esteja o nível econômico como determinante em última instância para que de tais contradições resultem transformações fundamentais. Assim, para Althusser e Balibar, a reprodução e a contradição ocorrem em diferentes níveis estruturais. A primeira resulta do funcionamento da totalidade do modo de produção, devendo a segunda ser situada ao nível das práticas específicas, das quais a econômica é crucial.

Partindo daí, a crítica pós-althusseriana desse conceito de reprodução substituiu o primeiro pela noção de condições de existência sob as quais determinadas relações de produção podem operar (Hindess e Hirst, 1977) e, em seguida, reduziu a posição das relações de produção, que perderam essa posição tão "privilegiada" dentro do esquema, ampliando a área em que tem lugar a reprodução social e recusando-se a dar-lhe qualquer limite específico (Friedman, 1976; Cutler et al., 1977).

Autores e autoras feministas (ver FEMINISMO) criticam a concepção marxista tradicional de reprodução por esta ignorar grande parte do processo pelo qual as pessoas e sua força de trabalho são reproduzidas, não percebendo dessa forma um componente crucial da reprodução social. Isto teria se dado em dois níveis: primeiro, o da reprodução da força de trabalho, tanto no sentido cotidiano como no sentido de geração, e, segundo, o sentido da reprodução humana ou biológica, que se distingue da primeira pelo forçoso reconhecimento de que, neste caso, os seres humanos são mais do que fornecedores potenciais de força de trabalho. Quanto ao primeiro sentido, os autores que têm estudado o TRABALHO DOMÉSTICO demonstraram como a transformação do salário em força de trabalho não é apenas um processo de consumo, pois a força de trabalho não resulta do consumo direto de dinheiro, mas compreende trabalho e produção de valores de uso regidos por relações de produção essenciais à continuidade da existência do capitalismo, mas distintas das relações de produção entre trabalho assalariado e capital.

Mas a reprodução da força de trabalho é também um processo que se faz ao longo de gerações e novos seres humanos têm de ser (re)produzidos. No capitalismo, em que os produtores estão separados dos meios de produção, o processo de produção de crianças é separado do processo de produção de valores de uso. As implicações dessa separação são matéria de debate sobre se a reprodução humana é inerentemente indeterminada sob o capitalismo (O'Laughlin, 1977) ou constitui um processo de trabalho, com suas leis próprias de movimento, que compreende relações de controle sobre as mulheres como reprodutoras biológicas diversas das relações a que estas estão sujeitas como produtoras (Edholm, Harris e Young, 1977).

A consideração da reprodução humana enquanto tal levou certos autores a sugerir que qualquer sociedade deve conter um modo de reprodução historicamente específico articulado com, ou paralelo a, o seu modo de produção (Rubin, 1975, fala de uma "economia política do sexo"). Engels, na verdade, parece estar sugerindo exatamente isso no seguinte trecho, muito citado, do seu prefácio à primeira edição de *A origem da família, da propriedade privada e do Estado:*

> De acordo com a concepção materialista, o fator determinante na história é em última análise, a produção e reprodução da vida imediata. Mas isso tem um duplo caráter. De um lado, há a produção dos meios de subsistência para tanto necessários, tais como alimento, agasalho, abrigo e instrumentos de trabalho; do outro, a produção dos próprios seres humanos, a propagação da espécie.

Mas não levou a sério suas próprias recomendações, e subordinou totalmente as formas de reprodução às de produção em sua explicação do desenvolvimento das formas de família.

Outros autores sugerem que essa separação é um erro, um fetichismo que naturaliza categorias que são específicas às formas de reprodução no capitalismo, e não constituem em absoluto uma dualidade trans-histórica (Edholm, Hanis e Young, 1977). Como a diferença sexual gira em torno de diferentes papéis potenciais na reprodução humana, a integração de uma compreensão das divisões de gênero, que são as formas sociais pelas quais a diferença de sexos é expressa, com uma compreensão das divisões de classe, que têm origem nas relações de produção, só se poderá realizar reconhecendo-se que a própria separação entre reprodução e produção, entre a produção de seres humanos e a produção de coisas, é, ela própria, uma forma social e, portanto, está sujeita a transformar-se. Só assim se poderá chegar a uma análise capaz de unificar os objetivos movimentos feminista e socialista.

SH

Bibliografia: Althusser, L. et al., *Lire le Capital*, 1965 [*Ler "O Capital"* (1979-1980)] • Clarke, S. et al., *One-Dimensional Marxism*, 1980 • Cutler, A. et al., *Marx's Capital and Capitalism Today*, 1977 [*"O Capital" de Marx e o capitalismo de hoje*] • Edholm, F., O. Harris & K. Young, "Conceptualising Women", 1977 • Friedman, J., "Marxist Theory and Systems of Total Reproduction", 1976 • Hindess, B. & P.Q. Hirst, *Mode of Production and Social Formation*, 1977 [*Modo de produção e formação social*, 1978] • O'Laughlin, B., "Production and Reproduction: Meillassoux's *Femmes, Greniers et Capitaux*", 1977 • Rubin, G., "The Traffic in Women", in R. Reiter (org.), *Toward an Anthropology of Women*, 1975.

reprodução, esquemas de No livro segundo de *O Capital* (cap.XVIII-XXI), Marx investiga a reprodução das diferentes partes do capital social agregado, que não é apenas uma reprodução das magnitudes de valor mas, ao mesmo tempo, também uma reprodução material. A relação entre as duas reproduções é estudada pelos esquemas de reprodução simples e ampliada. Marx divide a produção social em dois departamentos ou setores: (1) produção dos meios de produção; (2) produção dos meios de consumo. Os movimentos do capital social são, portanto, analisados a partir da suposição de que ele consiste de dois capitais apenas. Essa abstração necessária deixa claro que, embora constituam uma base indispensável, os esquemas de reprodução não podem ser suficientes para analisar a interação dos diferentes capitais privados, investigação que pertence à teoria da CONCORRÊNCIA, a um nível mais concreto de análise. Marx classificou a reprodução em dois tipos: *simples* e *ampliada*. A reprodução simples implica o consumo improdutivo de toda a mais-valia pelos capitalistas (isto é, ela é totalmente gasta na compra de bens de consumo); a reprodução ampliada significa acumulação, ou seja, que uma determinada fração da mais-valia total é empregada para a aquisição de mais capital, variável e constante, de modo a aumentar a escala existente de produção.

Marx baseou seu estudo da reprodução em um certo número de pressupostos, nem todos rigorosamente necessários: (1) COMPOSIÇÃO ORGÂNICA DO CAPITAL (c/v) e taxas de mais-valia (m/v) constantes e iguais; (2) as mercadorias são trocadas pelos seus valores; (3) produtividade constante; (4) os capitalistas dispõem de reservas ilimitadas de força de trabalho. Tomando 1 e 2 como índices dos dois setores ou departamentos da produção (Setor 1 e Setor 2), que produzem respectivamente meios de produção e bens de consumo, temos:

$c_1 + v_1 + m_1 = w_1$ e $c_2 + v_2 + m_2 = w_2$ onde $c = c_1 + c_2$; $v = v_1 + v_2$; $m = m_1 + m_2$ como os agregados sociais.

Nas palavras de Paul Sweezy (1942), como m é totalmente consumida e não acumulada pelos capitalistas na reprodução simples,

> o capital constante utilizado deve ser igual ao produto do setor produtor de bens de produção, e o consumo combinado dos capitalistas e trabalhadores deve ser igual ao produto do setor que produz bens de consumo. Isso significa que
>
> $$c_1 + c_2 = c_1 + v_1 + m_1$$
> $$v_1 + m_1 + v_2 + m_2 = c_2 + v_2 + m_2$$
>
> Eliminando c_1 de ambos os membros da primeira equação e $v_2 + m_2$ de ambos os membros da segunda equação, ver-se-a que ambas se reduzem à seguinte equação simples:
>
> $$c_2 = v_1 + m_1$$
>
> A isso, então, podemos dar o nome de condição básica da reprodução simples. A equação diz simplesmente que o valor do capital empregado no setor de bens de consumo deve ser igual ao valor das mercadorias consumidas pelos trabalhadores e capitalistas que se acham empenhados na produção de meios de produção. Se essa condição for satisfeita, a escala de produção permanece inalterada de um ano para outro (1942, p.76-77).

Essa equação expressa uma condição que deve ser atendida para que a reprodução do capital social total possa se fazer na mesma escala.

A situação torna-se mais complexa quando tratamos da reprodução ampliada, pois temos agora de inserir nas fórmulas do produto dos dois setores a parcela da mais-valia destinada à acumulação de capital ($\Delta c + \Delta v$). Se supusermos, como uma primeira hipótese, que *toda* a mais-valia é transformada em capital (*reprodução ampliada máxima*), cada setor utilizará sua própria mais-valia totalmente para a sua própria acumulação, isto é $m_1 = \Delta c_1 + \Delta v_1$ e $m_2 = \Delta c_2 + \Delta v_2$. Logo:

$$c_1 + v_1 + \Delta c_1 + \Delta v_1 = w_1$$
$$c_2 + v_2 + \Delta c_2 + \Delta v_2 = w_2$$

Como as duas composições orgânicas c_1/v_1 e c_2/v_2 são consideradas constantes, as duas razões $\Delta c_1/\Delta v_1$ e $\Delta c_2/\Delta v_2$ também devem ser constantes, de modo que proporções constantes da mais-valia serão transformadas em capital variável e em capital constante. Suponhamos que essas proporções sejam k_V e k_C respectivamente (devemos obviamente ter $k_V + k_C = 1$). As duas fórmulas passam então a ser as seguintes:

$$c_1 + v_1 + k_C m_1 + k_V m_1 = w_1$$
$$c_2 + v_2 + k_C m_2 + k_V m_2 = w_2$$

Quais são agora as novas magnitudes de valor colocadas no mercado para serem trocadas? Como toda a m é acumulada, o Setor 1 deve vender as quantidades v_1 e $k_V m_1$ ao passo que consome as quantidades c_1 e $k_C m_1$, (todas elas correspondentes a meios de produção). O Setor 2, por sua vez, deve colocar no mercado as magnitudes de valor c_2 e $k_C m_2$ e consumir v_2 e $k_C m_2$, todas elas correspondentes a bens de consumo. Dessa maneira, temos a equação que expressa a relação entre os dois setores quando ocorre a reprodução ampliada em seu índice máximo (isto é, se os capitalistas investirem todos os seus lucros):

$$v_1 + k_V m_1 = c_2 + k_C m_2$$

Temos agora de abandonar a hipótese de uma acumulação pela da mais-valia, admitindo que os capitalistas consomem uma parte de seus lucros. A parcela da mais-valia consumida pelos capitalistas deve, agora, ter um lugar na equação, de maneira que $(k_C + k_V) < 1$.

As novas equações são:

$$c_1 + v_1 + k_C m_1, + k_V m_1 + (1 - k_C - k_V)m_1 = w_1$$
$$c_2 + v_2 + k_C m_2 + k_V m_2 + (1 - k_C - k_V)m_2 = v_2$$

Das equações acima, é fácil deduzir a relação de troca fundamental da reprodução ampliada: $v_1 + k_V m_1 + (1 - k_c - k_V)m_1 = c_2 + k_C m_2$, que se reduz a:

$$v_1 + m_1 (1 - k_C) = c_2 + k_C m_2$$

Uma vez introduzido o consumo de parte da mais-valia pelos capitalistas, não há mais motivo para se supor razões de acumulação iguais, k_V e k_c, para os dois setores ou departamentos. Podemos então diferenciar k_c em k_{C1} e k_{C2}, e k_V em k_{V1} e k_{V2}. Assim, a relação fundamental de troca torna-se:

$$v_1 + m_1 (1 - k_{C1}) = c_2 + k_{C2} m_2$$

A equação acima é relevante por evidenciar um resultado importante da análise que Marx faz do processo de reprodução: a reprodução enquanto tal não é compatível com uma escolha arbitrária das duas taxas de acumulação R_{C1} e R_{C2}. As duas devem ser coerentes entre si, caso contrário o processo de reprodução será obstruído.

A relação fundamental da reprodução ampliada mostra como o capital social agregado *pode* crescer sem qualquer problema de mercado e de demanda efetiva. Essa possibilidade pode ser estendida de modo a abranger o caso do capital fixo, e, o que é mais importante, também é possível introduzir os aumentos da produtividade e as mudanças da composição orgânica do capital e das taxas de mais-valia. Com tais modificações, todas as variáveis importantes se tornam funções do tempo, tornando muito mais rigorosas as condições de equilíbrio. (Para o caso da reprodução com capital fixo, ver Glombowski, 1976).

Alguns teóricos sustentaram que os esquemas de reprodução de Marx são análogos à teoria da demanda efetiva de Keynes, já que esta também se fundamenta na subdivisão do produto social entre I (bens de capital) e C (bens de consumo). Trata-se, porém, de uma semelhança apenas superficial, que obscurece diferenças profundas. Keynes, concentrando-se no lado da demanda, não investiga as condições de reprodução, as condições para o equilíbrio entre os dois setores ou departamentos, e não leva em consideração, seguindo a tradição de Adam Smith, a reprodução necessária do capital constante consumido. Finalmente, pode-se mostrar que nem a análise do Estado de Keynes (onde o valor apropriado pelo Estado parece ter origem fora do processo de produção), nem sua análise da estagnação secular produzida por um declínio da propensão para consumir são compatíveis com a análise da reprodução e da acumulação elaborada por Marx. (Para uma interpretação diferente, ver Tsuru, 1968 e para uma crítica desta abordagem, Bettelheim, 1948. Ver igualmente KEYNES E MARX.)

A discussão dos esquemas de reprodução de Marx envolveu destacados pensadores marxistas, entre os quais Rosa Luxemburg, Hilferding, Bauer, Lenin, Grossman e Rosdolsky. Todo o debate sobre o assunto foi judiciosamente resumido por Rosdolsky (1968), que observou não constituírem os esquemas de reprodução senão uma *primeira aproximação* da interação concreta que se processa entre os diferentes capitais singulares, cujo objetivo é apenas mostrar a relação entre valor e valor de uso dentro da reprodução do capital. Não obstante, Rosdolsky sustenta a ideia injustificada de que é possível introduzir no esquema de reprodução ampliada modificações da produtividade, da composição orgânica do capital e da taxa de mais-valia.

Duas das contribuições mais importantes para o estudo da reprodução devem-se a Rosa Luxemburg e a Rudolf Hilferding. Rosa Luxemburg (1913) fez uma dupla crítica dos esquemas de Marx. Considerou, primeiro, como um erro a ausência de um terceiro setor ou departamento destinado à produção de ouro, a mercadoria que serve como dinheiro e que não é nem um meio de produção nem um bem de consumo, mas simplesmente um meio de circulação. Propôs, por isso, um novo esquema, dividido em três setores ou departamentos, no qual o Setor 3 produz a quantidade de ouro consumida anualmente pelo processo de circulação. Coloca-se, porém, com isso, um problema: a troca necessária não pode ser realizada dessa maneira, já que exigiria toda a quantidade existente de ouro e não apenas a quantidade produzida no último ano. A produção e o consumo de ouro fazem parte dos chamados *faux frais* da produção capitalista, e é por isso que Marx coloca a produção de ouro no Setor 1, juntamente com os outros metais: o ouro considerado como dinheiro não tem nenhum papel direto na reprodução do capital social. Mais interessante é a segunda crítica de Rosa Luxemburg, relativa à demanda efetiva. Rosa Luxernburg observa que, nos exemplos numéricos dados por Marx, a taxa de acumulação do Setor 2 parece variar de maneira arbitrária, dependendo das necessidades de acumulação do Setor 1, sem que haja possibilidade de ser conhecida a origem da *demanda crescente* que permite a realização da mais-valia social. De acordo com Rosa Luxemburg o esquema de reprodução ampliada deve mostrar esse déficit da demanda; e a demanda efetiva adicional deve ter origem fora do esquema, isto é, *fora do sistema capitalista*, de modo que os capitalistas sejam obrigados a buscar, continuamente, novos mercados no mundo não capitalista. Não obstante, ela não explica, por sua vez, a fonte do valor de troca oferecido pelo mundo não capitalista contra as mercadorias produzidas nos dois departamentos da economia capitalista. Generalizando os exemplos numéricos simples de Marx, é fácil ver que a demanda crescente tem origem dentro de dois setores ou departamentos, e isso é independente do funcionamento normal do processo de reprodução na prática.

Hilferding (1910) tentou empregar os esquemas de Marx para explicar a crise. Argumentou que o ponto crítico da reprodução do capital é como assegurar um crescimento equilibrado dos dois setores, que só se realiza na prática por meio de um processo constante de ajustes de preços. Isso só pode ser temporário; como os investimentos são muito maiores no Setor 1, onde a composição orgânica é geralmente maior, todo o processo deve terminar em interrupções periódicas da acumulação, para que se possam restabelecer as condições de equilíbrio violadas. O que não fica claro na posição de Hilferding é o mecanismo que provocaria, necessariamente, um desequilíbrio entre as respectivas produções Setor 1 e do Setor 2 como consequência de diferentes quantidades de capital acumulado.

PG

Bibliografia: Bertelheim, C., "National Income, Saving and Investment in Keynes and Marx", 1948 • Glombowski, J., "Extended Balanced Reproduction and Fixed Capital", 1976 • Hilferding, R., *Das Finanzkapital*, 1910; *Finance Capital* (1981); *El capital financeiro* (1973) • Luxemburg, R., *Die Akkumulation des Kapitals*, 1913; *The Accumulation of Capital* (1951) [*Acumulação do capital*, 19761] • Rosdolsky, R., *Zur Enstchungsgeschichte des Marxschen "Kapital"*, 1968; *The Making of Marx's "Capital"* (1977); *Génesis y estructura de "El Capital" de Marx* (1978 e 1983) ⊙ "Remarques méthodologiques à propos de la critique des schémas de reproduction de Marx par Rosa Luxemburg", 1971 • Sweezy, Paul M., *The Theory of Capitalist Development*, 1942 [*Teoria do desenvolvimento capitalista*, 1982] • Tsuru, S., "Keynes VS. Marx: the Methodology of Aggregates", in D. Horowitz (org.), *Marx and Modern Economics*, 1968.

reserva exército industrial de Ver EXÉRCITO INDUSTRIAL DE RESERVA

revisionismo O revisionismo pode ser compreendido em sentido estreito ou em sentido amplo. Em sua forma mais ampla, é parte integrante da teoria e da prática marxistas, fundadas, como devem ser, em uma ontologia social que tem a "autocriação pelo trabalho como a característica fundamental do ser humano" (Gould, 1978; p.xiv) e em uma epistemologia na qual o sujeito que conhece está em relação dialética de análise e ação com o objeto que é conhecido (ver DIALÉTICA; TEORIA DO CONHECIMENTO). Um corpo de verdades herdadas, para sempre congeladas, além de qualquer possibilidade de revisão, pela autoridade de seu autor, deve ser totalmente incompatível com essa tradição de investigação teórica e de prática política. E isso vale particularmente sob o CAPITALISMO, onde a propensão do sistema a institucionalizar a mudança perpétua e a criar no proletariado o agente de sua própria destruição exige que nem a teoria marxista, nem a prática política a ela associada, possam tolerar uma atrofia que as transforme numa série de axiomas intemporais. Não nos deve surpreender, portanto, que, desde 1883, os imperativos de uma estrutura de classes em transformação e o legado ambíguo do próprio Marx se tenham combinado para fazer de cada marxista importante um revisionista *malgré lui*. Lenin reviu Marx. O mesmo fizeram Rosa Luxemburg, Trotski, e Mao Tse-tung. Até mesmo Engels foi classificado como "o primeiro revisionista" pelos que veem em sua interpretação das obras de Marx as raízes teóricas de uma degeneração política não revolucionária (Elliott, 1967; Levine, 1975).

Não obstante, isso serve para lembrar-nos de que o revisionismo raramente é entendido dessa maneira tão ampla e positiva. Em lugar disso, quando os marxistas posteriores a Marx procuraram legitimar suas inovações, negando-as como tal e, em lugar disso, procurando estabelecer uma linha direta de descendência entre elas e as obras do próprio Marx, o marxismo tornou-se canonizado, e o revisionismo adquiriu uma conotação mais estreita, negativa e dúbia. Antes de 1914, quando pela primeira vez se generalizou o uso desse termo, o revisionismo tornou-se sinônimo dos "autores e figuras políticas que, embora partindo de premissas marxistas, chegaram paulatinamente a colocar em questão vários elementos da doutrina, particularmente as previsões de Marx quanto ao desenvolvimento do capitalismo e à inevitabilidade da revolução socialista" (Kolakowski, 1978, II, p.98). Depois de 1945, diversamente, o revisionismo tornou-se um termo pejorativo, usado pelos partidos comunistas para criticar as práticas de outros partidos comunistas e denegrir aqueles que criticaram suas políticas, programas ou doutrinas. É importante diferenciar essas duas fases da controvérsia sobre o revisionismo, porque, na primeira, a expressão era usada para proteger a corrente revolucionária no movimento operário europeu contra a maré crescente do conservantismo, ao passo que, na segunda, foi mobilizada com frequência para defender um tipo diferente de conservantismo, isto é, foi dirigida contra críticos desejosos de retomar a um caminho mais independente e, por vezes, mais revolucionário mesmo. E, não obstante, em cada um desses dois períodos a intenção era a de que o termo encerrasse o mesmo significado, qual seja, o de um rompimento com a "verdade" contida no "socialismo científico" (o de Marx, antes de 1917, a ortodoxia bolchevique depois disso), rompimento esse que trazia consigo o perigo de uma prática política reformista que só podia reconstituir ou consolidar o capitalismo (ver REFORMISMO).

Foi certamente esse perigo de reformismo que inspirou Rosa Luxemburg em sua crítica a Eduard Bernstein na primeira grande controvérsia sobre o revisionismo, que teve lugar no Partido Social-Democrata Alemão (SPD) na década de 1890 (ver BERNSTEIN). O marxismo que Bernstein procurou rever era altamente determinista (ver DETERMINISMO) e afirmava a inevitabilidade das crises capitalistas, da polarização de classes e da revolução socialista. Bernstein questionou a filosofia subjacente a essas afirmações, preferindo-lhe um neokantismo (ver KANTISMO E NEOKANTISMO) que tornava o socialismo desejável, sem que fosse inevitável. Questionou também a estratégia política a que tais afirmações deterministas haviam dado origem, que rejeitava a continuação da aliança parlamentar com a classe média liberal e com o campesinato, a seu ver crucial para a transformação pacífica e gradativa do capitalismo. Contra as previsões do SPD, Bernstein propôs sua famosa alternativa: "os camponeses não desaparecem; a classe média não desaparece; as crises não se tornam cada vez maiores; a miséria e a servidão não aumentam", e argumentou que, em lugar de contarem com tudo isso, os socialistas deviam formar uma coalizão radical com base na premissa mais realista de que o que há é "aumento da insegurança, da dependência, da distância social, do caráter social da produção, da superfluidade funcional dos que detêm a propriedade" (apud Gay, 1952, p.250). Foi essa revisão da caracterização do capitalismo por Marx que foi rejeitada formalmente pelo SPD em 1903, mas que acabou por inspirar as políticas mais moderadas do partido na Alemanha de Weimar na década de 1920.

O uso subsequente da expressão "revisionismo" teve enfoque e origem diferentes, servindo principalmente para desacreditar os que questionavam a ortodoxia do STALINISMO. A Iugoslávia de Tito foi condenada como revisionista pelo Partido Comunista da União Soviética (PCUS) depois de 1948, e ambos os lados condenaram regularmente o outro como revisionista durante o longo conflito sino-soviético a partir do final da década de 1950. Os líderes soviéticos denunciaram também regularmente como revisionistas as repetidas e corajosas tentativas dos militantes do Leste europeu no sentido de humanizar o socialismo moderando o monopólio político dos partidos comunistas altamente burocratizados. E as recentes tentativas de certos eurocomunistas (ver EUROCOMUNISMO) para encontrar um terceiro caminho para o socialismo nos países capitalistas adiantados foram igualmente condenadas como revisionistas por seus camaradas mais ortodoxos, tanto dos partidos comunistas da Europa ocidental como de Moscou.

Devemos notar, finalmente, que o revisionismo também foi uma característica dos partidos social-democratas (ver SOCIAL-DEMOCRACIA) que escolheram o caminho bernsteiniano depois de 1917. Muitos desses partidos reagiram à prolongada prosperidade capitalista posterior a 1948 eliminando elementos de sua doutrina e do seu programa que vinham de seu passado marxista (ou, no caso da Inglaterra, face à ausência desse passado, do consenso socialista do período de Attlee). Uma nova geração de revisionistas social-democratas declarou que o capitalismo havia sido substituído por uma economia mista, na qual novas nacionalizações já não eram necessárias e na qual cabia aos partidos socialistas apenas a tarefa de buscar maior igualdade social dentro de um consenso keynesiano. Foi a incapacidade desse revisionismo de enfrentar o retorno das crises capitalistas na década de 1970 que levou muitos social-democratas de esquerda a adotarem políticas radicais próximas de algumas das posições do eurocomunismo. Dessa maneira, o revisionismo no movimento comunista e o fracasso de um revisionismo de natureza totalmente diverso da social-democracia estão começando a erodir as divisões dentro do movimento socialista da Europa Ocidental que se haviam constituído a partir do primeiro debate sobre o revisionismo da década de 1890.

Bibliografia: Bernstein, E., *Die Voraussetzungen des Sozialismus und die Aufgaben der Sozialdemokratie*, 1899 (1961); Evolutionary Socialism (1961) • Crosland, A., *The Future of Socialism*, 1956 • Elliott, C.F., "*Quis Custodiet Sacra?* Problems of Marxist Revisionism", 1967 • Gay, P., *The Dilemma of Democratic Socialism: Eduard Bernstein's Challenge to Marx*, 1952 • Gould, C.C., *Marx's Social Ontology*, 1978 • Haseler, S., *The Gaitskellites: Revisionism in the British Labour Party*, 1969 • Kolakowski, L., *Main Currents of Marxism*, 1978 • Labedz, L., *Revisionism*, 1962 • Levine, N., *The Tragic Deception: Marx contra Engels*, 1975 • Plotke, D., "Marxist political thought and the problem of revisionism", 1977.

revolução No primeiro esquema de desenvolvimento da história esboçado por Marx e Engels em *A ideologia alemã* (1845-1846), a ideia básica era a de uma sucessão de épocas históricas, cada qual fundada em um MODO DE PRODUÇÃO, e a revolução, em seu sentido mais pleno, significava um salto cataclísmico de um modo de produção para o seguinte. Este salto seria provocado por uma convergência de conflitos: entre as velhas instituições e as novas forças produtivas que lutam pela liberdade, e, menos impessoalmente, entre as classes dominante e dominada dentro da velha ordem, e entre a primeira e uma nova classe nascida para desafiá-la, até que, ao nível da revolução socialista, a velha classe explorada e a nova classe dominante fossem a mesma coisa. Posteriormente, Marx e Engels só tiveram tempo de pensar mais refletidamente sobre a revolução passada, presente e futura na Europa moderna. Marx havia iniciado, em 1843, um estudo das revoluções inglesa, francesa, norte-americana (conforme está indicado em seus cadernos de anotações). Todas haviam sido "revoluções burguesas" (embora a norte-americana também fosse nacional), isto é, lideradas por ambiciosos setores da burguesia e motivadas, no fundo, pela necessidade de expansão das novas forças capitalistas.

De todas essas tentativas de marcar o fim de uma época e o começo de outra, Marx e Engels passaram, sem demora, a considerar a Reforma luterana e a Guerra Camponesa de 1524-1525 na Alemanha – que acompanhou a primeira e mais ousada etapa da Reforma e sobre a qual Engels escreveu um "livro" – como a mais antiga, embora de êxito apenas parcial, das tentativas de burgueses e camponeses para derrubar o poder feudal.

Muito mais amadurecida e bem-sucedida foi a revolução da década de 1640 na Inglaterra, que não teria ido tão longe, porém – segundo Marx e Engels –, se não houvesse os pequenos proprietários rurais (*Yeomen*) e os plebeus urbanos para lutar pela ascensão da burguesia emergente e dos proprietários de terras aburguesados ao poder. Isso sugeriu o que Marx e Engels passaram a considerar como regra geral, ou seja, que todos esses movimentos de revolta tinham de ser levados muito além do ponto exigido pelos interesses burgueses propriamente ditos, para que o inevitável refluxo da maré não ultrapassasse o ponto representado por uma solução como a de 1688, como disse Engels em sua "Introdução" à edição inglesa de *Do socialismo utópico ao socialismo científico*. Uma outra característica geral era a de que a nova classe proprietária emergente, mostrando-se capaz de grangear apoio das massas, podia passar como representante de todo o povo contra a velha ordem e, naquele momento, até mesmo considerar-se como tal.

Nos anos 1848-1849, participando da ala esquerda do movimento radical na Alemanha, Marx e Engels tiveram a oportunidade de ver, de dentro, uma revolução burguesa, e indignaram-se com aquele espetáculo de hesitação e fraqueza que terminou com a derrota. Mais tarde, refletiram e escreveram bastante sobre o fato. O estudo da história econômica recente da Europa convenceu Marx de que os levantes europeus de 1848 haviam sido provocados pela depressão econômica de 1847 e pelo descontentamento de massa que esta causara, e de que nenhuma nova rebelião poderia ter qualquer possibilidade de êxito até que uma nova crise voltasse a agitar as massas. Na realidade, as burguesias da Europa Central e Oriental, ainda mais receosas dos trabalhadores que tinham por trás de si do que dos governos que tinham à sua frente, jamais correram o risco de repetir a experiência, exceto de maneira pouco entusiasta, na Rússia, em 1905. Elas puderam assegurar-se, se não o poder político, pelo menos uma posição dentro da velha estrutura que lhes permitia dar continuidade, sem obstáculos, ao crescimento industrial, e isso era tudo o que lhes importava.

Engels tentou, em *O papel da violência na história* (1887-1888), enquadrar essa opção burguesa no esquema marxista, pelo menos no que dizia respeito à Alemanha, interpretando a unificação de Bismarck como "revolucionária", o que é um bom exemplo da maneira flexível segundo a qual ele e Marx usaram a expressão. Outro exemplo disso é a assertiva de Marx sobre a desestruturação das aldeias indianas pela pressão britânica, considerando-a como a primeira "revolução social" na história da Ásia, em "O domínio britânico na Índia" (artigo escrito em 10 de junho de 1853). Numerosos problemas, contudo, surgiram em relação ao conceito de "revolução burguesa", embora ele tenha sido intensamente trabalhado e desenvolvido pelos pensadores marxistas na segunda metade do século XX. No caso inglês, ainda não foi possível demonstrar de maneira irrefutável uma colisão entre classes e entre sistemas econômicos por elas representados. Mesmo o caso francês de 1789, em relação ao qual a interpretação marxista ou abordagens que lhe são próximas têm aceitação mais ampla, continua sendo objeto de controvérsia. Reconhece-se, não obstante, que a hipótese de Marx contribuiu mais do que qualquer outra para estimular a investigação sobre o assunto.

Outro tipo de revolução, a comunista, já vinha sendo objeto de atenção por parte de alguns há muito tempo, mas – e Marx sempre insistiu nisso – não podia ter significado prático antes que existissem as condições materiais para a sua concretização. Isto é, o comunismo devia necessariamente ser posterior ao capitalismo, que dera origem a uma nova classe operária, destinada, pela primeira vez, a acabar com todas as divisões de classe, já que representava não uma forma alternativa de propriedade, mas a alienação com relação a toda e qualquer propriedade. A ascensão do proletariado ao poder haveria de constituir uma transformação tanto moral quanto social, uma vez que eliminaria todos os vestígios do passado, limparia as estrebarias de Augias da humanidade e permitiria começar tudo de novo, como nos dizem Marx e Engels em *A ideologia alemã* (vol.I, I 2C). Outra de suas convicções iniciais que Marx e Engels nunca abandonaram foi a de que a grande transformação não poderia ter lugar isoladamente aqui e ali, num ou noutro lugar afastados uns dos outros, mas teria de ser obra de um número decisivo de nações industriais agindo simultaneamente (ibid., vol.I, I, IA).

Da derrota dos trabalhadores parisienses na insurreição de junho de 1848, Marx tirou a conclusão de que aquilo era apenas o começo de uma luta tão prolongada quanto a perambulação dos israelitas pelo deserto, como se pode ler na terceira parte de *As lutas de classes na França de 1848 a 1852*. (Essa imagem, mais tarde, seria uma das favoritas de Stalin.) Em anos posteriores, Marx e Engels tiveram de confessar que, em 1848, haviam sido levados pela impetuosidade da juventude e que esperar a derrubada do capitalismo quando este estava apenas na primeira fase de sua marcha pelo continente era prematuro. O poder não podia ser tomado por um simples ataque de surpresa de alguns entusiastas, de uma vanguarda militante que não fosse secundada pela energia de toda uma classe (Engels, "Introdução" à edição de 1895 de *As lutas de classes na França de 1848 a 1852*, de Marx). Engels chegou a considerar que uma possível exceção desse axioma poderia se registrar na Rússia. Em 1875, ele pensava que a revolução ali, apressada talvez pela guerra, era iminente, e o escreveu em "Soziales aus Russland" ("As condições sociais na Rússia") artigo publicado em *Der Volksstaat*. Em 1885, ele escreveu à publicista revolucionária russa Vera Zassulitch que, se havia um lugar em que a fantasia blanquista de uma sociedade derrubada por um grupo de conspiradores poderia ter alguma substância, esse lugar era a Rússia, porque toda a estrutura do czarismo era tão instável que um golpe decidido e vigoroso poderia derrubá-la (carta a Vera Zassulitch, 23 de abril de 1885). Em outros lugares as coisas iriam mais devagar, embora, na maior parte dos casos, o clímax provavelmente fosse uma prova de força física. Marx estava disposto a admitir que uns poucos países, principalmente a Inglaterra com sua longa tradição política, pudessem escapar ao ordálio final. Mas os acontecimentos na Inglaterra eram decepcionantes, tendo a classe operária, depois do fracasso do cartismo, recuado para o sindicalismo apolítico, sem qualquer vislumbre de uma "missão" socialista. Na França o espírito político estava mais vivo, mas, logo depois de 1848, Marx compreendeu que, em um país fundamentalmente agrícola, a limitada classe operária não poderia ascender ao poder sem a ajuda do campesinato, cuja pobreza crescente poderia servir de estímulo à luta (*O Dezoito Brumário de Luís Bonaparte*, parte VII). Na Rússia essa ajuda seria ainda mais claramente indispensável.

Depois de 1870, a rápida industrialização da Alemanha levava a crer que, ali, os trabalhadores poderiam assumir a liderança. Um forte movimento socialista estruturou-se logo, com uma representação crescente no Reichstag. Engels impressionou-se com o crescimento do socialismo alemão como força eleitoral, inclusive porque, como conhecedor das questões militares, ele tinha consciência de que as novas armas fortaleciam os governos em termos de poder físico. As lutas de rua e as barricadas eram coisas do passado, escreveu ele a Lafargue em 3 de novembro de 1892: em um combate com o exército, os socialistas certamente levariam a pior; e admitia ainda não ver uma solução clara para essa dificuldade. Isso tornava, porém, ainda mais necessária a participação das massas, a ampliação do movimento ao máximo possível, e, na Alemanha, impunha-se levá-lo à principal área de recrutamento do exército, a Prússia Oriental.

Engels fez essas advertências num prefácio escrito em 1895 para a edição alemã de *As lutas de classes na França de 1848 a 1852*, de Marx. Indignou-se, porém, com o fato de seu texto ter sido podado pelos editores, com medo da censura, pois isso poderia fazer com que fosse mal-compreendido e parecesse um "cultuador pacífico da legalidade", conforme queixou-se em carta a Kautsky (1º de abril de 1895). Isso aconteceria realmente dentro em pouco, quando, em 1898, três anos após sua morte, Bernstein começou a apresentar as ideias que haveriam de levar à controvérsia "revisionista" (ver REVISIONISMO). Nesse complexo debate, o que Bernstein considerava como seu principal argumento era que o suposto colapso inevitável do capitalismo em um futuro próximo não passava de um desejo infundado. Mas, tal como foi geralmente entendido, o argumento girava em torno da possibilidade de a revolução, no sentido tradicional, ainda constituir uma possibilidade prática, ou se era necessário recorrer exclusivamente, agora, aos métodos constitucionais.

Na Rússia não havia direitos constitucionais antes da revolução de 1905, e também não houve muitos depois. Lenin empenhava-se em criar um partido que fosse capaz de preparar e de conduzir uma revolução: levava ao extremo a ideia de uma revolução planejada antecipadamente, ao contrário de todas as anteriores. Seu partido era pequeno demais e sem experiência para influenciar o movimento predominantemente espontâneo de 1905, e este não poderia, na melhor das hipóteses, ir além dos limites democrático-burgueses, que incluíam uma ampla reforma agrária. O fracasso, porém, mostrou como era irresoluta a débil burguesia russa tal como, em 1848-1849, havia posto a nu a indecisão da burguesia alemã. Daí o paradoxo de que a revolução da burguesia teria de ser feita para ela, ou a despeito dela, pelas massas dirigidas pela classe operária e pelo partido desta. Essa reflexão levou facilmente à estratégia da "revolução permanente", ao plano de continuar, praticamente sem pausas, da revolução burguesa (ou, mais exatamente agora, democrática) para a socialista. Havia nessa tese complexidades suficientes para um debate interminável no seio da esquerda, tal como o que o revisionismo estava provocando mais a leste.

Quando em 1914 a Europa pegou obedientemente em armas à voz de mando de seus governantes, Lenin tentou responder à acusação de que a Internacional se mostrara leviana ao prever que a guerra traria revoluções. Ela jamais havia garantido isso, escreveu Lenin: nem toda situação revolucionária leva à revolução, que não pode se produzir por si mesma (Lenin, 1915, ps.213, 214). A revolução só pode ocorrer quando as massas estiverem preparadas para se levantar e quando, além disso, as classes dominantes se mostrarem incapazes de sustentar a velha ordem. Estas são condições objetivas, independentes da vontade dos partidos e das classes. Decorre dessa análise que a revolução socialista não se poderia fazer de um único e rápido golpe: contituir-se-ia forçosamente de lutas progressistas e cada vez mais intensas em todas as frentes.

O ano de 1917 provocou, na Rússia, a crise geral que Lenin esperava. Nenhuma revolução, escreveu Trotski no segundo apêndice de sua história da Revolução Russa (1932-1933), pode corresponder perfeitamente às intenções de seus promotores, mas a Revolução de Outubro correspondeu mais do que qualquer outra antes dela. Apenas sob um aspecto muito importante, ela não confirmou os prognósticos: ele e Lenin esperavam que constituísse o sinal para a revolta por toda a Europa; para eles, como para Marx e Engels, era na arena internacional que o resultado se decidiria. Mas Leste e Oeste estavam demasiado distantes, e os socialistas de outros países não mostraram maior inclinação para imitar os bolcheviques, que se sentiram abandonados. Deflagrou-se logo um debate, em que os principais antagonistas foram Lenin e Kautsky, sobre a autenticidade da revolução socialista. Lenin acusava seus críticos de terem trocado marxismo pelo reformismo. Kautsky acusava o bolcheviques de usarem o terrorismo para se manter no poder, alegando que Marx havia considerado a DITADURA DO PROLETARIADO como uma necessidade de qualquer transição pós-revolucionária. A visão que Marx e Engels tinham do terrorismo, enquanto algo basicamente distinto da ditadura do proletariado pode ser encontrada em um trecho de uma carta de Engels a Marx (de 4 de setembro de 1870) sobre o Terror de 1793, em que este é definido como um regime de homens eles próprios aterrorizados, que perpetram crueldades sempre inúteis com o propósito de aumentar sua confiança em si mesmos.

Algumas poucas tentativas de revolução em outros pontos da Europa, nos anos que se seguiram, fracassaram. Gramsci foi um pensador marxista que refletiu, na inação do cárcere, sobre as lições da experiência. E estabeleceu uma distinção baseada nos acontecimentos da Itália do século XIX, entre levantes ativos, como o de Mazzini, e a "revolução passiva", da qual Cavour foi o expoente e cujo método era a preparação paciente, que alterava a composição das forças sociais por meio de "mudanças moleculares" na consciência dos homens. Talvez as duas fossem necessárias à Itália, sugeriu ele, e o resto da Europa depois de 1848 parecia-lhe inclinar-se para a variante "passiva". Gramsci falava então da revolução democrática-burguesa, ou nacional-burguesa; depois de 1918, e mais claramente depois de 1945, pode-se dizer que o socialismo europeu evidenciou uma tendência semelhante. No Ocidente, a aceitação da revolução como um objetivo passou a significar, com efeito, a crença em uma transformação ampla da sociedade, por oposição a qualquer reestruturação da velha sociedade por meio de reformas fragmentárias. Na URSS tornou-se visível uma tendência mais lenta na mesma direção: em princípios da década de 1960, a teoria soviética estava pronta a adotar o ponto de vista de que, estando o socialismo já estabelecido em grande parte do mundo, poderia chegar ao poder em outros países por etapas pacíficas.

Essa tese foi adotada e passou a ser sustentada sob a pressão da doutrina mais inflamada do maoísmo (ver MAO TSE-TUNG), que disputava com Moscou a liderança do campo socialista e que reafirmava, mais uma vez, o caráter internacional da luta. Mais recentemente, porém, Pequim abandonou essa postura ultrarrevolucionária. Mas, desde a época anterior a 1914, em que Lenin considerava a perspectiva de movimentos revolucionários no mundo colonial como um reforço aos movimentos europeus, a revolta armada deslocou-se da Europa para o Terceiro Mundo, onde ela continua a ser um problema candente, porque o domínio militar da direita, com apoio estrangeiro, sobre grande parte da Ásia e da América Latina, não parece deixar alternativa. O socialismo e o sentimento nacional ou a reivindicação da terra pelos camponeses estão, com frequência, interligados, mas, em muitas regiões é o marxismo, ou alguma adaptação local dele, que tem proporcionado o fio condutor dos movimentos revolucionários. (Ver também GUERRA; NACIONALISMO.)

VGK

Bibliografia: Blackburn, Robin (org.), *Revolution and Class Struggle: a Reader in Marxist Politics*, 1978 • Bonomi, G., *Partito e rivoluzione in Gramsci*, 1973 • Bricianier, Serge, *Pannekoek et les conseils ouvriers*, 1969; *Pannekoek and the Worker's* (1978) • Claundín, Fernanda, *Marx, Engels y la Revolución de 1848*, 1975 • Cornu, A., *Karl Marx et la Révolution de 1848*, 1948a • Gramsci, Antonio, *Selections from the Prison Notebook*, 1929-1935 (1971) • Hobsbawm, Eric, *Revolutionaries*, 1973 [*Revolucionários*, 1982] • Kautski, Karl, *The Social Revolution*, 1902 (1916) • Lenin, V.I., *The Proletarian Revolution and the Renegade Kautski*, 1918 (1965) [*A revolução proletária e o renegado Kautski*, 1979] • Löwy, Michael, *La théorie de la révolution chez le jeune Marx*, 1970 ◎ *Dialectique et revolution*, 1973 • Marek, Franz, *Philosophy of World Revolution*, 1966 (1969) • Trotski, L.D., *History of the Russian Revolution*, 1932-1933 (1967) [*História da Revolução Russa*, 1978] • Woddis, J., *New Theories of Revolution*, 1972.

Revolução Científica e Tecnológica Expressão amplamente utilizada pelos cientistas sociais da URSS e da Europa Oriental ao que tudo indica para qualificar uma nova fase da história. Os que a empregam insistem em que a Revolução Científica e Tecnológica deve ser vista no contexto das "relações sociais específicas de um determinado sistema social" (Richta, 1977), e "postas em correlação com os profundos processos de desenvolvimento social subjacentes à emergente revolução social" (Fedoseyev, 1977), mas, na verdade, sua abordagem dá primazia às forças produtivas como o motor da história, tratando as relações de produção como, em grande medida, derivadas. Nessa concepção, além do mais, a ciência é considerada como uma força inequivocamente progressista (uma vez eliminadas as deformações produzidas pelo capitalismo), que levará necessariamente ao comunismo. A rica definição que Marx dá à produção social como algo que é mais do que técnica – que envolve aspectos humanos, morais, políticos e abrange determinados modos de cooperação e de organização – fica reduzida à força de trabalho meramente técnica. Por outro lado, considera-se que a revolução científica e tecnológica aprofunda as contradições das sociedades capitalistas e, portanto, favorece a possibilidade de uma transformação social revolucionária. Os críticos dessa noção a veem apenas como uma nova forma de determinismo tecnológico no pensamento marxista, dotada de afinidades com o ECONOMICISMO e com o marxismo evolucionista da Segunda Internacional, que ignora a dinâmica da luta de classes e busca retratar "o curso objetivo do progresso sócio-histórico do homem" (Arab-Ogly, 1971, p.379). (Ver também PROCESSO DE TRABALHO.)

RMY

Bibliografia: Arab-Ogly, E.A., "Scientific and Technological Revolution and Social Progress", in P.M. Pospelov et al., *Development of Revolutionary Theory by the CPSU*, 1971 • Clarke, Simon, "Marxism, Sociology and Poulantzas's Theory of the State", 1977 • Corrigan, Philip, Harvie Ramsay & Derek Sayer, *Socialist Construction and Marxist Theory: Bolshevism and Its Critique*, 1978 • Fedoseyev, P., "Social Significance of the Scientific and Technological Revolution", in International Sociological Association, *Scientific-Technological Revolution*, 1977 • Richta, R., "The Scientific and Technological Revolution and the Prospects of Social Development", in International Sociological Association, *Scientific-Technological Revolution*, 1977.

Ricardo e Marx Marx considerava David Ricardo como o maior dos economistas clássicos e a teoria de Ricardo como o ponto de partida do seu próprio trabalho teórico, mas sempre se empenhou em distinguir claramente a sua teoria da de Ricardo. Embora Ricardo postule como princípio geral que os preços relativos são regulados pelo tempo de trabalho incorporado no produto (o que é a sua principal contribuição científica), ele não estabelece a fundamental distinção entre o trabalho *abstrato* (que produz valor) e o trabalho *concreto* (que produz valores de uso), ou entre o trabalho *socialmente necessário* (que determina a quantidade precisa de tempo de trabalho incorporada a uma determinada mercadoria) e trabalho *particular*. Em consequência disso, como a necessidade e as funções do dinheiro só podem ser explicadas por meio da categoria de valor de uma mercadoria (quantidade socialmente necessária de tempo de trabalho abstrato), Ricardo não compreende o que o dinheiro é realmente. Considera-o como um simples expediente para o processo de circulação e acaba promulgando tanto a lei de Say (o necessário equilíbrio entre oferta e procura no plano social) e uma forma mecânica da teoria quantitativa do dinheiro (inspirada em David Hume) na qual o nível de preços é determinado pela quantidade de dinheiro em circulação, e não o inverso, como afirmava Marx.

Como estivesse interessado apenas na determinação quantitativa dos preços relativos, independentemente de sua própria substância (valor), Ricardo foi incapaz de compreender a distinção entre trabalho e força de trabalho. Por isso, não explica os lucros pela mais-valia produzida pelos trabalhadores e tenta fazer os preços de produção de mercadorias isoladas concordarem diretamente com as quantidades de tempo de trabalho a elas incorporadas, o que é impossível. Marx observa que, se supusermos a existência de uma taxa uniforme de lucro, as categorias de mercadoria e de preço de produção tornam-se mutuamente incompatíveis. Segundo Marx, quando estamos no nível simples de abstração que corresponde à análise de mercadoria, a taxa de lucro e o capital ainda devem ser desconhecidos, e simplesmente não é possível fazer suposições a seu respeito, como faz Ricardo. O resultado é que Ricardo não consegue mostrar de onde vem a taxa uniforme de lucro, nem determinar a maneira de calculá-la.

Marx responde à mesma pergunta mostrando que o lucro é apenas a redistribuição da mais-valia total produzida pelos distintos capitais privados, de modo que a taxa de lucro é igual à mais-valia social sobre a soma do capital constante social com o capital variável social. Não obstante, embora Ricardo não explique as diferenças entre valor e preço de produção, acaba desqualificando a importância dessas diferenças como desprezíveis em termos empíricos, falha teórica que levou, mais tarde, a uma crise da escola ricardiana (Mill, McCulloch) que acabou por forçá-la a abandonar totalmente a relação entre o tempo de trabalho despendido na produção e os preços (Torrens). Marx, porém, observa que Ricardo está *empiricamente* correto em sua proposição de que as modificações intertemporais dos preços relativos são reguladas por modificações correspondentes nos valores (*Teorias da mais-valia*, vol.II, cap.X, A, 5). Anwar Shaikh (1980) mostrou como a teoria de 93% de trabalho de Ricardo é surpreendentemente exata em relação aos dados dos Estados Unidos.

Aplicando o princípio de que os preços relativos são regulados pelo tempo de trabalho despendido na produção das mercadorias, Ricardo pôde rejeitar uma velha ideia já então bastante difundida segundo a qual aumentos dos salários devem causar aumentos dos preços. Ricardo mostrou que, pelo contrário, só aumentam os preços das mercadorias produzidas por capitais com uma composição orgânica inferior à média, ao passo que devem cair os preços das mercadorias produzidas por capitais cuja composição orgânica é superior à média, de modo que, permanecendo inalteradas as outras condições, a soma dos preços fica inalterada ao passo que a massa e a taxa de lucro diminuem.

Esse relevante resultado, porém, levou Ricardo a concentrar-se exclusivamente na relação inversa entre salários e lucros e produz grandes diferenças entre a sua análise da ACUMULAÇÃO e a de Marx. Ricardo tende a esquecer que o capital constante, particularmente o capital fixo, também desempenha um papel crucial na determinação da taxa de lucro. Tende, portanto, a reduzir as leis que governam a taxa de lucro às leis que governam a taxa de mais-valia. Essa mesma negligência também o leva a esquecer a crescente importância do capital fixo (mecanização) no processo de produção do ponto de vista da criação e da manutenção de um exército industrial de reserva formado por trabalhadores desempregados. Embora Ricardo admita que a maquinaria pode, ocasionalmente, deslocar trabalhadores da produção, tende a argumentar que, no conjunto, a acumulação absorveria mais trabalhadores do que "liberaria". Portanto, opôs-se de um modo geral aos projetos de assistência aos pobres, sob a alegação de que o dinheiro seria melhor empregado no investimento, pois assim acabaria por aumentar o emprego. Finalmente, embora Marx e Ricardo insistam em que a acumulação capitalista caracteriza-se por uma secular tendência decrescente da taxa de lucro, tratam essa tendência de maneiras opostas. De acordo com Ricardo, o emprego crescente cria um aumento correspondente da demanda de bens de consumo básicos, particularmente de produtos agrícolas. Isso torna necessário o recurso ao cultivo de novas terras de menor produtividade do que as já utilizadas, o que, segundo Ricardo, aumenta a parcela da renda agrária no excedente total e reduz a parcela correspondente do lucro industrial. O crescimento do sistema vai produzindo, dessa forma, ao longo do século, uma queda da taxa de lucro causada pela decrescente produtividade que se observa na produção dos bens que entram no consumo do trabalhador; o *valor* da força de trabalho aumenta, e a taxa de mais-valia cai independentemente do fato de que uma parcela maior da mais-valia vai para a renda da terra. Em segundo lugar, Ricardo não consegue, de qualquer modo, identificar adequadamente o efeito que o progresso técnico na agricultura pode ter enquanto compensação para o uso de terras piores. Assim, a expectativa de Ricardo de uma taxa de lucro decrescente baseava-se na avareza da natureza, ao passo que, para Marx, a tendência decrescente da taxa de lucro deve-se às relações sociais que geram a acumulação e o progresso técnico. De acordo com Marx, tais relações deveriam produzir uma taxa geralmente crescente de mais-valia, mas a taxa geral de lucro cai, não obstante, devido à *forma capitalista de progresso técnico*, que gera necessariamente um aumento ainda mais rápido da composição orgânica do capital.

Outra importante diferença entre Marx e Ricardo relaciona-se com a questão das crises. Como Ricardo vê o dinheiro como simples meio de lubrificar a troca, tende a considerar a própria troca como um intercâmbio direto de produto contra produto. Nesse caso, a produção de um bem (oferta) significa que seu proprietário automaticamente detém os meios de trocá-lo por outras mercadorias, de modo que – excetuando-se as perturbações locais ou fatores acidentais – *a oferta cria a sua própria demanda* (lei de Say). Marx observa que esse argumento desaba quando o dinheiro é introduzido, porque produzir alguma coisa não assegura a sua venda por dinheiro, e a posse deste não implica o seu gasto. O dinheiro é, portanto, a raiz da *possibilidade* de crises que Ricardo não percebe. E o que é mais importante, enquanto para Ricardo a taxa de lucro decrescente a longo prazo leva apenas à estagnação final, para Marx esse mesmo mecanismo é também a fonte da necessidade de crises periódicas (ver CRISES ECONÔMICAS; DINHEIRO).

Impõe-se uma última consideração sobre a teoria da renda da terra de Ricardo. O progresso por este realizado em relação a Adam Smith está no fato de que Ricardo considera a renda da terra como uma simples transferência de riqueza, não mais admitindo que ela possa constituir, por si mesma, uma fonte de valor. Mas Ricardo explica a renda da terra apenas por meio das diferentes fertilidades da terra e, dessa maneira, apenas explica a renda *diferencial* e não a *absoluta*, que, de acordo com Marx, resulta das barreiras ao investimento de capital criadas pela propriedade privada da terra.

A avaliação da obra de Ricardo e de sua relação com a de Marx feita pelos marxistas é bastante desigual. Autores como Maurice Dobb e os que se enquadram na tradição neorricardiana tendem a minimizar as diferenças entre Marx e Ricardo, argumentando que as teorias do preço de produção dos dois grandes pensadores são praticamente a mesma e que ambas se baseiam, em última análise, na categoria de um *excelente físico*. No extremo oposto, autores como Paul Sweezy, Rudolf Hilferding e F. Petry insistem em que as teorias de Marx e Ricardo têm campos de aplicação totalmente diferentes, pois Ricardo pretende determinar os preços relativos das mercadorias, ao passo que Marx está interessado *apenas* na análise das *relações sociais* subjacentes à economia capitalista. Essa posição parece frágil, porque, se a teoria do valor de Marx não consegue unificar a análise da acumulação e as relações sociais *que sobre ela repousam*, o conceito de valor fica desprovido de sua razão de ser, deixando de ter, portanto, um lugar real na análise das relações sociais. Uma apreciação mais precisa da economia política de Ricardo e dos laços que esta mantém com a obra de Marx encontra-se nos escritos de Isaac Rubin e de Roman Rosdolsky, que põem em evidência, ambos, o papel decisivo do conceito de valor para o conjunto da análise de Marx.

PG

Bibliografia: Benetti, Carlo & Jean Cartelier, "Mesure invariable des valeurs et théorie ricardienne de la marchandise", 1977 • Dobb, Maurice, *Theories of Value and Distribution Since Adam Smith*, 1973 • Dastaler, Gilles, *Marx, la valeur et l'économie politique*, 1978 • Hilferding, R., *Böhm Bawerks Marx Kritik*, 1904; "Böhm-Bawerk's Criticism of Marx", in P. Sweezy (org.), *Karl Marx and the Close of his System* (1949) • Latouche, Serge, "Sur la coupure Ricardo-Marx", 1971 • Mahieu, François-Regis et al., *Marx et l'économie politique: essais sur les "Théories de la plus-value"*, 1977 • Petry, F., *Der soziale Gehalt der Marxschen Wertheorie*, 1916 • Ricardo, D., *The Principles of Political Economy and Taxation*, 1817 (1973) [*Princípios de economia politica e tributação*, 1974] • Rosdolsky, R., *Enstehungsgeschichte des Marxschen "Kapital"*, 1968; *The Making of Marx's "Capital"* (1977); *Génesis y estructura de "El Capital" de Marx* (1983) • Rubin, I.I., *A History of Economic Thought*, 1979 • Salama, Pierre, *Sur la valeur*, 1975 • Shaikh, A., *The Transformation from Marx to Sraffa*, 1980 • Sweezy, P., "Preface to Hilferding's 'Bohm-Bawerk's Cristicism of Marx'", in P. Sweezy (org.), *Karl Marx and the Close of his System*, 1949 • Tolipan, Ricardo, "A questão do método em economia política", 1984.

Roy, Manabendra Nath (Bengala, *ca.* 1890 – Dehra Dur, 25 de janeiro de 1954.) Um dos integrantes da primeira geração de comunistas indianos, Roy Manabendra Nath participou desde cedo do movimento revolucionário em sua província de Bengala, sendo preso pela primeira vez em 1910. Deixou a Índia em 1915 e travou conhecimento com o socialismo nos Estados Unidos. Depois da Revolução Russa de 1917, foi para União Soviética e, em 1920, foi enviado a Tashkent para organizar um centro de treinamento para revolucionários indianos. Destacou-se naquele ano no II Congresso da Internacional Comunista, que aprovou teses coloniais em parte redigidas por ele e modificadas por Lenin. Embora Lenin se impressionasse com o fato de ser a Ásia habitada principalmente por camponeses, Roy estava convencido de que, de qualquer modo, havia na Índia uma classe operária que crescia rapidamente, capaz de assumir a direção política do movimento de libertação nacional. Essa convicção resultava da ilusão proporcionada pela industrialização em massa que então se processava na Índia, a qual levou-o a acreditar que a burguesia indiana estava satisfeita com as oportunidades que então se abriam à sua frente. Nessas condições, os comunistas, a seu ver, não deviam ter qualquer ligação com o movimento nacional de classe média representado pelo Partido do Congresso, então chefiado por Gandhi. Lenin era pela colaboração independente com esse partido, mas a questão de fazerem-se ou não alianças entre os comunistas e as "burguesias nacionais" sempre permaneceu como um motivo de controvérsia nos países coloniais.

A criação de um partido comunista na Índia foi um processo lento e difícil, e Roy não tinha facilidade de manter contato com os acontecimentos que ali se desenrolavam, embora se mantivesse otimista. Seu livro publicado em 1922 desenvolvia a tese de que o governo britânico e a burguesia indiana se estavam aproximando porque o primeiro, alarmado com a insatisfação e a inquietação das massas, pretendia levar a melhor por meio de concessões. Apegando-se a essa teoria, Roy afastou-se um pouco do pensamento oficial do Comintern mas seu prestígio foi suficientemente grande para que fosse enviado à China, como delegado, durante a crise de 1927, quando a orientação soviética e do Comintern não conseguiu salvar o jovem partido comunista chinês do isolamento e da derrota. No ano seguinte, no VI Congresso, Roy reafirmou sua convicção de que a Índia se estava transformando num país industrial e de que a agricultura indiana encontrava-se na iminência de uma transformação fundamental. E deduzia desses pressupostos a probabilidade de maiores concessões políticas à burguesia, que levariam à descolonização, tanto no sentido político como econômico. No que dizia respeito à expansão industrial, contou com o apoio da maioria dos representantes britânicos, e travou-se um debate caloroso. Por fim, as conclusões de Roy, tanto políticas quanto econômicas, foram rejeitadas. Com isso, e com seu fracasso na China, seu prestígio decresceu, e ele foi expulso em julho de 1929. Em 1930, voltou à Índia, onde passou os anos de 1931 a 1936 na prisão.

Quando foi deflagrada a Segunda Guerra Mundial, Roy apoiou o governo britânico por motivos antifascistas; a partir de então, começou a se afastar do marxismo e a pender para uma espécie de liberalismo. Algumas de suas primeiras obras não perderam o interesse, embora, sendo em grande medida um autodidata, fosse um autor prolixo e pouco sistemático. Seu livro sobre o materialismo (1934) começa com os gregos e com as tendências materialistas na velha filosofia indiana e chega até os problemas da física do século XX, passando, aqui e ali, por críticas à teoria histórica marxista: "Marx foi longe demais" (1934, p.199, nota). Seu trabalho sobre a China contém uma tentativa de interpretação da história chinesa que só conserva interesse enquanto um estudo pioneiro em um campo que os marxistas chineses estavam apenas começando a explorar. (Ver também NACIONALISMO; REVOLUÇÃO.)

VGK

Bibliografia: Ghose, Sankar, *Socialism, Democracy and Nationalism in India*, 1973 • Gupta, Sobhanlal Datta, *Comintern, India and the Colonial Question: 1920-1937*, 1980 • Haithcox, John P., *Communism and Nationalism in India: M.N. Roy and Comintern Policy, 1920-1939*, 1971 • Roy, M.N., *India in Transition*, 1922 ◎ *Revolution and Counterrevolution in China*, década de 1930 (1946) ◎ *Materialism: an Outline of the History of Scientific Thought*, 1934 (1940).

S

salários Os salários são a forma monetária pela qual os trabalhadores são pagos pela venda de sua FORÇA DE TRABALHO. O nível dos salários corresponde ao preço da força de trabalho, que, como os preços das outras mercadorias, flutua em torno do VALOR da mercadoria força de trabalho, conforme as situações específicas de demanda e oferta, neste caso no mercado de trabalho. Ao contrário de outras mercadorias, porém, a força de trabalho não é produzida sob relações capitalistas de produção, e o seu valor não passa, desse modo, pela transformação em preço de produção enquanto preço em torno do qual, como acontece com as outras mercadorias, o preço de mercado flutua (ver PREÇO DE PRODUÇÃO E O PROBLEMA DA TRANSFORMAÇÃO). O valor da força de trabalho, nesse sentido, permanece não transformado.

A observação mais importante de Marx sobre a forma salário diz respeito à sua natureza enganosa. Como o salário de um dia só é pago depois de realizado o trabalho de todo um dia, parece que o salário corresponde ao pagamento dessa jornada de trabalho. Era assim que os economistas políticos clássicos concebiam o salário, e tal concepção não lhes permitia explicar como o capitalista conseguia obter um LUCRO do trabalho dos operários, a menos que os sub-remunerasse. Para eles, portanto, o lucro vinha da troca desigual no mercado de trabalho (ver MAIS-VALIA). Para Marx, porém, essa não era uma análise adequada do problema. O lucro era a forma de excedente característica do modo de produção capitalista e, como o excedente em qualquer outro modo de produção, era resultado da produção. A troca desigual não poderia produzir mas apenas possivelmente redistribuir o excedente. A maneira específica pela qual o excedente era extraído no modo de produção capitalista tinha de ser explicada com base na produção fundada no trabalho assalariado, forma específica assumida pelo trabalho no modo de produção capitalista, e não com base em uma troca desigual do trabalho pelo salário. A própria forma salário tinha de ser analisada, e era preciso mostrar que se tratava de uma forma ilusória, sob a qual se escondia o mecanismo da EXPLORAÇÃO, mecanismo esse que não podia, portanto, depender de variações quantitativas do montante de dinheiro que constituía o salário.

O caráter ilusório do salário deriva do fato de que a condição sob a qual ele é pago é o assentimento em realizar uma certa quantidade de trabalho, ao passo que o que realmente está sendo comprado e vendido é a força de trabalho do operário. Esta é paga pelo seu valor, e seu valor deve portanto ser inferior ao que o trabalhador pode criar em um dia de trabalho, pois, se assim não fosse, não haveria lucro. Dessa forma, embora aparentemente o operário seja pago por um dia de trabalho, na realidade ele está sendo pago pela sua força de trabalho, cujo valor é apenas igual ao valor do produto de parte do seu dia de trabalho. Portanto, o operário está sendo pago, na realidade, apenas por parte do dia de trabalho, a parte correspondente ao que Marx chamava de trabalho necessário. Durante o restante do tempo o trabalho do operário está criando um excedente do qual o capitalista se apropria. Essa parcela do dia corresponde, portanto, a trabalho excedente. Tal como outras aparências ilusórias da produção capitalista (ver FETICHISMO DA

MERCADORIA), a forma salário é também real. De fato acontece que os operários só recebem um dia de salário se derem um dia de trabalho, e o operário que parasse depois de ter dado as horas de trabalho necessário sob a alegação de que fora pago para fazer apenas aquilo teria seu salário proporcionalmente reduzido. A forma salário é ilusória no sentido de que oculta a exploração que se processa sob sua aparência e não no sentido de ser irreal: é uma aparência real e necessária do modo subjacente de extração de excedente sob o capitalismo.

Essa análise de Marx tem implicações para o modo pelo qual ele considera as formas particulares segundo as quais os salários podem ser pagos. As taxas de salário pagas por tempo – o preço de uma hora de trabalho, por exemplo – são determinadas pela duração da jornada de trabalho. Como O VALOR DA FORÇA DE TRABALHO – o montante de bens de primeira necessidade imprescindíveis para restaurar a força de trabalho do operário – é pago por todo um dia de trabalho, o preço de uma hora de trabalho corresponde exatamente a essa quantia dividida pelo número de horas trabalhadas. Assim, o preço de cada hora de trabalho é inversamente proporcional às horas trabalhadas, e os que são mal pagos são aqueles que devem trabalhar mais tempo. O pagamento de horas extras, ou mesmo de preços maiores pelas horas extras trabalhadas, não modifica o método básico de determinação do preço de cada hora trabalho. A própria hora extra pode tornar-se parte do dia de trabalho normal, e as taxas relativas de pagamento pelas horas básicas e pelas horas extras refletem isso, de modo que o trabalhador é forçado a fazer extraordinário para recuperar o valor de sua força de trabalho. As taxas de pagamento pelo trabalho ocasional podem ser determinadas da mesma maneira, embora isso não assegure, de modo algum, a reprodução da força de trabalho quando não existe a quantidade necessária de empregos. É interessante notar que Marx acreditava que essas detestáveis práticas destinadas a fazer baixar o preço da hora de trabalho, de horas extras obrigatórias e trabalho ocasional, desapareceriam com a limitação legal da jornada de trabalho. Ele parece não ter levado em conta a família e o Estado como formas alternativas pelas quais a força de trabalho dos trabalhadores poderia ser restaurada, deixando o capital livre para continuar com tais práticas de superexploração (ver, por exemplo, de Brunhoff, 1978).

Marx não considerava o pagamento por tarefa como fundamentalmente diferente do pagamento por hora. Embora aparentemente o operário seja pago pelo trabalho realizado, medido pela quantidade produzida, na realidade o pagamento por peça é determinado distribuindo-se o valor da força de trabalho pela quantidade de mercadorias que um operário pode produzir num dia de trabalho. Assim, um aumento geral de produtividade diminui, nesse caso, a taxa de pagamento, em lugar de aumentar a quantia com a qual o operário volta para casa. Isso deixa claro que o que o operário vende é sua força de trabalho e que o capitalista a utiliza da maneira mais lucrativa, de modo que os benefícios do aumento da produtividade, e a consequente extração de mais-valia relativa, favorecem o capital, do qual são considerados produto, e não o trabalhador.

Esse aspecto fundamental do processo de desenvolvimento capitalista – ou seja, que o aumento dos salários não pode acompanhar o aumento da produtividade do trabalho – torna-se mais evidente quando Marx analisa as diferenças nacionais entre os salários. Nesse contexto, ele argumenta que, embora o nível de salários possa ser maior em termos absolutos nos países capitalistas mais adiantados, o valor da força de trabalho será menor nesses países do que nas nações menos desenvolvidas. Isso porque o objetivo da acumulação capitalista é a extração cada vez maior de mais-valia e, em última instância, isso terá de tomar a forma de extração de mais-valia relativa por meio da redução do valor da força de trabalho. Assim, embora os salários subam tanto com o decorrer do tempo como em consequência do movimento das economias capitalistas menos adiantadas no sentido de se tornarem mais adiantadas, isso não se faz em proporção ao aumento relativo da produtividade, e os trabalhadores são cada vez mais explorados à medida que cai o valor de sua força de trabalho.

SH

Bibliografia: Benetti, Carlo & Jean Cartelier, *Marchands, salariat et capitalistes*, 1980 • Boyer, M.-Th., "Salarie réel, part relative des salaires et paupérisation", 1975 • de Brunhoff, S., *État et capital*, 1976; *The State, Capital and Economic Policy* (1978) • Geras, N., "Essence and appearance: aspects of fetichism in Marx's *Capital*", 1971 • Schmitt, Bernard, *Monnaie, salaires et profits*, 1966 (1975).

Sartre, Jean-Paul (Paris, 21 de junho de 1905 – Paris, 15 de abril de 1980.) Filósofo, romancista, dramaturgo, ensaísta e crítico literário, Sartre foi provavelmente o intelectual mais influente e conhecido dos tempos modernos do ponto de vista do impacto imediato de sua atuação sobre os acontecimentos. Defensor de muitas causas nobres, frequentemente entrou em choque com as autoridades e instituições do poder. Preocupado em não permitir sua própria institucionalização, rejeitou todas as honras oficiais, inclusive a participação na Academia Francesa, a Légion d'Honneur e até mesmo o Prêmio Nobel. Foi, durante muitos anos, "simpatizante" do Partido Comunista Francês, cuja política tentou influenciar e do qual discordou na questão da Hungria, em 1956 (ver *Le fantôme de Stalin*), em relação à Argélia, em 1963, e, finalmente, por ocasião do movimento de maio de 1968 na França, que levou ao rompimento definitivo de Sartre com o PCF. Depois de maio de 1968, apoiou os maoístas e outros pequenos grupos, defendendo perspectivas políticas anarquistas libertárias para o futuro. Ao morrer, Sartre era uma figura solitária numa época em que os "novos filósofos" estavam em moda na França, mas seu enterro foi acompanhado por dezenas de milhares de pessoas, e foram-lhe prestadas homenagens em todo o mundo, pelas causas que apoiou tão decididamente na época de sua ativa participação política.

Formado pela École Normale Supérieure, lecionou filosofia na década de 1930, apresentando em sua obra uma fusão original de literatura e filosofia cuja maior expressão encontra-se em *La nausée* (1938), aclamado pela crítica.

O poder da evocação literária sempre foi um dos traços mais relevantes de suas obras, não só das de ficção, como é o caso de seu ciclo de romances, a trilogia *Les chemins de la liberté* (1945-1949), de suas fascinantes peças de teatro (*Huis elos*, 1944; *Les mains sales*, 1948; *Le diable et le Bon Dieu*, 1951; *Les séquestrés d'Altona*, 1959), mas também de seus estudos biográficos (*Baudelaire*, 1947; *Saint Genet*, 1952; o autobiográfico *Les mots*, 1963; e *L'idiot de la famille: Gustave Flaubert de 1821 à 1857*, 1971), de seus numerosos ensaios críticos (reunidos nos dez volumes de *Situations* publicados entre 1947 e 1976) e até mesmo de suas obras filosóficas mais abstratas desde *La transcendence de l'Ego* (1937) até a *Critique de la raison dialectique* (1960).

Em suas obras filosóficas Sartre propôs uma versão acessível e politicamente ativista do existencialismo. Influenciado por Descartes, Kant, Hegel, Husserl e Heidegger, postulou uma "filosofia da liberdade", insistindo na *responsabilidade total* de todos para com "a totalidade da humanidade". Numa das suas primeiras obras, intitulada *Esquisse d'une théorie des émotions* (1939), apresentou uma concepção antifreudiana da consciência e da liberdade, desenvolvendo essa mesma posição no conceito de *mauvaise foi* (má-fé) em *L'être et le néant* (1943), uma obra maciça sobre "ontologia fenomenológica" em que mostrou "a solidão ontológica do ser para si", insistindo em que "o Outro é uma hipótese *a priori* sem nenhuma justificativa, exceto a unidade que ele permite operar em nossa experiência".

Em sua fase de aproximação com o marxismo, Sartre iniciou um projeto de "tornar a história inteligível" por meio de uma *Critique de la raison dialectique* (1960), que pretendia ser originalmente uma "crítica da razão histórica". Mas como ele conservou a solidão ontológica de *L'être et le néant* como a base de sua concepção da história e da antropologia, seu "projeto marxizante" (a expressão é de Sartre) acabou sendo a maior obra kantiana do século XX, limitada à investigação das "estruturas formais da história", em sua circularidade, prometendo, sem nunca realizá-la, a demonstração do "verdadeiro problema da História (...) de suas forças motoras e de sua direção não circular" num segundo volume.

A maior influência exercida por Sartre foi como moralista apaixonado. Nesse sentido, bem como em vários outros, sua obra lembra a de Voltaire, por ter afetado vigorosamente as preocupações morais e intelectuais de sua época.

IM

Bibliografia: Alberes, R.M., *Jean-Paul Sartre*, 1965 • Aron, Raymond, *Histoire et dialectique de la violence*, 1973; *Dialectics of Violence* (1975) • Beauvoir, Simone, *Pour une morale de l'ambiguité*, 1964 • Benda, Julien, *Trois idoles romantiques: le dynamisme, l'existencialisme, la dialectique matérialiste*, 1948 • Bornheim, Gerd A., *Sartre, metafísica e existencialismo*, 1971 • Coutinho, C.M., "Do existencialismo à dialética: a trajetória de Sartre", 1963 • Garaudy, Roger, *Perspectives de l'homme*, 1959 • Goldmann, Lucien, "Problèmes philosophiques et politiques dans le théâtre de Sartre", 1970 • Gorz, André, *Le socialisme difficile*, 1967 • Jameson, Frédéric, *Marxism and Form*, 1981 [*Marxismo et forma*, 1985] • Jeanson, Francis, *Le problème moral et la pensée de Sartre* 1947 (1965) ◎ *Sartre par lui-même*, 1965 • Laing, D.R. & D.G. Cooper, *Reason and Violence: a Decade of Sartre's Philosophy, 1950-1960*, 1964 • Lefort, Claude, "Le marxisme et Sartre", 1954 • Lukács, Georg, *Existencialisme ou marxisme*, 1948 [*Existencialismo ou marxismo*, 1979] • Manser, Anthony, *Sartre*, 1966 • Marcuse, Herbert, "Existencialism: Remarks on Jean-Paul Sartre's *L'être et le néant*", 1948; "Existentialismus: Bemerkungen zu Jean-Paul Sartres *L'être et le néant*" (1950) • Merleau-Ponty, Maurice, *Les aventures de la dialectique*, 1955 • Mészáros, István, *The Work of Sartre*, 1979 • Sartre, Jean-Paul, *L'imagination*, 1936 [*A imaginação*, 1978] ◎ *La transcendance de l'Ego*, 1937 ◎ *La nausée*, 1938 ◎ *Le mur*, 1939a ◎ *Esquisse d'une théorie des émotions*, 1939b ◎ *L'imaginaire*, 1940; *Lo imaginário* (1968) ◎ *L'être et le néant*, 1943a; *El ser y la nada* (1966) ◎ *Les mouches*, 1943b ◎ *Huis-clos*, 1944 ◎ *Les chemins de la liberté (L'âge de raison, Le sursis, La mort dans l'âme)*, 1945-1949 ◎ *L'existencialisme est un humanisme*, 1946a [*O existencialismo é um humanismo*, 1978] ◎ *Morts sans sépulture*, 1946b ◎ *La putain respectueuse*, 1946c ◎ *Réflexions sur la question juive*, 1946d; *The Portrait of the Anti-Semite* (1948) [*Reflexões sobre o racismo*, 1960] ◎ *Baudelaire*, 1947a ◎ *Situations* I, 1947b ◎ *Les jeux sont faits*, 1947c ◎ *Les mains sales*, 1948a ◎ *L'engrenage*, 1948b ◎ *Qu'est-ce que la littérature? (Situations II)*, 1948c; *Para que sirve la literatura* (1970) ◎ *Lendemains de guerre (Situations III)*, 1949 ◎ *Le diable et le Bon Dieu*, 1951 ◎ *Saint Genet, comédien et martyr*, 1952 ◎ "Les communistes et la paix", 1952-1954 ◎ *Kean*, 1954 ◎ *Nekrassov*, 1955 ◎ *Les séquestrés d'Altona*, 1959 ◎ *Critique de la raison dialectique*, 1960a; *Critique of Dialectical Reason* (1976); *Critica de la razón dialética* (1963) ◎ "Question de méthode", 1960b; *The Problem of Method* (1963) [*Questão de método*, 1965 e 1978] ◎ *Sartre visita a Cuba*, 1960c ◎ *Literary and Philosophical Essays*, 1962 ◎ *Les mots*, 1963 ◎ *Littérature et peinture*, 1964a *(Situations IV)* ◎ *Colonialisme et anticolonialisme (Situations V)*, 1964b [*Colonialismo e anticolonialismo*, 1966] ◎ *Problèmes du marxisme (Situations VI)*, 1964c ◎ *Les troyennes*, 1965a ◎ *Problèmes du marxisme* II *(Situations VII)*, 1965b [*O fantasma de Stalin*, 1967] ◎ *Les communistes ont peur de la révolution*, 1968 ◎ *Les écrits de Sartre (textes retrouvés)*, 1970 ◎ *L'idiot de la famille* (3 vols.), 1971-1972 ◎ *Autour de 68 (Situations VIII)*, 1972a ◎ *Mélanges (Situations IX)*, 1972b ◎ *Between Existencialism and Marxism*, 1972 ◎ *Un théatre de situations*, 1973; *Sartre on Theater* (1977) ◎ *Politique et autobiographie (Situations X)*, 1976 ◎ *Les carnets de la drôle de guerre*, 1983 [*Diário de uma guerra estranha*, 1983] • Sartre, J.-P., David Rousset & Gérard Rosenthal, *Entretiens sur la politique*, 1949 • Sartre, J.-P., Philippe gavi & Pierre Victor, *On a raison de se révolter*, 1974 • *Sartre*, núm. esp. da revista *Obliques*, 1979 • *Sartre/Barthes*, núm. esp. da *Revue A' Esthétique*, 1981 • Simon, Pierre-Henri 1959, *Théâtre et destin* • Wahl, Jean, *Les philosophies de l'existence*, 1954.

servidão Marx e Engels tinham plena consciência de que a coerção, seja pelo senhor de terras, seja pelo Estado, era a condição necessária da servidão, qualquer que fosse a forma de legitimidade jurídica que essa coerção assumisse. Estavam, contudo, interessados principalmente na transferência do trabalho excedente do produtor direto que a servidão assegura. Para Marx e Engels, a essência das sociedades em que a servidão foi predominante está no fato de que a produção dos bens necessários à subsistência da grande maioria (os camponeses) era realizada pelo trabalho familiar, cuja divisão era determinada pela idade e pelo sexo. Os camponeses tinham a posse efetiva de seus pequenos recursos agrários, mas não eram proprietários. Os donos da terra normalmente obtinham a sua renda obrigando os camponeses a transferirem seu trabalho excedente para as terras senhoriais. A forma de apropriação era clara e visível – dois ou três dentre os seis ou sete dias de trabalho por semana eram destinados às terras do proprietário, e os demais, às terras do camponês, sistema que difere significativamente da mais-valia disfarçada obtida, pelo empresário capitalista, do trabalhador assalariado, nas sociedades capitalistas.

A transformação da renda em trabalho em renda em espécie ou em renda em dinheiro gerada na própria gleba do camponês não modificou essencialmente a relação. Marx acrescenta que, devido à força do hábito, o trabalho servil (ou a renda em dinheiro ou em espécie) tendia a se tornar fixa, ao passo que o trabalho familiar na gleba podia variar de intensidade e de produtividade, permitindo às famílias camponesas criar seu próprio excedente e adquirir propriedade.

Alguns historiadores marxistas foram tentados a equiparar a servidão com a renda em trabalho, e mais, a equiparar essa forma de extração do excedente com o feudalismo. Trata-se de uma simplificação, baseada, sem dúvida, no desenvolvimento dado por Marx à teoria do valor-trabalho no contexto da emergência histórica do capitalismo a partir da economia feudal europeia. Na verdade, a servidão, no sentido de coerção não econômica usada por proprietários de terras (ou por Estados) para apropriar-se do excedente camponês, foi comum ao longo de toda a história. Pode ser identificada, de tempos em tempos, na China antiga, na Índia, no Egito faraônico, na Antiguidade Clássica e na Europa Oriental dos tempos modernos, bem como no feudalismo da Europa Ocidental e do Japão medievais.

Não obstante, a servidão na sociedade feudal europeia está bem-documentada e pode ser tomada como razoavelmente típica das sociedades cujas classes dominantes obtinham sua renda do excedente da produção rural. Essa época bem-documentada apresenta também problemas e complexidades típicos, devido ao fato de que, embora os camponeses servos constituíssem, em certos períodos, um núcleo importante da população camponesa, estiveram habitualmente em minoria. A maior parte dos camponeses, em consequência de variadas circunstâncias históricas, gozava de uma condição legal de liberdade, mesmo quando sujeita a pesadas exigências de arrendamentos, tributos e outros pagamentos aos senhores jurisdicionais e ao Estado. Isso sugere uma servidão *de facto* e uma servidão *de jure*, e, na verdade, de acordo com as circunstâncias, uma podia transformar-se na outra.

Os principais elementos constituintes da servidão *de jure* eram os seguintes: a família servil não tinha direitos juridicamente reconhecidos contra o senhor, estava sujeita à jurisdição do senhor em todas as questões relacionadas com a vida cotidiana e econômica. Os senhores também tinham, com frequência, jurisdição policial, limitada em diferentes graus pela jurisdição dos tribunais públicos. Os servos não tinham liberdade de movimento: estavam presos à sua gleba (*ascripticius glebae*) e dependiam do controle que os senhores feudais exerciam sobre os casamentos e as heranças dos servos. Uma das formas desse último era um imposto mortuário mais ou menos pesado, que punha em evidência o direito legal do senhor sobre todos os bens móveis do servo. Houve tentativas de controlar a venda de gado, embora o controle do mercado devesse ser mínimo se os senhores quisessem que os servos buscassem no mercado o dinheiro para pagar as rendas que lhes deviam. Se os senhores cultivavam suas terras, restrições suplementares à liberdade de movimento eram criadas pelo trabalho forçado e pela prestação de serviços.

Os camponeses livres muitas vezes viviam em condições semelhantes, conforme fosse maior ou menor o poder local do senhor. Naturalmente isso se aplicava mais aos camponeses médios e pobres do que aos camponeses livres ricos. Os camponeses livres não escapavam à jurisdição senhorial e podiam estar tão sujeitos quanto os servos aos monopólios do senhor (do moinho, do forno ou das prensas de lagar). Sua liberdade de movimento, porém, era maior, sendo econômicas as suas principais limitações. Tinham maiores possibilidades de contar com baixos arrendamentos fixos para suas glebas hereditárias, embora pudessem ter de pagar um elevado preço de mercado por qualquer terra adicional.

As flutuações entre liberdade e servidão eram determinadas por vários fatores. Se os senhores desejavam o trabalho forçado em suas terras, agiam no sentido de reduzir à servidão os seus camponeses livres. Isso parece ter acontecido no século XIII na Inglaterra e na Europa Central e Oriental a partir do século XVI. Fatores como o desejo de aumentar a produção de cereais para o mercado eram a razão dessas decisões. Por outro lado, se os senhores queriam atrair camponeses para trabalhar terras novas, ofereciam como isca boas condições de arrendamento. Grande parte da Alemanha Oriental e das terras eslavas ocidentais foram cenário da ascensão de comunidades camponesas livres por essa razão, na Idade Média central, embora mais tarde tenham mergulhado na servidão. Foi igualmente a necessidade que os senhores feudais tinham de dinheiro, como aconteceu, por exemplo, na França dos séculos XII e XIII, que tornou possível aos camponeses servos comprarem sua liberdade e até mesmo permitiu que comunidades de camponeses semilivres comprassem certos direitos de governo autônomo. Em muitas regiões, comunidades camponesas tanto servis como livres desenvolveram uma resistência coletiva contra os senhores feudais que lhes permitiu manter os arrendamentos a um nível baixo e fixo.

Por mais opressiva que a servidão *de jure* pudesse ser, sua existência demonstra que os senhores tinham de usar meios não econômicos para garantir rendas. As comunidades camponesas, servis ou não, não se submetiam passivamente à dominação, como mostra a história das revoltas camponesas, estudadas por Engels em *As guerras camponesas na Alemanha*.

RHH

Bibliografia: ver as sugestões bibliográficas do verbete SOCIEDADE FEUDAL, às quais se pode acrescentar: Bloch, Marc, *Slavery and Serfdom in the Middle Ages*, 1975 • Hilton, R.H., *The Decline of Serfdom in Medieval England*, 1969 (1982) • de Sainte-Croix, G., *The Class Struggle in the Ancient Greek World*, 1981 • Smith, R.E.F., *The Enserfment of the Russian Peasantry*, 1968 • Société Jean Bodin, *Le servage*, 1959.

sindicatos e sindicalismo Associações de trabalhadores da mesma ocupação ou do mesmo ramo de indústria têm uma história considerável, mas o sindicalismo como movimento generalizado é um produto do crescimento do trabalho assalariado capitalista. Os primeiros sindicatos eram considerados organizações subversivas, e a repressão ao movimento sindical por parte do Estado era frequente (os sindicatos na França foram considerados ilegais até 1884, na Alemanha até 1890). A situação de ilegalidade associou-se, muitas vezes, a formas turbulentas de protesto social.

Marx e Engels analisaram os sindicatos em detalhes, num período em que sofriam forte influência do radicalismo das primeiras lutas trabalhistas britânicas. Engels dedicou um capítulo de *A condição da classe trabalhadora na Inglaterra* aos "movimentos dos trabalhadores" (focalizando principalmente os trabalhadores das fábricas de algodão de Lancashire), e também analisou o sindicalismo entre os mineiros do carvão. Marx concluiu a *Miséria da filosofia* com uma avaliação entusiasta das lutas sindicais inglesas, e essa visão das associações localizadas que criavam "uma união crescente dos trabalhadores" foi reiterada no *Manifesto comunista*. Esses primeiros escritos desenvolveram três argumentos principais. Primeiro, os sindicatos eram um produto natural da indústria capitalista; os trabalhadores eram obrigados a se unirem em defesa contra as reduções salariais e as máquinas que dispensavam o trabalho humano. Segundo, os sindicatos não eram (como pretendiam Proudhon e, mais tarde, Lassalle) economicamente pouco eficientes: podiam evitar que os empregadores reduzissem o preço da força de trabalho abaixo de seu valor. Mas não podiam provocar aumentos de salários acima desse nível, e mesmo seu poder defensivo era corroído pela concentração do capital e das repetidas crises econômicas, como demonstrou Marx em *Trabalho assalariado e capital*. E, portanto, terceiro, a eficácia limitada da ação econômica defensiva forçava os trabalhadores a irem se organizando progressivamente em bases cada vez mais abrangentes, ao nível de toda a classe, a levantarem reivindicações políticas e, em última análise, a se engajarem na luta de classes revolucionária. (Os exemplos ingleses citados eram a campanha pelas dez horas de trabalho, dos operários do algodão, o movimento cartista e a Associação Nacional dos Sindicatos de 1845.) Acima de tudo, a experiência sindical ampliava a autoconfiança dos trabalhadores e a sua consciência de classe: como "escolas de guerra, os sindicatos não têm competidores", diz Engels em *A condição da classe trabalhadora na Inglaterra*.

Mas os ambiciosos movimentos na Grã-Bretanha em pouco tempo entraram em colapso. A correspondência entre Marx e Engels revela sua desilusão: os sindicatos haviam caído sob o controle de uma ARISTOCRACIA OPERÁRIA, seus líderes eram corrompidos pelos políticos burgueses e toda a classe operária havia sido comprada pelos frutos da exploração colonial. Não obstante, na década de 1860, Marx cooperou com os líderes dos principais sindicatos britânicos na Primeira Internacional, e via a participação deles como vital para o sucesso da organização. Em *Salário, preço e lucro* (1865) e em seu esboço de resolução para o Congresso de Genebra realizado no ano seguinte, Marx insistiu com os líderes sindicais britânicos para que expandissem os seus objetivos, e, embora qualquer esperança nesse sentido tivesse logo sido frustrada, Marx e Engels, anos depois, ainda sustentavam que o sindicato era "a verdadeira organização de classe do proletariado", criticando o programa de Gotha por omitir qualquer análise da questão (Carta de Engels a Bebel, 18-28 de março de 1875).

Há uma tensão importante na experiência e nos escritos de Marx e Engels, a partir da década de 1850, entre a concepção de que os sindicatos eram instituições que se haviam tornado legítimas e complacentes e a perspectiva de que dispunham de um potencial e de uma prática mais radicais. Surpreendentemente, essa tensão não foi nunca enfrentada de maneira sistemática ou teórica; em *O Capital* há apenas referências de passagem aos sindicatos, embora as lutas políticas pela limitação do dia de trabalho sejam discutidas com alguma minúcia.

Posteriormente, quatro perspectivas amplas podem ser distinguidas no sindicalismo. O sindicalismo "puro e simples", associado particularmente à American Federation of Labor (Federação Americana do Trabalho), mas característico da maior parte dos sindicatos britânicos, aceita tácita ou explicitamente as relações capitalistas de produção como o quadro para os objetivos e os métodos sindicais. O mesmo ocorria com os sindicatos católicos, constituídos na Europa a partir da década de 1890. O sindicalismo anarcossindicalista tinha aspirações revolucionárias e via os sindicatos militantes e conscientes de classe como a base necessária e suficiente para a derrubada do capitalismo (ver adiante). A posição dominante, e na prática cada vez mais reformista, da Segunda Internacional era a de que os sindicatos e o partido social-democrata tinham esferas de competência complementares, mas distintas. Embora os sindicatos nacionais em grande parte da Europa houvessem nascido sob a tutela social-democrata, depois da passagem do século eles firmaram sua autonomia. Havia, finalmente, o ponto de vista marxista revolucionário. Rosa Luxemburg, por exemplo, encarava a ação sindical como um "trabalho de Sísifo": frequentemente dominados pelos funcionários burocratas, os sindicatos passaram a preocupar-se com questões menores de emprego. A ideia que tinha Lenin da "consciência sindical" identificava tendências semelhantes. Ambos insistiram na necessidade de lutar por uma estratégia revolucionária nos sindicatos e combater a demarcação rígida entre economia e política (lutas econômicas e lutas políticas), atribuindo ao partido social-democrata a missão de dirigir essa intervenção (ver GREVES).

Durante a guerra de 1914-1918 o aparecimento, por toda a Europa, de CONSELHOS alicerçados nas organizações de base das fábricas ofereceu um novo elemento para a dialética partido-sindicato. Marxistas como Gramsci ressaltaram o caráter burocrático e conservador da organização sindical, "divorciada das massas", a ela contrapondo a autenticidade e o potencial revolucionário dos conselhos de fábricas. Essa experiência viria a ampliar as perspectivas do anarcossindicalismo, mas também inspirou os marxistas não bolcheviques com o modelo do "comunismo de conselhos" (ver PANNEKOEK). A revolução russa, porém, exerceu a influência dominante nas atitudes marxistas para com os sindicatos nas décadas subsequentes. Dentro da própria Rússia, a controvérsia sobre o papel dos sindicatos num Estado dos trabalhadores culminou no "Debate Sindical" de 1920-1921. A Oposição dos Trabalhadores pressionou os sindicatos para que assumissem a direção da economia, enquanto Trotski defendia a necessidade de que os sindicatos se transformassem em agências do Estado. A posição de Lenin era a de que os sindicatos deveriam permanecer formalmente independentes do Estado, mas funcionar como uma "escola de comunismo", dentro da qual os quadros partidários buscariam exercer a liderança decisiva. A lógica de sua definição dos sindicatos como "correias de transmissão do Partido Comunista para as massas" foi rigorosamente aplicada por Stalin. Depois de sua vitória interna no partido, e com a instituição do primeiro plano quinquenal, a liderança sindical foi expurgada e os sindicatos transformados em agências do esforço de produção. O congresso dos sindicatos, que apoiou essas modificações em 1932, só voltou a reunir-se em 1949. Já então o modelo stalinista de sindicalismo havia sido adotado em toda a Europa Oriental.

Para os partidos comunistas do Ocidente, a intervenção nas lutas sindicais foi definida como uma área chave de ação. Para atuar como uma liderança central, uma Internacional Vermelha de Sindicatos foi organizada em 1921 por iniciativa do Comintern. A organização em nível de fábrica continuou, como uma força contrabalançadora da "burocracia sindical reacionária". A formação clandestina de células do partido dentro dos sindicatos e nos locais de trabalho foi um elemento necessário dessa estratégia. A hostilidade para com a liderança sindical existente foi intensificada durante o período que ficou conhecido como "classe contra classe", com a formação de "oposições sindicais revolucionárias" e de alguns sindicatos independentes, bem como com o estímulo aos comitês de fábrica, inclusive não sindicalistas. Mas, com a adoção das políticas da "frente popular", as perspectivas sindicais modificaram-se radicalmente; uma indicação disso foi o fato de que a Internacional Sindical (que não realizava um congresso desde 1930) foi formalmente dissolvida em 1937. A unidade internacional foi rapidamente conseguida com a formação da Federação Mundial dos Sindicatos em 1945, mas em 1949 a maioria dos sindicatos ocidentais separou-se dela para formar a Confederação Internacional dos Sindicatos Livres (as principais exceções foram os sindicatos comunistas da França e Itália).

As divisões da época da guerra fria tornaram-se recentemente menos marcadas, em consequência de diferenciações dentro da confederação nacional dos sindicatos livres, do movimento no sentido de tornar menos confessional a orientação do Conselho Mundial do Trabalho, originalmente católico, e do impacto do EUROCOMUNISMO na Federação Mundial de Sindicatos. Enquanto isso, a teoria marxista pouco avançou. Os comunistas oficiais apegam-se, em grande parte, à concepção da "correia de transmissão"; outros marxistas têm mostrado tendência a desconhecer a classe operária organizada no Ocidente industrializado como revolucionária ou a reiterar estratégias anteriores de ação.

Sindicalismo revolucionário. Expressão de origem francesa (syndicalisme révolutionnaire) que indicava, habitualmente, as teorias de Fernand Pelloutier (1867-1901), secretário da Fédération des Bourses du Travail, e os princípios da Confédération Générale du Travail (CGT) depois de sua fusão com a Fédération em 1902. A doutrina do sindicalismo revolucionário nunca foi muito explícita ou precisa: a ênfase recaía sobre a ação e não sobre a teoria. Seus principais temas eram a iniciativa das bases, a importância da militância (que incluía a sabotagem) e a derrubada do capitalismo e do Estado pela organização e a luta puramente industriais. A espontaneidade e a violência (que envolviam as ações de uma minoria militante), juntamente com o "mito" da Greve Geral revolucionária, foram propagados por Sorel, embora a ligação deste com a prática sindical não fosse estreita, nem duradoura: seus escritos influenciaram particularmente a esquerda italiana, parte da qual – notadamente o grupo de Mussolini – acabou no fascismo (ver SOREL).

Antes de 1914, o sindicalismo revolucionário era a posição oficial de importantes setores do movimento sindical, principalmente nos países de tradição anarquista, de substancial base artesanal e pouca experiência na negociação coletiva institucionalizada. Além da CGT na França, exemplos notáveis de organizações orientadas pelo sindicalismo revolucionário foram a Confederación Nacional del Trabajo da Espanha e a Unione Sindicale Italiana. Na Inglaterra foi criada, em 1910, a Industrial Syndicalist Education League por ativistas como Mann, que rejeitavam a negociação coletiva centralizada e proclamavam as máximas da solidariedade e da ação direta. Nos Estados Unidos da América, a palavra *syndicalism* raramente é usada, mas a Industrial Workers of the World - IWW (Trabalhadores Industriais do Mundo) - apresentava paralelos significativos com o sindicalismo revolucionário na Europa.

Em grande parte do Norte da Europa, o significado predominante dessa vertente do sindicalismo foi a rejeição da necessidade de um partido socialista: os partidos eram burocráticos, corrompidos pelo parlamentarismo, inclinados a concessões ao Estado burguês. Desse modo, para destruir o capitalismo a classe operária devia concentrar-se no campo de batalha industrial. A esses argumentos aliava-se, com frequência, a rejeição do socialismo de Estado centralizado como objetivo do movimento operário. Uma posição intermediária entre esses sindicalistas e a social-democracia ortodoxa foi adotada por De Leonite (expulso da IWW em 1908) e seus seguidores britânicos, notadamente Connolly, que defendiam a primazia da luta industrial, mas resguardavam um certo papel para o partido revolucionário.

A primeira grande crise do sindicalismo revolucionário veio com a deflagração da Primeira Guerra Mundial, quando muitos de seus partidários abandonaram o antipatriotismo antes fervoroso. Os que mantiveram uma posição contrária à guerra constituíram-se em líderes das lutas industriais durante o conflito mundial, desempenhando um papel importante nos movimentos dos conselhos de trabalhadores em favor das reivindicações de controle da produção pelos trabalhadores (ver CONSELHOS).

A revolução na Rússia provocou outra crise. Já em 1907, Lenin havia atacado o sindicalismo, estabelecendo um paralelo entre este e o "economicismo", que anteriormente já havia denunciado. O BOLCHEVISMO e essa modalidade antipartidária de sindicalismo eram evidentemente incompatíveis, e muitos sindicalistas atuantes antes e durante a guerra demonstraram sua fidelidade à revolução bolchevique abandonando suas doutrinas contrárias ao partido da classe operária. Alguns dos objetivos específicos dos movimentos anteriores – organização no local de trabalho, sindicalismo na indústria, ação direta – foram transferidos para os novos partidos comunistas. Mas as teorias subjacentes, do socialismo construído a partir das bases e da gestão pelos trabalhadores, expressas na própria Rússia pela Oposição dos Trabalhadores, foram sistematicamente erradicadas.

Os sindicalistas que se mantiveram distantes ou romperam com a posição do Comintern tenderam a rejeitar o modelo moscovita de Estado dos trabalhadores bem como a concepção leninista de partido. Os anarcossindicalistas passaram a ser, cada vez mais, a facção dominante dentro do que restou das organizações sindicalistas revolucionárias, que se associaram em uma Internacional Sindicalista em 1922. Mas, com as sistemáticas derrotas da classe operária na década de 1920, o sindicalismo (pelo menos fora da Espanha e da América Latina) perdeu importância como rival sério das ortodoxias socialistas, comunistas e trabalhistas. É possível ver uma certa continuidade com as ideias do sindicalismo revolucionário na recente propaganda em favor do controle das empresas pelos trabalhadores e nos grupos de esquerda de orientação para as bases.

RH

Bibliografia: Brown, G., *Sabotage*, 1977 • Cole, G.D.H., *The World of Labour*, 1913 • Collins, H. & C. Abramski, *Karl Marx and the British Labour Movement*, 1965 • Couffignal, Georges, *Les syndicats italiens et la politique*, 1979 • Dangeville, Roger (org.), *Karl Marx, Friedrich Engels et le syndicalism*, 1964 • Deutscher, I., *Soviet Trade Unions*, 1950 • Dubofsky, M., *We Shall Be All: A History of the IWW*, 1969 • Foster, W.Z., *Outline of the World Trade Union Movement*, 1956 • Gramsci, A., *Selections from Political Writings, 1910-1920*, 1977 ⊚ "Syndicats et conseils, syndicalisme", in A. Gramsci, *Écrits politiques*, 1974 • Hammond, T.T., *Lenin on Trade Union and Revolution*, 1957 • Holton, B., *British Syndicalism 1900-1914*, 1976 • Hyman, R., *Marxism and the Sociology of Trade Unionism*, 1971 ⊚ "Theory in Industrial Relations: Towards a Materialist Analysis", in P. Boreham & G. Dow (org.), *Work and Inequality*, vol.2, 1980 •

Lenin, V.I., *On Trade Unions*, 1970 [*Sobre os sindicatos*, 1962] • Lewis, A.D., *Syndicalism and the General Strike*, 1912 • Lozovsky, A., *Marx and the Trade Unions*, 1935 • Luxemburg, Rosa, *Rosa Luxemburg Speaks*, 1970 • Martinet, Giles, *Sept syndicalismes*, 1979 • Payne, S.G., *The Spanish Revolution*, 1970 • Ridley, F.F., *Revolutionary Syndicalism in France*, 1970 • Roberts, D.D., *The Syndicalist Tradition and Italian Fascism*, 1979 • Smart, D.A., *Pannekoek and Gorter's Marxism*, 1978 • *Travailler, produire... et le syndicalisme alors?*, n.28 de *Dialectiques* 1978 • Williams, G.A., *Proletarian Order*, 1975.

social-democracia É uma expressão que adquiriu vários significados nos últimos 150 anos. Em seus primeiros escritos, Marx e Engels consideraram a social-democracia como "um segmento do Partido Democrata ou Republicano mais ou menos impregnado de socialismo" (nota de Engels à edição inglesa de 1888 *do Manifesto comunista*, parte IV) e também se referiram, no mesmo sentido, a "socialistas democráticos". Na terceira parte de *O Dezoito Brumário de Luís Bonaparte*, Marx escreveu como, em oposição à coalizão da burguesia na França depois da revolução de 1848, "formou-se uma coalizão entre a pequena burguesia e os trabalhadores, o chamado partido *social-democrata*". Na última década do século XIX, porém, foram criados partidos marxistas da classe operária – notadamente na Alemanha e na Áustria – que se intitularam partidos social-democratas, e Engels, embora fizesse algumas objeções, disse que "a denominação será aceita", na nota introdutória à publicação de seus ensaios do *Volkstaat* em 1894. O motivo para a escolha desse nome era, em parte, sem qualquer dúvida, o desejo de afirmar uma continuidade com as revoluções de 1848, mas sobretudo a intenção de expressar a ideia de que esses partidos, empenhados em acerbas lutas pela democracia política (pelo sufrágio universal e por assembleias eleitas que tivessem poder real em vez de serem simples órgãos consultivos), tinham como meta final a extensão da democracia à vida social como um todo e, em particular, à organização da produção. Nesse sentido, a social-democracia se contrapunha à dominação de classe e visava à emancipação social definitiva da classe operária (que Marx, em seus primeiros escritos, chamou de "emancipação humana").

Mas, quando os partidos social-democratas se transformaram, principalmente na Alemanha e na Áustria, em partidos de massas, enfrentaram vários problemas (Przeworski, 1980). Primeiro tiveram de decidir se deveriam concentrar sua luta pelo socialismo principalmente, ou mesmo exclusivamente, nas instituições políticas existentes – isto é, se deveriam empenhar-se apenas na conquista de uma maioria nas assembleias nacional, regionais e municipais – ou se travariam, ao mesmo tempo (e até que ponto), batalhas "extraparlamentares". Essa questão foi amplamente discutida nas controvérsias sobre "a greve política de massas", durante a primeira década do século XX, em que tomaram parte Kautsky, Hilferding, Rosa Luxemburg e outros (ver GREVES), e sobre o papel da violência na luta da classe operária. Essa última questão tornou-se mais séria depois da tomada do poder pelos bolcheviques em 1917, e particularmente no período da ascensão do FASCISMO. A maior parte dos líderes social-democratas, porém, aceitou a concepção apresentada por Otto Bauer no Congresso de Linz (1926) do partido austríaco (SPÖ). Esta concepção se resumia na fórmula" violência defensiva", que previa um recurso à greve de massa e à insurreição armada apenas como medida extrema, em resposta à violência burguesa. O fato de que os partidos social-democratas concentraram seus esforços na representação eleitoral – e foram estimulados a isso por Engels em cartas da década de 1890 a Bebel, a Kautsky, a Victor Adler e a outros – suscitou uma outra questão, que viria a ser formulada de maneira bastante contundente por Michels (1911). Segundo Michels, quando os partidos social-democratas se desenvolveram como partidos de massas legalizados, produziu-se uma divisão radical entre os seus membros ou adeptos, de um lado, e os seus líderes e funcionários de outro. Paralelamente a esse processo de divisão, verificou-se um progressivo aburguesamento desses dirigentes, tendência essa que deu origem, necessariamente, a políticas reformistas (ver REFORMISMO).

Há dois outros aspectos da política social-democrata que, segundo seus críticos, igualmente estimularam as tendências reformistas. Um deles foi a necessidade que se impôs à social-democracia de, para conseguir maioria política em um sistema democrático, valer-se do apoio de outros grupos sociais além da classe operária (e também, ocasionalmente, de participar de coalizões com outros partidos). Essa necessidade teria se tornado mais premente, de acordo com algumas interpretações, com o crescimento numérico da CLASSE MÉDIA. Isso poderia exigir concessões quanto aos objetivos finais do movimento socialista. Um segundo aspecto importante é que os partidos social-democratas dedicaram grande parte de seu esforço à realização de reformas parciais dentro do capitalismo, e, embora essa política não seja de modo algum incompatível com o objetivo a longo prazo de uma completa transformação do capitalismo e de uma transição para o socialismo – conforme Kautsky, os autromarxistas e outros argumentaram de forma tão coerente –, a ênfase constante em reformas imediatas da política cotidiana e em campanhas eleitorais bem pode acabar por obscurecer esse objetivo. Não obstante, até 1914 os partidos social-democratas continuaram a apresentar-se e a ser considerados, de um modo geral, como partidos revolucionários. Mas o apoio que a maioria de seus líderes deu aos seus respectivos governos nacionais por ocasião da Primeira Guerra Mundial e a vitória dos bolcheviques na Rússia fizeram com que passassem a ser denunciados como reformistas no sentido forte da expressão, isto é, de não serem partidos socialistas, por Lenin, pelos partidos comunistas leninistas e pela Internacional Comunista (ver INTERNACIONAIS). Essa denúncia chegou ao auge durante o período da ascensão do fascismo na Alemanha, quando os social-democratas passaram a ser descritos como "social-fascistas", ou nas palavras de Stalin, como "a ala moderada do fascismo".

A partir de 1945, o significado da expressão social-democracia voltou a modificar-se sob certos aspectos. Alguns partidos que eram inicialmente marxistas e afirmavam seus objetivos revolucionários renunciaram explicitamente a tais objetivos e se transformaram, de partidos da classe operária que eram, em "partidos populares" – notadamente o partido alemão (SPD) em sua conferência de Bad Godesberg em 1959 – ao mesmo tempo em que adotavam linhas políticas que, no essencial, visam apenas a um "capitalismo reformado" e a uma "economia mista". Na Grã-Bretanha foi criado recentemente um novo partido, o Partido Social-Democrata, como partido de "centro", especificamente não socialista. Por outro lado, os partidos comunistas da Europa Ocidental vêm se inclinando para uma reconciliação com a democracia social em seu sentido mais antigo, dando ênfase à importância da democracia e das instituições representativas, tais como já existem na Europa Ocidental (ver Carrillo, 1977), abandonando o uso da expressão "ditadura do proletariado" e criticando, com diferentes intensidades, a concepção leninista de um partido centralizado de vanguarda que tomará o poder e governará como o único representante da classe operária (ver EUROCOMUNISMO).

Dois aspectos da social-democracia em seu sentido de fins do século XIX merecem particular atenção. Um deles é o fato de que, em todos os países capitalistas, os partidos social-democratas foram a principal – e, em termos da realização de reformas substanciais, a mais bem-sucedida – forma de organização política da classe operária, ao passo que os partidos comunistas e outros grupos que pretendiam ser ainda mais inflexivelmente revolucionários em seus objetivos jamais conseguiram conquistar o apoio político de mais do que uma minoria da classe operária (embora tenham ocasionalmente exercido influência nos sindicatos). Em muitos casos, essa minoria foi tão pequena que tais partidos se tornaram pouco mais do que seitas políticas. A tendência da evolução das sociedades capitalistas de fins do século XX é intensificar ainda mais essa preeminência da política social-democrata, e qualquer novo movimento no sentido do socialismo que possa ocorrer – o que atualmente parece menos assegurado do que podia parecer na época de Marx e Engels – provavelmente se fará por meio de vitórias eleitorais e de uma acumulação gradativa de reformas – pelo menos enquanto o capitalismo evitar as crises econômicas ou guerras catastróficas.

O segundo aspecto importante da social-democracia é a ênfase coerente de sua doutrina no valor da democracia como sistema político. O próprio Engels, em seus últimos anos de vida, apoiou, de um modo geral, essa ênfase, tanto em suas cartas a líderes social-democratas, como, notadamente, nos comentários críticos ao programa de Erfurt do SPD (que teceu em carta a Kautsky de 29 de junho de 1891), em que disse: "Se uma coisa é certa é que nosso partido e a classe operária só podem chegar ao poder sob a forma da república democrática. Esta é inclusive a forma específica para a ditadura do proletariado." Em seu comentário sobre o nome "social-democracia" antes mencionado (nota introdutória aos artigos do *Volkstaat*, 1894), porém, ainda pretendia que o objetivo político final do comunismo era a superação do Estado enquanto tal e, portanto, também da democracia como uma forma do Estado. Há, sem dúvida, uma certa ambiguidade nos vários pronunciamentos de Engels, mas no que diz respeito aos marxistas da Segunda Internacional, havia um compromisso claro, e com frequência reiterado, com a democracia, não só como o processo pelo qual a classe operária chegaria ao poder, mas também como a substância da sociedade socialista. Isso ficava de diversos modos evidente na perspectiva geral e nos escritos específicos de marxistas tão distintos quanto Rosa Luxemburg, Kautsky e os austromarxistas. Estes últimos talvez tenham escolhido com mais firmeza do que qualquer outro grupo o caminho eleitoral para o socialismo e se recusassem a tomar o poder sem o apoio, claramente expresso, da maioria dos eleitores. E um deles, Hilferding, ao enfrentar a ameaça fascista na Alemanha, fixou como seu objetivo principal a defesa da democracia de Weimar em um momento em que Thälmann e outros líderes do partido comunista declaravam que não havia diferenças essenciais entre a democracia burguesa e a ditadura fascista.

Desde 1917 o movimento da classe operária e o pensamento marxista dividiram-se entre a social-democracia e o comunismo (isto é, leninismo, bolchevismo), divisão essa que é considerada pelos social-democratas como uma divisão entre o socialismo democrático e o socialismo autoritário ou totalitário. Nos últimos anos, porém, a diferença de perspectiva foi um tanto atenuada pelo desenvolvimento do movimento eurocomunista, embora ainda não se possa saber até que ponto isso tenderá de fato a acontecer. A social-democracia enfrenta dois problemas no momento. O primeiro deles diz respeito não à possibilidade de alcançar o poder no sentido de formar um governo, pois vários partidos social-democratas europeus já o fizeram por períodos maiores ou menores, mas à possibilidade de tais partidos, tendo alcançado o poder nesse sentido, serem capazes de realizar uma verdadeira transformação socialista da sociedade; e a se é isso o que seu eleitorado na verdade deseja que façam. O segundo problema relaciona-se com as instituições concretas de uma sociedade socialista democrática. Como seria organizada a economia, o sistema politico, a educação, a vida cultural, etc.? Ou como se poderia esperar que evoluíssem? Tudo isso, aliás, é objeto de intensa discussão entre os marxistas, inclusive os que desejam reformar, de dentro, os países socialistas existentes. (Ver também SOCIALISMO; COMUNISMO.)

TBB

Bibliografia: Bauer, Otto, *Bolschewismus oder Sozialdemocratie?*, 1920 • Gay, Peter, *The Dilemma of Democratic Socialism*, 1952 • Przeworski, Adam, "Social Democracy as a Historical Phenomenon", 1980 • "Simposium on Socialism and Democracy", *Praxis International*, vol.I, n.I, 1981.

socialismo O movimento socialista moderno data da publicação, em 1848, do *Manifesto comunista* de Marx e Engels. Suas raízes históricas, porém, remontam a pelo menos 200 anos antes, ao período da Guerra Civil inglesa (1642-1652), quando surgiu um movimento radical, conhecido como *The Diggers* (os Cavadores). Esse movimento teve em Gerrard Winstanley um brilhante porta-voz, cujas ideias correspondiam, sob muitos aspectos importantes, aos princípios fundamentais do socialismo tal como os conhecemos hoje. Outros destacados precursores foram Babeuf e sua Conspiração dos Iguais durante a Revolução Francesa, os grandes socialistas utópicos ingleses e franceses (Owen, Fourier, Saint-Simon; ver SOCIALISMO UTÓPICO) do início do século XIX, e os cartistas ingleses das décadas de 1830 e 1840, que foram os primeiros a incorporarem ideias socialistas de democracia, igualdade e coletivismo a um amplo e significativo movimento de massas de trabalhadores.

Ao contrário do que representava para a maior parte de seus antecessores, para Marx e Engels o socialismo não era um ideal para o qual se podia fazer planos atraentes, mas o produto das leis do desenvolvimento do capitalismo que os economistas clássicos haviam sido os primeiros a descobrir e procurar analisar. A forma ou as formas que o socialismo poderia assumir só se revelariam, portanto, em um processo histórico que ainda se estava desdobrando. Tendo isso em vista, Marx e Engels abstiveram-se, muito logicamente, de qualquer tentativa de descrição detalhada, ou mesmo de definição, do socialismo. Para eles, o socialismo era, antes de qualquer outra coisa, uma negação do capitalismo, que desenvolveria sua própria identidade positiva (o comunismo) através de um longo processo revolucionário no qual o proletariado transformaria a sociedade e, com isso, transformaria a si mesmo.

O mais importante texto de Marx sobre o assunto é a *Crítica ao Programa de Gotha* (1875), no qual Marx faz uma severa crítica do programa adotado pelo congresso reunido em Gotha em que se unificaram as duas alas do movimento operário alemão (lassalianos e eisenaquianos) para formar o Partido Socialista Operário, mais tarde denominado Partido Social-Democrata da Alemanha. Nesse texto, Marx distingue duas fases na sociedade comunista. Uma "primeira fase" é aquela forma de sociedade que sucederá imediatamente ao capitalismo, e terá as marcas de sua origem: os operários, como a nova classe dominante, necessitarão de seu próprio Estado (a DITADURA DO PROLETARIADO) para se protegerem de seus inimigos; o horizonte intelectual e espiritual do povo estará ainda colorido por ideias e valores burgueses; o que os indivíduos recebem, embora deixe de resultar da propriedade, terá de ser calculado de acordo com o trabalho feito e não com as necessidades. Entretanto, as forças produtivas da sociedade se desenvolverão rapidamente sob essa nova ordem e, com o passar do tempo, os limites impostos pelo passado capitalista serão superados. A sociedade entrará então no que Marx chamou de "estágio superior de sociedade comunista", sob o qual o Estado desaparecerá, uma atitude completamente diferente em relação ao trabalho prevalecerá, e a sociedade será capaz de inscrever em sua bandeira a divisa "de cada um segundo sua capacidade, a cada um segundo suas necessidades".

A *Crítica ao Programa de Gotha* não foi publicada até 1891, oito anos após a morte de Marx, e seu papel chave no conjunto da doutrina marxista não foi percebido até que Lenin fosse buscar nesse texto os fundamentos das ideias que formulou em seu livro *O Estado e a Revolução* (1917), que exerceu enorme influência, e no qual afirmava: "o que é habitualmente chamado de socialismo foi denominado por Marx de 'a primeira fase' ou fase inferior da sociedade comunista." Tal denominação foi, daí por diante, reconhecida ou adotada por praticamente todos aqueles que se consideram marxistas. Isso explica por que as pessoas ou partidos podem, sem nenhuma incoerência, dizer-se socialistas ou comunistas, dependendo da ênfase que desejam conferir aos objetivos imediatos ou últimos de seus esforços revolucionários. Isso também explica por que não há nenhuma anomalia no fato de um partido que se intitula comunista governar um país que considera socialista.

Seguindo essa teoria, a União Soviética, enquanto sociedade que emergiu da revolução russa, foi oficialmente designada socialista: União das Repúblicas *Socialistas* Soviéticas. Acrescente-se que todos, exceto um ou dois dos países que, desde 1917, passaram por revoluções que envolveram mudanças estruturais profundas, adotaram, ou aceitaram, a denominação socialista. Incluindo a União Soviética, esses países compreendem agora aproximadamente 30% da área terrestre do mundo e 35% de sua população. Num certo sentido, portanto, tais países podem ser tratados como países do "socialismo realmente existente" ou "socialismo real" (Bahro, 1977) e estudados da mesma maneira que qualquer outra formação histórica como o capitalismo ou o feudalismo.

Para os marxistas, porém, isso não encerra, e não poderia encerrar, o assunto. Isso porque, em sua teoria, o socialismo é essencialmente um estágio transitório no caminho para o comunismo. Ao analisarem o "socialismo real", portanto, os marxistas precisam fazer uma pergunta muito específica: haverá indícios de que essas sociedades estejam evoluindo em direção ao COMUNISMO, o qual, para nossos objetivos nesse texto, pode ser caracterizado pela eliminação das classes sociais e de certas diferenças socioeconômicas muito fundamentais entre grupos de indivíduos (trabalhadores manuais e intelectuais, habitantes do campo e da cidade, produtores industriais e agrícolas, homens e mulheres, pessoas de raças diferentes)? Se essas sociedades mostram realmente sinais de evolução na direção do comunismo, elas podem ser consideradas socialistas no sentido da teoria marxista. Caso contrário, não podem ser consideradas socialistas no significado marxista do termo. Até agora, as respostas a essa pergunta tendem a dividir-se em quatro categorias:

(1) A primeira é aquela que considera o "socialismo real" em harmonia com a teoria marxista: é a resposta dos partidos dirigentes da União Soviética e de seus aliados próximos. Segundo a doutrina oficial soviética, a URSS não mais se caracteriza por antagonismos de classe ou conflitos sociais (ver LUTA DE CLASSES). A população compõe-se de duas classes harmônicas (operários e camponeses) e uma camada (a intelectualidade) e é governada por um "Estado de todo o povo". No lugar da luta de classes como força motriz da história, o novo modo de produção socialista (denominado "socialismo avançado" na era Brejnev) é impulsionado pela REVOLUÇÃO CIENTÍFICA E TECNOLÓGICA em direção ao objetivo final do comunismo (Giraud, 1978).

(2) A segunda categoria de respostas sustenta que as sociedades de tipo soviético permanecem socialistas em suas estruturas básicas, mas o seu progresso rumo ao comunismo foi interrompido pelo surgimento de uma BUROCRACIA que, devido ao estado subdesenvolvido das forças produtivas na época da revolução, foi capaz de instalar-se no poder e desviar para seu próprio uso uma parcela excessivamente desproporcionada do produto social. Essa burocracia, entretanto, não é uma CLASSE DOMINANTE, e, com o desenvolvimento das forças produtivas, sua posição será enfraquecida, e ela acabará sendo derrubada por uma segunda revolução, puramente política. Depois disso, o progresso rumo ao comunismo será retomado. Existem várias versões dessa teoria, todas as quais têm suas origens últimas nos escritos de Trotski.

(3) A terceira categoria de respostas sustenta que o capitalismo foi restaurado na URSS e nos outros países do "socialismo real" que reconhecem a liderança soviética. O mais destacado defensor desta interpretação foi o Partido Comunista da China (PCC) durante os últimos anos da liderança de Mao Tse-tung. Mao acreditava que as classes e a luta de classes devem necessariamente continuar depois da revolução e que, se o proletariado viesse a falhar na manutenção de seu controle sobre o partido dirigente e na tarefa de dar continuidade a uma linha revolucionária consistente, o resultado seria a restauração do capitalismo. Os maoístas sustentam que isso ocorreu na URSS quando Kruschev assumiu o poder, depois da morte de Stalin. Outros, principalmente o economista francês Charles Bettelheim (1974), pretendem que a restauração capitalista ocorreu já nas décadas de 1920 e 1930. Após a morte de Mao, a liderança do PCC abandonou essa posição, aproximando-se cada vez mais da doutrina oficial soviética acima resumida.

(4) A quarta categoria de respostas é basicamente semelhante à terceira, mas com uma diferença significativa: nega a restauração do capitalismo nas sociedades do tipo soviético, sustentando, em lugar disso, que se trata de sociedades baseadas em um novo tipo de exploração de classe. Na URSS, a nova classe dominante teria se formado no curso de intensa luta durante as décadas de 1920 e 1930. Após a Segunda Guerra Mundial, a URSS impôs estruturas similares aos países libertados pelo Exército Vermelho. As características definidoras dessa formação social são a propriedade estatal dos meios essenciais de produção, o planejamento econômico centralizado e a monopolização do poder político por meio de um partido comunista que controla um aparato de segurança altamente desenvolvido. Para aqueles que sustentam essa tese, as sociedades de tipo soviético obviamente não estão em processo de transição

para o comunismo e, portanto, não podem ser classificadas de socialistas no sentido da teoria marxista clássica.

É evidente, pelo que foi dito, que o "socialismo real" é um tema muito complexo e controvertido, sobre o qual os pontos de vista e teorias do movimento marxista mundial estão divididos em vários grupos e subgrupos, geralmente muito conflitantes. Nenhuma solução dessas dissensões parece à vista, no momento, embora não se possa excluir a possibilidade de que o curso da história altere os termos do debate e acabe levando a algo mais próximo de um consenso, que não existe, nem parece possível, nas atuais circunstâncias.

PS

Bibliografia: Bahro, Rudolf, *Die Alternative*, 1977; *The Alternative in Eastern Europe* (1978) [*A alternativa: para uma crítica do socialismo real*, 1980] • Bettelheim, Charles, *La transition vers l'économie socialiste*, 1968 ◎ *Les luttes de classes en URSS*, 1979 [*As lutas de classes na União Soviética*, 1976] • Claudín, Fernando, *Marx, Engels y la Revolución de 1848*, 1975 • Collet, C. & X. Smith (orgs.), *La contre-révolution bureaucratique: textes de K. Korsch, O. Ruhle, A. Pannekoek*, 1973 • Droz, Jacques, *Le socialisme démocratique*, 1966 ◎ *Histoire génerale du socialisme*, 1972 • Giraud, Pierre Noel, "L'économie politique des régimes de type soviétique", 1978 • Harnecker, Marta, *Cuba: dictature ou démocratie?*, 1976 • *Ici Prague: l'opposition intérieure parle (documents)*, 1973 • *Il Manifesto, Analyses et thèses de la nouvelle gauche italienne*, apresentadas por Rossana Rossanda (1971) • Korsch, Karl, *Marxisme et contre-révolution dans la première moitié du XXe siècle* (1975) • "La construction du socialisme", n.6 da revista *Critiques de l'Economie Politique*, 1972 • "La nature des pays de l'Est", n.7-8 da revista *Critique de l'économie Politique*, 1972 • Lavigne, M. et al., *Economie politique de la planification en système socialiste*, 1978 ◎ *La Pologne: une société en dissidence (textes)*, 1978 ◎ *La Russie contestataire: documents de l'opposition soviétique*, 1971 • Lenin, V.I., *The State and Revolution*, 1917 (1969) [*O Estado e a Revolução*, 1980] ◎ *Le Cahier Bleu*, 1979 • Mao Tse-tung, *A Critique of Soviet Economics*, 1977 • *Mao Tsé Toung et la construction du socialisme*, textos apresentados por Hu Chi-hsi, 1975 • Mylnar, Zdnek 1968, "Quelques problèmes de la politique et de l'Etat dans une société socialiste", 1979 • Nuti, D.M., "Socialism on Earth", 1981 • Rolsdolsky, Roman, "La limite historique de la loi de la valeur: l'ordre social socialiste dans l'oeuvre de Karl Marx", 1972 • Samizdat I, *la voix de l'opposition communiste en URSS*, 1969 • Sweezy, Paul M., *Post-revolutionary Society*, 1980 • Sweezy, P.M. & Charles Bettelheim, *Lettres sur quelques problèmes actuels du socialisme*, 1972 • "Sur la Révolution Culturelle", n.14 de *Cahiers Marxistes-Leninistes*, 1966 • Trotski, L.D., *The Revolution Betrayed*, 1937 [*A revolução traída*, 1980].

socialismo, transição para o Ver TRANSIÇÃO PARA O SOCIALISMO

socialismo utópico Expressão geralmente empregada para designar a primeira fase da história do socialismo, ou seja, o período entre as Guerras Napoleônicas e as Revoluções de 1848. Está associada, em particular, a três pensadores dos quais, de um modo geral, derivaram as principais correntes do pensamento socialista pré-marxista: Claude Henri de Rouvroy, conde de Saint-Simon (1760-1825), François-Charles Fourier (1772-1837) e Robert Owen (1771-1858).

A designação desses pensadores como "utópicos", bem como o próprio termo "socialista", tornou-se comum em fins da década de 1830, tanto na Inglaterra como na França. Mas foi a qualificação da categoria "socialismo utópico" em textos marxistas que mais influenciou a imagem subsequente do "socialismo" desse período. Essa qualificação delineou-se na crítica que se faz ao "socialismo utópico crítico" no *Manifesto comunista*, em que ele é relacionado ao "período inicial, ainda pouco desenvolvido (...), da luta entre o proletariado e a burguesia", e consolidou-se na historiografia socialista posterior, a partir da obra *Do socialismo utópico ao socialismo científico*, de Engels. O que era "utópico", segundo esse enfoque, era a crença na possibilidade de uma transformação social total, que compreendesse a eliminação do individualismo, da competição e da influência da propriedade privada, sem o reconhecimento da necessidade da luta de classes e do papel revolucionário do proletariado na realização dessa transição.

Mas esse tratamento do socialismo anterior a 1848 como um marxismo *manqué* esquece alguma de suas características fundamentais. A conjugação do "socialismo" com os interesses específicos da classe operária foi produto de condições políticas particulares à Inglaterra e à França da década de 1830. Os aspectos característicos o owenismo, do saint-simonismo e do fourierismo eram anteriores a essa conjuntura. Alguns dos marcos do que mais tarde se identificaria com a posição socialista durante esse período podem ser percebidos por meio de uma comparação das primeiras obras sistemáticas dos três pensadores que fundaram o socialismo utópico: *Lettre d'un habitant de Genève à ses contemporains* (1802), de Saint-Simon, *Théorie des quatre mouvements et des destinées générales* (1808) de Fourier e *A New View of Society* (1812-1816) de Robert Owen.

O que se evidencia imediatamente é a diferença de pontos de partida na Inglaterra e na França. Enquanto o pensamento de Saint-Simon e de Fourier parte das reações contra as teorias iluministas da natureza humana, consideradas como responsáveis pelo curso desastroso da Revolução Francesa, a teoria de Owen, ao contrário, apresenta uma continuidade com os temas do Iluminismo. Fourier e Saint-Simon partiram de teorias (muito diferentes) de tipos psicológicos inatos e conceberam a reforma como a construção de disposições sociais que permitissem a interação harmoniosa desses tipos. Owen, por outro lado, acreditava que o caráter do homem era formado pelas circunstâncias externas e que, portanto, a reforma da sociedade envolvia a criação de circunstâncias que associassem a busca da felicidade com a harmonia e a cooperação em lugar da concorrência e do conflito. Essas diferenças de abordagem do caráter humano e das circunstâncias constituíram o núcleo das discordâncias entre os seguidores das diferentes tendências quando estas começaram a concorrer entre si a partir de fins da década de 1820.

Não obstante, subjacentes a tais diferenças existem alguns pressupostos comuns característicos do pensamento socialista pré-marxista. Em primeiro lugar, todas as três teorias têm a ambição de construir uma nova ciência da natureza humana. Em segundo, tomam a esfera moral/ideológica como a base determinante de todos os outros aspectos do comportamento humano. Em terceiro, têm a perspectiva de fazer dessa esfera o objeto de uma ciência exata que resolverá o problema da harmonia social. Em quarto, todas identificam a *teoria* moral, religiosa e política a elas preexistente (a teoria, e não as práticas de classe ou de Estado) como o principal obstáculo à realização das recém-descobertas leis da harmonia. Finalmente, tanto Owen como Saint-Simon e Fourier não estabelecem qualquer distinção entre a ciência física e a ciência social: todos tiveram a ambição de ser o Newton da esfera humano-social. Essas semelhanças marcam o que é relativamente constante nas muitas variantes e híbridos de "socialismo" que surgiram entre as décadas de 1820 e 1840.

Na Inglaterra, Owen tornou-se famoso pela gestão das fábricas têxteis de New Lanark, que, segundo afirmava, eram uma justificativa prática de sua teoria, e pela sua proposta de acabar com o desemprego que sucedeu ao fim das Guerras Napoleônicas por meio da construção de comunidades baseadas em seus princípios. Seu esforço para convencer as classes políticas governantes do valor de seu projeto falhou principalmente devido ao choque explícito dos seus princípios com as suposições do cristianismo oficial. Owen foi então para os Estados Unidos, com o intuito de validar seus princípios com a criação da comunidade de New Harmony (Nova Harmonia). Em sua ausência, algumas de suas ideias foram aproveitadas pelos radicais da classe operária interessados não tanto nas comunidades, mas na produção e na troca cooperativas como alternativa para a competição (ver ASSOCIAÇÃO COOPERATIVA). Em princípios da década de 1830, criaram-se várias centenas de cooperativas, e foram feitas tentativas análogas para estabelecer centros de emprego e sindicatos gerais de produtores, tendo esses últimos culminado no mal-sucedido Grand National Consolidated Trade Union (Grande Sindicato Nacional Consolidado) de 1843. Depois do fracasso desses projetos, os owenistas voltaram às experiências de comunidades (em Queenswood) e à luta de sua "religião racional" contra o cristianismo ortodoxo.

Na França, as ideias de Saint-Simon, particularmente as de sua última obra, *Le nouveau christianisme* (1825), foram aproveitadas pelos estudantes de ciências e de engenharia da École Polytechnique de Paris. Chefiado por Saint-Amand Bazard (1791-1832) e Prosper Enfantin (1796-1864), esse grupo publicou, em 1829, *La doctrine de Saint-Simon*, obra de imensa importância para a difusão das ideias saint-simonianas entre toda a intelectualidade da Europa. Depois de 1829, porém, o grupo dispersou-se. O impacto do fourierismo seguiu-se ao desmembramento da escola de Saint-Simon, mas muitas das ideias deste, particularmente sobre a sexualidade, já haviam sido absorvidas pelos líderes saint-simonianos. O grupo nuclear dos saint-simonianos, chefiado por Enfantin, fundou, no ano de 1832, em Ménilmontant, uma igreja e uma comunidade, destinadas, porém, a efêmera existência. Alguns dos que haviam divergido desse grupo, notadamente Philippe Buchez (1795-1865) e Pierre Leroux (1791-1871), depois da Revolução de Julho, introduziram formas modificadas de saint-simonismo nos círculos operários, e estas foram as primeiras tentativas explícitas de ligar essa doutrina, então já chamada de socialismo, às aspirações específicas do proletariado.

GSJ

Bibliografia: Baczko, Branislaw, *Lumières des utopies*, 1978 • Beecher, J. & R. Bienvenu (orgs.), *The Utopian Vision of Charles Fourier*, 1972 • Bravo, G.M., *Les socialistes avant Marx*, 1979 • *Charles Fourier*, núm. esp. da revista *Autogestion et Socialisme*, 20-21, 1972 • Cornu, Auguste, "Utopisme et marxisme", in A. Cornu, *Karl Marx et la pensée moderne*, 1948 • Desanti, D., *Les socialistes de l'utopie*, 1970 • Desroche, Henri, *Socialismes et sociologie religieuse*, 1965 • Droz, J. (org.), *Histoire générale du socialisme*, 1972 • Duveau, Georges, *Sociologie de l'Utopie et autres essais*, 1961 • Enfantin, B.P., *Oeuvres*, 1865-1878 • Fourier, Charles, *La théorie des quatres mouvements*, 1808 (1968) • Garaudy, Roger, *Les sources françaises du socialisme scientifique*, 1949 • Harrison, J.F.C., *Robert Owen and the Owenites in Britain and America*, 1969 • Iggers, G.C. (org.), *Doctrine of Saint-Simon: an Exposition, First year*, 1829 (1958) • Johnson, C., *Icarian Communism in France: Cabet and the Icarians 1839-1851*, 1974 • *Le discours utopique: colloque de Cérisy*, 1978 • Lichtheim, George, *The Origins of Socialism*, 1969 • Mercier-Josa, S., "Hegel et Marx, critiques de l'utopie", in S. Mercier-Josa, *Pour lire Hegel et Marx*, 1980 • Owen, Robert, *Report to the County of Lanark: A New View of Society*, 1812-1816 (1969) • Rancière, Jacques, *La nuit des prolétaires: archives du rêve ouvrier*, 1981 • Rubel, Maximilien, "Friedrich Engels et le socialisme messianique russe", 1951 • Russ, J., *Pour connaitre la pensée des précurseurs de Marx*, 1973 • Saint-Simon, Claude Henri de Rouvroy, conde de, *Lettre d'un habitant de Genève à ses contemporains*, 1802 (1966) ⊚ *L'organisation sociale*, 1825 (1966) ⊚ *Le nouveau christianisme*, 1826 (1966) ⊚ *Oeuvres choisies*, 1859 ⊚ *Textes choisis*, 1951 ⊚ *Oeuvres*, 1966 • Servier, J., *Histoire de l'utopie*, 1967.

socialização Essa expressão tem dois significados diferentes e designa dois conceitos, um de antropologia social e de teoria da educação, e outro de teoria econômica. Em termos antropológicos e educacionais, socializar uma pessoa significa criar um ambiente no qual ela possa aprender uma língua, regras de pensamento conceitual, algo da história da comunidade a que pertence, hábitos práticos necessários à sobrevivência e ao desenvolvimento, regras morais que regem relações com outros membros da comunidade. Os indivíduos nascem com várias disposições potenciais características do ser humano. Sem a interação adequada com membros de uma comunidade social, em fases apropriadas do crescimento, essas disposições permaneceriam latentes e acabariam por desaparecer. Sem a atualização das capacidades de comunicação, raciocínio, atividade criativa, cooperação no jogo e no trabalho, uma criança jamais se desenvolveria no sentido de transformar-se em ser humano. Além disso, não seria capaz de atualizar e manifestar algumas de suas capacidades e dotes mais pessoais, mas singulares e ocultos.

Mas a socialização também tem um papel restritivo, e por vezes até mesmo mutilador. Ao transferir uma cultura específica para um indivíduo, a comunidade (família, escola, vizinhança, Estado) impõe certas ideias e normas tradicionais ao jovem, e é mais comum que o faça rigidamente, de maneira heterônomica. A grande espontaneidade, curiosidade e criatividade da criança tende a ser sufocada sob a pressão do superego. Além de certos limites, a repressão social, externa ou internalizada, produz um "pequeno homem" em grande escala, uma personalidade conformista que teme a responsabilidade e acaba dando todo o apoio a líderes e movimentos autoritários.

A socialização como conceito econômico significa a transformação da propriedade privada dos meios de produção em propriedade social. A abolição da propriedade privada está presente em toda a obra de Marx como uma condição necessária, embora não suficiente, do comunismo. Além disso, o conceito de propriedade privada tem dois significados. Um deles é a propriedade privada dos meios de produção; o outro é uma atitude geral para com a vida caracterizada pelo desejo de *possuir* um objeto (ou uma pessoa reduzida a coisa) para poder desfrutar dele, apropriar-se dele. A abolição da propriedade privada nesse sentido filosófico geral envolve uma socialização totalmente diferente dos indivíduos humanos, caracterizada por um desenvolvimento pleno da capacidade criativa, do *senso de ser* em detrimento do *senso de ter*.

A abolição da propriedade privada dos meios de produção pode assumir três formas diferentes. Uma é a *nacionalização*, com a transferência de todos os direitos de propriedade das empresas privadas para o Estado. Nos países do "socialismo real", a socialização reduziu-se, em grande medida, à nacionalização. O Estado possui e administra a maior parte das empresas (exceto na agricultura, em alguns casos), planeja a produção e distribui os produtos. Como resultado disso, surge uma grande burocracia política que monopoliza o poder político e o poder econômico. O sistema econômico torna-se excessivamente centralizado, o que leva a considerável supressão da iniciativa, ao desperdício e à ineficiência.

Outra forma de socialização envolve a transformação dos meios de produção em propriedade em grupo. Na agricultura, a produção em pequena escala e as cooperativas de serviços baseadas na propriedade em grupo talvez sejam a forma mais racional de organização econômica. A própria natureza do trabalho nessas áreas favorece os pequenos sistemas autônomos. Essa forma de socialização é limitada, na medida em que a cooperativa pode comportar-se como um órgão coletivo capitalista, contratando trabalhadores assalariados, conseguindo lucros no mercado, acumulando capital e produzindo uma pequena burguesia.

Uma terceira forma de socialização econômica, mais compatível com os objetivos de uma sociedade sem classes, supõe a transformação dos meios de produção em propriedade de toda a sociedade. Esses meios são colocados à disposição de determinadas comunidades de trabalhadores, que pagam à sociedade uma parte de sua renda total para cobrir as necessidades sociais gerais. Tais comunidades podem decidir livremente sobre a distribuição do restante do seu produto. Mas não podem alienar (vender, dar a outros, legar) esses meios de produção. Esse tipo de socialização pressupõe a AUTOGESTÃO como forma de organização social.

MM

Bibliografia: Korsch, Karl, *Schriften zur Sozialisierung*, 1969 • Markovié, Mihailo, *Democratic Socialism: Theory and Practice*, 1982 • Nuti, Dominiko Mario, "Socialism and Ownership", in L. Kolakowski & S. Hampshire (orgs.), *The Socialist Idea*, 1974.

sociedade Marx usou a palavra "sociedade" (como a maior parte dos sociólogos) em três sentidos, que se distinguem contextualmente, para referir-se a fenômenos distintos mas correlatos: (1) a sociedade humana, ou "humanidade socializada" enquanto tal; (2) tipos historicamente existentes de sociedade (por exemplo, a sociedade feudal ou a sociedade capitalista), e (3) qualquer sociedade particular (por exemplo, a Roma antiga ou a França moderna). O que há de característico na concepção de Marx é, primeiro, que ela parte da ideia de seres humanos que vivem em sociedade e não envolve uma antítese entre indivíduo e sociedade que só pode ser superada pela suposição de algum tipo de contrato social ou, alternativamente, considerando-se a sociedade como um fenômeno supraindividual. Assim, no terceiro de seus *Manuscritos econômicos e filosóficos* (1844), Marx escreve: "Mesmo quando realizo um trabalho *científico* (...) realizo um ato *social*, porque *humano*. E não apenas porque o material de minha atividade – como a própria linguagem que o pensador usa – me é dado como um produto social. Minha *própria* existência *é* uma atividade social"; e prossegue dizendo que devemos evitar postular a "sociedade" como uma abstração confrontada com o indivíduo, "pois o indivíduo é um *ser social*". Esse aspecto da concepção de Marx foi desenvolvido de maneira mais completa, posteriormente, por Adler, que o considerou, em termos neokantianos, como se postulasse uma condição transcendental para uma ciência da sociedade (Adler, 1914).

Um segundo aspecto da concepção que Marx tinha da sociedade humana em geral é que tal concepção não separa a sociedade da natureza. Pelo contrário, os seres humanos são vistos como parte do mundo natural, que é a base real de todas as suas atividades. A produção e a reprodução da vida material, pelo trabalho e pela procriação, são, assim, uma relação ao mesmo tempo natural e social, diz-nos Marx nos *Manuscritos econômicos e filosóficos* de 1844. Sob esse aspecto, a opinião de Marx difere acentuadamente da opinião predominante em grande parte da sociologia, pela qual a sociedade foi tratada, com frequência, como um fenômeno autônomo: sua relação com o mundo natural foi ignorada, e, em consequência disso, o estudo das relações e dos processos econômicos foi em grande medida excluído, ficando consignado à esfera de uma outra ciência social, distinta e especializada. É por essa razão que Karl Korsch (1967) argumenta que "a ciência materialista da sociedade de Marx não é sociologia, mas economia política".

A concepção geral de Marx tem uma terceira característica marcante que a relaciona com a sua noção de "tipos de sociedade": trata a relação entre a sociedade e a natureza como um intercâmbio que se desenvolve historicamente através do trabalho humano e que ao mesmo tempo cria e transforma as relações sociais entre os seres humanos (*O Capital*, I, cap.V.). Esse processo histórico (ver MATERIALISMO HISTÓRICO) tem dois aspectos: o desenvolvimento de forças produtivas (ou progresso tecnológico) e a divisão social do trabalho em permanente transformação que constitui as relações sociais de produção (ver FORÇAS PRODUTIVAS E RELAÇÕES DE PRODUÇÃO) e sobretudo as relações de classes.

Portanto, para Marx são o nível do desenvolvimento das forças produtivas materiais e as relações de produção a ele correspondentes que determinam o caráter dos distintos tipos de sociedade. No "Prefácio" à *Contribuição à crítica da economia política* de 1859, Marx designa os MODOS DE PRODUÇÃO asiático, antigo, feudal e moderno burguês como "épocas progressivas na formação econômica da sociedade". A transição de um tipo de sociedade para outro ocorre quando as forças produtivas materiais entram em conflito com as relações de produção existentes (ver ESTÁGIOS DE DESENVOLVIMENTO), e essa relação antagônica toma a forma de luta de classes. Pensadores marxistas posteriores preocuparam-se com o aperfeiçoamento, a ampliação e a revisão dessa apresentação esquemática dos principais tipos de sociedade feita por Marx. Assim, de um lado o conceito de SOCIEDADE ASIÁTICA foi objeto de considerável controvérsia, enquanto, de outro, o conceito de sociedade tribal foi analisado de forma mais rigorosa com o florescimento de uma ANTROPOLOGIA marxista, muito influenciada, nos últimos anos, pelo ESTRUTURALISMO. Ao mesmo tempo, a sequência histórica dos tipos de sociedade e a natureza precisa da transição de um para outro, particularmente da TRANSIÇÃO DO FEUDALISMO PARA O CAPITALISMO, foram melhor examinadas à base de uma gama mais ampla de dados históricos.

Outro grande problema para a análise marxista é suscitado pelas sociedades socialistas de hoje (ver SOCIALISMO). As principais questões, no caso, são: primeiro, o caráter das relações sociais de produção baseadas na forças produtivas coletivizadas, isto é, até que ponto teriam surgido novas relações de classe nas quais há uma nova classe dominante constituída pelos funcionários do partido, pela burocracia (Djilas, 1957), pelos intelectuais (Konrád e Szelényi, 1980), ou por alguma combinação desses grupos; segundo, a natureza do Estado e do poder político nesse tipo de sociedade. Mais geralmente, pode-se perguntar até que ponto toda a "forma de vida" nessas sociedades, tal como existem concretamente, corresponde à ideia de Marx de uma "sociedade de produtores associados" (socialismo ou comunismo). Apenas nas últimas décadas começou a se desenvolver uma análise marxista substancial e sistemática desse tipo de sociedade.

Finalmente, Marx e Engels ressaltaram a necessidade de empreender o estudo histórico real das sociedades específicas e deram seguimento a esse preceito em seus escritos sobre a Inglaterra, a França e a Alemanha. Em uma carta a C. Schmidt, de 5 de agosto de 1890, Engels expressou a visão geral sua e de Marx dizendo que "nossa concepção da história é, acima de tudo, um guia para o estudo (...) toda a história deve ser estudada de novo". Em *O Capital*, Marx observou que uma base econômica, que é a mesma em suas principais características, pode revelar "variações e gradações infinitas devido ao efeito de numerosas circunstâncias externas, influências climáticas e geográficas, peculiaridades raciais, influências externas etc." e que essas variações só podiam ser percebidas pela investigação das "condições dadas empiricamente" (III, cap.XLVII, 2). De fato, a concepção geral da sociedade proposta por Marx e sua classificação de tipos de sociedade mostraram seu valor sobretudo ao proporcionarem um quadro geral para estudos históricos e sociológicos concretos de sociedades e conjunturas particulares.

TBB

Bibliografia: Adler, Max, *Der soziologische Sinn der Lehre von Karl Marx*, 1914 • Godelier, Maurice, *Horizon, trajets marxistes en anthropologie*, cap.III, 1973 • Korsch, Karl, *Karl Marx*, 1938 (1967).

sociedade anônima A sociedade anônima desenvolveu-se de maneira generalizada a partir de meados do século XIX, substituindo, em proporções cada vez maiores, as empresas de propriedade familiar. Hoje, praticamente todas as empresas de grande escala, exceto as do setor público, têm essa forma jurídica, cuja disseminação corresponde a duas tendências básicas do modo capitalista de produção. De um lado, toda grande soma de dinheiro em reserva ("poupança") tende a transformar-se em capital monetário, isto é, aspira a participar da distribuição geral da mais-valia total produzida socialmente. Antes do aparecimento das sociedades por ações, isso só era possível se tais poupanças fossem depositadas em instituições financeiras, principalmente em bancos. Mas esses depósitos geralmente rendiam apenas uma pequena taxa de juros, muito abaixo do lucro médio. Com a sociedade anônima, contudo, quem adquirir ações de uma empresa capitalista pode esperar uma taxa de lucro um pouco maior sobre o seu capital do que a que receberia se o depositasse num banco, principalmente levando-se em conta a valorização a longo prazo desse capital. Por outro lado, a tendência para a crescente centralização e concentração do capital tem como consequência o aparecimento de empresas cada vez maiores, dispondo de uma quantidade cada vez maior de capital. Tais empresas veem-se, portanto, na contingência de conseguir um capital superior ao que foi reunido no momento de sua fundação. Com o surgimento da sociedade anônima, os capitalistas que perdem seus negócios próprios, mas que ainda possuem uma certa quantia como poupança, podem continuar participando das atividades capitalistas, embora de maneira "passiva". Se adquirirem ações de grandes empresas, sua renda (e, num certo sentido, o seu destino econômico) continua dependendo do êxito ou do fracasso de tais empresas.

Mas, ao comprar ações de uma companhia, o proprietário do capital monetário torna-se vítima do processo de centralização do capital. Ele perde o direito a dispor livremente do seu capital, entregando-o aos que realmente administram a empresa (os diretores, o conselho de administração, etc.) de acordo com as normas e costumes dos diferentes países capitalistas, que facultam muitas variações de títulos e funções. De fato, a jurisprudência, ou mesmo simplesmente as leis comerciais ou de falências em vários países determinam que o acionista não tem direito a uma parte dos bens da companhia, proporcional à sua parcela do total das ações por ela emitidas. A propriedade de ações dá direito apenas a uma parte *pro-rata* da renda obtida sob a forma de *lucros distribuídos* (dividendos). Os que realmente administram a companhia em geral podem manobrar de modo a obterem uma parcela maior do lucro total, que pode ser considerada como a soma total do *lucro empresarial* e do juro (sobre ações, apólices e outras dívidas, como o crédito bancário). Assim, estes podem receber estipêndios especiais pelo comparecimento às reuniões do conselho de direção (que, em alemão e francês, têm o nome de *tantièmes*). Podem fixar para si elevados salários de diretores ou gerentes, pensões, verbas de representação, serviços gratuitos (carros, mansões, iates, férias, despesas hospitalares, etc.). Podem receber ações preferenciais ou obter lucros especulativos por meio de novas opções no mercado de ações. Essa maior participação será particularmente importante por ocasião do lançamento inicial de ações; Hilferding (1910) deu a esse lucro empresarial diferencial o nome de *lucro do promotor*.

Com a generalização da sociedade anônima registra-se uma *crescente duplicação do capital*. De um lado, há o capital físico "real": edifícios, maquinaria e outros equipamentos, estoques de matérias-primas, estoques de mercadorias, dinheiro depositado nos bancos e usado para o pagamento corrente dos salários, etc. De outro, há as ações e apólices guardadas em caixas-fortes e que ocasionalmente aparecem na bolsa de valores. Marx chama, a essa segunda forma de capital, *capital fictício*, pois, evidentemente, essa "duplicação" do capital não corresponde a nenhum aumento do valor total do ativo real, ou do valor total produzido, ou da mais-valia total produzida e (re)distribuída. O valor desse capital fictício oscila, a longo prazo, em torno do valor dos "ativos reais", mas pode diferir ocasionalmente, e de forma acentuada, desses ativos tornando com isso, por exemplo, "lances de compra majoritários" lucrativos para os especuladores quando ficam significativamente abaixo do valor real do ativo. De um modo mais geral, a expansão das sociedades anônimas e o aparecimento do mercado de ações criaram um poderoso estímulo para a especulação, que, inicialmente, centralizava-se em torno da dívida pública e das ações de umas poucas firmas aventureiras específicas, como as várias Companhias das Índias que surgiram na Europa Ocidental no século XVII ou as empresas especulativas promovidas na França pelo financista escocês John Law durante o século XVIII.

A especulação no mercado de ações não determina as *altas e baixas do ciclo industrial*. Procura antecipar-se a elas. Os preços de uma determinada ação, num determinado momento, na bolsa de valores, dependerão dos lucros previstos da firma (mais precisamente, dos lucros distribuídos, isto é, dos dividendos) e da taxa vigente de juros. Mas, como essas expectativas nunca são precisas e, com frequência, os acontecimentos posteriores mostram que eram infundadas, todos os tipos de fatores (boatos sobre a situação da empresa, informações sobre o estado geral dos negócios em um determinado ramo industrial, em um determinado país ou até mesmo uma área geográfica mais abrangente na qual se desenrolam os principais negócios da empresa em questão, boatos sobre as finanças pessoais e até mesmo sobre a saúde do(s) mais destacado(s) diretor(es), etc.) podem influir na cotação de uma determinada ação na bolsa de valores. Os "entendidos", que dispõem de informações reais, e não apenas de rumores infundados, os grandes especuladores, que têm à sua disposição grande quantidade de dinheiro (ou de crédito bancário), podem tentar influenciar essas cotações de modo a conseguir belos lucros mediante operações de compra e venda, ou de venda e compra. Obviamente, a ação conjunta desses especuladores de forma alguma aumenta diretamente o montante da mais-valia disponível para distribuição entre a classe burguesa como um todo. Mas pode modificar significativamente a maneira pela qual esse montante é distribuído entre os vários grupos de capitalistas. E pode até mesmo influir, pelo menos a curto prazo, na taxa de acumulação efetiva (produtiva) de capital. Por exemplo, se uma empresa quer expandir seu "capital de giro", precisará de dinheiro adicional e tentará lançar novas ações para financiar essa expansão. Mas essa emissão pode encontrar um mercado de títulos em baixa, pode falhar. Assim, a expansão do "capital de giro" não ocorrerá e, com isso, um processo de ampliação da produção material e do valor da produção ver-se-á a forçá-lo a cessar ou mesmo a reverter.

Alguns dos estratagemas de que lançam mão os fundadores das sociedades anônimas ou os especuladores que se baseiam em informações "de dentro" aproximam-se do roubo puro e simples. Como se trata de roubo cometido contra muitos capitalistas por um pequeno grupo de outros capitalistas, é encarado pela sociedade burguesa com maior rigor do que o que se aplica aos vários processos, imprescindíveis para o sistema, pelos quais os capitalistas, grandes e pequenos, roubam os trabalhadores ou a pequena burguesia. Assim sendo, depois de casos sérios dessas apropriações indébitas, os países capitalistas geralmente promulgam leis para controlar de maneira mais rigorosa tanto as operações das sociedades anônimas como da bolsa de valores, tornando mais difíceis os roubos mais flagrantes. Não obstante, a espoliação do "público" pelos especuladores da bolsa de valores continua a ser generalizada em muitos países capitalistas.

Nos últimos 50 anos, a disseminação da sociedade anônima por ações, a administração de grandes empresas capitalistas por executivos, conselhos de diretores, etc., deu lugar a uma reinterpretação do capitalismo contemporâneo, segundo a qual o capitalismo passou a ser dirigido por administradores e executivos, em contraste com o "capitalismo antigo" administrado pelos próprios proprietários do capital. As obras de A. Berle e G.C. Means (1933), James Burnham (1943) e John K. Galbraith (1967) são as mais representativas dessa interpretação. Há, evidentemente, algo de verdade nelas. No terceiro livro de *O Capital*, o próprio Marx, muitas décadas antes desses autores, chamou a atenção para o crescente divórcio entre a propriedade formal do capital e a capacidade de *dispor operacionalmente do capital*, para estabelecer a diferença entre os capitalistas "passivos" e os "funcionais" (*fungierende Kapitalisten*), isto é, os empresários que na realidade administram e fazem operar as empresas. Não há dúvida de que essa distinção, inerente ao capital enquanto tal, foi muito intensificada pela generalização da sociedade anônima. A verdadeira controvérsia, portanto, é sobre outra coisa, ou seja, sobre a constituição, ou não, dos "executivos" como nova classe social, com interesses separados e diferentes dos interesses dos proprietários jurídicos do capital ou sobre se existe ou não qualquer diferença de interesse e de comportamento entre executivos e proprietários jurídicos do capital que constitua uma *diferença funcional dentro da mesma classe social*, a burguesia.

Essas questões podem ser respondidas em dois níveis. Ao nível do interesse social geral, parece óbvio que os executivos e os acionistas, grandes ou pequenos, têm o mesmo interesse comum em obter o máximo de mais-valia dos trabalhadores, em maximizar os lucros e a acumulação de capital de "sua" empresa. Isso decorre automaticamente da lei férrea da concorrência, isto é, da existência da propriedade privada no sentido econômico, e não puramente jurídico, da palavra (daquilo que Marx chama de "muitos capitais"). Para que essa lei perdesse sua relevância, seria necessário que existisse apenas uma única empresa em todo o mundo. Enquanto isso não ocorre, não podemos perceber nenhuma diferença fundamental no comportamento econômico entre os chamados altos executivos e os grandes capitalistas em geral.

Afinal de contas, a maximização do lucro e do crescimento do capital (acumulação de capital) é uma característica básica do capitalismo e da classe capitalista, desde a sua gestação, e não uma idiossincrasia dos executivos. Ao nível dos interesses sociais pessoais, os altos executivos não são, de modo algum, desprovidos de propriedades. Sua grande renda e seu acesso a privilégios especiais (informações confidenciais, opções para a compra de ações, etc.) também lhes permitem *acumular o capital privado em grande escala*. Esse capital próprio certamente representa uma fração ínfima do capital total que administram, mas, em números absolutos, é substancial, e pode até mesmo ser enorme, o que os coloca claramente dentro da mesma classe social dos outros proprietários privados de capital, com o mesmo interesse básico em defender a extração da mais-valia e a propriedade privada em geral de toda a classe capitalista.

Finalmente, a suposição de que, através do poder crescente dos altos executivos, os principais grupos financeiros ("monopolistas") que, na realidade, controlam a maior parte das grandes empresas perderam esse controle, é, no mínimo, duvidosa. As técnicas de controle podem ter sofrido modificações, podem ser diferentes. Alguns grupos financeiros podem ter visto declinar o seu poder, enquanto outros o viram crescer (por exemplo, os Morgans em comparação com os Rockefellers nos Estados Unidos da América). Alguns "novos" barões podem ter galgado os níveis mais altos em períodos de rápida expansão capitalista (por exemplo, os interesses petrolíferos do Texas nos Estados Unidos depois da Segunda Guerra Mundial). Mas não há qualquer evidência de que executivos desprovidos de propriedade estejam administrando empresas de bilhões de dólares *contra* os interesses de seus acionistas bilionários.

Assim, o que resta da transformação em que insistem os que têm tomado parte nessa controvertida discussão é o fato de que há uma divisão real de interesses *dentro* da classe capitalista, entre os que têm como interesse primordial ver distribuídos os lucros correntes sob a forma de dividendos e os que desejam que a maior parte desses lucros fique retida na própria empresa para ser investida no seu crescimento. Trata-se, porém, de uma diferença de interesses entre o capitalista que vive de rendas (o *rentier*) e o capitalista operacional (empresário), e não entre duas classes sociais diferentes. Afinal de contas, quando a renda pessoal já é muito alta, não há grande vantagem em elevá-la ao máximo possível, pois isso apenas aumentaria a incidência dos impostos sobre ela, fazendo com que desaparecesse sem proveito. Os capitalistas que vivem de renda gastam, os executivos dirigem as operações correntes, e os grandes monopolistas tomam as decisões financeiras fundamentais relativas à acumulação (expansão da empresa, diferenciação dos produtos, fusões, etc.). O fato de que frequentemente sejam proprietários de "apenas" 5 ou 10% do capital (isto é, 5 ou 10% de 10, 20, 30 bilhões) de nenhum modo invalida a sua divisão funcional do trabalho dentro da classe capitalista. Apenas mostra que as sociedades anônimas, não obstante as assembleias gerais de acionistas, são apenas um meio pelo qual muitos capitalistas são privados da capacidade de dispor livremente de seu capital em favor de uns poucos capitalistas que são realmente muito ricos. (Ver também BURGUESIA; CAPITAL FINANCEIRO.)

EM

Bibliografia: Berle, A.A. & G.C. Means, *The Modern Corporation and Private Property*, 1933 • Burnham, James, *The Managerial Revolution*, 1943 • Galbraith, J.K., *The New Industrial State*, 1967 [*O Novo Estado Industrial*, 1982] • Hilferding, Rudolf, *Das Finanzkapital*, 1910; *Finance Capital* (1981); *El capital financiero* (1973) • Scott, John, *Corporations, Classes and Capitalism*, 1979.

sociedade antiga O marxismo introduziu uma dimensão totalmente nova na periodização tradicional da história porque, na sua perspectiva, os fundamentos da periodização e da explicação da sucessão de períodos são parte integrante da própria teoria geral do desenvolvimento histórico por ele proposta (ver ESTÁGIOS DE DESENVOLVIMENTO). Não é, portanto, por uma questão de símbolos verbais sem maior significado que os marxistas preferem falar de *sociedade* antiga e não de *mundo* antigo. A formulação clássica foi feita no "Prefácio" à *Contribuição à crítica da economia política* (1859), de Marx:

> Na produção social de sua vida, os homens estabelecem determinadas relações necessárias e independentes de sua vontade, relações de produção que correspondem a uma determinada fase do desenvolvimento das suas forças produtivas materiais (...). Num certo estágio de seu desenvolvimento, as forças materiais da sociedade entram em conflito com as relações de produção existentes, ou, o que não é senão a sua expressão jurídica, com as relações de propriedade dentro das quais se desenvolveram até ali (....). Abre-se, então, uma época de revolução social (...). Em linhas gerais, podemos designar os modos de produção asiático, antigo, feudal e burguês moderno como outras tantas épocas do progresso da formação econômica da sociedade.

A lista das épocas históricas de Marx pode ter sido "repetidamente revista pelos seus mais dedicados seguidores" (Hobsbawm, 1964, p.19). Mas, o fato é que, durante um século, uma versão simplificada, "vulgar", acabou se tornando praticamente canônica. O modo de produção asiático (ver SOCIEDADE ASIÁTICA) desapareceu, sendo substituído por uma época, anterior às classes, de COMUNISMO PRIMITIVO; a palavra "progresso" passou a ser considerada com referência a uma evolução unilinear, a uma sucessão cronológica de épocas; e "revolução social" era entendida literalmente como a derrubada de um sistema por uma classe explorada dentro do velho sistema. Infelizmente para o dogma simplista e para seus muitos intérpretes e comentaristas posteriores, o próprio Marx desautorizou seus argumentos básicos numa volumosa série de cadernos de anotações que escreveu durante os anos 1857-1858, como esboço para sua *Contribuição à crítica da economia política* e para *O Capital*, que a ela se seguiu. Intitulado *Grundrisse der Kritik der polischen Ökonomie* (*Fundamentos da crítica da economia política*), esse trabalho foi uma espécie de reflexão em voz alta, escrito por Marx para ele mesmo e não para ser publicado. Finalmente impresso em Moscou (1939-1941), não mereceu a atenção devida senão quando de sua publicação em Berlim em 1952 e 1953. As referências aqui serão feitas à excelente tradução inglesa de Martin Nicolaus (1973), embora a seção dessa obra diretamente relevante para a sociedade antiga (p.471-514), intitulada por Marx "Formas que precedem a produção capitalista", já houvesse sido publicada separadamente, em inglês, desde 1964, em edição organizada por Eric Hobsbawm.

Nessa seção dos *Grundisse* - embora ela esteja escrita em alto nível de abstração e, muitas vezes, de maneira elíptica - ficamos sabendo que Marx identificava as formas germânica, antiga e eslavônica de propriedade e de produção como outros caminhos para sair do comunismo primitivo, alternativos ao caminho asiático; que escravidão e servidão eram "sempre secundárias, derivadas, nunca originais, embora resultados necessários e lógicos da propriedade baseada na comunidade e no trabalho da comunidade" (p.496). Conclui-se, assim, que as várias formas não se sucederam historicamente uma à outra numa evolução unilinear, e que, em particular, a sociedade asiática não criou em si mesma as sementes de sua própria destruição.

Discutir as razões por que, depois de 1859, Marx e Engels (e seus sucessores imediatos) parecem ter abandonado o esquema mais complexo dos *Grundrisse*, abrindo dessa forma o caminho para a evolução unilinear mais simples que se tornou canônica, está fora do âmbito deste breve ensaio. Podemos apenas observar, contudo, que o interesse de Marx e Engels pelas formações pré-capitalistas estava subordinado à sua preocupação com a teoria do desenvolvimento histórico e não exigia nem a pesquisa intensiva nem as sofisticadas nuances imprescindíveis à sua preocupação predominante: a análise e a compreensão da sociedade capitalista. Como observou Hobsbawm (1964), o próprio Marx não discutiu a "dinâmica interna dos sistemas pré-capitalistas exceto na medida em que eles explicam as precondições do capitalismo" ou "as contradições econômicas concretas de uma economia escravista", ou "porque na Antiguidade desenvolveu-se a escravidão e não a servidão", ou ainda porque e como o modo de produção antigo foi substituído pelo feudalismo. Nem o fizeram os principais teóricos de épocas mais recentes - isso vale para Lenin, Gramsci ou Althusser, por exemplo - e pelas mesmas razões: suas energias estavam dirigidas para o mundo contemporâneo e sua política, ou para a teoria e para a filosofia em sua forma mais geral, mais abstrata (ou para ambas, como é o caso, por exemplo, de Lukács). A eventual exceção nos últimos anos, Hindess e Hirst (1975), fracassou diante do conhecimento inadequado da sociedade antiga.

Ao fim e ao cabo, tocou aos historiadores marxistas da Antiguidade encontrar seu próprio caminho para preencher essa lacuna na literatura marxista. Não precisamos remontar além da primeira investigação de grande escala empreendida depois dos *Grundrisse*, a de Welskopf (1957), que continua sendo o guia mais seguro para as ideias propostas sobre o *tema* por Marx, Engels, Lenin e Stalin, independentemente da análise feita pela própria autora. A complexidade e a magnitude dos problemas são imensas. O mundo antigo (greco-rornano) tornou-se uma unidade política sob o Império Romano. Em seu momento de maior extensão, em princípios do século II da era cristã, esse império incluía a Ásia Ocidental, toda a África do Norte, do Egito ao Marrocos, e a maior parte da Europa, inclusive a Grã-Bretanha, embora não houvesse chegado às regiões do norte do continente. A área sob domínio romano equivalia a um território de talvez cerca de 4 milhões de km², com uma população da ordem de 60 milhões de pessoas. Com exceção das regiões marginais, situadas nos extremos desse imenso território, não há dúvidas quanto à firmeza do controle exercido pelo centro ou quanto à exploração sistemática, por meio de taxas, tributos e, durante períodos de guerra, saques. Sob outros aspectos, porém, o império era um mosaico de sociedades heterogêneas que conservavam sua identidade essencial apesar da migração de centenas de milhares de italianos para as províncias, da ascensão das elites locais, que serviam à administração romana central, adquirindo inclusive a cidadania romana e até mesmo posição senatorial, da fundação de cidades ao estilo greco-romano em áreas que antes não as haviam conhecido, notadamente nas fronteiras do norte e na Europa Ocidental, e do transporte de mercadorias por distâncias consideráveis. Em outras palavras, não havia um movimento no sentido de um sistema de dependência generalizada com relação ao império, como ocorreu no imperialismo moderno. Isso não era possível, nem necessário. A maneira pela qual a classe dominante romana explorava as províncias não exigia uma interferência que fosse fundamental ou a transformação do regime de propriedade ou das relações sociais de produção dentro das regiões que o império conquistava e incorporava. Não é de surpreender, portanto, que as tentativas de definir um modo de produção antigo ou *um* modo de produção escravista (fossem eles considerados como a mesma coisa ou como dois modos de produção diferentes) tenham encontrado dificuldades aparentemente insuperáveis.

Um importante passo à frente foi a transferência de ênfase do MODO DE PRODUÇÃO para a FORMAÇÃO SOCIAL, definida como uma "combinação concreta de modos de produção, organizados sob a *dominância* de um deles" (Anderson, 1974, p.22, nota 6). Esse corte foi necessário para registrar a realidade, citando novamente Anderson, de uma "pluralidade e *heterogeneidade* de possíveis modos de produção dentro de qualquer totalidade histórica e social dada". Isso elimina o problema de que, na Itália romana, em particular durante os séculos nos quais a escravidão chegou a uma magnitude e uma importância superiores a tudo o que se conhecera antes, um CAMPESINATO livre e dono da terra continuasse a ser numericamente significativo. Mas há ainda problemas sérios em outros períodos e lugares do mundo antigo. A Grécia clássica dos séculos V e IV a.C., por exemplo, só culturalmente era uma "totalidade". Havia cidades-Estado, como Atenas, nas quais era dominante o modo produção escravista, mas havia também muitas outras, talvez a maioria, nas quais ele, evidentemente, não era dominante: Esparta, por exemplo, como seus hilotas, ou as grandes regiões "atrasadas" como a Tessália e a Etólia, ou a Ilíria e a Macedônia nas fronteiras. Em que sentido significativo, então, pode a Grécia ser considerada *uma* formação social?

Depois que Alexandre, o Grande, conquistou o império persa, uma classe dominante invasora greco-macedônia estabeleceu uma civilização urbana ao estilo grego nos recém-adquiridos territórios do leste, do Egito à Bactriana, mas as populações camponesas ali existentes não eram livres, no velho sentido grego (ou romano), nem escravos, e a estrutura política característica não era a cidade-Estado, mas a monarquia absoluta. Os historiadores marxistas negligenciaram, no passado, esse período, hoje convencionalmente conhecido como helenístico, mas um importante e recente estudo mostrou que as regiões orientais, de longe as mais importantes, deviam ser classificadas como uma formação social asiática, embora o componente original grego daquele mundo tenha conservado o modo de produção antigo (Kreissig, 1982). Estávamos novamente diante de uma "totalidade" apenas cultural, e uma totalidade que permaneceu fraca enquanto tal até que todo o território fosse incorporado ao Império Romano, onde o modo de produção escravista era dominante apenas no sentido atenuado de que a classe dominante romana continuava a obter sua riqueza diretamente (e diferentemente do que acontecia com a exploração das províncias) do trabalho escravo na Itália e na Sicília. Quando a classe dominante se tomou geograficamente diversificada, ao ponto de, como começou a acontecer a partir do século II da era cristã, a maior parte dos imperadores serem originários da Espanha, da Gália, da África do Norte ou da Síria, passou a ser cada vez mais inexato pretender que essa classe se baseasse na exploração do modo de produção escravista.

As questões não respondidas refletem a falta de consenso e as incertezas que caracterizam a atual historiografia marxista. Ninguém discordaria, provavelmente, de que a propriedade privada da terra e uma certa produção de mercadorias eram condições necessárias para o estabelecimento da sociedade antiga, ou que a cidade-Estado, a comunidade de cidadãos, era a sua forma política característica. Para além disso, a maior parte das questões permanecem como tema de debate, notadamente duas. A primeira diz respeito à natureza e ao papel do ESCRAVISMO, melhor discutidos no verbete que trata especificamente do tema. A segunda é a periodização da história da sociedade antiga (análoga à PERIODIZAÇÃO DO CAPITALISMO, muito melhor realizada), que durou mais de mil anos. Num extremo, todas as dificuldades são postas de lado pela sustentação de uma concepção supersimplificada e unilinear, recentemente defendida em grande profusão de páginas por uma definição excêntrica, procustiana, das principais categorias marxistas (de Sainte Croix, 1981). O outro extremo é assinalado pela proposta de que os marxistas deveriam abandonar totalmente a categoria de Antiguidade, que não teria maior validade do que a de "África desde a era de Vasco da Gama" (Hindess e Hirst, 1977, p.41).

Não é provável que nenhuma dessas posições extremas encontre grande apoio: fugir às dificuldades não é resolvê-las. Provavelmente a dificuldade mais séria esteja na busca do processo dialético pelo qual novas relações de produção surgiram e acabaram por se tornar dominantes. A palavra crise repete-se regularmente, mas não há acordo quanto a suas características específicas e nem mesmo sobre sua data. As dificuldades tornam-se mais agudas com o Império Romano e a transição da sociedade antiga para o feudalismo (ver SOCIEDADE FEUDAL). Em primeiro lugar, como já vimos, o modo de produção escravista era então dominante apenas num sentido bastante peculiar. Em segundo lugar, as metades oriental e ocidental do Império desenvolveram-se de maneira diferente. E só na metade ocidental o feudalismo acabou por substituir a antiga formação social. Ninguém acredita hoje numa derrubada revolucionária da sociedade antiga, ideia que nunca teve qualquer fundamento, exceto no dogma (Staerman e Heinen in Heinen, 1980). Mas a diferença entre o leste e o oeste exige uma explicação, que deve repousar na distinção entre as formações asiáticas e as formações antigas, as quais haviam sido reunidas sob um sistema político, e na introdução do modo de produção germânico no Império Romano do Ocidente (Anderson, 1974). Em terceiro lugar, hoje em dia, quando os historiadores, marxistas ou não, em grande medida concordam quanto a que o sistema feudal deve ter se iniciado muito depois do que se pensava, deixando um "período de transição" de talvez seis séculos, é necessário dedicar séria atenção à hipótese de que é preciso produzir o conceito de uma "formação econômica e social da Antiguidade tardia" (Giardina, 1982), sem dúvida bem melhor do que o de uma formação "impériale-esclavagiste" ("imperial-escravista") tal como a proposta por Favory (1981). A questão da periodização da sociedade antiga tornou-se uma questão totalmente aberta, com implicações fundamentais para a própria explicação da sociedade antiga.

MIF

Bibliografia: Anderson, P., *Passages from Antiquity to Feudalism*, 1974 [*Passagens da Antiguidade ao feudalismo*, 1982] • Capogrossi, L. et al. (Instituto Gramsci), *Analisi marxiste e società antiche*, 1978 • de Sainte Croix, G.E.M., *The Class Struggle in the Ancient Greek World*, 1981 • Favory, F., "Validité des concepts marxistes pour une théorie des sociétés de l'Antiquité: le modèle impérial romain", 1981 • Giardina, A., "Lavoro e storia sociale: antagonismi e alleanze dall'ellenismo al tardoantico", 1982 • Heinen, H. (org.), *Die Geschichte des Altertums in Spiegel der sowjetischen Forschung*, 1980 • Hindess, B. & P.Q. Hirst, *Pre-capitalist Modes of Production*, 1975 [*Modos de produção pré-capitalistas*, 1976] • *Mode of Production and Social Formation*, 1977 [*Modo de produção e formação social*, 1978] • Hobsbawm, E., "Introduction", in K. Marx, *Pre-Capitalist Economic Formations*, 1964 ["Introdução", in Karl Marx, *Formações econômicas pré-capitalistas*, 1981] • Kreissig, H., *Geschichte des Hellenismus*, 1982 • Welskopf, E.C., *Die Produktionsverhältnisse im alten Orient und in der griechisch-römischen Antike*, 1957.

sociedade asiática Embora a análise das sociedades asiáticas não tivesse importância fundamental do ponto de vista das preocupações teóricas e empíricas de Marx e Engels no século XIX, a natureza da "sociedade asiática" ou, mais tecnicamente, do modo de produção asiático (daqui por diante designado por MPA) passou a ter, posteriormente, grande significação conceitual e política para o marxismo. O debate sobre o MPA suscitou questões relacionadas não só com a relevância da aplicação dos conceitos marxistas fora do contexto europeu, mas também com o caráter das explicações materialistas da sociedade de classes, da transformação revolucionária e da história do mundo. O estatuto problemático da noção de "sociedade asiática" pode ser indicado em termos de um grave dilema. Caso se admita a especificidade social e econômica da sociedade asiática, os pressupostos teleológicos da sequência convencional de transições históricas (escravismo, feudalismo, capitalismo e socialismo) podem ser evitados. Mas, ao aceitarem a validade do MPA, os marxistas também podem vir a endossar a noção de uma posição privilegiada da história ocidental em relação à oriental. O caráter dinâmico e progressista do Ocidente fica, então, em vivo contraste com o Oriente estacionário e regressivo: torna-se difícil distinguir, nesse caso, as categorias marxistas das noções tradicionais de "despotismo oriental". A convicção de que a sociedade asiática é arbitrária, despótica e estagnada pode, assim, constituir uma justificativa para o colonialismo, já que a intervenção externa se torna uma condição necessária, embora infeliz, para a transformação interna.

Marx e Engels começaram a interessar-se pela análise das sociedades asiáticas em 1853, em consequência de suas críticas jornalísticas à política externa britânica. Em seus artigos para o jornal *New York Daily Tribune*, foram influenciados por James Mill (*History of British India*, 1821), por François Bernier (*Voyages contenant la description des états du Grand Mogol*, 1670) e Richard Jones (*An Essay on the Distribution of Wealth and the Sources of Taxation*, 1841). Com base nessas fontes, Marx e Engels afirmaram que a ausência da propriedade privada, notadamente da propriedade privada da terra, nas sociedades asiáticas era a causa básica da estagnação social. As mudanças periódicas da organização política das sociedades asiáticas, determinadas por lutas dinásticas e por conquistas militares, não provocaram modificações radicais na organização econômica, porque a propriedade da terra e a organização das atividades agrícolas continuavam nas mãos do Estado, que era o verdadeiro proprietário da terra. A natureza estática da sociedade asiática apoiava-se igualmente na consistência da velha comunidade de aldeia que, combinando agricultura e artesanato, era economicamente autossuficiente. Tais comunidades eram, por motivos geográficos e climáticos, dependentes da irrigação, que, por sua vez, exigia um aparelho administrativo centralizado para coordenar e desenvolver obras hidráulicas de grande escala. O despotismo e a estagnação explicavam-se, dessa forma, pelo papel dominante do Estado no que diz respeito às obras públicas e pela autossuficiência e isolamento das comunidades aldeãs.

Esse esboço preliminar de explicação das sociedades asiáticas foi modificado e ampliado por Marx e Engels, que produziram uma visão mais complexa do MPA em sua obra de maturidade. Nos *Grundrisse*, Marx observou uma diferença crucial entre a história urbana do Oriente e a do Ocidente. Ao passo que, no feudalismo, a existência de cidades politicamente independentes como centros para o crescimento da produção de valores de troca foi crucial para o desenvolvimento de uma classe burguesa e do capitalismo industrial, a cidade oriental foi uma criação artificial do Estado e continuou subordinada à agricultura e ao campo – era simplesmente um "acampamento principesco" sobreposto à estrutura econômica da sociedade. A partir disso, Marx passou a atribuir particular importância à posse comunal da terra pelas aldeias autossuficientes, autárquicas, que eram a base real da unidade social representada pelo Estado. O MPA passou, então, a ser concebido como uma forma de apropriação comunal que poderia, em princípio, ocorrer fora da Ásia. Uma abordagem semelhante do MPA como representativo de uma versão da apropriação comunal aparece em *O Capital*, em que Marx volta a definir a autossuficiência da aldeia asiática e a unidade entre artesanato e agricultura como o fundamento último do despotismo e da imutabilidade social característicos ao Oriente. Em *O Capital*, é a simplicidade da produção ao nível da aldeia que define a característica essencial da estabilidade asiática: "o segredo da imutabilidade das sociedades asiáticas". O produto excedente dessas comunidades era apropriado sob a forma de tributo pelo Estado, de tal modo que a renda da terra e o tributo coincidiam.

Embora tenha havido considerável debate quanto às características essenciais da sociedade asiática – ausência de propriedade privada, controle das obras de irrigação pelo Estado, autossuficiência das aldeias, unidade entre artesanato e agricultura, simplicidade dos métodos de produção –, nas análises de Marx e Engels, o objetivo da fixação dessas diversas características era situar a condição estacionária da sociedade asiática em relação ao desenvolvimento ocidental e, negativamente, identificar os fatores do feudalismo europeu que foram capazes de levar ao desenvolvimento capitalista. A sociedade asiática caracterizava-se por um aparelho de Estado superdesenvolvido e uma "sociedade civil" subdesenvolvida, enquanto na Europa predominava uma situação inversa. Nas sociedades asiáticas, não existiam aquelas disposições sociais estreitamente relacionadas com a ascensão da classe burguesa, tais como mercados livres, propriedade privada, estrutura de corporações e direito burguês, porque o Estado centralizado dominava a sociedade civil. A ausência de propriedade privada impedia o desenvolvimento de classes sociais como agentes da transformação social. Ao nível da aldeia, todos os habitantes podem ser considerados como uma classe explorada que existia num estado de "escravidão generalizada". Mas é difícil identificar a classe dominante nas sociedades asiáticas. O sistema de castas que Marx e Engels consideraram como uma forma primitiva de relação de classes não era, evidentemente, relevante para a análise da China, da Turquia e da Pérsia. Na ausência de mecanismos internos de transformação social, uma implicação necessária da análise que Marx fazia da Índia era a de que o imperialismo britânico se tornara, embora não intencionalmente, a principal força exógena a promover a dissolução do MPA. Em seus artigos para o *New York Daily Tribune*, Marx e Engels argumentaram que os britânicos, introduzindo a propriedade privada da terra, haviam revolucionado a sociedade indiana fazendo explodir o MPA estacionário. O sistema ferroviário, a imprensa livre, o exército moderno e as formas modernizadas de comunicação proporcionariam o quadro institucional para o desenvolvimento social na Índia. Com base nesses artigos, afirmou-se (Avineri, 1968) que a interpretação dada por Marx ao imperialismo britânico leva à proposição de que, quanto mais extensivas forem as formas de imperialismo, mais profundas serão as consequências em termos de modernização. A especificidade asiática oferece, em última análise, uma justificativa, embora disfarçada, para a expansão imperialista. Justamente porque o MPA tem fortes implicações ideológicas, muitos marxistas, com frequência, argumentaram em favor do abandono desse conceito específico.

O conceito de MPA tem uma longa história de demolições, ressurreições e reformulações. Embora Marx, em seu "Prefácio" à *Contribuição à crítica da economia política* (1859), tivesse tratado o MPA como uma das "épocas que marcam o avanço no desenvolvimento econômico da sociedade", Engels a ele não se refere em *A origem da familia, da propriedade privada e do Estado* (1884). A relevância desse conceito voltou ao debate marxista no contexto das lutas revolucionárias na Rússia. Diferentes estratégias políticas associavam-se a diferentes concepções do caráter da sociedade russa como feudal, capitalista ou asiática. Marx e Engels referiram-se inicialmente à Rússia czarista como "semiasiática", em 1853. Engels desenvolveu a ideia do isolamento da comuna russa como base do despotismo oriental no *Anti-Duhring* (1877). No período entre 1877 a 1882, Marx escreveu cartas ao editor do periódico russo *Otechestvenniye Zapiski*, a Vera Zassulitch e a Engels, em que delineava seus pontos de vista sobre a estrutura social russa e a possibilidade de revolução naquele país. A questão era se a comuna russa podia proporcionar a base para o socialismo ou se antes representava um freio social para o desenvolvimento político.

Marx e Engels argumentaram que a comuna russa poderia constituir a base do socialismo onde as relações capitalistas de produção ainda não houvessem penetrado muito profundamente no campo. Além disso, uma revolução na Rússia tinha de coincidir com revoluções da classe operária na Europa. O problema da Rússia como sociedade "semiasiática" continuou a ter um papel importante nos debates relativos à estratégia revolucionária. Plekhanov, rejeitando a visão utópica que os populistas tinham da história russa, considerava a comuna como a base do absolutismo russo e combateu as propostas de nacionalização da terra como uma restauração do MPA e do despotismo oriental. Esses debates sobre a sociedade asiática giravam em torno da questão de uma visão unilinear determinista da história em contraposição a perspectivas multilineares. A validade do MPA tinha importância definitiva para as abordagens multilineares porque deixava implícito não estar o marxismo comprometido com um esquema de evolução mecanicista no qual estágios históricos seguiam-se uns aos outros de acordo com leis necessárias (ver ESTÁGIOS DE DESENVOLVIMENTO). O esquema unilinear - comunismo primitivo, escravismo, feudalismo, capitalismo e socialismo - passou a predominar depois que a Conferência de Leningrado de 1931 rejeitou a relevância do MPA para a análise das sociedades asiáticas. A decisão foi confirmada pela adesão de Stalin a uma perspectiva mecanicista e unilinear. A rejeição do MPA significava que as sociedades asiáticas passaram a ser, daí por diante, classificadas sob as categorias de escravismo ou feudalismo.

No período do pós-guerra, a análise das sociedades asiáticas foi dominada pela obra de Wittfogel *Oriental Despotism*. Empiricamente, Wittfogel estava preocupado com as implicações que a administração centralizada da irrigação acarretava para a estrutura social da China. A inspiração teórica do estudo que Wittfogel desenvolveu sobre economia hidráulica em *Wirtschaft und Gesellschaft Chinas* (*A economia e a sociedade da China*) provinha da aplicação que Weber fizera da noção de "burocracia patrimonial" em relação à história chinesa. Para Wittfogel, o conceito do MPA suscitava duas questões fundamentais. Em primeiro lugar, trazia à tona toda a questão da relação entre o homem e a natureza; e seu estudo da "geografia cultural" das formações sociais baseadas na propriedade pública das obras de irrigação estava voltado para os processos fundamentais do trabalho produtivo como elemento de ligação entre os grupos humanos e a natureza. Em segundo lugar, levantava a questão da possibilidade de uma sociedade na qual a classe dominante não era dona dos meios de produção, mas controlava o aparelho de Estado e a economia na qualidade de classe burocrática. Wittfogel publicou mais tarde, em 1957, sua obra *Oriental Despotism* como um "estudo comparado do poder total". O vigor polêmico desse estudo estava no argumento de que a liderança comunista suprimiu o conceito de MPA depois de 1931 porque a tese de uma classe dominante que controlava os meios de administração sem possuir propriedade privada indicava uma continuidade do poder político da Rússia czarista na Rússia stalinista. Como os funcionários do partido haviam substituído a burocracia tradicional, o despotismo asiático havia sido preservado.

O processo de desestalinização contribuiu para o renascimento do interesse pelo MPA na década de 1960. Sob o impulso do marxismo "estruturalista" de Althusser, a análise dos modos de produção tornou-se parte de uma renovada ênfase no estatuto científico do materialismo histórico. Formulações precisas das leis de acumulação próprias aos vários modos de produção prometiam uma rigorosa alternativa marxista para as teorias da modernização e do desenvolvimento propostas pela ciência social convencional. O interesse pelo MPA constituiu um aspecto de uma tendência geral do marxismo a produzir conceitos de dependência (ver TEORIA DA DEPENDÊNCIA), de desenvolvimento desigual e de subdesenvolvimento, com o objetivo de compreender os efeitos da expansão capitalista nas economias periféricas (ver SUBDESENVOLVIMENTO E DESENVOLVIMENTO). O MPA surgia, com frequência, como uma alternativa para as teorias unilineares dos estágios do desenvolvimento. Além disso, como alternativa ao escravismo e ao feudalismo, a ideia de que a sociedade asiática tem características particulares reconhecia a especificidade das sociedades orientais. Apesar dessas supostas vantagens teóricas, o conceito de sociedade asiática e o MPA continuaram problemáticos. A aplicação do modo de produção feudal à Ásia e à África foi muitas vezes criticada sob a alegação de que é demasiado vaga para dar conta da complexidade empírica e da diversidade das sociedades que existiram nessas regiões. Na prática, a noção de "sociedade asiática" mostrou-se igualmente vaga e imprecisa. Em Wittfogel, por exemplo, várias sociedades que revelam diversidades extremas de desenvolvimento e de organização, como a Rússia czarista, a China dos Sung, o Egito dos mamelucos, a Espanha islâmica, a Pérsia, o Havaí, e assim por diante, são explicadas pelo mesmo conceito de "sociedade hidráulica". De maneira semelhante, Marx usou a expressão "sociedade asiática" não só para a China e a Índia, como também para a Espanha, o Oriente Médio, Java e a América pré-colombiana. O conceito de MPA foi usado indiscriminadamente para descrever quase todas as sociedades baseadas na propriedade comunal e em aldeias autossuficientes onde não houvesse relações capitalistas de mercado.

Por sobre existirem inúmeras objeções empíricas à aplicação do MPA a sociedades específicas, esse conceito está, ainda por cima, carregado de problemas teóricos. É dificil ver, por exemplo, como aldeias autossuficientes, autônomas, poderiam ser compatíveis com um Estado centralizado que deve intervir na economia dessas aldeias. Além disso, as características sociais da sociedade asiática parecem dever-se a fatores puramente tecnológicos, associados à irrigação em grande escala, e não às relações de produção: a teoria da sociedade asiática envolve pressuposições sobre o determinismo tecnológico incompatíveis com o materialismo histórico, no qual relações de produção determinam forças produtivas. Finalmente, a explicação das origens do Estado na sociedade asiática apresenta numerosos problemas. Na ausência de lutas de classes, o Estado tem de ser explicado como consequência da conquista ou em termos de suas funções em relação às obras públicas.

O problema da "sociedade asiática" é, na verdade, muito mais profundo do que essas questões técnicas poderiam sugerir. O MPA teve uma importância negativa no marxismo já que sua função teórica não foi a análise da sociedade asiática, mas a explicação da ascensão do capitalismo na Europa dentro de um quadro comparativo. Portanto, a sociedade asiática foi definida como uma série de hiatos – a burguesia inexistente, a ausência da cidade, a ausência da propriedade privada, a inexistência das instituições burguesas – que explicavam o dinamismo da Europa. A "sociedade asiática" foi, dessa forma, uma manifestação, no marxismo, de uma problemática orientalista cujas origens remontam à filosofia política grega, passando por Hegel, Montesquieu e Hobbes. O marxismo herdou, muitas vezes involuntariamente, a linguagem dos discursos tradicionais sobre o governo arbitrário, forjados no debate sobre o absolutismo europeu. A noção de "sociedade asiática" deve, portanto, ser encarada como um elemento central de uma tradição orientalista que tem dado provas de notável, mas perniciosa, resistência dentro da filosofia ocidental. (Ver também COMUNA RUSSA; MODOS DE PRODUÇÃO NÃO CAPITALISTAS; PROPRIEDADE FUNDIÁRIA E RENDA DA TERRA.)

BST

Bibliografia: Avineri, Shlomo, *Karl Marx on Colonialism and Modernization*, 1968 • Bailey, Anne M. & Joseph R. Llobera, *The Asiatic Mode of Production*, 1981 • Centre d'Études et de Recherches Marxistes (Cerm), *Sur le "mode de production asiatique"*, 1969 [*O modo de produção asiático*, 1974] • Chesnaux, Jean et al., *El modo de producción asiático*, 1969 • Hindess, Barry & Paul Q. Hirst, *Pre-Capitalist Modes of Production*, 1975 [*Modos de produção pré-capitalistas*, 1976] • Mandel, Ernest, *La formation de la pensée économique de Karl Marx*, 1972 [*A formação do pensamento econômico de Karl Marx*, 1980] • Melotti, Umberto, *Marx and the Third World*, 1972 (1977) • Said, Edward W., *Orientalism*, 1978 • Soffri, Gianni, *Il modo di produzione asiatico: storia di una controversia marxista*, 1969 [*O modo de produção asiático: história de uma controvérsia marxista*, 1977] • Turner, Bryan S., *Marx and the End of Orientalism*, 1978 • Wittfogel, Karl A., *Oriental Despotism: a comparative study of total Power*, 1957.

sociedade civil Embora a expressão "sociedade civil" fosse usada por autores como Locke e Rousseau para descrever o governo civil em contraposição à sociedade natural ou estado da natureza, o conceito marxista vem de Hegel. Na obra deste, *die bürgliche Gesellschaft*, isto é, a sociedade civil ou burguesa, enquanto esfera dos indivíduos que deixaram a unidade da família para ingressar na competição econômica, é contrastada com o Estado, ou sociedade política. A sociedade civil é uma arena de necessidades particulares, interesses egoístas e divisionismo, dotada de um potencial de autodestruição. Para Hegel, só através do Estado pode o interesse universal prevalecer, uma vez que ele discorda de Locke, Rousseau e Adam Smith no que diz respeito à existência de qualquer racionalidade inata à sociedade civil que leve ao bem geral.

Marx vale-se do conceito de sociedade civil em sua crítica a Hegel e ao idealismo alemão em textos como *A questão judaica*, a "Crítica da filosofia do direito de Hegel: introdução" e os *Manuscritos econômicos e filosóficos*, nos quais a discussão se faz na linguagem hegeliana daquele período de sua obra. A categoria praticamente desaparece nas obras posteriores de Marx, embora se possa argumentar que algumas das implicações de sua anterior discussão permanecem importantes para a visão que Marx tinha da política. A sociedade civil aparece igualmente nos primeiros escritos de Marx como uma medida da transição da sociedade feudal para a burguesa. Definida por Marx como o terreno do materialismo crasso, das modernas relações de propriedade, da luta de cada um contra todos e do egoísmo, a sociedade civil surge, insiste ele, da destruição da sociedade medieval. Anteriormente, os indivíduos eram parte de muitas sociedades diferentes, como as guildas ou os estados, cada uma das quais tinha um papel político, de modo que não havia um domínio civil à parte. Quando essas sociedades parciais se desagregaram, emergiu a sociedade civil, na qual o indivíduo tornou-se de suma importância. Os antigos laços de privilégio foram substituídos pelas necessidades egoístas de indivíduos atomísticos, separados uns dos outros e da comunidade. Os únicos laços que existem entre eles são proporcionados pela lei, que não é produto de sua vontade e não se ajusta à sua natureza, mas que domina as relações humanas pela ameaça de punição. A natureza fragmentária e conflitante da sociedade civil, com suas relações de propriedade, carece de um tipo de política que não reflita esse conflito, mas seja dele abstraído e afastado. O Estado moderno torna-se necessário (e ao mesmo tempo limitado) pelas características da sociedade civil. A fragmentação e miséria da sociedade civil escapam ao controle do Estado, que está restrito a atividades formais, negativas, e se torna impotente devido ao conflito que é a essência da vida econômica. A identidade política dos indivíduos como cidadãos na sociedade moderna é separada de sua identidade civil e de sua função na esfera produtiva como comerciante, operário ou latifundiário.

Duas divisões desenvolvem-se simultaneamente na análise de Marx: a divisão entre os indivíduos encerrados em sua privacidade e a divisão entre o domínio público e o privado, ou entre Estado e sociedade. Marx contrasta o idealismo dos interesses universais (tal como representado pelo Estado moderno) e a abstração do conceito do cidadão (que é moral porque vai além de seu interesse estreito e imediato) com o materialismo do homem real na sociedade civil. A ironia, segundo Marx, está em que, na sociedade moderna, os propósitos mais universais, morais e sociais, tais como encarnados no ideal do Estado, estão a serviço de seres humanos sujeitos à condição parcial e degradada dos desejos egoísticos individuais, da necessidade econômica. É nesse sentido que a essência do Estado moderno encontra-se nas características da sociedade civil, nas relações econômicas. Para que o conflito da sociedade civil seja verdadeiramente superado e para que o pleno potencial dos seres humanos possa realizar-se; tanto a sociedade civil, como o seu produto, a sociedade política, devem ser abolidas, para o que é necessária uma revolução tanto social como política que liberte a humanidade.

Muito embora GRAMSCI continue a usar a categoria para referir-se à esfera privada ou não estatal, o que inclui a economia, seu retrato da sociedade civil é muito diferente do traçado por Marx. Para Gramsci, a sociedade civil não é simplesmente uma esfera de necessidades individuais, mas de organizações, e tem o potencial de autorregulação racional e de liberdade. Gramsci insiste na organização complexa da sociedade civil como o "conjunto de organismos comumente chamados de 'privados'", onde a HEGEMONIA e o "consentimento espontâneo" são organizados (Gramsci, 1971c, p.12-13). E argumenta que qualquer distinção entre a sociedade civil e o Estado é apenas metodológica, já que mesmo uma política de não intervenção como a do *laissez-faire* é estabelecida pelo próprio Estado (1971c, p.60). Nas notas que Gramsci escreveu na prisão, as metáforas que descrevem as relações entre o Estado e a sociedade civil variam. Uma sociedade civil plenamente desenvolvida é apresentada como um sistema de trincheiras, capaz de resistir às "incursões" de crises econômicas e de proteger o Estado (1971c, p.235), ao passo que em outro trecho, numa observação em que Gramsci contrasta a Rússia de 1917 – com a sua sociedade civil "rudimentar" e pouco desenvolvida – com os países ocidentais, o Estado é descrito como uma trincheira avançada, por trás da qual situa-se todo um sistema de defesa forte e poderoso, constituído na sociedade civil (1971c, p.238). Enquanto Marx insiste na separação entre o Estado e a sociedade civil, Gramsci enfatiza a inter-relação de ambos, argumentando que, conquanto o uso cotidiano e limitado da palavra Estado possa referir-se ao governo, o conceito de Estado inclui, na realidade, elementos da sociedade civil. O Estado, estritamente concebido como governo, é protegido pela hegemonia organizada na sociedade civil, ao passo que a hegemonia da classe dominante é fortalecida pelo aparelho coercitivo estatal. Mas o Estado também tem uma "função ética" ao tentar educar a opinião pública e influenciar a esfera econômica. Por sua vez, o próprio conceito de lei deve ser ampliado, diz Gramsci, já que elementos de costume e hábito podem exercer, na sociedade civil, uma pressão coletiva no sentido da conformidade, sem coerção ou sanções.

Em qualquer sociedade concreta, as linhas demarcatórias entre a sociedade civil e o Estado podem ser apagadas, mas Gramsci argumenta contra todas as tentativas de equalizar ou identificar Estado e sociedade civil, tanto nas obras de vários pensadores fascistas italianos como nas dos jacobinos franceses. Embora admita um papel para o Estado no desenvolvimento da sociedade civil, adverte contra a perpetuação da estatolatria ou culto do Estado (1971c, p.268). Na realidade, o desaparecimento do Estado é redefinido por Gramsci em termos de um pleno desenvolvimento dos atributos autorreguladores da sociedade civil.

Ao passo que, nas obras de Marx, a sociedade civil é retratada como o terreno do egoísmo individual, a perspectiva de Gramsci está referida à análise hegeliana dos Estados e corporações como elementos organizativos que representam interesses corporativos de um modo coletivo na sociedade civil e do papel da burocracia e do sistema jurídico na regulamentação da sociedade civil e na sua conexão com o Estado (Razeto Migliaro e Misuraca, 1978). Gramsci assinala, porém, que Hegel não tinha experiência das modernas organizações de massas, da qual, aliás, Marx também carecia, apesar de sua maior sensibilidade para com as massas (op. cit., p.259). Tais diferenças podem estar relacionadas com a ênfase de Gramsci na necessidade de analisar a organização concreta da sociedade civil e as interligações do Estado com a sociedade, economia inclusive. Devemos dizer que, em Marx como em Gramsci, a categoria "sociedade civil" contém elementos tanto da base econômica quanto dos aspectos não políticos da superestrutura (ver BASE E SUPERESTRUTURA), e portanto não se ajusta bem a essa metáfora.

Uma compreensão do conceito de sociedade civil, tanto em pensadores marxistas como em pensadores não marxistas, leva a um exame do próprio conceito de política. Esse conceito envolve relações entre indivíduos e entre os indivíduos e a comunidade, uma visão da sociedade como organizada ou não, o delineamento dos domínios público e privado. Embora a expressão "sociedade civil" desapareça nas últimas obras de Marx, o tema do desaparecimento da política como uma esfera distinta não controlada pela sociedade e de sua substituição por um novo tipo de democracia reaparece em *A guerra civil na França*, é encontrado em *O Estado e a Revolução*, de Lenin, e desenvolvido posteriormente por Gramsci.

ASS

Bibliografia: Bobbio, Norberto, "Gramsci e la concezione della società civile", 1969; "Gramsci and the

Conception of Civil Society", in C. Mouffe (org.), *Gramsci and Marxist Theory* (1979) ["Gramsci e a concepção de sociedade civil", in N. Bobbio, *O conceito de sociedade civil*, 1982] • Cerroni, V., "Gramsci e il superamento della separazione tra società e Stato", 1959 • Colletti, Lucio, "Introduction" a Karl Marx, *Early Writings* • Gramsci, Antonio, *Selections from the Prison Notebooks*, 1929-1935 (1971c) [As citações do texto remetem à tradução inglesa de textos dos *Quaderni* publicados originalmente em *Note sul Machiavelli, sulla politica e sullo Stato moderno*; as páginas citadas da edição inglesa correspondem, respectivamente, às páginas 73 e 75 da edição brasileira de *Maquiavel, a política e o Estado moderno*, 1968] • Piotte, Jean-Marc, *La pensée politique de Gramsci*, 1970 [*O pensamento político de Gramsci*, 1975] • Razeto Migliano, L. & F. Misuraca, "Teoria della burocrazia moderna", in L. Razeto Migliaro & F. Misuraca, *Sociologia e marxismo nella critica di Gramsci*, 1978 • Texier, Jacques, "Gramsci, teorico delle sovrastrutture e il concetto di società civile", 1968; "Gramsci, théoricien des superstructures" (1968); "Gramsci, Theorethician of the Superstructure", in C. Mouffe (org.), *Gramsci and Marxist Theory* (1979).

sociedade feudal Embora seus interesses históricos fossem amplos, Marx e Engels estavam fundamentalmente voltados para a definição do MODO DE PRODUÇÃO capitalista. Seus escritos sobre o feudalismo tenderam a refletir essa perspectiva, bem como a concentrar-se na transição do modo de produção feudal para o modo de produção capitalista. Marx e Engels preocupavam-se com a "forma de existência" do trabalho e com a maneira pela qual os produtos do trabalho eram apropriados pelas classes dominantes. A analogia entre os dois modos de produção fazia-se, portanto, entre a apropriação da mais-valia pelos capitalistas, que empregavam os proletários enquanto indivíduos para produzir mercadorias nas sociedades industriais ou em processo de industrialização, e a apropriação, pelos senhores feudais, da renda feudal em sociedades predominantemente agrárias, renda esta estorquida de seus rendeiros (*tenants*) camponeses, que produziam em pequena escala os bens necessários à satisfação de suas próprias necessidades essenciais contando para isso com a força de trabalho familiar.

Mesmo em sua forma mais evoluída de renda em dinheiro, a renda feudal diferenciava-se, para Marx, da renda da terra capitalista, cujo nível era, em última análise, determinado pela taxa geral de lucro sobre o capital. Já o nível da renda feudal era determinado – abstraídos fatores básicos como a fertilidade do solo e a eficiência do cultivo camponês – pela capacidade que tinha a classe feudal de exercer sobre os camponeses formas não econômicas de coerção para a extração da renda. A coerção não econômica significa que não há negociações de mercado entre os senhores feudais e os camponeses para produzir um nível de renda determinado pela oferta e pela procura de terra, mas que os rendeiros (*tenants*) são obrigados a pagar renda por causa da força superior exercida pelo senhor da terra. Quando o feudalismo consolidou-se como uma forma de sociedade, essa força foi legitimada pela instituição da SERVIDÃO. Os camponeses, não sendo juridicamente livres, estavam privados de direitos de *propriedade*, embora tivessem direitos ao uso da terra. Eram obrigados a entregar seu trabalho ou o produto desse trabalho que excedesse o necessário à subsistência familiar e à reprodução simples da economia familiar do camponês. A sociedade feudal foi considerada por Marx e Engels como intermediária, cronológica e logicamente, entre a sociedade escravista (ver ESCRAVISMO) do mundo antigo e o mundo dos capitalistas e proletários da época moderna. Esse modelo, porém, é inadequado para explicar as características peculiares do feudalismo ocidental, a partir do qual o modo de produção capitalista, tal como o conhecemos, se desenvolveu. O mundo antigo não pode, simplesmente, ser caracterizado em termos de uma relação entre escravos que trabalhavam em lavouras ou minas e seus proprietários. Houve sempre, provavelmente, uma minoria de escravos e uma maioria de camponeses livres e semilivres e de artesãos na Antiguidade. O trabalho excedente era apropriado mais sob a forma de renda e de imposto do que como trabalho não remunerado do escravo cativo. Por outro lado, alguns escravos são encontrados, já na época feudal, trabalhando nas propriedades dos seus senhores até o século X (e mesmo até o século XI na Inglaterra). Por outro lado, conquanto aqueles que eram juridicamente definidos como servos constituíssem uma parcela importante, embora flutuante, do CAMPESINATO europeu medieval, houve sempre uma elevada proporção de camponeses de condição livre. Significará isso, porém, que, do ponto de vista marxista, não há como diferenciar a sociedade feudal de outras sociedades pré-capitalistas?

A breve definição acima esboçada das características básicas do modo de produção feudal não faz plena justiça a Marx e a Engels que, sem terem explorado a evolução geral do feudalismo medieval, ainda assim o viram como um processo histórico. O interesse teórico de Marx e Engels não se dirigia apenas para a transição feudalismo ao capitalismo, mas também se voltou para o impacto das tribos germânicas sobre o decadente Império Romano, o que os fez especularem sobre as formas específicas da sociedade medieval como uma síntese oriunda desse impacto. Essa especulação não foi levada muito longe, mas sugere que uma compreensão marxista da sociedade feudal dependeria de que se a concebesse como uma evolução histórica e não como um conjunto estático de relações entre duas classes principais em luta, os senhores das terras e os camponeses. Isso não significa, é claro, que seria possível compreender a economia e a sociedade feudais sem compreender as relações entre essas duas classes e o caráter específico (e mutável) da coerção que era parte dela. Mas havia muito mais na sociedade feudal do que a exploração dos camponeses pelos senhores de terras e a resistência dos primeiros a essa exploração.

Em primeiro lugar devemos compreender não só a "forma de existência" do trabalho, mas também a "forma de existência" da propriedade agrária. Isso nos leva à instituição que deu seu nome ao feudalismo, ou seja, o "feudo" (do latim *feodum*, *feudum*), um dos principais tópicos (bastante negligenciado pelos marxistas) da historiografia burguesa sobre o período. O feudo clássico era uma área de propriedade agrária em poder de um vassalo, concedida por um senhor (suserano) em troca de serviço militar ou da prestação de ajuda e de assistência. Era uma expressão específica de uma relação de ordem mais geral interna à classe dominante feudal. Senhorio (suserania) e vassalagem constituíam essa poderosa relação, que se expressava pelo juramento de fidelidade e de há muito permeava o *ethos* da classe dominante feudal. Pode-se supor que suas origens remontam à relação entre os magnatas romanos e seus clientes e, mais especificamente, à relação entre os chefes guerreiros germânicos e seus seguidores. Estes últimos davam ao chefe sua fidelidade, serviço e conselho na expectativa de doações resultantes da distribuição dos ganhos da guerra – isto é, o saque. O feudo territorial é, em parte, um equivalente mais recente do saque redistribuído e começou a se desenvolver no período de relativa estabilização que se verificou sob a hegemonia dos carolíngios.

Foram a relação suserano-vassalo e o feudo como sua expressão enquanto modalidade de propriedade e uso da terra que determinaram tanto o modo medieval quanto o modo moderno de perceber a sociedade feudal, assim como o sistema fabril determinou modos de ver o capitalismo. Mas não se pode de modo algum dizer que o feudo fosse universal no que chamamos de "sociedade feudal". Desenvolveu-se principalmente na área compreendida entre os rios Loire e Reno e na Inglaterra normanda, e muitos senhores feudais, particularmente ao sul e a leste dessas áreas, conservavam suas terras de maneira alodial, isto é, como propriedade absoluta. Não obstante, o conceito foi suficientemente forte, como observou Engels, para chegar à sua "expressão clássica da ordem feudal" nas *Assizes* do efêmero Reino de Jerusalém dos cruzados.

A relação suserano-vassalo foi um laço significativo até mesmo nos mais fortes dos primeiros Estados medievais – os impérios carolíngio e otoniano, os reinos inglês e anglo-normando. Tornou-se ainda mais importante onde e quando o poder de Estado se fragmentou. Devido às más comunicações e ao caráter localizado da economia, o domínio efetivo só podia ser exercido sobre áreas relativamente pequenas. Dentro do ducado, do condado ou da área controlada por um castelão, a rede de relações suserano-vassalo era a base da coesão. Ideologicamente reforçadas pelas instituições religiosas (bispos e abades eram, eles próprios, grandes senhores feudais), essas relações exerciam-se basicamente através da jurisdição. O direito de manter uma corte ou tribunal para seus vassalos, que a ela compareciam como autores de ações, como conselheiros ou para fazer declarações sobre os costumes e tradições em que os julgamentos deviam inspirar-se, era a principal maneira pela qual os senhores exerciam o poder na sociedade feudal, dirimindo disputas e punindo as infrações da lei e do costume. A corte senhorial era igualmente um órgão de administração para a imposição de tributos e o recrutamento de força militar. Quando as dimensões dos Estados cresceram (conforme ocorreu com as monarquias feudais) isso se fez, em primeiro lugar, pela extensão da hierarquia de controle pela jurisdição. A criação de sistemas tributários, de burocracias e de exércitos permanentes foi secundária.

O sistema jurisdicional acima descrito ocupava-se dessa relação – de forma alguma pacífica – entre senhores e vassalos, que, todos, faziam parte de uma aristocracia essencialmente militar. O poder jurisdicional era ainda mais essencial à manutenção do controle dos senhores sobre o campesinato. É preciso esclarecer que a relação entre os grandes senhores e seus vassalos livres não era análoga à existente entre a classe dos senhores feudais como um todo e os seus rendeiros camponeses. Os vassalos militares eram homens livres, e seus direitos de linhagem dentro de suas propriedades, embora não totalmente invioláveis, não podiam ser questionados sem causa séria. E, embora mudanças de fidelidade (*allégiance*) pudessem provocar acusações de traição, elas não eram impossíveis. Mas até mesmo os camponeses que gozavam de uma condição de liberdade pessoal tinham muito pouca liberdade de movimento ou de dispor de sua propriedade, e muito menos os camponeses que não eram livres. Quanto a estes, a jurisdição do senhor exercia-se no sentido de forçá-los a realizar trabalho não pago na *demesne* (a fazenda senhorial) e a pagar vários tributos *in natura*, ou mesmo em dinheiro, que incidiam sobre a exploração familiar camponesa. No século XII (embora o ritmo dessa evolução tenha variado consideravelmente nas diferentes partes da Europa), o alcance da tributação jurisdicional havia aumentado de forma significativa. A descentralização do poder feudal significou que até mesmo os pequenos senhores cujos domínios não excediam a uma aldeia podiam tributar todos os habitantes (fossem eles rendeiros ou não) e forçá-los a moer o trigo no moinho do senhor, a prensar as vinhas no seu lagar, a cozer o pão no seu forno – em troca de uma taxa. Os camponeses pagavam aos senhores multas em dinheiro quando eram condenados por delinquência nas cortes por estes mantidas, taxas para terem a permissão de casar uma filha e um imposto mortuário mais ou menos pesado.

Essa complexa variedade dos tributos pagos pelos camponeses suscita a questão da definição da renda feudal em sua essência. Para alguns autores marxistas, a renda feudal essencial era o trabalho não pago realizado na *demesne*, um procedimento óbvio pelo qual a classe dominante se apropriava do trabalho excedente. Para estes autores, o desenvolvimento da renda em produtos e da renda em dinheiro foi periférico, simplesmente um indício da decomposição do modo de produção feudal no Ocidente – em vivo contraste com a sua manutenção, com grandes *demesnes* e trabalho servil generalizado, na Europa Oriental, do século XVI ao século XVIII. É difícil sustentar essa concepção tendo em vista as flutuações, no tempo, do cultivo agrícola da *demesne* com base na renda em trabalho. Se isso foi característico da França carolíngia no século IX, da Inglaterra no século XIII e da Polônia no século XVII, foi menor a sua importância na França do século XI, na Inglaterra dos séculos XII e XIV e na Europa Oriental dos séculos XIII e XIV. Não podem senão concluir que não é correto identificar uma forma de renda feudal como característica da sociedade feudal em seu pleno desenvolvimento.

O acréscimo dos lucros resultantes da jurisdição privada à renda feudal "ordinária" na França ocidental a partir do século XI, chama a atenção para a natureza desses lucros, que como boa parte da renda das explorações camponesas, eram muitas vezes pagos e recebidos sob a forma de dinheiro. Para poderem pagar rendas e multas em dinheiro e usar dinheiro para comprar isenções e até mesmo certas franquias (isso aconteceu já em fins do século XII), os camponeses deviam estar produzindo excedentes em relação às necessidades de subsistência e reprodução. Esses excedentes devem ter sido vendidos por dinheiro no mercado, como mercadorias. Qual era, então, o papel da produção de mercadorias na sociedade feudal?

É claro que lado a lado com uma economia de subsistência, havia uma economia de mercado. Provavelmente a maior parte do produto social (principalmente alimentos) jamais chegava ao mercado. A maior parte da produção não vendida no mercado era consumida pela familia do camponês ou transferida *in natura* para o senhor. Havia também uma economia de subsistência do senhor, pois, embora parte da produção da *demesne* fosse para o mercado, uma proporção considerável era consumida diretamente nas residências senhoriais, nas luxuosas abadias e palácios do alto clero e nos frequentes festins que os nobres proporcionavam a suas cortes. A pressão para que fossem levados ao mercado os produtos agrícolas vinha de duas direções. Afinal de contas, a divisão social do trabalho entre cultivo, artesanato, dizer orações, governar e fazer guerra já era antiga antes do advento do feudalismo. Essa divisão tem implícita a produção de excedentes de alimentos pelos cultivadores, que, só ela, pode permitir as atividades, de tempo integral ou parcial, dos outros. De acordo com as circunstâncias da época – isto é, relação proporcional terra/trabalho, nível de desenvolvimento tecnológico, perturbações da produção pela guerra (que, invariavelmente, envolvia alguma forma de saque) – o excedente podia variar consideravelmente em termos de quantidade ou de disponibilidade. Quando a sociedade feudal começou a se estabilizar no século XI, da maneira acima descrita, os camponeses foram capazes de produzir excedentes, pois as condições se tornaram relativamente pacíficas, a população começou a crescer e há indícios de que houve algum progresso tecnológico. Mercados locais e regionais destinados à troca de produtos agrícolas e manufaturados começaram a emergir da massa de aldeias.

Outro componente essencial do crescimento da produção de mercadorias na sociedade medieval foram as necessidades específicas da classe dominante. Boa parte delas era herdada dos hábitos de consumo das classes dominantes do Império Romano, a que religiosos da alta hierarquia (arcebispos, bispos, abades) de origem aristocrática haviam dado prosseguimento. O que era consumido era apenas em parte uma questão de prazer: era também uma questão de exibição e recompensa – em outras palavras, tinha uma função política. Os bens de consumo incluíam sedas, especiarias, frutos e vinhos do Mediterrâneo. O que os caracterizava particularmente era que eram relativamente pequenos em volume e que seu preço era elevado, além do fato de serem produzidos longe do lugar onde eram consumidos: vinham sobretudo do Oriente Médio e do Extremo Oriente. Eram essas as mercadorias do comércio internacional que, numa sociedade feudal estabilizada, não podiam ser obtidas (ou, quando podiam, era apenas esporadicamente) pela guerra e pelo saque. A classe dominante feudal precisava de dinheiro para comprá-las, dinheiro que era obtido com as rendas e os ganhos jurisdicionais pagos pelos camponeses, os quais, por sua vez, conseguiam o dinheiro para pagá-los vendendo seu produto excedente nos mercados locais.

A demanda aristocrática feudal estimulou o crescimento daquelas cidades chaves das rotas comerciais internacionais, que se tomaram grandes centros mercantis: por exemplo Veneza, Colônia, Bruges, Londres. Essa demanda se concentrava igualmente em pontos de importância política e administrativa, onde havia estabelecimentos permanentes de governantes, clérigos, séquitos armados e funcionários. Assim, os artigos de luxo de alto preço eram redistribuídos para as sedes das grandes abadias e bispados, para os centros fortificados do poder feudal, inclusive as capitais monárquicas e regionais. Além disso, vieram somar-se às mercadorias do comércio internacional, igualmente em consequência de sua demanda pela classe dominante, novas mercadorias, desta vez de manufatura europeia, particularmente têxteis de lã de alta qualidade. Disso resultou uma nova onda de urbanização na Itália central, nos Países Baixos e em outros pontos, estimulando a inclusão do óleo, do vinho, dos cereais e da madeira às mercadorias do comércio internacional.

Comercialização, manufatura e urbanização fizeram com que crescessem em número classes como a dos mercadores urbanos, a dos comerciantes varejistas e a dos artesãos. Levanta-se o seguinte problema: constituíam estas classes elementos antagônicos ao feudalismo, ou mesmo elementos revolucionários que cresciam dentro do feudalismo? Por vezes essa questão é formulada de outra maneira. Se, na sociedade feudal, a produção destinava-se ao uso, o desenvolvimento da produção para o mercado não contrariava a ordem social feudal, acabando mesmo por miná-la?

O capitalismo, em termos marxistas, só é possível quando a organização da sociedade e da economia é, de um modo geral, determinada pela exploração, por parte dos proprietários do capital, de uma classe de trabalhadores assalariados e desprovidos de qualquer propriedade. O problema da TRANSIÇÃO DO FEUDALISMO PARA O CAPITALISMO prende-se a essa questão. Mas não exclusivamente, pois o problema da formação do capital também está em causa, para não falarmos dos processos sociais e políticos pelos quais os capitalistas substituem as aristocracias feudais como classe dominante.

Até que ponto o desenvolvimento da produção de mercadorias, do comércio de longa distância, dos centros de manufatura especializados e da urbanização foi progressivamente minando o modo de produção feudal fundado na relação entre duas classes principais: senhores feudais e camponeses? O grau de urbanização variou na sociedade feudal. A população urbana medieval na Inglaterra possivelmente flutuou entre 10 e 15%. As áreas especializadas na produção artesanal e manufatureira (como os Países Baixos) poderiam ter mais de 30%. Formas mais avançadas de urbanização eram típicas das grandes cidades: Veneza, Florença, Milão e Gênova podem ter tido cerca de 100 mil habitantes em fins do século XIII. Paris talvez tivesse 200 mil e Londres, 50 mil. Mais relevante, porém, é a estrutura social das cidades. Sob importantes aspectos, a estrutura social urbana refletia a do campo em vez de com ela contrastar. A unidade básica de produção era a oficina de artesão, onde a força de trabalho não era maior que a do estabelecimento camponês médio. A unidade básica de comércio varejista era a loja ou barraca de mercado do mascate, onde trabalhavam uma ou duas pessoas. Até mesmo os armazéns dos ricos comerciantes de atacado empregavam uma força de trabalho que se contava às dezenas e não às centenas. Grandes concentrações de dependentes havia apenas nas grandes residências das famílias ao estilo de clãs das elites mercantis – e estas eram réplicas das famílias feudais aristocráticas e não precursoras do moderno sistema fabril. Havia, além disso, em toda grande cidade, um grande número de pessoas desenraizadas e marginalizadas, principalmente imigrantes rurais, que não constituíam, porém, de modo algum, um proletariado.

É forçoso concluir que a cidade medieval não apresentava nenhum contraste fundamental com a ordem feudal nem representava uma ameaça para esta ordem. As elites burguesas das cidades medievais não tinham interesses basicamente antagônicos aos da aristocracia feudal. É certo que conquistaram níveis variados de autonomia política e privilégios jurisdicionais, principalmente nos séculos XII e XIII. Depois disso, acomodaram-se bem com a hierarquia senhorial feudal. Até mesmo na Itália, onde o poder da burguesia mercantil era tal que ela conseguiu certa hegemonia local sobre a pequena aristocracia do campo, isso não justifica a ilusão de que ali o capitalismo tenha obtido uma vitória parcial. Houve antes uma fusão do que um conflito entre comerciantes capitalistas e os interesses feudais. Os governantes burgueses das grandes cidades italianas faziam, para os governantes feudais e as aristocracias da Europa como um todo, aquilo que os comerciantes menores das cidades setentrionais igualmente faziam, só que em menor escala: abastecer e emprestar dinheiro. À medida que o feudalismo em crise era arrastado cada vez mais para a guerra, seus governantes precisavam de quantias sempre maiores, que os mercadores-banqueiros-usurários forneciam. E, como sempre acontece, usurários e aristocratas tomadores de empréstimos alimentavam-se uns dos outros, precisavam uns dos outros.

A contradição antagônica fundamental da sociedade feudal era a contradição entre os senhores feudais e os camponeses. Esse conflito era encoberto, latente, na maior parte dos casos, mas, por vezes, aparecia às claras, como nas grandes revoltas camponesas do final da Idade Média. Era fundamental em um outro sentido. Os camponeses, em suas comunidades e como controladores de suas explorações econômicas autônomas baseadas no trabalho familiar, não eram *economicamente* dependentes dos senhores. Por essa razão, suas possibilidades de resistência não eram nada desprezíveis. Portanto, se o nível de renda era determinado não tanto pelas forças do mercado mas pelas forças relativas dos antagonistas, o fortalecimento da resistência camponesa reduziu o nível da renda transferida para a classe dominante – e o dos impostos pagos ao Estado. Essa foi uma das causas profundas da crise da ordem feudal.

Para definirmos a "sociedade feudal" em termos mais amplos do que simplesmente "o modo de produção feudal", as dimensões políticas e ideológicas não devem ser negligenciadas. Como já vimos, o poder em geral era exercido pela jurisdição. A jurisdição era política, a ponto de se poder dizer que os meios pelos quais os senhores arrancavam o excedente dos camponeses eram mais políticos que econômicos. Quando a sociedade feudal tornou-se mais complexa, quando a ocupação favorita da classe dominante – a guerra – tornou-se centralizada e coordenada, a jurisdição teve de ser reforçada por outra forma de extração de excedente – a tributação, que era principalmente tributação de guerra. Mas esta tinha de ser imposta com o menor dano possível aos interesses dos senhores de terras e da elite burguesa – isto é, com o consentimento dado por assembleias convocadas periodicamente (Parlamento, Estados Gerais), que constituíam uma extensão do elemento conciliar das relações feudais.

Essas assembleias tendiam a refletir a visão oficial da ordem social, e não a maneira pela qual a sociedade estava constituída. Na França, na Espanha e nos principados germânicos, essas assembleias organizavam-se a partir de uma divisão tripartite da sociedade entre o clero, a nobreza e o "terceiro estado" (as cidades), o que refletia a visão ideológica de uma sociedade de ordens criada divinamente e dividida entre os que rezavam (o clero), os que lutavam (a nobreza) e os que trabalhavam (os camponeses). Segundo essa visão orgânica da sociedade, as ordens do corpo político apoiavam-se mutuamente e tinham papéis definidos dos quais ninguém, nascido ou nomeado para uma determinada ordem (ou Estado), devia afastar-se. Caso se afastasse, isso seria não só um crime contra a ordem social, mas também um pecado contra Deus. Essa doutrina remonta pelo menos ao século IX e foi instituída pelo clero. Foi a doutrina social aceita e vigente até o século XVII, quando foi destituída pelas várias doutrinas do individualismo burguês produzidas naquele século. É bem verdade que teve de acomodar outras classes sociais além das três ordens originais com o desenvolvimento da urbanização, mas a mensagem de harmonia e de imobilidade sociais continuou a mesma. Nunca foi questionada efetivamente pela burguesia medieval. A atitude mais próxima de um desafio foi a de um porta-voz do campesinato, na segunda metade do século XIV – o inglês John Ball, que, em suas pregações, dizia: "Quando Adão cavava e Eva arava o terreiro/quem era, então, o cavalheiro?"

RHH

Bibliografia: Anderson, P., *Passages from Antiquity to Feudalism*, 1974 [*Passagens da Antiguidade ao feudalismo*, 1982] • Bloch, M., *La société féodale*, 1939; *Feudal Society* (1961) • Bois, G., *Crise du féodalisme*, 1976 • Cahen, Claude, "A propos de la discussion sur la féodalité", 1956 • Centre d'Études et de Recherches Marxistes (Cerm), *Sur le féodalisme*, 1974 [*Sobre o feudalismo*, 1978] • Dobb, M., *Studies in the Development of Capitalism*, 1946 (1963) [*A evolução do capitalismo*, 1983] • Duby, G., *Guerriers et paysans*, 1973 (1977); *The Early Growth of the European Economy: Warriors and Peasants* (1974) [*Guerreiros e camponeses: os primórdios do crescimento econômico europeu*, 1980] • Geremek, B., *Le salarial dans l'artisanat parisien aux XIIe-XIVe siècles*, 1968 • Guerreau, Alain, *Le féodalisme, un horizon théorique*, 1980 • Guerreau, Alain & Franz Irsingler (orgs.), *Zum Problem des Feudalismus in Europa: Referate und Diskussionem der Trierer internationalem Kolloquiums Mai 1981*, 1982 • Harstick, Hans-Peter (org.), *Karl Marx, über Formen vor kapitalistischer Produktion*, 1977 • Hilton, R., *Bond Men made Free*, 1973 • Hilton, R. (org.),

The Transition from Feudalism to Capitalism, 1976 [os artigos desta coletânea estão publicados em português em Sweezy, Paul et al., *Do Feudalismo ao capitalismo*, 1977] • Kuchenbuch, L. & B. Michael (orgs.), *Feudalismus: Materialen zur Theorie und Geschichte*, 1977 • Kula, W., *Economic Theory of the Feudal System*, 1962 (1976) [*Teoria econômica do sistema feudal*, s.d.] • Wunder, Heidl (org.), *Feudalismus. Zehn Aufsäte*, 1974.

sociedade política Ver ESTADO e SOCIEDADE CIVIL

sociedades camponesas Ver CAMPESINATO e MARXISMO E O TERCEIRO MUNDO

sociedades coloniais e pós-coloniais A era do COLONIALISMO moderno começou com a expansão mundial do comércio e com a conquista das novas regiões do mundo descobertas pelas potências europeias. É preciso estabelecer uma distinção entre o domínio colonial pré-capitalista, notadamente o das potências ibéricas sobre a América Latina, e o novo colonialismo, associado ao nascimento, ao desenvolvimento e à expansão mundial do capitalismo da Europa Ocidental, que teve início com a Revolução Comercial do século XVI e atravessou sucessivas fases de evolução. O objetivo do colonialismo pré-capitalista era a extração direta de tributos dos povos subjugados, e seus mecanismos essenciais eram os do controle político. Ao contrário, no caso do novo colonialismo, associado ao advento e à expansão do capitalismo, os objetivos e mecanismos eram essencialmente econômicos: o controle político direto não era essencial, embora por vezes constituísse uma vantagem. A ênfase recaía sobre a busca de matérias-primas e, particularmente depois da Revolução Industrial na Grã-Bretanha, de mercados. A realização desses dois objetivos determinou uma reestruturação das economias das sociedades colonizadas. Associadas a esse primeiro impulso estavam a conquista territorial, com ou sem a eliminação das populações indígenas dos territórios conquistados, e o estabelecimento de colonizadores brancos ou de lavouras e empresas de mineração baseadas no trabalho escravo. Exceto nessas áreas em que a exploração econômica baseava-se no trabalho escravo, em vista da predominância econômica e do poderio naval da Inglaterra, a principal potência imperialista da época, o domínio político direto não era essencial para assegurar as finalidades do novo colonialismo, ou imperialismo, como logo passou a ser chamado. Muitos países que continuaram formalmente independentes caíram sob a dominação econômica do imperialismo em escala mundial. Só em fins do século XIX, sobretudo por causa do desafio alemão, foi que houve uma nova corrida pela conquista colonial, uma redivisão do mundo. O movimento no sentido do estabelecimento de domínio colonial direto tornou-se, nesse período, muito importante enquanto estratégia preemptiva, em termos da apropriação de territórios antes que potências rivais o fizessem, mas não como uma condição indispensável da própria relação colonial. Assim, qualquer distinção demasiado nítida entre sociedades coloniais e não coloniais do Terceiro Mundo mostrar-se-á enganosa, embora não seja destituída de uma certa significação.

Para evitar confusão entre o colonialismo pré-capitalista e a dominação capitalista em escala mundial, com ou sem conquista e governo colonial direto, a expressão "imperialismo" é usada com frequência para o segundo caso (ver IMPERIALISMO E MERCADO MUNDIAL). Mas torna-se então necessário fazer distinção entre o "velho imperialismo" de inícios do capitalismo e o "novo imperialismo" do capitalismo maduro ao final do século XIX: a fase do CAPITALISMO MONOPOLISTA que foi objeto do famoso livro de Lenin, *Imperialismo, fase superior do capitalismo*. Essa fase caracteriza-se pela primazia do CAPITAL FINANCEIRO, que se traduz por uma significativa tendência para a exportação do capital e também por uma feroz rivalidade interimperialista que culminou em duas guerras mundiais. Quanto ao mundo dominado pelo imperialismo, as duas fases deste cobrem um período em que se observam a transformação, pela força, das sociedades pré-capitalistas e a definição de uma nova divisão internacional do trabalho, graças às quais as economias pré-capitalistas foram internamente desarticuladas e integradas externamente com as economias metropolitanas. As economias dominadas pelo imperialismo deixaram de ser localmente autossuficientes e passaram a concentrar-se na produção de matérias-primas e alimentos destinados aos países capitalistas adiantados, tornando-se muitas vezes precariamente dependentes de uma monocultura. Por outro lado, tornaram-se mercados para produtos manufaturados exportados pelos países capitalistas adiantados. Mas a teoria leninista do imperialismo chama atenção sobretudo para o fato de que constituíam campos lucrativos para o investimento do capital metropolitano. Isso ocorreu, de início, principalmente nas *plantations* e nas indústrias extrativas; mais tarde, porém, estendeu-se também a certos ramos da indústria leve, tirando vantagem da mão de obra barata das colônias. Argumentou-se, nos últimos anos, que a ênfase no *quantum* do capital exportado é improcedente, pois o aspecto mais significativo do novo imperialismo está na relação hierárquica, na "associação", que se estabelece entre o capital metropolitano e o capital autóctone que se formou na colônia, baseada no controle, pelo primeiro, da sofisticada tecnologia moderna. Desse modo, as proporções reais do controle metropolitano sobre a economia colonizada excedem de muito o valor nominal do capital metropolitano nela investido.

É a natureza dessas relações econômicas que nos dá a chave para a compreensão dos problemas das sociedades pós-coloniais. Em meados do século XX, grande parte do Terceiro Mundo estava submetida ao domínio colonial direto. Com a ascensão dos movimentos de libertação nacional e, o que é igualmente importante, a modificação do equilíbrio das forças mundiais motivada tanto pelo aparecimento do bloco soviético como pelo crescimento do poderio econômico norte-americano, que já não estava disposto a aceitar o monopólio do controle político sobre uma grande parte do globo exercido por países europeus enfraquecidos, teve início um processo de descolonização com a independência dos países sul-asiáticos em 1947. O fato de muitos países de independência recente terem optado pelo não alinhamento no contexto da Guerra Fria, pela retórica de tipo socialista que passaram a cultivar, estimulou muitos estudiosos a saudar esses países do Terceiro Mundo como exemplos de um novo caminho para o desenvolvimento econômico e social, nem capitalista, nem comunista. Mas a natureza dependente de suas economias, organicamente presas aos países capitalistas ocidentais, e a eles financeiramente endividadas, o que era por demais evidente, acabou com essas ideias. O conceito de dependência com relação ao do capital metropolitano logo foi aceito como definição alternativa do estatuto de tais países – e algumas interpretações extremadas dessa dependência veem nela implícitas uma sujeição política bem como uma dominação econômica (ver TEORIA DA DEPENDÊNCIA).

A noção de sociedades pós-coloniais subsume uma disposição mais complexa das forças de classe. Nas sociedades sujeitas à dominação colonial, as estruturas pré-capitalistas foram sendo progressivamente abaladas, e novas estruturas, necessárias ao desenvolvimento capitalista, foram criadas. Esse processo não só permitiu ao capital metropolitano desenvolver-se, como também criou condições para o desenvolvimento do capital autóctone, na indústria como no comércio e na agricultura. Nas sociedades coloniais o Estado é um instrumento da burguesia metropolitana, sempre mobilizado contra as classes sociais autóctones onde e quando há choques de interesses e direitos. Mas isso não ocorre nas sociedades pós-coloniais, onde o Estado já não é controlado diretamente pela burguesia metropolitana. A teoria dos Estados pós-coloniais sugere que a concepção marxista clássica do ESTADO como instrumento de uma única CLASSE DOMINANTE, ou, nas interpretações estruturalistas da teoria marxista do Estado, como agência relativamente autônoma de reprodução da formação social em favor do conjunto dos interesses dessa classe, não pode ser aplicada de maneira não problemática às novas condições. A burguesia metropolitana já não está no comando indiscutido do aparelho de Estado, embora continue exercendo influência considerável sobre ele. Sua relação com o Estado pós-colonial é ainda mais complicada pelo fato de que ela agora concorre com as burguesias de outros países capitalistas avançados, bem como com as classes proprietárias autóctones, pela influência sobre o Estado. Estas últimas buscam, agora, usar o Estado pós-colonial na defesa de seus interesses particulares de classe, mas não dispõem de comando irrestrito sobre ele, pois o Estado está sujeito a certa margem de influência das poderosas classes capitalistas metropolitanas. Na verdade, argumenta-se que nenhuma dessas classes pode ser considerada "classe dominante", pois isso excluiria a influente e significativa presença das outras nas sociedades pós-coloniais.

A noção de sociedades pós-coloniais também se baseia na concepção de um único modo de produção capitalista periférico no qual as várias classes estão todas localizadas, tendo as burguesias metropolitanas uma presença estrutural nessas sociedades. Não há, portanto, uma contradição estrutural entre essas classes concorrentes, que têm como interesse comum a preservação da ordem social capitalista mantida pelo Estado pós-colonial. No limite dessas restrições, o Estado pós-colonial desfruta de autonomia em relação a cada uma dessas classes tomadas isoladamente, pois só em virtude dessa autonomia pode ele servir de mediador entre seus interesses concorrentes. Assim, a sociedade pós-colonial, embora sendo capitalista, tem uma configuração de classes e um Estado diferentes dos que se pode encontrar nos países capitalistas adiantados, bem como nos países sob domínio colonial.

HA

Bibliografia: Alavi, Hamza, "The State in Post-colonial Societies", 1972 • Alavi, Harnza et al., *Capitalism and Colonial Production*, 1982 • Alavi, Hamza & Teodor Shanin (orgs.), *Introduction to Sociology of the 'Developing Soeieties'*, 1982 • Brewer, Anthony, *Marxist Theories of Imperialism: a Critical Survey*, 1980 • Goulbourne, Harry, *Politics and State in the Third World*, 1979 • Magdoff, Harry, *Imperialism: From the Colonial Age to the Present*, 1978 • Ver igualmente as bibliografias dos artigos COLONIALISMO, IMPERIALISMO E MERCADO MUNDIAL, SUBDESENVOLVIMENTO E DESENVOLVIMENTO.

sociedades pré-capitalistas Ver MODOS DE PRODUÇÃO NÃO CAPITALISTAS

sociedade tribal Embora Marx, particularmente em suas notas sobre o livro *Ancient Society*, de L.H. Morgan (ver Krader, 1972), e Engels (em *A origem da familia, da propriedade privada e do Estado*) usassem ocasionalmente as palavras "tribo" e "tribal", não definiram ou analisaram a "sociedade tribal" como um tipo específico de sociedade. Engels (ibid., cap.1) atribuiu significativa importância à tentativa de Morgan de "introduzir uma ordem definida na história do homem primitivo" por meio de sua concepção de estágios da cultura pré-histórica, que teria evoluído do estado selvagem à barbárie e daí à civilização, o que Engels considerou inteiramente congruente com a concepção materialista de história. Em seus cadernos de notas do período 1879-1882, época em que empreendeu estudos etnológicos mais sistemáticos (Krader, 1972), Marx também se mostrou interessado sobretudo no desenvolvimento histórico de sociedades primitivas e comentou não apenas a obra de Morgan, mas também as de Maine, Kubbock, Kovalevsky e outros. Na verdade, Marx e Engels estavam primordialmente interessados no surgimento da divisão de classes e do Estado no seio da "sociedade primitiva" em suas várias formas.

Na moderna antropologia acadêmica, o termo "tribal" é encarado de modo tão ambíguo quanto o termo "primitivo". Embora Kroeber (1948) tivesse inicialmente impugnado o conceito de "tribo" como base das formações sociais encontradas na América do Norte, suas objeções passaram virtualmente despercebidas até que Fried (1966) desencadeou a cruzada contra o uso da palavra com referência às sociedades indígenas, de um modo geral. Ambos os *scholars* sublinharam que a "tribo" – tal como é entendida na teoria e na prática da sociedade dominante – era uma unidade administrativa imposta à força a grupos diversificados e politicamente autônomos, num contexto colonial. Leacock (1983) acrescenta que a "tribo" como grupo político hierarquicamente estruturado pode ser também uma resposta interna à necessidade de defesa contra os esforços imperialistas para dominar uma determinada área.

Estudos marxistas recentes preocuparam-se com os problemas conceituais (Godelier, 1973a) e com a realidade histórica e política.

Se, por exemplo, examinamos uma estrutura politicamente hierárquica composta de grupos indígenas anteriormente igualitários, mas que também podem estar envolvidos em alguma espécie de relação tributária com a elite dominante (ou se o povo do qual essa elite é originária viu-se internamente dividido de um modo semelhante), o termo "tribo" torna-se inócuo, salvo se for usado no contexto de um protoEstado (para usar a expressão de Diamond, 1983). Daí a expressão "Estado tribal" usada por Service (1962). Por outro lado, se a designação de "tribo" é também aplicada a uma sociedade igualitária, sem classes, isto é, a uma sociedade primitiva, então a ambiguidade da categoria torna-se evidente. "Igualitário", cumpre assinalar, não indica a ausência de *status*, diferenciação social ou hierarquia de gerações, mas apenas a ausência de exploração econômica. Como o termo "tribo" também tem associações com o termo "povo" e outras expressões mais ou menos vagas como "tradicional" ou "não civilizado", a imagem de uma unidade sectária, ligada pelo parentesco, que cresce de fora para dentro e é ferozmente autoprotetora, resultou dos contatos entre civilizações "avançadas", dotadas de escrita, e culturas sem escrita, presumivelmente menos sofisticadas e tecnologicamente "inferiores". Esses critérios etnocêntricos tendem a obscurecer a distinção entre Estados tribais e sociedades tribais sem Estado. Mas cumpre também ter em mente que uma sociedade tribal sem Estado pode dever sua aglutinação social a uma investida imperialista de fora, direta ou indireta. Essa construção secundária não deve ser confundida com o Estado tribal incipiente.

Os problemas suscitados pelos vários significados do termo "tribo" são reais, mas podem ser resolvidos pela redefinição, embora Godelier (1977, p.93-96) argumente ser necessária uma reconstrução teórica mais fundamental, a qual prestaria menos atenção às "formas" sob as quais essas sociedades aparecem e analisaria mais rigorosamente a ação de diferentes modos de produção dentro delas. "Tribo" não deve ser usado com referência aos vários tipos de formações sociais dotadas de Estado que surgiram historicamente (asiática, antiga, feudal, capitalista, socialista), mas não há razão alguma para abandonar o termo com referência às sociedades sem Estado ou primitivas. Por conseguinte, adequa-se à definição de "tribo" uma sociedade primitiva de base horticultural, por exemplo, na Nigéria norte-central, composta de muitas aldeias que reconhecem um relacionamento tradicional mútuo baseado em um nome compartilhado, em linguagem e cultura comuns, em fronteiras de matrimônio que são isomórficas com as fronteiras do conjunto aldeão, e possivelmente na existência de autoridades religiosas supra-aldeia. Tal sociedade é sem classes, funciona através de associações de parentesco ou quase-parentesco, não tem estrutura civil nem autoridade civil. As aldeias que a constituem são autônomas mas vinculadas entre si; assim como mantêm um igualitarismo interno, também se relacionam com outras aldeias em um quadro de não exploração. Grupos de trabalho cooperativo, unidades militares e/ou de caça também podem transpor fronteiras aldeãs num contexto "tribal". A coesão cultural evidente dentro de uma "tribo" pode, entretanto, existir na ausência de uma estrutura tribal determinada e pode abranger um grande número de grupos locais que se estendem por uma área considerável, como entre os povos de fala Ibo da Nigéria oriental, antes do contato. Tal grupo pode ser considerado uma nacionalidade primitiva; para além de um certo raio, essa identidade cultural compartilhada pode sequer ser conhecida pelo próprio povo, na ausência de federação política ou de extensas conexões rituais ou comerciais.

Portanto, uma sociedade tribal é uma sociedade primitiva em suas características fundamentais. Quando o termo "tribo" é usado como substantivo, mesmo com referência a uma "resposta secundária" direta ou indireta, ele reflete um certo tipo de filiação recíproca entre grupos locais. Quando "tribal" é usado como adjetivo, pode referir-se a um bando (que é também uma sociedade primitiva) ou a um Estado incipiente em que as características primitivas estão mantidas, ainda que transformadas, nas áreas em que as filiações externas, exclusivamente civis, não são orientadas para a classe e/ou para a casta. Os iroqueses exemplificariam uma "tribo", o Daomé um "Estado tribal" e os bosquímanos uma sociedade de bando "tribal". O próprio Marx muitas vezes aplica a formações sociais do tipo de Estado tribal a categoria geral de modo de produção asiático. (Ver também COMUNISMO PRIMITIVO.)

SD

Bibliografia: Diamond, Stanley, *In Search of the Primitive: A Critique of Civilization*, 1981 • *Dahomey: Transition and Conflict in State Formation*, 1983 • Fried, Morton, "On the Concepts of 'Tribe' and 'Tribal Society'", 1966 • Godelier, Maurice, *Horizon, trajets marxistes en anthropologie*, 1973a • Krader, Lawrence (org.), *The Ethnological Notebooks of Karl Marx*, 1972 • Kroeber, Alfred, *Anthropology*, 1948 • Leacock, Eleanor, "Interpreting the Origins of Gender Inequality: Conceptual and Historical Problems", 1983 • Service, Elman, *Primitive Social Organization: An Evolutionary Perspective*, 1962.

sociologia Pouco depois da morte de Marx, no período em que a sociologia se estava consolidando como disciplina acadêmica, teve início uma relação estreita, embora frequentemente antagônica, entre a teoria marxista da sociedade e a sociologia, relação essa que vem se desenvolvendo até hoje. O marxismo foi, sem dúvida, um estímulo importante para afirmação da própria sociologia. Ferdinand Tönnies, no prefácio de seu livro que tanta influência exerceu, *Gemeinschaft und Gesellschaft* (*Comunidade e sociedade*, 1887), reconheceu sua dívida para com Marx, que, a seu ver, havia chegado ao conceito de modo de produção capitalista no esforço para formular a mesma ideia sobre a sociedade moderna que o próprio Tönnies estava tentando expressar em novos conceitos. No primeiro congresso internacional de sociologia, reunido em 1894, estudiosos de vários países (entre os quais Tönnies, e Kovalevski, da Rússia) apresentaram trabalhos em que examinavam a teoria de Marx (Worms, 1895). Foi essa também a época em que os "pais" da sociologia moderna – Max Weber e Émile Durkheim – começavam a estabelecer, por caminhos diferentes, os princípios e domínios da nova disciplina, o que fizeram, em grande medida, em oposição crítica ao marxismo (ver CRÍTICOS DO MARXISMO). O debate com o pensamento marxista é mais evidente no caso de Max Weber, cuja obra, em sua maior parte, tem relação direta com a problemática marxista, não apenas pelos estudos substantivos das origens e do desenvolvimento do CAPITALISMO empreendidos por Weber, e por suas análises de Estado, classe e *status*, do movimento operário e do socialismo, como também por seus escritos metodológicos, dirigidos contra o materialismo histórico. Embora de maneira menos intensa, Durkheim também preocupava-se com a teoria marxista. A revista *L'Année Sociologique*, por ele fundada e dirigida, dedicou, em seus primeiros anos, séria atenção, nas resenhas críticas sobre livros, à concepção materialista da história. Em 1895, Durkheim iniciou uma série de palestras sobre o socialismo que deveria evoluir no sentido de tornar-se uma análise geral do marxismo (embora a série tenha sido abandonada antes de chegar a esse ponto). Finalmente, em sua última obra importante, *Les formes élémentaires de la vie religieuse* (1912), empenhou-se em distinguir sua concepção sobre as funções sociais da religião da "explicação social total" proposta pelo materialismo histórico.

Em fins do século XIX, houve também uma substancial contribuição marxista independente para a sociologia, a qual incluía: o estudo da Revolução Francesa elaborado por Karl Kautsky (1889); a obra de Franz Mehring sobre Lessing (1893), que lançou as bases de uma sociologia marxista da arte, da literatura e da história das ideias; a análise crítica da sociologia de Durkheim feita por Georges Sorel em "Les théories de M. Durkheim", publicada em *Le devenir social* (1895); e os primeiros ensaios de Carl Grünberg sobre a história agrária e a história do movimento operário. Na Rússia, a difusão da obra de Marx deu origem a uma vigorosa corrente de pensamento marxista nas ciências sociais, da qual Gheorghi Plekhanov foi a figura exponencial. Pouco depois, a primeira escola marxista de sociologia surgia com o AUSTROMARXISMO, cujos principais pensadores produziram, nos 25 anos que se seguiram, importantes estudos sociológicos sobre a evolução do capitalismo, a estrutura de classes, o direito e o Estado, as nacionalidades e o nacionalismo.

O crescimento da sociologia marxista, nessa época, teve lugar quase que totalmente fora das universidades (havia apenas dois "marxistas acadêmicos", Carl Grünberg e Antonio Labriola), tendo prevalecido, portanto, uma distância considerável entre o pensamento marxista, estreitamente ligado aos movimentos políticos e às organizações partidárias, e a sociologia acadêmica. A situação podia ser descrita, como o fez mais tarde Karl Löwith (1932) em um estudo sobre Weber e Marx, da seguinte maneira: "como a nossa sociedade real, que estudam, as ciências sociais não estão unificadas, mas divididas em duas: a sociologia burguesa e o marxismo". Esse modo de colocar a situação viu-se fortalecido depois da Revolução Russa, quando o marxismo se tornou a doutrina de um Estado dos trabalhadores cercado pelo capitalismo. Em 1921, Nicolai Bukharin ainda podia definir o materialismo histórico como um "sistema de sociologia", e analisar criticamente a obra de sociólogos acadêmicos como Max Weber e Robert Michels, mas, com a ascensão de Stalin, a sociologia passou a ser categorizada oficialmente como "ideologia burguesa", foi excluída da vida acadêmica e intelectual e substituída por um materialismo histórico definido de maneira abstrata e dogmática. Esse esquema de pensamento foi, posteriormente, imposto aos países do leste europeu depois de 1945 e predominou também na China, onde a sociologia foi abolida nas universidades e institutos de pesquisa em 1952.

A partir de meados da década de 1920, portanto, a sociologia marxista só se podia desenvolver fora da URSS e em oposição à ortodoxia bolchevique; e tornou-se uma importante área de estudos daquilo que seria chamado, posteriormente, de MARXISMO OCIDENTAL. Mas a sociologia marxista é apenas uma das vertentes do marxismo ocidental, que se tem caracterizado por uma grande diversidade de concepções. Assim, de um lado, os austromarxistas continuaram com suas pesquisas sociológicas, ao passo que, de outro, Karl Korsch, Georg Lukács e Antonio Gramsci rejeitaram a ideia do marxismo como sociologia, vendo-o antes como uma filosofia da história. Korsch (1923) concebia o marxismo como "a filosofia da classe operária", "a expressão teórica do movimento revolucionário do proletariado", tal como a filosofia idealista alemã havia sido a expressão do movimento revolucionário da burguesia. Lukács (1925), comentando o livro de Bukharin sobre o materialismo histórico, criticou sua "falsa metodologia" e sua "concepção do marxismo como uma 'sociologia geral'", argumentando que "a dialética pode passar sem essas realizações substantivas independentes [como as da sociologia]; seu domínio é o do processo histórico como um todo (...) a *totalidade* é o território da dialética". Da mesma forma, Gramsci (1971) - também num comentário sobre Bukharin - rejeitou a sociologia como "positivismo evolucionista" e apresentou o marxismo como uma visão filosófica do mundo, que encerra "todos os elementos fundamentais necessários à formação de uma concepção total e integral do mundo (...) e de uma civilização integral". Mas a natureza instável e flutuante do marxismo ocidental evidencia-se na maneira pela qual Korsch (1967) reviu posteriormente suas concepções, concluindo que "a principal tendência do materialismo histórico já não é 'filosófica', mas a de um método científico empírico".

A variabilidade das atitudes marxistas para com a sociologia mostra-se também claramente na produção teórica da ESCOLA DE FRANKFURT. Embora fortemente influenciada, em suas ideias dominantes, por Korsch e Lukács, a escola e, mais ainda, o Instituto de Pesquisas Sociais de Frankfurt, que era a sua base institucional, abrigou uma grande variedade de concepções (Held, 1980). Em seus primeiros anos, o Instituto foi dirigido por Grünberg, cujos principais interesses estavam no campo da história social e eram próximos da sociologia, e, entre seus membros, havia sociólogos, cientistas políticos e economistas, entre os quais Franz Neumann, cujo *Behemoth* (1942) continua sendo um dos mais importantes estudos marxistas sobre o fascismo. Foi depois de 1945, e particularmente na década de 1960, que a escola passou a ser dominada por um pensamento basicamente filosófico: a "teoria crítica", dirigida contra o positivismo nas ciências sociais, e a "crítica da ideologia", ou seja, a teoria marxista voltada para a crítica dos fenômenos culturais, o que inclui a ciência e a tecnologia tratadas como ideologias. Em suas manifestações mais recentes, porém, notadamente na obra de Jürgen Habermas e de Offe, a orientação da teoria crítica modificou-se novamente, no sentido de uma maior preocupação com as questões econômicas e políticas e com estudos sobre os fundamentos do materialismo histórico como teoria da história, sobre a natureza das crises do capitalismo e sobre a significação da intervenção do Estado no capitalismo avançado.

A partir da década de 1960, outra importante abordagem nova da sociologia marxista desenvolveu-se sob a influência do estruturalismo. Tendo surgido principalmente com a obra de Louis Althusser, mas muito influenciado pelo movimento estruturalista na linguística e na antropologia, o estruturalismo marxista contribuiu em grande medida para afastar a atenção dos problemas históricos e da compreensão do marxismo como uma teoria da história (rejeitada como historicismo), dirigindo-a para a análise de determinadas formas de sociedade, em particular a sociedade capitalista (embora Maurice Godelier [1977] tenha voltado o mesmo enfoque para a análise das sociedades tribais), como "estruturas" nas quais os níveis (ou "instâncias") econômico, político, ideológico e teórico estão inter-relacionados de diversas maneiras num sistema total. Assim Nicos Poulantzas (1968, 1974) analisou em termos estruturalistas a relação entre classes sociais e poder político e a posição de classe da pequena burguesia ou classe média nas sociedades capitalistas adiantadas. Mesmo, porém, dentro do amplo movimento estruturalista, há consideráveis divergências, e uma abordagem independente é a de Lucien Goldmann, cujo "estruturalismo genético" busca combinar os métodos histórico e estruturalista de análise.

A partir de meados da década de 1950, com o rápido declínio da influência intelectual da ortodoxia stalinista (e, mais recentemente, da leninista), e a ascensão, na década de 1960, de uma "Nova Esquerda", teve lugar um renascimento notável da sociologia marxista, animada principalmente, no Ocidente, pelas ideias da teoria crítica e do estruturalismo, embora, como já dissemos, se possa observar também uma renovação do interesse pelo autromarxismo como escola de sociologia. Esse renascimento provocou uma significativa modificação da posição da teoria marxista na vida intelectual como um todo, pois, embora no período que vai da década de 1890 à de 1940 o marxismo tivesse existido nas sociedades capitalistas principalmente como uma subcultura, estreitamente relacionado com os partidos políticos e estudado sobretudo dentro das organizações partidárias (e, depois de 1917, também como doutrina oficial de um partido governante), está hoje consolidado de maneira mais firme na vida acadêmica e constitui uma tendência importante na vertente principal do pensamento sociológico (como também do pensamento antropológico e econômico). Uma consequência dessa modificação é que os pensadores marxistas estão hoje muito mais envolvidos nas controvérsias gerais sobre os conceitos e métodos das ciências sociais (as contribuições marxistas e não marxistas para os debates sobre o estruturalismo, o positivismo, o papel do "agenciamento humano" na transformação social, apresentam muitas afinidades, bem como diferenças importantes) e sobre questões substantivas específicas, como, por exemplo, a análise do poder político e das classes sociais, em que concepções weberianas são hoje levadas mais a sério, quando não diretamente incorporadas a esquemas marxistas muito revistos.

Houve também um renascimento da sociologia marxista nos países socialistas, onde a sociologia foi restabelecida como disciplina acadêmica nos anos posteriores a 1953 na URSS e Europa Oriental (antes disso, na Iugoslávia) e, mais recentemente (1979), na China. Nesses países, porém, a disciplina desenvolveu-se principalmente sob a forma de pesquisas sociais e estudos empíricos em campos específicos – como educação, serviços de bem-estar social, família, relações industriais – que pouco diferem de estudos semelhantes realizados por sociólogos ocidentais não marxistas. Essa preocupação com pesquisas relacionadas com políticas sociais está de acordo com a antiga diretriz de Lenin para a então recém-criada Academia Socialista de Ciências Sociais: realizar "uma série de investigações sociais como uma de suas tarefas primordiais" (apud Matthews, 1978) e com a concepção de Gramsci quanto ao lugar adequado à sociologia. Em sua crítica a

Bukharin acima mencionada, Gramsci refere-se ao valor da sociologia como "compilação empírica de observações práticas" que, sob a forma de estatísticas, constituiriam, por exemplo, bases para o planejamento. Na maior parte desses países, foram poucas as tentativas (ou as oportunidades) de desenvolver o marxismo como teoria sociológica num confronto crítico com outras teorias. E os que fizeram tais tentativas, suscitando ao mesmo tempo questões fundamentais relacionadas com a estrutura das sociedades socialistas existentes, foram frequentemente tratados como dissidentes e obrigados a se exilarem (ver, por exemplo, Bahro, 1978; Konrád e Selényi, 1979). A relação precisa entre a teoria sociológica e o materialismo histórico continua sendo um problema agudo, mas isso não chegou a impedir totalmente que se tomassem de empréstimo, ou mesmo que se incorporassem parcialmente, elementos de algumas das concepções ocidentais não marxistas, como o funcionalismo ou teoria dos sistemas, ou que prevalecesse uma influência considerável, em certos países, de orientações sociológicas ali existentes antes do advento do socialismo (por exemplo, certas concepções da teoria sociológica fortemente marcadas pelo positivismo na Polônia). Na Iugoslávia, onde a situação é diferente, foi possível organizar debates teóricos fundamentais, muitas vezes envolvendo marxistas ocidentais (ver Markovié e Petrovié, 1979, e as contribuições à revista *Praxis*, entre 1964 e 1974).

O marxismo é hoje reconhecido como um dos principais paradigmas teóricos em sociologia, mas, como outros sistemas sociológicos de hoje, caracteriza-se por uma considerável diversidade interna, por um permanente fluxo de concepções em transformação, embora conserve talvez uma coerência maior do que muitos de seus rivais. Sua evolução depende do êxito com que puder enfrentar vários problemas não solucionados relativos à estrutura de classes, ao papel das classes e de outros grupos sociais na transformação da sociedade, à relação entre Estado e sociedade e entre indivíduo e coletividade. Ou, em termos mais gerais, do sucesso com que puder realizar "uma análise *real* da natureza específica do capitalismo de hoje" (como disse Lukács em 1970; ver Mészáros, 1971) e também do socialismo atual. O progresso sob esses aspectos certamente não prescindirá de uma nova revisão de algumas concepções teóricas básicas e será afetado pelas correntes mais gerais do pensamento e da prática sociais. E dificilmente se pode esperar que se aproxime do objetivo que é a constituição de uma sociologia marxista mais unificada sem que se elimine a distância considerável que ainda separa o marxismo ocidental do marxismo soviético.

TBB

Bibliografia: Avineri, Shlomo, *The Social and Political Thought of Karl Marx*, 1968 • Bottomore, Tom, *Marxist Sociology*, 1975 • Goldmann, Lucien, *Marxisme et sciences humaines*, 1970 • Gurvitch, Georges, *La vocation actuelle de la sociologie*, cap.XII, 1963 • Korsch, Karl, *Karl Marx*, 1938 (1967) • Löwith, Karl, *Max Weber und Karl Marx*, 1932; *Max Weberand Karl Marx* (1982) • Marcuse, Herbert, *Soviet Marxism*, 1958 (1964) [*Marxismo soviético*, 1969] • Matthews, Mervyn, *Soviet Sociology, 1964-1975: a Bibliography*, 1978 • Osipov, G.V. & M.N. Ruttevich, "Sociology in the USSR, 1965-1975", 1978 • Schumpeter, J.A., *Capitalism, Socialism and Democracy*, cap.11, 1976 [*Capitalismo, socialismo e democracia*, 1984].

Sorel, Georges (Cherbourg, 2 de novembro de 1847 – Boulogne-sur-Seine, 28 de agosto de 1922.) Georges Sorel é considerado tradicionalmente como uma das figuras mais controversas da história do marxismo. A natureza paradoxal de seu pensamento é tal que embora ele tenha sido considerado por muitos como um dos marxistas mais originais, também se pretendeu que fosse visto mais como um pensador da direita do que da esquerda. O que não se pode negar é que seu pensamento atravessa uma série de fases distintas, ao longo das quais sua interpretação do marxismo e do que Marx disse variou dramaticamente.

Sorel formou-se pela prestigiosa École Polytechnique de Paris e, até os 45 anos de idade, teve o cargo de engenheiro do governo. Seus primeiros escritos começaram a aparecer em 1886, mas só em 1893 (depois de sua aposentadoria) voltou a atenção para o marxismo. Inicialmente, Sorel via o marxismo como uma ciência e acreditava que Marx havia descoberto as leis que "determinavam" o desenvolvimento do capitalismo. Esteve, porém, entre os primeiros a reconhecer as dificuldades inerentes a essa posição e, a partir de 1896, começou a desenvolver sua reinterpretação altamente original e idiossincrática do marxismo, que, segundo passou a pensar, devia ser considerado principalmente como uma doutrina ética. Assim sendo, em lugar do colapso econômico predeterminado do capitalismo, Sorel postulava a concepção voluntarista de uma catástrofe moral enfrentada pela sociedade burguesa.

Num primeiro momento, essa reformulação de sua visão do marxismo levou Sorel a um esforço para definir claramente uma moral específica da classe operária, ao apoio aos sindicatos e cooperativas operárias (que lhe pareciam capazes de desenvolver essa moral), e também, à semelhança de Bernstein, à recomendação de políticas e práticas de reformismo político e de democracia. A decepção com o reformismo e com a democracia seguiu-se, de maneira rápida e dramática, à conclusão do famoso Caso Dreyfus e, após 1902, Sorel transformou-se no mais destacado expoente teórico do SINDICALISMO revolucionário.

Foi em seus escritos sindicalistas, mais especificamente em *Réflexions sur la violence* (1906), que as críticas iniciais de Sorel ao marxismo como uma ciência determinista chegaram à sua conclusão lógica. Tomando a guerra de classes como "alfa e ômega" do socialismo, argumentou que os princípios centrais do marxismo deviam ser vistos como "mitos", como imagens capazes de inspirar a classe operária à ação. O mais poderoso desses "mitos", segundo Sorel, era o da greve geral (ver GREVE), que, na sua opinião, encerrava de maneira viva todas as principais características da doutrina marxista. E seria através da ação, particularmente pelos atos de VIOLÊNCIA, que a classe operária desenvolveria simultaneamente uma ética da sublimidade e da grandeza, destruiria seus adversários burgueses e, menos obviamente, estabeleceria os fundamentos morais e econômicos do socialismo. No processo, a civilização ocidental seria salva do declínio inevitável.

Não é de surpreender que o movimento sindicalista revolucionário não tenha correspondido às expectativas de Sorel, que lhe retirou seu apoio em 1909. Seguiu-se um breve "namoro" com a direita extraparlamentar, mas o entusiasmo de Sorel foi revivido, pouco antes de sua morte, pelo novo "homem de ação", Lenin, embora também tenha lançado breves olhares de admiração a Mussolini.

JRJ

Bibliografia: Berlin, Isaiah, "Georges Sorel", in I. Berlin, *Against the Current: Essays in the History of Ideas*, 1979 • Horowitz, Irwing L., *Radicalism and the Revolt Against Reason*, 1961 (inclui tradução para o inglês de *La décomposition du marxisme*, de Sorel) • Humphrey, Richard, *Georges Sorel: Prophet Without Honor*, 1951 • Meisel, James H., *The Genesis of Georges Sorel*, 1951 • Roth, Jack J., *The Cult of Violence: Sorel and the Sorelians*, 1980 • Santarelli, Enzo, "Sorel e il sorealismo in Italia", 1960 • Sorel, Georges, *Les illusions du progress*, 1906; *The Illusions of Progress* (1969) ◎ *Réflexions sur la violence*, 1906 (1946); *Reflections on Violence* (1972) ◎ *La décomposition du marxisme*, 1907 (1979) ◎ *Matériaux d'une théorie du proletariat*, 1919 (1921) ◎ *From Georges Sorel: Essays in Socialism and Philosophy*, 1976 • Vernon, Richard, *Commitment and Change: Georges Sorel and the Idea of Revolution*, 1978.

sovietes Ver CONSELHOS

Sraffa, Piero (Turim, 5 de agosto de 1898.) O destacado economista italiano Piero Sraffa é, por duas razões, uma figura importante, embora enigmática, no marxismo moderno: primeiro, pela sua relação com Gramsci e com o movimento comunista italiano em seus primeiros tempos; segundo, pela influência alcançada por seus trabalhos sobre economia. Como estudante na "Turim Vermelha" de 1918-1920, Sraffa colaborou na revista de Gramsci, *Ordine Nuovo*. Em 1924, porém, já então professor universitário em Cagliari, desiludiu-se com a liderança do partido comunista e suas facções e dedicou-se a uma significativa troca de cartas com Gramsci sobre o assunto, pouco antes da consolidação da liderança deste último. Durante todo o período que Gramsci passou na prisão, Sraffa foi seu amigo mais próximo, defensor e companheiro intelectual.

Em 1921, Sraffa visitara Cambridge, iniciando contatos com o círculo de Keynes. Tais contatos se intensificaram a tal ponto que, em pouco tempo, ele se tornava um dos membros centrais do grupo. Em 1927, tornou-se Fellow do Trinity College, da Universidade de Cambridge, onde realizaria todo o seu trabalho intelectual subsequente. Em 1926 publicou, no *Economic Journal*, um artigo sobre a teoria do preço – "The Laws of Returns under Competitive Conditions" – que exerceu grande influência. Esse artigo, segundo Schumpeter, "produziu a versão inglesa da teoria da concorrência imperfeita" e deu início a uma série de investigações que culminaram com a publicação, em 1960, de *Production of Commodities by Means of Commodities.* Esse livro consolidou a posição de Sraffa como figura de primeiro plano do pensamento econômico, pois constituiu o ponto de partida de uma vigorosa escola que criticou os fundamentos lógicos da teoria econômica neoclássica e reconstituiu as bases lógicas da economia marxista, ao postular uma teoria alternativa da distribuição fundada na luta de classes em torno do nível de salários e dos lucros. Os problemas com os quais essa escola se defronta remontam a David Ricardo, e outro monumento intelectual levantado por Sraffa é a edição definitiva dos *Collected Works* de Ricardo, a que dedicou duas décadas de árduo trabalho de erudição. (Ver também RICARDO E MARX.)

LH

Bibliografia: "Actes du Coloque Sraffa", n.3 de *Cahiers d'Economie Politique*, 1976, com artigos de S. de Brunhoff, S. Latouche, C. Benetti, P. Salama e extensa bibliografia sobre Sraffa, com 332 títulos • Benetti, C. & S. de Brunhoff & J. Cartelier, "Éléments pour une critique marxiste de Piero Sraffa", 1976 • Dobb, Maurice, "The Sraffa System and Critique of the Nea-classical Theory of Distribution", 1970b • Faccarello, Gilbert & Philippe de Lavergne, *Une nouvelle approche en économie politique? Essais sur Sraffa*, 1977 • Lippi, Marca, *Marx, il valoro come costo reale*, 1976; *Value and Naturalism in Marx* (1979) • Sraffa, Piero, *Production of Commodities by Means of Commodities: Prelude to a Critique of Economic Theory*, 1960 (1975) [*Produção de mercadorias por meio de mercadorias: prelúdio a uma crítica da teoria econômica*, 1977] • Steedman, I., *Marx after Srafda*, 1978.

Stalin, Iosif Vissarionovitch (Gari, Geórgia, 21 de dezembro de 1879 – Kuntsevo, Moscou, 5 de março de 1953.) Iosif (Ossip, em georgiano) Vissarionovitch Djugatchvili, depois conhecido pelo nome de guerra Stalin, era filho de um sapateiro pobre e um dos raros líderes da cúpula do Partido Comunista Soviético que teve origem em uma camada social subalterna da sociedade czarista. Foi educado num seminário teológico em Tíflis, onde era frequentemente punido por seus interesses revolucionários, entre os quais a leitura de literatura proibida, como os romances de Victor Hugo. Em 1899, deixou o seminário, ou foi dele expulso, e tornou-se revolucionário profissional. Fez progressos rápidos no movimento social-democrata (marxista e socialista), identificando-se com Lenin e o BOLCHEVISMO já em 1904. Desde 1902, suas atividades revolucionárias repetidas vezes levaram-no à prisão, ao desterro e à fuga. Captado para o comitê central bolchevique em 1912, no ano seguinte foi exilado para o extremo norte da Sibéria, de onde só pôde sair depois da Revolução Russa de fevereiro-março de 1917.

Depois da revolução bolchevique de outubro/novembro de 1917 e durante a Guerra Civil que a ela se seguiu, ocupou muitos cargos de direção e foi eleito para o Politburô do partido desde a sua criação. Em abril de 1922 foi indicado secretário-geral do partido e, após a morte de Lenin, em janeiro de 1924, derrotou as oposições sucessivas de Trotski, Zinoviev e Bukharin. Na época de seu 50º aniversário, em dezembro de 1929, era o líder supremo do partido e do Estado soviéticos. Na década de 1930, a figura de Stalin pairou por sobre os triunfos da industrialização e os horrores das fomes e dos expurgos. Em 1941-1945 foi comandante em chefe da difícil luta contra a invasão nazista. Depois da guerra, foi o único líder importante a permanecer ininterruptamente no cargo até a morte.

Stalin foi um tático destacado e um político duro e sem escrúpulos. Usou seu poder para destruir todos os que surgiram em seu caminho e para transformar a Rússia agrária numa superpotência industrial. Era temido e admirado por essas duas qualidades. É retratado muitas vezes como um homem de inteligência medíocre que conseguiu seu poder exclusivamente pela esperteza impiedosa. TROTSKI descreveu-o como um "empirista teimoso", o que é uma subestimação: a ideologia abrangente e generalizada concebida por Stalin teve grande importância na consolidação do regime soviético.

Os escritos teóricos de Stalin eram lúcidos e muito simplificados, o que certamente constitui um elemento importante para a influência que exerceram. Já em 1906 ele escrevia *Anarquismo ou socialismo?*, uma polêmica contra Kropotkin que, ao mesmo tempo, apresentava uma explicação resumida do materialismo dialético e histórico. Uma versão revista desse ensaio foi incluída, em 1938, como quarto capítulo, da *História do Partido Comunista (bolchevique) da União Soviética: curso abreviado.* Essa concepção das leis da história e da sociedade dominou o pensamento marxista em muitos partidos comunistas até os escritos de MAO TSE-TUNG *Sobre a prática* e *Sobre a contradição* serem publicados, após a morte de Stalin. A segunda obra teórica mais importante de Stalin, *O marxismo e a questão nacional*, escrita em 1912-1913 com a participação de Lenin, defendia a organização de um partido social-democrata centralizado para todas as nacionalidades do império russo. Em abril de 1924, as conferências de Stalin sobre *Os fundamentos do leninismo* declaravam ousadamente que o leninismo não era apenas uma versão do marxismo aplicável a um país camponês: era "o marxismo da era do imperialismo e da ditadura do proletariado", de validade universal. Stalin ressaltava o papel do partido como o "destacamento de vanguarda organizada" e "a materialização da unidade e da vontade" da classe operária, que "se torna forte libertando-se dos elementos oportunistas". O estilo leninista de trabalho combinava "a onda revolucionária russa" com "a eficiência norte-americana". Esses pronunciamentos associavam-se à insistência (desde fins de 1924 em diante) na questão do "socialismo num só país:" a edificação do socialismo poderia ser realizada na União Soviética sem uma revolução socialista em outros países. Desenvolvendo ainda mais sua doutrina, em 1928 Stalin proclamou que a luta de classes intensificar-se-ia com o avanço do socialismo (ver STALINISMO).

Essa ideologia stalinista serviu de base para a campanha de industrialização e coletivização, e para a impiedade com que foi executada. Assim, a doutrina da intensificação da luta de classes assegurou a fundamentação teórica para a proclamação da necessidade de "eliminação dos *kulaks* (camponeses ricos) como classe", em dezembro de 1929. Durante a década de 1930 Stalin igualmente estabeleceu que o Estado proletário não podia desaparecer com a transição para o socialismo: tinha de ser fortalecido, para fazer face ao cerco capitalista. Em meio aos expurgos de 1936-1938, ele anunciou que o socialismo havia sido estabelecido na URSS e que a ausência de contradições antagônicas dentro da sociedade socialista significava que todos os atos e convicções hostis vinham do exterior. Stalin combinou com eficiência uma análise de classes quase marxista com um apelo ao patriotismo russo.

Em 1950 e 1952, seus textos *Marxismo e linguística* e *Problemas econômicos do socialismo na URSS*, embora enquadrados na ortodoxia stalinista, curiosamente inauguraram, em termos, por assim dizer, experimentais, o processo de desestalinização ideológica, insistindo na importância do "choque de opiniões" (!) no interior do marxismo e admitindo a possibilidade de que as relações de produção pudessem retardar-se em relação ao desenvolvimento das forças produtivas (ver FORÇAS PRODUTIVAS E RELAÇÕES DE PRODUÇÃO) na sociedade socialista. Mas ninguém, no movimento comunista mundial, pôde questionar as ideias de Stalin até depois de sua morte; e essas ideias, trinta anos depois, ainda exercem influência na União Soviética e em outros países.

RWD

Bibliografia: Alesandrov, G.F. et al., *Joseph Stalin: a Short Biography*, 1952 • Broué, Pierre, *Les procès de Moscou: comptes rendus des procès staliniens*, 1964 • Carr, E.H., *Stalin*, vol.1 de *Socialism in One Country: 1924-1926*, 1958 • Conquest, Robert, *The Great Terror: Stalin's purge of the thirties*, 1968; *La grande terreur: les purges staliniens des années trente* (1970) • d'Astier, Emmanuel, *Sur Staline*, 1960 • Deutscher, Isaac, *Stalin*, 1949 (1966) [*Stalin, a história de uma tirania*, 1970] • Ellenstein, Jean, *Histoire du phenomène stalinien*, 1975 • Ellis, J. & R.W. Davies, "*The crisis in So-*

viet Linguistics", 1951 • Lefort, Claude, *Un homme en trop*, 1976 • Marcou, Lilly, *Les Staline, vus par les hôtes du Kremlin*, 1979 • McNeal, R.H. (org.), *Stalin's Works: an Annotated Bibliography*, 1967 • Medvev, Roy, *Let History Judge*, 1971; *Le stalinisme: origines, histoire, conséquences* (1972) • Mehnert, Klaus, *Weltrevolution durch Weltgeschichte*, 1951; *Stalin versus Marx* (1952) • Procacci, Giuliano, *Il partido nell'Unione Sovietica*, 1975 • Rigby, T.H. (org.), *Stalin*, 1966 • Souvarine, B, *Staline: aperçu historique du bolchevisme*, 1935; *Stalin: a Critical Survey of Bolshevism* (1938) • Stalin, I.V., *Works*, vols.1-13, 1901-1934 (1952-1955) ◎ "Marxism and the National Question", in I.V. Stalin, *Marxism and the National and the Colonial Question*, 1913 (1936); *Le marxisme et la question nationale et colonial*, 1953 (1974) [*O marxismo e a questão nacional e colonial*, 1979] ◎ *The Foundations of Leninism*, 1924 (1973) [*Fundamentos do leninismo*, s.d.] ◎ *Problems of Leninism*, 1924 (1945); *Questions du léninisme* (1946 e 1969) ◎ *Works*, 3 vols. 1934-1953 (1967) ◎ *Dialectical and Historical Materialism*, 1938 [*O materialismo histórico e o materialismo dialético*, 1982] ◎ "Marxism in Linguistics", 1950 • *Economic Problems of Socialism in the USSR*, 1952; *Les problèmes économiques du socialisme en URSS* (1974) ◎ *The Essential Stalin (1905-1952)*, ed. org. por Bruce Franklin, 1972 ◎ *Staline contre Trotski: 1924-1926 (recueil de textes)*, 1965 • Trotski, L.D., *Staline*, 1948 • Tucker, R.C., *Stalin as Revolutionary, 1879-1929: a Study in History and Personality*, 1973; *Staline révolutionnaire, 1879-1925* (1975) • Wolfe, B.D., *Three Who Made a Revolution*, 1948 (1959 e 1966); *Lénine, Trotsky, Staline* (1951).

stalinismo Termo que se refere principalmente à natureza do regime que existiu na União Soviética sob Stalin, desde fins da década de 1920, quando ele alcançou o poder supremo, até sua morte em 1953. A expressão "stalinismo" não era usada oficialmente na URSS durante a vida de Stalin, nem ali foi empregada oficialmente desde a sua morte. Mas, depois do XX Congresso do Partido Comunista da União Soviética, em 1956, quando Nikita Kruschev denunciou os crimes de Stalin, as expressões "stalinismo" e "stalinista" adquiriram uma conotação genérica e altamente pejorativa, notadamente nos meios de esquerda, qualificando comportamentos ditatoriais, arbitrários e repressivos de pessoas e regimes de esquerda.

A primeira e mais notável característica do stalinismo é o poder absoluto de que Stalin desfrutou durante um quarto de século. O stalinismo não foi, obviamente, obra de Stalin apenas e deve ser considerado no contexto da história russa, das condições nas quais foi feita a revolução bolchevista e dos problemas enfrentados pelo regime nos anos que antecederam ao poder absoluto de Stalin (ver BOLCHEVISMO). Mas Stalin teve, não obstante, um papel crucial na determinação do caráter específico do regime que tem o seu nome. O "culto da personalidade" que o cercou e atingiu dimensões grotescas nos últimos anos de seu governo é um reflexo fiel das proporções do poder de que ele dispunha.

Em sua primeira fase, de 1929 a 1933, o stalinismo representou aquilo que o próprio Stalin chamou de "revolução a partir de cima", destinada a lançar as bases para a transformação da União Soviética num país industrializado. Um aspecto da "revolução a partir de cima" foi a "coletivização" da agricultura soviética, que enquadrou a maior parte dos camponeses nas fazendas coletivas e estatais. Essa política encontrou grande resistência no campo e foi posta em prática com uma disposição impiedosa e a um enorme custo humano e material. A outra parte da "revolução a partir de cima" stalinista foi um programa excessivamente ambicioso de industrialização pesada, proposto no Primeiro Plano Quinquenal aprovado em 1929 e posto em prática nos anos seguintes.

Essas políticas não poderiam ter sido efetivadas sem uma extrema centralização do poder, sem a supressão de dissensões e a total subordinação da sociedade, sob todos os aspectos, aos ditames do Estado. Tendências nesse sentido já estavam bem-desenvolvidas antes da ascensão de Stalin ao poder supremo: o stalinismo as acentuou ainda mais. O próprio partido comunista soviético foi transformado num obediente instrumento da vontade de Stalin, e os partidos comunistas dos outros países também tiveram de seguir e defender quaisquer políticas decididas por Stalin e seus lugares-tenentes.

A primeira fase da revolução stalinista parecia ter chegado ao seu termo em 1934; depois do turbilhão dos anos anteriores, era chegado o momento de formas mais comedidas de desenvolvimento e de uma redução do poder estatal de repressão arbitrária. Não obstante, foi nos anos seguintes a 1934 que o "Grande Terror" envolveu milhões de cidadãos soviéticos e que teve lugar o extermínio de muitas das principais figuras da revolução bolchevista. O aspecto mais espetacular desses anos, num sentido sinistramente literal, foi a sucessão dos julgamentos nos quais "velhos bolcheviques" como Bukharin, Zinoviev, Kamenev e muitos outros confessaram, diante de tribunais públicos, um número extraordinário de crimes, inclusive a sua cumplicidade com Trotski (exilado da União Soviética desde 1929) e atividades de espionagem em favor de países estrangeiros como parte de uma conspiração para derrubar o regime soviético, restaurar o capitalismo e desmembrar a União Soviética.

Uma característica singular da repressão stalinista, nessa época como depois, foi o modo como afetou todos os setores da "elite de poder" soviética, inclusive os quadros administrativos, militares, científicos, culturais e outros, bem como o próprio sistema de polícia e segurança. As elites soviéticas receberam do regime privilégios consideráveis, mas o preço que por eles pagavam era o risco constante de súbita prisão determinada por acusações falsas, seguida de deportação ou morte. O sistema possibilitou um progresso extraordinariamente rápido das hierarquias burocráticas da sociedade soviética, por força da necessidade de preencher o grande número de cargos que a repressão deixava vagos. Mas os que os ocuparam ficavam também vulneráveis à repressão. Nenhum regime na história derrubou, com ferocidade tão assassina, tantos daqueles que ele próprio havia alçado às alturas.

Em 1939, porém, muita coisa já havia sido realizada em termos de desenvolvimento econômico e social, e essas realizações evidentes contribuíram muito para neutralizar, pelo menos no exterior, o lado repressivo e arbitrário do regime. O mesmo se pode dizer de fatos como a promulgação da constituição de 1936 por Stalin ("a mais democrática constituição do mundo"). Mas talvez os elementos mais importantes no sentido de amenizar a imagem negativa do regime stalinista tenham sido a ameaça de agressão representada pela Alemanha nazista e pela Itália fascista e a oposição do regime soviético ao FASCISMO.

Um Comintern "stalinizado" (ver COMUNISMO e INTERNACIONAIS) havia, de 1928 a 1935, determinado, para todos os partidos comunistas do mundo, políticas segundo as quais os social-democratas eram "social-fascistas" que deviam ser considerados os mais perigosos inimigos da classe operária. Isso dividiu muito os movimentos operários em toda parte e contribuiu, na Alemanha, para a vitória do nazismo. Em 1934, porém, a União Soviética ingressou na Liga das Nações, e o Comintern adotou, em 1935, uma nova "linha" que proclamava a necessidade de frentes populares de que comunistas, social-democratas, radicais, liberais e todos os homens de boa vontade poderiam participar, em defesa da democracia contra o fascismo. Nos quatro anos seguintes, marcados por repetidas agressões fascistas, a União Soviética pareceu a muitos ser o mais decidido bastião contra aquele regime, quase que o único na verdade, levando-se em conta a política de apaziguamento adotada pela Inglaterra e pela França.

Essa imagem recebeu um golpe severo com o pacto de não agressão germano-soviético de agosto de 1939. Mas o desgaste que isso pode ter representado ficou logo esquecido quando Hitler atacou a União Soviética em junho de 1941. As lutas heroicas do exército e do povo soviéticos constituíram uma contribuição decisiva para a vitória dos aliados contra o fascismo. A guerra custou à URSS cerca de vinte milhões de vidas e uma devastação indescritível. Por outro lado, o êxito na guerra também significou que a preocupação de Stalin com a segurança da União Soviética podia ser sanada com a imposição de regimes a ela simpáticos nos países vizinhos. A Polônia oriental e os países bálticos já haviam sido anexados à União Soviética em 1939. Também foram criados, no final da guerra, regimes aceitáveis para Stalin, na Polônia, na Bulgária, na Hungria, na Romênia e na Alemanha Oriental. No devido tempo, e, em parte pelo menos, sob o impacto da guerra fria, esses regimes acabaram adotando uma forma totalmente "stalinizada".

Nem o ordálio da guerra, nem a vitória trouxeram qualquer transformação da natureza do regime stalinista no interior da União Soviética. Pelo contrário, o regime continuou tão repressivo quanto antes e os campos de trabalho recebiam agora levas novas de prisioneiros de guerra que voltavam e de trabalhadores repatriados dos campos de trabalho forçado na Alemanha. Os anos que se seguiram à guerra também foram marcados por novas campanhas destinadas a impor a ortodoxia stalinista em todas as áreas da vida intelectual e cultural, acompanhadas da perseguição generalizada aos intelectuais e a todos os suspeitos de pensamentos divergentes. Entre estes, foram particularmente visados os intelectuais e artistas judeus, bem como os judeus em geral, denunciados como "cosmopolitas sem raízes". Só a morte de Stalin, em março de 1953, impediu uma nova e maior onda de repressão e terror.

Em termos de doutrina, o stalinismo tem a marca de uma tentativa de transformar o marxismo em uma ideologia oficial de Estado, cujos princípios e prescrições básicos eram estabelecidos autoritariamente por Stalin e que, uma vez fixados, exigiam obediência total e cega. O documento mais notável no qual essa ortodoxia stalinista encontrou expressão é a *História do Partido Comunista da União Soviética (Bolcheviques)*, publicada em 1938 e reeditada várias vezes, com as modificações que as circunstâncias tornavam oportunas. Na época de sua publicação, apenas a seção "Materialismo Histórico e Dialético" foi atribuída a Stalin, mas afirmou-se, depois da guerra, ser ele o autor de todo o livro. De qualquer modo, esse trabalho representa um compêndio histórico, filosófico e político da verdade oficial na era de Stalin. O próprio Stalin interveio pessoalmente, em várias ocasiões, em diferentes áreas teóricas, desde a história e a economia até a linguística, e o mesmo fizeram seus lugares-tenentes. As concepções de Stalin e desses seus colaboradores também tinham força de lei para todos os cidadãos soviéticos.

Alguns dos princípios do stalinismo podem ser destacados, e talvez o mais importante deles seja a afirmativa de que é possível edificar o "socialismo em um só país", que se contrapunha ao suposto internacionalismo aventureiro de Trotski. "O socialismo em um só país" tinha acentuadas conotações nacionalistas e fomentava o que Lenin havia denunciado como "chauvinismo grão-russo". Outro princípio do stalinismo era o de que o Estado deve ser muito fortalecido antes que se possa esperar o seu "desaparecimento" de acordo com a doutrina marxista. Um terceiro princípio, relacionado com o segundo, era o de que a luta de classes aumentaria com o avanço do socialismo.

A questão da relação entre o stalinismo e o marxismo tem sido motivo de acesos debates. Tanto os stalinistas quanto os adversários direitistas do marxismo pretendem que o stalinismo significou uma continuidade direta ou uma "aplicação" do marxismo. Entre os fundamentos dessa afirmação, um dos principais é o de que Stalin manteve e ampliou a base "socialista" do regime, isto é, a propriedade estatal dos meios de atividade econômica. Foi essa também uma das principais causas das dificuldades experimentadas pelos adversários marxistas do stalinismo para explicar a natureza do regime soviético e definir se ele deve ser encarado como um "Estado dos trabalhadores deformado", como uma forma de "capitalismo de Estado", ou ainda como um regime de "coletivismo burocrático" (ver TROTSKISMO). Contra a interpretação do stalinismo como uma continuação ou "aplicação" do marxismo, pode-se dizer que ele contrariou as mais fundamentais proposições do marxismo em muitos pontos, principalmente na subordinação total da sociedade a um Estado tirânico.

Os sucessores de Stalin não transformaram fundamentalmente as principais estruturas do regime que dele herdaram. Mas acabaram com a repressão e o terror em massa. Apenas nesse sentido é que se pode considerar o stalinismo encerrado com a morte de Stalin.

RM

Bibliografia: Cliff, Tony, *Russia: a Marxist Analysis*, 1970 • Cohen, Stephen F., *Bukharin and the Bolshevik Revolution*, 1974 • Deutscher, Isaac, *The Prophet Outcast: Trotsky 1929-1940*, 1963 [*Trotsky: O Profeta banido*, 1968] ◎ *Stalin*, 1966 [*Stalin, a história de uma tirania*, 1970] • Medvedev, Roy, *Let History Judge*, 1971 • Nove, A., *Economic Rationality and Soviet Politics or Was Stalin Really Necessary?*, 1964 • Shachtman, Max, *The Bureaucratic Revolution: The*

Rise of the Stalinist State, 1962 • Stalin, I.V., *The Essential Stalin: Major Theoretical Writings: 1905-1952*, edição organizada por Bruce Franklin, 1972 • Trotski, L.D., *The Revolution Betrayed: What is the Soviet Union and Where is it Going?*, 1937 [*A revolução traída*, 1980] • Tucker, Robert C., *Stalinism*, 1977.

subconsumo Situação na qual surge e persiste uma queda da demanda de bens de consumo, devida a tendências sistêmicas, e que é apresentada como causa de crises periódicas (ver CRISES ECONÔMICAS), bem como de uma tendência crônica para a superprodução e a estagnação nas economias capitalistas.

O capitalismo é um sistema sujeito a repetidas fases de prosperidade e depressão. Tais fases ou ciclos não são acidentais, nem provocados por circunstâncias fortuitas. Antes constituem parte integrante da dinâmica da acumulação capitalista. No primeiro livro de *O Capital* (parte VII e particularmente o capítulo XXIII, sobre "A lei geral da acumulação capitalista") Marx construiu um modelo das inter-relações entre a taxa de acumulação, a taxa de absorção de trabalho, o aumento da produtividade do trabalho e a resultante taxa de alteração dos salários reais. Determinando a taxa e a massa de lucros, essas variáveis determinam a taxa de acumulação futura. Nessa sequência, a acumulação é a força motriz primordial da autoexpansão do capital e, por sua vez, é alimentada pelo reinvestimento dos lucros, que é uma forma de autoexpansão do capital. O principal antagonismo nessa sequência é o que se registra entre a massa de força de trabalho disponível e a taxa da acumulação que a absorve. A acumulação rápida esgota a oferta de trabalho e eleva os salários reais. Isso ameaça a taxa de lucro, se não houver forças neutralizadoras tais como o aumento da taxa de mais-valia relativa (por meio de uma elevação da produtividade do trabalho) ou um aumento na taxa de mais-valia absoluta (pela extensão da jornada de trabalho), ou ainda um aumento da oferta de trabalho a partir de setores não capitalistas (agricultura camponesa, indústrias domésticas, colônias ou outras nações ainda não plenamente capitalistas). A reação a uma ameaça à taxa do lucro se faz pela introdução de novos métodos que substituem a força de trabalho e reabastecem a reserva de desempregados.

O que se fez até aqui foi um breve resumo da argumentação de Marx em *O Capital*. Enquanto teoria de ciclos, essa argumentação deixa de lado duas importantes dimensões do problema da acumulação capitalista: o papel do dinheiro, especialmente do crédito, que pode facilitar ou dificultar a acumulação; e o problema da realização, isto é, a necessidade de vender o produto produzido para transformar a mais-valia de sua forma trabalho, por meio de forma mercadoria, em lucro, sua forma dinheiro. Em nenhum outro momento, em sua obra posterior ou anterior, Marx ocupou-se detalhadamente do problema da crise capitalista em toda a sua complexidade, embora existam observações dispersas sobre tais questões em vários de seus escritos.

Nos 20 anos transcorridos entre a morte de Engèls e a deflagração da Primeira Guerra Mundial houve uma ampla discussão entre marxistas europeus sobre como desenvolver uma teoria das crises a partir dos vários fragmentos dos escritos de Marx sobre o assunto. Esse debate se deu contra um pano de fundo histórico de vigorosa expansão capitalista para novas regiões e novas indústrias, sem que se insinuassem quaisquer indícios de um colapso imediato do sistema. Já havia um movimento no sentido do REVISIONISMO, iniciado por Bernstein, que questionava o prognóstico marxista de um capitalismo sempre às voltas com crises.

Uma teoria da crise poderia, analiticamente falando, ser desenvolvida a partir da premissa da continuidade do capitalismo sem um colapso econômico, do mesmo modo que um colapso poderia advir de forças políticas externas (por exemplo, uma derrota na guerra que levasse à insurreição), independentemente de uma crise econômica (ver CRISE NAS SOCIEDADES CAPITALISTAS). Nos debates travados entre 1895 e 1914, essas duas posições não se distinguiam. Uma teoria da crise teria não só de explicar como as crises econômicas eram endógenas (se não endêmicas) no capitalismo, mas também como a sua *crescente severidade* acabaria por levar a um colapso do sistema capitalista. Teorias perfeitamente capazes de explicar crises específicas muitas vezes não conseguiam atender a essas exigências adicionais, e o debate desse período, embora tenha gerado alguns dos melhores trabalhos de teóricos marxistas, permaneceu sem conclusão.

Uma dificuldade fundamental que se coloca para qualquer tentativa de criar uma teoria marxista da crise é a demonstração feita por Marx, no capítulo XXI do segundo livro de *O Capital*, da possibilidade de uma expansão constante, sem crises, do capitalismo. O objetivo analítico preciso a que esse capítulo serve na teoria geral de Marx é ainda motivo de controvérsia, mas o Esquema da Reprodução Ampliada (ver REPRODUÇÃO, ESQUEMAS DE) dá um exemplo aritmético do crescimento continuado (equilibrado) de dois setores, um dos quais fabrica bens de produção (Setor I) e outro bens de salário (Setor II). Marx mostrou que as exigências mútuas dos dois setores, de seus respectivos produtos, poderiam sustentar quase que indefinidamente uma acumulação constante. Autores posteriores, como Tugan Baranowsky, Rosa Luxemburg, Bukharin, Lenin e Otto Bauer valeram-se desse esquema como um instrumento básico em seu debate. A gritante contradição entre o primeiro livro de *O Capital* (capítulo XXIII) e o segundo livro (capítulo XXI) tornou-se um problema sério, e não só por causa da crítica revisionista. O exemplo numérico dado por Marx parecia afastar o problema da realização, os problemas do dinheiro ou do crédito, e mesmo da tendência decrescente da taxa de lucro, postulando uma expansão *proporcional* dos dois setores. Foi por isso que a desproporcionalidade tornou-se um elemento tão importante para a formulação de uma teoria marxista da crise (por exemplo, Hilferding, 1910, parte IV).

Foi nesse contexto que o subconsumo foi proposto como uma possível causa do problema da realização. A demanda de bens de salário – a produção do Setor II – só poderia vir dos trabalhadores (exceto uma pequena margem correspondente ao consumo dos capitalistas), mas, em seu desejo de aumentar a taxa de mais-valia e a massa de lucros, os capitalistas devem tentar, constantemente, conter a tendência dos salários reais a se elevarem. Restringindo o emprego (e conservando assim o exército industrial de reserva) bem como os salários reais, os capitalistas colocam um freio definitivo na capacidade do Setor II de vender seus produtos. A pobreza dos trabalhadores, tão necessária, sob esse aspecto, para manter elevada a taxa de lucro, volta-se contra o sistema, tornando difícil a realização da mais-valia (a sua conversão em lucro em dinheiro). Era essa a essência do argumento subconsumista.

Há numerosas objeções, tanto teóricas quanto factuais, a essa argumentação tão simples. Vamos seguir, primeiro, o caminho teórico. Afirmou-se que os capitalistas não se importavam com aquilo que produziam e com quem comprava a sua produção, desde que esta fosse vendida. Assim, se fosse possível manter a demanda de bens de capital, a expansão do Setor I poderia compensar a deficiência e deixar margem suficiente para que o Setor II vendesse seus produtos. Era essa, afinal de contas, a mensagem essencial do esquema de Marx. Mas Rosa Luxemburg, tantas vezes classificada, de modo errôneo, como subconsumista, questionou o fundamento dessa demanda crescente de bens de produção. Obviamente, a demanda de bens de produção não é limitada pela pobreza dos trabalhadores, nem pela capacidade dos seres humanos de absorver os bens de consumo. Há, porém, uma limitação direta na demanda de bens de produção ou máquinas: a perspectiva dos lucros a serem obtidos com a sua utilização. As máquinas podem produzir outras máquinas ou bens de salário, mas, no final de contas, todas as máquinas, direta ou indiretamente, produzem bens de consumo, de modo que, se há um freio à demanda total de bens de salário por força da necessidade de aliviar a pressão sobre os lucros, certamente a compra de máquinas não poderá ser eternamente lucrativa.

Há três saídas para essa argumentação, que não negam totalmente a interpretação subconsumista, mas modificam seu rumo. Primeiro, como Rosa Luxemburg mostrou, mercados que estão fora da produção capitalista – a agricultura pré-capitalista na economia nacional ou os países estrangeiros, sejam eles antigas colônias ou não – podem absorver parte da produção, e com isso o esquema dos dois setores não dá conta do conjunto da economia. A necessidade que tem o capitalismo de recorrer constantemente a mercados externos para sustentar a acumulação representava um argumento importante da crítica que os *narodniks* russos fizeram ao capitalismo como planta exótica em solo russo. Lenin (1893a) usou o esquema de reprodução de Marx para refutar essa variante do subconsumismo. O argumento de que o comércio é "escoadouro para o excedente" remonta à doutrina clássica e até mesmo à mercantilista. Em épocas mais recentes, foi recuperado na análise do capitalismo japonês, com sua constante necessidade de exportar.

A segunda saída são os gastos com armamentos. O argumento, nesse caso, é o de que tais gastos não estão sujeitos a um cálculo de lucro e não colocam o problema da realização, pois o Estado não tem de vender esses armamentos. O Estado deve, porém, financiar sua compra, seja pela tributação, seja por meio de empréstimos. A questão por discutir é se o ônus da tributação e do serviço da dívida recaem sobre uma massa estática de lucros, ou se, aliviando o problema, o Estado garante lucros extras suficientes para financiar a compra de armamentos. Se ocorrer esse último caso, então os armamentos, ou quaisquer outras atividades que criem emprego sem produzir valores de troca resolverão o problema da realização e afastarão a ameaça do subconsumo. Essa argumentação, de acordo com a qual o Estado pode preencher o hiato da demanda total mediante gastos com armamentos ou obras públicas, assume sua forma mais otimista na obra de Keynes que, embora de modo algum tenha tomado parte no debate interno do marxismo, empenhou-se em uma crítica da economia política clássica, particularmente da Lei de Say (ver KEYNES E MARX). A feliz união entre uma grande massa de lucros, pleno emprego e crescimento dos salários reais provocada por um Estado beneficente, que dominou a visão de muitos autores nas décadas de 1950 e 1960, vem sendo recentemente minada pelas pressões inflacionárias. O conflito entre a taxa de lucro e o pleno emprego mostrou-se inevitável, e o recuo das posições keynesianas é hoje bastante generalizado. Alguns autores marxistas viram nisso a incapacidade política do Estado capitalista para resolver o problema do subconsumo, embora admitissem que uma solução teórica possa ter sido proposta por Keynes.

A terceira saída é o consumo de luxo. O consumo dos capitalistas bem como o de membros de outros grupos sociais que não sejam proletários ou capitalistas – os funcionários públicos, os administradores comerciais e industriais, o clero, os empregados do setor educacional, os autônomos – constitui, ao que se afirma, uma nova fonte de demanda total de bens de consumo. A invenção de novos produtos e a proliferação de diferentes tipos das mesmas mercadorias básicas, graças à publicidade e à diferenciação de produtos, são parte desse consumo de luxo.

Essas três saídas são apresentadas de várias maneiras, como argumentos contrários ao subconsumo, ou como evidência do problema e das tentativas do sistema capitalista para neutralizá-lo. Assim, por exemplo, numa exposição moderna do problema, Paul Baran e Paul Sweezy (1966) reuniram vários elementos, tais como o consumo de luxo, os gastos desnecessários públicos e privados (desperdício), os armamentos, etc., qualificando-os como procedimentos e recursos destinados a absorver o que acreditam ser um excedente econômico crescente. A importância empírica desses vários elementos ainda é, porém, uma questão controvertida. Os salários reais aumentaram juntamente com a produtividade do trabalho durante grande parte dos últimos cem anos nos países capitalistas adiantados e, embora o desemprego tenha variado, não dá mostras de qualquer tendência identificável. A experiência da inflação no período posterior à Segunda Guerra Mundial dificilmente poderia ser considerada responsável por uma queda da demanda, embora possa ter servido de argumento para a estratégia de estimular a demanda efetiva. Pode-se argumentar que, se a ameaça à taxa de lucro provocada pelo alto nível de emprego e pela atuação da classe operária por meio de seus sindicatos puder ser neutralizada por meio dos métodos de políticas de rendas (salários), a probabilidade técnica do subconsumo não será grande. Mas os limites políticos da capacidade que o Estado tem de assegurar o pleno emprego e resolver o problema de realização sem diminuir a lucratividade continuam sendo muito reais. O antagonismo entre salário e lucro provocado pela interação entre acumulação e demanda de força de trabalho relativamente à oferta desta última parece ser, dessa forma, o mais persistente, constituindo os problemas do subconsumismo um antagonismo apenas secundário, não obstante os excelentes *insights* que a teoria do subconsumo pode proporcionar no que diz respeito ao funcionamento do capitalismo.

MD

Bibliografia: Altvater, Elmar, "À nouveau sur les théories de la sous-consommation", 1973 • Baran, P. & P. Sweezy, *Monopoly Capital*, 1966; [*Capitalismo monopolista*, 1978] • Bleaney, M., *Underconsumption Theories: a History and Critical Analysis*, 1976 • Brewer, A., *Marxist Theories of Imperialism*, 1980 • Luxemburg, R., *Die Akkumulation des Kapitals*, 1913; *The Accumulation of Capital* (1951) [*A acumulação do capital*, 1976] • Mattick, P., *Marx and Keynes: the Limits of the Mixed Economy*, 1969 • O'Connor, J., *The Fiscal Crisis of the State*, 1973 [*USA: a crise do Estado capitalista*, 1977] • Sweezy, P., *The Theory of Capitalist Development*, 1942 [*Teoria do desenvolvimento capitalista*, 1982].

subdesenvolvimento e desenvolvimento

Embora muitas de suas noções estejam presentes nos debates marxistas sobre o COLONIALISMO e o IMPERIALISMO, a teoria do subdesenvolvimento só apareceu na década de 1950, como uma crítica às abordagens keynesiana e neoclássica dos problemas do desenvolvimento econômico em sociedades pós-coloniais (ver SOCIEDADES COLONIAIS E PÓS-COLONIAIS). Os principais conceitos da teoria do subdesenvolvimento, formulados por Paul Baran, foram mais tarde ampliados por vários autores, notadamente Celso Furtado e André Gunder Frank. A teoria baseia-se nas noções de excedente econômico e de geração e absorção desse excedente dentro do sistema econômico capitalista. Baran (1957) define excedente econômico como "a diferença entre a produção corrente real da sociedade e seu consumo corrente real". O excedente é investido produtivamente para aumentar a produção, usado para especulação, investido fora da economia que o produziu ou entesourado. Baran argumenta que as economias capitalistas industriais geram, paradoxalmente, um excedente sempre crescente, sem criar ao mesmo tempo os escoadouros de consumo e investimento necessários à sua absorção. Essa falta de demanda efetiva seria compensada por vários mecanismos políticos e econômicos – produção para a defesa militar, gastos estatais, obsolescência planejada, inovação tecnológica – e (o que é mais importante) pelo domínio econômico sobre sociedades coloniais e pós-coloniais que, proporcionando escoadouros de consumo e investimento, contribuem para aliviar os efeitos potencialmente daninhos da superprodução. Dessa maneira, as economias industrializadas impõem uma forma específica de desenvolvimento às sociedades pós-coloniais, na qual o excedente econômico produzido é apropriado por interesses estrangeiros e pelas elites locais, em detrimento da população nativa. Enquanto o problema das economias industrializadas é o de superprodução de excedente econômico, para as sociedades pós-coloniais o problema é sua falta de acesso ao excedente para o seu próprio desenvolvimento econômico.

Baran argumenta que, nas sociedades pós-coloniais, o desenvolvimento está, em grande parte, limitado aos setores que produzem e processam mercadorias para as economias industrializadas ou para a elite local, ao passo que os setores que produzem mercadorias básicas para o consumo interno (tanto produtivo como não produtivo) ficam estagnados, já que o excedente produzido nos primeiros setores não é investido na economia local. O problema não é, portanto, de falta de desenvolvimento, mas de subdesenvolvimento da economia local, de corrosão de seu potencial de desenvolvimento em consequência da apropriação de um excedente investível que poderia gerar e manter seu crescimento. Contrastando a maneira supostamente típica pela qual o excedente é realizado concretamente com a maneira pela qual ele poderia ser mobilizado se a economia local não estivesse limitada pelas distorções decorrentes das formas vigentes de sua utilização, Baran propõe uma "alocação racional" do excedente, voltada para as necessidades presentes e futuras da população local. Essa alocação baseia-se em: a) mobilização do excedente potencial por meio de uma expropriação dos capitalistas e latifundiários estrangeiros e nacionais e eliminação do escoamento da renda provocado pelo consumo excessivo e pela transferência de capital para o exterior; b) realocação do trabalho improdutivo; c) desenvolvimento planejado da agricultura nacional em relação à indústria nacional, com base em uma nova mobilização do excedente. Baran procura mostrar como, modificando os atuais padrões de utilização do excedente, no sentido de uma alocação racional e planejada do mesmo inspirada pelas necessidades econômicas nacionais, o padrão de subdesenvolvimento imposto pelas exigências de reprodução das economias industrializadas pode ser superado, criando-se as condições para que seja gerado o desenvolvimento nacional.

As ideias e Baran são generalizadas por Gunder Frank, que combina os conceitos da absorção do excedente e de sua utilização com um modelo de economia mundial baseado em economias "metropolitanas" e economias "satélites". As metrópoles industriais dominam os satélites subdesenvolvidos por meio da expropriação de seus excedentes, resultante da imposição de um desenvolvimento capitalista orientado para as exportações. Esse modelo metrópole-satélite também se aplicaria às relações entre as economias subdesenvolvidas e às relações internas a cada uma delas. Para Gunder Frank, a redução do subdesenvolvimento só pode ocorrer em períodos de recuo ou retirada das economias capitalistas industriais. O subdesenvolvimento é sempre, primordialmente, resultado da penetração industrial capitalista: "Portanto, sem a remoção dessa estrutura capitalista ou a dissolução do sistema capitalista mundial como um todo, os países, regiões, localidades e setores capitalistas satélites estão condenados ao subdesenvolvimento" (Gunder Frank, 1969).

A tese fundamental da teoria do subdesenvolvimento, segundo a qual as exigências de reprodução das economias capitalistas industriais impõem um desenvolvimento capitalista setorialmente desigual que restringe o crescimento potencial das economias nacionais não desenvolvidas, é partilhada tanto pela TEORIA DA DEPENDÊNCIA como pelas teorias dos sistemas capitalistas periférico e mundial, propostas por Samir Amin e Immanuel Wallerstein. E também encontra antecedentes nos debates internos à teoria e à política marxistas, desde os escritos de Marx e Engels sobre o *mir* russo, até à crítica do narodnismo desenvolvida por Lenin e à intensa polêmica sobre a Índia e a questão colonial que teve lugar na Terceira Internacional.

As principais críticas de teóricos marxistas à teoria do subdesenvolvimento podem ser resumidas da maneira seguinte:

1. A teoria do subdesenvolvimento exagera erroneamente o papel exercido pelas economias coloniais e pós-coloniais no desenvolvimento capitalista industrial. Brenner (1977), por exemplo, mostra como os escoadouros em termos de mercado e de investimento proporcionados por essas economias tiveram pequena significação em todas as fases da acumulação e da industrialização capitalista. Tais críticas também chamam a atenção para a inadequação dos pressupostos da teoria do subconsumo, subjacentes à teoria do subdesenvolvimento, mostrando como estes concentram seu enfoque nas formas de distribuição e não na estrutura da produção, que, segundo a teoria marxista, em última análise determina o consumo, a distribuição e a troca em economias capitalistas.
2. Não há uma forma geral de desenvolvimento capitalista própria das economias menos desenvolvidas da Ásia, da África e da América Latina. À parte o fato de que ela busca abranger economias cujas semelhanças com as economias industrializadas são, com frequência, heuristicamente mais importantes do que as características comuns que partilham entre si, a teoria do subdesenvolvimento tem sido rejeitada pela sua incapacidade de explicar o aparecimento de formas vigorosas de industrialização capitalista nacional em economias menos desenvolvidas, sobretudo a partir de inícios da década de 1970. Argumenta-se que a extensão da indústria manufatureira e da produção de máquinas a setores que produzem para consumo interno, tanto na indústria como na agricultura, em várias economias menos desenvolvidas contraria a conclusão de que o desenvolvimento capitalista continuado está necessariamente confinado a um número limitado de setores

pelas exigências dos países capitalistas industriais e dos interesses, a elas articulados, das elites "compradoras" (ver BURGUESIA NACIONAL) locais.

3. A teoria do subdesenvolvimento estabelece uma falsa barreira entre os assim chamados setores interno e exportador das economias "subdesenvolvidas". O desenvolvimento deste não corrói necessariamente o potencial de desenvolvimento daquele – na verdade, pode estimular seu desenvolvimento. Isso se consegue através do investimento de capitais acumulados no setor exportador em indústrias locais, da diferenciação agrícola, da criação de um mercado interno, do desenvolvimento de indústrias ligadas a esse mercado, etc. O ponto de referência de autores como Warren (1980), que chama a atenção para esses aspectos, é a crítica feita por Lenin (1899b) ao argumento dos narodniks russos de que o capitalismo era incapaz de desenvolver com êxito um mercado interno num país caracterizado por uma combinação de produção capitalista e não capitalista e dominado pelas exigências de reprodução das economias capitalistas industriais.

4. A aceitação da validade geral da teoria do subdesenvolvimento obriga a que se admitam vários pressupostos dela subsidiários que restringem severamente tanto a análise histórica quanto a análise do caráter contemporâneo das economias menos desenvolvidas. Tais pressupostos são os seguintes: a) as formas feudais de produção antedataram as várias fases de penetração do capitalismo nas economias da África, da Ásia e da América Latina; b) muitas dessas economias estavam começando uma transição do feudalismo para o capitalismo semelhante à que ocorreu na Europa Ocidental, e o impacto industrial capitalista distorceu uma evolução para a industrialização que teria seguido uma trajetória semelhante à da Europa Ocidental; c) definindo-se o capitalismo como a busca de lucro por meio da venda de mercadorias no mercado, não se reconhece como característica constante das economias menos desenvolvidas o fato de que nelas coexistem formas capitalistas e não capitalistas de produção, que apresentam, ambas, esses aspectos; d) diferentes fases de industrialização e de penetração capitalista em economias não capitalistas são condensadas como um efeito geral da superprodução: a busca de mercados e investimentos que sirvam de escoadouros; e) a utilização das noções de excedente e absorção do excedente leva a um reducionismo econômico no qual os fenômenos políticos, culturais e sociais passam a ser analisados como meios para, ou obstáculos à, realização do excedente, tornando-se desprovidos de qualquer desenvolvimento autônomo; f) a abordagem que privilegia os Estados nacionais como unidades econômicas básicas leva a que se negligenciem os aspectos internacionais da economia mundial que podem, por eles mesmos, determinar o desenvolvimento nacional. Essas últimas críticas focalizam questões como as formas transnacionais e multinacionais de propriedade e controle da produção, a influência que as ações de frações internacionalmente coordenadas de capitais industriais e bancários exercem sobre esses Estados nacionais, e o igualamento das taxas de lucro em nível econômico mundial.

JGT

Bibliografia: Baran, Paul, *The Political Economy of Growth*, 1957 [*A economia política do desenvolvimento*, 1977] • Brenner, Robert, "The Origins of Capitalist Development: a Critique of Neo-Srnithian Marxism", 1977 • Frank, André Gunder, *Capitalism and Underdevelopment in Latin America*, 1969; *Capitalismo y subdesarrollo en América Latina* (1970) ◎ "Smith et Marx *versus* Hegel et les weberiens: sur les origines du développement et du sous-développement dans le Nouveau Monde", 1975 • Furtado, Celso, *Dialética do desenvolvimento*, 1964 ◎ *Development and Underdevelopment*, 1971 • Laclau, Ernesto, "Feudalismo y capitalismo en América Latina", 1971; "Feudalism and Capitalism in Latin America" (1977) • Lenin, V.I., *The Development of Capitalism in Russia*, 1899b (1960) [*O desenvolvimento do capitalismo na Rússia*, 1982] • Roxborough, Ian, *Theories of Underdevelopment*, 1979 • Taylor, John G., *From Modernisation to Modes of Production*, 1979 • Warren, Bill, *Imperialism: Pioneer of Capitalism*, 1980 • Ver igualmente as bibliografias dos artigos COLONIALISMO, IMPERIALISMO E MERCADO MUNDIAL e TEORIA DA DEPENDÊNCIA.

superestrutura Ver BASE E SUPERESTRUTURA

superpopulação relativa Ver EXÉRCITO INDUSTRIAL DE RESERVA

superprodução Situação na qual vários capitais distintos, diferentes indústrias e ramos diversos da economia encontram dificuldades para vender toda a sua produção, o que leva a uma condição generalizada pela qual a produção total excede a demanda total. Devido ao caráter não planejado da concorrência capitalista, só por acaso, ou pela idealização teórica, uma situação de equilíbrio pode predominar em todos os ramo da produção, com uma correspondência precisa entre produção e demanda e a realização dos cálculos dos capitalistas. A superprodução é concomitante às crises, mas há discordâncias sobre se seria uma *causa* delas. A lei de Say, em que se fundamentam a economia política clássica e a neoclássica, nega a possibilidade de superprodução persistente e pretende que a economia é capaz de se autorregular através do movimento de capitais entre as diversas atividades, guiados pela desigualdade da taxa de lucro. Já os teóricos da superprodução argumentam que a crise é provocada pela existência de superprodução em relação à demanda em uma dada atividade, superprodução esta que, em seguida, difunde-se por outros ramos da economia, provocando um desequilíbrio cumulativo e não uma restauração do equilíbrio. Os esquemas de reprodução ampliada de Marx (ver REPRODUÇÃO, ESQUEMAS DE) foram manipulados por Tugan Baranowski para criar exemplos de uma desproporcionalidade entre a produção dos dois setores ou departamentos, que leva a uma superprodução generalizada. Tais manipulações do esquema de reprodução ampliada, às quais se continua a recorrer, não explicam a causa inicial da crise em termos do comportamento dos capitalistas, individual ou coletivo e, portanto, continuam sendo controversas. (Ver também CRISES ECONÔMICAS; SUBCONSUMO.)

MD

Bibliografia: *Critiques de l'Économie Politique*, núm. esp. 7-8, 1969 • Granou, A. et al., *Croissance et crise*, 1979 • Luxemburg, Rosa, *Die Akkumulation des Kapitals*, 1913; *The Accumulation of Capital* (1951) [*A acumulação do capital*, 1976] • Sweezy, Paul, *The Theory of Capitalist Development*, 1942 [*Teoria do desenvolvimento capitalista*, 1982].

suseranos e vassalos Ver SOCIEDADE FEUDAL

T

tecnologia Seria possível dizer que o marxismo é a teoria e a prática socialistas de sociedades especificamente tecnológicas. Ou seja, se o trabalho humano que transforma a natureza tendo em vista objetivos coletivos humanos é de importância fundamental para a concepção marxista de PRÁXIS, a tecnologia é o produto: artefatos que encerram valor e têm valor de uso. A análise marxista da produção se concentra no PROCESSO DE TRABALHO, no qual as matérias-primas são transformadas pela atividade humana consciente (trabalho) que usa os meios de produção para produzir valores de uso. Esse modelo pode ser estendido da produção a outras esferas da atividade humana: à ciência e ao setor não produtivo, inclusive à família. Marx ressalta que é a tecnologia, e não a natureza, que tem importância fundamental: "A natureza não fabrica máquinas, locomotivas, ferrovias, telégrafo elétrico, máquina de fiar automática, etc. Tais coisas são produtos da indústria humana; material natural transformado em órgãos da vontade humana que se exerce sobre a natureza, ou da participação humana na natureza. *São órgãos do cérebro humano, criados pela mão humana:* o poder do conhecimento objetificado" (*Grundrisse*, p.706). O que distingue o homem dos animais é o fato de que as criações humanas constroem-se primeiro na imaginação; somos arquitetos, e não abelhas (*O Capital*, I, cap.V). A história da tecnologia é uma história da mutável relação de forças de classe. "Seria possível escrever toda uma história das invenções desde 1830 com o único objetivo de fornecer armas ao capital contra as revoltas da classe operária. Mencionaríamos, acima de tudo, a máquina de fiar automática porque abriu uma nova época no sistema automático" (*O Capital*, I, cap.XV, seção 5). De acordo com esse modelo, a história da manufatura – tanto dos processos como dos produtos – é a história das relações de classe. Esta, segundo Marx, é a verdadeira natureza antropologica, a natureza transformada pela indústria humana.

A revolução capitalista, a transformação da manufatura em produção mecanizada (ver MAQUINARIA E PRODUÇÃO MECANIZADA) na revolução industrial, e posteriormente o taylorismo, o fordismo, a automação e a robótica são considerados como a história da tecnologia na esfera produtiva: proporcionam os bens de capital cada vez mais complexos e os bens que constituem a tecnologia na esfera do consumo. As atividades humanas foram sempre mediadas pelas tecnologias, e isso acontece cada vez mais na vida doméstica e na cultura. A tecnologia também passou, naturalmente, a ser encarada como padrão de desenvolvimento no Terceiro Mundo, e como medida da força militar e das realizações internas no Primeiro e no Segundo.

RMY

Bibliografia: Levidow, Les & Robert M. Young, *Science, Technology and the Labour Process: Marxist Studies*, vol.I, 1981 • Lukács, Georg, "Technology and Social Relations", 1925/1966 • Slater, Phil (org.), *Outlines of a Critique of Technology*, 1980 • Young, Robert M., "Science is a Labour Process", 1979.

tempo de trabalho socialmente necessário Ver TRABALHO SOCIALMENTE NECESSÁRIO

tendência decrescente da taxa de lucro A lei da tendência descrescente da taxa de lucro expressa o resultado da análise de Marx sobre as forças básicas que dão origem aos ritmos de longo prazo da acumulação capitalista: longos períodos de crescimento acelerado, necessariamente seguidos de períodos correspondentes de crescimento desacelerado e de eventuais convulsões econômicas generalizadas. A Grande Depressão da década de 1930 foi um desses períodos e, segundo alguns autores marxistas, o mundo capitalista está hoje à beira de outra dessas crises. Devemos notar que esse tipo de crise econômica generalizada (ver CRISES ECONÔMICAS) é bem diferente das flutuações cíclicas de curto prazo, como os ciclos econômicos, e das crises parciais provocadas por acontecimentos específicos como perdas de colheitas, perturbações monetárias, etc. Os ciclos econômicos e as crises parciais explicam-se por fatores mais concretos, e seus ritmos, por assim dizer, sobrepõem-se ao ritmo do longo prazo (Mandel, 1972). O fato de que possam deflagrar uma crise geral quando as condições subjacentes estão maduras apenas enfatiza a importância de se analisar primeiro os próprios movimentos subjacentes.

A força propulsora da atividade capitalista é o desejo de lucro, que leva cada capitalista a lutar em duas frentes: no processo de trabalho, contra o trabalho, pela produção da mais-valia; e, no processo de circulação, contra outros capitalistas, e pela realização da mais-valia sob a forma de lucro. No confronto com o trabalho, a mecanização impõe-se como a forma dominante de aumentar a produção de mais-valia, ao passo que, no confronto com outros capitalistas, é a redução dos *custos unitários de produção* (preços de custo por unidade) que aparece como a principal arma da concorrência.

Em suma, o que Marx diz é que métodos de produção mais modernos envolverão instalações maiores, de capital mais intensivo, graças às quais, observada a capacidade normal de utilização, os custos unitários de produção serão menores. Maior-volume de capital fixo por produto unitário é o *principal meio* de obter economias de escala. Como as empresas de economia de escala permitem a um dado número de trabalhadores processar um volume maior de matérias-primas, transformando-as em uma quantidade correspondentemente maior de produtos, tanto as matérias-primas como a produção por unidade de trabalho tendem a aumentar. Ao mesmo tempo, o maior volume de capital fixo por produto unitário implica maior despesa de depreciação e maiores custos de materiais auxiliares (eletricidade, combustível, etc.) por produto unitário. Assim, para métodos mais avançados, a maior capitalização (capital adiantado por produto unitário) implica maiores custos unitários não relativos a trabalho (capital constante unitário c), enquanto a maior produtividade implica menores custos unitários com o trabalho (capital variável unitário v). No saldo, o custo unitário de produção $c + v$ deve declinar, de modo que o último efeito deve mais do que compensar o primeiro. Sob condições técnicas determinadas, no momento em que os limites do conhecimento e da tecnologia existentes forem alcançados, os aumentos subsequentes no investimento por produto unitário provocarão reduções cada vez menores nos custos unitários de produção. Isso, como pode ser demonstrado, vai implicar menores taxas de lucro transitórias para os métodos de menores custos e, portanto, segundo o Teorema de Okishio, uma queda geral na taxa de lucro.

Pode-se mostrar que o padrão acima implica que os métodos mais avançados tendem a proporcionar menor custo unitário de produção a expensas de uma menor taxa de lucro. Não obstante, a concorrência força os capitalistas a adotarem esses métodos, porque o capitalista com menores custos unitários pode baixar seus preços e crescer a expensas de seus concorrentes, compensando assim a sua menor *taxa* de lucro por meio de uma *parcela* maior do mercado. Como Marx observa, "todo capital individual luta para conseguir a maior parcela possível do mercado e suplantar seus concorrentes" (*Teorias da mais-valia*, parte II, cap.XVII.) Em termos das categorias marxistas, o processo acima implica aumento da composição orgânica do capital mais rápido do que o da taxa de mais-valia, mesmo quando os salários reais, bem como a intensidade e a duração da jornada de trabalho, são constantes, de modo que a taxa geral de lucro cai independentemente de qualquer impulso por parte da força de trabalho (Shaikh, 1978 e 1980).

Marx observa que várias influências neutralizadoras contribuem para reduzir a queda da taxa de lucro e até mesmo para inverter temporariamente essa tendência. A intensificação do processo de exploração, salários menores, capital constante mais barato, o crescimento de indústrias de composição orgânica relativamente baixa, a importação de bens salariais ou de meios de produção baratos e a migração do capital para áreas em que a força de trabalho e os recursos naturais são mais baratos podem contribuir para a elevação da taxa de lucro, aumentando a taxa de exploração e/ou baixando a composição orgânica do capital. Mas precisamente porque essas contratendências operam dentro de limites estritos, a queda secular da taxa de lucro surge como a *tendência dominante.*

Uma taxa decrescente de lucro leva a uma crise generalizada por força de seus efeitos sobre a massa de lucro. Sobre o capital já investido, qualquer queda na taxa de lucro reduz a massa de lucro; por outro lado, a acumulação aumenta o estoque de capital investido e com isso aumenta a massa de lucro enquanto a taxa de lucro do capital novo for positiva. Portanto, o movimento da massa total de lucro depende da força relativa dos dois efeitos. Mas uma taxa decrescente de lucro enfraquece progressivamente o incentivo à acumulação e, quando a acumulação se torna mais lenta, o efeito negativo começa a tomar a frente do efeito positivo, até que, a certa altura, a massa total do lucro começa a estagnar. É nessa fase que tem início a crise, embora decerto sua forma específica seja condicionada por fatores institucionais e históricos concretos. Devemos notar, incidentalmente, que esse processo implica uma "onda longa" na massa de lucro, que a princípio se acelera, para depois desacelerar-se, estagnar e finalmente mergulhar na crise. O fenômeno das ondas longas na acumulação capitalista é, portanto, perfeitamente coerente com uma queda *secular* na taxa de lucro, em oposição a, digamos, uma taxa de lucro crescente-e-decrescente como em Mandel (1975).

Os adversários dessa teoria argumentam, em geral, que esse processo está logicamente excluído da noção econômica burguesa de "concorrência perfeita", e que não há evidência empírica que o confirme. De qualquer modo, é fácil mostrar que nenhuma dessas afirmações se sustenta se forem criticamente examinados a teoria econômica neoclássica e/ou os dados sobre os quais os economistas neoclássicos se baseiam. (Shaikh, 1978 e 1980; Perlo, 1966; Gordon, 1971: Perlo é marxista e Gordon é um economista ortodoxo, e ambos acham que o método convencional de estimar o estoque de capital subestima-o seriamente, o que, por sua vez, implica uma séria superestimativa da taxa de lucro).

Ceteris paribus, maiores salários e melhores condições de trabalho reduzem diretamente os lucros e também estimulam maior mecanização, intensificando assim, de dupla maneira, a tendência intrínseca à queda da taxa de lucro. Mas, como Marx ressalta, essas e outras lutas centralizadas na reforma do sistema operam necessariamente dentro dos limites estritos postos pela lucratividade, pela mobilidade do capital e pela concorrência em nível mundial, e, portanto, permanecem adstritas à dinâmica básica da acumulação capitalista. Um argumento semelhante pode ser apresentado em favor dos limites da intervenção estatal.

Cada crise precipita a destruição indiscriminada dos capitais mais fracos e a intensificação dos ataques contra o trabalho. Esses são os mecanismos "normais" do sistema para recuperar-se. Cada recuperação sucessiva, por sua vez, resulta em maior concentração e centralização e geralmente reduz o crescimento e as taxas de lucro a longo prazo. Portanto, apesar das contradições se deteriorarem com o tempo, *não há uma crise final até que os trabalhadores tenham consciência de classe e organização suficientes para derrubar o próprio regime* (Cohen, 1978, p.201-04). (Ver também CRÍTICOS DO MARXISMO; CRISES ECONÔMICAS.)

AS

Bibliografia: Gordon, R., "A Rare Event", 1971 • Mandel, E., *Der Spätkapitalismus*, 1972; *Late Capitalism* (1975); *Le troisième âge du capitalism* (1976) • Perlo, V., "Capital Output Rations in Manufacturing", 1966 • Salama, P., "Développement d'un type de travail improductif et baisse tendancielle du taux de profit", 1973 • Shaikh, A., "Political Economy and Capitalism. Notes on Dobb's Theory of Crisis", 1978 ◎ "Marxism Competition versus Perfect Competition",

1980 ◎ "Neo-Ricardian Economics: A Wealth of Algebra, A Poverty of Theory", 1982.

teoria crítica Ver ESCOLA DE FRANKFURT

teoria da dependência Escola de pensamento que procura explicar as causas do desenvolvimento e do subdesenvolvimento econômicos. Embora essa teoria tenha sido objeto de uma ampla literatura, que incorpora muitos conceitos e métodos, a característica distintiva da produção de todos os teóricos da dependência é que todos tratam o desenvolvimento social e econômico dos países subdesenvolvidos como se fosse condicionado por forças externas, a saber, a dominação desses países por outros, mais poderosos. Isso leva os teóricos da dependência a adotarem uma abordagem circulacionista (ver CIRCULAÇÃO), ao postularem que o subdesenvolvimento pode ser explicado em termos de relações de dominação na troca, quase que com a exclusão de uma análise das FORÇAS PRODUTIVAS E RELAÇÕES DE PRODUÇÃO.

O aspecto mais enfatizado dessa dominação é a "extração do excedente". Os teóricos da dependência argumentam que um "excedente" é extraído de países subdesenvolvidos por países capitalistas adiantados. O país subdesenvolvido fica empobrecido e deixa de se desenvolver porque perde acesso aos seus excedentes. De modo correspondente, esse excedente é apropriado pelos países capitalistas adiantados e neles investido, convertendo-se numa das causas principais de desenvolvimento econômico rápido. A teoria da dependência afirma que a dicotomia extração/apropriação de excedente tanto causa como perpetua as desigualdades entre países. Historicamente, o saque e a expoliação das colônias por parte de países "metropolitanos" foi a causa inicial do desenvolvimento destes e da estagnação das colônias: e essa mesma dinâmica explica a persistência hodierna do subdesenvolvimento.

As descrições dos mecanismos precisos pelos quais o excedente é extraído e apropriado varia dentro da literatura a respeito. Paul Baran (1957) e André Gunder Frank (1967), que estão entre os principais defensores da teoria da dependência (e talvez sejam os mais conhecidos), enfatizam que a extração do excedente foi a causa da divisão inicial do mundo em países (ou áreas) ricos e pobres, e que ela é um aspecto das relações entre países, e não entre classes. Embora não estejam interessados em particular na descrição dos mecanismos do processo de extração/apropriação, pode-se deduzir das análises destes autores que, no período colonial, esse processo assumiu principalmente a forma da apropriação direta de produtos (saque e expoliação), enquanto no período moderno assume a forma da repatriação de lucros.

Há muitos problemas teóricos nessa análise. Primeiramente, ela pressupõe uma relação de dominação, senão da divisão do mundo em áreas adiantadas e atrasadas, isto é, supõe que um grupo de países pode extrair o excedente de outros países. Essa extração/apropriação não pode servir como uma causa de subdesenvolvimento e de desenvolvimento ao mesmo tempo em que é tida como pré-condição. Em segundo lugar, a extração do produto excedente é analisada no contexto de países, com poucas referências a classes, quando em verdade a produção e a apropriação subsequente de um produto excedente é um aspecto da relação entre classes. Finalmente, a teoria da dependência não se ocupa de como o produto excedente é produzido e inicialmente apropriado, considerando unicamente como é trocado. A análise faz poucas referências às forças e às relações de produção, ou ao MODO DE PRODUÇÃO, como elementos necessários à análise do desenvolvimento e do subdesenvolvimento. Sugere, em essência, que o capitalismo não se desenvolve principalmente com base na EXPLORAÇÃO do proletariado, mas na exploração de países. Além disso, a ideia de repatriação de lucros como um mecanismo para a extração do produto excedente carece de coerência interna. Se, como presumem os teóricos da dependência, O CAPITAL é investido nos países subdesenvolvidos porque a taxa de lucro ali é mais alta do que nos países capitalistas adiantados, parece contraditório que exista uma tendência geral de os lucros serem repatriados, apropriados e investidos nos países desenvolvidos: seria de se supor, logicamente, que os lucros fossem reinvestidos nos países subdesenvolvidos, para tirar proveito da taxa de lucro mais alta.

Embora outros autores, como Rui Mauro Marini (1972), Arghiri Emmanuel (1969) e Samir Amin (1973a e 1973b) rejeitem a negação do papel das classes na apropriação do produto excedente, no essencial esses teóricos compartilham da explicação proposta por Baran e Gunder Frank para o desenvolvimento e o subdesenvolvimento. Acham que o subdesenvolvimento é condicionado por forças externas e que as suas causas estão nas relações de troca. Assim, embora os mecanismos com os quais explicam a extração do excedente sejam diferentes dos apresentados por Baran e Gunder Frank, e muito mais sofisticados e complexos, esses autores podem ser considerados integrantes da escola da teoria da dependência. Marini argumenta que o subdesenvolvimento persiste porque o desenvolvimento do capitalismo é limitado pelo tamanho do mercado capitalista. Nos países capitalistas subdesenvolvidos o papel do proletariado é o de produtor, e o produto de seu trabalho é exportado. Como o produto é exportado, não há necessidade de que essa classe trabalhadora sirva como consumidora, e seus salários podem ser abaixados sem limite. Desse modo, os trabalhadores são superexplorados no país "dependente" (e não há nenhum mecanismo para elevar seus salários, já que não são necessários à realização). Como os salários não sobem, o mercado interno não se expande, e a ACUMULAÇÃO no país dependente é retardada ou "deformada". No esquema de Marini, as mercadorias exportadas pelo país subdesenvolvido são realizadas pelo consumo da classe trabalhadora dos países capitalistas desenvolvidos, o que requer sejam altos os salários nesses países. Em essência, Marini argumenta que a MAIS-VALIA é produzida na "periferia" e apropriada no "centro". O subconsumo apenas proporciona o mecanismo pelo qual se faz essa apropriação. A análise de Marini padece dos mesmos erros das teorias baseadas no SUBCONSUMO em geral, que foram refutadas com a maior clareza por Lenin (1897) como parte de sua crítica aos economistas *narodnik*. Resumidamente, pode-se dizer que Lenin demonstrou não existir nenhum problema de realização inerente à expansão do capital, já que a massa da mais-valia é realizada através do consumo produtivo do capital e não por meio do consumo dos trabalhadores. Ao introduzir dois países na análise, Marini nem por isso evitou os problemas teóricos do subconsumismo.

Tanto para Emmanuel como para Amin, a extração e a subsequente apropriação da mais-valia são efetuadas pela TROCA DESIGUAL entre os países capitalistas adiantados e os subdesenvolvidos. Eles argumentam que, como uma consequência da equalização da taxa de lucro no mercado internacional, países adiantados apropriam-se, na troca, de mais tempo de trabalho do que geram na produção, o que resulta na transferência de mais-valia dos países atrasados para os adiantados. Tais autores, porém, não apenas foram incapazes de provar teoricamente essa argumentação, como, em seus próprios termos, enquanto explicação do subdesenvolvimento, ela é bastante insatisfatória. Ao acentuar a equalização da taxa de lucro, ela prevê que o pior que pode acontecer é ser o "excedente" relativo o mesmo nos países adiantados e nos atrasados; isto é, na pior das hipóteses, o "excedente" que permanece nos países atrasados é suficiente para igualar a taxa de acumulação em países adiantados.

Embora a análise da exportação de capital deva constituir necessariamente uma parte importante de qualquer análise do desenvolvimento desigual do capitalismo na fase do imperialismo, a compreensão do atraso não se pode restringir apenas a uma análise das relações de troca, nem pode começar por elas. As relações de troca serão melhor entendidas sempre que se seguirem à, e fizerem parte da, análise da produção e das relações sociais segundo as quais se produz.

ED

Bibliografia: Amin, Samir, *Le développement inégal*, 1973a; *Unequal Development* (1976) [*O desenvolvimento desigual*, 1976] ◎ *L'impérialisme et le développement inégal*, 1973b ◎ *Classe et nation*, 1979 • Baran, Paul, *The Political Economy of Growth*, 1957 [*A economia política do desenvolvimento*, 1977] • Cardoso, F.H., *Mudanças Sociais na América Latina*, 1969 ◎ "Teoria da dependência ou análise concreta de situações de dependência?", 1971 • Dore, Elizabeth & John Weeks, "International Exchange and the

Causes of Backwardness", 1979 • Emmanuel, Arghiri, *L'échange inégal*, 1969; *Unequal Exchange* (1972) • Fernandes, Florestan, *Capitalismo dependente e classes sociais na América Latina*, 1972 • Frank, André Gunder, *Capitalism and Underdevelopment in Latin America*, 1969 • Furtado, Celso, *Dialética do desenvolvimento*, 1964 • Jaguaribe, Hélio et al., *La dependência político-económica de América Latina*, 1969 • Lenin, V.I., "A Characterization of Economic Rornanticism", 1897 (1960) • Marini, R.M., "Dialéctica de la Dependencia", 1972 ◎ *Dialéctica de la dependência*, 1973 • Santos, Teotônio dos, "La crise de la théorie du développemet et les relations de dépendance en Amérique Latine", 1969 ◎ *Imperialismo y dependência*, 1978 • Singer, Paul, *Desenvolvimento e Crise*, 1968 • Weffort, F.C., "Nota sobre a 'teoria da dependência': teoria de classe ou ideologia nacional?", 1971.

teoria do conhecimento É um truísmo dizer que as tensões entre positivismo e hegelianismo, ciências sociais e filosofia da história, marxismo científico e crítico (ou humanista, ou historicista), materialismo e dialética etc., presentes no pensamento marxista, têm raízes nas ambivalências e tendências contraditórias dos próprios escritos de Marx. Apesar disso, é possível reconstruir, a partir de sua obra, perspectivas (a) *da* teoria do conhecimento e (b) *sobre* a teoria do conhecimento, que transcendem e parcialmente explicam as dicotomias do marxismo.

(a) Dois temas epistemológicos predominam em Marx: (i) ênfase na *objetividade*, na realidade independente das formas naturais e na realidade relativamente independente das formas sociais em relação ao conhecimento (isto é, realismo, na dimensão ontológica ou "intransitiva"); e (ii) ênfase no papel do trabalho no processo cognitivo e portanto no caráter social, irredutivelmente histórico, de seu produto: o conhecimento (isto é, o "praticismo" na dimensão estritamente epistemológica, ou "transitiva"). O primeiro tema (i) articula-se com a modificação prática da natureza e a constituição da vida social; e Marx compreende o segundo (ii) como dependente da mediação do agenciamento humano intencional, ou PRÁXIS. A objetificação no sentido da *produção* de um sujeito e da *reprodução* ou transformação de um processo social deve ser distinguida da objetividade *qua* externalidade, como em (i), e das formas historicamente específicas, por exemplo alienadas, do trabalho, em determinadas sociedades – de modo que "objetivo" e seus cognatos têm quádruplo sentido em Marx. Esses dois temas inter-relacionados – objetividade e trabalho – descartam epistemologicamente, a um só tempo, empirismo e idealismo, ceticismo e dogmatismo, hipernaturalismo e antinaturalismo. Em seus primeiros escritos, Marx ensaiou uma vigorosa e por vezes brilhante crítica do idealismo, que foi veículo de seu biográfico *Ausgang* da filosofia para a ciência sócio-histórica substantiva e que dá a chave para o objeto de sua nova ciência. Nunca tentou, porém, uma crítica equivalente do empirismo. Seu antiempirismo só é encontrável em estado prático, não teorizado, no compromisso metodológico com o realismo científico implícito em *O Capital*, bem como em uns poucos *aperçus* filosóficos dispersos. Consequências desse desequilíbrio crítico são o relativo subdesenvolvimento intelectual do polo realista, em comparação com o polo praticista, na epistemologia marxista e a tendência a oscilar entre um idealismo sofisticado e um materialismo grosseiro.

A crítica que Marx faz ao idealismo, e que inclui uma vigorosa crítica do apriorismo, consiste em um duplo movimento: no primeiro, um momento *feuerbachiano*, as ideias são tratadas como produtos de mentes finitas materializadas, e no segundo, um momento nitidamente *marxista*, essas mentes materializadas são vistas como produtos de conjuntos de relações sociais que se desenvolvem historicamente. O primeiro momento inclui críticas das inversões sujeito-predicado de Hegel, da redução do ser ao conhecer (a "falácia epistemológica") e da separação entre filosofia e vida social (a "ilusão especulativa"). No segundo momento anti-individualista, a problemática feuerbachiana, humanista ou essencialista, de uma natureza humana fixa é substituída pela problemática de uma socialidade que se desenvolve historicamente: "A essência humana não é abstração inerente a cada indivíduo isolado. Em sua realidade, é o conjunto das relações sociais" (*Teses sobre Feuerbach*, sexta tese). "A soma das forças de produção, capital e formas de intercâmbio social, que todo indivíduo enfrenta como algo que lhe é dado, é a base real da (...) 'essência do homem'." (*A ideologia alemã*, vol.I, I, 7). Ao mesmo tempo, Marx deseja insistir em que a "história é apenas a atividade dos homens em busca de seus fins" (*A Sagrada Família*, VI, parte 2). Assim, prepara seu caminho para uma concepção da reprodução e da transformação do processo social na e através da práxis humana; e, por sua vez, da práxis como condicionada e possibilitada por esse processo: "Os homens fazem sua própria história, mas não a fazem como querem; não a fazem em circunstâncias por eles mesmos escolhidas, mas em circunstâncias encontradas, dadas e transmitidas pelo passado" (*O Dezoito Brumário, de Luís Bonaparte*, parte I). Terá Marx suposto que no comunismo os homens fariam a história como quisessem, que o processo se dissolveria na práxis? As indicações são ambíguas (ver DETERMINISMO). De qualquer modo, o objeto de *O Capital* não é a práxis humana, mas as estruturas, relações, contradições e tendências do modo capitalista de produção: "os indivíduos só são tratados aqui na medida em que são personificações de categorias humanas, os portadores (*Träger*) de determinadas relações e interesses de classe" (*O Capital*, I, Prefácio).

Marx nunca coloca em dúvida o *realismo do objeto material*: a ideia de que os objetos materiais existem independentemente do conhecimento. Mas seu comprometimento com o *realismo científico*, com a ideia de que os objetos do pensamento científico são estruturas, mecanismos ou relações reais ontologicamente irredutíveis defasadas e em oposição às formas fenomenais, às aparências ou aos eventos que geram, só se consolida aos poucos, de maneira desigual e relativamente tardia (ver REALISMO). Em meados da década de 1860 os temas ligados aos realismo científico proporcionam uma reafirmação constante: "toda ciência seria supérflua se as aparências externas e as essências das coisas coincidissem diretamente" (*O Capital*, III, cap.LXVIII). "A verdade científica é sempre um paradoxo, se julgada pela experiência cotidiana, que apreende apenas a aparência enganosa das coisas" (*Salário, preço e lucro*, parte VI). Em oposição à economia vulgar, Marx pretende dar uma explicação científica, e em oposição à economia política clássica, uma explicação categoricamente adequada (não fetichizada, historicizada) das relações subjacentes reais, das estruturas causais e dos mecanismos geradores da vida econômica capitalista. O método de Marx inclui, na verdade, três aspectos: (a) um *realismo científico genérico*; (b) um naturalismo *qualificado* (ou crítico); e (c) o *materialismo dialético*. Em (a), a preocupação de Marx, como de qualquer cientista, é a explicação coerente, consistente, plausível e empiricamente fundamentada de seus fenômenos. Em (b), seu naturalismo é qualificado por uma série de diferenciações na investigação social científica (distinguindo-a da investigação natural científica), dentre as quais as mais importantes referem-se à dependência da práxis, do conceito e do espaço/tempo pelas formas sociais; à reflexividade histórica exigida pela consideração de que a crítica da economia política é parte do processo que descreve e, ao fato de que não existem sistemas fechados, seja estabelecidos experimentalmente ou de ocorrência natural, para o controle empírico da teoria (implicando o recurso a critérios de confirmação e reputação explicativos e não de prognóstico). (Sob esse aspecto, o "poder de abstração" que Marx invoca no "Prefácio" ao primeiro livro de *O Capital* nem oferece um substituto para os "microscópios" e "reagentes químicos" nem faz justiça à prática empírica concreta de Marx.) Em (c), o caráter particular das explicações de Marx é tal que elas assumem a forma de *crítica explicativa* de um objeto de investigação que se revela, segundo essas explicações, *dialeticamente contraditório*. A crítica científica de Marx faz-se, ao mesmo tempo, sobre (i) entidades conceituais e conceitualizadas (teorias e categorias econômicas; formas fenomenais) e sobre (ii) os objetos (sistemas de relações estruturadas) que delas necessitam, ou as explicam. Num primeiro nível, mostra-se que as entidades são falsos *simpliciter* (por exemplo, a forma salarial) fetichizadas (por exemplo, a forma de valor) ou, de alguma forma, imperfeitas. Num segundo nível, as explicações de Marx implicam logicamente, *ceteris paribus*, uma avaliação negativa dos objetos que geram essas entidades e um interesse por sua transformação prática. As contradições dialéticas sistêmicas particulares, como entre o valor de uso e o valor, que Marx identifica como estruturalmente constitutivas do capitalismo em suas formas mistificadas de aparência dão origem, na teoria de Marx, a várias contradições históricas que subvertem tendencialmente seu princípio de organização e proporcionam os meios e os motivos para sua substituição por uma sociedade na qual a "humanidade socializada, os produtores associados, regulam seu intercâmbio com a natureza, racionalmente, [colocando-a] sob seu controle consciente, em lugar de ser governada por ela como por uma força cega" (*O Capital*, cap.XLVIII).

Se para Marx o idealismo é o erro típico da filosofia, o empirismo é o erro endêmico do *senso comum*. Marx coloca-se ao mesmo tempo contra a ontologia idealista das formas, ideias ou noções, com suas totalidades conceituais (ou religiosas) e a ontologia empirista dos fatos atomizados e dados, e suas conjunções constantes, em favor do mundo real, concebido como estruturado, diferenciado e em desenvolvimento e que dado o fato de existirmos, constitui um possível objeto de conhecimento para nós. Assim, a essência da crítica de Marx, nas *Teses sobre Feuerbach*, ao velho "materialismo contemplativo" é a de que ele dessocializa e des-historiciza a realidade, de modo que, na melhor das hipóteses, pode apenas levar à "cientificidade", mas não sustentá-la. E a essência da crítica de Marx, no último dos *Manuscritos econômicos e filosóficos* e em outros trabalhos, ao auge do idealismo alemão clássico na filosofia de Hegel, é que ele desestratifica a ciência e, portanto, des-historiciza a realidade, de modo a levar a "historicidade", mas não a sustentá-la. Chegamos assim aos motivos epistemológicos gêmeos da nova ciência da história de Marx: o materialismo significando sua forma genérica (como ciência), a dialética como seu conteúdo particular (como uma ciência da história). Constitui porém um índice do hiato epistemológico entre o marxismo filosófico e Marx fato de que, quer fundida no materialismo dialético quer no marxismo ocidental, sua dialética continuou presa a um molde essencialmente idealista e seu materialismo continuou expresso numa forma fundamentalmente empirista.

Marx (e Engels) associam habitualmente o dogmatismo ao idealismo e ao racionalismo, e o ceticismo ao empirismo. Em *A ideologia alemã*, rejeitam a ambos com firmeza. Suas premissas, dizem eles, não são "dogmas arbitrários", mas podem ser verificados "de maneira puramente empírica" (*A ideologia alemã*, vol.I, A). Ao mesmo tempo, satirizam o tipo de "novo filósofo revolucionário" que acha que "os homens estavam afogados na água apenas porque estavam de posse da *ideia* da gravidade" (ibid., "Prefácio"). Assim, de um lado (na dimensão transitiva), eles criam a noção do marxismo como um programa de pesquisas empiricamente aberto e, do outro lado (a dimensão intransitiva), registram sua dedicação a uma ontologia objetiva das estruturas ativas que transcendem os fatos.

(b) A posição de Marx sobre a epistemologia também gira em torno de dois temas inter-relacionados: a ênfase (i) na *cientificidade* e (ii) na *historicidade* do processo cognitivo (os temas, é claro, da nova ciência da história postos em relação com a teoria do conhecimento). De um lado, Marx apresenta-se como empenhado na construção de uma ciência, de modo que aparentemente está interessado em certas proposições epistemológicas (por exemplo, critérios que demarcam a ciência da ideologia, ou digamos, da arte); do outro, concebe todas as ciências, inclusive a sua, como produto (e agente causal potencial) das circunstâncias históricas, devendo portanto estar interessado na possibilidade de explicá-las historicamente (i) e (ii) constituem dois aspectos do processo cognitivo: (i) sem (ii) leva ao *cientificismo*, ao deslocamento da ciência da esfera sócio-histórica e uma consequente falta de reflexividade histórica; (ii) sem (i) resulta no *historicismo*, a redução da ciência à expressão do processo histórico e ao consequente relativismo dos juízos. Esses dois aspectos estão unidos no projeto de uma crítica explicativa das epistemologias historicamente específicas.

Mas o caráter peculiar do caminho de Marx, da filosofia para a ciência, foi tal que, como no caso de seu realismo científico, a natureza de seu interesse pela dimensão intrínseca permaneceu sem teorização. Na verdade, seguindo uma fase anterior na qual visualiza a realização da filosofia no e através do proletariado, as concepções expressamente articuladas por Marx cessam abruptamente numa segunda fase positivista, na qual a filosofia parece ser substituída, de maneira mais ou menos completa, pela ciência:

> Quando a realidade é mostrada, a filosofia como ramo de conhecimento *independente* [grifo nosso] perde seu meio de existência. No máximo, seu lugar pode ser apenas ocupado pelo resumo dos resultados mais gerais, abstrações que surgem da observação do desenvolvimento histórico dos homens. (*A ideologia alemã*, vol. I, I, A)

Essa concepção abstrata-resumidora da FILOSOFIA teve o *imprimatur* de Engels e tornou-se a ortodoxia da Segunda Internacional. Há, porém, uma contradição evidente entre a téoria e a prática de Engels: sua prática é a *de* um subtrabalhador participante em favor do MATERIALISMO HISTÓRICO – uma função lockeana que Marx aprovava claramente. Além disso, é difícil ver como o marxismo pode prescindir das intervenções e portanto das posições epistemológicas, enquanto as condições sociais dão origem não apenas ao "problema (filosófico) do conhecimento", mas ao conhecimento como um problema (prático, histórico). De qualquer modo, se há uma terceira posição implícita na prática marxista, é uma posição na qual a filosofia (e uma epistemologia *a fortiori*) é concebida como dependente da ciência e de outras práticas sociais, isto é, heteronimamente, como momento de um conjunto cognitivo prático. Como tal, nada teria em comum seja com o velho método hegeliano "germânico professoral e relacionador de conceitos" ou com a visão luckacsiana-gramsciana do marxismo como uma filosofia e não como uma ciência (natural), caracterizada por um ponto de vista totalizador próprio.

As principais características da intervenção filosófica, de grande influência, do Engels da última fase, foram: (1) conjunção de uma concepção positivista da filosofia com uma metafísica pré-crítica das ciências; (2) a difícil síntese de uma cosmologia não reducionista (emergentista) e uma dialética monística (processual) do ser; (3) a adoção dessa ontologia dialética universal em conjunto com uma epistemologia reflexionista, na qual o pensamento é concebido como espelho ou cópia da realidade; (4) a vigorosa crítica do subjetivismo e a ênfase na necessidade natural, combinada com a ênfase na refutação prática do ceticismo. O *Anti-Dühring* foi a influência decisiva no marxismo da Segunda Internacional, enquanto a combinação de uma dialética da natureza e uma teoria do reflexo tornaram-se a marca do marxismo filosófico ortodoxo – denominado "materialismo dialético" por Plekhanov (seguindo Dietzgen). Infelizmente, a crítica de Engels da contingência da conexão causal não foi complementada por uma crítica de sua realidade (noção partilhada por Hume com Hegel), ou com uma atenção igual em relação à mediação das necessidades naturais na vida social pela práxis humana. Além disso, apesar de sua notável percepção quanto a episódios particulares da história da ciência – como por exemplo seu notável prefácio (pós-kuhniano!) ao segundo livro de *O Capital* – o efeito de seu reflexionismo foi truncar a dimensão transitiva e provocar uma regressão ao materialismo contemplativo. Assim, a correntte principal da Segunda Internacional, que tem como melhores manifestações as obras de Kautsky, Mehring, Plekhanov e Labriola, chegou a abarcar um evolucionismo positivista e bastante determinista (no caso de Kautsky, discutivelmente mais darwiniano do que marxista) e preocupou-se principalmente em sistematizar, em lugar de desenvolver ou ampliar, a obra de Marx. Paradoxalmente – porque se o tema intervenção de Engels foi o materialismo, sua intenção expressa foi a de registrar e defender a autonomia específica do marxismo como ciência –, seu resultado foi uma *Weltanschauung* não muito diferente dos monismos hipernaturalistas – os materialismos "mecânico" e "redutivo" – de Haeckel, Dühring e que Engels pretendeu atacar.

As contribuições características de Lenin foram a insistência no caráter prático e interessado das intervenções filosóficas e uma concepção mais clara da autonomia relativa dessas intervenções, em relação à ciência cotidiana; ambas melhoraram parcialmente o enfoque objetivista e positivista do pensamento de Engels. O pensamento filosófico de Lenin atravessou duas fases. Seu livro *Materialismo e empiriocriticismo* foi uma polêmica reflexionista destinada a conter a difusão das ideias de Mach nos círculos bolcheviques (por exemplo, por Bogdanov), ao passo que, nos seus *Cadernos filosóficos*, a polarização de Engels entre o materialismo e o idealismo passa gradualmente a segundo plano em relação ao confronto entre o pensamento dialético e o não dialético. Houve um vigoroso, embora curto, debate na União Soviética, na década de 1920, entre os que, como Deborin, davam ênfase ao aspecto dialético, e aqueles que, como Bukharin, ressaltavam os componentes materialistas do materialismo dialético. Assim, os dois termos do legado epistemológico de Engels, – "dialética" e "materialismo" – foram ambos rejeitados por Bernstein, ressaltados em diferentes momentos por Lenin, externalizados como uma oposição interna dentro da filosofia soviética entre Deborin e os mecanicistas, antes de serem codificados for Stalin como *Diamat* e de se tornarem correntes antitéticas no MARXISMO OCIDENTAL.

No pensamento de Adler e dos austromarxistas, a epistemologia marxista tornou-se autoconscientemente crítica, em termos kantianos e em dois sentidos: analogamente, no sentido de que Marx, como Newton, permitiu a formulação de uma questão kantiana, ou seja, como é possível a socialização?; e diretamente, no sentido de que a sociabilidade era uma condição da possibilidade da experiência exatamente da maneira pela qual o espaço, o tempo e as categorias o são em Kant. Para Adler, a teoria de Marx deve ser compreendida como uma crítica controlada empiricamente, cujo objeto – humanidade socializada – é sujeito a leis quase naturais, que dependem, para a sua operação, da atividade humana intencional e orientada por valores.

Nenhum dos pensadores mencionados até agora teve dúvidas de que o marxismo era principalmente uma ciência (cf., por exemplo, o livro de Bukharin sobre o materialismo histórico escrito em 1921). Ao mesmo tempo, foi pequena, se é que chegou a haver, a ênfase nos elementos autenticamente hegelianos ou dialéticos em Marx; são responsáveis por isso, em grande parte e sem dúvida, as dificuldades da exposição de Marx da teoria do valor em *O Capital* e a publicação tardia de obras anteriores e importantes. Essa situação modificou-se agora. Na verdade, com o marxismo hegeliano exposto por Lukács (1923), que estimulou a obra da Escola de Frankfurt e o estruturalismo genético de Lucien Goldmann, proporcionando um modelo interpretativo de Marx quase tão influente quanto o de Engels, e com as obras de Korsch (1923) e de Gramsci (1929-1935), modificaram-se dramaticamente as principais ênfases da tradição engelsiana.

As principais características genéricas da teoria do conhecimento desses autores são: (1) o historicismo, a identificação do marxismo como a expressão teórica da classe operária, e das ciências naturais como uma ideologia burguesa, que implicam o colapso da dimensão intrínseca do processo de trabalho cognitivo, juntamente com a rejeição do marxismo enquanto ciência social em favor do marxismo enquanto filosofia ou teoria social autossuficiente ou autônoma, com um ponto de vista abrangente, totalizante, próprio; (2) o antiobjetivismo e o antirreflexionismo, baseados na ideia da constituição prática do mundo, levando ao colapso ou à neutralização efetiva da dimensão intransitiva da ciência, a um idealismo epistemológico correspondente e a um relativismo de julgamento; (3) recuperação dos aspectos subjetivo e crítico do marxismo (inclusive, no caso de Lukács, a redescoberta de um ingrediente essencial da teoria de Marx: a doutrina do FETICHISMO), submergidos pelo cientificismo positivista da Segunda Internacional.

O marxismo é agora fundamentalmente a expressão de um sujeito, e não de um objeto, do conhecimento; é a "expressão teórica do movimento revolucionário do proletariado" (Korsch, 1923, p.42). Além disso, não é apenas autossuficiente – contendo, como diz Gramsci, "todos os elementos fundamentais necessários para constituir uma concepção total e integral do mundo" (1971, p.462) –, mas se distingue precisamente, e apenas, por essa autossuficiência. Assim, para Lukács,

> não é o primado dos temas econômicos que constitui a diferença decisiva entre o marxismo e o pensamento burguês, mas o ponto de vista da totalidade [posição reiterada mais tarde em

sua *Zur Ontologie des gesellschaftlichen Seins* (*Para uma Ontologia do Ser Social*)] (...) a supremacia generalizada do todo sobre suas partes é a essência do método que Marx tomou de Hegel. (1971, p.27)

Desse ponto de vista, as próprias ciências naturais expressam a visão fragmentada e reificada da burguesia, criando um mundo de fatos puros, segregados em várias esferas parciais e sem relação com qualquer *totalidade* significativa. Assim, Lukács inicia uma longa tradição no marxismo que confunde a ciência com a sua representação errônea positivista, e contrapõe claramente o pensamento dialético ao pensamento analítico.

Para Lukács, o proletariado é ao mesmo tempo o sujeito e o objeto da história, e a história (no círculo lukacsiano) é a realização desse fato. O materialismo histórico é apenas o autoconhecimento da sociedade capitalista, isto é, (no círculo) a consciência imputada ao proletariado que, ao se tornar autoconsciente, isto é, consciente de sua situação como a mercadoria de que a sociedade capitalista depende, já começa a transformá-la. O texto de *O Capital* (I, cap.I) sobre o fetichismo da mercadoria "contém em si mesmo todo o materialismo histórico e todo o autoconhecimento do proletariado, visto como o conhecimento da sociedade capitalista" (Lukács, 1971, p.170). A epistemologia de Lukács é racionalista, e sua ontologia, idealista. Mais particularmente, sua totalidade é (como Althusser observou) "expressiva", no sentido de que cada momento ou parte encerra implicitamente o todo; e teleológica, no sentido de que o presente só é inteligível em relação ao futuro – de identidade realizada – que antecipa. O que a ontologia de Marx tem, e o que falta tanto à ontologia de Engels (ressaltando o processo) como à de Lukács (ressaltando a totalidade), é estrutura.

Para Gramsci, a própria ideia de realidade-em-si é um resíduo religioso, e a objetividade das coisas é redefinida em termos de uma intersubjetividade universal das pessoas, isto é, como um consenso cognitivo, assintoticamente abordado na história, mas só realizado de maneira final no comunismo, depois de atingido um consenso prático. Gramsci observa que

de acordo com a teoria da práxis é claro que a história humana não é explicada pela teoria atomista, mas o inverso: a teoria atomista, como todas as outras hipóteses e opiniões científicas, é parte da superestrutura. (1971, p.465)

Isso envolve uma dupla passagem da dimensão intransitiva à transitiva, e da dimensão intrínseca à extrínseca. Quanto ao primeiro aspecto, a observação de Gramsci nos lembra a ironia de Marx contra Proudhon, de que como "verdadeiro idealista, ele sem dúvida acredita que a circulação do sangue deve ser consequência da teoria de Harvey" (*A miséria da filosofia*, cap.II, 3). A historicidade de nosso conhecimento (bem como a historicidade dos seus objetos) sobre a qual Gramsci, muito adequadamente, quer insistir, não rejeita a ideia da alteridade de seus objetos (e de sua historicidade), mas na realidade depende dela.

Lukács, Gramsci e Korsch rejeitam a dialética da natureza de Engels, mas enquanto Lukács o faz em favor de um antinaturalismo dualista e romântico, Gramsci e Korsch o fazem em favor de um monismo antropomórfico historicizado. Enquanto Lukács argumenta que a dialética, concebida como o processo de reunificação do sujeito original com o objeto que se tornou estranho, só se aplica ao mundo social, Gramsci e Korsch sustentam que a natureza, como a conhecemos, é parte da história humana e, portanto, dialética. Enquanto na teoria da identidade de Gramsci (ser-conhecer), a intransitividade perde-se totalmente, na teoria de Lukács, em que a identidade ainda é o resultado ainda-a-ser-atingido da história, a intransitividade permanece sob dois disfarces: (i) como uma natureza epistemologicamente inerte, não concebida em nenhuma relação integral com a dialética da emancipação humana; (ii) como a esfera da alienação na história humana, anterior à realização da autoconsciência proletária.

Os principais temas epistemológicos da teoria crítica de Horkheimer, Adorno, Marcuse e (numa segunda geração) Habermas e seus companheiros são (1) uma modificação do historicismo absoluto do marxismo luckacsiano e uma renovada ênfase na autonomia relativa da teoria; (2) uma crítica do conceito de trabalho em Marx e no marxismo; e (3) uma acentuação da crítica do objetivismo e cienticismo.

O tema (1) é acompanhado pela descentralização gradual do papel do proletariado, o que acaba por resultar na perda de qualquer sujeito de emancipação historicamente fundamentado, de tal modo que – numa forma que lembra os JOVENS HEGELIANOS – a teoria revolucionária é vista como um atributo dos indivíduos (e não como uma expressão de classe) e deslocada para o plano normativo como um "*Sollen*" fichteano ou um "deve". A consequente ruptura entre teoria e prática, expressa de maneira pungente por Marcuse – "a teoria crítica da sociedade não tem conceitos que possam eliminar o hiato entre o presente e o futuro e, não tendo futuro e não mostrando êxito, continua negativa" (1964, p.267) – reforça um pessimismo e uma excessiva atividade de julgamento que, juntamente com suas concepções totalmente negativas (românticas e não dialéticas) do capitalismo, da ciência, de tecnologia e do pensamento analítico, colocam sua teoria social – concebida (como no marxismo historicista) como o verdadeiro repositório da epistemologia – a uma certa distância de Marx. Da mesma forma, isso lhe permitiu esclarecer problemas que o racionalismo otimista e prometeico de Marx haviam obscurecido.

(2) O contraste básico estabelecido pela teoria crítica entre uma razão emancipatória e uma razão puramente técnica ou instrumental tendeu, cada vez mais, da "Tradizionelle und kritische Theorie" ("Teoria tradicional e teoria crítica") de Horkheimer (1937) a *Erkennthis und Interesse* (*Conhecimento e interesse*) de Habermas (1968), a voltar-se contra o próprio Marx, em virtude da ênfase deste no trabalho e de seu conceito da natureza como um objeto da exploração humana exclusivamente. Assim, Marcuse (1955) concebe uma sociedade emancipada caracterizada não pela regulação racional do trabalho necessário ou pelo trabalho criativo, mas sim pela sublimação do próprio trabalho em um jogo sensível da libido. Segundo Habermas, Marx reconhece uma distinção entre o trabalho e a interação, ao distinguir forças e relações de produção, mas interpreta erroneamente sua própria prática, de maneira positivista, reduzindo com isso a autoformação da espécie humana pelo trabalho. Pode-se argumentar, porém, que Marx entende o trabalho não apenas como ação técnica, mas como atividade que ocorre sempre dentro e através de uma sociedade historicamente específica, e que é Habermas, e não Marx, que adota, de maneira errada e acrítica, uma explicação positivista do trabalho como ação técnica, e mais geralmente das ciências naturais, tal como representadas adequadamente pelo modelo dedutivo-nomológico.

(3) A tentativa de Habermas, de combinar uma concepção da espécie humana como resultado de um processo puramente natural com uma concepção da realidade inclusive da natureza, como constituída na e pela atividade humana, ilustra a antinomia de qualquer pragmatismo transcendental. Isso porque leva ao dilema de que se a natureza tem o status transcendental de uma objetividade constituída, não pode ser o fundamento histórico do sujeito constituinte; e inversamente, se a natureza é o fundamento histórico da subjetividade, então não pode ser simplesmente uma objetividade constituída – deve ser *em-si* (e contingencialmente um possível objeto para nós). É um ponto que Adorno, em sua insistência na irredutibilidade da objetividade à subjetividade, parece ter apreciado bem. Na verdade, Adorno (1966) isola a deficiência endêmica da Primeira Filosofia, que inclui a epistemologia marxista, como a tendência constante de reduzir um, de um par de contrários irredutíveis, ao outro (por exemplo, no marxismo de Engels, a consciência ao ser; no marxismo de Lukács, o ser à consciência) e argumenta contra qualquer tentativa de basear o pensamento em fundamentos com pressupostos e a favor da imanência de toda crítica.

Será conveniente tratar em conjunto a obra de (i) marxistas humanistas, como E. Fromm, H. Lefebvre, R. Garaudy, A. Heller e E.P. Thompson; (ii) marxistas existencialistas, como Sartre e Merleau-Ponty; (iii) revisionistas do leste europeu, como L. Kolakowski, A. Schaff e K. Kosik; e (iv) o grupo *Praxis* iugoslavo, de G. Petrović, M. Marković, S. Stojanović e seus companheiros. Apesar de suas formações e preocupações diversas, todos têm em comum uma renovada ênfase no homem e na práxis humana como "o centro do pensamento marxista autêntico" (*Praxis Internacional*, I, 1981, p.64), ênfase que se perdera na era stalinista e cuja recuperação evidentemente deveu muito à publicação dos *Manuscritos econômicos e filosóficos* e, em proporções menores, às novas leituras humanísticas da *Fenomenologia* de Hegel, propostas, por exemplo, por A. Kojève e J. Hyppolite. Dois pontos merecem ser ressaltados: primeiro, supõe-se que a natureza e as necessidades humanas, embora mediadas historicamente, não são infinitamente maleáveis; segundo, que o enfoque recai sobre o ser humano, não apenas como empiricamente determinado, mas como um ideal normativo, - engajado de forma não alienada, totalizante, automotriz, livremente criativa e harmoniosa. O primeiro indica um evidente retorno parcial de Marx a Feuerbach. Entre esses autores, a obra de Sartre é a tentativa de maior alcance e maior fôlego de fundamentar a inteligibilidade da história na inteligibilidade da práxis humana individual. Mas como já dissemos, o ponto de partida de Sartre frustra logicamente o seu objetivo: se a verdadeira transformação é possível, então um contexto partircular, um conjunto específico de relações sociais, deve ser formado na estrutura da situação do indivíduo, desde o início; sem isso, teremos: a singularidade inexplicável, uma dialética circular e a generalidade a-histórica abstrata das condições (de "escassez" para a "prática-inerte").

De modo geral, o marxismo antinaturalista ocidental, de Lukács a Sartre, mostrou-se pouco interessado pela estrutura ontológica ou pela confirmação empírica. Essas tendências são compensadas, em diferentes vertentes, pelo racionalismo científico de Althusser e de outros marxistas estruturalistas (como Godelier) e pelo empirismo científico e o neokantismo de Della Volpe e Colletti. Em Althusser, encontramos formulado, de maneira mais acentuada, em *Pour Marx* e (com E. Balibar) em *Lire le Capital*: (1) uma nova concepção antiempirista e anti-historicista da totalidade social; (2) rudimentos de uma crítica da epistemologia juntamente com um colapso da dimensão extrínseca ("teoricismo"); e (3) um racionalismo científico influenciado por Gaston Bachelard e por Jacques Lacan, no qual a dimensão intransitiva é efetivamente neutralizada, resultando num idealismo latente.

(1) Althusser reafirma por um lado as ideias de estrutura e complexidade, e por outro a de socialidade irredutível, no interior de uma visão da totalidade social como um todo sobredeterminado, complexamente descentrado e pré-determinado, que se estrutura a partir de uma dominância. Em oposição ao empirismo, é um todo e é estruturado, e sua forma de causalidade não é newtoniana (mecanicista), em oposição ao historicismo e ao espiritualismo, é complexo e sobredeterminado, não é uma "totalidade expressiva", suscetível de uma "divisão essencial" ou caracterizada por uma temporalidade homogênea, e sua forma de causalidade não é leibniziana (expressiva). Em oposição ao idealismo, a totalidade social é dada previamente; e em oposição ao humanismo, seus elementos são estruturas e relações, e não indivíduos, que são apenas seus portadores ou ocupantes. Mas embora Althusser queira insistir, contra o ecletismo sociológico, que a totalidade é estruturada a partir de uma dominância, seu próprio conceito positivo de causalidade estrutural nunca é claramente articulado.

(2) Embora contrário a qualquer redução da filosofia à ciência, ou vice-versa, ao sustentar que os critérios de cientificidade são totalmente intrínsecos à ciência, Althusser deixa a filosofia (inclusive a sua) sem qualquer papel claro; em particular, as possibilidades de qualquer critério de demarcação entre ciência e ideologia, ou crítica da prática de uma suposta ciência, parecem eliminadas. A autonomia epistemológica das ciências é acompanhada e ressalta sua autonomia histórica, enquanto o deslocamento da ciência do processo histórico pressupõe e implica a inevitabilidade da ideologia (concebida como mistificação ou falsa consciência) - opinião que discorda de Marx.

Embora Althusser insista na distinção entre o real e o pensamento, o primeiro funciona apenas como um conceito limitador quase-kantiano dentro de seu sistema, de modo que degenera facilmente em idealismo, rejeitando totalmente a dimensão intransitiva, como por exemplo na "teoria do discurso". É significativo que tal como Althusser considera Spinoza, e não Hegel, como o verdadeiro precursor de Marx, assim também seu paradigma da ciência é a matemática, uma disciplina aparentemente *a priori*, em que a distinção entre o sentido e a referência dos conceitos, e a teoria-dependência e a teoria-determinação dos dados, podem ser obscurecidas. Em suma, Althusser tende a aceitar a teoria a expensas da experiência, tal como aceita a estrutura ao preço da práxis e da possibilidade de emancipação humana.

Se Lukács expressa a corrente hegeliana no marxismo em sua forma mais pura, Della Volpe ressalta os temas positivistas de maneira mais exata. O objetivo de sua obra mais importante, *Logica come scienza positiva* (1950), é a recuperação do materialismo histórico como instrumento de pesquisa empiricamente orientada, e a reivindicação do marxismo como uma sociologia materialista, ou um "galileanismo moral". Della Volpe situa a crítica de Marx a Hegel como o auge histórico das críticas materialistas de uma razão *a priori* que se estende da crítica de Platão a Parmênides até a crítica de Kant a Leibniz. Nela, Marx substitui o círculo Abstrato-Concreto-Abstrato (A-C-A) da dialética hegeliana com suas "abstrações indeterminadas" pelo círculo Concreto-Abstrato-Concreto (C-A-C, ou melhor, C-A-C') da epistemologia materialista, com suas "abstrações racionais determinadas", efetuando com isso uma transição da "hipostase para a hipótese, de afirmações *a priori* para previsões experimentais" (1950, 1980, p.198). "Qualquer conhecimento digno desse nome é ciência" (1957, 1978, p.200), e ciência sempre se conforma a esse esquema, que Marx teria elaborado na "Introdução" aos *Grundrisse*, e que, tal como Della Volpe o interpreta, reduz-se ao familiar método hipotético-dedutivo de Mill, Jevons e Popper.

Apenas quatro tipos de problemas com a reconstrução de Della Volpe podem ser indicados aqui. (1) Supõe-se que ela se aplique indiferentemente às ciências sociais e à filosofia, bem como às ciências naturais. O resultado é uma explicação hipernaturalista das ciências sociais e uma concepção positivista-proléptica da filosofia, atada a uma visão da ciência que é monista e continuísta dentro e entre as disciplinas, e reforça uma concepção do próprio desenvolvimento de Marx como linear e contínuo. (2) C-A-C é um procedimento puramente formal que funciona igualmente bem para muitas ideologias teóricas. (3) Della Volpe nunca distingue claramente os precedentes teóricos das causas históricas: um historicismo latente está sob o claro positivismo de sua obra. (4) E o que é mais importante: há ambiguidades cruciais na definição do modelo C-A-C'. Refere-se C' a um problema conceitualizado ou a um objeto concreto, isto é, o círculo descreve uma passagem da ignorância ou do ser para o conhecimento? Se for destinado a realizar as duas coisas, então o realismo empírico consequente, ao juntar as dimensões transitiva e intransitiva, desestratifica a realidade e des-historiza o conhecimento. Refere-se A a alguma coisa real, como no realismo transcendental e em Marx, ou meramente ideal, como no idealismo transcendental e no pragmatismo? Finalmente, refere-se C' a (i) exposição, (ii) prova ou (iii) aplicação? A distinção entre (i) e (ii) é a distinção entre o método de exposição de Marx e o seu método de investigação; entre (ii) e (iii) é a distinção entre a lógica da atividade teórica e a da atividade aplicada; entre (i) e (iii) é a distinção entre a hierarquia dos pressupostos da produção capitalista desenvolvida em *O Capital* e o tipo de análise de conjunturas históricas determinadas (a "síntese de muitas determinações" da "Introdução" aos *Grundrisse*) que Marx ensaiou no *Dezoito Brumário de Luís Bonaparte* ou em *A guerra na França*.

O mais conhecido continuador da escola dellavolpiana, Lucio Colletti, rejeitou até mesmo a dialética restrita e puramente epistemológica de Della Volpe, afirmando que qualquer dialética exclui o materialismo, e criticou a reconstrução hipernaturalista de Marx, elaborada por Della Volpe, por ter omitido os temas críticos da reificação e da alienação. Colleti, porém, teve grande dificuldade em reconciliar esses temas com sua própria ontologia realista empírica não estratificada e a sua concepção neokantiana do pensamento como sendo outra coisa que não o ser. E ele parece ter finalmente optado pela ruptura entre as dimensões positiva e crítica do marxismo, abandonando assim a noção de crítica científica. Há na obra de

Colletti, como na de Habermas e na de Althusser (provavelmente os três autores recentes que mais têm influído na epistemologia marxista), um dualismo generalizado: entre o pensamento como verdade e como objetividade situada entre a objetividade como algo em si e como a objetificação de um sujeito, entre o homem como ser natural e como o *genus* de todos os *genera* (o ponto em que o universo chega à consciência de si mesmo). Embora a obra de Colletti tenha sido criticada na Itália (por exemplo, por Timpanaro) por negligenciar os aspectos ontológicos do materialismo, tanto a tendência althusseriana como a vertente dellavolpiana parecem vulneráveis às reconstruções científicas realistas do conhecimento e do marxismo. Entre a teoria do conhecimento e o marxismo, haverá sempre, porém, certa tensão. Pois, de um lado, há outras ciências além do marxismo, de modo que qualquer epistemologia adequada se estenderá muito além do marxismo em seus limites intrínsecos; mas, do outro lado, a ciência não é o único tipo de prática social, de modo que o marxismo tem maior âmbito *extensivo*. Haverá sempre a tendência a que um ou outro seja subordinado, como no conceito de epistemologia marxista, em que a epistemologia torna-se criticamente engajada e o marxismo submete-se a uma razão que ele desloca.

RB

Bibliografia: Adler, M., *Selections on 'The Theory and Method of Marxism'*, 1904-1927 (1978) • Adorno, T., *Negative Dialektik*, 1966; *Negative Dialectics* (1973); *Dialectique negative* (1978) • Althusser, L., *Pour Marx*, 1965 [*A favor de Marx*, 1979] ◎ *Lire le Capital*, 1968 [*Ler "O Capital"*, 1980] • Anderson, P., *Considerations on Western Marxism*, 1976; *Sur le marxisme occidental* (1977) • Bukharin, N., *Theorie des Historischen Materialismus*, 1921 (1922); *Historical Materialism: A System of Sociology* (1925) [*Tratado de materialismo histórico*, 1970] • Della Volpe, G., *Logica come scienza positiva*, 1950; *Logic as a Positive Science* (1980) ◎ *Rousseau e Marx*, 1957 (1964); *Rousseau and Marx* (1978) • Gramsci, A., *Selections from the Prison Notebooks*, 1929-1935 (1971) • Habermas, J., *Erkenntnis und Interesse*, 1968b [*Conhecimento e interesse*, 1983] • Horkheimer, M., "Tradizionelle und kritische Theorie", 1937; *Théorie tradicionelle et théorie critique* (1974) • Korsch, K., *Marxismus und Philosophie*, 1923 (1966); *Marxism and Philosophy* (1970); *Marxisme et philosophie* (1964) • Lukács, G., *Geschichte und Klassenbewusstsein*, 1923; *History and Class, Consciousness* (1971) [*História e consciência de classe*, 1974] ◎ *Zur Ontologie des gesellschaftlichen seins*, 1971; *Ontologia dell' Essere Sociale* (1976) • Marcuse, H., *Eros and Civilization*, 1955 [*Eros e civilização*, 1981] ◎ *One Dimensional Man*, 1964 [*Ideologia da sociedade industrial*, 1982] • *Praxis International*, I. 1, *Symposium ou Socialism and Democracy*, 1981 • Sartre, J.-P., *Question de méthode*, 1960; *The Problem of Method* (1963) [*A questão do método*, 1978].

Terceiro Mundo Ver MARXISMO E O TERCEIRO MUNDO

terra, renda da Ver PROPRIEDADE FUNDIÁRIA E RENDA DA TERRA

totalidade Em contraste com as concepções metafísica e formalista, que a tratam como totalidade abstrata, intemporal e, portanto, *inerte* – na qual as partes ocupam uma posição fixa num todo inalterável –, o conceito dialético de totalidade é *dinâmico*, refletindo as mediações e transformações abrangentes, mas historicamente mutáveis, da realidade objetiva. Como disse Lukács:

> A concepção dialético-materialista da totalidade significa, primeiro, a unidade concreta de contradições que interagem (...); segundo, a relatividade sistemática de toda a totalidade tanto no sentido ascendente quanto no descendente (o que significa que toda a totalidade é feita de totalidades a ela subordinadas, e também que a totalidade em questão é, ao mesmo tempo, sobredeterminada por totalidades de complexidade superior...) e, terceiro, a relatividade histórica de toda totalidade, ou seja, que o caráter de totalidade de toda totalidade é mutável, desintegrável e limitado a um período histórico concreto e determinado. (Lukács, 1948, p.12)

Na filosofia de Hegel, o conceito de totalidade tem importância central. Como "totalidade concreta", com suas diferenciações internas, ela constitui o início do progresso e do desenvolvimento (Hegel, 1812, Vol.II;

1929, p.472). O resultado do desenvolvimento é o "todo idêntico a si mesmo" (1920, p.480) que recobre a imediatez original na forma de "determinação transcendente", através do "sistema de totalidade" (1929, p.482). Portanto,

> a pura imediatez do Ser, na qual a princípio toda determinação parece ter sido extinta ou omitida pela abstração, é a Ideia que alcançou sua autoigualdade adequada através da mediação – isto é, através da transcendência da mediação. O método é o Conceito puro, que só se relaciona consigo mesmo; é, portanto, a simples autorrelação que é o Ser. Mas agora é também o ser realizado, o Conceito autoabrangente, o Ser como *totalidade* concreta e também plenamente *intensiva*. (Hegel, 1929, p.485)

Assim, o conceito hegeliano de totalidade é ao mesmo tempo o núcleo organizador do *método* dialético e o critério de verdade. Este último aspecto é vigorosamente ressaltado por Lenin quando este, em 1916, elogia Hegel nos termos seguintes:

> A *totalidade* de todos os aspectos do fenômeno, da realidade e de suas *relações* recíprocas – isto é, daquilo de que a *verdade* é composta. As relações (= transição = contradições) de noções = o conteúdo principal da lógica, pelas quais esses conceitos (e suas relações, transições, contradições) são mostrados como reflexos do mundo objetivo. A dialética das coisas produz a dialética das ideias, e não o inverso. Hegel percebeu de forma brilhante a dialética das coisas (fenômenos, o mundo, a natureza) na dialética dos conceitos. (Lenin, 1961, p.196)

A totalidade social na teoria marxista é um complexo geral estruturado e historicamente determinado. Existe nas e através das mediações e transições múltiplas pelas quais suas partes específicas ou complexas – isto é, as "totalidades parciais" – estão relacionadas entre si, numa série de inter-relações e determinações recíprocas que variam constantemente e se modificam. A significação e os limites de uma ação, medida, realização, lei, etc. não podem, portanto, ser avaliados, exceto em relação à apreensão dialética da estrutura da totalidade. Isso, por sua vez, implica necessariamente a compreensão dialética das mediações concretas múltiplas (ver MEDIAÇÃO) que constituem a estrutura de determinada totalidade social.

A concepção que Marx possuía do MATERIALISMO HISTÓRICO teoriza o desenvolvimento social a partir do ponto de vista totalizante de uma "história mundial" que surge das determinações objetivas dos processos materiais e interpessoais. "A *estrutura social* e o Estado evoluem constantemente a partir do *processo vital de indivíduos definidos*" (*A ideologia alemã*, vol.I, IA), mesmo que a objetividade alienada e reificada possa surgir como totalmente independente deles. O ponto de vista abrangente é em si um produto sócio-histórico. "A anatomia humana encerra a chave da anatomia do macaco. As sugestões de um desenvolvimento superior entre as espécies animais subordinadas só podem ser compreendidas depois de conhecido o desenvolvimento superior. A economia burguesa nos proporciona, portanto, a chave da antiga, etc." (*Grundrisse*, Introdução). Assim, a história do mundo só é decifrável quando suas interligações totalizantes surgem *objetivamente* das condições do desenvolvimento e da concorrência capitalistas que "produziram a história do mundo pela primeira vez, na medida em que fizeram todas as nações civilizadas e todos os membros individuais dessas nações dependerem, para a satisfação de seus desejos, de *todo o mundo*, destruindo com isso a exclusividade natural anterior das nações individualizadas" (*A ideologia alemã*, vol.I, IB, 1). Assim sendo,

> as coisas chegaram agora a um ponto tal que os indivíduos devem apropriar-se da totalidade das forças produtivas existentes não só para concretizar sua autoatividade, mas também meramente para salvaguardar sua própria existência. Essa apropriação é determinada, em primeiro lugar, pelo objeto a ser apropriado, as forças produtivas, que foram desenvolvidas em uma *totalidade* e que só existem dentro de um *intercâmbio universal* (...). A apropriação dessas forças é, em si, apenas o desenvolvimento das capacidades individuais que correspondem aos instrumentos materiais da produção. A apropriação de uma *totalidade de instrumentos de produção* é, por essa mesma razão, o desenvolvimento de uma *totalidade de capacidades* dos

> próprios indivíduos. Essa apropriação é ainda determinada pelas pessoas que se apropriam. Só os proletários de hoje (...) estão em condições de realizar uma *autoatividade completa* e não mais restrita, que consiste na apropriação de uma totalidade de forças produtivas e no desenvolvimento de uma totalidade de capacidades a ela vinculadas. (Ibid., IB, 3)

De um modo que lembra o trecho acima, Lukács (1971, p.28) argumenta que "a totalidade do *objeto* pode ser postulada apenas quando o sujeito *postulante* é em si uma *totalidade*". E, ao criticar o "ponto de vista individual" da teoria burguesa, insiste em que "não é o predomínio dos motivos econômicos na interpretação da sociedade que constitui a diferença decisiva entre o marxismo e a ciência burguesa, mas sim o *ponto de vista da totalidade*. A categoria de totalidade, a dominação geral e determinante do todo sobre as partes é a essência do método que Marx assumiu a partir de Hegel e, de maneira original, transformou na base de uma ciência totalmente nova" (1971, p.27). Lukács desenvolveu uma teoria muito influente da IDEOLOGIA E DA CONSCIÊNCIA DE CLASSE, centralizada em torno do "ponto de vista da totalidade". Mais tarde, esse princípio *metodológico* lukacsiano foi transformado por Karl Mannheim, que postula a entidade sociológica dos "intelectuais descompromissados" (*freishwebendes Intelligenz*), com uma "necessidade de *orientação total* e síntese". Graças ao pretenso fato de que eles "reúnem em si todos os interesses de que está impregnada a vida social (...) os intelectuais ainda são capazes de chegar a uma *orientação total* mesmo quando ingressam num partido" (Mannheim, 1936, p.140-43).

O Capital de Marx culmina com o volume III: "O Processo de Produção Capitalista *como um Todo*". Só em termos da necessária inter-relação estrutural entre o capital social *total* e a *totalidade* do trabalho é que as tendências e leis da autoexpansão e da desintegração final do capital, tal como reveladas por Marx, adquirem significação real, ao mesmo tempo em que também levam plenamente em conta as tendências contrárias e as determinações estruturais que tendem a deslocar as contradições do capital e, dessa forma, a prolongar o período de sua viabilidade social e histórica. Em uma época histórica posterior das confrontações sociais, Lenin preocupou-se em especial com a identificação da alavanca objetiva ou do *estratégico* "elo da cadeia", historicamente específico e necessariamente variável (Lenin, 1922), por meio do qual uma totalidade social dada é controlada de maneira mais efetiva sob forma de ação social/política organizada, desde que uma agência coletiva, adequada e consciente, exista para implementar a concepção estratégica global.

Ao contrário, em Sartre, a "totalidade" é um conceito problemático, já que a *totalização* em si é inerentemente uma aventura *individual*.

> É importante compreender que aquilo de que tratamos aqui não é uma totalidade, mas uma *totalização*, isto é, uma multiplicidade que *se totaliza a si mesma* a fim de totalizar o campo prático a partir de determinada perspectiva, e que sua ação comum, por meio de *cada práxis orgânica*, é revelada a todo indivíduo comum como uma objetivação em desenvolvimento. (Sartre, 1976, p.492)

Tendo em vista essas determinações, a própria "estrutura" não pode ser outra senão uma inércia adotada, e o "todo" é essencialmente uma questão de *interiorização*, pois a

> estrutura é uma relação específica dos termos de uma relação recíproca com o todo e entre si através da mediação do todo. E o todo, como totalização em desenvolvimento, existe *em cada um* na forma de uma unidade da *multiplicidade* interiorizada e em *nenhum outro lugar*. (Sartre, 1976, p.499)

IM

Bibliografia: Hegel, G.W.F., *Wissenschaft der Logik*, 1812; *The Science of Logic* (1929); *Ciencia de la lógica* (1956) • Lenin, V.I., *Conspectus of Hegel's Science of Logic*, 1916 (1961) ◉ *Notes for a Speech on March 27*, 1922 • Lukács, G., *As tarefas da filosofia marxista na nova democracia* (original húngaro), 1948 ◉ *Geschichte und Klassenbewusstsein*, 1923; *History and Class Consciousness* (1971) [*História e consciência de classe*, 1974] • Mannheim, Karl, *Ideologie und Utopie*, 1929; *Ideology and Utopia* (1936) [*Ideologia e utopia*, 1968 e 1982] • Sartre, Jean-Paul, *Critique de la raison dialectique*, 1960; *Critique of Dialectical Reason* (1976).

totalitarismo Expressão raramente usada pelos autores marxistas, que foi introduzida pelos cientistas políticos na década de 1920 para descrever o regime fascista na Itália e, posteriormente, foi igualmente aplicada à Alemanha nacional-socialista e à URSS (particularmente na fase stalinista; ver STALINISMO). O uso desta expressão consolidou-se, nos vocabulários da ciência política e do jornalismo, no Ocidente, durante o período da Guerra Fria, na década de 1950. Uma das definições mais conhecidas (Friedrich, 1969) relaciona seis características que distinguem os regimes totalitários de outras autocracias, e das democracias: uma ideologia totalizadora; um partido único, comprometido com essa ideologia; uma polícia secreta numerosa, bem-organizada e de grande penetração; e três tipos de controle monopolista – das comunicações em massa, das armas operacionais e de todas as organizações, inclusive as econômicas.

Dois autores marxistas, porém, fizeram um uso rigoroso do conceito. Neumann (1942) descreveu o regime nacional-socialista da Alemanha como uma "economia monopolista totalitária" (ver FASCISMO) e analisou em detalhe a doutrina do "Estado totalitário" como "disseminada por todas as esferas da vida pública" (Goebbels). Hilferding, em duas de suas últimas obras (1940, 1941), argumentou que a URSS era uma "economia estatal totalitária", rejeitando a sua caracterização como "capitalismo de Estado" (conceito que, como a Neumann, não lhe parecia capaz de suportar uma análise econômica séria) ou como um sistema de governo burocrático (Trotski), e observou que os bolcheviques "criaram o primeiro Estado totalitário antes que a palavra fosse inventada". Propôs, em seguida, uma revisão mais abrangente da teoria marxista do ESTADO. O Estado moderno, afirma Hilferding, tendo adquirido independência, passou agora a subordinar os grupos sociais aos seus objetivos: "... a história, 'o melhor de todos os marxistas', ensinou-nos que, apesar das previsões de Engels, a 'administração das coisas' se pode transformar numa ilimitada 'dominação sobre os homens'" e, com isso, levar... "à sujeição da economia pelos detentores do poder de Estado." Argumentou, finalmente, que "o desenvolvimento do poder estatal acompanha o desenvolvimento da economia moderna" e que o Estado se torna totalitário na medida em que subordina todos os processos sociais historicamente significativos à sua vontade. As análises de Neumann e de Hilferding têm importância permanente no contexto dos debates marxistas sobre o crescimento do Estado intervencionista em todas as sociedades modernas.

TBB

Bibliografia: Friedrich, Carl J., "The Envolving Theory and Practice of Totalitarian Regimes", in Carl J. Friedrich, Michael Curtis & Benjamin R. Barber, *Totalitarism in Perspective: Three Views*, 1969 • Hilferding, Rudolf, "State Capitalism or Totalitarian State Economy", 1940 ◎ *Das historische Problem*, 1941 (1954) • Lefort, Claude, *L'invention démocratique les limites de la domination totalitaire*, 1981 [*A invenção democrática: os limites do autoritarismo*, 1983] • Neumann, Franz, *Behemoth: The Structure and Practice of National Socialism*, 1942 (1944).

trabalhadora, classe Ver CLASSE OPERÁRIA

trabalho abstrato Como uma MERCADORIA encerra ao mesmo tempo um VALOR DE USO e um VALOR, o trabalho que a produz tem duplo caráter. Em primeiro lugar, qualquer ato de trabalho é uma "atividade produtiva de um determinado tipo, que visa a um objetivo determinado" (*O Capital*, I, cap.I); assim considerado, é "trabalho útil" ou "trabalho concreto", cujo produto é um valor de uso. Esse aspecto da atividade de trabalho "é uma condição da existência humana independentemente de qual seja a forma de sociedade; é uma necesidade natural eterna que medeia o metabolismo entre o homem e natureza e, portanto, a própria vida humana" (ibid.). Em segundo lugar, qualquer ato de trabalho pode ser considerado separadamente de suas características específicas, simplesmente como dispêndio de FORÇA DE TRABALHO humana, "o trabalho humano puro e simples, o dispêndio do trabalho humano em geral" (ibid.). O dispêndio de trabalho humano considerado sob esse aspecto cria valor e é chamado de "trabalho abstrato". O trabalho concreto e o trabalho abstrato não são atividades diferentes, mas sim a mesma atividade considerada em seus aspectos diferentes. Marx assim resume:

> De um lado, todo trabalho é um dispêndio de força de trabalho humana, no sentido fisiológico, e é nessa qualidade, de trabalho humano igual, ou abstrato, que ele constitui o valor das mercadorias. Por outro lado, todo trabalho é um dispêndio de força de trabalho humana de uma determinada forma e com um objetivo definido e é nessa qualidade de trabalho concreto útil que produz valores de uso. (ibid.)

E ressalta: "esse ponto", que ele foi o primeiro à esclarecer e a desenvolver, "é de grande importância para a compreensão da economia política" (ibid.).

Há, porém, uma grande controvérsia dentro do marxismo sobre o processo de abstração pelo qual Marx chega à natureza do trabalho que cria valor. Embora fale de dispêndio fisiológico de "cérebro, músculos, nervos, mãos, etc. humanos" (ibid.), cuja medida em unidades de tempo sugere que o valor pode ser interpretado como um coeficiente de trabalho incorporado, Marx também insiste em que "nenhum átomo de matéria entra na objetividade das mercadorias como valores" e enfatiza que "as mercadorias só têm um caráter objetivo como valores na medida em que são todas expressões de uma substância social idêntica, o trabalho humano (...) seu caráter objetivo como valor é, portanto, puramente social" (ibid.). O que Marx quer dizer com isso é que *só* por meio da troca de mercadorias, o trabalho privado que as produziu se torna social (essa é uma das peculiaridades da forma equivalente de valor); a equalização do trabalho como trabalho abstrato só ocorre por meio da troca dos produtos desse trabalho. Diante disso, as duas perspectivas são facilmente compatíveis.

Vejamos primeiro a interpretação "fisiológica", ou do trabalho incorporado. Valendo-se de uma série de citações de Marx em apoio de sua perspectiva, Ian Steedman escreve:

> Entendendo-se então que o objeto de discussão é uma economia capitalista, produtora de mercadorias, "coordenada" pelos influxos de dinheiro no mercados, e que só se está tratando de trabalho socialmente necessário, de trabalho *social abstrato* com qualificação e intensidade médias, pode-se dizer que a "magnitude do valor" é uma quantidade de tempo de trabalho incorporado. O fato de essa afirmação refletir precisamente a posição de Marx não pode ser alterado pela observação de que ele se preocupava muito como a "forma do valor", com a natureza do trabalho "social abstrato" e com o "equivalente universal". (Steedman, 1977, p.211)

O argumento de Anwar Shaikh é do mesmo gênero. Ele propõe que o conceito de trabalho abstrato não é uma generalização intelectual, mas o reflexo, no pensamento, de um processo social real: O PROCESSO DE TRABALHO, que, no capitalismo, é permeado em todos os seus momentos pelas relações entre mercadorias. Como "o trabalho abstrato é a propriedade adquirida pelo trabalho humano quando dirigido para a produção de mercadorias" (Skaikh, 1981, p.273), então o trabalho na produção de mercadorias "é ao mesmo tempo concreto e abstrato, desde o começo" (1981, p.274). Mais uma vez, a implicação aqui é a de que os coeficientes de trabalho incorporado podem ser calculados apenas pelo exame do processo de produção capitalista e que isso é o que se entende por valor. Mais ainda, Shaikh distingue o tempo total de trabalho efetivo despendido em determinadas condições de produção, que define o valor total do produto, o valor social unitário da mercadoria, e, portanto, seu preço regulador; e o tempo de trabalho total necessário à satisfação da necessidade social expressa, o qual especifica a relação entre o preço regulador e o mercado (1981, p.276-78; ver também TRABALHO SOCIALMENTE NECESSÁRIO).

Os críticos dessa posição argumentam que ela tem mais em comum com a teoria do valor-trabalho de Ricardo do que com a de Marx (ver RICARDO E MARX). Considerar o valor simplesmente como o trabalho incorporado certamente torna o trabalho heterogêneo comensurável e, portanto, passível de ser usado como medida de agregação; nada haverá, porém, que possa restringir a validade da categoria de valor à sociedade capitalista. Marx comenta: "Se dissermos que, como valores, as mercadorias são simplesmente quantidades congeladas de trabalho humano, nossa análise as reduz, é certo, ao nível de valor abstrato, mas não lhes dá uma forma de valor distinta de suas formas naturais" (*O Capital*, I, cap.I).

A abstração que faz do trabalho incorporado trabalho abstrato é uma abstração social, um processo social real bem específico do capitalismo. O trabalho abstrato não é uma maneira de reduzir os trabalhos heterogêneos à dimensão comum do tempo por meio das relações entre mercadorias do processo de trabalho, mas tem uma existência real na realidade da TROCA. Rubin (1973, cap.XIV) argumenta que a troca, no caso, deve ser considerada não em seu significado específico, como uma fase particular do circuito reprodutivo do capital, porém mais geralmente, como uma forma do próprio processo de produção. E é apenas no processo de troca que os trabalhos concretos heterogêneos se tornam abstratos e homogêneos, que o trabalho privado se revela como trabalho social. É o mercado que realiza isso, e portanto não pode haver uma determinação *a priori* do trabalho abstrato. Colletti vai mais além e argumenta que não só a abstração surge da realidade da troca, como também que o trabalho abstrato é trabalho alienado: a troca constitui o momento de unidade social sob a forma de uma equalização abstrata ou reificação da força de trabalho na qual a subjetividade humana é expropriada (Colletti, 1972, p.87; para uma interpretação diferente, ver Arthur, 1979.)

O debate sobre a natureza do trabalho abstrato está no centro da maior parte das controvérsias existentes entre os economistas marxistas (Himmelweit e Mohun, 1981). De um modo geral, a escola do trabalho incorporado concentra-se na derivação dos preços a partir dos tempos de trabalho e tende a encarar a ênfase na dialética e no método como deslocada e metafísica. Já a escola do trabalho abstrato tende a concentrar-se no modo pelo qual Marx valeu-se dos resultados de sua confrontação com Hegel para romper com a economia política ricardiana e construir uma solução dialética para as dificuldades propostas por uma abordagem lógica formal da derivação dos preços (Mohun). Ver também HEGEL E MARX; PREÇO DE PRODUÇÃO E O PROBLEMA DA TRANSFORMAÇÃO.

Bibliografia: Arthur, Chris, "Dialetics and Labour", in J. Mepham & R. David-Hillel (orgs.), *Issues in Marxist Philosophy*, vol.I: *Dialetics and Method*, 1979 • Colletti, Lucio, *From Rousseau to Lenin*, 1972 • Elson, Diane, "The Value Theory of Labour", in D. Elson (org.), *Value: The Representation of Labour in Capitalism*, 1979 • Himmelweit, Susan & Simon Mohun, "Real Abstractions and Anomalous Assumptions", in Ian Steedman et al., *The Value Controversy*, 1981 • Rubin, Isaac I., *Studien zur Marxschen Werttheorie*, 1928 (1973); *Essays on Marx's Theory of Value*, 1973 [*A teoria marxista do valor*, 1980] • Shaikh, Anwar, "The Poverty of Algebra", in Ian Steedman et al., *The Value Controversy*, 1981 • Steedman, Ian, *Marx After Sraffa*, 1977 • Steedman, Ian et al., *The Value Controversy*, 1981 • Weeks, John, *Capital and Exploitation*, 1981.

trabalho associado Ver ASSOCIAÇÃO COOPERATIVA

trabalho, conselhos do Ver CONSELHOS

trabalho, divisão do Ver DIVISÃO DO TRABALHO

trabalho doméstico Mencionado por Engels em *A origem da família, da propriedade privada e do Estado*, (caps.II e IX), por Bebel, Lenin, Trotski e outros como um dos fatores que contribuem para a opressão econômica das mulheres, afastando-as da produção social, o trabalho doméstico tornou-se uma categoria reconhecida do pensamento marxista com o moderno movimento feminista (ver FEMINISMO), depois que as feministas marxistas empenharam-se em estudar as bases materiais da opressão das mulheres sob o capitalismo. Os textos marxistas anteriores que analisavam a condição das mulheres haviam tendido a localizar a opressão econômica destas apenas na posição desvantajosa que ocupavam no mercado de trabalho em consequência de suas responsabilidades prioritárias no lar, ao passo que a própria FAMÍLIA era vista como uma instituição superestrutural, cujos efeitos eram principalmente ideológicos. A retomada do interesse pelo estudo do trabalho doméstico deveria, como uma de suas consequências, retificar essa posição um tanto contraditória, reconhecendo que o trabalho também se desenvolve dentro da família e que, na verdade, a forma mais significativa da divisão sexual do trabalho é a que se faz entre o trabalho doméstico dentro da família (realizado sobretudo pelas mulheres) e o trabalho assalariado pelo capital (realizado por ambos os sexos, mas predominantemente pelos homens). Ampliando o escopo do econômico para incluir a maior parte do trabalho feminino, esperava-se que o trabalho doméstico contribuísse para proporcionar uma explicação materialista da opressão das mulheres.

O debate foi alimentado pelas discussões sobre a reivindicação de "salários para o trabalho doméstico", proposta por aqueles que acreditavam ser esse tipo de atividade trabalho produtivo que produz MAIS-VALIA para o capital porque produz uma mercadoria específica chamada FORÇA DE TRABALHO. Sob esse aspecto, o lar equivaleria a uma fábrica capitalista, exceto pelo detalhe de que as donas de casa não são assalariadas. Elas constituem, portanto, um setor da classe trabalhadora ainda mais explorado do que os setores que recebem salários. Essas posições foram contestadas pelos que se opunham à palavra de ordem "salários para o trabalho doméstico" sob a alegação de que essa exigência apenas consagraria o lugar da mulher no lar e de que o trabalho doméstico se faz sob relações de produção que diferem das do trabalho assalariado pelo capital sob muitos outros aspectos que não o de não serem remuneradas.

O terreno comum de consenso nessa polêmica é o fato de que o trabalho doméstico é responsável pela produção de valores de uso dentro do lar, para consumo direto dos membros da família do produtor, produção essa que contribui para a reprodução da força de trabalho. Ao contrário do trabalho assalariado pelo capital, o trabalho doméstico está sujeito a uma pequena margem de divisão do trabalho, cooperação ou especialização. O debate centrou-se na definição de quais das categorias de Marx se aplicavam ao trabalho doméstico, seus produtos, suas relações de produção e seus trabalhadores.

Em primeiro lugar, argumentou-se que o trabalho doméstico não é produção de mercadorias, portanto não produz valor e, *a fortiori*, não pode ser fonte de mais-valia. Essa argumentação pode fundamentar-se em duas razões. A primeira repousa no caráter específico da mercadoria força de trabalho, que, longe de ser uma mercadoria "como as outras" (ver VALOR DA FORÇA DE TRABALHO), difere de todas por não ser produzida por nenhum processo de trabalho: a força de trabalho é um atributo dos seres humanos vivos, que são mantidos (mas não produzidos) pelo seu próprio consumo de valores de uso, alguns dos quais produzidos pelo trabalho doméstico. O outro argumento contra a interpretação que vê a força de trabalho como produto do trabalho doméstico tem fundamento na disponibilidade no mercado de substitutos para grande parte do trabalho doméstico. Se a dona-de-casa que faz pão está produzindo força de trabalho, por que não o padeiro que o produz para vender? Se fôssemos estender essa lógica a outros aspectos, a força de trabalho seria produto de muitas indústrias, e sua produção certamente não constituiria a *differentia specifica* do trabalho doméstico (ver Harrison, 1973 e Seccombe, 1975).

E, de fato, levantou-se o argumento de que o trabalho doméstico deve ser distinguido não pelos seus produtos, mas pelas suas relações de produção, que não são as da produção de valor. Como os produtos do trabalho doméstico não são produzidos para venda, seu processo de trabalho não está sujeito à operação da lei do valor, à força coercitiva da competição que assegura que o tempo de trabalho seja o menor possível na produção de mercadorias. Somente sob essas condições é que a noção do tempo de trabalho socialmente necessário tem qualquer significado social. Sem que atue a lei do valor, não há processo pelo qual o trabalho assuma o atributo de trabalho abstrato, que é o único que pode constituir a substância do valor (ver Seccombe, 1974; Himmelweit e Mohun, 1977). Assim, se o trabalho doméstico não produz valor, certamente não pode produzir mais-valia, mas isso não significa necessariamente que nenhum excedente possa ser produzido pelo trabalho doméstico e extraído sob alguma outra forma que não a mais-valia. Se fosse possível mostrar que há uma forma de extração de excedente específica ao trabalho doméstico, então esse trabalho constituiria um modo de produção à parte, e as donas de casa, como trabalhadores domésticos, formariam uma classe, submetida a uma forma de exploração diversa daquela a que está submetida a classe operária (ver Delphy, 1977; Gardiner, 1973; Harrison, 1973 e Molyneux, 1979).

Em contraposição a isso, argumentou-se que o trabalho doméstico não pode constituir um modo de produção porque suas relações de produção não são passiveis de autorreprodução. Isso porque o trabalho doméstico não produz os seus próprios meios de produção, antes se vale de mercadorias produzidas sob as relações de produção capitalistas. O argumento de que ele deveria ser visto como um modo de produção "cliente", dependente do modo capitalista embora dele distinto, não reconhece que a relação entre os dois é, na verdade, uma relação simbiótica, uma vez que as relações de produção capitalistas dependem do trabalho doméstico no que diz respeito à oferta de força de trabalho. Antes, talvez, fosse a noção tradicional de modo de produção capitalista que precisasse de uma redefinição, se é que o critério de, pelo menos teoricamente, ser capaz de autorreprodução independente, e por isso adequado à caracterização de uma época da história, deve ser a condição *sine qua non* de um modo de produção (ver Himmelweit e Mohun, 1977). Se isso fosse aceito, não haveria necessidade de caracterizar as donas de casa como uma classe à parte. E a distinção entre o trabalho produtivo e improdutivo, relevante apenas para os trabalhadores assalariados, não se aplicaria a elas. Pois o trabalho produtivo é aquele do qual o capital extrai lucro, e isso envolve duas trocas: a primeira quando a força de trabalho é comprada, e a segunda quando os produtos resultantes de sua utilização são vendidos. O trabalho doméstico não participa de nenhuma das duas: seus produtos não são vendidos, nem é trabalho assalariado (ver Dalla Costa, 1973; Fee, 1976; Gough e Harrison, 1975).

Para que o modo de produção capitalista fosse redefinido de modo a incluir o trabalho doméstico, teria de compreender duas formas de trabalho, cuja divisão não definiria classes diferentes. Mas essa especificação já não diferencia os trabalhadores que participam de cada forma de trabalho; não é de modo algum necessário que essa divisão do trabalho coincida com uma divisão entre pessoas. Embora isso pudesse ter correspondência na realidade do duplo turno da vida das "mulheres trabalhadoras", não explica a divisão sexual do trabalho na qual o trabalho doméstico é em grande parte trabalho feminino. E, uma vez que o desvelamento da base material do sexismo era um dos objetivos originais desse "debate", sob esse aspecto ele deve ser considerado um fracasso. Aliás, isso não constitui motivo de surpresa, já que o referido debate esteve voltado exclusivamente para a aplicabilidade ou não dos conceitos marxistas oriundos da análise do trabalho assalariado e limitou sua análise à sociedade capitalista. Para ir mais além, será necessário produzir conceitos a partir do estudo do próprio trabalho doméstico e da própria opressão das mulheres. E sobretudo, estes terão de ser conceitos que façam distinção entre homens e mulheres e não reproduzam a indiferença pelos sexos das categorias construídas por Marx para a análise do trabalho assalariado. Quanto a se estas deverão ou não alterar-se fundamentalmente pelo reconhecimento da diferença de gênero, trata-se de uma questão que espera por uma análise mais adequada da divisão sexual do trabalho assalariado. Mas, no que diz respeito ao trabalho doméstico, a inserção de categorias específicas de sexo deve ter lugar tão logo sejam levantadas questões cruciais sobre a reprodução. É interessante notar que o debate se iniciou em torno dessas questões e que será preciso voltar a elas se o que se deseja é analisar a opressão das mulheres enquanto tal, a *opressão das mulheres*, e não a de uma categoria particular de trabalhadores envolvidos no trabalho doméstico. Para que essa elisão seja evitada, a relação entre trabalho doméstico concebido como trabalho privado realizado dentro do lar e como trabalho que participa da reprodução terá de ser esclarecida.

SH

Bibliografia: Coulson, M. & B. Magas & H. Wainwright, "The Housewife and her Labour under Capitalism: a Critique", 1975 • Dalla Costa, M., "Women and the Subversion of the Community", in M. Dalla Costa (org.), *The Power of Women and the Subversion of the Community*, 1973 • Delphy, C., *The Main Enemy*, 1977 • Fee, T., "Domestic Labour: an Analysis of Housework and Its Relation to the Production Process", 1976 • Gardiner, J., "Political Economy of Houseworkt", 1973 • Gough, I. & J. Harrison, "Unproductive Labour and Housework Again", 1975 • Harrison, J., "Political Economy of Housework", 1973 • Himmelweit, S. & S. Mohun, "Domestic Labour and Capital", 1977 • Molyneux, M., "Beyond the Domestic Labour Debate", 1979 • Seccombe, W., "The Housewife and Her Labour under Capitalism", 1974 ◎ "Domestic Labour: Reply to Critics", 1975.

trabalho, exército de reserva do Ver EXÉRCITO INDUSTRIAL DE RESERVA

trabalho, força de Ver FORÇA DE TRABALHO

trabalho, processo de Ver PROCESSO DE TRABALHO

trabalho produtivo e improdutivo A distinção entre trabalho produtivo e improdutivo tornou-se, recentemente, muito importante para a economia política marxista. O número crescente de funcionários do Estado não empregrados na produção de mercadorias criou o problema analítico de explicar seu papel e sua significação. Ao mesmo tempo, a atenção se voltou para a posição de CLASSE desses trabalhadores – até que ponto são eles parte da classe operária ou são, pelo menos, aliados dignos de confiança dessa classe?

A análise de Marx sobre esse problema encontra-se no início do livro segundo de *O Capital* e em *Teorias da Mais-Valia*. A definição que Marx propõe para o trabalho produtivo parece bastante clara, e o conceito de trabalho improdutivo dela decorre como trabalho *assalariado* que não é produtivo. O trabalho produtivo é contratado pelo CAPITAL no processo de produção, com o objetivo de criar MAIS-VALIA. Como tal, o trabalho produtivo diz respeito apenas às relações sob as quais os trabalhadores são organizados, e não à natureza do processo de produção, nem à natureza do produto. Cantores de ópera, professores e pintores de parede, tanto quanto mecânicos de automóveis ou mineiros, podem ser empregados pelos capitalistas tendo em vista o lucro. É isso que determina se são trabalhadores produtivos ou improdutivos.

Na época de Marx, a grande maioria dos trabalhadores improdutivos era constituída por empregados do comércio, empregados domésticos e funcionários administrativos do Estado. Os empregados do comércio são improdutivos, para Marx, porque não participam da produção, mesmo que suas atividades resultem em lucros comerciais para seus empregadores. Não obstante, Marx e Engels referem-se ao proletariado do comércio, o que sugere que o fato de ser improdutivo não impede que um trabalhador pertença à classe operária, como pretendem certos autores marxistas (por exemplo Poulantzas, 1974).

A importância dessa distinção estabelecida por Marx está no fato de que a maior parte de sua análise está voltada para o trabalho produtivo (por exemplo, os rumos segundo os quais a produção capitalista evolui). E essa distinção é a base para a análise do trabalho improdutivo em sua dependência da mais-valia como fonte de salários, mas não constitui, ela própria, uma análise desse trabalho enquanto tal. Para tanto seria necessário investigar relações sob as quais ele está organizado e por que não foi dissolvido pela produção capitalista. Isso pode resultar de razões de ordem estrutural, como a separação entre a produção e a troca, no caso dos empregados do comércio, ou histórica, como no caso das lutas para obter serviços de bem-estar social (saúde, educação) ou privilegiar uma profissão (médicos).

Há uma escola de pensamento (ver Gough, 1975) que, no essencial, rejeitou a distinção entre trabalho produtivo e improdutivo, argumentando que todo trabalho assalariado está identicamente sujeito à EXPLORAÇÃO, a despeito de ser ou não empregado diretamente pelo capital. Outros (ver Fine e Harris, 1979) opuseram-se a esta perspectiva por acreditarem que ela reduz a categoria de exploração a um conceito genérico de apropriação de trabalho excedente. Admiti-la significaria não apenas abolir a distinção entre categorias de trabalho produtivo e de trabalho improdutivo, assimilando-as enquanto assalariadas, como também tornar impossível qualquer distinção entre a exploração no capitalismo e a que tem lugar, por exemplo, no feudalismo. Não obstante, admite-se geralmente que não há uma relação simples e direta entre o critério econômico para a distinção entre trabalho produtivo e improdutivo e o potencial para a participação e a formação da classe operária, que também depende de condições políticas e ideológicas. Essas condições, por sua vez, constituem objeto de novas controvérsias.

BF

Bibliografia: Berthoud, A., *Travail productif et productivité du travail chez Marx*, 1974 • Colliot-Thélène, Catherine, "Contribution à une analyse des classes sociales: us et abus de la notion de travail productif", 1975 • Fine, Ben & Lawrence Harris, *Rereading 'Capital'*, 1979, cap.3 [*Para reler "O Capital"*, 1981] • Gough, I., "Marx's Theory of Productive and Unproductive Labour", 1972 • "On Productive and Unproductive Labour: a Reply", 1973 • Nicolaus, Martin, "Proletariat and Middle-Class in Marx", 1967 • Poulantzas, Nicos, *Les classes sociales dans le capitalisme d'aujourd'hui*, 1974 [*As classes sociais no capitalismo de hoje*, 1978] • Wright, Eric Olin, *Class, Crisis and the State*, 1978 [*Classe, crise e o Estado*, 1981].

trabalho socialmente necessário Conceito relacionado com a medida quantitativa do valor. Marx escreveu em *O Capital*:

> o tempo de trabalho socialmente necessário é o tempo de trabalho necessário à produção de qualquer valor de uso sob as condições de produção normais em uma determinada sociedade e com o grau médio de habilidade e de intensidade de trabalho predominantes nessa sociedade (...). O que determina exclusivamente a magnitude do valor de qualquer produto é, portanto, a quantidade de trabalho socialmente necessário ou o tempo de trabalho socialmente necessário à sua produção. (I, cap.I)

O trabalho socialmente necessário é, portanto, sinônimo de TRABALHO ABSTRATO, que é a substância do VALOR, e sua medida se faz em unidades de tempo. A expressão convida a um contraste com o trabalho individual. Diferentes empresas de um determinado ramo da produção produzirão em graus diferentes de eficiência técnica e não necessariamente com a mesma tecnologia de produção. Em consequência disso, o tempo de trabalho necessário à produção da mercadoria, em cada empresa, será diferente. Não obstante, a mercadoria será vendida pelo mesmo preço, qualquer que seja o processo de sua produção. Evidentemente, as empresas mais eficientes, nas quais o tempo de trabalho é inferior ao tempo de trabalho socialmente necessário realizarão uma maior parcela de mais-valia como lucro por unidade produzida do que as firmas menos eficientes, nas quais o tempo de trabalho é maior do que o socialmente necessário. Essa diferença entre o valor de mercado e o valor individual é que está por trás do impulso para adotar continuamente novos métodos de produção tão característico do capitalismo, pelo qual toda empresa procura reduzir o máximo possível o valor unitário de seu produto de modo a obter uma vantagem sobre suas rivais.

O tempo de trabalho que se mostrará socialmente necessário à produção de uma mercadoria não pode ser determinado *a priori*, com base na definição de uma eventual técnica "média" de produção, como uma quantidade de trabalho incorporado. E isso se deve à mesma razão pela qual o valor só aparece sob a forma valor de troca, como uma importância em dinheiro. O valor de mercado é resultado do processo de CONCORRÊNCIA, que, ele próprio, é uma consequência do fato de que é apenas através da troca no mercado que se estabelecem as conexões entre os produtores individuais de mercadorias no capitalismo, e, portanto, é somente como dinheiro que o trabalho privado, individual, toma a forma de trabalho social.

Há, por vezes, certa confusão quanto a se o valor de mercado é determinado por algum tipo de processo segundo o qual uma média se estabeleceria no mercado, como seria de deduzir pelas observações feitas acima, ou se esse valor é determinado pelo tempo de trabalho vigente na empresa *mais eficiente*. A resposta é afirmativa em ambos os sentidos. A determinação do valor não é um estado de equilíbrio estático, mas um processo dinâmico, no qual, tão logo é estabelecido o tempo de trabalho socialmente necessário, este já é alterado pela falência dos produtores ineficientes e pelas inovações dos mais eficientes. (Ver também VALOR E PREÇO; PREÇO DE PRODUÇÃO E O PROBLEMA DA TRANSFORMAÇÃO.)

SM

Bibliografia: Belluzzo, L.G. de M., *Valor e capitalismo*, 1980 • Nagels, J., *Travail collectif et travail productif*, 1974 • Rubin, I.I., *Studien zur marxschen Werttheorie*, 1928 (1973); *Essays on Marx's Theory of Value* (1973) [*A teoria marxista do valor*, 1980].

transformação do valor em preço Ver PREÇO DE PRODUÇÃO E O PROBLEMA DA TRANSFORMAÇÃO

transição do capitalismo ao socialismo Ver TRANSIÇÃO PARA O SOCIALISMO

transição do feudalismo para o capitalismo Embora essa questão não tenha constituído uma de suas preocupações fundamentais, Marx e Engels dela se ocuparam periodicamente ao discutirem temas mais importantes, como o método do MATERIALISMO HISTÓRICO, o modo de produção capitalista ou a luta de classes na história. A atenção que dedicaram à "transição" foi, portanto, episódica, e encontra-se principalmente (em ordem cronológica) nos sugestivos esboços de *A ideologia alemã*, nas incisivas formulações do *Manifesto comunista*, na rica complexidade das notas de Marx publicadas sob o título de *Formações econômicas pré-capitalistas* e nas alentadas análises da ACUMULAÇÃO PRIMITIVA e do CAPITAL MERCANTIL em *O Capital*.

Dois aspectos de todo esse trabalho são particularmente dignos de nota. Em primeiro lugar, a explicação da transição do feudalismo para o capitalismo deixa, com o tempo, de ser considerada dedutível a partir de uma fórmula geral de transformação social. Isso fica evidente à proporção que Marx se vai afastando da destacada ênfase conferida em sua obra da década de 1840 à determinação das "forças produtivas", por vezes retratada como "determinismo tecnológico", como no célebre aforisma "o moinho manual nos dá a sociedade com o senhor feudal, o moinho a vapor nos dá a sociedade com o capitalista industrial" (*Miséria da filosofia*, cap. II, 1). Nas notas sobre as *Formações econômicas pré-capitalistas*, ao contrário, o método utilizado por Marx envolve, entre outras coisas, uma série de conceitos formais (por exemplo, modo de produção, propriedade etc.) que são, porém, aplicados de maneira diferenciada a exemplos específicos de transformação social. Não há, em outras palavras, nenhuma teoria geral da transição.

Em segundo lugar, as interpretações substantivas de Marx sobre a transição do feudalismo para o capitalismo permanecem ambivalentes e estão longe de ser unitárias. Duas perspectivas gerais nos são oferecidas. A primeira delas, por exemplo, muito presente nos textos das décadas de 1840 e de 1850, enfatiza o efeito corrosivo da atividade mercantil, do crescimento do mercado mundial e das novas cidades em expansão sobre o sistema feudal. O capitalismo mercantil que se desenvolve dentro de uma esfera urbana autônoma cria a dinâmica inicial na direção do capitalismo. A segunda perspectiva, particularmente evidente em *O Capital*, tem como centro o "produtor" e o processo pelo qual ele se transforma em comerciante e em capitalista. A isso chamou Marx de "o caminho realmente revolucionário". A análise causal dirige-se, nesse caso, para as precondições que permitem que alguns produtores se transformem em capitalistas, notadamente a separação entre a grande maioria dos produtores e a propriedade dos meios de produção e a criação de uma força de trabalho assalariada e desprovida de propriedade. Marx refere-se, em *O Capital*, a essas variantes como dois caminhos da evolução capitalista, mas aponta o segundo como a caracterização realmente decisiva da transição. A atividade mercantil pode transformar os produtos, cada vez mais, em mercadorias (ver MERCADORIA), mas não explica como e porque a própria força de trabalho deve transformar-se em mercadoria. Portanto não pode explicar a transição. O primado causal não está, desse modo, nas relações de troca, mas nas relações sociais de produção. Em *O Capital* a atenção volta-se menos para a dinâmica do mercado mundial ou das cidades em expansão e mais para as transformações das relações de propriedade, que se manifestam na luta de classes, como na Inglaterra dos Tudor, pela qual os camponeses perderam suas terras, criando-se gradualmente um proletariado sem terras. Apesar de tudo isso, Marx preocupa-se mais com fixar quais as condições estruturais para o aparecimento do capitalismo do que com definir os detalhados mecanismos causais pelos quais essas condições se produziram.

A ambivalência teórica e as inadequações empíricas da explicação dada por Marx à transição ajudam a entender por que essa questão continua sendo um permanente tópico de debates. No marxismo do pós-guerra, particularmente no marxismo pós-stalinista, deu-se maior atenção à análise da transição do feudalismo para o capitalismo na Europa Ocidental do que à questão, bem mais controvertida, da possibilidade de ser essa transição considerada uma etapa universal de uma evolução social pela qual todas as sociedades teriam de passar (ver ESTÁGIOS DE DESENVOLVIMENTO). No quadro desse problema, destacam-se três abordagens muito divergentes desde a célebre polêmica entre Paul Sweezy e Maurice Dobb em princípios da década de 1950 (ver Dobb, 1946 e Hilton, 1976).

A perspectiva das "relações de troca" (textos de Sweezy publicados em Hilton, 1976; Wallerstein, 1974) define o capitalismo em termos da produção voltada para o lucro através da troca no mercado, em contraste com a economia quase que de subsistência do feudalismo. O capitalismo surge por intermédio de forças como o comércio e a divisão internacional do trabalho, consideradas "externas" ao feudalismo. Mas onde tiveram origem o comércio e o mercado senão no feudalismo? E seria a articulação do comércio e do mercado a um sistema de produção voltado para o lucro por meio do mercado o meio adequado para distinguir o capitalismo de outros modos de produção?

A perspectiva das "relações de propriedade" (Dobb, 1946; Hilton, 1973; Brenner, 1976 e 1977), ao enfrentar essas dificuldades, alinha-se mais com o Marx de *O Capital* do que com o de *A ideologia alemã*. Nessa perspectiva, o capitalismo é portanto definido em termos de relações sociais de produção fundadas no trabalho livre assalariado e implica um imperativo estrutural de permanente acumulação de capital. O feudalismo, ao contrário, baseia-se em relações de dependência pessoal, de obrigação mútua e de extração de excedente imposta juridicamente, relações essas que são asseguradas por instituições como a SERVIDÃO e a vassalagem. Mais do que por força de uma dinâmica externa da mão oculta "smithiana", implícita na perspectiva de Sweezy e Wallerstein (Brenner, 1977), esse enfoque acredita que o feudalismo se decompôs por causa de suas contradições internas. Tais contradições manifestam-se na luta de classes, que tende a destruir a servidão e a criar uma tendência no sentido da afirmação de formas mais livres de ocupação da terra. Com o tempo, configura-se uma estrutura social baseada em agricultores capitalistas e trabalhadores sem terra. Essa concepção contribui para explicar alguns problemas não resolvidos pela "perspectiva das relações de troca", como a falta de correlação entre o desaparecimento da servidão e a presença das forças de mercado. Muitos outros aspectos, porém, ficam sem esclarecimento, como, por exemplo, a razão pela qual a luta de classes entre os senhores feudais e os servos teve diferentes resultados em diferentes áreas da Europa, ou os motivos pelos quais a liberdade dos servos teria levado, em certos lugares, ao capitalismo agrário e, em outros, à agricultura camponesa (ver SOCIEDADE FEUDAL; CAMPESINATO).

A abordagem de Perry Anderson da questão da transição (1974a, 1974b) faz uma síntese de temas não marxistas, como a demografia neomalthusiana, com instrumentos de análise marxistas mais convencionais. Até o ponto em que se vale de recursos marxistas de análise, Anderson se movimenta livremente entre as duas perspectivas anteriores. A convicção de Anderson de que as transformações das relações sociais precederam o desenvolvimento das forças produtivas característico do capitalismo situa-o ao lado de Dobb e dos seguidores deste. Não obstante, Anderson rejeita qualquer tipo de teoria revolucionista simplificadora da transformação social em que a luta de classes dentro do feudalismo tenha um papel decisivo no sentido de provocar a "crise feudal". Como Sweezy e Wallerstein, Anderson reconhece a importância das cidades e do comércio internacional. O dinamismo cultural urbano não fica, porém, em sua concepção, pairando numa esfera externa ao feudalismo; antes é visto como um legado do mundo clássico da Grécia e de Roma. Sob esse aspecto, Anderson tem em comum com Max Weber a noção da importância do legado clássico para a elaboração do capitalismo. Ele lê implicitamente a história humana em termos da emergência de uma ordem material capaz de universalizar o legado cultural e político das sociedades clássicas baseadas na escravidão. Essa perspectiva contrasta com a visão smithiana do homem implícita na concepção de Sweezy e de Wallerstein e reformula a teleologia marxista tradicional segundo a qual a história se desdobra como resultado da luta da humanidade para realizar suas potencialidades essenciais de práxis criativa pelo domínio da natureza e da superação de relações sociais alienantes.

RJH

Bibliografia: Anderson, Perry, *Lineages of the Absolutist State*, 1974a ◎ *Passages from Antiquity to Feudalism*, 1947b [*Passagens da Antiguidade ao feudalismo*, 1982] • Bois, Guy, *Crise du féodalisme*, 1976 • Brenner, R., "Agrarian Class Structure and Economic Development in pre-Industrial Europe", 1976 ◎ "The Origins of Capitalist Development: a Critique of neo-Smithian Marxism", 1977 • Bruhat, Jean, "La Révolution française: problèmes du passage du féodalisme au capitalisme", 1976 • Dobb, M., *Studies in the Development of Capitalism*, 1946 [*A evolução do capitalismo*, 1983] • Grenon, M. & R. Robin, "A propos de la polémique sur l'Ancien Régime et la Révolution: pour une problématique de la transition", 1976 • Guerreau, Alain, *Le féodalisme, un horizon théorique*, 1980 • Guibert-Sledziewski, Elizabeth, "Du féodalisme au capitalisme: transition révolutionnaire ou système transitoire?" • Hilton, R., *Bond Men Mude Free*, 1973 • Hilton, R. (org.), *The Transition from Feudalism to Capitalism*, 1976 [os artigos desta coletânea estão publicados em português em Sweezy, Paul et al., *Do feudalismo ao capitalismo*, 1977] • Hobsbawm, E., "The General Crisis of European Economy in the 17th Century", 1954 ["A crise geral da economia europeia no século XVII", 1975] • Holton, R., "Marxist Theories of Social Change and the Transition from Feudalism to Capitalism", 1981 • Kucbenbuch, Ludolf & Bernd Michael (orgs.), *Feudalismus: Materialen zur Theorie und Geschichte*, 1977 • Labica, Georges, "Marxisme et spécifité: sur quelques rappels théoriques à propos de la transition", 1974 • Lefebvre, G., G. Procacci & A. Soboul, "Une discussion historique: du féodalisme au capitalisme", 1956 ["Uma discussão histórica: do feudalismo ao capitalismo", 1975] • Marramao, Giacomo, Il marxismo di Gramsci e la teoria della transizione, 1975 • Procacci, Guiliano, "Dal feudalismo al capitalismo: una discussione storica", 1955 [Santiago, T. (org.) 1975, *História/Capitalismo: transição*] • Takashi, H.K., "The Transition from Feudalism to Capitalism", 1952 • Vilar, P., "La transition du féodalisme au capitalisme", 1971 ["A transição do feudalismo ao capitalismo", 1975] • Wallerstein, I. 1974, *The Origns of the Modern World System*.

transição para o socialismo O conceito marxista de revolução socialista implica um período de transição do capitalismo para o socialismo. Em contraste com a revolução burguesa, que é uma derrubada do poder político da aristrocracia *ao final* de um prolongado processo de crescimento da economia capitalista e da cultura burguesa no quadro da sociedade feudal, a tomada do poder político à burguesia pelo proletariado é, segundo Marx, apenas "o primeiro episódio" da transformação revolucionária do capitalismo em socialismo. Marx distinguiu, na terceira parte de sua *Crítica ao Programa de Gotha*, entre a *fase inferior* do comunismo (uma sociedade híbrida que ainda não tem alicerces próprios) e sua *fase superior* (depois do desaparecimento da "subordinação escravizadora do indivíduo à divisão do trabalho" e da "antítese entre trabalho intelectual e trabalho físico", em que haveria tal abundância que os bens poderiam ser distribuídos a cada qual "segundo suas necessidades"). A maior parte dos marxistas identifica a fase inferior como "socialismo" e a fase superior como "comunismo". No SOCIALISMO ainda há classes, divisão do trabalho por profissões, elementos de uma economia de mercado e de direito burguês, que se manifestam no princípio da distribuição dos bens de acordo com a quantidade de trabalho proporcionado por cada um à sociedade.

O programa original de Marx e Engels, formulado no *Manifesto comunista*, era muito flexível e considerava a transição para o COMUNISMO como uma série de passos que acabariam revolucionando todo o modo de produção. O primeiro passo é "vencer a batalha da democracia", "elevando o proletariado à posição de classe dominante", "tomando o poder político". Marx sabia muito bem que o poder político é apenas o poder organizado de uma classe para oprimir outra, mas, em sua concepção, o proletariado "é obrigado pela força das circunstâncias" a usá-lo para varrer pela força as velhas condições de produção, as classes em geral e sua própria supremacia como classe. Para especificar o caráter do Estado dos trabalhadores Marx usou a expressão DITADURA DO PROLETARIADO, que já em sua época era controvertida e é questionada por muitos socialistas democratas hoje em dia. Os anarquistas (particularmente Bakunin) levantaram objeções contra essa ideia afirmando que contribuiria para perpetuar a existência de um Estado autoritário e de uma elite dominante burocrática e tirânica. Por outro lado, os reformistas (Bernstein, por exemplo) rejeitaram a ideia de uma revolução política, já que, na sua opinião, o processo econômico do capitalismo levaria, por ele mesmo, espontaneamente, ao socialismo.

O programa econômico de transição exposto no *Manifesto comunista* compreendia medidas que visavam a "arrancar gradativamente todo o capital da burguesia", "para centralizar todos os instrumentos de produção nas mãos do Estado" e "aumentar o total das forças produtivas o mais rapidamente possível". A propriedade da terra e o direito de herança seriam abolidos, as propriedades de todos os emigrantes e rebeldes seriam confiscadas, e as outras empresas só gradualmente passariam às mãos do Estado. Esta última mensagem foi, mais tarde, esquecida. Quando os bolcheviques tomaram o poder em 1917, nacionalizaram toda a economia (exceto a agricultura) imediatamente, e isso se repetiu em outras revoluções socialistas no século XX. É parte da ideologia marxista oficial em todos os países do "socialismo real" que o estabelecimento de uma ditadura do proletariado particular e altamente centralizada e a nacionalização dos meios de produção são medidas obrigatórias na transição para o socialismo. A experiência mostrou amplamente que o novo Estado criado dessa maneira escapa, invariavelmente, a qualquer controle por parte da classe operária e se transforma num instrumento de dominação da vanguarda do partido. Depois de uma série de expurgos, a vanguarda revolucionária cresce e se transforma numa poderosa burocracia, que assume o controle mais ou menos total de todas as esferas da vida pública: política, economia e cultura. O planejamento administrativo rígido assegura o crescimento geral constante mas sufoca as iniciativas e a inovação e tem um efeito particularmente daninho sobre todos os ramos da economia que precisam de um processo de decisão descentralizado (agricultura, produção em pequena escala, comércio, serviços). Uma vez estabelecidos os novos centros de poder alienado, deixa de ocorrer qualquer desenvolvimento mais significativo na direção de um socialismo mais efetivo. O Estado, com seus órgãos de coerção e seu aparelho de profissionais, tende a tornar-se mais forte, e não a "desaparecer". Os conselhos de trabalhadores ("sovietes") perdem qualquer significação. O esperado livre florescimento da cultura não se concretiza, e, em seu lugar, temos um crescimento quantitativo espetacular de uma cultura dominada pela ideologia oficial. O desenvolvimento de "uma riqueza de novas necessidades" é, em grande parte, substituído pela busca da riqueza material.

Esse tipo de sociedade não se aproxima, nem de longe, do objetivo final de todo o processo de transição, descrito por Marx, no *Manifesto comunista*, como "uma associação na qual o livre desenvolvimento de cada um é a condição para o livre desenvolvimento de todos". Esse objetivo exige meios diferentes e etapas diferentes do processo de transição. Sob a pressão de vigorosos movimentos sociais e da necessidade de solucionar várias contradições internas, algumas reformas importantes foram realizadas até mesmo dentro dos quadros da velha sociedade capitalista (tributação progressiva, nacionalização de alguns ramos fundamentais da economia, participação dos trabalhadores, planificação, bem-estar social, medicina socializada, educação universal gratuita, cultura livre, humanização do trabalho, etc.). A supremacia política de forças socialistas radicais pode ocorrer já no final desse processo, em lugar de ser precondição para ele. Quando predominarem, essas forças poderão transformar o Estado numa estrutura autogovernante, e não autoritária. Um exército profissional seria substituído por uma organização de defesa não profissional. Os grupos sociais desprivilegiados (mulheres, nações ou raças oprimidas) adquiririam, primeiro, igualdade de direitos e, em seguida, igualdade de condição. Os meios de produção seriam socializados e colocados sob o controle de órgãos autoadministrados (ver SOCIALIZAÇÃO). O mercado de capital e o de trabalho desapareceriam, os salários dos trabalhadores seriam substituídos pela participação na renda líquida da organização de trabalho, correspondente à quantidade, à intensidade e à qualidade do trabalho de cada um. O mercado de mercadorias continuaria sendo um indicador das necessidades sociais por muito tempo, mas um número cada vez maior de produtos perderia o caráter de mercadorias, uma vez que seriam fabricados para atender a necessidades humanas e mais ou menos subsidiados pela sociedade (remédios, bens e serviços culturais e educacionais, moradia, alimentos básicos). Na medida em que as necessidades básicas de todos os indivíduos fossem atendidas, o crescimento da produção material se reduziria. O aumento de produtividade do trabalho continuaria como uma política duradoura, mas seu objetivo já não seria o aumento da produção material, mas a liberação do trabalho, a redução das horas de trabalho. As necessidades culturais, espirituais e comunais de alto nível teriam maior importância. O trabalho perderia gradualmente seu caráter alienado (ver ALIENAÇÃO), com a participação dos trabalhadores no processo de decisão, a livre escolha entre tecnologias alternativas e uma reorganização do processo de produção para enfatizar a autonomia e o controle dos trabalhadores, bem como uma coordenação racional entre eles. O princípio do federalismo governaria a organização social em todos os níveis. Na socialização do indivíduo, o preparo para o trabalho perderia a importância primordial que tem hoje, tornando-se também muito mais flexível, com uma escolha mais livre de atividades e a possibilidade de acesso a empregos sem discriminação de sexo, raça, nacionalidade ou idade. A divisão do trabalho já não seria tão rigidamente profissionalizada, e haveria maior oportunidade para os trabalhadores mudarem de ocupação profissional quando qualificados por novas habilitações e conhecimentos. Além disso, as atividades mais importantes passariam a ser aquelas nas quais as capacidades criativas do homem encontrassem expressão, no trabalho produtivo como fora dele.

O socialismo não é uma sociedade perfeita, mas apenas a possibilidade ótima da atual época histórica. Ele não resolve todos os conflitos humanos, e provavelmente gerará outros, novos, imprevisíveis no momento, mas porá fim à produção voltada para o lucro e voltada ao desperdício, à dominação e exploração de classe e à opressão pelo Estado.

MM

Bibliografia: Bahro, Rudolf, *Die Alternative*, 1977; *The Alternative in Eastern Europe* (1978) [*A alternativa: para uma crítica do socialismo real*, 1980] • Bernstein, Eduard, *Die Voraussetzungen des Sozialismus und die Aufgaben der Sozial Demokratie*, 1899; *Evolutionary Socialism: a Criticism and Affirmation*, 1909 (1961) • Gorz, André, *Stratégie ouvrière et néo-capitalisme*, 1964; *Strategy for Labor* (1967) ◎ *Adieux au prolétariat*, 1980 [*Adeus ao proletariado*, 1982] • Lenin, V.I., *State and Revolution*, 1917 (1969) [*O Estado e a revolução*, 1980] • Markovié, Mihailo, *From Affluence to Praxis*, 1974 • Medvedev, Roy, *Let History Judge: the Origins and Consequeces of Stalinism*, 1971 • Stojanovic, Svetozar, *Between Ideais and Reality*, 1973.

transnacionais Ver EMPRESAS MULTINACIONAIS

troca "A riqueza das sociedades em que predomina o modo de produção capitalista aparece como uma 'imensa acumulação de mercadorias'". Com essas palavras, Marx inicia *O Capital* e prossegue dizendo que a *troca* é a relação econômica mais imediata no capitalismo. Todos os indivíduos, de todas as classes, participam necessariamente da troca, ao contrário do que ocorre com a PRODUÇÃO, por exemplo. Mas a troca é apenas um momento da CIRCULAÇÃO do CAPITAL como um todo. Para compreender sua significação é necessário penetrar analiticamente além de seus efeitos mais óbvios e revelar as relações de classes nas quais ela se baseia.

Ao nível mais imediato, a troca apresenta-se como uma simples circulação de mercadorias, M_1-D-M_2 (ver *O Capital*, I, cap.III, seção 2). As mercadorias M_1 são trocadas por dinheiro D, que por sua vez é trocado por mercadorias diferentes M_2. O propósito dessa transação é a substituição de um conjunto de valores de uso M_1 por outro, M_2. Em princípio, os valores envolvidos na sequência de trocas podem variar: o que um dos participantes da troca pode ganhar, o outro perde. Mas, no agregado, o VALOR total trocado deve permanecer inalterado. A sociedade burguesa tem como princípio que deve haver igualdade na troca, princípio esse resumido na máxima: uma troca justa não é roubo. Assim sendo, Marx atribuiu-se a tarefa de mostrar como a EXPLORAÇÃO pode existir até mesmo em circunstâncias de troca justa.

Vejamos as trocas encerradas na fórmula geral do capital: D-M-D' (*O Capital*, I, cap. IV, seção 1). De acordo com ela, o DINHEIRO é trocado por mercadorias que por sua vez geram mais dinheiro e, portanto, MAIS-VALIA. Isso só é possível se uma das mercadorias compradas puder constituir uma fonte de valor maior do que o seu próprio custo em valor. A MERCADORIA em questão é a FORÇA DE TRABALHO, e o fato de que ela exista sob uma forma que possa ser trocada por capital-dinheiro está na própria raiz das RELAÇÕES DE PRODUÇÃO entre as classes no capitalismo. A ideologia da burguesia é enfatizar a liberdade da troca, a santidade da propriedade e a busca do interesse pessoal. São essas características da troca que disfarçam as relações de classe a ela subjacentes. Marx resume sarcasticamente a situação da seguinte maneira:

> A esfera da circulação ou troca de mercadorias, dentro de cujas fronteiras têm lugar a venda e a compra da força de trabalho, é, na verdade, um Éden dos direitos inatos do homem, em que reinam exclusivamente a Liberdade, a Igualdade, a Propriedade e Bentham. Liberdade porque tanto o comprador como o vendedor de uma mercadoria, digamos, da força de trabalho, são determinados apenas pela sua própria e livre vontade. Contratam como pessoas livres, iguais perante a lei: seu contrato é o resultado final que dá expressão jurídica final às suas vontades. Igualdade porque os participantes da troca entram em relação uns com os outros como meros possuidores de mercadorias e trocam equivalente por equivalente. Propriedade porque cada um dispõe apenas daquilo que é seu. E Bentham porque cada qual pensa apenas na vantagem que pode levar. A única força que os aproxima e os coloca em relação mútua é o egoísmo, o lucro e o interesse pessoal de cada um. Preocupam-se apenas consigo mesmos, e ninguém com o outro. E precisamente por isso, ou por força de uma preestabelecida harmonia das coisas, ou sob os auspícios de uma providência onisciente, todos trabalham conjuntamente em favor do proveito mútuo, para a prosperidade geral e pelo interesse comum. (*O Capital*, I, cap.IV, seção 3)

É evidente que a troca envolve uma relação entre produtores (e não produtores). Cria, com isso, uma equivalência entre tipos diferentes de trabalho, constituindo o TRABALHO ABSTRATO como substância do valor. Essa formação do valor é, e como tal se expressa, uma relação entre os VALORES DE USO das mercadorias, caracterizando-se, consequentemente, como FETICHISMO DA MERCADORIA. Este, por sua vez, é levado ao extremo pelo papel do dinheiro na troca, que determina que tudo tenha seu preço. As relações sociais entre produtores são, e como tal se expressam, relações materiais entre coisas. Trata-se de uma consequência necessária das relações econômicas capitalistas. Mas as coisas vão ainda mais longe. Tão poderosas são a ideologia e a influência do mercado que correspondem àquela "imensa acumulação de mercadorias" de que falava Marx, que esta tende a modelar as relações sociais em geral de acordo com sua própria imagem. Isso ocorre, por exemplo, com outras formas de troca, que não as de mercadorias. Para o observador superficial e para os agentes econômicos que delas participam, a compra e venda de capital a juros sob a forma, digamos, de títulos ou o arrendamento de uma propriedade agrária aparecem como casos específicos de troca na prática. Ao contrário, para Marx estas são formas específicas nas quais parcelas da mais-valia podem ser apropriadas. Não envolvem diretamente mercadorias, mesmo que resultem em rendas e juros que pareçam ser preços.

De um modo geral, a influência da troca estende-se, para além das relações econômicas, até mesmo a relações das quais o mercado, enquanto tal, não participa diretamente. Por exemplo, o casamento torna-se uma forma mais ou menos implícita de contrato entre as associados. Mais geralmente, a atomização dos indivíduos na sociedade burguesa faz com que as relações entre eles sejam governadas pelas relações da propriedade privada, mesmo quando a troca enquanto tal não está presente. Assim, as relações econômicas fetichizadas transferem-se para as relações sociais em geral. Isso é particularmente notável ao nível da ideologia, em que é inconcebível para o espírito burguês ver relações não capitalistas em outros termos que o de salários, lucros e troca de mercadorias.

Sendo a troca a mais imediata das relações econômicas, ela pode ser facilmente tomada como causa dos fenômenos econômicos. Tal como as virtudes do *laissez-faire* estão associadas à liberdade e à harmonia da troca, assim também as CRISES ECONÔMICAS são vistas como uma falha do mecanismo de mercado. É essa a força do keynesianismo e também da ideia de que os sindicatos forçam os SALÁRIOS a um nível que está acima daquele em que é possível estabelecer-se uma harmonia entre a demanda e a oferta de trabalho. No que diz respeito a SUBDESENVOLVIMENTO e DESENVOLVIMENTO, a TROCA DESIGUAL é vista como um fator causal por alguns autores, embora, para Marx, fosse fundamental explicar os fenômenos gerais do capitalismo com base na *igualdade* da troca. Essa igualdade é, em parte, uma tendência própria do capitalismo, ao passo que a CONCORRÊNCIA, como consequência necessária da troca, tende a aparecer como o contrário da realidade que lhe é subjacente.

BF

Bibliografia: Bettelheim, Charles, "Remarques théoriques" in A. Emmanuel, *L'échange inégal*, 1969 (1972) • Emmanuel, Arghiri, *L'échange inégal: essai sur les antagonismes dans les rapports économiques internationaux*, 1969 (1972) • Fine, Ben, *Marx's "Capital"*, cap.7, 1975 ◉ *Economic Theory and Ideology*, cap.2, 1980 • Fine, Ben & Lawrence Harris, *Rereading "Capital"*, cap.1, 1979 [*Para reler O Capital*, 1981].

troca desigual Teoria extremamente influente na década de 1970, proposta inicialmente por Arghiri Emmanuel (1969) para explicar o desenvolvimento desigual em escala mundial (ver DESENVOLVIMENTO DESIGUAL; IMPERIALISMO E MERCADO MUNDIAL). O elemento central desta teoria é o mecanismo pelo qual as relações de troca internacionais são determinadas. Nessa análise, os capitalistas de todos os países são tratados como se tivessem à sua disposição as mesmas possibilidades de produção técnica, a despeito do nível de desenvolvimento das forças produtivas em cada país. Essa abordagem assemelha-se, nesse sentido, à teoria neoclássica do comércio, que supõe o predomínio, em todos os países, da mesma função de produção. Com o pressuposto adicional de que o capital é dotado de perfeita mobilidade internacional, segue-se que os custos de produção dos meios de produção serão os mesmo em todos os países se ignorarmos a circulação dos meios de produção.

De acordo com tais suposições, os custos unitários serão menores em países onde os salários são menores, a menos que tais salários menores estejam associados a um nível correspondentemente menor de produtividade do trabalho. Emmanuel supõe que a produtividade do trabalho não varia tanto quanto os níveis salariais, e, desse modo, a generalidade de sua teoria não é afetada pela simples suposição de uma produtividade de trabalho igual em todos os países. Se os custos não relacionados com trabalho são os mesmos em todos os países, e o trabalho (vivo) cria o mesmo valor no mesmo período de tempo, a taxa de lucro será maior onde os salários são menores. A troca desigual decorre do movimento do capital em busca de taxas de lucro mais elevadas. Os preços das mercadorias aumentam nos países onde os salários são elevados, na medida em que o capital deles se retira (relativamente), e os preços das mercadorias caem nos países onde são baixos os salários. Em consequência da equalização da taxa de lucro por meio desses movimentos de preços, a troca internacional se processa a taxas que não são iguais ao tempo de trabalho incorporado às mercadorias. Em particular, a razão entre os preços dos países adiantados e os preços dos países atrasados é maior do que a razão entre o tempo de trabalho incorporado às mercadorias dos países adiantados e o tempo de trabalho despendido na produção das mercadorias dos países atrasados, sendo "adiantado" e "atrasado" definidos aqui apenas em termos do nível dos salários vigente em cada país. Dessa maneira, por meio da troca, os países adiantados se apropriam de mais tempo de trabalho na troca do que geram na produção. Um excedente é transferido dos países atrasados, reduzindo a taxa de acumulação em tais países por falta de um excedente suficiente para investir.

Essa teoria foi muito criticada. Ao nível empírico, ela sugere que a tendência principal seria a de que os investimentos estrangeiros afluíssem para os países atrasados, o que não ocorre (ver EMPRESAS MULTINACIONAIS). Além disso, ao conferir ênfase à equalização da taxa de lucro, a teoria prevê implicitamente que o pior que pode ocorrer é que o excedente relativo seja o mesmo nos países adiantados e nos países atrasados, isto é, na pior das hipóteses o excedente que permanece nos países atrasados é suficiente para corresponder à taxa de acumulação dos países adiantados.

Uma objeção teórica básica à obra de Emmanuel, do ponto de vista da teoria marxista, é a de que ela não distingue entre valor de uso e valor de troca em sua análise dos salários. Os trabalhadores devem consumir uma certa massa de valores de uso para que se reproduza a força de trabalho no presente e nas gerações futuras. Essa massa de valores de uso constitui o padrão de vida do trabalhador, e o padrão de vida da classe operária varia muito entre os países. O salário tende a representar o valor de troca destes valores de uso (ver SALÁRIOS). Dada a massa de valores de uso (o padrão de vida), o salário é determinado pela eficiência com que são produzidas as mercadorias compradas pelos trabalhadores. Quanto maior a produtividade do trabalho na produção desses valores de uso, menor o valor dessas mercadorias e menor o valor de troca. Com a evolução do capitalismo, a produtividade do trabalho aumenta, o valor das mercadorias baixa, e o salário que tem de ser pago para cobrir uma determinada massa de valores de uso (um determinado padrão de vida) também baixa. Marx deu a esse processo o nome de elevação da mais-valia *relativa*. Pelo fato de que, nos países capitalistas desenvolvidos, a produtividade do trabalho seja mais alta, nem por isso um padrão de vida mais alto dos trabalhadores nesses países implicará que o valor de troca das mercadorias que constituem esse padrão de vida seja maior do que o dos países atrasados. Parece ser impossível estabelecer teoricamente que a aparência das coisas (ou seja, diferenças de padrão de vida) implique necessariamente diferenças no valor de troca da força de trabalho, e não é possível fixar qualquer conclusão geral sobre a taxa de lucro em países adiantados em comparação com países atrasados (Bettelheim, 1969). As críticas do ponto de vista da economia neoclássica também foram devastadoras.

Escritos mais recentes demonstraram que a teoria da troca desigual encerra contradições (Dore e Weeks, 1979): podemos admitir todas as suas suposições e mesmo assim mostrar que não ocorre nenhuma transferência de excedente dentro do modelo. Devemos lembrar que o argumento da troca desigual supõe que os elementos do capital constante (maquinaria, insumos, matérias-primas) são negociados internacionalmente. Trata-se de uma suposição necessária para que a teoria chegue à sua conclusão de que há uma transferência de excedente, o que ela supõe ocorrer, como já vimos, por serem as taxas de lucro maiores nos países subdesenvolvidos, na ausência de comércio. De acordo com a teoria, o comércio iguala as taxas de lucro, e isso promove a transferência de lucros para os países capitalistas desenvolvidos. Se as taxas de lucro não fossem maiores nos países subdesenvolvidos, não ocorreria nenhuma transferência de lucros, ou a transferência se faria em outra direção. Se os elementos do capital constante não são trocados internacionalmente, então devemos aceitar a possibilidade de que tais elementos sejam mais baratos nos países desenvolvidos, quer por serem as mesmas máquinas e insumos mais baratos, quer por serem usadas técnicas mais adiantadas (com menores custos) que não existem nos países subdesenvolvidos. Portanto, se esses elementos não forem negociados internacionalmente (isto é, não estiverem disponíveis para todos os produtores a um preço comum), não se pode concluir logicamente que as taxas de lucro sejam maiores nos países subdesenvolvidos, conclusão que é a pedra fundamental da teoria da troca desigual.

Além disso, Samir Amin (1973b) demonstrou, numa aparente defesa da troca desigual, que a teoria exige que artigos de consumo em massa também sejam internacionalmente negociados. Essa suposição é necessária para responder à crítica de Bertelheim (ver *supra*), pois, se isso não ocorrer não será possível excluir a possibilidade de que a taxa de exploração seja menor nos países subdesenvolvidos, apesar de neles ser mais baixo o padrão de vida dos trabalhadores. Essa é a relação contraditória entre o valor da força de trabalho e os valores de uso que constituem o padrão de vida. O comércio internacional de mercadorias de consumo básico parece resolver esse problema para a teoria da troca desigual.

Mas a troca desigual é impossível para as mercadorias comercializadas. Ela exige que as taxas de lucro se igualem entre todos os países, ao passo que o livre comércio exige que o preço de uma mercadoria comercializada seja o mesmo em todos os países. Assim, o processo que iguala as taxas de lucro (e transfere excedente) também iguala preços. Mas é logicamente impossível que taxas de lucro e preços se igualem se os custos de trabalho são menores nos países subdesenvolvidos (dado que os custos não relacionados com trabalho devem ser os mesmos). Se as taxas de lucro se igualarem, então o preço de uma determinada mercadoria deve ser mais alto no país desenvolvido, o que contradiz a suposição *necessária* de que as mercadorias sejam comerciadas internacionalmente. Se os preços se igualam, de acordo com a suposição de que há comércio, a taxa de lucro deverá ser mais alta nos países subdesenvolvidos, onde os custo do trabalbo são menores, e nenhuma transferência de excedente ocorrerá. Assim, a taxa de lucro só pode igualar-se para as mercadorias não comerciadas ou para mercadorias produzidas exclusivamente num país. Essas mercadorias representam uma pequena proporção da produção mundial total, e, portanto, a teoria da troca desigual, mesmo de acordo com seus próprios termos, reduz-se, na melhor das hipóteses, a uma curiosidade lógica menor.

JW

Bibliografia: Amim, Samir, "The End of a Debate", in S. Amin, *Imperialism and Unequal Development*, 1973b (1977) • Bettelheim, Charles, "Remarques théoriques", in A. Emmanuel, *L'échange inégal*, 1969 • de January, A. & F. Kramer, "The Limits of Unequal Exchange" • Dore, Elizabeth & John Weeks, "International Exchange and the Causes of Backwardness", 1979 • Emmanuel, Arghiri, *L'échange inégal: essai sur les antagonismes dans les rapports économiques internationaux*, 1969; *Unequal Exchange: A Study of the Imperialism of Trade* (1972) • Pires, Eginardo, "Deterioração dos termos de troca e intercâmbio desigual", 1981.

Trotski, Lev Davidovitch (Yanovka, Ucrânia, 7 de novembro, ou 26 de outubro pelo antigo calendário russo, de 1879 – Coyoacán, México, 20 de agosto de 1940.) Lev Davidovitch Bronstein, depois conhecido pelo nome de guerra de *Trotski*, às vezes precedido, como era comum entre os russos, do prenome francês Léon, foi membro destacado do Partido Social-Democrata dos Trabalhadores Russos, participou com grande relevo das revoluções russas de 1905 e de outubro de 1917, tendo exercido, após a tomada do poder pelos bolcheviques, os cargos de Comissário do Povo para as Relações Exteriores em 1918 e para Assuntos Militares e Navais de 1918 a 1925. A partir de 1923, chefiou os movimentos de oposição contra a "traição" da revolução pela burocracia soviética. Expulso da Rússia em 1929 por Stalin, organizou a Quarta Internacional (ver INTERNACIONAIS) no exterior, em oposição ao STALINISMO. Criticou a política do Comintern para o fascismo e a social-democracia e foi assassinado por um agente de Stalin quando vivia no exílio, no México.

A principal contribuição de Trotski para o pensamento marxista foi a "teoria do desenvolvimento desigual e combinado" e a doutrina, dela consequente, da "revolução permanente". Um país atrasado não supera seu atraso passando pelas etapas já atravessadas pelos países adiantados, mas condensando-as ou mesmo saltando-as, o que resulta numa combinação de aspectos de atraso com aspectos de um estágio de desenvolvimento adiantado, habitualmente do mais alto nível existente. O processo é considerado típico dos países que estão fora do núcleo capitalista adiantado da Europa Ocidental e da América do Norte. A consequência política prática é que, como normalmente a introdução da indústria avançada em tais países se faz através de um processo de dominação colonial ou semicolonial (ver COLONIALISMO) há uma tendência a que neles se desenvolva um proletariado mais forte do que a burguesia nativa. Uma vez que essa burguesia se mostra incapaz ou temerosa de tentar promover uma revolução burguesa, essa tarefa recai sobre o proletariado, que vanguardeia as camadas sociais subalternas do setor pré-capitalista numa revolução que procede imediatamente à abolição dos resquícios feudais (ver SOCIEDADE FEUDAL) para caminhar na direção do socialismo. A expressão "revolução permanente" foi tomada da *Mensagem do Comitê Central à Liga dos Comunistas* escrita em 1850 por Marx e Engels.

O proletariado vitorioso deve buscar promover a revolução em outros países, particularmente nos de capitalismo adiantado, já que o progresso para o socialismo não pode ir longe dentro dos confins de um único país, sobretudo de um país (como a Rússia) com elementos substanciais de relações pré-capitalistas por superar. As próprias circunstâncias que facilitam a revolução nesse país limitam e criam obstáculos para o seu desenvolvimento socialista. A teoria da "revolução permanente" desafia a concepção de que um período prolongado de desenvolvimento capitalista deve seguir-se forçosamente a uma revolução antifeudal durante a qual o poder de Estado é exercido pela burguesia ou por alguma combinação de forças sociais (por exemplo a "ditadura revolucionário-democrática do proletariado e campesionato") agindo por delegação (ver LENIN; LENINISMO). Os trotskistas afirmam que Lenin adotou, em abril de 1917, o conceito de Trotski, levando-o a prática na revolução de outubro.

Quando Stalin propôs a doutrina do "socialismo em só país", Trotski advertiu que isso levaria a desastrosas aventuras dentro da Rússia (coletivização prematura da agricultura) e à transformação da Internacional Comunista num simples instrumento de uma política externa russa não revolucionária. Embora a União Soviética devesse desenvolver a indústria e modernizar a sociedade em geral, essas realizações não deviam ser identificadas com o socialismo. O socialismo não pode ser visto como a mera industrialização acompanhada de um melhor padrão de vida, devendo antes ser entendido como uma sociedade em que é maior a produtividade do trabalho e, com base nisso, vigora um modo de vida superior ao da sociedade capitalista em seu mais adiantado estágio, o que pressupõe a conquista do poder pelo proletariado nas "alturas dominantes" da economia mundial. Trotski via a ordem social da Rússia sob Stalin apenas como uma "transição" entre o capitalismo e o socialismo, destinada a avançar no sentido do socialismo (o que exigiria revoluções nos países capitalistas adiantados e uma revolução política suplementar na Rússia) ou do retorno ao capitalismo. A burocracia governante na União Soviética não era entendida por Trotski como uma "nova classe", mas como uma excrescência parasitária, e a sociedade soviética não era por ele considerada como "capitalismo de Estado", mas como um "Estado dos trabalhadores deformado", no qual, apesar disso, algumas conquistas fundamentais da revolução de outubro sobreviviam, de modo que, no caso de guerra, os revolucionários de todo o mundo deveriam defender a União Soviética.

É característica do pensamento de Trotski a rejeição da falsa pretensão de que o marxismo é um sistema universal, que oferece resposta para todos os problemas. Trotski se opôs ao charlatanismo sob o disfarce de marxismo na esfera da "ciência militar", e combateu todas as tentativas de sujeitar a pesquisa científica, a literatura e a arte a qualquer tipo de direção em nome do marxismo, ridicularizando o conceito de "cultura proletária". Reconheceu o papel dos fatores não racionais na política: "Na política não devemos pensar de maneira racionalista, e menos ainda quando a questão nacional está em causa."

Pensador marxista culto, na melhor tradição de Marx e Engels, Trotski fez muitos inimigos entre aqueles cujo marxismo, combinando estreiteza e ignorância com pretensões fantásticas, era daquele tipo que certa vez levou Marx a dizer que "não era marxista".

É possível que, se Trotsky fosse vivo, dissesse que "não era trotskista", em vista da fragmentação extrema do movimento que criou, podendo-se dizer que alguns grupos "trotskistas" invocam o seu nome em vão. Não obstante, desde a década de 1960, organizações que se pretendem trotskistas adquiriram influência em vários países, e os escritos de Trotski passaram a circular muito mais amplamente do que durante sua vida. Há destacados pensadores marxistas contemporâneos ligados a sua tradição de pensamento e preocupados em recuperar suas ideias. Particularmente, a historiografia marxista muito lhe deve (*História da Revolução Russa, 1905, Minha vida, A infância de Lenin*, etc.) vez que Trotski iniciou uma tradição historiográfica preciosa para o movimento operário atingido pela amnésia stalinista e que recebeu continuidade com as obras de Isaac Deutscher, E.H. Carr, Victor Serge, Pierre Brové etc.

Bibliografia: Avenas, Denise, *Économie et politique dans la pensée de Trotski*, 1970 ◎ *Trotski marxiste*, 1971 • Brossat, Alain, *Aux origines de la révolution permanente*, 1974 • Brové, Pierre, *Le parti bolchevique: Histoire du PC de l'URSS*, 1963 • Comby, Louis, *Léon Trotsky*, 1976 • Day, Richard B., *Leon Trotsky and the Politics of Economic Isolation*, 1973 • Deutscher, Isaac, *The Prophet Armed: Trotsky, 1879-1921*, 1954 [*Trotski: o projeta armado*, 1968] ◎ *The Prophet Unarmed: Trotsky, 1921-1929*, 1959 [*Trotski: o profeta desarmado*, 1968] ◎ *The Prophet Outcast: Trotsky, 1929-1940*, 1963 [*Trotski: o profeta banido*, 1968] ◎ *Trotsky*, 3 vols. (1962-1965) • Frank, Pierre, *La Quatrième Internationale*, 1969 • Knei-Paz, Baruch, *The Social and Political Thought of Leon Trotsky*, 1978 • Leffort, Claude, "La contradiction de Trotsky", 1971 (1977) • *Les Procès de Moscou*, ed. org. e apresentada por Pierre Brové, 1964 • Mandel, Ernest, "Le marxisme de Trotsky", 1969 ◎ *Trotsky*, 1980 • Marie, Jean-Jacques, *Le trotskysme: questions d'histoire*, 1970 • Naville, Pierre 1963, *Trotsky vivant* • Sinclair, Louis, *Leon Trotsky: a Bibliography*, 1972 • *Staline contre Trotsky: 1924-1926*, 1965 • Trotski, L.D., *Our Political Tasks*, 1904 (1980); *Nos tâches politiques* (1970) ◎ *Die Russische Revolution 1905*, 1906 (1923); *1905* (1971); *1905, suivi de Bilan et perspectives* (1969) ◎ *Terrorismus und Komunismus: Anti-Kautsky*, 1920; *Terrorism and Communism* (1961); *Terrorisme et communisme* (1902 e 1963) [*Terrorismo e comunismo: o anti-Kautsky*, 1969] ◎ *Literature and revolution*, 1923 (1957 e 1960); *Littérature et Révolution* (1964) [*Literatura e Revolução*, 1969 e 1980] ◎ *Lénine (suivi d'un texte d'André Breton)*, 1924a (1970) ◎ *As lições de Outubro*, 1924b (1979) ◎ *The Permanent Revolution*, 1930a (1962); *La révolution permanente* (1963) [*A revolução permanente*, 1977 e 1979) ◎ *My Life*, 1930b (1963); *Ma vie* (1973) [*Minha vida*, 1978] ◎ *History of the Russian Revolution*, 1932-1933 (1967); *Histoire de la Révolution Russe* (1933 e 1967) [*História da Revolução Russa*, 1967 e 1978, 3 vols.] ◎ *La jeunesse de Lénine*, 1936 (1970) [*A vida de Lenin: sua juventude*, 1981] ◎ *The Revolution Betrayed: What is the Soviet Union and Where is it Going?*, 1937 (1957 e 1972); *La révolution trahie* (1937 e 1963) [*A revolução traída*, 1980] ◎ *Stalin*, 1941; *Staline* (1948 e 1969) ◎ *Défense du marxisme: URSS, marxisme et bureaucratie*, 1942 (1972) [*Em defesa do marxismo*, s.d.] ◎ *Journal de l'exil*, 1960 ◎ *De la Révolution*, 1963 ◎ *La IIIe Internationale après Lénine*, 1969 ◎ *Military Writings*, 1971a; *Écrits militaries* (1968) ◎ *The Struggle against Fascism in Germany*, 1971b ◎ *Problems of Everyday Life and Other Writings on Culture and Science*, 1973a; *Les questions du mode de vie*, 1976 ◎ *L'agonie du capitalisme et les tâches de la IVe Internationale: le programme de transition*, 1970; *The Transitional Programme for Socialist Revolution* (1973b) [*Programa de transição para o socialismo*, s.d.] ◎ *Class and Art: Problems of Culture under Dictatorship of the Proletariat*, 1974 ◎ *Culture and Socialism, and a Manifesto, Art and revolution*, 1975a ◎ *L'an de la guerre et le marxisme*, 1975b ◎ *L'année 17*, 1976a ◎ *La révolution espagnole*, 1976b ◎ *L'avénement du bolchevisme*, 1977a ◎ *Les crimes de Staline*, 1977b • Trotski, L.D. et al., *Their Morals and Ours: Marxist versus Liberal Views on Morality* (1969) ["Nossa moral e a deles", in L.D., *Moral e Revolução*, 1969 e 1980].

trotskismo Como toda escola de pensamento importante o trotskismo tem sido objeto de interpretações diversas, que puseram em evidência diferentes aspectos seus, em diferentes circunstâncias históricas. A pedra fundamental do trotskismo foi, e continua sendo, a tese da revolução permanente, formulada originalmente por Marx, que Trotski reformulou em 1906, aplicando-a à Rússia, e voltou a desenvolver em 1928. Trotski via a transição para o socialismo como uma série de transformações sociais, políticas e econômicas, ligadas entre si e interdependentes, que ocorrem em vários níveis e em diversas estruturas sociais – feudal, subdesenvolvida, pré-industrial e capitalista – e em diferentes conjunturas históricas. Esse "desenvolvimento desigual e combinado" seria motivado pelas circunstâncias e pela sua própria dinâmica, a partir de sua fase burguesa antifeudal, até sua fase socialista anticapitalista. Nesse processo, transcenderia as fronteiras geográficas fixadas pelo homem e passaria de sua fase nacional a uma fase internacional, no rumo da criação de uma sociedade sem classes e sem Estado em escala global. Embora a revolução deva *começar* em bases nacionais (podendo inclusive condenar o Estado revolucionário a um período de isolamento), isso constituirá inevitavelmente apenas o primeiro ato do drama seguido de um outro ato representado em outro lugar da arena internacional. O internacionalismo, que é o segundo aspecto da permanência da revolução, constitui assim uma característica indelével do trotskismo. Essa teoria entrou violentamente em choque, no seu país de origem, com a teoria do socialismo em um só país de Stalin, que, para o trotskismo, é uma contradição nos termos, e foi proibida como a maior das heresias em todas as partes do mundo em que predominava o modelo soviético de socialismo. Permaneceu viva, porém, fora dessa área, e embora tivesse de enfrentar o crescimento do nacionalismo, que lhe é intrinsecamente hostil, tornou-se um importante componente do renascimento de uma consciência socialista, particularmente a partir da década de 1960.

A Quarta Internacional (ver INTERNACIONAIS), organizada por Trotski em 1938, não se revelou um instrumento eficaz de promoção da revolução, mas desempenhou significativo papel como estímulo para um debate mundial sobre os princípios básicos do trotskismo e para a criação de numerosos grupos trotskistas que buscavam uma estratégia revolucionária correta para o momento presente. O impasse na LUTA DE CLASSES no Ocidente adiantado e o despertar da consciência nacional e social entre os povos da Ásia e da África pode ser interpretado como uma confirmação da permanência da revolução. Os movimentos de libertação nos países "atrasados" fizeram ressurgir o problema de quem deve ser considerado o principal e decisivo agente da revolução: o proletariado industrial, tal como postulam o marxismo clássico e o trotskismo, ou o campesinato que, como se viu na China em 1948-1949, levou a revolução do campo para a cidade (ver MAO TSE-TUNG).

O estabelecimento de uma sociedade socialista sem classes não pode de acordo com o trotskismo, ocorrer senão por meio de um rompimento revolucionário com a ordem existente. O trotskismo rejeita o progressivo caminho parlamentar dos votos como ilusório; em sua concepção, as classes exploradas não serão capazes de tomar o poder sem uma luta contra as classes proprietárias, que defenderão a sua dominação econômica. A vitória do proletariado nessa luta de classes terá de ser, segundo o esquema trotskista, protegida pela criação de uma "ditadura do proletariado". Esse conceito, que, com a experiência dos regimes totalitários (ver TOTALITARISMO), adquiriu proporções exageradas, permitindo-se excessos repulsivos, representava para Trotski (como para Marx e Engels) não uma forma de governo, mas o domínio social e político de uma classe. Assim, Trotski descreveu as democracias parlamentares do Ocidente como ditaduras burguesas, isto é, como regimes que asseguravam a dominação das classes proprietárias.

A DITADURA DO PROLETARIADO será imposta por meio da tomada do poder pelo partido político do proletariado, ao qual Trotski atribuía o papel de liderança na revolução. Desde o início, porém, Trotski advertiu que esse partido devia acautelar-se para não substituir o proletariado ou para não subjugá-lo uma vez realizada a sua tarefa. Sob a ditadura do proletariado, a democracia proletária será assegurada pelo controle efetivo do governo pelos sovietes (ver CONSELHOS) constituídos de representantes de partidos soviéticos legais, livremente eleitos por todos. Os partidos soviéticos, que podem incluir elementos pró-burgueses, são os que respeitam a constituição do Estado dos trabalhadores, baseada na organização socialista da produção e da distribuição, e não procuraram derrubá-lo pela força. Além disso, a soberania do proletariado será preservada por meio do controle e da gestão da indústria pelos trabalhadores nos locais de produção, através de comissões de fábricas. Essa associação dos produtores será completada pela associação dos consumidores, que controlarão a distribuição e a fixação dos preços dos bens de consumo.

A concepção de Trotski sobre o partido revolucionário não foi sempre consistente e variou em diferentes períodos históricos. Entre os trotskistas de hoje, alguns grupos subscrevem integralmente as críticas feitas por ele, em sua juventude (antes de 1917), aos rígidos princípios centralistas de Lenin e consideram o partido como uma organização ampla e flexível. Outros, embora sem rejeitar totalmente o centralismo leninista, dão maior ênfase à forma democrática do partido, apoiando-se nos escritos de Trotski posteriores a 1923, que correspondem a sua luta contra a ditadura burocrática do partido soviético stalinizado. Outros ainda, uma minoria, aceitam rigorosamente o centralismo e reportam-se à fase mais centralista de Trotski (1917 a 1923).

O princípio do socialismo pluralista e a crença na necessidade do controle pelos trabalhadores é comum à maior parte dos grupos que se dizem fiéis ao trotskismo, o mesmo acontecendo com a recusa em considerar a União Soviética como uma sociedade socialista. Esses grupos dividem-se, porém, quanto à sua definição do que existe na União Soviética. Duas correntes principais destacam-se: a que afirma ser a União Soviética ainda um Estado dos trabalhadores, embora – como disse Trotski – tenha sofrido um processo de degeneração; e os que sustentam que nada resta de um Estado dos trabalhadores naquele país e que seu regime é o de capitalismo de Estado. Uma terceira corrente, menor, considera o bloco soviético como uma formação de um novo tipo, *sui generis*. Essas concepções teóricas determinam, em grande parte, o caráter da oposição trotskista à União Soviética. A questão postula-se da seguinte maneira: eliminará a União Soviética os seus vestígios de stalinismo e entrará no caminho para o socialismo por meio de reformas graduais feitas pela cúpula política, sob pressão das bases, ou será preciso um movimento violento das bases para realizar aquilo que Lenin, Trotski e os bolcheviques pretendiam em 1917? Há também diferença de opiniões quanto ao grau e às formas de pressão – econômica, política e moral – que podem e devem ser exercidas pelos governos do Ocidente e pela opinião pública ocidental sobre o governo soviético de modo a promover uma democratização da sociedade soviética. Isso tem influência sobre a avaliação das relações entre os dois blocos de poder internacionais e, consequentemente, sobre as atividades políticas dos que representam hoje o trotskismo.

O trotskismo tem suas raízes no marxismo clássico e, como este, enfrenta um problema básico: a discrepância entre a visão de um avanço histórico revolucionário e o curso real da luta de classes. Sempre que esta se intensifica e as classes dominantes se sentem ameaçadas pelo espectro da revolução, um dos nomes que dão a esse espectro é trotskismo e procuram então exorcizá-lo. Na União Soviética e em sua esfera de influência, bem como na China, esse fantasma ainda é mantido na defensiva.

TD

Bibliografia: Cliff, Tony, *State capitalism in Russia*, 1974 • Deutscher, Isaac, *The Prophet Armed, Trotsky 1879-1921*, 1954 [*Trotski: o profeta armado*, 1968] ⊚ *The Prophet Unarmed, Trotsky 1921-1929*, 1959 [*Trotski: o profeta desarmado*, 1968] ⊚ *The Prophet Outcast, Trotsky 1930-1940*, 1963 [*Trotski: o profeta banido*, 1968] ⊚ *Marxism in our time*, 1971 • *Documents of the Fourth International*, 1973 • Frank, Pierre, *La Quatrième Internationale*, 1969 • Löwy, Michel, *The Politics of Combined and Uneven Development*, 1981 • Mandel, Ernest, *Revolutionary Marxism Today*, 1979 • Ver igualmente a bibliografia do artigo TROTSKI.

trustes Ver CAPITALISMO MONOPOLISTA

U

urbanização Marx e Engels aludiram, com frequência, ao significado da urbanização na história e na transformação dos diferentes modos de produção. "O antagonismo entre a cidade e o campo começa com a transição da barbárie para a civilização", escreveram eles em *A ideologia alemã* (vol.I, 1B, 2), "e está presente em toda a história da civilização até hoje". A urbanização foi o fundamento da divisão do trabalho e das distinções de classe pois "a existência das cidades implica a necessidade da administração, da polícia, do impostos, etc., em suma, (...) da política em geral". O notável estudo de Engels sobre Manchester e as cidades próximas em *A condição da classe Trabalhadora na Inglaterra* (1845) proporcionou a matéria-prima para grande parte da análise inicial da dinâmica do capitalismo e de seu impacto sobre os operários. E o *Manifesto comunista* trata extensivamente das consequências econômicas e políticas da vasta concentração das forças produtivas e do proletariado no grandes centros urbanos.

Apesar de sua evidente importância teórica, política e histórica (no capitalismo, por exemplo, proporções crescentes da população do mundo se transferiram para os centros e as ocupações urbanos, entrando assim em contacto com política e uma cultura nitidamente urbanas), o estudo da urbanização não se destaca entre as preocupações dos pensadores marxistas. Essa indiferença é ainda mais surpreendente porque a base urbana de muitos movimentos revolucionários (desde 1848, passando pela Comuna de Paris até os levantes dos guetos da década de 1960 nos Estados Unidos e os movimentos sociais urbanos que tão acentuadamente contribuíram para os acontecimentos de maio de 1968 em Paris) é inegável. Além disso, a importância das alianças de classes que se fazem por sobre e a despeito da contradição cidade-campo (entre, por exemplo, proletariado urbano e campesinato) teve de ser reconhecida, particularmente em situações do Terceiro Mundo, como a base da estratégia revolucionária (são numerosos os exemplos nas obras de Gramsci e Mao Tse-tung). Além disso, superar a contradição entre cidade e campo (como desejavam Marx e Engels) na TRANSIÇÃO PARA O SOCIALISMO tornou-se uma questão premente na União Soviética, na China, em Cuba, na Tanzânia, etc.

Levados pelos acontecimentos, os marxistas se voltaram para uma análise direta das questões urbanas na década de 1960. Buscaram compreender o significado econômico e político dos movimentos sociais urbanos de base comunitária e sua relação com os movimentos de base operária – foco tradicional de seu interesse. As relações entre a produção e a reprodução social tornaram-se objeto de uma análise cada vez mais intensa à medida que a cidade passou a ser estudada, de diferentes ângulos, como o *lócus* da produção, da realização da produção (demanda efetiva através do consumo, por vezes conspícuo) e da reprodução da força de trabalho (na qual a família e as instituições comunitárias, apoiadas em infraestruturas físicas e sociais relacionadas com habitação, assistência à saúde, educação e vida cultural, passaram a ter um papel chave, patrocinadas pelo poder público local). A cidade foi também estudada como meio ambiente construído para facilitar a produção, a troca e o consumo, como forma de organização social do espaço (para a produção e a reprodução) e como manifestação específica da divisão do trabalho e de funções no capitalismo (capital financeiro *versus* produção, etc.). A concepção geral que emerge de tais estudos situa a urbanização como a unidade contraditória de todos esses aspectos do capitalismo. Velhas questões, como o papel histórico da contradição entre cidade e campo, foram reabertas no contexto do Terceiro Mundo, bem como em contextos capitalistas adiantados e nas sociedades socialistas. Novas perspectivas se abriram, relativas à qualidade da vida urbana, à relação entre comunidade e classe, ao papel do Estado como poder público local, ao funcionamento dos mercados de terras, aos problemas fiscais urbanos, à pobreza urbana, às ideologias do campo e da cidade (particularmente no que diz respeito à força de trabalho urbana de recente origem rural e ao êxodo rural), e, acima de tudo, à tensa e desafiadora relação entre lutas de base comunitária e lutas de base operária.

DWH

Bibliografia: Anderson, J., *The Political Economy of Urbanism: an Introduction and Bibliography*, 1975 • Castells, M., *La question urbaine*, 1972; *The Urban Question* (1977) • Dear, M. & A. Scott (orgs.), *Urbanization and Urban Planning in Capitalist Societies*, 1981 • Harvey, D., *Social Justice and the City*, 1973 • Lefebvre, H., *La Droit et la Ville, suivi de Espace et Politique*, 1972 • Merrington, J., "Town and Country in the Transition to Capitalism", 1975 • Roberts, B., *Cities of Peasants: The Political Economy of Urbanization in the Third World*, 1978 • Singer, P.I., *Economia política da urbanização*, 1978 • Williams, R., *The Country and the City*, 1973.

V

valor O conceito de valor de Marx é, pode-se dizer, o mais controverso no conjunto de seu pensamento. É universalmente condenado pelos não marxistas como fonte de graves erros lógicos, mesmo por aqueles que admitem que Marx fez certas descobertas importantes (Böhm-Bawerk, 1896 é ainda o *locus classicus*). Mas constitui igualmente matéria de considerável controvérsia entre o marxistas. Entre estes, alguns veem a categoria valor como redundante para a análise dos fenômenos econômicos concretos do capitalismo e, portanto, supérflua para a análise marxista fundamental da EXPLORAÇÃO. Outros, porém, acham que o conceito de valor é o fundamento de toda e qualquer concepção adequada do DINHEIRO, do CAPITAL e da dinâmica do capitalismo, e que a análise marxista do capitalismo desmorona sem ele. (Para os primeiros, ver Steedman, 1977; para o segundo grupo, ver Hilferding, 1904, Rubin, 1928 e Rosdolsky, 1968; para uma amostra representativa de opiniões muito divergentes, de ambos os lados, ver Steedman, Sweezy et al., 1981).

Para Marx, o valor de uma MERCADORIA expressa a forma histórica particular do caráter social do trabalho sob o capitalismo, enquanto dispêndio de FORÇA DE TRABALHO social. O valor não é uma relação técnica, mas uma relação social entre pessoas que assume uma forma material específica sob o capitalismo, e portanto aparece como uma propriedade dessa forma. Isso sugere, em primeiro lugar, que a generalização do trabalho humano como mercadoria é específica ao capitalismo e que o valor, como conceito de análise, é igualmente e pecífico ao capitalismo. Em segundo lugar, sugere que o valor não é apenas um conceito com uma existência puramente mental, mas que ele tem existência real, constituindo as relações de valor a forma particular assumida pelas relações sociais capitalistas. Como essa forma é a mercadoria, isso determina o ponto de partida da análise de Marx. Num dos seus últimos escritos sobre economia política, que data de 1880, Marx assim resumiu seu procedimento:

> Não procedo à base de "conceitos" e, portanto, também não a partir do "conceito de valor" (...). Parto da mais simples forma social na qual o produto do trabalho na sociedade contemporânea se manifesta, que é a "mercadoria". É isso que eu analiso e, em primeiro lugar, para estar seguro, *na forma em que ela aparece*. Ora, verifico a essa altura que ela é, por um lado, em sua forma natural, uma *coisa de valor de uso* e, por outro lado, que é *portadora de valor de troca*, constituindo ela própria um valor de troca desse ponto de vista. Através de uma análise mais aprofundada deste último, descobri que o valor de troca é apenas uma "forma de aparência", um modo independente de manifestação do *valor* contido na mercadoria. Em seguida abordo a análise desse valor. ("Notas sobre Adolph Wagner") (Ver VALOR DE USO)

Como mercadoria é qualquer coisa produzida com destino à TROCA, a mercadoria tem um "valor de troca", definido como a proporção quantitativa pela qual valores de uso de um tipo se trocam por valores de uso de outro tipo. As mercadorias são, portanto, valores de uso e valores de troca. Mas essa pode ser uma afirmação enganosa. Os valores de troca são sempre contingentes em relação a tempo, lugar e circunstâncias, e a mercadoria tem tantos valores de troca diferentes quanto as diferentes mercadorias que são por ela trocadas. Portanto, cada mercadoria pela qual é trocada deve, de alguma maneira, ser-lhe equivalente, havendo dessa forma alguma coisa que torna equivalentes todas as mercadorias que são troca das entre si. Ou seja, o valor de troca é a forma de aparência de alguma coisa que dele pode ser distinguida. Esse elemento comum de magnitude idêntica não pode ser nada que tenha relação com as propriedades físicas ou naturais das mercadorias em questão, dada a extrema heterogeneidade destas. No processo de troca, expressa-se algo de homogêneo, e a única propriedade comum a todas as mercadorias é a de serem produtos do trabalho. Assim o processo de troca torna homogêneas todas as modalidades de trabalho que produzem mercadorias. Esse trabalho homogêneo que produz mercadorias é chamado de TRABALHO ABSTRATO. O valor é então definido como a objetificação ou materialização do trabalho abstrato, e a forma de aparência do valor é o valor de troca de uma mercadoria. Assim sendo, a mercadoria não é um valor de uso e um valor de troca, mas um valor de uso e um valor.

Desde Böhm-Bawerk, os críticos interpretaram essa argumentação desenvolvida nas primeiras páginas do livro primeiro de *O Capital* como um esforço de Marx para provar que o valor existe. E essa suposta prova é tipicamente considerada insuficiente pelos críticos, como base na alegação de que há outras propriedades comuns a todas as mercadorias que são ignoradas por Marx. Por exemplo, pretende-se que todas as mercadorias que são trocadas são escassas em relação à demanda que delas existe (se não o fossem, as coisas seriam dadas gratuitamente e não trocadas) e, portanto, a propriedade comum buscada por Marx encontra-se na psicologia, nos motivos que as pessoas têm para demandar e oferecer mercadorias. (É esse o caminho seguido pela teoria econômica burguesa). Esse tipo de argumentação é irresistível do ponto de vista do positivismo, ou empirismo, mas não consegue explicar a posição de Marx numa tradição filosófica bem diversa; Marx não apresenta uma prova formal da existência do valor chegando a alguma propriedade abstrata (arbitrária) comum à nossa experiência de todas as mercadorias heterogêneas que existem. Pelo contrário, ele analisa a relação típica entre pessoas que realmente existe na sociedade burguesa – a troca de uma mercadoria por outra – em primeiro lugar porque as categorias da economia política são um reflexo necessário de relações de produção particulares e, portanto, em segundo lugar, porque é pelo exame crítico dessas categorias e das formas que tomam que o conteúdo das relações burguesas é desenvolvido e revelado. Uma análise formal, não dialética, não chegará nunca à análise do valor de Marx porque não terá ligação intrínseca com as relações concretas em questão. O próprio Marx observou a Kugelmann, em carta de 11 de julho de 1868, que

> mesmo que não houvesse um capítulo sobre "valor" em meu livro, a análise das relações reais que fiz encerraria a prova e a demonstração da real relação de valor. Todo aquele palavrório sobre a necessidade de provar o conceito de valor vem da total ignorância tanto do assunto tratado como do método científico.

Tendo chegado a uma definição do valor como objetificação do trabalho abstrato, Marx passa a considerar a sua medida. O valor é medido medindo-se, em unidades de tempo, o trabalho abstrato em média necessário para produzir a mercadoria em questão (ver TRABALHO SOCIALMENTE NECESSÁRIO). Assim, quando esse tempo de trabalho é reduzido, como pode ocorrer em consequência de um aumento de produtividade generalizado entre todos os produtores, o valor da mercadoria cai. Desse modo, o valor de uma mercadoria é diretamente proporcional à quantidade de trabalho abstrato nela materializado e inversamente proporcional à produtividade do trabalho concreto que a produz. Depois dessa breve análise do valor independentemente de sua forma de aparência, Marx passa a demonstrar como o valor de troca é a forma necessária de aparência do valor. Essa análise foi muito negligenciada até uma época relativamente recente; afinal de contas, usar o valor de troca para chegar ao valor e, em seguida, usar o valor para chegar ao valor de troca parece indicar uma argumentação em círculo vicioso. Mas isso é, ainda uma vez, um enfoque de lógica formal, que não é adequado para apreender a significação das questões de essência e aparência, ou conteúdo e forma. Rubin comenta, quanto a isso:

> Não podemos esquecer que, no que diz respeito à questão da relação entre conteúdo e forma, Marx adotou o ponto de vista de Hegel e não de Kant. Este tratou a forma como algo que é externo em relação ao conteúdo e que adere ao conteúdo vindo de fora. Do ponto de vista da filosofia de Hegel, o conteúdo não é, em si, algo a que a forma venha aderir, vindo de fora. Pelo contrário, por meio de seu desenvolvimento o próprio conteúdo dá origem à forma, que já é latente no conteúdo. A forma cresce necessariamente do próprio conteúdo. (1928, p.117)

Na verdade, uma das principais críticas feitas por Marx aos seus antecessores na economia política, particularmente Adam Smith e David Ricardo, dirige-se à indiferença destes pela forma do valor, ao tratamento que lhe deram como algo externo à natureza da mercadoria e, portanto, à sua incapacidade de compreender por que o trabalho é expresso no valor e por que a medida do valor (tempo de trabalho socialmente necessário) é expressa em somas de dinheiro. Marx sugere que a razão desse erro está no fato de que a forma de valor do produto do trabalho, a mais abstrata e ao mesmo tempo a mais universal forma do capitalismo, é tratada não como produto das relações capitalistas de produção, mas como a forma eterna, natural, da produção social. O valor e sua magnitude são, com isso, divorciados de relações de produção que são específicas, e a análise se torna antes formal do que dialética (ver RICARDO E MARX). Só mostrando como o valor necessariamente se expressa como valor de troca é possível compreender como ele é expresso em somas de dinheiro, como a forma de valor implica a forma dinheiro. A teoria do valor de Marx é, dessa forma, simultaneamente a sua teoria do dinheiro.

Como mercadorias, portanto, os produtos do trabalho têm ao mesmo tempo uma forma natural e uma forma de valor. Esta última só aparece quando uma mercadoria é trocada por outra. O valor não é algo intrínseco a uma única mercadoria, considerada fora de sua troca por outra, mas antes reflete uma DIVISÃO DO TRABALHO entre produtores independentes de mercadorias, e a natureza social do trabalho destes só se revela no ato da troca. O valor tem, portanto, uma realidade puramente social, e sua forma só pode surgir na relação social entre mercadoria e mercadoria. Consideremos, assim, aquilo que Marx chama de "forma simples, isolada ou acidental do valor" na qual x unidades de mercadoria A são trocadas por y unidades da mercadoria B. Como a mercadoria A expressa seu valor na mercadoria B, esse valor é expresso em termos relativos, e a mercadoria A está na "forma relativa do valor". Por contraste, a mercadoria B é a matéria na qual o valor da mercadoria A é expresso e portanto a mercadoria B é a "forma equivalente do valor". As formas relativa e equivalente pertencem sempre a qualquer expressão do valor, e são, é claro, mutuamente exclusivas nessa expressão.

Examinemos primeiro a forma relativa do valor. A mercadoria B é a materialização do valor da mercadoria A, mas as mercadorias não são simplesmente quantidades de trabalho materializado, porque isso não lhes dá uma forma de valor diferente de sua forma natural. O valor da mercadoria A, enquanto trabalho incorporado, não tem uma existência objetiva diferente da própria mercadoria A; assim a forma física da mercadoria B transforma-se na forma do valor da mercadoria A. Só a expressão de equivalência entre diferentes tipos de mercadorias revela o caráter específico do trabalho que cria valor, porque é o próprio processo de troca que reduz todos os diferentes tipos de trabalho incorporados aos diferentes tipos de mercadorias trocadas à sua qualidade comum de trabalho em geral. Além disso, como o valor da mercadoria A é expresso no valor de uso da mercadoria B, há a possibilidade de que modificações na magnitude do valor da mercadoria A não se reflitam necessariamente em modificações na magnitude do valor relativo e vice-versa. (O desenvolvimento dessa possibilidade potencial constitui, aliás, o núcleo da teoria das CRISES ECONÔMICAS de Marx).

Em segundo lugar, consideremos a forma equivalente do valor. Marx passa a identificar o que ele chama de as três "peculiaridades" da forma equivalente. A primeira é que o valor de uso torna-se a forma de aparência do valor: a mercadoria B expressa o valor da mercadoria A e não expressa seu próprio valor; o corpo material da mercadoria B é, assim, a objetificação do trabalho abstrato. Decorrente da primeira, a segunda destas peculiaridades é que o trabalho que produz a mercadoria B torna-se a forma de aparência do trabalho abstrato. Isso significa que o trabalho concreto que produz a mercadoria B, apesar de ser o trabalho privado de indivíduos também privados, é imediatamente idêntico a outros tipos de trabalho. Daí a terceira peculiaridade: o trabalho privado toma a forma de trabalho diretamente social. Essas três peculiaridades – o valor de uso que aparece como valor, o trabalho concreto que aparece como trabalho abstrato e o trabalho privado que aparece como trabalho social, são essenciais para a compreensão da teoria do valor de Marx. Embora uma mercadoria seja valor de uso e valor, ela só aparece nesse duplo papel quando seu valor possui uma forma de aparência independente e distinta de sua forma valor de uso. Essa forma independente de expressão é o valor de troca. A natureza do valor leva à sua expressão independente como valor de troca e, dentro da relação de troca, a forma natural da mercadoria A conta apenas como valor de uso, ao passo que a forma natural da mercadoria B conta apenas como a forma do valor. Dessa maneira, a oposição interna entre valor de uso e valor, que existe dentro da mercadoria, é externalizada.

Marx desenvolve então a forma simples do valor na "forma total ou desenvolvida do valor", observando que a mercadoria A não só é trocada pela mercadoria B, como também pelas mercadorias C, D, E, etc. Pouco importa qual é a mercadoria que está na forma equivalente. A mercadoria A mostra-se, então, em relação social com todo o mundo das mercadorias; todas as outras mercadorias surgem como objetos físicos que têm valor, como formas particulares de realização do trabalho humano em geral. Em consequência disso, e muito ao contrário do que pretende a moderna teoria econômica burguesa, não é a troca de mercadorias que regula a magnitude do valor, mas sim a magnitude do valor das mercadorias que regula a proporção em que são trocadas. Mas a série de representações do valor da mercadoria A é efetivamente ilimitada e diferente da forma relativa do valor de qualquer outra mercadoria. E, como são inumeráveis as formas equivalentes, todos os trabalhos concretos aparecem como trabalho abstrato, sem qualquer aparência unificada de trabalho humano em geral.

Isso se retifica facilmente pela inversão da forma total, desenvolvida ou ainda extensiva do valor, deduzindo-se a "forma geral do valor": se a mercadoria A expressa seu valor em inumeráveis outras mercadorias, então todas essas expressam seu valor na mercadoria A. Uma mercadoria única é isolada para representar os valores de todas as outras, diferenciando cada mercadoria de seu próprio valor de uso e de todos os outros valores de uso e expressando, com isso, aquilo que é comum a todas as mercadorias. Essa mercadoria é chamada de "equivalente geral", e sua forma natural é a forma assumida em comum pelos valores de todas as mercadorias, é a representação visível de todo o trabalho, aquilo que Marx chama de "expressão social do mundo das mercadorias". A mercadoria específica cuja forma natural serve como forma de valor de todas as outras torna-se a mercadoria dinheiro, sob a "forma dinheiro do valor", e isso completa a separação entre a expressão do valor de uma mercadoria e a própria mercadoria. O valor de uma mercadoria não tem expressão exceto como valor de troca, e o valor de troca só se expressa em termos de dinheiro. O valor não é nunca expresso em termos de sua substância, o trabalho abstrato, nem em termos de sua medida, o tempo de trabalho socialmente necessário. A única forma sob a qual o valor aparece, e a única forma sob a qual pode aparecer, é em termos da mercadoria-dinheiro e de sua medida quantitativa. Como Marx escreveu a Engels, em carta de 2 de abril de 1858, "da contradição entre o caráter geral do valor e sua existência material numa determinada mercadoria, etc. (...) surge a categoria do dinheiro". Em seus primeiros rascunhos sobre o valor e o dinheiro, Marx observa entre parênteses: "será necessário, mais tarde, antes de deixar de lado esta questão, corrigir a maneira idealista de apresentá-la, que faz com que pareça ser apenas uma questão de determinações conceituais e da dialética desses conceitos. Sobretudo no caso da frase: produto (ou atividade) torna-se mercadoria; mercadoria, valor de troca; valor de troca, dinheiro". (*Grundrisse*, "o capítulo sobre dinheiro".) As categorias econômicas são reflexos da atividade humana, e Marx faz um paralelo entre suas deduções lógicas e uma derivação histórica das mesmas categorias. Enfatiza que o desenvolvimento histórico da forma mercadoria do produto do trabalho coincide com o desenvolvimento da forma valor e, em geral, sempre compara os resultados de sua análise lógica com os resultados da evolução histórica real. Mas ressalta, em seu "Posfácio" à segunda edição do primeiro livro de *O Capital*, que há uma grande diferença entre o trabalho de investigação e sua exposição, pois o método de investigação

> tem de apropriar-se do material em detalhe, analisar suas diferentes formas de desenvolvimento e estabelecer suas conexões internas. Só depois de feito esse trabalho, pode o movimento real ser exposto adequadamente. Se isso é feito com êxito, se a vida do objeto estudado reflete-se de volta nas ideias, então ele pode aparecer como se tivéssemos à nossa frente uma construção *a priori*.

Marx teve grande cuidado com a sua exposição do valor e da forma do valor. Acatando críticas de Engels às provas tipográficas do primeiro livro de *O Capital*, Marx escreveu um apêndice ao primeiro capítulo, que, na segunda edição e nas edições seguintes de *O Capital*, foi incorporado ao primeiro capítulo. Esse apêndice à primeira edição de 1867, cujo capítulo era, "A forma valor", é a exposição mais clara da teoria de Marx sobre a forma valor. E, embora reconhecesse que sua exposição era difícil, Marx achava que sua análise da forma valor não podia ser abandonada: "a questão é muito decisiva para todo o livro" (Carta a Engels, 22 de junho de 1867). E não se trata de uma "construção *a priori*", de "uma questão de determinações conceituais e da dialética desses conceitos". A abstração que considera a forma mercadoria como a forma do valor é real (Colletti, 1972, p.76-92), já que o processo de troca é o processo verdadeiro pelo qual os produtos do trabalho são comensurados sob o capitalismo. Isso significa que não pode haver qualquer determinação *a priori* do valor, porque só o processo de troca é que torna social a produção, estabelece conexões entre produtores independentes de mercadorias e assegura que o valor realizado na troca seja a forma de aparência daquele trabalho, e só daquele, que é socialmente necessário à produção da mercadoria em questão. O valor de uma mercadoria só pode ser expresso depois de sua produção, no valor de uso de outra mercadoria, que, no capitalismo desenvolvido, é o dinheiro, o equivalente universal do valor. Uma vez isso demonstrado, Marx pode passar a explorar a elaboração da "lei do valor" (a determinação da magnitude do valor pelo tempo de trabalho socialmente necessário) em termos da supremacia do dinheiro e das relações monetárias desenvolvendo a análise da categoria capital e da ACUMULAÇÃO deste e, finalmente, explicando os próprios fenômenos que, na superfície do capitalismo, parecem contradizer a lei do valor (ver PREÇO DE PRODUÇÃO E O PROBLEMA DA TRANSFORMAÇÃO; MAIS-VALIA E LUCRO). E, paralelamente, na supremacia do dinheiro e das relações monetárias, Marx encontra igualmente as bases para explicar como as relações sociais de produção estão invertidas no capitalismo e como essa inversão reflete-se na consciência. (Ver também FETICHISMO DA MERCADORIA; FETICHISMO.)

SM

Bibliografia: Baekhaus, H.G., "Dialectique de la forme de la valeur", 1974 • Belluzo, L.G. de M, *Valor e capitalismo*, 1980 • Benetti, Carlo & Jean Cartelier, "Mesure invariable des valeurs et théorie ricardienne de la marchandise", 1977 • Böhm-Bawerk, Eugen von, "Zum Abschluss des marxschen Systems", 1896; *Karl Marx and the Close of his System*, ed. org. por P. Sweezy (1949) • Cencini, Alvaro & Bernard Schmitt, *La pensée de Karl Marx: critique et synthèse (vol.I: La valeur)*, 1976 • Colletti, Lucio, *From Rousseau to Lenin*, 1972 • Dallemagne, Jean-Luc, "Formes de la valeur et développement inégal", 1971 • de Paula , J.A., "Ensaio sobre a atualidade da lei do valor", 1984 • Dostaler, Gilles, "Valeur et prix: histoire d'un débat", 1978 • *Marx, la valeur et l'économie politique*, 1978 • Fausto, Rui, *Marx: lógica e política*, 1983 • Hilferding,

Rudolf, *Böhm-Bawerks Marx Kririk*, 1904; *Böhm-Bawerk's Criticism of Marx* (1949) • Lippi, Marco, *Marx: il valoro come costo sociale reale*, 1976; *Value and Naturalism in Marx* (1979) • Mahieu, François-Régis et al., *Marx et l'économie politique: essais sur les "Théories de la plus-value"*, 1977 • Mandel, Ernest, *Traité d'économie marxiste*, 1962 ⊚ "La théorie de la valeur-travail et le capitalisme monopolistique", 1970 • Pires, Eginardo, *Valor e acumulação*, 1979 • Possas, M.L., "Valor, preço e concorrência", 1982 • Rosdolsky, Roman, *Enstchungsgeschichte des Marxchen "Kapital"*, 1968; The Making of Marx's "Capital" (1977); Génesis y estructura de "El Capital" de Marx (1983) ⊚ "La limite historique de la loi de la valeur: l'ordre social socialiste dans l'oeuvre de Karl Marx", 1972 • Rubin, I.I., *Studien zur marxchen wertheorie*, 1928 (1973); *Essays on Marx's Theory of Value* (1973) [*A teoria marxista do valor*, 1980] • Salama, Pierre, *Sur la valeur*, 1975 • Steedman, Ian et al., *The Value Controversy*, 1981 • Varga, E., *Essais sur l'économie politique du capitalisme*, 1967.

valor da força de trabalho "O valor da força de trabalho é determinado, como o de todas as outras mercadorias, pelo tempo de trabalho necessário à produção e, consequentemente, também à reprodução desse artigo específico" (*O Capital*, I, cap.VI). Essa descrição aparentemente inócua, e certamente coerente, de como o valor dessa mercadoria peculiar, a FORÇA DE TRABALHO, é determinado, oculta, porém, vários problemas, alguns dos quais foram identificados por Marx, ao passo que outros só deram origem a controvérsias em épocas mais recentes.

Primeiro, Marx reconheceu que o conjunto dos valores de uso necessário a um trabalhador para que sua força de trabalho seja reproduzida não é apenas uma subsistência física mínima. Embora as necessidades físicas possam variar segundo o tipo de trabalho realizado e possam ser afetadas por fatores climáticos ou outros fatores geográficos, tais variações são minimizadas pelas que resultam das diferenças sociais. As necessidades da classe operária "dependem portanto, em grande parte, do nível de civilização alcançado pelo país; em particular, dependem das condições nas quais, e consequentemente dos hábitos e expectativas com os quais, a classe de trabalhadores livres se formou" (*O Capital*, I, cap.VI). Assim, ao contrário de Ricardo e de Malthus, que consideravam a possibilidade de que os salários proporcionassem um padrão de vida acima do mero nível de subsistência como uma consequência apenas das condições favoráveis de uma excessiva demanda por trabalho (afinal, o valor do trabalho, em torno do qual flutuava o seu preço de mercado, o salário, era para eles determinado fisicamente e, portanto, naturalmente), Marx via a participação de um "elemento histórico e moral" na determinação do próprio valor da força de trabalho, em torno do qual deveriam os salários flutuar segundo a demanda e oferta de força de trabalho.

Isso nos leva a outro problema que Marx não parece ter examinado, mas que passou ao primeiro plano no recente "debate sobre o trabalho doméstico" (ver TRABALHO DOMÉSTICO), ou seja, a questão de que nem todo o tempo de trabalho necessário à produção e à reprodução da força de trabalho entra na formação de seu valor. Uma parte substancial desse trabalho necessário não é consumida sob a forma de mercadorias, mas produz diretamente valores de uso consumidos no lar, sem chegar a ter um valor de mercado: esse trabalho é o trabalho doméstico. Se o trabalho doméstico entrasse na composição do valor da força de trabalho, este seria sempre maior do que o valor das mercadorias necessárias à restauração e reprodução da força de trabalho. Houve várias tentativas de explicar por que o trabalhador podia ganhar tal salário "excedente", a maior parte das quais considerava-o como uma espécie de transferência de pagamento pelo serviços de uma dona de casa (ver, por exemplo, Seccombe, 1974). Todas elas, porém, falhavam pelo absurdo de somarem coisas heterogêneas, ou seja, trabalho não sujeito à lei do valor com trabalho produtor de mercadorias, que está sujeito a essa lei (ver Gardiner, Himmelweit e Mackintosh, 1974). A suposição de uma troca que atravesse a fronteira existente entre o trabalho que produz mercadorias e o trabalho que não produz mercadorias torna o segundo indistinguível do primeiro e não reconhece as relações de produção específicas e diferentes envolvidas em cada uma dessas modalidades de trabalho. Por isso a definição de Marx deve ser modificada, passando a ter a seguinte forma:

"O valor da força de trabalho é determinado, como o de todas as outras mercadorias, pelo tempo de trabalho *que produz mercadorias* necessário à produção e, consequentemente, também à reprodução desse artigo específico". Qualquer outro trabalho que entre na composição do valor da força de trabalho pode muito bem ser igualmente necessário, mas deve ser considerado parte do elemento histórico e moral que forma o pano de fundo social e cultural a partir do qual se definem quais são as mercadorias necessárias à reprodução dos trabalhadores. É claro que esse papel diverso na determinação do valor da força de trabalho não se aplica apenas ao trabalho doméstico, mas a todos os outros trabalhos que não produzem mercadorias mas são necessários à reprodução da força de trabalho. O trabalho na circulação de mercadorias – na publicidade, por exemplo – não entra no valor da força de trabalho, embora faça parte do pano de fundo a partir do qual esse valor é determinado.

Outro problema que Marx não examinou foi o de que a força de trabalho tem de ser reproduzida de duas maneiras totalmente diferentes. Em primeiro lugar, cada trabalhador precisa de ter sua própria força de trabalho reproduzida cotidianamente. Em segundo, o trabalhador é mortal e terá de ser substituído por outro trabalhador mais jovem para que o capitalismo possa continuar a existir. Portanto o tempo de trabalho incluído no valor da força de trabalho deve compreender o necessário para a formação de uma nova geração. E isso não se faz de maneira direta, pois a substituição dos trabalhadores não se processa em nível individual, mas dentro das famílias (ver FAMÍLIA). Dessa forma, seria mais coerente falar do valor da força de trabalho de uma família como a unidade na qual a força de trabalho é reproduzida. Mas isso já representa um afastamento da realidade do sistema de trabalho assalariado, no qual os salários são pagos a trabalhadores individuais que vendem sua força de trabalho individual. Esses dois aspectos só se unificam quando a família tem apenas um trabalhador assalariado, o que era talvez ideal da burguesia vitoriana, mas pelo qual a classe operária muito teve que lutar: trata-se de um ideal que nunca foi universal e certamente não constitui uma necessidade intrínseca da produção capitalista e, portanto, não representa uma base sólida para uma teoria da determinação do salário. A falta de uniformidade das relações de família que caracterizou a prática da classe operária tem sido motivo de luta tanto entre empregadores capitalistas e a classe operária como entre homens e mulheres (ver Humphrey, 1977 e Barrett e McIntosh, 1980) e não pode ser tratada meramente como uma questão de variação em torno de uma média.

Marx parece ter reconhecido isso quando fez a relação de "todos os fatores que determinam alterações do valor da força de trabalho: o preço e as proporções dos bens de primeira necessidade imprescindíveis à vida em sua evolução natural e histórica, o custo do treinamento dos trabalhadores, o papel desempenhado pelo trabalho das mulheres e das crianças, a produtividade do trabalho e sua magnitude extensiva e intensiva" (*O Capital*, I, cap.XXII). Mas nunca se empenhou em desenvolver uma análise completa dos problemas colocados pela determinação do valor da força de trabalho em vista de sua natureza excepcional enquanto mercadoria. A força de trabalho é produzida, se produzida for a palavra, fora da produção capitalista, por uma unidade que é constituída por outros além daqueles que a vendem. Difere portanto de qualquer outra mercadoria, se mercadoria for a palavra, pelo fato de que seu valor de troca não é o único objetivo de seus produtores, se é que estes têm um objetivo. A força de trabalho e o trabalhador são inseparáveis. E se isso constitui um problema para o capital, nem por isso deixa de igualmente constituir um problema para a compreensão da família de classe operária e do papel da força de trabalho em sua reprodução.

SH

Bibliografia: Barrett, M. & M. McIntosh, "The Family Wage", 1980 • Gardiner, J., S. Himmelweit & M. Mackintosh, "Women's Domestic Labour", 1975 • Humphreys, J., "Class Struggle and the Persistence of the Working Class Family", 1977 • Seccombe, W., "The Housewife and her Labour under Capitalism", 1974.

valor de uso Como a MERCADORIA é um produto que é trocado, aparece como unidade de dois aspectos diferentes: sua utilidade para o usuário, que é o que lhe permite ser objeto de uma TROCA; e seu poder de obter certas quantidades de outras mercadorias nessa troca. Ao primeiro aspecto, os economistas políticos clássicos chamavam *valor de uso*; ao segundo, *valor de troca*.

Marx ressaltou o fato de que, embora o valor de uso seja uma condição necessária para que um produto seja trocado e portanto tenha um valor de troca (ninguém trocará um produto útil por um produto que não tem utilidade para ninguém), esse valor de uso da mercadoria não tem qualquer relação quantitativa sistemática com o seu valor de troca, que é um reflexo das condições da produção da mercadoria. E argumentou que o objeto de estudo adequado da economia política são as leis que governam a produção e o movimento do valor de troca, ou, de maneira mais rigorosa, as leis que governam o VALOR, a propriedade inerente das mercadorias que surge como valor de troca (*O Capital*, I, cap.I).

O valor de uso das mercadorias em geral não é, portanto, um tema importante da investigação de Marx. Mas é importante perceber que o valor de uso se distingue como um conceito na consciência humana em consequência do desenvolvimento da forma produção de mercadorias. Sem a troca de mercadorias, a utilidade dos produtos em geral é um fato evidente por si mesmo e, portanto, visível para produtores e usuários. Só com o aparecimento das relações de produção e troca de mercadorias, a oposição entre utilidade e trocabilidade e as resultantes contradições e enigmas da vida organizada com base na produção e troca de mercadorias tornam-se objeto de especulação e investigação. Também é importante perceber que a utilidade específica dos produtos depende das relações sociais e do desenvolvimento das forças produtivas em qualquer sociedade (ver FORÇAS PRODUTIVAS E RELAÇÕES DE PRODUÇÃO). Estruturas metálicas não têm valor de uso para pastores nômades.

O valor de uso desempenha um papel crítico na análise que Marx faz das contradições oriundas do aparecimento da FORÇA DE TRABALHO como mercadoria. O valor de uso da força de trabalho é a sua capacidade de produzir valor novo ao ser transformada em trabalho aplicado à produção. Assim, o valor de uso da força de trabalho vem do desenvolvimento das relações de produção e troca de mercadorias, de valor e de dinheiro. A contradição entre o valor de uso e o valor de troca, inerente à forma mercadoria, quando se expressa na força de trabalho enquanto mercadoria, é a origem da mais importante contradição social da produção capitalista: a divisão de classes entre operários e capitalistas.

DF

Bibliografia: Rosdolsky, Roman, *Zur Enstehungsgeschichte des Marxschen "Kapital"*, 1968; *The Making of Marx's "Capital"* (1977) cap.III; *Génesis y estructura de "El Capital" de Marx* (1978).

valor e preço Para que o tempo de trabalho individual incorporado a uma MERCADORIA tenha caráter universal como TRABALHO ABSTRATO, uma determinada mercadoria deve assumir a forma de tempo de trabalho incorporado, objetivado, universal. A contradição entre o caráter geral da mercadoria como VALOR e o seu caráter particular como VALOR DE USO só se resolve pela sua própria objetivação: o processo de TROCA separa materialmente o valor de troca da mercadoria da própria mercadoria, de modo a que todas elas, como valores de uso, sejam confrontadas com a mercadoria DINHEIRO como a forma pela qual expressam seus valores. Em consequência disso, Marx define o preço como a forma dinheiro do valor, a expressão do valor da mercadoria em unidades da mercadoria-dinheiro (por exemplo, ouro).

A mercadoria-dinheiro, portanto, além de funcionar como medida do valor, deve também funcionar como um padrão de preço. Embora a mercadoria-dinheiro só possa funcionar como medida de valor porque é, ela própria, um produto do trabalho e portanto potencialmente variável em valor, a estabilidade da medida como padrão de preço é, evidentemente, importante. Por que, então, os preços flutuam? Ou por que os valores das mercadorias se modificaram, permanecendo constante o valor do dinheiro, ou por que o valor do dinheiro modificou-se, permanecendo constante o valor das mercadorias, ou ainda devido a uma combinação dessas modificações. Mas isso supõe que os preços medem sempre os valores com precisão, o que não ocorre de forma alguma. O valor é medido pelo tempo de TRABALHO SOCIALMENTE NECESSÁRIO, e este é sempre, conceitualmente uma medida precisa, mas que só pode aparecer como a razão de troca entre a mercadoria em questão e a mercadoria-dinheiro em cada troca específica; com a participação de duas mercadorias independentes, essa razão de troca pode expressar tanto a magnitude do valor da mercadoria quanto uma maior ou menor quantidade de dinheiro pela qual ela pode ser vendida nas circunstâncias particulares da troca. Portanto, preço e magnitude de valor podem facilmente divergir; e Marx comenta: "Isso não é um defeito, mas, pelo contrário, torna essa forma a forma adequada a um modo de produção cujas leis só se podem afirmar como médias que operam cegamente entre irregularidades constantes" (*O Capital*, I, cap.III).

O preço de uma mercadoria representa sua forma ideal de valor, uma equação com a mercadoria-dinheiro na imaginação. Mas, para que essa forma de valor se realize, deve ocorrer uma troca. Nesse sentido, a forma preço implica tanto a intercambialidade das mercadorias pelo dinheiro como a necessidade de tais trocas, e a análise dessas trocas proporciona a Marx a base do desenvolvimento do conceito de CAPITAL. É uma interpretação errônea e comum achar que o primeiro livro de *O Capital* estuda os valores e o terceiro livro de *O Capital* estuda os preços. Pelo contrário, a forma preço é analiticamente desenvolvida no início do primeiro livro. E Marx, a utiliza, então, de maneira adequada à análise da dinâmica do modo de produção capitalista a partir da perspectiva daquilo que todos os capitais têm em comum. A diferenciação dos capitais por meio do processo de concorrência, porém, exige um novo desenvolvimento analítico da forma preço em preço de produção e preço de mercado, mas essa CONCORRÊNCIA só é analisada depois de uma análise detalhada da PRODUÇÃO capitalista e, portanto, explorada plenamente apenas no terceiro livro. (Ver também PREÇO DE PRODUÇÃO E O PROBLEMA DA TRANSFORMAÇÃO; MAIS-VALIA E LUCRO.)

SM

valor, forma desenvolvida do Ver DINHEIRO e VALOR

valor, forma equivalente do Ver DINHEIRO e VALOR

valor, forma extensiva do Ver VALOR

valor, forma geral do Ver VALOR

valor, forma relativa do Ver VALOR

valor, forma simples do Ver VALOR

valorização do capital Ver ACUMULAÇÃO

valor, medida de Ver DINHEIRO

vassalos e suseranos Ver SOCIEDADE FEUDAL

verdade Nos escritos de Marx e Engels, "verdade" normalmente *significa* "correspondência com a realidade", ao passo que o critério para a avaliação das pretensões à verdade é ou envolve a prática humana. Ou seja: Marx e Engels subscrevem um conceito clássico (aristotélico) e um critério praticista da verdade.

Essa "correspondência", na tradição marxista, tem sido habitualmente interpretada a partir da metáfora do "reflexo" ou de outra noção similar. Tal noção surge na epistemologia marxista em dois níveis: Marx tanto fala de (a) formas imediatas, como de (b) essência interna ou subjacente dos objetos que são "refletidos"; mas enquanto o que está em jogo em (a) é um postulado explicativo ou ponto de partida metodológico, em (b) é uma norma de adequação descritiva ou científica. Assim, enquanto em (a) Marx critica a economia vulgar por apenas refletir "a forma direta da manifestação das relações essenciais" (Carta a Engels, 27 de junho de 1867), sua preocupação em (b) é precisamente com a produção, no pensamento, de uma representação adequada ou de um "reflexo" de sua conexão interna – *tarefa* que envolve trabalho teórico e transformação conceitual, e não uma simples réplica passiva da realidade. Note-se que um "reflexo", tal como entendido normalmente, é tanto (1) *de* alguma coisa que existe independentemente dele, quanto (2) *produzido* de acordo com certos princípios de projeção ou de convenções de representação. Se (1) é o elemento realista, (2) é consistente com a ênfase praticista e a ideia de que não há representações da realidade que não sejam mediadas. Mas para que (1) não se torne epistemologicamente ocioso (como tende a ocorrer, por exemplo, em Althusser), devem existir certas *imposições* ao processo representativo produzidas pelo próprio objeto real – por exemplo, que um resultado experimental ou que a crença por ele motivada sejam causalmente dependentes da estrutura em investigação.

Marx e Engels falam de "imagens" e "cópias", e Lenin de "fotografias", bem como de "reflexos". Essas metáforas estimulam facilmente a passagem da função cognitiva para a função causal da metáfora, do caso para o caso (a), e das teorias do conhecimento e da justificação para as teorias da percepção e da descrição. O REALISMO pressupõe a irredutibilidade dos objetos ao conhecimento e implica o caráter socialmente produzido – e portanto historicamente relativo (mas não axiologicamente relativista) – desse conhecimento. Mas na ortodoxa "teoria do reflexo" de Engels, há uma tendência à reificação da verdade e à interpretação do reflexo de maneira descritivo-perceptiva, revertendo dessa forma à problemática do materialismo contemplativo, que Marx criticou nas *Teses sobre Feuerbach* (1845) por negligenciar o papel ativo da prática humana na constituição da vida social, inclusive do conhecimento.

É precisamente esse tema, juntamente com a ideia correlata de que o objeto do conhecimento não é absolutamente independente do processo cognitivo (como se pode supor que ocorra nas ciências naturais), que forma o ponto de partida epistemológico das teorias antirreflexionistas do MARXISMO OCIDENTAL. Nestas, a verdade é concebida como sendo essencialmente a *expressão* prática de um sujeito, e não como a representação teoricamente adequada de um objeto. Assim, na teoria da *coerência* da verdade, de Lukács, a verdade torna-se uma totalidade a ser atingida através da identidade realizada (na consciência de si proletária) do sujeito e do objeto na história. Na teoria *pragmática* de Korsch, as verdades são as manifestações terrenas de necessidades e interesses específicos de classe. Na teoria do *consenso* de Gramsci, a verdade é um ideal assintoticamente aproximado na história, mas que só se realiza finalmente sob o comunismo, depois de se ter atingido um consenso prático. Todas essas teorias – e outras posteriores, a elas relacionadas – tendem ao relativismo dos julgamentos e ao voluntarismo (coletivo). Portanto, se a debilidade genérica das teorias marxistas da verdade reflexionistas e empiristas objetivas está na negligência do caráter histórico e socialmente produzido dos juízos de verdade, a fraqueza das teorias marxistas epistemologicamente idealistas está na negligência da existência independente e da eficácia transcendente dos objetos de tais juízos.

Passando aos *critérios* de verdade, a inexistência de sistemas fechados de ocorrência espontânea na esfera socioeconômica e a impossibilidade de estabelecê-los artificialmente (*O Capital* I, Prefácio) significam que os critérios para a avaliação empírica das teorias não podem ser proféticos e devem ser exclusivamente *explicativos*. Esse critério não historicista, mas ainda empírico, difere do critério empírico indiferenciado de Della Volpe e do marxismo positivista (ver POSITIVISMO), dos critérios racionalistas (mas muito diferentes sob outros aspectos) de Lukács e de Althusser, dos critérios prático-morais das teorias humanistas, de Gramsci e Habermas, e das criteriologias pragmático-subjetivas, de Korsch a Kolakowski. (Ver também DIALÉTICA; TEORIA DO CONHECIMENTO.)

RB

Bibliografia: Bhaskar, Roy, *Dialectic, Materialism and Human Emancipation*, 1983 • Della Volpe, Galvano, *Logica come scienza positiva*, 1950; *Logic as a Positive Science* (1980) • Gramsci, Antonio, *Selections from the Prison Notebooks*, 1929-1935 (1971) ◎ *Quaderni del carcere*, I-N, 1975 • Kolakowski, L., "Karl Marx and the Classical Definition of Truth", 1958

(1968) • Korsch, Karl, *Marxismus und Philosophie*, 1923 (1966); *Marxism and Philosophy* (1970).

via prussiana Ver CAMPESINATO

violência A questão de se é ou não necessário o recurso à violência generalizada para promover uma transformação socialista é uma questão permanentemente colocada, para a tradição marxista, no que diz respeito às relações entre meios e fins, e vem constituindo há muito uma das principais causas de divisão entre marxistas. A questão da violência tem um variado cenário histórico. A mística da transformação radical que só é alcançável pelo conflito violento teve origem na Revolução Francesa de 1789. Foi perpetuada na tradição socialista por Babeuf e Blanqui (ver BLANQUISMO) e ganhou renovado vigor com as revoluções europeias de 1848. O fracasso generalizado desses movimentos, que não conseguiram conquistar direitos políticos amplos para a classe operária, e o evidente agravamento do nível de vida dessa classe levaram muitos autores, inclusive Marx, à concepção de que não havia outro recurso senão a violência revolucionária para conseguir a emancipação da força de trabalho. A busca de uma transformação pacífica do capitalismo era, concluiu ele, característica do socialismo utópico. Ocasionalmente (como em seu discurso de Haia, em setembro de 1872) Marx reconheceu que, nos países onde a burocracia e o exército permanente não dominavam o Estado, "os trabalhadores podem alcançar sua meta por meios pacíficos", mas "na maior parte dos países da Europa continental a alavanca da revolução terá de ser a força".

A extensão gradual do direito de voto, o surpreendente sucesso do Partido Social-Democrata (SPD) alemão na mobilização da classe operária, juntamente com a maior eficiência, disciplina e poder de fogo dos exércitos modernos, levaram Engels, na "Introdução" que escreveu em 1895 para uma edição da obra de Marx *As lutas de classes na França*, a concluir que "uma vitória real de uma insurreição sobre os militares, em lutas de ruas (...) é uma das exceções mais raras". Assim, Engels aconselhava cautela e a edificação paciente do apoio ao movimento, que estava "florescendo muito melhor com os métodos legais do que com os métodos ilegais e a perspectiva de derrubada violenta do Estado". Os principais partidos marxistas da Segunda Internacional, embora conservando uma retórica abstrata da revolução, não fizeram preparativos para ela. Parte da força da argumentação de Bernstein estava em que a teoria revolucionária do movimento pouca relação tinha com sua prática reformista.

O partido russo, agindo em condições de ilegalidade e de ausência de estruturas democráticas, foi o único a preservar o compromisso com a organização de greves políticas de massas que culminariam no conflito armado. E esteve próximo do êxito em 1905. O sucesso da revolução bolchevique em outubro de 1917 provocou a renovação da controvérsia sobre o papel da violência e uma cisão no movimento internacional. A SOCIAL-DEMOCRACIA argumentava que as democracias capitalistas poderiam ser levadas a uma transformação socialista pacífica que, de qualquer modo, só poderia ser significativa e duradoura com o apoio da maioria. Os comunistas achavam que o Estado imperialista cercearia as liberdades democráticas tão logo a propriedade privada dos meios de produção fosse ameaçada seriamente. A experiência do fascismo europeu confirmou a perspectiva segundo a qual o Estado imperialista era essencialmente um instrumento de violência. Através da Internacional Comunista, a experiência russa foi universalizada e a DITADURA DO PROLETARIADO, significando o uso irrestrito da força por uma classe contra as outras, foi considerada como a única forma de transição para o socialismo. Mais ainda, passou-se a sustentar a ideia de que a oposição dialética de forças de classe hostis dentro da sociedade, as quais só poderiam resolver os seus interesses contraditórios (ou contradições antagônicas) por meio da luta violenta e da guerra civil, reproduzia-se então em escala mundial, no confronto dos campos armados do socialismo e do capitalismo. Essa foi a concepção geral que se associou à era de Stalin.

Kruschev pretendia que, tendo a União Soviética eliminado os grupos sociais antagônicos, o Estado já não precisava ser uma ditadura coercitiva. No plano internacional, achava que o equilíbrio de forças entre o socialismo e o capitalismo se modificara a tal ponto em favor do primeiro, que este poderia vencer por meio da competição e da coexistência pacífica. E observou que o crescimento qualitativo do poder destrutivo das armas atômicas indicava ser essa a única política defensável. A essa altura, os líderes da República Popular da China sentiram-se ameaçados em seus interesses, e a experiência de Mao Tse-tung como líder guerrilheiro nas décadas de guerra civil não se harmonizava bem com a nova formulação. Muitos marxistas acreditavam que a luta pela libertação nacional e pelo socialismo no Sudeste da Ásia e na América Latina exigia o conflito armado. As ideias de Mao sobre uma guerra prolongada na qual o engajamento e o apoio do povo, despertado pelas guerrilhas em suas áreas bases, e não o armamento sofisticado, são o fator decisivo, despertaram a atenção internacional em sua bem-sucedida aplicação no Vietnam. Régis Debray e Che Guevara procuraram, em sua reflexão sobre a prática da Revolução Cubana, aprofundar a questão da importância dos focos guerrilheiros na criação de precondições para a revolução na América Latina.

A questão da violência apresenta-se também sob uma dimensão epistemológica que deriva das divergências dentro do marxismo quanto à maneira pela qual indivíduos e classes chegam a compreender o mundo em que vivem. Em geral, os marxistas que desejam diminuir o papel da violência dão ênfase à história como um processo governado por leis e que funciona com uma compulsão interna no sentido do colapso do capitalismo. Os homens, sendo criaturas racionais, podem compreender, articular e divulgar essas leis do desenvolvimento histórico e demonstrar a racionalidade e a superioridade do socialismo. Dizem ainda que, ao contrário do anarquismo, o marxismo se propõe a reestruturar, e não a destruir, o sistema produtivo criado pelo capitalismo, e que as tarefas construtivas da gestão de uma economia moderna e da criação de uma solidariedade social mais harmoniosa chocam-se com a arbitrariedade da violência das massas e os hábitos que esta cria. Em suma, os objetivos do socialismo não poderão ser realizados por meios violentos. Do outro lado, com igual pretensão de ortodoxia, estão os que argumentam que o homem só conhece seu mundo pela sua ação sobre ele. Na história, grupos e classes chegam à consciência de si apenas pela confrontação com outros grupos, e a forma mais elevada dessa atividade – o ponto final da LUTA DE CLASSES – é o confronto violento da guerra civil. A violência enquanto tal pode tornar-se uma força criativa na medida em que revela a tendenciosidade de classe e a natureza violenta do Estado e contribui para acelerar o desenvolvimento da consciência e da organização de classe. Lenin e Rosa Luxemburg exerceram significativa influência ao desenvolverem a teoria de uma progressão na qual as polaridades econômicas da sociedade revelavam-se em agrupamentos político antagônicos que, por sua vez, tornavam-se os focos de organização da guerra civil.

A aceitação relativa, a vigência e a circulação dessas interpretações divergentes dependem muito do grau de estabilidade, prosperidade e segurança dos partidos e regimes marxistas, de sua distância, no tempo, da atividade revolucionária e da eficácia dos caminhos não violentos para a realização de seus objetivos. (Ver também SOREL.)

NH

Bibliografia: Bernstein, E., *Die Voraussetzungen des Sozialismus und die Aufgaben der Sozialdemokratie*, 1899; *Evolutionary Socialism* (1961) • Black, C.E. & T.P. Thornton, *Communism and Revolution: the Strategic Uses of Political Violence*, 1964 • Friedrich, C.J. (org.), *Revolution*, 1966 • Girling, J.L.S., *People's War*, 1969 • Guevara, E. (Che), *La guerra de guerrilla*, 1960 [*A guerra de guerrilhas*, 1980] • Kautsky, K., *Terrorismus und Komunismus*, 1920; *Terrorism and Communism* (1973) • Luxemburg, R., *Massentreik, Partei und Gewerkschaften*, 1906; *The Mass Strike, the Political Party and the Trade Unions* (1925) • Trotski, L., *Terrorismus und Komunismus: Anti-Kautsky*, 1920; *Terrorism and Communism* (1961) [*Terrorismo e comunismo: o anti-Kautsky, 1969*].

Escritos de Marx e Engels

Usam-se as seguintes abreviações:

MEGA	Karl Marx/Friedrich Engels. Historisch-Kritische Gesamtausgabe. Parte e volume são indicados do seguinte modo: I,1. (O vol. I está dividido em dois tomos; portanto, I,1/1 e I,1/2)
MEW	Karl Marx, Friedrich Engels, Werke (Berlim: Dietz Verlag)
NRZ	Neue Rheinische Zeitung (Colônia, 1848-1849)
NRZ-Revue	Neue Rheinische Zeitung, Politisch-ökonomische Revue (Londres/Hamburgo, 1850)
NYDT	New York Daily Tribune.

Estão relacionados a seguir apenas os escritos de Marx e Engels citados neste dicionário. A bibliografia mais abrangente e completa das obras de Marx e Engels e de suas múltiplas edições está em Maximilien Rubel, *Bibliographie des oeuvres de Karl Marx, avec en appendice un répertoire des oeuvres de Friedrich Engels* (Paris, Marcel Rivière, 1956) e *Supplément à la Bibliographie des oeuvres de Karl Marx* (Paris, Marcel Rivière, 1960).
Na edição brasileira deste dicionário procurou-se acrescentar, às informações proporcionadas pela edição inglesa original, indicações bibliográficas de edições das obras mencionadas em outras línguas. Particularmente, sempre que possível, se dá notícia da primeira edição brasileira das principais obras de Marx e Engels relacionadas a seguir, dada a relevância dessa informação para o conhecimento da difusão do pensamento marxista no Brasil.

I. Marx

1841

Sobre a diferença entre as filosofias da natureza de Demócrito e de Epicuro (*Über die Differenz der Demokritischen und Epikureischen Naturphilosophie*. Tese de doutoramento de Marx, Universidade de Iena, publicada em *Mega* vol.I, 1.) • *Difference de la philosophie de la nature chez Démocrite et Epicure*. Bordeaux, Ducros, 1970 • *Diferença entre as filosofias da natureza em Demócrito e Epicuro*. São Paulo, Global, 1979.

1843

Crítica da filosofia do direito de Hegel (*Kritik des Hegelschen Staatsrech*, publicado pela primeira vez em 1927, na edição *Mega* vol.I, 1/1.) • O'Malley, Joseph (org.), *Critique of Hegel's Philosophy of Right*. Cambridge, Cambridge University Press, 1971 • *Critique de la philosophie de l'État de Hegel*. Paris, Costes, 1948 • *Critique de la philosophie du droit de Hegel*, com prefácio de François Châtelet. Paris, Aubier-Montaigne, 1971 e 1975 • *Crítica de la filosofia del derecho de Hegel*. Buenos Aires, Nuevas, 1968.

1844

A questão judaica ("Zur Judenfrage". *Deutsch-Französische Jahrbücher*, fevereiro de 1844, editados por Arnold Ruge e Karl Marx em Paris.) • "On the Jewish Question", in Tom Bottomore (org.), *Karl Marx: Early Writings*. Londres, Watts, 1963; Nova York, McGraw-Hill, 1964 • *La question juive*. Paris, Aubier-Montaigne, 1975 • "Sobre la questión judia", in K. Marx & F. Engels, *La Sagrada Família y otros escritos*. México, Grijalbo, 1969 • *A questão judaica*. São Paulo, Laemmert, 1969; São Paulo, Global (s.d.).

Crítica da filosofia do direito de Hegel: introdução ("Zur Kritik der Hegelschen

Rechtsphilosophie: Einleitung". *Deutsch-Französische Jahrbücher*, fevereiro de 1844, editados por A. Ruge e K. Marx em Paris.) • "Contribution to the Critique of Hegel's Philosophy of Right: Introduction", in T. Bottomore (org.), *Karl Marx: Early Writings*. Londres, Watts, 1963; Nova York, McGraw-Hill, 1969 • "Critique de la philosophie du droit de Hegel: introduction", in K. Marx & F. Engels, *Sur la religion*. Paris, Ed. Sociales, 1960 • "Introducción a la critica de la filosofia del derecho", in K. Marx & F. Engels, *La Sagrada Familia y otros escritos*. México, Grijalbo, 1959 • "Crítica da filosofia do direito de Hegel: introdução". *Temas de Ciências Humanas*, 1977, n.2.

Manuscritos econômicos e filosóficos (*Zur Kritik der Nationalökonomie, mil einem Schlusskapitel über die Hegelsche Philosophie*, publicados pela primeira vez em *Mega*, vol.I, 3 e mais conhecidos como *Ökonomisch-philosophischen Manuskripte* ou *Parisier Manuskripte*, ou simplesmente *Manuscritos de 1844*.) • "Economic and Philosophical Manuscripts", in T. Bottomore (org.), *Karl Marx: Early Writings*. Londres, Watts, 1963; Nova York, McGraw-Hill, 1969 • *Manuscrits de 1844*. Paris, Éd. Sociales, 1969 e 1972 • "Manuscritos econômico-filosóficos" (ed. parcial, apenas o terceiro manuscrito), in J.A. Gianotti (org.), *Karl Marx*. J.A. Col. Os Pensadores, São Paulo, Abril Cultural, 1974.

1845

Teses sobre Feuerbach (*Thesen über Feuerbach*, publicadas pela primeira vez em 1888, por Engels, como apêndice a seu *Ludwig Feuerbach e o fim da filosofia clássica alemã*). Há várias edições em inglês, francês e espanhol desse pequeno texto • Foi editado pela primeira vez no Brasil em 1963, *Obras escolhidas de Marx e Engels*, vol.3. Rio de Janeiro, Vitória, 1963 (São Paulo, Alfa-Omega, 1980).

1847

Miséria da filosofia (*Misère de la philosophie: réponse à la philosophie de la misère de M. Proudhon*, escrito por Marx em francês. Paris, A. Franck, 1847; Bruxelas, C.G. Vogeler, 1847.) • *The Poverty of Philosophy*. Londres, Twentieth-Century Press, 1900; Nova York, International Publishers, 1963 • *Misère de la philosophie*. Paris, Éd. Sociales, 1975 • *Miseria de la filosofia*. México, Ediciones de Cultura Popular, 1972 • *Miséria da filosofia: resposta à filosofia da miséria do Sr. Proudhon*. São Paulo, Flama, 1946 (Exposição do Livro, 1963; Grijalbo, 1976 e LECH, 1982); Porto, Escorpião, 1976.

1850

As lutas de classes na França de 1848 a 1850 (*Die Klassenkämpfe in Frankreich 1848-1850*, série de três artigos publicados na *NRZ-Revue*, em março-abril de 1850, reunidos posteriormente por Engels em um livro com esse título, com prefácio de Engels e um quarto artigo escrito por Marx e Engels em colaboração; Berlim, 1895.) • *The Class Struggles in France*, in David Fernbach (org.), *The Revolution of 1848*. Harmondsworth, Penguin, 1973; Nova York, Monthly Review Press, 1973 • *Les luttes de classe en France*. Paris, Éd. Sociales, 1952 • *A luta de classes na França*. Rio de Janeiro, Horizonte, 1946 • "As lutas de classes na França de 1848 a 1850", in K. Marx & F. Engels, *Obras escolhidas*, vol.I. Rio de Janeiro, Vitória, 1956 (São Paulo, Alfa-Omega, 1980).

1852

O Dezoito Brumário de Luís Bonaparte (*Der Achtzehnte Brumaire des Louis Bonaparte*, publicado pela primeira vez, em 1852, na revista *Die Revolution*, fundada em Nova York por J. Weydemeyer. A segunda edição, com introdução de Marx, é de Hamburgo, Otto Meissner, 1869.) • *The 18 Brumaire of Louis Bonaparte*. Londres, Allen & Unwin, 1926; também in D. Fernbach (org.), *Karl Marx: Surveys from Exile*. Harmondsworth, Penguin, 1973; Nova York, Monthly Review Press, 1973 • *Le 18 Brumaire de Louis Bonaparte*. Paris, Éd. Sociales, 1972 • "O Dezoito Brumário de Luís Bonaparte", in K. Marx & F. Engels, vol.1, Rio de Janeiro, Vitória, 1956 (São Paulo, Alfa-Omega, 1980) • *O 18 Brumário e Cartas a Kugelmann*. Rio de Janeiro, Paz e Terra, 1969 e 1982, 4ª ed.

1853

Punição capital ("Capital Punishment". *NYDT*, 18 de fevereiro de 1853).

Revolução na China e na Europa ("Revolution in China and Europe". *NYDT*, 14 de junho de 1853.) • "Revolução na China e na Europa", in K. Marx & F. Engels, *Sobre o colonialismo*. Lisboa, Estampa, 1978.

O domínio britânico na Índia ("The British Rule in Índia". *NYDT*, 25 de junho de 1853.) • "O domínio britânico na Índia", in K. Marx & F. Engels, *Obras escolhidas*, vol.1. Rio de Janeiro, Vitória, 1956 (São Paulo, Alfa-Omega, 1980).

Guerra na Birmânia ("War in Burma". *NYDT*, 30 de julho de 1853.)

Resultados futuros do domínio britânico na Índia ("The Future Results of British Rule in India". *NYDT*, 8 de agosto de 1853.) • "Futuros resultados do domínio britânico na Índia", in K. Marx & F. Engels, *Obras escolhidas*, vol.1. Rio de Janeiro, Vitória, 1956 (São Paulo, Alfa-Omega, 1980).

1854

A decadência da autoridade religiosa ("The Decay of Religious Authority". *NYDT*, 24 de outubro de 1854.) Artigo de fundo não assinado, atribuído, por Maximilian Rubel, a Marx, em sua *Bibliografia des oeuvres de Karl Marx* (1960), e igualmente incluído por Eleanor Marx na coletânea *The Eastern Question* (ver *parte IV* adiante).

1856

Revolução na Espanha ("Revolution in Spain". *NYDT*, 8 e 18 ago.) Ver também, na *parte IV* adiante, *Revolution in Spain*, 1939.

1857-1858

Grundrisse (*Grundrisse der Kritik der Politischen Ökonomie: Rohentwurf.*) A primeira edição em alemão é das Edições em Línguas Estrangeiras, de Moscou (1939-1941, 2 vols.). Poucos exemplares chegaram ao Ocidente até aparecer a segunda edição, em um só volume (Berlim, Dietz, 1953). A "Introdução" desta obra inconclusa de Marx já havia sido publicada por Karl Kautsky na revista teórica do Partido Social-Democrata Alemão, *Die Neue Zeit*, XXI, 1, 1903 • *Grundrisse: Foundations of the Critique of Political Economy*, trad. para o inglês e introdução de Martin Nicolaus. Harmondsworth, Penguin, em associação com a *New Left Review*, 1973; Nova York, Monthly Review Press, 1973 • David McLellan (org.), *Marx's Grundrisse*. Londres, Mcmillan, 1971 e Paladin, 1973; Nova York, Harper, 1973 • A parte dos *Grundrisse* dedicada à análise histórica, que foi publicada na Alemanha Oriental, separadamente, também em 1953, sob o título de *Formen, die der Kapitalischer Produktion vohergehen*, já estava traduzida para o inglês desde 1964 em Eric Hobsbawm, *Pre-Capitalist Economic Formations*. Londres, Lawrence & Wishart, 1964 • *Fondéments de la critique de économie politique*, trad. de R. Dangeville, 1967 e 1968, 2 vols. • *Elementos fundamentales para la crítica de la economia política* (*borrador*): *1857-1858*. Buenos Aires, Siglo XXI, 1972, 2 vols. • *Formen*, in E. Hobsbawm, *Formações econômicas pré-capitalistas*. Rio de Janeiro, Paz e Terra, 1979 e 1981.

1859

Contribuição à crítica da economia política (*Zur Kritik der politischen Ökonomie*. Berlim: Franz Duncker, 1859; Stuttgart: J.H.W. Dietz, 1897.) • *A Contribution to the Critique of Political Economy*. Calcutá, Bharati Library/Abinash Chandra Saha, 1904; Londres, Kegan Paul, 1904 (Londres, Lawrence & Wishart, 1971) • "Contribution à la critique de l'économie politique", in Maximilien Rubel (org.), *Oeuvres: Économie*. Paris, Gallimard - Biblioteque de la Pléiade, 1963-1968 • *Contribuição à crítica da economia política*, trad. de Florestan Fernandes. São Paulo, 1946 (São Paulo, Global, 1979); Lisboa, Estampa, 1971 e 1973; São Paulo, Martins Fontes, 1983.

População, crime e pauperismo ("Population, crime and pauperism", *NYDT*, 16 de setembro de 1859.)

1864

Manifesto de lançamento da Primeira Internacional ("Inaugural Address of the Working Men's International Association". Londres, *The Bee-Hive* Newspaper Office.) • "Adresse inaugurale à l'Association Internationale des Travailleurs", in M. Rubel (org.), *K. Marx, Oeuvres: économie*. Paris, Gallimard - Biblioteque de la Pléiade, 1963 • "Manifesto de lançamento da Associação Internacional dos Trabalhadores", in K. Marx & F. Engels, *Obras escolhidas*, vol.1. Rio de Janeiro, Vitória, 1956 (São Paulo, Alfa-Omega, 1980).

1865

Salário, preço e lucro (Value, Price and Profit; publicado pela primeira vez por Eleanor Marx Aveling. Londres, Swan Sonnenschein, 1898. Republicado com o título de *Wages, Price and Profit*. Moscou, Foreign Languages Publishing House, 1952) • "Salaire, prix et profit", in M. Rubel (org.), *K. Marx, Oeuvres: économie*. Paris, Gallimard - Biblioteque de la Pléiade, 1963 • *Salário, preço e lucro*. São Paulo, Nosso Livro, 1934; Rio de Janeiro, Calvino, 1944; Curitiba, Guaíra, 1945; Rio de Janeiro, Horizonte, 1946; Rio de Janeiro, Vitória, 1955 e 1963; São Paulo, Global, 1981. Foi o terceiro escrito de Marx editado no Brasil – precederam-no apenas *O manifesto comunista* (1923) e edições resumidas de *O Capital* (1932 e 1933).

1867

O Capital: *Crítica da economia política*, livro I: *O processo de produção do capital* (*Das Kapital: Kritik der politischen Ökonomie*. Erster Band: *Der Produktion Prozess des Kapitals*. Hamburgo, Otto Meissner, 1967). A primeira edição continha um apêndice ao primeiro capítulo, "A forma valor", que foi absorvido no texto em edições posteriores. Este apêndice foi republicado em sua forma original numa tradução inglesa na revista *Capital and Class*, n.4, primavera de 1978). Berlim, Dietz, 1957-1959 • *Capital: A Critique of Political Economy*, vol.I: *The Process of Capitalist Production*, trad. de Samuel Moore e Edward Aveling. Londres, Swan Sonnenschein, 1886 (primeira ed. inglesa, trad. da terceira ed. alemã, de 1883) e Lawrence & Wishart, 1970; Chicago, Charles H, Kerr, 1906 (primeira ed. norte-americana, revista e ampliada por Ernest Untermann com base na quarta ed. alemã, de 1850, preparada por Engels e tida como edição *standard*) • *Le Capital, critique de l'économie politique*, livre Ier: *Le dévéloppement de la production capitaliste*, trad. de Joseph Roy, revista pelo próprio Marx. Paris, Maurice Lachâtre, 1872-1875 (primeira ed. francesa); Éd. Sociales, 1975 • *El Capital: crítica de la economia política*, libro I: *El proceso de producción del capital*, trad. de Wenceslao Roces, da quarta edição alemã. Madrid, Cenit, 1935 (primeira ed. em espanhol); México, Fondo de Cultura Económica, 1946 (1979, 14ª ed.); Buenos Aires, Cartago, 1956 • *O Capital, crítica da economia política*, trad. brasileira da versão resumida publicada em italiano por Carlo Cafiero em 1879. São Paulo, Unitas, 1932 • A primeira edição integral do primeiro livro de *O Capital* publicada no Brasil é *O Capital, crítica da economia política*, livro I, *O processo de produção capitalista*, trad. de Reginaldo Sant'Anna. Rio de Janeiro, Civilização Brasileira, 1968 • *O* Capital, trad. Régis Barbosa e Flávio Kothe, col. Os Economistas, São Paulo, Nova Abril Cultural, 1982.

1861-1879

Manuscritos dos volumes subsequentes de **O Capital** e escritos econômicos relacionados com o projeto de sua redação, publicados do seguinte modo:

1. F. Engels (org.), *Das Kapital: Kritik der politischen Ökonomie*. Zweiter Band: *Der Circulation Prozess des Kapitals*. Hamburgo, Otto Meissner, 1885 • *Capital: A Critique of Political Economy*, vol.II: *The Process of Circulation of Capital*. Londres, Swan Sonnenschein, 1907 e Lawrence & Wishart, 1972 • *Le Capital: critique de l'économie politique*, livre IIe: *Le procès de circulation du capital*. Paris, Éd. Sociales, 1975 • *El Capital: crítica de la economia política*, libro II: *El proceso de circulacion del capital*. México, Fondo de Cultura Económica, 1946 e 1979; Buenos Aires, Cartago, 1956 • *O Capital: crítica da economia política*, livro II: *O processo de circulação do capital*. Rio de Janeiro, Civiliza-

ção Brasileira, 1970; São Paulo, Nova Abril Cultural, 1982.

2. *Das Kapital: Kritik der politischen Ökonomie.* Dritter Band: *Der Gesamptprozess der Kapitalistichen Produktion*, ed. org. por Engels. Hamburgo, Otto Meissner, 1894 • F. Engels (org.), *Capital: A Critique of Political Economy*, vol.III: *The Process of Capitalist Production as a Whole.* Londres, Swan Sonnenschein, 1909 e Lawrence & Wishart, 1972 • *Le Capital: critique de l'économie politique*, livre IIIe: *Le procès de production capitaliste dans son ensemble.* Paris, Éd. Sociales, 1975 • *El Capital: crítica de la economia política*, libro III: *El processo de producción capitalista visto en conjunto.* México, Fondo de Cultura Económica, 1946 e 1979; Buenos Aires, Cartago, 1956 • *O Capital: crítica da economia política*, livro III: *O processo global da produção capitalista.* Rio de Janeiro, Civilização Brasileira, 1974; São Paulo, Nova Abril Cultural, 1982.

3. **Teorias da mais-valia** (Karl Kautsky (org.), *Theorien über den Mehrwert.* Stuttgart, J.H.W. Dietz Nachf., vols.I e II, 1905; vol.III, 1910.) • *Theories of Surplus Value.* Londres, Lawrence & Wishart, 1969-1972 • *Histoire des doctrines économiques.* Paris, Costes, 1948-1950, 8 vols. • *Historia crítica de la teoría de la plusvalia.* Buenos Aires, Cartago, 1956 • *Teorias das mais-valia.* Rio de Janeiro, Civilização Brasileira, 1980; São Paulo, Global, 1979 e 1980, 2 vols.; Difel, 1983.

4. **Resultados do processo imediato de produção** (*Resultate des unmittelbaren Produktionsprozesses*, capítulo inédito de *O Capital.* Destinado a constituir o sexto capítulo do livro primeiro de *O Capital*, segundo indicado de Marx no manuscrito, acabou não sendo incluído na obra e foi publicado pela primeira vez em *Arkhiv Marxa i Engelsa*, II. Moscou, 1933. Também em *Archiv Sozialististicher Literatur.* Frankfurt, Neue Kritik Verlag, 1969.) • *Resultados do processo imediato de produção (O Capital, livro I, cap.VI, inédito.* São Paulo, Lech, 1978).

Informações mais completas sobre a trajetória desses manuscritos e sua publicação podem ser encontradas na edição francesa dos escritos econômicos de Marx preparada por Maximilien Rubel para a Bibliothèque de La Pléiade (Ver parte IV, adiante).

1871

A guerra civil na França (*The Civil War in France/Der Bürgerkrieg in Frankreich*, publicado sem assinatura do autor como *Manifesto do Conselho Geral da Associação Internacional dos Trabalhadores sobre a Comuna de Paris.* Londres, Eduard Truelove. O texto alemão é de Engels. Duas versões anteriores desse manifesto foram publicadas pela primeira vez em *Arkhiv Marxa i Engelsa*, III. Moscou, 1934.) • *The Civil War in France.* Pequim, Foreign Languages Press, 1966; Londrs, Pelican, 1974 • *La guerre civile em France.* Paris, Éd. Sociales, 1953 • "A guerra civil na França", in K. Marx & F. Engels, *Obras escolhidas*, vol.II. Rio de Janeiro, Vitória, 1961 (São Paulo, Alfa-Omega, 1980).

1872

Discurso no Congresso de Haia (da Associação Internacional dos Trabalhadores), publicado em *La Liberté*, n.37, 15 set 1872.

1874-1875

Resumo de *Estatismo e anarquia*, de Bakunin ("Konzpekt Von Bakunin Buch *Sraalichkeit und Anarchie*", publicado em *MEW*, vol.18. Berlim, Dietz, 1962.) • "Resumé Du livre de Bakunin, *Étatisme ET anarchie*", in Marx, Engels & Lenin, *Sur l'anarchisme ET l'anarcho-syndicalisme.* Moscou, Éditions Du Progrès, 1972.

1875

Crítica do Programa de Gotha (*Kritik des Gothaer Programms. Randglossem zum Programm der deutschen Arbeiterpartei*, publicado pela primeira vez por Engels, em 1891, com uma nota à guisa de prefácio, em *Die Neue Zeit*, IX, 1.) • "Critique of the Gotha Programme", in K. Marx, *The First International and After*, vol.I de *Political Writings.* Londres, Pelican, 1973 • *Critique des programes de Gotha ET d'Erfurt.* Paris, Éd. Sociales, 1966; Livre de Poche, 1973 • "Crítica do Programa de Gotha", in K. Marx e F. Engels, *Obras escolhidas.* Rio de Janeiro, Vitória, 1961 (São Paulo, Alfa-Omega, 1980).

1877

Carta sobre o futuro desenvolvimento da sociedade na Rússia, escrita ao editor do *Otechesvenniye Zapiski* (N.K. Mickailovski) e não enviada; publicada pela primeira vez por Vera Zassulitch em *Vestnik Narodnoi Voli* (Genebra), maio de 1884.

1880

Notas sobre Adolph Wagner (*Randglossen zu Adolph Wagners "Lehrbuch der Politischen Ökonomie"*; publicadas pela primeira vez numa tradução russa em *Arkhiv Marxa i Engelsa*, I. Moscou, 1930) • "Notes on Adolph Wagner", in Terrell Carver (org.), *Karl Marx: Texts on Method*. Oxford, Basil Blackwell, 1975 • "Glosa marginales al *Tratado de economia política* de Adolfo Wagner", publicadas em apêndice a K. Marx, *El Capital*. México, Fondo de Cultura Económica, 14ª ed., 1946 e 1979

Apresentação e questionário para uma *enquête ouvrière* publicados na *Revue socialiste* (Saint-Cloud), n.4, 20, abril 1880 • "Apresentação e questionário da *Enquête ouvrière*"; em apêndice ao livro de Michel Thiollent, *Crítica metodológica, investigação social e enquête operária*. São Paulo, Pólis, 1982 (Coleção Teoria e História, n.6, 3ª ed.).

II. Engels

1844

Esboço de uma crítica da economia política ("Umrisse zu einer Kritik der National-ökonomie", publicado originalmente in *Deutsch-Französische Jahrbücher*, editados em Paris por A. Ruge e K. Marx. Paris, 1844; posteriormente, in F. Mehring (org.), *Aus dem literarischem Nachlass von Karl Marx, Friedrich Engels und Ferdinand Lassalle*. Sturrgart, 1902, 4 vols. e in *MEW*, vol.I. Berlim, Dietz Verlag, 1957) • "Esboço de uma crítica da economia política", *Temas de Ciências Humanas*, n.5, 1979.

Dois ensaios sobre as condições sociais na Inglaterra, publicados no periódico *Vorwärts* (Paris), 31 de agosto-11 de setembro e 18 de setembro-19 de outubro de 1844.

1845

A condição da classe trabalhadora na Inglaterra (*Die Lage der arbeitenden Klasse in England*. Leipzig, Otto Wigand) • *The Condition of the Working Class in England*. Nova York, 1887; Londres, Swan Sonnenschein, 1892 (Lawrence & Wishart, 1969) • *La situation de la classe laboriense en Angleterre*. Paris, Costes, 1933; Éd. Sociales, 1973 (com apresentação de E. Hobsbawm) • *A situação da classe trabalhadora na Inglaterra*. Porto, Afrontamento, 1975.

Dois discursos de Eberfeld, pronunciados nos dias 8 e 15 de fevereiro de 1845 em Eberfeld e publicados nos *Rheinische Jahrbücher zur gesellschaftlichen Reform* (Darmstadt), I • "Discours d'Eberfeld", in K. Marx & F. Engels, *Critique de l'économie nationale: Discours d'Eberfeld*, edição bilingue. Paris, EDI, 1975.

O Festival das Nações em Londres ("The Festival of Nations in London", publicado parcialmente em *The Northern Star*, de 27 de setembro de 1845, e integralmente em alemão nos *Rheinische Jahrbücher zur gesellschaftlichen Reform*, II, 1846.)

1847

Princípios do comunismo (*Grundsätze des Kommunismus*, escrito por Engels para a Liga dos Justos e publicado pela primeira vez, por Eduard Bernstein, em Vorwärts. Berlim, 1914) • *Principes du comunisme*. Paris, Maspero, 1965 (Coleção Dossiers-Partisans) • *Princípios do comunismo*. São Paulo, Global, 1980 (juntamente com *ABC do comunismo* de N. Bukharin e E. Preobrajenski, num mesmo volume).

1851-1852

Revolução e contrarrevolução na Alemanha (*Revolution and Counter-Revolution in Germany*, vinte artigos publicados na *NYDT*, entre 25 de outubro de 1851 e 22 de dezembro de 1852, com a assinatura de Marx, e reunidos posteriormente em um livro publicado por Eleanor Marx Aveling (1896), que os atribuiu a Marx.)

1873

Sobre o princípio da autoridade ("Über das Autoritätsprizip". *Die Neue Zeit*, 1914, XXXII. I. Publicado originalmente em italiano no *Almanacco Repubblicano per l'anno 1874*, Lodi) • "Sobre a autoridade", in K. Marx & F. Engels, *Obras escolhidas*. Rio de Janeiro, Vitória, 1956-1963 (São Paulo, Alfa-Omega, 1980).

1871-1875

Artigo publicado no periódico *Der Volksstaat*, reunidos e publicados sob o título de *Internationales aus dem Volksstaat*. Berlim, 1894. Esta coletânea inclui, entre outros artigos, "As condições sociais na Rússia" (com um posfácio) e "O programa dos refugiados blanquistas da Comuna de Paris". Existe tradução do primeiro deles (*Soziales aus Russland*) publicada em K. Marx & F. Engels, *Obras escolhidas*. Rio de Janeiro, Vitória, 1956-1963 (São Paulo, Alfa-Omega, 1980).

1876

O papel do trabalho na transformação do macaco em homem (manuscrito inacabado, publicado pela primeira vez em *Die Neue Zeit*, XIV, 1895-1896) • "Sobre o papel do trabalho na transformação do macaco em homem", in K. Marx & F. Engels, *Obras escolhidas*. Rio de Janeiro, Vitória, 1956-1963 (São Paulo, Alfa-Omega, 1980).

1877-1878

Anti-Dühring (*Herrn Eugen Dührings Umwälzung der Wissenschaft*, publicado originalmente como uma série de artigos em *Vorwärts*, periódico de Leipzig, entre janeiro de 1877 e julho de 1878, e depois como livro. Leipzig, 1878. Também em *MEW*, vol.20. Berlim, Dietz, 1962.) • *Anti-Dühring*. Moscou, Progress, 1962 • E. Bottigelli (org.), *Anti-Dühring: M.E. Dühring bouleverse la science*. Paris, Éd. Sociales, 1963 • *Anti-Dühring*. Rio de Janeiro, Paz e Terra, 1977 (1979, 2ª ed.).

1880

Do socialismo utópico ao socialismo científico (*Die Entwicklung des Sozialismus von Utopie zur Wissenchaft*, três capítulos do *Anti-Dühring* revistos e transformados num pequeno livro publicado pela primeira vez em 1880, em tradução francesa – *Socialisme utopique et socialisme scientifique* – de Paul Lafargue. As primeiras edições em alemão são Zurique, 1882 e Berlim, 1891. Engels escreveu uma nova introdução para a primeira edição inglesa, Londres, 1892) • *Do socialismo utópico ao socialismo científico*. São Paulo, Fulgor, 1962; Alfa-Omega, 1980.

1878-1882

Dialética da natureza (*Dialektik der Natur*, publicado pela primeira vez em *Marx-Engels Archiv*, II, 1927. Uma nova edição, com novos manuscritos, constitui volume especial de *MEGA*, 1935. Também em *MEW*, vol.20. Berlim, Dietz, 1962.) • *Dialectics of Nature*, trad. de Clemens Dutt. Londres, Lawrence & Wishart, 1941 • *Dialectique dans la nature*. Paris, Éd. Sociales, 1968 • *Dialética da natureza*. Rio de Janeiro, Paz e Terra, 1976; Leitura (s.d.).

1883

Discurso diante da sepultura de Karl Marx ("Rede am Grabe von Karl Marx". *Sozialdemokrat*, periódico publicado em Zurique, 22 de março de 1883. Também *MEW*, vol.19, Berlim, Dietz, 1962.) • "Discurso diante da sepultura de Marx", in K. Marx & F. Engels, *Obras escolhidas*. Rio de Janeiro, Vitória, 1956-1963 (São Paulo, Alfa-Omega, 1980).

1884

A origem da família, da propriedade privada e do Estado (*Der Ursprung der Familie, des Privateigentums und des Staats*. Stuttgart, J.H.W. Dietz, 1884 e 1894, 4ª ed. revista.) • "The Origin of the Family, Private Property and the State", in K. Marx & F. Engels, *Selected Works*. Londres, Lawrence & Wishart, 1968 • *L'origine de la famille, de la propriété privée et de l'État*. Paris, Éd. Sociales, 1954 • *A origem da família, da propriedade privada e do Estado*. Rio de Janeiro, Civilização Brasileira, 1979.

1885

Contribuição à história da Liga dos Comunistas ("Zur Geschichte des Bundes der Kommunisten", *Sozialdemocrat*, n.46-48, 12, 19 e 26 nov 1885. Publicado no mesmo ano como introdução à terceira edição alemã do panfleto de Marx, *Enlhüllungen über den Kommunistenprozess zu Köln*. Basileia e Boston, 1853; Zurique, 1885, 3ª ed. alemã.) • "Contribuição à história da Liga dos Comunistas", in K. Marx & F. Engels, *Obras escolhidas*. Rio de Janeiro, Vitória, 1956-1963. (São Paulo, Alfa-Omega, 1980).

1886

Ludwig Feuerbach e o fim da filosofia clássica alemã (*Ludwig Feuerbach und der Ausgang der klassischen deutschen Philosophie*, publicado originalmente em *Die Neue Zeit*, IV, e como livro em Stuttgart, 1888. Também *MEW*, vol.21. Berlim, Dietz, 1962.) • "Ludwig Feuerbach and the End of German Classical Philosophy", in K. Marx & F. Engels, *Selected Works*. Londres, Lawrence & Wishart, 1968 • "Ludwig Feuerbach", in K. Marx & F. Engels, *Études philosophiques*. Paris, Éd. Sociales, 1961 • "Ludwig Feuerbach e o fim da Filosofia Clássica Alemã", in K. Marx & F. Engels, *Obras escolhidas*. Rio de Janeiro, Vitória, 1956-1963 (São Paulo, Alfa-Omega, 1980).

1887-1888

O papel da violência na história ("Die Rolle der Gewalt in der Geschichte". *Die Neue Zeit*, XIV, 1895-1896) • "The Role of Force in History", in K. Marx & F. Engels, *Selected Works*. Londres, Lawrence & Wishart, 1968 • *Le rôle de la violence dans l'histoire*. Paris, Éd. Sociales, 1962 • "O papel da violência na história", in K. Marx & F. Engels, *Obras escolhidas*. Rio de Janeiro, Vitória, 1956-1963 (São Paulo, Alfa-Omega, 1980).

III. Marx e Engels

1845

A Sagrada Família (*Die Heilige Familie. Oder Kritik der kritichen Kritik, eine Streitschrift gegen Bruno Bauer und Consorten*. Frankfurt, Literarische Anstalt/J. Rütten, 1845.) • *The Holy Family*. Londres, Lawrence & Wishart, 1956 • *La Sainte Famille*. Paris, Éd. Sociales, 1969 • *La Sagrada Familia y otros escritos*. México, Grijalbo, 1959 • *A Sagrada Família, ou crítica da crítica critica*. Lisboa, Presença; São Paulo, Martins Fontes, 1976; Rio de Janeiro, Interciência, 1977.

1845-1846

A ideologia alemã (*Die deutsche Ideologie. Kritik der Neuesten Deutschen Philosophie*, publicado integralmente pela primeira vez em 1932, *MEGA*, I, 5.) • *The German Ideology*. Londres, Lawrence & Wishart, 1976 • *L'ideologie allemande*. Paris, Éd. Sociales, 1971 (1929, 1ª ed. parcial) • *La ideologia alemana*. México, Grijalbo/Pueblos Unidos, 1972 • *A ideologia alemã* (*Feuerbach*), trad. parcial de J.C. Bruni e M.A. Nogueira. São Paulo, Grijalbo, 1977. Primeira edição integral em português: Porto, Presença, 1980; São Paulo, Martins Fontes, 1980.

1848

Manifesto comunista (*Manifest der Kommunistischen Partei*, Londres. Três edições anônimas foram publicadas em 1848. Em duas delas, o nome de J.E. Burghard aparece como impressor e, na terceira, o de R. Hirschfeld. Marx e Engels aparecem pela primeira vez como autores na edição publicada, em 1872, por *Volksstaat*, em Leipzig, na qual o texto recebe pela primeira vez o título de *Kommunistische Manifest*.) • *The Communist Manifest*, ed. do centenário da trad. inglesa de 1848, com o prefácios escritos por Marx e Engels para várias edições e uma introdução de Harold J. Laski. Londres, Allen & Unwin, 1948; Nova York, Pantheon, 1967 • *Manifeste comuniste*. Paris, Éd. Sociales, 1972 • *Manifesto comunista*, trad. de Otávio Brandão, publicada em capítulos pelo jornal *A Voz Cosmopolita*, Rio de Janeiro, jul 1923 - jan 1924. • Outras edições: Porto Alegre, Partido Comunista do Brasil, 1924; São Paulo, Estudos Sociais, 1931 e 1934; Rio de Janeiro, Calvino, 1945 (trad. de Eneida e introdução de David Riazanov); Horizonte, 1945 (tiragem de 50 mil exemplares, em comemoração à legalização do Partido Comunista Brasileiro) e Triângulo, 1945; Rio de Janeiro, Vitória, 1948, 1954, 1955 e 1960; Rio de Janeiro, Zahar, 1978 (trad. da Ed. inglesa de 1948 (org. por H.J. Laski), comemorativa do centenário da primeira ed. inglesa), 2006.

1875
Artigo em defesa da Polônia, *Der Volkstaat*, n.34, 24 mar 1875.

IV. Coleções e coletâneas

1897
Eleanor Marx Aveling e Edward Aveling (org.), *The Eastern Question*. Coletânea dos artigos de Marx sobre a Guerra da Crimeia (1853-1856). Londres, Swan Somnenschein.

1917
David Riazanov (org.), *Gesammelte Schriften von Karl Marx und Friedrich Engels, 1852-1862*, 2 vols. Stuttgart, 1917.

1923
Franz Mehring (org.), *Aus dem literarischen Nachlass von Karl Marx und Friedrich Engels 1841 bis 1850*, 3 vols. Berlim, Stuttgart, 1920.

1927-1935
Karl Marx / Friedrich Engels, *Historisch-kritische Gesamtausgabe. Werke/Schriften/Briefe* (*Mega*). É a mais erudita e bem-preparada edição das obras de Marx e Engels na língua original em que foram escritas. Iniciada por David Riazanov, que dirigia o Marx-Engels Institut e era um grande conhecedor da obra de Marx, a edição foi interrompida após a publicação de 12 volumes, em consequência do afastamento e posterior "desparecimento" de Riazanov em 1931, como uma das primeiras vítimas do stalinismo. Os volumes foram publicados separadamente, em diferentes lugares (Frankfurt, Viena, Berlim, Moscou), por vários editores.

1939
Revolution in Spain. Coletânea de artigos escritos, na década de 1850, por Marx e Engels, para o *New York Daily Tribune*, o *Putnam's Magazine* e a *New American Cyclopaedia*. Nova York, International Publisher, s.d.

1945
Marx-Engels e marxismo, trad. de uma coletânea soviética, por J. de Sá Carvalho. Rio de Janeiro, Calvino, 1945.

1946
Paul Nizan (org.), *Marx. Trechos escolhidos sobre filosofia*, trad. Inácio Rangel. Rio de Janeiro, Calvino, 1946. Trata-se da tradução de uma coletânea francesa.
Inácio Rangel (org.), *Marx. Trechos escolhidos sobre economia política*, 1946. Rio de Janeiro, Calvino. Trata-se da tradução de uma coletânea francesa org. por J. Duret.

1956, 1961 e 1963
Obras escolhidas de Marx e Engels, 3 vols. Trad. da edição preparada pelo Instituto Marx-Engels-Lenin, de Moscou. Rio de Janeiro, Vitória, 1956 (vol. 1), 1961 (vol. 2) e 1963 (vol. 3); São Paulo, Alfa-Omega, 1980 (3 vols.).

1957-1967
Karl Marx, Friedrich Engels, *Werke*. Berlim, Dietz Verlag, 1957-1967. Esta edição das obras de Marx e Engels (*MEW*) chegou a 41 volumes, mas permaneceu incompleta.

1957
Marx & Engels. *On Religion*. Moscou, Foreign Languages Publishing House • *Sur la religion*. Paris, Éd. Sociales, 1960.

1959
Marx. *The First Indian War of Independence, 1857-1859*. Moscou, Foreign Languages Publishing House, 1959. Coletânea de artigos de Marx publicados no *NYDT*.

1959-1960
Friedrich Engels, Paul and Laura Lafargue: Correspondence, 3 vols. Moscou, Foreig Languages Publishing House, 1959-1960.

1963 e 1968
Maximilien Rubel (org.), *Marx. Oeuvres: Économie*, 2 vols. Paris, Gallimard - Bibliothèque de la Pléiade. Admirável coletânea dos escritos econômicos de Marx, entre os quais excertos de anotações e de cartas. Com introdução e notas.

1968
Manfred Kliem (org.), *Marx und Engels über Kunst und Literatur*, 2 vols. Frankfurt, Europäische Verlaganstalt, 1968. É a mais abrangente coletânea dos autores disponível sobre esse tema.
Shlomo Avineri (org.), *Karl Marx on Colonialism and Modernisation*. Carden City, N.Y., Doubleday, 1968. Coletânea de artigos publicados no *NYDT*, mas também de cartas e outros escritos de Marx e Engels.
Marx & Engels. *On Colonialism*. Moscou, Progress Publishers, 1968.

1972
R. Dangeville (org.), Marx & Engels. *Le syndicalisme (anthologie)*, 2 vols. Paris, Maspero, 1972.
Marx, Engels, Lenin. *Anarchism and Anarcho-syndicalism*. Moscou, Progress Publishers • *Sur l'anarchisme et l'anarcho-syndicalisme*. Moscou, Éditions du Progrès, 1972.

1973
L. Baxandall e S. Morawski (org.), *Marx & Engels. On Literature and Art*, ed. Nova York, International General, 1973.
Marx, Engels & Lenin. *Sur les sociétés précapitalistes*. Paris, Éd. Sociales, 1973.

1974
J.A. Gianotti (org.), *Karl Marx*, col. Os Pensadores. São Paulo, Abril Cultural, 1974.
H. Ruscinski e B. Retzlaff Kress, *Marx-Engels über Sprache, Stil und Übersetzung*. Berlim, Dietz, 1974.

1975
Marx & Engels. *Collected Works*. Moscou, Progress Publishers; Londres, Lawrence & Wishart; Nova York, International Publishers, 1975. Edição em língua inglesa das obras de Marx e Engels prevista para 50 vols. As introduções e notas das obras já editadas trazem a marca de uma perspectiva bolchevista bastante ortodoxa.

1978
Marx & Engels. *Sobre o colonialismo*, coletânea de artigos escritos para o *NYDT*, cartas e excertos de obras de Marx e Engels, sobre a política colonial dos países capitalistas. Coleção Teoria, n.42 e n.43. Lisboa, Estampa, 1978.

1979
Otávio Iani (org.), *Karl Marx: sociologia*. São Paulo, Ática, 1979.
Marx & Engels. *Sobre a literatura e a arte*. São Paulo, Global, 1980, 2ª ed.

1981
Paul Singer (org.), *Karl Marx: economia*. São Paulo: Ática, 1981.

1983
Florestan Fernandes (org.), *Karl Marx e Friedrich Engels: história*. São Paulo, Ática, 1983.

Bibliografia Geral

Nota: A convenção 1920 (1970) no início de uma referência bibliográfica indica uma obra cuja primeira edição é de 1920, mas que pode ser encontrada mais facilmente em nova edição ou tradução de 1970, e os dados de publicação referem-se a essa última data. Na edição brasileira deste dicionário procurou-se acrescentar, às informações proporcionadas pela edição inglesa original, indicações bibliográficas de edições em outras línguas, que vêm separadas por uma barra.

Abdel-Malek, Anouar. *Idéologie et renaissance nationale: L'Égypte moderne*. Paris, Anthropos, 1969.

——. *Sociologie de l'impérialisme*. Paris, Anthropos, 1971.

Abercrombie, Nicholas & John Urry. *Capital, Labour and the Middle Classes*. Londres, Allen & Unwin, 1983.

Abercrombie, Nicholas, Stephen Hill & Brian S. Turner. *The Dominant Ideology Thesis*. Londres e Boston, Allen & Unwin, 1980.

Actes du Colloque Sraffa, n.3 de *Cahiers d'Économie Politique*, 1976, com artigos de S. de Brunhoff, S. Latouche, C Benetti, P. Salama e extensa bibliografia de 332 títulos.

Adams, R. McC. *Evolution of Urban Society*. Chicago, Aldina; Londres, Weidenfeld & Nicolson, 1966.

Adler, Max. *Kausalität und Teleologie im Streite um die Wissenschaft*. Viena, Wiener Volksbuchhandlung, 1904.

——. "Selections on 'The Theory and Method of Marxism'", in T. Bottomore & P. Goode (orgs.), *Austro-Marxism*, Oxford e Nova York, Oxford University Press, 1904-1927 (1978).

——. *Marx und Engels als Denker*. Frankfurt, Makol, 1908 (1972).

——. *Der soziologische Sinn der Lehre von Karl Marx*. Leipzig, C.L. Hirschfeld, 1914 / In T. Bottomore & P. Goode (orgs.) (parcialm. trad.), *Austro-Marxism*, Oxford e Nova York, Oxford University Press (1978).

——. *Demokratie und Rätesystem*. Viena, Wiener Volksbuchhandlung, 1919.

——. *Die Staatsauffassung des Marxismus. Ein Beitrag zur Unterscheidung von soziologischer und juristicher Methode*. Viena, Wiener Volksbuchhandlung, 1922.

——. *Kant und der Marxismus*. Berlim, E. Laub'sche Verlagsbuchhandlung, 1925.

——. *Soziologie des Marxismus*, 3 vols. Viena, Europa Verlag, 1930, 1932 (1964).

——. "Metamorphosis of the Working Class", in T. Bottomore & P. Goode (orgs.), *Austro-Marxism*; publ. origin. em *Der Kampf*, vol.26 (1933).

——. *Démocratie et conseils ouvriers*, ed. org. por Yvon Bourdet. Paris, Maspero, 1967.

Adorno, Theodor W. *Kierkegaard: Konstruktion des Aesthetischen*. Frankfurt, Surkhamp, 1933 (1966).

——. *Philosophie der neuen Musik*. Tübingen, J.C.B. Mohr; Frankfurt, Ullstein (1972). / *Philosophie de la nouvelle musique*. Paris, Gallimard (1962). / *Philosophy of Modem Music*. Nova York, Seabury (1973). / *Filosofia da nova música*. São Paulo, Perspectiva (1974).

——. *Minima Moralia: Reflexionen aus dem beschädigten Leben*. Frankfurt, Suhrkamp, 1951 (1970). / *Minima Moralia*. Londres, New Left (1974). / *Minima Moralia*. Paris, Payot (1980).

——. *Versuch über Wagner*. Frankfurt, Suhrkamp, 1952 (1962). / *Essai sur Wagner*. Paris, Gallimard (1966).

——. *Prismen: Kulturkritik und Gesellschaft*. Frankfurt, Suhrkamp, 1955a. / *Prismas: la critica de la cultura y la sociedad*. Barcelona, Ariel (1962, 1969 e 1973). / *Prisms*. Londres, Neville Spearman (1967).

——. "Zur Verhaeltnis von Soziologie und Psychologie", in *Sociologia*, coletânea organizada em homenagem ao 60º aniversário de Max Horkheimer. Frankfurt, Eurppäische Verlagsanstalt, 1955b. / "Sociology and Psychology", *New Left Review*, n.46 e 47 (1967, 1968).

——. *Dissonanzen: Music in der veralteten Welt.* Frankfurt, Suhrkamp, 1956a (1963); Gottingen, Vandenhoeck und Ruprecht (1963). / "O fetichismo na música e a repressão da audição" (parcialm. trad.), in W. Benjamin et al., *Textos escolhidos*, col. Os Pensadores. São Paulo, Abril Cultural (1980).

——. *Zur Metacritik der Erkenntnistheorie.* Frankfurt, Suhrkamp, 1956b / *Against Epistemology: Studies in Husserl and the Phenomenological Antinomies*, trad. de Willis Domingo. Oxford, Brasil Blackwell (1982); Cambridge, Mass., MIT.

——. *Drei Studien zu Hegel.* Frankfurt, Suhrkamp, 1957. / *Trois études sur Hegel.* Paris, Payot (1979).

——. *Noten zur Literatur*, 3 vols. Frankfurt, Suhrkamp, 1958-1965. / "Posição do narrador no romance contemporâneo" e "Lírica e sociedade" (parcialm. trad.), in W. Benjamin et al., *Textos escolhidos*, col. Os Pensadores. São Paulo, Abril Cultural (1980).

——. *Klangfiguren.* Frankfurt, Suhrkamp, 1959.

——. "Ideen zur Musiksoziologie", in T.W. Adorno, *Klangfiguren*, 1959. / "Ideias para uma sociologia da música", *Teoria e Prática*, n.3 (1968); também in W. Benjamin et al., *Textos escolhidos*, col. Os Pensadores. São Paulo, Abril Cultural (1980).

——. *Mahler.* Frankfurt, Suhrkamp, 1960 / *Mahler: une physionomie musicale.* Paris, Minuit (1976).

——. "Erpresste Versöhnung, zu Georg Lukács *Wider den missverstandenen Realismus*", in T.W. Adorno, *Noten zur Literatur*, vol.II. Frankfurt, Suhrkamp, 1961 (1963).

——. *Quasi una Fantasia.* Frankfurt, Suhrkamp, 1963. / *Quasi una Fantasia.* Paris, Gallimard (1982).

——. *Eingriffe. Neuen Kritische Modelle.* Frankfurt, Suhrkamp, 1963. / "Televisão, consciência e indústria cultural" (parcialm. trad.), in Gabriel Cohn (org.), *Comunicação e indústria cultural.* São Paulo, Companhia Editora Nacional (1978).

——. *Moments musicaux.* Frankfurt, Suhrkamp, 1964a.

——. *Jargon der Eigentlichkeit. Zur deutschen Ideologie.* Frankfurt, Suhrkamp, 1964b. / *The Jargon of Authenticity.* Londres, Routledge & Kegan Paul (1973).

——. *Stichworte. Kritische Modelle 2.* Frankfurt, Suhrkamp, 1965. / *Modèles critiques: intervention répliques.* Paris, Payot (1984).

——. *Negative Dialektik.* Frankfurt, Suhrkamp, 1966 (1970). / *Negative Dialectics.* Nova York, Seabury (1973); Londres, Routledge & Kegan Paul. / *Dialectique negative.* Paris, Payot (1978).

——. *Ohne Leitbild. Parva Aesthetica.* Frankfurt, Suhrkamp. / "A indústria cultural" (parcialm. trad.), in G. Cohn (org.), *Comunicação e indústria cultural.* São Paulo, Companhia Editora Nacional (1978).

——. *Impromptus. Zwelle Folge neue gedrucker musikalischer Aufsätze.* Frankfurt, Suhrkamp, 1968.

——. *Gesamnelte Schriften*, 23 vols. Frankfurt, Suhrkamp, 1970.

——. *Ästhetsche Theorie.* Frankfurt, Suhrkamp, 1970. / *Théorie esthétique.* Paris, Klincksieck (1974). / *Teoria estética.* São Paulo, Martins Fontes (1982).

——. *Philosophische Terminologie, Zur Einleitung.* Frankfurt, Suhrkamp, 1973. / *Terminología filosófica.* Madri, Taurus (1976).

——. "The Culture Industry Reconsidered", *New German Critique*, n.6, 1975.

Adorno, T.W., W. Benjamin, M. Horkheimer & J. Habermas, 1980. *Ver* Benjamin, Walter et al., *Textos escolhidos*, 1980.

Adorno, T.W. & Ernst Bloch et al. *Über Walter Benjamin.* Frankfurt, Schrkamp, 1968.

Adorno, T.W. & Hans Eisler. *Komposition für den Film.* Munique, Rogner & Bernard, 1944. / *El cine y la música.* Madri, Fundamentos (1981).

Adorno, T.W. & Max Horkheimer. *Dialektik der Aufklärung: Philosophische Fragmente.* Frankfurt, S. Fischer, 1947 (1969); Amsterdam, Querido (1968). / *Dialectic of Enlightenment.* Nova York, Herder & Herder (1972); Londres, Allen (1978). / *Dialectique de la raison.* Paris, Gallimard (1984). / *Dialética do esclarecimento.* Rio de Janeiro, Zahar, 1985.

——. *Sociologia II.* Frankfurt, Europäische Verlagsanstalt, 1962. / *Sociologia II.* Madri, Taurus (1979).

Adorno, T.W. & Max Horkheimer (orgs.). *Soziologische Exkurse, Nach Vortragen und Diskussionen*. Frankfurt, Europäische Verlagsanstalt, 1956. / *Temas básicos da sociologia*. São Paulo, Cultrix (1978).

Adorno, T.W. & Karl Popper et al. *Der Positivismus Streit in der deutschen Soziologie* (particularmente a *Einleitung* (Introdução) do Adorno). Darmstadt e Neuwied, Luchterhand, 1956 (1974). / *La disputa del positivismo en la sociología alemana*. Barcelona e México, Grijalbo (1973). / *De Vienne à Francfort, la querelle allemande des sciences sociales*. Paris, Complexe (1979). / "Introdução à controvérsia sobre o positivismo na sociologia alemã" (trad. da *Einleitung* de Adorno), in W. Benjamin et al., *Textos escolhidos*, col. Os Pensadores. São Paulo, Abril Cultural (1980).

Adorno, T.W. et al. *The Authoritarian Personality*. Nova York, Harper & Row, 1950; Norton (1969).

Afanasyev, L. et al. *The Political Economy of Capitalism*. Moscou, Progress, 1974.

Aglietta, Michel. *Régulation et crises du capitalisme: l'experience des États-Unis*. Paris, Calmann-Lévy, 1976. / *A Theory of Capitalist Regulation: The US Experience*. Londres, New Left (1979).

Aguilar, L.E. *Marxism in Latin America*. Nova York, Knopf, 1968.

Alavi, Hamza. "The State in Post-colonial Societies", *New Left Review*, n.74, 1972.

——. "India and the Colonial Mode of Production", R. Miliband & P. Saville (orgs.), *The Socialist Register*, vol.12, 1975.

Alavi, Hamza & T. Shanin (orgs.). *Introduction to the Sociology of the Developing Societies*. Londres, Macmillan; Nova York, Monthly Review Press, 1982.

Alavi, Hamza et al. *Capitalism and Colonial Production*. Londres, Croom Helm, 1982.

Alberes, R.M. *Jean-Paul Sartre*. Paris, Éditions Universitaires, 1965.

Albuquerque, Manoel Maurício de. "A propósito de rebelião e trabalho escravo", *Encontros com a Civilização Brasileira*, n.5, nov 1978.

——. *Mestre-escola bem-amado, historiador maldito* (obra póstuma). Rio de Janeiro, Zahar, 1987.

Alexandrov, G.F. et al. *Joseph Stalin: a Short Biography*. Moscou, Foreign Languages Publishing House, 1952.

Althusser, Louis. *Montesquieu: la politique et l'histoire*. Paris, PUF, 1959.

——. "Contradiction et surdétermination", *La Pensée*, n.106, dez 1962 (republicado em *Pour Marx*, 1965).

——. "Sur la dialectique matérialiste", *La Pensée*, n.110, ago 1963 (republicado em *Pour Marx*, 1965). / "Sobre a dialétíca materialista", in L. Althusser, *A favor de Marx*. Rio de Janeiro, Zahar (1979).

——. "Freud et Lacan", *La Nouvelle Critique*, n.161-62, dez-jan 1964-1965.

——. *Pour Marx*. Paris, Maspero, 1965. / *For Marx*. Londres, Allen Lane; Nova York, Pantheon (1969). / *A favor de Marx*. Rio de Janeiro, Zahar (1979).

——. "Le 'Piccolo', Bertolazzi et Brecht", in L. Althusser, *Pour Marx*. Paris, Maspero, 1965.

——. *Lire le Capital*. Paris, Maspero, 1966a (1968 e 1975). / *Reading "Capital"*. Londres, New Left; Nova York, Pantheon (1970). / *Ler o Capital*. Rio de Janeiro, Zahar (1979-1980).

——. "Le marxisme n'est pas un historicisme", in L. Althusser, *Lire le Capital*, 1966a (1968 e 1975).

——. "Materialisme historique et materialisme dialectique", *Cahiers-Marxistes-Leninistes*, n.11, abr 1966b. / & Alain Badiou, *Materialismo histórico y materialismo dialético*. Córdoba, Cuadernos de Pasado Y Presente (1969). / & Alain Badiou, *Materialismo histórico e materialismo dialético*. São Paulo, Global (1979).

——. "Sur le travail théorique, dificultés et ressources", *La Pensée*, abr 1967.

——. *Lénine et la philosophie*. Paris, Maspero, 1969. / *Lenin and Philosophy and other Essays*. Londres, New Left (1971); Nova York, Monthly Review Press (1972). / *Lenine e a filosofia*. Lisboa, Estampa (1974).

——. "Idéologie et appareils idéologiques d'État, notes pour une recherche", *La Pensée*, n.151, jun 1970. / "Aparelhos ideológicos de Estado", in L. Althusser, *Posições-2*. Rio de Janeiro, Graal (1980).

——. *Réponse à John Lewis*. Paris, Maspero, 1973. / *Resposta a John Lewis*. Lisboa, Estampa (1973) / "Resposta a John Lewis", in L. Althusser, *Posições-1*. Rio de Janeiro, Graal (1978).

——. *Éléments d'autocritique*. Paris, Hachette, 1974a. / *Essays in Self-Criticism*. Londres, New Left (1976); Atlantic Highlands, N.J., Humanities. / "Elementos de autocrítica", in L. Althusser, *Posições-1*. Rio de Janeiro, Graal (1978).

——. *Philosophie et philosophie spontanée des savants*. Paris, Maspero, 1974b. / *Filosofia e filosofia espontânea dos dentistas*. Lisboa, Presença; São Paulo, Martins Fontes (1976).

——. *Marx et Lénine devant Hegel*. Paris, Maspero, 1975a.

——. "Est-il simple d'être marxiste en philosophie?", *La Pensée*, n.183, set-out 1975b.

——. *Positions*. Paris, Éd. Sociales, 1976. / *Posições-1* e *Posições-2*. Rio de Janeiro, Graal (1977 e 1980).

——. *Ce quine peut plus durer dans le Parti Comuniste*. Paris, Maspero, 1978.

Althusser, Louis & Rossana Rossanda et al. *Discutere lo Stato*. Bari, De Donato, 1979. / Revista *Dialectiques* (parcialm. trad.), n.23, 1978.

Altvater, Elmar. "À nouveau sur les théories de la sousconsommation", *Critiques de l'Économie Politique*, n.11-12, 1973.

Amin, Samir. *L'accumulation à l'échelle mondiale*. Paris, Anthropos, 1970.

——. "Le modèle théorique d'accumulation et de développement dans le monde contemporain, la problematique de transition", *Revue Thiers-Monde*, XIII, n.52, out-dez 1972 (PUF-Iedes).

——. *Le développement inégal: essai sur les formations sociales du capitalisme périphérique*. Paris, Minuit, 1973a. / *Unequal Development*. Nova York, Monthly Review Press; Brighton, Havester (1976). / *O desenvolvimento desigual*. Rio de Janeiro, Forense Universitária (1976).

——. *L'impérialisme et le développement inégal*. Paris, Minuit, 1973b (1976). / *Imperialism and Unequal Development*. Nova York, Monthly Review Press; Brighton, Harvester (1977).

——. "Le capitalisme et la rente foncière, la domination du capitalisme sur l'agriculture", in S. Amin & K. Vergopoulos, *La question paysanne et le capitalisme*. Paris, Antrophos, 1974.

——. *Classe et nation*. Paris, Minuit, 1979.

Amin, Samir & Kostas Vergopoulos. *La question paysanne et le capitalisme*. Paris, Anthropos, 1974.

Ampolo, C. & G. Pucci (orgs.). *Problemi della schiavità, Opus*, vol.1, n.1, 1982.

Anderson, J. *The Political Economy of Urbanism: an Introduction and Bibliography*. Londres, Architectural Association, 1975.

Anderson, Perry. *Components of the National Culture*. Londres, New Left, 1967. / *La cultura represiva*. Barcelona, Anagrama (1977).

——. *Lineages of the Absolutist State*. Londres, New Left; Nova York, distr. Schocken, 1974a.

——. *Passages from Antiquity to Feudalism*. Londres, New Left; Nova York, distr. Schocken, 1974b. / *Transiciones de la Antiguedad al feudalismo*. Madri e México, Siglo XXI (1979) (1983). / *Passagens da Antiguidade ao feudalismo*. Porto, Afrontamento (1982).

——. *Considerations on Western Marxism*. Londres, New Left; Nova York, distr. Schocken, 1976. / *Sur le marxisme occidental*. Paris, Maspero (1977).

——. "The Antinomies of Antonio Gramsci", *New Left Review*, n.100, 1976-1977. / *Sur Gramsci*. Paris, Maspero (1978).

——. *Arguments Within English Marxism*. Londres, Verso Editions, New Left; Nova York, distr. Schocken, 1980.

Andreas, Bert. "Une interview de Marx au *Chicago Tribune*", *L'Homme et la Société*, n.7, 1968.

Andreski, S. (org.). *The Essential Comte*. Londres, Croom Helm; Nova York, Barnes & Noble, 1974.

Ansart, Pierre. *Marx et l'anarchisme*. Paris, PUF, 1969.

Anweiler, Oskar. *Les soviets en Russie (1905-1921)*. Paris, Gallimard, 1958 (1972). / *The Soviets: The Russian Workers, Peasants and Soldiers Councils*. Nova York, Pantheon (1974).

Appel, M.W. *Ideology and Curriculum*. Londres, Routledge & Kegan Paul, 1979. / *Ideologia e currículo*. São Paulo, Brasiliense (1982).

Apter, David & James Joll (orgs.). *Anarchism Today*. Londres, Macmillan; Garden City, Nova York, Doubleday, 1971.

Arato, Andrew. "Lukács's Theory of Reification", *Telos*, n.11, 1972.

——. "Re-examining the Second International", *Telos*, n.18, 1973-1974.

Arato, Andrew & Paul Breines. *The young Lukács and the Origins of Western Marxism*. Nova York, Seabury; Londres, Pluto, 1979.

Archetti, Eduardo P. *Campesinos y estructuras agrarias en América Latina*. Quito, Ceplaes, 1981.

Arendt, Hannah. "Der Dichter Bertolt Brecht", *Die Neue Rundschau*, n.1, 1950.

——. *Benjamin-Brecht: Zwei Essays*. Munique, Piper, 1971.

——. *Men in Dark Times*. Nova York, Harcourt, Brace & World, 1968.

Armstrong, Philip & Andrew Glyn. "The law of the falling rate of profit and oligopoly", *Cambridge Journal of Economics*, vol.3, n.1, 1980.

Arnold, Heinz Ludwig (org.). "Sonderheft über Walter Benjamin", *Text + Kritik*, n.31-32, out 1971. Munique, Richard Boorberg.

Aron, Raymond. *Histoire et dialectique de la violence*. Paris, Gallimard, 1973. / *Dialectics of Violence*. Oxford, Basil Blackwell; Nova York, Harper & Row (1975).

Artisikhovskii, V.A. "Archaeology", *Great Soviet Encyclopedia*, 3ª ed., vol. 2, 1973.

Arvon, Henri. *Lénine*. Paris, Seghers, 1970.

——. *Marxist Esthetics*. Ithaca, Nova York, e Londres. Cornell University Press, 1973.

Aruchin, V. *Theoretical Problems of Geography*, Columbus, Ohio, Ohio University Press, 1977.

Ascher, A. *Pavel Axelrod and the Development of Menshevism*. Cambridge, Mass. e Londres, Harvard University Press, 1972.

Aseher, A. (org.). *The Mensheviks in the Russian Revolution*. Londres, Thames & Hudson; Ithaca, Nova York, Cornell University Press, 1976.

Aujourd'hui, l'histoire. Paris, Éd. Sociales, 1974.

Avenas, Denise. *Économie et politique dans la pensée de Trotsky*. Paris, Maspero, 1970.

——. *Trotsky marxiste*, Paris, Maspero, 1971.

——. *Maoïsme et communism*. Paris, Galillée, 1979.

Avineri, S. *The Social and Political Thought of Karl Marx*. Cambridge e Nova York, Cambridge University Press, 1968.

——. *Hegel's Theory of the Modern State*. Cambridge, University Press, 1972.

Avineri, S. (org.). *Karl Marx on Colonialism and Modernization: his despatches and other writings on China, India, Mexico, the Middle East and North Africa*. Garden City, Nova York, Doubleday Anchor, 1969.

Avrich, P. *La tragédie du Cronstadt*. Paris, Seuil, 1975.

Ayçoberry, Pierre. *La question nazie: les interprétations du national-socialisme (1922-1975)*. Paris, Seuil, 1979.

Ayer, A.J. *Language, Truth and Logic*. Londres, Gollancz; Nova York, Dover, 1936 (1946).

Backhaus, H.G. "Dialectique de la forme de la valeur", *Critiques de l'Économie Politique*, n.18, 1974.

Baczko, Branislaw. *Lumières des utopies*. Paris, Payot, 1978.

Badaloni, Nicola. *Marxismo come storicismo*. Milão, Feltrinelli, 1962.

——. *Per il comunismo*. Turim, Einaudi, 1972. / *Pour le communisme*. Paris, Mouton (1976).

——. *Il marxismo di Gramsci*. Turim, Einaudi, 1975.

——. "Sulla dialettica della natura di Engels e sull'attualità di una dialettica materialista", *Annali Feltrinelli*, 1976a.

——. *Sulla dialettica della natura di Engels*. Milano, Feltrinelli, 1976b.

Badia, Gilbert. *Le spartakisme: les dernières années de Rosa Luxemburg et de Karl Liebknecht (1914-1919)*. Paris, L'Arche, 1967.

——. "Gramsci et Rosa Luxemburg", *La Nouvelle Critique*, n.30, jan 1970.

——. *Rosa Luxemburg, journaliste, polémiste, révolutionnaire*. Paris, Éd. Sociales, 1975.

Badia, Gilbert (org.). *Les spartakistes: 1918, l'Allemagne en révolution*, documentos, panfletos e textos apresentados por G. Badia. Paris, Julliard, 1966.

Badie, B. *Stratégie de la greve*. Paris, Fondation National de Scienee Politique, 1976.

Badiou, Alain. "Le recommencement du matérialisme dialectique", *Critique*, mai 1967. / "O (re)começo do materialismo dialético", in L. Althusser & A. Badiou, *Materialismo histórico e materialismo dialético*. São Paulo, Global (1979).

Badiou, Alain & Louis Althusser. *Materialismo histórico y materialismo dialético*. Córdoba, Cuadernos de Pasado y Presente, 1969. / *Ma-*

terialismo histórico e materialismo dialético. São Paulo, Global (1979).

Bahro, Rudolf. *Die Alternative.* Frankfurt, Europäische Verlagsanstalt, 1977. / *The Alternative in Eastern Europe.* Londres, New Left; Nova York, distr. Schocken (1978). / *L'alternative.* Paris, Stock (1979). / *A alternativa para uma crítica do socialismo real.* Rio de Janeiro, Paz e Terra (1980).

——. *Elemente einer neuen Politik zum Verhaltnis von Ökologie und Sozialismus.* Berlim, Olle & Wolter, 1980.

Bailey, F.G. *Politics and Social Change: Orissa in 1959.* Berkeley e Los Angeles, University of California Press, 1963.

Bakhtin, Mikhail M. *Marxism and Philosophy of Language.* Nova York e Londres, Seminar Press, 1929a (1973). (A edição original russa de 1929 é assinada Valentin N. Voloshinov, assim como a norte-americana de 1973.) / *Marxismo y filosofia del lenguage.* Buenos Aires, Nueva Visión (1976). (A edição é assinada V.N. Voloshinov.) / *Marxisme et philosophie du langage.* Paris, Minuit (1977). (A obra já é atribuída a M. Bakhtin nessa edição.) / *Marxismo e a filosofia da linguagem.* São Paulo, Hucitec (1979).

——. *Problèmes de la poétique de Dostoïevski.* Lausanne, L'Âge d'Homme, 1929b (1970).

——. *François Rabelais et la culture populaire sous la Renaissane.* Paris, Gallimard, 1965 (1970).

Bakunin, Mikhail Alexandrovitch. *Féderalisme, socialisme et anti-théologisme.* Berna (publicado originalmente em russo, em fascículos), 1867-1868.

——. *L'empire Knouto-germanique.* Genebra, 1871.

——. *L'État et l'anarchie.* Genebra, 1873.

——. *Dieu et L'État.* Genebra, 1894.

——. *Oeuvres*, 6 vols, ed. org. por Max Netthau (vol.I) e James Guillaume (vols. II-VI). Paris, 1895-1913.

——. *Sozialpolitischer Briefwechsel.* Berlim, 1896.

——. *Obras*, ed. org. por Diego Abad de Santillán em colaboração com Max Netthau. Barcelona, 1933-1939.

——. *La liberte*, ed. org. por F. Muñoz. Paris, Pauvert, 1965.

Balibar, Étienne. "Sur les concepts fondamentaux du matérialisme historique", in L. Althusser et al., *Lire Le Capital*, 1966. / "The Basic Concepts of Historical Materialism", in L. Althusser et al., *Reading "Capital".* / "Sobre os conceitos fundamentais do materialismo histórico", in L. Althusser et al., *Ler o Capital*, vol.II (1980).

——. *Cinq études du materialisme historique.* Paris, Maspero, 1974.

——. *Sur la dictature du proletariat.* Paris, Maspero, 1976. / *On the Dictatorship of the Proletariat.* Londres, New Left; Nova York, distr. Schocken (1977).

Ball, M. "Differential Rent and the Role of Landed Property", *International Journal of Urban and Regional Research*, n.48, 1977.

——. "On Marx's Theory of Agricultural Rent, a Reply to Ben Fine", *Economy and Society*, 9, n.3, 1980.

Ball, T. "Marx and Darwin, A Reconsideration", *Political Theory*, n.7, 1979.

Banaji, J. "Modes of Production in a Materialist Conception of History", *Capital and Class*, n.2, 1977.

Bancal, J. *Proudhon, pluralisme et autogestion.* Paris, 1970.

Banks, Olive. *Faces of Feminism.* Oxford, Martin Robertson; Nova York, St Martin's, 1981.

Baran, Paul. *The Political Economy of Growth.* Nova York, Monthly Review Press, 1957; Londres, Penguin (1973). / *A economia política do desenvolvimento.* Rio de Janeiro, Zahar (1964) (1977, 4ª ed.).

Baran, Paul & Paul Sweezy. *Monopoly Capitalism.* Nova York, Monthly Review Press; Londres, Penguin, 1966. / *Capitalismo monopolista.* Rio de Janeiro, Zahar (1966) (1978, 3ª ed.).

Barnet, Richard J. & Ronald E. Muller. *Global Reach: the power of the multinational corporations.* Nova York, Simon & Schuster, 1974; Londres, Cape (1975).

Baron, S.H. "Between Marx and Lenin, George Plekhanov", in L. Labedz (org.), *Revisionism*, 1962.

——. *Plekhanov: The Father of Russian Marxism.* Londres, Routledge & Kegan Paul; Stanford, Calif., Stanford University Press, 1963.

Barratt-Brown, M. *The Economics of Imperialism.* Londres, Penguin, 1974.

Barrett, Michèle et al. (orgs.). *Ideology and Cultural Production.* Londres, Croom Helm; Nova York, St Martin's, 1979.

Barrett, M. & M. McIntosh. "The Family Wage", *Capital and Class*, n.11, 1980.
Barth, Hans. *Wahrheit und Ideologie*. Zurique, Manesse, 1945.
Bartra, Roger. *Estructura Agraria y Clases Sociales en México*, México, Era, 1974.
Barun De, et al. (orgs.). *Essays in Honour of Professor S.C. Sarkar*. Nova Delhi, People's Publishing House, 1976.
Basso, Lelio. *Rosa Luxemburgo*. Roma, 1969. / *Rosa Luxemburg*. Londres, André Deutsch; Nova York, Praeger (1975).
Bates, Thomas R. "Gramsci and the Theory of Hegemony", *Journal of History of Ideas*, XXXVI, 1975.
Baudelot, Christian & Roger Establet. *L'école capitaliste en France*. Paris, Maspero, 1971.
Baudelot, C. & R. Establet & J. Malemort. *La petite-bourgeoisie en France*. Paris, Maspero, 1979.
Bauer, Otto. "Marxismus und Ethik", *Die Neue Zeit*, ano XXIV, n.2, 1905-1906. / "Marxism and Ethics" (parcialm. trad.), in T. Bottomore & P. Goode (orgs.), *Austro-Marxism*. Oxford e Nova York, Oxford University Press (1978).
——. *Die Nationalitätenfrage und die Sozialdemokratie*. Viena, Wiener Volksbuchkhandlung, 1907 (1924, 2ª ed. ampliada e com novo prefácio).
——. *Der Weg zum Sozialismus*. Viena, Wiener Volksbuchhandlung, 1919. / *La marche an socialisme*. Paris, Librairie du Parti Socialiste et de *L'Humanité* (1919).
——. *Bolschewismus oder Sozialdemokratie?*. Viena, Wiener Volksbuchhandlung, 1920.
——. *Die Osterreichische Revolution*. Viena, Wiener Volksbuchhandlung, 1923 (1970). / *The Austrian Revolution*, ed. resumida e trad. por H.J. Stenning, Londres. L. Parsons; Nova York, Burt Franklin (1925).
——. "Was ist Austro-Marxismus?", *Arbeiter-Zeitung* (Viena), 3 nov 1927 / T. Bottomore & P. Goode (orgs.) (parcialm. trad.), *Austro-Marxism*, Oxford e Nova York, Oxford University Press, 1978.
——. *Kapitalismus und Sozialismus nach dem Weltkrieg*, vol.I: *Rationafisierung oder Fehlrationsierung*, Viena, Wiener Volksbuchhandlung, 1931.
——. *Zwischen zwei Weltriegen? Die Krise der Weltwirtschaft, der Demokratie und des Soziafismus*. Bratislava, Eugen Prager, 1936 / T. Bottomore & P. Goode (orgs.) (parcialm. trad.), *Austro-Marxism*, Oxford e Nova York, Oxford University Press, 1978.
——. *Eine Auswahl aus seinem Lebenswerk*. Viena, Wiener Volksbuchhandlung, 1961.
——. *Otto Bauer et la révolution*, ed. org. por Yvon Bourdet. Paris, EDI, 1968.
Bauer, Bruno. "Die Fähigkeit der heutigen Juden und Christen frei zu werden", in G. Herwegh (org.), *Einundzwanzig Bogen aus der Schweiz*. Zurique e Winterhur, des Literarischen Comptoirs, 1843a.
——. *Die Judenfrage*. Braunschweig, Friedrich Otto, 1843b.
Baxandall, Lee. *Marxism and Aesthetics: A Selective Annotated Bibliography*. Nova York, Humanities, 1968.
Baxandall, Lee (org.). *Radical Perspectives in the Arts*. Londres, Penguin, 1972.
Baynac, Jacques et al. *Sur 1905*. Paris, Champ Libre, 1974.
Bebel, August. *Die Frau und der Sozialismus*. Berlim, 1879. / *Woman and Socialism*. Nova York, H.W. Lovell (1886).
Beecher, J. & R. Bienvenu (orgs.). *The Utopian Vision of Charles Fourier*. Londres, Cape; Boston, Beacon, 1972.
Beauvoir, Simone de. *Ver* de Beauvoir, Simone.
Beechey, V. "Some Notes on Female Wage Labour in Capitalist Production", *Capital and Class*, n.3, 1977.
Beetham, David. "Michels and his critics", *European Journal of Sociology*, 32, n.1, 1981.
Beetham, David (org.). *Marxists in face of Fascism*. Manchester, Manchester University Press, 1983.
Beidelman, Thomas O. (org.). *The Translation of Culture: Essays to E.E. Evans Pritchard*. Londres, Tavistock; Totowa, N.J., Barnes & Noble, 1971.
Bekker, Konrad. *Marxphilosophische Entwicklung, sein Verhältnis zu Hegel*. Zurique, Oprecht, 1940.
Belluzzo, Luís Gonzaga de Mello. *Valor e Capitalismo*. São Paulo, Brasiliense, 1980.
Benda, Julien. *Trois idoles romantiques: Le dynamisme, l'existencialisme, la dialectique matérialiste*. Genebra, Éd. du Mont-Blanc, 1948.
Benetti, Carlo & Jean Cartelier. "Mesure invariable des valeurs et théorie ricardienne

de la marchandise", in F.-R. Mahieu et al., *Marx et l'économie politique: essais sur les "Théories de la plus-value"*. Grenoble e Paris, PUG-Maspero.
Benetti, Carlo & Jean Cartelier. *Marchands, salariat et capitalists.* Grenoblee, Paris, PUG-Maspero, 1980.
Benetti, C. & S. de Brunhoff & J. Cartelier. "Élements pour une critique marxiste de Piero Sraffa", *Cahiers d'Économie Politique*, n.3, 1976.
Benetti, Carlo et al. *Économie classique, économie vulgaire.* Grenoble e Paris, PUG-Maspero, 1975.
Benjamin, Walter. *Der Begriff der Kunstkritik in der deutschen Romantik.* Berna, von A. Francke, 1920.
——. *Ursprung des deutschen Trauerspiels.* Frankfurt, Suhrkamp, 1928a (1969). / *The Origin of German Tragic Drama.* Londres, New Left (1977).
——. *Einbahnstrasse.* Frankfurt, Suhrkamp, 1928b (1969).
——. "Das Kunstwerk im Zeitalter seiner technischen Reproduzierbarkeit" publicado originalmente em francês em *Zeitschrift für Sozialforschung*, I, revista do Institui für Sozialforschung de Frankfurt. Frankfurt, Suhrkamp, 1936 (1955) (1969, 3ª ed.). / "A obra de arte na época de sua reprodutibilidade técnica", Revista Civilização Brasileira, p.19-20 (1968). / "A obra de arte no tempo de suas técnicas de reprodução", in G. Velho (org.), *Sociologia da arte IV.* Rio de Janeiro, Zahar (1969).
——. "Geschichtsphilosophische Thesen", in W. Benjamin, *Illuminationem*. Frankfurt, Suhrkamp, 1940 (1961 e 1969).
——. *Schriften*, ed. org. por Gretel Adorno. Frankfurt, Suhrkamp, 1955.
——. *Illuminationem.* Frankfurt, Suhrkamp, 1961a (1969). / *Illuminations*, org. e introdução por Hannah Arendt. Nova York, Harcourt, Brace & World (1968); Londres, Collins-Fontana (1973).
——. *Angelus Novus.* Frankfurt, Suhrkamp, 1961b (1966). / *Angelus Novus, saggi e frammenti.* Turim, Einaudi (1962).
——. *Briefe*, ed. org. por T. Adorno e G. Scholem. Frankfurt, Suhrkamp, 1966a.
——. *Versuche über Brecht*, ed. org. por Rolf Tiedemann. Frankfurt, Suhrkamp, 1966b (1971). / *Tentativas sobre Brecht.* Madri, Taurus (1975).
——. *Charles Baudelaire: ein Lyriker im Zeitalter des Hochkapitalismus.* Frankfurt, Suhrkamp, 1969a.
——. *Über Literatur.* Frankfurt, Suhrkamp, 1969b.
——. *Oeuvres: Mythe et violence* (vol.I); *Poésie et Révolution* (vol.II). Paris, Denoël, 1971.
——. *Gesammelte Schriften.* Frankfurt, Suhrkamp, 1972.
——. "Was ist episches Theater", in W. Benjamin, *Gesammelte Schriften.* Frankfurt, Suhrkamp, 1972.
Benjamin, W., M. Horkheimer, T.W. Adorno & J. Habermas. *Textos escolhidos*, col. Os Pensadores. São Paulo, Abril Cultural, 1980.
Bennett, Tony. *Formalism and Marxism.* Londres e Nova York, Methuen.
Benseler, Frank (org.). *Festschrift Zum achtzigsten Geburtstag von Georg Lukács.* Neuwied e Berlim, Luchterhand, 1965.
Bentley, Eric. *The Brecht Commentaries, (1943-1980).* Nova York, Grove; Londres, Methuen, 1981.
Benton, T. *Philosophical Foundations of the Three Sociologies.* Londres e Boston, Routledge & Kegan Paul, 1977.
Berdyaev, N.A. *The Origin of Russian Communism.* Londres, Bles; Nova York, Scribner, 1937. / *Les sources et le sens du communisme russe.* Paris, Gallimard (1966).
Berg, M. (org.). *Technology and Toil in Nineteenth-Century Briatain.* Londres, CSE Books, 1979.
Berger, J. *Toward Reality: Essays in Seeing.* Nova York, Knopf, 1962.
Berle, A. & G.C. Means. *The Modern Corporation and Private Property.* Nova York, Macmillan, 1932.
Berlin, Isaiah. *Karl Marx: His Life and Environment.* Londres, Oxford University Press, 1963.
——. *Four Essays on Liberty.* Londres e Nova York, Oxford University Press, 1969.
——. "Georges Sorel", in I. Berlin, *Against the Current: Essays in the History of Ideas.* Londres, Hogarth, 1979; Nova York, Viking Press (1980).
Berlinguer, Enrico. *After Poland: Towards a New Internationalism.* Nottingham, Spokesman, 1982.

Bernal, J.D. *The Social Function of Science*, Cambridge, Mass. e Londres, MIT Press, 1939 (1967).

Bernardo, João. *Para uma teoria do modo de produção comunista*. Porto, Afrontamento, 1975.

——. *Marx crítico de Marx*, 3 vols. Porto, Afrontamento, 1977.

——. "O dinheiro: da reificação das relações sociais até o fetichismo do dinheiro", *Revista de Economia Política*, vol.3, n.1, 1982.

Bernstein, Eduard. *Ferdinand Lassalle as a Social Reformer*. Londres, S. Sonnenschein; Nova York, C. Scribner, Nova York e Londres, Greenwood, 1891a (1969).

——. 1891b, *Gesellschaftlichen und Privateigentum*. Berlim, Vorwärts.

——. *Sozialismus und Demokratie in der grossen englischen Revolution*. Berlim, 1895. / *Cromwell and Communism, Socialism and Democracy in the Great English Revolution*. Nottingham, Spokesman (1980).

——. *Die Voraussetzungen des Sozialismus und die Aufgaben der Sozialdemokratie*. Stuttgart, Dietz, 1899 (1961). / *Evolutionary Socialism* (parcialm. trad.). Londres, ILP (1909); Nova York, Huebsch; Nova York, Schocken (1961). / *Socialismo evolucionário* (trad. parcial baseada nas edições de 1909 e 1961). Rio de Janeiro, Zahar (1964). / *Les présupposés du socialisme*. Paris, Seuil (1974). / *Las premisas del socialismo y las tareas de la socialdemocracia*. México, Siglo XXI (1982).

Bernstein, Richard. *Praxis and Action: Contemporary Philosophies of Human Activity*. Philadelphia, University of Pennsylvania Press, 1971.

Bernstein, Samuel. *Auguste Blanqui and the Art of Insurrection*. Londres, Lawrence & Wishart; Brooklyn Heights, N.Y., Beckman, 1970 (1971).

Berta, G. *Marx, gli operai inglesi e i cartisti*. Milão, Feltrinelli (1979).

Berthoud, A. *Travail productif et productivité du travail chez Marx*. Paris, Maspero, 1974.

Bertolt Brecht, núm. esp. da revista *Europe*, ano 35, n.133-34, jan-fev 1957.

Bertolt Brecht. Berlim, Deutscher Kulturbund, 1958.

Bertondini, A. "Gramsci e Labriola", *La Città Futura*. Milão, Feltrinelli, 1959.

Besemeres, John F. *Socialist Population Policies: The Political Implications of Demographic Trends in the USSR and Eastern Europe*. White Plains, N.Y., M.E. Sharpe, 1980.

Besse, G. et al. *Lénine, la philosophie et la culture*. Paris, Éd. Sociales, 1970.

Best, Michael & William Connolly. *The Politicized Economy*. Lexington, Mass., D.C. Heath, 1976.

Béteille, André. *Caste, Class & Power: Changing Patterns of Stratification in a Tanjore Village*. Berkeley e Los Angeles, University of California Press, 1965.

Bettelheim, Charles. *L'économie allemande sous le nazisme*. Paris, M. Rivière, 1946.

——. *India Independent*. Nova York, Monthly Review Press, 1968a.

——. *La transition vers l'économie socialiste*. Paris, Maspero, 1968b.

——. "National Income, Saving and Investment in Keynes and Marx", *Revue d'Économie Politique*, 1948.

——. "Remarques théoriques", in A. Emmanuel, *L'échange inégal*. Paris, Maspero. 1969. / "Theoretical Comments", in A. Emmanuel, *Unequal Exchange*. Londres, New Left; Nova Press (1972).

——. *Calcul économique et formes de propriétés*. Paris, Maspero, 1970.

——. *Révolution culturelle et organization industrielle en Chine*. Paris, Maspero, 1973.

——. *Les lutes de classes en URSS*, 2 vols. Paris; Maspero/Seuil, 1974. / *A luta de de classes na União Soviética*, 2 vols. Rio de Janeiro, Paz e Terra (1976). / *Class Struggles in the USSR*, 2 vols. Nova York, Monthly Review Press (1978).

——. *Questions sur la Chine après la mort de Mao Tsé-toung*. Paris, Maspero, 1978.

Bhaskar, Roy. *A Realist Theory of Science*. Brighton, Harvester, Atlantic Highlands, N.J., Humanities, 1978.

——. *The Possibility of Naturalism*. Brighton, Harvester; Atlantic Highlands, N.J., Humanities, 1979.

——. *Dialectic, Materislism and Human Emancipation*. Londres, New Left; Nova York, distr. Schocken, 1983a.

——. *Philosophical Ideologies*. Brighton, Harvester, 1983b.

Bidet, J. "Engels et la religion", in J. Bidet, *Philosophie et religion*. Paris, Éd. Sociales, 1974.

Billig, M. *Ideology and Social Psychology.* Oxford, Basil Blackwell; Nova York, St Martin's, 1982.
Birnbaum, N. *Toward a Critical Sociology.* Oxford e Nova York, Oxford University Press, 1971.
Bisztray, George. *Marxist Models of Literary Realism.* Nova York, Columbia University Press, 1978.
Black, C.E. & T.P. Thornton. *Communism and Revolution: The Strategic Uses of Political Violence.* Princeton, Princeton University Press, 1964.
Blackburn, Robin (org.). *Ideology in Social Science.* Londres, Fontana; Nova York, Pantheon, 1972. / *Ideologia na ciência social.* Rio de Janeiro, Paz e Terra (1982).
Blackburn, Robin (org.). *Revolution and Class Struggle: A Reader in Marxist Politics.* Brighton, Harvester; Atlantic Highlands, N.J., Humanities, 1978.
Blackstock, P.W. & B.F. Hoselitz (orgs.). *Marx and Engels: The Russian Menace to Europe.* Glencoe, Illinois, Free Press, 1952; Londres, Allen & Unwin (1953).
Blakely, T. *Soviet Scholasticism.* Dordrecht, Reidel, 1961.
Blanc, Y. & D. Kaisergruber. *L'affaire Boukharine.* Paris, Maspero, 1979.
Blanqui, Louis-Auguste. *Textes choisis.* Paris, Éd. Sociales, 1956.
Blaug, Mark. *Ricardian Economics.* New Haven, Yale University Press, 1958.
Bleaney, M. *Underconsumption Theories: A History and Critical Analysis.* Londres, Lawrence & Wishart; Nova York, International Publishers, 1976.
Bleicher, J. *Contemporary Hermeneutics.* Londres e Boston, Routledge & Kegan Paul, 1980.
Bloch, Ernst. *Geist der Utopie.* Frankfurt, Suhrkamp, 1918 (1971). / *L'esprit del'utopie.* Paris, Gallimard (1977).
——. *Thomas Münzer als Theologe der Revolution.* Frankfurt, Suhrkamp, 1921 (1969). / *Thomas Münzer, théologicien de la revolution.* Paris, Julliard (1964). / *Thomas Münzer, teólogo da revolução.* Rio de Janeiro, Tempo Brasileiro (1973).
——. *Subjekt-Objekt: Erläuterungen zu Hegel.* Berlim, Aufbau, 1951 (1962); Frankfurt, Suhrkamp (1962).
——. *Das Prinzip Hoffnung.* Frankfurt, Suhrkamp, 1954-1959 (1969). / *Le principe espérance*, 2 vols. Paris, Gallimard (1976 e 1982).
——. "Friedrich Engels als Polyhistor." *Deutsche Zeitschrift für Philosophie*, III, 1955.
——. *Gesantausgabe*, 16 vols. Frankfurt, Suhrkamp, 1959.
——. *Droit naturel et dignité humaine.* Paris, Payot, 1961 (1976).
——. *On Karl Marx.* Nova York, Herder (1971).
Bloch, Ernst et al. *Aestherics and Politics.* Londres, New Left Books; Nova York, distr. Schocken, 1977.
Bloch, Marc. *La société féodale.* Paris, Alkin Michel, 1939. / *La sociedad feudal.* México, Uteha (1958). / *Feudal Society.* Londres, Routledge & Kegan Paul; Chicago, University of Chicago Press (1961).
——. *Slavery and Serfdom in the Middle Ages.* Berkeley e Londres, University of California Press, 1975.
Bloch, Maurice. *Marxist Analyses and Social Anthropology.* Londres, Malaby; Nova York, Wiley, 1975.
Bloom, S.F. *The World of Nations: a Study of the National Implications of the World of Karl Marx.* Nova York, Columbia University Press, 1941.
Bloomfield, J. (org.). *Papers on Class, Hegemony and Party.* Londres, Lawrence & Wishart, 1977.
Blumenberg, Werner. *Karl Kautskys literarisches Werk. Eine bibliographische Übersicht.* Haia, Mouton, 1960.
——. *Karl Marx.* Londres, New Left Books, 1962.
Bobbio, Norberto. "Gramsci e la concezione della società civile", *Gramsci e la cultura contemporanea*; atas do Simpósio Internacional de Estudos Gramscianos, reunido em Cagliari, 23-27 de abril de 1967. Roma, Editori Riuniti, 1969; Milão, Feltrinelli (1976). / "Gramsci e a concepção de sociedade civil", in N. Bobbio, *O conceito de sociedade civil.* Rio de Janeiro, Graal (1982).
Boccara, Paul. *Études sur le capitalisme monopoliste d'État, sa crise et son issue.* Paris, Éd. Sociales, 1973.
——. *Sur la mise en mouvement du capital.* Paris, Éd. Sociales, 1978.
Boccara, Paul (org.). *Le Capitalisme monopoliste d'État.* Paris, Éd. Sociales, 1969 (1976).

Bochenski, I.M. *Der sowjetrussiche dialektische Materialismus*. Berna e Munique, A. Francke, 1950 (1956).

Boggs, C. & D. Plotke (orgs.). *The Politics of Eurocommunism*. Boston, South End Press, 1980.

Böhm-Bawerk, Eugen von. "Zum Abschluss des Marxschen Systems", in O. von Boenigh (org.), *Staatswissenschaftlische Arbeiten: Festgaben für Karl Knies*. Berlim. / *Karl Marx and the Close of his System*, ed. org. por Paul M. Sweezy. Nova York, Augustus M. Kelley (1949); Londres, Merlin (1975).

Bois, Guy. *Crise du féodalisme*. Paris, Éditions d'Études en Sciences Sociales, 1976.

Bonger, Willem A. *Criminality and Economic Conditions*. Boston, Little Brown, 1905 (1916).

Bon F. & M.A. Burnier. "Les intellectuels dans la société", *Les Temps Modernes*, n.241, mai 1966.

——. *Les nouveaux intellectuels*. Paris, Cujas e Seuil (1971), 1966 (1971).

Bonomi, G. *Partito e rivoluzione in Gramsci*. Milão, Feltrinelli, 1973.

Bornheim, Gerd A. *Sartre, metafísica e existencialismo*. São Paulo, Perspectiva, 1971.

——. *Dialética: teoria e práxis*. Porto Alegre, Globo, 1977.

Bornstein, Stephen et al. *The State in Capitalist Europe*. Londres, Allen & Unwin, 1982.

Bortkiewicz, L. von. "Zur Berichtigung der grundlegenden theoretischen Konstruktion von Marx im dritten Band des *Kapitals*". *Jahrbücher für Nationalökonomie und Statistik*, 1907 (1949). / Trad. para o inglês e publicado in Paul Sweezy (org.), "*Karl Marx and the Close of his System*", de Eugen von Böhm-Bawerk, e "*Böhm-Bawerk's Criticism of Marx*", de Rudolf Hilferding, Nova York, Augustus M. Kelley (1949); Londres, Merlin (1972).

——. "Value and Price in the Marxist System." *International Economic Papers*, 1952.

Bosi, Mariangela & Hugues Portelli. *Les PC espagnol, français et italien face au pouvoir*. Paris, Christian Bourgeois, 1976.

Bottigelli, Émille. "Présentation", in K. Marx, *Manuscrits de 1844*. Paris, Éd. Sociales, 1962.

——. "Hegel et le jeune Engels", *Raison Présente*, n.51, 1979.

Bottomore, Thomas B. *Elites and Society*. Londres e Nova York, Penguin, 1966. / *As elites e a sociedade*. Rio de Janeiro, Zahar (1974).

——. *Marxist Sociology*. Londres, Macmillan; Nova York, Holmes & Meier, 1975.

Bottomore, Thomas B. (org.). *Karl Marx*. Oxford, Basil Blackwell; Englewood Cliffs, N.J., Prentice Hall, 1973 (1979). / *Karl Marx*. Rio de Janeiro, Zahar (1981).

Bottigelli, Émille (org.). *Modern Interpretations of Marx*. Oxford, Basil Blackwell, 1981.

Bottomore, Thomas B. & Maximilien Rubel (orgs.). *Karl Marx: Selected Writings in Sociology and Social Philosophy*. Londres, Watts / *Sociologia e filosofia social de Karl Marx*. Rio de Janeiro, Zahar (1964).

Bottomore, Thomas B. & Patrick Goode (orgs.). *Austro-Marxism*. Oxford e Nova York, Oxford University Press, 1978.

Bouchet, P. & R. Guillaumond. *La propriété contre les paysans*. Paris, Éditions du Cerf, 1972.

Bouglé, C. *La sociologie de Proudhon*. Paris, A. Colin, 1912.

Bourderon, Roger. *Le fascisme: idéologie et pratiques (essai d'annalyse comparée)*. Paris, Éd. Sociales, 1979.

Bourdet, Yvon. *Figures de Lukács*. Paris, Anthropos, 1972a.

——. "Rosa Luxemburg et le marxisme antiautoritaire", *L'Homme et la Société*, n.24-25, 1972b.

Bourdet, Yvon (org.). *Otto Bauer et la revolution*. Paris, EDI, 1968.

Bourdet, Yvon & Alain Guillerm. *Clefs pour l'autogestion*. Paris, Seghers, 1977.

Bourdieu, Pierre. *La Distinction*, Paris, Minuit, 1979.

Bourdieu, Pierre & Jean-Claude Passeron. *La reproduction: éléments pour une théorie du système d'enseignement*. Paris, Minuit, 1970. / *A reprodução: elementos para uma teoria do sistema de ensino*. Rio de Janeiro, Francisco Alves (1975). / *Reproduction in Education. Society and Culture*. Londres e Beverley Hills, Sage (1977).

Bourgin, G. "A propos d'Antonio Gramsci", *Cahiers Internationaux*, n.5, mai 1949.

Bourguina, Anna. *Russian Social Democracy: The Menshevik Movement Bibliography*. Stanford, Hoover Institution, 1968.

Bowles, S. "Technical Change and the Profit Rate", *Cambridge Journal of Economics*, vol.5, n.2, 1981.
Bowles, S. & H. Gintis. *Schooling in Capitalist America*. Londres, Routledge & Kegan Paul; Nova York, Basic Books, 1976.
Boyer, Marie-Thérèse. "Salaire réel, part relative des salaires et paupérisation", *Cahiers d'Économie Politique*, n.2, 1975.
Bradley, I. & M. Howard (orgs.). *Classical and Marxian Political Economy*. Londres, Macmillan; Nova York, St. Martin's, 1982.
Brady, Thomas A. *Ruling Class, Regime and Reformation in Strasbourg (1520-1555)*. Leiden, Brill, 1978.
Braga, José Carlos de Sousa & Frederico Mazzucchelli. "Notas introdutórias ao capitalismo monopolista", *Revista de Economia Política*, vol.1, n.2, 1981.
Braunthal, Julius. *Geschichte der Internationale*. Hannover, Dietz, 1961-1971. / *History of the Internationals*. Vols1-2, Londres, Nelson; Nova York, Praeger. Vol.3, Londres, Gollancz; Boulder, Colorado, Westview Press (1966-80).
——. *Otto Bauer: Eine Auswahl aus seinem Lebenswerk*. Viena, Wiener Volksbuchhandlung, 1961.
Braverman, Harry. *Labor and Monopoly Capital: The Degradarion of Work in the Twentieth Century*. Nova York, Monthly Review Press, 1974. / *Trabalho e capital monopolista*. Rio de Janeiro, Zahar (1981).
Bravo, Gian Maria. *Les socialistes avant Marx*, 3 vols. Paris, Maspero, 1979.
Brecher, J. *STRIKE!* São Francisco, Straight Arrow, 1972.
Brecht, Bertolt. *Versuche*, 7 vols. Berlim, Gustav Kiepenheuer, 1930-1932.
——. *Gesammelte Werke*, 4 vols. Londres (Praga), Malik, 1938.
——. *Versuche*, vols. 9-15, ed. org. por Elisabeth Hauptmann. Berlim e Frankfurt, Suhrkamp, 1949-1957.
——. *Treaterarbeit*, exposição ilustrada e discutida das seis primeiras encenações do Berliner Ensemble. Dresden, Dresdner, 1952.
——. *Gesammelte Werke: Stücke*, 10 vols, ed. org. por Elisabeth Hauptmann. Berlim e Frankfurt, Suhrkamp, 1953-1957 (1976).
——. *Versuche*, 2 vols. (fascículos 1-4 e 5-8). Berlim e Frankfurt, Suhrkamp, 1959.
——. *Plays*, ed. org. por Eric Bentley. Nova York, Grove; Londres, Methuen, 1961.
——. *Schriften zum Theater: über eine nicht aristotelische Dramatik*. Berlim e Frankfurt, Suhrkamp, 1963-1964. / *Écrits sur le théâtre*. Paris, L'Arche (1965) (1972). / *Escritos sobre teatro*. Buenos Aires, Nueva Visión (1973). / *Estudos sobre teatro*. Rio de Janeiro, Nova Fronteira (1978).
——. *Brecht on Theater*, ed. org. por John Willett. Nova York, Hill & Wang, 1964.
——. *Schriften zur Literatur un Kunst*. Berlim e Weimar, 1966.
——. *Teatro dialético: ensaios*, ed. org. e intr. por Luís Carlos Maciel. Rio de Janeiro, Civilização Brasileira, 1967.
——. *Schriften zur Politik und Gesellschaft*. Berlim e Weimar, 1968. / *Écrits sur la politique et la société*, Paris, L'Arche (1972).
——. *Collected Plays*, ed. org. por Ralph Mannheim e John Willett. Nova York, Random House, Vintage; Londres, Methuen, 1971.
——. *O teatro de Bertolt Brecht* (trad. parcial de *Stücke*). Rio de Janeiro, Civilização Brasileira, 1977-1978.
——. *Poems 1913-1956*, ed. org. por John Willett e Ralph Mannheim. Nova York, Random House, Vintage; Londres, Methuen, 1976.
——. *Antologia poética*, prefácio e trad. de Edmundo Moniz. Rio de Janeiro, Elo, 1983.
Breines, Paul (org.). *Critical Interruptions: New Left Perspectives on Herbert Marcuse*. Nova York, Herder & Herder, 1970.
Brenner, Hildegard (org.). "Walter Benjamin I", *Alternative*, out-dez, n.56-57. Berlim, Alternative, 1967.
——. "Walter Benjamin II", *Alternative*, abr-jun, n.59-60. Berlim, Alternative, 1967.
Brenner, Robert. "Agrarian Class Structure and Economic Development in Preindustrial Europe", *Past and Present*, n.70, 1976.
——. "The Origins of Capitalist Development, A Critique of Neo-Smithian Marxism", *New Left Review*, n.104, , 1977.
Brewer, Anthony. *Marxist Theories of Imperialism: A Critical Survey*. Londres e Boston, Routledge & Kegan Paul, 1980.
Bricianer, Serge (org.). *Pannekoek et les conseils ouvriers*. Paris, EDI, 1969. / *Pannekoek and the Workers' Councils*. Saint Louis, Missouri, Telos (1978).

Brighton Labour Process Group. "The Capitalist Labour Process", *Capital and Class*, n.1, 1977.
Broccoli, A. *Antonio Gramsci e l'educazione come egemonia*. Florença, La Nuova Italia, 1972.
Brossat, Alain. *Aux origines de la révolution permanente*. Paris, Maspero, 1974.
Broué, Pierre. *Le parti bolchevique: Histoire du PC de l'URSS*. Paris, Minuit, 1963.
Brown, G. *Sabotage*. Nottingham, Spokesman, 1977.
Brown, H. "Rap". *Die, Nigger, Diel*. Nova York, The Dial Press, 1969.
Brown, L.B. (org.). *Psychology in Contemporary China*. Oxford e Nova York, Pergamon, 1981.
Broyelle, C. *La moitié du ciel*. Paris, Denoël, 1973.
Bruhat, J. *Lénine*. Paris, Club du Livre, 1960.
——. *Marx/Engels*. Paris, UGE, 1971.
——. "Pouvoir, Pouvoirs, État en 1871", *Le Mouvement Social*, n.79, abr-jun, 1972.
——. "La Revolution Française, problèmes du passage du féodalisme au capitalisme", *La Pensée*, n.187, mai-jun, 1976.
Brunhoff, Susanne de. *Ver* de Brunhoff, Susanne.
Brus, Wlodzimierz. *The Market in a Socialist Economy*. Londres e Boston, Routledge & Kegan Paul, 1972.
——. *The Economics and Politics of Socialism*. Londres e Boston, Routledge & Kegan Paul, 1973.
——. *Socialist Ownership and Political Systems*. Londres e Boston, Routledge & Kegan Paul, 1975.
Buchanan, Allen E. *Marx and Justice: The Political Critique of Liberalism*. Totowa, N.J., Rowman & Littlefield, 1982.
Buci-Gluckman, Christine. *Gramsci et l'État*. Paris, Fayard, 1975. / *Gramsci and the State*. Londres, Lawrence & Wishart (1979). / *Gramsci e o Estado*. Rio de Janeiro, Paz e Terra (1980).
——. "Pour um eurocomunisme de gauche" in *Changer le PC?*. Paris, PUF, 1979.
Buck-Morss, Susan. *The Origin of Negative Dialectics*. Brighton, Harvester; Nova York, Free Press, 1977.
Bukharin, Nicolai I. *L'économie mondiale et l'impérialisme*. Paris, Antrops, 1917-1918 (1967). / *O imperialismo e a economia mundial*. Rio de Janeiro, Laemmert (1969). / *Imperialism and World Economy*. Londres, Merlin, Nova York, Monthly Review Press (1972) (1973).
——. *Economic Theory of the Leisure Class*. Londres, Martin Lawrence; Nova York, International Publishers, 1919 (1972). / *L'économie politique du rentier: critique de l'économie marginaliste*. Paris, EDI (1972).
——. *Economics of the Transformation Period*. Nova York, Bergman, 1920 (1971). / *L'économie de la période de transition*. Paris, EDI (1976).
——. *Theorie des Historischen Materialismus*. Hamburgo, 1921 (1922). / *La théorie du matérialisme historique: manuel populaire de sociologie marxiste*. Paris, Anthrops (1922) (1967). / *Historical Materialism: A System of Sociology*. Nova York, International Publishers (1925); Londres, Allen & Unwin (1926); Ann Arbor, University of Michigan Press (1969) / *Tratado de materialismo histórico*. Rio de Janeiro, Laemmert (1970).
——. "Un extrait du manuel populaire de sociologie marxiste", *L'Homme et la Société*, n.2 (1966).
——. "Imperialism and the accumulation of capital", in R. Luxemburg & M. Bukharin, *Imperialism*. Londres, Allen Lane; Nova York, Monthly Review Press, 1924-1925 (1972). / *L'impérialisme et l'accumulation du capital*. Paris, EDI (1975).
Bukharin, Nicolai & E.A. Preobrajenski. *L'ABC du communisme*. Paris, Maspero, 1919 (1963). / *ABC of Communism*. Londres e Baltimore, Penguin (1969). / *ABC do comunismo*. São Paulo, Global (1980) (juntamente com *Princípios do comunismo*, de F. Engels, num mesmo volume).
Bukharin, Nikolai, et al. *Science at the Crossroads*. Londrs, Frank Cass, 1931 (1971).
Bullock, Chris & David Peck. *Guide to Marxist Literary Criticism*. Bloomington, Indiana University Press, 1980.
Burawoy, M. "Towards a Marxist Theory of the Labour Process: Braverman and Beyond", *Politics and Society*, vol.8, ns.3-4, 1978.
Burkett, Paul. "Value and Crisis, Essays on Marxian Economics in Japan. A Review", *Review of Radical Political Economics*, 1983.

Burnham, James. *The Managerial Revolution.* Londres, Putnam; Nova York, John Day, 1943.
Burns, A.F. *The Business Cycle un a Changing World.* Nova York, Columbia University Press, 1969.
Buzzi, A.R. *La théorie politique d'Antonio Gramsci.* Louvain, Mauwelaerts, 1967.
Cabral, Amilcar. *Revolution in Guinea: Na African People's Strugie.* Londres, Stage 1, 1969; Nova York, Monthly Review Press (1970).
Cahen, Claude. "A propos de la discussion sur la feodalité", *La Pensée,* n.68, jul-ago 1956.
Cain, Maureen & Alan Hunt (orgs.). *Marx and Engels on Law.* Londres e Nova York, Academic Press, 1979.
Calamandrei, F. "Sul onvegno gramsciano di Cagliari", *Critica Marxista,* n.2, 1967a.
——. "L'iniziativa política del partito rivoluzionario da Lenin a Gramsci e Togliatti", *Critica Marxista,* n.4 e 5, 1967b.
Callinicos, Alex. *Althusser's Marxism.* Londres, Pluto, 1976.
Calvez, Jean-Yves. *La pensée de Karl Marx.* Paris, Seuil, 1959.
Cambareri, Severino. "Il concetto di egemonia nel pensiero di Gramsci", in *Studi gramsciani.* Roma, Riuniti, 1959 (1969).
"Maurice Dobb Memorial Issue", *Cambridge Journal of Economics,* vol.2, n.2, 1978.
Cambridge Women's Studies Group (org.). *Women in Society.* Londres, Virago, 1981.
Cammet, J.M. *Antonio Gramsci and the origins of italian communism.* Califórnia, Stanford University Press, 1967.
Canclini, Néstor García. *Arte popular y sociedad em América Latina.* México, Grijalbo, 1977. / *A socialização da arte: teoria e prática na América Latina.* São Paulo, Cultrix (1980).
Cândido, Antônio. *Literatura e sociedade.* São Paulo, Companhia Editora Nacional, 1965 (1976).
Capogrossi, Luigi & Andrea Giardina & Aldo Schiavone (orgs.). *Analisi marxista e società antiche.* Roma, Riuniti, Instituto Gramsci, 1978.
Caracciolo, A. & G. Scalia (orgs.). *La città futura.* Milão, Feltrinelli, 1959.
Carchedi, Guglielmo. *On the Economic Identification of Social Classes.* Londres, Routledge & Kegan Paul, 1977.
Cardoso, Ciro Flamarion. "Los modos de producción coloniales, estado de la cuestión y perspectiva teórica", *Historia y Sociedad,* n.5, 1975.
Cardoso, Ciro Flamarion & Héctor Pérez Brignoli. *Os métodos da história.* Rio de Janeiro, Graal, 1979.
Cardoso, Fernando Henrique. *Mudanças sociais na América Latina.* São Paulo, Difusão Europeia do Livro, 1969.
——. "'Teoria da dependência' ou análise concreta de situações de dependência", *Estudos Cebrap,* n.1, 1971.
——. "Althussérisme ou marxisme? A propos du concept de classe chez Poulantzas", *L'Homme et la Société,* n.24-25, 1972. / "Althusserianismo ou marxismo? A propósito do conceito de classe em Poulantzas, comentários", *Estudos Cebrap,* n.3 (1973).
——. "Estado capitalista e marxismo", *Estudos Cebrap,* n.21, 1977.
Cardoso, Fernando Henrique & Enzo Faletto. *Dependencia y desarrollo en América Latina.* México, Siglo XXI (1970) (1971). / *Dependency and Development in Latin America.* Berkeley, University of California Press (1979). / *Dependência e desenvolvimento na América Latina.* Rio de Janeiro, Zahar, 1970 (1984, 7ª ed.).
Cardoso, Miriam Limoeiro, *La ideología dominante.* México, Siglo XXI, 1975 / *Ideologia do desenvolvimento: Brasil, JK-JQ.* Rio de Janeiro, Paz e Terra (1978).
——. *La construcción de conocimientos.* México, Era, 1977.
Carlebach, Julius. *Karl Marx and the Radical Critique of Judaism.* Londres e Boston, Routledge & Kegan Paul, 1978.
Carmichael, Stokley & C. Hamilton. *Black Power: The Politics of Liberation in America.* Nova York, Random House, 1969.
Carr, Edward Hallet. *Michael Bakunin.* Londres, Macmillan, 1937; Nova York, Octagon Books (1975).
——. *The Bolshevik Revolution 1917-1923.* Londres, Penguin; Nova York, Macmillan, 1950-1953 (1966). / *La révolution bolchevique,* 3 vols. Paris, Minuit (1969-1974). / *A Revolução Russa de Lenin a Stalin, 1917-1923* (Trad. da ed. ingl. resumida pelo autor). Rio de Janeiro, Zahar (1981).

——. *Stalin*, vol.I. de *Socialism in One Country, 1924-1926*. Londres e Nova York, Macmillan, 1958.

Carrère d'Encausse, Hélène. *L'Empire éclaté: la révolte des nations en URSS*. Paris, Flammarion, 1978.

Carrère d'Encausse, Hélène & Stuart Schram. Le *marxisme et l'Asie*. Paris, A. Colin, 1965. / *Marxism and Asia*. Londres, Allen & Lane (1969).

Carrillo, Santiago. *Eurocomunismo y Estado*. Barcelona, Crítica, 1977. / *Eurocommunism and the State*. Londres, Lawrence & Wishart (1977); Westport, Conn., Lawrence Hill (1978). / *L'eurocomunisme et l'État*. Paris, Flammarion (1977). / *O eurocomunismo e o Estado*. São Paulo, Difel (1978).

Carsten, Francis, L. *The Rise of Fascism*. Londres, Batsford; Berkeley, University of California Press, 1967.

Cartelier, Jean. *Sur produit et reproduction: la formation de l'économie politique classique*. Paris e Grenoble, PUG-Maspero, 1976.

Caruso, Igor A. "Psychanalyse et société, de la critique de l'idéologie à l'auto-critique", *L'Homme et la Société*, n.11, 1969. / "Psicoanálisis y sociedad, de la crítica de la ideología a la autocrítica", *Cuadernos Anagrama*, ns.18-19 (1971).

Carver, Terrel. *Engels*. Oxford e Nova York, Oxford University Press, 1981.

——. "The 'Guiding Threads' of Marx and Darwin", *Political Theory*, n.10, 1982.

——. *Marx and Engels: The Intellectual Relationship*. Brighton, Harvester, 1983.

Casimir, Jean. *La cultura oprimida*. México, Nueva Omega, 1981.

Cassano, Franco. *Marxismo e filosofia in Italia*. Bari, De Donato, 1973.

Castells, Manuel. *La question urbaine*. Paris, Maspero, 1972. / *La cuestión urbana*. Madri, Siglo XXI (1974 e 1979). / *The Urban Question*. Londres, Edward Arnold; Cambridge, Mass., MIT (1977).

Castoriadis, Cornélius. *L'expérience du mouvement ouvrier*, coleção 10/18. Paris, UGE, 1974.

Catalano, F. "Intellettuali e popolo in Gramsci", *Quarto Stato*, n.10-11, 1949.

Caudwell, Christopher. *The Concept of Freedom*. Londres, Lawrence & Wishart, 1965. / *O conceito de liberdade*. Rio de Janeiro, Zahar (1970).

Caute, D. *The Left in Europe since 1789*. Londres, Weidenfeld & Nicholson, 1966.

Cavailhès, Jean. "L'analyse léniniste de la décomposition de la paysannerie", *Critiques de l'Économie Politique*, n.23, 1976.

Cencini, Alvaro & Bernard Schmitt. *La pensée de Karl Marx: critique et synthèse*, vol.I: *La valeur*. Albeuve, Castella, 1976.

Centre d'Études et de Recherches Marxistes (Cerm). *Sur le mode de production asiatique*, intr. de Roger Garaudy. Paris, Éd. Sociales, 1969. / *O modo de produção asiático*. Lisboa, Seara Nova (1974).

——. *Sur les sociétés pré-capitalistes*, ed. org. por M. Godelier. Paris, Éd. Sociales, 1970.

——. *Sur le féodalisme*. Paris, Éd. Sociales, 1974a. / *Sobre o feudalismo*. Lisboa, Estampa (1978).

——. *Lénine et la pratique scientifique*. Paris, Éd. Sociales, 1974b.

Cerroni, Umberto. "Gramsci e il superamento della separazione tra società e Stato", in *Studi gramsciani*. Roma, Riuniti, 1959 (1965).

——. *Marx e Il diritto moderno*. Roma, Riuniti, 1962.

——. "Per una teoria del partito político", *Critica Marxista*, n.5-6, set-dez 1963.

Chacon, Vamireh. "Jornada entre heréticos (com Bloch, Lukács e Dubsky)", *Tempo Brasileiro*, n.17-18, 1968.

——. "A herança de Hegel", *Tempo Brasileiro*, n.25, 1970.

Chacon, Vamireh (org.). *Marcuse: materialismo histórico e existência*. Rio de Janeiro, Tempo Brasileiro, 1968.

Chaloner, William H. & William O. Henderson (orgs.). *Engels as Military Critic*. Manchester, Manchester University Press, 1959; Westport, Conn., Greenwood (1976).

Chambre, H.. *L'évolution du marxisme soviétique: théorie économique et droit*. Paris, Seuil, 1974.

Charles Fourier, núm. esp. da revista *Autogestion et Socialisme*, n.20-21, set-dez 1972.

Chattopadhyaya, Debirprasad. *Indian Atheism: A Marxist Approach*. Nova Delhi, People's Publishing House, 1969 (1980).

——. "Social Function of Indian Idealism", in Barun De et al. (orgs.), *Essays in Honour of Professor S.C. Sarkar*. Nova Delhi, People's Publishing House, 1976.

Chauí, Marilena. *Cultura e democracia*. São Paulo, Moderna, 1980.

Chesnaux, Jean et al. *El modo de producción asiático*. México, Grijalbo, 1969.

Chesnokov, D.I. *Historical Materialism*. Moscou, 1969.

Chiarini, Paolo. *Bertolt Brecht*. Bari, Laterza, 1959. / *Bertolt Brecht*. Rio de Janeiro, Civilização Brasileira (1967).

Childe, V. Gordon. *Man Makes Himself*. Londres, C.A. Watts, 1936; Nova York, Oxford University Press (1939). / *A evolução cultural do homem*. Rio de Janeiro, Zahar (1966).

——. *What Happened in History*. Londres, Penguin 1942 (1954); Nova York, Penguin (1966). / *O que aconteceu na história?* Rio de Janeiro, Zahar (1981).

——. *History*. Londres, Cobbett, 1947.

——. *Prehistoric Migrations in Europe*. Londres, Routledge & Kegan Paul; Cambridge, Mass., Harvard University Press, 1950.

——. *Social Evolution*. Nova York, Schuman; Londres, Watts, 1951.

Chlebowczyk, Jozef. *On Small and Young Nations in Europe: Nation-forming Processes in Ethnic Borderlands in East-Central Europe*. Wroclaw, Polish Historical Society, 1980.

Cieszkowski, A. *Prolegomena zur Historiosophie*. Berlim, Veit, 1838.

Cirese, A.M. "Concezione del mondo, filosofia, folclore", in *Gramsci e la cultura contemporânea*. Roma, Riuniti, 1970.

Clark, Joseph. "Marx and the Jews: Another View", *Dissent*, vol.28, 1981.

Clarke, Dean H. "Marxism, Justice and the Justice Model", *Contemporary Crises*, n.2, p.27-62, 1978.

Clarke, Simon. "Marxism, Sociology and Poulantzas's Theory of the State", *Capital and Class*, n.2, 1977.

——. "Althusserian Marxism", in S. Clarke et al., *One-Dimensional Marxism*, 1980.

Clarke, Simon & N. Ginsberg. "The Political Economy of Housing", *Kapitalistate*, n.4 e 5, verão 1976.

Clarke, Simon et al. *One-Dimensional Marxism*. Londres, Allison & Busby; Nova York, distr. Schocken, 1980.

Clarkson, S. *The Soviet Theory of Development*. Londres, Macmillan, 1979; Toronto e Buffalo, University of Toronto Press.

Claude, H. *Les multinationales et l'impérialisme*. Paris, Éd. Sociales, 1978.

Claudín, Fernando. *La crisis del movimiento comunista*. Paris, Ruedo Ibérico, 1970./. *La crise du mouvement communiste, du Komintern au Kominform*; com prefácio de Jorge Semprum. Paris, Maspero (1972). / *The Communist Movement: From Comintern to Cominform*. Londres, Penguin; Nova York, Monthly Review Press (1975).

——. "La experiencia colonial", in F. Claudín, *La crisis del movimiento comunista*, 1970. / "A experiência colonial", in T. Santiago (org.), *Descolonização*. Rio de Janeiro, Francisco Alves (1977).

——. *Marx, Engels y la Revolución de 1848*. Madri e México, Siglo XXI, 1975.

——. *Eurocomunismo y socialismo*. Madri, Siglo XXI, 1977 (5ª ed., 1978). / *L'eurocommunisme*. Paris, Maspero (1977). / *Eurocommunism and Socialism*. Londres, New Left (1979).

Cleaver, Eldridge *Soul on Ice*. Nova York, Dell, 1969.

Cliff, Tony. *Russia: A Marxist Analysis*. Londres, International Socialism, 1964.

——. *State Capitalism in Russia*. Londres, Pluto, 1974.

——. *Lenin*, 4 vols. Londres, Pluto, 1975-1979.

Clifton, James. "Competition and the Evolution of the Capitalist Mode of Production", *Cambridge Journal of Economics*, vol.1, n.2, 1977.

Coakley, Jerry. "Finance Capital", *Capital and Class*, n.17, 1982.

Coates, K. *The Case of Nikolai Bukharin*. Nottingham, Spokesman, 1978.

Coelho de Souza, Alberto. "Ciência e ideologia em Althusser", *Tempo Brasileiro*, n.23-24.

Cogniot, G. "Le vrai Proudhon", *La Pensée*, n.81, set 1958.

——. *Présence de Lénine*. Paris, Éd. Sociales, 1970.

Cohen, Arthur A. *The Communism of Mao Tse-Tung*. Chicago e Londres, University of Chicago Press, 1964.

Cohen, Gerald A. *Karl Marx's Theory of History: A Defence*. Oxford, Clarendon; Princeton, Princeton University Press, 1978.

——. "The Structure of Proletarian Unfreedom", *Philosophy and Public Affairs*, 12, n.4, 1983.

Cohen, Marshall & Thomas Nagel & Thomas Scanlon (orgs.). *Marx, Justice and History.* Princeton, Princeton University Press, 1980.

Cohen, R.S. & R.J. Seeger (orgs.). *Ernst Mach, physicist and philosopher.* Dordrecht, Reidel, 1970.

Cohen, Stephen F. *Bukharin and the Bolshevik Revolution: A Political Biography, 1888-1938.* Londres, Wildwood House; Nova York, Knopf, 1974. / *Nicholas Boukharine, la vie d'un bolchevik.* Paris, Maspero (1979).

Cole, G.D.H. *A History of Socialist Thought,* 5 vols. Londres, Macmillan; Nova York, St. Martin's, 1889-1914 (1956).

——. *The World of Labour.* Londres, Bell, 1913; Brighton, Harvester; Nova York, Barnes & Noble (1973).

——. *Self-government in Industry.* Londres, Bell, 1917; Londres, Hutchinson; Nova York, Arno (1971).

Collet, C. & X. Smith (orgs.). *La contre-révolution bureaucratique: textes de K. Korsch, O. Ruhle, A. Pannekoek,* coleção 10/18. Paris, UGE, 1973.

Colletti, Lucio. *Il marxismo e Hegel.* Bari, Laterza, 1969a. / *Le marxisme et Hegel.* Paris, Champ Libre (1969). / *Marxism and Hegel.* Londres, New Left (1973); Nova York, distr. Shocken (1979).

——. *From Rousseau to Lenin.* Londres, New Left, 1969b (1972); Nova York, Monthly Review Press (1973). / *De Rousseau à Lenine.* Paris, Londres e Nova York, Gordon & Breach (1972).

——. *Ideologia e società.* Bari, Laterza, 1970.

——. "Bernstein et le marxisme de la IIe Internationale", in L. Coletti, *De Rousseau à Lenine.* Paris, Londres; Nova York, Gordon & Breach, 1972.

——. "Introduction", in Karl Marx, *Early Writings.* Londres, Penguin; Nova York, Vintage, 1975a.

——. "Marxism and the Dialectic", *New Left Review,* n.93, 1975b.

Collins, Henry & Chimen Abramsky. *Karl Marx and the British Labour Movement: Years of the First International.* Londres, Macmillan; Nova York, St Martin's, 1965.

Colliot-Thélène, Catherine. "Contribution à une analyse des classes sociales, us et abus de la notion de travail productif", *Critiques de l'Économie Politique,* n.19, jan-mar, 1975.

Comby, Louis. *Léon Trotsky.* Paris, Masson, 1976.

Conquest, Robert. *The Great Terror: Stalin's purge of the thirties.* Londres, Macmillan, 1968. / *La grande terreur: les purges staliniens des années trente.* Paris, Stock (1970).

Coontz, Sydney H. *Population Theories and the Economic Interpretation.* Londres, Routledge & Kegan Paul; Nova York, Humanities, 1957.

Copans, Jean. *Critiques et politiques de l'anthropologie.* Paris, Maspero, 1974.

Copans, Jean (org.). *Anthropologie et imperialism.* Paris, Maspero, 1975.

Coriat, Benjamin. *L'atelier et le chronometer.* Paris, Christian Bourgeois, 1979.

——. "The Restructuring of Assembly Line, the New Economy of Time and Control", *Capital and Class,* n.11, 1980.

Cornu, Auguste. *La jeunesse de Karl Marx.* Paris, PUF, 1934.

——. *Karl Marx et la Révolution de 1848.* Paris, PUF, 1948a.

——. *Karl Marx et la pensée moderne.* Paris, Éd. Sociales, 1948b.

——. *Essai de critique marxiste.* Paris, Éd. Sociales, 1949.

——. *Karl Marx et Friedrich Engels: leur vie et leur oeuvre,* 4 vols. Paris, PUF, 1958-1970.

——. "La participation de Friedrich Engels à l'elaboration du matérialisme historique", *La Pensée,* n.153, out 1970.

Corrigan, Philip & Harvie Ramsay & Derek Sayer. *Socialist Construction and Marxist Theory: Bolshevism and Its Critique.* Nova York e Londres, Macmillan, 1978.

Couffignal, Georges. *Les syndicats italiens et la politique.* Grenoble, PUG, 1979.

Coulson, M. & B. Magas & H. Wainwright "The Housewife and her Labour under Capitalism, A Critique", *New Left Review,* n.89, 1975.

Cousin, Michel. "Pauvreté et paupérisation, notes sur l'urgence d'un débat", *Critiques de l'Économie Politique,* n.23, 1976.

Coutinho, Carlos Nélson. "Do existencialismo à dialética, a trajetória de Sartre", *Estudos Sociais,* n.18, nov 1963.

——. *Literatura e humanismo.* Rio de Janeiro, Civilização Brasileira, 1967.

——. *O estruturalismo e a miséria da razão.* Rio de Janeiro, Paz e Terra, 1972.

——. "A democracia como valor universal", *Encontros com a Civilização Brasileira*, n.9, mar 1979a.

——. "Cultura e democracia no Brasil", *Encontros com a Civilização Brasileira*, n.17, nov 1979b.

——. *Gramsci*. Porto Alegre, L & PM, 1981.

Cowling, K. *Monopoly Capitalism*. Londres, Macmillan; Nova York, Halsted, 1982.

Cox, Oliver Cromwell. *Caste, Class and Race*. Nova York e Londres, Monthly Review Press, 1948 (1970).

Critiques de l'Économie Politique, núm. esp. 7-8. Paris, Maspero, 1979.

Critique sociologique et critique psychanalitique, 1970. (Colóquio organizado pelo Institut de Sociologie de l'Université Libre de Bruxelles e pela École Pratique des Hautes Études de Paris em dezembro de 1965). Bruxelas, Éditions de l'Institut de Sociologie de Université Libre de Bruxelles.

Crook, W.H. *The General Strike*. Chapel Hill, North Carolina University Press, 1931.

Crosland, C.A.R. *The Future of Socialism*. Londres, Jonathan Cape, 1956; Nova York, Macmillan (1957).

Cueva, Agostín. "La concepción marxista de las clases sociales", *Debate e Crítica*, n.3, jul 1974.

Cummins, Ian. *Marx, Engels and National Movements*. Londres, Croom Helm; Nova York, St Martin's, 1980.

Cutler, A. et al. *Marx's "Capital" and Capitalism Today*. Londres e Boston, Routledge & Kegan Paul, 1977. / *"O Capital" de Marx e o capitalismo de hoje*. Rio de Janeiro, Zahar (vol.I, 1980; vol.II, 1981).

Dalla Costa, M. (org.). *The Power of Women and the Subversion of the Community*. Bristol, Falling Wall, 1973.

Dallemagne, Jean-Luc. "Formes de la valeur et développement inégal", *Critiques de l'Économie Politique*, n.4-5, 1971.

Dal Pane, Luigi. *Antonio Labriola: la vita e Il pensiero*. Edizioni Roma, 1935.

Dal Pra, M. *La dialettica in Marx*. Bari, Laterza, 1965.

Dandois, B. *Entre Marx et Bakounine: Cesar de Paepe (correspondance)*. Paris, Maspero, 1974.

Dangeville, Roger. "Marx et la Russie, lettres de Marx à Vera Zassoulitch", *L'Homme et la Société*, n.5, 1965.

——. *Marx critique de Malthus*. Paris, François Maspero, 1978.

Dangeville, Roger (org.). *Karl Marx, Friedrich Engels et le syndicalysme*. Paris, Maspero, 1964.

Daniel, G. *A Hundred and Fifty Years of Archaeology*. Cambridge, Mass., Harvard University Press; Londres, Duckworth, 1976.

Daniel, G. (org.). *Towards a History of Archaeology*. Londres, Thames & Hudson; Nova York, Norton, 1981.

d'Ástier, Emmanuel. *Sur Staline*. Paris, UGE, 1960.

Da Togliatti alla nuova sinistra, Quaderno 5 de Il Manifesto. Roma, 1976.

Davidson, A. *Antonio Gramsci: the man, his ideas*. Sídnei, Australian Left Review, 1968.

——. *Antonio Gramsci: Towards an Intellectual Biography*, Londres, Merlin; Atlantic Highlands, N.J., Humanities, 1977.

Davidson, Basil. *Which Way Africa? The Search for a New Society*, Londres e Baltimore, Penguin, 1967.

Davis, Angela et al. *If they come in the morning*. Nova York, NCUFAD, 1971.

Davis, Horace Bancroft 1967, *Nationalism and Socialism: Marxist and Labour Theories of Nationalism to 1917*. Nova York e Londres, Monthly Review Press.

Davis, Horace Bancroft (org.). *The National Question: Selected Writings by Rosa Luxemburg*. Nova York e Londres, Monthey Review Press, 1976.

Day, R.B. *Leon Trotsky and the Politics of Economic Isolation*. Cambridge e Nova York, Cambridge University Press, 1973.

——. "Preobrazhensky and the Theory of the Transition Period", *Soviet Studies*, 8, n.2, abr 1975.

Dayan-Herzbrun, Sonia. "Nationalisme et socialisme chez Ferdinand Lassalle", *L'Homme et la Societé*, n.5, 1967.

Dear, M. & A. Scott (orgs.). *Urbanization and Urban Planning in Capitalist Societies*. Londres e Nova York, Methuen, 1981.

de Beauvoir, Simone. *Pour une morale de l'ambigüité*. Paris, Gallimard, 1947 (1964). / *The Ethics of Ambiguity*. Nova York, Citadel (1964).

Deborin, Alexander M. *Ludwig Feuerbach: personalidade e visão de mundo* (em russo). Moscou, 'Materialist' Publishing House, 1923.

——. *Lenin, der Kämpfende Materialist.* Frankfurt, Makol, 1924 (1971).

Debray, Régis. *Les procès de Moscou: comptes rendus des procès staliniens.* Paris, Julliard, 1964.

——. *Le pouvoir intellectuel en France.* Paris, Ramsay, 1979.

de Brunhoff, Susanne. *La monnaie chez Marx.* Paris, Ed. Sociales, 1967 (1973). / *Marx on Money.* Nova York, Urizen; Londres, Pluto (1976). / *A moeda em Marx.* Rio de Janeiro, Paz e Terra (1978).

——. *État et capital.* Paris, Maspero; Grenoble, PUG, 1976. / *The State, Capital and Economic Policy.* Londres, Pluto (1978). / *A política monetária.* Rio de Janeiro, Paz e Terra (1980).

——. "Marchandise et monnaie dans les *Théories de la plusvalue*", in F.-R. Mahieu et al., *Marx et l'économie politique: essais sur les "Théories de la plus-value"*, Paris, Maspero; Grenoble, PUG, 1977.

——. *Les rapports d'argent.* Paris, Maspero; Grenoble, PUG, 1979.

de Felice, Franco. "Questione meridionale e problema dello Stato in Gramsci", *Rivista Storica del Socialismo*, vol.IX, n.27, 1966.

de Felice, Renzo (org.). *Antologia sul fascismo.* Bari, Laterza, 1976.

de Giovanni, B. et al. *Egemonia, Stato, partito in Gramsci.* Roma, Riuniti, 1977

de Janury, A. & F. Kramer. "The Limits of Unequal Exchange", *Review of Radical Political Economics*, 11, n.4, 1971.

Degras, Jane (org.). *The Communist International 1919-1943: Documents*, 3 vols. Londres, Oxford University Press, 1956-1965.

Deleplace, Ghislain. *Théories du capitalisme: une introduction.* Paris, Maspero; Grenoble, PUG, 1979.

Della Volpe, Galvano. *Logica come scienza positiva.* Roma, Einaudi, 1950 (1969). / *Logic as a Positive Science.* Londres, New Left; Nova York, distr. Schocken (1980).

——. *Rousseau e Marx.* Roma, 1957 (1964). / *Rousseau and Marx.* Londres, Lawrence & Wishart (1978); Atlantic Highlands, N.J., Humanities.

——. *Logica come scienza storica.* Roma, Einaudi, 1969. / *La logique comme science historique.* Bruxelas, Complexe (1977).

——. *Teoria marxista dell' emancipazione umana.* Roma, Riuniti, 1974.

Delphy, C. *The Main Enemy.* Londres, Women's Research and Resources Centre, 1977.

Demetz, Peter. *Marx, Engels and the Poets: Origins of Marxist Literary Criticism.* Chicago e Londres, University of Chicago Press, 1967.

Denis, Henri. *La monnaie.* Paris, Éd. Sociales, 1951.

——. "Marchés nouveaux et accurnulation du capital", *L'Homme et la Société*, n.22, 1971.

de Paula, João Antônio. "Ensaio sobre a atualidade da lei do valor", *Revista de Economia Política*, vol.4, n.2, 1984.

Desai, Meghnan. *Marxian Economics.* Oxford, Basil Blackwell; Totowa, N.J. Rowman & Littlefield, 1979. / *Economia marxista.* Rio de Janeiro, Zahar (1984).

Desanti, D. *Les socialistes de l'utopie.* Paris, Payot, 1970.

Desanti, J.T. "Gramsci, fonctionnaire de l'humanité", *La Pensée*, n.78, mar-abr 1958a.

——. "Antonio Gramsci, militant et philosophe", *Cahiers Intematiaunaux*, n.93, fev 1958b.

Desroche, Henri. *Socialismes et sociologie religieuse.* Paris, Cujas, 1965.

——. *Le projet coopératif.* Paris, Éditions Ouvrières, 1976.

de Ste. Croix, G.E.M. *The Class Struggle in the Ancient Greek World.* Londres, Duckworth, 1981; Ithaca, N.Y., Cornell University Press (1982).

Deutscher, Isaac. *Stalin: A Political Biography.* Londres e Nova York, Oxford University Press, 1949 (1966). / *Staline.* Paris, Gallimard (1953). / *Stalin, a história de uma tirania.* Rio de Janeiro, Civilização Brasileira (1970).

——. *Soviet Trade Unions.* Londres, Royal Institute of International Affairs, 1950.

——. *The Prophet Armed: Trotsky (1879-1921).* Londres e Nova York, Oxford University Press, 1954. / *Trotski: o profeta armado.* Rio de Janeiro, Civilização Brasileira (1968).

——. *Heretics and Renegades and other essays.* Londres, Cape; Indianapolis, Bobbs-Merrill, 1955 (1969).

——. *The Prophet Unarmed: Trotsky (1921-1929).* Londres e Nova York, Oxford Uni-

versity Press, 1959. / *Trotski: o profeta desarmado*. Rio de Janeiro, Civilização Brasileira (1968).
——. *The Profet Outcast: Trotsky (1929-1940)*. Londres e Nova York, Oxford University Press, 1963. / *Trotski: o profeta banido*. Rio de Janeiro, Civilização Brasileira (1968).
——. *Trotsky*, 3 vols. Paris, Julliard (1962-1965).
——. *Ironies of History*. Londres, Oxford University Press, 1964a (1966). / *Ironias da história*. Rio de Janeiro, Civilização Brasileira (1968).
——. "On Internationals and Internationalism", in I. Deutscher, *Marxism in our Time*. Londres, Cape; Berkeley, Calif., Ramparts Press, 1964b (1971).
——. *L'enfance de Lénine*. Paris, Payot (1971).
Diamond, Stanley. "Anthropology in Question", in Dell Hymes (org.), *Reinventing Anthropology*. Nova York, Pantheon, 1972.
——. *In Search of the Primitive: A Critique of Civilization*. New Brunswick, N.J., Transaction, 1981.
——. *Dahomey: Transition and Conflit in State Formation*. South Hadley, Ma., J.E. Bergin, 1983.
Diamond, Stanley (org.). *Toward a Marxist Anthropology*. Haia, Mouton, 1979.
Dias, Edmundo Fernandes. "Cultura, política e cidadania na produção gramsciana de 1914 a 1918", *Educação e política: Gramsci e o problema da hegemonia, Cadernos do Cedes*, n.3, 1983.
Dimitroff, G. *Arbeiterklasse gegen Faschismus*. Regenburg, Union, 1972.
Dirlik, Arif. *Revolution and History: The Origins of Marxist Historiography in China 1919-1937*. Berkeley e Londres, University of California Press, 1978.
Djilas, Milovan. *The New Class*. Londres, Thames & Hudson; Nova York, Praeger, 1957. / *La nouvelle classe*. Paris, Plon (1957).
Dmitriev, V.K. *Economia Essays on Value Competition and Utility*. Cambridge e Nova York, Cambridge University Press, 1964 (1974).
Dobb, M.H. *Capitalist Enterprise and Social Progress*. Londres, Roulledge & Kegan Paul, 1925; Westport, Conn., Hyperion (1980).
——. *Wages*. Cambridge, Cambridge University Press, 1928 (1946.) / *Os salários*. São Paulo, Cultrix, s.d.
——. *Political Economy and Capitalism*. Londres, Routledge & Kegan Paul, 1937; Westport, Conn., Greenwood (1972). / *Economia política e capitalismo*. Rio de Janeiro, Graal (1978).
——. *Studies in the Development of Capitalism*. Londres, Routledge & Kegan Paul; Nova York, International Publishers, 1946 (1963). / *Evolução do capitalismo*. Rio de Janeiro, Zahar (1981).
——. *Soviet Economic Development since 1917*. Londres, Routledge & Kegan Paul, 1947.
——. *On Economic Theory and Socialism*. Londres, Routledge & Kegan Paul, 1955.
——. *An Essay on Economic Grouth and Planning*. Londres, Routledge & Kegan Paul, 1960.
——. "Randon Biographical Notes", *Cambridge Journal of Economics*, vol.2, n.2, 1965 (1978).
——. *Welfare Economics and the Economics of Socialism*. Cambridge, Cambridge University Press, 1969.
——. *Socialist Planning: Some Problems*. Londres, Lawrence & Wishart, 1970a.
——. "The Sraffa System and Critique of the Neo-classical Theory of Distribution", *The Economist*, n.118, 1970b.
——. *Theories of Value and Distribution since Adam Smith*. Cambridge e Nova York, Cambridge University Press, 1973.
Dockès, Pierre. *La libération medieval*. Paris, Flammarion, 1979. / *Medieval slavery and liberation*. Londres, Methuen; Chicago, University of Chicago Press (1982).
Documents of the First International, vols.1-5. Londres, Lawrence & Wishart , 1963-1968.
Documents of the Fourth International: The Formative Years (1933-1940). Nova York, Pathfinder, 1973.
Dolgoff, Sam (org.). *Bakunin on Anarchy*. Nova York, Vintage, 1971.
Dollé, J.-P. *Le désir de revolution*. Paris, Grasset, 1972.
Domhoff, G. William. *Who Rules America?* Englewood Clifs, N.J., Prentice Hall, 1967.
Dommanget, Maurice. *Les idées politiques et sociales d'Auguste Blanqui*. Paris, M. Rivière, 1957.
Dore, Elizabeth & John Weeks. "Class Alliances and Class Struggle in Peru", *Latin American Perspective*, 4, n.3, 1977.

——. "International Exchange and the Causes of Backwardness", *Latin American Perspectives*, 4, n.2, 1976a.

——. "International Exchange and the Causes of Backwardness", *Latin American Perspectives*, 6, n.2, 1976b.

Domemann, L. *Jenny Marx*, Berlim, 1954.

Dostaler, Gilles. *Marx, la valeur et l'économie politique*. Paris, Anthropos, 1978a.

——. *Valeur et prix: histoire d'un débat*. Paris, Maspero; Grenoble, PUG, 1978b.

Dowbor, Ladislau. *Introdução teórica à crise*. São Paulo, Brasiliense, 1981.

——. *O que é capital*. São Paulo, Brasiliense, 1982.

Draper, Hal. "Marx and the Dictatorship of the Proletariat", *Cahiers de l'Institut de Science Économique Appliquée*, n.129, 1962.

——. *Karl Marx's Theory of Revolution*, 2 vols. Nova York e Londres, Monthly Review Press, 1977.

Droz, Jacques. *Le socialisme démocratique (1864-1960)*. Paris, A. Colin, 1966.

Droz, Jacques (org.). *Histoire générale du socialism*. Paris, PUF, 1972.

Drucker, P. *The Unseen Revolution: How Pension Fund Socialism Carne to America*. Nova York, Harper & Row, 1976.

Dralovíc, Milojko. *L'autogestion à l'épreuve*. Paris, Seuil, 1973.

Dubiel, Helmut. *Wissenschaftsorganisation und politische Erfalrnmg*. Frankfurt, Suhrkamp, 1978.

Dubofsky, M. *We Shall Be All: A History of the IWW*. Chicago, Quadrangle, 1969.

Duby, Georges. *Guerriers et paysans: VIIe-XIIe siècle, premier essor de l'économie européenne*. Paris, Gallimard, 1973 (1977). / *The Early Growth of the European Economy: Warriors and Peasants*. Londres, Weidenfeld & Nicolson; Ithaca, N.Y., Cornell University Press (1974). / *Guerreiros e camponeses: os primórdios do crescimento econômico europeu, séc. VII-séc. XII*. Lisboa, Estampa (1980).

Duclos, J. *Bakounine et Marx*. Paris, Plon, 1974.

Dujardin, Phillipe. *Le droit mis en scène*. Paris, Maspero; Grenoble, PUG, 1979.

Dumenil, G. *De la valeur aux prix de production*. Paris, Economica, 1980.

Dumont, Louis. *Homo hierarchicus: essai sur le système des castes*. Paris, Gallimard, 1967. / *Homo Hierarchicus: The Caste System and its Implications*. Londres, Weidenfeld & Nicolson; Chicago, University of Chicago Press (1970).

Dunayevskaya, Raya. *Marxism and Freedom*, com prefácio de H. Marcuse. Nova York, Bookman Associates, 1958. / *Marxism and Freedom from 1776 until Today*. Nova York, Twayne (1964).

Durand, J.C.G. (org.). *Educação e hegemonia de classe: as funções ideológicas da escola*. Rio de Janeiro, Zahar, 1979.

Durkheim, Émile. *De la division du travail social*. Paris, Félix Alcan, 1893. / *Da divisão do trabalho social*, col. Os Pensadores. São Paulo, Abril Cultural (1978).

——. *Le suicide, étude de sociologie*. Paris, Félix Alcan e PUF (1930 e 1969). / *O suicídio*. Rio de Janeiro, Zahar (1982).

——. *Les formes élémentaires de la vie religieuse: le système totémique en Australie*. Paris, Félix Alcan e PUF 1912 (1925) (1968). / *The Elementary Forms of the Religious Life*. Londres, Allen & Unwin; Nova York, Macmillan (1915). / *As formas elementares da vida religiosa*. São Paulo, Abril Cultural (1973).

——. *Leçons de sociologie: physique des moeurs et du droit*. Paris, PUF, 1950.

Dutt, R. Palme. *India Today*. Londres, Gollancz, 1940.

——. *The Internationale*. Londres, Lawrence & Wishart, 1964.

Duveau, Georges. *Sociologie de l'Utopie et autres essais*. Paris, PUF, 1961.

Eagleton, Terry. *Criticism and Ideology: A Study in Marxism Literary Theory*. Londres, New Left; Atlantic Highlands, N.J., Humanities, 1976a.

——. *Marxism and Literary Criticism*. Londres, Methuen; Berkeley, University of California Press, 1976b.

——. *Walter Benjamin or Towards a revolucionary criticism*. Londres, New Left; Nova York, distr. Schocken, 1981.

Edelman, B. *Le droit saisi par la photographie: élements pour une théorie marxiste du droit*. Paris, Maspero, 1973.

Edel, M. "Marx's Theory of Rent, Urban Applications", *Kapitalistate*, n.4-5, verão 1976.

Edholm, F. & O. Harris & K. Young. "Conceptualising Women", *Critique of Anthropology*, n.9-10, 1977.

Edwards, Stewart (org.). *Selected Writings of Pierre-Joseph Proudhon.* Londres, Macmillan; Garden City, N.Y., Anchor, 1969.

Elger, Tony, "Valorization and 'Deskilling': A Critique of Braverman", *Capital and Class*, n.7, 1979.

Ellenstein, Jean. *Histotre du phenomène stalinien.* Paris, Grasset, 1975.

Elliott, C.F. "Quis Custodiet Sacra? Problems of Marxist Revisionism", *Journal of the History of Ideas*, voln.XXVIII, n.1, 1967.

Elliott, John E. *Marx and Engels on Economics, Politics and Society.* Santa Monica, Goodyear, 1981.

Ellis, J. & R.W. Davies. "The Crisis in Soviet Linguistics", *Soviet Studies*, II, n.3, 1951.

Elson, Diane (org.). *Value: The Representation of Labour in Capitalism - Essays.* Londres, CSE Books; Atlantic Highlands, N.J., Humanities, 1979.

Emmanuel, Arghiri. *L'échange inégal: essai sur les antagonismes dans les rapports économiques internationaux.* Paris, Maspero, 1969. / *Unequal Exchange: A Study of the Imperialism of Trade.* Londres, New Left; Nova York, Monthly Review Press (1972).

——. *Le profit et les crises.* Paris, Maspero, 1974.

Enfantin, B.P. *Oeuvres.* Paris, 1865-1878.

Enteen, George M. *The Soviet Scholar-Bureaucrat, M.N. Pokrovski and the Society of Marxist Historians.* University Park, PA, Pennsylvania State Press, 1978.

Enzensberger, Hans Magnus (org.). "Brecht/Lukács/Benjamin", *Das Argument*, mar 1968.

Erard, Z. & G.M. Zygier. *La Pologne: une societé en dissidence.* Paris, Maspero, 1978.

Erlich, Alexander. *The Soviet Industrialization Debate 1924-1928.* Cambridge, Mass., Harvard University Press; Londres, Oxford University Press, 1960.

Escobar, Carlos Henrique de. "Do estatuto dos discursos no inconsciente e na história", *Tempo Brasileiro*, n.36-37, 1974.

——. "Da categoria de cultura, do aparelho cultural do Estado", *Encontros com a Civilização Brasileira*, n.16, out 1979.

Esslin, Martin. *Brecht: a choice of evils.* Londres, Eyre & Spottiswoode, 1959 (1963). / *Brecht: dos males o menor.* Rio de Janeiro, Zahar (1979).

Eurocommunisme, núm. esp. da revista *Dialectiques*, n.18- 19.

Evans, Michael. *Karl Marx.* Londres, Allen & Unwinn; Bloomington, Indiana University Press, 1975.

Ewen, Frederic. *Bertolt Brecht.* Nova York, Citadel, 1967; Londres, Calder & Boyars (1970).

Faccarello, Gilbert & Phillippe de Lavergne. *Une nouvelle approche en économie politique? - Essays sur Sraffa.* Paris, Economica, 1977.

Fanon, Frantz. *Peau noire, masques blancs.* Paris, Seuil, 1952.

Faure, Claude. *Agriculture et capitalisme.* Paris, Anthropos, 1978.

Fausto, Rui. *Marx: lógica e política.* São Paulo, Brasiliense, 1983.

Favory, F. "Validité des concepts marxistes pour une théorie des sociétés de l'Antiquité, le modèle impérial romaio", *Klio*, n.63, 1981.

Fay, Victor (org.). *En partant du "Capital".* Paris, Anthropos, 1968.

Faye, J.P. & V. Fisera (orgs.). *La révolution des conseils ouvriers (1968-1969): textes du Printemps de Prague.* Paris, Seghers/Laffont, 1977.

Fee, T. "Domestic Labour, An Analysis of Housework and its Relation to the Production Process", *Review of Radical Political Economy*, vol.8, n.2, 1976.

Feher, F., A. Heller & G. Markus. *Dictatorship over Needs.* Oxford, Basil Blackwell; Nova York, St. Martin's, 1983.

Felice, Franco de. *Ver* de Felice, Franco.

Femia, Joseph V. *Gramsci's Political Thought: Hegemony, Consciousness and the Revolutionary Process.* Oxford e Nova York, Oxford University Press, 1981.

Ferge, Zsuzsa. *A Society in the Making.* Londres, Penguin; White Plains, N.Y., M.E. Sharpe, 1979.

Fernandes, Florestan. *Capitalismo dependente e classes sociais na América Latina.* Rio de Janeiro, Zahar, 1972 (1975).

——. "Tarefas dos intelectuais na revolução democrática", *Encontros com a Civilização Brasileira*, n.14, ago 1979.

Ferro, Marc. *La révolution de 1917.* Paris, Aubier, 1967 (1976).

——. *Des soviets au communisme bureaucratique.* Paris, Gallimard, 1980.

Festschrtft für Carl Grünberg zum 70 Geburtstag, 1932. Leipzig, C.L. Hirschfeld.

Fetscher, Iring. *Karl Marx und der Marxismus.* Munique, Pipper, 1967. / *Karl Marx*

and Marxism. Nova York (1970). / *Karl Marx e os marxismos: da filosofia do proletariado à visão proletária do mundo*. Rio de Janeiro, Paz e Terra (1970).
——. "Fortschrittsglaube und Ökologie im Denken von Marx und Engels", in *Vom Wohlfahrtsstaat zur neuen Lebensqualität*, Colônia, Bund-Verlag, 1982.
Feuerbach, Ludwig A. *Das Wesen des Christentuns*. Stuttgart, Reclam, 1841 (1971). / *The Essence of Christianity*, trad. de Marian Evans (George Eliot). Londres, Kegan Paul (1874); Nova York, Harper & Row (1957). / *L'essence du christianisme*. Paris, Maspero (1968).
——. *Grundsätze der Philosophie der Zukunft*, 1843. / "Principes de la philosophie de l'avenir", in *Manifestes philosophiques*, trad. de L. Althusser. Paris, PUF (1960). / *Principles of the Philosophy of the Future*, trad. e introd. de Manfred H. Vogel. Indianapolis, Bobbs Merril (1966).
——. *Das Wesen der Religion*, 1851. / *The Essence of Religion*, trad. de Alexander Loos. Nova York, A.K. Butts (1873).
——. *Manifestes philosophiques*, textos escolhidos e traduzidos por L. Althusser. Paris, PUF (1960).
——. *The Essence of Faith according to Luther*, trad. de Melvin Cherno. Nova York, Harper & Row (1967a).
——. (1967b), *Lectures on the Essence of Religion*, trad. de Ralph Manheim. Nova York, Harper & Row.
Filtzer, Donald A. "Preobrazhensky and the Problem of Soviet Transition", *Critique*, n.9, primavera e verão 1978.
Fine, Ben. *Marx's "Capital"*, Londres, Macmillan; Atlantic Highlands, N.J., Humanities, 1975.
——. "On Marx's Theory of Agricultural Rent", *Economy and Society*, vol.8, n.3, 1979.
——. *Economic Theory and Ideology*. Londres, Edward Arnold; Nova York, Holmes & Meier, 1980a.
——. "On Marx's Theory of Agricultural Rent, A Rejoinder", *Economy and Society*, vol.9, n.3, 1980b.
——. *Theories of the Capitalist Economy*. Londres, Edward Arnold; Nova York, Holmes & Meier, 1982.
Fine, Ben & Laurence Harris. "Controversial Issues in Marxist EconomicTheory", in R. Miliband & A. Saville (orgs.), *Socialist Register*, vol.14, 1976.
——. *Rereading "Capital"*. Londres, Macmillan; Nova York, Columbia University Press. / *Para reler "O Capital"*. Rio de Janeiro, Zahar (1981).
Finley, Moses. *The Ancient Economy*. Londres, Chatto & Windus; Berkeley, University of California Press, 1973. / *L'économie antique*. Paris, Minuit (1973).
——. *Ancient Slavery and Modern Ideology*. Londres, Chatto & Windus; Nova York, Viking, 1980.
Fiori, Giuseppe. *Vita di Antonio Gramsci*. Bari, Laterza, 1966. / *Antonio Gramsci: Life of a Revolutionary*. Londres, New Left (1970); Nova York, Dutton (1971). / *La vie d'Antonio Gramsci*. Paris, Fayard (1970). / *Vida de Antonio Gramsci*. Rio de Janeiro, Paz e Terra (1979).
Firestone, Shulamith. *The Dialectic of Sex*. Nova York, Morrow, 1970; Londres, Cape (1971) Women's Press (1979).
Firth, Raymond. *The Sceptical Anthropologist? Social Anthropology and Marxism Views on Society*, col. Proceedings of the British Academy, vol.LVIII. Londres, Oxford University Press., 1972.
Fischer, Ernst. *Kunst und Koexistenz*, Reinbeck, 1966.
Fischer, Oskar (org.). *Leninismus gegen Stalinismus: Lehren der Katastrophe*, ed. da Seção Alemã da IV Internacional (Bolchevique-Leninista), com prefácio de L.D. Trotski, 1933.
Fishman, William J. *The Insurrectionists*. Londres, Methuen; Totowa, N.J., Barnes & Noble, 1970.
Fisk, Milton. "Dialectic and Ontology", in J. Mepham & D.H. Ruben (orgs.), *Issues in Marxist Philosophy*, vol.1. Brighton, Harvester, 1979.
——. "Determination and Dialectic", *Critique*, n.13, 1981.
Flechtheim, Ossipk. *Die KPD in der Weimarer Republik*. Frankfurt, Europäische Verlagsanstalt, 1969. / *Le parti communiste allemand sous la république de Weimar*. Paris, Maspero (1972).
Fleichsmann, E. et al. *Science et dialectique chez Hegel e Marx*. Paris, Centre National de la Recherche Scientifique (CMRS), 1980.

Florian, Patrick. "Le statut de la monnaie dans son usage international", *Critiques de l'Économie Politique*, n.2, 1971.
Foley, D. "The Value of Labor-power and the Marxian Transformation Problem", *Review of Radical Political Economy*, vol.14, n.2, 1982.
Footman, David. *The Primrose Path: A Life of Ferdinand Lassale*. Londres, Cresset, 1946; Nova York, Greenwood (1969; com o título de *Ferdinand Lassalle, Romantic Revolutionary*).
Foster, John. *Class Struggle and the Industrial Revolution*. Londres, Weidenfeld & Nicolson; Nova York, St. Martin's, 1974.
Foster, W.Z. *Outline History of the World Trade Union Movement*. Nova York, International Publishers, 1956.
Fougeyrollas, Pierre. "Marx, Freud et la révolution totale", *L'Hmune et la Sociéte*, n.24-25, 1972.
Fourier, Charles. *La théorie des quatres mouvements*, col. Oeuvres de Charles Fourier, vol.1. Paris, Anthropos, 1808 (1968).
Frank, André Gunder. *Capitalism and Underdevelopment in Latin América*. Nova York e Londres, Monthly Review Press, 1967 (1969). / *Capitalismo y subdesarrollo en América Latina*. Buenos Aires, Signos (1970).
——. "Smith et Marx *versus* Hegel et les weberiens, sur les origines du dévéloppement et du sousdévéloppement dans le Nouveau Monde", *L'Homme et la Société*, n.35-36, 1975.
Frank, Pierre. *La Quatrième Internationale*. Paris, Maspero, 1969.
Franklin, Bruce (org.). *The Essential Stalin: Major Theoretical Writings, 1905-1952*. Garden City, N.Y., Anchor, 1972.
Freire, Paulo. *Pedagogía del oprimido*. Montevidéu, Tierra Nueva, 1970; Buenos Aires, Siglo Veintiuno (1973). / *Pedagogy of the Oppressed*. Nova York, Herder & Herder (1970); Londres, Sheed & Ward e Penguin (1972). / *Pedagogia do oprimido*. Rio de Janeiro, Paz e Terra (1974) (1985).
Freitag, Bárbara. *Escola, Estado e Sociedade*. São Paulo, Moraes, 1980.
Freud, Sigmund. "The Future of an Illusion", in *Standard Edition of the Complete Psychological Works of Sigmund Freud*, vol.21. Londres, Hogarth; Nova York, Norton, 1930a. / *O futuro de uma ilusão*, col. Os Pensadores. São Paulo, Abril Cultural (1978).
——. "Civilisation and its Discontents", *Standard Edition*, vol.21. Londres, Hogarth; Nova York, Norton, 1930b. / *O mal-estar na civilização*, col. Os Pensadores. São Paulo, Abril Cultural (1978).
——. "New Introductory Lectures on Psycho-Analysis", in *Standard Edition of the Complete Psychological Works of Sigmund Freud*, vol.22. Londres, Hogarth; Nova York, Norton, 1932.
Freudo-marxisme, n.11 da revista *L'Homme et la Société*, com artigos de Reich, Mareuse, Fromm, Caruso, etc. e apresentação de Boris Frankael.
Fried, Morton. "On the Concepts of 'Tribe' and 'Tribal Society'", *Transactions of the New York Academy of Sciences*, series III, n.28, 1966.
——. *The Evolution of Political Society*. Nova York, Random House, 1967 / *A evolução da sociedade política*. Rio de Janeiro, Zahar (1975).
Friedman, Andrew. *Industry and Labour*. Londres, Macmillan; Atlantic Highlands, N.J., Humanities.
Friedman, J. "Marxist Theory and Systems of Total Reproduction", *Critique of Anthropology*, n.7, 1976.
Friedmann, Georges. *La crise du progress*. Paris, Gallimard, 1936.
Friedrieh, C.J. (org.). *Revolution*, vol.VIII de *Nomos*. Nova York, Atherton, 1966.
Friedrich, C.J. & Michael Curtis & Benjamin R. Barber. *Totalitarianism in Perspective: Three Views*. Nova York, Praeger; Londres, Pall Mall, 1969.
Frölich, Paul. *Rosa Luxemburg, Gedanke und Tat*. Hamburgo, Friedrich Oetinger, 1979. / *Rosa Luxemburgo*. Paris, Maspero (1965). / *Rosa Luxemburg*. Londres, Pluto; Nova York, Monthly Review Press (1972).
Fromm, Eric. *Escape from Freedom*. Nova York, Farrar & Rinehart, 1941. / *Fear from Freedom*. Londres, Routledge & Kegan Paul (1942). / *La peur de la liberté*. Paris, Bouchet-Castel (1963). / *O medo à liberdade*, Rio de Janeiro, Zahar (1983).
——. *The Sane Society*. Nova York, Rinehart, 1955; Londres, Routledge & Kegan Paul (1956). / *Société aliénée et société saine*.

Paris, Le Courrier du Livre (1967). / *Psicanálise da sociedade contemporânea*. Rio de Janeiro, Zahar (1983).
——. *Marx's Concept of Man*. Nova York, Frederick Ungar, 1961. / *Conceito marxista do homem*. Rio de Janeiro, Zahar (1979).
——. 1965, *Socialist Humanism*. Nova York, Doubleday; Londres, Allen Lane (1967).
——. 1971, *The Crisis of Psychoanalysis: Essays on Freud, Marx and Social Psychology*. Londres, Jonathan Cape; Nova York, Holt, Rinehart & Winston. / (1977), *A crise da psicanálise: ensaios sobre Freud, Marx e a psicologia social*. Rio de Janeiro, Zahar.
——. *The Anatomy of Human Destructiveness*. Nova York, Holt, Rinehart & Winston, 1973. / *Anatomia da destrutividade humana*. Rio de Janeiro, Zahar (1979).
Fubini, Elsa. "Bibliografia gramsciana", com 947 títulos de artigos e livros sobre Gramsci publicados em várias línguas até 1967. *Gramsci e la cultura contemporânea*. Roma, Riuniti, 1969.
Fuegi, John. *The Essential Brecht*. Los Angeles, Hennessy & Ingalls, 1972.
Furtado, Celso 1964, *Dialética do desenvolvimento*. Rio de Janeiro, Fundo de Cultura.
——. *Development and Underdevelopment*. Berkeley, University of California Press (1971).
Gabaude, J.M.. *Le jeune Marx et le materialisme antique*. Toulouse, Privat, 1970.
Gabel, Joseph. *La reification*. Paris, Minuit, 1962.
——. "La fausse conscience", *L'Homme et la Société*, n.3, 1967.
——. "Manheim et le marxisme hongrois", *L'Homme et la Société*, n.11, 1969.
——. "Marxisme hongrois, 'hungaro-marxisme', École de Budapest", *L'Homme et la Société*, n.35-36, jan-jul 1975.
——. *Les idéologies*. Paris, Anthropos, 1976.
Galbraith, J.K.. *The New Industrial State*. Londres, Hamish Hamilton; Boston, Houghton Mifflin, 1967. / *O novo Estado industrial*. Rio de Janeiro, Civilização Brasileira (1968); Lisboa, Dom Quixote (1973); São Paulo, Abril Cultural (1982). / *Le nouvel État industriel*. Paris, Gallimard (1974 e 1979).
Galli, C. "Gramsci e le teorie delle 'élites'", *Gramsci e la cultura contemporânea*. Roma, Riuniti, 1970.
Gandy, G. Ross. *Marx and History: From Primitive Society to the Communist Future*. Austin e Londres, University of Texas Press, 1979.
Garaudy, Roger. *Les sources françaises du socialisme scientifique*. Paris, Éd. Sociales, 1949.
——. "Introduction à l'oeuvre d'Antonio Gramsci", *La Nouvelle Critique*, n.87-8, jul-ago 1957.
——. *Perspectives de l'homme*. Paris, PUF, 1959.
——. *Dieu est mort: étude sur Hegel*. Paris, PUF, 1962.
——. *D'un réalisme sans rivages*. Paris, PUF, 1963.
——. *Marxisme du XXe siècle*. Paris, Plon, 1966. / *Marxism and the Twentieth Century*. Londres, Collins; Nova York, Scribner (1970). / *Marxismo do século XX*. Rio de Janeiro, Paz e Terra (1974).
——. *Lénine*. Paris, PUF, 1968.
——. *Danser sa vie*. Paris, Seuil, 1973. / *Dançar a vida*. Rio de Janeiro, Nova Fronteira (1980).
Gardiner, J. "Political Economy of Housework", *Bulletin of the Conference of Socialist Economists*, vol.3, n.1, 1973.
Gardiner, J., S. Himmelweit & M. Mackintosh. "Women's Domestic Labour", *Bulletin of the Conference of Socialist Economist*, vol.4, n.2, 1975.
Garegnani, P. "Notes on Consumption, Investment and Effective Demand: A reply to Joan Robinson", *Cambridge Economic Journal*, n.3, p.184-85, 1978.
Garlan, Y. *Les esclaves en Grèce ancienne*. Paris, Maspero, 1982.
Garnsey, P. (org.). *Non-Slave Labour in Graeco-Roman Antiquity*, supl. a *Proceedings of the Cambridge Philological Society*, n.6, 1980.
Gartman, D. "Marx and the Labour Process", *The Insurgent Sociologist*, vol.8, n.2-3, 1979.
Gay, Peter. *The Dilemma of Democratic Socialism: Eduard Bernstein's Challenge to Marx*. Nova York, Columbia University Press; Londres, Oxford University Press, 1952.
Gemkow, H. *Friedrich Engels: eine Biographie*. Dresden, 1972.
Georg Lukács zum siebzigsten Geburtstag. Berlim, Aufbau, 1955.

Georg Lukács zum achtzigsten Geburtstag, ed. org. por Frank Benseler. Neuwied e Berlim, Luchterhand, 1963.

Geras, Norman. "Essence and Appearance: Aspects of Fetishism in Marx's Capital", *New Left Review*, n.65, 1971.

——. "Althusser's Marxism: An Account and Assessment", *New Left Review*, n.71, 1972.

——. *The Legacy of Rosa Luxemburg*. Londres, New Left; Nova York, distr. Schocken, 1976. / *A atualidade de Rosa Luxemburgo*. Lisboa, Antídoto (1978).

Geremek, B. *Le salariat dans l'artisanat parisien aux XIIIe-XIVe siècles*. Haia, Mouton, 1968.

Gerratana, Valentino. "Punti di riferimento per una edizione critica dei *Quaderni del carcere*", *Crítica Marxista* 3, 1967.

——. 1972. *Ricerche di storia del marxismo*. Roma, Riuniti, 1972.

——. "Althusser and Stalinism", *New Left Review*, n.101-2, 1977.

Gerth, H. & C. Wright Mills (orgs.). *From Max Weber*. Londres, Routledge & Kegan Paul; Nova York, Oxford University Press, 1947.

Getzler, Israel. *Martov: A Political Biography of a Russian Social Democrat*. Cambridge e Nova York, Cambridge University Press, 1967a.

——. "The Mensheviks", *Problems of Communism*, 6, 1967b.

——. "Martov e i menscevichi prima e dopo la rivoluzione", in E. Hobsbawm et al. (orgs.), *Storio del marxismo*, vol.III, 1980. / "Martov e os mencheviques antes e depois da revolução", in E. Hobsbawm et al. (orgs.) *História do marxismo*, vol.IV. Rio de Janeiro, Paz e Terra (1984).

Geuss, Raymond. *The Idea of a Critical Theory*. Cambridge e Nova York, Cambridge University Press, 1982.

Ghose, Sanker. *Socialism, Democracy and Nationalism in India*. Bombaim, Allied Publishers, 1973.

Gianotti, José Artur. "A propósito de uma incursão na dialética", *Revista Civilização Brasileira*, n.3, 1965.

——. *Origens da dialética do trabalho*. São Paulo, Difel, 1966. / *Origines de la dialectique du travail*. Paris, Aubier (1971).

——. "Contra Althusser", *Teoria e Prática*, n.3, 1968.

——. *Exercícios de filosofia*. São Paulo. Brasiliense/Cebrap, 1975.

——. "Notas sobre a categoria 'modo de produção' para uso e abuso dos sociólogos", *Estudos Cebrap*, n.17, jul-set 1976.

——. "Histórias sem razão", *Encontros com a Civilização Brasileira*, n.16, out 1979.

Giap, General Vo Nguyen. *Dien Bien Phu*. Hanói, Foreign Languages Publishing House, 1964.

——. *Guerre du peuple, armée du people*. Paris, Maspero, 1966. / *O Vietnã segundo Giap*. Rio de Janeiro, Saga (1968).

Giardina, A. "Lavoro e storia sociale: antagonismi e alleanze dall'ellenismo al tardo antico", *Opus*, n.1, 1982.

Giddens, Anthony. *The Class Structure of the Advanced Societies*. Londres, Hutchinson; Nova York, Harper & Row, 1973. / *A estrutura de classes nas sociedades avançadas*. Rio de Janeiro, Zahar (1975).

——. *A Contemporary Critique of Historical Materialism*. Londres, Macmillan; Berkeley, University of California Press, 1981.

Giddens, Anthony (org.). *Positivism and Sociology*. Londres, Heinemann, 1974.

Gilman, A. "The Development of Social Stratification in Bronze Age Europe", *Current Anthropology*, vol.22, 1981.

Giraud, Pierre-Noel. "L'économie politique des régimes de type soviétique", *Le Monde Diplomatique*, ago 1978.

Girault, Jacques. *Paul Lafargue: textes choisies*. Paris, Éd. Sociales, 1970.

Girling, J.L.S. *People's War*. Londres, Allen & Unwin; Nova York, Praeger, 1969.

Glezerman, G. *The Laws of Social Development*. Moscou, Foreign Languages Publishing House, 1960.

Glezerman, G. et al. *Historical Materialism*. Moscou, Foreign Languages Publishing House, 1959.

Glombowski, J. "Extended Balanced Reproduction and Fixed Capital", *Mehrwert* 2, 1976.

Glucksmann, André. "A Ventriloquist Structuralism", *New Left Review*, n.72, 1972. / "Um estruturalismo ventríloquo", *Tempo Brasileiro*, n.25 (1970).

——. "Nous ne sommes pas tous prolétaires", *Les Temps Modernes*, n.330 e 331, jan-fev 1974. / "Nem todos somos proletários", *Ensaios de Opinião*, n.2+2 (1977).

Glucksmann, C. *Engels et la philosophie marxiste.* Paris, La Nouvelle Critique, 1971.

Godelier, Maurice. "La notion de 'mode de production asiatique' et les schémas marxistes d'évolution des sociétés", in Centre d'Études et de Recherches Marxistes (Cerm), *Sur le "mode de production asiatique".* Paris, Éd. Sociales, 1964 (1969).

——. "Système, structure et contradiction dans Le Capital", *Les Temps Modernes*, n.246, nov 1966a. / "System, Structure and Contradiction in *Capital*", in R. Blackburn (org.), *Ideology in Social Science.* Glaskow, Fontana (1972).

——. *Rationalité et irrationalité en economie.* Paris, Maspero, 1966b. / *Rationality and Irrationality in Economics.* Londres, New Left; Nova York, Monthly Review Press (1972). / *Racionalidade e irracionalidade na economia.* Rio de Janeiro, Tempo Brasileiro, s.d.

——. *Horizon, trajets marxistes en anthropologie.* Paris, Maspero, 1973a. / *Perspectives in Marxist Anthropology.* Cambridge, Cambridge University Press (1977).

——. "Modes de production, rapports de parenté et structures démographiques. Ethnologie et marxisme (II)", *La Pensée*, n.172, nov-dez 1973b.

Godelier, Maurice (org.). *Sur les sociétés précapitalistes.* Paris, Cerm/Éd. Sociales, 1970.

Gold, D., C. Lo & E.O. Wright. "Recent Developments in Marxist Theories of the State", *Monthly Review*, vol.27, n.5-6, 1975.

Goldmann, Lucien. *Mensch, Gemeinschaft und Welt in der Philosophie Immanuel Kants: Studien zur Geschichte Dialektik.* Zurique, Europa Verlag, 1945. / *La communauté humame et l'univers chez Kant.* Paris, Gallimard (1948); PUF (1952). / *Immanuel Kant.* Londres, New Left; Nova York, distr. Schocken (1971). / *Origem da dialética: a comunidade humana e o universo em Kant.* Rio de Janeiro, Paz e Terra (1967).

——. *Sciences humaines et philosophie.* Paris, PUF, 1952; Gonthier (1966). / *The Human Sciences and Philosophy.* Londres, Cape (1969). / *Ciências humanas e filosofia.* São Paulo, Difel (1974 e 1980).

——. *Le dieu caché.* Paris, Gallimard, 1956a (1959). / *The Hidden God.* Londres e Boston, Routledge & Kegan Paul (1967).

——. *Racine.* Paris, L'Arche, 1956b. / *Racine*, com introdução de Raymond Williams. Cambridge, Rivers Press (1972).

——. *Recherches dialectiques.* Paris, Gallimard, 1958. / *Dialética e cultura* (trad. de alguns textos). Rio de Janeiro, Paz e Terra (1967 e 1979).

——. "Introduction aux premiers écrits de Lukács", in G. Lukács, *La théorie du roman.* Paris, Gonthier, 1963.

——. *Pour une sociologie du Roman.* Paris, Gallimard, 1964. / *Sociologia do romance.* Rio de Janeiro, Paz e Terra (1967). / *Towards a Sociology of the Novel.* Londres, Tavistock (1975).

——. "Structuralisme, marxisme, existencialisme", *L'Homme et la Société*, n.2, 1966.

——. "Économie et sociologie, a propos du traité d'économie politique d'Oskar Lange", *L'Homme et la Société*, n.14, 1969a.

——. "Idéologie et marxisme", in F. Châtelet et al., *Le centenaire du "Capital".* Paris e Haia, Mouton, 1969b.

——. *Marxisme et sciences humaines.* Paris, Gallimard. / *Crítica e dogmatismo na cultura moderna.* Rio de Janeiro, Paz e Terra (1973).

——. *Structures mentales et création culturelle.* Paris, Anthropos, 1970b. / *A criação cultural na sociedade moderna.* São Paulo, Difel (1972). / *Cultural Creation in Modern Society.* St. Louis, Missuri, Telos (1976); Oxford, Brasil Blackwell (1977).

——. "Le sujet de la création culturelle", in *Critique sociologique et critique psychanalitique.* Bruxelas, Éditions de l'Institut de Sociologie de l'Université Libre de Bruxelles, 1970c.

——. "Problèmes philosophiques et politiques dans le théâtre de Jean-Paul Sartre, l'itineraire d'un penseur", *L'Homme et la Société*, n.17, 1970d.

——. *Lukács and Heidegger.* Londres e Boston, Routledge & Kegan Paul, 1977.

——. *Method in the Sociology of Literature.* Oxford, Basil Blackwell; Washington, Telos, 1981.

Goldmann, Lucien et al. *Problèmes d'une sociologie du roman.* Bruxelas, Éditions de l'Institut de Sociologie de l'Université Libre de Bruxelles, 1963.

——. et al. *Littérature et société: problèmes de méthodologie en sociologie de la littérature.*

Bruxelas, Éditions de l'Institut de Sociologie de l'Université Libre de Bruxelles, 1967.
——. et al. *Sociologie de la littérature.* Bruxelas, Éditions de l'Institut de Sociologie de l'Université Libre de Bruxelles, 1970.
Goldsmith, Maurice. *Sage: A Life of J.D. Bernal.* Londres, Hutchinson, 1980.
Goldsmith, Maurice & A.L. McKay. *The Science of Science.* Londres, Penguin; Nova York, Simon & Schuster, 1966.
Gomes de Souza, Luís Alberto. "O intelectual orgânico: a serviço do sistema ou das classes populares?", *Encontros com a Civilização Brasileira,* n.3, set 1978. Gonçalves, Reinaldo. "A internacionalização da produção, uma teoria geral?", *Revista de Economia Política,* vol.4, n.1, 1984.
Goode, Patrick. *Karl Korsch.* Londres, Macmillan, 1979.
Gordon Childe. *Ver* Childe, V. Gordon.
Gordon, D. et al. "Four Ways to Change the Corporations", *The Nation,* 15 mai 1982.
Gordon, R. "A Rare Event", *Survey of Current Business,* vol.51, n.7, parte II, 1971.
Gorki, Maksim. "Discurso en el primer congreso de escritores soviéticos", in M. Gorki & A.A. Jdanov, *Literatura, filosofia y marxismo.* México, Grijalbo, 1934 (1968).
Gorki, Maksim & A.A. Jdanov. *Literatura, filosofia y marxismo.* México, Grijalbo, 1968.
Gorz, André. *Stratégie ouvrière et néo-capitalisme.* Paris, Seuil, 1964. / *Strategy for Labor.* Boston, Beacon (1967). / *Estratégia operária e neocapitalismo.* Rio de Janeiro, Zahar (1968).
——. *Le socialisme difficile.* Paris, Seuil, 1967.
——. *Adieux au prolétariat.* Paris, Galilée, 1980. / *Adeus ao proletariado.* Rio de Janeiro, Forense Universitária (1982).
——. *Critique de la division du travail.* Paris, Seuil, 1973. / *The Division of Labour.* Sussex, Havester Press (1976). / *Divisão social do trabalho e modo de produção capitalista.* Porto, Escorpião (1976). / *Crítica da divisão do trabalho.* São Paulo, Martins Fontes (1980).
Gortschalch, Wilfried. *Strukturveränderungen der Gesellschaft und politisches Handeln in der Lehre von Rudolf Hilferding.* Berlim, Duncker & Humblot, 1962.
Gough, I.. "Marx's Theory of Productive and Unproductive Labour", *New Left Review,* n.76, 1972.
——. "On Productive and Unproductive Labour: A Reply", *Bulletin of the Conference of Socialist Economists* II, n.7, 1973.
Gough, I. & J. Harrison. "Unproductive Labour and Housework Again", *Bulletin of the Conference of Socialist Economists,* vol.4, n.1, 1975.
Gough, Kathleen. "Nuer Kinship, A Reexarmination", in T. Beidelman (org.), *The Translation of Culture: Essays in Honor of E.E. Evans-Pritchard.* Londres, Tavistock; Totowa, N.J., Barnes & Noble, 1971.
——. "The Origin of the Family", in R. Reiter (org.), *Toward an Anthropology of Women.* Nova York e Londres, Monthly Review Press, 1975.
Goulbourne, Harry. *Politics and State in the Third World.* Londres, Macmillan, 1979.
Gould, C.C. *Marx's Social Ontology.* Cambridge, Mass. e Londres, MIT Press, 1978.
Gourfinkel, N. *Lénine.* Paris, Minuit, 1959.
Graham, Loren R. *Science and Philosophy in the Soviet Union.* Nova York, Knopf; Londres, Allen Lane, 1973.
Gramsci, Antonio. *Articles in "Ordine Nuovo".* Londres, Lawrence & Wishart; Nova York, International Publishers, 1920.
——. *Lettere dal carcere,* primeira edição das cartas escritas da prisão por Gramsci; seleção de 218 cartas, prefaciadas por Palmiro Togliati. (É o vol.I das *Opere* de A. Gramsci organizadas por Felice Platone, sob a supervisão de P. Togliatti, e editadas por Einaudi, ao qual seguem-se os seis volumes dos *Quaderni del carcere* – 1948, 1949a, 1949b, 1949c, 1950 e 1951 – e os volumes que reúnem os escritos anteriores à prisão: 1954, 1958, 1960, 1966 e 1971a). Turim, Einaudi; Roma, Riuniti, 1947 (1961). / *Lettres de prison.* Paris, Éd. Sociales (1953). / *Briefe aus dem Kerker.* Berlim, Dietz (1956).
——. *Il materialismo storico e la filosofia di Benedetto Croce,* vol.I dos *Quaderni del cárcere.* Turim, Einaudi, 1948 (1966); Roma, Riuniti (1971). / *Concepção dialética da história.* Rio de Janeiro, Civilização Brasileira (1966) (1978 e 1981). / *El materialismo histórico y la filosofia de Benedetto Croce.* Buenos Aires, Nueva Visión (1973).
——. *Gli intelettuali e l'organizzacione della cultura,* vol.II dos *Quaderni del cárcere.* Turim, Einaudi, 1949a (1966); Roma, Riu-

niti (1971). / *Os intelectuais e a organização da cultura*. Rio de Janeiro, Civilização Brasileira (1968) (1978, 1979 e 1982). / *Los intelectuales y la organización de la cultura*. Buenos Alies, Nueva Visión (1972).
——. *Il Risorgimento*, terceiro volume dos *Quaderni del cárcere*. Turim, Einaudi, 1949b (1966); Roma; Riuniti (1971). / *El "Risorgimento"*. Buenos Aires, Granica (1974).
——. *Note sul Machiavelli, sulla politica e sullo Stato moderno*, quarto volume dos *Quaderni del cárcere*. Turim, Einaudi, 1949c (1966); Roma, Riuniti (1971) / *Machiavel, a política e o Estado moderno*. Rio de Janeiro, Civilização Brasileira (1968) (1976, 1978 e 1981).
——. *Letteratura e vita nazionale*, quinto volume dos *Quaderni del cárcere*. Turim, Einaudi, 1950 (1966); Roma, Riuniti (1961). / *Literatura e vida nacional*. Rio de Janeiro, Civilização Brasileira (1968) (1978).
——. *Passato e presente*, sexto volume dos *Quaderni del cárcere*. Turim, Einaudi, 1951 (1966); Roma, Riuniti (1971).
——. *L'Ordine Nuovo (1919-1920)*. Turim, Einaudi, 1954.
——. *"The Modern Prince" and Other Writings*; ed. trad. e org. por L. Marks. Londres, Lawrence & Wishart, 1957; Nova York, International Publishers (1959).
——. *Scritti Giovanili (1914-1918)*. Turim, Einaudi, 1958.
——. *Oeuvres choisies*. Paris, Éd. Sociales, 1959. / *Obras escolhidas*. Lisboa, Estampa (1971); São Paulo, Martins Fontes (1978).
——. *Sotto la mole (1916-1920)*. Turim, Einaudi, 1960.
——. *Il Vaticano e l'Italia*; antologia de escritos sobre a questão vaticana; ed. org. por A. Cecchi. Roma, Riuniti, 1961.
——. *La formazione del gruppo dirigente del Partito Comunista Italiano nel 1923-1924*, cartas de Gramsci a dirigentes comunistas italianos; ed. org. por Palmiro Togliatti. Roma, Riuniti, 1962 (1974).
——. *Nel tempo della lotta (1914-1926)*, vol.I de *Duernila pagine di Gramsci*; ed. org. por Giansiro Ferrata e Nicollo Gallo. Milão, Il Saggiatore, 1964.
——. *Lettere dal carcere*; ed. completa das 428 cartas escritas por Gramsci na prisão, org. por Elsa Fubini e Sergio Caprioglio. Turim, Einaudi, 1965 (1968, incluindo cronologia precisa da vida de Gramsci). / *Cartas do cárcere*, seleção de 233 cartas da ed. ital. de 1965, trad. e org. por Noênio Spinola. Rio de Janeiro, Civilização Brasileira (1966) (1978). / *Lettres de prison*. Paris, Gallimard, NRF (1971). / *Briefe aus dem Kerker*, seleção e edição de G. Roth. Frankfurt, S. Fischer Verlag (1972).
——. *Socialismo e fascismo: l' "Ordine Nuovo" (1921-1922)*. Turim, Einaudi, 1966a.
——. *Alcuni temi della questione meridionale*, publicado com outros artigos de Gramsci sobre o Mezzogiorno em *La questione meridionale*; ed. org. e prefaciada por Franco de Felice e Valentino Parlato. Roma, Riuniti, 1966b (1974). / "Alguns temas da questão meridional", *Temas de Ciências Humanas*, vol.1. São Paulo, Grijalbo (1977).
——. *Scritti politici*, antologia dos escritos juvenis de Gramsci, 870 págs.; ed. org. e prefaciada por Paolo Spriano. Roma, Riuniti, 1967a (1974). / *Écrits politiques*, 3 vols. Paris, Gallimard (1974, 1975 e 1980). / *Escritos políticos*, 4 vols. Lisboa, Seara Nova (1977 ss).
——. *La formazione dell'uomo*, ed. de textos pedagógicos de Gramsci; org. por Urbani. Roma, Riuniti, 1967b.
——. *Scritti (1915-1921)*; ed. org. por Sergio Caprioglio. Milão, I Quaderni de *Il Corpo*; Milão, La Pietra, 1968 (1976).
——. *La costruzione del Partito Comunista (1923-1926)*. Turim, Einaudi, 1971a.
——. *Lettere edite e inedite (1912-1937)*, vol. II de *Duemilla pagine di Gramsci*; ed. org. por Giansiro Ferrata e Nicollo Gallo. Milão, Il Saggiatore, 1971b.
——. *Selections from the Prison Notebooks (1929-1935)*; ed. org. por Quentin Hoare e Geoffrey Nowell Smith. Londres, Lawrence & Wishart. Nova York, International Publishers, 1971c.
——. *Antonio Gramsci parla del partito: scritti e citazioni*. Verona, EDB, 1971d.
——. *I consigli e la critica operaria alla produzione*, coletânea de textos. Milão, servire Il Popolo, 1972.
——. *L'alternativa pedagogica*, seleção de textos sobre educação, com introdução de Mario A. Manacorda. Florença, La Nuova

Italia, 1973. / *La alternativa pedagógica*. Barcelona, Nova Terra (1976).
——. *Per la verità: scritti (1913-1926)*; ed. org. por Renzo Martinelli. Roma, Riuniti, 1974a.
——. *Sul fascismo*, ed. org. e apresentação por Enzo Santarelli. Roma, Riuniti, 1974b.
——. *Quaderni del carcere* I-IV, edição completa, cronológica, crítica e erudita de todas as versões das notas dos 29 cadernos escritos na prisão por Gramsci, organizada por Valentino Gerratana e publicada sob os auspícios do Instituto Antonio Gramsci. Turim, Einaudi, 4 vols., 3.369 págs, 1975. / *Cahiers de prison*. Paris, Gallimard (1978s).
——. *Selections from Political Writings (1910-1920)*. Londres, Lawrence & Wishart; Nova York, International Publishers, 1977.
——. *Selections from Political Writings (1921-1926)*. Londres, Lawrence & Wishart, 1978.
——. *Cronache torinesi*, vol.I da edição completa dos escritos do período anterior à prisão, organizada por Sergio Caprioglio. Turim, Einaudi, 1980. Gramsci, Antonio & Palmiro Togliatti. "Tesi sulla situazione italiana e sui compiti del PCI approvate dal III Congresso nazionale del PCI, nel gennaio 1926", *Stato Operaio*, ano 2, n.7, jul 1928. *Rinascita*, Quaderno 2 (1951). / "Teses de Lyon", *Temas de Ciências Humanas*, vol.9. São Paulo, Lech (1980).
Gramsci, ns.4 e 5 de *Dialectiques*, 1974.
Gramsci, n.343 de *Les Temps Modernes*, fev 1975.
Gramsci e la cultura contemporanea: atti del convegno internazionale di studi gramsciani, tenuto a Cagliari nei giorni 23-27 aprile 1967, 2 vols. Roma, Riuniti, 1969-1970.
Granou, A. et al. *Croissance et crise*. Paris, Maspero, 1979.
Graziadei, A. *La rente de la propriété de la terre: critiques aux théories de Marx*. Paris, Marcel Rivière, 1931.
Graziano da Silva, José (org.). *Estrutura agrária e produção de subsistência na agricultura brasileira*. São Paulo, Hucitec, 1978.
Green, F & P. Nore (orgs.). *Issues in Political Economy*. Londres, Macmillan; Atlantic Highlands, N.J., Humanities, 1979.
Green, S. *Prehistorian: A Biography of V. Gordon Childe*. Wiltshire, Moonraker, 1981.
Greenberg, David F. (org.). *Crime and Capitalism: Readings in Marxist Criminology*. Palo alto, Califomia, Mayfield, 1981.
Gregory, D. *Ideology, Science and Human Geography*. Londres, Hutchinson; Nova York, St. Martin's, 1978.
Gregory, P.R. & R.C. Stuart. *Soviet Economic Structure and Performance*. Nova York, Harper & Row, 1981.
Grenon, M. & R. Robin. "A propos de la polémique sur l'Ancien Régime et la Révolution, pour une problématique de la transition", *La Pensée*, n.187, mai-jun 1976.
Grisoni, Dominique & Robert Maggiori. *Lire Gramsci*. Paris, Éditions Universitaires, 1973. / *Ler Gramsci*. Lisboa, Iniciativas Editoriais (1974).
Gropp, R.O. "Mystische Hoffnungsphilosophie ist unvereinbar mit Marxismus", *Wiss. Beilage des "Forum"*, 2ª ed, mar 1957.
Grou, Pierre. *Monnaie, crise économique: éléments d'interprétation*. Grenoble, PUG; Paris, Maspero, 1977.
Grünberg, Carl. *Archiv für die Geschichte des Sozialismus und der Arbeiterbewegung*, 15 vols. Leipzig, C.L. Hirschfeld, 1910-1930. *Indexband* zur Akademische Druck und Verlaganstalt, Graz/Limmet, 1973.
Gruppi, Luciano. *Lenin e il concetto di egemonia*, supl. a *Critica Marxista* n.4, 1970
——. *Il concetto di egemonia in Gramsci*. Roma, Riuniti, 1972. / *O conceito de hegemonia em Gramsci*. Rio de Janeiro, Graal (1978 e 1980).
Gueda, Paul. "A propos des soi-disant nouvelles 'couches moyennes'", *Critiques de l'Économie Politique*, n.11-12, 1973.
Guérin, Daniel. *Fascisme et grand capital*. Paris, Maspero, 1936 (1965).
——. *L'anarchisme*. Paris, Gallimard, 1965 (1973). / *O anarquismo: da doutrina à ação*. Rio de Janeiro, Germinal (1968). / *Anarchism*. Nova York, Monthly Review Press (1970).
——. *Rosa Luxemburg et la spontanéité révolutionnaire*. Paris, Flammarion, 1971.
Guerreau, Alain. *Le féodalisme, un horizon théorique*. Paris, Le Sycomore, 1980.
Guerreau, Alain & Franz Irsigler (orgs.). *Zum Problem des Feudalismus in Europa: Referate und Diskussionem der Trierer internationalen Kolloquiums Mai 1981*. Trier, THF, 1982.

Guevara, Ernesto (Che). *La guerra de guerrilla*. Havana, Imprensa Nacional, 1960. / *A guerra de guerrilhas*. Rio de Janeiro, Futuro (1963); São Paulo, Edições Populares (1980). / *Guerrilla Warfare*. Nova York e Londres, Monthly Review Press (1967). / *La guerre de guérrilla*. Paris, Maspero (1967).

Guibert-Sledziewski, Elisabeth. "Du féodalisme au capitalisme, transition révolutionnaire ou système transitoire?", *La Pensée*, n.173, fev 1974.

Guilhon de Albuquerque, J.A. "Notes sur le système du sous développement, le rôle de l'État et le concept de classes moyennes modemes", *L'Homme et la Société*, n.24-5, 1972.

Gunder Frank, André. *Ver* Frank, André Gunder.

Gupta, Sobhanlal Datta. *Comintern India and the Colonial Question 1920-1937*. Calcutá, K.P. Bagchi, 1980.

Gurland, A.R..L. "Technological Trends and Economic Structure under National Socialism", *Studies in Philasophy and Social Science*, vol.9, 1941.

Gurvitch, Georges. *La vocation actuelle de la sociologie*. Paris, PUF, 1963.

Guterman, Michel. *Structures et réformes agraires*. Paris, Maspero, 1974.

Guterman, Norman & Henri Lefebvre. *La conscience mystifiée*. Paris, Gallimard, 1936; Le Sycomore (1979).

Habermas, Jürgen. *Strukturwandel des Öffentlichkeit*. Neuwied, Luchterhand, 1962. / *L'espace public*. Paris, Payot (1978).

——. *Theorie und Praxis*. Neuwied, Luchterhand, 1963 (1969). / *Theory and Practice*. Londres, Heinemann; Boston, Beacon (1974) / *Théorie et pratique*. Paris, Payot (1975).

——. *Zur Logik der Sozialwissenschaften*. Tübingen, J.C.B Mohr, 1967.

——. *Technik und Wissenchaft als Ideologie*. Frankfurt, Suhrkamp, 1968a. / *La technique et la science comme "idéologie"*. Paris, Gallimard (1973). / "Técnica e ciência enquanto 'ideologia'", in W. Benjamin et al., *Textos escolhidos* (trad. parcial). São Paulo, Abril Cultural (1980).

——. *Erkenntnis und Interesse*, Frankfurt, Suhrkamp, 1968b. / *Knowledge and Human Interests*. Londres, Heinemann; Boston, Beacon (1971). / *Connaissance et interêt*. Paris, Gallimard (1976). / *Conhecimento e interesse*. Rio de Janeiro, Zahar (1983).

——. *Protestbewegung und Hochschulreform*. Frankfurt, Suhrkamp, 1969a. / *Toward a Rational Society*. Londres, Heinemann; Boston, Beacon (1970).

——. "Analytische Wissenschaftslehre und Dialektik", in T.W. Adorno & K. Popper et al., *Der Positivismusstreu in der deutschen Soziologie*. Neuwied, Luchterhand, 1969b. / "Teoria analítica da ciência e dialética", in W. Benjamin et al., *Textos Escolhidos*. São Paulo, Abril Cultural (1980).

——. *Philosophisch-politische Profile*. Frankfurt, Suhrkamp, 1971. / *Profils philosophiques et politiques*. Paris, Gallimard (1974).

——. *Legitimationsprobleme im Spätkapitalismus*. Frankfurt, Suhrkamp, 1973. / *Legitimation Crisis*. Londres, Heinemann; Boston, Beacon (1976). / *Raison et legitimité: problèmes de legitimation dans le capitalisme avancé*. Paris, Payot (1978). / *Crise de legitimação do capitalismo tardio*. Rio de Janeiro, Tempo Brasileiro (1979).

——. *Communication and the Evolution of Society*. Londres, Heinemann; Boston, Beacon, 1976 (1979).

——. *Theorie des Kommunikativen Handelns*. Frankfurt, Suhrkamp, 1981.

Habernas, Jürgen (org.). *Antworten auf Herbert Marcuse*. Frankfurt, Suhrkamp, 1968.

Habermas, J., T.W. Adorno, W. Benjamin & M. Horkheimer. *Textos escolhidos*. São Paulo, Abril Cultural, 1980.

Haimson, L.H. *The Russian Marxists and the Origins of Bolshevism*. Cambridge, Mass., Harvard University Press; Londres, Oxford University Press, 1955.

Haimson, L.H. (org.). *The Mensheviks: From the Revolution of 1917 to the Outbreak of the Second World War*. Chicago e Londres, University of Chicago Press, 1974 (1976).

Haithcox, John P. *Communism and Nationalism in India: M.N. Roy and Comintern Policy (1920-1939)*. Princeton, N.J., Princeton University Press; Bombaim, Oxford University Press, 1971.

Hall, Stuart. "Rethinking the Base and Superstructure Metaphor", in J. Bloomfield (org.), *Papers on Class, Hegemony and Party*. Londres, Lawrence & Wishart, 1977.

Hall, Stuart et al. *Policing the Crisis: Mugging, the State, and Law and Order*. Londres, Macmillan; Nova York, Holmes & Meier, 1978.

Hamilton, A. *L'illusion fasciste: les intellectuels et le fascisme (1919-1945)*. Paris, NRF, 1971.

Hammond, T.T. *Lenin on Trade Unions and Revolution*. Nova York, Columbia University Press; Londres, Oxford University Press, 1957.

Hannak, Jacques. *Karl Renner und seine Zeit*. Viena, Europa Verlag, 1965.

Hardach, Gerd & Dieter Karras. *A Short History of Sodalist Economic Thought*. Londres, Edward Arnold; Nova York, St Martin's, 1975 (1978).

Harding, N. *Lenin's Political Thought*. Londres, Macmillan; Nova York, St Martin's, 1977 (1982).

Harman, C. "Theories of Crisis", *International Socialism* 2, n.9, p.45-80, 1980.

Hamecker, Marta. *Los conceptos elementales del materialismo histórico*, com apresentação de Louis Althusser. México, Siglo XXI, 1969 (1971).

——. *Cuba: dictature ou démocratie?*. Paris, Maspero, 1976.

Harmington, M. *Socialism*. Nova York, Saturday Review Press, 1972.

——. "The Democratic Socialist Organizing Committee and the Left", *Socialist Review*, s.n., 1979.

Harris, Laurence. "On Interest, Credit and Capital", *Economy and Society*, vol.5, n.2, 1976.

Harrison, John F.C. *Robert Owen and the Owenites in Britain and America*. Londres, Routledge & Kegan Paul; Nova York, Scribner (com o título de *Quest for the New Moral World*), 1969.

——. "Political Economy of Housework", *Bulletin of the Conference of Socialist Economists*, vol.3, n.1, 1973.

Harstick, Hanz-Peter (org.). *Karl Marx, über Formen vorkapitalistischer Produktion*. Frankfurt, Campus, 1977.

Harvey, David W. *Social Justice and the City*. Londres, Edward Arnold; Baltimore, John Hopkins University Press, 1973.

——. *The Limits to Capital*. Oxford, Basil Blackwell; Chicago, University of Chicago Press, 1982.

Haseler, S. *The Gaitskellites: Revisionism in the British Labour Party*. Londres, Macmillan, 1969.

Haubtmann, P. *Proudhon, Marx et la pensée allemande*. Grenoble, PUG, 1981.

Haupt, Georges. *Le congrès manqué: l'Internationale à la veille de la Première Guerre Mondiale*. Paris, Maspero, 1965.

Haupt, Georges & J.-J. Marie. *Les bolcheviques par euxmêmes*. Paris, Maspero, 1969. / *Makers of the Russian Revolution*. Londres, Allen & Unwin; Ithaca, N.Y., Cornell University Press (1974).

Haupt, Georges et al. *Les marxistes et la question nationale (1848-1914)*. Paris, Maspero, 1974.

Hauser, Arnold. *Sozialgeschichte der Kunst und Literatur*. Munique, C.H. Beck, 1953 (1972). / *Historia social de la literatura y del arte*. Madri, Guadarrama, 13ª ed. (1976). / *História social da literatura e da arte*. São Paulo, Mestre Jou, 4ª ed. (1982).

Havemann, Robert. *Morgen die Industriegesellschaft am Scheidewege, Kritik und reale Utopie*. Munique, R. Piper, 1980.

Hay, Douglas, Peter Linebaugh, John G. Rule, E.P. Thompson & Cal Winslow. *Albion's Fatal Tree: Crime and Society in Eighteenth-Century England*. Londres, Allen Lane; Nova York, Pantheon, 1975.

Hazard, John N. *Communists and their law: a Search for the Common Core of the Legal Systems of the Marxian Socialist States*. Chicago, University of Chicago Press, 1969.

Hegedüs, A. et al. *Die neue Linke in Ungarn*, 2 vols. Berlim, Merve, 1974 (1976).

——. *Socialism and Bureaucracy*. Londres, Allison & Busby; Nova York, St Martin's, 1976.

Hegel, Georg Friedrich Wilhelm. *Phänomenologie des Geistes*. Berlim, Akademie, 1807 (1964). / *The Phenomenology of Mind*. Londres e Nova York, Allen & Unwinn (1931); Nova York, Humanities (1946) / (1939 e 1941), *Phénoménologie de l'Esprit*, 2 vols. Paris, Aubier.

——. *Wissenschaft der Logik*. Leipsig, Felix Meiner, 1812-1816 (1951 e 1963). / *Science of Logic*. Londres, Allen & Unwinn; Nova York, Macmillan (1929). / *Science de la logique*. Paris, Aubier (1947); Gallimard (1970). / *Ciencia de la lógica*. Buenos Aires, Hachette (1956).

——. *Enzyklopädie der philosophischen Wissenchaften*. Berlim, Akademie, 1817 (1966).

——. *Grundlinien der Philosophie des Rechts*. Leipzig, Lasson, 1821 (1911). / *Principes de philosophie du droit*. Paris, Gallimard (1940) (1963 e 1974); Vrin (1975). / *Philosophy of Right*. Oxford, Oxford University Press (1942).

——. *Philosophie der Weltgeschichte*. Hamburgo, J. Hoffmeister, 1830-1831 (1955). / *Lecciones sobre la filosofia de la história universal*. Madrid, Revista del Occidente (1953). / *Leçons sur la philosophie de l'histoire*. Paris, Vrin (1963).

Heidegger, Martin. *Sein und Zeit*, 1927. / *L'être et le temps*. Paris, Gallimard (1964). / *Being and Time*. Oxford, Basil Blackwell; Nova York, Norton (1967).

Heilbroner, R.L. *Marxism: For and Against*, 1980.

Heinen, H. (org.). *Die Geschichte des Altertums im Spiegel der sowjetischen Forschung*. Darmstadt, Wissenschaftliche Buchgesellschaft, 1980.

Heintel, Peter. *System und Ideologie: Der Austromarxismus im Spiegel der Philosophie Max Adlers*. Munique, R. Oldenbourg, 1967.

Heitman, Sidney. *Nikolai I. Bukharin: a Bibliography with Annotations*. Stanford, Stanford Hoover Institution, 1969.

Held, David. *Introduction to Critical Theory: Horkheimer to Habermas*. Londres, Hutchinson; Berkeley, University of California Press, 1980.

Heller, Agnes. "L'esthétique de György Lukács", *L'Homme et la société*, n.9, jul-set 1968.

——. *The Theory of Need in Marx*. Londres, Allison & Busby; Nova York, St Martin's, 1976. / *La théorie des besoins chez Marx*, col. 10/18. Paris, UGE (1978).

Heller, Agnes & F. Feher. *Marxisme et démocratie*. Paris, Maspero, 1981.

Heller, Agnes (org.). *Lukács Revalued*. Oxford, Basil Blackwell; Nova York, Columbia University Press, 1983.

Henderson, W.O. *The Life of Friedrich Engels*, 2 vols. Londres, Frank Cass, 1976.

Hepner, Benoit P. *Bakounine et le panslavisme révolutionnaire: cinq essais sur l'histoire des idées en Russia et en Europe*. Paris, Marcel Rivière, 1950.

Herzen, A. "The Russian People and Socialism", in A. Herzen, *Selected Philosophical Works*. Moscou, Foreign Languages Publishing House, 1852 (1956), p.470-502. / "Le peuple russe et le socialisme (lettre à Jules Michelet)", in A. Herzen, *Oeuvres philosophiques choisies*. Moscou, Éditions Politiques d'État (1948).

Herzog, Philippe. "Le rôle de l'État dans la société capitaliste actuelle", *Économie et Politique*, n.200-201, 1971.

Hess, Moses. "Philosophie der Tat", in T. Zlocisti, *Moses Hess – Sozialistische Aufsätze*. Berlim, Weltverlag, 1843 (1921).

Hexter, J.H. *Reappraisals in History*. Evanston, Illinois, Northwestern University Press; Londres, Longman, 1961.

Hilferding, Rudolf. *Böhm-Bawerks Marx Kritik*. Viena, 1904. / *Böhm-Bawerk's Criticism of Marx*, ed. org. por P. Sweezy. Nova York, Augustus Kelly (1949); Londres, Merlin (1975).

——. *Das Finanzkapital: eine Studie über die jüngste Entwicklung des Kapitalismus*, *Neue Zeit*, Viena, 1910; Berlim, Dietz (1955). / *Le capital financier*. Paris, Minuit (1970). / *El capital financeiro*. Madrid, Tecnos (1973). / *Finance Capital*. Londres e Boston, Routledge & Kegan Paul (1981).

——. "Arbeitsgemeinschaft der Klassen", *Der Kampf*, vol.8, 1915.

——. "Probleme der Zeit", *Die Gesellschaft*, vol.1, 1, 1924.

——. "State capitalism or totalitarian state economy?", *Socialist Courier*, 1940, Nova York; republicado em *Modern Review*, vol,1 (1947).

——. *Das historische Problem*; estudo inacabado publicado pela primeira vez em *Zeitschrift für Politik*, vol.1, 1941 (1954).

Hill, J.E. Christopher. *Society and Puritanism in Pre-Revolutionary England*. Londres, Secker & Warburg; Nova York, distr. Schocken, 1964.

Hillmann, Günther. *Marx und Hegel: von der Spekulation zur Dialektik – Interpretation der ersten Schriften von Karl Marx im Hinblick auf sein* Verhältnis zu Hegel. Frankfurt, Europaische Verlagsansalt, 1966.

Hilton, R.H. *The Decline of Serfdom in Medieval England*. Londres, Macmillan; Nova York, St Martin's, 1969 (1982).

——. *Bond Men made Free*. Londres, Temple Smith; Iova York, Viking, 1973.

——. "A Crisis of Feudalism", *Past and Present*, n.80, 1978.

Hilton, R.H. (org.). *The Transition from Feudalism to Capitalism*. Londres, New Left; Nova York, distr. Schocken, 1976. / Sweezy, Paul et al. *Do feudalismo ao capitalismo*. São Paulo, Martins Fontes (1977). (Nesta edição brasileira estão publicados os artigos sobre a polêmica Sweezy-Dobb reunidos em Hilton, 1976).

Himmelweit, Susan. "The Continuing Saga of the Falling Rate of Profit, A Reply to Mario Cogoy", *Bulletin of the Conference of Socialist Economists* II, vol.9, 1974.

Hindess, Barry & Paul Q. Hirst. *Pre-Capitalist Modes of Production*. Londres e Boston, Routledge & Kegan Paul, 1975. / *Modos de produção pré-capitalistas*. Rio de Janeiro, Zahar (1976).

——. *Mode of Production and Social Formation: An Autocritique*. Londres, Macmillan; Atlantic Highlands, N.J., Humanities, 1977. / *Modo e produção e formação social*. Rio de Janeiro, Zahar (1978).

Hirsch, Helmut. *Marx und Moses, Karl Marx zur 'Judenfrage' und zu Juden*. Frankfurt, Bern; Cirencester, Peter D. Lang, 1980.

Hirsch, Mario. "L'école de Francfort, une critique de la raison instrumentale", *L'Homme et la Société*, n.35-36, 1975.

Hobsbawm, Eric. "The General Crisis of European Economy in the 17th Century", *Past and Present, a Journal of Historical Studies*, n.5 e 6, 1954. / "A crise geral da economia europeia no século XVII", in Theo Santiago (org.), *História/Capitalismo: transição*. Rio de Janeiro, Eldorado Tijuca (1975).

——. *Labouring Men*. Londres, Weidenfeld & Nicolson; Nova York, Basic Books, 1964a. / *Os trabalhadores*. Rio de Janeiro, Paz e Terra (1979).

——. "*Introduction*", in Karl Marx, *Pre-Capitalist Economic Formations*. Londres, Lawrence & Wishart; Nova York, International Publishers, 1964b. / "Introdução", in Karl Marx, *Formas econômicas pré-capitalistas*. Rio de Janeiro, Paz e Terra (1977 e 1981).

——. *Industry and Empire*. Londres, Weidenfeld & Nicolson; Nova York, Pantheon, 1968a. / *Da Revolução Industrial inglesa ao imperialismo*, Rio de Janeiro, Forense Universitária (1979).

——. "L'apport de Karl Marx à l'historiographie", *Diogène*, n.64, out-dez 1968b.

——. *Revolutionaries*. Londres, Weidenfeld & Nicolson; Nova York, Pantheon, 1973. / *Os revolucionários*. Rio de Janeiro, Paz e Terra (1982).

——. "The Great Gramsci", *New York Review of Books*, n.21, 4 abr 1974. / "O grande Gramsci, das lutas à prisão", *Cadernos de Opinião*, n.1 (1975).

Hobsbawm, Eric (org.). *The Italian Road to Socialism*, entrevista com Giorgio apolitano. Londres, Journeyman Press; Westport, Conn., Lawrence Hill, 1977.

——. *Storia del Marxismo*. Turim, Einaudi, 1978-1982. / *The History of Marxism*. Brighton, Harvester; Bloomington, Indiana University Press (1980-1983). / *História do marxismo*. Rio de Janeiro, Paz e Terra (1980-1984).

Hodgkin, Dorothy. "J.D. Bernal", *Biographical Memoirs for the Fellows of the Royal Society*, vol.26, 1980.

Hodgkin, Thomas. *Vienam: the Revolutionary Path*. Londres, Macmillan; Nova York, St Martin's, 1981.

Hodgson, G. "The Theory of the Falling Rate of Profit", *New Left Review*, n.84, 1974.

——. *Trotsky and Fatalistic Marxism*. Nottingham, Spokesman, 1985.

——. *Socialism and Parliamentary Democracy*. Nottingham, Spokesman, 1977.

Hodgson, Marshall G.S. *The Venture of Islam*, 3 vols. Chicago e Londres, University of Chicago Press, 1974.

Holton, B. *British Syndicalism 1900-1914*. Londres, Pluto, 1976.

Holton, R. "Marxist Theories of Social Change and the Transition from Feudalism to Capitalism", *Theory and Society*, vol.10, n.6. 1981.

Holz, Hans, Leo Kofler, Wolfgang Abendroth & Theo Pinkus (orgs.). *Gespräche mit Georg Lukács*. Hamburgo, Rowohlt, 1967. / *Conversando com Lukács*. Rio de Janeiro, Paz e Terra (1969).

Honjo, Eijiro. *The Social and Economic History of Japan*. Nova York, Russell & Russell, 1935 (1965).

Horkheimer, Max. *Anfänge der burgerlichen Geschichtsphilosophie*. Stuttgart, Kohlhammer, 1930. / *Les débuts de la philosophie bourgeoise de l'histoire*. Paris, Payot (1974).

——. "Tradizionelle und Kritische Theorie", *Zeitschriften für Sozialforschung*, ano VII, 1937 (1968) (Republicado in M. Horkheimer, *Kritische Theorie, eine Dokumentation*. Frankfurt, Fischer, 1968, vol.II.). / "Teoria tradicional e teoria crítica", in W. Benjamin et al., *Textos escolhidos*. São Paulo, Abril Cultural (1980).

——. "Die Juden und Europa", *Zeitschrift für Sozialforschung*, vol.8, 1939.

——. *Eclipse of Reason*. Nova York, Oxford University Press, 1947; Nova York, Seabury (1974). / *Éclipse de la raison*. Paris, Payot (1974). / *Eclipse da razão*. Rio de Janeiro, Labor (1976).

——. *Zur kritik der instrumentellen Vernunft: aus den Vortaegen und Aufzeichmungen*. Frankfurt, Fischer, 1967.

——. *Kritische Theorie*. Frankfurt, Fischer, 1968. / *Critical Theory*. Nova York, Herder & Herder (1972). (Este volume inclui: "Art and Mass Culture", "Authority and the Family" e "Tradicional and Critical Theory".) / *Théori critique: essais*. Paris, Payot (1978).

——. *Sozial philosophische Studien*. Frankfurt, Athenäum, 1972a. (Coletânea de textos publicados originalmente nas décadas de 1930 e 1940).

——. *Gesellschaft im Übergang*. Frankfurt, Fischer, 1972b. (Coletânea de textos publicados originalmente nas décadas de 1930 e 1940).

——. *Notizen 1950 bis 1969 und Dämmerung*. Zurique, Oprecht & Helbing, 1974a.

——. *Théorie traditioneelle et théorie critique*. Paris, Gallimard (1974b). (Coletânea de artigos publicados originalmente nas décadas de 1930 e 1940).

——. "Filosofia e teoria crítica", in W. Benjamin et al., *Textos escolhidos*. São Paulo, Abril Cultural (1980). (Publicado em *Kritische Theorie*, 1968).

Horkheimer, Marx & Theodor W. Adorno. *Dialektik der Aufklärung: philosophische Fragmente*. Amsterdam, Querido (1947) (1968). / *Dialectic of Englighterment*, tradução de John Cumming. Londres, Allen Lane; Nova York, Seabury (1973). / *La dialectique de la raison: fragments philosophiques*. Paris, Gallimard (1974). / *Dialética do esclarecimento*. Rio de Janeiro, Zahar (1984).

Horkheimer, Max, T.W. Adorno, W. Benjamin & J. Habermas. *Textos escolhidos*. São Paulo, Abril Cultural (1980).

Horowitz, D. (org.). *Marx and Modern Economics*. Londres, MacGibbon & Kee; Nova York, Modern Reader Paperbacks, 1968.

Horowitz, D. (org.). *Isaac Deutscher: The Man and his Work*. Londres, Madonald, 1971.

Horowitz, Irving L. *Radicalism and the Revolt Against Reason*. Londres, Routledge & Kegan Paul; Nova York, Humanities, 1961. (Inclui uma tradução para o inglês de *La décomposition Du marxisme*, de Sorel.)

Horowitz, Irving L. (org.). *Masses in Latin America*. Nova York, Oxford University Press, 1970.

Horvat, B., R. Supek & M. Markovic. *Self-governing Socialism*, 2 vols. White Plains, N.Y., International Arts and Sciences Press, 1975.

Houtart, François & Geneviève Lemercinier. *The Great Asiatic Religions and their Social Functions*. Louvain, Université Catholique, 1980.

Howard, Dick (org.). *Selected Political Writings of Rosa Luxemburg*. Nova York e Londres, Monthly Review Press, 1971.

Hsiung, James Chieh. *Ideology and Practice. The Evolution of Chinese Communism*. Nova York, Praeger, 1970.

Hu Chi-hsi. "Mao Tsé-toung, la revolution et la question sexuelle", *Tel Quel*, n.59, 1974.

Hu Chi-hsi (org.). *Mao Tsé-toung et la construction du socialisme*. Paris, Seuil, 1975.

Hudson, Wayne. *The Marxist Philosophy of Ernst Bloch*. Nova York, St Martin's; Londres, Macmillan, 1982.

Hughes, H.S. *Consciousness and Society*. Londres, MacGibbon & Kee; Nova York, Knopf, 1959.

Humbert-Droz, Jules. *L'origine de l'Internationale communiste: de Zimmerwald à Moscou*. Neuchâtel, La Baconnière, 1968.

Humphrey, Richard. *Georges Sorel: Prophet Without Honor*. Cambridge, Mass., Harvard University Press, 1951.

Humphrey, J. "Class Struggle and the Persistence of the Working Class Family", *Cam-*

bridge Journal of Economics, vol.1, n.3, 1977.
Hunt, Alan (org.). *Marxism and Democracy*. Londres, Lawrence & Wishart; Atlantic Highlands, N.J., Humanities, 1980.
Hunt, E. & J. Schwartz (orgs.). *A Critique of Economic Theory*. Londres, Penguin, 1972.
Hunt, Richard N. *The Political Ideas of Marx and Engels*. Londres, Macmillan; Pittsburgh, University of Pittsburgh Press, 1974.
Hussain, Athar & Keith Tribe. *Marxism and the Agrarian Question*, 2 vols. Londres, Macmillan; Atlantic Highlands, N.J., Humanities, 1981.
Huxley, Julian. *Soviet Genetics and Worl Science: Lysenko and the Meaning of Heredity*. Londres, Chatto & Windus; Nova York, Schuman, 1949.
Hyman, R. *Marxism and the Sociology of Trade Unionism*. Londres, Pluto, 1971.
——. *Strikes*. Londres, Fontana; Nova York, Watts Franklin, 1972.
——. "Theory in Industrial Relations, Towards a Materialist Analysis", in P. Boreham & G. Dow (orgs.), *Work and Inequality*, vol.2. Melbourne, Macmillan, 1980.
Hyppolite, Jean. *Études sur Marx et Hegel*. Paris, M. Rivière, 1955. / *Studies on Marx and Hegel*. Londres, Heinemann; Nova York, Basic (1969).
Ianni, Otávio. *O colapso do populismo no Brasil*. Rio de Janeiro, Civilização Brasileira, 1968.
Ici Prague: l'opposition intérieure parte (documents). Paris, Seuil, 1973.
Il Manifesto. Analyses et thèses de la nouvelle gauche italienne, apresentadas por Rossana Rossanda. Paris, Seuil, 1971.
——. *Da Togliatti alla nuova sinistra*, Caderno n.5 de *Il Manifesto*, Roma, 1976.
Il marxismo e lo Stato, Caderno n.4 de *Mondoperaio*. Roma, Avanti, 1976. / Bobbio, N. et al. *O marxismo e o Estado*. Rio de Janeiro, Graal (1979).
Iggers, G.C. (org.). *Doctrine of Saint Simon: An Exposition, First Year*. Boston, Beacon, 1829 (1958).
International Sociological Association. *Scientific-Technological Revolution: Social Aspects*. Londres e Beverley Hills, Sage, 1977.
Ionescu, G. & E. Gellner (orgs.). *Populism*. Londres, Weidenfeld & Nicolson; Nova York, St Martin's, 1969.
Israel, Joachim. *Der Begriff Entfremdung*. Reinbek, Hamburgo, Rowohlt, 1972.
Itoh, Makoto. *Value and Crisis: Essays on Marxian Economics in Japan*. Londres, Pluto; Nova York, Monthly Review Press, 1980.
Jackson, George. *Blood in my Eyes*. Nova York, Random House, 1972.
Jackson, J. Hampden. *Jean Jaurès, his Life and Work*. Londres, Allen & Unwin, 1943.
Jacoby, Russel. "Towards a Critique of Automatic Marxism, The Politics of Philosophy from Lukács to the Frankfurt School", *Telos*, n.10, 1971.
——. "Marxism and the Critical School", *Theory and Society*, vol.1, 1974.
——. "The politics of crisis theory", *Telos*, n.23, 1975.
——. *Dialectic of Defeat: Contours of Western Marxism*. Cambridge e Nova York, Cambridge University Press, 1981.
Jaguaribe, Hélio et al. *La dependência político-económica de América Latina*. México, Siglo XXI, 1969.
Jahn, W. "Le contenu économique du concept d'aliénation du travail dans les oeuvres de jeunesse de Marx", *Le Jeune Marx*, n.19 de *Recherches Internationales*, 1960.
Jakubowski, Franz. *Les superstructures idéologiques dans la conception matérialiste de l'histoire*, Paris, EDI, 1968 (1976).
Jameson, Frédéric. *Marxism and Form: Twentieth-Century Dialectical Theories of Literature*. Princeton e Londres, Princeton University Press, 1971. / *Marxismo e forma*. São Paulo, Hucitec (1985).
Jaurès, Jean. *Histoire socialiste*, ed. org. por Albert Mathiez. Paris, Librairie de l'Humanité, 1898-1902 (1922-1924).
——. *Le socialisme et l'enseignment*. Paris, G. Bellais, 1899.
——. *Études socialistes*. Paris, Cahiers de la Quinzaine, 1901.
——. *L'Année nouvelle*. Paris, Rouff, 1910.
——. *Oeuvres*. Paris, Rieder, 1933.
——. *L'esprit du socialisme (anthologie)*. Paris, Gonthier, 1964.
Jaworskyj, M. (org.). *Soviet Political Thought: An Anthology*. Baltimore e Londres, Johns Hopkins University Press, 1967.
Jay, Martin. *The dialectical Imagination: A History of the Frankfurt School and the Institute of Social Research 1923-1950*. Boston,

Little Brown, 1973. / *L'imagination dialectique: histoire de l'École de Frankfort (1923-1950)*. Paris, Payot (1977).

Jdanov, Andrei A. *Sur la littérature, la philosophie, la musique*. Paris, Nouvelle Critique, 1940 (1950).

——. "El frente ideológico y la literatura", in M. Gorki & A.A. Jdanov, *Literatura, filosofía y marxismo*. México, Grijalbo, 1945 (1968).

Jeanson, Francis. *Le problème moral et la pensée de Sartre*. Paris, Seuil, 1947 (1965).

——. *Sartre par lui-même*. Paris, Seuil, 1965.

Jessop, Bob. *The Capitalist State*. Oxford, Martin Robertson; Nova York, Nova York University Press, 1982.

Jha, D.N. "Temple and Merchants in South India c.A.D. 900-A.D. 1300", in Barun De et al. (orgs.), *Essays in Honour of Professor S.C. Sarkar*. Nova Delhi, People's Publishing House, 1976.

Jimenez, Marc. *Adorno: art, idéologie et théorie de l'art*. Paris; UGE, 1973.

Jocteau, G.C. *Leggere Gramsci: Una guida alle interpretazioni*. Milan, Feltrinelli, 1975.

Johnson, C. *Icarian Communism in France: Cabet and the Icarians, 1839-1851*. Ithaca, N.Y., Cornell University Press, 1974.

Johnston, R.J. (org.). *The Dictionary of Human Geography*. Oxford, Basil Blackwell; Nova York, Free Press, 1981.

Johnstone, Monty. "Marx and Engels and the Concept of the Party", *Socialist Register*, vol.4, 1967.

——. "Forging a party of a new type, Lenin and the Vanguard Party", in E.J. Hobsbawm et al. (orgs.), *History of Marxism*. Brighton, Harvester, 1980; trad. ingl. de E.J. Hobsbawm et al. (orgs.), *Storia del marxismo*. Turim, Einaudi (1978-1982).

Johnstone, Monty et al. "Conflicts between Socialist Countries", *Marxism Today*, ago 1979.

Joll, James. *The Second International 1889-1914*. Londres e Boston, Routledge & Kegan Paul, 1955 (1975).

——. *Gramsci*. Milão, Fontana, 1977. / *As ideias de Gramsci*. São Paulo, Cultrix, s.d.

Jonas, Serge. "La révolution scientifique et technique et la fin de la civilisation européenne", *L'Homme et la Société*, n.23, 1972.

Joravsky, David, *Soviet Marxism and Natural Science 1917-1932*. Londres, Routledge & Kegan Paul; Nova York, Columbia University Press, 1961.

——. *The Lysenko Affair*. Cambridge, Mass., Harvard Leiversity Press, 1970.

——. "The Mechanical Spirit, the Stalinist marriage of Palov to Marx", *Theory and Society*, vol.4, 1977.

Jordan, Z.A. *The Evolution of Dialectical Materialism*. Londres, Macmillan; Nova York, St Martin's, 1967. Josephson, Eric & Mary Josephson (orgs.). *Man Alone: Alienation in Modern Society*. Nova York, Doubleday, 1962.

Jourdain, Gilles & Jacques Valier. "Accumulation monopolistique, inflation rampante et inflation", *Critiques de l'Économie Politique*, n.1, 1970.

Kahn, J. & J.R. Llobera. *The Antropology of Pre-capitalist Societies*. Atlantic Highlands, N.J., Humanities, 1982.

Kalecki, Michael. *Theory of Economic Dynamics*. Londres, Allen & Unwin; Nova York, Rinehart, 1954. / *Teoria da dinâmica econômica*, col. Os Pensadores. São Paulo, Abril Cultural (1976).

——. *Selected Essays on the Dynamics of the Capitalist Economy*. Cambridge e Nova York, Cambridge University Press, 1971 / *Ensayos escojidos sobre la dinâmica de la economía capitalista*. México, Fondo de Cultura (1977). / *Crescimento e ciclo das economias capitalistas*. São Paulo, Hucitec (1977 e 1980) (Esta edição contém alguns dos ensaios traduzidos para o português).

Kamenka, Eugene. *Marxism and Ethics*. Londres, Macmillan, Nova York, St Martin's, 1969. / *Les fondements éthiques du marxisme*. Paris, Payot (1973).

——. *The Philosophy of Ludwig Feuerbach*. Londres, Routledge & Kegan Paul; Nova York, Praeger, 1970.

Kamenka, Eugene & Alice Erh-Soon Tay. "Socialism, Anarchism and Law", in Eugene Kamenka & Robert Brown & Alice Erh-Soon Tay (orgs.), *Law and Society: The Crisis in Legal Ideals*. Londres, Edward Arnold; Nova York, St Martin's, 1978.

Kangrga, Milan. "Das Problem der Entfremdung in Marxs Werk" *Praxis*, n.1, 1967.

——. "Was ist Verdinglichung?" *Praxis*, n.1-2, 1968.

Kann, R.A. *The Multinational Empire: Nationalism and National Reform in the Habsburg Monarchy, 1848-1918.* Nova York, University of Columbia Press, 1950.

Kant, Immanuel. *Kritik der reinen Vernunft*, 1781. / *Critique of Pure Reason.* Londres, Macmillan; Nova York, St Martin's (1964). / *Critique de la raison pure.* Paris, Payot (1956 e 1976).

Kapp, Y. *Eleanor: chronique familiale des Marx.* Paris, Éd. Sociales, 1980.

Karl Marx: Chronik seines Lebens in Einzeldaten. Moscou, Institut Marx-Engels-Lenin-Stalin (1934).

Karsz, S. *Théorie et politique: Louis Althusser.* Paris, Fayard, 1974.

Katz, N. & D.S. Kemnitzer. *New Directions in Political Economy: An Approach from Anthropology.* Westport, Conn. e Londres, Greenwood, 1979.

Kay, G. *Development and Underdevelopment: A Marxist Analysis.* Londres, Macmillan; Nova York, St Martin's, 1975.

Kautsky, Karl. *Karl Marx: Ökonomische Lehren.* Berlim, Dietz, 1887 (1912).

——. *The Class Struggle.* Chicago, C.H. Kerr, 1890 (1910).

——. *Bernstein und das sozialdemokratische Programm: Eine Antikritik.* Stuttgart, Dietz, 1899a. / *Le marxisme et son critique Bernstein.* Paris, Girard et Brière (1900); republicado por Stock.

——. *Die Agrarfrage, eine Ubersicht über die Tendenzen der modernen Landwirthschaft und die Agrarpolitik der Sozialdemocratie.* Berlim, Dietz, 1899b. / *La question agraire.* Paris, Girard et Brière (1900); Maspero (1970). / *A questão agrária.* Rio de Janeiro, Laemmert (1968); Porto, Portucalense (1972). / *La cuestión agrária.* México, Siglo XXI (1974) (1977); Bogotá, Editorial Latina (1976).

——. *La révolution sociale.* Paris, M. Rivière 1902 (1912) (1921, 2ª ed.) / *The Social Revolution.* Chicago, Charles H. Kerr (1916).

——. *Ethik und materialistische Geschichtsauffassung.* Stuttgart, Dietz, 1906 (1910). / *Ethics and the Materialist Conception of History.* Chicago, Charles H. Kerr (1918).

——. *Der Ursprung des Christentums.* Berlim, Dietz, 1908a. / *Foundations of Christianity: A Study in Christian Origins.* Londres, Orbach & Chambers; Nova York, International Publishers (1925).

——. *Die historische Leistung von Karl Marx*, 1908b. / *L'oeuvre historique de Karl Marx.* Paris, Spartacus (1947).

——. *Weg zur Macht*, publicado no periódico social-democrata *Neue Zeit*, 50, 1909 / *The Road to Power*, trad. de A.M. Simon. Chicazo, S.A. Bloch (1909). / *El camino del poder.* México, Grijalbo (1968). / *Le chemin du pouvoir.* Paris, Anthropos (1969). / *O caminho do poder.* São Paulo, Hucitec (1979).

——. *Der politische Massenstreik.* Berlim, Buchhandlung Vorwärts, 1914.

——. *Die Diktatur des Proletariats.* Viena, Wiener Volksbuchhandlung, 1918. / *The Dictatorship of the Proletariat.* Ann Arbor, University of Michigan Press; Manchester, National Labour Press (1919). / *La dictature du proletariat.* Paris, UGE (1972). / *A ditadura do proletariado.* São Paulo, Lech (1979).

——. *Terrorismus und Komunismus.* Berlim, Dietz, 1919. / *Terrorism and Communism.* Manchester, National Labour Press (1920); Westport, Conn., Hyperion (1973).

——. *Die materialistische Geschichtsauffassung in der Staat un die* Entwicklung der Menschheit. Berlim, Dietz, 1927.

Kelly, Alfred. *The Descent of Darwin: The Popularization of Darwinism in Germany 1860-1914.* Chapel Hill, N.C., University of North Carolina Press, 1981.

Kelly, Michael. *Modern French Marxism.* Oxford, Basil Blackwell; Baltimore, Johns Hopkins University Press, 1982.

Kemp, T. *Theories of Imperialism.* Londres, Dobson, 1967.

Kidron, M. & R. Segal. *The State of the World Atlas.* Londres, Pluto; Nova York, Simon Schuster, 1981.

Kiernan, V.G. "Gramsci and Marxism", *Socialist Register*, vol.9, 1972.

——. *Marxism and Imperialism.* Londres, Edward Arnold; Nova York, St Martin's, 1974.

Kim, Soo Haeng. "The Theory of Crisis: A Critical Appraisal of some Japanese and European Reformulations". Tese de doutoramento, University of London, 1982.

Kindersley, R. *The First Russian Revisionists. A Study of Legal Marxism in Russia.* Oxford, Oxford University Press, 1962.

Kitching, G. *Development and Underdevelopment in Historical Perspective.* Nova York, Methuen, 1982.
Klejn, L.S. "A Panorama of Theoretical Archaeology", *Current Anthropology*, vol.18, 1977.
Kliem, Manfred (org.). *Marx und Engels über Kunst und Literatur*, 2 vols. Frankfurt, Europäische Verlagsanstalt, 1968.
Klingender, Francis D. *Art and the Industrial Revolution.* Londres, Adams & Dart, 1947; Nova York, A.M. Kelley (1968).
Kloosterboer, W. *Involuntary Labour after the Abolition of Slavery.* Leiden, E.J. Brill, 1960.
Klugman, James. "Lenin's Approach to the Question of Nationalism and Internationalism", *Marxism Today*, jan-fev, 1970.
Knei-Paz, B. *The Social and Political Thought of Leon Trotsky.* Oxford e Nova York, Oxford University Press, 1978.
Kojève, Alexandre. *Introduction à la lecture de Hegel.* Paris, Gallimard, 1947.
Kolakowski, Leszek. "Karl Marx and the Classical Definition of Truth", in L. Kola Rowski, *Marxism and Beyond.* Londres, Pall Mall, 1958 (1969).
——. *Der Mensch ohne Alternative. Über die Richtigkeit der Maxime 'Der Zweck heiligt die Mittel'.* Munique, Piper, 1960.
——. *Toward a Marxist Humanism.* Nova York, Grove, 1968.
——. *Main Currents of Marxism*, 3 vols. Oxford e Nova York, Oxford University Press, 1978.
Kollontai, Alexandra. *A oposição operária: 1920-1921.* Porto, Afrontamento (1973). / *L'opposition ouvrière.* Paris, Seuil (1974).
——. *Autobiografia de una mujer emancipada.* Barcelona, Fontamara (1976).
——. *Selected Writings.* Londres, Allison & Busby; Westport, Conn., Lawrence Hill, 1977a.
——. *Marxisme et révolution sexuelle.* Paris, Maspero (1977b).
Konder, Leandro. *Marxismo e alienação.* Rio de Janeiro, Civilização Brasileira, 1965.
——. *Os marxistas e a arte.* Rio de Janeiro, Civilização Brasileira, 1967.
——. *Marx: vida e obra.* Rio de Janeiro, Paz e Terra, 1976.
——. *Introdução ao fascismo.* Rio de Janeiro, Graal, 1977a.
——. "Rebeldia, desespero e revolução no jovem Lukács", *Temas de Ciências Humanas*, vol.2. São Paulo, Lech.
——. "Marxismo e cristianismo", *Encontros com a Civilização Brasileira*, n.6, dez 1978.
——. "Hegel e a práxis", *Temas de Ciências Humanas*, vol.6. São Paulo, Lech, 1979.
Konrád, George & Ivan Szelényi. *La marche au pouvoir des intelectuels.* Paris, Seuil, 1975. / *The Intellectuals on the Road to Class Power.* Nova York, Harcourt Brace Jovanovitch; Brighton, Harvester (1979).
Korner, S. *Kant.* Londres e Baltimore, Penguin, 1955.
Korsch, Karl. *Arbeitsrecht für Betriebsräte.* Berlim, Vereinigung Internationaler Verlagsanstalten, 1922; Frankfurt, Europaïsche Verlaganstalt (1968).
——. *Marxismus und Philosophie.* Frankfurt, europaische Verlagsanstalt, 1923 (1966). / *Marxisme et philosophie.* Paris, Minuit (1964). / *Marxism and Philosophy.* Londres, New Left; Nova York, distr. Schocken (1970).
——. *Die materialistische Geschichtsauffassung.* Leipzig, C.L. Hirschfeld, 1929a. / "La conception matérialiste de l'histoire", in K. Korsch, *L'anti-Kautsky*, Paris, Champ Libre (1973).
——. "Karl Kautsky und die materialistische Geschichtsauffassung", *Grünbergs Archiv*, XLV, 1929b.
——. *Karl Marx.* Frankfurt, Europaïsche Verlagsanstalt, 1938 (1967). / *Karl Marx.* Londres, Chapman & Hall; Nova York, Wiley (1967). / *Karl Marx*, trad. de Serge Bricianier. Paris, Champ Libre (1971).
——. "Zehn Thesen über Marxismus heute", *Alternative*, n.41, 1950 (1965).
——. *Schriften zur Sozialisierung.* Frankfurt, Europäische Verlagsanstalt, 1969.
——. *L'anti-Kautsky.* Paris, Champ Libre (1973).
——. *Marxisme et contre-révolution dans la première moitié du XX*e *siècle*, coletânea de textos apresentada por Serge Bricianier. Paris, Seuil, 1975.
Kosambi, D.D. "Caste and Class in India", *Science and Society*, vol.8, n.3, 1944.
——. *An Introduction to the Study of Indian History.* Bombaim, Popular Book Depot, 1956.

——. *Myth and Reality: Studies in the Formation of Indian Culture.* Bombaim, Popular Prakashan, 1962.

Koshimura, Shinzaburo. *Theory of Capital Reproduction and Accumulation.* Kitchener, Ontario, DPG Publishing, 1975.

Kosik, Karel. *Dialectics of the Concrete.* Dordrecht e Boston, Reidel, 1963 (1976). / *Dialética do concreto.* Rio de Janeiro, Paz e Terra (1969). / *Dialectique du concret.* Paris, Maspero (1970).

——. "L'individu et l'histoire", *L'Homme et la Société*, n.9, 1968.

Kotz, David. *Bank Control of Large Corporations in the United States.* Berkeley, University of California Press, 1978.

Kothe, Flávio René. *Benjamin & Adorno: confrontos*, col. Ensaios, n.46. São Paulo, Ática, 1978.

Kowarick, Lúcio. "Capitalismo, dependência e marginalidade urbana na América Latina: uma contribuição teórica", *Estudos Cebrap*, n.8, abr-jun 1974.

Krader, Lawrence (org.). *The Ethnological Notebooks of Karl Marx.* Assen, Van Gorcum, 1972.

Kreissing, H. *Geschichte des Hellenismus.* Berlim, Akademie, 1982.

Kriegel, Annie. *Les Internationales ouvrières (1864-1943).* Paris, PUF, 1964.

Kroeber, Alfred. *Anthropology.* Nova York, Harcourt Brace Jovanovitch, 1948.

Kroeber, Alfred (org.). *Anthropology Today: An Encyclopaedic Inventory.* Chicago, University of Chicago Press, 1953.

Kropotkin, P.A. *Selected Writings on Anarchism and Revolution.* Cambridge, Mass. e Londres, MIT Press, 1970.

Krupskaya, Nadejda K. *Memories of Lenin.* Londres, Martin Lawrence, Lawrence & Wishart e Panther Books, 1930-1932 (1970).

Kuchenbuch, Ludolf & Bernd Michael (orgs.). *Feudalismus: Materialen zur Theorie und Geschichte.* Frankfurt, M. Ullstein, 1977.

Kuczynski, J. *The Rise of the Working Class.* Londres, Weidenfeld & Nicolson; Nova York, McGraw Hill, 1967.

Kuhn, Thomas S. *The Structure of Scientific Revolution.* Chicago e Londres, University of Chicago Press, 1970. / *A estrutura das revoluções científicas.* São Paulo, Perspectiva (1975 e 1978).

Kühne, Karl. *Economics and Marxism*, 2 vols. Londres, Macmillan; Nova York, St Martin's, 1979.

Kula, Witold. *Economic Theory of the Feudal System.* Londres, New Left; Nova York, distr. Schocken, 1962 (1976). / *Teoria econômica do sistema feudal.* Lisboa, Presença; São Paulo, Martins Fontes, s.d.

Kunzli, Arnold. *Karl Marx - Eine Psychographie.* Viena, Europa Verlag, 1966.

Kuusinen, O. (org.). *Fundamentals of Marxism-Leninism.* Londres, Lawrence & Wishart, 1961.

Labedz, Leopold (org.). *Revisionism: Essays on the History of Marxist Ideas.* Londres, Allen & Unwin; Nova York, Praeger, 1962.

Labica, Georges. "Marxisme et spécificité, sur quelques rappels théoriques à propos de la transition", *La Pensée*, n.177, set-out 1974.

——. "Du jeune Engels", in G. Labica, *Le statut marxiste de la philosophie.* Paris e Bruxelas, 1976, cap.III.

Labica, Georges & Gérard Bensussan et al. *Dictionnaire Critique du Marxisme.* Paris, PUF, 1982.

Labriola, Antonio. *Saggi sul materialismo storico.* Roma, Riuniti, 1895, 1896 (1964) . Também publicado com o título de *La concezione materialistica della storia.* Bari, Laterza (1965). / *Essays on the Materialism Conception of History.* Chicago, C.H. Kerr (1904). / *Essays sur la conception matérialiste de l'histoire*, com prefácio de Georges Sorel. Paris, Giard et Brière (1897 e 1928); Paris, Gordon & Breach (1970). / *Ensaios sobre o materialismo histórico.* São Paulo, Athena, s.d.

——. *Discorrendo di socialismo e di filosofia.* Roma, Loescher, 1898 / *Socialisme et philosophie: lettres à Georges Sorel.* Paris, Giard et Brière (1899). / *Socialism and Philosophy.* Chicago, C.H. Kerr (1907).

——. *Lettere a Benedetto Croce: 1885-1904.* Nápoles, Instituto Italiano per gli Studi Storici (1975).

La Città Futura: saggi sulla figura e il pensiero di Antonio Gramsci. Milão, Feltrinelli (1959).

Laclau, Ernesto. "Modos de producción, sistemas económicos y población excedente, aproximación histórica a las casos argentino y chileno", *Revista Latinoamericana de Sociologia*, vol.5, n.2, jul 1969.

——. "Feudalismo y capitalismo en América Latina"; posteriormente publicado em *Sociedad y Desarrollo*, n.1 (1972), Santiago do Chile. (Publicado igualmente in R. Stavenhagen et al., *Tres ensayos sobre América Latina.* Barcelona, Anagrama, 1971.) / "Feudalism and Capitalism in Latin America", *New Left Review*, n.67 (1977). (Publicado posteriormente em *Politics and Ideology in Marxist Thought.*)
——. *Politics and Ideology in Marxist Thought*, Londres, New Left; Nova York, distr. Schocken, 1977. / *Política e ideologia na teoria marxista.* Rio de Janeiro, Paz e Terra (1979).
La construction du socialisme, n.6 da revista *Critiques de l'Économie Politique*, 1972.
Lafargue, Paul. *Le droit à la paresse.* Paris, Maspero, 1883 (1977). / *The Right to be Lazy.* Chicago, Charles H. Kerr (1907) (1975). / *O direito à preguiça*, seguido de *A religião do capital.* São Paulo, Kairós (1980) (1983, 3ª ed.)
——. *Origine et évolution de la propriété*, publicado originalmente como uma série de artigos na *Nouvelle Revue* (Paris), com o pseudônimo Fergus, 1895. / *The Evolution of Property from Savagery to Civilisation.* Chicago, Charles H. Kerr (1910).
——. *Frederick Engels, Paul and Laura Lafargue – Correspondence*, 3 vols. Moscou, Foreign Languages Publishing House (1959-1960).
Laing, David. *The Marxist Theory of Art.* Brighton, Harvester; Atlantic Highlands, N.J., Humanities, 1978.
Laing, D.R. & D.G. Cooper. *Reason and Violence: a Decade of Sartre's Philosophy 1950-1960.* Londres, Tavistock, 1964.
Lajolo, Laurana. *Gramsci: un uomo sconfito.* Milão, Rizzoli, 1980. / *Antonio Gramsci, uma vida.* São Paulo, Brasiliense (1982).
La nature des pays de l'Est, n.7-8 da revista *Critiques de l'Économie Politique*, 1972.
Lane, D.S. *Leninism: A Sociological Interpretation.* Cambridge e Nova York, Cambridge University Press, 1981.
Lange, Oskar. *Political Economy.* Oxford, Pergamon, 1963. / *Moderna economia política.* Rio de Janeiro, Fundo de Cultura (1963).
Lange, Peter & Maurizio Vannicelli. *Eurocommunism: A Case Book.* Londres e Boston, Allen & Unwin, 1981.
Langevin, Paul. *La pensée et l'action.* Paris, Éditeurs Français Réunis, 1950.
La question chinoise dans l'Internationale Communiste: textes. Paris, EDI, 1976.
La Pologne: une société en dissidence: textes. Paris, Maspero, 1978.
Larrain, Jorge. *The Concept of Ideology.* Londres, Hutchinson; Athens, GA, University of Georgia Press, 1979.
——. *Marxism and Ideology.* Londres, Macmillan, 1983.
Latouche, Serge. "Sur la coupure Ricardo-Marx", *L'Homme et la Société*, n.20, 1971.
La Russie contestataire: documents de l'opposition soviétique. Paris, Fayard, 1971.
Laurat, Lucien. *L'accumulation du capital d'après Rosa Luxemburg suivi d'un aperçu sur la discussion du problème depuis la mort de Rosa Luxemburg.* Paris, M. Rivière, 1930.
Lavigne, M. et al. *Economie politique de la planification en système socialiste.* Paris, Economica, 1978.
Leacock, E.B. "Introduction", in F. Engels, *The Origin of the Family.* Nova York, International Publishers, 1972.
——. "Marxism and Anthropology", in Bertell Ollman e Edward Vernoff (orgs.), *The Left Academy.* Nova York e Londres, McGraw Hill, 1981.
——. *Myths of Male Dominance.* Nova York, Monthly Review Press, 1982.
——. "Interpreting the Origins of Gender Inequality, Conceptual and Historical Problems", *Dialectical Anthropology*, vol.7, n.4, 1983.
Le centenaire du "Capital": exposés et entretiens sur le marxisme. Paris, e Haia, Mouton, 1969.
Leclerc, Gérard. *Anthropologie et colonialisme: essai sur l'histoire de l'africanisme.* Paris, Fayard, 1972.
Lecourt, Dominique. *Une crise et son enjeu.* Paris, Maspero, 1973.
——. *L'affaire Lyssenko*, com introdução de Louis Althusser. Paris, Maspero, 1976. / *Proletarian Science? The Case of Lysenko.* Londres, New Left; Nova York, distr. Schocken (1977).
Le discours utopique: colloque de Cerisy. Paris, UGE, 1978.
Lefebvre, Georges, Giuliano Procacci & Albert Soboul. "Une discussion historique, Du féodalisme au capitalisme", *La Pensée*,

n.65, jan-fev 1956. / "Uma discussão histórica, do feudalismo ao capitalismo", in T. Santiago (org.), *História/Capitalismo: transição*. Rio de Janeiro, Eldorado Tijuca (1975).

Lefèbvre, Henri. *Le matérialisme dialectique*. Paris, Alcan e PUF, 1939 (1957 e 1962).

——. *Pour connaitre la pensée de Lénine*. Paris, Bordas, 1957 (1977).

——. *Problème actuels Du marxisme*. Paris, PUF, 1963.

——. *Métaphilosophie: prolégomènes*. Paris, Minuit, 1965.

——. *Logique formelle et logique dialectique*. Paris, Anthropos, 1969. / *Lógica formal, lógica dialética*. Rio de Janeiro, Civilização Brasileira (1975).

——. "Les paradoxes d'Althusser", *L'Homme et la Société*, n.13, 1969b.

——. "La re-production des rapports de production", *L'Homme et la Société*, n.22 e 23, 1971-1972.

——. *Le Droit et la ville, suivi de Espace et politique*. Paris, Anthropos, 1972. / *O direito à cidade*. São Paulo, Documentos (1969).

——. *De l'État*, col. 10/18. Paris, UGE, 1976.

Lefèbre, Henri & C. Régulier. *La révolution n'est plus ce que'elle était*. Paris, Hallier, 1978.

Leff, Gordon. *History and Social Theory*. Londres, Merlin, 1969.

Lefort, Claude. "Le marxisme et Sartre", *Les Temps Modernes*, n.104, jul 1954.

——. *Éléments pour une critique de bureaucratie*. Genebra, Droz; Paris, Gallimard, 1971 (1979).

——. "La contradiction de Trotski", in C. Lefort, *Élements pour une critique de la bureaucratie*, 1971 (1979).

——. *Un homme en trop*. Paris, Seuil, 1976.

——. *Les formes de l'histoire*. Paris, Gallimard, 1978.

——. "Esquisse d'une genèse de l'ideologie dans les sociétés modernes", in C. Lefort, *Les formes de l'histoire*. Paris, Gallimard, 1978.

——. *L'invention démocratique: les limites de la domination totalitaire*. Paris, Fayard, 1981. / *A invenção democrática: os limites do autoritarismo*. São Paulo, Brasiliense (1983).

Lehning, Arthur (org.). *Archives Bakounine*. Leiden, Brill, 1963.

——. *Michael Bakunin: Selected Writings*. Londres, Cape; Nova York, Grove, 1973.

Leiss, William. *The Domination of Nature*. Nova York, George Braziller, 1972.

Leite Lopes, J.S. "Sobre um debate da antropologia econômica, a economia política de Polanyi", *América Latina*, ano XIV, n.3-4, jul-dez 1971.

Leith, J.A. (org.). *Images of the Commune*. Montreal e Londres, McGill-Queen's University Press, 1978.

Lenin, Vladimir Ilitch [As referências às edições em língua inglesa são, sempre que possível, aos *Collected Works (CW)* em 45 volumes, publicados, em Moscou, pela Foreign Languages Publishing House (1960-1963) e, posteriormente, por Progress Publishers (1964-1970). Os títulos aparecem, portanto, sempre entre aspas, pois as obras publicadas estão contidas num dos volumes dessa coleção. As edições em outras línguas são apresentadas como volumes independentes sempre que não integram coletâneas.]

——. "On the So-called 'Market Question'", in *CW*, vol,1, 1893a (1960).

——. "What the 'Friends of the People' are and how they fight the Social-Democrats", in CW, vol.1, 1893b (1960). / *Quienes son los "amigos del Pueblo" y como luchan contra los social democratas?*. Moscou, Ediciones en Lenguas Extranjeras (1947).

——. "The Economic Content of Narodism", in *CW*, vol.1, 1894 (1960).

——. "Philosophical Notebooks", in *CW*, vol. 38, 1895-1916 (1961). / *Cahiers philosophiques*. Paris, Éd. Sociales (1969 e 1973).

——. "A Characterization of Economic Romanticism", in *CW*, vol. 2 (1897-1960).

——. "A propos of the Profession de Foi", in *CW*, vol.4, 1899a (1960).

——. "The Development of Capitalism in Russia: The Process of the Formation of a Home Market for Larger-Scale Industry", in *CW*, vol.3, 1899b (1960). / *El desarrollo del capitalismo en Rusia*. Buenos Aires, Estudio; Moscou, Progreso (1973 e 1979). / *O desenvolvimento do capitalismo na Rússia: o processo de formação do mercado interno para a grande indústria*, col. Os Economistas. São Paulo, Abril Cultural (1982).

——. "Retrograde Trend in Russian Social-Democracy", in *CW*, vol.4, 1899c (1960).

——. "A talk with Defenders of Economism", *Iskra*, n.12, dez; *CW*, vol.5, 1901. / "Entre-

tiens avec les défenseurs de l'économisme", in *Oeuvres*, vol.5. Moscou, Éd. du Progres; Paris, Éd. Sociales (1965).
——. "What is to be done?", in *CW*, vol.5. / *Que faire?*. Paris, Seuil (1966). / *Que fazer?* São Paulo, Hucitec (1978). / "Que fazer?", in *Obras Escolhidas*, vol.1. São Paulo, Alfa-Omega (1979).
——. "Two Tactics of Social-Democracy in the Democratic Revolution", in *CW*, vol.9, 1905a (1962). / "Duas táticas da social-democracia na revolução democrática", in *Obras escolhidas*, vol.1. São Paulo, Alfa-Omega (1979).
——. *On Literature and Art.* Moscou, Progress, 1905b (1967). / *Sur l'art et la littérature*, textos reunidos e apresentados por J.-M. Palmier, col. 10/18. Paris, UGE (1976).
——. "The Agrarian Programme of Social Democracy in the First Russian Revolution", in *CW*, vol.13, 1907 (1962). / *El programa agrario de la social-democracia en la primera revolución rusa de 1905-1907.* Moscou, Progreso (1980).
——. "Materialism and Empirio-Criticism", in *CW*, vol.14, 1908 (1962). / *Materialisme et empirio-criticisme*, Paris, Éd. Sociales (1948 e 1962). / *Materialismo e empiriocriticismo.* Lisboa, Estampa (1975).
——. "Inflammable Material in World Politics", in *CW*, vol.15, 1908 (1963).
——. "The Attitude of the Workers' Party Towards Religion", in *CW*, vol.15, 1909 (1963).
——. "Democracy and Narodism in China", in *CW*, vol.18, 1912 (1963).
——. The Question of Ministry of Education Policy", in *CW*, vol.19, 1913a (1963).
——. "The Working Class and Neo-Malthusianism", in *CW*, vol.19, 1913b (1963).
——. "Karl Marx", in *Oeuvres*, vol.21, 1913c (1968). Paris, Éd. Sociales. / "Karl Marx", in *Obras escolhidas*, vol.1. São Paulo, Alfa-Omega (1979).
——. "The Position and Tasks of the Socialist International", in *CW*, vol.28, 1914a (1964).
——. The War and Russian Social-Democracy", in *CW*, vol.21, 1914b (1964). / "A guerra e a social-democracia da Rússia", in *Obras escolhidas*, vol.1. São Paulo, Alfa-Omega (1979).
——. "Sobre o direito das nações à autodeterminação", in *Obras escolhidas*, vol.1. São Paulo, Alfa-Omega, 1914c (1979).
——. "Conspectus of Hegel's Book *The Science of Logic*", in *CW*, vol.38, 1914-1916 (1961). / *Cahiers sur la dialectique de Hegel.* Paris, Gallimard (1967). / *Os cadernos sobre a dialética de Hegel.* Lisboa, Minerva (1975).
——. "The collapse of the Second International", in *CW*, vol.21, 1915a (1964). / La faillite de la IIe Internationale. Paris, Éd. Sociales (1953).
——. "The Revolutionary Proletariat and the Right of Nations to Self-Determination", in *CW*, vol.21.
——. "Imperialism: the Highest Stage of Capitalism", in *CW*, vol.22, 1916a (1964). / *L'impérialisme, stade suprème du capitalisme.* Paris, Éd. Sociales (1971). / "O imperialismo, fase superior do capitalismo (ensaio popular)", in *Obras escolhidas*, vol.1. São Paulo, Alfa-Omega (1979).
——. "The Socialist Revolution and the Right of Nations to Self-Determination", in *CW*, vol.22, 1916b (1964).
——. "Report on the Present Situation and the Attitude Towards the Provisional Govermment", in *CW*, vol.24, 1917a (1964).
——. "Can the Bolsheviks Retain State Power?", in *CW*, vol.26, 1917b (1964). / "Conservarão os bolcheviques o poder de Estado?", in *Obras escolhidas*, vol.2. São Paulo, Alfa-Omega (1980).
——. "The State and Revolution", in *CW*, vol.25, 1917c (1969). / *L'État et la Revolution.* Genebra, Gonthier (1963). / "O Estado e a revolução", in *Obras escolhidas*, vol.2. São Paulo, Alfa-Omega (1980).
——. "The Immediate Tasks of the Soviet Government", in *CW*, vol.27, 1918a (1965). / "As tarefas imediatas do poder soviético", in *Obras escolhidas*, vol.2. São Paulo, Alfa-Omega, s.d..
——. "The Proletarian Revolution and the Renegade Kautsky", in *CW*, vol.28, 1918b (1965) / *A revolução proletária e o renegado Kautsky.* São Paulo, Lech (1979). / "A revolução proletária e o renegado Kautsky", in *Obras escolhidas*, vol.3. São Paulo, Alfa-Omega (1980).
——. "Report to the 7th All-Russian Congress of Soviets", in *CW*, vol. 30. / Relatório ao VII Congresso de Sovietes de Toda a Rússia", in *Obras escolhidas*, vol.3. São Paulo, Alfa-Omega (1980).

——. "'Left Wing' Communism – An Infantile Disorder", in *CW*, vol.31. / *A doença infantil do "esquerdismo" no comunismo*. Rio de Janeiro, Vitória (1960) / *Le gauchisme, maladie infantile du communisme*. Paris, Éd. Sociales (1970). / *Esquerdismo, doença infantil do comunismo*. São Paulo, Global (1981).

——. "On Polytechnical Education Notes on Theses by Nadezhda Konstantinovna", in *CW*, vol.36, 1920b (1966).

——. "Speech at 3rd Komsomol Congress, 2 October 1920", in *CW*, vol.31.

——. "The Tasks of the Youth Leagues", in *CW*, vol.31, 1920d (1966). / "As tarefas das uniões da juventude", in *Obras escolhidas*, vol.3. São Paulo, Alfa-Omega (1980).

——. "Report on the International Situation and the Fundamental Tasks of the Communist International", in *CW*, vol.31, 1920e (1966).

——. "Preliminary Draft Theses on the National and the Colonial Questions", in *CW*, vol.31, 1920f (1966).

——. "Notes for a Speech on March 27", in *CW*, vol.31, 1922. / "Relatório político do Comitê Central do PCR(b) ao XI Congresso do PCR(b), 27 de março de 1922", in *Obras escolhidas*, vol.3. São Paulo, Alfa-Omega (1980).

——. "Better Fewer but Better", in *CW*, vol.33, 1923a (1966).

——. "How We Should Reorganise the Workers and Peasants Inspection", in *CW*, vol.33, 1923b (1966).

——. *The National-Liberation Movement in the East*. Moscou, Foreign Languages Publishing House (1962).

——. *Questions of National Policy and Proletarian Internationalism*. Moscou, Progress (1970a).

——. *On Trade Unions*. Moscou, Progress (1970b). / *Sobre os sindicatos*. Rio de Janeiro, Vitória (1962).

——. *Oeuvres*. Moscou, Éd. du Progrès; Paris, Éd. Sociales (1964-1970).

——. *Obras escolhidas*, 3 vols. São Paulo, Alfa-Omega (1979-1980).

——. *Le Cahier Bleu (le marxisme quant à l'État)*, apresentação de Georges Labica. Bruxelas, Complexe; Paris, PUF (1979).

Lenin, V.I. & M. Gorky. *Letters, Reminiscences, Articles*. Moscou, Progress, 1973.

Lenin, teorico e dirigente rivoluzionario, núm. esp. da revista *Critica Marxista*, 1970.

Lenk, Kurt. *Ideologie Kritik und Wissenssoziologie*. Neuwied e Berlim, Luchterhand, 1961.

Leonetti, A. *Note su Gramsci*. Urbino, Argalia, 1970. / *Notes sur Gramsci*. Paris, EDI, s.d.

Leser, Norbert. *Zwischen Reformismus und Bolschewismus. Der Austromarxismus als Theorie und Praxis*. Viena, Europa Verlag, 1968.

Les multinationales, n.190 de *Les Cahiers Français*, mar-abr 1969.

Les procès de Moscou, col. Archives, dossiê apresentado por Pierre Broué. Paris, Julliard (1964).

Les quatre premiers congrès de l'Internationale Communisse. Paris, Librairie du Travail (1934); Maspero (1972, reedição *facsimile*).

Levidow, Les & Robert M. Young (orgs.). *Science, Technology and the Labour Process: Marxist Studies*. Londres, CSE Books; Atlantic Highlands, N.J., Humanities, 1981.

Levine, A. & E.O. Wright. "Rationality and Class Struggle", *New Left Review*, n.,123, 1980.

Levine, N. *The Tragic Deception: Marx contra Engels*. Santa Barbara, Clio, 1975.

Lévi-Strauss, Claude. *Anthropologie structurale*. Paris, Plon, 1958. / *Structural Anthropology*. Nova York e Londres, Basic Books (1963) / *Antropologia estrutural*. Rio de Janeiro, Tempo Brasileiro (1975).

Lévy, Louis (org.). *Anthologie de Jean Jaurès*. Paris, Calman Lévy; Londres, Éditions Penguin, 1947.

Lewin, Moshe. *Le dernier combat de Lénine*. Paris, Minuit, 1967 (1978). / *Lenin's Last Struggle*. Londres, Faber & Faber; Nova York, Pantheon (1969).

——. *Political Undercurrents in Soviet Economic Debates: From Bukharin to the Modern Reformers*. Londres, Pluto; Princeton, N.J., Princeton University Press, 1975.

——. *La paysannerie et le pouvoir soviétique: 1928-1930*. Paris e Haia, Mouton, 1976.

Lewis, Arthur D. *Syndicalism and the General Strike*. Londres, Unwin; Boston, Mass., Small, Maynard, 1912.

Lewis, John. "The Althusser Case", *Marxism Today*, vol.16, n.1 e 2.

Lewontin, Richard & Richard Levins. "The Problem of Lysenkoism", in H. e S. Rose (orgs.), *The Radicalisation of Science*. Londres, Macmillan, 1976.

Ley, Hermann. "Ernst Bloch und das Hegelsche System", *Einheit*, n.III, 1957.

Lichtheim, George. *Marxism: an Historical and Critical Study*. Londres, Routledge & Kegan Paul; Nova York, Praeger, 1961.

——. *The Origins of Socialism*. Londres, Weidenfeld & Nicolson; Nova York, Praeger, 1969.

——. *Lukács*. Londres, Fontana, 1970. / *As ideias de Lukács*. São Paulo, Cultrix, s.d.

——. *From Marx to Hegel and other Essays*. Londres, Orbach & Chambers; Nova York, Herder & Herder, 1971.

Liebknecht, Karl. *Millitarismus und Antimilitarismus*. Berlim, 1907. / *Militarism and Anti-Militarism*. Cambridge, Rivers (1973).

Liebman, Marcel. *Le léninisme sous Lénine*, 2 vols. Paris, Seuil, 1973. / *Leninism under Lenin*. Londres, Cape (1975). / *O leninismo sob Lenine*, 4 vols. Lisboa, Iniciativas Editoriais (1976).

Lifshitz, Mikhail. *The Philosophy of Art of Karl Marx*. Nova York, Critics Group; Londres, Pluto, 1933 (1973).

L'impérialisme, núm. esp. da revista *Esprit*, abr 1969.

L'impérialisme, n.4-5 de *Critiques de l'Économie Politique*, jul-dez 1971.

Lindberg, L.N. (org.) 1975, *Stress and Contradiction in Modern Capitalism: Public Policy and the Theory of the State*. Lexington, Mass., Lexington.

Lindenberg, Daniel. *L'Internationale communiste et l'école de classe*. Paris, Maspero, 1972.

Linhart, Robert. *Lénine, les paysans, Taylor*. Paris, Seuil, 1976. / *Lenin, os camponeses, Taylor*. Rio de Janeiro, Marco Zero (1983).

Lipietz, Alain. "The So-Called Transformation Problem Revisited", *Journal of Economic Theory*, vol.26, n.1, 1982.

Lippi, Marco. *Marx: il valoro come costo sociale reale*. Milão, Etas Libri, 1976. / *Value and Naturalism in Marx*. Londres, NLB (1979).

Lipset, S.M. *Political Man*. New York, Doubleday; Londres, Heinemann, 1960.

Lisa, Athos. *Memorie: in carcere con Gramsci*. Milão, Feltrinelli, 1973.

Littlejohn, G. et al. *Power and the State*. Londres, Croom Helm, 1977.

Lobkowicz, Nicholas. *Theory and Practice: History of a Concept from Aristotle to Marx*. Notre Dame, Illinois; Londres, University of Notre Dame Press, 1967.

Locke, John. *Essay Concerning Human Understanding*, ed. org. por H. Nidditch. Oxford e Nova York, Oxford University Press, 1690 (1975).

Lombardo Radice, Luciano & G. Carbone. *Vita di Antonio Gramsci*. Roma, Cultura Sociale, 1952.

Longo, Luigi. *Gramsci oggi*. Roma, Riuniti, 1967.

Looker, Robert (org.). *Rosa Luxemburg: Selected Political* Writings. Londres, Cape; Nova York, Grove, 1972.

Loren, Graham. *Science and Philosophy in the Soviet Union*. Nova York, Knopf; Londres, Allen Lane, 1973.

Lorenzo, J.L. "Archaeology South of the Rio Grande", *World Archaeology*, vol.13, n.3, 1981.

Lowie, Robert H. *The origin of the State*. Nova York, Harcourt, 1929.

Lowit, T. "Marx et le mouvement coopératif", *Cahiers de l'Institut de Science Économique Appliquée*, série 129, *Études de Marxologie*, 1962.

Löwith, Karl. "Max Weber und Karl Marx", *Archiv für Sozialwissenchaft und Sozialpolitik*, vol.67, parte I, 1932. / *Max Weber and Karl Marx*. Londres e Boston, Allen & Unwin (1982).

——. *Von Hegel zu Nietzsche*. Zurique, Europa Verlog, 1941 (1949); Stuttgart, W. Kohlhammer (1950). / *From Hegel to Nietzsche: The Revolution in Nineteenth-Century Thought*. Londres, Constable; Nova York, Holt, Rinehart & Winston (1964). / *De Hegel à Nietzsche*. Paris, Gallimard (1969).

Löwy, Michael. "Marx e o partido comunista (1846-1848)", *Teoria e Prática*, n.3., 1968

——. *La théorie de la révolution chez le jeune Marx*. Paris, Maspero, 1970a.

——. "L'humanisme historiciste de Marx ou Relire Le Capital", *L'Homme et la Société*, n.17, 1970b.

——. "Objectivité et point de vue de classe dans les sciences sociales", *Critiques de l'Économie Politique*, n.7, 1972.

——. *Dialectique et révolution*. Paris, Maspero, 1973.

——. "Rosa Luxernburg et la question nationale", in M. Löwy, *Dialectique et révolution*, 1973. / "Rosa Luxemburgo sobre a questão nacional: 1893-1918", in M. Löwy, *Método dialético e teoria política*. Rio de Janeiro, Paz e Terra (1978).

——. *Pour une sociologie des intellectuels révolutionnaires: L'évolution politique de Lukács 1908-1929*. Paris, Maspero, 1976.

——. *Método dialético e teoria política*. Rio de Janeiro, Paz e Terra, 1978.

——. *The Politics of Combined and Uneven Development*. Londres, New Left; Nova York, distr. Schocken, 1981.

Lozovsky, A. *The World Economic Crisis, Strike Struggles and the Tasks of the Revolutionary Trade Union Movement*. Moscou, State Publishers, 1931.

——. *Marx and the Trade Unions*. Londres, Martin Lawrence; Nova York, International Publishers, 1935.

Lukács, György [Uma relação completa das obras de Lukács pode ser encontrada, em ordem cronológica, no apêndice de *Festschrift zun achtzigsten Geburtstag von Georg Lukács* (ed. org. por Frank Benseler, Neuwied, Luchterhand, 1965), todas as edições em húngaro e alemão, bem como traduções em outras línguas, em uma listagem que se estende por 70 páginas impressas. As obras de Lukács foram publicadas sob títulos diferentes, em datas diversas e em várias línguas, sem que muitas vezes se saiba qual é a edição original, até porque a data de redação com frequência é muito anterior à de publicação. A partir de 1963, a edição alemã dos *Werke* de Lukács foi publicada, em 12 volumes, por Luchterhand (Neuwied e Berlim)].

——. *A alma e as formas*, publ. orig. em húngaro, 1910. / *Die Seele und die Formen*. Berlim, Egon Fleischel (1911). / *The Soul and the Forms*. Londres, Merlin; Cambridge, Mass., MIT Press (1974). / *L'âme et les forms*. Paris, Gallimard (1974).

——. *História do desenvolvimento do drama moderno*, 2 vols., publ. orig. em húngaro. Budapeste, Franklin, 1911 / *History of the Development of Modern Drama*. Londres, Merlin (1975).

——. *Cultura estética*, publ. orig. em húngaro. Budapeste, Athenaum, 1913.

——. *Die Theorie des Romans: ein geschichtsphilosophischer Versuch über die Formen der grossen Epik*, publ. orig. in Max Dessoir, *Zeitschrift für Ästhetik und Allgemeine Kunstwissenschaft*. Neuwied, Luchterhand, 1916 (1963). A primeira edição em livro é de 1920. (Berlim, Paul Cassirer Verlag.) / *The Theory of the Novel*. Londres, Merlin; Cambridge, Mass., MIT Press (1971). / *La théorie du roman*. Paris, Gonthier (1963 e 1971). / *A teoria do romance*. Lisboa, Presença, s.d.

——. "Alte Kultur und neue Kultur", *Kommunismus*, vol.1, n.43, 1920. / "The Old Culture and the New Culture", *Telos*, n.5 (1970).

——. *Geschichte und Klassenbewusstsein. Studien über marxistische Dialektik*. Berlim, Malik, 1923; Neuwied, Luchterhand (1963). / *Histoire et conscience de classe: essais de dialectique marxiste*, trad. de Kostas Axelos e Jacqueline Blois. Paris, Minuit (1960). / *Storia e coscienza di classe*. Milão, Sugar (1967). / *Historia y consciencia de classe*. México, Grijalbo (1969 e 1975). / *History and Class Consciousness*. Londres, Merlin; Cambridge, Mass., MIT (1971). / *História e consciência de classe*. Porto, Escorpião; São Paulo, Martins Fontes (1974).

——. *Lenin. Studie über den Zusammenhang seiner Gedanken*. Berlim, Malik, 1924; Neuwied, Luchterhand (1967). / *Lénine*. Paris, EDI, s.d. / *Lenin: A Study on the Unity of his Thaught*. Londres, New Left; Nova York, distr. Schocken (1970). / *Lenin: la coerencia de su pensamiento*. México, Grijalbo (1970). / *O pensamento de Lenine*. Lisboa, Dom Quixote (1975).

——. *N. Bucharin: Theorie des historischen Materialismus*, s.n, 1925a. / "Une critique du *Manuel* de Boukharine", *L'Homme et la Société*, n.2, out-dez (1966).

——. "Technology and Social Relations", *New Left Review*, n.39, 1925b (1966).

——. *Moses Hess und die Probleme der idealistischen Dialektik*. Leipzig, Hirschfeld, 1926.

——. *Teses de Blum*, publ. orig. em húngaro, em 1929, e depois com o título alemão *Theses über die politische und wirtschafliche Lage in Ungarn und über die Aufgaben der Kommunistichen Partei Ungams*.

——. *Blum: Declaração*, ou *Declaração de Blum*, autocrítica das *Teses de Blum*; publ. orig. em húngaro, em 1929.
——. *Der historische Roman*. Berlim, Aufbau, 1937 (1955); Neuwied, Luchterhand (1965). / *The Historical Novel*. Londres, Merlin; Boston, Beacon (1962). / *Le roman historique*. Paris, Payot (1965). / *La novela histórica*. Barcelona e México, Grijalbo (1976).
——. *Der junge Hegel: über die Beziehungen von Dialektik und Ökonomie*. Zurique e Viena, Europa Verlag, 1938 (1948); Neuwied e Berlim, Luchterhand (1967). / *El Joven Hegel y los problemas de la sociedad capitalista*. Barcelona e México, Grijalbo (1963) (1972). / *The Young Hegel*. Londres, Merlin; Cambridge, Mass., MIT Press (1975). / *Le jeune Hegel: sur les rapports de la dialectique et de l'économie*, 2 vols. Paris, Gallimard (1981).
——. *A responsabilidade dos intelectuais*, ensaios escritos entre 1939 e 1941, publ. orig. em húngaro. Moscou, Idegennyelvü Irodalmi Kiadó, 1944. / "On the responsibility of Intelectuals", *Telos*, n.2 (1970).
——. *Goethe und seine Zeit*. Berna, Francke, 1946 (1947); Neuwied, Luchterhand (1967). / *Goethe et son temps*. Paris, Nagel (1960). / *Goethe and his Age*. Londres, Merlin (1968).
——. *A crise da filosofia burguesa*, publ. orig. em húngaro, 1947a. / *Existencialisme ou marxisme?* Paris, Nagel (1948). / *Existentialismus oder Marxismus*. Neuwied, Luchterhand (1963). / *Existencialismo ou marxismo*. São Paulo, Senzala e Lech (1967) (1979).
——. *Literatura e democracia*, publ. orig. em húngaro. Budapeste, Szikra, 1947b.
——. *Por uma nova cultura húngara*, publ. orig. em húngaro. Budapeste, Sziskra, 1948a.
——. *As tarefas da filosofia marxista na nova democracia*, publ. orig. em húngaro. Budapeste, Székesfóvárosi Irodalmr Intézet, 1948b.
——. *Karl Marx und Friedrich Engels als Literaturhistoriker*. Berlim, Aufbau, 1948c. / *Marx e Engels como historiadores da literatura*. Porto, Nova Crítica (1979).
——. *Schicksalswende. Beiträge zu einer neuen deutschen Ideologie*. Berlim, Aufbau, 1948d.
——. *Essays über Realismus*. Berlim, Aufbau, 1948e; Neuwied, Luchterhand (1971).
——. *Thomas Mann*. Berlim, Aufbau, 1949. / *Essays on Thomas Mann*. Londres, Merlin; Nova York, Grosset & Dunlap (1964a). / *Thomas Mann*. Paris, Maspero (1966).
——. *Studies in European Realism*, coletânea de ensaios escritos entre 1934 e 1944. Londres, Hillway e Merlin (1950) (1972).
——. *Deutsche Realisten des 19. Jahrhunderts*. Berlim, Aufbau, 1951; Neuwied, Luchterhand (1967). / *Realistas alemanes del siglo XIX*. Barcelona e México, Grijalbo (1970).
——. *Balzac und der französiche Realismus*. Berlim, Aufbau, 1952a. / *Balzac et le réalisme français*. Paris, Maspero (1970).
——. *Der russische Realismus in der Weltliteratur*. Berlim, Aufbau, 1952b; Neuwied, Luchterhand (1964).
——. *Skizze einer Geschichte der neueren deutschen Literatur*. Berlim, Aufbau, 1953a; Neuwied, Luchterhand (1963).
——. *Beiträge zur Geschichte der Ästhetik*. Berlim, Aufbau, 1953b (1954); Neuwied, Luchterhand (1969). / *Aportaciones a la historia de la estética*. México, Grijalbo (1966).
——. *Die Zerstörung der Vernunft*. Berlim, Aufbau, 1954; Neuwied, Luchterhand (1962). / *La destruction de la raison*, 2 vols. Paris, L'Arche (1959). / *El asalto a la razón*. Barcelona e México, Grijalbo (1968).
——. *Probleme des Realismus*. Berlim, Aufbau, 1955. / *Problemas del realismo*. México, Fondo de Cultura Económica (1966).
——. *Il significato attuale del realismo critico*. Turim, Einaudi, 1957a. / *Wider den missverstandenen Realismus*. Hamburgo, Claasen (1958); Neuwied, Luchterhand (1971). / *La signification présente du réalisme critique*. Paris, Gallimard (1960). / *The Meaning of Contemporary Realism*. Londres, Merlin (1963). / *Realism in our Time: Literature and the Class Struggle*. Nova York, Harper & Row (1964). / *Realismo crítico hoje*. Brasília, Ed. Coordenada (1965).
——. *Prolegomeni a un'estetica marxista*. Roma, Riuniti, 1957b. / *Über die Besonderheit als Kategorie der Ästhetik*. Neuwied, Luchterhand (1967). / *Introdução a uma estética marxista*. Rio de Janeiro, Civilização Brasileira (1968).
——. *Schriften zur Literatursoziologie*, ed. org. e introdução por Peter Ludz. Neuwied, Luchterhand, 1961a. / *Sociologia de la litera-*

tura. Barcelona, Península (1968). / *Scritti di sociologia della letteratura*. Roma, Mondadori (1976).

——. "Zur Soziologie des modernen Dramas", in G. Lukács, *Schriften zur Litertursoziologie*. Neuwied, Luchterhand, 1961a.

——. *Schriften zur Ideologie und Politik*, ed. org. por Peter KLudz. Neuwied, Luchterhand, 1961b.

——. "Lettera sul stalinismo", *Nuovi Argumenti*, 1962. / "Carta sobre o estalinismo", *Temas de Ciências Humanas*, vol.1. São Paulo, Lech (1977).

——. *Die eigenart des Ästhetischen*. Neuwied, Berlim e Spandau, Luchterhand, 1963. / *Estética*. Barcelona e México, Grijalbo (1966).

——. *Deutsche Literatur in zwei Jahrhunderten*. Neuwied, Luchterhand, 1964b.

——. *Der junge Marx, seine philosophische Entwicklung*. Pfullingen, G. Neske, 1965a.

——. *Ensaios sobre literatura*, ed. org. e introdução por Leandro Konder. Rio de Janeiro, Civilização Brasileira (1965b).

——. *Von Nietzsche bis Hitler oder der Irrationalismus in der deutschen Politik*. Frankfurt, Fischer Bücherei, 1966a.

——. *Marxismo e teoria da literatura*, org. e seleção por Carlos N. Coutinho de artigos publicados originalmente em *Probleme des Realismus* e *Karl Marx und Friedrich Engels als Literaturhistoriker* (1966b). Rio de Janeiro, Civilização Brasileira (1968).

——. *Probleme der Ästhetik*. Neuwied, Luchterhand, 1969.

——. *Soljenitsyne*. Paris, Gallimard (1970). / *Solzhenitsyn*. Londres, Merlin (1970a).

——. *Writer and Critic*, coletânea de ensaios escritos entre 1936 e 1954. Londres, Merlin (1970b). / *O escritor e o crítico*. Lisboa, Dom Quixote (1973).

——. *Zur Ontologie des gesellschaftlichen Seins: Hegels falsche und echte Ontologie*, capítulo sobre Hegel. Neuwied, Luchterhand, 1971. / *A falsa e a verdadeira ontologia de Hegel*. São Paulo, Lech (1979).

——. *Political Writings (1919-1929)*. Londres, New Left (1972a).

——. "Ontologie-Marx" capítulo sobre Marx in *Zur Ontologie des gesellschaflichen Seins*. Neuwied, Luchterhand, 1972b. / *Os princípios ontológicos fundamentais de Marx*. São Paulo, Lech (1979).

——. "Ontologie/Arbeit", capítulo sobre o trabalho in *Zur Ontologie des gesellschaflichen Seins*. Neuwied, Luchterhand, 1973.

——. *Heidelberger Ästhetik (1916-1918)*. Darmstadt, Luchterhand, 1974a.

——. *Heidelberger Philosophie der Kunst*. Darmstadt, Luchterhand, 1974b.

——. *Écrits de Moscou*, primeira edição no Ocidente dos ensaios escritos em Moscou entre 1933 e 1944. Paris, Éd. Sociales, 1974c.

——. *Ontologia del essere sociale*, edição integral do primeiro volume. Roma, Riuniti, 1976.

——. *Littérature, philosophie, marxisme (1922-1923)*, artigos publicados na década de 1920 no periódico alemão *Die Rote Fahne*, 1978.

Lukács, ed. org. com introdução, cronologia e bibliografia por José Paulo Netto. São Paulo, Ática (1981).

Lukács ou le Front populaire en littérature, ed. org. por Henri Arvon. Paris, Seghers (1968).

Lukes, Steven. *Individualism*. Oxford, Basil Blackwell; Nova York, Harper & Row, 1973.

Lumbreras, L.G. *La arqueologia como ciencia social*. Lima, Histar, 1974.

Luporini, Cesare. "Réflexions sur Louis Althusser", *L'Homme et la Société*, n.4, 1967.

——. *Dialettica e materialismo*. Roma, Riuniti, 1974.

Luxemburg, Rosa. *Sozialreform oder Revolution*. Leipsig, Buchdruckerei und Leipziger Volkszeitung, 1899 (1908). / *Reform or Revolution*. Nova York, Three Arrows (1973). / *Reforma ou Revolução?*. São Paulo, Flama (1946). / *Réforme ou révolution?*. Paris, Spartacus e Maspero (1947) (1971). / *Reforma, revisionismo e oportunismo*. Rio de Janeiro, Civilização Brasileira; Lisboa, Porto e Luanda, Centro do Livro Brasileiro (1975).

——. "Organizationsfragen der russischen Sozialdemokratie", *Neue Zeit*, XXII, 2, 1904.

——. *Socialism and the Churches*. Londres, Merlin, 1905 (1972).

——. *Massentreik, Partei und Gewerksehaften*. Hamburgo, E. Dubber, 1906. / *The Mass Strike, the Political Party and the Trade Union*. Detroit, Marxian Educational Society (1925). / *Grève de masses, parti et syndicats*. Paris, Maspero (1971).

——. *Die Akkumulation des Kapitals*. Berlim, s.n., 1913. / *The Accumulation of Ca-*

pital. Londres, Routledge & Kegan Paul; New Haven, Yale University Press (1951). / *L'accumulation du capital*, 2 vols. Paris, Maspero (1967). / *A acumulação do capital: estudo sobre a interpretação econômica do imperialismo*. Rio de Janeiro, Zahar (1976).

——. *Die russische Revoution*. Hameln, s.n., 1922 (1957). / *A Revolução Russa*. Rio de Janeiro, Edições Socialistas (1946). / *The Russian Revolution*. Ann Arbor, University of Michigan Press (1961). / *La Révolution Russe*, com prefácio de Robert Paris. Paris, Maspero (1964 e 1968). / *La Revolución Rusa*. Barcelona, Anagrama (1975).

——. *Einfürung in die Nationalökonomie*, fragmentos publicados postumamente por Paul Levi, 1925. / *What is Economics?*. Nova York, Pioneer; Londres, Merlin (1954). / *Introduction à l'économie politique*, col.10/18. Paris, UGE (1972). / *Introdução à economia política*. São Paulo, Martins Fontes, s.d.

——. *Politische Schriften*. Leipsig, Redam, 1969.

——. *Gesamnelte Werke*. Berlim, Dietz, 1970.

——. *Rosa Luxemburg Speaks*, ed. org. por Mary-Alice Waters. Nova York, Pathfinder (1970).

——. *Selected Political Writings*, ed. org. por Robert Locker. Londres, Cape; Nova York, Grove (1972).

——. *The National Question: Selected Writings of Rosa Luxemburg*, ed. org. por Horace B. Davis. Nova York e Londres, Monthly Review Press (1976).

Luxemburg, Rosa & Nikolai Bukharin. *Imperialism and the Accumulation of Capital*. Londres, Allen Lane; Nova York, Monthly Review Press, 1972.

Macciocchi, Maria-Antonietta. *Pour Gramsci*. Paris, Seuil, 1974. / *Per Gramsci*. Bolonha, Il Mulino (1974). / *A favor de Gramsci*. Rio de Janeiro, Paz e Terra (1976).

Macciocchi, Maria Antonietta et al. *Élements pour une analyse du faseisme (séminaires de Vincennes, 1974-1975)*, col. 10/18. Paris, UGE, 1976.

Macherey, Pierre. *Pour une théorie de la production littéraire*. Paris, Maspero, 1970.

Macpherson, C.B. *The Political Theory of Possessive Individualism*. Oxford e Nova York, Oxford University Press, 1962. / *La théorie politique de l'individualisme possessif de Hobbes à Locke*. Paris, Gallimard (1971). / *A teoria política do individualismo possessivo: de Hobbes a Locke*. Rio de Janeiro, Paz e Terra (1979).

Maenchen-Helfen, O. & B. Nicolaievsky. *Karl und Jenny Marx: ein Lebensweg*. Berlim, Verlag der Bücherkreis, 1933.

Magaline, A.D. *Lutte de classes et dévalorisation du capital*. Paris, Maspero, 1975.

Magdoff, Harry. *Imperialism: From the Colonial Age to the Present*. Nova York, Monthly Review Press, 1978.

Magri, Lucio. "Problemi della teoria marxista del partito rivoluzionario", *Critica Marxista*, n.5-6, 1963.

Mahieu, François-Régis et al. *Marx et l'économie politique: essais sur les "Théories de la plus-value"*. Grenoble, PUG; Paris, Maspero, 1977.

Maguire, John M. *Marx's Theory of Politics*. Cambridge e Nova York, Cambridge University Press, 1978.

Mallet, Serge. *La nouvelle classe ouvrière*. Paris, Seuil, 1963.

Malos, E. (org.). *The Politics of Housework*. Nottingham, Allison & Busby; Nova York, distr. Schocken, 1980.

Mammucari, Mario & Anna Miserocchi. *Gramsci a Roma (1924-1926)*. Milão, La Pietra, 1979.

Manacorda, M.A. *Marx e la pedagogia moderna*. Roma, Riuniti, 1966.

Mandel, Ernest. *Traité d'économie marxiste*. Paris, Julliard, 1962.

——. *La formation de la pensée économique de Karl Marx*. Paris, Maspero, 1967 (1972). / *A formação do pensamento econômico de Karl Marx*. Rio de Janeiro, Zahar (1980).

——. "Le marxisme de Trotsky", *Les Temps Modernes*, n.277-78 e 279, ago-set-out 1969.

——. *De la bureaucratie*, vol.3 da col. Cahiers Rouges. Paris, Maspero, 1969b.

——. "La theorie de la valeur-travail et le capitalisme monopolistique", *Critiques de l'Économie Politique*, n.1, 1970.

——. *Der Spätkapitalismus*. Frankfurt, Suhrkamp, 1972. / *Late Capitalism*. Londres, New Left (1975). / *Le troisième âge du capitalisme*. Paris, UGE (1976). / *El capitalismo tardio*. México, Era (1979).

——. "Introduction", in Karl Marx, *Capital I*. Londres, Penguin; Nova York, Vintage Books, 1976.

——. "Démocratie socialiste et dictature du prolétariat", *Imprecor*, n.10, 7 jul 1977.
——. *Critique de l'eurocommunisme*. Paris, Maspero, 1978. / *From Stalinism to eurocommunism*. Londres, New Left; Nova York, distr. Schocken (1978). / *Crítica do eurocomunismo*. Lisboa, Antídoto (1978).
——. *Revolutionary Marxism Today*. Londres, New Left; Nova York, distr. Schocken, 1979.
——. *Trotsky*. Paris, Maspero, 1980.
Mandel, Ernest (org.). *Contrôle ouvrier, conseils ouvriers, autogestion*. 3 vols. Paris, Maspero, 1973.
Mann, Michael. *Consciousness and Action among the Western Working Class*. Londres, Macmillan; Atlantic Highlands, N.J., Humanities, 1973.
Manheim, Karl. *Ideologie und Utopie*. Bonn, F. Cohen, 1929. / *Ideology and Utopia*. Londres, Routledge & Kegan Paul; Nova York, Harcourt Brace (1936). / *Idéologie et utopia*. Paris, M. Rivière (1956). / *Ideologia e utopia*. Rio de Janeiro, Zahar (1968) (1982, 4ª ed.).
Manser, Anthony. *Sartre: A Philosophic Study*. Oxford e Nova York, Oxford University Press, 1966.
Mantovani, G. "Gramsci: l'intellettuale organico", *Vita e pensiero*, vol.XLIX, n.2, 1966.
Mao Tse-tung. *On Contradiction*. Pequim, Foreign Languages Press, 1937a (1967). / *A propos de la contradiction*. Paris, Maspero (1967). / "Sobre a contradição", in Mao Tse-tung, *O pensamento de Mao Tse-tung*. Rio de Janeiro, Paz e Terra (1979).
——. *On Practice*. Nova York, International Publishers, 1937b. / *A propos de la pratique*. Paris, Maspero (1967). / "Sobre a prática", in Mao Tse-tung, *O pensamento de Mao Tse-tung*. Rio de Janeiro, Paz e Terra (1979). / "Sobre a prática", in Mao Tse-tung, *Filosofia de Mao Tse-tung*. Belém, Boitempo (1979).
——. *Selected Works*, 5 vols. Pequim, Foreign Languages Press, 1961-77.
——. *Citações do presidente Mao Tse-tung*. Pequim, Edições em Línguas Estrangeiras; Lisboa, Minerva, 1967 (1975).
——. *Miscellany of Mao Tse-tung Thought (1949-1968)*. Arlington, Virginia, Joint Publications Research Serviçe (JPRS-61269), 1974.
——. *Textes (1949-1958)*. Paris, Cerf, 1975.
——. *Écrits choisis en trois volumes*. Paris, Maspero, 1976.
——. *A Critique of Soviet Economics*. Nova York, Monthly Review Press, 1977.
——. *O pensamento de Mao Tse-tung*. Rio de Janeiro, Paz e Terra, 1979a.
——. *Filosofia de Mao Tse-tung*. Belém, Boitempo, 1979b.
——. *Le Grand Bond en avant (1958-1959)*. Paris, Sycomore, 1980a.
——. *Les trois années noires (1959-1962)*. Paris, Sycomore, 1980b.
——. *Poemas de Mao Tse-tung*. Rio de Janeiro, Paz e Terra, 1981.
——. *Mao Tse Toung et la construction du socialisme*, textos apresentados por Hu Chi-hsi. Paris (1975).
Marchais, Georges. *Le défi démocratique*. Paris, Grasset, 1973.
Marcou, Lilly. *L'Internationale après Staline*. Paris, Grasset, 1979a.
——. *Les Staline, vus par les hôtes du Kremlin*. Paris, Gallimard e Julliard, 1979b.
Marcus, S. *Engels, Manchester and the Working Class*. Nova York, Randon House; Londres, Weidenfeld & Nicolson, 1974.
Marcuse, Herbert. "Beitraege zu einer Phaenomenologie des historischen Materialismus", *Philosophische Hefte*, núm. esp. de *Sein und Zeit* de Heidegger, org. por Maximilian Beck. Berlim, jul 1928. / "Contribution to a Phenomenology of Historical Materialism", *Telos*, n.4 (1969). / "Contribuições para a compreensão de uma fenomenologia do materialismo histórico", in V. Chacon (org.), *Marcuse: materialismo histórico e existência*. Rio de Janeiro, Tempo Brasileiro (1968).
——. "Neue Quellen zur Grandlegung des historischen Materialismus: Interpretation der neuveroeffentlichen Manuskripte von Marx", *Die Gesellschaft – Internationale Revue für Sozialismus und Politik*, n.9 de *Jahrgang*. Berlim, 1932a. Reeditado in H. Marcuse, *Ideen zu einer kritischen Theorie der Gesellschaft*. Frankfurt, Suhrkamp (1969). / "Novas fontes para fundamentação do materialismo histórico: interpretação dos recém-publicados manuscritos de Marx", in V. Chacon (org.), *Marcuse: materialismo histórico e existência*. Rio de Janeiro, Tempo Brasileiro. Reeditado com o título de "Novas fontes para a fundamentação do materialismo histórico", in H. Marcuse,

Ideias sobre uma teoria crítica da sociedade. Rio de Janeiro, Zahar (1981). / "Les Manuscripts économics-philosophiques de Marx", in H. Marcuse, *Philosophie et Révolution.* Paris, Denoël e Gonthier (1969).

——. *Hegels Ontologie und die Grundlegung einer Theorie der Geschichtlichkeit.* Frankfurt, s.n., 1932b. / *L'ontologie de Hegel et la théorie de l'historicité.* Paris, Minuit (1972).

——. "Über die philosophischen Grundlagen des Wirtschaftswissenschaftlichen Arbeitsbegriffs", in H. Marcuse, *Kultur und Gesellschaft.* Frankfurt, Suhrkamp, 1935 (1965).

——. *Autorität und Familie in der deutschen Sociologie bis 1933.* Paris, Félix Alean, 1936.

——. "Über der affirmativen Charackter der Kultur", *Zeitschrift fur Sozialforschung,* vol. VI, 1937.

——. *Reason and Revolution: Hegel and the Rise of Social Theory.* Nova York, Oxford University Press, 1941. / *Vernunft und Revolution: Hegel und die Entstehung der Gesellschaftstheorie.* Neuwied e Berlim, Luchterhand (1962). / *Raison et révolution: Hegel et le naissanse de le théorie sociale.* Paris, Minuit (1968). / *Razão e revolução.* Rio de Janeiro, Paz e Terra (1978).

——. "Existentialism, Remarks on Jean-Paul Sartre's *L'Être et le Néant*", *Philosophical and Phenomenological Research,* vol.8, n.3, 1948a. / "Existentialismus: Bemerkungen zu Jean-Paul Sartres *L'être et le néant*", *Sinn und Form,* caderno I, 1950; também in H. Marcuse, *Kultur und Gesellschaft,* Frankfurt, Suhrkamp (1965).

——. "Sartre's Existentialism", *Philosophical and Phenomenological Research,* vol.8, n.4.

——. *Eros and Civilization.* Boston, Beacon, 1955 (1966). / *Eros und Kultur* (1957); depois publicado com o título de *Triebstruktur und Gesellschaft: ein philosophischer Beitrag zu Siegmund Freud.* Frankfurt, Suhrkamp (1957 e 1967). / *Eros et civilization.* Paris, Minuit (1963). / *Eros e civilização.* Rio de Janeiro, Zahar, 8ª ed. (1981).

——. *Soviet Marxism.* Boston, Beacon, 1958 (1964). / *Le marxisme soviétique,* col. Idées. Paris, Gallimard (1963). / *Marxismo soviético.* Rio de Janeiro, Sags (1969).

——. "Über das Ideologieproblem in der hochentwickelten Industriegesellschaft", in K. Lenk (org.), *Ideologiekritik und Wissenssoziologie.* Neuwied e Berlim, Luchterhand, 1961.

——. *One-Dimensional Man.* Londres, Routledge & Kegan Paul; Boston, Beacon, 1964 (1968). / *Der eindimensionale Mensch: Studien zur Ideologie der fortgeschrittenen Industriegesellschaft.* Neuwied e Berlim, Luchterhand (1967). / *L'homme unidimensionnel.* Paris, Minuit (1968). / *Ideologia da sociedade industrial.* Rio de Janeiro, Zahar (6ª ed., 1982).

——. *A Critique of Pure Tolerance.* Boston, Beacon, 1965a. / *Critique de la tolérance pure.* Paris, John Didier (1969).

——. *Kultur und Gesellschaft.* Frankfurt, Suhrkamp, 1965b. / *Culture et société.* Paris, Minuit (1970).

——. *The End of Utopy.* Boston, Beacon, 1967. / *La fin de l'utopie.* Paris, Seuil (1968). / *El find de la utopia.* Barcelona, Ariel (1968).

——. *Negations: Essays in Critical Theory.* Boston, Beacon, 1968.

——. *Ideen zu eine kritischen Theorie der Gesellschaft.* Frankfurt, Suhrkamp, 1969a. / *Pour une théorie critique de la société.* Paris, Denoël e Gonthier (1971). / *Ideias sobre uma teoria da sociedade.* Rio de Janeiro, Zahar (2ª ed., 1981).

——. *Philosophie et Révolution.* Paris, Denoël, 1969b. Coletânea de traduções francesas de textos escritos por Marcuse na década de 1930, entre os quais, "Tranzendentelen Marxismus?" (1930), "Neue Quellen zur Grundlegung des historischen Materialismus" (1932), "Über konkrete Philosophie" (1929).

——. *An Essay on Liberation.* Boston, Beacon, 1969c. / *Vers la liberation.* Paris, Minuit (1969).

——. *Counter-Revolution and Revolt.* Boston, Beacon, 1972. / *Contre-révolution et revolte.* Paris, Galilée (1973). / *Contrarrevolução e revolta.* Rio de Janeiro, Zahar (1981).

——. *Actuels.* Paris, Galilée, 1976a. Coletânea de textos mais recentes de Marcuse, entre os quais "Échec de la nouvelle gauche", "Marxisme et féminisme", "Théorie et pratique".

——. *Berliner Requiem.* Paris, Galilée, 1976b.

——. *Die Permanenz der Kunst: wider eine bestimmte marxistiche Aesthetik.* Munique, Carl Hanner, 1977. / *The Aesthetic Dimen-*

sion. Boston, Beacon (1978). / *La dimension esthétique.* Paris, Seuil (1979). / *A dimensão estética.* São Paulo, Martins Fontes (1981).
Marek, Franz. *Philosophy of World Revolution.* Londres, Lawrence & Wishart; Nova York, International Publishers, 1966 (1969).
Marglin, Stephen. "What do bosses do? The Origins and Functions of Hierarchy in Capitalist Production", parte I, *Review of Radical Political Economy,* vol.6, n.2, verão de 1974; parte II, ibid., vol.7, n.1, primavera de 1975./ "Origem e funções do parcelamento das tarefas", in A. Gorz et al., *Divisão social do trabalho e modo de produção capitalista.* Porto, Escorpião (1976).
Marie, Jean-Jacques. *Le trotskysme: questions d'histoire.* Paris, Flammarion, 1970.
Marini, Ruy Mauro. "Dialéctica de la dependencia", *Sociedad y Desarrollo,* vol.1, n.1, jan-mar 1972.
——. *Dialéctica de la dependência.* México, Era, 1973.
Markovié, Mihailo. *The Contemporary Marx.* Nottingham, Spokesman, 1974a.
——. *From Affluence to Praxis: Philosophy and Social Criticism.* Ann Arbor, University of Michigan Press, 1974b.
——. "La philosophie marxiste en Yougoslavie: le groupe Praxis", *L'Homme et la Société,* n.35-36, 1975.
——. *Democratic Socialism: Theory and Practice.* Brighton, Harvester; Nova York, St Martins's, 1982.
Markovic, Mihailo & Gajo Petrovic (orgs.). *Praxis: Yugoslav Essays in the Philosophy and Methodology of the Social Sciences.* Dordrecht, D. Reidel, 1969.
Marramao, Giacomo. "Il Marxismo di Gramsci e la Teoria della Transizione", *Aut aut,* n.148, jul-ago 1975.
Martinet, Gilles. *Sept syndicalismes.* Paris, Seuil, 1979.
Martov, Yulius. *The State and the Socialist Revolution.* Nova York, International Review, 1938.
Martov, Y.O. & F.I. Dan. *Geschichte der russischen Sozialdemokratie.* Berlim, Dietz, 1926.
Martins, José de Sousa. *Os camponeses e a política no Brasil: as lutas sociais no campo e seu lugar no processo político.* Petrópolis, Vozes, 1981.
Marx and Morality, suplemento do núm. 7 de *Canadian Journal of Philosophy,* 1981.
Marx and Morality, suplemento do n.7 de *Canadian Journal of Philosophy,* 1981.
Mashkin, M.N. *Frantsuzkie sotsialisti i demokrati i koloniat'nii vopros 1830-1871* (Socialistas e democratas franceses frente à questão colonial). Moscou, Izdatel'stvo 'Nauka', 1981.
Mason, Philip. *Patterns of Domination.* Oxford e Nova York, Oxford University Press, 1970.
Masson, V.M. "U istokov teoreticheskoi misli sovetskoi arkheologii" (sobre as fontes dos conceitos teóricos da arqueologia soviética), *Kratkie Sochsheheniya,* n.163, 1980.
Mathias, Eric. "Kautsky und der Kautskysmus", *Marxismusstudien,* n.2, 1957.
Matteuci, Nicola. *Antonio Gramsci e la filosofia della prassi.* Milão, A. Giuffré, 1951.
Matthew, Mervyn. *Soviet Sociology, 1964-1975, A Bibliography.* Nova York: Praeger, 1978.
Mattick, Paul. *Marx and Keynes: The Limits of the Mixed Economy.* Londres, Merlin, 1969 1971.
——. *Intégration capitaliste et rupture ouvrière.* Paris, EDI, 1972 / Integração capitalista e ruptura operária. Porto, A Regra do Jogo (1977).
Matvejevic, Predrag. "L'engagement en littérature, vu sous les aspects de la sociologie et de la création", *L'Homme et la Société,* n.26, 1972.
Maurice Dobb Memorial Issue, n.2, vol.2 de *Cambridge Journal of Economics.*
Mayer, G. *Friedrich Engels: eine Biographie.* Haia, Martinus Nijhoff, 1934.
McCarthy, Thomas. *The Critical Theory of Jürgen Habermas.* Londres, Hutchinson; Cambridge, Mass., MIT Press, 1978.
McLeish, J. *Soviet Psychology: History, Theory and Content.* Londres e Nova York, Methuen, 1975.
McLellan, David. *The Young Hegelians and Karl Marx.* Londres, Macmillan, 1969. / *Les jeunes hégeliens et Karl Marx.* Paris, Payot (1972).
——. *Engels.* Londres, Collins; Nova York, Viking, 1977.
——. *Karl Marx: His Life and Thought.* Londres, Macmillan; Nova York, Harper & Row, 1974.
——. *Karl Marx: the Legacy* (*A Century of Political Thought, 1883-1983*). Londres, British Broadcasting Corporation, 1983. /

Marx, um século de pensamento político: 1883-1983. Rio de Janeiro, Zahar (1983).

McMurtty, John. *The Structure of Marx's World-View.* Princeton, Princeton University Press, 1978.

McNeal, R.H. (org.). *Stalin's Works: an Annotated Bibliography.* Stanford, Hoover Institution, 1967.

Medvedev, Roy. *Let History Judge.* Nova York, Alfred A. Knopf; Londres, Macmillan, 1971. / *Le stalinisme: origines, histoire, consequences.* Paris, Seuil (1972).

Medvedev, Zhores A. *The Rise and Fall of T.D. Lysenko.* Nova York e Londres, Columbia University Press, 1969. / *Grandeur et chute de Lyssenko.* Paris, Gallimard (1971).

Meek, Ronald L. *'Economics and Ideology' and Other Essays.* Londres, Chapman & Hall, 1967. / *Economia e ideologia: o desenvolvimento do pensamento econômico.* Rio de Janeiro, Zahar (1971).

Meek, Ronald L. (org.). *Marx and Engels on Malthus.* Londres, Lawrence & Wishart; Berkeley, Calif., Ramparts Press, 1953 (1971).

Mehnert, Klaus. *Weltrevolution durch Weltgeschichte.* Kitzingen e Main, Holder, 1951. / *Stalin versus Marx.* Londres, Allen & Unwin (1952).

Mehring, Franz. *Die Lessing-Legende.* Stuttgart, J.H. Dietz; Berlim, Dietz , 1893 (1953) / *The Lessing's Legend.* Nova York, Critics Group Press (1938) (ed. em língua inglesa resumida).

——. *Geschichte der deutschen sosialdemokratie.* Stuttgart, J.H.W. Dietz, 1897-1898; Berlim, Dietz (1964).

——. *Karl Marx: Geschichte seines Lebens.* Leipzig (1918); Berlim, Dietz (1964). / *Karl Marx.* Londres, John Lane; Nova York, Covici, Friede (1936). / *Carlos Marx, el fundador del* socialismo. Buenos Aires, Claridad (1943); México, Grijalbo (1968).

Mehring, Franz (org.). *Aus dem literarischen Nachlass von Karl Marx, Friedrich Engels und Ferdinand Lassalle.* Berlim, s.n., 1923.

Meillassoux, Claude. "Essai d'interprétation du phénomène économique dans les sociétés traditionnelles d'auto-subsistance", *Cahier d'Études Africaines*, n.4, dez 1960. / "'The Economy' in Agricultural Self-sustaining Societies, a Preliminary Analysis", in David Seddon (org.), *Relations of Production: Marxist Approaches to Economic Anthropology.* Londres, Frank Cass (1978).

——. *Anthropologie économique des Gouro de Côte d'Ivoire: de l'économie d'autosubsistance à l'agriculture commerciale.* Paris, Mouton, 1964.

——. *Femmes, greniers et capitaux.* Paris, Maspero, 1975. / *Mulheres, celeiros e capitais.* Porto, Afrontamento (1977). / *Maidens, Meal and Money: Capitalism and the domestic community.* Cambridge e Nova York, Cambridge University Press (1981).

——. "Lettre sur l'esclavage", *Dialectiques*, n.21, 1977a.

——. *Terrains et theories.* Paris, Anthropos, 1977b.

——. *Les derniers blancs: le modèle sud-africain.* Paris, Maspero, 1979.

Meillassoux, Claude (org.). *L'esclavage en Afrique précoloniale.* Paris, Maspero, 1975.

Meisel, James H. *The Genesis of Georges Sorel.* Ann Arbor, George Wahr, 1951.

Melotti, Umberto. *Marx and the Third World.* Londres, Macmillan; Atlantic Highlands, N.J., Humanities, 1972 (1977).

Mendel, A.P. *Dilemmas of Progress in Tsarist Russia: Legal Marxism and Legal Populism.* Cambridge, Mass. e Londres, Harvard University Press, 1961.

Mepham, John & David Hillel Rubem (orgs.). *Issues in Marxist Philosophy.* Brighton, Harvester; Atlantic Highlands, N.J., Humanities, 1979.

Mercier-Josa, S. *Pour lire Hegel et Marx.* Paris, Éd. Sociales, 1980.

Merleau-Ponty, Maurice. *Humanisme et terreur.* Paris, Gallimard, 1947. / *Humanismo e terror.* Rio de Janeiro, Tempo Brasileiro (1968). / *Humanism and Terror*, trad. de John O'Neill. Boston, Beacon (1969).

——. *Les aventures de la dialectique.* Paris, Gallimard, 1955. / *Adventures of the Dialectic.* Londres, Heinemann (1973).

Merle, Marcel (org.). *L'anti-colonialisme européen de Las Casas à Karl Marx.* Paris, A. Colin, 1969.

Merli, S. "I nostri conti con la teoria della 'rivoluzione senza rivoluzione'", *Giovane Critica*, n.17, ago, 1967.

Merquior, José Guilherme. *Arte e sociedade em Marcuse, Adorno e Benjamin.* Rio de Janeiro, Tempo Brasileiro, 1969.

Merrington, J. "Town and Country in the Transition to Capitalism", *New Left Review*, n.93, 1975.

Mészáros, István. *Marx's Theory of Alienation*. Londres, Merlin, 1970; Nova York e Londres, Harper & Row (1972). / *Marx: a teoria da alienação*. Rio de Janeiro, Zahar (1981).

——. *Lukács' Concept of Dialectic*. Londres, Merlin, 1972.

——. *The Work of Sartre*. Brighton, Harvester, 1979.

Mészáros, István (org.). *Aspects of History and Class Consciousness*. Londres, Routledge & Kegan Paul; Nova York, Herder & Herder, 1971.

Miaille, M. *Pour une introduction critique au droit*. Paris, Maspero, 1978.

Michels, Robert. *Zur Soziologie des Parteienwesens in der modernen Demokratie*. Leipzig, 1911 (1925, 2ª ed.). / *I partiti politici, studio sociologico delle tendenze oligarchiche nella democracia moderna* (1912). Nova edição italiana, com introdução de Juan Linz, Bolonha, Il Mulino (1965). / *Les partis politiques: essai sur les tendances oligarchiques des démocraties*. Paris, Flammarion (1914) (1971). / *Political Parties*. Glencoe, Ill., Free Press (1949).

Miglioli, Jorge. *Acumulação de capital e demanda efetiva*. São Paulo, T.A. Queiroz, 1982.

Miliband, Ralph. *The State in Capitalist Society*. Londres, Weidenfeld & Nicolson; Nova York, Basic Books, 1969. / *O Estado na sociedade capitalista*. Rio de Janeiro, Zahar (1982).

——. "Marx and the State", in T. Bottomore (org.), *Karl Marx*. Oxford, Basil Blackwell, 1973. / "Marx e o Estado", in T. Bottomore (org.), *Karl Marx*, Rio de Janeiro, Zahar (1981).

——. Marxism and Politics. Oxford e Nova York, Oxford University Press, 1977. / *Marxismo e política*. Rio de Janeiro, Zahar (1979).

——. "Military Intervention and Socialist Internationalism", *Socialist Register*, vol.17, 1980.

Millett, Kate. *Sexual Politics*. Garden City, N.Y., Doubleday; Londres, Hart Davis, 1971.

Mills, C. Wright. *White Collar*. Nova York, Oxford University Press, 1951. / *Les cols blancs: essai sur les classes moyennes américaines*. Paris, Maspero (1966). / *A nova classe média*. Rio de Janeiro, Zahar (3ª ed., 1980).

——. *The Power Elite*. Nova York, Oxford University Press, 1956. / *A elite do poder*. Rio de Janeiro, Zahar (4ª ed., 1981).

——. *Power, Politics and People: The Collected Papers of C. Wright Mills*, ed. org. por I.L. Horowitz. Nova York, Oxford University Press, 1960 (1963).

——. *The Marxists*. Nova York, Dell, 1962. / *Os marxistas*. Rio de Janeiro, Zahar (1968).

Minns, Richard. *Pension Funds and British Capitalism*. Londres, Heinemann. 1980.

Mitchell, Juliet & A. Oakley. *The Rights and Wrongs of Women*. Londres, Penguin, 1976.

Modos de producción en América Latina, n.40 de *Cuadernos de Pasado y Presente*, mai 1973.

Molnar, E. *La politique d'alliances du marxisme (1848-1889)*. Budapeste, Akademiei Kiado, 1967.

Molyneux, John. *Marxism and the Party*. Londres, Pluto, 1978.

Molyneux, M. "Beyond the Domestic Labour Debate", *New Left Review*, n.16, 1979.

——. "Socialist Societies Old and New: Progress towards Women's Emancipation", *Feminist Review*, n.8, 1981.

Mondolfo, Rodolfo. *Il materialismo storico in Friedrich Engels*. Florença, La Nuova Italia, 1952 (1973).

Moore, Stanley. *Marx on the Choice between Socialism and Communism*. Cambridge, Mass. e Londres, Harvard University Press, 1980.

Moorhouse, H.F. "The Marxist Theory of the Labour Aristocracy", *Social History*, vol.3, n.1, 1978.

Morawski, Stefan. *Inquiries into the Fundamentais of Aesthetics*. Cambridge, Mass. e Londres, MIT Press, 1976.

Morgan, Lewis Henry. *Ancient Society*. Nova York, Henry Holt, 1877 (1974). / *A sociedade primitiva*. Lisboa, Presença (1973).

——. *Houses and House-life of the American Aborigines*. Chicago e Londres, University of Chicago Press, 1881 (1965).

Morgan, R. *The German Social Democrats and the First International, 1864-1872*. Cambridge e Nova York, Cambridge University Press, 1965.

Morishima, Michio. *Marx's Economics*. Cambridge e Nova York, Cambridge University Press, 1973.

——. "Marx in the Light of Modern Economic Theory", *Econometrica*, vol.42, n.2, 1974.

Mosca, Gaetano. *Elementi di scienza politica*. Roma, Fratelli Bocca, 1896. / *The Ruling Class*. Nova York, McGraw Hill (1939).

Mouffe, C. (org.). *Gramsci and Marxist Theory*. Londres e Boston, Routledge & Kegan Paul, 1979.

Mousnier, Roland. *Social Hierarchies*. Londres, Croom Helm; Nova York, distr. Schocken, 1969 (1973).

Muller, Hans. *Ursprung und Geschichte des Wortes 'Sozialismus' und seiner Yerwandten*. Hanover, J.H.W. Dietz, 1967.

Munk, Erika. *Brecht: A Collection of Critical Pieces*. Nova York, Bantam, 1972.

Mura, G. "Antonio Gramsci tra storicismo e intellettualismo", *Civitas*, ano XVII, n.11-12, 1966.

Murmis, Miguel. "Tipos de marginalidad y posición en el proceso productivo", *Revista Latinoamericana de Sociología*, vol.V, n.2, jul 1969.

Murray, R. "Value and Theory of Rent", *Capital and Class*, n.3, 1977.

Mylnar, Zdnek. "Quelques problèmes de la politique et de l'État dans une société socialiste", *L'Homme et la Société*, n. 9, 1968.

Nagels, J. *Travail collectif et travail productif*. Bruxelas, Éditions de l'Université de Bruxelles, 1974.

Nair, Sami. "Goldmann's Legacy", *Telos*, n.46, 1981.

Nairn, Tom. *The Break-up of Britain: Crisis and Neo-Nationalism*. Londres, New Left; Nova York, distr. Schoeken, 1977.

Namboodripad, E.M.S. *The National Question in Kerala*. Bombaim, People's Publishing House, 1952.

——. *Economics and Politics of India's Socialist Pattern*. Nova Delhi, People's Publishing House, 1966.

Nardone, G. *Il pensiero di Gramsci*. Bari, De Donato, 1971.

——. *L'umano in Gramsci*. Bari, Dedalo, 1977.

Narkiewicz, Olga A. *Marxism and the Reality of Power 1919-1980*. Londres, Croom Helm; Nova York, St Martin's, 1981.

Nataf, A. *La revolution anarchiste*. Paris, Balland, 1968.

Naville, Pierre. *Psychologie, marxisme, materialism*. Paris, M. Rivière, 1946.

——. *Trotsky vivant*. Paris, Julliard, 1963.

——. "De l'aliénation à la jouissance", *L'Homme et la Société*, n.3, 1967.

——. *Le nouveau Léviathan*, 6 vols. Paris, Anthropos, 1967-1974.

——. *De l'aliénation à la jouissance*. Paris, Anthropos, 1970.

——. *Bureaucratie et révolution*, vol.V de *Le nouveau Léviathan*. Paris, Anthropos, 1972.

Negt, Oskar (org.). *Aktualität und Folge der Philosophie Hegels*. Frankfurt, Suhrkamp, 1970.

Nellhaus, Gerhard. "Brecht-Bibliographie", *Sonderheft Bertolt Brecht*, núm. esp. da revista *Sinn und Form*, 1949.

Nettl, J.P. *Rosa Luxemburg*, 2 vols. Londres, Oxford University Press, 1966. / *La vie et l'oeuvre de Rosa Luxemburg*. Paris, Maspero (1972).

Nettlau, Max. *Michael Bakunin, eine Biographie*. Londres, s.n., 1896-1900.

——. *Bibliographie de l'anarchie*. Bruxelas, Bibliothèque des Temps Nouveaux, 1897.

Netto, José Paulo. "Possibilidades estéticas em *História e consciência de classe*", *Temas de Ciências Humanas*, vol.3. São Paulo, Lech, 1978.

——. "Lukács e a problemática cultural da era stalinista", *Temas de Ciências Humanas*, vol.6. São Paulo, Lech, 1979.

Neumann, Franz. *Behemoth: The Structure and Practice of National Socialism*. Nova York, Oxford University Press, 1942 (2ª ed. com apêndice, 1944).

Neurath, O. & R.S. Cohen (orgs.). *Empiricism and Sociology*. Dordrecht e Boston, Reidel, 1973.

Nichols, Theo. *Capital and Labour: Studies in the Capitalist Labour Process*. Londres, Fontana, 1980.

Nicolaus, Martin. "Proletariat and Middle Class in Marx", *Studies on the Left*, vol.7, 1967.

Nizan, Paul. *Les chiens de garde*. Paris, Maspero, 1971.

Noaro, J. "La vie, la mort et le triomphe d'Antonio Gramsci", *La Pensée*, n.50, set-out 1953.

Noite, Ernst & Clara Zetkin et al. *Theorien über den Faschismus.* Colônia, Kiepenheuer & Witsch, 1972.

Norman, Dorothy (org.). *Nehru, the First Sixty Years.* Londres, Bodley Head; Nova York, John Day, 1965.

Norman, R. & S. Sayers. *Hegel, Marx and Dialectic.* Brighton, Harvester; Atlantic Highlands, N.J., Humanities, 1980.

Nove, A. *Economic Rationality and Soviet Politics: or, Was Stalin Really Necessary?.* Londres, Allen & Unwinn; Nova York, Praeger, 1964.

Nubel, Walter. "Bertolt-Brecht-Bibliographie", *Zweites Sonderheft. Bertolt Brecht,* núm. esp. da revista *Sinn und Form,* vol.IX, ns.1-3, 1957.

Nun, José. "Superpoblación relativa, ejército industrial de reserva y masa marginal", *Revista Latinoamericana de Sociologia,* vol.5, n.2, jul 1969.

Nuti, D.M. "Socialism on Earth", *Cambridge Journal of Economics,* vol.5, n.4, 1981.

O'Connor, James. *The Fiscal Crisis of the State.* Nova York, St Martin's, 1973. / *USA: a crise do Estado capitalista.* Rio de Janeiro, Paz e Terra (1977).

Offe, Claus. *Strukturprobleme des kapitalistischen Staates.* Frankfurt, Suhrkamp, 1972a.

——. "Political Authority and Class Structures: An Analysis of Late Capitalist Societies", *International Journal of Sociology,* vol.2, n.1, 1972b.

——. "The Separation of Form and Content in Liberal Democratic Politics", *Studies in Political Economy,* vol.3, 1980.

Ogurtsov, A.P. "Alienation", artigo da *Soviet Encyclopaedia of Philosophy.*

Ojzerman, T.I. *Formirovanije Filoszofii Marxisma.* Moscou, s.n., 1962.

Okishio, Nubuo. "Technical Change and the Rate of Profit", *Kobe University Economic Review,* vol.7, 1961.

——. "A Mathematical Note on Marxian Theory", *Weltwirtschaftliches Archiv,* vol.91, 1963.

——. "Notes on Technical Progress and Capitalist Society", *Cambridge Journal of Economics,* vol.1, n.1, 1977.

O'Laughlin.B. "Production and Reproduction: Meillassoux's *Femmes, Greniers et Capitaux*", *Critique of Anthropology,* n.8, 1977.

Oliveira, Francisco de. "A produção dos homens, notas sobre a reprodução da população sob o capital", *Estudos Cebrap,* n.16, abr-jun 1976.

Ollman, Bertell. *Alienation: Marx's Conception of Man in Capitalist Society.* Cambridge e Nova York, Cambridge University Press, 1971 (1976).

O'Malley, Joseph. "Editorial Introduction", in Karl Marx, *Critique of Hegel's Philosophy of Right.* Cambridge, Cambridge Universiry Press, 1970.

O'Malley, Joseph & Keith Algozin (orgs.). *Rubel on Karl Marx: Five Essays.* Cambridge e Nova York, Cambridge University Press, 1981.

Oncken, Hermann. *Lassalle: Eine politische Biographie.* Stuttgart e Berlim, Deutsche Verlagsanstalt, 1920.

Orfei, R. *Antonio Gramsci, coscienza crítica del marxismo.* Milão, Relazioni Sociali, 1965.

Orleans, L.A. (org.). *Science in Contemporary China.* Stanford, Stanford University Press, 1980.

Osipov, G.V. & M.N. Rutkevich. "Sociology in the USSR 1965-1975", *Current Sociology,* vol.26, n.2, 1978.

Ossard, Hervé. "L'agriculture et le développement du capitalisme", *Critiques de l'Économie Politique,* n.24-5, 1976.

Ossowski, Stanislaw. *Class Structure in the Social Consciousness.* Londres, Routledge & Kegan Paul; Nova York, Free Press of Glencoe, 1957 (1963). / *Estrutura de classes na consciência social,* Rio de Janeiro, Zahar (1976).

Ottino, C.L. *Concetti fondamentali nella teoria politica di Antonio Gramsci.* Milão, Feltrinelli, 1958.

Outhwaite W. *Understanding Social Life.* Londres, Allen & Unwin; Nova York, Holmes & Meier, 1975.

Owen, Robert. *Report to the County of Lanark: a New View of Society.* Londres, Penguin, 1812-1816 (1969).

Pachter, Henry. "Marx and the Jews", *Dissent,* n.26 1979.

Padgug, R.A. "Problems in the Theory of Slavery and Slave Society", *Science and Society,* vol.40, n.1, 1976.

Padover, Saul. *Karl Marx: an Intimate Biography.* Nova York, McGraw-Hill, 1978.

Paggi, Leonardo. "Studi e interpretazioni recenti di Grarnsci", *Critica Marxista,* mai-jun 1966.

——. *Antonio Gramsci e Il moderno príncipe.* Roma, Riuniti, 1970.

——. "La presenza di Gramsci nelle riviste di Togliatti", *Rinascita*, 5 jun 1974.

Paggi, L., V. Gerratana & B. de Giovanni. "Da Gramsci a noi: il Partito e lo Stato, il pluralismo e l'egemonia", *Rinascita*, 4 fev 1977.

Palloix, Christian. "La question de l'impérialisme chez V.I. Lénine et Rosa Luxemburg", *L'Homme et la Société*, n.15, 1970.

——. *L'économie mondiale capitaliste*, 2 vols. Paris, Maspero, 1971.

——. *L'économie capitaliste et les firmes multinacionales.* Paris, Maspero, 1975.

——. *Procès de production et crise du capitalisme.* Grenoble, PUG; Paris, Maspero, 1977.

Palma, A. "L'organizzazione capitalistica del lavoro nel *Capitale* di Marx", *Quaderni di Soziologia*, vol.11, 1966.

Palmier, Jean-Michel. *Marcuse et la nouvele gauche.* Paris, Belfond, 1973.

Pamplona, Marco Antônio V. "A questão escolar e a hegemonia como relação pedagógica", in E.F. Dias (org.), *Educação e poética: Gramsci e o problema da hegemonia.* Cadernos do Cedes, n.3, 1983.

Pane, Luigi dal. *Antonio Labriola: La vita e il pensiero.* Roma, Edizioni Roma; Bolonha, Forni, 1935 (1968).

Panitch, L. "The Development of Corporatism in Liberal Democracies", *Comparative Political Studies*, vol.10, 1977.

Pannekoek, Antonie. *Marxismus und Darwinismus.* Leipzig, Leipziger Buchdruckerei, 1909 (1914). / *Marxism and Darwinism.* Chicago, Charles H. Kerr (1912).

——. *Lenin als Philosoph.* Amsterdam, s.n., 1938. / *Lenin as Philosopher.* Nova York, New Essays (1948); Londres, Merlin (1975). / *Lénine philosophe.* Paris, Spartacus (1970).

——. *A History of Astronomy.* Londres, Allen & Unwin; Nova York, Interscience Publishers, 1951 (1961).

——. *Workers' Councils.* Somerville, Ma., Kont & Branch, 1970. / *Les conseills ouvriers.* Paris, Belibaste (1974).

Papaioannou, Kostas. "Marx et l'État", in F. Châtelet et al., *Le centenaire du "Capital".* Paris e Haia, Mouton, 1969.

Papi, F. & L. Cortesi. "Per una storizzazione marxista del pensiero e dell'azione di Gramsci", *Rivista Storica del Socialismo*, n.7-8, 1959.

Parain, Charles. "Évolution du système féodal européen", in Cerm, *Sur lef éodalisme.* Paris, Éd. Sociales, 1971. / "A evolução do sistema feudal europeu", in T. Santiago (org.), *História/Capitalismo: transição.* Rio de Janeiro, Eldorado Tijuca (1975).

Paris, Robert. *Histoire du fascisme em Italie.* Paris, Maspero, 1962.

——. "La première experience politique de Gramsci (1914-1915)", *Le Mouvement Social*, n.42, jan-mar, 1963.

——. "Qui était Antonio Gramsci?", *Partisans*, n.16, 1964a.

——. "Una revisione 'nenniana' di Antonio Gramsci", *Rivista Storica del Socialismo*, vol.VII, n.21, 1964b.

——. "La revisionne del marxismo in Italia", *Le Mouvement Social*, n.55, abr-jun 1966.

——. "Il Gramsci di tutti", *Giovane Critica*, n.15-6, primavera-verão 1967.

——. *Les origines Du fascisme.* Paris, Flammarion, 1968.

Parkin, Frank. *Marxism and Class Theory: A Bourgeois Critique.* Londres, Tavistock, 1979.

Parti Communiste Français (PCF). *Le Socialisme pour la France.* Paris, Éd. Sociales, 1976.

Pashukanis, Eugen B. *Allgemeine Rechtslehre und der Marxismus.* Viena e Berlim, *Marxistische Bibliothek*, vol.22, 1924 (1929). / La théorie générale du droit et le marxisme. Paris, EDI (1970).

——. *Selected Writings on Marxism and Law*, traduzidos por Peter B. Maggs e apresentados por Piers Beine e Robert Sharlet. Londres e Nova York, Academic Press, 1979.

Past and Present. Simpósio sobre a estrutura de classes agrária e o desenvolvimento econômico na Europa Ocidental, 1978, 1979, 1982.

Pavlov, I.P. *Experimental Psychology and Other Essays.* Londres, Peter Owen; Nova York, Philosophical Library, 1932 (1958).

Payne, S.G. *The Spanish Revolution.* Londres, Weidenfeld & Nicolson; Nova York, Norton, 1970.

Pearce, Frank. *Crimes of the Powerful: Marxism, Crime and Deviance.* Londres, Pluto, 1976.

Pease, Margaret. *Jean Jaurès, Socialist and Humanitarian.* Londres, Headley; Nova York, Huebsch, 1916 (1917).

Pedrosa, Mário. *Mundo, homem, arte em crise.* São Paulo, Perspectiva, 1975.
Peet, R. *Radical Geography.* Londres e Nova York, Methuen, 1977.
Peixoto, Fernando. *Brecht: vida e obra.* Rio de Janeiro, José Álvaro, 1968.
Pelletier, A. & J.-J. Goblot. *Matérialisme historique et histoire des civilizations.* Paris, Éd. Sociales, 1969.
Pennock, J.R. & J.W. Chapman (orgs.). *Anarchism.* Nova York, New York University Press, 1978.
Perceval, L. "L'analyse scientifique contemporaine de la rente foncière", *Économie et Politique*, n.210, 1972.
Pereira, Astrogildo. *Crítica impura.* Rio de Janeiro, Civilização Brasileira, 1963.
Perlini, T. *Gramsci e il Gramscismo.* Milão, Celuc, 1974.
Perlo, V. "Capital Output Ratios in Manufacturing", *Quarterly Review of Economics and Business*, vol.8, n.3, 1966.
Petrovíc, Gajo. *Marx in the mid-twentieth Century.* Garden City, N.Y., Doubleday, 1967.
——. *Philosophie und Revolution.* Reinbek, Hamburgo, Rowohlt, 1971.
Petry, F. *Der soziale Gehalt der Marxschen Werttheorie.* Iena, Fischer, 1916.
Phillips, Paul. *Marx and Engels on Law and Laws.* Oxford, Martin Robertson; Nova York, Barnes & Noble, 1981.
Pignon, D. & J. Querzola. "Democracy and Dictatorship in Production", in A. Gorz (org.), *The Division of Labour.* Sussex, Havester, 1976.
Piotte, Jean-Marc. *La pensée politique de Gramsci.* Paris, Anthropos, 1970. / *O pensamento político de Gramsci.* Porto, Afrontamento (1975).
Pipes, R. *Struve*, 2 vols; vol.1, *Liberal on the Left.* Cambridge, Mass., Harvard University Press, 1970.
Pires, Eginardo. "Ideologia e Estado em Althusser: uma resposta", *Encontros com a Civilização Brasileira*, n.6, dez 1978.
——. *Valor e acumulação.* Rio de Janeiro, Zahar, 1979.
——. "Deterioração dos termos de troca e intercâmbio desigual", *Revista de Economia Política*, vol.1, n.2, 1981.
Pirker, Theo (org.). *Komintern und Faschismu 1920-1940: Dokumente zur Geschichte und Theorie des Faschismus*, coletânea de artigos das revistas da IIIª International. Stuttgart, Deutsche Verlag-Anstal, 1965.
Pizzorno, A. "A propos de la méthode de Gramsci, de l'historiographie et de la science politique", *L'Homme et la Société*, n.8, 1968. / "Sobre el método de Gramsci", in *Gramsci y las ciencias sociales.* Buenos Aires, Pasado y Presente (1972).
Plamenarz, John. *Karl Marx's Philosophy of Man.* Oxford e Nova York, Oxford University Press, 1975.
Planty-Bonjour, G. *Les catégories du matérialisme dialectique.* Paris, PUF, 1974.
Plekhanov, G.V. *Our Differences*, in G.V. Plekhanov, *Selected Philosophical Works*, vol.1, 1885 (1961). / "Nos controverses", in G.V. Plekhanov, *Oeuvres Philosophiques*, vol.I. Moscou, s.d.
——. *Beiträge zur Geschichte des Materialismus*, Stuttgart, Dietz, 1895 (1896). / *In Defence of Materialism: The Development of the Monist View of History.* Londres, Lawrence & Wishart (1945); Nova York, International Publishers (1972). / *Essais sur l'histoire du materialisme (D'Hoibach, Helvétius, Marx).* Paris, Éd. Sociales (1976). / *A concepção materialista da história.* Rio de Janeiro, Paz e Terra (1980).
——. *The Role of the Individual in History.* Londres, Lawrence & Wishart; Nova York, International Publishers, 1898 (1940).
——. *Problèmes fondamentaux du marxisme.* Paris, Éd. Sociales. 1908 (1947). / *Fundamental Problems of Marxism.* Londres, Lawrence & Wishart; Nova York, International Publishers (1969). / *Questões fundamentais do marxismo.* São Paulo, Hucitec (1978).
——. *Materialismus Militans.* Moscou, Progress, 1908-1910 (1973); Londres, Lawrence & Wishart (1974). / *Materialismo militante.* México, Grijalbo (1967).
——. *Art and Social Life.* Londres, Lawrence & Wishart, 1912 (1953). / *Cartas sin dirección; El arte y la vida social.* Madri, Akal (1975). / *A arte e a vida social e cartas sem endereço.* São Paulo, Brasiliense, s.d.
——. *Selected Philosophical Works*, 5 vols. Londres, Lawrence & Wishart; Chicago, distr. Imported Publications (1961-1981). (Esta edição contém várias das obras relacionadas acima.)

Plotke, D. "Marxist political thought and the problem of revisionism", *Socialist Revolution*, vol.7, n.6, 1977.

Poggi, Gianfranco. *The Development of the Modern State*. Londres, Hutchinson; Stanford, Stanford University Press, 1978.

Polari, Rômulo Soares. "A concepção keynesiana das crises econômicas e sua crítica com base em Marx", *Revista de Economia Política*, vol.4, n.2, 1984.

Política e storia in Gramsci: atti del convegno internazionale di studi gramsciani tenuto a Firenze nei giorni 9-11 dicembre 1977. Roma, Riuniti, 1977. / *Política e história em Gramsci*. Rio de Janeiro, Civilização Brasileira (trad. parcial) (1978).

Politzer, Georges. *Critique des fondements de la psychologie*. Paris, Rieder e PUF, 1928 (1967).

——. *Ecrits I*. Paris, Éd. Sociales, 1969.

Pollock, Frederick. *Stadien des Kapitalismus*, com introdução de Helmut Dubiel. Munique, C.H. Beck, 1975.

Pomianowsky, Jerry. "Un théâtre du renouveau en Pologne", *Les Temps Modernes*, n.149, jul 1958.

Ponzio, Augosto. *Produzione linguistica e ideologia sociale: per una teoria marxista del linguaggio e della comunicazione*. Bari, De Donato, 1973.

Popper, Karl. *The Poverty of Historicism*. Oxford e Nova York, Oxford University Press, 1944-1945 (1957). / *Misère de l'historicisme*. Paris, Plon (1956).

Porshnev, Boris. *Les soulèvemerus populaires en France*. Paris, S.E.V..P..E.N, 1948 (1963).

Portantiero, Juan Carlos. *Los usos de Gramsci*. México, Folios, 1981.

Portelli, Hughes. *Gramsci et le bloc historique*. Paris, PUF, 1972. / *Gramsci e il bloco storico*. Bari, Laterza (1973). / *Gramsci e o bloco histórico*. Rio de Janeiro, Paz e Terra (1977).

——. *Gramsci et la question religieuse*. Paris, Anthropos, 1974.

Porter, Cathy. *Alexandra Kollontai: A Biography*. Londres, Virago, 1980.

Posada, F. *Lukács, Brecht y la situación del realismo socialista*. Buenos Aires, Galerna, 1969.

Pospelow, P.M. et al. *Development of Revolutionary Theory by the CPSU*. Moscou, Progress, 1971.

Possas, Mário Luís. "Valor, preço e concorrência", *Revista de Economia Política*, vol.2, n.4, 1982.

Postel-Vinay, Giles. *La rente foncière dans l'agricuiture*. Paris, Maspero, 1974.

Poster, Mark. *Critical Theory of the Family*. Londres, Pluto, Nova York, Seabury, 1978. / *Teoria crítica da família*, Rio de Janeiro, Zahar (1979).

Poulantzas, Nicos. "Préliminaires à l'étude de l'hégémonie dans l'État", *Les Temps Modernes*, n.234, nov 1965.

——. *Pouvoir politique et classes sociales*. Paris, Maspero; Petite Collection Maspero, 1968 (1971). / *Poder político e classes sociais*. Porto, Portucalense (1971); São Paulo, Martins Fontes (1977). / *Political Power and Social Classes*. Londres, New Left; Nova York, distr. Schocken (1973).

——. *Fascisme et dictature*. Paris, Maspero, 1970. / *Fascismo e ditadura: a III Internacional face ao fascismo*. Porto, Portucalense (1972). / *Fascism and Dictatorship*. Londres, New Left; Nova York, distr. Schocken (1974). / *Fascismo e ditadura*. São Paulo, Martins Fontes (1978).

——. "Les classes sociales", *L'Homme et la Société*, n.24-25, 1972a. / "As classes sociais", *Estudos Cebrap*, n.3 (1973).

——. "Préface", in Daniel Lindenberg, *L'Internationale et l'école de classe*. Paris, Maspero, 1972b. / "A escola em questão", in C.H. de Escobar (org.), *As instituições e os discursos*, n.35 de *Tempo Brasileiro*, out-dez (1973).

——. *Les classes sociales dans le capitalisme aujourd'hui*. Paris, Seuil, 1974. / *Classes in Contemporary Capitalism*. Londres, New Left; Nova York, distr. Schocken (1975). / *As classes sociais no capitalismo de hoje*. Rio de Janeiro, Zahar (1978).

——. *La crise de l'État*. Paris, PUF, 1976. / *La crisis del Estado*. Barcelona, Fontanella (1978).

——. *L'État, le pouvoir et le socialisme*. Paris, PUF, 1978. / *State, Power, Socialism*. Londres, New Left; Nova York, distr. Schocken (1978). / *O Estado, o poder e o socialismo*. Rio de Janeiro, Graal (1981).

Prado Júnior, Caio. *Dialética do conhecimento*. São Paulo, Brasiliense, 1960.

——. *O estruturalismo de Lévi-Strauss; o marxismo de Louis Althusser*. São Paulo, Brasiliense, 1971.

Prassi rivolucionaria e storicismo in Gramsci, caderno n.3 de *Critica Marxista*, 1967.
Prawer, S.S. *Karl Marx and World Literature*. Oxford e Nova York, Oxford University Press, 1976.
Praxis International. Simpósio sobre socialismo e democracia, 1981.
Preobrajenski, Evgeni Alexeievitch. *From NEP to Socialism*. Londres, New Park, 1922 (1973).
——. *The New Economics*. Oxford, Oxford University Press, 1926 (1965). / *La nouvelle économique*. Paris, EDI (1972). / *A nova econômica*. Rio de Janeiro, Paz e Terra (1979).
——. *The Crisis of Soviet Industrialization: Selected Essays*, ed. org. por Donald A. Filzer. Londres, Macmillan; White Plains, N.Y., M.E. Sharpe, 1980.
Prestipino, G. *Natura e società: per una nuova lettura di Engels*. Roma, Riuniti, 1973.
Procacci, Giuliano. "Dal Feodalismo al Capitalismo, una discussione storica", *Società*, n.1, 1955.
——. *Il partito nell'Unione Sovietica, 1917-1945*. Roma, Laterza, 1975.
Programme of the League of Communists of Yugoslavia-1958. Belgrado.
Prokofev, V.I. "Religious and Communist Morality", in M. Jaworski (org.), *Soviet Political Thought: an Antology*. Baltimore, John Hopkins Press, 1959 (1967).
Pronin, A. *India*. Moscou, Sotsekgiz, 1940.
Proudhon, Pierre-Joseph. "Qu'est-ce que la propriéte?", in J. Bancal (org.), *Oeuvres choisies de Proudhon*, 2 vols. Paris, Gallimard, 1967.
——. *Oeuvres complètes*, ed. org. por C. Bouglé e H. Moysset, 15 vols. Paris, Marcel Rivière, 1926-1959.
——. *Oeuvres choisies*, ed. org. por J. Bancal, 2 vols. Paris, Gallimard, 1967.
——. *Selected Writings*. Londres, Macmillan; Garden City, N.Y., Anchor, 1970.
Prudhommeaux, André & Dori. *Spartacus et la commune de Berlin*. Paris, Spartacus, 1949.
Przeworski, Adam. "Proletariat into a Class: The Process of Class Formation from Karl Kautsky's *The Class Struggle* to Recent Controversies", *Politics and Society*, vol.7, n.4, 1977.
——. "Social democracy as a historical phenomenon", *New Left Review*, n.122, 1980.
Psicoanálisis y sociedad: apuntes de freudomarxismo, n.19 de *Cuadernos Anagrama*, 1971.
Quaini, Massimo. *Marxismo e geografia*. Florença, La Nuova Italia, 1974. / *Geography and Marxism*. Oxford, Basil Blackwell; Totowa, N.J., Barnes & Noble (1982). / *Marxismo e geografia*. Rio de Janeiro, Paz e Terra (1979).
Quazza, Guido et al. *Fascismo e società italiana*. Turim, Einaudi, 1973.
Quercioli, Mimma Paulesu (org.). *Gramsci vivo nelle testimonianze dei suoi contemporanei*. Milão, Feltrinelli, 1977.
Quinney, Richard. *Class, State and Crime*. Nova York e Londres, Longman, 1977.
Radical Science Journal Collective. "Science, Technology, Medicine and The Socialist Movement", *Radical Science Journal*, n.2, 1981.
Radice, Hugo (org.). *International Firms and Modern Imperialism*. Londres e Baltimore, Penguin, 1975.
Radjavi, Kazem. *La dictature du prolétariat et le dépérissement de l'État de Marx à Lénine*. Paris, Anthropos, 1975.
Ragionieri, Ernesto. "Kautsky & Engels", *Critica Marxista*, jul-ago 1966.
——. *Il marxismo e l'Internazionale*. Roma, Riuniti, 1968.
Rahmani, L. *Soviet Psychology: Philosophical, Theoretical and Experimental Issues*. Nova York, International Universities Press, 1973.
Rakovski, M. *Toward an East European Marxism*. Londres, Allison & Busby; Nova York, St. Martin's, 1978.
Rancière, Jacques. *La nuit des prolétaires: archives du rêve ouvrier*. Paris, Fayard, 1981.
Raphael, Max. *Proudhon, Marx, Picasso: Three Studies in the Sociology of Art*. Londres, Lawrence & Wishart; Atlantic Highlands, N.J., Humanities, 1933 (1980).
Rapp, R. "Family and class in contemporary America: Notes toward an understanding of ideology", *Science and Society*, vol.42, n.3, 1978.
Rappoport, Charles. *Jean Jaurès: l'homme, le penseur, le socialiste*. Paris, L'Émancipatrice, 1915.
Raulet, Gérard (org.). *Utopie-marxisme selon Ernst Bloch*. Paris, Payot, 1976.

Razeto Migliaro, L. & P. Misuraca. *Sociologia e marxismo nello critica di Gramsci*. Bari, De Donato, 1978.
Read, Herbert. *The Tenth Muse*. Londres, Routledge & Kegan Paul, 1958.
Rebérioux, Madeleine (org.). *La IIe Internationale et l'Orient*. Paris, Cujas, 1967.
Reich, Wilhelm. *Die sexuelle Revolution: zur Charakterlichen Selbssteuerung des Menschen*. Frankfurt, Europaïsche Verlaganstalt (1966). (Originalmente publicado como *Die Sexualität im Kulturkampf*. Copenhague, Sexpol, 1936. Há uma versão anterior intitulada *Geschlechtsreife, Enthaltsamkeit, Ehemoral*. Viena, Muenster, 1930). / *The Sexual Revolution*. Nova York, Orgone Institute (1945); Londres, Vision (1961). / *La révolution sexuelle*. Paris, Albin Michel (1968). / *A revolução sexual*. Rio de Janeiro, Zahar (1968) (1980).
——. *Massenpsychologie des Faschismus*. Copenhague, Sexpol, 1933, 1942; Frankfurt, Junius Drucke (1972). / *La psychologie de masse du fascisme*. Paris, Payot (1972). / *Psicologia de massas do fascismo*. Porto, Escorpião (1974). / *The Mass Psychology of Fascism*. Londres, Penguin; Nova York, Farrar, Strauss & Giroux (1975).
——. "Zur Anwendung der Psychoanalyse in der Geschichtsforschung", in W. Reich, *Zeitschrift für politische Psychologie und Sexualökonomie*. Kopenhagen,: Verlag für Sexualpolitik, 1934. / "L'application de la psychanalyse à la rechreche historique", *L'Homme et la Société*, n.11 (1969). / "La aplicación del psicoanális a la investigación científica", *Cuadernos Anagrama*, n.19. / "O emprego da psicanálise na investigação histórica", *Tempo Brasileiro*, n.36-37 (1974).
Reiter, R. (org.). *Toward an Anthropology of Women*. Nova York e Londres, Monthly Review Press, 1975.
Renner, Karl. *Der Kampf der Österreischischen Nationen um der Staat*. Leipzig e Viena, Franz Deutike, 1902.
——. *Die Rechtsinstitute des Privatrechts und ihre soziale Funktion: ein Beitrag zur Kritik des bürgerlichen Rechts*. Tübingen, J.C.B. Mohr, 1904 (1929). / *The Institutions of Private Law and their Social Functions*, trad. de Agnes Schwartzschild; ed. org., introd. e notas por Otto Kahn-Freund. Londres, Routledge & Kegan Paul (1949). / "As funções econômicas e sociais das instituições legais", fragmento da obra de Renner selecionado por Tom Bottomore e publicado em sua coletânea *Karl Marx*. Rio de Janeiro, Zahar (1981).
——. "Probleme des Marxismus", *Der Kampf*, vol.9, 1916.
——. *Wandlungen der modernen Gesellschaft*. Viena, Wiener Volksbuchhandlung, 1953a.
——. "The Service Class", in T. Bottomore & P. Goode (orgs.), *Austro-Marxism* (Tradução de um capítulo de *Wandlungen der modernen Gesellschaft*.) Oxford e Nova York, Oxford University Press, 1953b (1978).
Rex, John. *Race Relations in Sociological Theory*. Londres e Boston, Routledge & Kegan Paul, 1982.
Rey, Pierre-Philippe. *Colonialisme, néo-colonialisme et transition au capitalism*. Paris, Maspero, 1971a.
——. "Sur l'articulation des modes de production", *Problèmes de Planification*, vol.13-14, 1971b.
——. *Les alliances de classes*. Paris, Maspero, 1973. / *As alianças de classes: sobre a articulação dos modos de produção*. Coimbra, Centelha (1979).
——. "The Lineage Mode of Production", *Critique of Anthropology*, n.3, primavera 1975.
——. *Capitalisme négrier: ia marche des paysans vers le prolétariat*. Paris, Maspero, 1976.
Reymond, A. *Les principes de la logique et la critique contemporaine*. Paris, Bouin, 1932.
Rhodes, R. (org.). *Imperialism and Underdevelopment: a Reader*. Nova York, Monthly Review Press, 1970.
Riazanov, David B. "Marx und seine russischen Bekannten in den vierziger Jahren", *Die Neue Zeit*, ano 31, n.1, 1913.
——. "Zur Frage des Verhältnisses von Marx zu Blanqui", *Unter dem Banner des Marxismus*, ano 2, ns.1-2, 1928.
——. *Marx et Engels*. Paris, Anthropos, 1967.
——. *Karl Marx: homme, penseur et révolutionnaire*. Paris, Anthropos, 1968a.
——. "L'héritage littéraire de Marx et d'Engels", *L'Homme et la Société*, n.7, 1968b.
Ricardo, D. *The Principles of Political Economy and Taxation*. Londres, J.M. Dent; Nova York, E.P. Dutton, 1817 (1973). / *Princípios*

de economia política e tributação, col. Os Pensadores. São Paulo, Abril Cultural (1974).
Ricci, F. "Gramsci, théoricien politique", *La Nouvelle Critique*, n.28, nov 1969.
Richta, Radovan. "La révolution scientifique et technologique et les choix offerts à la civilisation moderne", *L'Homme et la Société*, n.9, 1968.
Ridley, F.F. *Revolutionary, Syndicalism in France*. Cambridge e Nova York, Cambridge University Press, 1970.
Riechers, C. *Antonio Gramsci, Marxismus in Italien*. Frankfurt, Europaïsche Verlaganstalt, 1970.
Riedel, Manfred. *System und Geschichte*. Frankfurt, Suhrkamp, 1974.
Rigby, H. *Lenin's Government Sovnarkom 1917-1922*. Cambridge e Nova York, Cambridge University Press, 1979.
Rigby, T.H. (org.). *Stalin*. Englewood Cliffs, N.J., Prentice-Hall, 1966.
Riley, Denise. "Left Critiques of the Family", in Cambridge Women's Studies Group, *Women in Society*. Londres, Virago, 1981.
Riochet, Christian. "Population, subsistances et modes de production: la condition féminine", *La Pensée*, n.179, fev 1975.
Risset, J. "Gramsci et les intellectuels", *La Quinzaine Littéraire*, 1-15 jun 1967.
——. "Lecture de Gramsci", *Tel Quel*, n.42, 1970.
Rizzi, Bruno. *L'URSS, collectivisme bureaucratique: la bureaucratisation du monde*. Paris, Champ Libre, 1939 (1977).
Roberts, B. *Cities of Peasants: The Political Economy of Urbanization in the Third World*. Londres, Edward Amold; Beverly Hills, Sage, 1978.
Roberts, D.D. *The Syndicalist Tradition and Italian Fascism*. Manchester, Manchester University Press; Chapel Hill, University of North Carolina Press, 1979.
Roberts, Julian. *Walter Benjamin*. Londres, Macmillan; Atlantic Highlands, N.J., Humanities, 1982.
Robertson, Roland. *The Sociological Interpretation of Religion*. Oxford, Basil Blackwell; Nova York, distr. Schocken, 1972.
Robinson, Joan. *An Essay on Marxian Economics*. Londres, Macmillan; Nova York, St. Martin's, 1942.
Robinson, Paul. *The Sexual Radicals*. Londres, Temple Smith; Nova York, Harper & Row, 1969 (com o título de *The Freudian Left*). / *La isquierda freudiana: Reich, Roheim, Marcuse*. Buenos Aires, Granica (1971).
Rodinson, Maxime. "Le marxisme et la nation", *L'Homme et la Société*, n.7, 1968.
Roemer, John E. "Continuing Controversy on the Falling Rate of Profit: Fixed Capital and Other Issues", *Cambridge Journal of Economics*, vol.3, n.4, 1979.
Rolland, Romain. *Antonio Gramsci: ceux qui meurent dans les prisons de Mussolini*. Paris, Éditions du Secours Rouge International, 1934.
Romano, S. *Antonio Gramsci*. Turim, Utet, 1965.
Roncaglia, A. "The Reduction of Complex to Simple Labour", *Bulletin of the Conference of Socialist Economists*, vol.III, n.9, 1974.
Rosanvallon, Pierre. *L'âge de l'autogestion*. Paris, Seuil, 1976.
Rosas, Paul. "Caste and Class in India", *Science and Society*, vol.7, n.2, 1943.
Rosdolsky, Roman. *Zur Entstehungsgeschichte des Marxschen "Kapital"*, Frankfurt, Europaïsche Verlaganstalt, 1968. / *La genèse du "Capital" chez Karl Marx*. Paris, Maspero (1976). / *The Making of Marx's "Capital"*. Londres, Pluto; Atlantic Highlands, N.J., Humanities (1977). / *Génesis y estructura de "El Capital" de Marx: estudios sobre los "Grundrisse"*. Madri e México, Siglo XXI (1978 e 1983).
——. "Remarques méthodologiques à propos de la critique des schémas de reproduction de Marx par Rosa Luxemburg", *Critiques de l'Économie Politique*, n.4-5, 1971.
——. "La limite historique de la loi de la valeur: l'ordre social socialiste dans l'oeuvre de Karl Marx", *Critiques de l'Économie Politique*, n.6, 1972.
Rose, Gillian. *The Melancholy Science*. Londres, Macmillan; Nova York, Columbia University Press, 1978.
Rose, Hilary & Steven Rose. *The Political Economy of Science*. Londres, Macmillan; Boston, Mass., G.K. Hall, 1976 (1980). / "Ideologia e política nas ciências do cérebro: o biologismo a serviço do Estado" (trad. par-

cial). *Encontros com a Civilização Brasileira*, n.15, set (1979).
Rosenberg, Arthur. *Geschichte des Bolschewismus: von Marx biz zur Gegenwart.* Berlim, Rowohlt, 1932. / *Histoire du bolchevisme.* Paris, Grasset (1967).
Rosenberg, H. "The Third Dimension of Georg Lukács", *Dissent*, vol.11, 1964.
Rosio, Jean. "A propos de 'l'articulation' des modes de production, quelques réflexions sur le 'matérialisme' althussérien", *Les Temps Modernes*, n.356, mar 1976.
Ross, George. *Workers and Communist in France.* Berkeley, Calif., University of California Press, 1982.
Rossanda, Rossana. "Marxismo e storicismo", *Rinascita*, n.45, 1965.
Rossi, W.G. *Capitalismo e educação: contribuição ao estudo crítico da economia da educação capitalista.* São Paulo, Moraes, 1978 (1980).
Rossi-Landi, Ferruccio. "Per un uso marxismo di Wittgenstein", in F. Rossi-Landi, *Il linguaggio come lavoro e mercato.* Milão, Bompiani, 1968.
——. *Linguistics and Economics.* Haia e Paris, Mouton, 1975.
Rostow, W.W. *The Stages of Economic Growth.* Cambridge, Cambridge University Press, 1960. / *Etapas do desenvolvimento econômico: um manifesto não comunista.* Rio de Janeiro, Zahar (1979).
Rostow, W.W. (org.). *The Economics of Take Off into Sustained Growth.* Londres, Macmillan; Nova York, St Martin's, 1963.
Roth, Jack J. *The Cult of Violence: Sorel and the Sorelians.* Berkeley e Los Angeles, University of California Press, 1980.
Rougerie, J. (org.). *Jalons pour une histoire de la commune de Paris.* Amsterdam, International Institute of Social History, 1972, 1871.
Routh, Jane. "A reputation made: Lucien Goldmann", in J. Routh & J. Wolff (orgs.), *The Sociology of Literature: Theoretical Approaches*, vol.25 de *Sociological Review Monograph*, keele, University of Keele, 1977.
Routh, J. & J. Wolff (orgs.). *The Sociology of Literature: Theoretical Approaches*, vol.25 de Sociological Review Monograph, Keele, University of Keele, 1977.
Routley, Richard & Robert K. Meyer. "Dialectical Logic, Classical Logic, and the Consistency of the World", *Studies in Soviet Thought*, vol.16, 1976.
Rowbotham, Sheila. *Hidden from History.* Londres, Pluto; Nova York, Pantheon 1973 (1975).
——. *Women, Resistance and Revolution.* Londres, Penguin; Nova York, Pantheon, 1974.
Rowthorn, R. *Capitalism, Conflit and Inflation; essays in Political Economy.* Londres, Lawrence & Wishart; Atlantic Highlands, K.J., Humanities, 1980.
Roxborough, Ian. *Theories of Underdevelopment.* Londres, Macmillan; Atlantic Highlands, N.J., Humanities, 1979.
Roy, M.N. *India in Transition.* Genebra, J.B. Target, 1922.
——. *Revolution und Kontrrevolution im China*, Berlim, s.n., 1930. / *Revolution and Counterrevolution in China.* Calcutá, Renaissance (1964).
——. *Materialism: An Outline of the History of Scientific Thought.* Calcutá, Renaissance, 1934 (1940).
Rubel, Maximilien. *Pages choisies pour une éthique socialiste.* Paris, Marcel Rivière, 1948.
——. "La Russie dans l'oeuvre de Marx et d'Engels: leur correspondance avec Denielson", *La Revue Socialiste*, abr 1950.
——. "Friedrich Engels et le socialisme messianique russe", *La Revue Socialiste*, nov 1951.
——. *Bibliographie des oeuvres de Karl Marx* (apêndice com um repertório das obras de Friedrich Engels). Paris, Marcel Rivière, 1956.
——. *Karl Marx: essai de biographie intellectuelle.* Paris, Marcel Rivière, 1957 (1971). / *Marx: Life and Works.* Londres, Macmillan; Nova York, Facts on File (1980).
——. *Karl Marx devant le Bonapartisme.* Haia e Paris, Mouton, 1960a.
——. *Suplément à la bibliographie des oeuvres de Karl Marx.* Paris, Marcel Rivière, 1960b.
——. "La Charte de la Première Internationale: essai sur le 'marxisme' dans l'A.I.T", *Le Mouvement Social*, n.130, ago-jun 1965.
——. *Marx-Chronik. Daten zu Leben und Werk.* Munique, Carl Hanser, 1968.
——. *Pages de Karl Marx pour une éthique prolétarienne.* Paris, Payot, 1970.
——. *Marx critique du marxisme: essais.* Paris, Payot, 1974.

——. *Rubel on Karl Marx: Five Essays*, ed. org. por Joseph O'Malley e Keith Algozin. Cambridge e Nova York, Cambridge University Press, 1981.

Rubel, Maximilien (org.). *Karl Marx. Oeuvres: économie*, vols. I e II. Paris, Gallimard, Bibliottèque de la Pléiade, 1963 (1969) e 1968.

Rubel, Maximilien & Tom Bottomore (orgs.). *Karl Marx: Selected Writings in Sociology and Social Philosophy*. Londres, Watts, 1956. / *Sociologia e filosofia social de Karl Marx*. Rio de Janeiro, Zahar (1956).

Ruben, David-Hillel. *Marxism and Materialism*. Brighton, Harvester; Atlantic Highlands, N.J., Humanities, 1977.

Rubery, Jill. "Structured Labour Markets. Workers' Organization and Low Pay", *Cambridge Journal of Economies*, vol.2, n.1, 1978.

Rubin, G. "The Traffic in Women", in R. Reitr. (org.), *Toward an Anthropology of Women*. Nova York, Monthly Review Press, 1975.

Rubin, Isaak Ilitch. *Essays on Marx's Theory of Value*. Montreal, Black Rose; Detroit, Black & Red, 1928 (1973). / *Studien zur Marxschen Werttheorie*. Frankfurt, Europaïsche Verlagsanstalt (1973). / *Ensayos sobre la teoría marxista del valor*. Córdoba, Pasado Y Presente (1974). / *Essais sur la théorie de la valeur de Karl Marx*. Paris, Maspero (1978). / *A teoria marxista do valor*. São Paulo, Brasiliense (1980).

——. A History of Economic Thought. Londres, Ink Links; Atlantic Highlands, N.J., Humanities, 1979.

Runciman, W.G. *Social Science and Political Theory*. Cambridge, Cambridge University Press, 1963. / *Ciência social e teoria política*. Rio de Janeiro, Zahar (1967).

Runciman, W.G. (org.). *Max Weber: Selections in Translation*. Cambridge e Nova York, Cambridge University Press, 1978.

Rusche, Georg & Otto Kirchheimer. *Punishment and Social Structure*. Nova York, Columbia University Press, 1939.

Ruschinski, H. & B. Retzlaff-Kresse (orgs.). *Marx-Engels über Sprache, Stil und Übersetzung*, Berlim, Dietz, 1974.

Russ, J. *Pour connaître la pensée des précurseurs de Marx*. Paris, Bordas, 1973.

Ryazanov, David B. *Ver* Riazanov, David B.

Safonov, V. *Land in Bloom*. Moscou, Foreign Languages Press, 1951.

Sahlins, Marshall. *Culture and Practical Reason*. Chicago e Londres, University of Chicago Press, 1976. / *Cultura e razão prática*. Rio de Janeiro, Zahar (1979).

Saint-Simon, Claude Henri de Rouvroy, conde de. *Lettre d'un habitant de Genève à ses contemporains. Oeuvres*. Paris, Anthropos, 1802 (1966).

——. *L'organisation sociale. Oeuvres*. Paris, Anthropos, 1825 (1966).

——. *Le nouveau christionisme. Oeuvres*. Paris, Anthropos, 1826 (1966).

——. *Oeuvres choisies*. Bruxelas, Van Meenen, 1859.

——. *Textes choisis*. Paris, J. Dautry, 1951.

——. *Oeuvres*. Paris, Anthropos, 1966.

Salama, Pierre. "Développement d'un type de travail improductif et baisse tendancielle du taux de profit", *Critiques de l'Économie Politique*, n.10, 1973.

——. *Sur la valeur*. Paris, Maspero, 1975.

Salama, Pierre & Jacques Vallier. *Une introduction à l'économie politique*. Paris, Maspero, 1973.

Salvadori, M. *Gramsci e il problema storico della democrazia*. Turim, Einaudi, 1970.

——. *Kautsky e la rivoluzione socialista*. Milão, Feltrinelli, 1976. / *Karl Kautsky and the Socialist Revolution*. Londres, New Left; Nova York, distr. Schocken (1979).

Salvati, M. "Divisione del lavoro: capitalismo, socialismo, utopia", *Quaderni Rossi*, n.1, 1962.

Samizdat I: la voix de l'opposition communiste en URSS. Paris, Seuil, 1969.

Samuel, Pierre. *Le prolétariat africain noir en France*. Paris, Maspero, 1978.

Samuel, Raphael (org.). "The Workshop of the World, Steam Power and Hand Technology in mid-Victorian Britain", *History Workshop*, vol.3, n.1, 1977.

——. *People's History and Socialist Theory*. Londres e Boston, Routledge & Kegan Paul, 1981.

Sandroni, Paulo. *O que é mais-valia*. São Paulo, Brasiliense, 1982.

Sanguineti, E. "A partir de Gramsci", *Littérature, Science, Idéologie*, n.3-4, 1972.

Sankrityayana, Rahul. *Volga se Ganga* (*From Volga to Ganges*), trad. do hindi de V.G.

Kiernan. Bombaim, People's Publishing House, 1942 (1947).
Santarelli, Enzo. "Sorel e il sorelismo in Italia", *Rivista Storica del Socialismo*, vol.III, n.10, 1960.
——. *Storia del fascismo*, 3 vols. Roma, Riuniti, 1973.
Santiago, Theo (org.). *História/Capitalismo: transição*. Rio de Janeiro, Eldorado Tijuca, 1975.
——. *Descolonização*. Rio de Janeiro, Francisco Alves, 1977.
Santos, Teotônio dos. "La crise de la théorie du développement et les relations de dépendence en Amérique Latine", *L'Homme et la Société*, n.12, 1969.
——. *Concepto de clases sociales*. Buenos Aires, Galerna, 1973. / *Conceito de classes sociais*. Petrópolis, Vozes (1982).
——. *Imperialismo e corporações multinacionais*. Rio de Janeiro, Paz e Terra, 1977.
——. *Imperialismo y dependência*. México, Era, 1978.
——. *Revolução cietífico-técnica e capitalismo contemporâneo*. Petrópolis, Vozes, 1983.
Sartre, Jean-Paul. *L'imagination*. Paris, PUF, 1936. / *A imaginação*, col. Os Pensadores. São Paulo, Abril Cultural (1978).
——. *La trancendance de l'Ego*. Paris, Vrin, 1937.
——. *La nausée*. Paris, Gallimard,1938.
——. *Le mur*. Paris, Gallimard, 1939a.
——. *Esquisse d'une théorie des émotions*. Paris, Hermann, 1939b.
——. *L'imaginaire*. Paris, Gallimard, 1940. / *Lo imaginário*. Buenos Aires, Losada (1968).
——. *L'être et le néant*. Paris, Gallimard, 1943a. / *El ser y la nada*. Buenos Aires, Losada (1966).
——. *Les mouches*. Paris, Gallimard, 1943b.
——. *Hui clos*. Paris, Gallimard, 1944.
——. *Les chemins de la liberté*, 3 vols. (*L'âge de raison*; *Le sursis*; *La mort dans l'âme*). Paris, Gallimard, 1945-1949.
——. *L'existencialisme est un humanisme*. Paris, Nagel, 1946a. / *O existencialismo é um humanismo*, col. Os Pensadores. São Paulo, Abril Cultural (1978).
——. *Morts sans sépulture*. Paris, Gallimard, 1946b.
——. *La putain respectueuse*. Paris, Gallimard, 1946c.
——. *Réflexions sur la question juive*. Paris, Gallimard, 1946d. / *Portrait of the Anti-Semite*. Londres, Secker & Warburg; Nova York, distr. Schocken (1948). / *Reflexões sobre o racismo*. São Paulo, Difel (1960).
——. *Baudelaire*. Paris, Gallimard, 1947a.
——. *Situations I*. Paris, Gallimard, 1947b.
——. *Les jeux sont faits*. Paris, Nagel, 1947c.
——. *Les mains sales*. Paris, Gallimard, 1948a.
——. *L'engrenaje*. Paris, Nagel, 1948b.
——.*Qu'est-ce que La littérature?*, vol.II de *Situations*. Paris, Gallimard, 1948c. / *Para que sirve la literatura?* Buenos Aires, Proteo (1970).
——. *Lendemains le guerre*, vol.III de *Situations*. Paris, Gallimard, 1949.
——. *Le diable et le Bon Dieu*. Paris, Gallimard, 1951.
——. *Saint Genet, comédien et martyr*. Paris, Gallimard, 1952.
——. "Les communistes et la paix", *Les Temps Modernes*, ns.81, 84-85, 89, 101, jul, out-nov 1952, abr 1953, abr 1954.
——. *Kean*. Paris, Gallimard, 1954.
——. *Nekrassov*. Paris, Gallimard, 1955.
——. "Brecht et les classiques", *World Theatre*, vol.VII, n.1, 1958.
——. *Les séquestrés d'Altona*. Paris, Gallimard, 1959.
——. *Critique de la raison dialectique*. Paris, Gallimard, 1960a. / *Crítica de la razón dialética*. Buenos Aires, Losada (1963). / *Critique of Dialectical Reason*. Londres, New Left; Nova York, distr. Schocken (1976).
——. "Question de méthode", in J.-P. Sartre, *Critique de la raison dialectique*. Paris, Gallimard, 1960b. / *The Problem of Method*. Londres, Methuen; Nova York, Knopf (1963). / *Questões de método*, col. Os Pensadores. São Paulo, Abril Cultural (1978); Difel (1965).
——. *Sartre visita a Cuba*. Havana, Ediciones Revolucionarias, 1960c.
——. *Literary and Philosophical Essays*. Nova York, Collier, 1962.
——. *Les mots*. Paris, Gallimard, 1963.
——. *Littérature et peinture*, vol.IV de *Situations*. Paris, Gallimard, 1964a.
——. *Colonialisme, anticolonialisme*, vol.V de *Situations*. Paris, Gallimard. / *Colonialismo e anticolonialismo*. Rio de Janeiro, Tempo Brasileiro (1966).

——. *Problèmes du marxisme I*, vol.VI de *Situations*. Paris, Gallimard, 1964c.
——. *Les troyennes*. Paris, Gallimard, 1965a.
——. *Problèmes du marxisme II*, vol.VII de *Situations*. Paris, Gallimard, 1965b. / *O fantasma de Stalin*, Rio de Janeiro, Paz e Terra (1967).
——. *Les communistes ont peur de la revolution*. Paris, John Didier, 1968.
——. *Les écrits de Sartre (textes retrouvés)*. Paris, Gallimard, 1970.
——. *L'idiot de la famille: Gustave Flaubert de 1821 à 1857*, 3 vols. Paris, Gallimard, 1971-1972.
——. *Aoutour de 68*, vol.VIII de *Situations*. Paris, Gallimard, 1972a.
——. *Mélanges*, vol.IX de *Situations*. Paris, Gallimard, 1972b.
——. *Between Existentialism and Marxism*. Londres, New Left, 1972c.
——. *Un théâtre de situations*, ed. org. por Michel Contat e Michel Rybalka. Paris, Gallimard, 1973. / *Sartre on theater*. Nova York, Pantheon Books (1977).
——. *Politique et autobiographie*, vol.X de *Situations*. Paris, Gallimard, 1976.
——. *Les carnets de la drôle de guerre*. Paris, Gallimard, 1983. / *Diário de uma guerra estranha*. Rio de Janeiro, Nova Fronteira (1983).
Sartre, J.-P., David Rousset & Gérard Rosenthal. *Entretiens sur la politique*. Paris, Gallimard, 1949.
Sartre, J.-P., Philippe Gavi & Pierre Victor. *On a raison de se révolter: discussion*. Paris, Gallimard, 1974.
Sartre, núm. esp. da revista *Obliques*, n.18-19, abr-mai-jun 1979.
Sartre/Barthes, núm. esp. da *Revue d'Esthétique*, nouvelle série, n.2, 1981.
Sassoon, Anne Showstack. *Gramsci's Politics*. Londres, Croom Helm; Nova York, St Martin's, 1980.
——. *Approaches to Gramsci*. Londres, Writers and Readers Publishing Cooperative, 1982.
Sayer, D. *Marx's Method*. Brighton, Harvester; Atlantic Highlands, N.J., Humanities, 1979.
Schacht, Richard. *Alienation*. Garden City, N.Y., Doubleday, 1970.
Schaff, Adam. *A Philosophy of Man*. Nova York, Monthly Review Press, 1963. / *Marxismus und das menschliche Individuum*. Viena, Europa Verlag (1965). / *O marxismo e o individuo*. Rio de Janeiro, Civilização Brasileira (1967). / *Le marxisme et l'individu*. Paris, A. Colin (1968).
——. "L'humanisme marxiste", *L'Homme et la Société*, n.7, 1968.
——. "Conscience d'une classe et conscience de classe: en marge de l'ouvrage de Georg Lukács, *Histoire et conscience de classe*", *L'Homme et la Société*, n.26, 1972.
——. *Structuralisme et marxisme*. Paris, Anthropos, 1974.
——. *Alienation as a Social Phenomenon*. Oxford e Nova York, Pergamon, 1980.
Schiller, Herbert. *Communication and Cultural Domination*. White Plains, N.Y., International Arts and Sciences Press, 1976.
Schmidt, Alfred. *Der Begriff der Natur in der Lehre von Marx*. Frankfurt, Suhrkamp, 1962. / *The Concept of Nature in Marx*. Londres, New Left (1971).
——. *Zur Idee der kruischen Theorie: Elemente der Philosophie Max Horkheimers*. Munique, Carl Hanser, 1974.
Schmied-Kowarzik, W. *Die Dialektik der gesellschaftlichen Praxis*. Freiburg e Munique, Karl Alber, 1981.
Schmitt, Bernard. *Monnaie, salaires et profits*. Paris, PUF, 1966; Albeuve, Castella(1975).
Schmitter, P.C. "Modes of Interest, Intermediation and Models of Societal Change in Western Europe", *Comparative Political Studies*, vol.10, 1977.
Schoeps, Karl H. *Bertolt Brecht*. Nova York, Frederick Ungar, 1977.
Schram, Stuart R. *The Political Thought of Mao Tse-tung*. Nova York, Praeger, 1969.
——. "The Marxist", in Dick Wilson (org.), *Mao Tse-tung in the Scales of History*, s.n., 1977.
Schram, Stuart R. (org.). *Mao Tse-tung Unrehearsed*. Londres, Penguin, 1974.
Schubert, A. "Circulation de marchandises et formes de la monnaie", *Critiques de l'Économie Politique*, n.2, 1971. Schulkind, Eugene. *The Paris Commune: The View from the Left*. Londres, Cape; Nova York, Grove, 1972.
Schumacher, Ernst. *Die ersten dramatischen Versuche Bertolt Brechts, 1918-1933*. Berlim, Rütten & Loening, 1955.
Schumpeter, J.A. *Capitalism, Socialism and Democracy*. Londres, Allen & Unwin;

Nova York, Harper & Row, 1976. / *Capitalismo, socialismo e democracia.* Rio de Janeiro, Zahar (1983).

Scientific-Technological Revolution: Social Aspects. Londres e Beverley Hills, Sage, 1977.

Scott, John. *Corporations, Classes and Capitalism.* Londres, Hutchinson; Nova York, St. Martin's, 1979.

Seddon, D. (org.). *Relations of Production: Marxist Approaches to Economic Anthropology.* Londres, Frank Cass, 1978.

Seecombe, W. "The Housewife and her Labour under Capitalism", *New Left Review*, n.83, 1974.

——. "Domestic Labour – Reply to Critics", *New Left Review*, n.94, 1975.

Seeman, M. "The Urban Alienations: Some Dubious Themes from Marx to Marcuse", *Journal of Personality and Social Psychology*, vol.19, n.2, 1971.

Sekine, Thomas. "Uno-Riron: a Japanese Contribution to Marxian Political Economy", *Journal of Economic Literature*, vol.13, n.3, 1975.

——. "The Necessity of the Law of Value", *Science and Society*, vol.44, n.3, 1980.

Seliger, Martin. *The Marxist conception of Ideology.* Cambridge e Nova York, Cambridge University Press, 1977.

Selucky, Radoslav. *Marxism, Socialism, Freedom.* Londres, Macmillan; Nova York, St Martin's, 1979.

Semprun, Jorge. "Économie politique et philosophie dans les *Grundrisse* de Marx", *L'Homme et la Société*, n.7, 1968.

Serreau, Geneviève. *Bertolt Brecht.* Paris, L'Arche, 1955.

Service, Elman. *Primitive Social Organization: An Evolutionary Perspective.* Nova York, Random House, 1962.

Servier, J. *Histoire de l'utopie.* Paris, Gallimard, 1967.

Seton, F. "The Transformation Problem", *Review of Economic Studies*, vol.24, 1957.

Sève, Lucien. "Analyses marxistes de l'aliénation", *Philosophie et religion.* Paris, Cerm/Éd. Sociales, 1974a.

——. *Marxisme et théorie de la personnalité.* Paris, Éd. Sociales, 1974b. / *Man in Marxist Theory and the Psychology of Personality.* Brighton, Harvester; Atlantic Highlands, N.J., Humanities (1978).

——. *Une introduction à la philosophie marxiste.* Paris, Éd. Sociales, 1980.

Shachtman, Max. *The Bureaucratic Revolution: The Rise of the Stalinist State.* Nova York, Donald Press, 1962.

Shaikh, A. *U.S. Capitalism in Crisis.* Londres, Union for Radical Political Economics, 1978a.

——. "Political Economy and Capitalism: Notes on Dobb's Theory of Crisis", *Cambridge Journal of Economics*, vol.2, n.2, 1978b

——. "Marxian Competition *versus* Perfect Competition", *Cambridge Journal of Economics*, vol.4, n.1, 1980a.

——. "The Transformation from Marx to Sraffa", in E. Mandel & A. Freeman (orgs.), *Ricardo, Marx, Sraffa.* Londres, Verso, 1984.

——. "Neo-Ricardian Economics: A Wealth of Algebra, A Poverty of Theory", *Review of Radical Political Economy*, vol.14, n.2, 1982.

Sharma, R.S. *Aspects of Political Ideas in Ancient India.* Nova Delhi, Motilal Banarsidas, 1959.

——. *Light on Early Indian Society and Economy.* Bombaim, Manaktalas, 1966.

——. "Forms of Property in the Early Portins of the Rg Veda", in Barun De et al., *Essays in Honour of Professor S.C. Sarkar.* Nova Delhi, People's Publishing House, 1976.

Shaw, William H. *Marx's Theory of History.* Londres, Hutchinson; Stanford, Stanford University Press, 1978.

Sheptulin, A.I. *Introduction to Marxist-Leninist Philosophy.* Moscou, s.n., 1962.

Sher, Gerson S. *Praxis, Marxist Criticism and Dissent in Socialist Yugoslavia.* Bloomington e Londres, Indiana University Press, 1977.

Shonfield, Andrew. *Modern Capitalism.* Londres, Oxford University Press, 1965. / *Le capitalisme aujourd'hui: l'État et l'entreprise.* Paris, Gallimard (1967).

Shub, D. *Lenin.* Garden City, N.Y., Doubleday, 1948; Londres, Penguin (1966).

Sichirollo, L. "Hegel, Gramsci e il marxismo", in *Studi gramsciani.* Roma, Riuniti, 1959 (1969).

Silberner, Edmund. *Sozialisten zur Judenfrage.* Berlim, Colloquium, 1962 (O capítulo sobre Marx foi originalmente publicado como artigo em *História Judaica*, vol.11 (1949).

Silnitsky, F. et al. *Communism and Eastern Europe*. Nova York, Karz, 1979.

Silva, Sérgio. *Valor e renda da terra: o movimento do capital no campo*. São Paulo, Pólis, 1981.

Simmel, Georg. *Philosophie des Geldes*. Berlim, Duncker & Humblot, 1900.

Simon, Pierre-Henri. *Théâtre et destin*. Paris, A. Colin, 1959.

Simposium on Socialism and Democracy, n.1, vol.I da revista *Praxis International*, 1981.

Sinclair, Louis. *Leon Trotsky: A Bibliography*. Stanford, Califórnia, Hoover Bibliographical Services, 1972.

Sinelnikokoff, C. *L'oeuvre de Wilhelm Reich*. Paris, Maspero, 1970.

Singer, Paul. "A contribuição de Marx para a economia moderna", *Teoria e Prática*, n.3, 1968a.

——. *Desenvolvimento e crise*. São Paulo, Difel, 1968b.

——. *Dinâmica populacional e desenvolvimento*. São Paulo, Edições Cebrap, 1970.

——. *Economia política de urbanização*. São Paulo, Brasiliense, 1973 (1978).

Skopckal, Theda. *States and Social Revolutions*. Cambridge e Nova York, Cambridge University Press, 1979.

Slater, Phil (org.). *Outlines of a Critique of Technology*. Londres, Ink Links; Atlantic Highlands, N.J., Humanities, 1980.

Slaughter, Cliff. *Marxism, Ideology and Literature*. Londres, Macmillan, 1980. / *Marxismo, ideologia e literatura*. Rio de Janeiro, Zahar (1983).

Smart, D.A. *Pannekoek and Gorter's Marxism*. Londres, Pluto, 1978.

Smith, R.E.F. *The Enserfment of the Russian Peasantry*. Cambridge e Nova York, Cambridge University Press, 1968.

Société Jean Bodin. *Le Servage*. Bruxelas, Éditions de la Librairie Encyclopédique, 1959.

Soffri, Gianni. *Il modo di produzione asiático*. Turim, Einaudi, 1969. / *O modo de produção asiático: história de uma controvérsia marxista*. Rio de Janeiro, Paz e Terra (1977).

Sohn-Rethel, Alfred. *Intellectual and Manual Labor*. Londres, Macmillan; Atlantic Highlands, N.J., Humanities, 1978.

Soholev, A.L. et al. *Outline History of the Communist International*. Moscou, Progress, 1971.

Sombart, Werner. *Why is there no Socialism in the United States?* Londres, Macmillan; White Plains, N.Y., International Arts and Sciences Press, 1906 (1976).

Sonderheft Bertolt Brecht, núm. esp. da revista *Sinn und Form*, 1949.

Sontag, Susan. "The Literary Criticism of Georg Lukács", in *Against Interpretation*. Nova York, Farrar, Straus & Giroux, 1966.

Sorel, Georges. "Les théories de M. Durkheim", *Le Devenir Social*, vol.1, ns.1 e 2, abr–mai 1895.

——. *Les illusions du progress*. Paris, Marcel Rivière, 1906a. / *The Illusions of Progress*. Berkeley, Los Angeles e Londres, University of California Press (1969).

——. *Réflexions sur la violence*. Paris, Marcel Rivière, 1906b (1946). (A edição de 1946 inclui *Plaidoyer pour Lénine*.) / *Reflections on* Violence. Nova York, Macmillan (1972).

——. *La décomposition du marxisme*. Paris, Marcel Rivière, 1907; Saint-Denis, Bona Fide (1979).

——. *Matériaux d'une théorie du prolétariat*. Paris, Marcel Rivière, 1919 (1921); Genebra, Slatkine (1981).

——. *From Georges Sorel: Essays in Socialism and Philosophy*. Nova York e Londres, Oxford University Press (1976).

Souvarine, Boris. *Staline: aperçu historique du bolchevisme*. Paris, Plon, 1935. / *Stalin, A Critical Survey of Bolshevism*. Londres, Secker & Warburg; Nova York, Alliance Book Corporation (1938).

Souyri, Pierre. *Le marxisme après Marx*. Paris, Flammarion, 1970.

Soviet News, 31 out 1956.

Sowell, T. "Marx's 'Increasing Misery' Doctrine", *American Economic Review*, vol.50, n.1, mar 1960.

Spitzer, Alan B. *Revolutionary Theories of Louis-Auguste Blanqui*. Nova York e Londres, Columbia University Press, 1957.

Spriano, Paolo. *Torino operaia nella grande guerra (1914-1918)*. Turim, Einaudi, 1960.

——. *L'occupazione delle fabbriche (settembre 1920)*. Turim, Einaudi, 1964.

——. *Gramsci e l'Ordine Nouvo*. Roma, Riuniti, 1965.

——. *Gramsci*. Milão, Edizioni Internazionali, 1966.

——. *Gramsci in carcere e Il Partito.* Roma, Riuniti, 1977.

Srafa, Piero. *Production of Commodities by Means of Commodities: Prelude to a Critique of Economic Theory.* Cambridge, Cambridge University Press, 1960 (1975). / *Production de marchandises par des marchandises.* Paris, Dunod (1970). / *Produção de mercadorias por meio de mercadorias: prelúdio a uma crítica da teoria econômica.* Rio de Janeiro, Zahar (1977).

Srinivas, M.N. et al. "Caste, A Trend Report and Bibliography", *Current Sociology,* vol.8, n.3, 1959.

Stack, G. *All Our Kin.* Nova York, Harper & Row, 1974.

Stalin, Iosif Vissarionovitch. *Works,* vols. 1-13. Londres, Lawrence & Wishart, 1901-1934 (1952-1955).

——. "Marxism and the National Question", in I.V. Stalin, *Marxism and the National and Colonial Question.* Londres, Lawrence & Wishart; Nova York, International Publishers, 1913 (1936). / *Le marxisme et la question nationale et colonial.* Paris, Éd. Sociales (1953); Norman Béthune (1974). / *O marxismo e o problema nacional e colonial.* São Paulo, Lech (1979).

——. "The Foundations of Leninism", in B. Franklin (org.), *The Essential Stalin,* s.n., 1924a. / *Fundamentos do leninismo.* São Paulo, Global, s.d.

——. *Problems of Leninism.* Moscou, Foreign Languages Publishing House, 1924b (1945). / *Questions du leninisme.* Paris, Éd. Sociales (1946); Norman Bethune (1969).

——. *On Chinese Revolution.* Calcutá, Suren Dutt, 1925 (1975).

——. "On the Grain Front", in I.V. Stalin, *Problems of Leninism.* Moscou, Foreign Languages, 1928 (1953).

——. *Works,* vols. 1-3. Stanford, Hoover Institution, 1934-1953 (1967).

——. *Dialectical and Historical Materialism.* Nova York, International Publishers, 1938; Londres, Lawrence & Wishart (1940). / *O materialismo histórico e o materialismo dialético.* São Paulo, Global (1982).

——. "Marxisrn in Linguistics", suplemento de *New Times,* 26/28 jun 1950.

——. *Economic Problems of Socialism in the USSR.* Nova York, International Publishers, 1952. / *Les problèmes économiques du socialisme en URSS.* Pequim, Éditions de Pékin (1974).

——. *The Essential Stalin: Major Theoretical Writings, 1905-1952,* ed. org. por Bruce Franklin. Garden City, N.Y., Anchor, 1972.

Staline contre Trotski: 1924-1926 (recueil de textes). Paris, Maspero, 1965.

Stanley, John L. *The Sociology of Virtue: The Political and Social Theories of Georges Sorel.* Berkeley, University of California Press, 1982.

Stark, D. "Class Struggle and the Transformation of the Labor Process", *Theory and Society,* vol.9, 1980.

Starr, John Bryan. *Continuing the Revolution: The Political Thought of Mao.* Princeton, N.J. e Londres, Princeton University Press, 1979.

Stedman Jones, G. "Engels and the End of Classical German Philosophy", *New Left Review,* n.79, 1973.

——. "Engels and the Genesis of Marxism", *New Left Review,* n.106, 1977.

Steedman, Ian. *Marx after Sraffa.* Londres, New Left; Nova York, distr. Schocken, 1977.

Steedman, Ian et al. *The Value Controversy.* Londres, New Left e Verso; Nova York, distr. Schocken, 1981.

Steenson, Gary P. *Karl Kautsky: 1854-1938.* Pittsbursh, University of Pittsburgh Press, 1979.

Stein, Hans. "Pauperismus und Association", *International Review of Social History,* vol.I, 1936.

Stein, Lorenz von. *Ver* von Stein, Lorenz.

Steindl, Josef. *Maturity and Stagnation in American Capitalism.* Oxford, Basil Blackwell; Nova York, Monthly Review Press, 1952. / *Maturidade e estagnação no capitalismo americano,* col. Os Economistas. São Paulo, Abril Cultural (1983).

Stojanovic, Svetozar. *Between Ideais and Reality: A Critique of Socialism and its Future.* Nova York e Oxford University Press, 1973.

Stolz, Georges. *Paul Lafargue: théoricien militant du socialisme.* Paris, Éditions Nouveau Promethée, 1938.

Stone, Lawrence. *The Crisis of the Aristocracy.* Oxford e Nova York, Oxford University Press, 1965.

Struve, P. B. "My Contacts and Conflicts with Lenin", partes I e II. *Slavonic Review*, vols.12 e 13, 1933-1935.

Studi gramsciani: atti del convegno tenuto a Roma nei giorni 11-13 gennaio 1958, 1959. Roma, Riuniti (1969).

Sul marxismo e le scienze, Quaderno 6 de *Critica Marxista*, 1972 (com um texto de Karl Marx sobre "função derivada" e uma apresentação dos manuscritos matemáticos de Marx por Lucio Lombardo Radice).

Sur la Révolution Culturelle, n.14 de *Cahiers Marxistes-Léninistes*, nov-dez 1966.

Sur le jeune Marx, Recherches Internationales à la Lumière au Marxisme, n.19, 1960.

Sweezy, Paul. *The Theory of Capitalist Development.* Nova York e Londres, Monthly Review Press, 1942. / *Teoria do desenvolvimento capitalista.* Rio de Janeiro, Zahar (1982).

——. "Karl Marx and the Industrial Revolution", in R.V. Eagly (org.), *Events, ideology and economic theory.* Detroit, Wayne State University, 1968.

——. *Post-Revolutionary Society.* Nova York, Monthly Review Press, 1980.

Sweezy, Paul (org.). "*Karl Marx and the Close of his System" by Eugen von Böhm-Bawerk and "Böhm-Bawerk's Criticism of Marx" by Rudolf Hilferding.* Nova York, Augustus M. Kelley, 1949; Londres, Merlin (1972).

Sweezy, Paul & Charles Bettelheim. *Lettres sur quelques problèmes actuels du socialisme.* Paris, Maspero, 1972.

Takahashi; H.K. "The Transition from Feudalism to Capitalism", *Science and Society*, vol.16, n.4, 1952.

Tamburrano, G. *Antonio Gramsci: la vita, Il penziero, l'azione.* Bari, Lacaita, 1963.

Tarizzo, D. *L'anarchie.* Paris, Seghers, 1979.

Tartakowski, D. *Les premiers communistes.* Paris, Presses de la FNSP, 1979.

Tavernier, Y., M. Gervais & C. Servolin (orgs.). *L'univers politique des paysans en France contemporaine.* Paris, A. Colin, 1972.

Taylor, Ian. *Critical Criminology.* Londres e Boston, Routledge & Kegan Paul, 1975.

Taylor, Ian, Paul Walton & Jock Young. *The New Criminology: For a Social Theory of Deviance.* Nova York, Harper & Row; Londres, Routledge & Kegan Paul, 1973.

Taylor, John G. *From Modernisation to Modes of Production.* Londres e Nova York, Macmillan; Atlantic Highlands, N.J., Humanities, 1979.

Teixeira, Aloísio. "Capitalismo monopolista de Estado: um ponto de vista crítico", *Revista de Economia Política*, vol.3, n.4, 1983.

Temon, Y. *Makhno, la revolte anarchiste.* Bruxelas, Complexe, 1981.

Terrail, Jean-Pierre. "Population et mode de production: contribution à une réflexion", *La Pensée*, n.179, fev 1975.

Terray, Emmanuel. *Le marxisme devant les sociétés primitives.* Paris, Maspero, 1969. / *Marxism and "Primitive Societies".* Nova York, Monthly Review Press (1972). / *O marxismo diante das sociedades primitivas.* Rio de Janeiro, Graal (1979).

——. "Classes and class-consciousness in the Abron Kingdom of Gyaman", in M. Bloch (org.), *Marxist Analyses and Social Anthropology*, London, Malaby, 1975.

Tersen, Brubai Danty. *La Commune de 1871.* Paris, Éd. Sociales, 1970.

Texier, Jacques. *Gramsci et la philosophie Du marxisme.* Paris, Seghers, 1966.

——. "Gramsci teorico delle sovrastrutture e il concetto di società civile", *Critica marxista*, n.6, 1968. / "Gramsci, théoricien des superstructures", *La Pensée*, n.139, jun (1968).

——. "Gramsci", *La Nouvelle Critique*, n.69, dez 1973.

Thapar, Romila. *A History of India*, vol.I. Londres e Baltimore, Penguin, 1966.

The Labor Process, núm. esp. da revista *The Insurgent Sociologist*, vol.11, n.3, 1982.

Therborn, Göran. "Jürgen Habermas: a new ecleticism", *New Left Review*, n.67, 1971.

——. *What does the Ruling Closs do when it Rules?.* Londres, New Left; Nova York, distr. Schocken, 1978.

Thiollent, Michel. "Sobre a enquête operária", *Contraponto*, IV, 4, 1980.

Thomas, Paul. *Karl Marx and the Anarchist.* Londres e Boston, Routledge & Kegan Paul, 1980.

Thompson, E.P. *The Making of the English Working Class.* Londres, Gollancz; Nova York, Pantheon, 1963.

——. *Whigs and Hunters*: The *Origin of the Black Act.* Nova York, Pantheon, 1975.

——. *The Poverty of Theory.* Londres, Merlin; Nova York, Monthly Review Press, 1978. / *A miséria da teoria ou um planetário de erros (uma crítica ao pensamento de Althusser).* Rio de Janeiro, Zahar (1981).

Thompson, John. *Critical Hermeneutics.* Cambridge e Nova York, Cambridge University Press, 1981.

Thompson, John & David Held (orgs.). *Habermas, Critical Debates.* Londres, Macmillan; Cambridge, Mass., MIT Press, 1982.

Thomson, George. *Aeschylus and Athens: A Study in the Social Origins of the Drama.* Londres, Lawrence & Wishart, 1941; Nova York, International Publishers (1950).

——. *An Essay on Religion.* Londres, Lawrence & Wishart, 1949 (1954).

Thorner, Daniel. "Marx on India and the Asiatic Mode of Production", *Contributions to Indian Sociology*, vol.9, 1966.

——. et al. (orgs.). *The Theory of the Peasant Economy.* Homewood, Illinois, Richard D. Irwin, 1966.

Tilly, Louise A. & Charles (orgs.). *Class Conflict and Collective Action.* Beverley Hills e Londres, Sage, 1981.

Timpanaro, S. *Sul materialism.* Pisa, Nistri-Lischi, 1975. / *On Materialism.* Londres, New Left; Nova York, distr. Schocken (1976).

Togliatti, Palmiro. *Gramsci.* Florença, Parenti, 1950; Roma, Riuniti (1967).

——. "De Hegel au marxisme", *Recherches Internationales à la Lumière du Marxisme*, n.19, 1960.

Tökei, F. *Essays on the Asiatic Mode of Production.* Budapest, Akademische, 1979.

Tolipan, Ricardo. "Dinheiro e transformação em Marx", *Revista de Economia Política*, vol.3, n.3, 1983.

——. "A questão do método em economia política", *Revista de Economia Política*, vol.4, n.2.

Tönnies, Ferdinand. *Gemeinschaft und Gesellschaft*, Leipzig, Fues's Verlag, 1887. / *Community and Association.* Londres, Routledge & Kegan Paul (1955); East Lancing, Michigan, State University Press (1957).

——. *Marx: Leben und Lehre*, Berlim, Sozialwissenschaft, 1921. / *Marx: Life and Thought.* Michigan, Michigan State University Press (1974).

Topham, A.J. e Ken Coates. *Industrial Democracy in Great Britain.* Londres, MacGibbon & Kee, 1968.

Torr, Dona (org.). *Marxism, Nationality and War.* Londres, Lawrence & Wishart, 1940.

Tortajada, R.. "A Note on Reduction of Complex Labour to Simple Labour", *Capital and Class*, n.1, 1977.

Tosel, André. "Le matérialisme dialectique 'entre' les sciences de la nature et la science de l'histoire", *La Pensée*, n.201, 1978.

——. "Hégémonie et pluralisme: l'élaboration théorique et politique du marxisme italien", *La Nouvelle Critique*, n.121, fev 1979 / "Hegemonia e pluralismo: a elaboração teórico-política do marxismo italiano", *Encontros com a Civilização Brasileira*, n.13, jul (1979).

Tosin, Bruno. *Con Gramsci.* Roma, Riuniti, 1976.

Touvais, Jean-Yves. "Le communisme est un objectif de l'humanité que l'on atteint consciemment", *Critiques de l'Économie Politique*, n.6, 1972.

Toynbee, Arnold. *A Study of History*, 12 vols. Oxford e Nova York, Oxford University Press, 1934-1961.

Travailler, produire... et le syndicalisme alors?, n.28 de *Dialectiques*, 1978.

Trentin, Bruno. *Il sindicato del consigli.* Roma, Riuniti, 1979.

Trigger, B.G. *Gordon Childe: Revolution in Archaeology.* Londres, Thames & Hudson, 1980.

Tronti, M. "Tra materialismo dialetticco e filosofia della prassi: Gramsci e Labriola", *La Città Futura.* Milão, Feltrinelli, 1959.

Trotski, Lev Davidovitch. *Our Political Tasks.* Londres, New Park, 1904 (1980). / *Nos tâches politiques.* Paris, Belfond (1970).

——. *Die Russische Revolution 1905.* Berlim, Vereinigung Internationaler Verlagsanstalten, 1906 (1923). / *Suivi de Bilan et perspectives.* Paris, Minuit (1969), 1905. / *1905.* Londres, Penguin (1971).

——. *Terrorismus und Komunismus: Anti-Kautsky.* Hamburgo, C. Hoym, 1920. / *Terrorisme et communism.* Paris, A. Rosmer (1920); UGE (1963). / *Terrorism and Communism.* Ann Arbor, University of Michigan Press (1961). / *Terrorismo e comunismo: o anti-Kautsky.* Rio de Janeiro, Saga (1969).

——. *Literature and Revolution.* Nova York, Russel & Russel, 1923 (1957); An Arbor, University of Michigan Press (1960). / *Littérature et revolution.* Paris, Julliard (1964). / *Literatura e revolução.* Rio de Janeiro, Zahar (1969 e 1980).

——. *Lénine, suivi d'un texte d'André Breton.* Paris, PUF, 1924a (1970).

——. *As lições de outubro.* São Paulo, Global, 1924b (1979).

——. *The Permanent Revolution, and Results and Prospects.* Nova York, Pionner; Londres, New Park, 1930a (1962). / *La revolution permanente.* Paris, Minuit (1963). / *A revolução permanente.* Lisboa, Antídoto (1977); São Paulo, Lech (1979).

——. *My Life.* Londres, Thornton Butterworth; Nova York, Grosset & Dunlap (1963). / *Ma vie.* Paris, Gallimard (1973). / *Minha vida.* Rio de Janeiro, Paz e Terra (1978).

——. *History of the Russian Revolution.* Londres, Victor Gollancz e Sphere, 1933 (1967); Ann Arbor, University of Michigan Press, 1932. / *Histoire de la Révolution Russe,* 2 vols. Paris, Rieder e Seuil (1933) (1967). / *História da Revolução Russa,* 3 vols. Rio de Janeiro, Saga e Paz e Terra (1967) (1978).

——. *La jeunesse de Lénine.* Paris, Rieder e PUF, 1936 (1970), / *A vida de Lenin: sua juventude.* São Paulo, Global (1981).

——. *La révolucion trahie.* Paris, A. Rosmer, 1937; publ. posteriormente in L.D. Trotski, *De la Révolution.* Paris, Minuit (1963). / *The Revolution Betrayed: What is the Soviet Union and Where is it Going?.* Londres, New Park (1957); Nova York, Pathfinder (1972). / *A revolução traída.* São Paulo, Global (1980).

——. *Stalin.* Nova York, Harpers, 1941. / *Staline.* Paris, Grasset e UGE (1948) (1969).

——. *Défense du marxisme: URSS, marxisme et bureaucratie.* Paris, EDI, 1942 (1972). / *Em defesa do marxismo.* São Paulo, Proposta, s.d.

——. *Journal de l'exil.* Paris, Gallimard, 1960.

——. *De la Révolution.* Paris, Minuit, 1963.

——. *L'Internationale Communiste après Lénine.* Paris, PUF, 1969.

——. *Écrits militaries.* Paris, L'Herne, 1968. / *Military Writings.* Nova York, Pathfinder (1971a).

——. *The Struggle against Fascism in Germany.* Nova York, Pathfinder, 1971b.

——. *Problems of Everyday Life and Other Writings on Culture and Science.* Nova York, Moned, 1973a. / *Les questions du mode de vie,* col.10/18. *Paris,* UGE (1976).

——. *L'agonie du capitalisme et les tâches de la IV Internationale: le programme de transition.* Paris, Maspero, 1970. / *The Transitional Programme for Socialist Revolution,* com ensaios introdutórios de J. Hansen e G. Novack. Nova York, Pathfinder (1973b). / *Programa de transição para o socialismo.* Porto Alegre, Combate Socialista, s.d.

——. *Class and Art: Problems of Culture under the Dictatorship of the Proletariat (speech of 1924).* Londres, New Park, 1974.

——. *Culture and Socialism and a Manifesto, Art and Revolution.* Londres, New Park, 1975a.

——. *L'art de la guerre et le marxisme.* Paris, L'Herne, 1975b.

——. *L'année 17.* Paris, Maspero, 1976a.

——. *La révolution espagnole.* Paris, Minuit, 1976b.

——. *L'avènement du bolchevisme.* Paris, Maspero, 1977a.

——. *Les crimes de Staline.* Paris, Maspero, 1977b.

Trotski, Lev Davidovitch, John Dewey & George Novack. *Their Morals and Ours: Marxist versus Liberal Views on Morality.* Nova York, Pathfinder (4ª ed. 1969). / "A nossa moral e a deles", in L.D. Trotski, *Moral e Revolução.* Rio de Janeiro, Paz e Terra (1969) (1980).

Tucker, D.F. B. *Marxism and Individualism.* Oxford, Basil Blackwell. Nova York, St Martin's, 1980. / *Marxismo e individualismo.* Rio de Janeiro, Zahar (1979).

Tucker, Robert C. *Stalin as Revolutionary, 1879-1929: a Study in History and Personality.* Nova York, Norton, 1973. / *Staline révolutionnaire, 1879-1929: essai historique et psychologique.* Paris, Fayard (1975).

——. *Stalinism.* Nova York, W.W. Norton, 1977.

Tugan-Baranowsky, M.I. *Der moderne Sozialismus in seiner geschichtlichen Entwicklung.* Dresden, Böhmert, 1908.

Tuzmuhamedov, R. *How the National Question was Solved in Soviet Central Asia.* Moscou, Progress, 1973.

Ulam, A.B. *Lenin and the Bolsheviks*. Londres, Collins; Nova York, Macmillan (com o título de *The Bolsheviks*), 1965.

Ulianova-Elisarova, Anna, Maria Ulianova, Dimitri Ulianov & Nadejda Krupskaia et al. *Souvenirs sur Lénine*. Paris, Éd. Sociales, 1956.

Uno, Kozo. *Principles of Political Economy: Theory of a Purely Capitalist Society*, trad. de Thomas Sekine. Brighton, Harvester; Atlantic Highlands, N.J. Humanities, 1964 (1980).

Urlanis, B.T. *O crescimento da população na Europa* (em russo). Moscou, Ogiz, 1941.

Utopie-marxisme selon Bloch, textos de homenagem a Ernst Bloch publicados por Gérard Raulet. Paris, Payot (1976).

Vacca, Giuseppe. *Lukács o Korsch?*. Bari, De Donato, 1969.

Vadée, M. & A. Doz et al. *La logique de Marx*. Paris, PUF, 1974.

Vajda, M. *The State and Socialism*. Londres, Allison & Busby; Nova York, St Martin's, 1981.

Vallier, Jacques. "Les théories de l'impérialisme de Lénine et Rosa Luxemburg", *Critiques de l'Économie Politique*, n.4-5, 1971.

Van Den Berghe, Pierre. *Race and Racism: A Comparative Perspective*. Nova York, Wiley, 1978.

Varga, Evgueni. *La crise économique, sociale, politique*. Paris, Bureau d'Édition, 1934 (1935).

——. *Changes in the Economy of Capitalism Resulting from the Second World War* (mimeo.). Washington, Public Affairs, 1948.

——. *Le capitalisme monopoliste d'État*, 2 vols. Paris, Économie et Politique, 1958.

——. *Essais sur l'économie politique du capitalisme*. Moscou, Éditions du Progrès, 1967.

Vásquez, Adolfo Sanches. *Las ideas estéticas de Marx*. México, Era, 1956.

——. *Estética y marxismo*. México, Era, 1965. / *Art and Society: Essays in Marxist Aesthetics*. Londres, Merlin; Nova York, Monthly Review Press (1973).

——. *Filosofia de la práxis*. México, Grijalbo, 1967. / *Filosofia da práxis*. Rio de Janeiro, Paz e Terra, 1968.

Velho, Otávio Guilherme. *Capitalismo autoritário e campesinato*. São Paulo, Difel, 1976.

Veliz, Claudio (org.). *Obstacles to Change in Latin America*. Oxford e Nova York, Oxford University Press, 1965.

Venable, Vernon. *Human Nature: The Marxian View*. Cleveland, Ohio, Meridian, 1945 (1966); Londres, Denis Dobson (1946).

Venturi, Franco. *Il populismo russo*. Turim, Einaudi, 1952. / *Roots of Revolution*. Londres, Weidenfeld & Nicolson; Nova York, Knopf (1960). / *Les intelectuels, le peuple et la révolution: histoire du populisme russe au XIXe siècle*. Paris, Gallimard (1972).

Verlinden, C. *L'esclavage dans l'Europe medievale*, 2 vols. University of Ghent; Brugge, De Tempel, 1955-1977.

Vernon, Richard. *Commitment and Change: Georges Sorel and the Idea of Revolution*. Toronto e Buffalo, University of Toronto Press, 1978.

Vico, Giambattista. *Principi di Scienza Nuova*. Nápoles, Stamperia Muziana, 1744. / *The New Science*. Ithaca e Londres, Cornell University Press (1968). / *Princípios de (uma) Ciência Nova*, col. Os Pensadores. São Paulo, Abril Cultural (1979).

Vilar, Pierre. "La transition du féodalisme au capitalisme", in Cerm, *Sur le féodalisme*. Paris, Éd. Sociales, 1971. / "A transição do feudalismo ao capitalismo", in T. Santiago (org.), *História/Capitalismo: transição*. Rio de Janeiro, Eldorado Tijuca (1975).

——. *Or et monnaie dans l'histoire*. Paris, Flammarion, 1974.

Vincent, Jean-Marie. *Fétichisme et société*. Paris, Anthropos, 1973.

——. "État et classes sociales, sur un livre de Nicos Poulantzas", *Critiques de l'Économie Politique*, n.19, jan-mar 1975.

——. *La théorie critique de l'École de Francfort*. Paris, Galilée, 1976.

Volker, Klaus. *Brecht Chronicle*. Nova York, Seabury, 1975.

Voloshinov, V.N. *Marxism and the Philosophy of Language*. Nova York e Londres, Seminar Press, 1973. (*Ver* Bakhtin, Mikhail M.)

von Stein, Lorenz. *Der Sozialismus und Kommunismus des heutigen Frankreichs*. Leipsig, O. Wigand, 1842 (1848). Versão final, *Geschichte der sozialen Bewegung in Frankreich von 1789 bis auf unsere Tage* (1850). / *The Social Movement in France*. Totowa, N.J. Bedminster Press (1964).

Vranicki, Predrag. *Geschichte des Marxismus*, 2 vols. Frankfurt, Suhrkamp, 1972, 1974.

Vygotsky, L.S. *Thought and Language*. Cambridge, Mass. MIT Press, 1934 (1962).

Wagner, Adolph. *Allgemeine oder theoretische Volkswirthschaftslehre, Erster Teil, Grundlegung.* Leipzig e Heidelberg; C.F. Winter's che Verlagshandlung, 1879.

Wahl, Jean. *Les philosophies de l'existence*. Paris, A. Colin, 1954.

Walch, J. *Bibliographie du saint-simonisme*. Paris, Vrin, 1967.

Walicki, A. *The Controversy over Capitalism*. Oxford, Clarendon Press, 1969.

——. "Marx, Engels and the Polish Question", *Dialectics and Humanism* (Varsóvia), vol.7, n.1, 1980, p.5-32.

Wallerstein, Immanuel. *The Modern World System*. Nova York, Academic Press, 1974.

Warren, Bill. "Imperialism and Capitalist Industrialization", *New Left Review*, n.81, 1973.

——. *Imperialism: Pioneer of Capitalism*. Londres, New Left, Nova York, distr. Schocken, 1980.

Wartofsky, Marx W. *Feuerbach*. Cambridge e Nova York, Cambridge University Press, 1977.

Waters, Mary-Alice (org.). *Rosa Luxemburg Speaks*. Nova York, Pathfinder, 1970.

Watnick, Morris. "Relativism and Class Conciousness: Georg Lukács", in L. Labedz (org.), *Revisionism: Essays on the History of Marxist Ideas*. Nova York, Praeger, 1962.

Watson, J.L. (org.). *Asian and African System of Slavery*. Oxford, Basil Blackwell; Berkeley, University of California Press, 1980.

Webb, Sidney & Beatrice. *Industrial Democracy*. Londres e Nova York, Longman, 1920.

Weber, Max. *Die protestantische Ethik und der Geist des Kapitalismus*. Tübingen, J.C.B. Mohr, 1904 e 1905. / *L'éthique protestante et l'esprit du capitalisme*. Paris, Plon (1964). / *A ética protestante e o espírito do capitalismo*. São Paulo, Pioneira (1967). / *The Protestante Ethic and the Spirit of Capitalism*. Londres, Allen & Unwinn (1976).

——. *Wirtschaft und Gesellschaft: Grundrisse der Sozialönomie*. Tübingen, J.C.B. Mohr, 1922 (1972). / *Economía y sociedad*. México, Fondo de Cultura Económica (1964). / *Economy and Society*, 3 vols. Nova York, Bedminster (1968).

Weeks, John. *Capital and Exploitation*. Princeton, Princeton University Press; Londres, Edward Arnold, 1981a.

——. "The Differences between dependency theory and Marxian theory and why they matter", *Latin American Perspectives*, vol.8, n.118, 1981b.

Weffort, Francisco Correia. "Estado e massas no Brasil", *Revista Civilização Brasileira*, n.7, 1966.

——. "Nota sobre a 'teoria da dependência': teoria de classe ou ideologia nacional?", *Estudos Cebrap*, n.1, 1971.

——. *O populismo na política brasileira*. Rio de Janeiro, Paz e Terra, 1978.

Weill, C. *Marxistes russes et social-démocratie allemande*. Paris, Maspero, 1977.

Weimann, Robert. *Structure and Society in Literary History*. Charlottesville, University Press of Virginia, 1976.

Wellmer, Albrecht. *Critical Theory of Society*. Nova York, Seabury, 1974.

——. "Critique of Marx's Positivism", in T. Bottomore (org.), *Modern Interpretations of Marx*. Oxford, Basil Blackwell, 1981.

Welskopf, E.C. *Der Produktionsverhältnisse im alten Orient und in der griechischrömischen Antike*. Berlim, Akademie, 1957.

Wersky, Gary. *The Visible College*. Londres, Allen Lane; Nova York, Holt Rinehart & Winston, 1978.

Wertsch, J.V. (org.). *The Concept of Activity in Soviet Psychology*. Armonte, N.Y. M.E. Sharpe.

Weselowski, W. *Classes, Strata and Power*. Londres e Boston, Routledge & Kegan Paul, 1979.

Westergard-Thorpe, W. "Towards a Syndicalist International: the 1913 London Congress", *International Review of Social History*, vol.23, 1978.

Wetter, Gustav A. *Il materialismo dialetico sovietico*. Turim, Einaudi, 1948. / *Der Dialektische Materialismus, seine Geschichte und sein System in der Sowjetunion*. Freiburg, Herder (1952). / *Dialectical Materialism: A Historical and Systematic Survey of Philosophy in the Soviet Union*. Londres, Routledge & Kegan Paul; Nova York, Praeger (1958). / *Le matérialisme dialectique*. Bruxelas, Desclée de Brouwer (1962).

White, Leslie A. *The Evolution of Culture*. Nova York, Mc Graw Hill, 1959.

Wielenga, Bastiaan, *Marxist Views on India in Historical Perspective*. Madras, Christian Literature Society, 1976.

Willame, Jean-Claude. "Recherches sur les modes de production cynégétique et lignager", *L'Homme et la Société*, n.19, 1971.

Willett, John. *Theater of Bertolt Brecht*. Nova York, New Directions (3ª ed. 1968). / *O teatro de Brecht*. Rio de Janeiro, Zahar (1967).

——. *The Sew Sobriety 1917-1933: Art and Politics in the Weimar Period*. Londres, Thames & Hudson; Nova York, Pantheon, 1978.

Williams, Gwyn A. "The Coocept of Egemonia in the Thought of Antonio Gramsci", *Journal of the History of Ideas*, vol.XXI, n.4, 1960.

——. *Proletarian Order: Antonio Gramsci, Factory Councils and the Origins of Communism in Italy*. Londres, Pluto, 1975.

Williams, Raymond. "Literature and Sociology: in memory of Lucien Goldmann", *New Left Review*, n.82, 1971.

——. *The Country and the City*. Londres, Chatto & Windus; Nova York, Oxford University Press, 1973.

——. *Keywords*. Londres, Fontana; Nova York, Oxford University Press, 1976.

——. *Marxism and Literature*. Oxford e Nova York, Oxford University Press, 1977. / *Marxismo e literatura*. Rio de Janeiro, Zahar (1979).

——. *Politics and Letters*. Londres, New Left; Nova York, distr. Schocken, 1979.

——. *Problems in Materialism and Culture*. Londres, New Left (Verso); Nova York, distr. Schocken, 1980.

Wilson, Dick. *Mao Tse-tung in the Scales of History*. Cambridge e Nova York, Cambridge University Press, 1977.

Winkler, H.A. (org.). *Organisierter Kapitalismus: Voraussetzungen und Anfänge*. Göttingen, Vandenhoeck & Ruprecht, 1974.

Wintzen, René. *Bertolt Brecht*. Paris, Seghers, 1954.

Wirth, Margaret. *Kapitalismustheorie in der DDR*. Frankfurt, Suhrkamp, 1972.

Wittfogel, Karl. *Oriental Despotism: a Comparative Study of Total Power*. New Haven, Yale University Press, 1957. / *Die orientalische Despotie. Eine vergleichende Untersuchung totaler Macht*. Colônia e Berlim, s.n. (1962). / *Le despotisme oriental*. Paris, Minuit (1964).

Witt-Hansen J. *Historical Materialism: The Method, the Theories*. Copenhagen, Munksgaard, 1960.

Woddis, J. *New Theories of Revolution*. Londres, Lawrence & Wishart; Nova York, International Publishers, 1972.

Wold, E.R. "Closed corporate communities in Mesoamerica and Central Java", *Southwestern Journal of Anthropology*, vol.13, n.1, 1957.

Wolf, Dieter. *Hegel und Marx. Zur Bewegungsstruktur des absoluten Geistes und des Kapitals*. Hamburgo, VSA, 1979.

Wolfe, Bertrand D. "Lénine, Trotsky, Staline", in.O. *La jeunesse de Lénine*; *Lénine et Trotsky*; *Lénine, Trotsky, Staline*. Paris, Calmann-Lévy, 1951. / *Three Who Made a Revolution*. Londres, Penguin (1966); Boston, Beacon (1959).

Wolff, Janet. *The Social Production of Art*. Londres, Macmillan, 1981. / *A produção social da arte*. Rio de Janeiro, Zahar (1982).

Wolff, Kurt W. & Barrington Moore, Jr. (orgs.). *The Critical Spirit: Essays in Honor of Herbert Marcuse*. Boston, Beacon, 1967.

Womack, Brantly. *The Foundations of Mao Zedong's Political Thought*. Honolulu, Hawaii University Press, 1982.

Wood, Allen W. *Karl Marx*. Londres e Boston, Routledge & Kegan Paul, 1981.

Woodcock, George. *Pierre-Joseph Proudhon*. Londres, Routledge & Kegan Paul; Nova York, Macmillan, 1956.

——. *Anarchism*. Londres, Penguin; Cleveland, Meridian, 1963.

World Socialist System and Anti-Communism. Moscou, Progress, 1972.

Worms, René (org.). *Annales de l'Institut International de Sociologie*. Paris, Giard et Brière, 1895.

Wright, Erik Olin. *Class, Crisis and the State*. Londres, New Left; Nova York, distr. Schocken, 1978. / (1981), *Classe, crise e o Estado*. Rio de Janeiro, Zahar.

Wunder, Heide (org.). *Feudalismus. Zehn Aufsäte*. Munique, Nymphenburger Verlagshandlung, 1974.

Yaari, Arieh. *Le défi national: les théories marxistes sur la question nationale à l'épreuve de l'Histoire*. Paris, Anthropos, 1978.

Yaffe, D. "Hodgson and Activist Reformism", *Revolutionary Communist*, s.n. 1976.

Young, Robert M. "Science *is* Social Relations", *Radical Science Journal*, n.5, 1977.

——. "Getting Started on Lysenkoism", *Radical Science Journal*, n.6-7, 1978.

——. "Science is a Labour Process", *Science for People*, n.43- 4, 1979.

Zagladin, V.V. (org.). *The World Communist Movement.* Moscou, Progress, 1973. / *Le mouvement communiste international.* Moscou, Éditions du Progrès (1978).

Zanardo, Aldo. "Il *Manuale* di Bukharin visto dai comunisti tedeschi e da Gramsci", in *Studi gramsciani.* Roma, Riuniti, 1958.

Zazzo, R. *Psychologie et marxisme: La vie et l'oeuvre d'Henri Wallon.* Paris, Denoël-Gonthier, 1975.

Zeleny, Jindrich. *Die Wissenschaftslogik bei Marx und "Das Kapital".* Frankfurt e Viena, EVA, 1972. / *The Logic of Marx*, trad. de Terrell Carver. Oxford, Basil Blackwell; Nova York, Rowman & Littlefield (1980).

Zenushkina, L. *Soviet Nationalities Policy and Bourgeois Historians.* Moscou, Progress, 1975.

Zetkin, Clara. *Reminiscenses of Lenin.* Nova York, International Publishers, 1934.

Zhadanov, Andrei A. *Ver* Jdanov, Andrei A.

Zinoviev, Alexandre. *Le eommunisme comme réalité.* Paris, Julliard, 1981.

Zima, Pierre. *L'École de Francfort.* Paris, Éditions Universitaires, 1974.

Zirkle, Conway. *Death of a Science in Russia.* Philadelphia, Pensylvania, University of Pennsylvania Press, 1949.

Zitta, Victor. *Georg Lukács' Marxism: Alienation, Dialectics, Revolution - A Study in Utopia and Ideology.* Haia, Martinus Nijhoff, 1964.

Zubaida, Sami (org.). *Race and Racialism.* Londres, Tavistock; Totowa, N.J. Barnes & Noble, 1970.

Zucaro, D. *Vita del carcere di Antonio Gramsci.* Milão e Roma, Avanti, 1954.

Zweites Sonderheft Bertolt Brecht, núm. esp. da revista *Sinn und Form*, vol.IX, n.1-3, 1957.